Liturgia dominical

Dados Internacionais de Catalogação na Publicação (CIP)
(Câmara Brasileira do Livro, SP, Brasil)

Konings, Johan
    Liturgia dominical : mistério de Cristo e formação dos fiéis (Anos A-B-C) / Johan Konings. 4. ed. – Petrópolis, RJ : Vozes, 2009.

6ª reimpressão, 2025.

ISBN 978-85-326-2825-1
1. Celebrações litúrgicas 2. Domingo 3. Igreja católica – Liturgia I. Título.

02-6188   CDD-263.3

Índices para catálogo sistemático:
1. Liturgia dominical : Celebração do mistério de Cristo : Cristianismo   263.3

Johan Konings, S.J.

Liturgia dominical
Mistério de Cristo e formação dos fiéis
Anos A-B-C

EDITORA
VOZES

Petrópolis

© 2003, Editora Vozes Ltda.
Rua Frei Luís, 100
25689-900 Petrópolis, RJ
www.vozes.com.br
Brasil

Todos os direitos reservados. Nenhuma parte desta obra poderá ser reproduzida ou transmitida por qualquer forma e/ou quaisquer meios (eletrônico ou mecânico, incluindo fotocópia e gravação) ou arquivada em qualquer sistema ou banco de dados sem permissão escrita da editora.

Imprimatur
Belo Horizonte, 9 de agosto de 2002
Dom Serafim, Cardeal Fernandes de Araújo
Arcebispo Metropolitano

CONSELHO EDITORIAL

Diretor
Volney J. Berkenbrock

Editores
Aline dos Santos Carneiro
Edrian Josué Pasini
Marilac Loraine Oleniki
Welder Lancieri Marchini

Conselheiros
Elói Dionísio Piva
Francisco Morás
Teobaldo Heidemann
Thiago Alexandre Hayakawa

Secretário executivo
Leonardo A.R.T. dos Santos

PRODUÇÃO EDITORIAL

Anna Catharina Miranda
Eric Parrot
Jailson Scota
Marcelo Telles
Mirela de Oliveira
Natália França
Priscilla A.F. Alves
Rafael de Oliveira
Samuel Rezende
Verônica M. Guedes

Editoração e org. literária: Augusto Ângelo Zanatta
Capa: André Gross

ISBN 978-85-326-2825-1

Este livro foi composto e impresso pela Editora Vozes Ltda.

SUMÁRIO

Prefácio 7
Abreviaturas 10
Como usar este livro 11
Introdução geral 13

Ano A
    O novo povo de Deus 33
    Tempo do Advento 38
    Tempo de Natal 46
    Tempo da Quaresma 71
    Tríduo Sacro e tempo pascal 88
    Solenidades do Senhor 125
    Tempo comum 132

Ano B
    Jesus, o Messias 213
    Tempo do Advento 217
    Tempo de Natal 229
    Tempo da Quaresma 229
    Tríduo Sacro e tempo pascal 242
    Solenidades do Senhor 256
    Tempo comum 263

Ano C
    A vida do cristão 351
    Tempo do Advento 355
    Tempo de Natal 365

  Tempo da Quaresma 365
  Tríduo Sacro e tempo pascal 378
  Solenidades do Senhor 393
  Tempo comum 400

Solenidades e festas dos Santos 481

Índice sistemático de temas formativos 511
Índice das perícopes bíblicas 513
Quadro das celebrações, leituras e temas 518

PREFÁCIO

A presente obra vem substituir meu livro *Espírito e Mensagem da Liturgia Dominical*, publicado pela EST, Porto Alegre (1981) e, em segunda edição, pela Editora Vozes, Petrópolis (1985). Presidia a essa obra o seguinte lema: "A liturgia dominical, bem preparada, celebrada e participada, deveria ser o círculo bíblico e catequese permanente por excelência" (*op. cit.*, 2ª ed., 1985, p. 9). A validade desse lema foi reconhecida, de fato, pelo projeto "Rumo ao Terceiro Milênio" (1997-2000) da Conferência Nacional dos Bispos do Brasil, que preconizava o aprofundamento e atualização permanente da fé ao ritmo das leituras bíblicas da liturgia dominical – sobretudo dos evangelhos. Pretendo agora dar continuidade a esse empenho, atualizando este instrumento para o aprofundamento da liturgia dominical com vistas à formação permanente da fé.

Nem todos acreditam no valor da liturgia dominical para a formação permanente da fé. Com certeza, a liturgia não é catequese, mas celebração do mistério. Não se esqueça, porém, que, na Igreja das origens, "mistério" significava aquilo que os iniciandos da fé deviam aprender e os já iniciados, na "mistagogia", aprofundar. A fé se aprende e se aprofunda celebrando. Não é demais apresentar, em torno da "mesa da Palavra ricamente preparada" da liturgia dominical renovada pelo Concílio Vaticano II (cf. *Sacrosanctum Concilium*, n. 51), conteúdos que progressivamente iluminam os diversos aspectos importantes da fé e da prática cristã.

Objeta-se, por outro lado, que a liturgia oficial não é bem adaptada à nossa situação pastoral e que a seleção das leituras é complicada demais para proporcionar aos fiéis o "referencial bíblico" que deve iluminar sua vida. Alega-se até a palavra de Jesus criticando os escribas por imporem aos ombros dos outros fardos que eles mesmos não tocam... Mas a experiência mostra que, com a devida dedicação e sabedoria pastoral, essa "mesa da Palavra ricamente preparada" continua sendo um festim sem igual. Não é desprezando-a que se vai encontrar algo melhor. Mais vale tornar acessível essa "mesa" que está aí, com amor, inteligência, criatividade e com a liberdade dos filhos de Deus. Não se deve considerar o formulário litúrgico como uma camisa de força, mas como uma ajuda para pôr os fiéis em contato com a Bíblia – todo o Novo Testamento e as partes mais relevantes do Antigo – num modo progressivo e celebrativo.

Finalmente, há quem duvide da abrangência da "catequese bíblico-litúrgica" aqui proposta. A prova de que o ciclo trienal da liturgia dominical permite abordar todos os temas da vida cristã é o "Índice sistemático de temas formativos" no final deste livro. A objeção de que os fiéis não participam todas as semanas da missa ou celebração da Palavra não invalida tal projeto. Pelo contrário, devemos urgir que os batizados honrem a *celebração semanal de sua comunidade* e seu nome de "fiéis". Se isso for difícil em alguns ambientes rurais ou silvestres, na situação urbana em que vivem 80% dos brasileiros isso deve ser possível.

*

Na presente edição, tentei condensar aquilo que, em trinta anos de atuação no Brasil, descobri ou produzi em termos de pastoral bíblico-litúrgica. Para que este volume não seja atribuído à minha criatividade pessoal, menciono brevemente como surgiu. Na década de 1970, quando eu era professor na PUC de Porto Alegre, constatei a ausência de material permanente para o aproveitamento da "Mesa da Palavra ricamente preparada" que o Concílio Vaticano II proporcionou. Existiam publicações periódicas, inclusive muito boas, mas nada que permitisse um planejamento geral dos conteúdos homiléticos e formativos. (Ainda não existia a versão brasileira do *Missal Dominical – Missal da Assembleia Cristã*, atualmente publicado pela Editora Paulus.) Com a ajuda das Irmãs Pastorinhas e alguns missais dominicais – o da Editora Vozes e o meu velho *Schott's Sonntagsmissal* – constituí o dossiê do *"dado litúrgico"*, que encabeça os comentários aqui apresentados. Depois, reaproveitei muito material publicado, por mim mesmo ou por colegas, na "Mesa da Palavra", suplemento da *Revista Eclesiástica Brasileira*. Disso surgiu a *reflexão bíblico-litúrgica*, que constitui a segunda parte dos presentes comentários. E quando, no ano de 1985, entrei no noviciado dos jesuítas, encontrei o tempo de escalar uns duzentos *temas homilético-formativos* para, no ciclo de três anos, oferecer uma atualização permanente da fé a partir da liturgia dominical. Estes foram publicados, inicialmente, na coleção "Liturgia da Palavra, Caminho da Fé", das antigas Edições Paulinas (1986-88) e, depois, transformados em artigos semanais publicados no *Jornal de Opinião*, da Arquidiocese de Belo Horizonte (1998-2002). Novamente refundidos, constituem agora o "bloco" final dos comentários aqui oferecidos. Estes temas foram escolhidos segundo o princípio de apresentar um único tema principal por domingo, mas de tal modo que todos os temas importantes da vida cristã sejam abordados no prazo de três anos, e os temas centrais, anualmente.

Além de incluir os temas homilético-formativos, acrescentei as celebrações que faltavam nas festas dos Santos celebradas em domingo, e reformulei profundamente a *Introdução Geral*, simplificando-a e incluindo sugestões práticas para a celebração da Palavra e da Eucaristia, levando em consideração o Documento da CNBB 43, *Animação da Vida Litúrgica no Brasil*, de 1989. Introduzi também, em diversas celebrações, as referências de leituras alternativas propostas oficialmente ou sugeridas em publicações competentes (mencionadas na Introdução Geral, nota 1), sem, contudo, comentá-las. Lembro ainda que outros aspectos bíblico-exegéticos em torno do ciclo litúrgico trienal podem ser encontrados no meu livro *Descobrir a Bíblia a partir da Liturgia* (Edições Loyola, 1997).

*

Ao reescrever a obra, considerei a recente mudança da vida cristã no Brasil e no mundo. Quando preparei a primeira edição, por volta do ano 1980, era necessário reagir contra a intelectualização e a politização que abafavam o mistério de Deus na liturgia – pois Deus é maior que nossas ideologias. Hoje, percebemos o perigo da invasão de uma religiosidade barata na liturgia. Pelo menos, as liturgias racionalizadas e politizadas dos anos 80 preconizavam uma atitude ética; as liturgias de religiosidade barata de hoje, pelo contrário, enquadram-se na ideologia do consumo e esvaziam as cabeças, com a falsa pretensão de encher o coração.

Sempre soa em meus ouvidos a expressão de Paulo: "fides ex auditu", a fé resulta de auscultar a proclamação. Por isso, creio que não se pode enquadrar a formação da fé num método que parta exclusivamente da nossa atualidade. Antes, é a escuta prévia da Palavra que nos torna sensíveis à atualidade em redor de nós. Com todo o respeito por Marta, cabe reconhecer que Maria escolheu a parte melhor... De modo que, antes de aplicar um Ver-Julgar-Agir ou algum método semelhante, creio ser necessário um espaço para o "Ouve, Israel!", para que, na escuta, nos deixemos surpreender pela Palavra de Deus, em sua irredutível alteridade.

*

Esperando pagar com esta nova edição o meu tributo àqueles que se empenham pela celebração do mistério do Cristo e pela formação dos fiéis, agradeço a todos aqueles, "pequenos e grandes", que colaboraram com suas reflexões e ajuda prática.

31 de julho de 2002, festa de Sto. Inácio de Loyola
Pe. Johan Konings, S.J.

ABREVIATURAS

Abreviaturas dos livros bíblicos

(A numeração de capítulos e versículos [= Nova Vulgata] e as abreviaturas seguem a *Bíblia Sagrada – Tradução da CNBB*)

Ab	Abdias	Hab	Habacuc	Ne	Neemias
Ag	Ageu	Hb	Carta aos Hebreus	Nm	Números
Am	Amós	Is	Isaías	Os	Oseias
Ap	Apocalipse	Jd	Carta de Judas	1Pd	1ª Carta de Pedro
At	Atos dos Apóstolos	Jl	Joel	2Pd	2ª Carta de Pedro
Br	Baruc	Jn	Jonas	Pr	Provérbios
Cl	Carta aos Colossenses	Jó	Jó	Rm	Carta aos Romanos
1Cor	1ª Carta aos Coríntios	Jo	Evangelho seg. João	1Rs	1º Livro dos Reis
2Cor	2ª Carta aos Coríntios	1Jo	1ª Carta de João	2Rs	2º Livro dos Reis
1Cr	1º Livro das Crônicas	2Jo	2ª Carta de João	Rt	Rute
2Cr	2º Livro das Crônicas	3Jo	3ª Carta de João	Sb	Sabedoria
Ct	Cântico dos Cânticos	Jr	Jeremias	Sf	Sofonias
Dn	Daniel	Js	Josué	Sl	Salmos
Dt	Deuteronômio	Jt	Judite	1Sm	1º Livro de Samuel
Ecl	Eclesiastes (Coélet)	Jz	Juízes	2Sm	2º Livro de Samuel
Eclo	Eclesiástico (Sirácida)	Lc	Evangelho seg. Lucas	Tb	Tobias
Ef	Carta aos Efésios	Lm	Lamentações	Tg	Carta de Tiago
Esd	Esdras	Lv	Levítico	1Tm	1ª Carta a Timóteo
Est	Ester	Mc	Evangelho seg. Marcos	2Tm	2ª Carta a Timóteo
Ex	Êxodo	1Mc	1º Livro dos Macabeus	1Ts	1ª Carta aos Tessalonicenses
Ez	Ezequiel	2Mc	2º Livro dos Macabeus		
Fl	Carta aos Filipenses	Ml	Malaquias	2Ts	2ª Carta aos Tessalonicenses
Fm	Carta a Filêmon	Mq	Miqueias		
Gl	Carta aos Gálatas	Mt	Evangelho seg. Mateus	Tt	Carta a Tito
Gn	Gênesis	Na	Naum	Zc	Zacarias

Outras abreviaturas

•	bloco de textos paralelos	cf.	confira, conforme	p.ex.	por exemplo
–	leituras alternativas	com.	comentário	par.	(e) texto(s) paralelo(s)
~	leituras opcionais	d.C.	depois de Cristo	s, ss	e seguinte(s)
a.C.	antes de Cristo	dom.	domingo	T.C.	tempo comum
A.T.	Antigo Testamento	ev.	evangelho	v.	versículo(s)
cap.	capítulo	N.T.	Novo Testamento		

COMO USAR ESTE LIVRO

Para alguns, este livro servirá como livro de meditação. Para outros, será uma "oficina" para construir o produto de que precisam. Para tanto, oferece:

1) uma síntese do *dado litúrgico*, ou seja, das leituras e orações, incluindo indicações exegéticas;

2) um *comentário bíblico-litúrgico* abrangente de cada celebração, para mostrar o teor principal do dado litúrgico;

3) um *tema homilético-formativo*, concentrado sobre um único pensamento, no sentido de alimentar a fé gota por gota, no quadro da formação permanente da fé, domingo após domingo, ano após ano. Estes temas são o produto semiacabado, esperando o acabamento final, dependendo da finalidade:

– para fins homiléticos, o ministro deverá adaptar o texto, acrescentar, no início, uma ambientação no contexto da celebração, da comunidade e da atualidade, e, no fim, algum lema ou frase para memorizar ("para se guardar no coração") etc. (cf. adiante, Introdução Geral, 4.4.2);

– para círculos bíblico-litúrgicos, acrescentem-se meios para levar os participantes a estabelecer o nexo com a realidade na qual eles vivem (perguntas, desenhos...).

Deste modo, o livro destina-se:

1) à *preparação da celebração litúrgica* pela equipe litúrgica, os ministros da Palavra, os leitores, os responsáveis da música, o (presbítero) presidente da celebração;

2) ao *aprofundamento* comunitário a partir da liturgia dominical, preparando-a ou retomando-as em reuniões pelas casas, em círculos bíblicos simples, em torno de um tema colhido das leituras, emoldurado por meditação, atualização, canto e oração (certas paróquias distribuem no fim da missa uma folha com o tema, inclusive com um desenho, para incentivar tais grupos de reflexão);

3) à *leitura e meditação* pessoal, lendo cada semana a parte correspondente;

4) ao *ensino da liturgia* e mesmo da *exegese* (sobretudo dos evangelhos), nos seminários e cursos teológicos e pastorais.

Este material – principalmente os temas homilético-formativos – pode ser transformado em subsídios para estudo mais abrangente (p.ex., sessões periódicas, paroquiais ou regionais, para preparar com os ministros o tempo litúrgico por vir etc.).

São de grande utilidade também os diversos índices e quadros no final deste livro[1].

---

[1]. Nosso trabalho é baseado nos dados do Missal Romano e dos Lecionários publicados em tradução brasileira pela CNBB. Para a celebração da Palavra, a CNBB providenciou orações alternativas, baseadas no ciclo A-B-C, que não consideramos aqui, mas que podem ser úteis para a celebração (*Celebração da Palavra de Deus – Subsídio para as comunidades*. São Paulo: Paulus, 1994. = Subsídios da CNBB, 3). Visto que, nos domingos do tempo comum, muitas vezes, a 2ª leitura interrompe a coesão entre a 1ª leitura e o evangelho, um grupo de liturgistas organizou um elenco alternativo, em que as segundas leituras se encontram distribuídas de acordo com as leituras do evangelho. Indicamos essas *leituras alternativas* nos comentários (no "dado litúrgico") e no *Quadro das celebrações...* (no fim deste livro), marcadas com – (fonte: A. Nocent. *La Reforma Litúrgica: una relectura*. Bilbao, 1993). Como, por razões pastorais, até seria permitido suprimir uma das leituras, pode-se certamente substituí-la por uma mais adequada. Do mesmo modo inserimos as referências de *leituras opcionais* segundo o *Missal Dominical – Missal da Assembleia Cristã* (São Paulo: Paulus, 1995), marcadas com ~.
– A sugestão homilético-formativa é oferecida somente para as celebrações dominicais e as festas que podem ser celebradas no domingo, mais Natal e Quinta-feira Santa (cf. *Quadro das celebrações, leituras e temas*).

INTRODUÇÃO GERAL

1. Aos quarenta anos da Renovação Litúrgica

A maioria dos católicos tem pouco conhecimento e consciência daquilo que sua fé implica. A razão principal é, sem dúvida, que o acesso à comunidade católica não passa por uma verdadeira iniciação. O batismo administrado às crianças desde o nascimento faz delas cristãos com direito automático aos demais sacramentos e, sobretudo, às cerimônias de matrimônio e exéquias. Poucos são os que *conscientemente* contribuem para a *constituição da comunidade* chamada Igreja. A maioria vê a Igreja como uma *instituição* da qual se tem direito de receber, pelo fato de ser batizado, "prestação de serviço religioso". A fé não é vista como um compromisso, como caminho de vida e adesão afetiva e efetiva a Jesus Cristo, mas como proteção contra os males ou como devoção aos seres superiores (inclusive Jesus...) para obter graças dos mais diversos tipos.

No rastro do Concílio Vaticano II, quarenta anos atrás (1962-65), houve tentativas de modificar esse panorama, sobretudo pela insistência no caráter comunitário do cristianismo. Por um lado, as comunidades de base tentam realizar o ideal dos primeiros cristãos, comunhão fraterna de alma e de bens, articulando-se com as lutas pela participação social, ligando a História da Salvação à libertação política e social. Por outro lado, surgem movimentos que procuram intensificar a fé individual das pessoas, quer de maneira disciplinada e sistemática, como, por exemplo, o neocatecumenato, quer ao modo carismático, amplamente conhecido. Em todos esses âmbitos recorre-se à leitura bíblica, porém, com óticas bastante diferentes. Por todos os lados surgem cursos e cursinhos bíblicos, as pessoas qualificadas estão com as agendas superlotadas, mas continua subaproveitada, para a formação dos fiéis, a oportunidade que reúne todos aqueles que têm um mínimo de fé comprometida: a celebração dominical, rica em mensagem e símbolos, meta da iniciação cristã e fonte de aprofundamento permanente.

O primeiro fruto do Vaticano II foi a promulgação, em dezembro de 1963, da Constituição sobre a Sagrada Liturgia, *Sacrosanctum Concilium*, prova palpável da prioridade da liturgia no *aggiornamento* (atualização) preconizado pelo Papa João XXIII. O documento anunciou um projeto de total renovação da liturgia (n. 21), projeto que implicava a revisão e maior evidenciamento das leituras bíblicas (n. 24). "Com a finalidade de mais ricamente preparar a mesa da Palavra de Deus para os fiéis, os tesouros bíblicos sejam mais largamente abertos, de tal forma que, dentro de um ciclo de tempo estabelecido, se leiam ao povo as partes mais importantes da Sagrada Escritura" (n. 51). Esse enriquecimento, porém, só produziria efeito se fosse restabelecida a prática da homilia ou pregação a partir da própria leitura escriturística (n. 52). Também, em oposição ao costume então vigente de considerar que a Missa só começava "depois do sermão", a Constituição insistia na unidade da liturgia da Palavra e da liturgia eucarística (n. 56).

Qual é o espírito geral da liturgia renovada e qual o caminho mais adequado para o aproveitamento de sua mensagem? Só um progressivo entrosamento com o mundo da liturgia renovada tornará possível uma celebração mais adequada, mais rica em mensagem e mais efetiva na participação no mistério de Deus em Jesus Cristo. Isso exige um "coração de discípulo" (cf. Is 50,4): querer aprender. Se a liturgia da Missa é, essencialmente, "re-presentação" do evento de Jesus Cristo, não devemos, em primeiro lugar, estar preocupados com nossos objetivos de atuação imediatos, mas, trazendo as perguntas do nosso tempo no coração, presenciar o momento fundador de nossa fé e dele participar. Tal atitude de escuta e participação nos transformará em portadores da mensagem que emana deste mistério.

Se tal foi a renovação litúrgica "de cima para baixo", infelizmente, ela nem sempre encontrou resposta adequada "de baixo para cima". Em alguns lugares, as bases, impacientes, já tinham feito sua própria reforma antes que, enfim, chegassem os novos textos oficiais. Em outros, o novo material foi recebido com um espírito antigo – vinho novo em odres velhos – e continuou-se realizando um tipo de liturgia sem cor nem sabor, apenas despojada agora da antiga beleza artística...

Há trinta anos, a II Conferência Episcopal Latino-americana (Medellín 1972 – Documento 2) observou que muitas celebrações carecem da devida preparação; que a liturgia da Palavra não é devidamente valorizada; que a parte das técnicas acústicas deixa a desejar; que os que presidem não conhecem as possibilidades dos livros litúrgicos; que as reformas são impostas sem a devida catequese; que a celebração está divorciada da vida etc. Hoje, o panorama não é muito diferente...

2. Mistério do Cristo e formação dos fiéis

2.1. A liturgia dominical como "mistério"

A liturgia dominical, bem preparada, celebrada e participada, deveria ser o círculo bíblico e catequese permanente por excelência. Mas, antes de falar da índole catequética da liturgia, convém acentuar que ela é, em primeira instância, celebração do "mistério". Este termo dos cultos pagãos, designando o contato entre os "iniciados" (chamados *mystoi*) e as divindades, foi cristianizado pelas igrejas helenísticas. Sugerindo participação na divindade, aproxima-se do termo "sacramento", do qual, às vezes, é sinônimo. No sentido cristão, mistério é participação, conhecimento vivencial, "por dentro", por experiência, pela entrega da fé. É diferente do conhecimento por teoria (observando "de fora", como nas ciências). Um mistério, a gente o conhece por estar nele envolvido; não se consegue objetivá-lo, não cabe em nossa cabeça, mas nós é que entramos nele! Toda a vivência litúrgica deve ser vivência do mistério, participação de uma *realidade inefável* que nos envolve. Realidade, não ilusão: o feto não vê o útero da mãe (não o pode "objetivar"), mas quem dirá que o útero é uma ilusão para o feto? Assim é o mistério de Deus: não o podemos objetivar, mas estamos dentro dele. E a fé é o caminho específico do homem para cultivar a consciência deste mistério. A liturgia deve, portanto, cultivar e cultuar o mistério, a realidade de Deus que nos envolve e que não podemos reduzir a uma teoria. Daí ser rejeitável a teorização, intelectualização e verbalização exagerada da liturgia. Liturgia não serve para falar sobre a comunidade, mas para formar comunidade, vivenciar comunidade, envolta pelo Espírito de Deus. É conhecer a comunidade de Deus "por dentro". É comunhão.

2.2. A liturgia dominical como catequese mistagógica

Portanto, se falamos da liturgia como catequese ou formação permanente dos fiéis, não se entenda isso num sentido escolar. A liturgia ensina pelo que se vive na celebração. Não catecismo com perguntas e respostas, mas instrução vivida pelos que, iniciados no mistério, desejam penetrar mais profundamente nele (cf. a "mistagogia" dos Santos Padres). Ensino que acontece mediante uma vivência global, que, por um lado, deve ser *afetiva* e contemplativa e, por outro, *efetiva* e comprometedora. Considera-se facilmente o elemento místico como alienação. Mas, se estamos convencidos de que ser cristão significa comprometer-se com a encarnação do amor de Deus na história humana, reconheceremos sem constrangimento uma riqueza que indevidamente foi desprezada: o *senso do mistério* na liturgia.

A liturgia cristã tem sua origem ligada à instrução da fé. A celebração cristã une a celebração da ceia eucarística em memória do Senhor morto e ressuscitado à leitura das Escrituras, que é a continuação do culto sinagogal do judaísmo. Mesmo depois da ruptura com o judaísmo, conservou-se, ao lado das Escrituras cristãs, a leitura do Antigo Testamento ("*toda* a Escritura é útil" para a edificação da comunidade: 2Tm 3,16; 2Pd 1,20). Marcião, quando quis eliminar o Antigo Testamento e tudo aquilo que, no Novo, lembrava o Antigo (p.ex., os evangelhos de Mt, Mc e Jo!), foi excomungado. Nas antigas Escrituras, os cristãos encontravam as promessas de Deus, que se cumpriram em Jesus Cristo. Renegar o Antigo Testamento teria sido como cortar as próprias raízes. Sem o conhecimento do Antigo Testamento, não se entenderia o que Jesus disse e fez. O próprio Cristo se transformaria numa figura a-histórica, "gnóstica", maleável ao gosto de cada "iluminado"...

Até hoje, a primeira parte da liturgia dominical é concebida como momento de formação da fé adulta, a partir dos escritos do Antigo e do Novo Testamento. Até a reforma litúrgica do Concílio Vaticano II, esta parte se chamava "Missa dos Catecúmenos", porque era participada (também) pelos candidatos ao batismo, enquanto o "mistério" eucarístico, que lhe seguia, era reservado aos já iniciados. Não se esqueça, porém, que os principais participantes da primeira parte da Missa eram os já batizados, os "perfeitos" – os cristãos adultos –, que recebiam assim uma formação permanente, sempre renovada. A Igreja sempre achou necessário "reciclar" os fiéis. A fé nunca é adquirida para sempre. Surgiu assim a catequese "mistagógica" (orientação dos "iniciados" ou *mystoi*), da qual o Evangelho de João, sobretudo na sua segunda metade, pode ser um exemplo.

2.3. Recuperar a auscultação da fé e a iniciação cristã

Com o generalizado batismo das crianças, a iniciação cristã praticamente desapareceu. No cristianismo medieval e tridentino, a liturgia da Palavra já não cumpria sua função catequética, porque os textos eram lidos em latim e a pregação estava desligada dos textos. Até poucos anos atrás existiam os diretórios diocesanos ou nacionais que prescreviam temas de pregação segundo um esquema conceitual, não na ordem da liturgia, mas do catecismo, sem a mínima consideração do dado litúrgico.

Portanto, se se fala em função catequética da liturgia da Palavra, não se pensa em catecismo sistemático, estruturado em torno de conceitos. Pelo contrário, o povo está por demais acostumado a procurar verdades intelectuais, enquanto a fé celebrada na liturgia mostra, antes, paradigmas vitais. Na liturgia não encontramos definições, respostas a perguntas conceituais, tópicos do catecismo tridentino em forma tematizada (pecado original, virtudes teologais e cardeais etc.). As leituras litúrgicas refletem a fé pouco sistematizada do Antigo e do Novo Testamento, mas podemos ter certeza de que nos falam de todas as realidades essenciais da fé.

Na liturgia, o "ensino" acontece pela comemoração do Evento Salvífico na Palavra e no rito eucarístico. A catequese da liturgia, baseada na autoexpressão das primeiras comunidades cristãs no Novo Testamento e na sua interpretação do Antigo, é verdadeira *oboedientia fidei*, auscultação da fé visitada em sua fonte primeira e mais pura. Reconhecemos o valor didático do catecismo sistemático, mas não se pode apanhar a fé exclusivamente no recipiente dessa sistematização conceitual, que fornece apenas uma segunda via do original da fé. Devemos ouvir as testemunhas da fé nas suas palavras originais, fazendo um esforço de compreensão histórica, procurando situar o sentido que elas quiseram expressar. Ora, para tal compreensão é preciso que os responsáveis da liturgia tenham o devido preparo, a fim de que possam, em palavras simples, fazer o povo sintonizar com a mensagem das testemunhas privilegiadas.

"Nossos pais nos contaram" (Sl 78). Não é tempo perdido escutar histórias antigas; elas são nossa própria história, as lembranças mais originais da comunidade de fé que é nossa. Além disso, ao escutar essas historias antigas, não escutamos histórias, mas testemunhas, pessoas, às quais tentamos "entender", levando em consideração seu tempo e ambiente, exatamente como quando se trata de entender a mensagem de um amigo.

E onde fica então o "valor atual"? Ao deslocarmo-nos até as primeiras testemunhas, levamos conosco todo o nosso ser e também os problemas e conflitos que vivemos hoje. Decerto, mantemo-los "em surdina", para melhor escutar o testemunho original. Mas, na medida em que vivermos profundamente os nossos problemas e escutarmos atentamente o testemunho original, com certeza os dois elementos entrarão num diálogo fecundo, em nós mesmos e em nossa comunidade. A formação da fé na liturgia não é estruturada imediatamente por nossas questões de atualidade, embora estas estejam presentes e nos levem a ir em busca das fontes. Antes, no momento do encontro com as fontes, nós nos deixamos questionar pela experiência inicial da Salvação manifestada em Jesus Cristo. Podemos, no entanto, ter certeza de que isso projetará uma luz sobre as nossas questões atuais e talvez as transforme.

Ora, visto a liturgia ser mistério, isto é, participação, seu ensinamento não se transmitirá onde não existir a experiência daquilo que é significado por sua palavra. A catequese litúrgica nada nos ensinará, se não a praticarmos ou vivermos em nossa vida. Daí a exigência de atualizar para nós hoje o que a Palavra nos faz intuir.

A mensagem da liturgia é uma palavra comunitária, concebida dentro da comunidade e destinada à comunidade. Por isso, não pode ficar aprisionada no pietismo do coração individual; antes, deve tornar-se meio de comunicação entre os irmãos. Devemos, a partir da liturgia, criar uma linguagem para comunicar entre nós aquela experiência original da fé que só a celebração das fontes da fé, na liturgia, consegue levar à tona – uma linguagem "especial", assim como a respeito do futebol usamos a linguagem do futebol e não, por exemplo, a da informática.

2.4. Descobrir a estrutura da liturgia

Para realizar tudo isso, é preciso que descubramos o fio condutor da liturgia como um todo e de cada um de seus componentes (os "formulários" das missas);

e, também, que vivamos em sintonia com os grandes momentos litúrgicos, os tempos fortes, as festas... Todo esse conjunto, com seus acentos específicos, seus gestos e sinais, seus júbilos e silêncios, sua mística e empenho prático, forma a linguagem que só em sua totalidade nos consegue falar da Salvação realizada por Deus em Jesus Cristo. *É preciso descobrir a estrutura fundamental do edifício litúrgico* e, a partir do núcleo central, perceber as facetas colaterais que iluminam a existência do cristão na Igreja e no mundo. Então a proclamação da Palavra será mais que um gesto formal. Será realmente "sacramento", ação sagrada que da parte de Deus garante o que ela assinala em palavras, contando com o empenho das faculdades humanas da compreensão e da comunicação.

2.5. Preparar e celebrar como convém

O rico encontro que acabamos de evocar não cabe nos sessenta minutos de uma tradicional missa dominical. Exige em primeiro lugar, como dissemos, uma liturgia bem preparada, celebrada e participada (evidentemente não em estilo oba-oba). Mas além disso, as celebrações devem ser verdadeiramente comunitárias, de modo que cada um se sinta membro participante. Daí a necessidade de multiplicar a celebração em comunidades de porte menor, tanto no interior do país, por causa das distâncias, como nas cidades, onde o anonimato mata a alma. Isso supõe uma flexibilização da organização paroquial. Na prática deve-se contar com celebrações da Palavra em comunidades menores, presididas por diáconos ou ministros extraordinários da Palavra, conscientes, porém, de que a Palavra e o gesto eucarístico constituem sempre uma unidade, pois foi no dom da vida até o fim que Jesus confirmou o que sua palavra proclamou.

Além disso, fazem parte desse esforço de "catequese bíblico-litúrgica" os momentos de *preparação*, sobretudo dos ministros da Palavra e das equipes de liturgia. Podem organizar-se tardes de formação de ministros e catequistas. Há também a *continuação* da celebração em singelos círculos bíblicos populares, em redor de um tema escolhido ou até de um desenho distribuído por ocasião da celebração. Neste nível, é necessário um cuidadoso planejamento dos conteúdos a serem destacados, para não cair em repetição e chavões; e, da parte dos membros das comunidades, espera-se assiduidade, para que a sabedoria do evangelho penetre aos poucos, domingo após domingo, em seus corações. Por isso continua válido o "preceito dominical", e podemos interpretar que sua intenção se estende à celebração da Palavra (sem Eucaristia), pois todos precisam alimentar-se, sempre, com a Palavra que em Jesus se tornou carne[2].

---

2. Por isso, *pastoralmente falando*, não convém acentuar a distinção entre celebração eucarística e celebração da Palavra: os fiéis são convidados à celebração dominical que sua comunidade tem possibilidade de oferecer, indistintamente. O ideal seria, evidentemente, que o ministério fosse organizado de tal modo que cada comunidade pudesse ter, cada domingo, a sua Eucaristia.

3. Liturgia e vida

3.1. Da vida à liturgia e da liturgia à vida

Muitos cristãos empenhados na realidade da vida cansaram-se com o modo alienado em que, muitas vezes, a liturgia era celebrada, deixando de ser "liturgia". Pois a *leitourgia* – do grego *laós*, "povo" e *érgon*, "obra" – é o ofício do Povo de Deus para louvá-lo e celebrar seu mistério no Cristo Jesus. Como seria possível tal ofício se não existe contato com a vida do povo?

Liturgia é estar à escuta da experiência original do mistério de Deus em Jesus Cristo, experiência das testemunhas da primeira hora, os autores do Novo Testamento e sua comunidade. É re-presentação, presentificação do desabrochar da fé em Jesus Cristo. Deve existir uma tensão fecunda entre a atualidade da vida comunitária e pessoal de hoje e o passado "fundador", que é re-presentado na liturgia. Não podemos eliminar essa tensão de modo prematuro, suprimindo um dos dois termos, que devem fecundar-se mutuamente. Há um caminho da vida à liturgia e um caminho da liturgia à vida. Levamos nossa vida à liturgia e trazemos o mistério que celebramos de volta para nossa vida.

A liturgia não pode ser uma fuga da vida. Não é possível celebrar a memória de Jesus desinteressando-se da atualidade humana. Levamos para a liturgia não apenas a vida individual, mas a do Povo de Deus todo e de todos os seres humanos, no meio dos quais o Povo de Deus exerce sua missão de testemunha. Por isso, as preces dos fiéis têm forma litúrgica comunitária. Mas, ainda que as preces exprimam realidades particulares, a presença da atualidade na liturgia se dá num sentido mais fundamental. A liturgia dominical deve tocar as cordas do "baixo contínuo" da existência cristã, o teor fundamental da experiência cristã hoje.

Quando nos deslocamos, com a nossa história pessoal e comunitária, para o mundo das leituras litúrgicas, encontramos as testemunhas da primeira hora, os nossos irmãos mais velhos na fé, expressando a sua experiência de Deus em Jesus de Nazaré. Será que eles conseguem dizer algo de significativo para nós? Num reflexo imediatista, podemos ser tentados a julgar ultrapassadas as velhas palavras. Porém, não será a verdadeira atitude cristã esforçarmo-nos para entender o que nossos irmãos mais velhos, com sua vivência privilegiada, tratam de expressar? Quem está disposto a escutar seu irmão pobre de hoje, não estará pronto, também, para escutar pacientemente um pescador galileu, que procura dizer, em termos que já não são nossos, a coisa extraordinária que ele viveu com Jesus de Nazaré? Sobretudo, se esse pescador galileu, em nome daquela mesma vivência, nos ensina a escutar nosso irmão pobre. Esta escuta provavelmente exigirá o intermédio de alguém que nos faça compreender o interlocutor de tempos idos – alguém que compreenda o tempo do autor bíblico e também o nosso, assim como um tradutor-intérprete deve entender a língua de origem e a língua de destino do texto traduzido. Daí a interpretação, a exegese, a homilia...

Ao levar nossa vida à liturgia, encontramos uma comunidade de pessoas que antes de nós viveram aquilo que nós somos chamados a viver: os pais da fé cristã, os autores do Novo Testamento. Expressaram sua vivência nos mais diversos gêneros literários, referindo-se constantemente à sua "religião antiga", cristalizada no Antigo Testamento, que por isso é conservado na liturgia. E aí estamos nós, pensando em operários que não sabem se amanhã terão emprego; em migrantes rurais vivendo do vento nas periferias urbanas; em mães que não sabem como enfrentar um número exagerado de filhos; em médicos que não conseguem escapar da comercialização da saúde; em administradores que se deixaram envolver na corrupção generalizada; em policiais que queriam zelar pela ordem e só protegem a desordem...

Será que Tiago, João, Paulo nos dão respostas para isso? Em termos diretos, não. A paternidade responsável ou a ecologia, por exemplo, não eram problema para eles. Contudo, se aprendermos a escutar o "baixo contínuo" de nossa existência, perceberemos o sentido que o testemunho deles tem para nós. Aprenderemos a conhecê-los como nossos irmãos mais velhos, "alicerces" de nossa fé, e seremos capazes de imaginar como eles, transformados pelo encontro com o Homem de Nazaré, sentiriam o que nos preocupa – o que Jesus sentiria a respeito daquela mãe com demasiados filhos ou a respeito daquele diretor de escola impotente diante do problema das drogas. E assim voltamos da liturgia à nossa vida.

Deste modo, a formação da fé na liturgia se dá numa articulação da vivência de nossos pais na fé com aquilo que a Igreja está vivendo hoje, não uma fé só de doutrina, mas uma fé posta em prática na busca da justiça e fraternidade.

Qual é, então, o espaço da práxis da Igreja hoje, na liturgia? É um espaço discreto. O centro da liturgia é Cristo, não a Igreja. Mas, perguntamos, a Igreja não é a encarnação do Cristo aqui e agora? Encarnação sim, mas não substituição. A Igreja é "corpo" do Cristo, mas ele continua sendo a Cabeça. A Igreja é sacramento, presentificação do Cristo, mas a finalidade desta presentificação é Jesus Cristo e o Pai nele. A Igreja não é o fim em si. Por isso, a liturgia não deve tematizar de modo unilateral ou exagerado a atuação da Igreja hoje. Decerto, vale incluir a vida da Igreja no mistério de Deus em Jesus Cristo, fonte dessa vida, e assim confrontar a práxis eclesial com sua fonte. Mas a liturgia não deve ser instrumentalizada para justificar ou exaltar o que a Igreja está fazendo. Quem é celebrado na liturgia é Deus. Assim como já dissemos que a liturgia tem uma dimensão catequética, mas não é mera catequese, assim a atuação eclesial (pastoral) pode e deve estar presente na liturgia, mas a liturgia não é um mero instrumento dessa atuação. É celebração do mistério que é fonte dessa atuação.

3.2. O uso de temas de atualidade na liturgia

Expostos estes princípios, podemos agora pensar como organizar a "discreta presença" dos temas de atualidade na liturgia.

Para trazer presente a vida ao mistério eucarístico, é útil integrar na celebração litúrgica temas que dizem respeito à atualidade vivida pelo povo. O próprio missal contém certo número de formulários litúrgicos, ou pelo menos orações e comemorações, dedicados a temas especiais. Porém, nem sempre é possível celebrar "missas temáticas". Exatamente nos domingos e solenidades, normalmente, isso é proibido. Daí recorrer-se, muitas vezes, à inclusão de um tema de atualidade dentro de uma liturgia dominical que já tem outro tema próprio (p.ex., o Dia das Mães num domingo do tempo pascal). Este tema secundário não deve ser introduzido de maneira artificial, nem de modo a sufocar o tema do domingo. Portanto, quando se inclui um tema de atualidade numa liturgia dominical, o tema próprio do domingo seja tratado segundo sua índole própria, em continuidade imediata com as leituras que o expressam. O tema de atualidade poderá entrar na "aplicação" da homilia, nas preces dos fiéis, no envio final ou em outro momento adequado.

O problema que tocamos é especialmente agudo com relação à Campanha da Fraternidade, porque esta exige o desenvolvimento sistemático de um tema maior da atualidade sociopastoral, mas coincide com um tempo litúrgico riquíssimo em temas próprios, aliás, fundamentais: a Quaresma. É preciso encontrar a articulação adequada, fazendo com que a Campanha da Fraternidade não sufoque, mas antes "encarne" os temas próprios do tempo quaresmal, que não podem ser preteridos (a fé, o batismo, a conversão, a união com o Cristo padecente, a ressurreição etc.). Às vezes a temática da Quaresma (p.ex., a fé) conduz, a modo de exemplo, ao tema sociopastoral (p.ex., a solidariedade com os migrantes), mas, mesmo assim, o tema sociopastoral exige espaço para uma explicação didática, quase uma aula, sobretudo quando é desconhecido ou erroneamente conhecido pelo auditório. Diante disso, sugerimos que haja momentos diferentes para o tema litúrgico e o tema sociopastoral. A homilia sirva para aprofundar a mensagem litúrgico-bíblica própria. O tema sociopastoral pode ser desenvolvido num outro momento, por exemplo, depois da comunhão, antes do envio, incluindo já as dicas para a organização prática, juntamente com os avisos para a comunidade; ou, melhor ainda, nos grupos de reflexão. O importante é que se evite misturar dois assuntos e, muitas vezes, duas linguagens, dois níveis de consciência da fé, como frequentemente acontece.

4. A organização da liturgia dominical renovada e sua celebração

4.1. O ciclo trienal da liturgia dominical

4.1.1. Anos A, B e C

A liturgia dominical renovada é organizada conforme um ciclo trienal, comportando os anos A, B e C. Em princípio, as leituras são diferentes em cada um dos três anos. Porém, nas festas maiores ocorre que todas as leituras, ou uma parte delas, são idênticas nos três anos do ciclo, porque o tema da festa exige a presença de certos textos característicos (é o caso, especialmente, de Natal, Páscoa e Pentecostes).

A cada ano, a liturgia percorre o caminho que vai da espera do Messias à realidade final, tomando como fio condutor um dos três evangelistas sinóticos[3] (Ano A = Mt; ano B = Mc; ano C = Lc), sobretudo no tempo comum, i.é, fora dos períodos festivos (Natal e Páscoa) com suas respectivas preparações (Advento e Quaresma). Assim, estes três evangelistas conferem a cada ano do ciclo um acento próprio.

Ano A: evangelho de **Mateus**: o acento está na pessoa de Jesus como Filho que se coloca à disposição da vontade de Deus, que ele conhece e proclama como Pai (Sermão da Montanha, oração do "Pai-nosso"); e todos nós somos reunidos, como filhos do mesmo Pai e irmãos e irmãs mutuamente, na comunidade eclesial, outro ponto de destaque neste evangelho.

Ano B: evangelho de **Marcos**: este evangelho, modelo do "primeiro anúncio" (querigma), proclama que Jesus é o Messias, como mostram suas obras, porém, não segundo as expectativas preconcebidas das pessoas, mas segundo o pensamento de Deus, que supera infinitamente as expectativas humanas: Jesus é Messias não para dominar, mas para servir e dar sua vida. Por isso, em vez de se intitular Messias, ele prefere falar de si como o misterioso "Filho do Homem".

Ano C: evangelho de **Lucas**: Jesus anuncia a graça de Deus e a libertação da opressão aos que no mundo ocupam o último lugar, inclusive os estranhos, os pecadores, as mulheres... É o evangelho dos simples, dos pastores no campo, do filho pródigo, evangelho da graça e da misericórdia de Deus para toda a humanidade.

Todo este conjunto tem como centro permanente o **mistério pascal**, acentuado no Tríduo Sacro e no tempo pascal, que colhe suas leituras do evangelho de **João** (nos três anos). Mas o mistério pascal é também a dimensão principal de cada celebração eucarística, durante o ano todo. Podemos, pois, dizer que o mistério pascal é a alterosa dominante, cujas vertentes alimentam toda a paisagem da liturgia dominical.

4.1.2. Tempos fortes e tempo comum

Cada ano litúrgico tem dois "tempos fortes", o período natalino e o período pascal, alternados com dois momentos do tempo comum.

---

3. Chamam-se evangelistas *sinóticos* Mt, Mc e Lc, por seguirem o mesmo esquema e poderem ser postos lado a lado numa visão de conjunto, chamada "sinopse".

Nos "tempos fortes", o uso do "evangelista do ano" não é sistemático e só acontece quando o tema da celebração o permite. No período natalino (Advento-Natal), os evangelhos começam evocando a perspectiva escatológica dos ensinamentos finais de Jesus; depois continuam com a preparação imediata da vinda do Messias (João Batista, Maria) e culminam nos acontecimentos do nascimento e infância de Jesus. Quanto ao período pascal (Quaresma-Páscoa), na Quaresma leem-se os episódios que tratam da conversão e da catequese batismal. No Tríduo Sacro e nos domingos pascais é lido sistematicamente o evangelho de João, o evangelho do Cristo pascal, e isto, nos três anos do ciclo litúrgico. O "evangelho do ano" é respeitado na leitura da Paixão de N. Senhor no domingo de Ramos, respectivamente segundo Mt (A), Mc (B) e Lc (C). A Paixão segundo João é lida anualmente na Sexta-feira Santa.

Já durante o tempo comum (os domingos entre o Batismo de Jesus e Cinzas e entre Pentecostes e Cristo-Rei, fim do ano litúrgico), a liturgia segue sistematicamente a "leitura contínua" do "evangelista do ano" desde o início da pregação de Jesus até sua conclusão (de modo que os temas escatológicos do fim da pregação de Jesus coincidem com o fim do ano litúrgico).

Na organização do ciclo trienal foram considerados não apenas os domingos dos "tempos fortes" e do tempo comum, mas também as festas diretamente ligadas à dinâmica do ano litúrgico, que evoca, dentro da moldura da primeira e da segunda vinda do Senhor, toda a História da Salvação. Assim, tendo apresentado no Advento a expectativa messiânica do mundo desde a criação até a vinda de Jesus Messias, a liturgia celebra no âmbito de Natal e do mistério da Encarnação a família de Jesus, sua santa Mãe, a Epifania e o Batismo de Jesus.

No período pascal acrescenta-se aos domingos da Quaresma a Quarta-feira de Cinzas. As semanas depois da Páscoa são enriquecidas com a festa da Ascensão. Já encerrado o tempo pascal (pelo Pentecostes), mas ainda na sua sequela e marcando a retomada do tempo comum, encontramos as festas da SS. Trindade, do SS. Sacramento (*Corpus Christi*) e do S. Coração, que participam da variação trienal. E o mesmo vale para a festa de Cristo-Rei, que encerra o ano litúrgico.

Outras festas (de Cristo, de N. Senhora, dos Santos etc.), que não possuem tal laço orgânico com a sequência do ano litúrgico, mas podem ser celebradas nos domingos do tempo comum, são tratadas na presente obra depois dos comentários do ciclo trienal.

Esquematicamente:

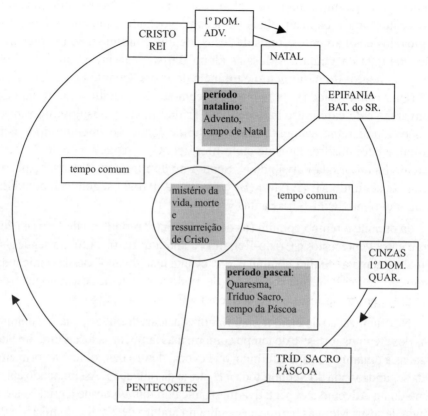

ou:

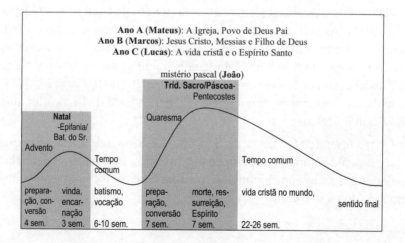

Período natalino

1. Tempo do Advento: Ponto de partida do ano litúrgico: a espera do Messias. Os fiéis se preparam pela conversão para a celebração dessa vinda: "Revestido de nossa fragilidade, ele veio a primeira vez... revestido de sua glória, ele virá uma segunda vez" (Prefácio do Advento I).

2. Tempo de Natal e Epifania: O centro do período natalino é a celebração da vinda do Messias ao mundo, pelo nascimento (Natal) e manifestação (Epifania) de Jesus de Nazaré; este tempo se encerra com a festa do Batismo do Senhor.

Primeira parte do tempo comum

Encerrado o período natalino, são celebrados os momentos iniciais da atividade pública de Jesus, segundo o evangelista do ano.

Período pascal

1. Tempo da Quaresma: Antes de celebrar o ponto alto da obra de Jesus, preparamo-nos pelo grande período de conversão que é a Quaresma, no sentido de aderir com mais firmeza ao caminho trilhado por Jesus, fiel à sua missão até a morte. Esse é o tempo por excelência para preparar o batismo, administrado preferencialmente na noite pascal.

2. Tríduo Sacro, tempo pascal e Pentecostes: O Tríduo Sacro, celebração da paixão, morte e ressurreição de Jesus, da tarde de Quinta-feira Santa até a Vigília Pascal, é o centro do ano litúrgico. Com a celebração da Ressurreição no dia da Páscoa inicia o *tempo pascal*, durante o qual se aprofunda o mistério da morte e ressurreição de Jesus, o sentido do batismo e o dom do Espírito Santo, celebrado especialmente no Pentecostes, encerramento deste tempo.

Segunda parte do tempo comum

Depois de Pentecostes e as solenidades do Senhor no tempo comum (SS. Trindade, SS. Sacramento, Sagrado Coração), a liturgia retoma a sequência dos evangelhos da atividade pública de Jesus segundo o evangelista do ano, até as pregações finais sobre o Fim e o Juízo. O último domingo deste tempo (e de cada ano litúrgico) é a celebração de Jesus Cristo, Rei do Universo.

4.2. Os elementos da celebração

As *primeiras leituras*, na liturgia dominical, são, via de regra, escolhidas do A.T., em função do evangelho, à moda de "tipologia", ou seja, de ilustração ou prefiguração do tema do evangelho. (Na Quaresma, porém, tempo de conversão e preparação batismal, as primeiras leituras nem sempre ilustram diretamente o evangelho, porque apresentam os grandes temas da pedagogia divina no Antigo Testamento. Nos domingos do *tempo pascal*, as primeiras leituras constituem uma sequência própria; tomadas dos Atos dos Apóstolos, lembram os primórdios da Igreja, fundada sobre a Ressurreição e o dom do Espírito do Senhor Ressuscitado.)

As *segundas leituras* são as que mais causam problemas para a apreensão do espírito de cada celebração dominical. No Advento e na Quaresma, como também nas grandes festas e suas vigílias, elas são normalmente escolhidas em função do tema principal. *Nos domingos do tempo comum*, porém, as segundas leituras não estão integradas na temática que une a 1ª leitura, o salmo responsorial e o evangelho, por serem uma leitura contínua das cartas dos Apóstolos e do Apocalipse, sem a preocupação sistemática de acompanhar o tema principal. Assim, pode ocorrer que a 2ª leitura separe o tema principal (evangelho) de sua ilustração ou prefiguração (1ª leitura). Este inconveniente pode ser resolvido recorrendo à faculdade de suprimir, por razões pastorais, uma das leituras; ou usando a segunda leitura (que geralmente contém pensamentos de exortação ou de ação de graças) como "exortação apostólica" inicial ou como meditação final (depois da comunhão); ou substituindo-a por uma leitura mais adequada[4].

Quanto aos *evangelhos*, é desnecessário dizer que constituem o cerne da liturgia da Palavra e oferecem, normalmente, o eixo principal para a homilia.

Quanto às *orações* (oração do dia ou "coleta"; oração sobre as oferendas; oração final ou depois da comunhão), é mister observar que elas provêm da antiga liturgia latina (mas nem sempre do Missal Romano de Pio V). Nas grandes festas e nos domingos do Advento e da Quaresma, sua integração com o tema principal é, geralmente, perfeita. O mesmo não se pode dizer, infelizmente, com relação aos outros domingos, já pelo fato de as orações serem sempre as mesmas num determinado domingo, nos três anos do ciclo litúrgico, enquanto as leituras (e os temas) variam. Em outros países é permitido o uso opcional de orações que acompanham a temática das leituras de cada domingo de cada ano. Tais orações foram preparadas para o Brasil, esperando seu reconhecimento pela Santa Sé; mas mesmo sem isto podem ser usados, por exemplo, como conclusão das preces dos fiéis, recolhendo os sentimentos suscitados pela Palavra[5].

Quanto ao *canto de entrada* e o *canto da comunhão* apresentados no Missal, o problema é análogo. São adequados nas festas, no Advento e na Quaresma, mas nem sempre nos outros domingos.

O *salmo responsorial*, ao invés, é sempre escolhido em função da 1ª leitura. Oferece uma ocasião privilegiada para o povo participar na Liturgia da Palavra, desde que se respeitem o tema oferecido pela liturgia e o gosto artístico. Coloque-se nas mãos do povo o texto do Salmo, em apresentação gráfica clara, com separação dos versos, para permitir a recitação alternada (cf. Lecionário) e restituir, num certo sentido, o Saltério ao povo. A própria liturgia sugere que se

---

4. Cf. acima, nota 1.
5. Publicadas no fascículo *Celebração da Palavra de Deus* (São Paulo: Paulus, 1995. Subsídios da CNBB, 3).

alterne a "estrofe" (recitada ou cantada) com o "refrão" (de preferência cantado; qualquer músico religioso é capaz de inventar uma melodia fácil para estes refrões, que podem ser aprendidos na hora).

A *aclamação ao evangelho* prepara a leitura, seja por uma frase tirada do evangelho (nas festas, principalmente), seja por uma frase bíblica que exorta à auscultação da palavra de Deus (no tempo comum a aclamação pode ser tomada de qualquer domingo). A aclamação deve conter sempre o Aleluia, menos na Quaresma. Por isso cuide-se de não usar durante o ano todo a aclamação ao evangelho da Campanha da Fraternidade, pois essa é da Quaresma e não contém o Aleluia. (Quanto à 2ª leitura, não há canto referindo-se a essa.)

Quanto ao *canto da comunhão*, nos domingos comuns, sempre se oferecem duas opções, geralmente com vistas à temática das leituras em um ou outro ano do ciclo. Esta possibilidade de opção convida os responsáveis da preparação litúrgica a verificar qual texto melhor combina com o tema e a não repetir eternamente os mesmos cantos, que muitas vezes são apenas "canções religiosas", não cantos litúrgicos.

A liturgia renovada não prevê um canto das oferendas (o antigo "ofertório"), mas quando se faz uma procissão das oferendas é desejável que haja tal canto. Num espírito de sadia criatividade, a apresentação das oferendas (ofertório) pode ser aproveitada para um momento contemplativo-artístico, com a execução de algum canto ou música instrumental artística ou, quem sabe, uma antiga antífona gregoriana, criando espaço para o Mistério que envolve a celebração.

Os *cantos ordinários* (*Kyrie, Gloria, Sanctus, Agnus Dei*), que não dependem da temática variável, tendo letra fixa, deveriam ser os primeiros cantos a tornarem-se conhecidos e decorados pelo povo. Ora, na realidade, se não são suprimidos, são, muitas vezes, substituídos por baratos "arranjos" de origem duvidosa. Em vez de acompanhar a saudação da paz com ruidosas músicas oriundas dos movimentos de jovens, convém deixar desembocar esse momento de recolhida irmandade num belo canto do *Agnus Dei*.

4.3 – Roteiro prático para a celebração

> Este roteiro, cotejado com as orientações do Missal e da CNBB, não é uma norma oficial, mas apenas uma sugestão prática, baseada na experiência, para organizar *de modo simples e transparente* – já que os exageros afastam os fiéis – a celebração da Eucaristia ou da Palavra.

4.3.1 – Preparação

A) Leituras

É indispensável que os leitores – inclusive o sacerdote que for proclamar o evangelho – preparem a leitura. Só se proclama bem o que se entende. Daí a importância de estudar o sentido das leituras com os leitores. Se possível, decorem as leituras para proclamá-las de modo convincente e penetrante. (Uma escola de leitores é, na atual circunstância, até uma contribuição sociocultural, visto o estado lamentável do ensino.)

Ensinem-se também técnicas vocais e o manuseio de meios eletrônicos *na medida certa* (evite-se o uso de microfones em espaços pequenos, como também o efeito de *show*, que contraria o recolhimento necessário para a proclamação da Palavra; aumentar o volume do microfone não propaga a Palavra, abafa-a).

B) O espaço

1) *altar* : em lugar central e visível para todos; com toalha, sem enfeites exagerados, livre (não encostar mesinha ou cadeira por perto); duas velas sobre o altar ou perto dele; no *tempo pascal* fica perto do altar o círio pascal (e, se oportuno, a água batismal).

2) *estante para a leitura*, também em lugar central e visível;

3) *cadeiras de quem preside e dos ministros*: na proximidade do altar e da estante de leitura;

4) *mesa das oferendas*: no ponto de onde deve sair a procissão das oferendas;

5) *instalação acústica*: *se necessário*, microfones para quem preside, os leitores, o comentarista; equilibrar bem o som, sem microfonia ("chiado") e sem exagerar o volume. O som fica mais claro quando não há exagero, o que ajuda também as pessoas a guardarem o silêncio e a se concentrarem (para a proclamação, é preciso diminuir o "grave" na regulagem do som).

C) Canto e música

– As músicas sejam escolhidas o mais possível de acordo com o tema litúrgico.

– Sejam executadas com fineza e bom gosto, sem exagerar o volume ou a duração. Deus não é surdo. O canto de entrada serve para convocar e criar o ambiente, por isso, pode durar até que todos estejam bem ambientados.

– Não devem sufocar a celebração. Procurem-se cantos realmente litúrgicos: a celebração da missa/do culto não é um *show*. Valiosas para os jovens, as sessões de canção religiosa devem ser realizadas fora da celebração litúrgica, em momentos adequadas, por exemplo, antes ou depois da missa ou culto.

– Os instrumentos devem sustentar o canto, não abafá-lo: manter o volume discreto (temos mania de exagerar nos aparelhos elétricos: geladeira, ar condicionado e som; o botão do volume pode tanto diminuir quanto aumentar o som...)

– *O cantor deve esperar até que o instrumento dê o tom,* antes de iniciar o canto. E se o canto sair na frente sem esperar o tom, o violeiro não fique procurando o tom, mas desista do acompanhamento.

4.3.2 – Desenvolvimento da celebração

Na celebração sem sacerdote presidente, omitam-se as partes marcadas com º. Logo depois das preces dos fiéis passe-se – eventualmente com um breve louvor ou lembrança da Última Ceia – para o Pai-nosso e a comunhão das hóstias previamente consagradas.

A) Ritos iniciais

- **(de pé)** Anunciar e cantar o *canto da entrada*, que deve criar a atmosfera para todo o resto, sem muito comentário prévio; entretanto, *procissão de entrada*
- *Saudação* de quem preside (sacerdote ou ministro)
- *Ato penitencial* e *Kyrie* (se oportuno, aspergir o povo durante o canto do *Kyrie*).[6]
- *Glória*, se houver (recitado ou cantado: louvor à Trindade)
- *Oração do dia* (podem-se ler as intenções antes desta oração, também chamada "coleta", porque recolhe as orações dos fiéis).

B) Liturgia da palavra

- **(sentados)** Neste momento, o comentarista ou, preferivelmente, quem preside anuncia brevemente a *ideia central da celebração e das leituras*. Em vez de fazer comentários prolongados antes das leituras, como apresentam certos folhetos dominicais, é melhor anunciar *numa frase única* o tema principal do conjunto das leituras, para "abrir" os ouvidos àquilo que exige atenção especial durante a leitura, e que depois será explicado na homilia. Palavras demais abafam "a Palavra"!
- *1ª leitura*
- *Salmo responsorial* (o povo repete o refrão do Lecionário; se este for comprido demais, pode ser encurtado ou substituído por outro equivalente)
- *2ª leitura*
- **(de pé)** *Aclamação ao evangelho* (breve e *com aleluia*; na Quaresma: sem aleluia) (durante a aclamação pode haver uma procissão e/ou incensação do livro do evangelho; duas pessoas podem ladear o livro do evangelho, cada qual segurando uma vela ou lamparina).

---

6. Evitem-se atos penitenciais prolongados e de teor subjetivo ou acusando os pecados dos outros. Antigamente, o ato penitencial era privativo do sacerdote. O fiel consciente de sua imperfeição e de sua participação num mundo injusto encontra *na própria celebração* o perdão do pecado venial e a realimentação da graça no seu coração. (Neste sentido seja evitada a prática antiga da "confissãozinha", logo antes da missa ou durante a missa, "para poder comungar", prática muitas vezes marcada por um sacramentalismo legalista ou por escrupulosidade doentia.)

- *Leitura do evangelho*
- (**sentados**) *Homilia* (limite-se a um ou dois pensamentos, que as pessoas possam levar consigo)
- (**de pé**) *Credo*
- *Preces dos fiéis*

C) Liturgia eucarística

- (**sentados**) °*Procissão das oferendas* (em primeiro lugar o pão e vinho que vão ser consagrados), canto da oferenda (não é obrigatório; pode haver silêncio ou suave música instrumental)
- Se for o costume, trazer neste momento contribuições ao altar, coleta, campanha do quilo etc.)
- °Preparação do pão e do vinho no altar, pelos ministros
- °Se oportuno, incensação do povo
- °Lava-mãos de quem preside
- (**de pé**) °*Oração sobre as oferendas* por quem preside
- °*Prefácio*, com *Santo* (de preferência cantado)
- °*Oração eucarística*
- *Pai-nosso*
- *Saudação da paz* (*se for oportuno*, os fiéis se saúdem com a paz; se houver canto acompanhante, é preferível que este seja o Cordeiro de Deus, cf. a seguir)
- °*Fração do pão*, acompanhada do
- *Cordeiro de Deus* (preferivelmente cantado) (neste momento são trazidas as hóstias anteriormente consagradas, se houver)
- *Comunhão* (aconselha-se que *os cantores e músicos*, ou alguns deles, *venham comungar primeiro*, para depois poderem cantar o canto de comunhão sem interrupção)
- (**sentados**) Momento de *ação de graças/interiorização* (em silêncio, ou com algum canto ou música meditativa)
- (**de pé**) *Oração depois da comunhão* (oração final)

D) Ritos finais

- Se for o caso, avisos da comunidade, apresentação de pessoas celebradas etc.
- °*Bênção* (nas festas: fórmula solene, cf. o Missal)
- *Envio* ("Ide...")
- *Procissão de saída*, enquanto se canta o *canto final*

4.4 – A homilia

4.4.1 – Conteúdo

A homilia é uma "conversa" (este é o sentido originário do termo) para *aprofundar o sentido das leituras* bíblicas, principalmente do evangelho, explicando seu sentido original (**elemento bíblico**), *relacionando-o com o mistério que se celebra* (**elemento mistérico**) e *ligando-o com a atualidade* da fé e da vida dos fiéis (**elemento vivencial**).

Não é necessário falar das três leituras. Pela meditação prévia e pela preparação em conjunto (em nível de comunidade ou de paróquia), defina-se um ponto fundamental que seja relevante para a práxis da fé hoje, de preferência no evangelho. As outras leituras fornecem ideias suplementares. No tempo comum, a 1ª leitura, tirada do A.T., é sempre uma ilustração daquilo que Jesus diz ou faz no evangelho. Por isso, não é preciso falar sobre a 1ª leitura em si; basta mostrar a luz que ela traz para melhor compreender os gestos ou as palavras de Jesus. (Já a 2ª leitura, por seguir a sequência das cartas apostólicas, não tem sempre uma relação clara com o evangelho.)

A homilia é essencialmente mistagógica, ou seja, conduz o fiel ao mistério eucarístico, a memória da vida, morte e ressurreição do Cristo, que confirma a sua palavra. É importante que faça aparecer o nexo entre a Palavra e a Eucaristia. Por outro lado, ela tem também uma função catequética, de instrução da fé, e essa instrução deve ser pedagógica, clara e bem ordenada. Para isso é preciso, como foi dito, proceder de modo progressivo, não querer dizer tudo ao mesmo tempo, mas ater-se a uma ideia principal, que surja da proclamação da Palavra.

Ora, se em cada domingo se insiste em uma única ideia para a formação dos fiéis, é importante trazer cada domingo uma ideia nova. Existem planejamentos para os três anos litúrgicos (veja, p.ex., o *Quadro de temas, celebrações e leituras* no final deste livro), para que a sequência das homilias se torne uma formação permanente da fé, com a condição de que as pessoas sejam assíduas... Por isso, *vale insistir que o culto sem padre tem a mesma importância pastoral que a eucaristia celebrada com padre*: com ou sem padre, a Palavra de Deus é sempre alimento indispensável para a vida da fé. E o ministro que preside deve oferecer esse alimento da melhor maneira possível.

4.4.2 - Forma

Seja breve (5 a 10 minutos).

(Inicialmente pode haver um ambientação na vida mediante a menção a um problema da atualidade, um fato da vida ou coisa semelhante, uma pergunta aos fiéis ou até um depoimento de uma pessoa convidada para isso; muitas vezes, porém, é melhor iniciar imediatamente com alguma frase do evangelho que acaba de ser proferido, e fazer a ligação com a atualidade ao longo e no fim da homilia.)

1 - O "elemento bíblico": *a renarração, especialmente do evangelho*, para torná-lo mais compreensível, principalmente para os mais jovens – então também os adultos prestarão atenção. Não deve ser uma aula de exegese erudita, embora possa incluir pequenas explicações de palavras bíblicas que o povo talvez não conheça. Aproveitem-se os elementos ilustrativos da leitura do A.T., para mostrar Jesus atuante no meio de seu povo e de sua cultura. Esta re-narração da memória de Cristo seja feita de modo a relacioná-la com o sentido da celebração (cf. "elemento mistérico").

2 - O "elemento mistérico" consistirá em *ligar os temas da Bíblia e da atualidade com aquilo que está sendo celebrado*: o Mistério/Memorial da vida, morte e ressurreição de Cristo, manifestação do rosto de Deus-Amor, comunhão dos fiéis unidos num único Corpo etc.

3 - O "elemento vivencial" será uma *atualização*: que significam o gesto e as palavras de Jesus para nós hoje, em nossa situação social e cultural? Se houver uma temática especial (p.ex., Campanha da Fraternidade), pode ser abordada neste momento, ou pelo menos anunciado, para ser retomada no fim da celebração, no momento do envio.

A ordem desses elementos depende da didática de quem faz a homilia. Este deve cuidar também da *interiorização/memorização*: repetir ou cantar uma frase "para se guardar no coração" (de preferência uma frase tomada do evangelho ou da liturgia), fazer uma oração em conjunto (p.ex., com repetição das frases), manter um minuto de silêncio...

ANO A
O novo povo de Deus

O ano A leva, no conjunto, a marca do evangelista Mateus. Este evangelho foi redigido, provavelmente, depois da destruição do templo em 70 d.C., com o intuito de oferecer às comunidades judeu-cristãs da região siro-palestinense uma *didaqué*, instrução da fé, para sustentar sua vocação a serem o novo Israel. Acentua a figura de Jesus como Mestre, que nos faz conhecer a vontade de Deus como Pai dele e Pai nosso, além da dimensão comunitária e eclesial do Reino e da vida cristã.

1. Tempo do Advento

No *Advento*, primeira fase do período natalino, destacam-se as "utopias messiânicas" de Is (caps. 2, 11 e 35), relacionadas com a esperança da justiça que vem de Deus, não do jogo oportunista do poder. Os evangelhos, tomados de Mt, têm como teor fundamental essa justiça que vem de Deus e que se realiza no projeto divino de salvação, inaugurado nos tempos antigos e atestado pelas Escrituras, bem como na atuação ética do homem, guiada pela vontade de Deus. Assim, as primeiras leituras (tomadas de Is) aparecem como projeção escatológica daquilo que deve acontecer no homem mediante a conversão (cf. sobretudo o 2º dom.). Da interação de "utopia" e conversão brotam a alegria e a esperança por causa da vinda do Cristo (3º dom.). No 4º domingo, ponto culminante, tanto a leitura de Is quanto o correspondente evangelho de Mt apontam para uma salvação personalizada: a salvação que vem de Deus não é uma utopia "em geral", mas a própria presença de Deus, manifestada em seu Filho e envolvendo os que pela conversão a ele aderem. Esta primeira fase do ciclo natalino se estica assim entre Is e Mt: leva-nos a celebrar, com Mt, o cumprimento da esperança messiânica expressa em Is. Culmina na figura do Emanuel, Deus-conosco, que nos traz a justiça de Deus e exige nossa participação na mesma (Is 7,10ss; Mt 1,18ss).

2. Tempo de Natal

O Natal e as festas conexas – segunda fase do período natalino – nos falam da luz que surge nas trevas e transforma o homem pela manifestação da graça de Deus; da Palavra de Deus que se torna "carne", isto é, existência humana; da mensagem de Deus dirigida em primeiro lugar aos humildes; do lugar central da "serva do Senhor", Maria, a Virgem-Mãe, flor do povo de Israel, que integra o Filho de Deus na humanidade, num povo e numa história concretos; e, por fim, da manifes-

Ano A

tação da Salvação ao mundo, simbolizada pela homenagem dos magos do Oriente e pelo batismo de Jesus (interpretado, por Mt, como uma epifania).

3. Tempo da Quaresma

Os dois primeiros domingos da *Quaresma* evocam a tentação de Jesus no deserto e sua glorificação no Tabor (este ano, na versão de Mt). São temas que fazem aparecer Jesus como aquele que vence o mal e, por isso, é glorificado por Deus, antes que a liturgia passe a celebrar o seu sofrimento, na "hora das trevas". Paralelamente, as primeiras leituras narram os primórdios da História da Salvação: o pecado de Adão e a vocação de Abraão, ambos mostrando um germe de salvação que desabrochará na vitória final do Cristo. No 3º, 4º e 5º domingos quaresmais, encontramos as grandes "cateqeses batismais" de João (Jo 4, a samaritana; Jo 9, o cego de nascença; Jo 11, Lázaro, já prefigurando a ressurreição de Cristo e nossa vida eterna). Nestes domingos, as primeiras leituras, sempre escolhidas dentre os grandes episódios da História da Salvação antes de Cristo, combinam, em parte, com os evangelhos (a água do Horeb com Jo 4; os ossos revivificados com Jo 11). As segundas leituras demonstram certo nexo com as primeiras leituras e/ou os evangelhos (o comentário de Paulo sobre o pecado de Adão, o dom do amor de Deus em Jesus Cristo, o espírito vivificador). Porém, parecem escolhidas mais por causa de seu grande valor intrínseco; são trechos de grande densidade teológica, os "clássicos do Novo Testamento", por assim dizer. O relato da Paixão, no domingo de Ramos, é tomado de Mt.

4. Tríduo Sacro e tempo pascal

É digno de nota que, para o Missal, o Tríduo Sacro (5ª-feira, 6ª-feira e sábado da Semana Santa) não pertence à Quaresma. Constitui, de fato, uma única celebração da Páscoa. Os *temas do Tríduo Sacro e da Páscoa* devem, portanto, ser vistos como uma unidade. No *tempo depois da Páscoa*, as primeiras leituras são tomadas dos Atos dos Apóstolos e mostram a Igreja logo depois da Páscoa (a ordem não é cronológica, pois os primeiros capítulos de Atos aparecerão por volta da festa de Pentecostes). Como o tempo pascal é o tempo batismal por excelência, o ano A colhe as segundas leituras da homilia pascal e batismal que é a 1Pd. Os evangelhos são escolhidos de Jo (menos os discípulos de Emaús, no 3º dom., e o evangelho da Ascensão). João é o evangelista que apresenta da maneira mais clara o Cristo pascal, glorioso (mesmo ao narrar sua atividade terrestre, paixão e morte). O que une todos esses textos é a ideia batismal, presente antes e depois da Páscoa: participamos da morte e ressurreição de Cristo, numa existência convertida e renovada; e, quanto mais a vivermos, tanto mais seremos capazes de contemplar a presença do Cristo glorioso nesta nossa existência e em nossa comunidade de fé.

5. Tempo comum e solenidades do Senhor

Ano A

5.1. Os evangelhos (Mt)

É sobretudo no tempo comum que se torna significativo o "evangelista do ano". Na medida em que a liturgia é catequese, pode-se dizer que passamos este ano na escola de Mateus, o mais didático dos evangelistas, como mostra sua organização dos dizeres de Jesus em cinco grandes discursos: o Sermão da Montanha (Mt 5–7), o sermão missionário (Mt 10), o sermão das parábolas (Mt 13), o sermão da comunidade (Mt 18) e o sermão escatológico (Mt 24–25). O mais característico, na catequese mateana, parece-nos o espírito de renovação e de gratuidade. Renovação, no sentido de que o novo povo de Deus não se deve apegar ao formalismo antigo. E gratuidade, no sentido de que o fator decisivo na salvação não é a nossa autossuficiência, mas a graça de Deus acolhida na fé.

A Igreja para a qual Mt destinou seu escrito como "livro da comunidade" era oriunda do judaísmo; compunha-se de judeus que aderiram ao movimento de Jesus. O grande problema dessas comunidades judeu-cristãs era a relação com o judaísmo antigo. No começo, "judeu-judeus" e "judeu-cristãos" frequentavam o mesmo templo, as mesmas sinagogas. Os judeus tradicionais consideravam o movimento de Jesus apenas como uma outra forma de ser judeu. Contudo, aos poucos, a tendência dominante, o farisaísmo, ganhou força e, depois da destruição do templo (em 70 d.C.), se impôs como judaísmo formativo. Diante do judaísmo formativo, atraente porque seguro, os cristãos deviam testemunhar Jesus de Nazaré, um "fora da lei", que morreu na cruz; deviam provar que foi ele o Messias, mesmo, e sua doutrina, superior à dos fariseus e escribas. Aos que diziam: "Nós somos os filhos de Abraão, nós temos a Lei, a Aliança, a Circuncisão e o Sábado", os cristãos deviam mostrar a necessidade de uma conversão radical, uma nova Aliança, uma circuncisão do coração, misericórdia em vez de sacrifícios, como Jesus já tinha dito. Assim, a comunidade mateana é um pequeno grupo de fiéis em conflito com os próprios irmãos de sangue, por causa do testemunho de Cristo. O evangelho de Mt quis fornecer, a esses "pequenos", argumentos para ficarem firmes e se defenderem no seu testemunho. Daí a importância considerável que este evangelho dá às citações escriturísticas: mostram que o que aconteceu com Jesus de Nazaré estava prefigurado na Sagrada Escritura do Antigo Testamento e, portanto, fazia parte do modo de agir de Deus (isto é, de sua "justiça", de sua vontade salvífica). Por outro lado, denuncia o formalismo do judaísmo farisaico, a autossuficiência dos "bons", que achavam que não havia mais nada a ser melhorado no seu relacionamento com Deus e com o próximo. Daí a apaixonada ironia que marca muitos destes textos (p.ex., Mt 23). De modo complementar, Mt insiste que a salvação não vem do autossuficiente merecimento (estudo e observância da Lei), mas da gratuita bondade de Deus, sua graça e misericórdia, que,

Ano A

inclusive, devemos imitar em nossa vida. E assim, chega a desenvolver toda uma ética do amor gratuito.

Esta catequese de Mt tem muito para nos dizer, hoje. Pois, no catolicismo tradicional em que vivemos, transformado em mera grandeza sociológica, identificada com o sistema sociocultural do Ocidente, os verdadeiros seguidores de Cristo estão, muitas vezes, na mesma situação que os antigos judeu-cristãos no meio de seus irmãos de sangue. A mensagem de Mt para seus contemporâneos era: também os "filhos de Abraão" precisam de conversão e renovação, mediante a graça de Deus manifestada no amor radical de Jesus de Nazaré e no triunfo de sua ressurreição. Para nós, hoje, basta substituir "filhos de Abraão" por "bons cristãos", para ver a atualidade deste evangelho. O mesmo impacto que a palavra de Mt causou em seu ambiente pode renovar-se em nosso ambiente: a salvação nunca é um direito adquirido; fé não é segurança, mas confiança, uma forma de amor!

O evangelho de Mt nos mostra que os verdadeiros seguidores de Cristo, de algum modo, terão de ser "pequenos" neste mundo. Dá mais chances aos que estão fora da Lei do que aos bem instalados. Proclama a felicidade escatológica dos pobres, dos que são capazes de receber. E, no último ensinamento de Jesus, apresenta "gente de nada" como representantes do Cristo em nossas relações humanas (Mt 25,31-46). Não será tempo perdido passar um ano na escola de Mateus, escutando-o em verdadeira "obediência da fé". Encontraremos um grande mestre, que nos faz conhecer a fé como entrega à graça de Deus, frutificando em obras de verdadeiro e gratuito amor.

5.2. As leituras do A.T.

Por causa da peculiaridade de ser o evangelho de Mt uma discussão com o judaísmo, ganham uma importância particular, no tempo comum do ano A, as leituras do A.T. (primeiras leituras). Elas ajudam a imaginar, concretamente, o contexto em que ressoou a mensagem de Mt, facilitando o "esforço histórico" que é necessário para imaginar esse outro lugar e outro tempo no qual se situou o anúncio do evento de Jesus Cristo. Ajudam a imaginar "ao vivo" os conceitos religiosos e culturais, os costumes, as esperanças, o próprio povo de Israel, do qual Jesus nasceu, para entender melhor Jesus e suas testemunhas da primeira hora, e para bem traduzir sua mensagem para o contexto de hoje. Por isso, ainda que por razões pastorais se poderia eliminar uma das leituras, não se tire do povo este mínimo de conhecimento do Antigo Testamento, pois, não sabendo como foi o antigo, não entenderá em que consiste a novidade do novo...

5.3. As cartas de S. Paulo

Nos domingos do tempo comum do ano A, ouvimos a leitura contínua de 1Cor, Rm, Fl e 1Ts. A ordem não é cronológica (pois 1Ts é o escrito mais antigo de Paulo e do N.T.), mas aparentemente estabelecida com vistas ao desenvolvimento do evangelho. De fato, a 1Cor, que opõe a loucura da cruz aos critérios deste mundo, coincide mais ou menos com o Sermão da Montanha, que também demonstra a distância entre os critérios de Jesus e os do seu ambiente. As leituras de Rm, sobre a justificação pela graça, coincidem com o tema da evangelização e as parábolas do Reino em Mt. A leitura de Fl não permite aproximações tão específicas com as leituras evangélicas, mas 1Ts, apresentando os temas escatológicos, combina bastante bem com a pregação escatológica de Jesus, presente nas leituras de Mt nos últimos domingos do ano.

A contribuição paulina na liturgia do ano A tem o seu peso principalmente na Carta aos Romanos. Contrariamente ao que muitos dizem, o espírito de Rm é bem semelhante ao de Mt. Geralmente se diz que a mensagem central de Rm é a justificação pela fé (ou pela graça de Cristo, acolhida na fé), enquanto Mt (como Tiago) acentuaria "as obras". Tal oposição é artificial e injusta. O evangelho de Mt, como vimos, proclama o xeque-mate à autossuficiência do legalismo farisaico (o que Paulo chama: as obras da Lei) e mostra que só a misericórdia de Deus (que Paulo chama: a graça) nos pode salvar. As críticas à incredulidade, em Mt, correspondem à acentuação da fé, em Paulo. E, quanto à insistência no comportamento ético, as cartas de Paulo, com as suas longas parêneses (exortações morais), não perdem de Mt. Assim, a Carta aos Romanos nos ajuda a compreender melhor o espírito do evangelho de Mt. O que é implícito em Mt, muitas vezes encontra-se de modo explícito em Paulo.

Além disso, Rm enfrenta, exatamente como Mt, o problema da relação com o judaísmo. Paulo, em função de seu trabalho junto aos gentios, e Mt, em função da oposição entre o judaísmo farisaico e o (judeu-)cristianismo, chegam à mesma conclusão: ser "filho de Abraão" para nada serve, se a gente não se converte; e, para realizar essa conversão, não é preciso ser "filho de Abraão". Assim, ambos nos ensinam a não nos fiarmos a posições adquiridas, nem mesmo altamente estimadas em círculos religiosos.

TEMPO DO ADVENTO

1º domingo do Advento/A
PERSPECTIVA CRISTÃ DO TEMPO E DO MUNDO

A Adv.

Canto da entrada: (Sl 25[24],1-3) "A Ti, Senhor, elevo minh'alma".

Oração do dia: Com as nossas boas obras correr ao encontro do Cristo que vem.

1ª leitura: (Is 2,1-5) **A utopia messiânica e o caminho ao recinto de Deus** – Sião, lugar da presença de Deus (cf. Is 6,1ss) no tempo messiânico, subirão para aí as nações, para procurar a palavra e a sabedoria de Deus. Profecia proclamada pelos anos 700 a.C.; o profeta já não espera a salvação da estratégia política e militar, mas do Deus de Sião e do universo. • 2,1-4 cf. Mq 5,1-3; Jo 4,22; Zc 9,9-10 • 2,5 cf. Is 60,1-3; Sl 119 [118],105.

Salmo responsorial: (Sl 122[121], 1-2.4-5.6-7.8-9) A alegria de subir à casa do Senhor.

2ª leitura: (Rm 13,11-14) **Levantar do sono, porque a salvação está perto** – Com a vinda do Cristo, chega o "dia" decisivo: sua luz (cf. 1ª leitura) brilha para todos os homens. Desde nosso nascimento no batismo, vivemos para o dia que agora chegou: o dia do encontro com Cristo. Sua luz orienta nossa vida. • 13,11-12 cf. 2Cor 6,2; Ef 5,8-16; 6,12-20 • 13,13-14 cf. Rm 12,2; Gl 3,27.

Aclamação ao evangelho: (Sl 85[84],8) Misericórdia e salvação de Deus.

Evangelho: (Mt 24,37-44) **O vigilante dono da casa; expectativa escatológica** – O Filho do Homem virá arrematar a história e julgar nossa vida, mas ninguém conhece a hora (Mt 24,36). Apesar dos presságios, ele vem de repente; ilustrações: 1) os dias de Noé (24,37-39); 2) pessoas separadas no seu trabalho em conjunto (24,40-41). Consequência: não calcular, mas estar pronto (24,42-44). Isso vale tanto para nossa existência aqui e agora, quanto para o fim do tempo. O Senhor deve encontrar-nos "vigiando" sempre, não irrequietos, mas dedicados a seu serviço na prática do amor ao nosso irmão (cf. as parábolas de Mt 25). • cf. Lc 17,26-27.34-35; 12,39-40; Gn 7,11-22; 1Ts 5,2-6.

Oração s/as oferendas: Ao oferecer os dons que Deus nos deu, pedido de alimento de salvação.

Prefácio: (Advento I) A 1ª e a 2ª vinda do Senhor.

Canto da comunhão: (Sl 85[84],13) Deus dá a bênção, nós os frutos.

Oração final: Caminhando entre as coisas que passam, abraçar as que não passam.

O ensinamento deste domingo brota tanto do texto das leituras quanto do seu lugar no início do ano litúrgico: orientando-nos para o Senhor que vem, esboça a perspectiva global do "tempo cristão". Desde o início nos é apresentada a perspectiva final: a vinda do Filho do Homem (**evangelho**). Nesta perspectiva, porém, não dominam ameaça e medo, e sim, a luz orientadora para nosso caminho: "A ti, Senhor, elevo minh'alma" (**canto da entrada**).

Para entender o espírito do advento e da escatologia cristã é preciso ver a relação entre a espera do Messias (A.T.) e a expectativa cristã. A espera veterotestamentária do Messias (= Cristo) prefigura a expectativa cristã do "Senhor que vem", na "segunda vinda" (no fim dos tempos), e sobretudo cada dia (no encontro de cada um e de toda a comunidade com Jesus, Senhor de nossa vida). Por isso, podemos "acorrer ao encontro do Cristo que vem" (**oração do dia**).

Neste e nos próximos domingos aparecem, nas leituras de Isaías, as "utopias do Antigo Testamento", imagens daquilo que se espera de Deus quando vier o seu Cristo-Messias (**1ª leitura**). O Messias implantará a "paz" (= harmonia e felicidade) no monte santo, ao qual todas as nações, inclusive nós, somos convidadas a subir com alegria. Consideremos: 1) a utopia: transformar lanças em foices... tanques de guerra em tratores...; 2) o "caminhar": o passo que nós fazemos, nossa participação ativa na salvação que vem de Deus. O **salmo responsorial** dá eco a isso: subir ao recinto do templo, caminhar para o lugar onde habita Deus e onde está a sua paz.

A **2ª leitura** acentua que corremos ao encontro do Senhor não de mãos vazias, mas *com as nossas boas obras* como presente a oferecer. Levantar-nos de nossa imobilidade, revestir-nos de Cristo. Nossa participação na salvação que vem de Deus é uma participação prática, ética. Os dons que de Deus recebemos transformam-se, assim, em antecipação da realidade escatológica e nossa vida (**oração sobre as oferendas**), enquanto caminhamos entre as coisas que passam rumo às que não passam (**oração final**).

Tal é a perspectiva cristã da vida e do mundo: revivendo a sempre atual expectativa messiânica (isto é, da salvação que vem de Deus), animamo-nos a assumir, por nossa parte, uma atitude ética renovadora, que transforma nós mesmos, nossa sociedade e o mundo.

A VINDA DE CRISTO

Estamos iniciando um novo ano litúrgico, o ano A (do ciclo trienal da liturgia dominical), no qual os evangelhos, via de regra, são tomados de Mateus. As quatro primeiras semanas do ano litúrgico chamam-se o *Advento*, termo que significa "vinda": a vinda de Cristo. Todavia, não se trata da lembrança apagada de um fato ocorrido há dois mil anos atrás. A vinda de Cristo tem atualidade ainda hoje.

A **1ª leitura** recua longe para olhar melhor: descreve a visão "utópica" de Isaías, por volta de 700 a.C.: todos os povos se unirão em torno do templo de Jerusalém. As armas serão transformadas em instrumentos agrícolas. Haverá *paz*... Setecentos anos depois, a primeira vinda de Cristo marcou o irreversível início da realização desse "projeto" de Deus. Sua nova vinda, no fim dos tempos, marcará o ponto final. O **evangelho** fixa nossa atenção nesta nova vinda. Não podemos viver dormindo. Devemos viver em estado desperto, à luz do dia de Cristo, para que ele sempre nos possa encontrar dispostos para a vida de incansável caridade que ele nos ensinou (**2ª leitura**).

Jesus veio inaugurar o projeto definitivo de Deus para o mundo. Ele será também o juiz da História, na sua vinda final. Esse projeto de Deus, que Jesus veio inaugurar e que ele julgará, é comunitário. É a constituição de um povo de Deus, formado por todas as nações, dispostos a praticar a justiça e a caridade fraterna. Para que isso se realize, deve acontecer uma transformação histórica. Nós devemos dar os necessários passos históricos, para que o plano de Deus chegue até nós: preparar, pela transformação de nossos corações e de nossa sociedade, a plenitude que vem de Deus. Nossa participação no projeto de Deus consiste em tornar nossa sociedade "digna" de uma nova vinda de Cristo. Nisto se inserem, além de nosso empenho pessoal, os passos da comunidade para maior solidariedade: mutirões, cooperativismo etc.

O Cristo vem também, cada dia, na vida de cada um. Que ele nos encontre comprometidos com a construção da História como ele a "sonhou" e com os critérios que ele usará para julgar: o amor aos mais pequenos dos irmãos, sustentado pela oração, na qual expomos nossa vida diante dele. Atentos às coisas do Senhor, teremos paz profunda e seremos capazes de dedicação total na alegria, no trabalho e na luta.

2º domingo do Advento/A
CONVERSÃO NA ALEGRIA

Canto da entrada: (cf. Is 30,19.30) O Senhor vem!

Oração do dia: Correr sem impedimento ao encontro do Senhor.

1ª leitura: (Is 11,1-10) **O Rebento de Jessé, o Messias-Rei: justiça em prol dos pequenos; utopia messiânica** – Abatido o carvalho, sobra o toco, que pode brotar de novo. Is 11 fala nestes termos, diretamente talvez do novo rei Ezequias, mas, a longo prazo, de um "ungido" (messias) escatológico, que brotará do toco de Jessé (= o pai de Davi). Suas qualidades: sabedoria como Salomão, inteligência e fortaleza como Davi, devoção como Moisés e Abraão. Praticará a justiça de Deus, será um pai para os pobres. Homens e nações que reconhecerem o "direito" estabelecido por Deus, terão a paz (v. 6-8, a "utopia messiânica").
• 11,1-2 cf. Is 7,14; 9,5-6; 42,1; Mt 3,16 • 11,4 cf. Sl 72[71]; 2Ts 2,8; Ap 19,15 • 11,6-9 cf. Ez 34,25; 37,26; Hab 2,14.

Salmo responsorial: (Sl 72[71],1-2.7-8.12-13.17) Deus, dá tua justiça ao Rei!

2ª leitura: (Rm 15,4-9) **Mútua aceitação por causa da salvação universal realizada por Cristo** – A "paz" (cf. 1ª leitura), na situação concreta da comunidade cristã, é ameaçada pela oposição de "fortes" e "fracos" (liberais e escrupulosos; 15,1) e por tensões entre judeu-cristãos e gentios convertidos. Deus os chamou a todos: por isso devem assumir-se mutuamente, olhando para Cristo que tanto fez e sofreu por nós. • 15,4 cf. 1Cor 10,6; 2Tm 3,16 • 15,5 cf. Fl 2,2-3 • 15,8-9 cf. Mt 15,24; At 3,25-26; Sl 18[17],50.

Aclamação ao evangelho: (Lc 3,4.6) Preparar o caminho para o Senhor.

Evangelho: (Mt 3,1-12) **Pregação de João Batista: conversão, preparar um caminho para o Senhor** – O anúncio do Reino pelo Batista (Mt 3,2) e por Jesus (4,17) deve ressoar também em nossas assembleias, com urgência maior ainda, porque Jesus já inaugurou o Reino e apressou a Decisão. Daí o apelo à conversão. • Cf. Mc 1,1-8; Lc 3,1-18 • 3,3 cf. Is 40,3; Jo 1,23 • 3,8-10 cf. Am 5,18-20; Jo 8,37-40; Rm 9,7-8 • 3,11-12 cf. Ml 3,2-3; At 1,5.

Oração s/as oferendas: Invocação da misericórdia de Deus.

Prefácio: (Advento I) Jesus abriu o caminho da salvação.

Canto da comunhão: (Br 5,5; 4,36) A alegria que vem de Deus.

Oração final: Avaliar os valores terrenos e esperar os bens eternos.

Não são apenas os outros que devem converter-se! A perspectiva cristã (cf. domingo passado) exige *conversão* permanente de todos os fiéis: desistir de nossa autossuficiência, para participar da salvação que vem de Deus. O **evangelho** apresenta João Batista, que, em "estilo apocalíptico", com as imagens conhecidas no judaísmo daquele tempo, anuncia o Reino de Deus. Por trás dessas imagens devemos descobrir a mensagem: não há prerrogativa humana (p.ex., ser "filho de Abraão") que fique em pé diante de Deus. A necessidade de conversão é gritante: nosso mundo não corresponde de modo algum à "utopia messiânica" (**1ª leitura**) ou à justiça que se espera do rei messiânico (**salmo responsorial**). O "broto de Jessé", o novo Davi messiânico, deve reinar em prol dos fracos e oprimidos; o Reino de Deus se manifesta em "frutos dignos da conversão" (**evangelho**).

Paulo lembra essa mensagem das antigas Escrituras para mostrar a obra da reconciliação em Cristo, cujo fruto é a unidade de fracos e fortes, judeus e gentios – unidade de todos. Na obra salvífica de Cristo a "utopia" já teve início, como se verifica no mútuo acolhimento (**2ª leitura**).

A realização da justiça como Deus a concebe em prol dos pobres e oprimidos não é mera obra humana: por isso Deus envia seu Ungido (Messias). Para correspondermos a essa iniciativa vamos deixar para trás o que nos amarra e correr ao encontro do Messias que vem (cf. **oração do dia**), usando as coisas terrenas como meios, não como fins, para aderir às coisas que realmente são de Deus (**oração final**).

Note-se que, apesar do tema da conversão e do tom ameaçador do evangelho, a liturgia de hoje é marcada pela alegria por causa do Senhor que vem (**canto da entrada**), tendo em vista os dons do Messias (**1ª leitura**). Conversão significa mudança, mudar o coração. Custa, mas não é algo triste, pelo contrário, é felicidade, é libertar-se para correr sem impedimento ao encontro do Senhor que vem.

CONVERTER-SE AO CRISTO, QUE VEM

Uma atitude fundamental para o tempo do Advento e para a vida inteira é a *conversão*: para nos encontrar com Cristo, devemos corresponder ao que ele espera de nós. O enviado de Deus, o Messias, assume o projeto de Deus: a justiça e a felicidade do povo. Ele julgará com retidão em favor dos pobres (**1ª leitura**). O Messias se alinha com os pobres. Será que nós estamos alinhados com ele?

O cristão reconhece Jesus como o Messias ou Cristo (o "descendente de Davi" anunciado por Isaías). A Escritura se cumpre, o projeto de Deus entra em fase de realização. João Batista é o profeta que prepara a sua chegada. Como porta-voz de Deus, ele convida para a conversão (**evangelho**). E depois da vinda de Cristo, o apóstolo Paulo exorta os fiéis a imitarem o exemplo de Cristo: como ele assumiu nossa salvação, executando o projeto do Pai, cabe a nós assumir-nos mutuamente (**2ª leitura**).

A conversão deve continuar sempre. Comporta dois momentos: 1) O *momento da consciência:* reconhecer o que está errado, conceber o propósito de mudar e pedir perdão. Assim faziam os que recebiam o batismo de João "para a conversão" (Mt 3,11). Hoje podemos fazer isso, com a garantia da Igreja, no sacramento da reconciliação; 2) O *momento da prática*. A verdadeira conversão se comprova na prática: viver a vida que Jesus nos ensina por sua palavra e exemplo, assumir-nos mutuamente no amor fraterno, como o Messias assume a causa dos fracos. Essa prática será o fruto que comprova nossa conversão e um ato de louvor a Deus, que nos enviou seu Filho como Messias.

Celebrar a proximidade do Messias, como fazemos no Advento, implica reaquecer nossa caridade. Quando uma família espera a visita de uma pessoa querida, seus membros começam a melhorar seus relacionamentos... Mas talvez falte a consciência desta proximidade. Precisamos de uma voz profética, como a do Batista, para proclamar que o Messias e o Reino estão próximos, pois Jesus nos convida cada dia a assumir a sua causa (cf. domingo passado). Converter-se a Jesus continua sendo necessário também para o "bom católico". Sempre de novo devemos abandonar nossa vida egoísta, para viver a justiça e a caridade que Jesus Messias veio ensinar e mostrar.

3º domingo do Advento/A
JESUS, CAUSA DE NOSSA ALEGRIA

Canto da entrada: (Fl 4,4-5) "Alegrai-vos, o Senhor está perto!"
Oração do dia: Pedir a graça da Salvação e celebrá-la com alegria.
1ª leitura: (Is 35,1-6a.10) **O júbilo da natureza, a cura dos enfermos, a volta dos exilados: sonhos de salvação** – A vinda salvadora de Deus transforma o deserto em paraíso, cura os enfermos, vence a maldição do pecado de Adão (Gn 3). Liberdade, alegria, felicidade: a gente gostaria de vê-las antes de acreditar que existem, mas Deus dá um novo modo de ver, ouvir e falar (Is 35,5-6; cf. evangelho). Recebemos

A Adv.

nova capacidade para acatar a verdade e a realidade de Deus. • 35,1-4 cf. Is 41,19-20; Hb 12,12; Is 40,10 • 35,5-6a cf. Is 29,18-19; Mt 11,5; At 3,8 • 35,10 cf. Is 51,11; Sl 126[125].

Salmo responsorial: (Sl 146[145],7.8-9a.9bc-10) Deus é fiel para sempre e exerce a justiça em prol dos fracos.

2ª leitura: (Tg 5,7-10) **Aguardar sem desistência a vinda do Senhor** – Depois da advertência dirigida aos ricos em vista do Fim (Tg 5,1-6), Tiago dirige-se aos pobres: devem viver em firmeza permanente até que venha o Senhor (5,7-8). A fé do pobre é esperança; o rico não pode esperar, porque o medo o oprime. A proximidade da vinda do Senhor (5,9) provoca uma segunda admoestação: diante do juízo próximo, as rixas são proscritas. Tiago ilustra sua mensagem com exemplos: 1) o agricultor que firmemente aguarda a colheita (5,7); 2) os profetas que não se cansam em falar a palavra de Deus (5,10); 3) a paciência de Jó (5,11; fora da presente leitura). • Cf. 1Cor 1,8; Mc 4,26-29; Rm 2,6-7; 1Pd 4,7.14; Mt 5,11-12; 7,1.

Aclamação ao evangelho: (Is 61,1; cf. Lc 4,18) "O Espírito do Senhor repousa sobre mim".

Evangelho: (Mt 11,2-11) **Jesus é mesmo a quem esperamos: cura os enfermos, traz boa-nova para os pobres** – Mt 5–7 e 8–9 relataram as palavras e feitos de Jesus. O povo se defronta com a pergunta se Jesus é "o que deve vir", o Messias, que leva a lei e os profetas à plenitude. João Batista (depois de ter anunciado o juiz escatológico, cf. domingo passado), como representante do A.T. faz agora a pergunta decisiva: "És tu...?" • Cf. Lc 7,18-28 • 11,2-6 cf. Dt 18,15; Jo 1,21ss; Is 35,5-6 • 11,7-11 cf. Mt 3,1-6; Ex 23,20; Ml 3,1.

Oração s/as oferendas: A celebração como participação do mistério da Salvação.

Prefácio: (Advento I) As duas vindas do Cristo.

Canto da comunhão: (Is 35,4) Deus vai salvar seu povo.

Oração final: Purificação e preparação para o Natal.

O 3º domingo do Advento é tradicionalmente chamado, conforme a antífona de entrada gregoriana, em latim, *Gaudete* (= "alegrai-vos"). Neste espírito é que devemos contemplar os elementos da liturgia: a **1ª leitura**, mais uma "utopia" de Isaías (cf. os dois domingos anteriores), que tem seu correspondente no **evangelho** (os cegos e os coxos curados: a obra do Messias); e o **salmo responsorial**, cantando a bondade de Deus que abre os olhos aos cegos.

Na **2ª leitura**, a razão da alegria é um pouco diferente. A expectativa messiânica do Antigo Testamento, já o sabemos (cf. 1º dom.), é a figura de nossa própria esperança: recordando a espera da primeira vinda preparamo-nos para a segunda. Ora, S. Tiago nos ensina a perseverar até a segunda vinda, com a paciência do lavrador que aguarda a chuva. Isso não é fatalismo, mas perseverança, constância: temos diante dos olhos a inefável proximidade do Senhor que é nossa alegria.

O povo cristão é um povo que espera (**oração do dia**). Pede que o Natal seja um dia de alegria, semelhante à do Batista quando reconheceu em Jesus o Messias (**evangelho**) – que seja um "aperitivo" da alegria do encontro definitivo. Perdoado o pecado (**oração final**), o Natal, como toda eucaristia, apresenta-se como festa escatológica, antecipação do Natal eterno: Emanuel, "Deus conosco" para sempre.

A liturgia de hoje é profundamente cristocêntrica. Se convém alegrar-nos e não ter medo diante do cumprimento do plano de Deus é porque sua manifestação definitiva em Jesus Cristo é uma revelação do amor e da ternura de Deus, como os anunciou o profeta. A perspectiva da plena realização suscita, portanto, alegria. A existência concreta de Jesus, sua boa mensagem aos pobres e abandonados, é revelação do Deus que nos chama e que vem a nós. E assim como João teve de considerar os sinais do Messias, nós também podemos contemplar as maravilhas que sob o impulso do Espírito de Jesus são operadas nas comunidades pobres e humildes: sinais de que Deus se aproxima cada dia mais.

A ALEGRE ESPERANÇA DO CRISTÃO

A esperança que temos é a mola propulsora de nossa vida. Que é que você espera da vida? Como ela se tornaria melhor? Quem poderia ajudá-lo para isso? São essas as perguntas de todo mundo e também do cristão, perguntas que a liturgia deste domingo suscita em nós.

Deus mesmo é a esperança do fiel. Ele não é um castigador, um fiscal de nossos pecados e nem mesmo da "desordem estabelecida" na sociedade em que vivemos. Ele não deseja castigar, mas transformar aquilo que está errado: ele vem *salvar*. Esta é a esperança anunciada pelos profetas (**1ª leitura**).

Com a vinda de Jesus começou irreversivelmente a realização desta esperança, a realização da profecia. João Batista não percebe bem o que Jesus está fazendo. Manda perguntar se ele é o Messias, ou se é para esperar outro (**evangelho**). Jesus aponta os sinais que ele está realizando: aquilo que os profetas anunciaram. Daí a conclusão: já não precisamos aguardar outro.

Ora, Jesus apenas iniciou. Implantou. A plantação deve ainda crescer. Com a paciência e a firmeza do agricultor, devemos esperar o amadurecimento de seu reino na História. Com o "sofrimento e paciência dos profetas que o anunciaram..." (**2ª leitura**).

A esperança suscita em nós *alegria confiante:* Deus deu início à realização de seu projeto. Quando se olha com objetividade o que a palavra de Cristo já realizou no mundo, apesar das constantes recaídas de uma humanidade inconstante, reconhecemos que ela foi eficaz. Devemos também olhar para os sinais que se realizam hoje: a transformação impulsionada pelo evangelho de Cristo se reflete na nova consciência do povo, que assume sua própria história na construção de uma sociedade mais fraterna.

A esperança fundamenta uma *firmeza permanente*, confiante de que Deus erradicará o mal que ainda persiste.

A esperança exterioriza-se na *celebração*, expressão comunitária de nossa alegria e confiança.

A *esperança do cristão é Jesus*. Ele é aquele que havia de vir. Não precisamos ir atrás de outros messias, oferecidos pelo mundo do consumo, por promessas políticas ambíguas e assim por adiante. Consumo e política são propostas humanas, e podemos servir-nos delas conforme convém, com liberdade. Mas o Messias vem de Deus; ele merece nossa adesão, nele podemos acreditar. Chama-se Jesus. Feliz quem não se deixa abalar em relação a ele (cf. Mt 11,6)!

Esperamos que o amor e a justiça que Cristo veio trazer ao mundo, e nos quais somos chamados a participar ativamente, realizem o plano de Deus para a humanidade, desde já e para sempre, "assim na terra como no céu".

4º domingo do Advento/A
FILHO DE MARIA, DEUS CONOSCO

Canto da entrada: (Is 45,8) "Céus, fazei descer o orvalho...".

Oração do dia: Da Anunciação até a Ressurreição.

1ª leitura: (Is 7,10-14) **O sinal do Emanuel** – Quando, em 735 a.C., Deus mandou o profeta Isaías ao rei Acaz, a dinastia davídica e as promessas de Deus pareciam estar caducando. Para animar o rei, o profeta sugere pedir um sinal da presença de Deus, mas o rei recusa, porque quer seguir seus próprios projetos. No entanto, Deus lhe dá um sinal: nascerá um filho para continuar a dinastia de Davi, com o nome simbólico de Emanuel ("Deus conosco"). O filho da moça virgem (Is 7,14 LXX) é um indício profético, que se plenificará no filho da Virgem Maria (evangelho). • Cf. 9,5-6; Mq 5,2; Mt 1,23.

Salmo responsorial: (Sl 24[23],1-2.3-4ab.5-6) O Senhor, Rei da glória, há de vir.

2ª leitura: (Rm 1,1-7) **Filho de Davi, filho de Deus** – Saudação inicial da Carta aos Romanos. Resume todo o evangelho de Cristo: Paulo apresenta Cristo, o Filho de Deus e Filho de Davi, o Senhor glorioso, ressuscitado, presente na comunidade; aquele em quem se cumpriram as profecias. Paulo pensa no Sl 2,7 (cf. At 13,33), nós, na 1ª leitura. • 1,1-2 cf. At 9,15; Gl 1,15; Rm 16,25-26 • 1,3-4 cf. 2Sm 7,1-17; Rm 9,5.33 • 1,5 cf. At 26,16-18; Rm 6,17; 16,26.

Aclamação ao evangelho: (Mt 1,23) Emanuel, Deus conosco.

Evangelho: (Mt 1,18-24) **O filho de Maria, presente do Espírito Santo: Emanuel, Deus conosco** – "Deus conosco" é o começo (1,23) e o fim (28,20) do ev. de Mt, e o tema central da leitura de hoje. Mt cita o sinal de Acaz (Is 7,14; cf. 1ª leitura) para indicar que o nascimento de Jesus é atuação criadora e salvadora de Deus – José era "justo". Conforme a lei, não poderia assumir Maria em sua casa, uma vez que ela engravidou fora da relação matrimonial. Decidiu abandoná-la, mas em segredo, para não expô-la ao público. Então Deus inicia José no seu mistério, e este não recusa (cf. 1ª leitura), mas assume o sinal de Deus e a paternidade do filho, ao qual dá o nome simbólico de Jesus ("Javé salva"). • 1,18 cf. Lc 1,27.35 • 1,21 cf. Lc 1,31; Sl 130[129],7-8; At 4,12 • 1,23 cf. Is 7,14.

Oração s/as oferendas: O Espírito da santificação.

Prefácio: (Advento II) Aquele que os profetas predisseram, a Virgem esperou, João apontou...

Canto da comunhão: (Is 7,14) "A virgem conceberá...".

Oração final: Eucaristia, penhor da Redenção; empenho para celebrar o Natal.

O presente domingo é o domingo do Emanuel, "Deus conosco". O tradicional canto da entrada evoca o orvalho que desce do céu e faz brotar da terra a salvação, o Salvador (Is 45,8). Jesus, gerado pelo orvalho do Espírito Santo no seio de Maria Virgem, é a realização plena do sinal da presença de Deus que o profeta Isaías anunciou ao rei Acaz, setecentos anos antes: o nascimento de um filho da jovem princesa – da "virgem", como diz a tradução grega do Antigo Testamento, como também o evangelho, ao citar este texto (**1ª leitura; evangelho**).

Quem assume como pai de família esse nascimento é José, da casa de Davi: por causa dele, Jesus nasce como filho de Davi. Mas a mensagem do anjo deixa claro que Jesus é "obra do Espírito Santo" (Mt 1,20, **evangelho**). Essa dupla filiação é mencionada no início da Carta aos Romanos: humanamente falando ("segundo a carne"), Jesus é filho de Davi, mas quanto à ação divina ("segundo o Espírito"), ele é filho de Deus, como se pode ver por sua glorificação depois de ressuscitado dentre os mortos (**2ª leitura**).

O centro desta liturgia é, pois, o maravilhoso encontro do divino e do humano em Jesus Cristo. Nos domingos anteriores, as expectativas do Antigo Testamento eram a imagem de nossa esperança escatológica. Hoje entramos mais diretamente no mistério de Deus em Jesus, maravilha operada por Deus na realidade humana. Deus pôs a mão à obra: Jesus é Deus-conosco (Mt 1,23), e conosco permanecerá (cf. o fim do evangelho de Mt, 28,20!). A obra de Deus é de sempre e para sempre.

Neste mistério, a Virgem-Mãe ocupa um lugar central. Este quarto domingo é, na realidade, uma festa de Maria (antigamente os mesmos textos eram repetidos na 4ª-feira, na *Missa aurea* em honra de Maria). A **oração do dia** de hoje tornou-se a conclusão da oração do *Angelus*: a mensagem do anjo é a primeira manifestação da obra de Deus que vai desde a anunciação até a ressurreição! Maria aparece aqui como a jovem escolhida por Deus, qual esposa pelo rei. A virgindade de Maria significa sua disponibilidade para a obra de Deus nela: virgindade fecunda, prenhe de salvação. Nela brota o fruto que, em pessoa, é o sinal de que Deus está conosco.

ESPERAR O FILHO DE DEUS

Neste último domingo do Advento celebramos o ponto alto de nossa esperança e de nossa espera. Revivemos a espera do Messias, para tirar mais fruto de sua vinda, que continua acontecendo em cada momento da história.

Quando o antigo Israel estava ameaçado pelos povos estrangeiros, Deus suscitou a esperança do povo mediante o sinal da "jovem" (a rainha?) que ficou grávida e cujo filho receberia o nome de "Emanuel", Deus conosco (**1ª leitura**). Visto que "jovem" pode também ser traduzido por "virgem", esse sinal se realiza plenamente em Maria Virgem. A concepção, pela "Virgem", do filho dado por Deus é o sinal de que Deus está agindo. O povo pode contar com ele.

Em Jesus, a Escritura se cumpre (**evangelho**). Deus está agindo, mas não sem que os seus colaboradores assumam sua responsabilidade. José, "descendente de Davi", faz com que o "filho de Deus" (o Messias) nasça "filho de Davi", ou seja, descendente de Davi, conforme as Escrituras (cf. Mt 1,1-16). José não precisa ter medo de acolher Maria: ela é sua esposa (Mt 1,20). Ela se tornará mãe do Emanuel, pelo poder do Espírito de Deus (Deus que age, Mt 1,21). Assim, humanamente falando, Jesus é "filho de Davi" e, pela obra do Espírito Santo em Maria, ele é "Filho de Deus" (**2ª leitura**).

O mistério de Jesus ter nascido sem que Maria deixasse de ser virgem significa que Jesus, em última instância, não é mera obra humana, mas antes de tudo um *presente de Deus à humanidade*. Seu nascimento é sinal de que Deus está conosco para nos salvar. Seu nome, Jesus, significa "Deus salva"; é o equivalente de Emanuel.

O mistério se manifesta através de sinais: o mistério do amor, através da rosa; o mistério de Deus que age, através do sinal da Virgem que se torna mãe. Há uma coisa que nos ajuda a vislumbrar o significado desta história: diante da gravidez, os pais, e sobretudo a mãe, têm consciência da presença de um mistério: os pais sentem que o filho não é apenas obra deles.

Diante do mistério do Filho que Deus dá ao mundo, nós sentimos profunda *admiração* – contemplação, fé e confiança diante do agir de Deus em Jesus, verdadeiramente homem e verdadeiramente Filho de Deus. Sentimos também *gratidão* pelo presente que Deus nos oferece. E deixando de lado todas as (vãs e vaidosas) tentativas de "resolver o mistério", dedicamo-nos a contemplá-lo e a nos envolver na alegria que ele representa.

A
Adv.

TEMPO DE NATAL

Vigília de Natal/A, B, C
RETIRO PARA PREPARAR O NATAL

Canto da entrada: (Ex 16,6-7) "Hoje sabereis... amanhã vereis...".
Oração do dia: A alegria do Natal deve dar-nos confiança quanto à nova vinda do Senhor.
1ª leitura: (Is 62,1-5) **Deus volta a seu povo: núpcias messiânicas** – A leitura situa-se no tempo pós-exílico. O profeta desempenha o papel de intercessor e consolador. Deus parece calar-se. Por isso, o profeta fala, lembra a Deus a carência de seu povo. Deus o atenderá, pois a Cidade Santa é sua joia. Ele a reconstruirá, fará novas núpcias com ela. • 62,2 cf. Is 56,5; Ap 2,17 • 62,4 cf. Is 60,15; Os 2,25 • 62,8 cf. Dt 28,30-33.
Salmo responsorial: (Sl 89[88],4-5.16-17.27.29) As promessas messiânicas feitas a Davi.
2ª leitura: (At 13,16-17.22-25) **Pregação de Paulo; testemunho a respeito do "Filho de Davi"** – Paulo, na sua 1ª viagem, é convidado a falar na sinagoga de Antioquia da Pisídia. Resume a História da Salvação, que chega à plenitude em Jesus Cristo, Filho de Davi, anunciado por João Batista, que convoca o povo para a conversão – convite sempre atual! • 13,17 cf. Ex 1,7; 6,1; 12,51 • 13,22 cf. Sl 89[88],21; 1Sm 13,14 • 13,23-25 cf. 2Sm 7,12; Lc 1,69.76; Mt 3,11; Jo 1,20-27.
Aclamação ao evangelho: "Amanhã será apagado o pecado da terra...".
Evangelho: (Mt 1,1-25 ou 1,18-25) **Genealogia de Jesus Cristo, Filho de Davi, fruto do Espírito Santo** – O Filho de Deus entra no mundo como filho de Abraão e de Davi. Encarna-se no povo identificado pelo patriarca Abraão e pelo fundador da dinastia, Davi. Nele, este povo alcança seu fim. Ele vem para resgatar seu povo e todas as nações. – Maria, sua mãe, já está revestida da aura do mistério de Deus; José, que contempla respeitosamente esse mistério, é o pai legal de Jesus (por isso a genealogia é a de José). • 1,18 cf. Lc 1,27.35 • 1,23 cf. Is 7,14.
Oração s/as oferendas: A eucaristia antecipa o mistério do Natal.
Prefácio: (Natal I) Jesus a Luz / (Natal II) A restauração de tudo na Encarnação.
Canto da comunhão: (cf. Is 40,5) "Toda a terra verá a salvação que vem de Deus".
Oração final: Súplica de renovação por ocasião do Natal.

"Hoje... amanhã...": com essa enumeração estamos sendo convidados a preparar nossas vistas para a glória de Deus que misteriosamente vai manifestar-se no Natal (**canto da entrada**). Para desfrutar toda a alegria de uma celebração é preciso estar concentrado. Como concentração, os jogadores antes do campeonato de futebol fazem até um "retiro". Por isso preparavam-se antigamente as grandes festas litúrgicas por um dia de vigília. Havia jejum e abstinência, meios excelentes para a concentração, mas que hoje em dia poderíamos substituir por uma "limpeza mental" (do consumismo, do nervosismo e de todas as outras formas de poluição mental). Em vez de percorrer as lojas, concentrarmo-nos na rica liturgia da vigília de natal, individualmente ou por uma celebração comunitária da Palavra...

As leituras descrevem a preparação da vinda do Cristo na História da salvação. A **1ª leitura** lembra a felicidade messiânica do povo quando da volta do exílio babilônico, considerada uma manifestação, uma vinda de Deus junto a seu povo. Se, nos três primeiros domingos do Advento, Isaías falou a linguagem da utopia, hoje ele evoca as núpcias messiânicas de Deus com seu povo. Jerusalém recebe nomes de carinho: depois de ter sido a (terra) abandonada, hoje é chamada de Preferida, Desposada.

Na **2ª leitura**, Lucas põe na boca de Paulo, discursando na sinagoga de Antioquia da Pisídia, uma síntese da História da Salvação. A manifestação da presença salvadora de Deus começou na libertação de Israel da escravidão do Egito e chegou à sua plena realização em Jesus, apresentado ao povo por João Batista, que prepara o caminho do Messias.

Também o **evangelho** deve ser lido sob o aspecto da preparação: a genealogia de Jesus (leitura completa). Um álbum de família! Figuram aí patriarcas, bons e maus. Mulheres que rompem o esquema: a prostituta Raab; Tamar, que fazendo-se de prostituta foi mais justa que o patriarca Judá; Rute, a moabita; Betsabeia, que Davi tomou de Urias; e no fim, Maria, que causa uma surpresa, pois a genealogia repete de maneira monótona que os homens geraram tal ou tal filho, mas chegando a José, diz: "O esposo de Maria, da qual nasceu Jesus, que é chamado o Cristo". Logo descobrimos por que: o filho não é de José, mas de Deus, cujo "Espírito" (= força criadora) o gerou na Virgem-Mãe.

A **oração do dia** respira ainda o Advento, mas o **prefácio** já é de Natal (I ou II) e a **oração final** pede a renovação de nosso ser para a celebração de amanhã, Natal. O Natal do Cristo é também a nossa renovação (**prefácio** de Natal II). Uma parada no meio de nossa agitação, para contemplar o mistério do Natal, facilitará essa renovação.

A Nat.

Natal: Missa da noite/A, B, C
A LUZ NAS TREVAS

Canto da entrada: (Sl 2,7) "Tu és meu filho, hoje te gerei".
Oração do dia: Luz na noite, vislumbre do mistério.
1ª leitura: (Is 9,1-3.5-6) **Nascimento de um príncipe, luz para o povo nas trevas** – No tempo de Isaías, em 732 a.C., a população da Galileia (Zabulon e Neftali) tinha sido deportada para a Assíria, e sua terra é como as sombras da morte. Mas surge uma luz: o nascimento de um filho real (cf. 1ª leitura do 2º e do 4º dom. Adv.). Ele recebe títulos de inimaginável grandeza, exprimindo a confiança colocada nele. A Galileia oprimida torna-se imagem de toda a humanidade, e aquele em quem ela coloca sua esperança deve ser o Salvador de todos. • 9,1-3 cf. Mt 4,13-16; Jo 8,12 • 9,5-6 cf. Is 7,14; Nm 24,7.17; Zc 9,9-10.
Salmo responsorial: (Sl 96[95],1-2ab.3.11-12.13) "Cantai ao Senhor um canto novo".
2ª leitura: (Tt 2,11-14) **Manifestou-se a graça de Deus** – Entre a primeira manifestação da graça de Deus em Jesus e a segunda (no fim do tempo), situam-se o tempo da Igreja e a nossa História. Através de nós, o mundo experimentará algo do carinho de Deus. • 2,11-13 cf. Tt 3,4; 1Jo 2,16; 1Tm 1,11; 2Tm 1,10 • 2,14 cf. Sl 130[129],8; Ex 19,5; Ez 37,23; 1Pd 2,9; 3,13.
Aclamação ao evangelho: (Lc 2,10-11) Nasceu-vos hoje o Salvador.
Evangelho: (Lc 2,1-14) **Nascimento de Jesus e anúncio aos pastores** – As esperanças messiânicas do A.T. oscilavam entre o surgimento de um novo rei davídico e um agir direto de Deus. No menino de Belém realizam-se ambas as expectativas: o Filho de Davi é Filho de Deus. Céu (anjos) e terra (pastores) o adoram. Ele é "o Senhor", manifesta a glória de Deus e traz ao mundo a paz (cf. 1ª leitura) • Cf. 1Sm 10,1; 16,1-13; Mq 5,1-4; Lc 19,38.
Oração s/as oferendas: Céu e terra trocam seus dons.
Prefácio: (Natal I) O povo nas trevas viu uma grande luz / (Natal III) Intercâmbio da divindade e da humanidade.
Canto da comunhão: (Jo 1,12) O Verbo se fez carne.
Oração final: Do Natal ao eterno convívio.

A tradição litúrgica criou três missas para a festa de Natal: a de meia-noite (missa do galo), a da aurora e a do dia. A missa da noite banha no mistério: a luz que brilha na noite (**oração do dia**, **1ª leitura**); a vinda do rei de justiça que surge qual luz para o povo oprimido (**1ª leitura**); a mensagem do anjo aos mais humildes, os pastores na fria e longa noite do inverno (**evangelho**)[1].

Nesta atmosfera de mistério, a liturgia desdobra o anúncio do Natal do Messias e Salvador, Jesus, filho de Maria e de José e, sobretudo, filho de Deus. A **1ª leitura** lembra o nascimento de um príncipe, no tempo de Isaías (700 a.C.), que significa esperança para o povo abalado pelas invasões assírias. O **salmo responsorial** comenta que tais fatos são a prova de que Deus governa o mundo com justiça e os povos segundo sua fidelidade. A **2ª leitura** anuncia o tempo de Cristo como o tempo em que se manifesta a graça (amizade) de Deus, transformando a nossa noite em dia e luz.

O centro da celebração é o **evangelho:** o anúncio do nascimento do Salvador. Maria e José viajam a Belém, cidade de Davi, ancestral de José, para o recenseamento imposto pelo Império Romano. A criança nasce num abrigo fora do lugar de hospedagem, que já está cheio. A salvação nasce lá onde menos se espera. As primeiras testemunhas, escolhidas por Deus, são os pastores que vivem em meio aos animais, fora da "sociedade". A eles se dirige a majestosa mensagem da paz messiânica proclamada pelos coros celestiais: "Glória a Deus nas alturas e na terra paz aos que são do agrado de Deus".

De acordo com o evangelho de Lucas, a pobreza é o lugar da salvação. Deus se manifesta nas trevas da vida humana em seu Filho, que se assemelha aos mais abandonados. Pois Deus quer tornar-se próximo de *todos*, a começar pelos que menos contam. É isso que se chama *graça* (palavra-chave da **2ª leitura**), graça que se manifesta para todos (Tt 2,11). Essa graciosa aproximação de Deus realiza-se pelo que Jesus se assemelha aos que são chamados a serem sua própria gente (Tt 2,14). É o "divino comércio" desta noite, na qual o céu e a terra trocam seus dons, para que possamos participar da filiação divina daquele que assumiu nossa condição humana (**oração sobre as oferendas**; **prefácio** de Natal III). Para que esse intercâmbio fosse completo, Deus quis que seu filho assumisse não só a fina flor da sociedade humana, mas suas raízes mais humildes arraigadas na escuridão da terra.

JESUS NASCE POBRE

[preferível para o ano A; anos B e C, ver missas do dia e da aurora]

Sete séculos antes de Cristo, o povo de Israel andava oprimido pelas ameaças dos assírios, que já tinham deportado parte da sua população. Em meio a essas trevas – anuncia o profeta – aparece uma luz: nasce um novo príncipe, portador das esperanças que seus títulos exprimem: "Conselheiro admirável, Deus forte" (**1ª leitura**). Em Jesus, o significado deste nascimento recebe sua plenitude. Ele nasce como luz para o povo oprimido. Seu nascimento no meio dos pobres é o sinal que Deus dá aos pastores (gente bem pobre), para mostrar que o Messias veio ao mundo (**evangelho**). No meio das trevas, eles se encontram envoltos em luz...

---

1. No hemisfério norte (onde fica a Palestina), Natal cai no inverno, sendo o dia mais curto do ano, e sua noite, a mais comprida. A Igreja de Roma escolheu esta data para cristianizar a festa pagã do Sol Novo, pois a partir desta noite os dias começam a ficar mais longos: surge a nova luz de Cristo. Aqui, no hemisfério sul, é o contrário: sendo Natal o dia mais comprido do ano, podemos relacionar o simbolismo da luz com a excepcional luminosidade deste dia.

Celebramos "a aparição da graça de Deus" em Jesus (**2ª leitura**). A escolha dos pobres como primeiras testemunhas evidencia a gratuidade: nada de aparato oficial. Nós podemos corresponder a esta graça por uma vida digna e pela viva esperança – que se verifica em nossa prática – da plena manifestação da luz gloriosa de Cristo, quando de sua nova vinda (cf. 1º dom. do Advento). Quem acolhe Jesus no meio dos pobres não precisa ter medo de sua glória...

Reunindo-se em torno do *presépio*, o povo exprime algo muito importante. Jesus nasceu num estábulo, no meio dos pobres, que foram os primeiros a adorá-lo, porque, *para ser o Salvador de todos, tinha que começar pelos mais abandonados*. Quem quer ser amigo de todos tem que começar pelos pequenos, pois, se começa com os grandes, nunca chega até os pequenos. A devoção popular do presépio merece valorização e aprofundamento, e não podemos permitir que ela degenere em algo puramente comercial. À luz do presépio, solidariedade com Cristo significa solidariedade com os pobres. Viver uma vida "digna" (de Cristo) não significa elitismo, mas solidariedade em que se manifestam a graça e a bondade de Deus para todos.

Natal: Missa da aurora/A, B, C
TRANSFORMADOS PELA LUZ

A
Nat.

Canto da entrada: (cf. Is 9,2; Lc 1,33) "Hoje surgiu a luz para o mundo".
Oração do dia: A luz que invade nosso coração brilhe em nossas ações.
1ª leitura: (Is 62,11-12) **"Eis, aí vem teu Salvador"** – O profeta, qual arauto, dirige-se à "Filha de Sião", i.é, os habitantes de Jerusalém, para anunciar a Salvação de Deus. Deus adotou novamente o seu povo, chamando-o de volta do exílio babilônico (Is 62,10-12) – não porque o povo o "merecesse", mas porque Deus assim quis fazer (62,11). Os nomes que a Cidade agora recebe ultrapassam sua libertação política: só ganham seu pleno sentido no novo povo dos redimidos, na nova e eterna Aliança. • Cf. Mt 21,5; Dt 7,6; Is 60,14.
Salmo responsorial: (Sl 97[96],1+6.11-12) Proclamação universal da realeza de Deus e da luz que ele faz surgir.
2ª leitura: (Tt 3,4-7) **"Apareceu o carinho e o amor de Deus para com a humanidade"** – Cf. 2ª leitura da missa da noite – Em Jesus manifestou-se a bondade de Deus, que faz ver que diante de Deus ninguém é bom por si mesmo. Autojustificação é autoilusão! Por isso, Deus nos liberta em Jesus Cristo. • 3,4 cf. Tt 2,11 • 3,5 cf. Ef 2,8-9; Jo 3,5 • 3,6-7 cf. Rm 6,4; 5,5; 3,24.
Aclamação ao evangelho: (Lc 2,14) "Glória a Deus...".
Evangelho: (Lc 2,15-20) **A adoração dos pastores** – Os tropeiros são pouco contados na sociedade. Não são "graúdos", nem "cultos", nem "piedosos". São insignificantes. Mas recebem por primeiro a Boa-Nova. Acreditam na palavra e reconhecem na pobre criança o Salvador. Maria guarda suas palavras no coração, até o momento de as entender plenamente. • Cf. Lc 2,51; Jo 17,3.
Oração s/as oferendas: Os frutos da terra nos tragam o que é divino.
Prefácio: (Natal I) Transformação do ser humano pela luz de Cristo.
Canto da comunhão: (Zc 9,9) "Teu rei vem aí".
Oração final: Celebrar de todo o coração e crescer no amor.

Os temas da missa da aurora dão continuidade aos da missa da noite. O **canto da entrada** retoma o tema da luz nas trevas (Is 9, leitura na missa da noite). A **2ª leitura** é muito semelhante à da celebração noturna, e o **evangelho** é a continuação direta do evangelho da noite. Havendo só uma das duas missas, podem-se unir num belo conjunto as duas leituras evangélicas (Lc 2,1-20).

O acento próprio desta liturgia está na fé e na transformação interior. Não apenas a **oração do dia** e a **oração final**, mas o próprio **evangelho** transmitem essa ideia. A presteza dos pastores em atender o convite do anjo nos leva a uma meditação sobre a fé não como algo doutrinário, mas como confiança no mistério que envolve nossa existência na luz que irrompe em nossa noite, luz do Deus diferente, do Deus próximo, especialmente dos mais pobres. Maria nos serve de exemplo: ela guarda em seu coração e medita o que os pastores lhe contaram. A fé dos simples é guardada no coração da Mãe do Salvador.

Na **2ª leitura** apresenta-se o amor humano de Deus manifestando-se a nós (cf. a manifestação da graça/misericórdia na 2ª leitura da noite). Deus é movido por seu amor para conosco, não por nossos méritos. Sente por nós benignidade e ternura como uma mãe por seus filhos. De graça, nos confere sua justiça. Só exige que aceitemos sua benignidade e amor humano com essa fé "fiducial" que é o dar crédito a Deus. Neste espírito, somos convidados a aceitar radicalmente a incompreensível novidade que o amor de Deus realiza em Jesus Cristo, tal como o Esposo transforma Jerusalém de desamparada em Desejada (**1ª leitura**).

Ora, se tal fé nos transforma, a transformação mostra-se em nossas ações; ao reconhecer, como os pastores, a obra de Deus, pedimos que a luz manifestada no Filho brilhe em nós (**oração do dia**). A luz que brilhou *para* os pastores (e para nós) brilhará *em* nós, para o mundo. Em contraste com o falso brilho da sociedade comercial atuaremos em humilde proximidade junto aos pequenos e excluídos, transformando trevas em luz, solidão em alegria messiânica (cf. **1ª leitura**; **canto da comunhão**).

OS POBRES ANUNCIAM A GRAÇA DE DEUS

[preferível para o ano C; para os anos A e B, ver missas da noite e do dia]

Quando um paroquiano da catedral, piedoso, classe média, por acaso participa da celebração de Natal numa capela de periferia, fica impressionado porque aí a celebração é bem mais alegre do que na catedral. Por que será?

A **2ª leitura** de hoje nos anuncia que se manifestou o carinho de Deus para com a humanidade. No **evangelho**, os mais pobres, os pastores do campo, são testemunhas disso. Constatam a verdade daquilo que o anjo lhes tinha anunciado. Contam-no a Maria, e esta guarda em seu coração as palavras dessa gente humilde. Eles, voltando, louvam e glorificam a Deus. O anúncio dos anjos faz dos humildes pastores – gente que dorme ao relento nas frias noites de inverno da Palestina – as primeiras testemunhas da realização do projeto de Deus: o projeto de mandar a nós quem nos liberte de verdade. Eles verificam o sinal que o anjo lhes deu: o menino é pobre como eles, está deitado numa manjedoura. Eles, os pobres, serão também os primeiros destinatários do grito de libertação de Jesus: "Felizes vós, os pobres..." (Lc 6,20). Existe entre Jesus, Maria e os pastores uma solidariedade visceral, que até causa inveja a quem se julga importante.

Prefigura-se assim o que deverá ser a vida cristã. O "estilo cristão" é o estilo desses pobres – os pastores, os pais de Jesus – que o evangelho apresenta: simplicidade, honestidade, transparência, ternura; pois Deus mesmo mostrou sua ternura para conosco. Por outro lado, este estilo inclui também a consciência da missão de anunciar ao mundo a manifestação do carinho de Deus.

A semelhança com as comunidades eclesiais dos pobres é contundente. Enquanto nas igrejas dos bairros ricos cada iniciativa e cada celebração custam esforço enorme para conseguir alguma participação e para não ferir os privilégios e preferências tradicionais, nas capelas da periferia ressoa a alegria espontânea de quem se sabe agraciado por Deus. Parece necessário mesmo que a mensagem alegre do Natal passe pelos humildes, pois estes são especialistas em receber e partilhar.

Natal: Missa do dia/A, B, C
A PALAVRA DE DEUS SE FEZ CARNE

Canto da entrada: (Is 9,6) "Um Filho nos foi dado".

Oração do dia: Participar da divindade do Filho de Deus, que assumiu nossa humanidade.

1ª leitura: (Is 52,7-10) **Alegria da boa-nova; salvação universal** – Os reis de Israel não trouxeram a salvação para o seu povo, mas o abandonaram. Deus, ao contrário, não o abandona. Ele o reconduz e reconstrói a cidade destruída. Ressoa agora a boa-nova: "Deus é rei", e não só de Israel e Judá, mas de todos os povos. Ele os outorgará liberdade e paz, se eles quiserem reconhecer e aceitar sua oferta. • Cf. Rm 10,15; Mc 1,15; 16,15-16; Ez 43,1-5; Sl 47[46],3; 97[96],1.

Salmo responsorial: (Sl 98[97],1,2-3ab.3cd-4.5-6) Deus demonstrou sua bondade e fidelidade.

2ª leitura: (Hb 1,1-6) **As palavras provisórias e a Palavra definitiva de Deus** – Em Cristo plenificaram-se todas as manifestações de Deus. Ele venceu morte e pecado: a glória de Deus se manifestou nele. A fé na sua obra redentora e glorificação junto ao Pai fundamenta a esperança de nosso pleno acabamento. • Cf. Sl 110[109],1; 2,7; 2Sm 7,14; Sl 97[96],7.

Aclamação ao evangelho: "Em nossa terra brilhou uma luz".

Evangelho: (Jo 1,1-18 ou 1,1-5.9-14) **A Palavra de Deus se tornou existência humana** – Jesus é tudo o que é manifestação, "palavra" de Deus para nós, desde a palavra da criação e mesmo antes! Ora, esta manifestação de Deus, sua Palavra, é "carne" (1,14), existência humana mortal. A Palavra faz sua morada carnal em nosso meio e, nesta existência humana vivida até a morte, revela-se a nós a glória de Deus, como no seu santuário. Para nós, isso significa decisão: adesão ou rejeição. • 1,1-5 cf. Gn 1,1-5; 1Jo 1,1-2; Cl 1,15-20; Jo 8,12 • 1,9-14 cf. Jo 12,46; 1Jo 3,2; 5,13.18; Ex 25,8; Jo 17,5 • 1,16-18 cf. Cl 2,9-10; Jo 6,46; Cl 1,15.

Oração s/as oferendas: A perfeita reconciliação.

Prefácio: (Natal II) "Gerado antes do tempo, entrou na história humana...".

Canto da comunhão: (Sl 98[97],3) "O mundo inteiro viu o Salvador...".

Oração final: Da regeneração batismal à vida eterna.

Se, nas celebrações anteriores, o acento cai na humildade do Messias, na missa do dia é realçada sua eterna grandeza. As duas missas anteriores revelam uma cristologia da "quenose" (esvaziamento/despojamento), a do dia, uma cristologia da glória, do senhorio do Cristo, antecipada na preexistência antes dos séculos. Eis a economia da salvação: Jesus se despojou assumindo nossa condição humana para que nós participássemos de sua glória de Filho de Deus (**oração do dia**; o mesmo tema é lembrado diariamente na missa, ao misturar-se água ao vinho).

A liturgia expressa menos que a da noite a misteriosa transparência do divino na condição humilde do menino de Belém, mas proclama sua glória "sem véu". "Teu Deus reina" soa agora o brado que lembra a volta dos exilados (**canto da entrada**). "Cantai ao Senhor um canto novo, pois ele fez maravilhas" (**salmo responsorial**).

O tema da manifestação da glória de Deus é acentuado pelo tema da Palavra (**2ª leitura, evangelho**). A cristologia da exaltação e da preexistência, em Hb e em Jo, está a serviço da manifestação de Deus (cf. tb. "todos verão", na **1ª leitura**). Aos que discutiam se Jesus devia ser contado entre os homens ou entre os anjos, o autor de Hb diz que ele supera a todos (Hb 1,4). O importante para nós sabermos é que Jesus mostra na sua existência terrestre o que o Céu nos quer comunicar: ele é a Palavra que está em Deus desde sempre – a Palavra definitiva, depois de tantas provisórias e incompletas que chegaram até nós através dos profetas.

Essa cristologia da Palavra preexistente é proclamada grandiosamente pelo prólogo do João (**evangelho**). "No princípio" (cf. Gn 1,1) era a Palavra (da criação, Gn 1,3 etc.), e esta Palavra é aquele que veio ao mundo, o qual a recusou (Jo 1,5.9-11). Tornou-se carne como a nossa, mortal como nós (Jo 1,14, cf. Hb 4,15), e exatamente nessa condição mortal – dando sua vida em amor até o fim – manifestou-se a glória de Deus em Jesus (Jo 1,14.16-18). Nessa carne manifestou-se o ser de Deus, que é amor (cf. Jo 3,16; 1Jo 4,8-9). Assim, o Deus invisível em sua glória se deu a conhecer (Jo 1,18). Tudo o que foi, é e será comunicação de Deus, Jesus o é, desde o começo. Ele é Deus (1,1-3).

A cristologia da preexistência garante que o que Jesus diz e faz, Deus é quem o diz e faz: "É o Pai que realiza em mim sua obra" (Jo 14,10); "Quem me viu, tem visto o Pai" (14,9). Nesse pensamento temos um eco de Pr 8,22-36 e de Eclo 24, que proclamam a obra da sabedoria de Deus no mundo. Não se trata de especulações sobre algum ser celestial que como um astronauta extraterrestre faz uma visitinha à terra! A obra de Deus por excelência, e na qual ele se mostra totalmente, é o que fez o homem verdadeiro e histórico Jesus de Nazaré em nosso meio. Refletindo assim, podemos superar o dualismo que coloca numa bem pequena parte de Jesus sua humanidade e valoriza quase só a parte maior que seria sua divindade (preexistência, onisciência)... O ser divino de Jesus não está à parte, mas está exatamente *em* seu ser carne. É isso que Jo 1,14 exprime de modo insuperável: a Palavra nasceu (como) carne, e nós contemplamos sua glória.

Sendo essa a dimensão cristológica desta liturgia, não devemos negligenciar sua mensagem a respeito de nós mesmos: pela encarnação do divino, nosso ser é divinizado (**oração do dia**) e chamado à vida sem fim (**oração final**). Portanto, com Cristo devemos viver nossa existência humana "assim como Deus a viveria".

JESUS, RECADO DE DEUS

[preferível para o ano B; para os anos A e C, ver missas da noite e da aurora]

A liturgia da terceira missa de Natal, a missa do dia, nos apresenta como **evangelho** o Prólogo do Evangelho segundo João. Nas celebrações de meia-noite e da aurora, a liturgia acentua a humildade do Messias: o presépio, os pastores... Na liturgia do dia, o acento está na sua eterna glória, o brilho da manifestação de Deus. Esse é o paradoxal mistério de Cristo: a Palavra se tornou carne, humanidade frágil, e exatamente nisso "nós contemplamos sua glória" (Jo 1,14).

"Como é belo ver pelas montanhas os passos do mensageiro que anuncia a paz, noticia a felicidade e traz uma mensagem de salvação: Teu Deus reina" – assim soa a **1ª leitura**. Quando Deus reina – através do empenho dos humanos, seus "aliados" –, quando ele tem a última palavra, existe saída. Isso valia para os exilados de Judá, para os quais o profeta entoou seu cântico, e vale também para nós. Por isso, o **salmo responsorial** exorta: "Cantai ao Senhor um canto novo".

Mas a manifestação de Deus superou de longe aquilo que o profeta divisou. A mensagem, a palavra da parte de Deus, tornou-se carne, existência humana. Jesus é em pessoa o que Deus nos quer comunicar, desde sempre. A Palavra que é Jesus estava em prontidão junto de Deus desde sempre; aquilo que Deus sempre quis dizer, sua Palavra o veio mostrar tornando-se vida humana no meio de nós (Jo 1,1.14).

Jesus é a comunicação de Deus, é o que Deus significa para nós; e o que não condiz com Jesus contradiz Deus. O que Jesus fala e faz, Deus é quem o fala e o faz. Quando esse filho do carpinteiro convida os pecadores, é Deus que os chama. Quando censura os hipócritas, é Deus que os julga. Quando funda a comunidade fraterna, é Deus que está presente nela. E quando morre por amor fiel até o fim, é Deus que manifesta seu amor fiel e sua plenitude de vida. Tudo o que Jesus nos manifesta é palavra de Deus falada a nós, palavra de amor eterno.

Há quem pergunte o que Jesus faz enquanto homem e enquanto Deus. Tudo o que faz, ele o faz como homem e como Deus, pois faz tudo por amor até o fim, e Deus é amor. Se se devesse escolher o momento em que Jesus se mostrou mais Deus para nós, seria o momento em que ele foi mais humano, frágil e mortal: sua morte na cruz. Pois aí mostrou com maior nitidez o rosto de Deus-Amor. A "Palavra de Deus", crucificada, nos fala: "Deus é Amor" (1Jo 4,8-16). A festa da Encarnação não é só Natal, mas também Sexta-feira Santa. O presépio é da mesma madeira da cruz.

À medida que nós formos novos Cristos, também nossa "carne", nossa vida e história, será uma palavra de Deus para nossos irmãos e irmãs, e mostrará ao mundo o verdadeiro rosto de Deus: um rosto de amor.

A Nat.

Sagrada Família/A, B, C*
(ANO A) UM LAR PARA DEUS MORAR

* A liturgia é a mesma nos três anos, exceto os evangelhos.
Canto da entrada: (Lc 2,16) Maria, José e os pastores junto ao presépio.
Oração do dia: Exemplo da S. Família; laço de amor.
1ª leitura: (Eclo 3,3-7.14-17a [3,2-6.12-14]) **Regras para a vida familiar** – Regras da sabedoria judaica para a vida familiar. Prevalecem o respeito dos pais, o bom comportamento e o bom senso. • Cf. Ex 20,12; Tb 4,3-21; Ef 6,1-3; Mt 15,4-6.
Salmo responsorial: (Sl 128[127],1-2.3.4-5) Bênção da família do justo.
2ª leitura: (Cl 3,12-21) **O amor de Cristo, fundamento das regras da vida familiar** – Paulo cita brevemente as regras da boa família no mundo greco-romano (Cl 3,18-21). A norma, porém, não é o mero "bom comportamento", mas Cristo mesmo. Ele dá aos homens viverem juntos na paz e no amor. Onde vive a paz, a Palavra de Cristo encontra acolhida; aí também descobre-se a alegria na oração e no trabalho em comum, cada dia. • 3,12-15 cf. 1Pd 2,9; Ef 4,1-2.32; Mt 6,14; Rm 13,8-10; Fl 4,7 • 3,16-17 cf. Ef 4,4; 5,19; 1Cor 10,31 • 3,18-21 cf. Ef 5,22.25; 1Pd 3,1-7; Ef 6,1-9.
Aclamação ao evangelho: (Cl 3,15a.16a) A paz de Cristo e sua palavra habitem em vós.
Evangelho: (Mt 2,13-15.19-23) **A fuga ao Egito e a instalação do lar em Nazaré** – Deus conduz o menino Jesus, enquanto seus pais o protegem, de Belém ao Egito e daí a Nazaré. Mt mostra que, nestas etapas, se realiza a vinda da salvação para Israel. Plenifica-se a missão do povo que um dia migrou do Egito à terra prometida (Os 11,1). Jesus, o novo Moisés, criará o novo povo de Deus. • Cf. Os 11,1; Ex 4,19-20; Mt 26,71; At 2,22.
Oração s/as oferendas: Deus firme as famílias na sua graça e sua paz.
Prefácio: (Natal III) Dignidade da existência humana.
Canto da comunhão: (Br 3,38) Deus conviveu com a humanidade.
Oração final: Convivência celestial.

O tempo de Natal associa ao mistério da Encarnação os temas complementares da Sagrada Família e da "Mãe de Deus". A festa de hoje situa a Encarnação de Jesus no quadro da família, célula básica da sociedade humana. Focaliza a condição humana de Jesus e sugere algumas atitudes concretas para a vida cristã. A experiência da família de Jesus é posta como paradigma para toda vida familiar. Não se trata de encontrar "receitas moralistas" – provavelmente inadequadas à nossa sociedade –, mas de presenciarmos o mistério da família de Nazaré, para voltarmos à nossa situação, aqui e agora, imbuídos do mesmo espírito.

A **1ª** e a **2ª leitura** (repetidas nos anos A, B e C) apresentam códigos éticos para a família, tomados respectivamente da sabedoria do Antigo Testamento e da exortação moral do apóstolo Paulo. O **evangelho**, diferente em cada ano, narra cada vez um episódio dos "evangelhos da Infância" de Jesus. Neste ano A, narra a fuga ao Egito e a volta para Nazaré. O cerne é o cumprimento da palavra do profeta: "Do Egito chamei o meu filho", palavra de Os 11,1 a respeito do povo de Israel. Assim como o povo de Israel atravessou o deserto rumo à Terra da Promissão, assim também Jesus, levado por seus pais, atravessa o deserto dando cumprimento à promessa da salvação. Como o faraó matou os meninos israelitas no Egito, enquanto Moisés escapou, Herodes matou os meninos de Belém, escapando Jesus. Moisés foi educado pela própria mãe (Ex 3,7-9), na história de Jesus os pais têm um papel insubstituível. Celebramos hoje o papel que Deus confiou aos pais de Jesus no acontecer da salvação, bem como a fé e a dedicação com que José e Maria assumiram a palavra que Deus lhes fez conhecer.

Nesta luz, as "regras da família" nas duas primeiras leituras não são apenas lições de bom comportamento, mas aspectos do mistério da humanidade de Deus. O texto de Eclo (**1ª leitura**), insistindo na recompensa, pode parecer "burguês", mas prepara o que escreve Paulo, num espírito profundamente teologal: o amor entre pais e filhos é extensão e seguimento do amor que Deus tem por nós (**2ª leitura**, Cl 3,12-15). Conscientes de que viver em família é inserir-se no plano salvífico de Deus, valorizaremos positivamente as regras da vida familiar como encarnação do amor teologal. Paulo cita como exemplos a mútua ternura e "submissão" dos esposos (hoje diríamos: o assumir-se), a obediência dos filhos e o respeito dos pais para com eles. São chances de encarnar o amor de Cristo (assim interpreta Ef 5,21-30). A nós cabe fazer isso de modo adequado à nossa situação atual.

Assim como a encarnação de Cristo eleva a natureza humana até ser capaz do divino ("*capax Dei*"; cf. prefácio de Natal III), sua habitação num lar humano transforma este em casa de Deus. Oxalá Deus pudesse sentir-se em casa em nossos lares!

A FAMÍLIA VISTA À LUZ DE JESUS

Em nossa sociedade, a família é um emaranhado de problemas: falta de habitação e orçamento, dificuldades internas. A própria estrutura familiar tornou-se problemática. Muitos não veem sentido na estrutura familiar. As famílias se desfazem com facilidade. Em breve a família poderá deixar de ser um problema, porque já não existirá...

A festa de hoje nos convida a refletir sobre a família à luz do Natal, tomando como ponto de referência a família na qual nasceu Jesus. As duas primeiras leituras oferecem conselhos para a vida familiar. O sábio judeu (**1ª leitura**) troca em miúdos o mandamento de "honrar pai e mãe". Paulo, na **2ª leitura**, descreve a paz e a união que o amor em Cristo estabelece entre os fiéis, e aplica isso à vida familiar. Na família deve reinar esse amor que é o do Cristo, em todas as direções (esposa-marido e vice-versa, filhos-pais e vice-versa).

Mais ainda que esses textos, o **evangelho** nos leva a valorizar a família, ao narrar a migração da família de Nazaré. Era uma família migrante, em consequência das ambições dos poderosos: o recenseamento ordenado pelo imperador romano e a perseguição deflagrada por Herodes, o Grande, que tinha medo de uma criancinha, porque poderia colocá-lo na sombra... Mas José cuida de oferecer sempre um lar a Jesus. Foge ao Egito, para depois voltar a Nazaré. Até nisto, Jesus "cumpre as Escrituras", pois Os 11,1 diz que Deus chama "seu filho" (o povo de Israel) do Egito.

Jesus se identifica com o antigo povo migrante, que volta da terra do Egito para a terra que Deus lhe quer dar. Jesus se identifica também com as famílias migrantes de hoje, oprimidas, expulsas, acampadas, faveladas, quase sem condições de vida familiar, em consequência da cobiça dos que querem tudo para si. Também para estas famílias vale a boa-nova: a solidariedade de Cristo e a santificação da família como missão da Igreja.

Daí as exigências que se fazem à *sociedade:* empenho por uma dignidade e estabilidade mínima no lar. A Sagrada Família, migrando de um lugar para outro, reclama "uma Nazaré para todos". Também gente pobre é "gente de família". Exigências também da parte do *indivíduo:* amor, carinho, respeito enquanto membro da família. Desenha-se assim a *missão da família:* ser uma célula de vida e amor, mas também assumir sua responsabilidade na luta para que isso seja materialmente possível.

À sociedade como tal e a todos os seus membros cabe respeitar e proteger a estabilidade e dignidade da família, ajudá-la a realizar sua vocação e a encontrar moradia e trabalho, a educar os filhos e cuidar dos pais idosos, numa palavra, a cumprir a sua missão. Só no quadro de uma sociedade que seja justa para com a família – uma sociedade que "repare o tecido social desfeito" – pode-se pensar em reencontrar o sentido da família, para o bem de todos.

(ANO B) "VOSSOS FILHOS NÃO SÃO OS VOSSOS FILHOS"

Tudo como no ano A, exceto:
~ *1ª leit. à escolha: (Gn 15,1-6; 21,1-3) Um de teus descendentes será teu herdeiro.*
~ *Sl resp. à escolha: (Sl 105[104],1b-2.3-4.5-6.8-9) Deus se lembra de sua Aliança.*
~ *2ª leit. à escolha: (Hb 11,8.11-12.17-19) A fé de Sara, de Abraão e de Isaac.*
Aclamação ao evangelho: (Hb 1,1-2) Deus falou por seu Filho.
Evangelho: (Lc 2,22-40 ou 2,22.39-40) **Apresentação de Jesus no Templo e profecia de Simeão** – Era lei em Israel "resgatar" por um sacrifício os primogênitos, pois pertenciam a Deus. Na mesma ocasião, a mãe apresentava um sacrifício para sua purificação ritual. Os pais de Jesus submetem-se a estes costumes arcaicos. Nesta ocasião, Ana e Simeão testemunham que Jesus não é "liberado" por Deus, mas, ao contrário, lhe pertence de modo especial. A profecia de Simeão conta o cumprimento da promessa de salvação, mas também anuncia já a sorte que aguarda Jesus e que tornará sua mãe a "Mãe das Dores". Como as palavras dos pastores, ela guarda tudo isso no seu coração. No fim, uma notícia sobre a infância de Jesus no lar de Nazaré. • 2,22-28 cf. Ex 13,2.11-16; 34,19-20; Lc 12,1-8 • 2,29-32 cf. Is 52,10; 46,13; 42,1.6; 49,6; Jo 1,9-10; 8,12.

O **evangelho** lembra a frase de Kahlil Gibran, em *O Profeta*: "Vossos filhos não são os vossos filhos". Quando os pais apresentam o sacrifício de resgate do primogênito, este, na realidade, não é resgatado: Deus o guarda para si! As palavras de Simeão revelam que ele é o enviado de Deus, e Maria aprende a difícil missão de ser mãe de um "sinal de contradição".

Vivemos num mundo cheio de contradições. Há jovens que são "luzes" expondo ao claro essas contradições. Muitas vezes, seus pais não os entendem, ficam preocupados, frustrados até. Em tais momentos lembrem-se do que aconteceu com Jesus: Deus o guardou para si. Os filhos que Deus dá não são propriedade dos pais. Os pais são como a escora que sustenta a árvore nova para que ela "cresça e se fortaleça" (cf. Lc 2,40); depois, devem tornar-se supérfluos. A mãe não guarda o filho em si, mas o dá à luz!

Maria e José apresentam seu filho a Deus. Esse gesto nos ajuda a compreender o sentido do batismo das crianças: são entregues a Deus para participar da missão profética da Igreja, que o Concílio Vaticano II caracterizou como "Luz das Nações" (**evangelho**, Lc 2,32; cf. Is 42,6; 49,6).

Como compreender então a família? Muitos pais consideram sua família "modelo" na medida em que for fechada e autossuficiente. Mas o ideal da família cristã é ser evangelizadora. Essa missão poderá provocar separações dolorosas, ou até atitudes aparentemente incompreensíveis – como eram as palavras de Simeão (Lc 2,23). Mas a unidade da família está naquele que a todos envia: o Pai celeste.

DAR UM FILHO AO MUNDO

Os educadores pretendem formar "homens e mulheres para o mundo". Mas o que vemos são filhos ou abandonados ou mimados, e o resultado é o mesmo: só vivem para si.

Os pais de Jesus oferecem seu filho a Deus, e assim, ao mundo.

A lei judaica prescrevia oferecer a Deus o primeiro filho homem, porque Deus é o dono da vida. Simbolicamente, resgatava-se então o filho mediante um sacrifício. Para os mais pobres – o caso de José e Maria – este sacrifício podia ser um par de rolinhas.

Ao apresentar Jesus ao templo, os pais de Jesus encontram o velho Simeão, pessoa piedosa, que tinha até visões. Assim, ele explicou a Maria que seu filho não pertencia a ela, mas a Deus. E que o filho a faria sofrer, porque seria um "sinal de contradição"...

Depois, José e Maria voltaram a Nazaré, para criar Jesus até o tempo em que Deus o requisitasse. E ele crescia física e intelectualmente, e "a graça de Deus estava com ele".

Muitos pais são incapazes de educar os filhos para deixá-los afastar-se deles... É um drama quando o adolescente revela a ideia de assumir uma profissão fora do quadro da família, ainda que seja médico dos pobres ou ecologista. E no dia a dia, quantos pais deixam os filhos organizar sua vida conforme sua consciência e não conforme os interesses desproporcionados da família? E quando se trata de noivado, casamento... E a escolha do partido político...

A família cristã deve se caracterizar pelo oferecimento dos filhos a Deus e ao mundo, conforme o projeto de Deus. Para isso, eles têm de receber educação – educação para a liberdade, para o serviço, para o desapego. Desapego por parte dos pais que os educam para doá-los ao mundo. E desapego como virtude dos filhos, levando-os a doar-se, em vez de procurar a própria satisfação.

Nem abandonados, nem mimados, mas filhos de Deus e homens e mulheres para o mundo.

(ANO C) JESUS CRESCEU EM SABEDORIA E GRAÇA

Tudo como no ano A, exceto:
~ *1ª leit. à escolha: (1Sm 1,20-22.24-28) O filho pedido a Deus: Samuel.*
~ *Sl resp. à escolha: (Sl 84[83],2-3.5-6.9-10) "Felizes os que habitam a vossa casa".*
~ *2ª leit. à escolha: (1Jo 3,1-2.21-24) Sermos filhos de Deus.*
Aclamação ao evangelho: (cf. At 16,14b) "Abre o nosso coração..."
Evangelho: (Lc 2,41-52) **Jesus aos doze anos** – Narração para ilustrar o crescimento de Jesus em sabedoria e graça diante de Deus e dos homens (2,52). Crescendo, Jesus toma consciência de que sua verdadeira casa paterna não é a de Nazaré, mas o templo de Jerusalém. Sua romaria a Jerusalém prefigura seu "êxodo" final para lá (Lc 9,51–19,27; cf. 9,31). Jesus de aluno se transforma em mestre. Os pais percebem

algo do mistério de seu filho, mas só o conseguem acolher no vislumbre da fé. • 2,41 cf. Ex 23,14-17; Dt 16,16 • 2,47 cf. Lc 4,22; Jo 7,15-16 • 2,51-52 cf. Lc 2,19; 1Sm 2,26.

Lucas coloca a visita de Jesus ao Templo sob o signo da sabedoria – como também a subsequente notícia sobre a vida escondida em Nazaré. Jesus cresce e revela seu crescimento em sabedoria e idade e graça diante de Deus e dos homens. Ao mesmo tempo que exprime a verdadeira humanidade de Cristo, esta notícia traz também um programa para a educação cristã.

No que concerne à cristologia, o crescimento de Jesus contradiz o docetismo (doutrina da humanidade aparente). Sobretudo seu crescimento em sabedoria causa admiração, pois costumamos achar que Jesus devia saber tudo. Resposta: 1) O conhecimento divino de Jesus não é um conhecimento enciclopédico universal; basta que Jesus tenha conhecido sem sombra de dúvida a vontade de Deus em sua vida; 2) O conhecimento divino de Jesus é *encarnado* em uma psicologia humana autêntica, progressiva e alimentada pelo contato com a realidade vivida. O processo humano do saber realiza-se, em Jesus, num modo divinamente perfeito, dentro de seu gênero, com as características do saber humano. Isso não exige um QI excepcional, mas uma autenticidade humana total em relação ao saber. Jesus não era uma enciclopédia ou computador ambulante, mas uma pessoa humana historicamente situada e limitada, que "aprendeu" (cf. Hb 5,8!), desde a infância, a colocar seu crescente saber humano totalmente a serviço da vontade divina, manifestada nele pela infusão do Espírito de Deus.

A Nat.

O breve relato de Lc aponta também qual deve ser o "interesse" da educação cristã: o crescimento em graça e sabedoria diante de Deus e diante dos homens. O mais importante não é o desenvolvimento da inteligência, mas da graça, ou seja, da bondade e lealdade que une Deus e homem na Aliança (a *hésed*). A faísca do Criador na criatura, que faz com que o contato com uma pessoa "cheia de graça" se transforme numa manifestação do próprio Deus. Esta qualidade se desenvolvia em Jesus em compasso com o desenvolvimento de sua personalidade. Acrescenta Lc: "Diante de Deus e dos homens". Isso significa: na oração, presença diante do Pai, procurando conhecer-lhe a vontade e responder-lhe com leal carinho; e na vida, no meio dos homens, partilhando com eles o saber e transformando-o em manifestação do carinho de Deus. É esse o programa da educação cristã.

A CASA DO PAI...

> O tempo de Natal é o tempo das reuniões em família, aquele almoço que começa com uma caipirinha ao meio-dia e termina ao pôr do sol... Mas o **evangelho** de hoje põe em xeque aquela sensação de segurança e aconchego, a família patriarcal, com a casa e os pais no centro e os filhos girando em redor. São José, partilhando a mentalidade de seu povo, deve ter julgado desse jeito patriarcal a respeito da educação de Jesus. Mas o evangelho nos conta uma história que entra em colisão com esse conceito tão natural...
>
> Na véspera de se tornar membro adulto da comunidade judaica, os pais levaram Jesus para o templo de Jerusalém, para celebrar a Páscoa e mostrar-lhe a alegria de viver na comunidade dos fiéis israelitas. Na volta, constatou-se a ausência do menino na caravana. Depois de três dias de busca, o encontraram numa dependência do templo, recebendo aulas dos mestres de Sagrada Escritura. E aos aflitos pais, ele respondeu: "Não sabíeis que devo estar naquilo

que é de meu Pai?" Depois, voltou com eles para casa e continuou vivendo lá na mais natural obediência filial.

Jesus tinha duas "casas do pai": a de José, por enquanto; e a de Deus, para sempre. E esta última é a casa decisiva.

Essa história contém uma lição para os pais cristãos. "Teus filhos não são teus filhos", diz o profeta no livro de Kahlil Gibran. Os filhos são filhos de Deus. É por isso que se batizam os filhos desde pequenos. Ora, isso tem consequências: a casa, o sustento e a educação que os pais cristãos proporcionam a seus filhos, por maior que seja sua dedicação, tudo isso está a serviço daquela "casa" mais importante e destina-se a um encaminhamento superior, no sentido do plano de Deus.

Os pais não educam seus filhos para si, mas para Deus. A pais ricos pode assim acontecer que paguem estudos de médico, para depois ver seu filho se dedicar, quase de graça, ao serviço de saúde da Prefeitura ou do Estado, para atender gente sem renda... A pais pobres – como foram José e Maria – acontece que o filho que lhes poderia facilitar a vida começa, num determinado momento, a empenhar todos os seus recursos nos projetos e nas lutas da comunidade. Nem por isso, tais filhos são desobedientes ou ingratos. Apenas manifestam que a casa de Deus é maior que a casa da gente.

"Já não sei onde está minha casa!" – frase colhida da boca de um jovem agente de pastoral, cansado de percorrer noite após noite as ruas do bairro. Um pai de família se queixa ao pároco de que seu filho, líder de jovens, nunca está em casa. Talvez os pais de tais filhos estejam passando pela aflição que assolou José. O consolo é: ler o evangelho até o fim...

Mas ficamos com outra preocupação ainda. A grande maioria dos filhos hoje não "se perde" no templo da comunidade, na "casa do Pai", e sim, nos templos do consumo, os *shopping centers*, as danceterias etc. E o caminho que aprendem naqueles palácios da satisfação imediata e ilimitada não está no evangelho de Lucas – a não ser na parábola do filho pródigo...

Santa Mãe de Deus/A, B, C
NASCIDO DE MULHER, NASCIDO SOB A LEI

Canto da entrada: (Sedúlio) "Salve, ó Mãe de Deus / (cf. Is 9,2.6; Lc 1,33) "Hoje surgiu a luz para o mundo".

Oração do dia: Contar com a intercessão daquela que gerou o autor da vida.

1ª leitura: (Nm 6,22-27) **Bênção do ano novo sobre o povo** – Na manhã da criação, Deus abençoou os seres humanos e os animais, dando-lhes alimento e força de vida (Gn 1,28-30). Paz na natureza e no mundo dos homens, eis a bênção de Deus. Para quem se coloca diante desta bênção, Deus deixa brilhar "a luz de sua face", sua graciosa presença. Só Deus pode realmente abençoar, benzer, "dizer bem"; os humanos abençoam invocando o nome de Deus. • Cf. Sl 121[120],7-8; Dt 28,6; Sl 4,7; 122[121],6-7; Eclo 50,22-23[20-21].

Salmo responsorial: (Sl 67[66],2-3.5.6+8) Pedido de bênção.

2ª leitura: (Gl 4,4-7) **"Nascido de mulher, nascido sob a Lei"** – Gl é a "carta da liberdade cristã". Cristo veio para nos tornar livres (5,1), veio "sob a lei" passageira do A.T., para nos libertar dela. O Filho de Deus tornou-se nosso irmão, nele temos o Espírito do Pai. – Comemorando a vinda de Cristo, pensamos especialmente na "mulher" (4,4) que o integrou em nossa comunidade. • Cf. Ef 1,10; Rm 1,3; Jo 1,14; Rm 8,15-17; Jo 3,16-21.

Aclamação ao evangelho: (Hb 1,1-2) A multiforme palavra de Deus.

Evangelho: (Lc 2,16-21) **Adoração dos pastores, circuncisão e nome de Jesus** – Dois assuntos: 1) os pastores ao presépio de Belém (cf. Natal, aurora, evangelho); 2) a circuncisão e imposição do nome (no 8º dia). Jesus sujeita-se à antiga Lei (cf. 2ª leitura). Recebe o nome dado pelo anjo (Lc 1,31-33; Mt 1,21; cf. Hb 1,4-5): "Javé salva".

Oração s/as oferendas: Alegria pelas primícias da salvação, em Maria.

Prefácio: (próprio) Maria deu ao mundo a luz eterna.
Canto da comunhão: (Hb 13,8) Sempre Jesus Cristo!
Oração final: Sacramento para a vida eterna.

Quem se lembra da antiga liturgia gregoriana terá saudades, hoje, da maravilhosa antífona *Salve sancta parens* ("Salve, santa genitora"), a participação de Maria no mistério da Encarnação. Celebramos a oitava de Natal. Ora, ao oitavo dia do parto confere-se ao filho a circuncisão (nome antigo desta festa), acompanhada da imposição do nome. É a integração na comunidade judaica. A **2ª leitura** ressalta a maternidade e o rito judaico: "Nascido de mulher, nascido sob a Lei" (Gl 4,4). Mediante a figura de Maria é celebrada a inserção de Jesus na humanidade, especificamente, na comunidade judaica. Pois Jesus não era "bom demais" para nascer como homem, nem para ser submetido à lei judaica. Com isso combina bem o fato de celebrarmos essa festa no início do ano civil, lembrando a bênção do ano novo israelita (**1ª leitura**), reforçada pelo pedido de bênção no **salmo responsorial**. Aliás, o nome que Jesus recebe (**evangelho**) é uma bênção: *Ieshua* (= "Javé salva").

Através do nascimento maravilhoso, Maria deu Jesus à humanidade como um presente de Deus (cf. 4º dom. do Advento), no seio de um povo com leis e costumes, povo sobre o qual Deus faz "brilhar sua face", e o nome de Jesus traz a bênção do Senhor Deus. Jesus, "o Senhor salva", este é o nome que doravante será invocado sobre a humanidade (cf. Nm 6,27).

A mediação da comunidade de Israel no projeto salvífico de Deus nos ensina que Deus não ama em geral, abstratamente, mas através de pessoas e comunidades concretas. Só aquilo que é concreto pode ser realidade. Assim como Maria, no seio do povo de Israel, foi o caminho concreto para o Salvador, serão comunidades concretas as portadoras de Cristo como salvação de Deus para o mundo hoje. Assim, Maria é protótipo da Igreja e das comunidades eclesiais (cf. **oração do dia**).

A festa de hoje remete também à renhida discussão teológica que reclamou para Maria o título de *Theótokos*, "Genitora (Mãe) de Deus" (Concílio de Éfeso). Decerto, Deus não tem mãe, mas escolheu Maria como mãe para o Filho que em tudo realiza a obra de Deus. Santificou em Maria a maternidade quando o Filho assumiu a humanidade. Deus experimentou a realidade íntima da maternidade em Cristo. A maternidade é, como a humanidade, *capax Dei*, capaz de receber Deus... Deus é tão grande que conhece também o mistério da maternidade, e por dentro! (Para captar isso talvez tenhamos de modificar um pouco nosso conceito de Deus.)

I – A MÃE, O NOME E A CIDADANIA DE JESUS
[preferível para o ano A]

> Hoje, o assunto é a "cidadania" de Jesus: seu nome, sua identidade, seu lugar na sociedade humana. Antigamente esta festa era chamada a festa do nome de Jesus. O essencial da carteira de identidade é o nome. Identifica a pessoa no meio da massa, e diz também como se pode "chamar", interpelar, pedir a contribuição desta pessoa etc. O nome individualiza a pessoa, mas também a socializa.
>
> A **2ª leitura** de hoje nos fala de dois modos de inserção de Jesus na sociedade humana: *nasceu de mulher,* membro da família humana; e *nasceu sujeito à lei,* cidadão de uma comu-

nidade política e religiosa. E exatamente por assumir a lei de um povo concreto, ele é um verdadeiro representante da humanidade. Quem não pertence a nada, não representa ninguém. Porque foi judeu, Jesus pôde ser o Salvador da humanidade toda.

Conforme a lei, Jesus é integrado na comunidade judaica pela circuncisão no oitavo dia do nascimento (**evangelho**). Nessa oportunidade, é-lhe dado o nome de Jesus, escolhido por Deus mesmo. Muita gente, quando escolhe o nome do filho, projeta nisso sua expectativa. Maria e José não escolheram o nome. Alinharam-se com Deus, que projeta no nome de Jesus seu próprio plano de salvação, pois Jesus significa: "O Senhor salva". O nome de Jesus significa a participação pessoal de Deus na história da comunidade humana e política, em Jesus Cristo. Por isso, assim como o sacerdote Aarão no Ano Novo benzia os israelitas, invocando o nome do Senhor Deus, nós podemos benzer a nós e a todos com o nome de Jesus – uma prática popular muito significativa (**1ª leitura**).

O dia de hoje é oportuno para celebrarmos a "cidadania" de Jesus, porque é o início do ano civil. Jesus é solidário conosco como cidadão. Vamos ser solidários com ele, construindo-lhe uma comunidade digna dele!

Celebramos também a maternidade de Maria, Mãe de Deus. Em Jesus, Deus quis ter uma mãe. A inserção de Deus em nossa história passa pela ternura materna. Sem esta, não se pode construir a História conforme o projeto de Deus. Assim Deus, na "sua" história salvífica, santificou uma dimensão especificamente feminina. Entenda isso a sociedade machista.

II – MARIA, "PORTA DO CÉU"

[preferível para o ano B]

Nas ladainhas chamamos Maria "Porta do Céu". Porta para nós subirmos, ou para Deus descer? A festa de hoje confirma as duas interpretações.

"Nascido de mulher, nascido sob a Lei", assim Paulo qualifica Jesus (**1ª leitura**). Jesus nasceu como todo ser humano de uma mãe humana, Maria, e dentro de uma sociedade humana, a sociedade de Israel, com sua "lei", regime ao mesmo tempo religioso e sociopolítico. O evangelho narra que Jesus, no oitavo dia do nascimento, foi acolhido na sociedade judaica pela circuncisão e pela imposição do nome, como teria acontecido a qualquer masculino dentre nós se tivesse nascido naquela sociedade.

Maria é, portanto, mãe do verdadeiro homem e judeu Jesus de Nazaré, mas nós a celebramos hoje como "Mãe de Deus"... Como se conjugam essas duas maternidades? Não são duas, são uma só!

O título "Mãe de Deus" foi conferido a Maria pelo Concílio de Éfeso no ano 431 d.C. Este mesmo concílio insistiu que Jesus foi igual a nós em tudo menos o pecado (cf. Hb 4,15) e viveu e sofreu na carne de maneira verdadeiramente humana. Vinte anos depois, o concílio de Calcedônia chamou Jesus "verdadeiramente Deus e verdadeiramente homem". É por ser mãe de Jesus humanamente que Maria é chamada Mãe de Deus, pois a humanidade e a divindade em Jesus não se podem separar. Dando Jesus ao mundo Maria deu Deus a todos nós.

Em Jesus, Maria faz Deus nascer no meio do povo. Maria é o ponto de inserção de Deus na humanidade. Neste sentido ela é "porta do Céu", porta para Deus que desce até nós e pela qual nós temos acesso a Deus. Toda mulher-mãe é ponto de inserção de vida nova no meio do povo. Em Maria, essa vida nova é vida divina. Deus se insere no povo por meio da maternidade que ele mesmo criou.

De maneira semelhante, Deus respeita também a Lei que ele mesmo criou e comunicou ao povo. Seu Filho nasceu sob a Lei e foi circuncidado conforme a Lei. As estruturas políticas e sociais do povo, quando condizentes com a vontade de Deus, são instrumento para Deus se tornar presente em nossa história. Deus mostrou isso em Jesus. E quando as leis e estruturas são manipuladas a ponto de se tornarem injustas, o Filho de Deus as assume para as transformar no sentido do seu amor. Por isso, Jesus morreu por causa da Lei, injustamente aplicada a ele.

Assim como pela maternidade humano-divina Maria se tornou "Porta do Céu", a comunidade humana é chamada a tornar-se acesso de Deus ao mundo e do mundo a Deus. A vida do povo, suas tradições, cultura e estruturas políticas e sociais devem ser um caminho de Deus e para Deus, não um obstáculo. Por isso é preciso transformar a vida humana e as estruturas da sociedade, quando não servem para Deus e não condizem com a dignidade que Deus lhes conferiu pelo nascimento de Jesus de mulher e sob a Lei.

III – JESUS DE MARIA, BÊNÇÃO DO POVO
[preferível para o ano C]

Que sentido tem para você a celebração do Ano Novo? Mais uma festinha? Ou até uma farra? Um costume social? Uma ocasião para demonstrar seu carinho para com os amigos, trocar votos de paz e felicidade, injetar um pouco de otimismo em si mesmo e nos outros?

Para os cristãos, o novo ano litúrgico já começou, há um mês, no 1º domingo do Advento. Celebrar o Ano Novo no 1º de janeiro não é próprio da Igreja; mas os cristãos participam desta celebração como cidadãos da sociedade civil. Participam da celebração do Ano Novo civil com uma festa de Maria, Mãe do Deus Salvador, Jesus Cristo. Querem felicitar de modo especial a Mãe da família dos cristãos – pois, ao visitarmos hoje a casa de nossos amigos, não cumprimentamos primeiro a dona da casa?

Por que a Igreja marca este dia com uma festa de Maria, Mãe de Deus? É um voto de paz e bênção para a sociedade, para o mundo! Pois o filho de Maria é uma bênção para toda a humanidade e o será também neste novo ano civil, que hoje inicia.

A **1ª leitura** de hoje nos faz ouvir a bênção de Deus transmitida pelos sacerdotes do templo de Jerusalém. Maria nos transmite uma bênção maior, da parte de Deus: o seu filho, Jesus. Os nossos votos de paz e bênção, neste dia, devem ser a extensão desta bênção que é Jesus, e que Maria fez chegar até nós. Em Jesus é que desejamos paz e bênção aos nossos amigos.

Então, nossos votos serão profundamente cristãos, e não apenas fórmula social ou até desejo egoísta, mera bajulação de "amigos importantes"... Desejaremos aos nossos amigos aquilo que veio até nós em Cristo: o amor de Deus na doação da vida para os irmãos. Esta é a verdadeira paz, que convém desejar neste Dia Mundial da Paz. *Somente onde reinam os sentimentos de Jesus* – o esquecimento de si para o bem dos irmãos, como pessoas e como sociedade – *pode existir a paz que vem de Deus*. É este o espírito de Jesus, no qual chamamos a Deus de Pai e aos outros, de irmãos.

Epifania de N. Senhor/A, B, C
ONDE A ESTRELA PAROU

Canto da entrada: (cf. Ml 3,1; 1Cr 19,12) Manifestação do Senhor dos Senhores.

Oração do dia: Da fé à contemplação.

1ª leitura: (Is 60,1-6) **Adoração universal em Jerusalém** – Por ocasião das deportações que despovoaram a Galileia, em 732 a.C., Is 9,1 anunciou nova luz para aquela região. Duzentos anos depois, um discípulo de Isaías repete a mesma imagem, aplicando-a a Sião, ao povo de Judá que, de volta do exílio, se meteu a reconstruir a cidade e o templo (Is 60,1). "Torna-te luz", esquece a fadiga e o desânimo, Deus está perto. As nações devolvem a Israel seus filhos e filhas que ainda vivem no estrangeiro, e oferecem suas riquezas ao Deus que realmente salva seu povo. – No N.T., os magos que vêm do Oriente realizam esta profecia; a eles, o Cristo aparece como a misteriosa "luz". • Cf. Ap 20,10-11.23-24; Is 9,1; 2,1-4; 49,18-21; Sl 72[71],10.

Salmo responsorial: (Sl 72[71], 1,1-2.7-8.10.11.12-13) Adoração universal.

2ª leitura: (Ef 3,2-3a.5-6) **Os gentios participam também das promessas divinas, em Cristo** – As promessas do A.T. se dirigem a Israel. Mas Deus vê mais longe. Isso, já os antigos profetas o sabiam, mas o judaísmo o esqueceu. Até Paulo o aprendeu com surpresa: a revelação do grande mistério, de que também os gentios são chamados à paz messiânica; e a revelação de sua missão pessoal, de levar esta boa-nova aos pagãos. • 3,2-3a cf. Ef 3,7; Cl 1,25-26; Rm 16,25-26 • 3,5-6 cf. 1Pd 1,12; Jo 14,26; Ef 2,12-19; Rm 15,7-13.

Aclamação ao evangelho: (Mt 2,2) "Vimos a estrela... e viemos adorar...".

Evangelho: (Mt 2,1-12) **Os magos do Oriente adoram Jesus** – No novo povo de Deus, não importa ser judeu ou gentio, importa a fé. O ev. de Mt termina na missão de evangelizar "todas as nações" (28,18-20), e já no início os "magos" prefiguram isso. Os doutores de Jerusalém, ao contrário, sabiam onde devia nascer o Messias, mas a estrela da fé não os conduziu até lá. • Cf. Nm 24,17; Jo 7,42; Mq 5,1.

Oração s/as oferendas: Os dons dos magos e os nossos dons.

Prefácio: (Epifania) Cristo, luz dos povos.

Canto da comunhão: (cf. Mt 2,2) A estrela, os dons e a adoração.

Oração final: Viver com amor o mistério do qual participamos.

A Epifania marca a fase final do ciclo natalino[2]. Celebra a manifestação (*epifania*, em grego) de Deus ao mundo, na figura dos reis magos que, representando o mundo inteiro, vão adorar o menino Jesus em Belém. A liturgia retoma o tema da luz – luz que brilha não só para o povo oprimido de Israel (como na 1ª leitura da noite de Natal), mas para todos os povos, segundo a visão do profeta universalista que escreveu o fim do livro de Isaías (**1ª leitura**). Jerusalém, restaurada depois do exílio babilônico, é vista como o centro para o qual convergem as caravanas do mundo inteiro. Essa visão recebe um sentido pleno quando reis astrólogos do oriente procuram o messias nascido de Davi – nos arredores de Jerusalém, em Belém, cidade de Davi (**evangelho**). A **2ª leitura** comenta, mediante o texto de Ef 3,2-6, esse fato como revelação do mistério de Deus também para os pagãos.

Toda a liturgia de hoje é permeada pelo sentido universal da obra de Cristo. Mas para não cairmos no universalismo abstrato e global das grandes declarações internacionais, que nunca chegam até o chão, encontramos aqui, como na festa da Mãe de

---

2. Historicamente, a festa da Epifania (6 de janeiro) é a data do Natal no Oriente. Mas a Igreja ocidental (latina), que celebrava o Natal no dia 25 de dezembro (cf. ali nota 1), conservou a data de hoje com o nome de Epifania, tornando-se um sinal de unidade entre a Igreja oriental e a ocidental.

Deus, a inserção bem concreta de Jesus num ponto "parcial" da humanidade. Mesmo não sendo a menor das principais cidade de Judá (Mt 2,6), Belém não passa de um povoado que os magos nem sequer encontram no mapa. E contudo, nesse momento, é o centro do mundo, assim como Ezequiel, por volta de 580 a.C., chama a aparentemente insignificante terra de Israel de "umbigo da terra" (Ez 38,12). O ponto por onde passa a salvação não precisa ser grandioso.

Belém representa a comunidade-testemunha, não o império oficial do poderoso Herodes. É centro do mundo, não para si mesma, mas para quem procura o agir de Deus. Não em Roma, nem na Jerusalém de Herodes, mas na Belém do presépio é que a estrela parou. Para mostrar que não depende do poder humano, Deus se manifesta no meio dos pobres, no Jesus pobre.

I – SALVAÇÃO UNIVERSAL E COBIÇA DE PODER
[preferível para o ano A]

A Nat.

No dia 6 de janeiro ou no domingo seguinte celebramos a festa chamada Epifania ou Revelação do Senhor, popularmente, a festa dos Reis Magos, porque o evangelho conta a história dos magos que viram a estrela de Belém. E de Herodes, que não a viu...

No Antigo Testamento, alguns profetas sonharam com a restauração de Israel. O "terceiro Isaías", vivendo logo depois que os judeus voltaram do exílio babilônico, tem uma visão da restauração do povo: todos os povos vão ver a luz de Deus que brilhará sobre a Cidade Santa, Jerusalém. Os judeus dispersos e mesmo os povos pagãos chegarão trazendo ricos presentes. O mundo inteiro proclamará as obras gloriosas do Senhor (**1ª leitura**). Ora, essa confluência de judeus e pagãos realiza-se no povo fundado por Jesus Cristo. Este é o "mistério", o projeto escondido de Deus, que Paulo conhece por experiência pessoal; ele dedicou sua vida a pregar o evangelho a judeus e pagãos (**2ª leitura**).

Mateus, no **evangelho**, traduz a fé de que Jesus é o Messias universal numa narração que descreve a realização da profecia da 1ª leitura: reis magos (astrólogos) do Oriente enxergam a luz que brilha sobre Belém, cidade de Davi, na proximidade de Jerusalém. É a estrela do recém-nascido messias, "rei dos judeus". Querem adorá-lo e oferecer-lhe seus ricos presentes. Ora, o rei "em exercício", Herodes, juntamente com os doutores e os sacerdotes, não enxerga a estrela que brilha tão perto dele; é obcecado por seu próprio brilho e sede de poder. Os reis das nações pagãs chegam de longe para adorar o menino, mas os chefes dos judeus tramam sua morte... As pessoas de boa vontade, aqueles que realmente buscam o Salvador, o encontram em Jesus, mas os que só gostam de seu próprio poder têm medo de encontrá-lo.

Significativamente, o medo de Herodes, o Grande, o leva a matar todos os meninos de Belém (cf. a festa dos Santos Inocentes, 28 de dezembro). Por que se matam ou se deixam morrer crianças também hoje? Porque os poderosos absolutizam seu poder e não querem dar chances aos pequenos, nem sequer para viverem. Preferem sangrar o povo pela indústria do armamento, dos supérfluos, da fome...

Pobre e indefeso, *Jesus é o não poder*. Ele não se defende, não tem medo. Em redor dele se unem os povos que vêm de longe. "E, avisados num sonho, voltaram por outro caminho". O caminho, na Bíblia, é o símbolo da opção de vida da pessoa (Sl 1). Os reis magos *optaram* por obedecer à advertência de Deus; optaram pelo Menino Salvador, contra Herodes e contra todos os que rejeitam o "menino", matando vida inocente.

II – ADORAR DEUS NO MENINO JESUS
[preferível para o ano B]

Quando celebramos, no dia 6 de janeiro ou no domingo seguinte, a festa dos Reis Magos, as ocupações do turismo impedem muitos de contemplar o sentido desta festa. Mesmo assim, vale a pena dedicar-lhe nossa atenção, pois não é uma festa meramente folclórica.

O nome oficial da festa dos Reis Magos, "Epifania", significa manifestação ou revelação. Contemplamos o paradoxo da grandeza divina e da fragilidade da criança no menino Jesus. Pensamos nos milhões de crianças abandonadas nas ruas de nossas cidades, destinadas à droga, à prostituição. Outras milhões mortas pela fome, doença, guerra, aborto. Órgãos extraídos, fetos usados para produzir células que devem rejuvenescer velhos ricaços... Qual é o valor de uma criança?

Os "magos" – astrólogos vindos do Oriente – seguiram o caminho da estrela para adorar um menino do qual não sabiam nome nem paradeiro (**evangelho**). Como os reis anunciados pelo "terceiro Isaías" (**1ª leitura**), trazem de longe suas riquezas, para apresentá-las ao menino Jesus. Essa narração quer nos ensinar que Jesus é aquele que merece adoração universal, o Messias. E acena também à missão da Igreja, de anunciar a salvação universal (**2ª leitura**).

A estrela conduziu os magos a uma criança pobre, que não tinha nada de sensacional. Mas o rei Herodes, cioso de seu poder, pensou que Jesus fosse poderoso e, portanto, perigoso. Esse rei, que tinha mandado matar seus próprios filhos e sua mulher Mariamne, mandou, para que Jesus não lhe escapasse, matar todos os meninos de Belém.

Deus se manifesta ao mundo numa criança, e nós somos capazes de matá-la, em vez de reconhecer nela a luz de Deus. Por que Deus se manifestou numa criança? Esquisitice, para nos enganar? Nada disso. Salvação significa ser libertado dos poderes tirânicos que nos escravizam, para realizar a liberdade que nos permite amar. Pois para amar é preciso ser livre, agir de graça, não por obrigação nem por cálculo. Por isso, a salvação que vem de Deus não se apresenta como poder opressor, como o de Herodes. Apresenta-se como antipoder, como uma criança aparentemente sem valor.

Aqui, no início do evangelho de Mateus, a salvação universal manifesta-se numa criança; no fim dos ensinamentos de Jesus, o critério do juízo final será a caridade gratuita realizado ao pequenino (Mt 25,31-46). O pequenino de Belém é venerado como rei, e no fim do evangelho, esse "rei" (25,34) julgará o universo, identificando-se com os mais pequeninos: "O que fizestes a um desses mais pequenos, que são meus irmãos, a mim o fizestes" (25,40). Quanta lógica em tudo isso!

Deus não precisa de nos esmagar com seu poder para se manifestar. Nem precisa do palco de uma TV mundial para se dar a conhecer. Para ser universal, prefere o pequeno, pois só quem vai até os pequenos e os últimos é realmente universal. Falta-nos a capacidade de reconhecer no frágil, naquele que o mundo procura excluir, o absoluto de nossa vida – Deus. Eis a lição que os reis magos nos ensinam.

III – CRISTO PARA OS DE LONGE
[preferível para o ano C]

Na Igreja oriental, 6 de janeiro é Natal. Na Igreja ocidental romana, é a Epifania, manifestação do Senhor. A Epifania, que acrescenta ao Natal? A manifestação de Cristo aos que vêm de longe. Deus avisou os magos do oriente a respeito do nascimento do Salvador. Os magos viviam em países longínquos, que o povo de Israel lembrava com certa amargura: a Babilônia, terra do exílio; a Arábia, terra inóspita... Representantes dessas terras tão alheias vão adorar o Messias na cidade de Davi, Belém – assim anunciam a **1ª leitura** e o **evangelho**! A **2ª leitura** aponta a unificação de Israel com os "gentios" (os pagãos do mundo grego, da Europa), no novo povo de Deus, que é a Igreja, corpo e presença atuante de Cristo no mundo de hoje. Todos participam da mesma herança: a salvação em Cristo Jesus.

O menino nascido em Belém atraiu os que viviam longe de Israel geograficamente. Mas a atração exercida por Jesus envolve também os social e religiosamente afastados, os pobres, os leprosos, os pecadores e pecadoras... Todos aqueles que de alguma maneira estão longe da religião estabelecida e acomodada recebem em Jesus um convite de Deus para se aproximarem dele.

Quem seriam esses "longínquos" hoje? Os muçulmanos do Iraque (a antiga Babilônia) e da Arábia? Por que não? Mas talvez a estrela brilhe de modo especial para os que, em nosso próprio ambiente católico, ficaram afastados do templo. O povinho que ficava no fundo da igreja, ou que não podia ir à igreja porque não tinha roupa decente... Graças a Deus estão surgindo capelas nos barracos das favelas, bem semelhantes ao lugar onde Jesus nasceu e onde a roupa não causa problema.

Há também os que se afastaram porque seu casamento despencou (muitas vezes se pode até questionar se ele foi realmente válido). Jesus se aproximou da samaritana, da pecadora, da adúltera... será que para estas pessoas não brilha alguma estrela em Belém?

E os que viraram as costas aos problemas do povo? Haverá um convite para esses, também?

Será que, numa Igreja renovada, o Menino Jesus poderá de novo brilhar para todos esses afastados, como sinal de salvação e libertação? Depende um pouco da atitude dos "fiéis". Se ser fiel significa permanecermos com o nosso grêmio, com os nossos costumes de sempre, bem protegidos contra quem possa ter outra experiência de vida, outra visão do mundo, então a luz de Cristo não vai ser vista muito longe. Mas se ser fiel é entendido como a imitação da vida missionária de Jesus, que ia ao encontro daqueles que estavam longe, então vale lembrar os reis do oriente e celebrar a Epifania, a gloriosa manifestação do Filho de Deus.

A Nat.

Batismo de N. Senhor/A, B, C*
(ANO A) TU ÉS MEU FILHO

* A liturgia é a mesma nos três anos, exceto os evangelhos.

Canto da entrada: (cf. Mt 3,16-17) "Este é meu Filho amado...".

Oração do dia: (I) O batismo de Cristo e nosso / (II) Configuração com aquele que assumiu nossa humanidade.

1ª leitura: (Is 42,1-4.6-7) **1º Canto do Servo de Javé: "Meu servo que eu apoio, meu eleito no qual me agrado"** – O "servo" de que fala Is 42,1-9 (1º Cântico do Servo de Javé) é uma misteriosa figura profético-real. Recebe a missão de anunciar a todos a misericórdia e a fidelidade de Deus. Para isso recebe o espírito de Deus. Mais adiante aparece como o "Servo Padecente" (Is 52,13–53,12), sofrendo pelos pecados de todos. O N.T. vê em Jesus aquele que levou à plenitude essas figuras. A palavra de Deus no Batismo de Jesus lembra Is 42,1 (cf. Mt 3,17). • 42,1-4 cf. Is 11,1-10; Mt 3,16-17; Jo 1,32-34 • 42,6-7 cf. Jo 8,12; 9,1-7; 8,32.

Salmo responsorial: (Sl 29[28],1a+2.3ac-4.3b+9b-10) O Louvor a Deus por seus "filhos".

2ª leitura: (At 10,34-38) **Início do "querigma cristão": o batismo de Jesus** – A pregação de Pedro representa o anúncio do evangelho nos primeiros tempos do cristianismo: por Jesus, Deus deu a "paz" ao mundo. Jesus recebeu o batismo de João, Deus lhe mandou seu espírito, *ungiu*-o como Messias (= "ungido"), atestou-o como seu filho. • 10,34 cf. Dt 10,17; Rm 2,11; Gl 2,6 • 10,36 cf. Is 52,7; Ap 17,14 • 10,38 cf. Is 61,1; Lc 4,18.

Aclamação ao evangelho: (Mc 9,7) "Este é meu filho amado: ouvi-o".

Evangelho: (Mt 3,13-17) **Batismo de Jesus e descida do Espírito Santo** – O batismo de João significa conversão. Mt pergunta: como Jesus se deixa batizar então? A resposta de Jesus: ele deve cumprir "toda a justiça", toda a vontade do Pai. Por isso, ele se solidariza com os pecadores que se convertem. Neste momento, Deus o "reconhece" como filho querido. • Cf. Jo 1,32; Sl 2,7; Is 42,1; Mt 12,18; 17,5.

Oração s/as oferendas: O Cordeiro que tira o pecado do mundo.

Prefácio: (próprio) O Servo enviado para levar a Boa-Nova aos pobres.

Canto da comunhão: (Jo 1,32-34) "Este é o Filho de Deus".

Oração final: Chamados filhos de Deus, o sejamos de fato.

A Nat.

A festa do Batismo de Jesus encerra o tempo de Natal. Saindo do âmbito da infância, mostra Jesus na véspera de sua vida pública. A voz de Deus que acompanha o dom do Espírito Santo a Jesus proclama-o "filho amado" de Deus, no qual Deus se compraz: o beneplácito de Deus repousa nele. Ele é quem executará o projeto do Pai. Por isso é chamado de "filho", termo que pode ser aplicado a todo justo, mas no caso de Jesus, de maneira única (por isso, o evangelista João o chama de "[filho] unigênito").

A **1ª leitura** apresenta o "servo" de Deus que animou o povo durante o exílio babilônico. Os profetas da escola isaiana lhe dedicaram quatro cânticos (Is 42,1-7; 49,1-6; 50,4-9; 52,13–53,2). No primeiro cântico, lido hoje, ressoa a eleição desse predileto para levar aos povos e mesmo às "ilhas" (= os continentes) o verdadeiro conhecimento do Deus de misericórdia e fidelidade. Ele é aliança com os povos, luz das nações, para restaurar a paz e felicidade dos oprimidos. Ele é portador da quase trágica "eleição" do povo de Israel para, no desterro, ser testemunha do Deus verdadeiro no meio das nações.

O **evangelho** supõe a **1ª leitura**, mas onde Is diz "servo", o evangelho diz "filho", o que se deve à influência de outros textos (p.ex., Sl 2,7), como também à evolução na percepção da relação de Jesus com o Pai. Aliás, no mundo grego um dos termos para dizer servo pode também significar "filho".

No ano A, o **evangelho** é tomado de Mt, que diverge dos paralelos sinóticos (Mc e Lc) pelo fato de a voz ser dirigida não a Jesus, mas à multidão, e pelo pedido de João Batista para ser batizado por Jesus, em vez do contrário. De fato, Jesus é mais importante que o Batista, mas ele quer "cumprir toda a justiça" (Mt 3,15), isto é, a vontade de Deus. O que reforça ainda o peso de ele ser proclamado "filho" de Deus. E essa justiça é precisamente a solidariedade com o povo que procura o batismo para, em espírito de conversão, preparar-se para o Reino de Deus.

A **2ª leitura** é outro texto-chave do N.T.: o "querigma" ou anúncio proclamado por Pedro para os companheiros pagãos do centurião Cornélio, em At 10. Com um toque de universalidade, Pedro anuncia a missão de Jesus como Messias e Filho de Deus, a partir de seu batismo por João.

Esta liturgia nos faz ver, no homem de Nazaré, o Servo e Filho de Deus, enviado para aliviar a opressão de seu povo e testemunhar a graça de Deus para todos. Filho amado de Deus, luz para todos, sob este augúrio inicia-se a atividade pública de Jesus.

Mas a liturgia menciona também nosso próprio batismo (**oração do dia** I) e nossa filiação divina (**oração final**). De fato, se a comunidade cristã assumiu o sinal do batismo é por querer unir-se a Jesus, que, neste sinal, assumiu a vontade de Deus e sua missão. Participamos da missão do Servo e Filho amado. Também nós somos qualificados como filhos, embora, com a graça de Deus, ainda devamos "tornar-nos plenamente o que somos chamados a ser" (**oração final**).

SOLIDARIEDADE E SALVAÇÃO

Nesta festa, celebrada no domingo depois da Epifania, a liturgia recorda o batismo de Jesus por João Batista nas águas do rio Jordão. É mais uma "epifania": Jesus é manifestado como Filho de Deus.

A **1ª leitura** apresenta o 1º cântico do Servo (Is 42), que recebe o Espírito de Deus para ser a luz das nações e o libertador dos oprimidos. Assim, ao ser Jesus batizado por João, Deus o proclama "seu Filho", e o Espírito de Deus desce sobre ele de modo visível, em forma de pomba – o pássaro mensageiro. Recebendo o Espírito de Deus, Jesus assume sua atividade como enviado de Deus. Por isso, conforme a **2ª leitura**, a pregação dos apóstolos a respeito de Jesus iniciava com a menção do batismo de Jesus por João.

Jesus é, portanto, o Servo do Senhor por excelência, o Filho de Deus. Sobre ele repousa o Espírito Santo, o dinamismo de Deus Santo, fazendo com que tudo o que o Filho faz seja a obra que Deus deseja (**evangelho**). Neste sentido devemos compreender a objeção do Batista, que achava que ele devia ser batizado por Jesus e não o contrário. Se Jesus é maior que o Batista, por que deixou-se batizar por ele? Se João Batista batizava para pedir o perdão dos pecados, Jesus não devia estar no meio dos batizados... Ou sim? Pois Jesus é o realizador do desígnio (projeto) de Deus. Jesus quer ser solidário com o povo que ele vem libertar; embora ele mesmo não tenha pecado, pede a João para ser batizado em meio aos pecadores. Assim, ele quer "cumprir toda a justiça", isto é, o plano de salvação de Deus.

Jesus não se comporta como um privilegiado. Se queremos salvar alguém, tirar alguém do poço, devemos descer até onde ele está... Por isso Jesus se deixa batizar no meio dos pecadores, cumprindo assim a justiça, o plano do Pai. O batismo de Jesus é despojamento de sua grandeza divina e, ao mesmo tempo, manifestação do Espírito. Isso contém um significado para nosso próprio batismo. Para comunicar o Espírito no qual fomos batizados devemos mergulhar no mundo em que vivem os nossos irmãos e irmãs, mundo marcado pela presença do pecado. Jesus participou do batismo do perdão dos pecados porque participava da comunidade humana curvada sob o pecado.

O batismo *cristão* não significa meramente o perdão dos pecados, como o de João (muito menos mera bênção de saúde ou coisa semelhante!). *É participação no batismo de Cristo e na sua missão como Servo de Deus, no Espírito.* Nosso batismo deve levar-nos ao serviço de nossos irmãos. Ser batizado é tornar-se Servo do Senhor com Cristo, o Servo por excelência. A preparação do batismo deve ensinar isso aos candidatos, ou aos pais e padrinhos.

(ANO B) O QUE BATIZA COM O ESPÍRITO SANTO

Tudo como no ano A, exceto:
~ *1ª leit. à escolha:* (Is 55,1-11) *"Vinde às águas, ouvi e tereis vida".*
~ *Sl resp. à escolha:* (Is 12,2-3.4bcd.5-6) *"Com alegria bebereis da fonte da salvação".*
~ *2ª leit. à escolha:* (1Jo 5,1-9) *O Espírito, a água e o sangue.*
Aclamação ao evangelho: (cf. Mc 9,7) Ouvir o Filho de Deus.
Evangelho: (Mc 1,7-11) **Anúncio e batismo de Jesus por João** – João batizava em sinal de conversão, ou seja, de uma atitude humana. Todavia, anunciou Jesus como aquele que batizava "com o Espírito Santo", portanto, realizando uma obra divina, a obra escatológica (cf. Jl 3,1-5). Por isso, Jesus é o "mais forte". – Durante o batismo, Jesus recebe a missão de Messias ou Filho de Deus: é sua investidura (cf. Is 42,1; 61,1).

A Nat.

O batismo de Jesus segundo Mc é a investidura do Messias (Cristo) e Filho de Deus. A diferença em relação à missão do João Batista aparece em 1,8: o batismo de João situa-se no nível da atitude humana de conversão; o batismo que Jesus trará é a efusão escatológica do Espírito (cf. Jl 3,1-5 etc.)[3]. João é do Antigo Testamento, Jesus do Novo.

João batizando Jesus é mais ou menos como Samuel derramando a unção na cabeça de Davi, rei escolhido por Deus: "A partir daquele momento o Espírito apoderou-se de Davi" (1Sm 16,13). No batismo, o Espírito toma posse de Jesus e logo o impele para o deserto (Mc 1,12). Mas há uma diferença em relação a Davi e os profetas: os céus se rasgam, sinal da irrupção de Deus (cf. Is 63,16ss). É a vinda escatológica do Espírito que se realiza em Jesus. Mas essa irrupção é velada: quem vê o céu aberto (em Mc) é só Jesus, e só a ele se dirige a palavra "Tu és meu Filho amado, em ti está o meu agrado" (cf. Is 42,1; 44,2). Para Jesus, a visão do Reino que vem sobre a terra é clara, mas para os outros não. Ao longo de seu evangelho, Mc mostra que com Jesus veio o Reino, mas de um modo diferente do que se esperava. Sua missão messiânica tomará sempre mais a forma do Servo Sofredor (cf. coment. ao Dom. de Ramos/B).

Na visão de Mc, o batismo de Jesus é o começo do fim, "a inauguração secreta" do tempo messiânico. Só Jesus o sabe, por enquanto. (O segredo do Filho, confiado aqui a Jesus, será revelado aos discípulos prediletos em 9,7 e, no fim do evangelho, o centurião romano o reconhecerá, 15,39.) No querigma cristão, o batismo de Jesus é o início da proclamação de sua obra (cf. At 10,27ss, **1ª leitura**).

JESUS PROFETA, SERVO E FILHO DE DEUS

> Natal se prolonga nas festas da Epifania e do Batismo de Jesus. Todas estas festas têm em comum a ideia da manifestação de Deus ao mundo, em Jesus de Nazaré.
>
> Ora, o primeiro a quem Deus se manifestou foi o próprio Jesus. Manifestou-se a ele para lhe confiar a missão.

---

3. Mt 3,11-12 = Lc 3,16c-17 menciona ainda outra característica escatológica do Messias: "o fogo (do juízo)"; Mc não.

A **1ª leitura** apresenta o "Servo de Deus" de que fala o profeta Isaías. "Servo" (= ministro, encarregado) é um título do rei, do profeta ou até do próprio povo da Aliança. Na sua disposição a executar o projeto de Deus, tal "servo" prefigura Jesus.

Quando, depois de Pentecostes, os Apóstolos proclamam Jesus (**2ª leitura**), chamam-no com o nome bíblico de "Ungido de Deus", em hebraico: messias – ungido com o Espírito Santo.

É isso que o **evangelho** descreve. Jesus tinha-se integrado no movimento João Batista, o novo profeta, que fez ressoar novamente a voz profética, silenciada durante séculos. Agora, no momento em que Jesus recebe das mãos de João a aspersão do batismo no rio Jordão, Deus lhe dá "sinal verde" para a própria missão: "Tu és o meu filho, em ti repousa meu pleno agrado". "Filho de Deus" era o título dado ao rei (Davi). Num sentido infinitamente mais rico, este título cabe a Jesus. *Deus estabelece Jesus portador de seu "beneplácito"*, nomeia-o realizador de seu reinado. Desce sobre Jesus o Espírito de Deus: sua força, seu dinamismo, seu calor, sua sabedoria... O reinado que ele vai implantar supera de longe o de Davi. É um projeto divino, para que Deus reine nos corações humanos e em todas as estruturas da comunidade humana, e para que seus "aliados" realizem a justiça e o amor.

Jesus aceitou sua "nomeação". Assumiu sua missão e deu a vida para cumpri-la: para desmascarar o cinismo e a hipocrisia dos chefes religiosos e políticos; para ensinar o plano de Deus ao povo, entregue às mãos dos poderosos; para formar um grupo de discípulos que entendessem sua proposta – ao menos, depois de sua morte e ressurreição...

Celebramos hoje que *Jesus assumiu a realização da vontade do Pai, a "justiça"*. Anunciou aos que mais a esperavam – os pobres, os excluídos – a libertação do regime que domina este mundo. Mas ele não quis ficar sozinho. Formou uma comunidade que continuasse sua missão. Os que sucedem Jesus no empenho pelo reinado de Deus terão de trilhar seu caminho, inserir-se nos movimentos que buscam a justiça concebida por Deus, assim como Jesus se inseriu no movimento lançado por João Batista. Sobretudo, deveremos prestar nosso ouvido e nosso coração a essa voz bem especial que nos faz descobrir aquele que nos envia como "Pai": "Chamados filhos de Deus, o sejamos de fato" (**oração final**).

A Nat.

(ANO C) JESUS RECEBE SUA MISSÃO NA ORAÇÃO

Tudo como no ano A, exceto:
~ *1ª leit. à escolha: (Is 40,1-5.9-11) A glória do Senhor se manifestará para todos.*
~ *Sl resp. à escolha: (Sl 104[103],1-2.3-4.24-25.27-28.29-30) As maravilhas do Senhor.*
~ *2ª leit. à escolha: (Tt 2,11-14; 3,4-7) Salvação mediante o batismo e o Espírito Santo.*
Aclamação ao evangelho: (cf. Jo 1,29) O cordeiro de Deus.
Evangelho: (Lc 3,15-16.21-22) **O batismo de Jesus segundo Lc** – A atividade de João Batista fez surgir esperanças messiânicas. Mas o verdadeiro "forte de Deus" está escondido na multidão dos que aderem ao movimento: Jesus, em oração, recebe a missão de ser o Filho de Deus, "rei forte" e fundador da paz do mundo. • Cf. anos A e B.

O relato lucano do batismo de Jesus se caracteriza pela menção da oração, feição constante do evangelho de Lc. Jesus, exemplo do cristão, procura na oração a vontade do Pai, vontade que se manifesta na visão do céu aberto e da vinda do Espírito Santo (cf. coment. ano B). No conjunto da obra lucana, o batismo é o início da atuação messiânica de Jesus (cf. At 10,37, **1ª leitura**). Por isso, segue-se a genealogia, como convém quando se descreve a investidura de um alto dignitário.

Quanto a nós, podemos ver no fato de Jesus receber sua missão na oração um exemplo para nossa vida. Recebemos nossa missão de Deus no encontro com ele no silêncio, imersos no mistério da vida divina. Não por razões humanas (sucesso, insistência de partidários etc.), mas por ter buscado a vontade de Deus é que Jesus assume a missão messiânica.

Observe-se que, embora contemplando Deus, Jesus não está separado do povo, mas participa com todo o povo no movimento que surgiu em torno do Batista. Cristo é o protótipo do fiel na Igreja e na humanidade. (A genealogia inserida por Lc remonta até "Adão, filho de Deus".) Assim seja o cristão: participando com seus irmãos na comunidade do batismo, esteja em contínua união com o Pai e assuma sua missão para a salvação de todos.

TOMADO DO MEIO DO POVO E ENVIADO POR DEUS

A Nat.

Às vezes se percebe, na Igreja, certo conflito entre os agentes de evangelização que procuram inserir-se nas lutas do povo e os que tentam puxar o povo para a igreja, para rezar. Será que, necessariamente, essas duas coisas são incompatíveis?

Com trinta anos de idade, Jesus se deixou batizar por João Batista (**evangelho**). Ele aderiu ao movimento de conversão lançado por João. Nem todos os judeus aderiam a esse movimento. Os fariseus e os sacerdotes o criticavam. Mas os pecadores, os publicanos, os soldados e as prostitutas, estes se deixavam purificar por João, para poderem participar do Reino de Deus. E também Jesus, solidário com os que se queriam converter, se deixou batizar. Batizado assim junto com todo o povo e encontrando-se em oração – encontrando-se *junto a Deus no meio do povo* – Jesus ouviu a voz: "Tu és o meu filho amado, em ti encontro o meu agrado". E recebeu o Espírito de Deus, para cumprir a sua missão, para anunciar a boa-nova do Reino aos pobres e libertar os oprimidos (**1ª leitura**). Deus o chamou e o enviou, exatamente, no momento em que ele vivia em total solidariedade com o povo e com Deus mesmo. Por isso, enviado por Deus do meio do povo, ele podia ser o libertador desse povo.

Houve um tempo em que a Igreja não entendia bem essas coisas. Considerava o povo como mero *objeto* de evangelização. Mandava evangelizadores que não viviam em solidariedade com o povo; havia até padres que sentiam nojo, não só do pecado como também do pecador... Nossa Igreja redescobriu a importância de seus evangelizadores viverem solidários com os que devem ser evangelizados, sentirem seus problemas e dificuldades... e sua boa vontade. Mas, para poderem transmitir a sua mensagem evangelizadora, é preciso também que estejam perto de Deus e, na oração, escutem a sua voz. E isso vale não só para os padres e os religiosos, mas para todos os que Deus quiser enviar para levar sua palavra a seus irmãos: catequistas, ministros leigos, líderes, pessoas que ocasionalmente têm que transmitir um recado de Deus... Têm de ser *solidários com o povo e unidos a Deus*. Então, seu batismo – ao modelo do batismo de Jesus – será realmente a base de sua missão.

TEMPO DA QUARESMA

Quarta-feira de Cinzas/A, B, C
PENITÊNCIA: ABRIR ESPAÇO PARA DEUS

Canto da entrada: (Sb 11,24-25.27) Deus não despreza o que criou: tenha ele compaixão.

Oração do dia: Fortaleza pela penitência.

1ª leitura: (Jl 2,11-18) **"Rasgai vossos corações, não as vestes"** – Exortação à penitência (= "voltar") (v. 12-14), ao jejum e à súplica (15-17). Nem mesmo os recém-casados são escusados desse rito, organizado pelos sacerdotes (v. 16; cf. Lc 14,20), e aparentemente coroado de resultado positivo (v. 18): Deus, cioso para "salvar sua boa reputação" junto às nações, teve compaixão de seu povo.

Salmo responsorial: (Sl 51[50],2-4.5-6a.12-14+17) "Restabelece em mim um coração puro".

2ª leitura: (2Cor 5,20–6,2) **"Este é o tempo propício"** – Apaixonado pelo ministério (apostólico) da reconciliação, Paulo exorta os coríntios a aproveitar a reconciliação oferecida por Cristo, que assumiu nosso pecado (5,21), e a não deixar passar a oportunidade (6,1): agora (com vistas à iminente vinda do Senhor) é o tempo oportuno (6,2).

Aclamação ao evangelho: (Mt 4,17) "Penitência, o Reino de Deus chegou!" / (Sl 95[94],8) "Hoje não endureçais os vossos corações".

Evangelho: (Mt 6,1-6.16-18) **Esmola, jejum e oração no oculto** – Mt 6,1-18 comporta três "reflexões" de Jesus com relação às boas obras judaicas (a esmola: 6,2-4; a oração: 6,5-6; o jejum: 6,16-18), com o Pai-nosso intercalado no meio (v. 7-15). As três "boas obras" devem ser feitas por seu valor intrínseco, que só Deus vê, e não para serem vistas pelas pessoas.

Oração s/as oferendas: Dominar os maus desejos pela penitência e pela caridade.

Prefácio: (próprio) Conversão mediante a quaresma.

Canto da comunhão: (Sl 1,2-3) Meditar a Lei do Senhor dia e noite.

Oração final: Que nosso jejum seja agradável a Deus e útil para nós.

A Quar.

Matematicamente falando, a Quaresma, tempo dos "quarenta dias", vai do 1º domingo quaresmal até a 4ª-feira da Semana Santa. O Tríduo Santo já é contado com a Páscoa (cf. adiante). Mas, na Idade Média, os domingos foram descontados do tempo penitencial, cujo início foi então antecipado para a Quarta-feira de Cinzas. Mesmo não pertencendo à tradição litúrgica mais antiga, as leituras são muito significativas, pois têm teor diferente daquele dos domingos quaresmais, que acentuam a preparação para o batismo a ser administrado na noite pascal. Em Cinzas, o tema central é mesmo a *penitência*.

A liturgia insiste na autenticidade da penitência ("rasgar o coração, não apenas as vestes", **1ª leitura**) e no caráter interior do jejum, juntamente com as outras "boas obras", a esmola e a oração (**evangelho**). A **2ª leitura** (introduzida pela liturgia renovada) proclama o "tempo da reconciliação" com Deus, pregada por Paulo com vistas à iminência da Parusia.

O rito da imposição das cinzas, que quanto à literalidade contradiz um pouco as palavras do evangelho, antigamente era acompanhado da macabra citação de Gn 3,19: "És pó, e ao pó voltarás"; hoje em dia, a fórmula alternativa "Convertei-vos e crede no evangelho" combina melhor com o teor da liturgia. A "mortificação" pode ser um meio para libertar-se dos apegos e da vida superficial, mas não é um fim em si! O fim é a *conversão*, a volta para Deus, que na **2ª leitura** ganha um tom de esperançosa alegria, bem de acordo com o **evangelho**, que manda usar perfumes para não ostentar o jejum. Conversão é encontro com Deus que se volta para nós (**1ª leitura**), portanto, uma razão de alegria. Oxalá fosse concebida assim o sacramento da penitência neste "tempo favorável".

A **oração do dia** e a **das oferendas** falam do combate ao vício e do domínio de si. Mas o importante no jejum não é o que nós fazemos, mas a maravilha que Deus opera. Nossa parte é preparar-nos para receber a sua graça. A conversão não é tanto fazer algo quanto *deixar-se fazer* por Deus (**prefácio**). Na Quaresma vamos dar maior chance a Deus para agir em nós, refreando os instintos egoístas (todos eles, também os do ter e do dominar!), tentando acompanhar aquele que se liberou completamente para, em obediência a Deus, doar-se por nós por amor.

Impondo certas restrições aos nossos impulsos, abrimos em nosso coração mais espaço para Deus e seus filhos. Por isso cabe neste dia a abertura da Campanha da Fraternidade. A melhor penitência é: abrir espaço para Deus e para nossos irmãos.

1º domingo da Quaresma/A
PECADO E RESTAURAÇÃO

Canto da entrada: (Sl 91[90],15-17) Deus atende o clamor do seu servo.

Oração do dia: Acompanhar Cristo de perto e corresponder ao seu amor.

1ª leitura: (Gn 2,7-9; 3,1-7) **O pecado de Adão** – O que Gn 2 e 3 narram não é a história de um indivíduo, mas uma mensagem que se refere à vida de todos. O homem é mortal. Quando Deus lhe tira seu "sopro de vida", ele volta à terra da qual foi tomado. Mas Deus não deseja a ruína do homem. Se a morte é a ruína do homem, é porque o homem lhe virou as costas. Quando, em Cristo, o homem volta a Deus, a morte já não é ruína, mas sim, transformação da vida (cf. 2ª leitura). • 2,7-9 cf. Ecl 3,20-21; Sl 104[103],29-30; 1Cor 15,45-47 • 3,1-7 cf. Sb 2,23s; Jo 8,44; Rm 5,12-21.

Salmo responsorial: (Sl 51[50],3-4.5-6a.12-13.14+17) Arrependimento e pedido de restauração.

2ª leitura: (Rm 5,12-19 ou 5,12.17-19) **Onde abundou o pecado, superabundou a graça** – Na 1ª leitura é evocado Adão, na 3ª Jesus, e na 2ª, ambos são comparados. Condenados pelo pecado de Adão, somos reconciliados pela justiça de Cristo (5,18). Todos são pecadores (Rm 1,18–3,20), mas para todos existe salvação na fidelidade de Deus e no gesto salvífico de Cristo (3,21–4,25). Paulo evoca este mistério pelos contrastes: um/todos, morte/vida, Adão/Cristo. Tomando o lugar de todos, Jesus venceu a morte, para oferecer a todos a comunhão com Deus, a vida. • 5,12-14 cf. Rm 6,23; 1Cor 15,21-22; Gn 3,19 • 5,19 cf. Is 53,11.

Aclamação ao evangelho: (cf. Mt 4,4b) "Não se vive só de pão".

Evangelho: (Mt 4,1-11) **Tentação de Jesus** – Jesus veio "cumprir toda a justiça" (Mt 3,15), também ao ser tentado no deserto. Israel foi colocado à prova, no deserto, por Deus mesmo (Dt 8,2-3), e não resistiu. Adão foi provado no paraíso e não resistiu (**1ª leitura**). Em Cristo, Israel e a humanidade (Adão) refazem a prova com sucesso. Jesus vence a tríplice fome de pão, glória e poder. • Cf. Mc 1,12-13; Lc 4,1-13; Ex 24,18; 34,28; as respostas de Jesus são tiradas de Dt 8,3; 6,16; 6,13.

Oração s/as oferendas: O nosso coração corresponda às oferendas.

Prefácio: (próprio) Jesus consagrou o tempo de 40 dias e desarmou o inimigo.

Canto da comunhão: (Mt 4,4) "Não se vive só de pão" / (Sl 91[90],4) Abrigo no Senhor.

Oração final: Viver da palavra que sai da boca de Deus.

A Quaresma é, originariamente, o tempo de preparação para o batismo, via de regra administrado aos catecúmenos (adultos) na noite da Páscoa. Nesta perspectiva situa-se a recordação do pecado nas origens da humanidade: todos precisam de ser salvos em Cristo – o que é o efeito do batismo.

A **1ª leitura** de hoje narra o pecado do ser humano (Adão e Eva) nas origens (o recorte litúrgico parece um pouco truncado demais)[4]. Evoca o contraste entre o carinho do criador e a leviandade do ser humano, que, tentado pelo desejo da experiência do bem e do mal, com a ilusão de se tornar igual a Deus, acaba encontrando-se nu e sem nada. A **2ª leitura** é o comentário de Paulo sobre esse episódio: se, solidários com Adão, todos pecam e morrem, muito mais encontram a justiça, a amizade com Deus, em Cristo, pelo qual a graça e a vida entram em nossa existência. (A morte física, para Paulo, já não é aquele "castigo de Adão", mas a transformação da vida: 1Cor 15,35-53.)

O **evangelho** mostra Jesus sendo posto à prova pelo Tentador. Na forma como narra Mt, a última das três tentações é exatamente a de se igualar a Deus. Assim, a resistência de Jesus aparece como a reparação do pecado de Adão. Enquanto Adão preferia conhecer o mal por experiência própria, Jesus é todo obediência a Deus, respondendo ao Tentador com três frases da Escritura, para mostrar que obedecer a Deus está acima do pão, do sucesso e do poder. Nenhuma realidade humana deve ter para nós mais peso do que Deus. No fundo, o pecado é orgulho, achar-se mais importante que Deus. Jesus faz o contrário. E assim fará quem é batizado em seu nome.

Na programação musical desta liturgia observe-se a riqueza dos cânticos, especialmente do **salmo responsorial** (Sl 51[50]).

A LIBERTAÇÃO DO PECADO

A Quar.

Se a Quaresma é um tempo de conversão, deve haver de que se converter: o pecado. Mas para muitos, hoje, já não existe pecado. Sobretudo para os que se iludem com seu aparente sucesso e não sentem na pele quanto seu pecado faz sofrer os outros.

A história humana se move entre o projeto de Deus e o poder do mal. O mal tenta seduzir o homem para que o adore no lugar de Deus. A **1ª leitura** e o **evangelho** de hoje mostram como Satanás disfarça sua tentação por trás de bens aparentes: conhecimento que nos faz capazes de brincar de deus, satisfação material, poder, sucesso... desde que adoremos o diabo no lugar de Deus!

Todos, desde Adão até nós, caímos muitas vezes, ensina o apóstolo Paulo (**2ª leitura**). O pecado parece estar inscrito na nossa vida. Chama-se isso o "pecado original" – o mal que nos espreita desde a origem, com as suas consequências. Será que se pode atribuir um defeito à nossa origem? Deus não fez bem sua obra? Fez bem, sim, mas deixou o acabamento para nós. Deixou um espaço para a nossa liberdade, para que pudéssemos ser semelhantes a Ele de verdade! E é no mau uso dessa liberdade que se manifesta a força do mal que nos espreita.

Somos esboços inacabados daquilo que o ser humano, em sua liberdade, é chamado a ser. Mas em uma única pessoa o esboço foi levado à perfeição, e essa pessoa nos serve de modelo. Jesus foi tentado, à maneira de nós, mas não caiu, não se dobrou à tentação do "Satanás", do Sedutor. Ele obedeceu somente a Deus, não apenas quando das tentações no deserto, mas em toda a sua vida, especialmente na "última tentação", a hora de sua morte. Por isso, tornou-se para nós fundamento de uma vida nova. Reparou o pecado de Adão.

---

[4]. Podemos dizer que o "pecado original" é o mal moral que está na raiz de toda desordem moral do ser humano: a autossuficiência, a tentação de não reconhecer Deus como última palavra sobre a vida. Mas esse mal foi vencido pela obediência de Jesus, que se uniu à vontade salvadora do Pai até morrer por amor a nós.

As tentações de Adão e de Jesus nos fazem entender melhor a nossa realidade. O pecado tece uma teia em redor do ser humano, uma "estrutura de pecado". Muita gente vive presa nessa teia: corrupção, vício, mediocridade, violência de uma sociedade que mata quem não mata... Ora, enquanto nós somos solidários com Adão no pecado, Jesus se torna solidário conosco para resistir-lhe e vencê-lo. *A solidariedade no mal pode e deve ser superada pela solidariedade no bem, alicerçada em Jesus Cristo.* Somos chamados a ser solidários com Cristo na sua "obediência", pela qual ele supera a "desobediência" de Adão e nos liberta dos laços do pecado; e a ser solidários com os nossos irmãos, em Cristo, em vez de "adorar" riquezas e vantagens que o demônio nos apresenta, e que resultam na opressão dos mais fracos.

Na primeira Igreja, a Quaresma era o tempo de preparação para o batismo, que significa e realiza a solidariedade com Cristo, superando a solidariedade com Adão pecador. Somos chamados a atualizar essa vitória cada dia, enquanto nos preparamos para a renovação do compromisso batismal, na Páscoa.

2º domingo da Quaresma/A
PELA CRUZ À GLÓRIA

Canto da entrada: (Sl 28[27],8-9) "Busquei tua face; não desvies teu rosto" / (Sl 25[24],6,3.22) "Lembra-te, Senhor, de tua misericórdia".

Oração do dia: Purificado o olhar da fé, contemplar a glória.

1ª leitura: (Gn 12,1-4a) **O caminho de Abraão** – Depois da torre de Babel, a humanidade virou caos (Gn 11). Mas com a vocação de Abraão surge um novo ponto luminoso. Inicia-se a "história da Salvação". Cinco vezes ouve-se a palavra "bênção". Abraão ouve o apelo: "Sai da tua terra", e a promessa: "Eu te abençoarei". Esta é sua única luz. Ele vai, sem perguntar aonde. Na fé (Hb 11,8-10). • Cf. Nm 24,5-9; Sb 10,5; Eclo 44,20-22[19-21]; Gl 3,8.

Salmo responsorial: (Sl 33[32],4-5.18-19.20+22) Invocação da misericórdia de Deus.

2ª leitura: (2Tm 1,8b-10) **Nossa santa vocação** – A meta da história humana é a participação da vida divina (2Tm 1,10). É esta a salvação, experimentada como obra de Deus. O que Deus iniciou no "evento" de Jesus (a sua vida e a fé que provocou), ele o levará a termo no Juízo. Enquanto temos esta esperança, o mundo, alheio a ela, não pode inspirar medo, nem ao apóstolo, nem a nós. • Cf. Rm 1,16; 5,3-4; Ef 3,13; 2,8-9; Tt 2,11; 3,4-5.

Aclamação ao evangelho: (Lc 9,35) "Este é meu filho amado: escutai-o".

Evangelho: (Mt 17,1-9) **A transfiguração de Jesus** – A "glória" de Deus, na Bíblia, significa a *manifestação* de seu mais próprio ser e grandeza na natureza, na história, na existência humana. Em Jesus, a glória de Deus se manifestou como nunca. Em Ex 34,29-30, o rosto de Moisés se tornou radiante pelo "reflexo" da glória de Deus. Em Mt 17,1ss, Jesus se torna todo radiante – como a coluna de luz no Êxodo. A voz da nuvem confirma a profissão de fé de Pedro (Mt 16,17) e convida a dar ouvidos ao que Jesus revela, quer no Sermão da Montanha, quer no anúncio do sofrimento e morte do Messias (Mt 16,21-23 etc.).
• Cf. Mc 9,2-10; Lc 9,28-36 • 2Pd 1,16-18; Ex 19,16; 24,15-16; Is 42,1; Jo 14,9; 2Cor 4,6.

Oração s/as oferendas: Santificação pelas oferendas.

Prefácio: (próprio) Pela cruz à glória.

Canto da comunhão: (Mt 17,5) "Este é meu filho bem-amado".

Oração final: Ainda na terra, participar das coisas do céu.

Cada ano, o segundo domingo quaresmal traz o evangelho da Transfiguração, no início da subida de Jesus a Jerusalém, onde ele levará a termo a vontade do Pai. Acompanhamos Jesus no seu caminho. Ora, neste caminho, para não desfalecermos em nossa fé, é bom termos diante dos olhos – como João, Tiago e Pedro, as testemunhas privilegiadas – a glória daquele que vai ser aniquilado, o Filho e Servo de Deus. E escutarmos a voz que sai da nuvem: "Escutai-o".

Cada ano, também, a **1ª leitura** apresenta um dos grandes momentos da caminhada do antigo povo de Deus; neste ano (A), a vocação de Abraão. "Sai da tua terra". Largar o que consideramos adquirido é a condição para caminhar no rumo que Deus indica. A **2ª leitura** é um breve comentário a isso. Aponta a "vocação santa" que recebemos em virtude do desígnio de Deus e com a ajuda transformadora de sua graça, dada em Cristo, no qual resplandece a vitória sobre a morte. Essa vitória final, Pedro, Tiago e João a viram antecipadamente, e atestada por Moisés (a Lei) e Elias (os Profetas), no monte da Transfiguração (**evangelho**; **prefácio** próprio). A visão desta glória é acompanhada pela voz: "Escutai-o", que lembra o "Ouve Israel" de Dt 6,4. É um prelúdio da ressurreição – por isso as testemunhas devem guardar o silêncio até que esta se realize.

Jesus revela em si mesmo o termo de nossa vocação, na medida em que nós nos unimos a ele pela obediência à autoridade de sua palavra, pela adesão da fé. Assim, nossa vida não é posição adquirida, mas caminho, dinamizado por uma vocação cujo termo, embora ainda escondido, já é revelado em Jesus Cristo. Nossa adesão a ele nos move de etapa em etapa. Sua glória é a luz que ilumina o caminho que nós somos chamados a percorrer. A sequência da predição da Paixão (Mt 16,21-23) e da Transfiguração de Jesus (17,1-9) projeta para nós esse caminho: "pela cruz à glória" (**prefácio** próprio). A lógica de Deus entra em choque com o mundo, que só quer conquistar e dominar, mas é vitoriosa em quem é fiel.

Para essa caminhada – assim reza a **oração do dia** – é preciso que sejamos alimentados com a palavra que nos vem através do Filho Amado ("Escutai-o"). Assim, com o olhar da fé purificado, participaremos já na terra da realidade eterna de Deus mesmo (**oração final**).

VOCAÇÃO E PROMESSA

Viver é ser chamado por Deus e entregar-se à sua palavra. No Antigo Testamento, Abraão é o exemplo disso. Tem de deixar toda segurança e confiar-se cegamente à promessa de Deus (**1ª leitura**). Jesus, no Novo Testamento, é a plenitude dessa atitude (**evangelho**). Antes de iniciar seu caminho rumo a Jerusalém, ele encontra Deus na oração, na montanha. Aí, Deus o confirma na sua vocação. E, ao mesmo tempo, dá aos discípulos segurança para que sigam Jesus: mostra-lhes Jesus transfigurado pela glória e proclama que este seu Filho é o portador de seu bem-querer, de seu projeto. Se incluímos em nossa meditação a **2ª leitura** de hoje, aprendemos que nossa "santa vocação" não é um peso, mas uma graça de Deus. Portanto, não deve nos assustar.

A prática cristã exige conversão permanente, para largarmos as falsas seguranças que a publicidade da sociedade consumista e as ideologias do proveito próprio e do egoísmo generalizado nos prometem, para arriscar uma nova caminhada, unida a Cristo e junto com os irmãos. Somos convidados a dar ouvidos ao Filho de Deus, como diz o evangelho, e a receber de Cristo nossa vocação, para caminhar atrás dele – até a glória, passando pela cruz. Assim como Abraão escutou a voz de Deus e saiu de sua cidade em busca da terra que Deus lhe prometeu, devemos também nós *largar o que nos prende, para seguir o chamado do Senhor*.

Isso é impossível sem renúncia (para usar um termo que saiu de moda). Renúncia não é algo negativo, mas positivo: é a liberdade que nos permite escolher um bem maior. Isso vale para ricos e pobres. De fato, o povo explorado deve descobrir a renúncia libertadora. Não privação, mas renúncia. O povo precisa renunciar ao medo, ao individualismo e a outros vícios que aprende dos poderosos. Então saberá assumir sua vocação. E os ricos e poderosos, se quiserem ser discípulos do Cristo, terão de considerar aquilo que possuem como um meio, não para dominar, mas para servir mais, colocando-o à disposição de uma sociedade mais justa e mais fraterna.

3º domingo da Quaresma/A
O DOM DA ÁGUA VIVA

Canto da entrada: (Sl 25[24],15-16) Deus me livra da armadilha / (Ez 36,23-26) "Derramarei sobre vós uma água pura".

Oração do dia: "Acolhei a confissão de nossa fraqueza".

1ª leitura: (Ex 17,3-7) **Os israelitas no deserto pedem água** – "Deus está conosco, ou não?" Nestes termos, Israel colocou Deus à prova, quando faltou água e em outras circunstâncias na travessia do deserto. Mas Deus se mostra fiel: dá água, não só para matar a sede no deserto, mas para a vida eterna (evangelho). Os pequenos dons de cada dia, a água de um poço, já representam este grande dom. • cf. Nm 20,1-13; Ex 15,24; Dt 6,16; Sl 95[94],1.8-9 (= Hb 3,7-9); 1Cor 10,4.

Salmo responsorial: (Sl 95[94],1-2.6-7.8-9) A dureza do coração dos israelitas pedindo água: convite à conversão.

2ª leitura: (Rm 5,1-2.5-8) **Deus nos amou (em Cristo) por pura graça** – O que o batismo nos oferece é puro dom, pura graça. Não o merecemos: Cristo morreu por nós enquanto éramos pecadores. Paz, graça, esperança da glória divina (5,1-2 e 9,11), nossa justificação e adoção por Deus, nós temos e sabemos tudo isso pelo Espírito que Cristo nos dá, do Pai. • 5,1-2 cf. Rm 3,21-24 • 5,5 cf. Jo 7,37-39; 1Cor 13,13; Rm 8,14-16; Gl 4,6 • 5,6-8 cf. Rm 8,32-34; 1Pd 3,18.

Aclamação ao evangelho: (Jo 4,42.18) "Dá-me água viva".

Evangelho: (Jo 4,5-42 ou 4,5-15.19b-26.39.40-42) **O dom da água viva, Jesus o Salvador** – O simbolismo da água (cf. **1ª leitura**) sugere o dom do espírito (cf. **2ª leitura**) de Deus, mas para entender isso é preciso ser ensinado por Cristo. Jesus mesmo é dom de Deus, e para os que vêm depois dele, o dom será o Espírito comunicado na água que significa o dom divino. Assim será verdadeiramente possível amar Deus "em espírito e verdade", ou seja, não em instituições humanas (Jerusalém, Garizim), mas no próprio espírito de Jesus Cristo. • 4,5-6 cf. Gn 33,18-20 • 4,10-15 cf. Jo 3,16; 6,31-32.34-35; 7,37-39 • 4,16-17 cf. Is 41,17-20 • 4,20-26 cf. Dt 12,5; Nm 9,4-5; Dt 18,18; Is 52,6; Jo 9,37 • 4,34 cf. Dt 8,3; Jo 3,17; 6,38-40.

Oração s/as oferendas: Receber e dar perdão.

Prefácio: (próprio) Fazer brotar o amor de Deus.

Canto da comunhão: (Jo 4,13-14) "Uma fonte que jorra para a vida eterna".

Oração final: Manifeste-se em nossa vida o fruto do sacramento.

No início da Igreja, a Quaresma era o tempo de preparação dos catecúmenos para o batismo, e na terceira semana, quando prestavam o exame de admissão (os "escrutínios"), liam-se os grandes textos batismais do evangelho de João (caps. 4, 9 e 11). Na liturgia renovada, eles figuram no 3º, 4º e 5º domingos do ano A (podendo ser usados nos anos B e C, se quem preside assim o preferir).

A **1ª leitura** e o **evangelho** de hoje relacionam-se como figura e realização: a água pedida pelos israelitas no deserto prefigura a água viva que Jesus dá. Mas a água exigida pelos hebreus era coisa que eles conheciam e queriam; murmuraram até, pondo Deus à prova (cf. também **salmo responsorial**). A samaritana, pelo contrário, não conhece nem pede o dom que Jesus, misteriosamente, lhe oferece. Jesus tem de conduzi-la para além de sua incompreensão. E assim, ela mesma provoca a busca dos samaritanos, que acabam se dirigindo a Jesus.

A liturgia de hoje focaliza a água no sentido simbólico que se apresenta no batismo. Significa o dom de Deus, que é Jesus mesmo. E como nos explica a **2ª leitura**, esse dom de Deus é gratuito: seu representante, seu Filho, deu sua vida por nós enquanto éramos seus inimigos! Receber essa água, no batismo, é deixar-se envolver com esse amor gratuito de Deus em Jesus Cristo, é comprometer-se com essa imensurável bondade. Isso só é possível porque Deus amou primeiro (1Jo 4,10).

O **canto da entrada**, o **prefácio** (próprio) e o **canto da comunhão** de hoje acentuam esse simbolismo da água. As orações insistem mais na conversão.

O BATISMO, "ÁGUA VIVA"

A água é tão vital que sua escassez até poderá provocar uma terceira guerra mundial. Sem água não há vida. Quando os hebreus no deserto desafiaram Deus exigindo água, Deus lhes deu água física (**1ª leitura**). No **evangelho**, Jesus conscientiza a mulher samaritana de sua sede bem mais profunda, não por água material, mas por "espírito e verdade". Esta sede é aliviada pelo dom de Jesus Cristo. Ele é a "água viva", que acaba definitivamente com a sede e faz o mundo viver para Deus. Paulo, na **2ª leitura**, evoca o simbolismo da água para falar do "amor de Deus, derramado em nossos corações pelo Espírito Santo que nos foi dado". O batismo é a efusão do Espírito sobre os fiéis.

Esse dom de Deus é gratuito. Os hebreus, no deserto, desconfiaram de Deus e acharam que deviam desafiá-lo. Mas o dom do Espírito, trazido por Cristo, que dá sua vida por nós, é pura graça. Nem sequer conseguimos pedi-lo como convém, porque ultrapassa o que pedimos. Por isso, devemos deixar Deus converter e educar o nosso desejo, para que nosso desejo material nos leve ao desejo da vida no Espírito.

Por outro lado, a consciência do dom espiritual (= divino) não leva a desprezar o desejo material justo daqueles que realmente estão necessitados. O desejo fundamental conforme a vontade de Deus orienta também a busca dos bens materiais necessários e sua justa distribuição.

Precisamos de verdadeira "educação do desejo". Nossa sociedade consumista não "cultiva" o desejo, mas exacerba-o e o torna desenfreado... Em vez disso, devemos *aprofundar nosso desejo, para que ele reconheça a sua meta verdadeira*: a "água viva", Cristo, o dom de Deus na comunhão com os nossos irmãos... O desejo da água natural significa o desejo de viver. Aliviada a sede, o desejo continua. Qual é seu fim? O desejo não é pecado: é bom, é vital, mas deve ser orientado, através das criaturas, para seu verdadeiro fim, o Criador.

A Quaresma é, na tradição da Igreja, o tempo da preparação para o batismo. A água do batismo significa uma realidade invisível, aponta para a satisfação de nosso grande desejo: a vida que Cristo nos dá, o Espírito de Deus, derramado em nossos corações. A "educação" de nosso desejo pode ser a preparação da renovação do nosso compromisso batismal. E a melhor pedagogia para isso é: começar a não mais satisfazer qualquer desejo mesquinho e egoísta, mas concentrar nossa vida em torno do desejo profundo – material e espiritual – de nós mesmos e dos nossos irmãos.

A Quar.

4º domingo da Quaresma/A
A LUZ DO CRISTO

Canto da entrada: (Is 66,10-11) "Alegra-te, Jerusalém".
Oração do dia: Correr ao encontro das festas que se aproximam.
1ª leitura: (1Sm 16,1b.6-7.10-13a) **Unção de Davi como rei** – 1Sm 16–2Sm 20 contém diversas tradições sobre a unção de Davi com rei (cf. 2Sm 2,4; 5,3). Na narração da unção em 1Sm 16, Davi é o eleito de Deus; Deus está com ele (16,18). Esta eleição é comentada pelo v. 7: os homens olham para o exterior, Deus para o interior. Deus não olha para as qualidades brilhantes; o que ele espera de seu colaborador é um coração reto. • cf. 2Sm 7,8; Sl 78[77],70; 89[88],21.
Salmo responsorial: (Sl 23[22],1-3a.3b-4.5-6) "O Senhor é meu pastor".
2ª leitura: (Ef 5,8-14) **"Levanta-te dos mortos, e Cristo te iluminará"** – Quem conheceu a luz de Cristo, vê o mundo alheio a Deus como trevas; e quem vive nessas trevas ainda não despertou para a vida que Deus lhe quer proporcionar. O autor de Ef dirige-se a leitores que, por sua conversão, romperam com uma existência pagã. Devem lembrar-se de que pertencem à luz, não às trevas. Luz e trevas são incompatíveis • 5,8 cf. Cl 1,12-13; Jo 8,12; 1Ts 5,4-8 • 5,12-13 cf. Jo 3,19-21 • 5,14 cf. Is 26,19; Rm 13,11; 2Cor 4,6.
Aclamação ao evangelho: (Jo 8,12b) "Eu sou a luz do mundo".
Evangelho: (Jo 9,1-41 ou 9,1.6-9.13-17.34-41) **Jesus abre os olhos ao cego de nascença, pelas águas de Siloé** – Jesus cura um cego, mas a cura só é completa na profissão de fé: é preciso ver Deus em Jesus Cristo. O presente evangelho narra: 1) a cura (9,1-7); 2) o amadurecimento da fé no confronto com a incredulidade e a repressão (9,8-34); 3) a autorrevelação de Cristo, como resposta à busca do cego, e a profissão de fé deste (9,35-39). A autorrevelação de Cristo é: "Eu sou a luz do mundo" (cf. 8,12). O cego vê esta luz e torna-se "filho da luz" (cf. 12,36). Os fariseus dizem que veem, mas se recusam a ver a luz que veio ao mundo: eles são os verdadeiros cegos. Assim, a luz se transforma, para eles, em julgamento e condenação. Eles não querem fazer o que faz o cego: adorar a Deus em Jesus Cristo. • 9,4-5 cf. 1Jo 1,5; Jo 11,9-10; 12,35-36; 8,12 • 9,35-39 cf. Jo 4,26; Mt 13,13; 15,14.
Oração s/as oferendas: Dons oferecidos com alegria pela salvação do mundo.
Prefácio: (próprio) Cristo conduz à luz da fé e faz renascer nas águas do batismo.
Canto da comunhão: (cf. Jo 9,11) "Comecei a ver e acreditei".
Oração final: "Iluminai nossos corações com o esplendor de vossa graça".

Assim como o penúltimo domingo do Advento é o domingo da alegria (*Gaudete*), assim também o quarto domingo quaresmal. O canto da entrada nos convida a associarmo-nos aos romeiros judaicos que subiam em romaria a Jerusalém: *Laetare Jerusalém*, "Alegra-te, Jerusalém, porque tua salvação superará tua tristeza". O celebrante usa paramentos cor de rosa[5]. O canto da entrada nos coloca na companhia dos que jubilosos sobem a Jerusalém. Ficamos animados com a renovação interior que a Quaresma nos traz e que dá força para continuar o caminho.

O tema da alegria, presente também na **oração do dia** e na **oração sobre as oferendas**, preside sobretudo à **2ª leitura** e ao **evangelho** (o qual era lido, antigamente, no dia dos escrutínios dos catecúmenos que se preparavam para o batismo na noite pascal). A **2ª leitura** ("Cristo te iluminará", Ef 5,14) é um texto batismal, que nos faz entender melhor o **evangelho**, igualmente batismal. Jesus é a luz do mundo (Jo 9,5) e abre os olhos ao cego pelo banho no "Siloé, que significa: Enviado" (9,7). Além de ser uma alusão ao simbolismo batismal, o evangelho é também uma lição de fé: os diálogos revelam sempre mais firme e decidida a fé do ex-cego, enquanto cresce a má von-

---

5. A origem disso é que este domingo coincide com a tradicional festa das rosas, na Itália.

tade dos fariseus. No fim, o homem é excluído da sinagoga – sorte de muitos judeu-cristãos no fim do século I – mas, ao reencontrar Jesus, chega a professar sua fé e a adorar Jesus, fazendo jus ao sinal que recebera (a abertura dos olhos, sinal do batismo). E como está a nossa coerência batismal?

A alegria que a liturgia evoca é a da luz de Cristo, que iluminará os que vão receber o batismo na noite pascal. Receber o banho no "Enviado" para receber nova visão. O batismo, na Igreja antiga, era chamado "iluminação". O **prefácio** (próprio) explicita isso.

A **1ª leitura** apresenta o tema da unção do rei Davi. Destacando a dignidade de rei e sacerdote, nos lembra o Cristo-Ungido-Messias e, ao mesmo tempo, nossa unção batismal em Cristo. Dentro dessa narrativa aparece outro tema que pode reter nossa atenção: o homem vê a aparência, Deus vê o coração. Pensamento salutar no tempo quaresmal. Nosso coração deve ser posto em dia para ser enxergado por Deus (estamos na tradicional semana dos "escrutínios" preparatórios do batismo). Para que a luz de Cristo nos ilumine é preciso termos o coração puro, voltarmos à limpeza batismal. O **salmo responsorial** associa-se ao tema de Davi-Pastor.

A Quaresma deve ser vista como tempo de preparação à proclamação renovada de nossa fé batismal. Então, "Cristo nos iluminará" (cf. **2ª leitura**). A conversão quaresmal é renovação de nosso batismo, oportunidade para assumi-lo conscientemente.

O BATISMO, UNÇÃO E LUZ

As leituras deste domingo são escolhidas com vista à preparação do batismo ou da renovação do compromisso batismal. Esclarecem o sentido dos ritos complementares que se seguem ao batismo propriamente, os assim chamados ritos pós-batismais: a unção, que significa a participação do fiel na missão de Cristo, profeta, sacerdote e rei; a veste branca, que significa a pureza da fé batismal; e a vela acesa, que significa Cristo como a luz que ilumina nossa vida.

Na **1ª leitura**, Davi é ungido rei por Samuel. Jesus é o novo Davi, o Messias, "ungido" (com o Espírito) no batismo no rio Jordão. O próprio termo "Cristo" significa "ungido" (em hebraico: "Messias"). Assim, na liturgia batismal, o recém-batizado é ungido em sinal de que ele é "Cristo com Cristo", membro do povo messiânico.

No **evangelho**, Jesus "unge" os olhos do cego de nascença. (Para a catequese, o fato de ele ser cego de nascença faz pensar no pecado original: uma cegueira que acompanha a vida da gente.) Depois de ter untado os olhos do cego, Jesus manda-o lavar-se (o "banho da regeneração"!) no "Siloé, que quer dizer Enviado" (a piscina de Siloé é uma figura de Cristo). Então, ele recebe a luz dos olhos. O batismo é aqui evocado como unção e iluminação.

O sentido profundo disso tudo é que *o batizado deve ser uma testemunha da luz que recebeu*. O cego de nascença nos dá o exemplo: ele testemunha o Cristo, com convicção e firmeza sempre crescentes. O batizado é um homem da luz ("filho da luz", diz a Bíblia), alguém que enxerga com clareza, e que anda na luz. Pois a luz não é só para ser contemplada, mas para caminharmos nela, realizando as obras que ela nos permite enxergar e levar a termo. "Outrora éreis trevas, mas agora sois luz no Senhor... Desperta, tu que estás dormindo, levanta-te dentre os mortos, e Cristo te iluminará" (**2ª leitura**).

Como é que se realiza este testemunho cristão no Brasil hoje? Quais são as grandes cegueiras que devem ser iluminadas? Vamos assumir o nosso testemunho, mesmo para aqueles que não querem ver.

5º domingo da Quaresma/A
RESSURREIÇÃO E VIDA

Canto da entrada: (Sl 43[42],1-2) Invocação da justiça de Deus contra o adversário.
Oração do dia: Alegria na caridade que levou Cristo ao dom de sua vida.
1ª leitura: (Ez 37,12-14) **Os ossos revivificados pelo sopro de Deus** – (Cf. Vigília de Pentecostes, 1ª leitura) – Ez 37,11-14 explica a visão precedente (37,1-10), a reanimação dos ossos mortos. A morte representa Israel, no exílio babilônico (37,11). A revivificação é o gesto de Deus para reconduzi-lo a sua terra. Em tempos mais recentes, esta visão foi interpretada como a ressurreição dos mortos propriamente, e com razão, porque, mais ainda que a volta do exílio, a ressurreição é obra do espírito vivificador de Deus e volta à plena comunhão com o Pai (cf. 1ª leitura). • Cf. Is 26,19; Mt 22,29-32.
Salmo responsorial: (Sl 130[129],1-2.3-4b.4c-6.7-8) "Das profundezas..."; esperança em Deus.
2ª leitura: (Rm 8,8-11) **O Espírito de Cristo nos faz viver pela justiça e sempre dá vida aos corpos mortais** – Em Rm 6 (cf. Vig. Pascal, 8ª leitura), Paulo falou da integração do cristão no mistério da morte e ressurreição de Cristo. Quando o homem só vive de seu próprio "Eu", ele é "carne", existência humana precária e limitada. Não pode agradar a Deus (8,8). Mas com a integração em Cristo, pelo batismo, recebe o "Espírito, que ressuscitou Cristo dos mortos" (8,11). – Contudo, experimentamos em nós mesmos que essa transformação ainda não nos atingiu completamente. Por isso, nossa fé é também esperança: o Espírito de Deus nos transformará sempre mais, se lhe dermos suficiente espaço. • Cf. 1Jo 2,15-16; Jo 3,5-6; 1Cor 3,23; Rm 5,12; 1,4; 1Cor 6,14.
Aclamação ao evangelho: (Jo 11,25a-26) "Quem crê em mim, não morrerá jamais".
Evangelho: (Jo 11,1-45 ou 11,3-7.17.20-27.33b-45) **"Eu sou a ressurreição e a vida"** – O último (7º) e maior "sinal" de Jesus em Jo. Diante da morte de Lázaro e sua própria morte, Jesus diz: "Eu sou a ressurreição e a vida" – é a revelação de Jesus (11,25 cf. 4,26; 9,37). Esta é a realidade que todos os sinais de Jesus assinalam. Quem aceitou a Jesus, na fé, já tem esta vida divina (5,24; cf. 11,26). • Cf. Mt 22,23-33; Jo 8,51; 1Jo 3,14.
Oração s/as oferendas: Purificação.
Prefácio: (próprio) A compreensão humana de Cristo nos leva a uma vida nova.
Canto da comunhão: (Jo 11,26) Crer em Cristo é vida eterna.
Oração final: Comunhão com o corpo e sangue de Cristo: membros de seu corpo.

Como nos dois domingos anteriores, também o 5º domingo quaresmal, antigamente chamado "da Paixão", é marcado por um dos grandes episódios do Quarto Evangelho: a ressurreição de Lázaro (**evangelho**). Com isso, não só se narra um dos últimos episódios antes da morte de Jesus, provocando ódio mortal nas autoridades judaicas, mas ainda se prefigura a sua ressurreição: o episódio de Lázaro conduz à Páscoa da morte e ressurreição de Cristo (11,55).

Também a **1ª leitura** está sob o signo da ressurreição: a visão dos ossos revivificados pelo espírito de Deus (Ez 37). A **2ª leitura**, de Rm 8, fala do espírito que vivifica, mesmo se o corpo está morto; o espírito daquele que ressuscitou Jesus dos mortos fará viver até os nossos corpos mortais. A liturgia de hoje, portanto, abre uma perspectiva tanto sobre nossa ressurreição quanto sobre a de Cristo, perspectiva que sustenta nossa conversão pascal. O **salmo responsorial**, Sl 130[129], ilustra isso, como também a exortação de Paulo no começo da **2ª leitura**: já não podemos viver segundo a carne.

A presentificação do Mistério Pascal deve se tornar eficaz em nós. Melhor, o Mistério só se torna presente, na medida em que opera algo em nós. A comemoração da ressurreição de Cristo é a celebração da nossa renovação, da nossa vida de ressuscitados pelo Espírito. Hoje podemos meditar sobre um antiquíssimo tema batismal: morrer em Cristo para com ele ressuscitar (Rm 6,1ss). *Morrer e ressuscitar*, pois a glória é alcançada através da doação, por amor, até a morte, como lembra a **oração do dia**.

Podemos meditar também as palavras misteriosas do **evangelho:** "Eu sou a ressurreição e a vida". A realidade disso depende do crer em Jesus: "Todo aquele que, na sua vida, crer em mim, não morrerá, mas tem a vida eterna". Para João, na fé já se torna presente a realidade definitiva (escatologia presente, antecipada). Aderir a Jesus Cristo, como seu amigo Lázaro fez, significa aderir à Vida em pessoa (cf. Jo 1,3s). Por ser o amigo de Jesus, Lázaro é escolhido para ser o sinal de uma vida que não morre, mesmo se o corpo morre (cf. 11,25). Todo o que adere assim a Cristo já passou da morte para a vida (Jo 5,24). É esse o significado profundo da nossa fé – fé que os catecúmenos abraçam na noite pascal e nós proclamamos, renovada, na mesma ocasião: confiar-se a Jesus, que enfrenta o ódio, as trevas, o pecado... até a morte por amor aos que ele veio salvar. Confiar que Jesus teve realmente razão em ter-se esgotado pelos seus em fidelidade até o fim (cf. Jo 13,1); e assumir as consequências disso, ou seja, enveredar no mesmo caminho, ainda que não se tenha a pureza nem a radicalidade da doação do filho unigênito, que Deus permitiu que morresse para provar até onde vai o amor (Jo 3,16; 1Jo 3,16). Portanto, a vida eterna se torna uma realidade para nós, desde já, quando vivenciamos, pela fé em Jesus Cristo, a sua doação até a morte. Este é o sentido de nossa fé, de nosso batismo, de nossa páscoa. O Espírito faz viver os nossos corpos mortais apesar da morte; faz-nos viver a vida de Deus no meio da morte. No meio da morte, estamos na Vida...

Ora, convém considerar não apenas o alto teor teológico deste evangelho, mas também seu profundo humanismo. Embora Jesus veja na doença de Lázaro uma oportunidade de Deus revelar sua glória, é verdadeira a emoção por causa da morte do amigo. Isso significa que os sinais de Deus se encarnam em autêntica humanidade. Foi o amor de Jesus por Lázaro que o fez rezar ao Pai e devolver seu amigo à vida. Assim, a nossa vida renovada cm Cristo deverá ser não menos, mas mais profundamente humana ainda, para "encarnar" sempre melhor o amor de Deus em nós (**prefácio**, **oração do dia**).

A Quar.

O BATISMO, VIDA NOVA

Que é "vida nova"? Para os materialistas, o sucesso depois do aperto. Para os espíritas, reencarnação... Nos dois casos, é apenas uma reedição melhorada daquilo que já se viveu... *Jesus traz uma vida verdadeiramente nova, de outra ordem.*

A liturgia nos convida a voltar às nossas origens como povo de Deus, lá no antigo Israel. Israel estava no exílio, na Babilônia: um povo morto. Então, Ezequiel viu os ossos mortos recobrarem a vida pelo "espírito" (o sopro) de Deus. E Deus explica: seu espírito fará reviver o povo de Israel, que vai voltar para a sua terra (**1ª leitura**).

No Novo Testamento, Paulo diz que vivemos uma vida nova, pelo espírito de Cristo que habita em nós, o Espírito que fez Cristo ressuscitar (**2ª leitura**). O batizado já não vive somente a vida natural, mas, pela fé, está ligado ao "corpo de Cristo" (a comunidade eclesial) e recebe o Espírito-Sopro de Cristo, que transforma sua vida. Quem foi batizado criança, talvez nem chegue a pensar nisso. Mas então está na hora de assumir isso como adulto. Para isso servem a Crisma e a renovação do compromisso da fé na noite pascal.

No **evangelho** de hoje, Jesus diz: "Eu sou a ressurreição e a vida" (Jo 11,25). Em sinal disso, faz voltar Lázaro à vida. Sinal da vida nova que Jesus comunica e que ele é em pessoa! Como discípulo e amigo de Jesus, Lázaro já tinha recebido, em sua vida mortal, a vida espiritual e eterna da união com Cristo e o Pai. Por isso, morrendo, ele não morre, mas vive, definitivamente... Para significar isso, Jesus o chama corporalmente do sepulcro. Isso não teria sido necessário, porque pela fé Lázaro já estava vivendo a vida eterna. Mas Jesus quis dar um sinal dessa vida eterna que a fé produz em todos aqueles que forem, como Lázaro, fiéis à palavra de vida que Jesus manifesta em sua pessoa e em todo o seu agir.

Podemos dizer que o batismo dá esta vida nova? Sim, porque ele nos dá como princípio vital a fé e a adesão a Cristo e à sua vida. O batizado vive uma vida realmente nova, animada pelo espírito de Cristo. Mas sem a fé, traduzida em obras, o batismo fica morto. A vida da fé batismal se verifica, por exemplo, quando ela transforma uma sociedade de morte (fome, opressão, exclusão) numa comunidade de vida, fraternidade, comunhão.

Domingo de Ramos/A, B, C*
(ANO A) O MESSIAS PADECENTE

A Quar.

*A liturgia é a mesma nos três anos, exceto os evangelhos.

A celebração principal inicia pela **leitura da Entrada de Jesus em Jerusalém** (Mt 21,1-11). Senão:

Canto da entrada: "Seis dias antes da Páscoa..." / (Sl 24[23],9-10: "Abri-vos, portas eternas".

Oração do dia: Seguir o exemplo de Cristo.

1ª leitura: (Is 50,4-7) **3º Canto do Servo de Javé: paciência e confiança** – O 1º Canto do Servo, Is 42, fala da vocação (cf. Batismo do Senhor); o 2º Canto, Is 49, mostra a dificuldade de sua missão; o 3º Canto (hoje) descreve o Servo como sendo o perfeito discípulo, o profeta fiel, que não teme oposição e perseguição, pois está do lado de Deus (cf. 2ª leitura).

Salmo responsorial: (Sl 22[21],8.9.17-18a.19-20.23-24) Oração na desolação.

2ª leitura: (Fl 2,6-11) **O despojamento de Jesus Cristo por nós e sua exaltação** – O filho de Deus se tornou servo, obediente à vontade do Pai e exposto aos poderes deste mundo. No serviço fiel até a morte da cruz, mostrou sua grandeza. Por isso, Deus o glorificou e o tornou "Senhor". • 2,6-8 cf. Cl 1,15-20; Jo 1,1-2; Mt 26,39-40; Rm 5,19 • 2,9-11 cf. Rm 1,4; Is 45,23.

Aclamação ao evangelho: (Fl 2,8-9) A obediência de Cristo até a morte na cruz.

Evangelho: (Mt 26,14–27,66 ou 27,11-54) **A Paixão de Jesus segundo Mt** – O "relato da Paixão" é a parte dos evangelhos que foi codificada primeiro. Os evangelistas (sobretudo Mc e Mt) a transmitem com grande semelhança, mas cada evangelista também lhe imprimiu algumas características próprias. Segundo Mt, Jesus assume sua morte com consciência divina, unido ao Pai (veja 26,39.42). As muitas alusões ao A.T. significam o cumprimento do plano do Pai (tema do Servo, do justo oprimido). O tempo chegou (26,18). Jesus não é entregue contra a sua vontade, por traição. Ele se entrega por nós: isso significam os sinais de pão e vinho, doação livre e soberana de seu corpo e seu sangue e fundação da Nova Aliança. E, contudo, é a morte mais verdadeira que jamais alguém morreu (cf. 26,39; 27,46), pois foi vivida com toda a autenticidade de Deus. • cf. Mc 14,10–15,47; Lc 22,3–23,56; Jo 13,21-30.36-38; 18,1–19,42;1Cor 11,22-25.

Oração s/as oferendas: Pelo sofrimento de Cristo fomos reconciliados com o Pai.

Prefácio (próprio): O sofrimento do justo inocente pela salvação de todos.

Canto da comunhão: (Mt 26,42) O cálice de Jesus.

Oração final: Morte e ressurreição de Cristo e nossa salvação.

O domingo de Ramos tem a mesma liturgia nos anos A, B e C, exceto para as leituras do evangelho. Estas são duas: na procissão dos Ramos, a história da entrada de Jesus em Jerusalém, uma semana antes de sua morte (portanto, no dia que hoje comemoramos); e na liturgia da Palavra, a narração da paixão e morte. As leituras do evangelho são, respectivamente, tomadas dos três evangelistas sinóticos, Mt, Mc e Lc[6]. Essa organização nos permite meditar, cada ano, a *Via Crucis* do Senhor conforme a sensibilidade própria de cada um destes evangelistas (o relato da Paixão segundo João é lido anualmente na Sexta-feira Santa).

Neste ano A, podemos imbuir-nos do espírito de S. Mateus ao narrar a Paixão de N. Senhor (**evangelho**). Importantíssimo, para Mt, é o cumprimento, na vida e morte de Jesus de Nazaré, do plano divino, expresso no A.T. Neste sentido, podemos observar como Jesus realiza a figura do Servo Padecente de Deus, apresentada na **1ª leitura** (Is 50,4-7; 3º Canto do Servo de Deus), por exemplo, em Mt 26,67. Por outro lado, Mt coloca também Jesus como exemplo para os fiéis. Na cena do Getsêmani, por exemplo, Mt é o único evangelista a colocar literalmente nos lábios de Jesus a expressão do Pai-nosso: "Seja feita a tua vontade" (Mt 26,42).

A **1ª leitura** merece atenção especial, porque ela representa um momento importante na "pedagogia da Salvação": o povo de Israel, exilado, começou a entender que o plano de Deus não se realiza, necessariamente, pela força, mas antes, pela doação do "justo". Em Jesus contemplamos a plenitude dessa "estratégia".

O **salmo responsorial**, Sl 22[21], é igualmente um dos textos que prefiguram o sofrimento do Cristo. Várias de suas expressões aplicam-se tais quais à história de Jesus[7]. Isto significa, novamente, que Jesus realizou em plenitude a compreensão de Deus que este salmo de maneira balbuciante exprime. Até Jesus exclama as primeiras palavras deste salmo (Mt 27,46), assumindo assim toda a figura do(s) justo(s) perseguido(s). Nestas palavras expressa-se a sensação de ser abandonado por todos, até por Deus (Jesus conheceu esta "sensação"), mas elas já anunciam também a vitoriosa confiança que se manifesta no resto do salmo.

A **2ª leitura** é o primeiro hino cristológico conhecido. Resume o mistério do despojamento do Senhor, que realiza a figura do Servo (cf. 1ª leitura) e que, por sua obediência até a morte (= o amor radical que manifesta o Deus-Amor), é glorificado no senhorio de Deus.

Ora, esta ideia do senhorio de Cristo é que inspirou o preâmbulo da liturgia de hoje: a *procissão dos ramos*. O dado evangélico é a entrada de Jesus em Jerusalém, na qual ele foi recebido, por uma fração do povo pelo menos, como o rei davídico ("Filho de Davi"), o Messias. Para Mt, isso significa o cumprimento das antigas promessas messiânicas (cf. a acentuação por Mt da ascendência davídica de Jesus; cf. 4º Dom. do Adv. e Vig. de Natal). Ora, o desejo dos fiéis de se unirem a esta homenagem, cantando a glória do Senhor e abanando ramos de palmeiras, significa que eles querem inserir-se nesta realização da promessa, confirmar para sempre o significativo gesto do povo, que Jerusalém esqueceu dentro de poucos dias. No fundo, a mais antiga celebração de Cristo-Rei é a de hoje (cf. 34º dom. do T.C.).

A Quar.

---

6. No ano B, o evangelho da Entrada pode também ser o de Jo.
7. Sl 22[21],19 = Mt 27,25; Sl 22[21],9 = 27,43; Sl 22[21],2 = Mt 27,46, cf. tb. as semelhanças com o Sl 69[68].

Assim, o presente domingo é marcado pelo mistério do esvaziamento (sofrimento) por um lado e da glória (senhorio) pelo outro. A tensão entre estas duas dimensões inspirou as tradicionais antífonas e hinos desta festa (*Pueri Hebraeorum* e *Gloria, Laus*).

Entre os demais textos da liturgia de hoje, destacamos a **oração do dia** e o **prefácio** (próprio), que se inspirou na **2ª leitura**: Jesus, o justo, padecendo pelos muitos, torna-se nosso exemplo a imitar (**oração final**; Fl 2,5). Imitando-o, nós também nos associamos à estranha "estratégia" de Deus.

OBEDIÊNCIA DE JESUS ATÉ A MORTE

A Quar.

Muitos cristãos pensam que Deus obrigou Jesus a morrer para pagar com seu sangue os nossos pecados. Será que um tal Deus se pode chamar de "pai"? Que significa que Jesus foi obediente até a morte? No relato da paixão de N. Senhor (**evangelho**), Mateus coloca na boca de Jesus as palavras do Pai-nosso: "Seja feita a tua vontade" (26,42). Mateus vê o Messias sob o ângulo da realização do projeto do Pai (cf. 3,15). Jesus realiza o modelo do Servo-Discípulo, que pede a Deus "um ouvido de discípulo" para proclamar a sua vontade com "boca de profeta" e lhe ser fiel até o fim (**1ª leitura**).

A fidelidade à missão de Deus é que faz de Jesus o Messias e Salvador. Jesus não veio para "fazer qualquer coisa", mas para realizar o projeto do Pai. Ensina-nos a obediência até a morte, como instrumento da salvação do mundo (**2ª leitura**). Pois quem sabe o que é preciso para salvar o mundo é Deus. Ele sabe que a morte daquele que manifesta seu amor infinito é a resposta suprema ao supremo desafio do mal. Jesus poderia ter sido infiel a Deus, pois era livre. Mas então teria sido infiel a si mesmo, Servo, Discípulo, Messias e Filho. Levou a termo a obra iniciada: pregar e mostrar o amor de Deus – até no dom da própria vida.

O exemplo de Cristo nos ensina o caminho da libertação. Vamos realizar a missão de libertar o mundo pela fidelidade radical à vontade do Pai. Por isso, devemos "prestar-lhe ouvidos" – sentido original de "obediência". Obedecer não é deserção da liberdade. É *unir nossa vontade à vontade do Pai, para realizar seu projeto de amor*, e a outras vontades (humanas) que estão no mesmo projeto. E é também dar ouvidos ao grito dos injustiçados, que denuncia o pisoteamento do plano de Deus. Só depois de ter escutado todas essas vozes poderemos ser verdadeiros porta-vozes, profetas, para denunciar e anunciar... Profetismo supõe obediência e contemplação.

Deus não obrigou Jesus a pagar por nós, nem desejou a morte dele. Só desejava que ele fosse seu Filho. Esperava dele fidelidade a seu plano de amor e que ele agisse conforme este plano. Jesus foi fiel a esta missão até o fim. Quem quis a sua morte não foi Deus, e sim os homens que o rejeitaram.

(ANO B) O MESSIAS E FILHO DE DEUS

Tudo como o ano A, exceto:

Leitura da Entrada de Jesus em Jerusalém (Mc 11,1-10 ou Jo 12,12-16).

Evangelho: (Mc 14,1–15,47) **A Paixão de Jesus segundo Mc** – Três vezes, Mc lembrou que Jesus anunciou a paixão e morte do Filho do Homem (8,31-33; 9,30-32; 10,32-34), o dom da vida do Servo de Deus pela multidão (10,45). Agora chegou a hora da realização (14,21.41). É a hora da dispersão do pastor e das ovelhas (14,27), mas já está sob o sinal da nova reunião, depois da ressurreição (14,28; cf. 16,7). É a hora em que o Filho do Homem vai, para vir de novo com o poder judicial de Deus (14,62), que, aliás, ele já vinha manifestando na sua atividade terrestre (cf. 2,10 etc.). É a hora da incredulidade de Israel, mas também da fé do mundo universal (cf. 12,1-11), expressa pelo centurião ao pé da cruz, proclamando Jesus Filho de Deus (15,39). As leituras de hoje ensejam uma síntese geral da catequese que é o evangelho de Marcos.

A primeira parte de Mc é marcada pelo caráter velado da obra messiânica de Jesus. Este traz o Reino de Deus presente, mas não de modo manifesto. Apenas o deixa entrever em sinais de sua "autoridade" (1,21 etc.; cf. 2,10 etc.), melhor reconhecidos pelos demônios do que pelos próprios discípulos. Aponta a presença escondida do Reino, narrando parábolas (Mc 4). Suscita admiração por seus grandes milagres, que mostram seu domínio da natureza (4,41 etc.). Prefigura o banquete escatológico (5,34-44). Mas o mistério de sua missão e personalidade fica escondido, até para os discípulos (8,14-21). A abertura dos olhos do cego de Betsaida marca um início de mudança (8,22-26). Os discípulos reconhecem Jesus como Messias (8,27-29), porém, entendem-no em categorias humanas e não divinas (8,31-33). Mediante as predições da Paixão e o ensinamento sobre o seguimento e o serviço, Jesus prepara seus discípulos para a reta compreensão de seu messianismo: não à maneira de um militaresco "filho de Davi", mas à maneira do rei-messias humilde e esmagado de Zc 9 (cf. Zc 12,10) (Mc 8,27–10,45; cf. 11,1-10). A cura do cego de Jericó é o sinal de uma visão crescente (10,46-52), mas Jerusalém fica ainda na ambiguidade: aclama como rei davídico aquele que entra sentado num burrinho (como o rei de Zc 9) e que, no fim de seu ensinamento em Jerusalém, declarará absurda a mera identificação do Messias com o filho de Davi (12,37).

Jesus é mais do que o filho de Davi. Ele é o filho querido de Deus (1,11; 9,7; 15,39), o "Servo" que, em obediência ao incansável amor de Deus para com os homens, dá sua vida, realizando em plenitude o que o Servo de Deus em Is 52–53 prefigurou. Mas como Filho de Deus, ele é também o Filho do Homem, portador dos plenos poderes escatológicos. Sua condenação sob falsas alegações religiosas e políticas significa o primeiro passo para sua vinda gloriosa e o juízo sobre o mundo (Mc 14,62), que ele havia anunciado imediatamente antes de sua paixão (Mc 13). É a dispersão escatológica (Mc 14,27; cf. 13,7), prelúdio da reunião do rebanho pelo pastor escatológico, depois da ressurreição (14,28; cf. 16,7). É o início do tempo final, prelúdio da vinda definitiva (que os primeiros cristãos esperavam para breve).

Para nós, hoje, esta cristologia de Mc significa uma crítica a qualquer messianismo imediatista, que recorre à imposição e não à paciência do testemunho até o sangue (= martírio).

MESSIAS, FILHO DO HOMEM, FILHO DE DEUS

A primeira parte do evangelho de Marcos apresenta de maneira velada a obra messiânica de Jesus. Falou-se até de um "segredo messiânico". Jesus traz o Reino de Deus presente, mas não de modo manifesto; apenas o deixa entrever em sinais de sua autoridade (1,21; 2,10 etc.). Inclusive, os demônios que ele expulsa o reconhecem antes dos próprios discípulos! As parábolas (Mc 4) falam da presença escondida do Reino. Os gestos de Jesus apontam para o Reino (a partilha do pão), mas os discípulos não o entendem (8,14-21). A abertura dos olhos do cego de Betsaida anuncia uma mudança (8,22-26). Os discípulos reconhecem Jesus como Messias, mas em categorias humanas, sem entender seu caminho de Servo Sofredor (8,27-30.31-33). Nos caps. 8 a 10, mediante os anúncios da Paixão e os ensinamentos sobre o seguimento e o serviço, surge uma espécie de compreensão, simbolizada pela abertura dos olhos do cego de Jericó (10,46-52). Mas Jerusalém continua na ambiguidade. Jesus entra na cidade sentado num burrinho, como o Messias humilde descrito no profeta Zacarias, mas o povo o aclama como Filho de Davi. Ora, Davi era guerreiro. Será que o povo entendeu que tipo de Messias Jesus realiza? Jesus é mais que um filho de Davi. É o Filho querido de Deus (1,11; 9,7; 15,39) que, em obediência ao incansável amor do Pai, dá sua vida e realiza plenamente a figura do "Servo" descrita em Isaías 53.

A narração da Paixão fornece uma chave para abrir esse segredo. O sumo sacerdote pergunta a Jesus se ele é o Messias, o Filho de Deus. Jesus responde "Sou, sim, e vereis o Filho do Homem sentado à direita do Todo-Poderoso e vindo com as nuvens do céu" (Mc 14,61). O mundo pergunta se ele é o Filho de Deus e ele responde que é o Filho do Homem... Este Filho do Homem é uma figura que vem da profecia de Daniel (7,13-14). É o enviado celestial que esmaga as quatro feras que disputam o domínio sobre o mundo. Simboliza o Reino de Deus. O Reino de Deus, que vence os reinos "ferozes" deste mundo, tem rosto humano. Para nós, tem o rosto de Jesus.

Assim, na Paixão de Jesus, Filho do Homem e Filho de Deus significam a mesma coisa. Jesus é o Filho querido de Deus, que une sua vontade à do Pai, para, pelo dom da própria vida, vencer as feras que dominam este mundo e quebrar sua força definitivamente. Ao ser condenado pelo sumo sacerdote de seu povo, ele se proclama portador de uma autoridade: a do Filho do Homem. Quando ele morre na cruz, por causa da justiça e do amor, o representante do mundo universal, o militar romano, exclama: "Este era de fato Filho de Deus". Ambos os títulos significam o respaldo que Deus dá a Jesus, e que se verificará na gloriosa ressurreição dentre os mortos.

Jesus é vencedor pela morte por amor em obediência filial (Filho de Deus), mas também pelo julgamento que derrota o poder deste mundo (Filho do Homem).

(ANO C) "JERUSALÉM, JERUSALÉM!"

Tudo como no Ano A, exceto:
Leitura da Entrada de Jesus em Jerusalém (Lc 19,28-40).

Evangelho: (Lc 22,14–23,56) **A Paixão de Jesus segundo Lc** – Em Lc, a narração da Paixão é mais "edificante" que em Mc e Mt. Lc apresenta Jesus como o modelo que o cristão deve imitar (o primeiro mártir cristão é apresentado, por Lucas, em At 7, como um perfeito imitador de Jesus). Mas a narração da Paixão constitui também o centro do plano de Deus, que quer que de Jerusalém saia a salvação para o mundo inteiro (cf. Is 2,3). Gólgota é o centro do mundo e a morte de Jesus o centro do tempo, no projeto da salvação.

Como lema para o sentido lucano da Paixão de Jesus poderíamos escolher o texto de Lc 13,34-35: "Jerusalém, Jerusalém...". A vida de Jesus é uma grande subida a Jerusalém, realização da visita escatológica de Deus a seu santuário (cf. Ml 3,1). Mas Jerusalém não reconhece a hora de sua visitação. Os pobres, a multidão dos discípulos, o reconhecem (19,37), mas os detentores do poder não o querem reconhecer, nem ouvir o testemunho dos pequenos (19,39-40). Por isso, Jerusalém será destruída, porque não reconheceu a hora de sua visitação (19,44; seria adequado prolongar a **leitura da Entrada** até o v. 44).

Ora, a salvação que Jesus traz torna-se eficaz na medida em que a assimilamos, numa vida semelhante à dele. O "caminho" de Jesus reassume o caminho de Israel (em Lc 9,31, a subida a Jerusalém é chamada de "êxodo"). Mas é, sobretudo, a abertura do caminho da Igreja e dos fiéis (em At 9,2 etc., a Igreja é chamada "o Caminho"). Jesus é o modelo do orante cristão (3,21; cf. 11,1-4 etc.). Agora, na hora decisiva da salvação, mais do que nunca o comportamento de Jesus é o modelo que os cristãos devem imitar, e seus passos, o caminho que eles devem seguir. Pois, se Jesus foi até Jerusalém e Gólgota, é daí que eles deverão partir, para que de Sião saia a salvação para o mundo inteiro (cf. Is 2,3).

Lc acrescenta à narração de Mc algumas feições características: na última ceia, Jesus se coloca como exemplo de serviço (22,24-25); os discípulos deverão enfrentar a mesma hostilidade que ele (35-38); Jesus aparece como o modelo do homem justo e piedoso, não só reconhecido como tal pelas mulheres ao longo do caminho (23,27), mas, sobretudo, mostrando sua compaixão para com elas e para com seus filhos (23,28). Porém, é sobretudo na cruz que se manifestam em Jesus a graça e a bondade de Deus, como também seu perdão (tema caro a Lc): promete o paraíso ao "bom ladrão" (23,39-43). Em vez do Sl 22[21], cujo início soa como desespero, Lc coloca na boca do Cristo morrendo na cruz uma palavra de plena entrega de sua vida (23,46).

Também não faltam exortações para a vida cristã: Simão deve fortalecer seus irmãos na fé (22,21-32). Os discípulos, em Getsêmani, devem rezar para "não entrar na tentação" (22,40.46) (alusão ao perigo da apostasia, no tempo de Lc).

Vale a pena reler a Paixão segundo Lc tendo diante dos olhos as fórmulas do anúncio de Cristo pelos primeiros cristãos. Só alguns indícios: a acusação quanto à atividade de Jesus (23,5) é formulada conforme o querigma (cf. At 10,37ss); a morte de Jesus provoca arrependimento (23,48), como também acontecerá quando os apóstolos proclamarem o "querigma" (cf. At 2,37; 3,19 etc.). Para Lc, narrar a Paixão de N. Senhor não é obra de um historiador acadêmico, mas evangelização, provocar o confronto com o Filho de Deus hoje.

A
Quar.

A MORTE DO JUSTO

Foi diante da morte do justo que o mundo se compungiu.

Hoje, o relato da Paixão de N. Senhor segundo Lucas (**evangelho**) nos conta como os poderosos rivais, Herodes e Pilatos, tornam-se amigos às custas de Jesus, mandando-o de um para o outro como objeto de diversão. Conta também como um dos malfeitores crucificados com Jesus escarnece do sofrimento do justo. Por outro lado, vemos Simão de Cirene ajudando Jesus a levar a cruz; as mulheres chorando o seu sofrimento; o bom ladrão solicitando a misericórdia de Jesus; o povão que se arrepende... Qual é a nossa atitude diante do sofrimento do justo? A de Herodes e de Pilatos? A das mulheres e do bom ladrão?

O oficial romano ao pé da cruz exclamou: "Realmente, este homem era um justo!" O que é ser justo, no sentido da Bíblia? Por que o justo sofre? A 1ª e a 2ª **leitura** no-lo dizem: por obediência a Deus. Então, Deus manda sofrer? Não é isso horrível e cruel? Não, Deus não manda sofrer o justo, seu "filho". Só manda amar. Amar até o fim. Mas quem ama, sofre! O justo que ama, sofre, não por causa da paixão sentimental, mas porque ele não quer ser infiel ao amor que começou a demonstrar, e que se opõe à violência dos donos de nosso mundo! Nesta fidelidade, o justo pode expirar como Jesus, dizendo: "Pai, nas tuas mãos entrego o meu espírito". Ser justo é corresponder àquilo que Deus espera de nós, colaborar com o seu plano. É fazer como o bispo Romero e tantos outros que deram a vida por aquilo que consideravam ser o desejo de Deus: o amor testemunhado aos mais pobres dentre seus filhos.

Diante da cruz do justo que morre, *temos que optar*: ou pelo lado dos que dão sua vida para viver e fazer viver o amor de Deus, ou pelo lado dos que se dão as mãos para suprimir a justiça; *lado de quem carrega a cruz ou de quem a impõe...*

TRÍDUO SACRO E TEMPO PASCAL

Quinta-feira Santa: Missa da Última Ceia/A, B, C
ACEITAR E IMITAR A DOAÇÃO DO CRISTO

Canto da entrada: (cf. Gl 6,14) Gloriar-se na cruz de Cristo.

Oração do dia: Sacrifício da Nova Aliança e ceia do amor de Cristo.

1ª leitura: (Ex 12,1-8.11-14) **A ceia Pascal de Israel** – Páscoa é uma antiga festa dos pastores (primícias), posteriormente unida com a festa agrícola dos pães ázimos e interpretada como recordação da saída do Egito, para "re-presentar" a libertação da escravidão na ceia do cordeiro pascal. E pela comemoração reforçava-se a esperança na obra definitiva de Deus. • Cf. Ex 12,21-28; Dt 16,1-8.

Salmo responsorial: (Sl 116[115],3-4.6-7.8.9; cf. 1Cor 10,16) O cálice da bênção.

2ª leitura: (1Cor 11,23-26) **Tradição paulina da instituição da Ceia do Senhor** – Conhecemos a instituição da ceia eucarística em duas tradições essencialmente concordes: 1) Mc 14,22-24 e Mt 26,28; 2) 1Cor 11,23-35 e Lc 22,19-20 (com influências de Mc 14). – Jesus deu à antiga refeição pascal (cf. 1ª leitura) um conteúdo novo, pleno. Ele mesmo é o Servo de Deus, que dá sua vida "pelos muitos" (cf. Is 53,4ss; 42,6; Mc 10,45 etc.). Ele é o cordeiro imolado, que sanciona a Nova Aliança com seu sangue (cf. Ex 24,8; Jr 31,31-34). A participação nesta refeição significa participação de sua morte e ressurreição e comunhão com todos os que participam (e com todos aqueles por quem Jesus morreu).

Aclamação ao evangelho: (Jo 13,34) O novo mandamento.

Evangelho: (Jo 13,1-15) **O lava-pés** – Jesus prossegue consciente seu caminho que é o amor "até o fim". Até o fim do que é humanamente possível: a doação na morte. E até o fim que Deus outorga: a glorificação (13,1.3). No serviço de escravo (o lava-pés) prefigura-se a morte da cruz e, como nesta, revela-se a grandeza do amor divino em Cristo. Como as palavras eucarísticas (cf. 2ª leitura), o lava-pés serve para, antecipadamente, mostrar o sentido da cruz: amor que serve, doação até o fim. É a lei de Cristo e da Igreja. • 13,1 cf. Jo 2,4; 7,30; 8,20; 12,23; 17,1 • 13,13-15 cf. Mt 23,8-12; Lc 22,24-30; Fl 2,5.8.

Oração s/as oferendas: Quantas vezes comemoramos este Mistério, realiza-se a obra de nossa salvação.

Prefácio: (SS. Eucaristia I) Sacrifício da Nova Aliança, alimento e bebida da salvação.

Canto da comunhão: (1Cor 11,24-25) Palavras da Instituição da Ceia.

Oração final: Da Ceia sacramental à Ceia celestial.

A Pásc.

Terminada a Quaresma, com o Tríduo Sacro inicia-se a celebração pascal, pois a morte e a ressurreição de Jesus constituem uma unidade.

Hoje, na Quinta-feira Santa, celebramos um "adeus": a despedida de alguém que vai para o Pai (Jo 13,1; **evangelho**), mas que, ao mesmo tempo, deixa uma profunda nostalgia, sobretudo por causa do modo como essa despedida será levada ao termo, na noite seguinte. Daí o espírito bem particular desta celebração: alegria, até jubilosa – o Glória (que não ressoará mais até a noite pascal). Mas é uma alegria em tom menor, misturada com lágrimas, uma alegria reticente, inibida. É a única liturgia do ano, em que se canta o Glória, sem que se cante o Aleluia! Esta liturgia reflete bem o espírito dos fiéis diante dos últimos acontecimentos de Jesus. Eles sabem o que os Apóstolos naquela noite não sabiam: que Jesus está percorrendo seu caminho até a glória. Ao mesmo tempo, porém, sentem profundamente a dor desta noite de traição e aflição.

Essa dupla consciência de catástrofe e de glória é o núcleo dos capítulos que S. João consagra à despedida de Jesus (Jo 13–17) e dos quais nós escutamos, nesta tarde, o início (**evangelho**). Esta consciência ficou clara para os cristãos, depois da Páscoa, graças à obra do Espírito Santo. Por isso, a despedida de Jesus volta também a ser lida nos evangelhos depois da Páscoa, que, em muitos pontos, se parecem com a celebração de hoje. Resumindo: contemplamos hoje o Servo Padecente, o homem das dores – mas com os olhos iluminados pela Páscoa. É esta a visão sobre Jesus que S. João nos ensina.

Apresenta-se a nós o "exemplo" da doação da vida que Jesus mostrou aos Apóstolos no começo da Ceia, lavando-lhes os pés. Com isso, ele deu a entender que ele é o Servo, que se humilha e carrega sobre si os pecados dos homens (tema da purificação, Jo 13,10). E quem não aceitar este serviço – veja a reação de Pedro – não pode ter comunhão com ele (13,8). Quem não aceita Jesus como o Servo que dá sua vida pelos seus irmãos, não tem parte na salvação que ele traz. Assumir na fé e na prática da vida o exemplo de Jesus (13,15), eis o verdadeiro sentido da "comunhão", que é: participação na salvação efetivada por Jesus. Assim, a narração do lava-pés mostra por um exemplo o que significam as palavras de Jesus repetidas na oração eucarística: "Isto é o meu corpo, dado por vós... Este é o cálice do meu sangue... que é derramado por vós e por todos, para o perdão dos pecados..." E explica também o sentido profundo por que chamamos este rito de "comunhão", isto é, participação com Cristo. A **2ª leitura** nos apresenta o mais antigo testemunho da celebração eucarística, transmitida pelo apóstolo Paulo: o corpo e sangue de Jesus dados por nós[8].

A **1ª leitura** fornece o fundo histórico para situar a Última Ceia como refeição pascal na vida de Jesus e nas raízes judaicas da liturgia cristã. Conta a instituição da refeição do cordeiro pascal no antigo judaísmo, com o sentido salvífico que Israel aí reconhece: a libertação da escravidão. O **salmo responsorial** é um canto que os sacerdotes entoavam ao levantar o cálice da bênção, gesto retomado por Jesus na Última Ceia.

O **canto da entrada** marca, desde o início, o retido júbilo desta celebração, citando as palavras de Paulo aos Coríntios: "Convém gloriarmos... na Cruz do Senhor Jesus Cristo". Mas para respirar plenamente o espírito desta liturgia convém considerar também as **antífonas e responsórios do Lava-pés** (sobretudo *In Hoc Cognoscent Omnes* e *Mandatum Novum*), bem como a belíssima **sequência da comunhão**, *Ubi Caritas et Amor*. De todos esses cantos existem boas adaptações em nossa língua.

Esta liturgia deve fazer penetrar em nós, por seu rito e pela palavra que o explica, o sentido salvífico da Cruz de Cristo, no sentido de que o cristão, aceitando o esvaziamento de Jesus por nós e associando-se a seu modo de viver e morrer, entra na comunhão eterna com ele e com o Pai[9].

---

8. As palavras "corpo" (ou "carne", cf. Jo 6,5ss) e "sangue" devem ser entendidas no sentido existencial da vida de Jesus: trata-se de um corpo esmagado no sofrimento e um sangue derramado na cruz, por amor até o fim: daí a importância da expressão: "dado por vós".

9. Tenha-se cuidado para não cair numa veneração mistificada e mágica das espécies eucarísticas, pois a Eucaristia só se torna fecunda na medida em que for assimilada como "sacramento", como sinal de uma vida em comunhão com Cristo, que dá sua vida por nós. Sem a fé, que nos faz *aceitar e imitar* o "Servo" que dá sua vida por nós, as Santas Espécies não produzem o fruto que significam de per si (*ex opere operato*). – Como hoje não se narra, no evangelho, a instituição da Eucaristia, este tema poderá ser contemplado na solenidade do SS. Sacramento.

I – O LAVA-PÉS, EXEMPLO DE JESUS

"Ensina-me a amar"... Não sabemos amar, muito menos amar até o fim. Quem no-lo ensina é Jesus. "Antes da páscoa... amou-os até o fim... Eu dei o exemplo, para que façais a mesma coisa que eu vos fiz" (Jo 13,1.15, **evangelho**).

A história que João hoje nos conta situa-se no contexto da páscoa. Para os judeus, a ceia pascal é a principal celebração da *memória* de sua história e, portanto, de sua identidade. Comemoram a passagem do Senhor Deus, que os libertou da escravidão e fez deles um povo (**1ª leitura**). Jesus, celebrando a páscoa com seus doze discípulos, fez da páscoa o memorial de *sua* passagem, sua missão da parte de Deus e sua volta ao Pai, através do dom de sua vida na cruz. Fez da páscoa o memorial de seu amor até o fim.

Paulo nos transmite a tradição geral da Igreja a respeito da ceia do Senhor: a eucaristia do pão e do vinho, corpo e sangue do Senhor (**2ª leitura**). João, no **evangelho**, narra um fato particular: antes de iniciar a ceia, Jesus lava os pés dos seus discípulos. Um gesto de hospitalidade, de carinho, mas sobretudo um serviço de escravo (pois não era o dono de casa quem fazia isso...). Depois, ele explica: "Eu vos dei o exemplo..." Devemos lavar os pés uns aos outros, isto é, servir uns aos outros em caridade e humildade.

Jesus quis dizer mais ainda. Tomando a atitude de escravo, ele aponta para sua morte na cruz, morte de escravo. *A cruz é o verdadeiro "serviço de escravo" que Jesus nos presta e pelo qual ele nos liberta.* Não podemos recusar esse serviço, como Pedro no evangelho, pois então não estamos em comunhão com ele. Se não valorizássemos seu serviço, este não nos serviria. *Não devemos ter medo de nos comprometer com quem morre por amor de nós!*

Jesus lavou os pés dos discípulos para lhes dar um exemplo de serviço na humildade e no amor radical, que o levou a dar sua vida por eles. Também nós devemos servir uns aos outros e dar nossa vida pelos irmãos. Para isso, não basta lavar, na cerimônia, uns pés que já foram anteriormente bem lavados. Trata-se de tornar-nos escravos daqueles que trataríamos como escravos. É uma subversão. Se levarmos isso a sério, transformar-se-ão até as estruturas de nossa sociedade.

II – A CEIA PASCAL

A Pásc.

Se a Última Ceia de Jesus foi a ceia da Páscoa, como dizem os três primeiros evangelistas, por que a Igreja a celebra antes da Páscoa? É que a páscoa judaica não cai no mesmo dia que a nossa. A páscoa judaica pode cair em qualquer dia da semana, conforme a posição da lua. Assim, na Quinta-feira Santa, Jesus consumiu, com os discípulos, a páscoa judaica (descrita na **1ª leitura**). Nesta ocasião, instituiu a Ceia Eucarística, em memória de sua morte (**2ª leitura**); e, no início dessa refeição, lavou os pés de seus discípulos, em sinal e exemplo do dom da própria vida (**evangelho** de hoje). Aliás, o evangelista João nem menciona o momento da Eucaristia, porque a Eucaristia significa comunhão com Jesus, e esta comunhão se expressa maravilhosamente pelo gesto do lava-pés: deixar-se lavar por Jesus, aceitar que Jesus seja nosso servo, que não só lava nossos pés, mas dá sua vida por nós. Por isso, queremos servir os nossos irmãos... O lava-pés é a Eucaristia na vida!

Segundo os primeiros evangelistas, a Última Ceia foi a ceia da páscoa judaica, que comemorava o êxodo dos hebreus do Egito, terra de escravidão. Jesus quis celebrar essa ceia, mas ao mesmo tempo a transformou, colocando-se livremente como escravo dos seus irmãos! E fez disso a sua "passagem" para junto de Deus! Ora, esta passagem de Jesus se manifesta na ressurreição, no terceiro dia a partir de hoje, que vai ser para nós, cristãos, a data de nova Páscoa, em que celebramos a nossa libertação. Hoje celebramos Jesus na imagem do cordeiro pascal do A.T., cujo sangue preservou os hebreus do castigo que Deus fez descer sobre os egípcios para que deixassem ir os israelitas. Já não celebramos a páscoa na data judaica, pois Jesus transformou-lhe o sentido. Mas *continuamos celebrando o nosso Cordeiro pascal, cujo sangue nos salva;* este, porém, não foi sacrificado como um animal sem inteligência, mas *porque quis livremente servir-nos no amor até o fim.*

Sexta-feira Santa/A, B, C
A CRUZ GLORIOSA

I. Liturgia da Palavra

Rito de entrada: silêncio.

Oração do dia: (I) Proteção de Deus àqueles por quem Jesus derramou seu sangue / (II) Participação da vitória sobre o pecado.

1ª leitura: (Is 52,13–53,12) **4º Canto do Servo de Javé: o justo que morreu pelo povo** – Sobre os cantos do Servo, cf. Dom. de Ramos, 1ª leitura. Hoje ouvimos o 4º Canto do Servo. Começa com um oráculo de Deus e transforma-se depois num diálogo entre o povo (as nações) e o profeta. Um segundo oráculo de Deus conclui a poesia. – Quem pode entender que Deus cumpre seu plano e revela seu poder no sofrimento e na morte de seu Servo? Decerto, Israel mesmo (no exílio) e seus profetas (Jeremias!) conheceram o caminho do sofrimento. Mas o sentido pleno daquilo que o profeta pressentiu só se manifesta em Jesus Cristo, o "homem das dores", que morrendo por nós, nos deu a salvação e a vida.

Salmo responsorial: (Sl 31[30],2+6.12-13.15-16.17+25) Canto de lamentação e confiança.

2ª leitura: (Hb 4,14-16; 5,7-9) **Jesus viveu a profundeza da desolação humana, mas por sua obediência foi atendido por Deus** – Se o sacerdote é mediador, Jesus o é eminentemente, pois ele é o Filho de Deus, mas também um de nós, que conhece a fundo a fragilidade da condição humana, transcendendo-a, porém, no ponto onde ela era irreconciliável com a santidade de Deus, o pecado. Ele é sacerdote e sacrifício ao mesmo tempo: assim nos consagra a nós também. • Cf. Hb 7,1-10.

Aclamação ao evangelho: (Fl 2,8-9) A obediência de Cristo e sua exaltação.

Evangelho: (Jo 18,1–19,42) **Paixão de N. Senhor segundo S. João** – Não só, mas sobretudo em Jo, a "História da Paixão" é interpretação e mensagem. Não diz apenas o que aconteceu, mas, sobretudo, o que significa o acontecido. Jo mostra com toda a clareza que o sofrimento e morte é um ato pessoal e soberano de Cristo (19,36-37; cf. 10,18). Em Jo, a data da crucificação de Cristo é diferente dos evangelhos sinóticos: Jesus morre na mesmíssima hora em que os judeus matavam o cordeiro para a ceia pascal (19,14). Cristo é nosso cordeiro pascal. • Cf. Mt 26,3–27,61; Mc 14,26–15,47; Lc 22,39–23,56.

II. Veneração da S. Cruz

III. Liturgia eucarística

Comunhão das Espécies pré-consagradas.

Oração final: "Conservai em nós o que vossa misericórdia operou".

A Pásc.

Durante o Tríduo Sacro, a liturgia segue os passos do Senhor mais cerradamente ainda do que no tempo da Quaresma. O Tríduo Sacro é um grande drama, uma grande encenação do sofrimento do Senhor. Por isso, tendo representado a Instituição da Ceia na tarde da quinta-feira, a liturgia não voltará a celebrar a Eucaristia até a noite pascal – assim como Jesus não voltou a celebrá-la até que a celebrasse no Reino de Deus (Mt 26,29 e par.). Assim, no dia em que o sacrifício de Cristo está mais central do que nunca, a liturgia não celebra o sacrifício da Missa, mas uma evocação de sua morte, que não deixa de estar em íntima união com a missa de Quinta-feira Santa, já que o pão consagrado ontem é consumido hoje.

A liturgia nos faz sentir, sobretudo, o significado do sofrimento de Cristo, e as duas leituras que preparam a leitura do evangelho são fundamentais para contemplarmos este mistério.

A **1ª leitura** apresenta o 4º canto do Servo de Deus (Is 52–53). Neste texto, a jovem Igreja encontrou o fio escondido que a existência de Jesus revelou e levou ao fim: a doação da vida do justo, pela salvação dos irmãos, mesmo dos que o rejeitaram. Como diz a **2ª leitura** (Hb 4–5), Jesus participou em tudo de nossa condição humana, menos no pecado. Sua existência não foi alheia à nossa como a de um anjo. Jesus teve de descobrir continuamente, como cada um de nós, o sentido de sua existência, embora a vivesse de modo divino, em contínua união com o Pai. Assim, formado na escola da piedade judaica, ele conheceu a tradição que considerava a salvação como fruto do sofrimento redentor. Mas esta não era a teologia dominante do judaísmo farisaico, que esperava a salvação a partir das instituições, da observância legalista, de algum messias político... Jesus pelo contrário reconheceu na sua experiência íntima com Deus, a quem chamamos de Pai, a experiência dos "pobres de Deus", do profeta rejeitado e do justo sacrificado pelos seus irmãos, e assumiu-a, em obediência até o fim ao projeto do Pai. É isso que nos ensinam as duas primeiras leituras, com suas expressões humanas e existenciais, que sacodem o nosso cristianismo monofisista[10]: "pedidos e súplicas... veemente clamor e lágrimas... embora fosse Filho, aprendeu a obediência pelo sofrimento" (Hb 5,7-8).

Esta cristologia da "quenose" (despojamento)[11] e da verdadeira humanidade de Jesus é pressuposta para compreender a cristologia da glória no relato da Paixão de Jesus segundo João (**evangelho**). Jo mostra o sofrimento do Cristo fortemente à luz da fé pós-pascal. Mas nem por isso nega a dimensão trágica da experiência humana de Jesus; antes, a supõe e a coloca na luz de sua glória divina. Tal procedimento não teria sentido se a gente não estivesse profundamente convencido da realidade do abismo do sofrimento pelo qual ele passou. Pois é neste abismo que se realiza a revelação da glória de Deus, que é amor incomensurável. Assim, merecem especial atenção, nesta narração, a majestade de Jesus na hora de sua prisão; a ironia em redor do "rei dos judeus", que Pilatos declara, formalmente, ser Jesus; o sentido do Reino de Jesus; e a cena de sua morte, fonte de Espírito e vida. O Cristo da Paixão segundo João é parecido com aquele Cristo vestido de traje sacerdotal ou real, coroado do diadema imperial, que os artistas do começo da Idade Média colocavam na cruz: é a visão teológica da Cruz Gloriosa, a mesma que domina a segunda parte da celebração da Sexta-feira Santa, a adoração da cruz, em que alterna a lamentação do Cristo rejeitado com a aclamação de sua glória (antífona *Hágios ho Theós*).

Entre as leituras e a veneração da Cruz gloriosa, pronunciam-se as grandes preces da Igreja, modelo das preces dos fiéis em nossas liturgias. Este rito também se inspira na ideia de que a cruz é a fonte da graça de Deus, da vida da Igreja: do lado aberto do Salvador nasce a Igreja.

A terceira parte da liturgia é o despojado rito de comunhão com o Senhor que nos amou até o fim. Este rito estabelece a unidade da presente celebração com a de ontem, consumindo-se hoje as Santas Espécies consagradas ontem (chamadas "pré-consagradas"). A bênção final tem um texto próprio, evocando a perspectiva da Ressurreição.

---

10. Inclinado a substantificar a natureza divina de Cristo, desconsiderando sua encarnação em verdadeira existência humana.
11. Cf. comentário da missa do dia de Natal.

Vigília Pascal/A, B, C*
(ANO A) A LUZ DA RESSURREIÇÃO

*A liturgia é a mesma nos três anos, exceto os evangelhos.

I. Celebração da nova luz

II. Liturgia da Palavra

1ª leitura: (Gn 1,1–2,2 ou 1,1.26-31a) **A criação – Salmo responsorial:** (Sl 104[103],1-2a.5-6.10+12.13-14.24+35c) Louvor do Criador / (Sl 33[32],3-5.6-7.12-13.20+22) A Palavra criadora – **Oração:** (I/II) Criação e Redenção.

2ª leitura: (Gn 22,1-18 ou 22,1-2.9a.10-13.15-18) **Sacrifício de Isaac – Sl resp.:** (Sl 16[15],5+8.9-10.11) Confiança em Deus – **Or.:** A promessa feita a Abraão.

3ª leitura: (Ex 14,15–15,1) **Passagem do Mar Vermelho – Sl resp.:** (Ex 15,1-2.3-4.5-6.17-18) Cântico de vitória – **Or.:** (I) Passagem pelas águas do Batismo / (II) Água da regeneração.

4ª leitura: (Is 54,5-14) **Renovação das núpcias de Javé com Israel – Sl resp.:** (Sl 30[29],2+4.5-6.11+12a+13b) Ação de graças pela salvação – **Or.:** Batismo e plenitude da Aliança.

5ª leitura: (Is 55,1-11) **O banquete messiânico – Sl resp.:** (Is 12,2-3.4b-6) Beber da fonte da salvação – **Or.:** Cumprimento das profecias e progresso no caminho do bem.

6ª leitura: (Br 3,9-15.32-38; 4,1-4) **Israel deve voltar à fonte da sabedoria, Deus – Sl resp.:** (Sl 19[18],8.9.10.11) Alegria na Lei do Senhor – **Or.:** Vocação batismal, permanência junto à fonte da Sabedoria.

7ª leitura: (Ez 36,16-17a.18-28) **Dispersão, reunião e purificação de Israel; o coração novo – Sl resp.:** (Sl 42[41],3.5 e 43[42],3.4) "Como o cervo procura a fonte..." / (Is 12 [cf. acima, 5ª leit.) / (Sl 51[50],12-13.14-15.18-19) Um coração novo e puro – **Or.:** O velho se torne novo / (II): Plenificação de nossa vida.

Glória

Oração do dia: "Suscitai na Igreja o espírito da adoção filial, que nos destes no batismo".

8ª leitura: (Rm 6,3-11) **Batismo: morrer e corressuscitar com Cristo; o Homem Novo** – *Uma vez por todas*, Cristo morreu e ressuscitou. Sua vida é de Deus. Nesta realidade somos integrados pelo batismo. Deus nos deu tudo por ele e com ele. Mas o que recebemos nele, também o devemos realizar em nossa vida, reviver a morte de Cristo no "sim" a Deus, reviver sua ressurreição na "verificação" do seu amor que em nós se manifesta.

Solene Aleluia + aclamação ao evangelho: (Sl 118[117],1-2.16-17.22-23) "Aleluia, a destra do Senhor levantou-me...".

A Pásc.

Evangelho: (Mt 28,1-10) **As mulheres vão ao sepulcro: mensagem do anjo e aparição de Cristo** – Não houve testemunhas que viram Jesus sair do sepulcro. Mesmo os soldados junto do sepulcro (mencionados só por Mt 27,62-66; 28,11-15) não são testemunhas do fato físico, mas antes da má vontade do mundo, que pretende encobrir a glória do Cristo. O importante, na narração da manhã pascal, são as palavras do anjo (28,5-7) e de Cristo mesmo: aquele que morreu, vive, e reúne seus irmãos (cf. 12,49 e Sl 22[21],23). Ele "reassume" seu rebanho, não só o da Galileia naqueles dias, mas de todo o mundo e todos os tempos. • Cf. Mc 16,1-8; Lc 24,1-10; Jo 20,1.

III. Celebração do batismo e renovação do compromisso batismal

IV. Liturgia eucarística

Oração s/as oferendas: Origem no sacrifício do verdadeiro cordeiro pascal.

Prefácio: (Páscoa I) O verdadeiro cordeiro destruiu a morte e renovou a vida.

Canto da comunhão: Cristo nossa Páscoa foi imolado.

Oração final: Espírito da caridade para a concórdia.

A comemoração da Ressurreição do Cristo ocorre, desde a mais remota memória da Tradição, na noite de sábado para domingo, pois na manhã do domingo – o primeiro dia da semana – o Senhor já não está no sepulcro (cf. **evangelho:** Mt 28,1 e par.). Além disto, e não obstante a Páscoa judaica ter outra data (seria a data da Última Ceia), a tradição cristã associou a noite da Ressurreição à noite da Páscoa descrita em Ex 12,42, "uma noite de vigília em honra do Senhor". É *a noite da libertação*. E mais ainda: esta noite ganha o sentido de uma recapitulação do universo, o começo da criação nova e escatológica, pois o Senhor Ressuscitado é a primícia da nova criação. A Ressurreição de Jesus é o penhor da renovação do universo.

Esta liturgia deve falar por si mesma: o mistério da nova luz que surge nas trevas, Cristo que venceu a morte e o pecado. Os fiéis se unem a este mistério, acendendo uma vela na chama do círio pascal, quando de sua entrada triunfal na igreja: é a participação na vida ressuscitada do Senhor. Depois do *Exultet*, seguem imediatamente as **leituras** do A.T. (mín. 3, máx. 7) e do N.T. (epístola e evangelho).

Entre as leituras do A.T., a 3ª é obrigatória, por ser a recordação específica desta noite: a passagem do Mar Vermelho (cf. adiante). Aconselha-se ler a **1ª leitura** (a criação), por causa de seu sentido cósmico e a ligação imediata com o tema da luz na primeira parte da celebração; ela tem como responsório o maravilhoso Sl 104[103]. Entre a 1ª leitura e a seguinte reza-se uma oração, que expressa como a re-criação em Cristo supera ainda a criação inicial. A **2ª leitura** oferecida pelo Lecionário vê na vocação e obediência de Abraão (sacrifício de Isaac) o início da vocação universal à salvação; a oração resume este sentido. A **3ª leitura** (noite pascal e libertação do Egito, Ex 14) é *obrigatória*. Termina no anúncio do cântico de vitória (Ex 15,1); portanto, é normal que este "cântico de Moisés e Míriam (Maria)" seja também cantado ou, pelo menos, declamado (3º responsório, Ex 15). A **4ª leitura** é uma palavra de consolação a Israel no Exílio (Is 54); a **5ª** é o convite para o banquete messiânico, em Is 55; a **6ª** apresenta a Sabedoria que reina sobre o cosmo e a grandeza do único Deus (Br 3–4); a **7ª** (Ez 36) anuncia a reunião escatológica dos filhos dispersos de Israel, também entendida como início de uma nova era; esta leitura é concluída pelo Sl 42–43[41–42] ("as águas vivas") ou, à escolha, pelo Sl 51[50], segunda parte (dom de um coração novo). Estas leituras formam, por seu conteúdo e simbolismo, uma catequese batismal. Seria interessante organizar, por exemplo, no Sábado Santo, uma celebração ou círculo bíblico com estas leituras, para os que se querem preparar mais conscientemente para a renovação do compromisso batismal durante a noite pascal.

Depois das leituras do A.T., acompanhadas de seus respectivos responsórios e orações, entoa-se o Glória, vitorioso, com acompanhamento de instrumentos e sinos. Segue a **oração do dia**, que alude à celebração batismal, que tradicionalmente ocorre nesta noite e em função da qual é concebida também a **8ª leitura**, tirada do N.T. (Rm 6,3-11). Esta compara o batismo com a descida no sepulcro, para que daí os fiéis co-ressuscitem com o Cristo; o homem antigo é crucificado, revestimo-nos do homem novo; pecado e morte já não reinam sobre nós.

Nesta altura, a liturgia faz uma espécie de pausa, para que o presidente da celebração entoe, solenemente, o Aleluia pascal, repetido pelos fiéis, e isto, três vezes. Depois disso, o cantor ou coro entoa a **aclamação ao evangelho**: "A destra do Senhor fez maravilhas, a destra do Senhor me levantou... A pedra rejeitada pelos construtores tornou-se pedra angular". O **evangelho** narra o episódio do túmulo vazio. É específico de Mt o final da narração, a aparição de Jesus ressuscitado às mulheres, que são mandadas para anunciar a ressurreição aos irmãos.

A terceira parte inicia com a ladainha de todos os santos (suprimida quando não há batizado nem bênção da água batismal). Segue a bênção da água, na qual é submergido o círio pascal, simbolizando a descida de Cristo no sepulcro e sua ressurreição, ou seja, o mesmo simbolismo batismal que Paulo desenvolve na leitura que acaba de ser proferida (Rm 6,3ss). Segue a administração do batismo e a bênção da água que os fiéis queiram levar para casa como uma espécie de extensão do rito batismal. Por fim, renova-se o *compromisso batismal,* depois do que a liturgia prevê a solene aspersão dos fiéis com água benta, cantando-se o tradicional responsório *Vidi Aquam.*

A quarta parte, a liturgia eucarística, destaca a ideia de Cristo Cordeiro pascal (**oração sobre as oferendas, prefácio** da Páscoa I, **canto da comunhão**). A tipologia batismal desaparece, dando lugar à ideia sacrifical. Contudo, só há participação na doação sacrifical do Cristo, onde houver a participação da fé, assinalada pelo batismo.

(ANO B) A RECONSTITUIÇÃO DO REBANHO

Tudo como no ano A, exceto:

Evangelho: (Mc 16,1-8) Dispersão e reconstituição do rebanho – A morte de Jesus era a "dispersão de rebanho e pastor", prelúdio dos últimos acontecimentos (Mc 14,27; cf. Zc 13,7). Mas Jesus lhes prometeu o reencontro, na Galileia, depois de sua ressurreição; é isto que se realiza depois da Páscoa e que o mensageiro anuncia quando as mulheres encontram o sepulcro vazio (Mc 16,7; cf. Mc 14,28). Em Jerusalém, porém, as mulheres não dizem nada, pois a incredulidade de Jerusalém nem lhes permita anunciar direta e publicamente a ressurreição ("tinham medo", 16,8). Foi preciso a nova consolidação do pequeno rebanho (conforme Mc, na Galileia), para que a ressurreição pudesse ser anunciada. Também esta nova vida do rebanho é ressurreição.

A "conclusão breve de Mc"[12] (16,1-8, **evangelho**) termina, aparentemente de maneira pouco pascal, pelo silêncio das mulheres a respeito do sepulcro vazio. Ora, para Mc, Jerusalém é o lugar da incredulidade e a Galileia, o lugar da fé do pequeno rebanho: o anúncio da ressurreição não foi feito logo em Jerusalém, mas primeiro se devia reconstituir o rebanho na Galileia: Jesus Cristo ressuscitado é o pastor que "precede" (verbo usado em Mc 16,7, cf. 14,28) o rebanho que seria disperso (Mc 14,27-28 / 16,7). Agora já não são "ovelhas sem pastor" (cf. Mc 6,34). Eles são o início da "reunião dos eleitos dos quatro ventos" (13,27).

Depois da morte e ressurreição de Jesus, o grupo dos "galileus" encontrou em Jerusalém apenas um vazio. Jerusalém tinha desperdiçado seu privilégio (Mc 12,1-11, aludindo à rejeição de Jerusalém e à ressurreição de Cristo). Os "galileus" eram os primeiros do novo povo de Deus, da Nova Aliança, aguardando para breve a nova vinda de seu Senhor, com a glória do céu (Mc 14,62). A ressurreição significava a entrada do Cristo na glória, para, voltando em breve, realizar a consumação daquilo que ele iniciara: o Reino de Deus. Na realidade, Jesus não voltou tão logo assim, mas isso não diminui a responsabilidade do novo povo de Deus, antes, pelo contrário. Pois quem deve continuar a obra iniciada por Cristo somos nós. Páscoa significa, então, que nós deve-

A Pásc.

---

12. Chamada assim à diferença da "conclusão longa" ou "canônica", Mc 16,9-20, que é, de fato, um acréscimo canônico ao texto original (cf. Ascensão).

mos assumir aquilo que esperamos da Parusia de Cristo: o Reino de Deus, a presença de Deus junto aos homens.

Páscoa significa, portanto, nossa constituição como povo escatológico do Cristo na terra, povo testemunha de que ele é o Senhor da História. Este povo não é constituído no "centro do mundo", Jerusalém, mas na "Galileia dos pagãos": não corresponde às categorias deste mundo (nem mesmo em termos religiosos), mas à mera eleição gratuita de Deus. Tanto mais grave é a responsabilidade do testemunho, porque este não é a "consequência natural" de categorias humanas, mas cumprimento de um chamado divino, recebido na consciência do sentido de sua morte e glorificação. Porque Jesus morreu e ressuscitou e porque nós o sabemos, deveremos testemunhar seu caminho diante do mundo. Devemos ser seu povo-testemunha "na Galileia", na periferia do mundo.

(ANO C) TESTEMUNHAR O INCRÍVEL

Tudo como no ano A, exceto:
Evangelho: (Lc 24,1-12) **"O Filho do Homem devia ressuscitar no terceiro dia"** – O ev. de Lc traz mais aparições pós-pascais do que os outros, e elas servem exatamente para que Jesus abra os olhos aos discípulos desanimados e incrédulos, explicando-lhes as Escrituras a seu respeito (24,27; 24,45; cf. At 1,3). Os mensageiros lembram às mulheres que Jesus predisse o cumprimento das Escrituras em sua paixão e morte. Mas quando elas voltam e narram isso aos discípulos, estes não acreditam (24,11). Apenas Pedro vai constatar o fato do sepulcro vazio (ele é o apoio que sustenta a fé de seus irmãos; cf. Lc 22,31-34).

Os eventos pascais nos são transmitidos em duas categorias de testemunhos: o testemunho a respeito do sepulcro vazio e o das aparições. Este último é o mais antigo, o único que é mencionado na tradição de Paulo a respeito do querigma cristão (1Cor 15,3ss), primeira expressão *escrita* do evento pascal. O testemunho transmitido por Paulo corresponde essencialmente ao de Lc 24,13ss: as aparições de Jesus aos apóstolos e aos outros discípulos. Lc narra o outro elemento, o sepulcro vazio (**evangelho**) – destacado por Mc (cf. ano B) –, de modo a preparar as aparições em que Jesus explicará o que as Escrituras disseram a seu respeito, tanto no que concerne à sua paixão e morte, quanto à sua ressurreição. O sepulcro vazio não fala por si. É um indício negativo, que precisa ser completado pela palavra, e esta consiste essencialmente no reconhecimento do plano de Deus naquilo que aconteceu a Jesus (as Escrituras; cf. Jo 2,22; 12,16).

As mulheres constituem o elo entre o sepulcro vazio e as aparições que revelam o sentido deste: elas devem lembrar-se de que Jesus já anunciou estes fatos durante seu ensinamento na Galileia, e recordar isso aos discípulos (cf. Mc 8,31 = Lc 9,22). O que ficará claro pelo ensinamento do Ressuscitado – o cumprimento das Escrituras na sua morte e ressurreição –, ele mesmo já o ensinou, antes de sua morte. Jesus mesmo já tentou mostrar (mas não conseguiu) aos discípulos qual era o caminho que ele devia trilhar, caminho do Servo Padecente, que será reerguido por Deus, depois de ter sido obediente (isto é, unido ao Pai) até a morte, assumindo o desamor dos homens. Este é o ensinamento que o anjo lembra às mulheres, e estas, aos discípulos. Mas não é o suficiente para que eles cheguem à compreensão da fé.

Será que a mera narração dos fatos pascais, mesmo ilustrada pelos argumentos do próprio Jesus histórico, é insuficiente para chegar à fé? Pelo menos, no caso dos discípulos, com exceção de Pedro e as mulheres, foi. Era preciso o próprio Cristo glorioso se manifestar a eles, para que acreditassem e reconhecessem o plano de Deus. A fé na ressurreição é uma graça do Cristo, uma eleição para sermos as testemunhas de que seu caminho é o caminho da glória. Todos nós conhecemos pessoas ótimas, a quem a narração destes fatos não diz nada. Isso não é nenhuma razão para nos afastar delas. Se são pessoas de boa vontade, Deus se manifestará a elas por caminhos que nós não conhecemos. Mas isso não nos dispensa de testemunhar que "o Filho do Homem devia ser entregue nas mãos dos pecadores e ser crucificado e ressuscitar ao terceiro dia".

[Tema homilético-formativo: ver domingo de Páscoa, a seguir]

Domingo de Páscoa/A, B, C
A VIDA VENCEU A MORTE

Canto da entrada: (Sl 139[138],18.5-6) "Ressuscitei, ó Pai, e sempre estou contigo" / (Lc 24,34; cf. Ap 1,6) Cristo ressuscitou verdadeiramente.

Oração do dia: Abertas as portas da eternidade pela ressurreição, vivamos a vida nova.

1ª leitura: (At 10,34a.37-43) **Querigma; anúncio da ressurreição** – Resumo do anúncio dos apóstolos ("querigma"). A frase central é: "Deus o ressuscitou". Esta é a base de nossa fé e esperança: Jesus vive, e Deus o estabeleceu juiz de vivos e mortos. O juiz é também o salvador: quem nele crê é absolvido e recebe a vida.

Salmo responsorial: (Sl 118[117],1-2.15ab-17.22-23) "Eis o dia que o Senhor fez!" A pedra angular.

2ª leitura: (Cl 3,1-4) **Viver junto ao Ressuscitado desde já** – O que somos feitos pelo batismo, também o devemos ser em nossa vida (cf. 8ª leitura da Vig. Pascal). Mas o batismo ultrapassa nossa existência no mundo: antecipa a vida sem morte, escondida em Deus, com o Cristo ressuscitado. Vivemos na expectativa da plena manifestação (cf. 1Jo 3,2). / (1Cor 5,6b-8) **O pão ázimo da vida nova** – Antes de ser imolado o cordeiro pascal, tirava-se das casas judaicas toda a impureza, especialmente a massa fermentada que normalmente era usada para preparar o pão. Cozia-se pão completamente novo, sem fermento (ázimo). Se Cristo é o verdadeiro Cordeiro pascal, a casa de nossa existência deve ser limpa do fermento do mal.

Sequência: "Victimae Paschali Laudes".

Aclamação ao evangelho: (1Cor 5,7b-8a): Cristo nossa Páscoa foi imolado.

Evangelho: (de manhã[13]: Jo 20,1-9) **Pedro e o Discípulo Amado vão ao sepulcro** – O testemunho pascal inclui dois elementos: 1) o sepulcro vazio; 2) as aparições do ressuscitado. O sepulcro vazio é um sinal (negativo). Só fala para quem tem o coração junto ao Senhor (o discípulo amigo). • cf. Mt 28,1-8; Mc 16,1-8; Lc 24,1-11. / (de tarde: Lc 24,13-35) **Os discípulos de Emaús** – A ressurreição não era o que os discípulos esperavam, mas o desejo de ver seu Senhor, a auscultação do que dizem as Escrituras e a disposição de acolher o companheiro da caminhada, fazem com que o ressuscitado se manifeste aos discípulos de Emaús, ao partir o pão, gesto por excelência da comunhão cristã.

Oração s/as oferendas: O sacramento em que a Igreja se renova e se alimenta.

Prefácio: (páscoa I) Vitória sobre pecado e morte.

Canto da comunhão: (1Cor 5,7-8) Cristo nossa páscoa, a festa do pão novo.

Oração final: Dos sacramentos pascais à Ressurreição.

---

13. É permitido substituir, nos três anos, este evangelho pelo da Vigília.

A ressurreição de Cristo suscita nos seus discípulos a consciência de que ele vive e não foi abandonado pelo Pai, mas confirmado na vida e confirmado também na obra que levou a termo. Hoje, Deus dá abertamente razão a Jesus. "Deus o ressuscitou no terceiro dia e tornou-o manifesto..." (At 10,40, **1ª leitura**). Hoje congratulamos Cristo, porque Deus mostrou que ele esteve certo naquilo que fez! É o mesmo sentido que aparece no **evangelho da tarde**, o acontecimento de Emaús, situado na tarde daquele "primeiro dia da semana", o domingo de Páscoa: Jesus mesmo mostra que as Escrituras prefiguravam seu caminho (Lc 24,26). Mas agora ele vive, e, quando o pedimos, ele fica conosco (Lc 24,29) e se dá a conhecer no "partir o pão", a celebração da comunidade cristã (Lc 24,30).

O **evangelho da manhã** é outro: a corrida de Pedro e do misterioso "discípulo amado" ao sepulcro. Pedro tem a precedência, embora o outro (impulsionado pelo amor) tenha corrido mais rápido. Pedro entra primeiro, e vê. O outro vem depois: vê e crê! O amor é que faz reconhecer nos sinais da ausência (as faixas, o sudário) a presença, transformada e gloriosa, do Cristo. "Crê", só agora, porque até então não tinha entendido as Escrituras que significam a ressurreição de Cristo dos mortos.

Com este último pensamento, nos aproximamos novamente do evangelho da tarde: a ressurreição de Cristo significa o entendimento das Escrituras. Os discípulos descobrem nas Escrituras o delicado fio – que muitos não enxergam – do engajamento da vida como realização da vontade do Pai, da missão messiânica e do Reino de Deus. À luz do Cristo ressuscitado, descobrem a estratégia central de Deus na Escritura; e à luz da Escritura, descobrem que Jesus é o Servo rejeitado, mas exaltado, de Is 53, o Messias e Filho de Deus (cf. Jo 20,30s).

Atentemos para os acontecimentos pascais na liturgia: a visita das mulheres ao sepulcro na madrugada, em seguida a visita de Pedro e o Discípulo Amado (Páscoa, manhã); o episódio de Emaús (Páscoa, tarde); o episódio de Tomé (oito dias depois) (2º dom. pascal); e assim em diante até a Ascensão e Pentecostes. É sempre o propósito de seguir Jesus passo a passo, a partir do domingo de Ramos, "seis dias antes da Páscoa".

Consideremos os detalhes característicos do relato evangélico de João: o amor que faz correr mais rápido, o amor que faz crer ao ver (Jo 20,9). E, no evangelho da tarde, o desenvolvimento dramático, desde a decepção dos discípulos, passando pela generosa oferta: "Fica conosco, pois está anoitecendo", até a confissão: "Não ardia o nosso coração...?" e a mensagem triunfal dos onze apóstolos: "O Senhor foi ressuscitado de verdade!" (Lc 24,34).

As **orações** aplicam o tema pascal à existência cristã, como faz também a **2ª leitura**: "Se fostes ressuscitados com Cristo, buscai as coisas do alto" (Cl 3,1). "Eliminar o velho fermento" (1Cor 5,7), costume pascal de Israel, significa a renovação de nossa vida (cf. **oração do dia**; **oração final**). Abre-se também a perspectiva escatológica, a manifestação gloriosa de nossa vida, que agora está escondida no Cristo glorioso (Cl 3,3) (cf. **oração final**).

O **salmo responsorial** é, naturalmente, o salmo pascal 118[117]. E não se esqueça de cantar, antes da aclamação ao evangelho, a **sequência** *Victimae Paschali Laudes*. Para nós, na América Latina, Páscoa tem um intenso sentido de libertação. "A vida venceu a morte", canta a sequência. O domínio das forças da morte é apenas aparente. A ressurreição de Cristo mostra que a Vida que nele se manifesta é mais forte. A comunidade que se une para viver, com o Ressuscitado, a Vida que ele nos mostrou se sabe no caminho certo.

I – A "PÁSCOA" DO MESSIAS E DO SEU POVO
[preferível para o ano A; baseado nas leituras da Vigília]

Na noite do Sábado Santo para "o primeiro dia da semana", os primeiros cristãos celebravam a ressurreição do Senhor Jesus. Por isso, o primeiro dia da semana chama-se domingo, dia do *Dominus*, "Senhor". Atualmente, a liturgia prevê três momentos de celebração da Páscoa: a missa da Vigília Pascal, de noite, a missa do domingo de manhã e a missa da tarde. Aprofundamos aqui o sentido da primeira celebração.

A liturgia da vigília pascal inicia com a celebração da luz nova e do círio pascal. Depois, leem-se diversas leituras do A.T. (sete, ou no mínimo três). Uma dessas leituras (a 3ª) lembra o significado da Páscoa no A.T.: a *passagem do Senhor Deus* para libertar seu povo, arrancando-o das mãos dos egípcios e fazendo-o passar pelo Mar Vermelho a pé enxuto (Ex 14,15–15,1). Para os cristãos, Páscoa é a comemoração da *passagem de Jesus*, da morte à glória. Deus mostrou-se mais forte que os inimigos de seu plano de amor, que mataram o Messias. O amor venceu, e ressurgiu imortal. O Messias vai agora à frente de seu povo, na "Galileia", lugar onde se encontram os discípulos. Glorioso, o ressuscitado conduz novamente os seus fiéis, como ensina o **evangelho** da Vigília Pascal.

Também nós temos de realizar nossa passagem. No início da Igreja, a noite pascal era a noite em que se administrava o batismo. O batismo significa a nossa "travessia do Mar Vermelho", a nossa descida com Cristo ao sepulcro, para com ele voltar à vida nova, tornando-nos criaturas novas, mortas para o pecado, mas vivendo para Deus, em Cristo (leitura do Novo Testamento, depois do Glória festivo). Na Vigília Pascal renovamos o nosso compromisso batismal. *Morremos e ressuscitamos com Cristo*. Essa renovação do compromisso batismal é o "selo" que confirma a conversão empreendida na quaresma. A profissão de fé na Páscoa, em torno da água batismal benzida na mesma hora, é renovação de nosso batismo, uma "mini-ressurreição". Mas a consolidação da nossa conversão deve mostrar-se sobretudo em nossa prática da caridade e justiça. A Campanha da Fraternidade não terminou; devemos consolidá-la pela prática de nossa vida renovada!

Então a alegria da Páscoa não será por causa do coelhinho e dos presentes que o comércio avidamente nos forneceu. Será a alegria de quem passou da morte para a vida, trilhando os passos de Jesus. Será também a alegria do novo povo de Deus, que segue seu Messias. E esta alegria será verdadeira, somente se este povo realiza o amor e a fraternidade pelos quais Cristo deu a sua vida. Mostrará por sua vida que o amor de Cristo foi vitorioso.

A Pásc.

II – VER JESUS COM OLHOS PASCAIS
[preferível para o ano B; baseado na missa do dia, evangelho da manhã]

Todo o evangelho de João serve para aprender a ver com olhos novos (veja a história do cego, Jo 9). Não com os olhos da carne (= meramente humanos), mas com olhos iluminados pelo sopro do Espírito divino que se manifestou na ressurreição de Jesus. Neste dia de Páscoa, a liturgia apresenta o evangelho de Jo 20,1-9, mas vamos olhar para o conjunto Jo 20,1-18.

Jo 20,1-18 narra uma história em duas cenas. A primeira cena começa com Maria Madalena, que logo no primeiro dia da semana (nosso domingo!), passado o repouso do sábado, vai ao sepulcro para chorar Jesus. Mas que surpresa, quando vê a pedra que fechava o túmulo rolada para o lado! Ela corre para avisar os seguidores de Jesus, Simão Pedro e aquele outro discípulo, o melhor amigo de Jesus (e cujo nome nunca é falado). Eles correm ao túmulo. Pedro chega depois do outro, mas, como é mais digno, entra primeiro e constata: de Jesus nenhum sinal, mas roubado não foi, pois a mortalha e o sudário estão cuidadosamente arranjados! Quem tira a conclusão é o discípulo amigo, que representa aqueles que compreendem Jesus porque comungam com ele pelo amor. Ele conhece Jesus não só com os olhos, mas com o coração. Ele entra no sepulcro, vê e crê! É o primeiro a crer na ressurreição de Jesus, embora vendo apenas os sinais de sua ausência.

Segunda cena: enquanto Pedro e o outro discípulo voltam para casa, Madalena, que não entrara juntamente com eles, aproxima-se do túmulo, constata a ausência de Jesus e vê dois misteriosos mensageiros – duas testemunhas? – sentados no lugar onde ele ficara. Perguntam por que chora, e ela responde que "levaram meu Senhor" e que não sabe "onde o puseram". Voltando-se, vê um outro personagem e pensa que é o guarda, que certamente não gostara de encontrar aquele crucificado no túmulo destinado para seu dono, rico proprietário. Madalena declara-se disposta a cuidar do corpo. E então o desconhecido a chama com o nome, no idioma dela: "Mariamne". E ela o reconhece e responde, na mesma língua: "Rabuni" (= "mestre").

Então, o evangelista conta um detalhe que é central para entender o sentido da cena. Maria se joga aos pés de Jesus e quer abraçá-los, à maneira oriental, em veneração. Jesus a impede: "Não me segures, pois ainda não subi para junto do Pai". Ela deve deixar Jesus livre, pois está subindo para a glória do Pai. Não deve segurar Jesus como se aí estivesse simplesmente aquele que ela seguiu desde os dias da Galileia. "É bom que eu me vá", disse Jesus (Jo 16,7). A ausência física de Jesus é necessária para que ele esteja conosco de modo glorioso, sem as restrições da existência na carne. É isso que o discípulo-amigo havia compreendido ao ver o túmulo vazio: ele creu. Madalena também crê, e recebe a missão de ser a primeira a anunciar a ressurreição aos irmãos (v. 17-18).

Não nos apeguemos exclusivamente ao Jesus das estradas da Galileia, o Jesus dos milagres e das parábolas. Deixemos que ele se torne ausente, passando pela cruz, assumida por amor fiel aos seus, para se tornar presente, de outro modo, na glória da ressurreição, que significa que sua crucifixão foi "endossada" por Deus como expressão de seu amor. O Jesus da Páscoa é incomparavelmente mais presente para nós que o das estradas da Galileia. Este deixou suas pegadas nas narrativas dos apóstolos e dos evangelistas. Mas o Ressuscitado, que só pode ser visto com os olhos da fé, está conosco nas estradas da América Latina, hoje.

III – PÁSCOA: O RESSUSCITADO EM NOSSA VIDA

[preferível para o ano C; baseado no evangelho da tarde]

Conforme o **evangelho** da missa da tarde, os discípulos de Emaús estavam desanimados. Tinham pensado que Jesus fosse o Messias revolucionário, que expulsasse o poder romano. Mas foi morto. Passaram três dias, e nada aconteceu. Desistiram de esperar. Não se lembravam de que na Bíblia está escrito: "Depois de dois dias nos fará reviver, no terceiro dia nos levantará" (Os 6,2).

Não havia por que permanecerem abatidos. Após uns três dias, Jesus reviveu para os discípulos, no caminho de Emaús, abrindo-lhes as Escrituras. Moisés, os Profetas, os Salmos, tudo começou a falar-lhes de Jesus, como para moça apaixonada tudo fala do namorado. Para quem ama Jesus, os textos da Escritura revelam sua lógica: entrar na glória através da cruz. De repente, os discípulos entenderam que este foi o plano de Deus para com Jesus.

Mais ainda lhes falou o gesto do repartir o pão. Tantas vezes Jesus lhes tinha partido o pão, à maneira de um pai de família que o distribui a seus filhos. Tinha feito disso o sinal da partilha de sua própria vida, na Última Ceia. Agora, reconheceram-no ao partir o pão. Então, ele retirou-se da vista deles, mas não do coração...

A memória de Jesus, na Palavra e na Eucaristia, ensina-nos que ele vive conosco. Ele é o centro de nossa vida. Temos que relacionar tudo com ele, enxergar tudo à sua luz, que venceu as trevas, a vida que venceu a morte, a graça que superou a desgraça e o pecado. Isso é *vivenciar a ressurreição de Cristo em nossa própria vida*, "procurar as coisas do alto, onde Cristo está sentado à direita de Deus" (**2ª leitura**). A nossa vida velha e abatida morreu, temos uma vida nova escondida lá com ele. Isso transforma nosso modo de viver. Mesmo se exteriormente andamos envolvidos com as lidas e lutas desta sociedade injusta, interiormente já não nos deixamos vencer por ela. Após uns pequenos três dias, experimentamos a presença daquele que venceu a morte. Por isso, vamos viver de cabeça erguida, os olhos fixos em nossa verdadeira vida, que está nele. Se o pecado nos abate, vamos abrir-nos na comunidade, no sacramento. Se a injustiça nos faz morrer, vamos unir-nos em comunidade em torno a Cristo. Isto é Páscoa, nossa ressurreição com Cristo.

2º domingo da Páscoa/A
A FÉ APOSTÓLICA, QUE É NOSSA

Canto da entrada: (1Pd 2,2) "Como crianças recém-nascidas..." / (4Esdras 2,36-37) "A glória de vossa vocação".

Oração do dia: "O Batismo que nos lavou, o sangue que nos remiu, e o Espírito que nos deu nova vida".

1ª leitura: (At 2,42-47) **Os primórdios da Igreja: tinham tudo em comum** – At 2,42–5,42 descreve a vida da comunidade apostólica em Jerusalém. A leitura de hoje se completa em At 4,32-35. A "comunidade" (2,42) consiste em ter tudo em comum (2,44). O ensino dos apóstolos e o culto realizavam-se no templo (2,42; 4,33). A alegria e a magnanimidade do grupo eram contagiosas; aí está o mistério do sucesso missionário (2,47). • cf. Lc 24,53; At 5,12-16.

Salmo responsorial: (Sl 118[117],2-4.13-15.22-24) A pedra rejeitada tornou-se pedra angular.

2ª leitura: (1Pd 1,3-9) **Purificados como ouro na fornalha** – A 1Pd é uma carta de consolação aos cristãos oriundos do paganismo (na Ásia Menor), ameaçados pela perseguição. A introdução tem o estilo de um hino. As graças recebidas são penhor dos dons definitivos (esperança). No batismo somos adotados como filhos: isto também é fundamento de uma esperança ainda maior. Esta esperança é viva, porque é baseada no Cristo ressuscitado. Produz alegria e firmeza. – Nos domingos seguintes continua a leitura desta carta. • 1,3-5 cf. 1Pd 1,23; Jo 3,5; Cl 1,5.12; 3,3-4 • 1,6-9 cf. Tg 1,2-3; Hb 12,11; 1Cor 3,13; 1Jo 4,20.

Aclamação ao evangelho: (Jo 20,29) Felizes os que creem sem terem visto.

Evangelho: (Jo 20,19-31) **"Felizes os que creem sem terem visto"** – Fim do ev. de João propriamente (Jo 21 é um epílogo) – A Páscoa da ressurreição é uma nova criação. O Espírito de Deus é dado pelo Ressuscitado para tirar da humanidade o pecado, mediante a comunidade dos fiéis. – A primeira geração teve o privilégio de ver e apalpar o Ressuscitado, que inaugurou esta nova realidade; as gerações seguintes deverão crer por seu testemunho. • Cf. Mc 16,14-18; Lc 24,36-49 • 20,19-20 cf. Jo 20,1; 16,16.20-22 • 20,21-23 cf. Jo 17,18; Mt 16,19; 18,18 • 20,29 cf. 1Pd 1,8 • 20,31 cf. 3,15; 1Jo 5,13.

Oração s/as oferendas: Da renovação batismal à vida eterna.

Prefácio: (Páscoa I) Vitória sobre pecado e morte.

Canto da comunhão: (Jo 20,27) "Não sejas incrédulo, mas acredita".

Oração final: Conservar em nossa vida o sacramento pascal.

Nos domingos depois da Páscoa, a liturgia nos põe em contato com a primeira comunidade cristã (as primeiras leituras são uma sequência de leituras de At) e com a "suma teológica" do século I, o evangelho de João. As segundas leituras são tomadas de outros escritos muito significativos quanto aos temas batismais e da fé; no ano A, a Primeira Carta de Pedro. Especialmente o 2º domingo pascal está completamente marcado pelo tema da *fé batismal*, proclamada no domingo anterior. Os fiéis são "como crianças recém-nascidas" (**canto da entrada**), e reza-se por um mais profundo entendimento do mistério da ressurreição e do batismo (**oração final**). Neste tempo, não existe, necessariamente, uma estrita coerência temática entre as três leituras. Porém, todas elas nos fazem participar do espírito do mistério pascal.

A **1ª leitura** nos apresenta o ideal da comunidade cristã: a comunidade primitiva dos cristãos de Jerusalém. A descrição de At 2,42-47 acentua especialmente a comunhão dos bens, que corresponde ao sentido do partir o pão – comemoração do Senhor Jesus. Tanto esta comunhão perfeita como os prodígios operados pelos apóstolos serviam de testemunho para os demais habitantes de Jerusalém, testemunho que não deixava de ter sua eficácia. Esta leitura é, portanto, mais do que um documento histórico sobre os primeiros tempos depois da Páscoa: é um convite para restabelecermos a pureza cristã das origens. O **salmo responsorial** evoca "as tendas onde moram os justos"...

A **2ª leitura** é tomada da 1ª Carta de Pedro, que é uma espécie de homilia batismal. Na perspectiva de seu autor, a volta gloriosa do Senhor estava próxima; os cristãos deviam passar por um tempo de prova, como ouro na fornalha, para depois brilhar com Cristo na sua glória. Nesta perspectiva, a fé batismal se concebe como antecipação da plena revelação escatológica: é amar e crer naquele que ainda não vimos, o coração já repleto de alegria com vistas à salvação que se aproxima (e que já é alcançada na medida em que a fé nos coloca em verdadeira união com Cristo).

O **evangelho** narra a aparição aos Apóstolos no dia da Páscoa e o episódio de Tomé, oito dias depois. Como a primeira parte (Jo 20,19-23) volta no dia de Pentecostes (dom do Espírito Santo pelo Ressuscitado), podemos acentuar mais, hoje, a segunda e a terceira parte (v. 24-29 e 30-31). Na segunda parte, vemos repetir-se o encontro pascal com o Ressuscitado especialmente para Tomé, que quis ver e apalpar o Senhor. É-lhe dado experimentar a realidade do Ressuscitado, aliás, do Crucificado, pois o que ele apalpa são as marcas do seu sofrimento. Proclama a sua fé, torna-se um verdadeiro fiel. Mas há outros, a quem não será dado esse tipo de provas que Tomé requereu e recebeu; eles terão de acreditar também, e são chamados felizes por crerem sem terem visto. Esses "outros" somos todos nós, cristãos das gerações pós-apostólicas. Mas, em vez de provas palpáveis, a nós é transmitido – explica a terceira parte, v. 30-31 – o testemunho escrito das testemunhas oculares, de tudo quanto Jesus fez, para que nós creiamos e, crendo, tenhamos a vida em seu nome (pois, para João, quem crê já tem a vida eterna; cf. Jo 5,24).

Resumindo: *a fé da comunidade apostólica é nossa*. Através da comunidade apostólica (evocada na **1ª leitura**), nós somos tornados partícipes da fé, antecipação da comunhão eterna com Cristo e nossa salvação. E, voltando ainda uma vez o olhar para Tomé, o dito "incrédulo", não esqueçamos que ele é o representante da "geração privilegiada", que passou sua fé aos que não viram. Oxalá possamos exclamar com ele: "Meu Senhor e meu Deus".

Este domingo é o antigo domingo *"in albis"*, em que os batizados da noite pascal depunham as vestes brancas do batismo, encerrando a oitava da Páscoa. O tema batismal marca a **oração final** (inspirada em 1Jo 5,7-8, atualmente 2ª leitura no ano B): as três testemunhas de nossa fé: água, sangue e espírito. A **oração do dia** pede para progredirmos na compreensão destas "testemunhas", isto é, dos mistérios básicos da nossa fé, os "sacramentos da iniciação cristã": batismo, eucaristia e confirmação.

NOSSA FÉ "APOSTÓLICA"

Todo mundo gosta de ter provas palpáveis para acreditar. Mas, para que ainda acreditar, quando se tem provas palpáveis? E que certeza dão as pretensas provas? Nossa fé não vem de provas imediatas, mas da fé das "testemunhas designadas por Deus" (At 10,41), principalmente os apóstolos. Acreditamos naquilo em que eles acreditaram.

Os apóstolos foram as testemunhas da ressurreição de Jesus. Eles puderam ver o Ressuscitado e por isso acreditaram. Caso típico é Tomé (**evangelho**). Ele foi até convidado por Jesus a tocar nas chagas das mãos e do lado. O evangelho não confirma que ele tocou mesmo, mas sim, que ele creu: "Meu Senhor e meu Deus". Nós não temos este privilégio. Nós seremos felizes se crermos sem ter visto, como diz o fim dessa história (Jo 20,29)! Mas, para que isso fosse possível, os apóstolos nos deixaram os evangelhos, testemunho escrito do que eles viram e da fé no Cristo e Filho de Deus que abraçaram (Jo 20,30-31).

O Cristo descrito nos evangelhos é visto com os olhos da fé dos apóstolos. Um incrédulo o veria bem diferente. Nós cremos em Jesus assim como os apóstolos o viram. A participação na fé dos apóstolos nos dá a possibilidade de "amar Cristo sem tê-lo visto" e de "acreditar nele (como Senhor e fonte de nossa glória futura), embora ainda não o vejamos" (**2ª leitura**).

Acreditamos também na comunidade que, nessa fé, os apóstolos fundaram. A **1ª leitura** descreve-a como comunidade de oração e de vida, recordando Jesus na "fração do pão" e praticando a comunhão de bens, repartindo tudo entre si. Pois para ser fiel a Cristo não basta orar e celebrar; é preciso fazer o que ele fez: repartir a vida com os irmãos.

Nós acreditamos na fé dos apóstolos e da Igreja que eles nos deixaram. Então, nossa fé não é coisa privada. É apostólica e eclesial. Damos crédito à Igreja dos apóstolos. Os primeiros cristãos faziam isso até materialmente: entregavam os seus bens para que ela os transformasse em instrumentos do amor do Cristo. Crer não é somente aceitar verdades. É agir segundo a verdade do ser discípulo e seguidor do Cristo.

É inútil querer verificar e provar nossa fé sem passar pelos apóstolos e pela corrente de transmissão que eles instituíram, a Igreja. É impossível verificar por evidências encontradas ou forjadas fora do ambiente dos evangelhos a ressurreição de Cristo. Ora, o importante não é "verificar" ao modo de Tomé, mas viver o sentido da fé que os apóstolos (inclusive Tomé) tiveram em Jesus e a nós transmitiram.

A fé dos apóstolos exige de nós que creiamos em seu testemunho sobre Jesus morto e ressuscitado, ou seja, que adiramos à mesma fé. E exige também que pratiquemos a vida de comunhão fraterna na comunidade eclesial, que brotou de sua pregação.

A
Pásc.

3º domingo da Páscoa/A
A EXPERIÊNCIA DE EMAÚS

Canto da entrada: (Sl 66[65],1-2) "Aclamai a Deus, toda a terra".
Oração do dia: Renovação espiritual, condição de filhos.
1ª leitura: (At 2,14.22-33) **Anúncio da Ressurreição; vitória sobre a morte** – O núcleo do discurso de Pedro em Pentecostes (At 2,14-39) é o anúncio ("querigma") da ressurreição de Cristo. Não só existem testemunhas humanas, existe também um testemunho de Deus mesmo: a Escritura: o Sl 16[15], aplicado a Cristo (este salmo era originariamente a prece de quem sabe que Deus não o entregará à morte; em Cris-

to, isso se verifica plenamente). • 2,22-24 cf. Jo 3,2; At 10,38; Lc 24,19-20.26; At 3,15 • 2,25-28 cf. Sl 16[15],8-11.

Salmo responsorial: (Sl 16[15],1-2a.5.7-8.9-10.11) "Não abandonarás na morte minha alma".

2ª leitura: (1Pd 1,17-21) **A existência pascal na fé e na esperança** – Desde o nosso batismo chamamos a Deus de Pai; mas ele é também o Santo que nos chama à santidade (1Pd 1,16; Lv 19,2). Também o sacrifício de Cristo, Cordeiro Pascal, nos obriga à santidade. – 1,20-21 é uma profissão de fé no Cristo, que desde sempre está com Deus: ele nos fez ver o ser de Deus, e por isso podemos acreditar que Deus nos ama. • 1,17-19 cf. Mt 6,9; Lc 11,2; Dt 10,17; Rm 6,11; 1Cor 6,20; Hb 9,12 • 1,20-21 cf. Ef 1,4; Gl 4,4; Rm 5,1-2; 8,11-12.

Aclamação ao evangelho: (cf. Lc 24,32) Ardor para escutar a palavra de Deus.

Evangelho: (Lc 24,13-35) **Os discípulos de Emaús** – O Ressuscitado abre as Escrituras para os discípulos e dá-se a conhecer ao partir o pão. O que estava morto, vive, foi ao encontro de sua comunidade, renova a comunhão. Por isso, os discípulos podem testemunhar com ardor no coração: "O Senhor ressuscitou verdadeiramente". • Cf. Mc 16,12-13; 1Cor 15,3-5.

Oração s/as oferendas: Deus, causa de nosso júbilo.

Prefácio: (Páscoa IV) Vida em plenitude.

Canto da comunhão: Os discípulos reconheceram o Senhor ao partir o pão.

Oração final: Da renovação pelos sacramentos, à ressurreição.

A Pásc.

Se o 2º domingo pascal apresenta a comunidade apostólica, o 3º apresenta a mensagem que ela anunciou ao mundo, a pregação dos apóstolos nos primórdios da Igreja: o "querigma". Neste ano A, a **1ª leitura** apresenta o "protótipo" da pregação apostólica ou "querigma", a pregação de Pedro no dia de Pentecostes. Suprimida a introdução At 2,15-21, por ser a leitura de Pentecostes, a leitura inicia com o v. 22, anunciando que o profeta rejeitado ressuscitou, cumprindo as Escrituras (Sl 16[15]). Não se trata de ver aí um cumprimento "ao pé da letra", mas de reconhecer nos escritos antigos a maneira de agir de Deus, que se realiza plenamente em Jesus Cristo. O importante neste querigma é o anúncio da Ressurreição como sinal de que Deus homologou a obra de Jesus, lhe deu razão contra todo o mundo. O mesmo Sl 16[15] citado na leitura é também o **salmo responsorial**.

Na **2ª leitura** continua a meditação da 1Pd iniciada no domingo passado. Cristo é visto como aquele que nos conduz a Deus. Sua morte nos remiu de um obsoleto modo de viver; por ele, isto é, reconhecendo a validade de seu modo de viver (e morrer), chegamos a crer verdadeiramente em Deus, ou seja, conhecemos Deus verdadeiramente: Deus é aquele que ressuscita Jesus, aquele que dá razão a Jesus e "endossa" a sua obra.

O **evangelho** dos discípulos de Emaús (cf. tb. a missa da tarde de Páscoa) pode ser considerado sob dois aspectos: 1) Enquanto os discípulos de Emaús acharam que Jesus se houvesse enganado, Jesus, apesar da aparência contrária, esteve certo e realizou projeto de Deus; 2) em continuidade com a 1ª leitura, podemos explicitar o tema do cumprimento das Escrituras. Como já observamos a respeito de sua Paixão, Jesus assumiu e levou a termo uma maneira de ver e de sentir que está presente nas antigas Escrituras. Jesus mostrou, por assim dizer, qual é a linha decisiva na experiência religiosa de Israel, que ele assumiu e levou à perfeição. Mas isto só foi possível entender depois de ele ter concluído o curso de sua vida. Só à luz da Páscoa foi possível as Escrituras se abrirem para os discípulos (cf. tb. Jo 20,9; 12,16).

A "experiência de Emaús" nos faz *reconhecer Cristo nas Escrituras e na celebração do pão repartido*. Que significa "partir o pão", *hoje*? Não é apenas o gesto eucarístico; é também o repartir o pão no dia a dia, o pão do fruto do trabalho, da cultura, da educação, da saúde... Os discípulos de Emaús não pensavam em algo "religioso", mas em solidariedade humana. Não convidaram Jesus para uma celebração ritual, mas para que ele não precisasse enfrentar o perigo da noite. O repartir o pão de Jesus é situado na comunhão fraterna da vida cotidiana.

A liturgia de hoje nos conscientiza de que Jesus, apesar e através de seu sofrimento e morte, é aquele que realiza plenamente o que a precária experiência de Deus no Antigo Testamento deixou entrever. "Não era necessário que o Cristo padecesse tudo isto para entrar na glória?" (Lc 24,26).

Dessa consciência brota um sentimento de íntima gratidão e alegria ("Não ardia o nosso coração...?", Lc 24,32), que invade a celebração toda (**aclamação ao evangelho**), especialmente quando, ao partir o pão, a comunidade sabe o Senhor ressuscitado presente no seu meio (Lc 24,31; **canto da comunhão**).

A MEMÓRIA DE CRISTO NA PALAVRA E NA EUCARISTIA

A saudade é a gostosa presença do ausente. Quando alguém da família ou uma pessoa querida está longe, a gente procura se lembrar dessa pessoa. É o que aconteceu com os discípulos de Emaús no **evangelho** de hoje. Jesus tinha sumido... mas, sem que o reconhecessem, estava caminhando com eles. Explicava-lhes as Escrituras. Mostrava-lhes as passagens do Antigo Testamento que falavam dele. Pois existe no Antigo Testamento um veio escondido que, à luz daquilo que Jesus fez, nos faz compreender que Jesus é o Messias: os textos que falam do Servo Sofredor, que salva o povo por seu sofrimento (Is 52–53); ou do Messias humilde e rejeitado (Zc 9–12); ou do povo dos pobres de Javé (Sf 2–3) etc. Jesus ressuscitado abriu, para os discípulos de Emaús, esse veio. Textos que eles já tinham ouvido, mas nunca relacionado com aquilo que Jesus andou fazendo... e sofrendo.

Isso é uma lição para nós. Devemos ler a Sagrada Escritura através da visão de Jesus morto e ressuscitado, dentro da comunidade daqueles que nele creem. É o que fazem os apóstolos na sua primeira pregação, quando anunciam ao povo reunido em Jerusalém a ressurreição de Cristo, explicando os textos que, no A.T., falam dele (**1ª leitura**). *Para a compreensão cristã da Bíblia é preciso "ler a Bíblia na Igreja, reunidos em torno de Cristo ressuscitado".*

O que aconteceu em Emaús, quando Jesus lhes abriu as Escrituras, é parecido com a primeira parte de nossa celebração dominical, a liturgia da palavra. E muito mais parecido ainda com a segunda parte: Jesus abençoa e parte o pão, e nisso os discípulos o reconhecem presente. Desde então a Igreja repete este gesto da fração do pão e acredita que nele Cristo mesmo se torna presente. É o rito eucarístico de nossa missa.

Emaús nos ensina as duas maneiras fundamentais para ter Cristo presente em sua ausência: *ler as escrituras* à luz de sua memória e *celebrar a fração do pão,* o gesto pelo qual ele realiza sua presença real, na comunhão de sua vida, morte e ressurreição. É a presença do Cristo pascal, glorioso – já não ligado a tempo e espaço, mas acessível a todos os que o buscam na fé e se reúnem em seu nome.

A
Pásc.

4º domingo da Páscoa/A
JESUS, A PORTA DE PASTORES E OVELHAS

Canto da entrada: (Sl 33[32],5-6) A criação, obra do amor de Deus.
Oração do dia: Fraqueza do rebanho e fortaleza do pastor.
1ª leitura: (At 2,14a.36-41) **O querigma e a conversão** – (Continua a pregação missionária de Pedro; cf. dom. ant.) – No despojamento de Cristo cumpriam-se as profecias do Servo (At 2,22-24); mas também a

ressurreição estava prefigurada nas Escrituras (2,24-31). Os apóstolos testemunham que Deus ressuscitou Jesus: ele vive e é Senhor, na glória. Esta mensagem obriga o povo de Israel a optar, bem como os que o Senhor chamou "de longe" (v. 39). • 2,36 cf. At 5,30-31; Fl 2,11 • 2,37-38 cf. Lc 3,10; At 3,19 • 2,39 cf. Is 57,19; Ef 2,17-18.

Salmo responsorial: (Sl 23[22],1-3a.3b+4.5.6) "O Senhor é meu pastor...".

2ª leitura: (1Pd 2,20b-25) **Trilhar os passos de Jesus Cristo Pastor** – Dirigido aos escravos (1Pd 1,18-25), o texto da presente leitura vale para todos os cristãos. A todos, Cristo deu no seu sofrer o exemplo da paciência, diz o texto, com palavras que lembram o Servo Padecente de Is 53. A imagem das ovelhas perdidas evoca a do pastor, ao qual o rebanho se confia pelo batismo. Ele nos abre o caminho. • 2,21 cf. Jo 13,15; Mt 16,24 • 2,22-25 cf. Is 53,5-12; Ez 34,4-5-6: Mt 9,36.

Aclamação ao evangelho: (Jo 19,14) "Conheço as minhas ovelhas...".

Evangelho: (Jo 10,1-10) **Alegoria do bom pastor: Jesus, a porta de pastores e ovelhas** – Na história do cego (Jo 9), os fariseus mostraram ser os verdadeiros cegos. Eles deveriam ser os pastores de Israel, mas não o são. Jo 10 mostra quem não são e quem é o verdadeiro pastor. V. 1-5 narra uma parábola. V. 7-18 a explica, em dois sentidos alegóricos: Jesus é a porta (v. 7-10), Jesus é o pastor (v. 11-18). Quem conhece o A.T., entende: a imagem do pastor indica os chefes e mestres do povo. Deus mesmo é chamado pastor (Sl 95[94],7); também Davi (Sl 78[77],70-72). – No presente texto, Jesus se compara à porta do aprisco: ele é quem dá acesso ao caminho da salvação. Onde há vida, é por Cristo que chegamos a ela. • 10,1-6 cf. Ez 34; Jo 10,27 • 10,7-10 cf. Jr 23,1-2; Jo 14,6.

Oração s/as oferendas: Os mistérios pascais, fonte de renovação e de eterna alegria.

Prefácio: (Páscoa II) Cristo, nosso guia para a vida nova.

Canto da comunhão: "Ressuscitou o bom pastor".

Oração final: Proteção e "prados eternos" para o rebanho.

O 4º domingo pascal é o do bom pastor: nos três anos do ciclo medita-se, no **evangelho**, o cap. 10 de S. João, a alegoria do Pastor. Neste ano A, é apresentada a introdução: a cena campestre do vaivém de pastores e ovelhas, mas também de assaltantes e ladrões, no redil comunitário das aldeias da antiga Palestina. As autoridades judaicas não entenderam essa parábola, pois só quem crê entende Cristo. Segue, então, uma primeira explicação (nos anos B e C, ouviremos outras): Jesus Cristo é a *porta*. Conduzidas através dele, as ovelhas encontrarão vida. Antes dele vieram pessoas que entravam e saíam, não pela porta, mas por outro lugar: eram assaltantes, conduziram as ovelhas para a perdição, para lhes tirar a vida. Pouco importa quem sejam esses assaltantes – Jesus parece pensar nos mestres judeus de seu tempo –, não os devemos seguir. O que importa é a mensagem positiva: que passemos pela porta que é Jesus Cristo. Só o caminho que conduz através dele é válido. Esta porta se situa, portanto, na comunidade dos fiéis de Cristo. Na comunidade que representa o Cristo, depois da ressurreição, encontramos o que nos serve para sempre; teremos o mesmo acesso ao Pai que os apóstolos tiveram em Jesus (cf. Jo 14,6-9). Jesus com a sua comunidade é a porta que dá acesso ao Pai.

A **2ª leitura**, continuação da 1Pd (cf. domingos anteriores), termina em termos que evocam igualmente a figura de Jesus-Pastor (1Pd 2,25). Mas, antes disso, ele é também apresentado como o Servo de Deus de Is 52–53 (1Pd 2,22-24). Este é o exemplo que devemos seguir, o caminho certo: não o da violência opressora, mas o da justiça que, para se provar verdadeira, não se recusa a sofrer. Este Servo é também o "justo" que Pedro anuncia no discurso de Pentecostes (**1ª leitura**: At 2,36-41; continuação do dom. anterior). Sua proclamação provoca arrependimento no coração dos ouvintes: convertem-se e aderem ao círculo dos discípulos.

Parte da população de Jerusalém se converteu àquilo que Pedro anunciou. Essa conversão pode reter, hoje, a nossa atenção. É o protótipo da adesão à Igreja em todos os tempos. Nós estamos acostumados a nascer já batizados, por assim dizer. Mas isso não quer dizer que nos tenhamos convertido para aderir a Cristo na sua Igreja. Pensemos naquela multidão que, pouco antes, desconhecia ou até desprezava o caminho e a atitude de Jesus de Nazaré e, ativa ou passivamente, havia concordado com sua crucifixão. Agora que Pedro, na força do Espírito, lhes mostra que esta vida foi certa e coroada por Deus, eles deixam acontecer no seu coração a verdadeira metanoia, a reviravolta do coração; mudam sua maneira de ver, sua escala de valores, em função daquilo que lhes foi pregado a respeito do Cristo. Essa metanoia é o passar pela porta que é Cristo, o recusar-se a ladrões e assaltantes, que vêm sem passar por ele. É aderir a nada que não seja conforme Cristo, marcado por sua vida e situado no seu caminho. Será que nós fizemos esta conversão?

O tempo pascal é um tempo de reflexão sobre a realidade de nosso batismo e de nossa fé. Ora, nosso batismo não é real sem metanoia, sem mudança de caminho, para conscientemente passar por Cristo. O batismo por conveniência não tem nada que ver com a conversão implicada no batismo verdadeiro.

Conversão como reconhecimento do errado e adesão a Cristo como escolha do caminho reto é o que nos propõe a liturgia de hoje. Mas, apesar de certa austeridade nestas considerações, temos também o testemunho da gratificação vital que essa conversão a Cristo nos traz. Cantamos com confiança o **salmo responsorial**, o salmo de Deus, nosso pastor (Sl 23[22]). Reconhecemos no mistério pascal a fonte da alegria sem fim (**oração sobre as ofertas**). Aquele que é Cordeiro, Pastor e Porta das ovelhas, sabe o que é, para nós, a pastagem eterna (cf. **oração final**).

SALVAÇÃO – SÓ POR CRISTO?

A Pásc.

No **evangelho**, Jesus narra uma parábola. Naquele tempo, os povoados tinham seu curral (redil) comunitário. O curral tinha um portão, por onde os pastores entravam para chamar as suas ovelhas (que conheciam a voz de seu pastor), e por onde as ovelhas passavam para ir pastar. Mas também apareciam sujeitos que abriam uma brecha na cerca em vez de entrar pela porta: os ladrões. Até aí a parábola (versos 1-5). Depois, Jesus explica: ele mesmo é essa porta por onde pastores e ovelhas devem passar. Pastor que não passa por ele, não serve para os fiéis. E também os fiéis têm de passar por ele para encontrar a vida que procuram.

Pastor mesmo é quem passa através de Jesus e faz o rebanho passar por ele. Neste sentido, as pregações apostólicas apresentadas nas leituras de hoje são eminentemente pastorais. São obra de pastores que passaram por Cristo e nos conduzem a ele e – através dele – ao Pai. Veja só, na **1ª leitura** o apelo à conversão e a entrada no "rebanho" mediante o batismo, depois da pregação de Pedro. E, na **2ª leitura** Pedro lembra aos fiéis que, outrora ovelhas desgarradas, eles estão agora junto ao verdadeiro pastor, Jesus.

O sentido fundamental da pastoral é ir aos homens por Cristo e conduzi-los através dele ao verdadeiro bem. As maneiras podem ser muitas; antigamente, mais paternalista talvez; hoje, mais participativa. Mas pode-se chamar de pastoral uma mera ação social ou política associada a setores da Igreja ou a suas instituições? Isso ainda não é, de per si, pastoral. Para ser pastoral, a atuação precisa ser orientada pelo projeto de Cristo, que ele nos revelou dando sua vida por nós.

Nesta ótica, os pastores devem *ir* aos fiéis (não aguardá-los de braços cruzados), através de Cristo (não através de mera cultura ou ideologia), para conduzi-los a Deus (e não apenas à instituição da Igreja), fazendo-os passar por Cristo, ou seja, exigindo adesão à prática de Cristo. E os fiéis devem discernir se seus pastores não são "ladrões e assaltantes". O critério para discernir isso é este: se eles chegam através de Cristo e fazem passar os fiéis por ele.

Pelas palavras do Novo Testamento, parece que *toda salvação passa por Cristo*. Mas isso deve ser entendido num sentido inclusivo, não exclusivo. Todo caminho que verdadeiramente conduz a Deus, em qualquer religião e na vida de "todos aqueles que procuram de coração sincero" (Concílio Vaticano II; Oração Eucarística IV), passa de fato pela porta que é Jesus. Portanto – e é isso que acentua o evangelho de João, escrito para pessoas que já aderiram à fé em Jesus: *não precisam procurar a salvação fora desse caminho*. Isso vale ser repetido para os cristãos de hoje. Por outro lado, não é preciso que todos confessem o Cristo explicitamente; basta que, nas opções da vida, eles optem pela prática que foi, de fato, a de Cristo. Agir como Cristo é a salvação. E é a isso que a pastoral deve conduzir.

5º domingo da Páscoa/A
JESUS, CAMINHO, VERDADE E VIDA

Canto da entrada: (Sl 98[97],1-2) "Cantai ao Senhor um canto novo".

Oração do dia: Adoção filial, verdadeira liberdade e herança eterna.

1ª leitura: (At 6,1-7) **Expansão da Igreja entre os helenistas; os diáconos** – Continua a narração dos primórdios da Igreja. Seu crescimento traz problemas. Além dos convertidos do judaísmo tradicional, entram agora também convertidos do "judeu-helenismo" (judeus helenizados, que viveram nas cidades comerciais do Mediterrâneo; ou pagãos convertidos anteriormente ao judaísmo: prosélitos). A organização da assistência às viúvas deste grupo provocou um novo serviço na comunidade: os diáconos. Eles assumem o "ministério dos pobres" em geral. • Cf. At 1,14; 2,42; 13,3; 1Tm 4,14.

Salmo responsorial: (Sl 33[32],1-2.4.5.18-19) Louvor ao Deus bom e fiel.

2ª leitura: (1Pd 2,4-9) **A Igreja, templo de pedras vivas; Cristo, pedra angular** – A presente leitura é rica em imagens, que se determinam mutuamente. Cristo é a pedra viva, rejeitada, morta, mas ressuscitada por Deus; quem a ele se une na construção, é pedra viva também. Viver como Cristo é o sacrifício "espiritual" (= conforme o "espírito", a força de Deus). Por isso, somos santificadores como ele: o sacerdócio régio que nos é conferido pelo batismo. • 2,4-6 cf. Ef 2,20-22; Is 28,16 • 2,7-8 cf. Sl 118[117],22; Is 8,14-15 • 2,9 cf. Ex 19,5-6; Ef 1,14; Cl 1,12-13.

Aclamação ao evangelho: (Jo 14,6) "Eu sou o caminho, a verdade e a vida".

Evangelho: (Jo 14,1-12) **Jesus, caminho e revelação do Pai** – Jesus prepara os seus para a hora de seu afastamento. V. 1-4 são consolação: a fé em Deus e Jesus vence a dor da separação. Jesus promete que ele voltará para levá-los à glória do Pai. Mas também no tempo intermédio, o fiel não fica abandonado. Ele conhece seu destino, o caminho. Aliás, destino e caminho são o mesmo: Jesus. Ele é caminho, basta "ir por ele" (cf. 10,9: a porta); ele é também o destino: a verdade, Deus mesmo se torna acessível. Quem o vê, vê Deus. Assim, a verdade não é uma doutrina, mas uma vida. A gente a alcança, vivendo a vida de Jesus. • 14,1-4 cf. Jo 14,17; 10,28-30 • 14,5-7 cf. Hb 10,20; Jo 8,19 • 14,9 cf. Jo 1,18 • 14,10 cf. Jo 10,30.38; 12,49.

Oração s/as oferendas: Conhecer a verdade de Deus e lhe ser fiel.

Prefácio: (Páscoa II) Cristo nosso guia para a vida nova.

Canto da comunhão: (Jo 15,1-5) Permanecer em Cristo.

Oração final: Passar da antiga à nova vida.

No domingo passado, Cristo foi chamado a "porta das ovelhas". No **evangelho** de hoje vemos com maior clareza por que Cristo é o acesso ao Pai: Caminho, Verdade e Vida. O sentido destes três termos, que constituem uma unidade (o Caminho da Verdade e da Vida) é apresentado através de uma pequena encenação. Jesus inicia sua despedida dizendo que é uma viagem necessária, para lhes preparar um lugar, e que eles conhecem o caminho. Tomé (!) responde que não. Jesus explica que ele mesmo é o caminho da Verdade e da Vida, o caminho pelo qual se chega ao Pai. Toda pessoa piedosa quer conhecer Deus. Mas, nos diz João no prólogo de seu evangelho, ninguém jamais o viu... (Jo 1,18). Agora, Jesus explica a Filipe, que lhe pede para mostrar-lhe o Pai: "Quem me vê, vê o Pai". Em outros termos: em Jesus contemplamos Deus. Nosso perguntar encontra nele resposta, nosso espírito, verdade, nossa angústia, a fonte da vida. Neste sentido, ele mesmo é o caminho que nos conduz ao Pai e, ao mesmo tempo, a Verdade e a Vida que se tornam acessíveis para nós. "O Unigênito no-lo fez conhecer" (Jo 1,18).

Mas que significa conhecer, ver Deus em Jesus Cristo? Significa que, para saber como é Deus, o Absoluto da nossa vida, não precisamos contemplar outra coisa que a existência de Jesus de Nazaré, "existência para os outros", à qual Deus imprimiu seu selo de garantia, no coroamento da Ressurreição. Muitas vezes tentamos primeiro imaginar Deus, para depois projetar em Jesus algo de divino (geralmente algo de bem pouco humano...). Devemos fazer o contrário: olhar para Jesus de Nazaré, para sua vida, palavra e morte, e depois dizer: assim é Deus – isso nos basta (cf. Jo 14,8-9). Ele está no Pai e o Pai nele (14,11), e quem a ele se une, fará o que ele fez, e mais ainda, agora que ele se vai (14,12).

Somos conscientes da semelhança entre o rosto do Cristo e o rosto dos oprimidos. As palavras: "Quem me vê, vê o Pai", pronunciadas na véspera da cruz, recebem entre nós uma atualidade especial. Quem tem medo de encarar os rostos dos pobres e sofridos no meio de nós não é capaz de conhecer a glória do amor do Pai, que se dá a ver no rosto coroado de espinhos de Jesus, o homem de Nazaré.

Na perspectiva deste evangelho, ganha um sentido bem especial o **canto da entrada**: Deus revelou sua justiça diante dos povos, a saber, na existência de Jesus Cristo, coroada pela ressurreição.

As duas primeiras leituras descrevem a constituição da comunidade do Cristo. A **1ª leitura**, At 6, narra a conflituosa expansão da comunidade no meio dos judeus helenistas (que ganharam sua própria "administração" – os sete diáconos); e também no meio dos sacerdotes. O **salmo responsorial** comenta este episódio no sentido da providência de Deus para todos os seus. E a **2ª leitura**, continuação da carta de Pedro (2,4-9), canta a dignidade do povo constituído em Cristo, construído com pedras vivas sobre a pedra rejeitada pelos construtores, que se tornou a pedra angular.

A **oração do dia** é inspirada em Jo 8,31ss: a liberdade dos filhos de Deus, filhos adotivos, por certo, mas verdadeiramente "gente da casa" para Deus, e herdeiros de sua graça e vida; é à realização escatológica dessa realidade que alude o começo do **evangelho** de hoje ("Na casa de meu Pai há muitas moradas"). O **canto da comunhão** inspira-se em Jo 15 (alegoria da videira, tema central deste domingo no ano B).

A
Pásc.

O SACERDÓCIO DOS FIÉIS

> O tempo litúrgico depois da Páscoa aprofunda o sentido do batismo cristão, intimamente ligado à Páscoa. As leituras de hoje convidam a uma reflexão sobre o sacerdócio comum de todos os batizados.

A **1ª leitura** nos fala do desenvolvimento da jovem comunidade. A caridade cria novas tarefas: surgem os "diáconos" (= servidores) da comunidade, ao lado dos apóstolos (que serão em primeiro lugar servidores da palavra e fundadores de comunidades; seus sucessores são os bispos). As comunidades estabelecidas recebem um colégio de anciãos ou presbíteros. Nestes serviços reconhecemos o que hoje se chama a "ordem" do *sacerdócio ministerial* (bispos, presbíteros, diáconos).

A **2ª leitura** fala do mistério da Igreja, templo de pedras vivas, sustentadas pela pedra de arrimo que é Jesus Cristo, "pedra angular rejeitada pelos construtores". A Igreja é chamada, com o título do povo de Israel segundo Ex 19,6, "sacerdócio régio", sacerdócio do Reino. Assim como o povo de Israel foi escolhido por Deus para celebrar a sua presença no meio das nações, assim a Igreja é o povo sacerdotal, escolhido por Deus para santificar o mundo. Ela é chamada a ser o "sacramento do reino", sinal e primeira realização do Reino no mundo. Com essas imagens, Pedro destaca a dignidade e responsabilidade daqueles que receberam o batismo na noite pascal.

O *sacerdócio dos fiéis*, reafirmado no Concílio Vaticano II, *designa a santificação do mundo como vocação do povo de Deus* como tal, de todos os que podem ser chamados de "leigos" (em grego, *laós* = povo; neste sentido, também os membros da hierarquia são "leigos"!). Como o sacerdote santifica a oferenda, assim todos os que levam o nome cristão devem *santificar o mundo* pelo exercício responsável de sua vocação específica, na vida profissional, no empenho pela transformação da sociedade, na humanização, na cultura etc. Tal "sacerdócio dos fiéis" não entra em concorrência com o sacerdócio ministerial. Pois este é o serviço ("ministério") de santificação dentro da comunidade eclesial, aquele é a missão santificadora da Igreja no mundo, como tal. O sacerdócio dos fiéis significa que a Igreja como comunidade e todos os fiéis pessoalmente, em virtude de seu batismo, recebem a missão de santificar o mundo, continuando a obra de Cristo.

No belíssimo **evangelho** deste domingo aprendemos como é esse Deus do qual nossa vida será o culto, a celebração no mundo em que vivemos: ele tem o rosto de Jesus.

A Pásc.

6º domingo da Páscoa/A*
O ESPÍRITO PLENIFICA NOSSO BATISMO

* Onde – como no Brasil – o 7º dom. da Páscoa é substituído pela solenidade da Ascensão do Senhor, é permitido antecipar para hoje o evangelho do 7º domingo[14].

Canto da entrada: (cf. Is 48,20) Gritos de alegria!

Oração do dia: Nossa vida corresponda aos mistérios que celebramos.

1ª leitura: (At 8,5-8.14-17) **Expansão da Igreja na Samaria e dom do Espírito** – Deus escreve reto em linhas tortas: a perseguição torna-se instrumento de expansão. Depois do martírio de Estêvão, bom número de cristãos devem fugir de Jerusalém, e expandem a fé na Samaria e na Síria. Um deles, o diácono Filipe, torna-se apóstolo da Samaria (8,5). Sua pregação é confirmada por milagres e traz grande alegria (8,8). Os apóstolos Pedro e João vêm de Jerusalém para invocar o Espírito Santo sobre os recém-convertidos da Samaria: sinal da unidade das Igrejas. • 8,5-8 cf. Mt 10,5-6; Jo 4,9-10.38-39; At 1,8 • 8,14-17 cf. At 10,44-48; 2,38.

Salmo responsorial: (Sl 66[65],1-3a.4-5.6-7a.16+20) Louvor universal a Deus por causa de seu amor.

2ª leitura: (1Pd 3,15-18) **A morte e vivificação do Cristo e de nós, no Espírito** – O cristão difere do pagão por sua esperança, diz Pedro (3,5; cf. Ef 2,12). Em Cristo, ele enxergou a força da vida e do amor. Por

---

14. Outro modo de aproveitar os belos trechos de Jo 17 indicados para o 7º domingo nos anos A, B e C, é lê-los, depois da comunhão, à guisa de meditação.

isso, ele pode responder por sua fé, com segurança, diante de Deus e dos homens. E não receia o sofrimento: também Cristo o conheceu (3,18). • Cf. Is 8,12-13; Rm 5,5-6; 6,10-11.

Aclamação ao evangelho: (Jo 14,23) A inabitação de Cristo e Deus em nós.

Evangelho: (Jo 14,15-21) **A vinda do Paráclito** – Amar Jesus não é agarrar-se à sua presença sensível, mas "guardar" sua palavra. Entretanto, mesmo na ausência física, o Senhor exaltado fica presente no outro "Paráclito", o Espírito, advogado no processo com o mundo (cf. Mt 10,19-20). E também Jesus mesmo voltará, e não só ele, mas o Pai com ele (14,18-21). Este evento não tem data. Realiza-se para quem crê e ama. • 14,15-17 cf. Dt 6,4-9; 1Jo 2,3-6; Jo 14,26 • 14,18-21 cf. Jo 8,21; 16,16; 10,30; 17,11.

~ *Ev. à escolha: Jo 17,1-11a [cf. 7º dom.]*

Oração s/as oferendas: Corresponder aos sacramentos do amor de Deus.

Prefácio: (Páscoa IV) "Ele fez de nós uma criação nova".

Canto da comunhão: (Jo 14,15-16) Amar Jesus é guardar sua palavra.

Oração final: O fruto do sacramento pascal em nós.

O presente domingo continua, no **evangelho,** a meditação das palavras de despedida de Jesus (Jo 14,15-21). Esta meditação introduz – duas semanas antes de Pentecostes – o tema do Espírito Santo, que João chama "o Paráclito", ou seja, o "assistente judicial" no processo do cristão com o mundo, pois o "mundo" (termo com o qual João indica os que recusaram o Cristo) indiciou o Cristo e seus discípulos diante do tribunal (perseguições etc.). Nesta situação, precisamos do Advogado que vem de Deus mesmo e que toma o lugar do Cristo (por isso, Jesus diz: um *outro* Paráclito; Jo 14,16), já que seu testemunho vem da mesma fonte, que é o Pai. Graças a esse Paráclito a despedida de Jesus não nos coloca numa situação de órfãos (v. 18). Jesus anuncia para breve seu desaparecimento deste mundo; o mundo não mais o verá. Mas os fiéis o verão, pois eles estão nele, como ele está neles. Tudo isso, com a condição de guardar sua palavra, observar seu mandamento de amor: na prática da caridade, ele fica presente no meio de nós e seu Espírito nos assiste. E o próprio Pai nos ama.

Na linha dos domingos anteriores, a **1ª leitura** descreve a expansão da Igreja: agora, na Samaria. Também aí aparece o papel do Espírito Santo na comunidade cristã. Quando os apóstolos em Jerusalém ouviram que a Samaria tinha aceito a palavra de Deus, mandaram Pedro e João para impor as mãos a esses batizados, para que eles recebessem o Espírito Santo (At 8,14s). Tal prática não era necessária: há casos em que Deus derrama o Espírito mesmo antes do batismo (At 10,44ss). Mas, de toda maneira, a presente narração nos mostra que a vida cristã não é completa sem a efusão do Espírito Santo, que os apóstolos impetravam pela imposição das mãos. Pensando no evangelho, podemos descrever esse Espírito como a inabitação de Deus e Jesus Cristo nos fiéis. Assim, o batismo não é uma mera associação de pessoas em redor do rótulo "Jesus Cristo", mas realmente participação de sua vida e continuação de sua missão neste mundo. Também o Espírito une a todos; é o Espírito da unidade; por isso, os apóstolos de Jerusalém vão impor as mãos aos batizados da Samaria. Um resquício disto é, ainda hoje, a visita do bispo diocesano nas paróquias para conferir o sacramento da crisma, que é prefigurado nesta leitura de At 8. Podemos dizer, também, que, se a Páscoa foi o tempo liturgicamente propício para o batismo, a festa de Pentecostes, que se aproxima, é o momento propício para a crisma.

Assim, a presente liturgia nos introduz na esfera de Pentecostes, aprofundando o significado da Ressurreição. Pois, se a Ressurreição é a vida de Cristo na glória, ele não a vive para si. Ele "ressuscitou por nós" (Or. Eucarística IV). A realização da ressurreição em nós, a presença vital do Cristo em nós, de tal modo que sejamos Cristo no mundo de hoje, o Espírito de Deus é que a opera: a força de seu sopro de vida, a luz de sua sabedoria, o misterioso impulso de sua palavra, o ardor de seu amor. Para completar a celebração da Ressurreição, devemos abrir-nos agora para que este Espírito penetre em nós.

A **2ª leitura** nos conscientiza de que estamos em processo com o mundo (cf. **evangelho**). O mundo pede contas de nós, mas é a Deus que devemos prestar contas. O mundo pode matar, como matou Jesus. Mas no Espírito que fez viver o Cristo viveremos. Esta leitura traz algo da teologia do martírio (melhor padecer fazendo o bem do que fazendo o mal). Não devemos interpretá-la num sentido fatalista ("Deus o quer assim"...), mas num sentido de firmeza, porque o cristão sabe que Cristo é mais decisivo para ele que os tribunais do mundo.

A INICIAÇÃO CRISTÃ E A CRISMA

Continuando nossas reflexões sobre o Batismo, consideramos hoje o sacramento da crisma. Antigamente, o dia da crisma era um dia muito especial para as comunidades, quando o bispo vinha "confirmar" as crianças (hoje, muitas vezes é o vigário episcopal que faz isso). De onde vem esse costume? Na **1ª leitura** lemos que o diácono Filipe batizou novos cristãos na Samaria. Depois, vieram os apóstolos Pedro e João de Jerusalém para *confirmar* os batizados, impondo-lhes as mãos, para que recebessem o Espírito Santo. Assim, os apóstolos, predecessores dos bispos, completaram e "confirmaram" o batismo.

Como "alicerces" da Igreja, os apóstolos garantem aos recém-batizados o dom do Espírito, que lhes foi confiado por Cristo (**evangelho**) e expressam a unidade das igrejas (no caso, a de Jerusalém e a de Samaria). A confirmação do batismo pela imposição das mãos do bispo – sucessor dos apóstolos – tornou-se o *sacramento da crisma*: completa o batismo e realiza o dom do Espírito Santo. Chama-se "crisma", isto é, "unção", porque o bispo unge a fronte do crismando em sinal da dignidade e vocação do cristão. Antigamente era administrado na mesma celebração do batismo e da eucaristia, que com a crisma constituem a "iniciação cristã".

Quando se introduziu o costume de batizar as crianças, a confirmação e a eucaristia ficaram para um momento ulterior, geralmente no início da adolescência, pelo que a crisma adquiriu o significado de "sacramento do cristão adulto". O adolescente ou jovem é confirmado na sua fé, pelo dom do Espírito. Agora ele terá de assumir pessoalmente o que, quando do batismo, os pais e padrinhos prometeram em seu nome. Pois a fé pode ser exigente (**2ª leitura**). Para a comunidade, a celebração da crisma significa também a unidade das diversas comunidades locais na "Igreja particular" ou diocese, graças à presença do bispo ou do vigário episcopal.

O **evangelho** de hoje nos ensina algo mais sobre o Espírito que Jesus envia aos seus. Muitos imaginam o Espírito de modo sensacionalista. Ora, Jesus envia o Espírito para que os fiéis continuem sua obra no mundo. Pois o lugar de Jesus "na carne" era limitado, no tempo e no espaço, e os fiéis são chamados a ampliar, com a força do Espírito-Paráclito, a sua obra pelo mundo afora. É este o sentido profundo da crisma, que assim completa nosso batismo.

Ascensão de N. Senhor/A, B, C*
(ANO A) EXALTAÇÃO E SENHORIO DE CRISTO

* A liturgia é a mesma nos três anos, exceto os evangelhos.

Canto da entrada: (At 1,11) Jesus há de voltar assim como subiu: na glória.

Oração do dia: Participação na glória do Cristo.

1ª leitura: (At 1,1-11) **Ascensão de Jesus e missão dos apóstolos** – Os dias entre a Páscoa e a Ascensão formam "o retiro de preparação" (40 dias!) para o desabrochamento da Igreja. Foram as últimas instruções de Jesus aos seus: promessa e missão. Eles deverão levar a mensagem de Jesus ao mundo inteiro, e para isso receberão a força do Espírito. Até o Senhor voltar, sua Igreja será missionária. • 1,1-5 cf. Lc 1,1-4; Mt 28,19-20; Lc 24,42-43.49; 3,16 • 1,6-11 cf. Mt 24,36; Lc 24,48.50-51; Mc 16,19; Ef 4,8-10; Sl 110[109],1.

Salmo responsorial: (Sl 47[46], 2-3.6-7,8-9) Exaltação de Deus diante dos povos.

2ª leitura: (Ef 1,17-23) **A força de Deus, revelando-se na exaltação do Cristo** – A oração do autor se transforma em proclamação dos *magnalia Dei* em Cristo. Deus o ressuscitou e o fez cabeça da Igreja e do universo. A Igreja é seu "corpo", ela o torna presente no mundo, ela é a presença atuante de Cristo no mundo. • 1,17-18 cf. Cl 1,9-10; Ef 3,14 • 1,19-21 cf. Sl 110[109],1; Fl 2,9-11; Cl 1,16 • 1,22-23 cf. 8,6; Ef 4,10.15; Cl 1,18-19.

Aclamação ao evangelho: (Mt 28,19+20) Proclamação universal do evangelho.

Evangelho: (Mt 28,16-20) **Despedida de Jesus e missão dos apóstolos** – At 1 narra como Jesus "se afastou" (1ª leitura). Em Mt 28,16-20 a missão final que Jesus confia aos seus é vista à luz de seu "permanecer conosco até o fim do mundo" (ideia cara a Mt: cf. 1,23: Deus conosco). A cena se situa na "Galileia dos gentios" (cf. Mt 4,15-16; Is 8,23–9,1). Este fato já significa o universalismo da missão dos apóstolos e da expansão da Igreja. Todos os povos serão discípulos de Cristo (assinalados pelo batismo). Assim, o fim do evangelho de Mt remete ao ensinamento nele consignado (cf. sobretudo Mt 5–7). • cf. Mt 26,32; Dn 7,14; Jo 3,35; 17,2; Mt 18,20; Jo 14,23.

Oração s/as oferendas: Encontro do céu e da terra.

Prefácio: (Ascensão I/II) Jesus subiu para nos fazer participar de sua glória.

Canto da comunhão: (Mt 28,20) "Estou convosco até o fim dos tempos".

Oração final: Que nossos corações se voltem para o alto.

A Pásc.

Quarenta dias depois da Páscoa, a Igreja celebra a Ascensão de N. Senhor. Na realidade, o que se celebra hoje é bem mais do que uma aparição na qual Jesus é elevado ao céu. É toda a realidade de sua glorificação que celebramos, aquilo que a cristologia das origens chamou o "estar sentado à direita do Pai". Assim, a última aparição de Jesus aos apóstolos aponta para uma realidade que ultrapassa o quadro da narração. Por isso, não precisamos preocupar-nos em harmonizar o relato de Lucas em At 1,1-11 (**1ª leitura**) com aquele de Mt 28,16-20 (**evangelho**) – aquele, situado na região de Jerusalém, este, na Galileia. Podem ser dois acontecimentos diferentes. O importante é que tenhamos o mesmo sentido: Jesus, depois de sua ressurreição, não veio para retomar sua atividade de antes (cf. sua advertência a Maria Madalena em Jo 20,17), nem para implantar um reino político de Deus no mundo, como muitos achavam que ele deveria ter feito (cf. At 1,6). Não. Jesus realiza-se agora numa outra dimensão, a dimensão de sua glória, de seu senhorio transcendente. A atividade aqui na terra, ele a deixa para nós ("Sede as minhas testemunhas... até os confins da terra"; At 1,8), e nós é que devemos reinventá-la a cada momento. Na ressurreição, Jesus volta a nós, não mais "carnal", mas em condição gloriosa, para nos animar com seu Espírito (At 1,8; Mt 16,20; cf. Jo 14,15-20, evangelho de dom. pass.).

Assim, ao celebrarmos a entrada de Jesus na glória, *não celebramos uma despedida, mas um novo modo de presença*; celebramos que ele é, realmente, o Emanuel, o Deus-conosco, para sempre (Mt 28,20, **evangelho**; cf. Mt 1,23). Por isso, esse novo modo de presença é um aperitivo da realidade final: assim como ele entra na sua glória, isto é, como Senhor glorioso, assim ele voltará, para concluir o curso da História (At 1,11). Pouco importa como a gente imagina isso, o sentido é que, desde já, Jesus é o Senhor do Universo e da História (**salmo responsorial**, Sl 47[46]) e que nós, obedientes a sua palavra, colaboramos com o sentido definitivo que ele estabelece e há de julgar.

Como a Encarnação e a Morte/Ressurreição, também a Glorificação de Cristo deve ser entendida como um "mistério", isto é, uma realidade transcendente (às nossas categorias empíricas), da qual a celebração religiosa nos faz participar. Celebrando a Glorificação do Cristo, tomamos consciência de nossa própria vocação à glória, como exprime a Carta aos Efésios (que, com razão, pode ser considerada como sendo o exemplo por excelência de teologia "misterial" dentro do N.T.; **2ª leitura**). Também a **oração do dia** fala neste sentido (cf. os **prefácios** próprios I e II).

Uma ideia que permeia a liturgia deste dia (como de todo o tempo pascal), e que se exprime na **oração sobre as oferendas** e na **oração final**, é que o cristão deve viver com a mente no Céu, comungando na realidade da glorificação do Cristo. Essa participação é um novo modo de presença junto ao mundo, não uma alienação, mas antes, o exercício do senhorio escatológico sobre este mundo. Viver com a mente junto ao Senhor glorioso não nos dispensa de estar com os dois pés no chão; significa encarnar, neste chão, aquele sentido da História e da existência que em Cristo foi coroado de glória.

O SENHORIO DE JESUS E A EVANGELIZAÇÃO

A Pásc.

O início do livro dos Atos narra que, depois das últimas instruções aos discípulos, Jesus foi, diante dos olhos deles, elevado ao céu, para partilhar a glória de Deus (**1ª leitura**). Os donos deste mundo haviam jogado Jesus lá embaixo (se não fosse José de Arimateia a sepultá-lo, seu corpo teria terminado na vala comum...). Mas Deus o colocou lá em cima, "à sua direita". Deu-lhe o "poder" sobre o universo não só como "Filho do Homem" no fim dos tempos (cf. Mc 14,62), mas, desde já, através da missão universal daqueles que na fé aderem a ele. Nós participamos desse poder, pois Cristo não é completo sem o seu "corpo", que é a Igreja (**2ª leitura**).

Com a Ascensão de Jesus começa o tempo para anunciá-lo como Senhor de todos os povos. Mas não um senhor ditador! Seu "poder" não é o dos que se apresentam como donos do mundo. Jesus é o Senhor que se tornou servo e deseja que todos, como discípulos, o imitem nisso. Mandou que os apóstolos fizessem de todos os povos discípulos seus (**evangelho**). Nessa missão, ele está sempre conosco, até o fim dos tempos.

O testemunho cristão, que Jesus nos encomenda, não é triunfalista. É o fruto da serena convicção de que, apesar de sua rejeição e morte infame, "Jesus estava certo". Essa convicção se reflete em nossas atitudes e ações, especialmente na caridade. Assim, na serenidade de nossa fé e na radicalidade de nossa caridade damos um testemunho *implícito*. Mas é indispensável o testemunho *explícito*, para orientar o mundo àquele que é a fonte de nossa prática, o "Senhor" Jesus.

A ideia do testemunho levou a Igreja a fazer da festa da Ascensão o *dia dos meios de comunicação social* – a "mídia": imprensa, rádio, televisão, internet. Para uma espiritualidade "ativa", a comunidade eclesial deve se tornar presente na mídia – uma tarefa que concerne eminentemente aos leigos. Como é possível que num país tão "católico" como o nosso haja tão pouco espírito cristão na mídia, e tanto sensacionalismo, consumismo e até militância maliciosa em favor da opressão e da injustiça?

Ao mesmo tempo, para a espiritualidade mais "contemplativa", o dia de hoje enseja um aprofundamento da consciência do "senhorio" de Cristo. Deus elevou Jesus acima de todas as criaturas, mostrando que ele venceu o mal por sua morte por amor, e dando-lhe o poder universal sobre a humanidade e a história. Por isso, a Igreja recebe a missão de *fazer de todas as pessoas discípulos de Jesus*.

(ANO B) A PALAVRA E OS SINAIS DO SENHOR GLORIOSO

Tudo como no ano A, exceto:
~ *2ª leit. à escolha: (Ef 4,1-13) A estatura de Cristo em sua plenitude*.
Evangelho: (Mc 16,15-20) **Final do evangelho de Mc** – Mc 16,9-20 é um complemento do final original de Mc (terminado em 16,8), resumo das diversas tradições no N.T. a respeito dos acontecimentos pascais. Mc 16,14 inspira-se de Lc 24,36 e Mt 28,16-17 (dúvida dos apóstolos). Mc 16,15 sintetiza Mt 28,18-20: missão de evangelização radical. Esta missão será acompanhada por sinais milagrosos (cf. vários textos de At; compare Mc 16,18a com At 28,3-6!). Por final, notifica o arrebatamento de Jesus (cf. Elias) e sua instalação à direita de Deus (cf. At 2,33ss; Sl 110[109]) e o início da pregação apostólica. • Cf. Mt 28,16-20; Lc 24,36-39; Jo 20,19-23.

O **evangelho** de hoje é quase um resumo dos Atos dos Apóstolos. O Cristo glorioso, na hora de sua despedida, confia aos apóstolos a missão e já prediz aquilo que o livro dos Atos, de fato, descreve com relação a essa missão: o poder de Cristo acompanha seus discípulos na pregação. O texto insiste mais nos sinais que acompanham a palavra do que no conteúdo desta. Isso pode dar a impressão de um certo "sensacionalismo". Devemos ver isso com os olhos daquele tempo: os sinais prodigiosos confirmavam que "Deus estava com eles". (Neste sentido, Mc 16,15-20 pode também ser considerado como uma explicitação das últimas palavras de Mt 28,20.) O Senhor glorioso, estabelecido no "poder", dá uma força incrível aos que pregam o seu "nome" (16,17b; cf. At 3). Isso continua sendo verdade ainda hoje. O Senhor glorioso não deixa de dar força aos que se empenham pela pregação de seu Reino. A evangelização hoje é acompanhada por sinais que causam tanta admiração quanto os "milagres" descritos em Mc 16,17-18: pessoas que conseguem livrar-se do vício, do fascínio do lucro; comunidades que se baseiam não na competição, mas na comunhão; apóstolos que parecem abolir as fronteiras humanas; pessoas que, sem serem complexadas, vivem o matrimônio (ou a virgindade) em fidelidade. Será que tudo isso é menos significativo do que pegar em cobras ou beber veneno?

O evangelho não depende de sinais. Mas, onde há fogo, sai fumaça: a presença do evangelho, por escondida que seja, não pode deixar de chamar a atenção. Transforma a realidade lá onde menos se espera.

A Ascensão de Cristo ao céu nos torna os encarregados da missão à qual ele, em sua glória, preside. Manifestamos o seu nome, e os sinais confirmam o seu "poder", que se encarna na pregação do evangelho. O evangelho não deixa as coisas como estão. Essa é a mensagem de hoje.

A Pásc.

"O SENHOR COOPERAVA COM ELES"

Depois da ressurreição, Jesus deixou sua missão terrena e subiu aos céus, confiando sua missão aos seus. E "o Senhor cooperava com eles" (**evangelho**). Depois da Páscoa, tudo mudou. Antes, Jesus era o profeta rejeitado; depois, ele apareceu entrando na glória do Pai – que assim mostrou aos discípulos que Jesus teve razão naquilo que ensinou e realizou. Antes, Jesus chamava os discípulos para serem seus colaboradores; depois, ele é quem "coopera com eles", pois agora sua obra está nas mãos deles.

O Ressuscitado mandou os discípulos anunciar a Boa-Nova e lhes prometeu forças extraordinárias para cumprirem sua missão. Quem se empenha de corpo e alma pela causa de Deus faz maravilhas, enquanto o acomodado não consegue nada. Movidos pelo amor ao Senhor, os apóstolos se jogaram na pregação, e coisas inimagináveis aconteceram. Ficamos maravilhados ao ler de que foram capazes um José de Anchieta, uma Madre Teresa de Calcutá... A festa da Ascensão nos ensina a fazer de Jesus realmente o Senhor de nossa vida e a arriscar tudo para levar sua missão adiante – realizando o que parecia impossível. Pois ele coopera.

Coopera de modo extraordinário. Não que o extraordinário em si seja uma prova da divindade. No tempo de Moisés havia os feiticeiros do Egito e no tempo dos apóstolos, os taumaturgos judeus e pagãos. O extraordinário, de per si, é ambíguo, alimenta o sensacionalismo, o "Fantástico" na televisão etc. Ora, na pregação, o extraordinário tem valor de sinal quando mostra que o Espírito do Ressuscitado impulsiona o mensageiro, quando faz reconhecer Jesus como o Senhor e como aquele que coopera com aqueles que estão a seu serviço – como aquele que tem força para mudar o mundo, quando os seus se empenham por isso.

Mas esse poder não serve para glória própria. Serve para o amor, para o projeto pelo qual Jesus deu a vida. Jesus não veio para conquistar o poder, mas para servir e dar a vida pela humanidade. Veio para manifestar o amor de Deus. Se manifesta o poder de Jesus-Senhor, a evangelização deve, antes de tudo, demonstrar o amor de Jesus-Servo. O extraordinário, na evangelização, serve para manifestar que o amor de Deus, tornado visível em Jesus, tem a última palavra.

Atualizando, poderíamos considerar coisas que são, nesse sentido, extraordinárias: a transformação das estruturas de nossa sociedade, enferrujada em seu egoísmo; a vitória da justiça sobre a corrupção; a vitória da solidariedade e da dignidade humana sobre as muitas formas de vício e degeneração...

Há grupos religiosos que exibem mais "milagres" do que nós, católicos. Será que por isso devemos apostar mais nas coisas sensacionais? O extraordinário é um sinal, não a causa mesma que está em jogo. É bom ter sinais, mas o mais importante é que a causa seja apresentada na sua integridade. E essa causa é o amor de Cristo que nos impulsiona. Extraordinário mesmo é o que, nas circunstâncias mais contrárias, fala desse amor. Aí, "Ele" aparece cooperando conosco.

(ANO C) PREPARAÇÃO PARA A MISSÃO

Tudo como no ano A, exceto:

~ *2ª leit. à escolha: (Hb 9,24-28; 10,19-23) Cristo entrou no céu.*

Evangelho: (Lc 24,46-53) **Missão dos Apóstolos pelo Senhor ressuscitado** – Lc condensa os acontecimentos pascais em um só dia: visitas ao sepulcro (24,1-12), encontro do Ressuscitado com os discípulos de Emaús (13-35), aparição aos Onze (36-43), instruções para a compreensão das Escrituras e missão (44-49), arrebatamento de Jesus ao Céu (50-53). – É preciso cumprirem-se as Escrituras, não só na paixão e morte do Senhor, como também na missão universal a partir de Jerusalém (cf. Is 2,3; 42,6; 49,6). –

A despedida de Jesus é descrita com singeleza; não produz tristeza, mas alegre confiança, enquanto os discípulos se preparam na oração para assumir a missão. • Cf. Sl 24[23]; 68[67],16-22.29-36.

Em todos os evangelhos a Ascensão de Jesus aparece como o início da missão da Igreja (cf. ano A e B). Isso fica especialmente claro no relato do arrebatamento de Jesus no fim do evangelho de Lc, antecipando a Ascensão narrada no início dos Atos dos Apóstolos. Jesus explica aos Onze a reta compreensão das Escrituras, o verdadeiro sentido do messianismo de Jesus (messias padecente, mas exaltado por Deus). Explica-lhes também que agora está na hora de cumprirem-se as profecias de Isaías a respeito da missão universal do povo de Deus: ser luz das nações, propagar a salvação até os confins da terra (Is 2,3; 49,6; 42,6; cf. At 1,8;). Assim como Jesus foi "luz das nações" desde sua primeira apresentação em Jerusalém (Lc 2,32), a Igreja o será, a partir de Jerusalém, cumprindo a missão daquele que agora é seu Senhor (24,47). Deus visitou seu povo e seu templo (Ml 3). Agora, Jerusalém torna-se, apesar da incredulidade de seus chefes, o centro de onde sai a salvação para o mundo inteiro (cf. Is 49,21-22; 55,4-5; 56,7; 60,1ss etc.). Para isso, porém, é preciso que os Apóstolos recebam a força do Altíssimo: o Espírito (cf. At 2).

Quando os Apóstolos, depois da ascensão de Jesus, voltam a Jerusalém, eles passam o tempo em oração: preparam-se para receber "a força do Alto", o Espírito que impelira Jesus em sua missão. Como ele sempre orava, assim rezam eles agora.

A missão de Jesus tornou-se a de sua Igreja. Depois dele, a Igreja deve ser a luz para as nações, "saindo de Jerusalém". Hoje, Jerusalém já fica longe para trás, e a Roma dos imperadores também. A Igreja do Cristo glorioso chegou à periferia do mundo, aos "confins da terra" (At 1,8; **1ª leitura**). Na "periferia do mundo" brilha a luz das comunidades-testemunha, que por sua fraternidade, solidariedade, justiça e amor atestam que Jesus é verdadeiramente o Senhor da Glória.

O ESPÍRITO DO SENHOR JESUS E NOSSA MISSÃO

A **Pásc.**

A **1ª leitura** e o **evangelho** nos contam como os apóstolos viveram as últimas aparições de Jesus ressuscitado: como despedida provisória e como promessa. Jesus não voltaria até a consumação do mundo, mas deixou nas mãos deles a missão de levar a salvação e o perdão dos pecados a todos que quisessem converter-se, no mundo inteiro. E prometeu-lhes o Espírito Santo, a força de Deus, que os ajudaria a cumprir sua missão.

A vitalidade e juventude da Igreja, até hoje, tem sua raiz nesta herança que Deus lhe deixou. "É bom para vocês que eu me vá – diz Jesus no evangelho de João – porque, senão, não recebereis o Paráclito, o Espírito da Verdade" (Jo 16,7). Jesus salvou o mundo movido pelo Espírito e dando a sua vida pelos homens. Agora, nós devemos dar continuidade a esta obra, geração após geração. O Espírito de Jesus e do Pai deve animar em nós, e através de nós, um testemunho igual ao de Jesus: deve fazer reviver Jesus em nós. O que salva o mundo não é a presença *física* de Jesus para todas as gerações, mas sim o Espírito que ele gerou em nós pela morte por amor – o Espírito do Pai e dele mesmo.

A Igreja não caiu no vazio depois da Ascensão de Jesus. Antes, entrou com ele na plenitude do tempo da salvação e da reconciliação, embora não de vez e por completo. *Tem que lutar para realizar o que Jesus já vive em plenitude.* Ainda não está na mesma glória, na mesma união definitiva com Deus em que está o seu fundador, mas vive movida pelo mesmo Espírito, e este nunca lhe faltará até a hora do reencontro completo. A Igreja terá que expor às claras as contradições, as injustiças, as opressões que impedem a reconciliação e o perdão. Terá que urgir opção e posicionamento, e também transformação dos corações e das estruturas do mundo, para que um dia o Cristo glorioso seja a realidade de todos nós.

7º domingo da Páscoa/A*
PRESENÇA NA AUSÊNCIA

* Não celebrado no Brasil; o evangelho pode ser lido no 6º dom. da Páscoa; cf. observação e nota ali.

Canto da entrada: (Sl 27[26],7-9a) "Procurarei tua face, Senhor".

Oração do dia: Nosso Salvador está com Deus; que ele fique conosco também.

1ª leitura: (At 1,12-14) **A comunidade dos Apóstolos antes de Pentecostes** – Os Apóstolos voltam a Jerusalém, depois da Ascensão de Jesus, conscientes de que sua vida é doravante missão (de testemunhar o Ressuscitado). Ficam aguardando a vinda do Espírito prometido (cf. festa da Ascensão), com a Mãe de Jesus unidos na concórdia e oração, sinal de que Jesus virá no meio deles. • Cf. Lc 24,50-52; 6,14-16; At 2,46; Rm 12,12.

Salmo responsorial: (Sl 27[26],1.4.7-8) Morar na presença do Senhor.

2ª leitura: (1Pd 4,13-16) **Que nosso nome de cristão seja uma honra para Deus** – Por conhecer a relatividade e a precariedade deste mundo, o cristão é mais realista (4,7) e julga as coisas conforme seu valor verdadeiro. Vê diante de si o fim de tudo e também a revelação da glória do Cristo. Ora, na hora presente revela-se a grandeza do Cristo nos homens que enfrentam o sofrimento por causa dele. • Cf. At 5,41; Mt 5,11-12; Is 11,2; Rm 5,3-5; Cl 3,4; Tg 1,2-4.

Aclamação ao evangelho: (Jo 14,18) "Não vos deixarei órfãos".

Evangelho: (Jo 17,1-11a) **Cumprida sua obra, Jesus reza ao Pai** – O 7º dom. pascal traz, cada ano, um trecho do "testamento espiritual" de Jesus (Jo 17). Ele ora, na sua "hora", para que ela produza seu fruto: a "glorificação" sua e do Pai (v. 1-5), a preservação dos seus na santidade (6-19), a unidade de todos que creem (20-26). A "glorificação" de Cristo – sua restauração na condição divina – é também glorificação do Pai que nele se fez conhecer (1,18; 14,9). E é ao mesmo tempo a salvação daqueles que optaram por ele. Rezando por si, Jesus reza pelos seus e por todos que nele crerem. • 17,3 cf. Jr 31,34; Jo 14,7-9; 1Jo 5,20 • 17,5 cf. Fl 2,6-11; Jo 1,14.

Oração s/as oferendas: Da devoção na vida à glória celeste.

Prefácio: (Ascensão I) Na Exaltação, Jesus está mais perto de nós.

Canto da comunhão: (cf. Jo 17,22) "Que todos sejam um".

Oração final: Que o Corpo chegue à plenitude que a Cabeça já possui.

No Brasil, o 7º domingo pascal desapareceu da liturgia por coincidir com a solenidade da Ascensão. Na realidade, sua liturgia foi concebida no mesmo espírito dessa festa. A **1ª leitura** narra os fatos acontecidos logo depois da Ascensão. Quanto ao **evangelho,** assim como no 3º domingo pascal se lê cada ano um trechinho de Jo 10, assim também, neste 7º domingo, se lê cada ano um trecho do maravilhoso capítulo 17 de João, a oração da despedida de Jesus, chamada a Oração Sacerdotal, mas é preferível chamá-la a oração de Jesus Glorificado; pois, ainda mais que no resto do evangelho de João (e especialmente nos caps. 13–20), o Cristo que nesta oração toma a palavra é o Senhor glorioso, e sua despedida é vista à luz de sua glória (Jo 17,5).

O **evangelho** nos apresenta a "eucaristia" (= ação de graças) de Jesus no momento de levar a termo sua obra. É a "hora" de Jesus e do Pai. O Pai é glorificado na obra do Cristo; nela, ele revela a face de Deus, seu ser (bondade e fidelidade). Deus se dá a conhecer no amor até o fim (v. 5; cf. 13,1) que Jesus nos testemunhou. Pois o amor do Cristo é a revelação do verdadeiro ser (da "glória") de Deus: sua cruz é o trono da glória de Deus no meio de nós. Agora entendemos plenamente que, fazendo-se "carne", isto é, humanidade vulnerável e mortal, Jesus nos deixa entrever "a glória como que do unigênito do Pai" (Jo 1,14). Na presença desta intuição do sentido definitivo de sua obra (bem o que celebramos na Ascensão de Jesus, cf. ali), Jesus pede para que os seus, cientes agora do pleno sentido de sua missão (v. 7), lhe fiquem também plenamente fiéis. Portanto, a celebração da glória de Cristo é também um desafio à nossa fidelidade.

A **2ª leitura** continua a meditação da 1Pd. A Igreja sofre a perseguição do mundo. Mas, quando se tem diante dos olhos a glória do Senhor ressuscitado, tal sofrimento se transforma em razão de alegria, pois o espírito de sua glória repousa sobre quem sofre em seu nome (1Pd 4,14). Quando, como no caso do próprio Cristo, a profissão da verdade e do amor exigem sofrimento, este se torna participação da glória de Cristo, uma razão não para envergonhar-se, mas para gloriar-se. Assim, a celebração da glória de Cristo, neste domingo depois da Ascensão, se torna verdadeiramente um "mistério" no sentido da antiga liturgia cristã: uma participação, dentro de nossa situação atual, daquilo que celebramos.

A **1ª leitura** continua com o documentário da Igreja apostólica. Narra a situação da mesma logo depois da Ascensão do Senhor: os onze apóstolos (Judas ainda não foi substituído) com Maria, a mãe de Jesus, e seus parentes. Este "pequeno rebanho" é que guardou no seu seio a missão que lhe foi confiada pelo Cristo, ao entrar na sua glória.

Assim, a liturgia de hoje nos convida a uma meditação sobre a consciência eclesial, sobre o ser Igreja na ausência de Cristo, mas também na presença e na consciência de sua glória. Sua ausência é um apelo à nossa fidelidade. Nós temos que encarnar o Espírito do Cristo e levar sua obra adiante. Sua presença gloriosa é a razão de nossa confiança e alegria, mesmo em meio à opressão e à repressão. Isso se percebe no belíssimo **canto da entrada** (Sl 27[26],7-9; cf. o **salmo responsorial**), expressando a busca da face do Senhor (ausência), mas também a certeza de que ele não desvia sua face de seu fiel (presença). A **oração do dia** reza para que experimentemos que ele fica conosco, como prometeu (cf. ev. da Ascensão). Assim, realmente, não somos deixados órfãos (**aclamação ao evangelho**) e nossa caminhada torna-se uma caminhada para a glória que o Cristo possui em toda a eternidade (**oração final**).

Vigília de Pentecostes/A, B, C
PLENIFICAÇÃO DA PÁSCOA

Canto da entrada: (Rm 5,5; 10,11) O Espírito derramou em nós o amor de Deus.

Oração do dia: (I) Plenitude da Páscoa, diversidade de línguas, unanimidade de louvor / (II) A luz de Cristo e a força do Espírito Santo.

1ª leitura: (Gn 11,1-9) **A confusão das línguas em Babel** / (Ex 19,3-8a.16-20b) **A proclamação da Lei no Sinai** / (Ez 37,1-14) **Os ossos revivificados** / (Jl 3,1-5) **Efusão escatológica do Espírito sobre todos os homens.**

Salmo responsorial: (Sl 104[103],1-2a.24+35c.27-28.29bc-30) "Envia teu espírito e renova a face da terra".

2ª leitura: (Rm 8,22-27) **Temos as primícias do Espírito, que vem em socorro da nossa fraqueza** – Somos salvos, mas ainda não é manifesta nossa salvação. O que vemos é ainda fraqueza, pecado, morte, mas a Palavra de Deus nos revela nossa salvação, e o Espírito que recebemos é apoio para nossa fé, esperança e oração. Ele reza em nós, conhecendo melhor do que nós a nossa carência.

Aclamação ao evangelho: "Vem, Espírito Santo".

Evangelho: (Jo 7,37-39) **O lado aberto de Cristo, fonte do Espírito** – Na festa dos Tabernáculos, festa de luz e água, Jesus se revela como fonte de água viva (cf. Jo 4,10). A água é força, Espírito de Deus. Elevado na cruz, Jesus derrama esta água de seu lado aberto (Jo 19,34; cf. 1Jo 5,6-8). Quem acredita no Cristo exaltado, recebe dele o Espírito e a comunhão da vida divina (cf. 1Cor 15,45; 2Cor 4,11).

Oração s/as oferendas: O Espírito que acende a caridade da Igreja.

Prefácio: (Pentecostes) Plenificação do Mistério pascal.

Canto da comunhão: (Jo 7,37) "Quem tem sede, venha a mim...".

Oração final: Pedido pelo fervor do Espírito.

A vigília de Pentecostes é uma das celebrações privilegiadas da nossa tradição. Como na vigília pascal, administrava-se o batismo, unido à crisma. Se a noite pascal dava mais ensejo para acentuar o batismo – morrer e ressuscitar com Cristo –, o tema pentecostal refere-se, antes, ao dom do Espírito, relacionado com a crisma. Por isso, esta vigília é uma oportunidade ideal para a crisma ou, pelo menos, para um retiro dos jovens que conscientemente vão assumir a vida no Espírito do Cristo.

Para a **1ª leitura** pode-se escolher entre várias opções. A mais destacada é Gn 11, a confusão das línguas por ocasião da construção de Babel (pois o milagre das línguas, em Pentecostes, é considerado a reparação desta confusão). Outra opção é Ex 19, a promulgação da Lei no Sinai: na tradição judaica, Pentecostes comemora este fato, e a proclamação do querigma cristão pelos apóstolos parece nele prefigurado. Oferece-se também a visão de Ez 37: a vivificação dos ossos ressequidos (o povo exilado) pelo espírito (a força) de Deus (pense-se nos apóstolos, que se reanimaram e só no ímpeto do Espírito superaram seu medo); ou então Joel 3, a efusão escatológica e universal do Espírito sobre o povo (texto citado por Pedro no seu discurso de Pentecostes, At 2,16ss). Todos esses textos ilustram alguma dimensão daquilo que se realizou plenamente no primeiro Pentecostes cristão, 50 dias depois da ressurreição de Cristo. Descrevem a "tipologia veterotestamentária" do Pentecostes cristão. Seriam a matéria adequada para um círculo bíblico sobre Pentecostes (cf. vig. da Páscoa).

O **salmo responsorial** (Sl 104[103]) canta a contínua "re-criação" do universo pelo "espírito de Deus", princípio de vida divina na criação e na história (cf. Gn 2,7; 6,17 etc.), inspiração divina da vida, presença ativa de Deus em tudo o que acontece. Sem a participação de Deus, a criação nem sequer pode existir, e a história torna-se uma história de morte. O espírito de Deus não é alheio à matéria, mas serve para animar tanto a matéria biológica como a "matéria histórica" – nossa sociedade. O oposto do espírito não é a matéria, mas a "carne", i.é, a autossuficiência do homem. O espírito do amor de Deus deve transformar nossa história de "carnal" (autossuficiente, opressora) em "espiritual".

O **evangelho**, mais uma vez, é tirado de João (7,37-39) e nos ensina que podemos aliviar nossa sede com o Espírito que sai do lado aberto de Cristo, como as águas salvadoras que saem do templo utópico de Ez 47. Enquanto Cristo não era glorificado, ainda não havia o Espírito. A glorificação de Jesus, na maneira de ver de João, é sua exaltação na cruz, que é a glória de seu amor e fonte do Espírito que ele nos dá. Na sequela da Páscoa e da Ascensão (= glorificação) do Senhor, celebramos o dom do Espírito, que torna a glorificação do Cristo fecunda para os seus.

Pentecostes é a consumação do mistério pascal (**oração do dia**). Na vigília, em espírito de recolhimento, cabe recapitular interiormente toda a riqueza deste mistério, pois é ele o conteúdo da mensagem que os apóstolos, recriados pelo Espírito, proclamaram pelo mundo afora, na manhã de Pentecostes.

Pentecostes: Missa do dia/A, B, C
A IGREJA, O ESPÍRITO E A UNIDADE

Canto da entrada: (Sb 1,7) "O espírito do Senhor enche o universo..." / (Rm 5,5; 10,11) O Espírito derramou em nós o amor de Deus.

Oração do dia: Atualização do prodígio de Pentecostes.

1ª leitura: (At 2,1-11) **O milagre das línguas** – Pentecostes é interpretado como acontecimento escatológico a partir da profecia de Jl 3 (cf. At 2,16-21). Mas, sobretudo, é o cumprimento da palavra do Cristo (Lc 24,49; At 1,4; cf. Jo 14,16-17.26). *Passa* como um vendaval ao ouvido, como fogo aos olhos; mas *permanece* como transformação do "pequeno rebanho" em Igreja missionária. Também hoje. A Igreja do Cristo se reconhece pelo espaço que ela dá ao Espírito e pela capacidade de proclamar sua mensagem. • 2,1-4 cf. Mt 3,11; Lc 3,16; Jo 20,22; At 4,31.

Salmo responsorial: (Sl 104[103],1ab+24ac.29bc.30.31-34) Deus dá força e vida às criaturas por seu sopro-espírito.

2ª leitura: (1Cor 12,3b-7.12-13) **Unidade do Espírito na diversidade dos dons** – "Jesus é o Senhor" é a confissão que une a Igreja primeva (cf. Fl 2,9-11). E esta confissão só se consegue manter na força do Espírito. Como a unidade da confissão, o Espírito dá também a multiformidade dos serviços na Igreja. Todos que pertencem a Cristo são membros diversos do mesmo Corpo. • 12,3 cf. Rm 10,9; Fl 2,11 • 12,7 cf. At 1,8; 1Cor 12,28-30; Rm 12,6-8; Ef 4,11-13 • 12,12-13 cf. Rm 12,4-5; Ef 4,4-6.

~ *À escolha: (ano B: Gl 5,16-25) O fruto do Espírito / (ano C: Rm 8,8-17) Conduzidos pelo Espírito, filhos de Deus.*

Sequência: *Veni Sancte Spiritus.*

Aclamação ao evangelho: "Vem, Espírito Santo...".

Evangelho: (Jo 20,19-23) **Dom do Espírito pelo Cristo ressuscitado** – Celebramos a 6ª-feira Santa, Páscoa e Pentecostes em três dias diferentes, mas a realidade é uma só: a "Exaltação" de Cristo na Cruz e na Glória, fonte do Espírito que ele nos dá. No próprio dia da Páscoa, diz Jo, Jesus vem entregar este dom aos seus, com a sua paz e a missão de tirar o pecado do mundo, missão de Jesus mesmo (cf. 1,29.35). O mundo ressuscita com Cristo pelo Espírito dado à Igreja. • 20,19-20 cf. Lc 24,36-43; Jo 14,27; 15,11; 16,22 • 20,21-23 cf. Jo 17,18; Mt 28,19; 16,19; 18,18.

A Pásc.

~ *À escolha: (ano B: Jo 15,26-27; 16,12-15) O Espírito da Verdade / (ano C: Jo 14,15-16.23b-26) O Espírito Santo ensina todas as coisas.*

Oração s/as oferendas: Compreender melhor, pelo Espírito, o mistério do sacrifício eucarístico.
Prefácio: (próprio) Espírito da unidade.
Canto da comunhão: (At 2,4.11) "Todos ficaram cheios do Espírito Santo".
Oração final: Cresçam os dons do Espírito Santo.

Pentecostes é a plenificação do Mistério pascal: a comunhão com o Ressuscitado só é completa pelo dom do Espírito, que continua em nós a obra do Cristo e sua presença gloriosa. A liturgia de hoje acentua a manifestação histórica do Espírito no milagre de Pentecostes (**1ª leitura**) e nos carismas da Igreja (**2ª leitura**), sinais da unidade e paz que o Cristo veio trazer. Isto, porque a pregação dos apóstolos, anunciando o Ressuscitado, supera a divisão de raças e línguas, e porque a diversidade de dons na Igreja serve para a edificação do povo unido, o Corpo do qual Cristo é a cabeça. Ambos estes temas podem alimentar a reflexão de hoje.

No antigo Israel, Pentecostes era uma festa agrícola (primícias da safra, no hemisfério setentrional). Mais tarde, foi relacionada com o evento salvífico central da Aliança mosaica: ganhou o sentido de comemoração da proclamação da Lei no monte Sinai. Tornou-se uma das três grandes festas em que os judeus subiam em romaria a Jerusalém (as outras são Páscoa e Tabernáculos). Foi nesta festa que aconteceu a "explosão" do Espírito Santo, a força que levou os apóstolos a tomarem a palavra e a proclamarem, diante da multidão reunida de todos os cantos do judaísmo, o anúncio ("querigma") de Jesus Cristo. Seria errado pensar que o Espírito tivesse sido dado naquele momento pela primeira vez. O **evangelho** (de João) nos ensina que Jesus comunicou o Espírito no próprio dia da Páscoa. O Espírito está sempre aí. Mas foi no dia de Pentecostes que esta realidade *se manifestou* ao mundo. Por isso, ele aparece em forma de línguas, operando o milagre das línguas e reparando a "confusão babilônica" (cf. vigília)[15].

A essa proclamação universal aludem o **canto da entrada** (opção I), a **oração do dia** e a **1ª leitura**. O Espírito leva a proclamar os *magnalia Dei* em todas as línguas. O conteúdo desta proclamação, já o conhecemos dos domingos anteriores: é o querigma da ressurreição de Jesus Cristo. Novamente, o Sl 104[103] comenta este fato (**salmo responsorial**).

A **2ª leitura** mostra, por assim dizer, a obra "intra-eclesial" do Espírito: a multiformidade dos dons, dentro do mesmo Espírito, como as múltiplas funções em um mesmo corpo. Paulo chama isto de "carismas", dons da graça de Deus; pois sabemos muito bem que tal unidade na diversidade não é algo que vem de nossa ambição pessoal (que, normalmente, só produz divisão). É o Espírito do amor de Deus que tudo une.

No **evangelho** encontramos a visão joanina da "exaltação" de Jesus: é a realidade única de sua morte, ressurreição e dom do Espírito, pois sua morte é a obra em que Deus é glorificado, e seu lado aberto é a fonte do Espírito para os fiéis (Jo 7,37-39; 19,31-37; cf. vigília). Assim, no próprio dia da ressurreição, Jesus aparece aos seus para lhes comunicar a sua paz (cf. 14,27) e conceder o dom do Espírito, para tirar o pecado do mundo, ou seja, para que eles continuem sua obra salvadora (cf. 1,29.35).

Este Espírito do Senhor exaltado é o laço do amor divino que nos une, que transforma o mundo em nova criação, sem mancha nem pecado, na qual todos entendem a voz de Deus. É essa a mensagem da liturgia de hoje. O mundo é renovado conforme a obra de Cristo, que nós, no seu Espírito, levamos adiante. Neste sentido, é a festa da Igreja que nasceu do lado aberto do Salvador e manifestou sua missão no dia de Pentecostes. Igreja que nasce, não de organizações e instituições, mas da força graciosa ("carisma") que Deus infunde no coração e nos lábios. A festa de hoje nos ajuda a entender o que é renovação carismática: não uma avalanche de fenômenos estranhos, mas o espírito do perdão e da unidade que ganha força decisiva na Igreja. O Espírito Santo é a "alma" da Igreja, o calor de nossa fé e de nossa comunhão eclesial. A antiga **sequência** *Veni Sancte Spiritus* expressa isso maravilhosamente, e seria bom pôr os fiéis, mediante canto ou recitação, novamente em contato com esse rico texto.

A Igreja, por sua unidade no Espírito, no vínculo da paz (Ef 4,3), torna-se sacramento (sinal operante), do perdão, da unidade, da paz no mundo, na medida em que ela o coloca em contato com o senhorio do Cristo pascal, no querigma e na práxis.

---

15. Este tema lembra uma antiga lenda judaica, segundo a qual, no Sinai, a proclamação da Lei teria sido confiada aos setenta anciãos, em setenta línguas (no relato do Pentecostes cristão, o anúncio é confiado aos doze apóstolos, talvez em doze línguas).

I – OS DONS DO ESPÍRITO SANTO

[preferível para o ano A]

Pentecostes, festa do "Divino" Espírito Santo, é uma oportunidade para entender melhor uma realidade central de nossa fé: o Espírito de Deus que nos é dado em virtude de nossa fé em Jesus Cristo.

Jesus glorioso manda o Espírito Santo de junto do Pai. No **evangelho,** João narra como, no próprio dia da Páscoa, Jesus comunica aos apóstolos e o Espírito Santo, para que exerçam o poder de perdoar os pecados. Pois Jesus é "o cordeiro que tira o pecado do mundo" (Jo 1,29), e os discípulos devem continuar essa missão.

Já S. Lucas distingue diversos momentos. Depois de ter falado da Páscoa da Ressurreição e da Ascensão de Jesus como entrada na glória, Lucas descreve a manifestação do Espírito Santo, aos cinquenta dias depois da Páscoa, no Pentecostes (que significa "quinquagésimo dia") (**1ª leitura**). Nesse dia, em que a religião de Israel comemora o dom da Lei no monte Sinai, descem sobre os apóstolos como que línguas de fogo, para que eles proclamem o evangelho a todos os povos, representados em Jerusalém pelos romeiros da festa, que ouvem a proclamação cada qual em sua própria língua.

Entre os primeiros cristãos, os de Corinto gostavam demais do "dom das línguas", pelo qual eles podiam exclamar frases em línguas estranhas. Mas Paulo os adverte de que os dons não se devem tornar fonte de desunião. Os fiéis, com sua diversidade de dons, devem completar-se, como os membros de um mesmo corpo (**2ª leitura**). No milagre de Pentecostes, um falava e todos entendiam (em sua própria língua). No "dom das línguas", ou glossolalia, corre-se o perigo de que todos falem e ninguém entenda. Por isso, Paulo prefere um falar que todos entendam (ler 1Cor 14).

Nós hoje devemos renovar o milagre de Pentecostes: *falar uma língua que todos entendem: a linguagem da justiça e do amor.* É a linguagem de Cristo, e é uma "língua de fogo!" Aliás, o evangelho nos lembra que a primeira finalidade do dom do Espírito é tirar o pecado do mundo (Jo 20,22-23). A linguagem do Espírito é a linguagem da justiça e do amor. Por outro lado, devemos reconhecer a enorme diversidade de dons no único "corpo" da Igreja. Somos capazes de considerar as nossas diferenças (pastorais, ideológicas etc.) como um mútuo enriquecimento? Colocamo-las em comum? O diálogo na diversidade pode ser um dom do Espírito muito atual.

II – A OBRA DE CRISTO E O ESPÍRITO SANTO

[preferível para o ano B]

"É bom para vós que eu me vá: se eu não for, o Paráclito não virá a vós. Mas se eu for, eu o enviarei a vós" (Jo 16,7). Meditando sobre a festa de Pentecostes, poderíamos dizer assim: Jesus foi a presença de Deus "em carne", em existência humana, limitada no tempo e no espaço. Mas a presença de Deus na história da humanidade e no universo não se esgota em Jesus. "O Espírito de Deus enche a terra e, contendo o universo, tem conhecimento de todo som" (Sb 1,7). O espaço que Jesus deixou ao encerrar sua missão na terra é preenchido pelo Espírito que vem do Pai, e que é também o Espírito de Jesus, pois, diferente dos dois, é o que une os dois.

Assim, o Espírito vem para continuar a obra de Jesus. Ele leva os discípulos a pregar o evangelho de Jesus (**1ª leitura**). Ele é dado à Igreja para vencer o pecado (**evangelho**), como fez Jesus, o "cordeiro que tira o pecado do mundo" (Jo 1,29). A Igreja tem por missão limpar o mundo do pecado, do ódio, de tudo o que exclui Deus, tanto nas pessoas como nas estruturas da sociedade, na vida individual e na vida política – tudo isso, no poder do Espírito. Agindo assim, a Igreja completará a obra que Jesus selou com o dom da própria vida e mostrará que Jesus, "exaltado" na cruz, lhe confiou o Espírito.

A Pásc.

O Espírito é a atualidade de Jesus. Por isso, é a alma do Corpo de Cristo, que é a Igreja (**2ª leitura**). Ele faz com que Jesus atue no mundo de hoje, por meio da Igreja. Ele faz com que a Igreja não seja mera instituição burocrática, preocupada apenas em perpetuar-se a si mesma, mas constante encarnação do Espírito que veio sobre Jesus no batismo e o levou a realizar sua missão de ser a palavra de amor que Deus dirige ao mundo. Assim, ele é o Espírito do Pai e do Filho, como diz o Credo. Ele é o Espírito do Senhor glorioso, laço do amor divino que nos une, e que transforma o mundo em nova criação, na qual todos se abrem à voz de Deus.

Ninguém pode reclamar para si esse Espírito se não está na linha de Jesus. Mas o inverso é verdade também. Ninguém pode cumprir a missão recebida do Senhor glorioso se não se deixa animar pelo Espírito, que Jesus mesmo pede ao Pai para nós (Jo 14,16). Cristo é dinâmico e atual em nós graças ao Espírito Santo. Assim, Pentecostes continua acontecendo, como se mostrou no Concílio Vaticano II, quando a Igreja se voltou para os pobres e excluídos, e em tantas outras coisas que não chamam a atenção, mas que mostram a verdadeira "renovação da face da terra" (que o Sl 104[103],30 atribui ao Espírito de Deus).

O Espírito do Senhor enche a terra, contém o universo. Nada escapa a seu calor, se o deixarmos penetrar. Não desejemos o Espírito para brilhar, para sermos diferentes dos outros, mas para sermos condutores de seu calor, para que atinja a todos.

III – A IGREJA INICIA SUA MISSÃO PROFÉTICA
[preferível para o ano C]

Pentecostes é o *aniversário da Igreja*? Sob certo aspecto, sim. A primeira comunidade tinha sido reunida por Jesus durante a sua vida. Mas o que foi tão decisivo na data de Pentecostes, depois de sua morte e ressurreição, é que aí começou a proclamação ao mundo inteiro da Salvação em Jesus Cristo, morto e ressuscitado. Para os antigos judeus, Pentecostes era o aniversário da proclamação da lei no monte Sinai: esta proclamação constituiu, por assim dizer, Israel como povo, deu-lhe uma "constituição". De modo semelhante, quando os apóstolos proclamam no dia de Pentecostes a salvação em Jesus Cristo, é constituído o novo povo de Deus. Não só Israel, mas todos os povos são agora alcançados, cada um em sua própria língua (**1ª leitura**).

Até hoje, a Igreja continua procurando alcançar todos os povos, grupos, classes e raças, numa linguagem que os atinja. Não necessariamente na linguagem que lhes agrade! Aos pobres, terá que falar uma linguagem de carinho e animação; aos ricos, uma linguagem provocadora, para descongelar seu coração. Mas, de qualquer modo, a todos ela deverá explicar – na linguagem adequada – que na conversão a Cristo se encontra a salvação.

O verdadeiro milagre das línguas não consiste em dizer "Aleluia" em todas as línguas, mas em falar com clareza para todos os povos, raças e classes. Os diversos dons do Espírito Santo, de que fala a **2ª leitura**, servem exatamente para isto: para atingir as pessoas de todas as maneiras, para sermos profetas da Nova Aliança, selada por Cristo em seu próprio sangue e agora publicada para o mundo sob o impulso de seu Espírito. Como Moisés e os setenta anciãos no Sinai se tornaram porta-vozes de Deus e da antiga Aliança[16], assim agora, a partir de Pentecostes, a Igreja deve tornar-se toda profética, denunciando o que está errado e anunciando a salvação que está na fraternidade e na comunhão que Jesus veio instaurar. Assim, o Espírito de Deus renovará, pela Igreja, a face da terra (cf. **salmo responsorial**).

---

16. Lembra uma antiga lenda judaica, que conta como, no Sinai, a proclamação da Lei teria sido confiada aos setenta anciãos, em setenta línguas (só que agora os setenta anciãos são os doze apóstolos).

SOLENIDADES DO SENHOR NO TEMPO COMUM

Santíssima Trindade/A
O DEUS DE AMOR

Canto da entrada: "Bendito seja o Deus uno e trino".
Oração do dia: Perseverança na verdadeira fé.
1ª leitura: (Ex 34,4b-6.8-9) **Javé revela seu íntimo: o Deus de misericórdia e fidelidade** – Deus se revela a Moisés como o Deus da graça (misericórdia) e verdade (fidelidade). Não é um Deus castigador, sua bondade ultrapassa de longe sua "vingança" (cf. 34,7, ausente do texto litúrgico). O castigo de Deus tem fim, sua misericórdia não. • Cf. Ex 33,18-23; Nm 14,17-18; Sl 86[85],15; 103[102],3-4; Jl 2,13; Jn 4,2; Ex 32,11-14; Nm 14,14.
Salmo responsorial: (Dn 3,52.53-54.55.56) Louvor universal a Deus.
2ª leitura: (2Cor 13,11-13) **A graça do Cristo, o amor de Deus e a comunhão do Espírito Santo** – O mistério de Cristo na Igreja só se entende considerando a atuação das três pessoas divinas; o amor de Deus que se manifesta na graça (no dom) de Jesus Cristo e opera na comunhão do Espírito, que anima a Igreja desde a Ressurreição. O resultado é: alegria. Neste final de carta Paulo condensa toda sua teologia. O mistério da SS. Trindade não está longe. Estamos envolvidos nele. • Cf. Fl 3,1; 4,4; Rm 16,16; 2Cor 6,11; Fl 2.1-2; Ef 4,4-6.
Aclamação ao evangelho: (cf. Ap 1,8) Glória ao Pai, ao Filho e ao Espírito.
Evangelho: (Jo 3,16-18) **O amor de Deus revela-se no dom de seu Filho único** – Deus, seu Filho e o amor que os une na mesma obra salvadora: neste tema de Jo 3,16, Agostinho viu o mistério da SS. Trindade. Jesus conhece o interior de Deus (Jo 3,11) e o mostra (14,9). Deus se dá ao Filho. Diante disso, o mundo deve deixar-se salvar. Mas há quem se agarra nas suas próprias obras, que não aguentam a luz do dia (Jo 3,19-21). • Cf. Mt 21,37; Rm 8,32; 1Jo 4,9-10; Jo 4,42; 12,47; 2Cor 5,19; Jo 5,24.
Oração s/as oferendas: Oferenda de nós mesmos, com os dons que oferecemos.
Prefácio: (próprio) Atribuição da mesma glória às três Pessoas divinas.
Canto da comunhão: (Gl 4,6) O Espírito que clama: *Abbá*, Pai.
Oração final: Conserve-nos Deus na verdadeira fé.

O tempo pascal nos colocou diante dos olhos a unidade da obra do Pai, do Filho e do Espírito Santo. Cristo veio cumprir a obra do Pai e nos deu seu Espírito, para que ficássemos nele e mantivéssemos o que ele fundou, renovando-o constantemente, neste mesmo Espírito. Assim, a festa de hoje vem completar o tempo pascal, como uma espécie de síntese. Síntese, porém, não intelectual (isso seria como a criança, de que fala Agostinho, que queria colocar o mar num pocinho na areia), mas "misterial", isto é, celebrando a nossa participação na obra das pessoas divinas.

Como ponto de partida podemos tomar o **evangelho**, que, aludindo ao sacrifício de Isaac ("filho único") por Abraão, proclama que a obra de Cristo é o plano do amor do Pai para com o mundo. Quem o aceita na fé, está salvo. O Deus que em Jesus Cristo se manifesta (cf. Jo 1,18) é o Deus da "graça e verdade" (Jo 1,14.16s), o que se pode traduzir também, conforme a índole da língua hebraica, por "amor e fidelidade". A **1ª leitura** nos confronta com o texto mais característico do Antigo Testamento a falar nesse sentido: Deus é compassivo e misericordioso, lento para cólera, rico em bondade e fidelidade (Ex 34,6). Diante deste Deus, sentimos o peso do pecado, mas também o desejo de ser seu (Ex 34,9).

Não há oposição entre o Deus do Antigo Testamento e o do Novo. É verdade que o Antigo Testamento não oferecia uma visão completa sobre Deus; Moisés só pôde ver

A Sol.

Deus de costas (Ex 33,23), de modo que João tem razão quando diz que ninguém jamais viu Deus, mas o Filho unigênito o deu a conhecer (1,18), pois, quem vê Jesus, vê Deus mesmo (14,9). Mas o Deus do Antigo Testamento é o mesmo Deus do Novo. Deus é um só: o Deus de amor (1Jo 4,8.16). Nós é que temos, às vezes, visões muito parciais dele. Mas em Cristo, ele se deu a conhecer como aquele que ama o mundo até entregar por ele seu próprio filho (**evangelho**).

Assim, o mistério que nos envolve, hoje, é o da unidade do Pai e do Filho, no seu amor para o mundo (compare Jo 3,16 com 1Jo 3,16). Esta unidade no amor para dentro e para fora, Agostinho a identificou como Espírito Santo. O Espírito de Deus é de amor e unidade (cf. Pentecostes).

Daí ser bem adequada a saudação final de Paulo aos Coríntios (**2ª leitura**), desejando-lhes o Deus da paz e pedindo que eles se saúdem com o "beijo santo" (o nosso "abraço da paz"), no nome das três pessoas divinas, que ele caracteriza como segue: o Filho, graça; o Pai, amor; o Espírito, comunhão (cf. a saudação inicial da missa).

O prefácio próprio traz as fórmulas consagradas: três pessoas em um Deus, mesma natureza e igual majestade... A teologia recorreu à distinção filosófica entre o ser como essência (natureza: o que se é) e como subsistência (existência, pessoa: aquele que é), para expressar o "mistério" que consiste em encontrarmo-nos com o Deus único, tanto na obra do Cristo, quanto na criação e na história salvífica, como também no Espírito que age na Igreja e no mundo. A experiência de Deus se fez – sem diminuição e sempre essencialmente a mesma – em Cristo e no Espírito que anima a Igreja. Portanto, o mistério da SS. Trindade é outra coisa que um problema especulativo; é um dado da experiência cristã. É, sobretudo, experiência de um Deus amoroso.

Uma pista para a atualização desta mensagem: nosso povo simples é muito comunicativo, partilha a tal ponto seus bens, pensamentos e sentimentos que, às vezes, não faz diferença a gente falar com fulano ou com sicrano: falando com um, fala-se com o outro. Falar com o filho da casa é a mesma coisa que falar com o pai: duas pessoas distintas, mas a "causa" ("o negócio") é a mesma. Assim também as Pessoas divinas; e a "causa" comum delas é seu próprio ser: amor e fidelidade.

TRÊS PESSOAS EM UM SÓ DEUS

A Sol.

Para muitas pessoas, inclusive cristãs, a SS. Trindade não passa de um problema de matemática: como pode haver três pessoas divinas em um só Deus? Parece que nada tem a ver com sua vida.

Se a Trindade fosse um problema matemático, deveríamos procurar uma "solução". Mas, na realidade, não se trata de uma fórmula matemática, mas de um resumo de duas certezas de nossa fé: 1) Deus é um só; 2) o Pai, o Filho e o Espírito Santo são Deus. Isso nos convida à "contemplação" do mistério de Deus. Pois um mistério não é para a gente colocá-lo dentro da cabeça, mas para colocar a cabeça nele...

Na **1ª leitura**, Moisés invoca o nome de Deus: "O Senhor (Javé), Deus misericordioso e clemente, lento para a ira, rico em amor e fidelidade...". São essas as primeiras qualidades de Deus. Deus é um Deus que ama. Segundo o **evangelho**, Jesus revela em que consiste a manifestação maior do amor de Deus para com o mundo: ele deu o seu Filho, que quis morrer por amor a nós. O Pai e o Filho estão unidos num mesmo amor por nós. Em sua carta, João retoma o mesmo ensinamento: "Foi assim que o amor de Deus se manifestou entre nós: Deus enviou o seu filho único ao mundo, para que tenhamos a vida por ele" (1 Jo 4,9).

Assim, tanto no Antigo Testamento como no Novo, Deus é conhecido como sendo "amor e fidelidade". Estas são as qualidades que se manifestam com toda a clareza em Cristo (a "graça e verdade" de que fala Jo 1,14). Em Jesus, Deus aparece como comunhão de amor: o Pai, Jesus e o Espírito que age no mundo, esses três estão unidos no mesmo amor por nós. Um solitário não ama. Deus não é um ancião solitário. *Deus é amor* (1Jo 4,8), *pois ele é comunidade em si mesmo*, amor que transborda até nós.

Se Deus é comunidade de amor, também nós devemos sê-lo, nele. Se tanto ele nos amou, a ponto de enviar seu Filho, que deu sua vida por nós, nós também devemos dar a vida pelos irmãos, amando-os com ações e de verdade (cf. 1Jo 3,16-18). No amor que nos une, realizamos a "imagem e semelhança de Deus", a vocação de nossa criação (Gn 1,26).

O conceito clássico do homem é individualista. Isso não é cristão... Se Deus é comunidade, e nós também devemos sê-lo, não realizamos nossa vocação vivendo só para nosso sucesso individual, propriedade privada e liberdade particular. A Trindade serve de modelo para o homem novo, que é comunhão. Devemos cultivar os traços pelos quais o povo se assemelha ao Deus-Trindade: bondade, fidelidade, comunicação, espírito comunitário etc.

Como pode haver três pessoas em um só Deus? Pelo mistério do amor, que faz de diversas pessoas um só ser. Deus é comunidade, e nós também devemos sê-lo.

Santíssimo Sacramento do Corpo e Sangue do Senhor/A
COMUNHÃO COM O DOM DE CRISTO

Canto da entrada: (Sl 81[80],7) Deus alimenta seu povo.

Oração do dia: Colher os frutos de nossa redenção.

1ª leitura: (Dt 8,2-3.14b-16a) **"Foi Deus quem te alimentou no deserto...", tipologia do maná** – O maná era símbolo da completa dependência de Israel a Javé, no deserto; e também do amor e da fidelidade a Javé. A recordação disso serve de guia para a história (Dt 8,2.14). O caminho do deserto era um ensaio de toda a história salvífica, um teste em que Deus quis mostrar seus dons a seu povo, como os continua mostrando (8,16b). Não provindo da tecnologia humana, o maná significa que o homem vive da palavra e da iniciativa de Deus. • 8,2-3 cf. Dt 2,7; Am 8,11; Ex 16; Mt 4,4; Jo 4,34 • 8,14-16 cf. Jr 2,6; Nm 21,6; Ex 17,1-7; Nm 11,7-9; 20,1-13.

Salmo responsorial: (Sl 147,12-13.14-15.19-20) "Glorifica o Senhor, Jerusalém... ele te sacia com flor de trigo".

2ª leitura: (1Cor 10,16-17): **Unidade no cálice da bênção e no pão repartido** – Na Ceia eucarística comungamos da existência (corpo) e morte (sangue) de Cristo. Sendo uma esta vida que comungamos, formamos um só corpo também. Isto não é um jogo de palavras: quem despreza o "corpo de Cristo" (Igreja) ao participar da Ceia de seu Corpo sacramentado, exclui-se a si mesmo da comunhão de vida (1Cor 11,29). Quem comunga em Cristo, não pode comungar com os ídolos (de qualquer tipo) (1Cor 10,14). • Cf. 1Cor 11,23-26; Mt 26,26-28; 1Cor 12,12-13; Ef 4,4; 2Cor 5,14-15.

Sequência: *Lauda Sion Salvatorem.*

Aclamação ao evangelho: (Jo 6,51): "Eu sou o pão da vida...".

Evangelho: (Jo 6,51-58): **Comer e beber a carne e o sangue de Jesus; o dom da vida de Jesus** – Jesus, depois de ter explicado que ele é o verdadeiro maná (cf. **1ª leitura**), exige agora também que ele seja tomado como alimento, em todos os sentidos, no sentido do crer e do alimento físico. Isto somente os que têm o Espírito podem entender (6,63), os que receberam o prometido da Última Ceia e continuam celebrando esta ceia como realização da exigência de Cristo. • Cf. Mt 26,26-27; Lc 22,19; 1Cor 11,24; Jo 15,4-5; 5,26; 14,19-20.

Oração s/as ofertas: Pão e vinho, símbolos de unidade e paz.

A
Sol.

Prefácio: (SS. Eucaristia I) Alimento e bebida / (SS. Eucaristia II) Comunhão, fé e caridade.
Canto da comunhão: (Jo 6,56) "Quem come minha carne...".
Oração final: O gozo eterno que já começamos a saborear na Eucaristia.

Como que prolongando a atmosfera pascal, atmosfera do mistério de nossa redenção pelo Senhor morto e glorificado, a Igreja quer celebrar de modo mais expresso o sacramento pelo qual participamos da doação até o fim de seu corpo e sangue, conforme a palavra de Jesus na Última Ceia[17].

Embora esta celebração seja uma extensão da Quinta-feira Santa, o **evangelho** é o texto eucarístico de João, que não se encontra no contexto da Última Ceia, como nos evangelhos sinóticos, mas no contexto da multiplicação do pão. Jesus explica o sentido do "sinal do pão". Para os judeus, a multiplicação do pão significou saciação material (cf. o messianismo político); para Jesus, significava o dom de Deus que desce do céu, e que é ele mesmo, em pessoa. Ora, na última parte do discurso (Jo 6,51-58), Jesus especifica mais ainda: esse dom do céu é "sua carne (= existência humana) dada para a vida do mundo" (cf. a fórmula paulina da instituição da Eucaristia, "meu corpo [dado] por vós", 1Cor 11,23). Devemos participar deste dom, para termos em nós a vida que ele nos traz, a vida que não é deste mundo, mas de Deus mesmo, a vida eterna (literalmente: "a vida do século [vindouro]"). Devemos assimilar em nós a existência de Cristo por nós, sua "pró-existência". Assimilar, pela fé, pela adesão existencial, dando razão a Jesus e conformando nossa vida com a sua. E o sinal sagrado, o sacramento disto, é: comer realmente o pão que é sua "carne" e beber o vinho que é seu sangue. A "carne" é a existência humana, carnal, mortal[18]; o sangue é a vida derramada na morte violenta. É isso que devemos assimilar em nós pelos sinais sagrados. A essas realidades devemos aderir na fé, assinalada pelo sacramento. Devemos "engolir" Jesus bem assim como ele foi: dado até a morte sangrenta. Realizando autenticamente este sinal, teremos a vida divina que ele nos comunica.

A **1ª leitura** serve para preparar o reto entendimento do sinal do pão, ao qual o evangelho faz alusão. Já no Dt 8,3, o dom do maná, do "pão caído do céu", é interpretado num sentido não material, mas teologal: o homem vive de tudo que sai (da boca) do Senhor: sua palavra, sua Lei. Ora, a Palavra por excelência é Jesus Cristo. O Sl 147 relaciona, exatamente, o dom do trigo com a palavra que Deus manda para a terra (**salmo responsorial**).

Na **2ª leitura**, Paulo lembra – talvez utilizando as palavras de algum hino dos primeiros cristãos – que o cálice do sagrado "brinde" (bênção) e o pão repartido na assembleia cristã são participação e comunhão do sangue e do corpo do Senhor; participação ou "mistério" que nos faz reviver a doação do Cristo e realizá-la em nossa vida. E essa comunhão do único pão nos torna o único Corpo do Cristo.

Portanto, a festa de *Corpus Christi* não é veneração supersticiosa de um pedacinho de pão, nem uma ocasião para mandar procissões triunfalistas pelas ruas. É um comprometimento pessoal e comunitário com a vida de Cristo, dada por amor até a morte. É o memorial da morte e ressurreição do Cristo (**oração do dia**), mas não um mauso-

---

17. O formulário provém essencialmente de S. Tomás de Aquino (esp. a sequência *Lauda Sion*).
18. Cf. Is 40,6: "Toda a carne é como a erva...".

léu; é um memorial vivo, no qual assimilamos o Senhor, mediante a refeição da comunhão cristã, saboreando um antegosto da glória futura (**oração final**, cf. *O Sacrum Convivium*, de S. Tomás). Merece atenção ainda a **oração sobre as oferendas**, inspirada na Didaqué e em 1Cor 10,17, utilizando o simbolismo do trigo e da uva reunidos até formarem pão e vinho, para simbolizar a unidade da Igreja em Cristo. Pois a festa de *Corpus Christi* é também a festa do seu Corpo Místico, a Igreja, que ele nutre e leva à unidade da mútua doação.

A EUCARISTIA

O **evangelho** de *Corpus Christi* é o final do "sermão do Pão da Vida" segundo o evangelho de João. Depois da multiplicação dos pães, Jesus explicou o sentido do "sinal" que acabou de fazer: significava que ele mesmo é "o pão que desce do céu" como um presente de Deus à humanidade. E no fim explicou um sentido mais profundo ainda deste mesmo "sinal": o sentido que celebramos na eucaristia. Alimentamo-nos de Cristo, não somente escutando sua palavra, mas recebendo o dom de sua "carne" (= vida humana) e "sangue" (= morte violenta) dadas "para a vida do mundo" (v. 51). Tomando o pão e o vinho da eucaristia, recebemos Jesus como verdadeiro alimento e bebida. *A sua vida, dada para a vida do mundo, até a efusão de seu sangue, torna-se nossa vida,* para a eternidade.

Este dom do Cristo vale muito mais que o maná, com o qual Deus alimentou os antigos judeus no deserto (**1ª leitura**). O pão e o cálice, recebidos na fé, nos fazem participar da vida que Cristo viveu até a morte por amor, e nos unem em comunhão com os irmãos (**2ª leitura**).

Celebrar é tornar presente. Receber o pão e o vinho da Eucaristia significa assumir em nós mesmos a vida dada por Jesus até morrer para todos nós, em corpo e sangue. Significa "comunhão" com esta vida, viver do mesmo jeito. E significa também comunhão com os irmãos, pelos quais Cristo morreu ("um só pão").

Quando, na oração eucarística, o sacerdote invoca o Espírito Santo e pronuncia sobre o pão e o vinho as palavras de Jesus na Última Ceia, Jesus se torna presente, dando-nos seu corpo e sangue, sua vida dada em amor até o fim. Quando nós então recebemos o pão e o vinho, entramos em comunhão com a vida, a morte e a glória eterna de Jesus, e também com os nossos irmãos, que participam da mesma comunhão.

Na Eucaristia torna-se presente o dom da vida de Cristo para nós. Mas a Eucaristia se torna fecunda apenas pelo dom de nossa própria vida, na caridade e solidariedade radical. Para que o pão eucarístico realize a plenitude de seu sentido, é preciso resgatar o pão cotidiano da "hipoteca social" que o torna sinal de conflito, exploração, anticomunhão. Quando o pão cotidiano significar espontaneamente comunhão humana, e não suor e exploração, o sentido de comunhão do pão eucarístico será mais real. Antes de falar da eucaristia, Jesus multiplicou o pão comum.

A Sol.

Sagrado Coração de Jesus/A
O AMOR DE DEUS EM JESUS E NOSSO AMOR

Canto da entrada: (Sl 33[32],11.19) Os pensamentos generosos do coração de Deus.

Oração do dia: (I) Maravilhas de amor, fonte de vida, torrentes de graça / (II) Infinito amor e reparação.

1ª leitura: (Dt 7,6-11) **Deus escolheu seu povo por amor** – Israel reflete sobre sua situação excepcional e chega à conclusão: Deus o quis assim, por amor. O povo não era digno desse amor, mas Deus ama de graça. Não nos ama porque somos amáveis; seu amor é que nos torna amáveis. Nosso amor é resposta,

em fidelidade e dedicação (7,11). O homem Jesus foi o único capaz de dar essa resposta de modo pleno.
• 7,6 cf. Ex 19,6; Dt 14,2; Is 62,12; Jr 2,3; Am 3,2 • 7,7-9 cf. 1Cor 1,26-29; 1Jo 4,10; Dt 4,35; Ex 34,6-7; Ez 14,12-23.

Salmo responsorial: (Sl 103[102],1-2.3-4.5-7.8+10) Deus é bom e misericordioso.

2ª leitura: (1Jo 4,7-16) **Deus é amor e amou-nos primeiro** – O amor de Cristo mostra o que o amor humano é chamado a ser: amor divino. E nossa aceitação do amor divino mostra-se no amor ao próximo, ao modelo de Cristo. Pois excluir nosso irmão é excluir Deus que o ama. Em Jesus conhecemos o amor; crer em Jesus é crer no amor. • 4,7-10 cf. 1Ts 4,9; Jo 3,16-17; Rm 8,31-32; 5,8; 1Jo 2,2 • 4,11-16 cf. Mt 18,33; Jo 4,42; 17,6.

Aclamação ao evangelho: (Mt 11,29b) O Mestre manso e humilde de coração.

Evangelho: (Mt 11,25-30) **O Messias pacífico, o Mestre humilde de coração, o jugo leve** – Jesus revela seu ser ao pronunciar seu "júbilo" em Deus. Ele recebeu tudo do Pai: o conhecimento de Deus e a participação de sua autoridade. Quem conta só com sua própria inteligência e poder não entende isso. Mas Jesus faz participar neste mistério os humildes que ele quer (11,28-29), se responderem a seu convite. • 11,25-27 cf. Lc 10,21-22; 1Cor 1,26-29; Mt 28,18; Jo 3,35; 17,2; 10,15 • 11,28-30 cf. Jr 31,25; 6,16; Is 28,12; 1Jo 5,3.

Oração s/as oferendas: Oferenda de reparação.

Prefácio: (próprio) A salvação que jorra do lado aberto do Cristo.

Canto da comunhão: (Jo 7,37-39) "Se alguém tiver sede..." / (Jo 19,34) O lado aberto do Cristo.

Oração final: Inflamados pelo amor do Cristo, reconhecê-lo em cada irmão.

A festa do Sagrado Coração, na linha das festas anteriores, é mais um desenvolvimento da inesgotável riqueza do mistério pascal e da revelação do amor de Deus no dom do Cristo. Um problema é que o simbolismo do coração, nos tempos modernos, foi interpretado num sentido um tanto sentimental, alheio à sobriedade da tradição litúrgica. A renovação litúrgica do Vaticano II supera isso, pelo menos nos textos oferecidos, mas provavelmente não em nossas cabeças...

Na antropologia bíblica, o coração é a sede da inteligência e da vontade, e não do sentimento, enquanto o culto ao Sagrado Coração, banhado no romantismo europeu, contemplava exatamente os sentimentos de Jesus, simbolizados pelo coração. Esta incongruência nos convida a ampliar a perspectiva desta festa, tornando-a uma celebração de toda a personalidade de Jesus, personalidade determinada pelo amor de Deus que nela vibra: a revelação do amor de Deus em Jesus Cristo.

A **1ª leitura** é o comentário deuteronomístico sobre as qualidades de Deus (Dt 7,9; cf. 1ª leitura da festa da SS. Trindade, Ex 34,6). Ensina-nos também a imitar a misericórdia de Deus em nosso agir e destaca o laço pessoal que nos une a Deus. O nosso Deus não é uma ideia abstrata (Dt 7,6), mas alguém que escolhe o que é pequeno, e o escolhe por amor (7,7). É bem o espírito da exclamação de Jesus, no **evangelho** (Mt 11,25-30). Deus quis revelar-se aos pequenos. Esse amor de predileção para os humildes e fracos, Jesus o assume e nos chama para nele encontrarmos o alívio que um Deus assim significa para nós. Assim, a bondade do coração de Jesus não é coisa sentimental, mas o fato de ele assumir plenamente o íntimo ser de Deus (cf. festa da SS. Trindade).

O texto que talvez melhor esclareça a presença do amor de Deus em Jesus e sua obra é a maravilhosa meditação da 1Jo (**2ª leitura**). Define claramente o ser de Deus como amor (*agape*, amor-compromisso-fidelidade!), e quem não ama, não conhece Deus (conhecer, biblicamente, é participar). Este ser de Deus manifesta-se no dom de seu "unigênito" por nós (cf. Jo 3,16). Isso implica que não devemos pensar que o nosso amor já é o próprio Deus: o modelo vem dele, não de nós. Deus amou primeiro. E este amor é que nós devemos imitar (cf. **1ª leitura**). Assim permaneceremos nele, unidos a ele, fazendo o que ele faz; e isto, o sabemos pelo Espírito que permanece em nós.

Que é esse amor? O termo "amor" é muito usurpado. A festa de hoje nos propõe um critério para o amor: Jesus mesmo, Jesus na sua personalidade humana, com seus sentimentos humanos, com sua coragem humana, com a fidelidade humana do compromisso com os amigos e com o povo. Não um amor "platônico", mas um amor realmente humano; não desencarnado, mas tão livre de egoísmo que consegue purificar todo o amor humano, mola propulsora da existência. O nosso povo o sabe bem: quem não mais consegue amar, deixa de viver. Mas nem sempre se consegue amar bem. A festa de hoje nos propõe um modelo e um legado: o amor autenticamente humano de Cristo. Neste, se realiza Deus mesmo. Amar é dar sua vida, é entregar-se. Amar é o desejo que nos impulsiona: "*Amor meus, pondus meum*" (Agostinho). Mas importa que o amor tenha seu objeto adequado: meu irmão, filho do mesmo Pai, irmão de Jesus Cristo.

A **oração do dia** e a **oração sobre as oferendas** expressam a ideia de reparação ao grande amor do Cristo por nós (cf. S. Margarida Maria Alacoque). Entendamos bem: nunca conseguiremos "reparar", saldar o que ficamos devendo ao imensurável amor do Cristo; mas podemos corrigir nossa falta de gratidão. "Reparação", aqui, não visa à autossuficiência ("estou quite"), mas à gratidão.

A festa de hoje nos convida, pois, para um cristianismo afetivo, porém não sentimentalista, nem dualista ou puritano, mas puro e cordial. Um cristianismo da pessoa toda, assim como Deus nos amou na "carne", na humanidade total de Jesus de Nazaré.

A
Sol.

TEMPO COMUM

2º domingo do tempo comum/A
VOCAÇÃO DE FILHOS DE DEUS

Canto da entrada: (Sl 66[65],4) "Toda a terra se prosterne diante de vós".

Oração do dia: Paz para o povo de Deus.

1ª leitura: (Is 49,3.5-6) **2º Canto do Servo de Javé; "Luz das nações", vocação, missão** – Is 49,1-6 é o 2º Canto do Servo (cf. festa do Batismo de Jesus e dom. de Ramos). Deus faz de seu Servo o Libertador de Israel e a Luz das Nações (cf. festa da Apresentação de N. Senhor). Na sua humildade revela-se a força de Deus. • 49,3 cf. Is 42,1-4 • 49,5 cf. Fl 2,8-11; Sl 18[17],2-3 • 49,6 cf. Lc 2,32; At 13,47.

Salmo responsorial: (Sl 40[39],2+4ab.7-8a.8b-9.10) A alegria de assumir a vocação de Deus.

2ª leitura: (1Cor 1,1-3) **A vocação de Paulo ao apostolado e nossa vocação à vida santa** – Início da 1Cor: na qualidade de "vocacionado" de Cristo, Paulo lembra aos coríntios a santa vocação. Pela vontade de Deus, apóstolo e comunidade formam uma só realidade. Daí, nos primeiros capítulos desta carta, a paixão pela unidade da comunidade. • Cf. 1Cor 6,11; At 2,21.

– Leit. alternat.: (1 Jo 4,4-10,13-14) O Filho enviado para a remissão dos pecados.

Aclamação ao evangelho: (Jo 1,14a.12a) O Verbo habitou entre nós, filhos de Deus.

Evangelho: (Jo 1,29-34) **O testemunho de J. Batista sobre a missão de Jesus e o dom do Espírito** – Destacam-se as seguintes ideias: 1) Jesus é o Cordeiro de Deus que tira o pecado do mundo; 2) o Espírito permanece nele; 3) ele é o Eleito (o Filho) de Deus. Nestas feições plenifica-se a figura do Servo de Javé (cf. 1ª leitura): sofrimento que resgata o nosso pecado (Is 53), Espírito de Deus, vocação de Servo ou Filho (Is 42,1). Por causa da imagem do Cordeiro em Is 53, o Batista anuncia Jesus como o verdadeiro Servo mediante o título de Cordeiro, o sacrifício por excelência do antigo Israel. • 1,29-30 cf. Is 53,6-7; 1Pd 1,18-19 • 1,32-33 cf. Is 11,2; Mt 3,16; Jo 3,5; Is 42,1.

Oração s/as oferendas: Eucaristia, sacramento da Redenção.

Prefácio: (dom. T.C. VIII) A vocação dos filhos de Deus e a força do Espírito.

Canto da comunhão: (Sl 23[22],5) "Preparaste para mim a mesa" / (1Jo 4,16) Cremos no amor de Deus.

Oração final: O Espírito da caridade; união no amor.

Os domingos do tempo comum seguem, em grandes linhas, os passos da vida pública de Jesus, desde seu batismo por João (Batismo do Senhor, fim do tempo de Natal) até o conflito final em Jerusalém e o anúncio do Último Juízo (cf. 32º-34º dom. com.). Em regra, segue-se a leitura contínua do evangelho de Mt. Hoje, porém, é intercalado um trecho de Jo (que normalmente não é lido no tempo comum). Na festa do Batismo do Senhor figurou o relato mateano deste fato. Hoje, o **evangelho** traz como que a "interpretação" por Jo do mesmo fato (Jo 1,29-34). Enquanto Mt conta o acontecimento sob o ângulo do cumprimento da vontade de Deus, Jo o considera sob o ângulo da revelação: João Batista veio para que o "Cordeiro de Deus" seja conhecido por Israel (Jo é o evangelho da manifestação de Deus em Jesus Cristo e atribui ao Batista o papel de testemunha; cf. Jo 1,6-8.15; cf. v. 34).

No testemunho do Batista segundo Jo podemos destacar dois elementos: 1) A antítese "batizar com água" – "batizar com o Espírito Santo" (cf. Mt 3,11 = Mc 1,7-8 = Lc 3,16). Mas, enquanto para os evangelhos sinóticos (Mt, Mc e Lc) isso significa que em Jesus vem até nós o batismo escatológico ("em espírito santo e fogo"; Mt 3,11), Jo reinterpreta isso a partir de sua experiência eclesial: desde a morte e ressurreição de Cristo, a Igreja é guiada por seu Espírito. Cristo é aquele que dá o Espírito como dom *permanente:* o Espírito desce sobre Jesus e *permanece.* 2) O evangelho de Jo atribui a Jesus o título bem particular de Cordeiro de Deus. É uma alusão ao Servo de Deus, que, tal um cordeiro, não abre a boca e dá sua vida em prol dos seus irmãos. Mas isso parece relacionar-se com o cordeiro pascal e com o dom do Espírito (cf. os cânticos do Servo de Deus, esp. Is 42,1). Pois tirar o pecado do mundo é precisamente o legado que Jesus, com o dom do Espírito, deixa aos seus quando de sua ressurreição (Jo 20,19-23; cf. Pentecostes).

É nesta perspectiva que devemos ler a **1ª leitura**, o 2º Canto do Servo de Deus (Is 49,3.5-6). Ele é chamado, desde o seio de sua mãe, para reerguer Israel e – conforme a teologia específica do Segundo Isaías – ser uma luz diante das nações, no meio dos quais o povo vivia disperso. O Servo é também o protótipo veterotestamentário do "Filho" de Deus, como Jesus é proclamado na hora de seu batismo. O **salmo responsorial** mostra a prontidão do justo para assumir o chamamento do Senhor.

A **2ª leitura** se une às duas outras mediante o tema da vocação – vocação de Paulo como apóstolo, vocação dos fiéis de Corinto (e de toda a Igreja) à santidade. Toda vocação participa da vocação que Deus suscitou nos seus "filhos", desde antigamente; participa, especialmente e de maneira incomparável, da vocação de Cristo.

A **oração do dia** reza por todos os que se empenham pela justiça de Deus, os "servos" e "filhos" de Deus, pois o tema de hoje é a *vocação a ser filho de Deus,* conforme o modelo de Jesus Cristo, proclamado tal na ocasião de seu batismo. A nossa vocação é uma participação na do Cristo, mediante o Espírito que permanece nele e nos faz permanecer nele, para que nós, como novos servos de Deus, tiremos de todos os modos possíveis o pecado do mundo, empenhando-nos pela justiça de Deus. A **oração final** pede que este Espírito, dom permanente de Cristo, nos faça viver unidos no amor do Pai.

O CORDEIRO DE DEUS

Terminado o tempo natalino, a liturgia dominical inicia uma primeira série de "domingos comuns", nos quais os evangelhos descrevem a vida pública de Jesus, depois de seu batismo por João. No Brasil, o 1º domingo comum é substituído pela festa do Batismo do Senhor. No 2º domingo, o **evangelho** conta como João Batista apresenta Jesus a seus discípulos chamando-o de "cordeiro de Deus". Este título é estranho para nós e certamente não suscita muita simpatia entre os jovens. Nesta época de super-homens, nenhum jovem gostaria de ser chamado de "cordeiro".

O pano de fundo deste título é a imagem do Servo do Senhor, que se encontra nos "Cânticos do Servo" da profecia de Isaías. Domingo passado (Batismo do Senhor) foi-nos lido o 1º Cântico do Servo (Is 42,1-4): Deus coloca no Servo o seu Espírito. Hoje, a **1ª leitura** nos faz ouvir o 2º Cântico: o Servo (Israel) deve reunir o povo de Deus e ser a luz das nações (Is 49,3.5-6). O 3º e o 4º Cântico (Is 50 e 53) serão lidos na Semana Santa, e é precisamente no 4º Cântico que o Servo Sofredor é comparado com o cordeiro levado ao matadouro, imagem que estende sua força também sobre os três primeiros cânticos.

Se Jesus, ao ser batizado por João, aparece como o Servo do Senhor (cf. dom. passado), João o chama, mais explicitamente, "o cordeiro que tira o pecado do mundo", "aquele sobre quem o Espírito permanece" e que "batiza com o Espírito". Tudo isso para dizer que Jesus é enviado por Deus para libertar o mundo do pecado e comunicar o Espírito de Deus aos fiéis. Ambas as coisas, ele as realiza por sua morte por amor a nós. Ele morre como o cordeiro redentor e, quando de sua "exaltação" (na cruz e na glória), confere-nos o Espírito (Jo 7,39), para libertar o mundo do pecado (cf. ev. de Pentecostes).

A
T. Com.

Se combinamos essas ideias, parece que este "cordeiro" não é tão passivo assim. Somos batizados no Espírito conferido pelo cordeiro libertador, para libertar o mundo do mal. Somos chamados a realizar a mesma missão do Servo e Cordeiro: dar a nossa vida, para que o pecado seja derrotado. É o sentido profundo do martírio cristão, que sempre acompanha a caminhada da comunidade de Jesus, até hoje. Martírio significa testemunho. Sempre haverá cristãos que, representando o povo de Deus inteiro, darão sua vida para desfazer a força do pecado, para desarmar o mal do mundo (não apenas os atos maldosos de cada um, mas também as estruturas do mal, que devem ser combatidas com o empenho radical de nossa própria postura social). Tudo isso faz parte de nossa "vocação a sermos santos", ou seja, a pertencermos a Deus (cf. **2ª leitura**).

3º domingo do tempo comum/A
A LUZ DO EVANGELHO

Canto da entrada: (Sl 95[94]1-6) "Cantai ao Senhor um canto novo".
Oração do dia: Viver conforme o amor de Deus, frutificar em boas obras.
1ª leitura: (Is 8,23b–9,3) **Luz sobre os que estão nas trevas** – 732 a.C.: deportação das tribos galileias (Zabulão e Neftali) para a Assíria. Mas nas trevas desta situação brilha uma luz de esperança: o nascimento de um filho real, cujo nome simbólico é Emanuel, "Deus conosco" (cf. missa da noite de Natal). • 8,23 cf. Mt 4,15-16 • 9,1-2 cf. Sl 112[111],4; Jo 8,12; Sl 126[125] • 9,3 cf. Is 10,25-26; Jz 7,15-25.
Salmo responsorial: (Sl 27[26],1.4.13-14) "Senhor, és minha luz e salvação".
2ª leitura: (1Cor 1,10-13.17) **O apóstolo é mandado para evangelizar, não para criar partidos** – Paulo iniciou esta carta com o tema da unidade (cf. dom. pass.), para agora censurar as divisões ("panelinhas"). Há torcedores de Paulo, outros de Apolo (cf. At 18,24–19,1), outros de Cefas (Pedro). As perguntas retóricas de Paulo em 1,13 significam que pouco importa o carisma pessoal do missionário; o centro é Jesus Cristo. • Cf. 1Cor 3,4.21-23.
– *Leit. alternat.: (Ef 5,1-2.8-14) Libertados das trevas pela luz.*
Aclamação ao evangelho: (Mt 4,23) "Jesus pregava a boa-nova...".
Evangelho: (Mt 4,12-23 ou 4,12-17) **Começo da pregação do evangelho por Jesus, na Galileia** – Saindo João, Jesus entra em cena, porém, não na Judeia (onde o Batista tinha sido preso: 4,12), mas na Galileia, conforme a profecia de Is 8,23–9,1 (cf. 1ª leitura) (4,14-16). A luz que o Cristo traz resume-se na descrição de v. 23: o anúncio do Reino e os sinais do mesmo em toda espécie de curas. Mas nisto ele não quer estar sozinho: previamente chama os que deverão ser os continuadores de sua obra (4,18-22). • 4,12-17 cf. Mc 1,14-15; Lc 4,14-15; Jo 4,43; Is 8,23; 9,1-2 • 4,18-22 cf. Mc 1,16-20; Lc 5,1-11; Jo 1,35-42.
Oração s/as oferendas: Que as oferendas tragam a salvação.
Prefácio: (dom. T.C. I) "Por ele nos chamastes das trevas à vossa luz...".
Canto da comunhão: (Sl 34[33],6) O Senhor nos ilumina / (Jo 8,12) "Eu sou a luz do mundo".
Oração final: Gloriar-se dos dons de Deus.

O evangelho de Mt é o evangelho do cumprimento das Escrituras, como já notamos várias vezes. Toda a "história de Jesus" é narrada como realização daquilo que, no Antigo Testamento, parecia anúncio ou prefiguração do definitivo agir salvífico de Deus. Quando Jesus se muda de Nazaré para Cafarnaum, Mt vê aí a realização última e definitiva daquilo que já acontecera uma vez no tempo de Isaías. Pois, naquele tempo, o nascimento de um príncipe parecia prometer tempos melhores para a população da Galileia (Zabulon e Neftali), terrorizada pelas deportações assírias: o povo que ficara nas trevas veria uma nova luz. Para Mt, a mudança de Jesus para aquela região realiza plenamente o plano de Deus. É o que nos mostram a **1ª leitura** e o **evangelho** de hoje. Nessa realização, soa o clamor messiânico: "Convertei-vos, o Reino de Deus chegou!"

Na efervescência desta nova consciência, pescadores são transformados em pescadores de homens. Dando sequência à palavra de Jesus, abandonam suas redes e suas famílias e se engajam com ele para fazer acontecer o Reino de Deus. Jesus inicia suas pregações nos arredores, sua mensagem é confirmada pelos prodígios que realiza, prodígios que falam da comiseração de Deus para com seu povo oprimido. Como canta o **salmo responsorial**, Deus se revela como luz e salvação para os seus; o povo pode animar-se e pôr nele toda a confiança.

Com isto, desenhamos o espírito fundamental deste domingo: um novo ânimo apodera-se do povo no qual Jesus inicia sua pregação. Ao largarem tudo, os pescadores do lago de Genesaré representam a transformação que a pregação da proximidade do Reino causou.

A liturgia nos torna contemporâneos desses primeiros que ouviram a pregação e seguiram o apelo. A pregação de Jesus não perdeu nada de sua atualidade. Nisto consiste a "plenitude" daquilo que Cristo veio fazer: o que aconteceu "uma vez" é também "para sempre". Sua pregação tornou-se, de algum modo, um eterno presente. Também hoje devemos ouvir a voz que nos diz que Deus veio até nós, para que nós voltemos a ele. Pois a nossa existência e a nossa história, por si mesmas, sempre se degradam. O Reino de Deus nunca é definitivamente conquistado, pelo menos não enquanto dura a história humana. É uma realidade que deve aproximar-se sempre de novo; e nós, portanto, devemos converter-nos, voltar-nos para ele sempre de novo, como indivíduos, como sociedade, como Igreja, como cultura. Evangelização é isso aí: o evangelho, o clamor de Cristo na terra de Zabulon e Neftali, ressoa sempre de novo nossa vida adentro.

Já no começo da Igreja, Paulo sentiu que o evangelho não foi um mero grito passageiro lá na margem do lago de Genesaré, mas um chamado sempre novo à conversão. Aos seus cristãos de Corinto, que generosamente aceitaram a fé, ele deve lembrar, depois de algum tempo, o evangelho, que, diferente das considerações humanas, não permite a divisão, mas une a todos no nome do Cristo, no qual são batizados. O evangelho não é de belas palavras, mas da cruz de Cristo.

"Evangelho" significa "boa-nova". É uma luz para os que estão nas trevas. Os prodígios que acompanham a pregação de Jesus revelam o luminoso amor de Deus para seu povo. O que nós anunciamos como mensagem de Deus tem estas características? Alivia o povo oprimido, anima os desanimados?

EVANGELIZAR COM PALAVRAS E AÇÕES

Para ver melhor, vamos recuar um pouco... Sete séculos antes de Cristo, duas tribos de Israel – Zabulon e Neftali – foram deportadas para a Assíria, e povos pagãos tomaram seu lugar. A região ficou conhecida como "Galileia dos pagãos". Naquele mesmo tempo, o profeta Isaías anunciou que o novo rei de Judá poderia ser uma luz para as populações oprimidas (1ª **leitura**). Sete séculos depois, Jesus começa sua atividade exatamente naquela região, a Galileia dos pagãos. Realiza-se, de modo bem mais pleno, o que Isaías anunciara. É o que nos ensina o **evangelho** de hoje.

Jesus anuncia a chegada do Reino de Deus. Mas não o faz sozinho. Do meio do povo, chama os seus colaboradores. Dos pescadores do lago da Galileia ele faz "pescadores de homens". Eles deixam seus afazeres, para se dedicarem à missão de Jesus: anunciar a boa-nova, a libertação de seu povo oprimido. Esse anúncio não acontece somente por palavras, mas também por ações. Jesus e os discípulos curam enfermos, expulsam demônios... Anunciar o reino implica aliviar o sofrimento, pois é a realização do plano de amor de Deus.

A
T. Com.

Nosso povo anda muito oprimido pelas doenças físicas, mas sobretudo pelas doenças da sociedade: a exploração, o empobrecimento dos trabalhadores etc. Deus é sua última esperança. *O povo entenderá o que Jesus pregou* (justiça, amor etc.) *como boa-nova à medida que se realize algum sinal disso em sua vida* (alívio de sofrimento pessoal e social). Um desafio para nós.

Jesus chama seus colaboradores do meio do povo. Ora, na Igreja, como tradicionalmente a conhecemos, os anunciadores tornaram-se um grupo separado, um clero, uma casta, enquanto Jesus se dirigiu a simples pescadores que trabalhavam ali na beira do lago. Ensinou-lhes uma outra maneira de pescar: pescar gente. Onde estão hoje os pescadores de homens, agricultores de fiéis, operários do Reino – chamados do meio do povo? Por que só os intelectuais podem ser chamados, para, munidos de prolongados estudos, ocuparem "cargos" eclesiásticos, à distância do povo? Não é ruim estudar; oxalá os pescadores e operários também o pudessem fazer. Mas importa observar que a evangelização, o anúncio do Reino, puxar gente para a comunidade de Jesus, não é uma tarefa reservada a gente com diploma. E a Igreja como um todo deve voltar a uma simplicidade que possibilite que pessoas do povo levem o anúncio aos seus irmãos e assumam a responsabilidade que isso implica.

4º domingo do tempo comum/A
BEM-AVENTURADOS OS POBRES

Canto da entrada: (Sl 105[104],47) "Reuni vossos filhos dispersos...".

Oração do dia: Adorar a Deus e amar os homens.

1ª leitura: (Sf 2,3; 3,12-13) **O pequeno e humilde resto de Israel é portador da Salvação** – Depois de um oráculo de ameaça, o profeta dirige-se aos piedosos. Eles vivem conforme o direito estabelecido por Deus, não conforme a autossuficiência de sua própria força. Por isso, são chamados de "humildes" (= pequenos, fracos). Com esta atitude se pode talvez escapar da catástrofe. A este povo pobre e humilde, o profeta anuncia esperança. • 2,3 cf. Am 5,4; Is 57,15; Jr 13,15-16 • 3,12-13 cf. Is 53,9; Ap 14,5; 1Pd 1,19.

Salmo responsorial: (Sl 146[145],7.8-9a.9bc-10) Deus ama e protege os humildes.

2ª leitura: (1Cor 1,26-31) **Deus escolheu o que é fraco** – Os coríntios olham demais para critérios humanos (daí sua divisão). Paulo insiste em proclamar-lhes o que não é sabedoria humana. A prova é *ad hominem*: quantos dos chamados são notáveis ou intelectuais? (1,26) Dá-se com o novo povo de Deus o que se deu com o antigo: Deus o cria do nada (1,28), prefere o fraco ao forte: assim, ninguém pode gloriar-se de suas próprias forças. • 1,26-27 cf. Mt 11,25; Tg 2,5; 2Cor 4,7 • 1,29 cf. Rm 3,27; Ef 2,9 • 1,31 cf. Jr 9,22-23; 2Cor 10,17.

Aclamação ao evangelho: (Mt 5,12a) Bem-aventurança e recompensa.

Evangelho: (Mt 5,1-12a) **As bem-aventuranças** – As bem-aventuranças proclamam que, para os que confiam em Deus, o cumprimento de sua esperança chegou: eles vão integrar a comunidade dos que são salvos por Deus. As bem-aventuranças têm forma de congratulação, mas incluem uma missão. A bênção de Deus é dom e missão. • 5,3-12 cf. Lc 6,20-23 • 5,3-6 cf. Is 61,2-3; Sl 37[36],11 • 5,7-10 cf. Mt 18,33; Tg 2,13; 3,18; 1Pd 3,14 • 5,11-12 cf. Mt 10,22; 1Pd 4,14.

Oração s/as oferendas: Oferendas, sacramento da Salvação.

Prefácio: (dom. T.C. I) Raça escolhida e nação santa.

Canto da comunhão: (Sl 31[30],17-18) "Não permitas que eu seja confundido" / (Mt 5,3-4) Bem-aventurança dos pobres e dos mansos.

Oração final: Progredir na verdadeira fé.

Os caminhos de Deus são diferentes dos nossos. Nós sempre achamos que o grande e forte há de vencer. Deus não. Ele prefere trabalhar com um povo pequeno e humilhado. Pois os poderosos são autossuficientes e não querem entender o que Deus deseja. Deus os atrapalha. Com o pobre resto de Israel, depois das deportações, ele consegue mais do que com o povo próspero que pactuava com os egípcios e os assírios, até eles o engolirem. Pois a atuação de Deus situa-se num outro nível: concerne à retidão do coração, e aí, o poder não tem força. Por isso, os pobres de Deus serão felizes. Esta é a mensagem da **1ª leitura** de hoje (Sf 2 e 3). Deus não se deixa pressionar pelo poder do mais forte. Se os outros não o fazem, ele cuida dos pobres e dos fracos e lhes faz justiça (**salmo responsorial**: Sl 146[145]).

Quando Jesus inicia sua pregação, realiza-se plenamente essa manifestação de Deus que o Antigo Testamento já intuiu. Deus se dirige aos pobres e oprimidos, para lhes fazer justiça e para, com eles, realizar o reinado de sua vontade, cheia de amor e misericórdia. É esse o sentido das "bem-aventuranças" (**evangelho**) com as quais Jesus entoa sua pregação. Hoje ouvimos as bem-aventuranças na versão de Mt. Proclamam a felicidade, finalmente realizada, destes "pobres de Deus". E também daqueles que choram, dos não violentos etc. Mas, em comparação com a versão que Lc nos ensina[19], Mt não apenas proclama, mas também interpreta e exorta. Coloca os conceitos de pobreza, fome, sede nos seus devidos parâmetros, pois nem todos os pobres são pobres de Deus! Todos nós conhecemos os donos de favela que exploram seus semelhantes mais infelizes do que eles... Em Mt, a primeira bem-aventurança se dirige aos que, no modo hebraico de falar, são "curvados no seu alento", pobres até a alma, como a Bíblia diz dos "pobres de Deus". A bem-aventurança não se dirige ao pobre com mania de rico, mas às pessoas que assumem sua pobreza, sabendo que Deus tem outros critérios de felicidade do que nós. E quando se trata dos que têm fome e sede, que tenham, antes de tudo, fome e sede da justiça de Deus, incomparável com a justiça humana. Pois só essa justiça fará com que tudo seja radicalmente bom. Assim, o estado de espírito dos que são aqui felicitados torna-se um programa de vida para todos os que querem ser do Reino.

Nosso contexto oferece bastante ensejo para uma meditação atualizada das bem-aventuranças. Podemos felicitar os muitos que sofrem por causa da sua sede pela justiça de Deus; podemos felicitar os que, em nome do ideal do amor cristão, entram em conflito, em questões de salário, terra, família etc. Mas, para sermos completamente fiéis ao espírito com o qual Mt formula esta mensagem, devemos também insistir no programa de vida que as bem-aventuranças significam, mesmo para aqueles que talvez não sejam pobres materialmente, mas que, de toda maneira, são chamados a se tornarem distribuidores de misericórdia (Mt 5,7), artesãos de paz (5,9) etc. Dom e tarefa: este é o sentido das bem-aventuranças. E, acreditando em sua mensagem, realizaremos já, um pouco, a utopia da justiça de Deus.

A **2ª leitura** continua com a 1Cor. Casualmente, confirma o ensinamento das duas outras leituras, mostrando que Deus não escolhe o que é forte, neste mundo, mas o que é fraco – como, de fato, muitos dos primeiros cristãos eram. Paulo explica as razões

A
T. Com.

---

19. Lc (6,20-26) traz apenas quatro bem-aventuranças (em vez de nove, como Mt) e também quatro maldições (aos ricos etc.), que não ocorrem em Mt. Além disso, em Lc as Bem-Aventuranças são uma interpelação ao auditório de Jesus ("Bem-aventurados, vós..."); em Mt, são sentenças gerais ("Bem-aventurados os...").

teológicas disso: ninguém deve gloriar-se diante de Deus; se alguém quiser gloriar-se, torne-se pequeno, para se gloriar naquilo que Deus realiza, conforme a sua justiça.

A pobreza, quando assumida "de coração", é a situação privilegiada para reconhecer a justiça de Deus. Riqueza e poder tornam cego. Mas quem vive a situação de pobreza como uma procura da justiça de Deus, esse tem chances de a encontrar. Por isso, os pobres são o sacramento da justiça de Deus.

O **salmo responsorial** está nitidamente dentro do tema dos "pobres de Deus". Também o **canto da comunhão** (opção II). Escolhendo o **prefácio** dos domingos do tempo comum I, pode-se acentuar a escolha que Deus faz, transformando-nos, por seu bom grado, em povo santo e eleito.

OS "POBRES NO ESPÍRITO"

A insistente pregação de Jesus e da Igreja em favor dos pobres incomoda certas pessoas. Nas Bem-Aventuranças segundo Mt (**evangelho**), Jesus felicita os "pobres no espírito". Por que "no espírito"? Talvez não sejam os materialmente pobres? É possível ser pobre no espírito e rico materialmente?

Já no Antigo Testamento (**1ª leitura**), Deus mostra que seu favor não depende de poder e riqueza. Ele prefere os que praticam a justiça, ainda que pobres: os "pobres do Senhor". Isso era difícil entender para os antigos israelitas, que – como muita gente hoje – viam na riqueza uma prova do favor de Deus.

Jesus, no evangelho, anuncia o Reino de Deus, como dom e missão, aos que têm esse espírito dos "pobres de Deus": os que não pretendem dominar os outros pelo poder e a riqueza, mas se dispõem a colaborar na construção do reino de amor, justiça e paz, tornando-se pobres, colocando-se do lado dos pobres e confiando antes de tudo no poder de Deus e no valor de sua "justiça", que é a sua vontade, seu plano de salvação. Os "pobres de Deus" assumem atitudes inspiradas por Deus e seu reino: pobreza (não apenas forçosa, mas no espírito e no coração), paciência (com firmeza), justiça (com garra), paz (na sinceridade) etc. Aos que vivem assim, Jesus anuncia a felicidade ("bem-aventurança") do reino. Esses são os cidadãos do reino, os herdeiros da terra prometida. E, de fato, o "manso", o não violento tem bem mais condições de usar a terra que o grileiro. Os pobres solidários constroem uma sociedade melhor que os ricos egoístas. Há quem diga que as Bem-Aventuranças não visam os pobres materialmente, porque esses não podem ser os "promotores da paz" aos quais se refere a sétima bem-aventurança (Mt 5,9). Mas será que a verdadeira paz, fruto da justiça, não é promovida pelos pobres e os que em solidariedade com eles lutam pelo direito de todos?

O apóstolo Paulo ensina que Deus escolheu os pobres e os simples para envergonhar os que se acham importantes (**2ª leitura**). Deus é quem tem a última palavra. Demonstrou isso em Jesus, morto e ressuscitado. Demonstrou isso também em Paulo, que abandonou seu *status* de judeu e fariseu, para se tornar desprezado, seguidor de Jesus. Não pela posição e pelo poder, mas pelo despojamento radical é que Paulo se tornou participante da obra de Cristo.

Devemos optar, na vida, pelos valores do Reino e não pelo poder baseado na opressão, na exploração... Devemos optar pelos pobres e não pelos que os empobrecem! Para isso precisamos de desprendimento, pobreza até no nosso íntimo ("no espírito"). A bem-aventurança não vale para pobre com mania de rico! Os pobres no espírito são os que não apenas "quereriam", mas *efetivamente querem e optam por formar "povo de Deus" com os oprimidos e empobrecidos,* porque têm fome e sede do Reino de Deus e sua justiça.

5º domingo do tempo comum/A
SAL DA TERRA E LUZ DO MUNDO

Canto da entrada: (Sl 95[94],6-7) "Adoremos o Senhor, que nos criou".

Oração do dia: "Velai sobre nós com incansável amor".

1ª leitura: (Is 58,7-10) **"Tua luz surgirá como a aurora"** – 537 a.C.: o povo volta do exílio babilônico, mas a reconstrução da pátria não deslancha. Jejum e penitência parecem servir para nada. Aí, o Terceiro Isaías aponta a raiz do problema: é impossível o verdadeiro bem, enquanto não se observam os mandamentos fundamentais da justiça e do amor. Sem isso, os pios exercícios não louvam Deus, nem pode haver diálogo com ele (v. 9a). • cf. Tb 4,16; Mt 25,35-46; Sl 85[84],14; 145[144],18; Is 52,12.

Salmo responsorial: (Sl 112[111],4-5.6.7.8a+9) "O justo é como a luz que brilha...".

2ª leitura: (1Cor 2,1-5) **Não sabedoria eloquente, mas o Cristo crucificado** – O evangelho de Cristo é o evangelho da Cruz. Não se baseia em força humana. Os mensageiros vivem no medo e na fraqueza (2,3); bem como os destinatários são gente pouco considerada (cf. 1,26-31). Deus trabalha com pobreza de meios, pois a força do Evangelho é a força de Deus mesmo. • 2,1-2 cf. 1Cor 1,17; 2Cor 11,6; Gl 6,14 • 2,3-5 cf. At 1,8; 1Ts 1,5; Rm 1,16; 2Cor 12,12.

– *Leit. alternat.: (Rm 12,9.17-21) A luz da justiça na caridade.*

Aclamação ao evangelho: (Jo 8,12) "Eu sou a luz do mundo".

Evangelho: (Mt 5,13-16): **"Vós sois o sal da terra... a luz do mundo"** – Os discípulos de Jesus são responsáveis pelo mundo: devem dar-lhe clareza e sabor, por suas boas obras, que recolhem louvor, não para eles, mas para o Pai. Pode acontecer também que o mundo responda de modo contrário: perseguição (5,11-12). Esta dupla possibilidade realizou-se também para o Mestre, que é a "luz do mundo" (cf. Jo 3,18-21; 8,12; 9,4-5 etc.). • 5,13 cf. Mc 9,50; Lc 14,34-35 • 5,14-15 cf. Mc 4,21; Lc 8,16; 11,33 • 5,16 cf. Jo 3,21; Ef 5,8-9.

Oração s/as oferendas: Alimento para nossa fraqueza.

Prefácio: (dom. T.C. I) "Anunciar por todo o mundo vossas maravilhas".

Canto da comunhão: (Sl 107[106],8-9) As maravilhas de Deus em favor dos homens / (Mt 5,5-6) Bem-aventurança dos entristecidos e famintos.

Oração final: A alegria de produzir muitos frutos.

No **evangelho** deste domingo continua o Sermão da Montanha conforme Mt, declarando que os que escutam (e aceitam) a palavra de Jesus Cristo são o sal da terra e a luz do mundo. Os verdadeiros discípulos de Cristo dão cor e sabor a este mundo. Mas, quando perdem estas qualidades, também não prestam mais para nada. Que significam essas imagens do sal e da luz?

A **1ª leitura** oferece um exemplo daquilo que os ouvintes de Jesus, acostumados aos textos do Antigo Testamento (na sinagoga), ouviam ressoar nos seus ouvidos ao escutarem tais expressões: "Quando repartes teu pão com o faminto e concedes hospedagem ao pobre, então, tua luz surge como a aurora, tua justiça caminha diante de ti... Se expulsas de tua casa a opressão e sacias o oprimido, então surge tua luz nas trevas e tua escuridão resplandece como o pleno dia" (Is 58,6a.7-10; cf. todo o cap. 58).

O que dá cor e sabor à vida não é, como muitos pensam, o prazer, a ostentação, o luxo; nem mesmo o progresso ou a erudição; nem mesmo a arte ou a filosofia. O que dá cor e sabor à vida é: ocupar-se com o que parece condenado à morte: o oprimido, o pobre. Para os sábios deste mundo, Jesus tem mau gosto! Para Jesus, dar cor e sabor à vida é ocupar-se com o fraco, o impotente, que aos olhos de Deus vale tanto (e mais) quanto o forte; o pequeno, que merece atenção maior, porque não sabe se defender. Uma boa mãe não dedica atenção maior aos filhos mais fracos? Dar cor e sabor à vida não é eliminar o que é fraco, mas abrir espaço para todos os

A
T. Com.

seres queridos por Deus. Lembro-me de um fanático que queria destruir todas as árvores rasteiras para plantar só árvores de grande porte... Tem alguma semelhança com os que, em nome do progresso e da cultura, reduzem tudo ao mesmo denominador. Isso não é sal e luz, mas mania de grandeza e morte. Ser sal e luz significa: fazer viver o mínimo ser querido por Deus.

Mas ser sal e luz é também: não fugir em piedosos exercícios (como o jejum formalista, que Is 58 critica). Há almas românticas que querem ser uma vela que se consome na solidão do santuário, diante de Deus só. A luz não é feita para ser colocada debaixo do alqueire... A melhor maneira para se consumir em brilho diante de Deus é dar sua luz aos seus filhos.

Também Paulo, que ouvimos novamente na 1Cor (**2ª leitura**), sabe que a cultura não é o verdadeiro brilho (2,1). Ele só quer saber da loucura da cruz. Contemplar a cruz é a condição para entender o sentido bíblico de ser sal e luz, como o explicamos acima. Pois Cristo nos fez realmente viver, mediante sua própria morte, pela força do Espírito que o fez surgir dos mortos.

Os cantos (**salmo responsorial** e **aclamação ao evangelho**) sublinham a imagem, frequente na Bíblia, da luz do mundo. Lembram-nos que Cristo mesmo é, por excelência, esta luz. Ser luz do mundo é imitá-lo. Não é brilhar no sucesso que ofusca. É, qual uma luz indireta, iluminar pela graciosa bondade que recebemos de Deus as trevas em que vive nosso irmão, trevas de falta de sentido na vida, trevas de vício e pecado, trevas de uma estrutura opressora, e tantas outras... E para sermos luz devemos ter o senso crítico necessário para reconhecer as trevas. Ser luz não é andar como um "iluminado" neste mundo. É enfrentar as trevas. É testemunhar, pela própria vida, a luz que é Jesus Cristo.

SER SAL E LUZ

Ao ouvir o trecho do Sermão da Montanha do **evangelho** de hoje, alguém pode perguntar: "Que pretensão é essa de dizer que os seguidores de Jesus, gente simples e sem brilho, devem ser 'sal e luz' para o mundo?" Jesus quer dizer que esses simples galileus, agora reunidos na comunidade do Reino de Deus, dão sabor ao mundo insípido e devem deixar brilhar as suas boas obras, para que as pessoas deem graças a Deus. Pois Deus é reconhecido nas boas obras de seus filhos. Isso significa também que não devem fazer as boas obras por vaidade própria: uma "luz" boa não ofusca a vista com seu próprio foco, mas ilumina o mundo em torno de si. A **1ª leitura** dá um exemplo de como deixar brilhar essa luz: saciar os famintos, acolher os indigentes, afastar a opressão de nosso meio...

A sociedade de hoje procura um brilho bem diferente daquele do evangelho: luxo e esbanjamento, diploma comprado e esperteza para enganar os outros... O sal e a luz do evangelho não são reservados aos que têm riqueza e poder. Encontram-se na vida do mais pobre. Este pode ser sal e luz até para os ricos e cultos: faz-lhes ver a vida em sua nudez e provoca no coração deles a opção fundamental. Diante do pobre, os abastados têm de optar a favor ou contra o Cristo pobre. A solidariedade dos pobres e com os pobres questiona os "valores" de uma sociedade individualista e competicionista, na qual cada um abocanha tudo quanto consegue. O povo dos pobres é, para todos, a luz que lhes faz ver a dimensão decisiva de sua vida. O brilho do mundo, ao contrário, leva ao tédio; em vez de sal e luz, escuridão e entorpecentes...

A **2ª leitura** de hoje nos lembra que o Cristo, centro e inspiração de nossa vida, não combina com o falso brilho do mundo: "Nada a não ser Jesus Cristo, e Jesus Cristo crucificado". Os cristãos devem colocar sua glória somente em Cristo. Paulo não prega coisas de sucesso, mas o Cristo crucificado, para que a fé não se baseie em sabedoria de homens, mas no poder de Deus, que ressuscitou Jesus.

Para sermos sal e luz, Cristo não ordena esforços sobre-humanos. Basta nossa adesão cordial e íntima a Jesus e a sua comunidade. "Sois o sal... sois a luz...". Quem adere de verdade à comunidade do Reino que ele convoca, será sal e luz. Se somos verdadeiramente discípulos dele, comunicamos cor e sabor ao mundo. Por nossa bondade, simplicidade, justiça, autenticidade e também por nossos sacrifícios, se for o caso, tornamos o mundo luminoso e gostoso, de modo que os nossos semelhantes possam dar graças a Deus.

6º domingo do tempo comum/A
A VERDADEIRA JUSTIÇA

Canto da entrada: (Sl 31[30],3-4) "Deus, meu rochedo e abrigo".
Oração do dia: Ter um coração que possa abrigar Deus.
1ª leitura: (Eclo 15,15-21[20]) **O homem tem a liberdade de escolher o bem e o mal (capacidade moral do homem)** – O Eclesiástico critica as seguintes afirmações: 1) o pecado é inevitável; 2) Deus não se preocupa com a gente e seus pecados. Ao contrário, o homem é livre para escolher entre o bem e o mal ("livre-arbítrio"). Deus não abandonou o homem a uma existência absurda, mas quer que ele escolha o caminho da Salvação. • 15,16-17 cf. Dt 11,26-28; 30,15-20; Jr 21,8 • 15,18-19 cf. Sl 33[32],13-15; 34[33],16; Pr 15,3.
Salmo responsorial: (Sl 119[118],1-2.4-5.17-18.33-34) O seguimento perfeito do caminho de Deus (a Lei).
2ª leitura: (1Cor 2,6-10) **A sabedoria dos poderosos e o mistério de Deus** – 1Cor começa mostrando a fraqueza humana no início da obra evangelizadora. Agora quer mostrar também que nela existe grandeza – mas esta, só o fiel amadurecido a pode alcançar, pois ela vem do Espírito Santo, não de considerações humanas. O mistério de Deus é o mistério da cruz, mistério que escapou à perspicácia dos poderes mundanos, pois, senão, não se teriam tornado os instrumentos (involuntários) de sua realização, crucificando Jesus. • 2,7 cf. Rm 16,25; Cl 1,26 • 2,8 cf. Ef 3,10; 1Pd 1,12 • 2,9-10 cf. Dt 29,28; Is 64,3; 52,15; Mt 13,11.
– **Leit. alternat.:** (Rm 13,8-10) A plenitude da lei é o amor.
Aclamação ao evangelho: (cf. Mt 11,25) O mistério do Reino revelado aos pequenos.
Evangelho: (Mt 5,17-37 ou 5,20-22a.27-28.33-34a.37) **A verdadeira justiça** – Mt 5,17-48 resume a relação entre Jesus e a Lei. Jesus não quer abolir a Lei, mas salvá-la do formalismo (= observância exterior a fim de "ganhar o céu"), para a restituir a Deus, mostrando sua radicalidade até o íntimo da pessoa (agir "em consciência" e procurar a verdadeira "justiça" não é observar meramente a letra da lei, mas agir em harmonia com a vontade amorosa de Deus por trás da letra). Quando Jesus diz: "Ora, eu vos digo...", revela a vontade original do Pai. • 5,17-19 cf. Lc 16,17; Tg 2,10 • 5,21-26 cf. Ex 20,13; Ef 4,26; 1Jo 3,15; Lc 12,58-59 • 5,27-30 cf. Ex 20,14; Mt 18,8-9 • 5,31-32 cf. Dt 24,1; Mt 19,7-9; Mc 10,11-12; Lc 16,18; 1Cor 7,10-11; Ml 2,14-16.
Oração s/as oferendas: Desejo de renovação e purificação.
Prefácio: (dom. T.C. IV) "Renovou o homem".
Canto da comunhão: (Sl 78[77],29-30) "Comeram e foram saciados" / (Jo 3,16) Tanto amou Deus o mundo, que lhe deu seu único filho.
Oração final: Sempre desejar o alimento que traz a verdadeira vida.

A T. Com.

Não basta observar leis para ser justo; é preciso observá-las de maneira pessoal, consciente daquilo que se está fazendo, a fim de realizar o bem a que a lei visa. Isso se chama: agir conforme o espírito da lei. Vale para a lei civil e, muito mais ainda, quando se trata da lei de Deus: devemos observá-la conforme o Espírito de Deus. A letra da lei mata, o Espírito vivifica.

Os nossos pais na fé, os antigos israelitas, veneravam a Lei (religiosa e civil ao mesmo tempo) como uma encarnação da sabedoria e do espírito de Deus. O **salmo responsorial** de hoje, Sl 119[118], é um bom exemplo disto. A Lei era uma luz, um caminho, uma razão de justo orgulho perante os outros povos (cf. Dt 4,7-8). Graças aos mandamentos esperavam o bem que Deus lhes propunha (não o fogo, mas a água; Eclo 15,17[16]; **1ª leitura**).

Mas observar a lei pode também acontecer num outro espírito, que não é o de Deus. Havia os que observavam a Lei com espírito de barganha: "Vamos fazer exatamente o que lá está escrito, nem menos nem mais; então seremos justos, e Deus nos deverá conceder o paraíso!" Certos escribas e fariseus apoderaram-se da Lei para fazer dela um instrumento de dominação (Mt 23,2-4). Jesus pretende tirar a Lei das mãos dessa gente e restituí-la a Deus, isto é, deixá-la ser novamente expressão da vontade de Deus, de seu amor e fidelidade (cf. 1ª leitura). Jesus não é contra a Lei. Antes pelo contrário, ele quer restabelecê-la em toda a sua pureza. Não a quer abolir, mas dar-lhe sua perfeição: não o legalismo farisaico, mas o Espírito de Deus mesmo (Mt 5,17-20, **evangelho**).

Ora, restituir a Lei a Deus significa uma profunda conversão da nossa "justiça" (cf. Mt 5,20). Significa, no fundo, que nossa justiça, enquanto ela só vier de nós mesmos, nunca será suficiente para observar a Lei. Pois, entendida segundo o espírito do legislador, ninguém conseguirá jamais realizar tudo o que Deus quis sugerir através da Lei. "Não matarás", cita Jesus, mas também não sufocarás psicologicamente teu irmão por desprezo e rixa. "Não adulterarás" (5,27), mas também não alimentarás cobiça por mulher alheia no teu coração. O divórcio (mais exatamente, o repúdio da esposa) entrou na lei de Moisés, mas não era da intenção de Deus (cf. Mt 19,1ss); conforme o espírito de Deus não deve haver divórcio, pois, se o divórcio for alguma vez o mal menor, nunca será um bem... Mesmo jurar é uma aberração, se a gente considera bem, pois Deus quer que sempre se diga a verdade; por que então jurar (Mt 5, 33-37)?

Com sua tremenda radicalidade na interpretação da Lei, Jesus derruba toda autossuficiência. Diante de Deus, ninguém é sem pecado (cf. Sl 130[129],3). Mas isso não nos dispensa de tentar fazer o melhor que podemos. Os fariseus punham, através de sua casuística, a Lei em moldes humanos e, depois, se gabavam de a ter observado perfeitamente. Jesus mostra a dimensão infinita e inesgotável da vontade de Deus, da qual os mandamentos são uma expressão fraca. Pela radicalidade de Jesus tomamos consciência de ficarmos devendo; e é muito salutar essa consciência: é o começo de nossa salvação. Nunca estaremos em dia com Deus, mas, fazendo aquilo de que somos capazes, podemos contar com sua graça, pois ele é o nosso Pai. Essa certeza enquadra a liturgia de hoje (**canto da entrada**, **oração do dia**).

Na **2ª leitura** continua a exposição de Paulo sobre a sabedoria do mundo e a de Deus. Esta "despistou" os poderosos do cosmo, fazendo com que o Filho de Deus viesse entre nós revestido de fragilidade. Se a sabedoria e o poder do mundo tivessem reconhecido o Deus despojado que é Cristo, não o teriam crucificado; teriam tratado de "cooptá-lo...". Pode-se estabelecer um paralelo: a oposição entre o autossuficiente legalismo farisaico e a "absurda" radicalidade do Sermão da Montanha por um lado, e a oposição entre a brilhante sabedoria grega e o absurdo da Cruz por outro. Em ambos os casos, Deus se mostra infinitamente superior aos critérios humanos. Só reconhecendo isso, temos chances de nos entendermos com ele.

O ESPÍRITO DOS MANDAMENTOS

A sabedoria do Antigo Testamento ensinava que temos uma consciência, para escolher entre o bem e o mal. Para ajudar-nos no escolher, Deus propõe a lei, os mandamentos (**1ª leitura**). Antes disso, Moisés codificou os mandamentos de Deus para os israelitas. Mas o que significam esses preceitos? Como interpretá-los? No tempo de Jesus havia quem os interpretasse *conforme a letra,* materialmente: "Não matar" significava simplesmente não tirar a vida de ninguém. Jesus, no **evangelho**, nos ensina a interpretá-los *conforme o espírito do Pai.* Escutar Deus mesmo por trás da letra da lei! E o que Deus deseja é "justiça", isto é, seu plano de amor para com a humanidade: o "projeto de Deus". Procurar a justiça verdadeira é olhar a vida com amor radical. Então, "não matar" significará muito mais do que a letra diz...

Também hoje, muitos interpretam a lei de modo material, sem escutar a vontade de Deus. "Adorar a Deus" significa então ir à Igreja, sem amor a Deus. "Não adulterar" significa então respeitar o "contrato matrimonial", sem renovar diariamente seu amor de esposo. "Não roubar" torna-se bandeira da intocável propriedade privada, em vez de freio contra a exploração...

Jesus restituiu a Lei a Deus: puxou-a das mãos dos fundamentalistas e fez ela ser novamente interpretação e instrumento do amor do Pai. E com isso, restituiu-a ao povo, pois assim ela serve para a paz, a felicidade profunda do povo que Deus ama. *A nós cabe interpretar a lei pelo amor que Cristo nos fez conhecer.* É isso a moral cristã. Colocar a lei a serviço de um amor inesgotável. Então, nunca ficaremos "satisfeitos": sempre descobriremos uma maneira mais completa para realizar o bem que Deus "aponta" através da lei. A letra da lei não diz nada sobre política, mas o espírito de Jesus nos ensina que hoje, para sermos justos, devemos mexer com as estruturas políticas e econômicas da sociedade. Escutando a voz da consciência e orientando-nos pelo amor que Cristo nos ensina, veremos melhor o que na prática os mandamentos exigem de nós.

7º domingo do tempo comum/A
SER BOM COMO DEUS: AMAR DE GRAÇA

Canto da entrada: (Sl 13[12],6) Júbilo por causa da bondade de Deus.

Oração do dia: Conhecer e fazer o que agrada a Deus.

1ª leitura: (Lv 19,1-2.17-18) **Não ódio, mas amor** – Trecho da chamada "Lei da Santidade" (Lv 17–25), que deseja que o povo de Javé seja santo porque Ele o é também. Ele é quem fundamenta as exigências morais (p.ex., o amor ao próximo e ao estrangeiro, 19,18.36) e rituais (cf. 19,25). Daí a moral e o amor poderem ser chamados "imitação de Deus", de sua santidade (perfeição, cf. evangelho). • 19,2 cf. Lv 11,44 • 19,17 cf. Ez 33,1-9; Mt 18,15 • 19,18 cf. Mt 5,43; Rm 13,9; Gl 5,14.

Salmo responsorial: (Sl 103[102],1-2.3-4.8+10.12-13) Deus é clemente e misericordioso.

2ª leitura: (1Cor 3,16-23) **Não partidarismo, mas pertença completa a Cristo e Deus** – Tendo descrito como se constrói a Igreja, templo de Deus (1Cor 3,1-15), Paulo tira agora as conclusões: a presença do Espírito de Deus torna santa a comunidade eclesial, e abalá-la é demolir Deus (3,17). E onde Deus está presente, não há lugar para endeusar homens, culto de personalidades. Em Cristo, a Igreja recebe a sabedoria de Deus e torna-se realidade divina. • 3,16 cf. 1Cor 6,19; 2Cor 6,16; Ef 2,20-22 • cf. Jó 5,13; Sl 94[93],11.

– *Leit. alternat.:* (1Pd 1,14-16.22-23) Santidade e perfeição no amor.

A T. Com.

Aclamação ao evangelho: (Jo 17,17) "Santifica-nos por tua palavra".

Evangelho: (Mt 5,38-48) **Pagar o mal pelo bem, amar os inimigos** – Como na "Lei da Santidade" (Lv 17–26, cf. 1ª leitura), também em Mt 5,17-48 a imitação de Deus na sua "perfeição" (= santidade) apresenta-se como regra fundamental. Jesus dá a esta imitação um conteúdo radical: não só amar o próximo (cf. Lv 19,18), mas também o inimigo! E outras coisas assim. – A ajuda desinteresseira, o amor a quem não nos ama são as provas de que amamos com o mesmo amor gratuito de nosso Pai celeste. • 5,38-42 cf. Ex 21,24; Lc 6,29-30; 1Pd 3,9 • 5,43-48 cf. Lv 19,18; Lc 6,32-33; Rm 12,14.20.

Oração s/as oferendas: Dom para a honra de Deus e nossa Salvação.

Prefácio: (dom. T.C. VII) O amor de Deus pelos homens manifestado em Jesus Cristo.

Canto da comunhão: (Sl 9,2-3) Louvor a Deus / (Jo 11,27) Jesus é o Cristo, o Filho de Deus Vivo.

Oração final: Eucaristia, penhor da vida eterna.

O **evangelho** de hoje continua com a interpretação da Lei que Jesus propõe no Sermão da Montanha (cf. dom. passado). Jesus supera a justiça do A.T., que se guiava pela lei do "talião" (do "tal qual"), "olho por olho, dente por dente" (uma maneira de refrear a vingança ilimitada). A posição de Jesus parece compreensível, pois pagando o mal com o mal nunca se sai do *statu quo*, da violência, da vingança. Mas o que Jesus quer é mais do que isso: dar mais do que nos é pedido e até amar os inimigos. Como é que se pode gostar de quem não se gosta?

Novamente, Jesus não pergunta se é possível. Só diz que deve ser assim, pois Deus é assim mesmo! Deus faz o sol surgir sobre bons e maus e a chuva descer sobre justos e injustos. Pois todos são os seus filhos. "Mas, dirá alguém, eu não sou Deus". E a resposta de Jesus: "Não és Deus, mas procura ser como ele: perfeito como teu Pai celeste é perfeito; então, serás realmente seu filho!"

Jesus não veio para facilitar nossa vida, mas para nos tornar semelhantes a Deus, mesmo se ficamos sempre devendo e sabemos que, por nossa própria força, nunca chegaremos a isso. Também não é uma questão de esforço, mas de amor e de graça. Uma vez conscientes de que Deus nos ama de graça (cf. Rm 5,6-8 e 1Jo 4,10.19), já não vamos achar estranho amar *de graça* os que não nos amam (mesmo se devemos combatê-los quando oprimem os mais fracos...). Se entendermos o amor gratuito, não vamos achar absurdo convidar os que não nos podem retribuir (cf. Lc 14,12-14). O amor de Deus é criador: cria uma situação nova, que não existia antes. Quando nos sabemos envolvidos nesse amor paterno criador e gratuito, seremos capazes de imitá-lo um pouco. Seremos, não por nosso esforço, mas por saber-nos amados, realmente os seus filhos. E almejaremos o dia em que a morte porá fim às nossas incoerências, para que Ele nos acolha plena e definitivamente.

Na **1ª leitura,** encontramos juntos, já no Antigo Testamento, os mandamentos de não guardar rancor e do amor ao próximo (Lv 19,17-18; cf. Lv 19,35, o amor ao estrangeiro). Todos esses mandamentos se baseiam na mesma verdade: todas as pessoas são filhos do mesmo Pai. Poderíamos acrescentar o amor ao insignificante, ao pobre, ao marginal, amor este que serve de critério para ver se a nossa vida é compatível com a eterna companhia de Deus, nosso Pai (Mt 25,31-46).

A liturgia de hoje supõe, portanto, que estejamos imbuídos da consciência filial com relação a Deus. "Bendize, ó minha alma, o Senhor, e jamais te esqueces de todos os seus benefícios" (**salmo responsorial**).

Na **2ª leitura** continua a polêmica de Paulo com a sabedoria do mundo, por ocasião da divisão que a vanglória, o partidarismo e outras atitudes demasiadamente humanas causaram na comunidade de Corinto. Tal divisão é o contrário daquilo que o evangelho ensina. Reconhecendo o evangelho como única sabedoria válida, devemos dizer, com Paulo, que os critérios humanos são loucura diante de Deus. Paulo ironiza os coríntios, dos quais uns diziam: "Eu sou de Paulo", ou "de Apolo", "de Cefas" ou até "de Cristo"... "Ainda bem que quase não batizei ninguém", observa Paulo, brincando (1Cor 1,14). E mais adiante conclui: "Todos nós, apóstolos, somos vossos; e não só nós, toda a realidade da criação é vossa... mas vós sois de Cristo, e Cristo de Deus" (3,21-23). Hoje ouvimos: "Eu sou de tal movimento, de tal 'teologia', de tal tradição". Mas não faz diferença: somos de Cristo, e Cristo, de Deus. Por isso devemos ser como Cristo e como Deus. Isto, porém, não o conseguiremos por um vaidoso esforço de nossa vontade, mas somente se nos deixarmos envolver no amor gratuito que Deus nos testemunhou em Jesus, dado por nós até o fim.

O **prefácio** dos domingos do tempo comum VII focaliza o *amor gratuito* de Deus para conosco. Os **cantos** (entrada, meditação, comunhão opção I) expressam louvor e gratidão por este amor de Deus. A **oração do dia** nos suscita o desejo de nos conformarmos com ele.

SER PERFEITO COMO DEUS!

Quem hoje pretendesse querer ser perfeito como Deus granjearia alguns sorrisos irônicos... E contudo, é o que Jesus ensina no Sermão da Montanha (**evangelho**). A vocação à *perfeição* "como Deus" é um tema fundamental para a vida de todo cristão – não só para os santos e beatos.

Na primeira página da Bíblia está que Deus criou o homem à sua imagem e semelhança (Gn 1,26). Ele quer ver sua imagem em seu povo eleito, Israel: "Sede santos, porque eu, vosso Deus, sou santo" (**1ª leitura**). Pela aliança, os israelitas "são de Deus". Ora, Deus não quer envergonhar-se de sua gente. Por isso, quer que sejam irrepreensíveis, e uma das suas exigências é que eles não briguem entre si, não se matem em eternas vinganças etc. Numa palavra: que amem seus "próximos" (=compatriotas) como a si mesmos (Lv 19,18). Ora, ninguém entende como Jesus, o que exige essa pertença a Deus. Deus é o Pai de todos, de bons e maus, e ama a todos como a seus filhos. Então nós, seu povo, devemos também *amar a todos, inclusive os inimigos!* Assim nos mostraremos semelhantes a Deus e realizaremos a vocação de nossa criação.

O homem moderno (como o de todos os tempos) gosta de ser seu próprio deus. Em vez de querer ser semelhante a Deus, só olha no espelho... Será por isso que existem inimizades tão cruéis em nosso mundo, a violência descarada das bombas atômicas, a violência "limpa" das "guerras cirúrgicas", a cínica exploração das massas populares? No mundo reina divisão, entre nações, religiões, classes sociais; até na Igreja ricos e pobres vivem separados. Onde existe esse amor ao inimigo que Jesus ensina? Pois bem, exatamente por causa dessas divisões, o amor ao inimigo é indispensável. Se todos estivéssemos perfeitamente de acordo, não precisaríamos desse ensinamento de Jesus! As lutas e divisões que são matéria da História e que têm reflexos mesmo entre os fiéis não devem excluir o amor à pessoa, ainda que se lute contra sua ideia ou posição. As divergências tornam ainda mais necessário o amor – que consistirá talvez em mostrar ao "inimigo" que ele defende um projeto errado ou injusto...

O ser humano realiza sua vocação de ser semelhante a Deus, quando ama a todos com o amor gratuito de Deus, sem procurar qualquer compensação. Por essa razão, deve empenhar-se de modo especial pelos pobres, estranhos etc. – e também amar os inimigos.

A
T. Com.

8º domingo do tempo comum/A
OLHAI OS LÍRIOS DO CAMPO

Canto da entrada: (Sl 18[17],19-20): "O Senhor é meu protetor".

Oração do dia: Pedir a paz para servir melhor.

1ª leitura: (Is 49,14-15) **O carinho de Deus para suas criaturas** – O povo está no exílio babilônico e não acredita que Deus o há de reconduzir. O profeta já argumentou com o *poder* de Deus (Is 45 e 46). Agora aponta para o *amor* de Deus – amor e ternura como de uma mãe para seu filho. • Cf. Is 40,27; 54,6.8; Sl 77[76],10; Jr 31,20; Os 11,8-9.

Salmo responsorial: (Sl 62[61],2-3.5-7.8-9ab) "Só em Deus repousa minha alma".

2ª leitura: (1Cor 4,1-5) **Justificação do apóstolo diante de Deus, não diante dos homens** – Os apóstolos não são os donos da comunidade; são seus servos ("ministros"). E a última palavra sobre este ministério compete a Deus. • cf. Lc 12,42-44; 2Cor 5,10-11; Rm 2,16; Jo 5,44; Lc 12,2-3.

– *Leit. alternat.: (Tg 4,13-15) Projetos humanos vãos.*

Aclamação ao evangelho: (Hb 4,12) Palavra viva e eficaz de Deus.

Evangelho: (Mt 6,24-34) **Os lírios do campo** – Ninguém pode servir a dois senhores (6,24). Quem coloca seu coração em Deus e conta com seu amor, não será escravo de suas preocupações (6,25-34). Para isso é preciso procurar primeiro e antes de tudo o que Deus quer (o Reino de Deus e sua justiça). A sincera busca da vontade de Deus nos torna realmente livres. – Em 6,24 o dinheiro é citado como um ídolo que pode desestruturar nossa vida; mas há outros... • 6,24 cf. Lc 16,9.13; Mt 19,21 • 6,25-33 cf. Lc 12,22-31; Fl 4,6; 1Rs 10; Is 51,1 • 6,34 cf. Tg 4,13-14.

Oração s/as oferendas: Nossos dons como empenho para fruto eterno.

Prefácio: (dom. T.C. V) Deus confiou ao homem todos os dons da criação.

Canto da comunhão: (Sl 13[12],6) Louvou pelo bem que Deus fez / (Mt 28,20) "Estou convosco...".

Oração final: O alimento na terra e a participação da vida eterna.

Quando o trabalho era ainda um valor, certas pessoas escandalizavam-se com a parábola dos lírios do campo (**evangelho**), porque supostamente propagava uma mentalidade de sombra e água fresca... Para consolo de tais pessoas, podemos dizer que Jesus não está pregando a desocupação nem a despreocupação, mas apenas apontando a "pré-ocupação", aquilo que precede toda ocupação. Pois, se a "pré-ocupação" não está bem acertada, as nossas ocupações são todas elas em vão. E a "pré-ocupação" deve ser "o Reino de Deus e sua justiça", ou seja, todo o bem que Deus quer para sua gente e para toda a criação. Se essa for a "pré-ocupação", podemos labutar à vontade; se não, tudo estará desfocado.

Podemos aprender muita coisa das criaturas que vivem conforme as regras do seu instinto natural, pois, sem inventar todas as nossas complicações, passam melhor do que nós. Inventamos muitas preocupações mal-aplicadas (em dinheiro, comida, bebida, vestuário, carro, apartamento...). Índio no mato vive também – às vezes, melhor do que os "civilizados" da cidade industrial.

Comer e beber deveriam ser ocupações tão naturais que a gente nem precisaria fazer delas uma "pré-ocupação", algo que preside a todas as nossas ações. Não deveríamos criar problemas de antemão com relação a tudo isso – cada dia já traz ocupação que chega. Mas, tudo está distorcido, exatamente porque alguns fazem dessas coisas sua única preocupação, em detrimento do bem-estar dos outros... Há algo que sempre de novo esquecemos e que, no entanto, determina o sentido de tudo que fizermos: procurar a vontade de Deus. Esta deve ser a verdadeira "pré-ocupação", o desejo que preside a todas as nossas ocupações. Então, pensaremos também naqueles que não conseguem alimentar-se ou vestir-se...

Portanto, não entendamos este evangelho na mentalidade de sombra e água fresca: o sombra-e-água-fresca não se preocupa com o que vai comer amanhã, mas também não faz nada pelo coitado que morre de fome a seu lado. Não quer nada com nada... Quando o seguidor de Jesus não pergunta, prioritariamente, se vai ter o suficiente para amanhã, não toma essa atitude por desleixo, mas porque reparte aquilo que tem com seu irmão, que está precisando disso hoje. Procura primeiro o que Deus deseja.

Para chegar a tal atitude de "imprudente" doação, a gente precisa de muita confiança em Deus. Por isso, a **1ª leitura** nos lembra o que Isaías disse aos israelitas, desesperados, no exílio babilônico: "Pode uma mãe esquecer a criança que amamentou?" Deus nos "criou" – ele não nos esquece!

É verdade que certas pessoas entendem essa confiança de maneira mágica ou leviana. A confiança nunca dispensa a colaboração inteligente. Ora, se nós nos esgotarmos em fazer o bem para os outros filhos de Deus, será que não encontraremos nosso bem nele? Afinal, mesmo prolongar um pouco a nossa vida não é o mais importante[20]. Mais vale uma vida desprotegida, esgotada antes do tempo, mas rica em doação, do que um século de egoísmo.

A **2ª leitura** continua a leitura de 1Cor. Paulo, trocando de assunto, fala da autenticidade do seu ministério. Mas nem por isso ele se acha justificado. Paulo sabe que toda sua história pessoal foi movida pela graça de Deus. Tudo é graça.

As orações ajudam para entrar no espírito deste domingo: pedimos a Deus a "paz" para melhor lhe servirmos, para não estarmos divididos entre dois senhores (**oração do dia**); e lembramo-nos, na Eucaristia, de que ele nos alimenta na terra, como antecipação do carinho que nos quer dispensar na eternidade (**oração final**).

CONFIANÇA NA PROVIDÊNCIA

> Dizem que se deve escolher entre a tecnologia e a divina Providência. Quem tem a coragem de viajar de avião não deve pensar na Providência, e sim na segurança da tecnologia... Deus não deve intervir a qualquer momento, as leis da ciência e suas aplicações é que devem estar seguras... Não diminui a fé na providência a responsabilidade humana?
>
> A **1ª leitura** ensina a jogar-nos com toda a confiança nos braços de Deus: seu amor não desiste de cuidar de nós. E no **evangelho**, Jesus dirige nosso olhar para os pássaros do céu e os lírios do campo. Mas ele não ensina a despreocupação. Ele nos ensina a atitude certa para o serviço do Reino de Deus: procurar primeiro o reino e sua justiça. Então podemos contar com a providência de Deus, para que possamos cumprir a missão que ele nos confia. Não a despreocupação, mas *a liberdade e a simplicidade no serviço do Reino* é a mensagem da parábola dos lírios. Quem procura estar a serviço do Reino receberá como graça de Deus as coisas necessárias para viver.

A T. Com.

---

[20]. Lc faz preceder a parábola do rico insensato (Lc 12,13-21) imediatamente à dos lírios do campo (Lc 12,22ss).

Tal atitude é totalmente contrária à atitude dos que procuram antes de tudo riqueza, propriedades, prestígio, poder, prazer... Será difícil conseguir tudo isso e além disso "ter Deus"! Melhor é procurar primeiro Deus e receber, além dele, o resto... Assim, o evangelho se opõe também aos despreocupados, que deixam tudo correr para não se incomodarem e por isso se tornam cúmplices daqueles que querem tudo para si.

O certo é primeiro empenhar-se pelo serviço de Deus, da justiça e do amor que Jesus nos ensina. Então, sempre teremos a certeza de ter feito o que devíamos fazer. Se Deus nos concede uma vida longa e materialmente sucedida, para assim servi-lo, tudo bem; e se ele nos conduz ao sacrifício, não teremos nada a reclamar.

A confiança na Providência assim entendida não é contrária à responsabilidade e ao engajamento. É sua condição necessária. Pois quem sempre está calculando como salvará seus interesses próprios, nunca se engajará com liberdade evangélica. Neste sentido, *a confiança na Providência não é alienante, mas libertadora!* Não tira a nossa responsabilidade, mas nos dá maior liberdade e coragem para assumir nossa responsabilidade na construção do reino. Quanto mais confiamos em Deus, tanto mais cresce nossa responsabilidade. Devemos confiar como se tudo dependesse de Deus e nos empenhar como se tudo dependesse de nós (cf. Sto. Inácio de Loyola).

9º domingo do tempo comum/A
A BASE DE NOSSA VIDA: ESCUTAR E PRATICAR

Canto da entrada: (Sl 25[24],16-18) Prece pela misericórdia de Deus.

Oração do dia: Pedido para que Deus tire o nocivo e conceda o que for útil.

1ª leitura: (Dt 11,18.26-28) **Ouvir e praticar a Lei, e a recompensa disto** – Deus iniciou com Israel um caminho. Se Israel o segue, conhece bênção; se o abandona, maldição. O caminho de Deus está nas palavras da Lei, que Israel deve ter diante dos olhos, como no caminho do deserto se observam os astros dos céus (11,18). • 11,18 cf. Dt 6,6-9; Ex 13,9.16; Mt 23,5 • 11,26-28 cf. Dt 30,15-20.

Salmo responsorial: (Sl 31[30],2-3a.3bc-4.17.25) Deus, nosso rochedo.

2ª leitura: (Rm 3,21-25a.28): **A graça de Deus, manifestada em Cristo, e a justificação pela fé** – Rm 1,18–3,20 mostrou que todos são culpados diante de Deus. Agora (3,21), Paulo mostra que Deus os pode tornar justos. Deus restaura o homem na sua amizade, se ele aceita, na fé, a doação da própria vida de Jesus no sacrifício da cruz. Esse ato de Jesus é pura graça, puro dom de Deus. Essa graça não depende de méritos nossos (observância da Lei, exercícios piedosos, façanhas pastorais etc.), mas isso não significa que podemos recebê-la sem fazer nada. A fé nos faz acolher o dom de Deus, que em nossa prática produz os seus frutos. • 3,21-22 cf. At 10,43; Rm 1,17 • 3,24-25 cf. Ef 1,7; 2,8 • 3,28 cf. Gl 2,16; 5,6; Rm 8,2.

– *Leit. alternat.: (Tg 1,19-25) Escutar e fazer.*

Aclamação ao evangelho: (Jo 15,5): Permanecer em Cristo.

Evangelho: (Mt 7,21-27) **A casa edificada sobre a rocha: ouvir e praticar a palavra de Cristo** – Jesus não vende belas teorias, que basta ouvi-las; exige uma opção. Exige atos, mas não "ativismo", pois esse Jesus não o reconhecerá na hora decisiva. O que fazemos deve ser a vontade de Deus, não nosso próprio gosto ativista. No Sermão da Montanha, Jesus explicou a vontade de Deus (Mt 5–7). Sobre sua palavra devemos construir nossa vida (7,24-27). Jesus fala como sábio, e sábio é quem, ao ouvir a mensagem de Jesus, a traduz na prática (7,24; cf. Ez 33,31; Pr 10,8). • 7,21-33 cf. Lc 6,46; 13,26-27; Mt 25,11-12 • 7,24-27 cf. Lc 6,47-49; Pr 10,25; Ez 13,10-14.

Oração s/as oferendas: Confiança no amor paterno de Deus; purificação.

Prefácio: (dom. T.C. I) Firmeza em Cristo.

Canto da comunhão: (Sl 17[16],6) Deus atende nosso clamor / (Mc 11,23-24) Deus concede o que pedimos na fé.

Oração final: Proclamar a fé em palavras e ações.

Os antigos israelitas sabiam que a observância da Lei servia para o bem da pessoa; a Lei não é uma instância opressora, mas libertadora. Porém, interpretavam a vantagem de observar a Lei num sentido muito material: eles esperavam da observância da Lei prosperidade material, longevidade e numerosa descendência (Dt 11,26-28, **1ª leitura**; cf. Dt 6,1-3 etc.). Jesus, tal um novo Moisés[21], insiste no valor de observar as palavras com as quais ele interpreta a Lei (o Sermão da Montanha, **evangelho**). Mas a compensação dessa observância não se dá em vantagens materiais, e sim em coisas do Reino de Deus, dependendo de nossa resposta à palavra do Cristo.

Entre nós existem dois tipos de pessoas: os que dizem "sim" e os que dizem "sim, Senhor"... Também com relação ao Evangelho. Os que dizem "Senhor, Senhor" mostram sua adesão em efusivas palavras piedosas, mas não na prática de uma vida conforme o espírito do Cristo; estes não terão chances "naquele dia". Seria até melhor que dissessem "não", mas suas ações fossem um "sim" (cf. Mt 21,28-32; 26º dom. T.C.). Portanto: escutar e pôr em prática (cf. a advertência de Dt 11,28: maldição para quem escuta mas não faz (**1ª leitura**). Quem escuta e pratica a palavra do Senhor constrói sua casa em chão firme, e as perseguições e provações não a abalarão.

Por que as palavras de Cristo têm valor de critério definitivo? Não encontramos a resposta a esta pergunta nos livros nem em nossas elucubrações. Mostra-se na prática. Começa a viver conforme o espírito do Sermão da Montanha, ama teus inimigos, dá o dobro daquilo que te é pedido, guarda teu coração puro – e descobrirás uma felicidade que vale para sempre, e que não se desfaz com o tempo. Mas aí está a dificuldade. Muitos gostariam de ter provas antes de experimentar. São como crianças que não querem acreditar que verduras são gostosas, mas também não querem experimentar para saber. O conhecimento do valor da palavra de Deus, o conhecimento de Deus mesmo como sendo minha eternidade, só o conseguirei pela práxis. A questão é escutar e fazer.

A **oração final** o repete em termos claros: proclamar nossa fé (nosso "crédito" dado a Deus), não somente em palavras, mas na verdade de nossas ações. Nossa verdade não está em nossas fórmulas intelectuais, mas em nosso agir. Não há verdadeira ortodoxia sem ortopraxia. Pois aquele que tem palavras ortodoxas nem sempre age retamente; mas quem age conforme o espírito de Deus tem também a visão certa de Deus (mesmo se suas palavras forem, às vezes, um tanto inadequadas). E para quem não age conforme a palavra que ele escuta, a ruína será grande (Mt 7,27, alusão à "prova final").

A **2ª leitura** retoma, hoje, a Carta aos Romanos, logo no cap. 3 (o início já foi lido no 4º dom. do Adv.). A formulação da mensagem de Paulo parece diferente da 1ª leitura e do evangelho, pois, enquanto aí se insiste na prática da palavra (ou da Lei), Paulo insiste que somos justificados pela fé e não pelas obras da Lei. Porém, não há incompatibilidade; é apenas o outro lado da medalha. Para poder agir conforme o espírito de Cristo, devemos superar a autossuficiência, a temeridade de querer obrigar Deus pelas nossas obras piedosas. Isso se chama: fé. Há pessoas que fazem de tudo para se firmar naquilo que sempre acharam certo. Assim certos fariseus. Achavam que comprariam o céu observando exteriormente a letra da Lei de Moisés. E para se firmar nesta ideia, in-

---

21. Todo o Sermão da Montanha é concebido, por Mt, como uma réplica dos sermões de Moisés quando da promulgação da Lei (Ex 20ss) e antes da entrada na Terra Prometida (o livro do Dt).

ventaram sempre mais coisas. Tais são "as obras da Lei", que, ao ver de Paulo, para nada servem, porque não são feitas dentro da vontade de Deus, que é, antes de tudo, que a gente se converta e se confie a Jesus Cristo. Pois este morreu por nós, como o justo que derramou seu sangue pelos injustos – pura graça de Deus. Na fé nele somos feitos justos também. As nossas ações devem ser a consequência da fé, da confiança em Jesus Cristo, que invade o nosso coração e o transforma, quando vislumbramos nele o grande amor que Deus nos tem. Um pouco como a criança que se decide por comer jiló quando percebe o quanto sua mãe a ama. Descobre um amor que merece crédito e, por isso, age conforme o desejo de quem assim a ama.

Entre os cânticos, destaca-se o **salmo responsorial**, que comenta a imagem do evangelho: Deus (Cristo) como rochedo de nossa vida. Esta imagem tem todo um sabor bíblico: rocha do Sinai/Horeb, onde foi proclamada a Lei (Ex 20), onde Moisés foi protegido por Deus mesmo (Ex 33,21ss), rochedo donde saiu água etc. (cf. Dt 32,15-18.30). Mas é também muito existencial: Deus é o rochedo no nosso caminho; com todas as nossas racionalizações, não o conseguimos evitar (cf. o "obstáculo de Balaão", Nm 22,22ss). Então, é melhor construir sobre ele!

"PRÁTICA CRISTÃ"

Os que se chamam "cristãos praticantes" realmente praticam o que Deus espera deles? Deus não se satisfaz com vazias declarações de amor. Ele quer que os israelitas tenham sempre sua lei diante dos olhos e no coração, e a cumpram com empenho (**1ª leitura**). No mesmo sentido, Jesus, no **evangelho**, compara os que escutam sua palavra sem pô-la em prática com pessoas que constroem na areia. Firme, inabalável e apto para o Reino de Deus é *aquele que, além de escutar a palavra, também a pratica*. Esse constrói sobre a "rocha" (imagem bíblica indicando Deus mesmo).

Muitos querem ser cristãos de modo festivo ou sentimental, sem tirar as conclusões práticas da palavra de Jesus. Levantam as mãos na missa, mas não as abrem para seus irmãos pobres, nem abrem mão de seus privilégios de classe, que contrariam a justiça social. Dão esmola, mas exploram seus empregados. Mimam seus filhos, em vez de os educar para a justiça. Tudo isso é construir sobre a areia. É preferível aquele que pouco fala em religião, mas tem o coração voltado para as exigências de Cristo e as pratica. Este é o verdadeiro "praticante", não aquele que apenas cumpre os deveres religiosos. (S. Vicente de Paulo ensinou às Irmãs interromper a oração para atender os pobres.)

A **2ª leitura** parece contradizer a 1ª leitura e o evangelho. Paulo diz que as obras não "justificam" ninguém diante de Deus. Mas ele não está falando da prática da caridade, mas de outra coisa: das observâncias da lei judaica, que alguns convertidos queriam que todo mundo praticasse para ser justo. "Por que Cristo morreu, então?", pergunta Paulo. Só aderindo a Jesus na fé é que correspondemos ao que Deus espera de nós, e então vamos pôr em prática, não as obras da lei judaica, mas o amor fraterno que Cristo nos ensinou (como diz o próprio Paulo em Gl 5,6).

No **evangelho**, Cristo fala também em "ouvir" as suas palavras. Se em muitos o "pôr em prática" deixa a desejar, outros não ouvem com atenção: os que projetam seus próprios impulsos e interesses nas palavras de Cristo, os que escutam apenas suas próprias ambições e paixões, dando-lhes aparência cristã. Nesse sentido é perigosa a mentalidade segundo a qual a oração silenciosa, a meditação etc. seriam perda de tempo. Não se deve opor a ação à oração, à contemplação. Devemos ser contemplativos na ação (cf. Sto. Inácio de Loyola). O evangelho fala em "ouvir *e* pôr em prática".

10º domingo do tempo comum/A
JESUS CHAMA OS PECADORES

Canto da entrada: (Sl 27[26],1-2): "Quem temerei?"

Oração do dia: Pensar o que é reto e realizá-lo.

1ª leitura: (Os 6,3-6) **Misericórdia quero, não sacrifícios** – O povo quer voltar a Deus, fazer penitência (Os 6,1-3). Mas, para que serve isso, se fica em gestos exteriores e superficiais? Deus não está interessado em sacrifícios e holocaustos, mas em *hésed* (amor, misericórdia, amizade e fidelidade à Aliança) e em "conhecimento de Deus" (conhecimento não teórico, mas prático: caminhar com Deus). • 6,3-5 cf. Sl 72[71],6; 143[142],6; Os 13,3; Jr 1,10; 5,14 • 6,6 cf. Os 2,21-22; 8,13; 1Sm 15,22; Am 5,21-27; Mt 9,13; 12,7.

Salmo responsorial: (Sl 50[49],1+8.12-13.14-15) Deus não precisa de comida e bebida; oferece-lhe teu louvor.

2ª leitura: (Rm 4,18-25) **A fé de Abraão** – Paulo explicou que Deus justifica o homem não por causa das obras (da lei), mas por causa da fé (dom. pass.). Mas que implica a fé? Não dizer "sim" a uma fria teoria, mas entregar-se à promessa, como Abraão. Acreditar, dar crédito a Deus (pois ele é fiel à sua palavra), também quando promete transformar a morte em vida. Quando alguém diz "sim" a Deus deste modo, Deus também diz "sim" para ele: o justifica. • 4,18-22 cf. Gn 15,5-6; 17,17; Hb 11,11-12 • 4,25 cf. 1Cor 15,17; Is 53,4-6.

– *Leit. alternat.: (Rm 12,1-2.9-13) A oblação da vida.*

Aclamação ao evangelho: (Lc 4,18) Libertar os prisioneiros.

Evangelho: (Mt 9,9-13) **"Misericórdia quero..."**: **Jesus com os publicanos** – Jesus chama pecadores, o que causa grande escândalo junto a certos que se estimam piedosos. Mas Jesus veio exatamente para transformar os doentes em sãos, os pecadores em justos. Aí, Mt lembra as palavras de Os 6,6 (cf. 1ª leitura): não basta ser piedoso cumprindo preceitos rituais ("sacrifícios"). É preciso ter o espírito de Deus, que prometeu salvação ("misericórdia"). • 9,9-13 cf. Mc 2,13-17; Lc 5,27-32 • 9,10-11 cf. Mt 11,19; Lc 15,1-2 • 9,13 cf. Os 6,6; Mt 12,7.

Oração s/as oferendas: Disposição em servir, crescimento na caridade.

Prefácio: (dom. T.C. III) Jesus vem em socorro a todos.

Canto da comunhão: (Sl 18[17],3) Deus, meu rochedo / (1Jo 4,16) Deus é amor.

Oração final: Deus cura os nossos males.

Terminado o Sermão da Montanha, Mt 8–9 descreve a atividade de Jesus. Esta tem o mesmo teor que suas palavras: felicidade e paz para o povo. É a atividade messiânica no seio de seu povo. Em contraste com as dez pragas que Moisés mandou aos egípcios, Mt narra, nestes capítulos, dez milagres de Jesus em favor de seu povo. Ora, no meio dessa atividade messiânica, Jesus tem de se explicar. Ele veio "buscar o que foi perdido". É essa a missão do Messias. O ensejo para essa explicação se oferece quando o criticam por ter chamado um publicano (Mateus!) a ser seu discípulo e por ter comunhão de mesa com essa gente (**evangelho**). Significando que ele vem cumprir o plano de Deus, prefigurado nas Escrituras, Jesus lembra a palavra de Os 6: "Misericórdia quero, não sacrifício" – e aplica: "Eu vim chamar pecadores, não justos" (certamente dito com ironia). São os enfermos que precisam de médico, não os que (se julgam) sãos. Essa é a mensagem do evangelho. A **1ª leitura** oferece o material bíblico para a entender: o texto de Os 6,3-6; e o **salmo responsorial**, Sl 50[49], confirma que existia, no judaísmo, uma tendência a pensar assim como Oseias e Jesus (só que não era a tendência dos fariseus).

Mas não julgamos nós, muitas vezes, como julgavam os fariseus? Não achamos estranho um padre viver no meio dos maloqueiros, ou organizar-se atendimento humano e religioso para as prostitutas? Não achamos, nós também, que estamos em dia com

Deus quando "assistimos" à missa dominical, dizendo até que é preciso fazer esse "sacrifício"? Sacrifício de coração endurecido não tem valor para Deus; só o sacrifício do amor, do qual Jesus deu o exemplo. E para isso é preciso que, primeiro, haja amor, misericórdia, bondade, gratuidade, amizade – tudo o que a maravilhosa palavra hebraica *hésed* de Os 6,6 pode conter (**1ª leitura**).

Procurar publicanos e pecadores, não para sermos "originais" (como os *hippies* dos anos 60, que negligenciavam intencionalmente sua aparência para provocar a burguesia à qual pertenciam), mas por verdadeira "misericórdia", movimento do coração em direção ao pobre, o mísero. "Com-paixão", ter dó daqueles que não encontram o caminho. Jesus teve tanta pena de Mateus-Levi, que o arrancou de sua situação, chamando-o para ser discípulo seu. É um método bastante radical, mas, muitas vezes, funciona. É por este método que as "seitas" conseguem transformar viciados em evangelizadores. Podemos menosprezá-los (como os fariseus a Cristo), mas funciona, e salva! Comprometer os "doentes", os que "não têm condições", com as obras da salvação, eis a salvação deles e, quem sabe, a nossa também. Diante disso, o formalismo religioso, que parece ser o apanágio das religiões majoritárias (em nosso caso, da Igreja católica), não vale nada.

A **2ª leitura** continua a exposição sobre a fé, iniciada no domingo passado. Como bom rabino (pois essa é a formação que ele recebeu), Paulo nos explica sua tese (a fé é que salva) pelo exemplo de Abraão. Este teve muita fé para acreditar que, com a idade que ele e Sara já tinham, ainda teriam um filho. Ele acreditou, e isso lhe foi atribuído como justiça (Gn 15,6; cf. Rm 4,22). Devemos acreditar no inexplicável, naquilo que escapa da garra de nossa racionalidade. É bom sermos racionais, lá onde convém: na ciência, nos negócios, na tecnologia... Mas não temos poder sobre o mistério de nossa vida; este pertence a Deus. Aí devemos acreditar, dar crédito; é isto que significa o maravilhoso fato do nascimento de Isaac e toda maravilha em nossa vida. Sem essa capacidade de maravilhar-nos, ficaremos cegos para aquele que nos dá a vida e tudo. Ficaremos mortos como teria ficado o seio de Sara, se Abraão não tivesse crido. Essa é uma atitude tão fundamental que a podemos aplicar também ao que vimos no evangelho: Deus faz maravilhas com as pessoas a quem nós não damos importância.

Reflitamos hoje sobre o incompreensível mistério da graça de Deus, sua compaixão para com os que se reconhecem carentes. Transforma-os completamente. Ao passo que o formalismo do sacrifício e da mera observância exterior da Lei não leva a nada.

A **oração final** resume muito bem a atitude que convém diante deste mistério: pedir a Deus que ele cure nossos males.

JESUS CHAMA OS PECADORES

A T. Com.

Há quem diga que o evangelho de hoje é autorretrato do evangelista Mateus. De fato, o trecho conta a vocação do publicano Mateus – ou Levi, como é chamado nos outros evangelhos – por Jesus, enquanto estava exercendo sua função na coletoria de taxas, espécie de posto de pedágio (terceirizado) do Império Romano na terra de Israel (Mt 9,9-13). Os cobradores eram chamados "publicanos"; eram funcionários públicos a serviço do imperialismo estrangeiro e terrivelmente desprezados pelos "bons judeus". Jesus chama alguém dessa categoria para ser seu discípulo. Pior: vai jantar com ele e seus colegas, considerados pecadores. Os fariseus criticam-no. Jesus, então, responde com uma parábola: um médico não vem para pessoas sadias, mas para doentes. E acrescenta um argumento da Sagrada Escritura: "Misericórdia eu quero, não sacrifícios", texto do profeta Oseias, que critica uma religiosidade externa e meramente ritual da parte de pessoas que desconhecem a misericórdia, primeira qualidade de Deus e primeira exigência nas relações entre as pessoas (**1ª leitura**).

Os pecadores notórios convidam Jesus à mesa; em contraposição, os considerados justos acham isso um desacato. Consideram a justiça monopólio deles. Assim fazendo, perdem a "justiça" que só o Deus da misericórdia nos pode atribuir, por pura bondade, sem que o mereçamos. A vocação dos pecadores revela a gratuidade divina de nossa salvação. Deus nos dá seu amor porque precisamos dele, não porque o merecemos. Deus não exclui ninguém, nem mesmo aquele que se apresenta diante dele com as mãos vazias, mas com verdadeira vontade de conversão no coração (é o que faltava aos fariseus).

A melhor maneira de entender a lógica de Deus é fazer como ele: superar o formalismo e dar a cada um o mesmo crédito que Jesus deu a Mateus... A comunidade eclesial deve se tornar o instrumento da "misericórdia convidativa" de Cristo. E os pecadores que aceitarem o convite devem por sua vez convidar os outros (como fez Mateus).

Portanto, não é preciso ser santo para ser chamado por Cristo. Deus nos chama para tornar-nos santos. Ninguém é justo por si mesmo. Jesus chamou os pecadores, para mostrar que *todos* devem converter-se para receber a misericórdia de Deus.

Com essa lição combina muito bem a **2ª leitura**. Paulo explica que Abraão foi considerado justo por Deus não por causa de sua vida exemplar – teve as fraquezas humanas de todo mundo –, mas por causa de sua fé, quando Deus lhe prometeu um filho na sua velhice. Nessa confiança, ele se mostrou "amigo de Deus" (Rm 4,18-25, cf. Gn 15,5-6).

O problema hoje é que muitos vivem uma vida tão ambígua quanto a dos publicanos, mas não admitem de modo algum que precisam de conversão...

11º domingo do tempo comum/A
DEUS PRECISA DE GENTE

Canto da entrada: (Sl 27[26],7.9) Pedido de misericórdia.

Oração do dia: Querer e agir conforme a vontade de Deus.

1ª leitura: (Ex 19,2-6a) **Deus escolhe um povo para si** – Na Aliança do Sinai, Israel é chamado o reino sacerdotal e povo santo de Javé. O povo de Javé é para o mundo o que os sacerdotes são para as tribos de Israel. É escolhido não para seu próprio proveito, mas para consagrar todas as nações a Javé. Para isso servem a Lei e as instituições. Isso se chama: Aliança. Na história de Israel, as nações reconhecerão a mão de Javé. • 19,4 cf. Dt 4,34; 29,2; 32,11 • 19,5-6 cf. Dt 10,14-15; 1Pd 2,9; Ap 5,10.

Salmo responsorial: (Sl 100[99],2-3.5) Nós somos o povo de Deus.

2ª leitura: (Rm 5,6-11) **Deus nos amou quando éramos ainda seus inimigos** – A situação do cristão é o momento presente, alimentado por um evento salvífico no passado, prenhe de promessas para o futuro. É o "agora" em que somos justificados (5,9) pelo evento de Jesus Cristo, que nos mostrou o amor de Deus antes que fôssemos justificados, quando éramos ainda seus inimigos (5,6-8). Este "agora" da justificação, fundamentado em tal passado, nos dá plena esperança para o dia da "ira" (5,9-11). • 5,6 cf. Rm 3,26; 1Pd 3,18 • 5,8 cf. Rm 8,32; Jo 3,16; 15,13; Jo 4,10.19 • 5,10 cf. 2Cor 5,18-19.

– *Leit. alternat.: (1Pd 2,5-10) Nação santa, sacerdócio real.*

Aclamação ao evangelho: (Mc 1,15) Pregação da Boa-Nova.

Evangelho: (Mt 9,36–10,8) **Missão dos doze apóstolos** – Jesus mostrou por palavras (Mt 5–7) e sinais (8–9) a irrupção do Reino de Deus. Agora, movido pela necessidade do "rebanho sem pastor" (9,35), manda seus discípulos como operários à colheita messiânica (9,36-38). Por enquanto, só em Israel (10,5); depois da Ressurreição, no mundo todo (28,19). Eles devem anunciar a chegada do Reino por palavras e sinais (curas, prodígios), assim como Jesus o fez. Desde Jesus, o mundo está sob o signo do Rei-

no de Deus. • 9,36-38 cf. Mc 6,34; 8,2; Lc 10,2; Jo 4,35-38 • 10,1-4 cf. Mt 3,13-19; Lc 9,1; 6,12-16; At 1,13 • 10,5 cf. Mt 15,24; Lc 9,52-53 • 10,6-8 cf. Mt 3,2; 4,17; Lc 10,9-11.
Oração s/as oferendas: Deus nos alimenta e renova.
Prefácio: (dom. T.C. I) Povo de Deus.
Canto da comunhão: (Sl 27[26],4) Habitar na casa do Senhor / (Jo 17,11) Oração de Jesus pelos seus apóstolos.
Oração final: União em Deus e comunhão eclesial.

Deus quis precisar do ser humano. Quis ter um povo para si, um povo santo, um povo "sacerdotal", para santificar o mundo todo em seu nome; um povo que fizesse sua vontade, realizasse seu reino: "um reino de sacerdotes e uma nação consagrada" (Ex 19,6; **1ª leitura**). Essa vocação do povo, na ocasião da proclamação da Lei no monte Sinai, prefigura aquela vocação mais plena que, no monte da Galileia, Jesus dirigiu a doze humildes galileus. Eles são como que representantes das doze tribos de Israel, e ele os manda para a colheita messiânica, para ceifar com a palavra do evangelho, anunciando a vinda do Reino. Eles são o começo do verdadeiro Israel, o novo povo de Deus. Os sinais disso são os prodígios que os acompanham na sua missão: curam enfermos, limpam leprosos, ressuscitam mortos, expulsam demônios... (Mt 10,8, **evangelho**).

Mt inseriu esse episódio, significativamente, depois dos dois conjuntos iniciais da atividade de Jesus, sua pregação (Mt 5–7) e sua atividade milagrosa (Mt 8–9). A missão que os apóstolos recebem é, exatamente, a de pregar e de curar: fazer a mesma coisa que fez o Messias. Eles são seus colaboradores e continuadores na ceifa messiânica. Jesus quer pôr um fim à situação desoladora de um povo que é como ovelhas sem pastor (9,36). Conforme a linguagem de Ezequiel, nos últimos tempos, Deus mesmo, através de seu Messias, reunirá as ovelhas dispersas e se tornará o Bom Pastor (Ez 34). É nesta missão que os apóstolos vão participar, realizando, assim, a plenitude do povo eleito, dos cooperadores de Deus.

Acreditamos que a Igreja é a comunidade construída sobre o fundamento dos apóstolos, a "Apostólica". Ela não está em função de si mesma, mas é povo-testemunha de Deus e do seu Enviado. Ela recebe a tarefa de pregar a Boa-Nova e confirmá-la por sinais que mostrem a "graça", a amizade de Deus. A Boa-Nova, a mensagem do Reino, é inesgotável, porque é o próprio plano de Deus, a "justiça" de Deus, o bem que ele sonhou e que agora vai ser executado. Anunciar o Reino de Deus é, pois, colocar-se a serviço de sua justiça, como o servo de Deus, o Justo e Santo, o Filho que pertence plenamente ao Pai. A Igreja, se ela quiser ser evangelizadora – não apenas organizadora ou doutrinadora –, terá que ser transformada, sempre de novo, pela graça de Deus, numa comunidade que lhe é dedicada, que lhe é "própria": um povo santo. E esta santidade deverá mostrar-se em atos, que serão sinais de que Deus está com ela, como eram os sinais dos profetas e de Jesus mesmo, quando curava o povo. Que esses sinais escapem às conhecidas leis da física é secundário; nem todos os milagres são fisicamente inexplicáveis. O importante é que os gestos do profeta e da comunidade profética testemunhem uma presença ativa de Deus, falem de Deus, sejam sinais visíveis do Invisível. Reivindicar a justa distribuição dos bens econômicos pode ser um desses sinais. O mesmo se pode dizer da ação em prol dos direitos humanos, da conservação do ambiente natural etc. Tais atividades estão no mesmo plano que curar os enfermos e ressuscitar os mortos, os prodígios que Jesus mandou os Doze fazerem em sinal da boa-nova do Reino de Deus. Mas o importante é, sobretudo, a proclamação desse Reino, que é transcendente e, a rigor, invisível, pois ele ultrapassa sempre aquilo que a gente vê, e é sempre mais exigente do que a gente pensa. É o reino do amor sem fim.

A **2ª leitura** continua apresentando o texto de Rm 5,6-11, que vem oportunamente sublinhar um subentendido fundamental das duas outras leituras: a "compaixão", a misericórdia, o amor gratuito de Deus. Ele nos amou enquanto éramos inimigos (onde já se viu?) e deu seu Filho por nós.

Importa explicitar, hoje, que a missão dos Doze não concerne só a eles: o número "doze" representa as 12 tribos do novo Israel, que é a Igreja do Cristo. Nós somos o povo de Deus, o povo de testemunhas e cooperadores de sua justiça e de seu reino (cf. **prefácio** dom. do T.C. I).

OS DOZE APÓSTOLOS E O NOVO POVO DE DEUS

O **evangelho** narra a vocação e missão dos doze apóstolos de Jesus. O número doze tem um significado simbólico muito forte. No Antigo Testamento, Deus escolheu as *doze* tribos de Israel para ser seu "povo sacerdotal", povo que devia celebrar e mostrar aos outros povos a santidade de Javé, sua Lei e seu reino (**1ª leitura**). Ora, o evangelho conta que Jesus encontrou a massa popular abatida e exausta. Pediu então operários para a "colheita messiânica", para reconstituir, a partir dessa massa dispersa, o povo de Deus. De acordo com a estrutura do antigo povo das doze tribos, nomeia *doze* representantes do *novo povo de Deus*. Eles serão os operários da colheita. Esses doze operários, Jesus os manda anunciar o reino e curar as doenças. E, pensando no "aqui e agora", os manda primeiro às ovelhas desgarradas de Israel. Depois de sua ressurreição, enviá-los-á a todas as nações (Mt 28,16-20).

Nosso povo também está abatido, oprimido. Observamos a decadência social, e até física, das populações da periferia e do interior, a desorientação dos jovens, a violência crescente etc. Isso não nos deve desanimar: é um desafio. A consciência comunitária e a missão evangelizadora podem transformar a situação, como acontece, por exemplo, em comunidades de base que realmente vivem o evangelho.

Pelo número dos seus "operários", Jesus manifestou a intenção de constituir um *povo* novo para Deus. De imediato, mandou-os às ovelhas perdidas do povo de Israel. Jesus reconstruiu o povo com base nos símbolos de sua tradição religiosa e cultural, tomando como referência as doze tribos de Israel. Isso é uma lição para nós. Povo para Deus não se constrói destruindo sua identidade. Será que nós respeitamos, ou melhor, devolvemos à multidão popular (índios, negros...) sua identidade? Damos-lhes representantes conforme as feições próprias deles?

Além disso, Jesus os envia a anunciar e a curar. As curas são sinais de que no âmbito da missão de Jesus se realiza o que Deus deseja, o bem de seus filhos. Em nossa missão evangelizadora, a palavra deve ser acompanhada da prática transformadora. É preciso levar "amostras do Reino".

Deus e Jesus quiseram a ajuda de um povo. O Reino de Deus não pode ser realizado sem o povo, ainda que fraco e até inconfiável (como revela o caso de Judas). O paternalismo pastoral (fazer *para,* mas não *com...*) é condenável. O povo deve participar ativamente, pelo anúncio e pela ação transformadora, da realização do Reino de Deus.

A
T. Com.

12º domingo do tempo comum/A
INTRÉPIDA PROFISSÃO DE FÉ

Canto da entrada: (Sl 28[27],8-9) Deus é a força de seu povo.

Oração do dia: Amar Deus e venerá-lo.

1ª leitura: (Jr 20,10-13) **Deus salva o profeta perseguido** – Jeremias deve anunciar a destruição da cidade e o exílio babilônico. Por isso, querem condená-lo por alta traição. Ele está abandonado por todos, acha até que Deus o fez "entrar numa fria" (20,7-9). Mas aí reencontra a certeza de que Deus está com ele, como no começo de sua vocação (cf. 1,19). • Cf. Sl 32[31],14; 41[40],6; 109[108],29; Jr 11,20.

Salmo responsorial: (Sl 69[68],8-10.14.17.33-35) Perseguição por causa de Deus, mas confiante.

2ª leitura: (Rm 5,12-15) **Jesus passa Adão a limpo: graça x pecado** – Rm 1,18–3,20 explica que todos precisam de salvação. Isso é condensado em 5,12, dizendo que, com o pecado de Adão ("o homem"), o pecado e a morte vieram sobre todos. Mas esta não é a mensagem de Paulo, é apenas o pano de fundo para dizer que, com Cristo, chegaram a graça e a reconciliação, tão universais quanto o pecado de Adão. A morte já não domina. • cf. Gn 3,1-19; Sb 2,24; 1Cor 15,21-22.45-49; Rm 3,21-26; 6,23; 8,20-23; 4,15; 7,7.

– *Leit. alternat.: (1Pd 3,13-16) Dar a razão de nossa esperança.*

Aclamação ao evangelho: (Jo 15,26b.27a) Testemunhar Jesus na força do Espírito.

Evangelho: (Mt 10,26-33) **O fiel na perseguição; profissão de fé intrépida** – A missão é uma alegria, mas também, muitas vezes, um sinal de contradição (cf. 1ª leitura). Daí as admoestações de Cristo, no Sermão Missionário (Mt 10), para não temer os homens (10,26.28.31). Antes, tinha predito as perseguições (10,17-25). Agora ensina que os apóstolos não precisam importar-se com sua vida: a mensagem será ouvida (10,28-31). A promessa final (10,32-33) vale tanto para o ouvinte quanto para o pregador: quem se solidariza com Cristo, Cristo se solidariza com ele. • Cf. Lc 12,2-9 • 10,26-27 cf. Mc 4,22; Lc 8,17 • 10,28 cf. 1Pd 3,14; Ap 2,10 • 10,33 cf. Mc 8,38; Lc 9,26; 2Tm 2,12; Ap 3,5.

Oração s/as oferendas: Oferecer um coração que agrade a Deus.

Prefácio: (dom. T.C. I) Anunciar as maravilhas de Deus.

Canto da comunhão: (Sl 145[144],15) Deus dá alimento a todos / (Jo 10,11-15) Jesus dá sua vida por suas ovelhas.

Oração final: Renovação pelo sacramento, vida eterna.

Para ser povo sacerdotal e profético (tema de domingo passado), a Igreja deverá enfrentar a sorte dos profetas; pois morrer ou ser rejeitado pelos próprios destinatários da mensagem é uma constante na vida dos profetas. É o que ocorreu a Jeremias, embora tivesse certeza de que, em última instância, Deus estava com ele (Jr 20,10.13, **1ª leitura**; o **salmo responsorial** fala no mesmo sentido). A Igreja conhecerá perseguições, mas não deve ter medo: na tentação, Deus estará com ela. É um tema preferido de Mt, que forma a moldura de seu evangelho: "Emanuel, Deus conosco" (1,23) – "Estarei convosco até o fim do mundo" (28,20). Quando a Igreja cumprir sua missão profética, não deverá recear os que matam o corpo, pois Deus cuida até de um par de pardais (**evangelho**). Não estão os cabelos de nossa cabeça contados?

Por outro lado, quem confessar o Cristo diante dos homens, *Cristo* o confessará diante de Deus (dará um palavrinha de recomendação). Mas, quem se envergonhar por causa do Cristo, o Filho do Homem terá vergonha dele também diante do Pai. Isso aí não é uma espécie de revanche de Jesus, mas a mais pura lógica: ele veio para ser o servo e profeta da justiça, da vontade salvadora do Pai. Ele nos associou a sua obra (cf. dom. passado). Então, se nós o renegamos, que fazemos da missão que ele nos confiou? Como poderíamos ainda ter parte com ele? Se ele não pode contar com nossa adesão – ainda que frágil –, nós também não podemos contar com ele, pois somos seus amigos, e amizade é recíproca por natureza.

A primeira Igreja era muito severa quanto à desistência da fé, a "apostasia". Tinha consciência de que não se pode ser amigo pela metade, fiel um dia, outro não. Os que vacilavam eram severamente censurados e, se recaíssem, excomungados, entregues ao juízo de Deus. Por não termos bem presente a origem de nossa fé, nós já não somos mais tão exigentes; mas a amizade com Jesus continua exigente de per si, independentemente de nossa atmosfera sócio-religiosa.

A **2ª leitura** – um tema à parte – será explicada no 1º dom. da Quaresma. Continua a meditação sobre a revelação da graça de Deus, que é o tema central de Rm. Na leitura de hoje, este tema chega ao auge: onde abundou o pecado, aí superabundou a graça. Tudo quanto foi lido nos domingos anteriores sobre a fé na salvação gratuita de Deus era preparação para ouvir as palavras do Apóstolo hoje: o pecado estragou tudo, não podíamos mais nada por nós mesmos, mas a graça de Deus superou tudo isso: "Se pela falta de *um* só todos morreram, com quanta maior profusão a graça de Deus e o dom gratuito de *um só* homem, Jesus Cristo, se derramaram sobre todos".

Assim, o espírito fundamental deste domingo é de profundo reconhecimento e gratidão pela graça de Deus, manifestada no dom da vida de Jesus Cristo. Este reconhecimento nos leva a uma convicta profissão de que Jesus é o Salvador de nossa vida. E, apesar da ameaça ou escárnio que este testemunho encontra, sabemos que ele está conosco.

Vivemos numa sociedade na qual testemunhar Cristo significa testemunhar a justiça, contra os que fazem do lucro seu ídolo. Desistir de testemunhar a justiça é apostasia, é ceder à idolatria. O cristão sabe que Deus deu seu Filho por ele, por mera graça. Por isso, empenha-se para que a graça, encarnada em estruturas de justiça, afaste a desgraça dos ídolos do poder. Professa sua fé mediante a prática da transformação social em nome de Cristo e de seu Reino.

PERSEGUIÇÃO E FIRMEZA

> Inúmeros são os que foram perseguidos e até morreram por terem defendido a justiça e a solidariedade. Quem é profeta, é perseguido, mas, se permanece fiel à sua missão, Deus não o abandona. Quem luta por Deus pode contar com ele (**1ª leitura**).
>
> Jesus enviou seus discípulos para anunciar e implantar o Reino de Deus (cf. dom. passado). No **evangelho** de hoje, ensina-lhes a firmeza profética. Ensina-lhes a não ter medo daqueles que matam o corpo, mas a viver em temor diante d'Aquele que tem poder para destruir corpo e alma no inferno, o Juiz supremo!
>
> Há uma relação de representatividade entre Jesus e o Pai. Quem for testemunha fiel de Cristo, será por ele recomendado a Deus. Isso era válido no tempo em que o evangelho foi escrito, quando se apresentavam as perseguições e as deserções. Continua válido hoje. Se Cristo nos associa à sua obra e nós lhe somos fiéis, podemos confiar que *Deus mesmo* não nos deixa afundar; Jesus se responsabiliza por nós. Mas, se deixarmos de dar nosso testemunho e cedermos diante dos ídolos (poder, lucro etc.), espera-nos a sorte dos ídolos: o vazio, o nada... É uma questão de opção.
>
> Proclamar o Reino em solidariedade com Cristo significa, hoje, empenho pela justiça. Empenho colocado à prova por forças externas (perseguições, matanças de agentes pastorais, sindicais) e internas (desânimo, acomodação etc.). No nosso engajamento, podemos confiar em Deus e sua providência; e por causa de Deus podemos confiar em nosso engajamento,

A T. Com.

permanecer firmes naquilo que assumimos, mesmo correndo perigo de vida – pois é melhor morrer do que desistir do sentido de nossa vida. *É melhor morrer em solidariedade com Cristo, do que viver separado dele.*

A mensagem principal deste evangelho, todavia, talvez não seja a exortação que ele nos proporciona, mas a posição central de Jesus que ele nos ensina. É segundo nossa fé professa em Jesus ou segundo nossa negação dele que Deus nos julga. Isso não é ambição desmedida de Jesus, mas mero realismo. O caminho que Jesus nos mostra e a respeito do qual ele pede nosso testemunho, é o caminho da vida. Não podemos, diante do mundo, professar o contrário, pois então negamos diante de Deus o caminho de vida que, em Jesus, ele nos proporciona. Em outros termos, é uma questão que diz respeito a Deus, referência última do nosso viver.

13º domingo do tempo comum/A
ACOLHER UM PROFETA

Canto da entrada: (Sl 47[46],2) Aplauso para Deus.

Oração do dia: Brilha em nós a luz da verdade de Deus.

1ª leitura: (2Rs 4,8-11.14-16a) **Hospitalidade para com o profeta e recompensa** – A história da sunamita é muito humana: não tem filho, e transfere algum sentimento materno para Eliseu, amparando-o. Sua recompensa: terá um filho. Com esta história entendemos o que significa a expressão do evangelho de hoje: "recompensa de profeta". • Cf. Gn 18,10; Mt 10,40-41.

Salmo responsorial: (Sl 89[88],2-3.16-17.18-19) "Cantarei eternamente tua bondade".

2ª leitura: (Rm 6,3-4.8-11) **Batismo: morrer com Cristo e ressuscitar com ele para uma vida nova** – Deus nos readmite na sua comunhão, na medida em que nos unirmos ao seu gesto de amor misericordioso em Cristo. Esta união é expressa pelo sinal do batismo: morrer com Cristo, para com ele ressuscitar. Contudo, é diferente da ressurreição de Cristo, consumada e irreversível na glória do Pai: a nossa precisa ainda ser constantemente confirmada e "veri-ficada" na fé e no empenho de nossa vida cristã. Devemos aprender a usar nossa liberdade para viver para Deus. • 6,3-4 cf. Gl 3,27; Cl 2,12 • 6,8-11 cf. At 13,34; 1Cor 15,26; Hb 2,14-15; Rm 3,7-8; 5,20; 2Cor 5,17-19.

– *Leit. alternat.: (1Jo 4,6-8) Dedicar-se à caridade.*

Aclamação ao evangelho: (1Pd 2,9) Anunciar aquele que nos chama.

Evangelho: (Mt 10,37-42) **Despojamento do missionário cristão e hospitalidade para com ele** – A missão evangelizadora significa despojamento, desprender-se de sua vida normal (10,37-39). – O presente evangelho encerra o Sermão Missionário retomando o tema inicial dele: a missão dos discípulos é a continuação da de Cristo. Ela é missão de "profetas e justos" (como eram os homens de Deus no A.T.; cf. Mt 13,17; 23,29-35); e quem recebe os discípulos, é como se recebesse estes grandes do A.T. Mas os grandes do N.T. são "pequeninos" (10,42), e quem recebe a estes, é como se recebesse a Cristo mesmo. • 10,37-39 cf. Lc 14,26-27; Mt 16,24-25; Mc 8,34-35; Lc 9,23-24; 17,33; Jo 12,25 – 10,40-42 cf. Lc 10,16; Mc 9,37; Jo 12,44; Mc 9,41.

Oração s/as oferendas: Corresponder à santidade dos dons.

Prefácio: (dom. T.C. VII) Cristo se identifica conosco.

Canto da comunhão: (Sl 103[102], "Bendize, minha alma, o Senhor" / (Jo 17,20-21) Unidade dos fiéis em Jesus e o Pai.

Oração final: Vida nova pela união com Deus na caridade; produzir frutos que não passam.

O tema principal de hoje, presente na **1ª leitura** e no **evangelho**, é o tema do acolhimento do profeta e sua recompensa. Como exemplo nos é narrada a história da mulher sunamita, que preparou um quarto para hospedar o profeta Eliseu, cada vez que estivesse de passagem. Com as mesmas palavras dos hóspedes de Abraão (Gn 18,14 – também uma narração sobre a hospitalidade), Eliseu lhe diz: "Por este tempo, daqui um ano, terás um filho" (2Rs 4,16). Duas coisas altamente estimadas no Oriente: hospitalidade e ter um filho.

Também o N.T. valoriza a hospitalidade para com o profeta. Porém, o caso apresenta-se de modo bem diferente. Eliseu era visivelmente um profeta, um "homem de Deus", com uma turma de discípulos. Os profetas do N.T., os missionários cristãos, são gente simples, os "pequenos", que deixaram tudo e que já não têm lugar na sociedade (Mt 10,37-39). Impulsionados pela urgência de levar o evangelho a todas as nações (Mt 28,16-20), antes que venha o Filho do Homem (Mt 10,23), percorrem campos e cidades, vivendo em extrema pobreza, como foram depois os primeiros franciscanos. Ora, se já não era fácil para a sunamita acolher um profeta "institucional" de Israel, tanto mais difícil era para o povo do tempo de Jesus acolher esses estropiados missionários errantes que eram os profetas cristãos. Entre eles e seu Mestre existe tal semelhança – inclusive, no sofrimento – que Jesus se identifica com eles: "Quem vos recebe, a mim recebe... e àquele que me enviou". Ora, por isso mesmo, grande é a recompensa: a recompensa de ter recebido um profeta (cf. a sunamita), de ter recebido um justo... Nem mesmo um copo d'água oferecido com este espírito ficará sem recompensa.

Qual será a recompensa não se diz. Mas, olhando para o cap. 25 de Mt, notamos que grande é a recompensa por uma boa obra feita ao mais insignificante, mesmo sem saber que se está servindo a Cristo nele: a recompensa é a alegria eterna (Mt 25,31-46). E aí está uma experiência bem específica, que a comunidade de Mt legou no seu evangelho: no séquito de Cristo, os profetas e missionários são pequenos, despojados como ele; mas ele se identifica com o homem despojado, pobre, pois esta é a medida de nossa bondade gratuita. O pobre nada pode retribuir. Na atitude adotada face ao pobre (missionário ou não), mostramos a verdadeira generosidade de nosso coração.

O profeta cristão deve ser um "pequenino", alguém que, por seu despojamento, aciona as comportas mais remotas da gratuidade no coração das pessoas. Aí está o segredo de sua missão: ele não vem proclamar belas teorias, mas transformar o coração das pessoas. Para isso, segue o caminho que Jesus mesmo trilhou: tornar-se pobre e escravo, para suscitar no homem uma verdadeira resposta "de graça", que corresponda à graça do Pai. O evangelho não se prega com ostensão e brilho, diz Paulo, mas com loucura e fraqueza aos olhos dos homens (1Cor 2,1-5). O verdadeiro brilho da verdade (cf. **oração do dia**) está em nossa fraqueza, quando não mais escurecemos a luz de Deus em nós e, por nossa fraqueza, nos tornamos um convite à generosidade mais profunda do nosso semelhante. Quanta insensatez é pensar que abriremos os corações com grandes organizações, que quase inevitavelmente estragam as pessoas que nelas "funcionam". Melhor é o método dos antigos missionários mendicantes: abriam os corações, não oferecendo, mas pedindo...

A **2ª leitura** comenta o mistério da participação no grande "ato de graça" do Cristo, participação que é expressa pelo sinal do batismo: morrer e ressuscitar com ele. Morrer ao pecado, viver a vida nova de Cristo, com Cristo (cf. 8ª leitura da Vigília Pascal). Viver para Cristo é doar-se na caridade. Morrer ao pecado é extirpar da nossa vida tudo o que for inspirado por vil egoísmo, vontade de poder, opressão dos semelhantes etc. A tarefa não é fácil. Não pensemos que a vida nova cai prontinha do céu. O batismo dá a graça, sim, mas a graça só frutifica por nosso esforço. Devemos até "agir contra" a natureza meio degenerada que nos possui mais do que nós a possuímos. Contudo, não

A
T. Com.

conseguimos isso na base do mero esforço voluntarista, mas somente movidos por um profundo amor a Cristo e àqueles por quem ele empenhou sua vida.

A **oração final** sintetiza o tema da vida nova.

O ACOLHIMENTO DOS EVANGELIZADORES

Jesus, no **evangelho**, fala sobre o tratamento dispensado aos seus enviados, os apóstolos, os missionários. Como vimos nos domingos anteriores, Jesus nunca escondeu que as perseguições fazem parte da evangelização. Também no presente trecho ensina que segui-lo significa sacrifício e cruz. Por outro lado, esses "pequeninos", gente de pouca importância social, que são os apóstolos cristãos, conhecerão também o acolhimento, a singela hospitalidade de um copo de água oferecido... Tais gestos simples são valiosíssimos, pois é como estar acolhendo o próprio Cristo. Deus recompensará esses gestos tanto quanto recompensou a hospitalidade oferecida ao profeta Eliseu por uma senhora rica de Sunam (cf. **1ª leitura**). Este evangelho é um pequeno catecismo do apostolado cristão. Ensina aos fiéis a importância da acolhida dos pobres missionários itinerantes. Aos olhos do mundo, eles "perdem sua vida", mas, na realidade, a ganham, a realizam. E quem se solidariza com eles, solidariza-se com o próprio Cristo.

Também hoje, pregar o evangelho significa tomar a cruz. Os que exigem justiça e fraternidade, conforme o projeto de Deus, são crucificados (até literalmente). São "pequeninos", mas encontram a solidariedade dos próprios pobres e oprimidos, e não faltam exemplos de como Deus recompensa sua abnegação pela visível transformação das comunidades.

Jesus chama seus mensageiros de "pequenos". Não precisam ter brilho na sociedade. Nós é que tendemos a dar mais valor à palavra de um graúdo do que à de uma criança ou de uma pessoa simples. Entretanto, a verdade sai da boca dos pequeninos. A verdade não depende de quem a fala. Por isso, é bom ouvi-la da boca de alguém que não tem importância. Como me aconteceu, certo dia, em São Paulo, quando, distraído, joguei um papel na rua e um adolescente mo devolveu, pedindo que o colocasse num cesto de lixo.

Abnegação a serviço do evangelho por parte do apóstolo, acolhimento e generosidade por parte da comunidade... eis um diálogo da graça. *Devemos acolher os evangelizadores como se fossem o próprio Cristo.* Mas então devem também ser verdadeiros seguidores de Cristo, dignos dele.

14º domingo do tempo comum/A
O MESSIAS HUMILDE, NÃO VIOLENTO

Canto da entrada: (Sl 48[47],10-11) Louvor à misericórdia de Deus.

Oração do dia: Deus reergueu o homem decaído.

1ª leitura: (Zc 9,9-10) **O rei messiânico é humilde** – No tempo em que Israel já não tinha rei, Zacarias imaginou o Esperado de Deus, o Messias, como rei, mas com um novo conteúdo: um rei oprimido por seu próprio povo (12,10; 13,7-9), assim como o Servo Padecente de Is 42,1-4; 53. Porque é justo e dedicado a Deus, este o ajuda, vence a morte e torna-o salvador do "restinho" do povo. • 9,9 cf. Sf 3,12-13.14-18; Gn 49,11; Mt 21,5; Jo 12,15 • 9,10 cf. Mq 5,9; Is 11,6-9; Os 2,20; Sl 72[71],8; Ef 2,17.

Salmo responsorial: (Sl 145[144],1-2.8-9.10-11.13cd-14) As boas qualidades de Deus.

2ª leitura: (Rm 8,9.11-13) **Viver conforme o Espírito** – Fechado para Deus, o homem é "carne", existência humana limitada, sem perspectiva. Também seu intelecto é "carnal", se ele não se abre para Deus. Quem se abre para o Espírito (que vivificou o Cristo), até seu corpo se torna espiritual, destinado para a vida verdadeira. – A oposição "carne x espírito" corresponde a "morte x vida". Toda a nossa vida, corporal, psicológica, intelectual, deve ser empenhada pelo Espírito; à "carne" não devemos nada. • 8,9 cf. Rm 7,5-6; Sl 51[50],13; Jo 3,5.6 • 8,11-13 cf. Rm 6,4.8-11; Gl 6,8; Ef 4,22-24.

– *Leit. alternat.: (Fl 2,3-8) A glória na humilhação.*

Aclamação ao evangelho: (cf. Mt 11,25) Revelação do Mistério aos pequenos.

Evangelho: (Mt 11,25-30) **Revelação aos humildes; a mansidão do Messias** – Jesus realiza o "messianismo diferente" presente em Sf 3; Is 42; 53 e Zc 9; 12 (cf. 1ª **leitura**): 1) Ele revela o mistério de Deus aos humildes; revela-lhes o que não vem da "carne", mas do Pai; 2) Ele é humilde e pode acolher os humildes, por causa de sua mansidão, por ser seu jugo leve e suave (cf. festa do Sagr. Coração). • 11,25-27 cf. Lc 10,21-22; 1Cor 1,26-29; Mt 28,18; Jo 3,35; 17,2; 10,15 • 11,28-30 cf. Jr 31,25; 6,16; Is 28,12; 1Jo 5,3.

Oração s/as oferendas: Purificação e consagração da nossa vida.

Prefácio: (comum I) Despojamento e exaltação do Cristo.

Canto da comunhão: (Sl 34[33],9) "Provai e vede como é bom o Senhor" / (Mt 11,28) "Vinde a mim, vós todos que sofreis...".

Oração final: "... sem jamais cessar vosso louvor".

No domingo anterior vimos por que o profeta cristão deve ser um pequenino: a eficácia de sua mensagem se confirma na reação de bondade gratuita que ele provoca no coração dos que recebem a mensagem. No **evangelho** de hoje contemplamos o modelo deste tipo de profeta: Jesus. Não apenas como mensageiro, mas como detentor de tudo o que o Pai lhe deu nas mãos, ele é humilde e livre de toda forma de violência (militar, política, intelectual, religiosa e cultural). Nele reconhecemos a plena realização da figura de Zc 9,9-10 (**1ª leitura**) – o Messias humilde, que troca o cavalo militar por um jumentinho, que acaba com os carros e arcos de guerra e estende um império de paz de um mar (o Mediterrâneo) ao outro (o golfo de Ácaba). Num outro texto evangélico encontramos, em forma dramatizada, a realização dessa profecia: a entrada de Jesus em Jerusalém, significativamente no começo da semana da Paixão (Mt 21,1-10 e par.).

O contexto em que o **evangelho** se situa é o seguinte: Jesus acaba de censurar as cidades da Galileia por causa de sua autossuficiência e orgulho (Mt 11,20-24). Em oposição a esse orgulho, surge a figura do Messias humilde, do revelador de Deus que se dirige aos simples e "pequenos" (apelido dos profetas cristãos: cf. dom. passado). Aqui não valem os critérios de grandeza humana; vale o puro dom gratuito de Deus (11,27). Jesus é o Filho, aquele que conhece o Pai por dentro e pode dispor de tudo o que é dele. É esta a primeira parte do texto, o "júbilo" de Jesus (Mt 11,25-27).

Encadeada nessas palavras, esta parte segue agora outra sentença, um convite aos humildes para aceitar seu "jugo". A doutrina de um mestre ou rabino era chamada "jugo". Jesus é um mestre diferente. Seu jugo é suave, dá paz e descanso às almas. Jesus é o mestre humilde e manso de coração, mas não no estilo água-com-açúcar. Olhemos só o que é o contrário destes termos. O contrário da "humildade" (literalmente, "baixeza")[22] são o orgulho e a ostentação, que caracterizam os "grandes" de todos os tempos. E o contrário da "mansidão" ou mansuetude do Senhor é a violência, o uso da força. Ora, se a missão de Jesus e do missionário cristão (cf. dom. pass.) é abrir as comportas do coração, para que serviria a violência? A violência não converte; resultado último não se deve esperar da violência. Por isso, mesmo se o cristão for forçado a usar de violência para pro-

A T. Com.

---

22. "Humilde", na linguagem bíblica, indica em primeiro lugar o que é baixo física ou socialmente (escravos etc.). Não tem a conotação de uma respeitável virtude, da qual a gente se gaba... Cf. ainda o Magnificat, Lc 1,48.

teger seu irmão, nunca a utilizará para transmitir sua mensagem. O coração violento encontra na violência que se lhe opõe uma justificativa! Só a "mansidão" (no sentido de firmeza permanente) desmancha os argumentos da violência (cf. Gandhi).

Na **2ª leitura** temos uma mensagem semelhante. Os critérios da vida nova em Cristo são bem diferentes dos da vida antiga. É a oposição entre a "carne" (a humanidade autossuficiente, fechada em si mesma) e o Espírito (a força vivificadora e transformadora que nos é dada em Jesus Cristo e da qual sua ressurreição é o sinal) (Rm 8,11). Aos critérios humanos não ficamos devendo nada, pois estes são os da força e do "salve-se quem puder!" É difícil convencer-se disso. Estamos sempre prestando contas a critérios humanos, que nos são impostos sem a mínima razão: moda, consumo, aparência, ditadura, medo. Parece até que a gente tem medo de não ter algum poder ao qual prestar contas. Temos medo da liberdade do Espírito, da liberdade dos filhos de Deus. Ora, não estamos devendo nada àquilo que, nesses critérios mundanos, se opõe à vontade de Deus. Quantas vezes participamos ativa ou passivamente de atitudes e juízos injustos, de pressão sobre outras pessoas, de "proveitos" injustos e de egoísmo grupal! A tudo isso não estamos devendo nada. Nosso benefício vem de outras fontes.

Enquanto a **oração do dia** sintoniza melhor com a mensagem de Paulo, o **canto da comunhão** (opção II) é um eco puro da leitura do evangelho. Para sublinhar o paradoxo do Messias que, por sua humilhação, levanta consigo toda a humanidade, sugerimos o **prefácio** comum I.

JESUS, A VIOLÊNCIA E A MANSIDÃO

Percebe-se a violência crescente no mundo. O terrorismo acorda nas pessoas a vontade de responder com violência. Está certo usar de violência para enfrentar a violência? Conforme o plano de Deus, não. Seu enviado é o mestre "manso" e humilde, cujo "jugo" é suave. O **evangelho** ensina a revelação da mansidão de Jesus aos pequeninos e mansos, os não violentos. A pregação de Jesus provoca opção a favor ou contra. Contra ele optam as ambiciosas cidades da Galileia (cf. Mt 11,20-24). A favor, os humildes que escutam sua palavra e a põem em prática (Mt 11,25-30). Os que recebem sua revelação, não os que estão cheios de si, vão conhecer o interior de Jesus. Jesus é o mestre dos humildes, porque ele é, no sentido bíblico, manso, não opressor. E assim é também sua doutrina.

O profeta Zacarias já sabia que o Messias não poderia ser um rei violento e opressor (**1ª leitura**). Essa expectativa, Jesus a realizou de modo surpreendente. A missão do Messias não se realiza pela violência e pela opressão, mas pela mansidão de um pedagogo, que deixa penetrar, nos humildes, gota por gota, o espírito de amor e solidariedade, que faz crescer o verdadeiro Reino de Deus. Por isso, o mistério de Deus e de seu Filho se manifesta no coração dos humildes, enquanto os poderosos o rejeitam.

Jesus convida os "cansados". Eles são muitos entre nós hoje. Os que já não aguentam o arrocho salarial, a subnutrição, a degradação da vida social e pública, a violência econômica, a exclusão em todas as suas formas. Será que Jesus tem uma solução para esses "cansados"? Contrariamente à pretensa "lei natural" do poder do mais forte, a comunidade de amor e solidariedade lhes oferece, mais e melhor do que o consumismo da tevê e dos *shopping-centers*, aquilo que os torna realmente felizes: valorização fraterna, sustento mútuo e, sobretudo, a certeza de "estar na linha de Deus".

Aos cristãos cabe conscientizar o povo – pobres e ricos – de que *a mera força e opressão não resolvem nada*, mas afastam as pessoas do espírito de Cristo. E perguntemos: em nossas comunidades, existe verdadeira "mansidão" ou, pelo contrário, reinam práticas opressoras? Aplicamos uma "pedagogia da mansidão", deixando a grama crescer no chão em vez de puxá-la para fazer crescê-la mais rápido?

Jesus veio como libertador manso e humilde, não como revolucionário armado, porque o reino do amor fraterno não pode ser implantado pela violência, mas somente pela convicção interior. Essa é sua resposta ao poder da força, contra o qual o pequeno não pode resistir quando se quer medir com ele no mesmo nível.

15º domingo do tempo comum/A
A SEMENTE DA PALAVRA

Canto da entrada: (Sl 17[16],15) Inebriar-se com a visão de Deus.
Oração do dia: Ser cristão digno deste nome.
1ª leitura: (Is 55,10-11) **A palavra de Deus é eficaz: faz frutificar a gente** – Is 55,10-11 é uma chave de interpretação de tudo o que Deus faz por sua gente. Conclui o "2º Isaías" (Is 40–55), retomando a ideia do início: a palavra de Deus permanece sempre (40,8). A "palavra de Deus" e sua eterna vontade, que no tempo oportuno sai de seu silêncio majestoso e realiza sua missão (55,11), como a chuva caindo do céu faz frutificar a terra. • Cf. Dt 32,2; Is 9,7; 45,8; 2Cor 9,10; Sb 18,14-15; Jo 1,1-4.
Salmo responsorial: (Sl 65[64],10abcd.10e-11.12-13.14) Deus faz frutificar a terra.
2ª leitura: (Rm 8,18-23) **A criação anseia pela manifestação dos filhos de Deus** – Existir, para o homem, é sofrer. No seu sofrimento, reconhece o gemido da criação ainda não libertada. Talvez, por isso mesmo, trate de reprimir esse gemido pelo mito da transformação tecnológica! Mas não é sufocando a natureza e a criação que o homem se realiza e sim, intermediando, como sacerdote, seu pleno desabrochamento. No homem, a criação deve participar da realidade divina, da "liberdade dos filhos de Deus" (8,23.21). O sofrimento solidário do homem e da natureza são as dores do parto da nova criação. • 8,18-19 cf. Rm 5,2-5; 2Cor 4,17; Cl 3,3-4, 1Jo 3,2 • 8,20-23 cf. Gn 3,17; Os 4,1-3; 2Pd 3,11-13; Ap 21,1; 2Cor 5,2-5.
– *Leit. alternat.: (1Pd 1,22-25) "A palavra do senhor permanece".*
Aclamação ao evangelho: (Lc 8,11) A Semente da Palavra.
Evangelho: (Mt 13,1-23 ou 13,1-9) **Parábola do semeador e explicação** – Mt 13 contém sete parábolas do Reino de Deus. No começo está a parábola do semeador com a sua explicação. E, como Mc 4,11-12, Mt coloca a pergunta por que Jesus fala em parábolas. Jesus fala em parábolas, porque o Reino de Deus não é uma coisa de evidência "física". Só é compreendido por quem quiser participar, por quem na fé se entrega a sua dinâmica. A realidade do Reino, nas parábolas, revela-se a quem crê e esconde-se para quem não crê. • 13,1-9 cf. Mc 4,1-9; Lc 8,4-8 • 13,9 cf. Mt 11,15; Ap 2,7 • 13,10-17 cf. Mc 4,10-12; Lc 8,9-10; Mt 25,29; Lc 8,18; Is 6,9-10; Jo 12,40 • 13,18-23 cf. Mc 4,13-20; Lc 8,11-15; Jo 15,16; Gl 5,22.
Oração s/as oferendas: Crescer em santidade.
Prefácio: (comum VI) Jesus é a palavra.
Canto da comunhão: (Sl 84[83],4-5) Felicidade de habitar a casa de Deus / (Jo 6,57) "Quem come a minha carne...".
Oração final: "Cresça em nós a Salvação...".

Ouvimos hoje a parábola do semeador, ou melhor, das aventuras da semente que é a Palavra de Deus, a palavra da pregação cristã (**evangelho**). Descreve o que acontece com a semente da Palavra em várias circunstâncias, com diversos tipos de pessoas; e, conforme o caso, o resultado é diferente. Resultado bom mesmo, que corresponda à fecundidade que a Palavra de Deus por si mesma tem (cf. a **1ª leitura**), só há quando ela cai em terra boa, isto é, em alguém que, ao ouvir a palavra, a deixa penetrar, a absorve, a assimila no seu próprio pensar e sentir (pois tudo isso significa a expressão "entende" em Mt 13,23).

A T. Com.

Tudo isso reflete as condições da pregação da Igreja das origens e de sempre. A palavra divina é eficaz e fecunda como a chuva que fertiliza o chão (**1ª leitura**, sublinhada pelo **salmo responsorial**). Mas o ouvinte tem que colaborar. Deus não força ninguém, ele se deixa acolher. Se alguém não o acolhe, ou acolhe mal, de modo superficial... nada feito, não cria vínculo com Deus. Aí está o mistério da liberdade da alma humana. No **evangelho** reflete-se a preocupação das primeiras gerações cristãs com a incredulidade. Por que alguns entendem, outros não? A uns é dado conhecer os mistérios do Reino, outros não chegam a abrir a casca da parábola (Mt 13,11). É como nos negócios: quem tem, ganha crédito e pode negociar mais; quem não tem, perde ainda o pouco que tem. Trata-se da fé. Os judeus farisaicos achavam que possuíam algo: seu refinado conhecimento da Lei. Mas, para compreender a mensagem da graça de Deus, esse "algo" era nada. Entretanto, aos que tinham a fé, a abertura de um coração simples e humilde (cf. ev. de dom. passado), a esses foi dado conhecer o mistério do Reino.

Tal situação não contraria o plano de Deus. Mesmo a incredulidade das pessoas, Deus a tem levado em conta no seu projeto. É o que experimentou o profeta Isaías. Mt 13,14-15 cita Is 6,9-10 (os primeiros cristãos citavam muito esta passagem para explicar o mistério da incredulidade: cf. Jo 12,40; At 28,26s). O ser humano é livre para ser incrédulo. E tão grande é o plano de Deus, que ele consegue até incluir essa incredulidade... Segue, então, mais uma felicitação para os simples e pequenos, que podem enxergar o que muitos profetas quiseram ver e não viram (13,16s; cf. ev. dom. pass.).

E os incrédulos, será que eles não conhecerão a salvação? Paulo, em Rm 9–11, se debate com este problema e só sabe responder que ninguém conhece o abismo do pensamento e da sabedoria de Deus (Rm 11,33ss). Nem mesmo a incredulidade à mensagem cristã é prova de rejeição de Deus. Só Deus sabe quem poderá aguentar sua eterna companhia e quem não. Mas, de toda maneira, os que não conseguem acolher e fazer frutificar a palavra, não têm a felicidade e o privilégio de ser, desde já, o povo-testemunha de Deus. Talvez se salvem, mas não podem realmente cantar as grandes obras do Senhor e reconhecer seu reino em Jesus Cristo. Ora, que há de mais bonito que isso?

A **2ª leitura** desta liturgia continua o tema da vivificação pelo Espírito, a vida nova em Cristo (cf. dom. pass.). No contexto imediatamente anterior, Paulo acaba de dizer que recebemos o Espírito do Cristo, que clama em nós: "*Abbá*, Pai"; o Espírito que nos transforma em filhos adotivos de Deus, coerdeiros com Cristo, chamados para a glória com ele (Rm 8,14-17). Mas ainda não se revelou em nós esta glória, embora já tenhamos recebido o Espírito como primícia. Por isso, nós e toda a criação estamos ansiando por essa plenitude, como uma mulher em dores de parto (cf. Jo 16,21): o filho está aí, mas até que ele se manifeste, ela tem que passar pelo trabalho de parto. É essa a situação nossa e de nosso mundo, que é solidário conosco.

Como um eco do evangelho, a **oração sobre as oferendas** e a **oração final** falam do *crescimento* da fé e da salvação em nós. Trata-se de realizar o feliz encontro de uma semente "garantida" (a palavra) com uma terra boa, acolhedora e generosa. Neste contexto, pode-se rezar o prefácio comum II (Cristo, Palavra enviada pelo Pai). Na pregação diga-se concretamente quais são, *na pessoa e na estrutura da sociedade,* os obstáculos que impedem a boa acolhida ou o crescimento da semente da palavra.

O PORQUÊ DAS PARÁBOLAS

Isaías disse que a palavra de Deus é eficaz "como a chuva no chão" (**1ª leitura**). Mas Jesus acrescenta: depende da qualidade do chão! A semente da palavra tem tudo para crescer, mas precisa ser acolhida num chão aberto, generoso, preparado... num coração acessível e profundo ao mesmo tempo (**evangelho**).

Jesus usa imagens, parábolas. Uma pessoa simples as pode entender, enquanto os de "coração empedernido" ouvem e veem exteriormente, mas não percebem interiormente o que a palavra significa, ao contrário da "terra boa", que "ouve a palavra e a compreende".

Jesus falou em parábolas, para que os mais simples pudessem entender, e aparecesse o endurecimento daqueles que as ouvem sem entender. Uns ouvem e não compreendem. A palavra não cria raízes neles. Jesus explica as causas disso: o "maligno" (as forças contrárias a Jesus e ao Reino de Deus), a superficialidade, a desistência na hora da dificuldade, as "preocupações do mundo e a ilusão da riqueza". Mas, graças a Deus, há também aqueles que ouvem e compreendem, e produzem fruto. A diferença está na disposição do ouvinte.

As causas da incompreensão da palavra são ainda as mesmas hoje: estratégia das forças antievangélicas, consumismo, idolatria da riqueza. Em compensação, os "mistérios do reino", quando apresentados em imagens compreensíveis ao povo, são tão transparentes que até os mais simples os entendem e se tornam seus melhores propagandistas.

Importa, pois, prepararmos o chão dos corações para que possam receber a palavra: combater os fatores de "endurecimento" (dominação ideológica, alienação, consumismo, culto da riqueza e do prazer etc.). Em vez do fascínio dos sempre novos (e tão rapidamente envelhecidos) objetos do desejo, a formação para a autenticidade e simplicidade, a educação libertadora com vistas ao evangelho. Então a Palavra, que desce como a chuva do céu, poderá penetrar no chão e fazer a semente frutificar.

16º domingo do tempo comum/A
A PACIÊNCIA DE DEUS

Canto da entrada: (Sl 54[53],6-8) Deus me protege, Deus é bom.

Oração do dia: Repletos de fé, esperança e caridade.

1ª leitura: (Sb 12,13.15-19) **O poder de Deus se mostra na capacidade de perdoar** – O israelita piedoso (como também o "bom cristão") gosta de repartir os homens em bons e maus. E quando vê que Deus não observa a sua divisão, chega a acusá-lo! Mas a sabedoria de Deus mostra-se tanto na paciência quanto no juízo. Por outro lado, também os "bons" precisam da misericórdia de Deus. • 12,13 cf. Dt 32,39; Jó 34,12-15 • 12,18-19 cf. Sl 115,1-3[113,9-11]; 135[134],6; Sb 11,23.

Salmo responsorial: (Sl 86[85],5-6.9-10.15-16a) Deus, lento em cólera, rico em graça e fidelidade.

2ª leitura: (Rm 8,26-27) **O Espírito Santo auxilia nossa fraqueza** – Fé e esperança são antecipações daquilo que ainda não está aí (8,24). Assim, nossa vida cristã é uma vida "a amadurecer", inacabada. O "sopro" (= "espírito") de Deus, "adotando" nossa fraqueza, ajuda a alma a se desenvolver desde sua infância espiritual. O Espírito conhece os dois "abismos": o ser de Deus e o coração do homem. Como não temos bastante amplidão, seu soprar em nós é um gemido dirigido a Deus. No entanto, já nos faz ser santos. • Cf. Hb 11,1; Rm 5,5; 8,15; 1Cor 2,10; Gl 4,6; Jr 11,20.

– *Leit. alternat.: (2Pd 3,8-9.14-15a) A paciência de N. Senhor.*

Aclamação ao evangelho: (cf. Mt 11,25) Revelação do Mistério aos pequenos.

Evangelho: (Mt 13,24-43 ou 13,24-30) **"O joio e o trigo" e outras parábolas** – Como a parábola do semeador (cf. dom. pass.), Mt prevê de uma explicação também a do joio no trigo. O tempo da Igreja é o tempo do crescimento. No último dia, separar-se-á o joio do trigo. Nem todos os que estão na Igreja são dela, são eleitos (cf. parábola da rede, Mt 13,47-50). Tal situação deve-se à paciência de Deus e não impede a força do crescimento (parábolas do grão de mostarda e do fermento, 13,31-33). • 13,30 cf. Mt 3,12; Jo 15,6 • 13,31-32 cf. Mc 4,30-32; Lc 13,18-19; Ez 17,23; Dn 4,9.18 • 13,33 cf. Lc 13,20-21 • 13,34-35 cf. Mc 4,33-34; Sl 78[77],2 • 13,36-43 cf. 1Jo 3,10; Dn 3,6; 12,3.

Oração s/as oferendas: Os dons de cada um sirvam para a salvação de todos.

Prefácio: (dom. T.C. IV) A obra da salvação.

Canto da comunhão: (Sl 111[110],4-5) Memorial do Senhor, alimento dos fiéis / (Ap 3,20) "Eis que estou à porta e bato...".

Oração final: Despojar-se do homem velho e revestir-se do homem novo.

Em sua pregação aos camponeses da Palestina, na linguagem campestre deles, Jesus aborda hoje o tema da condenação (**evangelho**). Já vimos, no domingo passado, que ninguém conhece a profundeza do pensamento de Deus. Incredulidade não significa necessariamente perdição. Como ainda muitos "bons cristãos" hoje, também os antigos judeus se admiravam de que Deus deixasse coexistir fé e incredulidade, justos e injustos. Mas Deus não precisa prestar contas a ninguém. Sua grandeza, ele a mostra julgando com benignidade, pois ele tem suficiente poder; Deus não é escravo de sua própria força (Sb 12,18; **1ª leitura**)! O **salmo responsorial** (Sl 86[85]), aparentado à revelação de Deus a Moisés em Ex 34,5-6, acentua o tema da magnanimidade de Deus.

Contrariando nossa impaciência e intolerância, Deus aguarda que talvez o injusto ainda se converta (12,19; cf. Lc 13,6-9). Sobre este tema Jesus bordou uma de suas mais eloquentes parábolas: quando num campo se encontra joio no meio do trigo, é muito imprudente extirpar apressadamente o joio, pois se poderia arrancar também o trigo. Melhor é ter paciência, deixar tudo amadurecer e, no fim, conservar o que serve e queimar a cizânia. Deus é tão grande, que no seu Reino tem espaço até para a paciência com os incrédulos e injustos. Ele é quem julga.

A essa parábola são encadeadas algumas outras, de semelhante inspiração campestre (Mt 13,31-33), bem como uma consideração sobre a "pedagogia" das parábolas. Depois, Jesus explica a parábola do joio. As parábolas intermediárias (do grão de mostarda e do fermento) referem-se ao incrível crescimento do Reino de Deus. Há, porém, diferenças no acento. Na parábola do grão de mostarda, o enorme crescimento do Reino, incomparável com seu humilde início, dá uma impressão de amplidão, de expansão, de espaço; na parábola do fermento, é a força interior que é acentuada: um pouco de fermento dá gosto ao todo.

Nos v. 34-35, o evangelista faz uma observação sobre a pedagogia de Jesus. Ele não fala por meio de parábolas para confundir o povo, mas sua pregação confunde, de fato, os que acham que sabem tudo (cf. Mt 13,12-15; dom. pass.). Ora, para quem quiser escutar, cumpre-se, nesta pedagogia de Jesus, o que o salmista já anunciara há muito tempo: a revelação das coisas escondidas desde a formação do mundo.

O tema principal para hoje é, pois, a *grandeza de Deus,* que tem lugar para todos, inclusive os pecadores, até o momento em que eles terão de decidir se aceitam a sua graça, sim ou não. Isso nos ensina também algo sobre o pecado: com o tempo, o pecado se transforma, ou em arrependimento, ou em orgulho "infernal", ao qual cabe o destino que finalmente é dado ao joio.

E como viver num mundo onde coexistem fé e incredulidade, justiça e pecado (muitas vezes, dentro da mesma pessoa, dentro da Igreja também)? Como aceitar as pessoas, sem aceitar seu pecado nem a estrutura pecaminosa de nosso mundo? São perguntas candentes, que podem ser meditadas à luz da paciência, não tanto "histórica", mas antes escatológica, de Deus.

A **2ª leitura** nos ensina algo fundamental sobre a "espiritualidade". Para muita gente, espiritualidade é uma espécie de conquista de si mesmo, um treinamento, uma ascese – tanto que, antigamente, "ascese e espiritualidade" eram estudadas no mesmo tratado. Ora, espiritualidade cristã existe quando o Espírito do Cristo vive em nós, toma conta de nós. Isso nada tem a ver com ascetismo, uma vez que o Espírito adota até a nossa fraqueza. Nós nem sabemos rezar como convém, mas "o próprio Espírito intercede por nós com gemidos inefáveis" (Rm 8,26). Portanto, o importante é deixar-se envolver por esse Espírito e não expulsá-lo pela auto-suficiência de nosso próprio espírito. O Espírito do Cristo é que consegue dar conta da nossa fraqueza; o nosso, dificilmente...

PACIÊNCIA NA EVANGELIZAÇÃO

O **evangelho** apresenta um Jesus muito tolerante. Isso pode até desagradar a quem gostaria de um Jesus mais radical. A Igreja parece tão pouco radical. Por que não romper de vez com os que não querem acompanhar? Ou será que a radicalidade do evangelho é outra coisa do que imaginamos? Neste evangelho (Mt 13,24-43), Jesus descreve o Reino de Deus (o agir de Deus na história), em três parábolas. Na primeira, explica que junto com os frutos bons (o trigo) podem crescer frutos menos bons (o joio); é melhor deixar a Deus a responsabilidade de separá-los, na hora certa... Na segunda, ensina que o agir de Deus tem um alcance que sua humilde aparência inicial não deixa suspeitar (a sementinha). Na terceira, adverte que a obra de Deus muitas vezes é escondida, enquanto na realidade penetra e leveda o mundo, invisivelmente, como o fermento na massa.

Nós gostamos de ver resultados imediatos. Somos impacientes e dominadores para com os outros. Deus tem tanto poder, que ele domina a si mesmo... Não é escravo de seu próprio poder. Sabe governar pela paciência e o perdão (**1ª leitura**). Seu "reino" é amor, e este penetra aos poucos, invisivelmente, como o fermento. Impaciência em relação ao Reino de Deus é falta de fé. O crescimento do Reino é "mistério", algo que pertence a Deus.

No tempo de Mateus, a impaciência era explicável: esperava-se a volta de Cristo (a Parusia) para breve. Hoje, já não é essa a razão da impaciência. A causa da impaciência bem pode ser o imediatismo de pessoas aparentemente "superengajadas", e podemos questionar se muito ativismo é verdadeira generosidade a serviço de Deus ou apenas autoafirmação. É preciso dar tempo às pessoas para que fiquem cativados pelo Reino. E a nós mesmos também. Isso exige maior fé e dedicação do que certo radicalismo mal-entendido, pelo qual são rechaçadas as pessoas que ainda estão crescendo.

Devemos ter paciência especial para com aqueles que, vivendo em condições subumanas, não conseguem assimilar algumas exigências aparentemente importantes da Igreja. Para com os jovens. Para com os que perderam a cabeça pelas complicações da vida moderna urbana, ou por causa da televisão, que pouco se preocupa em propor às pessoas critérios de vida equilibrada. Devemos dar tempo ao tempo... e entrementes dar força ao trigo, para que não se deixe sufocar pelo joio.

Em nossas comunidades, importa cativar os outros com paciência. Fanatismo só serve para dividir. Moscas não se apanham com vinagre. Importa ter confiança em Deus, sabendo que ele age, mesmo. E então nos sentiremos seguros para colaborar com ele, com "magnanimidade", com grandeza de alma – pois é assim que se deveria traduzir o que geralmente se traduz com o termo desvirtuado "paciência"... Deus reina por seu amor, e o amor não força ninguém, mas cativa a livre adesão.

A
T. Com.

17º domingo do tempo comum/A
INVESTIR NO REINO DE DEUS

Canto da entrada: (Sl 68[67],6-7.36) Deus dá força e poder a seu povo.

Oração do dia: Sem Deus, ninguém é forte e santo; a vida orientada para os bens definitivos.

1ª leitura: (1Rs 3,5.7-12) **Salomão não pede riqueza, mas sabedoria** – No começo de seu reinado, Salomão pede a Deus a sabedoria, isto é, o dom de julgar e de decidir acertadamente (logo depois segue uma história para exemplificar esse dom). O próprio fato de não pedir outra coisa já mostra sua sabedoria. Assim mesmo, além da sabedoria, Deus lhe deu, como que "de brinde", algumas coisas menos importantes (riqueza, fama, longa vida) (1Rs 3,13-14). • Cf. 2Cr 1,3-12; Sb 9,1-18 • 3,9 cf. Sl 72[71],1-2; Pr 2,6-9; Sb 7,7; Tg 1,5.

Salmo responsorial: (Sl 119[118],57+72.76-77.127-128.129-130) A Lei como sabedoria.

2ª leitura: (Rm 8,28-30) **O planejamento de Deus e sua execução** – Esta breve leitura é construída em redor da corrente: conhecer-destinar-chamar-justificar-glorificar: as fases do acabamento, por Deus, do ser humano: uma obra de arquiteto. O protótipo é Jesus Cristo mesmo: o primogênito dos mortos. O Espírito já nos tornou filhos (8,16). Agora é só levar a termo a obra de arte já iniciada (8,30). E o distintivo do cristão é que ele tem consciência de ser essa obra ("sabemos", 8,28). • Cf. Ef 1,3-14; Tg 1,12; Jr 1,5; 1Cor 15,49; 2Cor 3,18; Fl 3,21; Cl 1,18; 1Jo 3,2.

– *Leit. alternat.:* *(Tg 3,13-17) A verdadeira sabedoria.*

Aclamação ao evangelho: (Mt 11,25) A revelação do mistério de Deus aos humildes.

Evangelho: (Mt 13,44-52 ou 13,44-46) **O tesouro do Reino de Deus** – Este evangelho contém: 1) as últimas parábolas e a conclusão do Sermão das Parábolas de Mt 13: as parábolas do tesouro e da pérola, que ensinam o pleno investimento no Reino; a parábola da rede, que ilustra a situação "mista" da Igreja até o fim dos tempos (mistura de fiéis convencidos e mornos); 2) a pergunta "compreendeis?", dirigida aos discípulos que somos nós. Esse compreender consiste em receber em si todas as palavras, tiradas do tesouro que contém coisas novas (o novo ensinamento de Cristo) e velhas (a releitura cristã das antigas escrituras e tradições judaicas na igreja judeu-cristã de Mt). O mestre cristão é o "escriba instruído no Reino dos Céus" (13,52). • 13,44-46 cf. Pr 2,1-5; Mt 19,21; Pr 4,7 • 13,50 cf. Mt 8,12; 13,42.

Oração s/as oferendas: Santificação da vida presente e encaminhamento da futura.

Prefácio: (dom. T.C. VI) Penhor da vida futura.

Canto da comunhão: (Sl 103[102],2) "Bendize, minha alma, o Senhor..." / (Mt 5,7-8) Bem-aventurança dos misericordiosos e puros.

Oração final: Memorial permanente da Paixão de Nosso Senhor.

A liturgia de hoje tem um duplo acento, *sapiencial* e *escatológico*. As orações sintonizam com a parábola escatológica da rede, segunda parte do evangelho (não abreviado). Mas o tema principal é o do "investimento" da pessoa naquilo que é seu valor supremo. Este tema (sapiencial) retém nossa atenção. O Rei Salomão não pediu a Deus riqueza, e sim sabedoria, isto é, o dom de distinguir entre o bem e o mal (1Rs 3,5ss; **1ª leitura**). Neste sentido, ele prefigura o negociante da parábola da pérola, homem de bem, mas perspicaz, que arrisca tudo o que tem num investimento melhor (Mt 13,45s; **evangelho**). Esta parábola vem acompanhada de outra, que parece elogiar a especulação imobiliária: um homem vende tudo para comprar um campo no qual está escondido um tesouro. A lição de todos esses textos é: *investir tudo* naquilo que é o mais importante – sabedoria humana, mas que se aplica também à realidade divina, ao Reino de Deus. Ora, em que consiste, concretamente, o tesouro desta parábola? Para discernir isso precisamos da sabedoria que Salomão pediu e que lhe propiciou pronunciar juízos sábios (1Rs 3,16-28). Ora, sabemos também que Deus tem predileção pelos que mais precisam, os pobres e desprotegidos; não serão estes um bom investimento?

Estas parábolas sugerem duas *atitudes básicas*. Negativamente, *desprender-se* de posses que não vale a pena segurar (como Salomão, no fundo, relegou a riqueza material para segundo plano, pelo menos na sua oração). E, positivamente, *investir* naquilo que é realmente o mais importante, aquilo em que Deus mesmo investe; justiça e bondade, iluminadas pela sabedoria. A atitude negativa (desprendimento) e a positiva (investimento) são "dialéticas": uma não funciona sem a outra. Não somos capazes de nos desprender do secundário, se não temos claro o principal. Por falta do principal, o investimento do amor, o esforço de desprendimento pode virar masoquismo. Por outro lado, nunca conseguiremos investir o nosso coração para adquirir a pérola do Reino de Deus, se não soubermos nos desprender das joias falsas que enfeitam nossa vida. Por isso, tanto idealismo fica num piedoso suspiro...

A coleção de parábolas de Mt 13 termina na parábola escatológica da rede, muito semelhante à do joio no trigo (cf. dom. passado; na leitura evangélica abreviada, esta parábola fica fora; há oportunidades melhores para falar do Último Juízo, p.ex., nos 32º-34º dom. do tempo comum).

Olhando para a **2ª leitura**, encontramos um dos textos maiores da Carta aos Romanos. Deus, como um bom empreiteiro, faz todo o necessário para o bem daqueles que o amam, levando a termo a execução de seu desenho ("desígnio") (Rm 8,28). De antemão conheceu os que queria edificar, como um arquiteto tem um edifício na mente; ele os projetou ("predestinou"; o termo grego *proorizein* significa "planejar, projetar"), conforme o protótipo que é Jesus mesmo, seu filho querido, ao qual ele gostaria que todos se assemelhassem. E aos que assim planejou, também os escolheu ("chamou"); os "justificou" (qual empreiteiro que verifica sua obra durante a execução, decidindo se serve ou não) e, arrematando a obra, os "glorificou" (como em certas regiões os construtores celebram o arremate coroando de flores a cumeeira da casa nova). Este texto nos faz entender o que os teólogos chamaram a "predestinação": não significa que Deus criou uns para serem salvos e os outros (a "massa condenada") para serem perdidos. Significa que, como bom empreiteiro, Deus faz tudo o que for preciso para arrematar a salvação naqueles que se dispõem para ela; e como conhece o coração de todos, ele também conhece os que se prestam à salvação e os que não se deixam atingir. Quem optar por acentuar a linha escatológica na liturgia de hoje (cf. Mt 13,47-52), encontrará nesta 2ª leitura um tema digno de reflexão.

Os dois acentos de hoje, o sapiencial e o escatológico, se completam. Pois é com vistas à salvação definitiva que se deve fazer o investimento certo hoje.

ESCOLHER É RENUNCIAR

> Renunciar não está na moda, é contrário à economia do mercado, ao consumo irrestrito... O **evangelho**, porém, mostra a atualidade eterna da renúncia. E para entender isso melhor, a liturgia nos lembra primeiro o exemplo de Salomão. Quando Deus o convidou para pedir o que quisesse, ele não escolheu poder e riqueza, mas, sim, sabedoria, para julgar com justiça (**1ª leitura**).
>
> Jesus ensina o povo a escolher o que vale mais: o Reino de Deus. Para participar deste, vale colocar tudo em jogo, como faz um negociante para comprar um campo que esconde um tesouro, ou para adquirir uma pérola cujo valor resiste a qualquer inflação...

A
T. Com.

O que se contrapõe, nestas leituras, são por um lado as riquezas imediatas (materiais), por outro, o dom que Deus nos dá (para Salomão, a sabedoria no julgar; para nós, o Reino). Na hora de escolher, o dom de Deus é que deve prevalecer, e o resto tem que ser sacrificado, se for preciso.

Qual será o dom de Deus hoje? Aquilo que queremos ter em nosso poder, aquilo que com tanta insistência agarramos e procuramos segurar? Nossas posses, privilégios de classe, *status* etc.? Ou não será antes a participação na comunhão fraterna, superar o crescente abismo entre ricos e pobres e transformar as estruturas de nossa sociedade, para que todos possam participar da construção do mundo e da História que Deus nos confia? "Os pobres, nosso tesouro". Queremos investir tudo, os nossos bens materiais, culturais etc., para uma sociedade que encarne melhor a justiça de Deus?

Às vezes, a gente preferiria não escolher, para ficar com tudo: a riqueza, o poder, e, além disso, Deus... Mas quem não se decide, não se realiza. Optar e renunciar é que nos torna gente. O grande escultor Miguel Ângelo disse que realizava suas obras de arte cortando fora o que havia demais. (Podemos meditar neste sentido sobre a **2ª leitura**: Deus, artesão perfeito, quer fazer de nós uma obra de arte: conhece o material, projeta, escolhe, endireita... até coroar sua obra que somos nós, feitos imagem de seu Filho.)

O cristão deve, de maneira absoluta, renunciar ao pecado; é essa uma das promessas de nosso batismo. Mas, se for preciso para servir melhor o Reino de Deus, ele deve renunciar também a coisas que não são más em si (riqueza, prestígio etc.). Pois o Reino vale mais do que tudo.

18º domingo do tempo comum/A
O DOM DO PÃO

Canto da entrada: (Sl 70[69],2.6) "Tu és meu socorro e libertador".

Oração do dia: Deus, criador e guia, renove a criação e a conserve renovada.

1ª leitura: (Is 55,1-3) **Convite para o banquete messiânico** – Is 55 é a conclusão do Segundo Isaías (= escola de Isaías durante o exílio babilônico). O povo no exílio babilônico é representado como faminto e sedento como no tempo daquele outro "exílio", quando da saída do Egito. Mas é fome e sede do Deus vivo e próximo: falta-lhes o templo de Jerusalém, estão no perigo de se contentar com um sucedâneo: os deuses da Babilônia (55,2). Mas nenhum ídolo pago com ouro ou prata pode aliviar a sede do Deus vivo (também hoje não). • Cf. Is 12,3; Sl 36[35],10; Mt 10,8; Jo 4,10-14; 7,37-39; Ap 21,6; 22,17; Sl 81[80],9; Pr 9,1-6; Eclo 24,26-30[19-22]; Jo 6,35; Jr 32,40.

Salmo responsorial: (Sl 145[144],8-9.15-16.17-18) O Senhor sacia os seus.

2ª leitura: (Rm 8,35.37-39) **Nada nos pode separar do amor de Cristo** – Todos precisamos de redenção (Rm 1,18–3,20), e ela nos é dada em Cristo, que nos introduz na vida do Espírito (3,21–8,39). Ao fim desta secção, Paulo proclama a certeza de vencer os poderes adversários: nada conseguirão! Esta certeza não vem de provas da razão ou das Escrituras, mas é a convicção de quem já a experimenta (8,38). • Cf. Jo 16,33; Ef 1,21; 3,18.

– *Leit. alternat.: (1Cor 11,23-26) O pão, memorial de Cristo.*

Aclamação ao evangelho: (Mt 4,4b) Não só de pão é que se vive.

Evangelho: (Mt 14,13-21) **1ª multiplicação dos pães** – Mt 14,13–16,12 é a "secção do pão": duas multiplicações de pão e outros textos que tratam do pão (cf. 15,32-39; 16,9-12). – O ev. de hoje (1ª multiplicação do pão) encaminha o leitor iniciado no Reino de Deus ao entendimento certo disso. A multidão procura Jesus, que lhes dispensa os sinais do Reino (curas) e sua palavra. Será preciso, no fim, mandá-la embora faminta? Não: "Dai-lhes de comer" é a missão à Igreja (os Doze). Repartindo-se o pão, não faltará. Isso vale tanto do pão da palavra quanto do pão material. • Mc 6,32-44; Lc 9,10-17; Jo 6,1-15; Sl 78[77],25.29; Sb 16,20-21.

Oração s/as oferendas: "Fazei de nós uma oferenda eterna para vós".

Prefácio: (dom. T.C. V) Os dons da criação.
Canto da comunhão: (Sb 16,20) O pão do céu / (Jo 6,35) O pão da vida.
Oração final: Renovados com o pão do céu, dignos da salvação eterna.

Significativamente, depois da abundância da palavra de Cristo na pregação, o evangelho de Mt e a liturgia nos confrontam com a fartura de comida, na multiplicação dos pães. A **1ª leitura** traz o convite de Deus para nos saciarmos com o dom de sua instrução, na Lei e no culto verdadeiro, dom que não exige dinheiro para comprar como exigem as idolatrias do mundo. Neste sentido, na multiplicação dos pães segundo Mt (**evangelho**), não é a façanha de Jesus que está no centro da atenção, mas sua própria pessoa: ele é o Messias e Enviado do Pai. Depois de sua farta pregação na campanha da Galileia (Mt 5–13), terminada por uma inquietante nota a respeito do juízo (Mt 13,49s), defrontamo-nos com o mistério da incredulidade em várias formas: na pátria de Jesus (13,53-58) e na figura de Herodes, intrigado por Jesus, julgando-o João Batista redivivo (Mt 14,1-2) – pois o tinha mandado executar (14,3-12). Diante dessa incredulidade, Jesus muda de área, vai para o deserto (14,13), o lugar preferido para Deus encontrar sua gente. Aí afluem as multidões de pobres e humildes, os prediletos do Reino, e o Enviado de Deus é movido por compaixão ("graça", _hésed_, a qualidade divina por excelência; Mt 14,14) e cura todos os seus enfermos. Quando, ao entardecer, chega a hora da refeição, Jesus realiza o que a **1ª leitura** prefigurou: o banquete que não exige riqueza. Aos discípulos, que querem mandar a turma embora, ele diz que eles mesmos lhes deem de comer – implicando-os assim, misteriosamente, na sua missão (como ele já fizera quando os chamou, cf. Mt 10,1; 11º dom. do T.C.): nas suas mãos, enquanto distribuem, multiplica-se a humilde comida de uns pãezinhos e peixes até uma fartura messiânica. A "compaixão", a cura do povo, o deserto, a semelhança com o alimento que Deus aí deu aos antigos israelitas, o convite de Is 55 para ver nisto uma nova aliança: eis alguns elementos que caracterizam esta cena como uma manifestação messiânica de Jesus. Para os cristãos imbuídos do espírito da liturgia é uma prefiguração da Ceia da Nova Aliança.

As **orações** da presente liturgia, como também o **canto da comunhão**, sublinham o significado escatológico: a alimentação que recebemos aqui é recriação para a vida eterna. O **salmo responsorial** sublinha o carinho de Deus, que alimenta suas criaturas.

A **2ª leitura** é a conclusão da primeira parte de Rm: a exposição sobre a salvação pela graça de Deus e a fé em Jesus Cristo. Paulo termina sua exposição por uma efusiva proclamação de fé e confiança na obra de Deus em Jesus Cristo. Se Deus é conosco (pois nos deu seu próprio Filho), quem será contra nós, quem nos condenará (Rm 8,31-34)? "Quem nos separará do amor de Cristo?", inicia a leitura de hoje (Rm 8,35). "Amor de Cristo" significa o amor de Deus manifestado em Jesus Cristo (8,39), portanto, um amor que vence o mundo (8,37; cf. 1Jo 5,1-5). Não se trata de amor sentimental. Paulo trata de expressar o mesmo que escreve João: "Nós acreditamos no amor" (1Jo 4,16). Paulo está polemizando com os que situam a salvação em outras coisas que não o amor de Deus manifestado em Jesus Cristo: o legalismo farisaico, a cultura helenística e tantos outros pretensos caminhos da salvação. Não, exclama Paulo com paixão: o que nos salvou é o amor que Deus nos mostrou em Jesus Cristo (cf. Rm 5,1-11), e este amor, não o largamos, ou melhor, ele não nos larga! Pois esse amor não é "criatura" (falta no elenco das criaturas nos v. 38-39a, que inclui até os anjos), mas graça de Deus mesmo.

Assim, a liturgia de hoje nos convida a ler no sinal do pão uma revelação da "compaixão", do terno amor de Deus para conosco, que se revelou plenamente no dom de seu filho, do qual o pão também se tornou o sinal sacramental.

Para a práxis, uma sugestão a respeito do sentido messiânico (= realização escatológica da vontade de Deus) do "multiplicar o pão": enfrentar o problema da fome, no espírito de Cristo (portanto, não por cálculo político mas por verdadeira "com-paixão"). Isso será certamente um sinal da presença de Deus e de seu Reino.

O REINO DE DEUS E O PÃO DO POVO

O **evangelho** conta que Jesus se retira de sua cidade para outro lugar à beira do lago, e as multidões saem à sua procura. Movido de compaixão, Jesus cura os doentes no meio da multidão. Depois, na hora da janta, não quer que o povo vá embora com fome. Manda que os discípulos, com sua pequena reserva de cinco pães e dois peixes, alimentem a multidão. E saciam os cinco mil homens, sem contar mulheres e crianças...

Trata-se de um gesto profético de Jesus. O profeta Isaías tinha anunciado pão de graça (**1ª leitura**): o pão da sabedoria, da palavra, da instrução da Lei. Jesus "põe em prática" essa palavra profética, acrescentando também o pão material. A multiplicação do pão material mostra que Jesus nos alimenta com o pão que vem de Deus, sua palavra, a mensagem do Reino. É um gesto que inaugura o Reino. O pão material é o primeiro fruto do pão da Palavra...

Se a Igreja prega a Palavra, cabe-lhe também realizar gestos proféticos. Existem bastantes famintos para que se justifique um novo "sinal do pão", que realize, por um exemplo material, algo do Reino anunciado por Jesus. Não podemos falar do amor de Deus, se não realizamos a justiça material (e vital) para a multidão, assim como Jesus dela teve "compaixão". A fome de Deus será sempre o mais importante, mas a fome do pão é o mais urgente. O pão material não é o dom último, mas é um "aperitivo do Reino". (Por isso devemos cuidar que ele tenha o gostinho do Reino e não do materialismo.)

Na multiplicação dos pães, Jesus envolveu os discípulos em sua atuação; são eles que devem dar de comer à multidão. Seu lanche é insuficiente; mas, enquanto o repartem, Jesus faz com que seja até mais do que suficiente. "Vós mesmos, dai-lhes de comer..." Não devemos aguardar até que o pão caia do céu. Devemos começar a repartir o que temos (economia da partilha *versus* economia de monopólio e de capitalização). Assim falaremos do Reino pelas nossas ações.

No Pai-nosso, rezamos pedindo o "pão de cada dia". Tudo é dom de Deus, também essa coisa mais elementar. O amor de Deus seria questionável, se Deus não nos desse o necessário para viver. Mas quem deve distribuir é a gente. Nosso empenho pelo pão cotidiano de todos dá credibilidade ao Reino de Deus.

19º domingo do tempo comum/A
O DEUS DA BRISA MANSA

A T. Com.

Canto da entrada: (Sl 74[73],20.19.22.23) "Não desprezes o clamor de quem Te busca".

Oração do dia: "Deus... a quem ousamos chamar de Pai".

1ª leitura: (1Rs 19,9a.11-13a) **Deus não está na tempestade...** – Elias invocou o fogo do céu sobre os sacerdotes de Baal, no monte Carmelo. Mas Deus lhe faz experimentar que o zelo não é sempre vitorioso e sua vocação não é a violência contra os homens, mas o serviço paciente. Elias, perseguido por Jezabel, fica sem força e foge até o Horeb. E aí Deus lhe fala, porém, não nos elementos violentos – tempestade, terremoto, fogo – mas na brisa mansa... • cf. Ex 33,18-23; 13,22; 19,16; Gn 3,8; Jó 4,16; Ex 3,6.

Salmo responsorial: (Sl 85[84],9ab-10.11-12.13-14) "Mostra teu amor e vem salvar-nos".

1ª leitura: (Rm 9,1-5) **Preocupação de Paulo com o destino de Israel** – O Evangelho salva todo o que crê: primeiro o judeu, depois o grego (Rm 1,16). Os judeus têm sido privilegiados (Rm 3,1; cf. 9,4). Eles têm até o Messias. E, contudo, parece que não se verifica sua salvação, pois não têm a fé no Evangelho de Cristo. Sobre este problema, Paulo reflete em Rm 9–11. • 9,3 cf. Ex 32,32 • 9,4 cf. Rm 3,1-2; Ef 2,12; Ex 4,22; 40,34-35; Gn 15,17; 17,2; Ex 24,7-8; 2Sm 7,12-16.

Aclamação ao evangelho: (Sl 120[119],5) Confiança em Deus.

– *Leit. alternat.: (1Jo 5,4-5.10-12) A fé, vitória sobre o mundo.*

Evangelho: (Mt 14,22-33) **Jesus anda sobre as águas** – Na tradição que Mt integra no seu evangelho, a multiplicação dos pães (= participação dos discípulos na obra de Cristo) era seguida por uma cena onde os discípulos se encontram em dificuldades, no mar, e Jesus, andando sobre as ondas, como Deus (cf. Jó 9,8; 38,16; Sl 77[76],17-19; Is 43,16) ou sua sabedoria (Eclo 24,8[5]!), lhes vem prestar ajuda. Mt assume as duas narrações de sua tradição (= Mc 6,35-52), mas modifica o sentido da segunda, concentrando-a em redor da figura de Pedro e a fraqueza de sua fé. Transforma-a numa lição de fé. • Cf. Mc 6,45-52; Jo 6,16-22 • 14,23 cf. Lc 6,12; Jo 6,15 • 14,26 cf. Lc 24,37 • 14,29 cf. Jo 21,7 • 14,30-31 cf. Mt 8,25-26 • 14,32-33 cf. Mc 4,39; Mt 16,16; 26,63; 27,54; Jo 1,49.

Oração s/as oferendas: Dom de Deus, sacramento da salvação.

Prefácio: (dom. T.C. V) Domínio da criação.

Canto da comunhão: (Sl 147,12.14) Deus sacia seu povo / (Jo 6,51[52]) O pão que é a vida de Jesus dada por nós.

Oração final: Salvação e confirmação na verdade.

Certo dia, frustrado com a incredulidade que ele encontrava na sua luta contra os ídolos em favor do Deus único, Elias fugiu das mãos de Jezabel para a montanha de seu Deus, quase que para provocá-lo a mostrar novamente sua força e a esmagar aqueles que passaram os seus profetas ao fio da espada (1Rs 19,9-10). Deus o mandou esperar no cume da montanha. Passou um vento violento, mas Deus não estava no vento violento; houve um terremoto, mas Deus não estava no terremoto; houve fogo, mas Deus não estava no fogo. Depois, ouviu-se o murmúrio de uma brisa ligeira... então, Elias cobriu o rosto e escutou a voz de Deus (**1ª leitura**).

Deus não está necessariamente nas coisas grandiosas ou violentas. Apesar da violência dos homens, Deus está naquilo que significa paz e refrigério. Dentro da brisa mansa, ele confia a Elias uma nova missão. A religiosidade mágica facilmente acredita que Deus se manifesta na tempestade. Mas ele se manifesta acalmando a tempestade. Assim, ele se manifestou em Cristo, diante dos apóstolos, que estavam lutando contra o vento, no barco do lago de Genesaré (Mt 14,22-33).

Por trás dessa narração está um mundo de mitologia. O mar era o domínio de Leviatã, o monstro marinho, uma vez considerado como um deus, mas, mais tarde, desmitologizado até anjo ou diabo. A tempestade era a força do inimigo, acreditavam os supersticiosos pescadores galileus. Ora, depois da multiplicação dos pães (cf. dom. passado) Jesus tinha deixado seus discípulos atravessarem sozinhos o lago de Genesaré. Ei-los agora confrontados com essas forças, às quais eles atribuíam uma origem maliciosa (**evangelho**). Aí Jesus inventa dar um passeio andando sobre as ondas. Simão Pedro (só o evangelho de Mt conta este detalhe) se sente logo animado e quer, sobre as ondas, ir ao encontro de Jesus. Mas de repente vê novamente diante de si o vento e as águas e perde a confiança em si, mas não em Jesus, pois grita "Senhor, salva-me" (cf. tb. **salmo responsorial**). O que Jesus faz, não sem lhe censurar a falta de fé. E então,

A T. Com.

com um gesto que revela toda sua majestade, Jesus acalma as ondas. Agora, os discípulos reconhecem-no como o Senhor, o Filho de Deus, e adoram-no.

O Deus que se manifesta em Jesus Cristo não é de tempestade, não é um Leviatã, mas um Deus rico em misericórdia e fidelidade (cf. aquela outra manifestação na montanha, Ex 34,5-6). O que não quer dizer: um Deus de moleza – pois ele tem mais força que a tempestade. Mas ele quer que *não tenhamos medo*. Não é um Deus que reina na base do medo, mas da confiança, da fé. Ora – e esta é a segunda consideração –, *a fé deve ser mais do que um momento passageiro de entusiasmo*. Se for só isso, logo de novo vamos, como Pedro, ver surgir o Leviatã de todos os lados. Fé de fogo de palha é pouca fé para Cristo[23]. É o que aconteceu com Pedro. "Se és tu, manda-me vir..." (a frase condicional mostra que ele ainda duvidava se era Jesus, manifestando-se como Filho de Deus, ou um fantasma, algum Leviatã; cf. Mt 14,26).

Na **2ª leitura** inicia a segunda grande parte de Rm: nos caps. 9–11, Paulo confessa sua paixão para o povo de Israel, do qual ele é membro – embora tenha de combater o legalismo farisaico. Ele mesmo gostaria de ser condenado se, com isso, os seus irmãos judaicos tivessem a salvação (Rm 9,3). Palavra forte, mas não mero exagero: Paulo sabia que seria impossível que eles estivessem pura e simplesmente perdidos. O plano de salvação, mesmo aberto aos gentios, vale também para os judeus. Como? Isso veremos nos próximos domingos. De toda maneira, tanta confiança tem Paulo no plano de Deus que pode dizer: se Israel for totalmente rejeitado, então, eu também!

Acreditamos num Deus que salva (**salmo responsorial**), que ouve o nosso clamor (**canto da entrada**), um Deus da mansidão (**1ª leitura**). Assim ele se dá a conhecer em Cristo (**evangelho**). Para nos inteirarmos disso, precisamos de fé, não passageira, mas constante (**evangelho, oração final**).

CRISTO ABANDONOU A IGREJA?

As leituras de hoje falam de tempestade e escuridão. Na **1ª leitura**, Elias, desanimado, procura Deus no monte no qual este se havia manifestado a Moisés. Deus lhe promete uma "entrevista". Elias o espera, no vento, no terremoto, no fogo, mas ele não está aí. Depois, porém, surge uma brisa mansa, e Deus lhe fala... No **evangelho** lemos que, depois da multiplicação dos pães, Jesus manda os discípulos atravessarem o mar, sozinhos. Ele mesmo fica na montanha, para orar. No meio da noite, enquanto os discípulos lutam contra a tempestade, ele vai até eles, andando sobre o mar. Incute-lhes confiança: "Não tenhais medo". Pedro se entusiasma, quer ir até ele sobre as ondas, mas duvida...

Deus é precedido pela tempestade, mas domina-a. É na calmaria que ele dirige a palavra a Elias. Jesus domina as ondas do lago e dissipa o pânico dos discípulos. Sua manifestação é um convite a ter fé nele. Os doze, o barco, o porta-voz Pedro: tudo isso evoca a Igreja, abalada pelas tempestades da história, enquanto Cristo parece estar demorando para chegar – pois os primeiros cristãos esperavam vivamente e para breve a nova vinda de Cristo, a Parusia, que parecia protelar-se sempre mais. A mensagem da narrativa parece ser que a Igreja deve acreditar na presença confortadora de seu Senhor. Mas nessa fé podem aparecer falhas, como no caso de Pedro...

---

23. No próximo domingo veremos um exemplo de "muita fé".

Que tempestades e escuridão angustiam a Igreja hoje? Cristo nos parece estar longe, não percebemos sua presença...

A Igreja como poderosa instituição está sendo atingida pelo desmantelamento da força política que durante muito tempo lhe serviu de sustentáculo: o ocidente europeu e suas extensões coloniais. "Morreu a Cristandade", o regime no qual Igreja e Sociedade se identificavam. Sociologicamente falando, a Igreja aparece sempre mais como o que ela era no início: uma mera comunidade de fiéis, sem maior peso civil que as sociedades culturais, círculos literários e clubes de futebol (e olhe lá!). Quem ainda não acostumou seus olhos a esse apagamento sociológico, tem dificuldade de enxergar a presença de Cristo.

As dificuldades que a Igreja enfrenta hoje devem nos fazer enxergar melhor a presença de Cristo em novos setores da Igreja, sobretudo na população empobrecida e excluída da sociedade do bem-estar globalizado. De repente, Jesus se manifesta como calmaria no ambiente tempestuoso das "periferias" do mundo, na simplicidade das comunidades nascidas da fé do povo. Temos coragem para ir até ele ou duvidamos ainda, deixando-nos "levar pela onda"?

20º domingo do tempo comum/A
O DOM DE DEUS TAMBÉM PARA OS ESTRANGEIROS

Canto da entrada: (Sl 84[83], 10-11) "Volta teu olhar para nós".
Oração do dia: Os bens que Deus preparou ultrapassam todo desejo.
1ª leitura: (Is 56,1.6-7) **Universalismo do templo messiânico** – O Terceiro Isaías (Is 56–66) contém os oráculos da escola de Isaías pronunciados depois do exílio. Na Judeia, reina a desordem social (cf. 56,9-12; 58,1-5). Nesta situação, proclama-se a proximidade da salvação (56,1). Deus ajudará, pois é justo; mas só pode ajudar se os homens colaboram e são justos também para com os seus semelhantes. A esta ideia acrescenta-se um oráculo sobre a acolhida dos estrangeiros no templo de Jerusalém, no tempo messiânico (56,6-7). O critério da salvação não mais será a descendência judaica, mas a fidelidade à Lei. • 56,1 cf. Is 46,13; 51,6.8 • 56,6-7 cf. 1Rs 8,41-43; Mc 11,17.
Salmo responsorial: (Sl 67[66],2-3.5.6+8) Louvor de Deus por todos os povos.
2ª leitura: (Rm 11,13-15.29-32) **A vocação de Israel é irrevogável** – Israel não correspondeu à sua eleição e privilégios. Mas Deus não desistiu de suas promessas: 1º, um resto de Israel já se salvou (p.ex., o próprio Paulo); 2º, Deus aplica uma pedagogia *sui generis*: inclui todos na desobediência, para os incluir na sua misericórdia também; 3º, vendo os gentios acolherem a misericórdia de Deus, os judeus ficarão com ciúmes e a acolherão também. O importante é que Israel seja salvo, não por causa de seus "privilégios" (que só tinham fins pedagógicos), mas pela misericórdia de Deus, assim como os pagãos. • 11,15 cf. Lc 15,24-32 • 11,29-32 cf. Nm 23,19; Ez 18,23; Rm 9,6; Gl 3,22; 1Tm 2,4.
– *Leit. alternat.: (At 10,19-23; 11,1-2) Pedro se dirige a não-judeus.*
Aclamação ao evangelho: (cf. Mt 4,23) Boa-Nova e curas de Jesus.
Evangelho: (Mt 15,21-28) **A grande fé da mulher pagã** – Este evangelho está em plena "secção do pão" e trata do pão também. Como na multiplicação do pão, também aqui os discípulos querem dispensar quem busca o pão ("Manda-a embora", 15,23). Jesus coloca a fé dessa pessoa – uma pagã – à prova. Com sucesso, pois ela se mostra "de muita fé". Também para os pagãos há lugar na mesa messiânica. • Cf. Mc 7,24-30 • 15,22 cf. Mt 9,27; 20,30; Mc 10,47 • 15,24 cf. Mt 10,6 • 15,28 cf. Mt 8,10.13.
Oração s/as oferendas: Oferecendo a Deus os dons que dele recebemos, entramos em comunhão com ele.
Prefácio: (comum I) Reunir tudo em Cristo, paz para o mundo inteiro.
Canto da comunhão: (Sl 130[129],7) "Misericórdia e copiosa redenção" / (Jo 6,51) "Eu sou o pão vivo".
Oração final: Assemelhar-se a Cristo e participar com ele.

A
T. Com.

Nas andanças por sua terra natal, Jesus não apenas dominou as forças do mar, mas fez algo bem mais difícil: ultrapassou fronteiras humanas, fronteiras de raça, religião e preconceito. A história da cananeia, narrada no **evangelho** de hoje (Mt 15,21-28), está cheia de detalhes que nos fazem refletir. Andando em território pagão, perto de Tiro e Sídon, Jesus encontra uma moradora da região não israelita, uma "cananeia". Surpreendentemente – visto as guerras dos israelitas contra os cananeus, seus inimigos hereditários –, a mulher o chama de "Filho de Davi". Ela está tão angustiada que se humilha a invocar o Messias dos israelitas! Os discípulos querem que Jesus a mande embora. Jesus, numa pedagogia de duplo efeito, destinada tanto aos discípulos quanto à mulher, insiste no messianismo israelita. "Não fui enviado senão às ovelhas perdidas de Israel" (Mt 15,24). Era verdade: Jesus não foi mandado às nações em geral, mas a um povo pequeno, para realizar uma esperança, limitada nos seus termos, ilimitada, porém, no seu significado. Ele era o Messias de Israel – "filho de Davi", diz a mulher –, e Jesus, em vez de rejeitá-la, dá-lhe razão diante dos discípulos incomodados. Mas, ao mesmo tempo, ele a provoca a mostrar confiança maior ainda. Não basta que essa pagã reconheça em Jesus o Messias de Israel, mas ela deve dar mais um passo. E, com a irresistível simplicidade de uma mãe angustiada, ela pergunta: "Não ganham os cachorrinhos as migalhas que caem da mesa dos filhos?" Jesus congratula sua grande fé e cura sua filha. Ela fez o que Jesus quis provocar: derrubou as fronteiras do messianismo nacionalista de Israel. Jesus quis transgredir as fronteiras de Israel. Mas era preciso que, antes, as pessoas abolissem as fronteiras demarcadas no coração. Para isso, usou de uma pedagogia divina, provocando a fé total, ultrapassando os conceitos feitos e acabados.

Que a salvação não podia ser reservada a Israel só, também os profetas antigos já o tinham pressentido. De maneira balbuciante expressaram os primeiros traços de universalismo. A **1ª leitura** de hoje é um exemplo disso. Mas é ainda um universalismo onde Jerusalém está no centro: o Templo será casa de oração para todos os povos; aos estrangeiros é permitido se unirem aos costumes de Israel! Para o tempo do exílio babilônico, quando esta profecia foi proclamada, isso já era muita coisa! Mas Jesus, embora mandado concretamente a Israel, estendeu seu universalismo a todos que tivessem fé, longe de Jerusalém e seu templo. A "casa de oração para todos os povos" está no coração de cada um.

Na **2ª leitura** encontramos uma pergunta que vem completar o tema do universalismo: Israel ficou agora excluído da salvação? (cf. dom. pass.). Paulo, certo de que Deus é fiel à sua promessa, raciocina assim: Deus não repudiou seu povo, mas realizou sua promessa num pequeno resto (Rm 11,1-7). Os outros israelitas tropeçaram (v. 8-10), mas não definitivamente, pois Deus foi astuto: deixou os outros tropeçarem para que, vendo os pagãos acolherem a salvação, se enchessem de ciúme e se salvassem também (v. 11-15). É como a oliveira selvagem e a oliveira doméstica. Esta última é Israel. Alguns de seus ramos foram cortados para que no seu lugar fossem enxertados ramos de uma oliveira selvagem: os pagãos. Estes alimentam-se com a seiva da raiz boa, as promessas feitas a Israel. Não terá Deus então o poder de reenxertar os ramos originais no seu próprio pé... (v. 16,24)? Assim, Paulo conclui (e é esta a parte lida hoje): se os pagãos uma vez eram desobedientes e agora obtiveram graça, os israelitas também, incentivados pela graça que os pagãos receberam, obterão misericórdia (v. 32). Frase paradoxal, que significa: ninguém pode apelar para a sua própria justiça diante de Deus: tudo é graça.

Sendo a mensagem de hoje a universalidade da salvação, devemos perguntar: 1) Não concebemos esta universalidade do modo do Antigo Testamento, esperando ou obrigando os outros a aderirem ao nosso sistema? 2) Deixamos pelo menos algumas "migalhas" para os não cristãos? 3) Somos capazes de reconhecer a realidade crística fora de nosso ambiente católico institucional? 4) Acreditamos que Deus pode fazer obra salvífica fora do âmbito cristão, p.ex., nos movimentos de emancipação e nas revoluções libertadoras, muitas vezes tachados de ateísmo?

FÉ FORA DA IGREJA?

Sempre mais nós cristãos temos de colaborar com não cristãos. Mesmo em obras que têm sua origem na Igreja, nas "pastorais", colaboramos com muita "gente boa", mas que não vai à igreja aos domingos ou que, pura e simplesmente, não pertence à Igreja. Não existem fora da Igreja muitas pessoas que fazem o bem, até mais do que os "bons cristãos"? Essas pessoas têm fé?

Quando, pelos anos 500 a.C., estavam voltando do exílio babilônico, os judeus guardaram um trauma dos estrangeiros que durante cinquenta anos os tinham reduzido à escravidão e ocuparam as terras que uma vez pertenceram às tribos de Israel. Nessas circunstâncias, Deus lhes fez saber que ele está acima disso e que a sua casa – o templo – será uma casa de oração para todos os povos (**1ª leitura**).

O **evangelho** narra como Jesus, durante suas peregrinações, visita regiões na periferia do mundo judeu, lá onde moram os pagãos. Uma mulher pagã lhe pede a cura de sua filha. Jesus responde que foi enviado aos judeus. A mulher, porém, lhe pede "as migalhas que caem da mesa"... Diante de tamanha fé, Jesus conclui que a salvação é destinada também a ela e a sua filha.

Atenção especial merece a **2ª leitura**. São Paulo, judeu de coração, vê que, na realidade, os pagãos estão tomando a dianteira dos judeus, no que concerne à fé em Jesus Cristo. A incredulidade dos judeus deu aos pagãos (os não judeus) até maiores chances (veja 11,32)! Mas um dia, diz Paulo, os judeus também hão de entrar...

Fortemente apegados às suas tradições, os conterrâneos de Jesus tinham tendência a monopolizar a graça de Deus; queriam-na como privilégio exclusivo. Mas a graça é de graça, ela não pode ser apropriada em exclusividade. Ela pode ser dada a todos aqueles que a ela se abrem, e essa abertura se chama "fé".

Também nós temos tendência a limitar a salvação aos cristãos, ou mesmo à Igreja católica. O que não é católico, não presta... mas a fé é maior que as instituições da Igreja; e, por outro lado, o rótulo "católico" não garante a fé! Todo o bem realizado por setores ou sociedades não cristãs representa, no mínimo, as migalhas que caem da mesa de Deus...

Observemos a história do Brasil. No século XIX, quando a Igreja católica ainda usufruía de um quase monopólio, muitas pessoas conscientes se afastaram dela. Mais recentemente, com a abertura política, distanciaram-se da Igreja muitas pessoas que durante a ditadura nela haviam encontrado espaço para o trabalho de conscientização e organização popular. Certos cristãos ficaram magoados por causa disso. Por quê? Se esses "afastados", sem laço com a instituição da Igreja, fazem coisa boa, não será uma coisa de Deus? (E se não for coisa boa, é melhor que fiquem fora da Igreja...) Abandonemos as atitudes exclusivistas. Vamos admitir e admirar a graça fora da Igreja-instituição e, com o devido discernimento, prestar a nossa colaboração.

A
T. Com.

21º domingo do tempo comum/A
A RESPONSABILIDADE DE PEDRO

Canto da entrada: (Sl 86[85],1-3) Prece confiante a Deus.

Oração do dia: Fixar o coração lá onde se encontram as verdadeiras alegrias.

1ª leitura: (Is 22,19-23) **Eliacim recebe "as chaves" da casa de Davi** – No meio dos oráculos de Isaías contra as nações pagãs encontramos os oráculos contra o prefeito do palácio, Sobna (cf. tb. 22,24-25). Ele tinha o poder das chaves da casa de Davi, isto é, a administração da família real, mas Deus a transferirá a Eliacim. • Cf. 2Rs 18,18; Ap 3,7; Jó 12,14; Mt 16,19.

Salmo responsorial: (Sl 138[137],1-2a.2bc-3.6+8bc) Deus olha para o humilde.

2ª leitura: (Rm 11,33-36) **Hino à insondável sabedoria de Deus, manifestada em Jesus Cristo** – Rm 9–11 mostrou o espanto de Paulo diante do fato de, não Israel, mas as nações pagãs terem sido os primeiros a encontrar a salvação pela fé; mas mostrou também sua convicção de que Israel seguiria, afinal, o caminho das promessas, feitas em primeiro lugar a ele. Considerando agora o agir de Deus num olhar global, o espanto se transforma em admiração. • 11,33 cf. Is 55,8; Sl 139[138],6 • 11,34-35, cf. Is 40,13; Jó 15,8; Jr 23,18; 1Cor 2,16 • 11,36 cf. Cl 1,16-17.

– *Leit. alternat.: (1Cor 1,26-30) Eleição de Deus revelada aos humildes.*

Aclamação ao evangelho: (Mt 16,18) "Tu és Pedro".

Evangelho: (Mt 16,13-20) **Profissão de fé de Pedro e "poder das chaves"** – Jesus pergunta aos discípulos por sua fé, que deve ser diferente das opiniões do mundo ("os homens" x "mas vós"). Pedro responde por eles; como porta-voz, mostra que eles vislumbram sua missão de Messias, de Filho de Deus (cf. Mt 14,33). *Jesus confirma Pedro na sua função de porta-voz da fé eclesial.* Ele será, até o tempo da Parusia, o rochedo, o fundamento firme da Igreja, que deverá resistir a muitas investidas. • Cf. Mc 8,27-30; Lc 9,18-21 • 16,14 cf. Mc 6,14-15; Lc 9,7-8 • 16,16 cf. Mt 14,33; 27,54; Jo 1,49 • 16,17-19 cf. Jo 1,42; Ef 2,20; Mt 18,18; Jo 20,23; Is 22,22; Ap 3,7.

Oração s/as oferendas: A Igreja, povo conquistado para Deus.

Prefácio: (comum VI) Conquistar um povo santo / (Apóstolos II) Igreja construída sobre o alicerce dos Apóstolos.

Canto da comunhão: (Sl 104[103],13-15) Os dons da criação para o bem do homem / (Jo 6,55) "Quem come minha carne...".

Oração final: Agradar a Deus em tudo.

Ponto alto dos evangelhos sinóticos é a profissão de fé de Pedro, em Cesareia de Filipe. Em Mt, este episódio é enriquecido com a narração da transferência do "poder das chaves" a Pedro, chefe dos Apóstolos. O significado dessa atribuição é ilustrado pela **1ª leitura**, que narra a missão de Isaías junto a Sobna, prefeito do palácio (a cidade-templo de Jerusalém), para o depor de seu cargo e instalar no seu lugar Eliacim, filho de Helcias, "pondo sobre seus ombros as chaves da casa de Davi". (Ao mordomo-prefeito cabia a tarefa de admitir ou recusar as pessoas diante do rei, como também a responsabilidade de sua hospedagem; daí ele ser chamado de "pai para os habitantes de Jerusalém": aquele que dirigia a casa.)

Em Mt 15,13-20 (**evangelho**), a atribuição do "poder das chaves" a Simão Pedro é provocada por sua proclamação de fé messiânica em Jesus, em nome dos outros apóstolos. Simão pode ser o "pai" da comunidade: ele assume a responsabilidade. Jesus lhe dá o nome de Cefas, em grego Pedro, que significa "rocha". A própria Igreja é comparada com uma cidade, contra a qual aquela outra (as "portas", ou seja, a cidade do inferno), não tem poder algum. E o prefeito desta cidade é aquele que se responsabilizou pela profissão de fé messiânica, Simão. Ele tem o poder de ligar (= ordenar, obrigar) e desligar (= deixar livre), portanto, o dom do governo, ratificado por Deus (o que o responsável faz aqui na terra, Deus o ratifica no céu).

Como os v. 17-19 são típicos de Mt, e a **1ª leitura** serve de ilustração exatamente destes versículos, pode-se considerar como tema especial deste domingo o poder de Pedro, ou melhor, sua "responsabilidade" (ele "respondeu" em nome dos outros). Mt traz alguns textos sobre Pedro que os outros evangelhos não trazem (Mt 14,28-31; 16,17-19). Pedro é quem responde pela fé da Igreja. Prefigura-se aqui o carisma – pois não é uma inspiração de "carne e sangue", mas de Deus mesmo (v. 17) – de enunciar a palavra decisiva quando é preciso formular o que a Igreja indefectivelmente assume na sua fé. (A "infalibilidade papal" tem por objeto *a fé* que a Igreja quer conservar e expressar, mas não a fórmula considerada de modo meramente verbal.) O responsável tem também a última palavra no governo (disciplina), embora não em seu próprio nome, mas como mordomo da casa do Cristo. Neste sentido, é "vigário", lugar-tenente de Cristo aqui na terra. O texto mostra também que Simão se tornou chefe pela iniciativa de Cristo (imposição do novo nome, que significa Chefe ou Rocha). Liderar a Igreja não pode ser uma ambição pessoal: na comunidade cristã não há lugar para tais ambições (cf. Mt 18,1-4; 20,24-28). Só porque o único Mestre e Senhor assim o quer, Pedro pode revestir esta responsabilidade; e do mesmo modo os seus sucessores. Daí que, desde o início, o Papa é *escolhido,* sob a invocação do Espírito Santo – provavelmente a mais antiga tradição ininterrupta de governo por eleição que existe no mundo! O **salmo responsorial** sublinha, aliás, que Deus olha para os humildes ao distribuir os seus dons.

A **2ª leitura** de hoje é o hino pelo qual Paulo conclui a parte doutrinal da Epístola aos Romanos, tendo versado durante onze capítulos sobre o Mistério da Salvação e da justificação gratuita pela graça de Deus e pela fé em Jesus Cristo. Depois de tanta meditação só lhe resta exclamar a imensurável profundidade deste mistério da graça. Deus não fica devendo a ninguém. "Quem primeiro deu-lhe o dom (a graça), para receber em troca?" (v. 33). Este hino cabe em qualquer circunstância de nossa vida. As **orações** participam do mesmo espírito de mistério e discreta alegria deste hino.

O "PODER DAS CHAVES"

> O Papa detém o "poder das chaves", dizemos. Mas que significa isso? A liturgia de hoje nos proporciona maior compreensão a respeito. Pela **1ª leitura** aprendemos que "o poder das chaves" significa a administração da casa ou da cidade. O administrador do palácio do rei, Sobna, será substituído por Eliacim, o qual receberá "as chaves da casa de Davi". No **evangelho**, Pedro, em nome dos doze apóstolos, proclama Jesus Messias e Filho de Deus. Jesus, em compensação, proclama Pedro fundamento da Igreja e confia-lhe "as chaves do Reino dos Céus". Dá-lhe também o poder de "ligar e desligar", o que significa obrigar e deixar livre, ou seja, o poder de decisão na comunidade (em Mt 18,18, este poder é dado à Igreja como tal).
>
> "As chaves do Reino dos Céus" é uma figura que significa o ministério/serviço pastoral, portanto, uma realidade no nível da fé. Nesta expressão, "Reino dos Céus" não é o céu como vida do além, mas o Reino de Deus (os judeus chamavam a Deus de "os Céus"). Trata-se do Reino de Deus entendido como comunidade, contraposta às "portas do inferno", a cidade do Satanás, que não prevalecerá contra a comunidade da qual Pedro recebe as chaves. Trata-se, pois, de duas cidades que se enfrentam *aqui na terra.* Pedro é o prefeito da cidade de Deus aqui na terra.

A
T. Com.

Pedro, respondendo pelos Doze, administra as responsabilidades da fé e da evangelização. Na medida em que a Igreja realiza algo do Reino de Deus neste mundo, Jesus pode dizer que Pedro tem "as chaves do Reino dos Céus", isto é, do domínio de Deus. Ele administra a comunidade de Deus no mundo. Quem exerce este serviço hoje é o papa, bispo de Roma e sucessor de Pedro.

Mas já os antigos romanos diziam: o prefeito não deve se meter nas mínimas coisas. Pedro e seus sucessores não exercem sua responsabilidade sozinhos. A responsabilidade ordinária está com os bispos como pastores das "igrejas particulares" (= dioceses). Pedro e seus sucessores devem cuidar especificamente dos problemas que dizem respeito a *todas* as igrejas particulares. O Papa é o "Servo da Unidade".

Há quem não gosta de que se fale em "poder" na Igreja; muito menos, no poder papal. Mas quem já teve de coordenar um *serviço* sabe que *precisa de autoridade*, pois, senão, nada acontece. No desprezo da "administração pastoral" da Igreja pode haver um quê de antiautoritarismo juvenil. Aliás, os jovens de hoje, pelo menos de modo confuso, já estão cansados do antiautoritarismo e percebem a falta de autoridade. Sem cair no autoritarismo de épocas anteriores, convém ter uma compreensão adequada da *autoridade como serviço* na Igreja. O evangelho nos ensina que essa autoridade tem um laço íntimo com a fé. Pedro é responsável pelo governo porque "respondeu pela fé" dos Doze.

Por outro lado, se é verdade que Pedro e seus sucessores têm a última palavra na responsabilidade pastoral, eles devem também escutar as "penúltimas" palavras de muita gente. Devemos chegar a uma obediência adulta na Igreja: colaborar com os responsáveis num espírito de unidade, sabendo que se trata de uma causa comum, que não é nossa, mas de Deus. Nem mistificação da autoridade, nem anarquia.

22º domingo do tempo comum/A
O SEGUIMENTO DE JESUS

Canto da entrada: (Sl 86[85],3-5) Clamor do pobre.

Oração do dia: Deus derrame seu amor, para alimentar em nós o que é bom.

1ª leitura: (Jr 20,7-9) **O profeta "seduzido" por Deus para um trabalho ingrato** – Já desde o início, Jeremias não gostou da vocação profética (cf. 1,6). Seu temperamento sensível não era o de um lutador contra os abusos religiosos e sociais de seu tempo e, sobretudo, não servia para proclamar as catástrofes que viriam sobre Judá. Aliás, a catástrofe se fazia esperar, o escárnio e a perseguição do profeta, porém, não! Assim, o profeta chega a amaldiçoar sua própria existência (cf. 15,10-21). Mas, sempre de novo, sua revolta o reconduz a seu Senhor. • Cf. Jr 1,4-10; 17,14-18; 23,29; Am 3,8; 1Cor 9,16.

Salmo responsorial: (Sl 63[62],2.3-4.5-6.8-9) Busca de auxílio junto a Deus.

2ª leitura: (Rm 12,1-2) **O verdadeiro culto a Deus** – "Diante da misericórdia de Deus" (12,1), descrita em Rm 1–11 (a salvação pela graça de Deus e a fé do homem), Paulo propõe uma prática de vida que é "culto adequado" a Deus (recomendações morais, Rm 12–14). Pode-se comparar a vida com um sacrifício, transformado pela santificação; assim também a vida do cristão já não é como a do mundo. O cristão é crítico em relação ao mundo: assume o que é valioso e rejeita o que não o é. Assim, ele encarna a ação salvífica de Cristo no mundo. • 12,1 cf. Rm 1,9; 15,16; 1Pd 2,5 • 12,2 cf. Rm 8,5; Ef 4,22-24; 5,10.17; Fl 1,9-10.

Aclamação ao evangelho: (cf. Ef 1,17-18) Nossa vocação.

Evangelho: (Mt 16,21-27) **O seguimento de Jesus: assumir sua cruz** – Com a profissão de fé messiânica relacionam-se, nos três evangelhos sinóticos, a predição da Paixão e o tema do seguimento de Jesus no sofrimento. Pedro mostra-se, outra vez, porta-voz, mas, desta vez, da incompreensão diante do mistério. Que o Messias e sua Igreja devem sofrer é um ensinamento que sempre de novo terá que ser repetido e aprofundado. • Cf. Mc 8,31-38; Lc 9,22-26 • 16,21-23 cf. Mt 17,22-23; 20,17-19; Lc 9,44; 18,31-33; 24,7.44-46 • 16,24-26 cf. Lc 14,27; 17,33; Jo 12,25-26 • 16,27 cf. Mt 25,31; 2Ts 1,7.

Oração s/as oferendas: A celebração e sua plenificação.
Prefácio: (dom. T.C. III) Salvação pela cruz de Cristo.
Canto da comunhão: (Sl 31[30],20) A bondade de Deus para quem o venera / (Mt 4,9-10) Bem-aventurança dos pacíficos e perseguidos.
Oração final: O alimento da caridade.

Hoje em dia, há muitos que bancam o profeta. Mas ser profeta não é fácil, e tampouco seguir um profeta. Jeremias descreve sua vida de profeta como uma sedução (**1ª leitura**). "Entrei numa fria", dir-se-ia hoje. Desde o começo, foi um tanto recalcitrante (Jr 1,6). Até quis fazer greve (Jr 20,9), mas a voz de Deus era como um fogo ardente no seu peito. Não conseguia reprimi-la... Tal é a sorte do profeta. Quando ele tem uma mensagem desagradável e sempre de novo deve ferir os ouvidos, Deus não o deixa em paz.

Também Jesus sabia que este era seu caminho (**evangelho**). Sabia que sua visão de Deus e do mundo não concordava com aquilo que o povo, sobretudo os chefes, esperavam. Pois é grande a diferença entre uma religião que serve para comprar o céu e uma fé que incansavelmente procura a vontade de Deus (seu incansável amor)! Quem não se quer converter da falsa segurança não pode tolerar a presença do incômodo profeta de Nazaré.

Simão Pedro, o mesmo que, pouco antes, proclamara a fé em Jesus como Messias e, por isso, se tornou o responsável dos seus irmãos, ainda não entendia a sorte do profeta. Pensava ainda em termos de sucesso, não em termos de cruz. Afinal, é agradável termos igrejas cheias, obras funcionando bem, entrevistas na TV etc. Mas quem acha isso mais importante do que a fidelidade à Palavra de Deus – mensagem amarga, que deve ser proclamada até o fim – não é digno de Jesus Cristo. É um adversário dele (o que, em hebraico, se chama "Satanás"). Para seguir Jesus, é preciso sentir o que Deus sente e não o que os homens acham...

Então Jesus fala do seguimento. Seguir a Jesus é renunciar a si mesmo, isto é, aos próprios conceitos feitos e acabados. É assumir sua cruz, a condenação humana, a degradação total... Diante da exigência da missão profética, querer salvar-se é perder-se (deixar de se realizar na missão de Deus). E perder-se (aos olhos dos homens) é realizar-se como enviado, como "filho" de Deus. A fidelidade à mensagem de Deus nos situa diante de uma escolha: garantir o sucesso humano (ganhar o mundo todo) ou ganhar "sua alma", isto é, o cerne interior da existência. Devemos escolher entre uma realização superficial e a realização radical de nossa vida. Ora, que podemos dar em troca dessa realização radical, aquela que será sancionada pelo próprio Jesus, a partir de sua glória, na base daquilo que tivermos praticado?[24]

---

24. Este evangelho não apregoa o desprezo da vida (corporal) em favor de um espiritualismo mórbido ("salvar a alma"). *Alma*, na linguagem bíblica, é sinônimo de *vida total*. Designa o princípio e o cerne da vida. Salvar sua alma é realizar sua vida, e realizá-la autenticamente. Ora, quem descobre a visão de Deus sobre a realidade (a estrutura socioeconômica, a estrutura religiosa, o abuso ecológico, o esbanjamento dos bens vitais, o cinismo da guerra, a usurpação dos direitos humanos, a ludibriação da verdade – tudo o que está em desacordo com Deus) fica assombrado pela mensagem de Deus; só consegue "desfazer-se" dela proclamando-a... e correndo o risco da rejeição. A não ser que sufoque sua própria alma no suicídio espiritual.

Há quem entenda a predição da Paixão de Jesus (**evangelho**) como sinal de que ele sofreu por querê-lo e o quis porque tinha que "pagar com seu sangue" em nosso lugar. Tal conceito é simplório. Certamente, Jesus sofreu porque o quis; porém, não porque gostava de sofrer (não era doente), mas porque a fidelidade à palavra do Pai o levou a isso. Se os homens se tivessem convertido à sua palavra, ele não teria sofrido (cf. Mt 26,39-42 e par.)! Mas ele teve que enfrentar até o fim o orgulho congênito do ser humano.

A **2ª leitura**, início das exortações finais de Rm (muito ricas, por sinal), recebe uma luz particular do evangelho de hoje: oferecer-se como hóstia viva a Deus não é desprezar-se, mas é "culto razoável", cultivo coerente e consequente da vontade de Deus: sermos plenamente seus: seu povo, seus filhos, seus profetas, não conformando-nos a este mundo, mas procurando conformidade com a vontade de Deus. É uma bela exortação para encerrar a liturgia de hoje. Chamamos ainda atenção para a mensagem das orações: Deus alimenta, com seu amor (sacramentado na Eucaristia) o que é bom em nós, nossa doação, nosso amor (**oração do dia**, **oração final**).

TOMAR A CRUZ E SEGUIR JESUS

"É proibido proibir". Hoje em dia existe o pensamento de que nada pode restringir o prazer e o poder. Privar-se de algum prazer é contrário ao que ensinam os grandes doutrinadores da sociedade – a publicidade, a televisão... "Chega de cristianismo triste! Para que sempre falar em cruz e sacrifício?"

No domingo passado vimos que Pedro, com entusiasmo, proclamou a fé em Jesus Messias. No **evangelho** de hoje, Jesus começa a ensinar que "o Filho do Homem" vai sofrer e morrer. Ao ouvir essas palavras, Pedro fica indignado. Mas Jesus o repreende, porque pensa segundo categorias humanas e não segundo o projeto de Deus. Ensina-lhe que, para segui-lo, é preciso assumir a cruz. Séculos antes, Jeremias já experimentara a estranha lógica de Deus. Ele disse abertamente que Deus o "seduziu" para a tarefa ingrata de ser profeta (**1ª leitura**).

Os critérios humanos se opõem ao modo de proceder de Deus. O homem enviara pelo sucesso e pela eficiência, Deus pelo dom da própria vida. O caminho de Jesus e de seus seguidores é convencer o mundo do amor de Deus.

Deus não deseja "sacrificar pessoas" (como é praxe em estratégias militares e políticas). Apenas deseja que sejam testemunhas de seu projeto. Mas os que não concordam com este projeto matam os profetas, os enviados de Deus, quando estes querem ser fiéis à sua missão. Exemplos disto não faltam em nosso mundo. Por isso, quando Pedro protesta contra a ideia da morte de Jesus, este o vê do lado do grande "adversário", Satanás: "Vai para trás de mim, Satanás, tu és uma pedra de tropeço para mim". Pedro deve ir atrás de Jesus, em vez de seduzi-lo para um caminho que não condiz com o projeto de Deus (Satanás significa sedutor). Pedro pensava num Messias de sucesso, Jesus pensa no Servo Sofredor de Deus, que liberta o mundo por sua dedicação até a morte.

A lição que Pedro recebe ensina-nos a olhar para Cristo, para ver nele a lógica de Deus; a olhar para os pobres, para ver neles o resultado da estratégia do Adversário... Pois o sucesso e a ganância produzem os porões de miséria.

Devemos analisar o sistema de Deus e o sistema do Adversário hoje. O sistema de Deus proíbe ao homem dominar seu irmão, porque Deus é o único "dono"; os sistemas contrários são baseados na dominação do homem pelo homem. Quem quiser ser mensageiro do Reino de Deus experimentará na pele a incompatibilidade com os sistemas deste mundo (**2ª leitura**). O mensageiro de Deus, seguidor de Jesus, será rejeitado pela sociedade como "corpo alheio". Tomando consciência disso, vamos rever nossa escala de valores e critérios de decisão. A mania do sucesso, o prazer de dominar, de aparecer, de mandar... já não valem. Vale agora o amor fiel, que assume a cruz, até o fim.

23º domingo do tempo comum/A
A IGREJA, COMUNIDADE DE SALVAÇÃO

Canto da entrada: (Sl 119[118],137.124) Justiça e misericórdia de Deus.
Oração do dia: Liberdade e herança dos filhos de Deus.
1ª leitura: (Ez 33,7-9) **O profeta-sentinela: responsabilidade pela conversão do pecador** – Os profetas eram sentinelas em Israel, deviam dar alerta. Mas o povo não prestou atenção, por isso veio a catástrofe (exílio). Sobrou um pequeno resto, e também este precisa de sentinela, de alguém que o avise para mudar seu caminho. E ai da sentinela que não cumprir seu dever: é responsável pela perda do irmão. • Cf. Ez 3,17-21; 33,11; Jr 6,17; 25,3-4; Mt 18,15.
Salmo responsorial: (Sl 95[94],1-2.6-7.8-9) Conversão diante de Deus.
2ª leitura: (Rm 13,8-10) **O amor, pleno cumprimento da Lei** – Na sua justiça, Deus dá a todos o que precisam: fundamentalmente, seu amor de Pai. Nós, para sermos justos, devemos também nos dar mutuamente este dom, embora sempre fiquemos devendo. Toda a justiça está incluída nisso. • 13,8 cf. Jo 13,34; Gl 5,14 • 13,9-10 cf. Ex 20,13-14; Dt 5,17; Lv 19,18; 1Cor 13,4-7.
– *Leit. alternat.: (Gl 6,1-2.10) assumir os fardos uns dos outros.*
Aclamação ao evangelho: (2Cor 5,19) Reconciliação em Cristo.
Evangelho: (Mt 18,15-20) **Correção fraterna, penitência e oração comunitária** – Mt 18 é o "sermão sobre a Comunidade". Na Igreja, santa embora pecadora, sendo filhos de Deus e irmãos entre nós, somos responsáveis uns pelos outros, sobretudo quando o pecado está destruindo a santidade. Quando a preocupação do cristão individual ou da comunidade nada resolvem, esta pode até excluir o pecador, para o conscientizar de que ele já se afastou da santa comunhão eclesial. – Nos v. 19-20 de Mt, temos outras sentenças de Jesus referentes à vida da comunidade: no caso, à oração comunitária. • 18,15-18 cf. Lv 19,17; Lc 17,3; Dt 19,15; Mt 16,19; Jo 20,23 • 18,19-20 cf. Mt 7,7; Jo 15,7.16; Mt 28,20.
Oração s/as oferendas: A eucaristia fonte de mútua amizade.
Prefácio: (dom. T.C. IV) Salvação em Cristo / (comum V) União fraterna.
Canto da comunhão: (Sl 42[41],2-3) "Como a corça deseja as fontes..." / (Jo 8,12) "Eu sou a luz do mundo".
Oração final: União de vida com Cristo para sempre.

O profeta é o homem que enxerga, melhor que os outros, a vontade de Deus. O profeta olha para o lado interior das coisas. É uma sentinela, deve dar alerta ao enxergar algo suspeito. Sua visão é uma responsabilidade. Se vê o errado, mas fica calado, ele deixa seu irmão perder-se e perde-se com ele. Mas se transmite o recado, a responsabilidade está com o outro, e o profeta se salva (Ez 33,7-9; **1ª leitura**).

A Igreja é um povo profético. A partir de nossa unção batismal e crismal, todos nós participamos da vocação profética do Cristo, legada à Igreja. No Sermão Eclesial de Mt 18 (**evangelho**) aparece também nossa tarefa de sermos sentinelas. A cada suspeita, devemos dar alerta, advertir o irmão que não está no caminho certo. E isso, não uma só vez: devemos esgotar todos os meios. Avisá-lo uma segunda vez, diante de testemunhas (para ver se não estamos enganados), ou, enfim, recorrer ao testemunho da comunidade. Se então ainda não quiser ouvir, seja "como gentio ou publicano", expressão judaica tradicional designando quem não cabe na assembleia. Nesta altura, o poder de ligar e desligar, antes confiado representativamente a Pedro (cf. 21º dom. comum), é confiado à Igreja toda. Pois toda ela é responsável pelo caminho da salvação de todos. Todos nós devemos fazer o que for preciso para encaminhar nossos irmãos no caminho certo.

Mt 18 mostra a importância da comunidade eclesial. Esta aparece ainda na palavra de Jesus sobre a oração comunitária (Mt 18,19s): quando estamos reunidos no nome de

Jesus e unânimes dirigimos nossos pedidos a Deus, ele nos atenderá como se fôssemos Jesus mesmo: pois Jesus está no nosso meio. Nós realizamos Jesus, em nossa comunhão. A Igreja se apresenta, na liturgia de hoje, como *comunidade de salvação,* no sentido sacramental: ela re-presenta, torna presente o Salvador que nos une com Deus. Como? Pela *comunhão eclesial*! A missão de Cristo era, fundamentalmente, realizar a comunhão de todos os que são filhos do mesmo Pai, realizar o amor do Pai no meio de nós. Onde nós, em comunhão fraterna, realizamos isso, aí realizamos o próprio Cristo. A verdadeira comunidade eclesial é o sacramento de Cristo e de Deus. Portanto, o texto do evangelho de hoje não se deve entender num sentido jurídico, mas num sentido eclesial, comunitário e, assim, verdadeiramente místico. Por exemplo, com relação à correção fraterna, Jesus não quer dizer que basta chamar duas testemunhas e depois uma comissão eclesiástica toda esclerosada, para enfim excomungar o acusado (pois é muito provável que não se converterá à vista de tal comissão). Jesus nos ensina a colocar, profeticamente, os que erram diante da comunidade que brotou do amor de Cristo. Então, se mesmo diante deste testemunho a palavra profética não "pega", também não podemos fazer mais nada.

Na **2ª leitura** ouvimos como Paulo, nas suas exortações finais aos romanos, resume a prática da vida cristã: não ficar devendo nada aos outros, senão a caridade, que sempre fica em dívida (o que não significa que não precisamos fazer o possível...). A caridade é o resumo de tudo. Se nos esforçamos por ela, saldamos automaticamente todas as outras obrigações. "O amor é o pleno cumprimento da Lei" (Rm 13,8-10). Paulo comenta aqui, à sua maneira, uma palavra do Senhor Jesus (cf. Mt 22,34ss = Mc 12,28ss = Lc 10,25ss; cf. Gl 5,14). E sendo poucas as palavras de Jesus que Paulo cita assim, isso significa que ele a considera como algo central na mensagem cristã. Também S. Tiago a cita, na sua carta (Tg 2,8). E S. João não faz outra coisa senão comentar este "preceito único" do amor ao próximo, pois ninguém pode amar Deus sem amar o próximo (1Jo 4,20!), e só se ama bem ao próximo quando se ama a Deus. Pois amar Deus, procurar Deus, significa procurar a última palavra sobre o que é certo e errado, escutando a voz absoluta daquele que ama o nosso irmão como nós o deveríamos amar também.

Assim, o espírito da liturgia de hoje evidencia a comunhão e a caridade fraterna na comunidade eclesial, não só na mútua amizade (cf. **oração sobre as oferendas**), mas também na oração (**evangelho**) e na caridosa advertência (**1ª leitura**, **salmo responsorial, evangelho**). Nisto a Igreja realiza a união com Cristo para sempre (**oração final**) e se torna comunidade e sacramento de Salvação.

CORREÇÃO FRATERNA

A T. Com.

Conforme lemos na **1ª leitura**, Deus estabelece o profeta como "sentinela do povo". Ele tem de avisar os irmãos a respeito de sua conduta, para que não se percam. Deus cobrará dele esse serviço! Na mesma linha, o **evangelho** nos ensina a prática da "correção fraterna". Jesus aconselha isso para a comunidade como tal – não apenas para os conventos, fora do mundo... Imagine só que em nossas paróquias qualquer cristão fosse corrigir seu "irmão" ou sua "irmã"!

Jesus ensina, concretamente, o que fazer com o pecador na comunidade eclesial, não para castigá-lo, mas para ganhá-lo e ele não se perder. Primeiro, é preciso falar-lhe em particular (mais ou menos como se faz na confissão); depois, fale-se a ele na presença de algumas testemunhas; finalmente, se não se corrigir, seja interpelado perante a comunidade. E se isto não der resultado, aguente ele o afastamento da comunidade.

Ninguém é uma ilha. A vida de nosso irmão nos concerne. Repartimos com ele nosso espaço vital, nosso trabalho, nosso lazer. Então, somos também, em parte, responsáveis por seu caminho. Devemos avisar nosso irmão quando este parece desviar-se (pois ele mesmo nem sempre enxerga). Isso não é arvorar-se em juiz da vida alheia, mas é serviço fraterno. E devemos também nos deixar corrigir.

"Ninguém tem algo a ver com a minha vida privada". Mas será que ela é tão privada assim? Hoje, religião e moral são muito privatizadas, mas isso não é necessariamente um progresso! Pode ser uma estratégia do "Adversário" para diminuir a consciência e a força moral do povo. A fuga na privacidade torna difícil o trabalho de transformação: as drogas, a pornografia, a alienação religiosa têm algo a ver com isso.

Devemos ter a coragem de denunciar – com amor e conforme o procedimento do evangelho – os erros dos irmãos, sejam ricos ou pobres, poderosos ou subalternos. Aos abastados, devemos lembrar a "hipoteca social", a dívida dos ricos com os pobres; aos pobres, importa ensinar uma solidariedade disciplinada, para construir verdadeira fraternidade e comunhão nas coisas materiais. E não tenhamos medo de chamar a atenção para os desvios particulares das pessoas, antes que se tornem um perigo público. Muitos dos males de nosso país e de nossa Igreja provêm do encobrimento daquilo que está errado. É como um câncer descoberto tarde demais...

A **2ª leitura** de hoje (Rm 13,8-10) ensina que o amor é o pleno cumprimento da lei. Uma forma de amar é advertir o irmão. Não é agradável. Mas, quem disse que o amor deve sempre ser agradável? O médico que cura uma ferida nem sempre consegue fazer isso sem dor. Corrigir o irmão – sem se pretender superior a ele – faz parte do "amor exigente".

24º domingo do tempo comum/A
MISTÉRIO E MINISTÉRIO DO PERDÃO

Canto da entrada: (Eclo 36,18[15-16]) "Dá paz àqueles que esperam em Ti".

Oração do dia: Sentir a ação do amor de Deus em nós, servindo-o de todo o coração.

1ª leitura: (Eclo 27,33–28,9 [27,20–28,7]) **Perdoar para ser perdoado** – Eclo 27–28 contém ensinamentos sobre o que não se deve fazer aos outros (p.ex., odiar), embora ainda na linha do pensamento veterotestementário quanto à retaliação: algum dia, o mal tem que ser pago. Ora, ao atribuir a ira ao pecador ("Só o pecador agarra-se nela", 27,33), lembra que esse pecador vai precisar do perdão de Deus (28,5!). Assim, colocando a vida na perspectiva do Altíssimo e de sua Aliança (28,9), Eclo descobre que a mera retaliação deve ser superada. Deus é um Deus da paciência, como mostra a história da Aliança. • Cf. Ex 21,24; Lv 24,19-20; Mt 5,23-24; 6,12.14-15; 7,1; Lv 19,17-18.

Salmo responsorial: (Sl 103[102],1-2.3-4.9-10.11-12) Deus é clemente, compassivo e misericordioso.

2ª leitura: (Rm 14,7-9) **"Quer vivamos, quer morramos, somos do Senhor"** – Paulo está tratando do problema dos "fracos" (escrupulosos, ligados a práticas rituais) e dos "fortes" (liberais). Embora ele mesmo se considere liberal (15,1), não condena os conservadores, mas diz que no amor de Cristo não há lugar para discórdia por causa de coisas secundárias. Em nossa diversidade, devemos pertencer completamente a Cristo e viver pelos nossos irmãos em Cristo. • Cf. Rm 6,8-11; Gl 2,19; 2Cor 5,15; 5,10; At 10,42.

– *Leit. alternat.: (Cl 3,12-15) Mútuo perdão e paz de Cristo.*

Aclamação ao evangelho: (Jo 13,34) O novo mandamento.

Evangelho: (Mt 18,21-35) **O perdão; parábola do administrador cruel** – A última parte do "Sermão eclesial" (Mt 18) é totalmente consagrada ao perdão: 1) a regra do perdão sem fim (18,21-22); 2) a parábola de quem quer receber perdão, mas não sabe perdoar (18,23-35). Nós todos vivemos porque Deus constantemente nos perdoa de todo o coração (cf. 18,35). Perdoar é imitar Deus, é dar chance à vida. Quem não perdoa, não tem comunhão com Deus. O Pai-nosso ensina-nos a perdoar como Deus perdoa. • 18,21-22 cf. Lc 17,3-4; Mt 6,12.14-15; 2Cor 5,18-20; Cl 3,13; Gn 4,24.

Oração s/as oferendas: O dom de cada um para a salvação de todos.
Prefácio: (comum III) Deus resgatou o homem justamente punido.
Canto da comunhão: (Sl 36[35],8) Abrigo à sombra das asas de Deus / (cf. 1Cor 10,16) Comunhão no cálice e no pão.
Oração final: Ser movidos não por nossos impulsos, mas pela graça de Deus.

O cap. 18 de Mt, o "Sermão sobre a Comunidade" (cf. dom. passado), depois de ter mostrado a importância da comunhão eclesial como sacramento do amor de Deus, apresenta agora as palavras sobre o perdão (**evangelho**), tarefa primordial da comunidade eclesial. Em Jo 20,19-23 (cf. 2º dom. pascal; Pentecostes), o perdão é o conteúdo específico do dom do Espírito, por Jesus, no dia de sua ressurreição. Mt conta que Pedro – responsável da comunidade eclesial – pergunta a Jesus até onde deve ir o perdão. Perdoar sete vezes já era uma prova de perfeição (Mt 18,21)! Jesus multiplica esse número por setenta – um número sem fim. E conta uma parábola, inspirada por Eclo 28,1-5 (cf. **1ª leitura**): um funcionário, que tem uma dívida enorme (mil talentos, ou trinta toneladas de ouro...), ganha do seu senhor anistia completa da dívida; mas ele mesmo vai procurar seu colega e lança-o à prisão por causa de uma dívida de cem denários, uns dois salários mínimos. Aí, o senhor volta atrás e coloca aquele primeiro funcionário na prisão até que pague o último centavo. Devemos ser misericordiosos como o nosso Pai celeste é misericordioso (Lc 6,26; cf. Mt 5,48). Ou, em outros termos, se a misericórdia e o perdão não funcionam da nossa parte, também não funciona da parte de Deus, a comunhão de amor paterno que o leva a perdoar todas as nossas faltas, por mais graves que sejam (cf. Lc 15,8ss, o filho pródigo). Pois o perdão não é uma formalidade a ser cumprida, mas uma atitude fundamental pela qual o homem se torna semelhante a Deus e filho de Deus. É comunhão com Deus e nossos irmãos. Por outro lado, onde não existe essa comunhão (como no caso do funcionário que se mostrou alheio ao coração misericordioso do "senhor"), também não pode haver perdão. Já Eclo 28,9[7] (**1ª leitura**) menciona a Aliança de Deus como fundamento do perdão. O mistério do perdão é baseado na comunhão com Deus, no fato de que, para quem entra no amor do Pai, "tudo o que é meu é teu". Torna impossível a dívida, pois tudo é propriedade comum. É esse o modelo do perdão cristão. Consciente de que meu irmão, filho do mesmo Pai, é chamado à mesma vida divina e de que todos os nossos "interesses" convergem para a mesma plenitude divina, não lhe posso recusar o perdão que, no laço do amor, ele impetrar.

Em sua essência, o perdão cristão é um "sacramento" do amor do Pai. É neste sentido que se deve interpretar o sacramento da penitência: faz brotar, para o pecador, a comunhão do Pai, mediante a plena reintegração na comunhão eclesial, da qual o pecado o tinha afastado. Tal afastamento consiste mais no constrangimento do pecador do que na exclusão/excomunhão expressa (que, aliás, serve para fazer sentir ao pecador que ele já não está na comunhão eclesial). O perdão cristão ocorre não só no "sacramento da volta", mas também na vida cotidiana. O cristão deve ser um homem de perdão permanente, porque sofre ao ver seu irmão errar. Pelo perdão, procura restaurar a comunhão e eliminar o constrangimento. Assim, tanto perdoar quanto ser perdoado é uma alegria.

Como já mostramos por algumas alusões à **1ª leitura**, o Antigo Testamento tinha certa consciência dessa realidade. Juntamente com o **salmo responsorial**, serve de aperitivo para o evangelho. A misericórdia de Deus é incansável: "Ele perdoa todos os teus erros" (Sl 103[102],3).

A **2ª leitura** sublinha o espírito de comunhão que se revelou ao considerarmos o texto do evangelho. Quer vivamos, quer morramos, pertencemos ao Senhor Jesus. Se nossa vida já não pertence a nós, mas a ele, como poderemos recusar a comunhão ao nosso irmão pecador? Pois Jesus deu sua vida por nós, pecadores.

No **canto da comunhão** (I) encontramos uma imagem, talvez estranha, mas extremamente rica, da incansável misericórdia de Deus: a ave que reúne seus pintinhos debaixo de suas asas. Jesus mesmo utiliza essa imagem ao denunciar a falta de conversão de Jerusalém (Lc 13,34).

A **oração do dia** e a **oração final** emolduram a liturgia de hoje, chamando nossa atenção para a ação do amor de Deus em nós. Sobretudo quando perdoamos, experimentamos que já não somos movidos por nossos próprios impulsos, mas por uma bondade criativa, que "ultrapassa a nossa competência", pois endireita um mal que, na pessoa prejudicada, atinge toda a família de Deus. Essa bondade criativa chama-se a graça de Deus.

PERDÃO E RECONCILIAÇÃO

No domingo passado ouvimos o ensinamento de Jesus sobre a correção fraterna. Mas não basta "corrigir", importa que o que estava errado seja realmente superado pelo perdão. E que adianta pedir perdão a Deus, se a gente mesmo não perdoa?

Já o Antigo Testamento nos ensina que não podemos pedir perdão se não perdoamos. A **1ª leitura** fundamenta o perdão fraterno na Aliança: somos todos "povo de Deus". Como posso condenar para sempre o meu irmão, que é filho de Deus? Se fizesse tal coisa, eu negaria minha comunhão com Deus, e então, o perdão de Deus não me alcançaria.

E Jesus, no **evangelho**, nos ensina a estarmos sempre dispostos a perdoar, inúmeras vezes. Conta a parábola do homem que foi absolvido de uma dívida enorme, mas não quis perdoar uma ninharia a seu colega. Resultado: seu patrão o condenou a pagar tudo. Quem não é capaz de perdoar não é capaz de viver em fraternidade, em comunhão.

O que importa para Deus, em última instância, não é acertar contas, e sim, promover a comunhão, a amizade, a reconciliação. Talvez seja preciso primeiro pôr as contas em dia, mas o objetivo final é a fraternidade. Quem não sabe reconciliar-se com seu irmão não pode ser amigo de Deus, que é o Pai de todos.

Num mundo de competição, como é o nosso, nada se perdoa, não se leva desaforo para casa, vinga-se a honra etc. Devemos substituir esse modelo de competição e de vingança pelo modelo de comunhão. Quando perdoo, não perco nada; pelo contrário, ganho a comunhão com o irmão e a realização de minha vocação: a semelhança com Deus (cf. Gn 1,26).

O ser humano é tão coitado, que qualquer coisa que alguém lhe estiver devendo lhe parece uma carência vital... Apenas Deus é bastante rico para perdoar sempre a quem se arrepende. A Igreja deve ser um sinal de Deus no mundo. Deve imitar Deus no perdão – no sacramento da reconciliação – e ensinar a mesma coisa aos homens. O sacramento da reconciliação é uma alegria, não um desagradável dever. É uma celebração da magnanimidade de nosso Deus. "Confessar" significa proclamar não só os pecados, mas sobretudo o louvor do Deus que perdoa. O sacramento da reconciliação é um serviço que Deus confiou à Igreja, comunidade de salvação, para ajudar o irmão a corrigir seu caminho, a reconciliar-se com Deus e com seus irmãos na fé, e a proclamar a grandeza do amor de Deus. Para quem vivia em pecado grave, é uma verdadeira ressurreição.

A T. Com.

25º domingo do tempo comum/A
OS OPERÁRIOS DA ÚLTIMA HORA

Canto da entrada: "Eu sou a salvação do povo".

Oração do dia: Amar a Deus e ao próximo, caminho da vida eterna.

1ª leitura: (Is 55,6-9) **Eis o tempo da conversão** – O último cap. do "Livro da Consolação" (= o Segundo Isaías, Is 40–55) exorta os judeus exilados a não procurar sua consolação nos deuses da Babilônia, mas no único Deus verdadeiro, fonte de toda a sabedoria e vida. Nem mesmo o pecado impede de participar desta fonte de vida; pelo contrário, é a ocasião para converter-se, voltar a Javé e sua justiça, vivida na Lei (cf. Ez 18,21-23) – sem aderir à intolerância dos pretensos "impecáveis". – O povo está para voltar à sua terra, graças ao decreto do rei Ciro, mas essa volta não resolverá nada, sem a volta a Deus, que perdoa e não pensa como os homens (55,9 cf. Ez 18,25-32). • 55,6-7 cf. Sl 145[144],18; Jr 29,13; Jo 7,34; Zc 1,3-4; Lc 15,20 • 55,8-9 cf. 1Sm 16,7; Mq 4,12; Sl 103[102],10-12.

Salmo responsorial: (Sl 145[144],2-3.8-9.17-18) Deus é misericordioso e rico em graça.

2ª leitura: (Fl 1,20c-24.27a) **Morrer para estar com Cristo, ou viver para estar com os fiéis?** – Paulo está na prisão e já conta com a morte, que o unirá completamente a Cristo. Mas sente o dilema: estar com Cristo, ou trabalhar por ele permanecendo com sua comunidade? O dilema é apenas aparente; expressa o impaciente desejo de Paulo de estar definitivamente com Cristo e, ao mesmo tempo, seu apaixonado amor pela comunidade. O viver de Paulo já é Cristo: viverá em prol da comunidade, para que ela também viva conforme o evangelho de Cristo (1,27a). • 1,20-22 cf. 1Pd 4,16; 1Cor 6,20; Gl 2,20; Cl 3,3-4 • 1,23-24 cf. 2Cor 5,6-9; Rm 14,8 • 1,27 cf. Ef 4,1; Cl 1,10; 1Ts 2,12.

– **Leit. alternat.:** (Rm 11,33-36) Ninguém pode reclamar retribuição de Deus.

Aclamação ao evangelho: (cf. At 16,14b) Deus abra nosso coração para a Palavra.

Evangelho: (Mt 20,1-16a) **Os operários da última hora** – No fim do ensinamento de Jesus (Mt 19–25) acentuam-se os temas do juízo e da graça, como também o paradoxo de que "os primeiros serão os últimos e os últimos, primeiros" (19,30; 20,16). Assim como o irmão mais velho, no caso do filho pródigo, critica a bondade do pai (Lc 15), também na parábola de hoje os bons criticam o Senhor, que é bom para com os "últimos" (os pecadores que precedem os "bons" no Reino, Mt 21,31, ou os gentios que precedem o judaísmo esclerosado na acolhida da salvação). A justiça de Deus não é mesquinha como a nossa (cf. Is 55,9, 1ª leitura). Ela é o seu amor gratuito em obra. • 20,8 cf. Lv 19,13; Dt 24,14-15 • 20,13-14 cf. Lc 17,10; Rm 9,19-21 • 20,16 cf. Mt 19,30; Mc 10,31; Lc 13,30.

Oração s/as oferendas: Conseguir pelo sacramento o que proclamamos pela fé.

Prefácio: (dom. T.C. II) A obra da salvação.

Canto da comunhão: (Sl 119[118], 4-5) Cumprir a vontade de Deus / (Jo 10,14) "Eu sou o Bom Pastor".

Oração final: Colher os frutos da redenção na liturgia e na vida.

Para nós, justiça é pagar algo com o preço equivalente. Mas para Deus, justo é o que é bom, certo. Como uma tampa é justa quando ela serve direitinho. Deus, na sua justiça, "ajusta" tudo o que faz (Sl 146[145],17; **salmo responsorial**). Assim, a justiça de Deus não é contrária à sua bondade. É idêntica! Em Ez 18,25 (cf. próximo dom.), Deus se defende da acusação de ser injusto quando perdoa ao pecador que se converte. Deus não está interessado em pagamento, mas em vida: "Não quero a morte do pecador, mas sim, que ele se converta e viva" (Ez 18,23). A mesma mensagem traz a **1ª leitura** de hoje, Is 55,6-9, convite para o tempo messiânico, que é também o tempo da plena revelação da estranha justiça de Deus, que tanto ultrapassa a nossa quanto o céu transcende a terra (cf. dom. pass., salmo responsorial).

Nessa perspectiva, a parábola de Jesus no **evangelho** não é apenas uma lição para fazer-nos refletir sobre a justiça de Deus, mas ainda uma proclamação de que chegou o Reino de Deus, a realidade messiânica: buscai o Senhor, é o momento (cf. Is 55,6)! Como é, então, esse tempo messiânico, esse Reino em que se realiza sem restrição o que Deus deseja? É como um dono que, em vários momentos do dia, contrata operários por uma diária e os manda trabalhar na vinha. Ainda às cinco da tarde ("undécima hora") encontra alguns que até então não foram contratados (pormenor importante!) e também os manda à vinha. Ao pôr do sol, fazem-se as contas. Para escândalo dos "bons", que trabalharam desde cedo, o dono começa pelos últimos, pagando-lhes a diária completa, tanto quanto aos primeiros... Aí descarrilam os nossos cálculos de retribuição. Mas Deus não está retribuindo, ele está fazendo o melhor que pode: "Me olhas de mau olhar porque sou bom?" Os primeiros tiveram tudo de que precisavam: trabalho, segurança e diária. Os últimos sofreram a insegurança, mas eles também devem viver, portanto, é bom dar a diária completa a eles também. Entendemos isso apenas quando temos uma mentalidade de comunhão, não de varejista. Tudo é de Deus. Não importa que eu receba menos ou mais que um outro; o importante é que todos tenham o necessário. E, se depender de Deus, é isso que acontecerá, pois "ele acerta em todas as suas obras" (Sl 145[144],17).

"Os últimos serão os primeiros, e os primeiros os últimos" (Mt 20,16). Deus desafia a justiça calculista, autossuficiente... Se achamos que podemos colocar-nos na frente da fila para acertar nossas contas com ele, estamos enganados. Os israelitas foram chamados primeiros e se gloriavam disso, achando que, por serem filhos de Abraão, por circuncidarem-se e observarem a Lei e a tradição, podiam reclamar o céu. Na última hora, Deus encontrou os que ainda não tinham sido convidados, os gentios, e estes precederam os israelitas auto-suficientes no Reino. Inclusive, isso serve para que esses israelitas mudem de ideia e se abram para o espírito de participação e gratuidade, que é o espírito do Reino. A graça não se paga; recebe-se. As pessoas "muito de Igreja" incorrem no perigo do farisaísmo, de achar que merecem o céu. Um presente não se merece. Ser bom cristão não é merecer o céu: é guardar-se sempre em prontidão para o receber de graça. E não querer mal àqueles que recebem essa oportunidade "em cima do laço".

Pensemos em Paulo (**2ª leitura**), que não sabe o que escolher: viver para um frutuoso trabalho ou morrer para estar com Cristo. Continuar a trabalhar não teria para ele o sentido de ganhar o céu; desejá-lo-ia somente porque seria bom para os filipenses. Mas o que ele deseja mesmo é participar plenamente da proximidade do Senhor Jesus. Viver, para ele, é Cristo. Uma vida animada pela amizade por Cristo, não pelo cálculo... Na mesma carta, ele dirá que seu espírito de merecimento, suas vantagens conforme os critérios farisaicos, ele considera tudo isso como perda, como esterco (Fl 3,7-8)! Só o impulsiona ainda a graça, a gratuita bondade que Deus lhe manifestou em Jesus Cristo.

É difícil para o cristão tradicional assimilar esse espírito. Deve converter-se da preocupação de fazer tudo direitinho para ganhar o céu! Pois deve saber que sempre ficará devendo (cf. 6º dom. do T.C.) e terá de contar com a gratuita bondade de Deus tanto quanto os pecadores, que, muitas vezes, compreendem melhor a necessidade da graça.

O REINO DE DEUS É DE GRAÇA?

A T. Com.

> O **evangelho** de hoje é "escandaloso". O patrão sai a contratar diaristas para a safra da uva. Sai de manhã cedo, às nove, ao meio-dia, às três da tarde, e ainda uma vez às cinco da tarde. Na hora do pagamento, começa pelos últimos contratados, paga-lhes a diária completa; e depois, paga a mesma quantia aos que passaram o dia todo no serviço... Será justo que alguém que trabalhou apenas uma hora pode ganhar tanto quanto o que trabalhou o dia inteiro?

Alguém que viveu uma vida irregular, mas se converte na última hora, pode entrar no céu igual aos piedosos? Aos que se escandalizam com isso, o "senhor" responde: "Estás com inveja porque eu estou sendo bom?" Quando Deus usa da mesma bondade para com os que pouco fizeram e para com os que labutaram o dia todo, ele não está sendo injusto, mas bom. Já no Antigo Testamento, Deus se defende contra a acusação de injustiça por perdoar ao pecador (1ª leitura).

Deus não pensa como a gente. Nós raciocinamos em termos de discriminação; Deus, em termos de comunhão. Nós pensamos em economia material, Deus segue a economia da salvação. Sua graça é infinita; ninguém a merece propriamente, e todos podem participar, por graça, se estão em comunhão com ele. Nós facilmente achamos que os outros não fazem o suficiente para participar do Reino: não se engajam, não se esforçam... Mas *quem* faz o suficiente? O que importa não é o quanto fazemos: será sempre insuficiente! Importa que queiramos participar, ainda que tarde. E uma vez que está participando, a gente faz tudo...

O dom de Deus não pode ser merecido; *é graça*. Claro, quem trabalha na vinha do Senhor se esforça. Mas esse esforço não é para "merecer", mas por gratidão e alegria, por termos sido convidados, ainda que tarde – pois, em relação ao antigo Israel, nós "pagãos" somos os da undécima hora... Nosso empenho não é trabalho forçado, mas *participação*. Não somos movidos pelo moralismo, mas pela graça. Se entendermos bem isso, valorizaremos mais aquela humilde, mas autêntica boa vontade daqueles que sempre foram marginalizados, na Igreja e na sociedade, e que agora começam a participar mais plenamente: a Igreja dos pobres.

Então, tem ainda sentido falar em "merecer o céu"? Estritamente falando, é impossível. O céu não se paga. Mas se essa expressão significa nossa busca de estar em comunhão com Deus e viver em amizade com ele, tem sentido. Inclusive, essa busca já é o começo do céu.

26º domingo do tempo comum/A
A VERDADEIRA OBEDIÊNCIA

Canto da entrada: (Dn 3,29-31.42-43): "Tu agiste bem conosco, Senhor".

Oração do dia: Deus mostra seu poder perdoando.

1ª leitura: (Ez 18,25-28) **Deus age certo, dando chances para a conversão e castigando a confiança temerária** – Existia em Israel a ideia de que o pecado devia marcar para sempre o pecador, bem como sua descendência (18,2). Como porta-voz de Deus, Ezequiel rejeita esta ideia: Deus não castiga os pais nos filhos, mas castiga o justo que deixa seu caminho, e acolhe o pecador que se converte. Deus julga o homem conforme o que ele é e sinceramente quer ser, não conforme o que talvez ele tenha sido (18,21-29). Por isso exorta a todos: vale a pena converter-se (18,30-32). • Cf. Ez 33,11-13; Os 11,9; Mt 4,17.

Salmo responsorial: (Sl 25[24],4bc-5.6-7.8-9) O Senhor é sempre bom e justo.

2ª leitura: (Fl 2,1-11 ou 2,1-5) **Imitar o despojamento de Cristo** – Viver conforme o evangelho de Cristo (1,27; cf. dom. pass.) significa: ter a mentalidade de Cristo (2,5), dar maior importância a seu irmão do que a si mesmo (2,3). Cristo mesmo dá o exemplo, servo até a morte, esvaziando-se por nós (hino de Fl 2,6-11; cf. o Servo Padecente de Is 53). Este servo é aclamado com o título divino de "o Senhor" (tradução grega do nome de Deus). • 2,1-4 cf. 1Cor 1,10; Gl 5,26 • 2,6-7 cf. Jo 1,1-2; 17,5; Cl 1,15-20; Hb 1,3-4; 2Cor 8,9; Is 53; Rm 8,3 • 2,8-9 cf. Rm 5,19; Hb 5,8; Jo 10,17-18; Rm 1,4; Ef 1,20-23 • 2,10-11 cf. Is 45,23; Ap 5,3; Rm 10,9; 1Cor 12,3.

– *Leit. alternat.:* (Ef 2,11-13.19-20) Os que estavam longe chegaram perto.

Aclamação ao evangelho: (Jo 10,27) Ouvir e seguir o Pastor.

Evangelho: (Mt 21,28-32) **Os dois filhos: dizer e fazer** – Em três parábolas, Mt desenvolve o tema dos "bons" que desconhecem a graça de Deus (cf. já a parábola dos operários, dom. passado): os dois filhos (21,28-32), os vinhateiros homicidas (21,33-43) e os convidados para o banquete (22,1-10). – A parábola dos dois filhos sugere a conclusão: o que importa não é dizer "sim" (formalismo), mas fazer "sim"

(conversão, entrar no "caminho da justiça", como os publicanos e as meretrizes que se converteram). • Cf. Lc 15,11-32; 7,29-30; 18,9-14; 19,1-12; 3,12.
Oração s/as oferendas: Abrir para nós a fonte de toda a bênção.
Prefácio: (dom. T.C. VII) Obediência salvadora do Cristo.
Canto da comunhão: (Sl 119[118],49-50) A palavra de Deus dá esperança e consolo / (1Jo 3,16) O amor de Deus em Jesus Cristo.
Oração final: Plena participação no mistério do Cristo.

Ao aproximar-se o fim do ano litúrgico acentuam-se os temas da conversão e da graça, enquanto se desenha com sempre maior nitidez a perspectiva final. Em Ez 18,25-28 (**1ª leitura**), Deus se defende da acusação de injustiça levantada contra seu modo de julgar; e confirma: quando um "justo" se desvia, ele se perde; quando um malvado se converte, ele se salva. Jesus expõe esse tema na parábola dos dois filhos, o do "sim, senhor", que promete e não faz, e o do "não", que se arrepende e faz... Qual dos dois faz o que seu pai deseja? O último. Então é este o justo de verdade: vai bem com Deus. E, para explicar mais uma vez que "os últimos serão os primeiros", Jesus ensina aos "bons" (os fariseus) que os publicanos e as meretrizes os precederão no Reino, pois acreditaram na pregação de penitência de João Batista e se converteram, mas os fariseus não (**evangelho**).

Olhemos o caso do filho que diz "sim", mas não vai. Para entender bem o evangelho de Mt, que continuamente opõe a graça do Reino ao cálculo autossuficiente dos fariseus, devemos colocar-nos na pele dos que devem se converter, os fariseus. Pois se achamos que já nos convertemos o bastante, estamos perdidos. É bom identificarmo-nos com os fariseus e deixar tinir os nossos ouvidos com as palavras que Jesus lhes dirige. Estamos acostumados a dizer "sim, senhor" a Deus e a todo mundo. Já fomos batizados sem o saber, fazemos de conta de acreditar tudo o que a Igreja diz etc. O Papa manda, e nós obedecemos, mas quando é muito difícil, damos um jeito... Dizemos "sim", mas fazemos o que nós queremos. Entretanto, há prostitutas que se prostituíram porque precisavam viver e os "bons" se prontificaram a usá-las. Há publicanos que vivem do suborno, porque há "bons" que usam seus serviços. Mas entre os publicanos e as meretrizes encontram-se os/as que, algum dia, descobrem que podem andar por outros caminhos e ser filhos e filhas de Deus tão bem como qualquer pessoa. Então, deixam a bebida e tornam-se bons pais de família e até pregadores na Assembleia de Deus...

Jesus repreende os "bons" porque não se converteram. E hoje, alguém está pregando a conversão para "os bons"? Talvez os profetas não estejam falando bastante claro. Os que optaram pelos pobres e marginalizados fogem do âmbito dos "bons cristãos" para não ter de enfrentar esse público! Mas, mesmo assim, "a voz do Batista" ainda não emudeceu. Os bons é que mais precisam de que se insista na sua conversão. Pois converter-se é mais difícil para eles do que para os pecadores reconhecidos. Converter-se significa que antes não se estava tão bem como parecia. Ora, para quem já perdeu a cara, é relativamente fácil reconhecer isso. Mas largar uma posição de estima significa entrar na incerteza... isso não é fácil para os "bons". Mas que experimentem pelo menos!

O caso do primeiro filho se aplica aos pecadores patentes. Eles dizem "não" a Deus. Mas muitos deles – talvez por certa simplicidade de coração e por não terem o costume das falsas justificativas – são atingidos pela bondade de Deus e o desejo de lhe corresponder. E acabam fazendo sim!

A T. Com.

A **2ª leitura** incita a profunda conversão, a recebermos em nós o espírito de Jesus Cristo, que, em obediência ao plano do amor do Pai, se esvaziou por nós, tomando a figura do último dos homens (cf. dom. de Ramos). Se Jesus se esvaziou de sua justa glória divina, por que não nos esvaziaríamos de uma grandeza enganadora – a justiça que nos atribuímos aos nossos próprios olhos – ou de qualquer forma de grandeza passageira (bens materiais, honra etc.), para sermos completamente doados aos nossos irmãos. Em harmonia com a 2ª leitura, pode-se escolher o **prefácio** dos domingos do tempo comum VII (a obediência de Cristo).

O espírito da liturgia de hoje acentua a "obediência", que não significa submissão a rejeitável usurpação, mas dar "audiência" a quem o merece. Obediência legítima é sabedoria e justiça. E mais: se sabemos que Deus nos mostra um caminho incomparável (em Jesus Cristo), então, obedecer-lhe é o melhor que podemos fazer para nós mesmos e para nossos irmãos: obedecer por amor. Nesta hipótese, a obediência já não pode ser meramente formal, do tipo "sim, senhor". Terá de ser um movimento do interior do nosso coração e mexer com nosso íntimo, exatamente como aconteceu àquele filho que, primeiro, não quis, mas depois sentiu a injustiça que estava cometendo em relação ao "Pai de bondade" e executou o que lhe fora pedido.

FORMALISMO RELIGIOSO E VERDADEIRO SERVIÇO A DEUS

Na **1ª leitura**, Ezequiel ensina que o justo, quando se desvia, se perde, enquanto o pecador que corrige sua vida se salva. Jesus, no **evangelho**, denuncia a atitude dos supostos "justos". Não se converteram à pregação de João Batista; os publicanos e as prostitutas, sim. Referindo-se a isso, Jesus faz uma comparação: o "bom filho" diz ao pai que fará, mas não faz; o filho rebelde diz que não fará, mas faz... Qual dos dois, então, é o verdadeiro "justo"?

Não adianta ter o rótulo de justo por causa de habitual bom comportamento e por dizer piedosamente "sim" a Deus. Importa fazer de fato o que Deus espera. E se fizermos o que Deus espera de nós, não importa que antes tenhamos sido pecadores. Fazendo o que Deus espera, o pecador torna-se justo; não o fazendo, o justo torna-se pecador. O "estar bem com Deus" nunca é "direito adquirido". Não há assentos cativos no céu...

Um ladrão, acostumado desde o instituto de menores a viver de bens alheios, arrisca sua vida para salvar um banhista no mar; populares, não casados na Igreja, organizam uma vaquinha para ajudar uma família sem meios de sustento; um beberrão torna-se crente e deixa de beber, para sustentar melhor sua família. Pelo outro lado: padres e religiosos proclamam a "opção pelos pobres", mas só têm tempo para os ricos e os inteligentes... Qual deles é o justo?

Apliquemos na prática o critério de discernimento que Cristo mesmo sugere na parábola: que é o que a pessoa diz e o que ela faz? Descobriremos com perspicácia o que é acomodação e o que é conversão, também em nós mesmos.

Importa reconhecer a justiça dos que não têm a fama, mas a praticam. E denunciar – para o bem deles e de todos – os que têm fama de justiça, mas não a praticam. Neste sentido, para ser fiel a Jesus, a comunidade cristã deve expulsar o formalismo religioso, que consiste em observar as coisas formais e exteriores da religião, sem fazer de verdade o que Deus espera de nós: a contínua conversão e a prática da justiça e da solidariedade para com o irmão.

Convém meditar neste sentido o que fez o filho por excelência, Jesus: não se apegou a privilégios de divindade, mas fez a vontade do Pai, tornando-se obediente até a morte, e morte de cruz (**2ª leitura**).

27º domingo do tempo comum/A
A VINHA DE DEUS

Canto da entrada: (Est 13,9.10-11) "Senhor, tudo está em teu poder".

Oração do dia: Deus nos concede mais do que merecemos e ousamos pedir.

1ª leitura: (Is 5,1-7) **O Cântico da Vinha** – Uma poesia dentre as mais belas da Bíblia, uma canção de amor, mas em vez de descrever uma pessoa querida, descreve uma vinha, querida, porém ingrata. A descrição torna-se ameaça (5,5-6) e só no fim revela-se a identidade da simbólica vinha: é Israel (cf. a noiva infiel, Os 10,1; Jr 2,21; Ez 15,1-8). Israel não fez frutificar os cuidados que Deus lhe dedicou, não produziu justiça. Na sua desordem social e desprezo pelo direito, renegou a Aliança com Javé. • 5,1-2 cf. Is 27,2-5; Mt 21,33; Jo 15,1-2 • 5,4-7 cf. Jr 5,10-11; Sl 80[79]; Ez 19,10-14; Is 3,14.

Salmo responsorial: (Sl 80[79],9+12.13-14.15-16.19-20) A vinha de Israel ameaçada.

2ª leitura: (Fl 4,6-9) **Frutos de justiça** – A presente leitura está sob a luz do v. 5. "O Senhor está perto". Nesta certeza, os cuidados naturais se tornam secundários; o grande cuidado deve ser a vinda do Senhor. Preparando-nos para sua vinda, gozaremos sua paz e brilhará a nossa alegria. Exatamente então, as ocupações deste mundo estarão no seu devido lugar: os valores e virtudes naturais serão transformados e elevados por nossa comunhão com Cristo. • 4,6-7 cf. Mt 6,25-34; 1Pd 5,7; Cl 4,2; 3,15; Jo 14,27 • 4,9 cf. 1Ts 2,13; 1Cor 11,1.

– *Leit. alternat.:* *(Rm 11,1-6) O resto de Israel será integrado.*

Aclamação ao evangelho: (cf. Jo 15,16) Produzir frutos em Cristo.

Evangelho: (Mt 21,33-43) **Os vinhateiros homicidas** – Segunda das três parábolas antifarisaicas (cf. dom. pass.) – Em Is 5, a vinha era Israel, aqui, o Reino de Deus (21,43). É tirada dos arrendatários criminosos e dada a um povo que produz fruto (os gentios, os pecadores convertidos). Os novos arrendatários estarão sob a mesma exigência que os antigos: produzir frutos de justiça, fazer com que se realize a vontade de Deus. (Nesta parábola está condensada a história dos profetas rejeitados, do Cristo e dos próprios apóstolos cristãos). • Cf. Mc 12,1-12; Lc 20,9-19 • 21,33-41 cf. Is 5; Jr 7,24-26; Mt 23,34-36; Jo 3,16-17 • 21,42-43 cf. Sl 118[117],22-23; At 4,11; Is 28,16; 1Pd 2,4-7; Rm 11,11.

Oração s/as oferendas: "Completai a santificação dos que salvastes".

Prefácio: (dom. T.C. VIII) "Unidos de novo".

Canto da comunhão: (Lm 3,25) "O Senhor é bom para quem nele confia" / (1Cor 10,17) "Embora sendo muitos, formamos um só corpo".

Oração final: Transformar-nos naquele que recebemos!

Um dos textos mais populares da literatura profética era o Cântico da Vinha, alegoria do profeta Isaías sobre a ingratidão da vinha escolhida por Deus, rodeada por ele com todos os cuidados possíveis e que, contudo, não produziu frutos. A vinha é Israel que, em vez de produzir a justiça – o bem que Deus deseja para todos –, institucionalizou o derramamento de sangue e a opressão. Esta é a **1ª leitura** de hoje. Faz pensar na América Latina: era um continente paradisíaco (até hoje alguma coisa disso sobrou); foi dado aos cristãos da Europa, incentivados por indulgências e privilégios pontifícios para "propagar a fé"... Mas o fruto foi a violência institucionalizada.

Se alguém achar essa exegese atualizada demais, olhemos para a exegese atualizada do Cântico da Vinha que Jesus propõe (**evangelho**). Jesus não acusa a vinha, como Isaías, mas aos agricultores. Se o "senhor da vinha" nunca viu os frutos, não é porque a vinha não os produzia, mas porque os arrendatários os desviavam... Inclusive, maltratavam os emissários que o dono mandava (os profetas), e quando mandou seu próprio filho, o herdeiro, quiseram assegurar para si a herança da vinha, matando o herdeiro. Jesus, enviado junto ao povo de Israel para reclamar frutos de justiça, foi "jogado fora da vinha" (o Calvário, fora dos muros de Jerusalém) e morto. O resultado foi que a vinha lhes foi tirada e confiada a quem entregasse a produção: os pagãos, que acolheram a pregação dos apóstolos antes dos judeus. E o texto acrescenta que isso realizou uma lógica que já estava nas Escrituras: a pedra jogada fora pelos construtores tornou-se pedra angular do edifício (Sl 118[117],22s). Esta é a lógica da morte e ressurreição de Jesus, na qual está fundado o novo povo de Deus (cf. At 2,33; 1Pd 2,7).

Assim, esta parábola contém duas lições: 1) Deus esperava justiça de Israel, mas precisou colocar novos administradores para colher o fruto de sua vinha. Ora, o "fruto de justiça" é a fé que atua na caridade, pois justiça é aquilo que é conforme à vontade de Deus, e esta é, antes de tudo, que escutemos Jesus e ponhamos em prática o que ele ensina (cf. Mt 17,5 e par.). O "fruto da justiça" inclui tudo o que a obediência à palavra de Cristo produz: amor sem fingimento, fraterna união, mútua doação etc. 2) A grandeza da obra de Deus: não há mal que por bem não venha. A rejeição de Cristo foi a prova da injustiça dos arrendatários, a abolição de seus privilégios, a transferência da vinha para os gentios que se converteram e produziram fruto: a Ressurreição do Cristo num povo novo.

Não leiamos esta parábola com olhos triunfalistas, considerando-nos os "bons". A história se repete. A Nova Aliança, em que o antigo povo de Deus, ingrato, abre o lugar para o novo povo universal de Deus, é uma realidade escatológica, isto é, já iniciada, mas ainda não definitivamente estabelecida. Em outros termos, a qualquer momento podemos cair fora! Quando nos apropriamos dos frutos, fazendo do povo de Deus nosso negócio (pense na cristandade que sangrou a América Latina...), então, já não somos administradores da vinha. Para entender bem o evangelho de Mt, devemos sempre pensar que os fariseus somos nós mesmos! E seremos o novo povo de Deus, edificado no Cristo ressuscitado, apenas se entregarmos a Deus os frutos da justiça.

A **2ª leitura** nos mostra o que são os frutos de justiça: tudo quanto for verdadeiro, nobre, reto, puro, amável, honrado, tudo o que for virtuoso e digno de louvor... Paulo não oferece um elenco de boas ações, de coisinhas para fazer. Ele tem confiança na consciência do bem que Deus nos deu. Sejamos gente, em nome de Cristo Jesus: então produziremos frutos de justiça! E o Deus da Paz (o dom messiânico por excelência) estará conosco.

A liturgia eucarística é marcada pela ideia da unidade de novo povo de Deus (sobretudo **canto da comunhão**, opção II). Na mesma linha, pode-se rezar o **prefácio** dos domingos do tempo comum VIII. A **oração final** expressa o fundamento desta unidade: a Eucaristia nos deve transformar naquele que recebemos. Recorrendo aos sinais eucarísticos, podemos dizer: somos o corpo de Cristo, a vinha do Pai.

DEUS REJEITOU O POVO QUE ELEGERA?

As leituras de hoje suscitam uma pergunta: se Deus escolheu Israel como povo eleito, por que mudou de ideia? Será que rejeitou os judeus? No **evangelho**, Jesus narra uma parábola a respeito disso. No Antigo Testamento, o povo de Israel é a "vinha de Deus". O profeta Isaías denuncia que ela não produz frutos (**1ª leitura**). Jesus, no **evangelho**, diz que são os arrendatários – os chefes de Israel – que não querem pagar sua parte ao "Senhor da vinha". Mais: quando este manda seu filho, matam-no, querendo apoderar-se de sua herança... Mas a vinha lhes é tirada e dada a "outro povo", que entregará seus frutos no devido tempo.

Jesus se refere à sua própria missão e também ao nascimento do novo povo de Deus, a Igreja, a partir da ressurreição de Cristo, "pedra rejeitada pelos construtores, mas que se tornou pedra angular". Os líderes do antigo povo de Deus não queriam produzir frutos para Deus. Queriam a vinha para si. É como os opressores de hoje, que querem o poder pelo poder e pelo proveito próprio, e não como liderança responsável para, junto com o povo, produzir "frutos de justiça". Jesus e seus fiéis constituem uma denúncia viva contra tais usurpadores. E, como na parábola, também hoje acontece que os enviados do "senhor da vinha" são rechaçados e mortos. Porém, como Deus fundou seu novo povo sobre seu enviado e "mártir" (testemunha) por excelência, que é Jesus Cristo, assim também o sangue dos mártires da América Latina hoje será embasamento do povo de Deus.

Os opressores matam os enviados, os profetas. Mas os que sentem arder em si a voz profética de Deus devem reclamar da sociedade humana "frutos de justiça". Por outro lado, os que são constituídos no poder (os arrendatários) devem considerar o poder como um serviço, a fim de produzir com o povo a justiça que Deus espera. O povo não é sua propriedade. O único senhor do povo é Deus.

Deus não "rejeitou os judeus", mas rechaça os líderes que dominam o povo para proveito próprio e não estão a serviço da justiça e do amor. Israel recebeu a missão de ser o povo-testemunha de Deus; mas quando seus líderes rejeitaram Jesus, que veio inaugurar o reinado de Deus, este reuniu em torno do seu Cristo o novo povo-testemunha, constituído de todas as nações: a Igreja, comunidade dos seguidores de Jesus.

Por outro lado, também nesta Igreja existe o perigo de querer guardar os frutos para si. O evangelista João diz expressamente que a glória do Pai se manifesta nos frutos do amor fraterno produzidos por aqueles que estão unidos à videira que é Cristo (Jo 15,1-8). E os que se separarem da videira e não produzirem esse fruto serão cortados fora. Fique, pois, claro que ser a vinha de Deus não é um privilégio irrevogável, mas uma missão para produzir fruto, e isso vale tanto para o povo no tempo de Jesus como para sua Igreja hoje.

28º domingo do tempo comum/A
O BANQUETE E O TRAJE

Canto da entrada: (Sl 130[129],3-4) "Se considerares nossas faltas, ninguém poderá subsistir".
Oração do dia: Preceda-nos e acompanhe-nos a graça de Deus.
1ª leitura: (Is 25,6-10a) **O banquete messiânico** – Is 24,27 é um "apocalipse", mais recente que o resto do livro. Depois do juízo sobre as forças celestes e terrestres (24,21), Deus revela sua glória para os eleitos e reúne todos os povos para o banquete de sua tomada de posse (cf. evangelho). Elimina-se a cegueira espiritual (25,7); a morte é vencida. Não o julgamento, mas a alegria é a última palavra de Deus sobre o mundo (cf. Ap 21). • Cf. Mt 8,11; Jo 6,51.54; Os 13,14; 1Cor 15,26.54-55; Ap 7,17; 21,4; Is 35,10.
Salmo responsorial: (Sl 23[22],1-3a.3b-4.5-6) Deus é o pastor que nos conduz à pastagem.
2ª leitura: (Fl 4,12-15.19-20) **Com Deus, tudo posso** – Paulo, que fazia questão de se sustentar com seu próprio trabalho, aceitou, na prisão, dádivas dos fiéis de Filipos; mas não perde, por isso, sua liberdade: ele sabe que pode tudo por Deus e com Deus. Nas dádivas, ele acolheu os filipenses como participantes de seu sofrimento. Agora reparte com eles o mistério que na verdade o sustenta: "Meu Deus" (4,19). • Cf. Hb 13,5; 2Cor 12,9-10; Cl 1,29.
– *Leit. alternat.:* (1Cor 10,1-5.11-12) *O castigo dos primeiros eleitos.*
Aclamação ao evangelho: (cf. Ef 1,17-18) Deus ilumine o olhar de nosso coração.
Evangelho: (Mt 22,1-14 ou 22,1-10) **A parábola do banquete** – Parábola com duas significações: 1) os primeiros convidados são substituídos por outros, convocados de modo universal; 2) é eliminado quem não tem o traje adequado. Aparece outra vez a figura do "filho" (cf. parábola precedente, dom. pass.). Desta vez, o rei não pede frutos, mas a mera aceitação de seu convite; em vão. A parábola menciona, como castigo, a destruição de Jerusalém, que de fato ocorreu em 70 d.C. (22,7). Jesus chamou o novo povo de Deus, constituído de todas as nações. Mas nem por isso todos são eleitos; os convocados devem

participar ativamente no convite, fazendo a vontade de Deus (o traje festivo: justiça). • Cf. Lc 14,16-24; Pr 9,1-6; Mt 8,11-12; 21,34-35; Ap 19,7-9.

Oração s/as oferendas: "Acolhei... com estas oferendas, as preces dos vossos fiéis".

Prefácio: (SS. Eucaristia II) O banquete do Senhor.

Canto da comunhão: (Sl 34[33],1) Aos que procuram o Senhor nada falta / (1Jo 3,2) "Quando Cristo aparecer...".

Oração final: Alimentando-nos com Cristo participar da vida de Deus.

Aproxima-se o fim do ano litúrgico, abre-se a perspectiva final. Deus nos aguarda para o banquete escatológico já descrito na profecia de Isaías (**1ª leitura**). Para um povo provado pela fome, comida e bebida é uma imagem do bem-estar total, embora sempre uma imagem...

O **evangelho** de hoje traz duas ideias relacionadas com a imagem do banquete escatológico. A primeira diz respeito ao *convite* (recusa dos convidados oficiais e convite para todos), a segunda, às *condições pessoais* para participar do banquete (o traje).

1) Deus fez diversos convites oficiais para o banquete de núpcias de seu filho (as núpcias messiânicas, de que falam os profetas); os convidados oficiais eram o povo de Israel. Mas tinham outras ocupações; estavam satisfeitos com aquilo que eles mesmos conceberam e não se interessaram pelo convite. Até agarraram, maltrataram e mataram os mensageiros (= profetas e apóstolos). Ocupavam-se com questões de jejum, enquanto deveriam festejar (cf. Mt 9,14s e par.). Por isso, foram convidados todos os que quisessem, os que eram desprezados pelos primeiros convidados: os publicanos e as meretrizes (cf. Mt 21,28-32; ev. do 26º dom. T.C.), os pagãos (cf. ev. de dom. pass.) etc. E também nós, que somos os descendentes destes. Naturalmente, mesmo assim, a gente não se pode apresentar sem a veste nupcial da fé (última parte do ev.: v. 11-14). Pois, se todos são chamados, eleitos mesmo são apenas os que realmente creem.

Ora, olhando para o presente, os primeiros convidados são os paroquianos costumeiros, os bons cristãos. Eles recebem constantemente o convite para participar das núpcias messiânicas, isto é, para entrar na alegria da verdadeira fraternidade de Deus, que se alegra com sua gente. Mas chovem desculpas. Sou padre, devo rezar meu breviário. Sou médico, preciso manter meu "status". Sou engenheiro, estou envolvido naquela obra pública... "Por favor, Deus, deixa-me em paz, já tenho o que chega". E cada um fica no seu cantinho. Inclusive, entre os convidados oficiais alguns não se dão com a cara dos mensageiros, que lhes parecem ler a lição! Até os matam, em nome da Igreja católica apostólica romana... Então, os mensageiros passam para as praças e encruzilhadas e mandam para a festa o povinho, que é bastante humilde para sentir que lhe está faltando alguma coisa. Pergunto, então: os "primeiros convidados", finalmente rejeitados, são os judeus do tempo de Jesus, ou nós mesmos? Uns e outros!

2) Considerando agora a questão do traje, podemos fazer uma pergunta semelhante: Os que não têm a veste festiva são os que, por alguma razão, entraram na Igreja do primeiro século sem ter a verdadeira fé, ou somos nós que estamos dentro da sala do banquete, mas sem uma fé que nos transforme em cristãos radiantes de novidade nupcial? Em ambas as maneiras de ler, a frase "muitos são os chamados, poucos os escolhidos" nada tem a ver com tristes especulações sobre a "massa condenada", mas é uma pergunta com relação à autenticidade de nossa fé e de nossa dedicação à festa que Deus, em Cristo, preparou para todos os seus filhos. Não somos nós tais chamados (en-

caminhados para a Igreja desde jovens) que, porém, não poderão ser escolhidos (queridos por Deus), porque o nosso coração lhe está fechado (o que se revela no fechamento para com os nossos irmãos, especialmente, os mais pobres)?

Em função do texto do evangelho, que tem nítidas ressonâncias eucarísticas, pode-se escolher o **prefácio** da SS. Eucaristia II (unidade na caridade em redor da Ceia). O **canto da comunhão** pode ser a 1ª opção.

A **2ª leitura** pouco contribui para o tema central, mas é linda: o agradecimento final de Paulo aos filipenses, porque cuidaram tão bem dele, embora tivesse também suportado a carência, se fosse preciso. Ele não exigiu nada, mas foi muito bom eles terem feito tudo isso por ele (Fl 4,10-14: gratuidade da bondade fraterna). É um agradecimento a Deus por causa destes fiéis tão delicados e dedicados (Fl 4,19-20; cf. 1,3-5).

"POUCOS SÃO ESCOLHIDOS"...

Há quem ensine que o número dos "eleitos" é limitado, preestabelecido. Os eleitos vivem conforme sua eleição, e os outros... se danem. Mas a Bíblia acentua a universalidade da salvação. Todos são chamados. O profeta Isaías descreve a felicidade do fim dos tempos como um banquete universal na montanha de Deus, em Jerusalém (**1ª leitura**). Inspirando-se nesta imagem, Jesus, no **evangelho**, fala de um rei que oferece um banquete para o casamento do seu filho (o Messias "esposo do povo"). Manda vir primeiro os convidados de praxe (os chefes de Israel), mas estes se esquivam. Então manda convidar todo o mundo: miseráveis, estropiados, aleijados... (a Igreja convocada entre toda espécie de gente). Depois, porém, Jesus acrescenta uma segunda parábola: um dos convidados não vestiu traje de festa... é expulso.

Todos são convidados, e os que declinam o convite perdem sua vez. Agora convidam-se até os mais pobres, mas isso não quer dizer que podem se apresentar dum jeito qualquer. No mínimo têm que vestir a melhor roupa: a fé e a prática que Cristo espera de nós. O convite é *universal*, feito sem acepção de pessoas, *mas não sem exigências*!

Os que recusam o convite não são apenas os chefes de Israel, mas todos aqueles que, bem instalados e satisfeitos consigo mesmos, são incapazes de se alegrarem com o convite universal. Ficam de cara feia, agora que a Igreja convida os pobres para serem realmente "sujeitos" na comunidade eclesial.

Por outro lado, até dos mais simples se exige que "vistam a camiseta". Trata-se de combinar a disponibilidade para o convite do Senhor (a simplicidade, a alegria), com o empenho por corresponder à sua expectativa. O traje mais bonito que temos é a caridade. Quantas pessoas usam este traje para participar do "banquete eucarístico"?

"Muitos são chamados, nem todos são escolhidos". Jesus quer dizer que o fato de ser chamado – que vale para todos – não é suficiente para contar com a eleição. Ora, o que decide se seremos eleitos ou não é a nossa disposição. Quem se alegra com o que Deus faz e revela em Jesus, quem na prática adere a esse modo de viver, sem dúvida poderá participar da festa. Deus convida a todos, mas os admitidos são aqueles que, por sua vida, correspondem ao convite. A "seleção" não é preestabelecida por Deus, mas é o efeito de nosso modo de responder dignamente ao apelo universal.

A
T. Com.

29º domingo do tempo comum/A
DAI A DEUS O QUE É DE DEUS

Canto da entrada: (Sl 17[16],6-8) "Guarda-me como a pupila dos olhos".

Oração do dia: Estar ao dispor de Deus e servi-lo de todo o coração.

1ª leitura: (Is 45,1.4-6) **O rei pagão, Ciro, instrumento de salvação nas mãos de Javé, o rei verdadeiro** – Is 44,24–45,13 trata do rei Ciro, o pagão que fez os judeus voltarem do Exílio. Embora ele conheça Deus só por ouvir dizer (45,4.5), Deus o conhece, o toma pela mão; é até chamado de "ungido", como os reis de Israel, pois ele atua em favor de Israel. Ele é um instrumento nas mãos de Javé, para tornar conhecido seu nome, sua fama de ser um Deus que salva. • Cf. Is 41,1-5; Sl 105[104],6; Ex 15,11; Is 44,6; 2Sm 7,22.

Salmo responsorial: (Sl 96[95],1+3.4-5.7-8.9-10a+c) Louvor universal a Javé, o único rei.

2ª leitura: (1Ts 1,1-5b) **Ação de graças pela fé, esperança e caridade dos fiéis** – 1Ts é a mais antiga carta de Paulo que possuímos e, portanto, o mais antigo documento recolhido no N.T. (ca. 40 d.C.). – Paulo poucas semanas trabalhou em Tessalônica, teve que partir às pressas, mas a fé cresceu, a força de Deus operou: eles são "eleitos" (1Ts 1,4). A carta toda é agradecida lembrança desse apostolado e expectativa da vinda do Senhor. • 1,1-3 cf. At 17,1-9; Fl 1,3; 1Cor 13,13 • 1,5 cf. 1Cor 2,4.

– *Leit. alternat.: (Rm 13,1.5-7) A cada um o devido.*

Aclamação ao evangelho: (Fl 2,15d-16a) Portadores da Palavra de Deus.

Evangelho: (Mt 22,15-21) **Dai a Deus o que é de Deus** – Os herodianos e fariseus fazem uma pergunta "politicamente explosiva" e recebem uma resposta que, além de lhes ensinar coerência nas coisas políticas, lhes lembra que eles estão esquecendo o mais importante: as exigências de Deus. Deus não pede imposto; ele pede a gente. • Cf. 12,13-17; Lc 20,20-26; Mc 3,6; Jr 18,18; Lc 11,53-54; Rm 13,1-7.

Oração s/as oferendas: Usar os dons de Deus, servindo-o com liberdade.

Prefácio: (dom. T.C. I) Povo do Senhor.

Canto da comunhão: (Sl 33[32],18-19) O Senhor vela para salvar e alimentar quem precisa / (Mc 10,45) "O Filho do Homem veio dar sua vida...".

Oração final: Auxiliados pelos bens terrenos, conhecer os celestes.

Ao fim de sua pregação, Jesus entrou abertamente em conflito com as autoridades judaicas (cf. os evangelhos dos dois domingos anteriores). Por isso, quiseram armar-lhe uma cilada, para que o pegassem em alguma palavra contrária à Lei. Pensaram ter encontrado tal oportunidade na questão do imposto a pagar ao imperador romano, o César (**evangelho**). Se Jesus aprovasse pagar o tributo ao dominador estrangeiro, ele negaria a grandeza do povo messiânico. Se ele se declarasse contra, ele incitaria à rebeldia contra o dono do país... A resposta de Jesus tornou-se provérbio: "Dai a César o que é de César e a Deus o que é de Deus". Alguns interpretam essa frase como uma divisão de tarefas: o César para o domínio deste mundo (a cidade terrestre), Deus para o domínio sobrenatural (a cidade celeste): é a teoria dos "dois reinos", que permitiu muitas vezes ao César soltar seus demônios, enquanto os responsáveis da Igreja se ocupavam com coisas piedosas, dizendo-se apolíticos!

De fato, há diversas maneiras de interpretar a controvertida frase: 1) "Os padres devem ficar na sacristia" (negócio é negócio, a Igreja à parte); 2) "O que é bom para César é bom para Deus"; 3) "Dai a César o que lhe pertence *em justiça* (mas não o que não lhe pertence); e a Deus também"; 4) "Dai a César o que é de César, dando primeiro a Deus o que é de Deus", ou seja: "Buscai primeiro o Reino de Deus e sua justiça" (Mt 6,33), e então sabereis atender com justiça as exigências da ordem política. Esta última interpretação nos parece mais conforme o espírito do evangelho. Jesus admite as exigências da ordem política, mas relativiza-as, subordinando-as às exigências de Deus.

A T. Com.

Seja como for, o que era de César, no caso aqui narrado, era uma moeda, instrumento do poder econômico do Império Romano e, além do mais, preço do reconhecimento civil da comunidade judaica, com os privilégios que isso implicava. Tratando-se disso, os interrogadores tinham de tirar as consequências: quem quer usufruir do Império tem de alimentar-lhe o tesouro... Mas isso não é o mais importante; o peso recai sobre a última parte da frase: "Dai a Deus o que é de Deus". Jesus parece estar dizendo aos seus interlocutores: "Importunais-me com questões de César – bom, sede consequentes nessas questões – mas o que eu devo lembrar-vos é das questões de Deus".

As questões de Deus (que não são necessariamente as da "religião") devem constituir nossa "pré-ocupação", antes de qualquer outra coisa (cf. Mt 6,24ss; 8º dom. do T.C.). Sem darmos a Deus o que é de Deus (isto é, tudo), nada podemos fazer de verdadeiramente valioso. A **1ª leitura** nos narra até um caso em que Deus se serviu de um "César", o imperador Ciro, da Pérsia, para realizar seu plano de salvação para o povo israelita. Pois Ciro, na sua perspicácia de déspota iluminado, achou melhor que os israelitas exilados cuidassem de sua própria terra em vez de viver num gueto lá na Babilônia. Pôs fim ao exílio babilônico. Assim, a sabedoria administrativa de um rei pagão serviu para realizar a bondade de Deus. O caso não é imaginário. Quando Deus tem a última palavra, as coisas de César podem servir-lhe. Por isso importa colocar César e seus projetos no bom rumo... A frase de Jesus não nos ensina indiferença para com aquilo que o César faz, antes pelo contrário; ensina-nos a submeter os negócios do César (e a ocupação mundana em geral) ao critério da justiça de Deus; pois este é, em última análise, o único Rei (Sl 96[95], **salmo responsorial**).

Nestes últimos domingos do ano litúrgico, a **2ª leitura** é tomada das Cartas aos Tessalonicenses, fortemente marcadas pela questão da proximidade da Parusia. Ouvimos hoje a abertura da 1Ts: uma saudação, que louva nos tessalonicenses a sua fé atuante, sua caridade abundante e sua esperança perseverante. Uma saudação que deveria poder repetir-se para o povo das nossas igrejas! Os fiéis são chamados irmãos de Deus!

A **oração do dia** e a **oração sobre as ofertendas** inserem-se bem no tema central: estar à disposição do supremo Senhor. Na mesma linha pode-se rezar o **prefácio I** dos domingos do tempo comum (o povo que pertence a Deus).

O REINO DE DEUS E A POLÍTICA

"Devolvei a César o que é de César, e a Deus, o que é de Deus". Esta frase do **evangelho** (Mt 22,15-21) será uma declaração política? De fato, tem peso político, mas talvez de outro modo do que se pensa.

Qual é o fato? Os judeus pagavam dízimo ao templo, com prazer, pois era "para Deus". Mas além disso, a potência estrangeira que ocupava o país, o Império Romano, cobrava dos judeus um imposto pessoal, em troca de um estatuto protegido no seio do Império. Em vista disso, os especialistas da Lei judaica perguntam a opinião de Jesus, querendo obrigá-lo a escolher entre os judeus e César, o imperador romano. Pensavam que sua pergunta fosse "queimar" Jesus de um ou de outro lado. Jesus deu a resposta que conhecemos. É como se dissesse: "Se vocês negociam com César em troca desse imposto, paguem-no, já que vocês aceitam o estatuto especial que ele lhes dá em compensação. Mas não esqueçam que também a Deus estão devendo, e não pouca coisa, já que lhes deu tudo!"

Deus não recusa a mediação política para o seu projeto. Serve-se até de um rei estrangeiro para libertar Israel do exílio, e ainda o chama de "meu ungido" (o rei persa, Ciro, na 1ª **leitura**, Is 45,1.4-6). Mas esse rei é um "servo" de Deus: ele tem quem está acima dele. Deus confia aos seres humanos as responsabilidades humanas. As questões políticas devem ser tratadas em nível político, isto é, com vistas ao "bem comum" do povo. Um governo é bom se governa, o melhor que pode, para todos. Então ele é bom para Deus também. Senão, que o povo se livre desse governo... Mas existe também o nível de Deus, que é o do "fim último", o nível da vocação humana a ser filho de Deus e a realizar a semelhança com Deus (cf. Gn 1,26). A política, aos olhos dos fiéis, sempre será uma mediação para chegar a esse projeto de Deus, embora ela tenha suas regras específicas. Sem Deus, um governante poderia proclamar que o "bem comum" está sendo atendido quando os "inadaptados" são eliminados da sociedade. Quem, porém, quer "dar a Deus o que é de Deus" nunca poderá dizer isso.

"A Igreja não deve fazer política!" Se essa frase significa que a hierarquia da Igreja não deve se colocar no lugar da administração civil, está certa. Mas não pode significar que os cristãos não devem, como qualquer cidadão, assumir sua responsabilidade política. Cristo ensinou a realizar a fraternidade humana. Ora, esta se encarna num projeto político, numa determinada maneira de entender o bem comum. Por isso, os cristãos, como cidadãos inspirados por Cristo, mexem com reforma agrária, levam os politicamente marginalizados a se organizarem, propõem alternativas para a política econômica etc. Tudo isso é retribuir a Deus o que é de Deus, a saber, os dons que Deus deu a todos... mesmo quando para isso é preciso *tirar* de César o que *não* é dele.

Enquanto, pois, se exerce a responsabilidade civil, deve-se pensar em dar a Deus o tributo devido, que é: reconhecê-lo como aquele que indica a norma última, o amor a Deus e ao próximo (ensinado por Jesus logo depois, em Mt 23,34-40).

30º domingo do tempo comum/A
O MANDAMENTO MAIOR

Canto da entrada: (Sl 105[104],3-4) Buscar sem cessar a Deus.

Oração do dia: Amar o que Deus ordena.

1ª leitura: (Ex 22,20-26) **Regras concretas para praticar o amor ao próximo** – Ex 20,22–23,33 é uma antiga coleção de normas sob o signo da Aliança ("Código da Aliança"). 22,20–23,9 trata da proteção dos pobres, inclusive dos operários não israelitas ("estrangeiros", 20,20). Estas leis mostram como, numa sociedade simples, predominantemente rural, se encarna a Aliança com Javé, que dá proteção a seu povo e dele espera justiça. Quem despreza os pobres, está longe de Deus. • 22,20-23 cf. Ex 23,9; Lv 19,33-34; Dt 10,18-19; 24,17-22; 27,19; Sl 146[145],9; Is 1,17 • 22,24-26 cf. Lv 25,35-38; Dt 23,20-21; 24,10-13.17.

Salmo responsorial: (Sl 18[17],2-3a.3bc-4.47+51ab) "Eu te amo, Senhor".

2ª leitura: (1Ts 1,5c-10) **Tornastes-vos imitadores nossos e do Senhor** – Felicitações aos tessalonicenses por se terem convertido ao Deus vivo, que age, fala e é escutado (em oposição aos deuses mudos, que se deixam manipular, que não são escutados: os ídolos). Para estes primeiros cristãos, converter-se a Deus e Jesus Cristo significava também esperar ardentemente a Parusia (1,10), a presença gloriosa de Jesus como Senhor. Já se sabem livres da condenação. • 1,6-7 cf. 2Ts 3,7-8; At 17,5-9 • 1,9-10 cf. At 14,15; 17,31; Gl 4,8-9; 2Ts 1,6-8; Tt 2,13; 1Ts 5,9.

– *Leit. alternat.:* (1Jo 4,15-16.19-21) *Amamos porque Ele amou primeiro.*

Aclamação ao evangelho: (Jo 14,23) Amar Cristo e ser amado pelo Pai.

Evangelho: (Mt 22,34-40) **O principal mandamento** – Mt 22,15-40 narra três discussões com o judaísmo: com os herodianos, com os saduceus e com os escribas dentre os fariseus. Estes últimos querem ver como Jesus resume a Lei, na qual eles contavam 248 mandamentos e 365 proibições, atribuindo a todos igual peso. Pela multidão das árvores, não enxergavam a floresta! Jesus aproxima dois mandamentos distantes: o amor a Deus (Dt 6) e ao próximo (Lv 19). Este duplo mandamento principal é o gonzo que segura a porta da Lei; sem ele, os outros mandamentos ficam vazios. • Cf. Mc 12,28-31; Lc 10,25-28; Dt 6,5; Lv 19,18; Jo 13,34-35; Mt 5,43.

Oração s/as oferendas: Celebração para a glória de Deus.

Prefácio: (comum V) Unidos na caridade.

Canto da comunhão: (Sl 20[19],6) Engrandecidos no Senhor / (Ef 5,2) O amor do Cristo por nós.

Oração final: Sentido escatológico da celebração eucarística.

O povo de Israel foi muito bem educado. Em comparação com outras religiões, a de Israel dá um peso notável à ética. A **1ª leitura** de hoje mostra, por um texto antiquíssimo, como o povo era constantemente convidado a julgar com delicadeza o que convinha no cotidiano. Não oprimir os estrangeiros e migrantes (prática comum daquele tempo, como hoje), pois também eles foram uma vez estrangeiros. Não explorar viúvas e órfãos. Não exigir juros sobre o dinheiro emprestado a um pobre (outra coisa é o dinheiro creditado a um rico para especular... mas os nossos bancos e financiamentos não conhecem essa distinção). Quem recebe um manto em penhor, tem que devolvê-lo antes da noite, para o coitado não passar a noite fria sem coberta. Diante de tal pedagogia divina, o salmista, no **salmo responsorial**, pode com justiça exclamar que Deus é sua defesa e salvação. Tal Deus merece ser amado!

Os escribas de Jerusalém, impressionados com a sabedoria de Jesus (cf. domingo passado), queriam saber como ele resumiria a Lei. Pois, no meio do legalismo farisaico, que multiplicava as regras e interpretações, alguns, como o liberal rabi Hilel, achavam que era preciso simplificar a Lei e procurar-lhe um princípio central, uma chave de interpretação. Tal chave de interpretação, revelando o espírito mais profundo da Lei, Jesus a encontra no mandamento que todos os judeus sabiam ser o primeiro (citado no "Shemá Israel", Dt 6,4ss): amar a Deus acima de tudo. Mas, acrescenta Jesus, há um segundo, de igual peso: amar ao próximo. Nestes dois mandamentos, qual uma porta nos seus gonzos, repousa toda a Lei (**evangelho**).

Segundo os evangelhos sinóticos (Mt 22,34-40 e par.), Jesus situou o cerne da Lei (que quer ser a expressão da vontade de Deus) no amor a Deus e ao próximo. Paulo, Tiago e João só falam no mandamento do amor fraterno (cf. Rm 13,8-10; Gl 5,14; Tg 2,8; Jo 13,34 etc.). Essa diferença não é fundamental, pois não se consegue amar bem ao irmão se não se ama a Deus, isto é, se não se procura conhecer sua vontade absoluta referente ao irmão. Pois quem não admite Deus em sua vida se coloca a si mesmo como Deus para os outros... Mesmo se não se confessa a fé em Deus com as palavras de nosso Credo, é preciso admitir alguma instância absoluta para amar ao irmão como convém e não conforme veleidades subjetivas. (Há muitos que se amam a si mesmos no próximo: mães "corujas", revolucionários ambiciosos, benfeitores espalhafatosos, apóstolos que procuram afirmação pessoal etc.)

Convém considerar também a unidade dos dois mandamentos pelo outro lado: não se pode amar a Deus sem amar o irmão (cf. 1Jo 4,20). Já no Antigo Testamento conhecemos Deus como protetor e defensor dos mais fracos. Como nos daríamos bem com ele, oprimindo nosso irmão? Como poderíamos ser amigos do pai sem amarmos seus filhos? Quando os mensageiros anunciaram a Davi a "boa" notícia da morte de seu filho rebelde Absalão, este o chorou, e a vitória se transformou em luto (2Sm 18–19). Se

A T. Com.

Deus é o defensor dos fracos, como poderão os cristãos apelar para o evangelho sem escolher o lado dos fracos e desprotegidos?

A **2ª leitura** apresenta os tessalonicenses como exemplo de fé generosa, na perspectiva do novo encontro com o Senhor ressuscitado (v. 9-10). Este exemplo se transforma para nós em exortação, ao aproximar-se o fim do ano litúrgico, acentuando-se a perspectiva final. "Tornastes-vos imitadores nossos e do Senhor". Quantos evangelizadores podem dizer, com a simplicidade de Paulo, que seus "evangelizados" os imitem para serem imitadores do Senhor?

A **oração do dia** oferece um pensamento digno de meditação: "Dai-nos amar o que ordenais". Geralmente, gostaríamos de que ele ordenasse o que amamos. Mas reconhecemos que seu critério é melhor que o nosso.

AMAR A DEUS E AO PRÓXIMO

Jesus resume a Lei, a norma ética, em "amar Deus e o próximo". Tendo claro que "amar", neste contexto, não significa mero sentimento, mas *opção ética*, podemos desdobrar este ensinamento em duas perguntas:

1) Pode-se amar Deus sem amar ao próximo? Não. Já na antiga "Lei da Aliança", mil anos antes de Cristo, "amar a Deus" significa, concretamente, ajudar ao próximo: a viúva, o órfão, o estrangeiro, o povo em geral: o direito do pobre clama a Deus (**1ª leitura**). Na mesma linha, Jesus, interrogado sobre qual é o maior mandamento, vincula o amor a Deus ao amor ao próximo, e acrescenta que desses dois mandamentos dependem todos os outros (**evangelho**). Todas as normas éticas devem ser interpretadas à luz do amor a Deus e ao próximo, que são inseparáveis. É impossível optar por Deus sem ser solidário com seus filhos (1Jo 4,20). A verdadeira religião é dedicar-se aos necessitados (Tg 1,27). Na prática, o "amor a Deus" (a religião) passa necessariamente pelo "sacramento do pobre e do oprimido", ou seja, pela opção por aqueles cuja miséria clama a Deus, seu "Defensor". *Entre Deus e nós está o necessitado*. Só dedicando-nos a este, temos acesso a Deus. Mas não basta uma esmola. Com a nossa atual compreensão da sociedade e da história, a dedicação ao empobrecido não se limita à esmola, mas exige novas estruturas. Importa trabalhar as estruturas da sociedade e transformá-las de tal modo que o bem-estar do fraco e do pobre estejam garantidos pela solidariedade de todos, numa estrutura política e social que seja eficaz.

2) Pode-se amar o próximo sem amar a Deus? Nosso mundo é, como se diz, "secularizado". Não dá muito lugar a Deus. Não nos enganem as aparências, os *shows* religiosos que aparecem em teatro e televisão, pois esse tipo de religiosidade, muitas vezes, não passa de um produto de consumo, no meio de tantos outros. Não é compromisso com Deus. Ao mesmo tempo, pessoas com profundo senso ético dizem: já não precisamos de Deus para explicar o universo. Será que ainda precisamos dele para sermos éticos, para respeitar nosso semelhante, para "amar o próximo"? Será que não basta ser bom para com os outros, sem apelar a Deus? Para que "amar a Deus"? Para que a religião? Eis a resposta: para amar *bem* o irmão, devemos também "amar a Deus", aderir a ele (embora não necessariamente por uma religião explícita). Isso, porque o que entendemos por Deus é o absoluto, o *incondicional*, aquele que tem a última palavra, que sempre nos transcende e está acima de nossos interesses pessoais. Se não buscamos ouvir essa palavra última, pode acontecer que nos ocupemos com o próximo para nos amar a nós mesmos (amor pegajoso, interesseiro, sufocante etc.).

Como cristãos, conhecendo "Deus" como Pai de Jesus Cristo e como a fonte do amor que este nos manifestou, devemos perguntar sempre se nossa prática de solidariedade é realmente orientada pelo absoluto, por Deus, aquele que Jesus chama de Pai. Senão, vamos conceber nosso amor de acordo com a nossa medida, que é sempre pequena demais...

31º domingo do tempo comum/A
UM SÓ É VOSSO PAI

Canto da entrada: (Sl 38[37],22-23) "Não me abandones jamais, Senhor".

Oração do dia: Servir a Deus e correr livremente ao encontro de suas promessas.

1ª leitura: (Ml 1,14b–2,2b.8-10) **Os sacerdotes indignos e o único Pai** – No tempo de Malaquias, o templo estava restaurado, mas o culto era uma vergonha. Ml 1,6–2,9 critica estes abusos (censuras aos sacerdotes). Ele lembra a aliança levítica, ou seja, o compromisso sacerdotal, que exige serviço dedicado e fiel; se os sacerdotes se tornam indignos, que será o povo então! • Cf. Sl 102[101],16; Os 4,6; Dt 28,15; Mt 23,3.13; Ef 4,6.

Salmo responsorial: (Sl 131[130],1.2.3) Simplicidade e amparo no Senhor.

2ª leitura: (1Ts 2,7b-9.13) **Ternura do Apóstolo para com os fiéis e senso da fé** – A palavra da pregação é palavra de Deus, atuante nos fiéis (2,13). Não é palavra humana. Mas, para que seja reconhecida como palavra de Deus, importa muito o empenho de seu porta-voz, inspirado pelo mesmo amor que a palavra proclama. O empenho do apóstolo deve mostrar as qualidades de sua mensagem. Paulo dá o exemplo de si mesmo (2,7b-9). • Cf. 1Cor 3,2; Gl 4,19; 2,20; 1Ts 4,11; At 18,3; 2Ts 3,7-9; Rm 1,16.

– *Leit. alternat.: (Rm 2,1.17-23) Não julgar; cumprir seu dever.*

Aclamação ao evangelho: (Mt 23,9b.10b) Um só Pai, um só Mestre e Senhor.

Evangelho: (Mt 23,1-12) **Advertência sobre a humildade no serviço da comunidade** – À sombra do grande sermão do juízo (Mt 24–25), Mt 23 reúne as críticas contra a hipocrisia legalista (a "falsa justiça", em oposição à verdadeira, do Sermão da Montanha). Às principais críticas (23,1-7) são acrescentadas algumas admoestações para os verdadeiros "servidores" da comunidade, os apóstolos cristãos (23,8-12). "Hipocrisia" significa esconder a cara, como acontecia nos teatros mascarados: dizem uma coisa e fazem outra; ou fazem só para serem vistos. Se Mt, meio século depois de Cristo, acha necessário insistir tanto, o perigo da falsa piedade é provavelmente um perigo constante na Igreja. (A segunda parte do capítulo, v. 13-36, são sete maldições contra "os escribas e fariseus hipócritas"). • 23,1-7 cf. Lc 11,46; Mt 6,1-18; Mc 12,37-40; Lc 20,45-47; Ex 13,9; Nm 15,38-39; Lc 11,43; 14,7 • 23,8-12 cf. Jo 13,13; Mt 20,26-27; Lc 14,11; 1,52-53.

Oração s/as oferendas: Oferenda perfeita e fonte de misericórdia.

Prefácio: (dom. T.C. VII) Humanidade de Cristo.

Canto da comunhão: (Sl 16[15],11) Alegria na presença de Deus / (Jo 6,58) "Quem come minha carne viverá por mim".

Oração final: Receber o que os sacramentos prometem.

A ideia central de hoje é a simplicidade na liderança da comunidade religiosa, uma vez que Deus é nosso único Pai (Ml 2,9; Mt 23,9). A partir desta ideia, se desenvolve o ensinamento de Jesus, formulado aqui com os acentos característicos de Mt (**evangelho**).

A Igreja mateana nasceu do judaísmo e estava em concorrência com a Sinagoga. Este conflito ocupa amplo espaço. Mt critica a "hipocrisia", o engodo, a falsidade, o formalismo religioso e social. Os escribas e os fariseus apoderaram-se da cátedra de Moisés. Na medida em que eles realmente ensinam a Lei, convém fazer o que dizem. Mas não se deve imitar o que fazem. Complicam a vida alheia com sua interpretação perfeccionista da Lei, mas inventam subterfúgios para si mesmos (como aqueles padres que, vivendo bem protegidos, complicam por futilidades a vida dos simples fiéis). O que fazem, fazem-no para serem vistos pelos outros, até vestindo-se de modo chamativo. Gostam de precedência e privilégio (como aqueles padres que sempre querem alguma exceção, algum abatimento etc.). Gostam de ser chamados "rabi" (mestre). Mas entre os cristãos não deve ser assim ("Vós, porém...", v. 8ss). Os líderes cristãos não precisam se impor como mestre, doutor ou "pai" (padre!): só Cristo é Mestre e Doutor e Deus, Pai; todos aqueles que Cristo reuniu são irmãos.

O espírito que inspirou as críticas aos rabinos e os fariseus transparece nas últimas palavras: ser grande é ser servidor (cf. Mt 20,24-28). "Rabi" significava, literalmente, "grande". O cristão só é grande no serviço. Se ele ensina, não é para se colocar acima dos outros, mas para servir. Se ele governa, também. Se ele serve, não é para se tornar importante, mas para se tornar supérfluo (por isso, serve o melhor possível). Quem se torna grande será rebaixado; quem se rebaixa será engrandecido: o exemplo por excelência é Jesus mesmo.

Consideremos o serviço na Igreja. "Ministério" significa serviço, por incrível que pareça! Os líderes, na Igreja, são "ministros", servos. E serviço significa: tornar-se instrumento do outro, do verdadeiro bem do outro, portanto, serviço a Deus nos irmãos. Atitude que exige muita delicadeza de alma e só pode ser assumida bem por quem está continuamente atento à vontade de Deus, o único Pai – exatamente como a caridade (cf. dom. passado). Aliás, é uma aplicação particular da caridade.

A **1ª leitura** mostra que Jesus pôde inspirar-se nos profetas para as suas críticas. Jesus geralmente recorre ao linguajar do Antigo Testamento, porque, senão, as pessoas não o entenderiam: falaria uma linguagem estranha para elas. Assim reconhecem a atualidade dos oráculos de Malaquias contra os sacerdotes. A história se repete. Malaquias, um dos precursores do movimento dos fariseus, critica os chefes do judaísmo, que, no seu tempo, eram os sacerdotes (os fariseus são leigos). Quatro séculos depois, Jesus tem de criticar os próprios fariseus, pelas mesmas razões. Hoje é preciso criticar os pretensos seguidores de Jesus, ainda pelas mesmas razões.

A **2ª leitura** forma um nítido contraste com essas duras críticas. Mostra a abundante ternura do apóstolo em relação aos seus discípulos: "Queríamos dar-vos não só o evangelho, mas a nossa própria vida" (1Ts 2,8). Essa atitude contrasta com a dos chefes da Sinagoga. Esta leitura pode completar oportunamente uma reflexão sobre o ministério na comunidade cristã: a atitude de Paulo é a do próprio Cristo. Chama a atenção, ainda, aquilo que Paulo diz sobre a recepção que seu ministério conheceu: foi acolhido não como palavra humana, mas como palavra de Deus – o que, na realidade, era. Para chegar a essa reta acolhida é preciso a atitude certa tanto do mensageiro quanto dos ouvintes, na presença do Espírito de Deus.

Temos portanto bastante matéria para refletir sobre a evangelização e a liderança na comunidade. O **salmo responsorial** nos lembra uma verdade fundamental, neste sentido: não desejar o que é grande demais, mas saber-se amparado na maternal ternura de Deus: esta é a condição para ser um líder que só procura servir e não se autoafirmar. Pois Deus é quem o afirma na sua afeição.

O MINISTÉRIO PASTORAL

A
T. Com.

Costumamos ouvir que "a Igreja manda" isso ou aquilo. Cristãos dizem que "a Igreja abusa" etc. Mas não são eles mesmos a Igreja? Muitos "cristãos" consideram a autoridade da Igreja como algo alheio à sua vida; e, chamando de "Igreja" apenas a cúpula eclesiástica, esquecem que eles mesmos são a Igreja...

Que as autoridades religiosas nem sempre estão isentas de críticas, o sabemos pelos jornais de hoje e pelos profetas de antigamente. O profeta Malaquias (**1ª leitura**) critica os sacerdotes por seus desvios. Eles praticam a discriminação entre as pessoas, esquecendo que Deus é o Pai de todos e que a Aliança é igual para todos. Jesus, no **evangelho**, profere críticas semelhantes contra os doutores da lei e os fariseus – leigos que tinham "revezado" os sacerdotes na liderança religiosa do povo. Eles fazem tudo para sobrepujar os outros.

Na comunidade de Cristo não deve ser assim: um só é Pai, Deus; e um só é líder, Cristo. No ser humilde está a verdadeira grandeza. Já Paulo dá um exemplo de humilde e carinhosa dedicação à comunidade por ele fundada em Tessalônica. Isso fez com que os tessalonicenses acolhessem sua palavra não como palavra humana, mas como palavra de Deus (**2ª leitura**). O líder religioso não pode ser uma parede que separa Deus dos fiéis. Deve ser transparente, para não distorcer a visão sobre Deus. Deve ser "homem de Deus". Toda autoexaltação é idolatria, pois só Deus é o Pai de todos.

Ora, contrariamente ao que o evangelho de hoje aconselha, os líderes religiosos católicos são chamados de "pai" ("padre"). Houve algum desvio do espírito de Cristo...? A palavra de Cristo nos obriga a relativizar o termo "padre". Há uma maneira legítima de falar em "paternidade na fé"; Paulo nos dá o exemplo disso (Fm, v. 10). Mas Jesus lembra que, em matéria de religião, só Deus pode ser chamado de Pai, mesmo. No seu tempo, os mestres religiosos abusavam da dignidade de "pai" para exercer uma liderança autoritária e patriarcal. Também nossa Igreja hoje é ainda muito patriarcal e clerical. Suas estruturas favorecem um sistema fechado de recrutamento do clero, que constitui uma casta. Muitos padres são individualmente humildes, mas seu testemunho fica encoberto por essa estrutura clerical. Que estamos fazendo para mudar isso?

Assim, impõe-se ao clero um exame de consciência, para não exercer uma paternidade que ofusque a única verdadeira paternidade na fé, a de Deus. Pede-se maior simplicidade e confiança em relação aos leigos. E estes, por sua vez, devem aproveitar melhor os espaços que já possuem e ampliá-los à medida que isso promove o bem de todo o povo de Deus. (E evitem o clericalismo dos leigos, lembrando os fariseus, leigos que revezaram os sacerdotes no comando!) Neste contexto coloca-se a questão dos novos ministérios e das novas formas de liderança que surgem nas comunidades eclesiais. O evangelho de hoje propõe o "espírito" com que devemos abordar essas questões. Se formos sensíveis ao que as censuras de Jesus criticam, haverá menos perigo de os fiéis considerarem "a Igreja" uma instituição alheia, com a qual eles não se identificam.

32º domingo do tempo comum/A
O NOIVO ESTÁ CHEGANDO!

Canto da entrada: (Sl 88[87],3) "Chegue a Ti minha súplica".

Oração do dia: Dedicar-nos, inteiramente disponíveis, ao serviço do Senhor.

1ª leitura: (Sb 6,12-16) **O desejo da sabedoria** – A sabedoria, dom divino, não é inalcançável ao ser humano (embora dê a impressão do contrário...). A sabedoria gosta da humanidade (1,6). Em tudo o que o homem pesquisa e pensa com lucidez e sinceridade, descobre a sabedoria; ela está no fundamento da criação. • 6,12-14 cf. Jr 29,13-14; Pr 8,17; Eclo 6,27[26].36 • 6,15-16 cf. Pr 1,20-21; 8,2-3; Eclo 15,2; Is 65,1-2.24; 1Cor 1,30; Cl 2,2-3.

Salmo responsorial: (Sl 63[62],2.3-4.5-6.7-8) Sede de Deus.

2ª leitura: (1Ts 4,13-18) **Os mortos, no último dia** – Os primeiros cristãos esperavam a Parusia para breve. Achavam que seria a segunda etapa da "vinda", da qual a pregação de Cristo foi a primeira. Seria o "Dia do Senhor", "aquele dia". Imaginavam muita coisa "apocalíptica" a respeito. Paulo precisa moderar essa imaginação, embora utilize o mesmo gênero literário. E assegura: quanto aos "mortos em Cristo" (cristãos mortos), não há problema: quando Jesus vier, os que "morreram nele" ressuscitarão e até precederão no Reino os que ainda estiverem com vida, entre os quais Paulo (4,17). Esta é a esperança cristã,

que os outros não conhecem (1,13). • 4,13-14 cf. Ef 2,12; Cl 1,27; Rm 1,4; 8,11; 10,9; 1Cor 15 • 4,15-17 cf. Mt 24,30-31; 2Ts 1,7-8; Jo 14,2-3; 17,24.
– *Leit. alternat.: (Ef 5,8-15) "Procedei como pessoas esclarecidas".*
Aclamação ao evangelho: (Mt 24,42-44) Vigilância!
Evangelho: (Mt 25,1-13) **As aias do cortejo nupcial** – O fim do Sermão Escatológico (Mt 24–25) e do ensinamento de Jesus em Mt é constituído por três parábolas escatológicas; as virgens (hoje), os talentos e o Último Juízo (domingos seguintes). As "virgens" (= jovens, aias, amigas da noiva) estão esperando para acompanhar a noiva, que o noivo virá buscar para introduzi-la em sua casa. Mas o "Esposo" (o Cristo da Parusia) demora. Ora, o espírito com que elas passam o tempo de espera revela-se na previdência ou no desleixo; as que não têm a mente voltada para a vinda do Esposo serão desconhecidas por este. • Cf. Lc 12,35-38; Mt 7,22-23; Lc 13,25; Mt 24,42; Mc 13,33-37.
Oração s/as oferendas: "... um olhar de perdão e de paz".
Prefácio: (dom. T.C. VI) Peregrinos neste mundo.
Canto da comunhão: (Sl 23[22],1-2) "O Senhor é meu pastor" / (Lc 24,36) Os discípulos reconheceram Jesus ao partir o pão.
Oração final: Perseverar na sinceridade do amor divino.

Os três últimos domingos do ano litúrgico são marcados pela ideia do fim: a vinda do Senhor Jesus com sua glória, referência final do homem e do mundo. As leituras evangélicas são tomadas do "Sermão escatológico" de Mt 24–25. No cap. 24, ele segue a tradição de Mc 13 (ver ano B). No cap. 25, ele traz três parábolas típicas de sua própria tradição. Hoje ouvimos a primeira: as aias aguardando o esposo, numa festa de casamento (**evangelho**).

Nos casamentos, na Palestina do tempo de Jesus, o noivo se dirigia com seus amigos à casa da noiva, que o esperava com as suas companheiras (as aias); depois, em cortejo alegremente iluminado pelos fachos ou lamparinas das aias, a turma toda se dirigia à casa do noivo, que, ao introduzir a noiva, a tornava sua esposa. Seguia-se, então, uma grande festa popular, com danças e banquete. Esta cena da vida de seu povo inspirou Jesus para falar da perspectiva final. "Tende os rins cingidos e as lâmpadas acesas" era uma sentença neste mesmo sentido (Lc 12,35). Na parábola das dez aias esta ideia é mais amplamente elaborada. Elas devem ter suas lâmpadas prontas para a chegada do noivo. Ora, no Antigo Testamento, Deus mesmo é representado como o esposo que, "naquele dia", tomará novamente Israel a si como esposa (Is 54,4-8 etc.).

Estar pronto para a festa das núpcias escatológicas... Estar pronto é ser previdente, pensar no Noivo que vem. Exige afetuosa atenção, amor, esperança. O contrário é ser imprevidente, não se preocupar com o momento importante que se está vivendo. Não é por causa de um cochilo que as cinco insensatas ficaram excluídas da festa, mas porque seu coração estava distraído, não atento ao Noivo que devia vir. Por isso, tornaram-se estranhas para ele, que não as reconheceu (Mt 25,11-13). O mesmo acontece com os que não procuram, de coração, a vontade de Deus, mas ficam num mero formalismo, da boca para fora (Mt 7,22-23). Ficar esperando alguém, sem pensar nele de modo eficaz, é formalismo, uma espera meramente exterior, sem o coração. Foi essa a falta das moças imprevidentes.

A parábola quer exortar-nos à vigilância escatológica. Ora, vigilância escatológica é outra coisa que ficar calculando o dia do último juízo. É ter o coração junto àquele que se espera, empenhado no que ele espera de nós; é amor. Amor das moças felizes de lhe servir de aias. Amor da doméstica que cuida aplicadamente da casa (Lc 12,35-38; Mt 24,45-47). Para nos prepararmos para o reencontro com o Cristo glorioso, tanto no fim dos tempos quanto no fim da nossa existência, basta termos amor à sua causa, tornarmos nossa a sua causa. Isso já é uma antecipação desse encontro; já suscita em nós, antecipadamente, um pouco de sua alegria. Quem não nota a discreta alegria nas faces da namorada que está na rodoviária esperando seu noivo chegar? Assim também, a prontidão escatológica não é um escrupuloso calcular para estar "em dia", mas a alegria de quem, desde já, na esperança, vive a presença de seu Senhor – e assim também não terá dificuldade para passar a eternidade com ele.

Tornar nossa a causa do Cristo, que é a causa de Deus e seus filhos, especialmente dos mais fracos (cf. 34º dom.); servir a seus servos, não por medo, mas por amor diligente, essa é a existência escatológica na alegria e dedicação do dia a dia. Em cada instante, nossa atuação deveria ser digna da presença eterna junto de Deus. A existência definitiva não inicia no imprevisível momento do fim do mundo ou da morte, mas agora. A hora atual é a hora de Deus. Cristo vem sempre (cf. 34º dom.).

A **1ª leitura** fala da procura da sabedoria. Para a encontrar é preciso, exatamente, essa diligente aplicação. O **salmo responsorial** canta o anseio de ver Deus. São temas que nos colocam no espírito da leitura evangélica.

A **2ª leitura** é uma resposta de Paulo aos problemas que os tessalonicenses levantaram com relação ao Último Dia. Tinham um conceito muito material e imediato da Parusia, da vinda de Cristo. Diante da tardança da Parusia achavam que os que já morreram não poderiam ir ao encontro do Senhor. Paulo lhes assegura que não é assim. Na hora H, os que "dormiram em Cristo" (morreram com a fé nele) serão ressuscitados e precederão aqueles que ainda estiverem com vida[25].

A **oração do dia** (disponibilidade) e a **oração final** (perseverar) sublinham o tema evangélico. Também a **oração sobre as oferendas** merece atenção, por causa de sua delicada formulação. Como **prefácio** pode-se utilizar o VI dos domingos comuns (a perspectiva escatológica).

A "PARUSIA"

> O fim do ano litúrgico é marcado pelo pensamento do Fim – fim e finalidade da vida e do mundo. Isso coincide com o fim da pregação de Jesus conforme os evangelhos de Mateus, Marcos e Lucas: em todos os três, os últimos diálogos da vida pública de Jesus giram em torno do Fim e do Juízo.
>
> A **1ª leitura** nos ensina o que é "vigilância religiosa": quem levanta cedo encontra a sabedoria de Deus sentada à sua porta... E, no **evangelho**, Jesus narra a parábola das jovens companheiras da noiva, na noite do casamento: as previdentes levaram óleo para esperarem o cortejo nupcial com as lâmpadas acesas, mas as negligentes se atrapalharam e ficaram sem óleo e sem festa! Quem se prepara para o acontecimento revela a atenção de seu coração; quem vive distraído mostra o contrário. A vigilância atenta é uma forma do amor, amor que nos torna dispostos a encontrar o Cristo em qualquer momento, mesmo se ele demora. A atitude certa diante do Fim esperado é o amor, não o medo.

A
T. Com.

---

[25]. Paulo não quer pintar aqui, em pormenores, como tudo isso vai acontecer. Só quer dizer que morrer antes da volta do Cristo não nos separa dele. A nossa ressurreição significa exatamente que, mesmo mortos, viveremos com Cristo. Pois tudo e todos deverão ser transformados: vida e morte serão outra coisa!

"Como o noivo demorasse", diz o evangelho (Mt 25,5). A teologia falou muito na demora da "Parusia", termo que significava a festiva visita do Rei e, daí, a vinda gloriosa de Jesus. Os primeiros cristãos esperavam a volta de Cristo para breve. Assim, por exemplo, os tessalonicenses (**2ª leitura**) esperavam a Parusia para já, mas estavam preocupados com o destino dos fiéis que já morreram. Ficariam excluídos? Paulo lhes assegura: os que já faleceram ressuscitarão primeiro, para entrar na glória de Cristo, e depois seguirão os ainda vivos, entre os quais, ele mesmo (v. 17)! O bonito deste texto é o anseio para estar sempre com Cristo, todos unidos.

E nós, hoje, como ficarmos de prontidão, se depois de vinte séculos de espera ele ainda não veio? Geralmente imagina-se a vinda de Cristo exclusivamente como sua volta no fim dos tempos, para julgar o mundo e a história. Mas Jesus vem também em nossa vida, já. Por exemplo, no pobre que nos interpela (como veremos no 34º domingo). Aos pobres, pelos quais Cristo vem a nós, devemos dedicar a mesma atenção "vigilante" que dedicaríamos a Cristo, se ele voltasse hoje.

Mantenhamos, pois, nossas lâmpadas acesas, alimentemos nossa "espiritualidade", o espírito alerta para o encontro com Cristo. Vivamos cada momento do dia como um possível encontro com Cristo. Façamos de manhã nossa "agenda" com vistas ao encontro com Cristo em nossos irmãos. Quem vamos encontrar? Com que espírito?

33º domingo do tempo comum/A
DILIGÊNCIA ESCATOLÓGICA

Canto da entrada: (Jr 29,11.12.14) "Meus pensamentos são de paz, não de aflição".

Oração do dia: Só teremos felicidade completa servindo a Deus.

1ª leitura: (Pr 31,10-13.19-20.30-31) **A mulher virtuosa** – Provérbios apresenta, em vários capítulos, a senhora Sabedoria, uma mulher alegórica. No último capítulo, apresenta o louvor da mulher real, temente a Deus, que encarna na sua vida justa e dedicada as qualidades da sabedoria. Ela encarna a generosidade e providência de Deus. • Cf. Pr 9,1-6; Eclo 26,1-23[18].

Salmo responsorial: (Sl 128[127],1-2.3-4.5) Temer o Senhor e ter um lar feliz.

2ª leitura: (1Ts 5,1-6) **O Dia do Senhor vem como um ladrão de noite** – Os primeiros cristãos se questionavam muito a respeito da Parusia, esperando-a para breve. Paulo diz: não a hora, mas o fato é que importa; ou seja, a realidade da Parusia, da presença de Cristo, deve marcar a nossa vida toda, desde já. Vivamos na sua presença, à sua luz. Então, o "Dia" não virá sobre nós como um ladrão de noite; a hora já não tem importância. • 5,1-3 cf. Lc 12,39-40; Mt 24,36.42-44; 2Pd 3,10; Ap 3,3; Jr 6,14; Lc 21,34-36; Jr 4,31 • 5,4-6 cf. Ef 5,8-9; Rm 13,12-13; 1Pd 1,13; 4,7; 5,8.

– *Leit. alternat.:* (1Cor 4,1-5) Administradores fiéis.

Aclamação ao evangelho: (Mt 24,42.44) "Vigiai e estai preparados" / (Jo 15,4a.5b) Produzir fruto em Cristo.

Evangelho: (Mt 25,14-30 ou 25,14-15.19-21) **Parábola dos talentos** – Assim como na parábola das virgens o noivo demorava para chegar, também na parábola dos talentos o proprietário fica muito tempo fora e volta de surpresa. Para os primeiros cristãos, que fazem a experiência da "demora da Parusia", isso significa que devem trabalhar com os talentos que receberam e não enterrá-los. Não para "merecer o céu" (Mt não gosta dessa ideia farisaica; cf. 25º dom. T.C.), mas para assumir a causa do Senhor (com seu Reino), por amor a Ele. A recompensa deste serviço fiel é Deus mesmo, a alegria de sua presença. • Cf. Lc 19,11-27; Mc 13,34; Mt 24,45-51; 18,23; 2Cor 5,10; Lc 16,10; Jo 15,11; 17,24; Mt 13,12; Lc 8,18.

Oração s/as oferendas: A graça de servir a Deus e a recompensa de uma eternidade feliz.

Prefácio: (dom. T.C. VI) Peregrinos neste mundo.

Canto da comunhão: (Sl 73[72],28) "Minha felicidade é estar com meu Deus" / (Mc 11,23.24) Atendimento dos nossos pedidos.

Oração final: Crescer na caridade.

Neste domingo, a liturgia toda converge na perspectiva escatológica. A **oração do dia** fala da felicidade completa (a "paz" do **canto da entrada**), que é o fruto do serviço dedicado ao Senhor (cf. **oração sobre as oferendas**). Disso fala a parábola dos talentos (**evangelho**), mais conhecida que compreendida. Convém interpretá-la bem. Seu lugar, no fim do evangelho de Mt e do ano litúrgico, orienta a interpretação: exprime o critério final de nossa vida. Portanto, o acento principal não está na diversidade dos talentos, dos dons, mas no valor decisivo do serviço empenhado[26]. A **1ª leitura** cita o "talento feminino" *como exemplo*, mas deve ser situada na intenção escatológica do conjunto da liturgia.

O assunto não é a diversidade dos carismas (em Lc 19,12-17, os servos recebem todos a *mesma* soma), e sim, o investimento diligente em vista do fim. Para a volta do Senhor (a Parusia), para a participação definitiva no seu senhorio, deveremos prestar contas daquilo que tivermos recebido, no sentido de tê-lo utilizado e não escondido. É como a luz que não deve ser colocada debaixo do alqueire (Mt 5,14s); e a advertência concomitante: com a medida com que medirdes, sereis servidos. Em outros termos: o que recebemos deve frutificar em nós. O mesmo significado tem a parábola dos talentos, que usa como imagem a prática administrativa e comercial: quando se confia dinheiro a alguém, se ele for um homem diligente, ele o fará render. Tal diligência cabe no Reino de Deus (cf. a diligência como tema central da parábola das dez virgens, imediatamente anterior).

A mensagem central é, portanto, a *diligência*. Deus nos confiou um tesouro, e devemos diligentemente aplicá-lo na perspectiva do sentido último e final de nossa existência, que é: Deus mesmo (a participação no senhorio de Cristo, quando da Parusia, significa a nossa exaltação, integração na existência divina). Aplicando com diligência e conforme a vontade de Deus o que recebemos, realizamos desde já uma existência escatológica, divina. Tornar nossa a causa (o "interesse") de Deus, eis a mensagem de hoje. A diligência da "mulher virtuosa", na **1ª leitura**, ilustra essa mensagem. Ser mulher cem por cento, explorando as ricas possibilidades da feminilidade, é viver a presença decisiva de Deus.

A **2ª leitura** aponta na mesma direção. É um dos raros textos em que Paulo cita palavras da tradição evangélica ("O Dia do Senhor vem como um ladrão de noite", cf. Mt 24,35.43 e par.; a repentina destruição, cf. Lc 21,34s; a comparação com as dores do parto, cf. Mt 24,8 e par.). Paulo descreve aqui a existência completamente iluminada pela proximidade do Senhor. Novamente observamos que a iminência do último dia é descrita muito mais em termos de luz do que de ameaça (embora estes também ocorram). Existência escatológica (viver hoje o "Dia do Senhor") é deixar-se iluminar pelo Cristo que vem. Esta era também a mensagem dos primeiros domingos do ano litúrgico, que antecipavam a perspectiva final. Por isso, lembramo-nos de que Deus, em última análise, pensa em *paz* para nós (**canto da entrada**).

A
T. Com.

---

26. Um talento é 30kg de ouro. Mt gosta de números exagerados, cf. 24º dom. T.C.

TER O FIM DIANTE DOS OLHOS

Os últimos domingos do ano litúrgico nos convidam a viver com o Fim diante dos olhos. Mas, quem vive pensando no céu não arrisca esquecer a terra?

Na **2ª leitura**, Paulo nos lembra o ensinamento de Cristo, dizendo que a Parusia (a segunda vinda de Cristo; cf. dom. passado) vem de improviso, como um ladrão de noite. Por isso, devemos viver vigiando. O que esse vigiar implica aparece no **evangelho**, a parábola dos talentos: não enterrar nosso talento, mas fazer frutificar aquilo que Cristo nos confiou para o tempo de sua ausência física. Assim seremos semelhantes à boa dona de casa que cuida incansavelmente de sua família (**1ª leitura**).

Cristo não tem hora marcada para nos visitar; o que importa é que ele nos encontre empenhados naquilo que ele nos confiou, e consagrou com o dom da própria vida: o amor fraterno a reinar entre nós. Pois essa é a "causa" pela qual Jesus deu sua vida. Os "talentos" de que fala o evangelho – as quantias de ouro confiadas a cada um – são uma imagem da "causa" do Cristo e do Reino. Devemos fazer render, e não enterrar, a porção da obra da salvação que Cristo nos confia. Essa porção é diferente para cada um, mas sempre exige de nós uma participação ativa na obra do amor de Deus, que Jesus nos confiou. A participação permanente na obra do amor que Cristo implantou é a única preparação válida para a sua nova vinda.

Entendendo-se assim, "pensar no céu", pensar no Cristo que vem, não vai ser causa de alienação e de desinteresse pela terra, nem fuga de responsabilidade. Pelo contrário, vai produzir uma atenção constante – o contrário daquela mentalidade de loteria dos que passam vida a sem se empenhar por nada, pretendendo "jogar na hora certa". (Será por isso que muitos querem saber a data?)

Pensar no céu com realismo é *viver cada dia como se fosse o último*. Cristo deve nos encontrar empenhados em sua causa, que é o amor eficaz para com os irmãos seus e nossos, filhos do mesmo Pai. Então, cada momento recebe um valor de eternidade. Quem sabe, haverá por aí uma saída para um problema que ataca a muitos em nosso tempo: o sem-sentido da vida?

Jesus Cristo, Rei do Universo/A
CRISTO REI E JUIZ

Canto da entrada: (Ap 5,12; 1,6) "Digno é o Cordeiro...".

Oração do dia: Todas as criaturas glorifiquem Deus, em liberdade.

1ª leitura: (Ez 34,11-12.15-17) **O pastor e juiz escatológico** – "Pastor" é a imagem para indicar os reis e sacerdotes de Israel; o proprietário do rebanho é Javé mesmo. Os pastores de Israel não prestaram; por isso veio o dia da catástrofe (destruição de Jerusalém em 587 a.C.). O proprietário mesmo conduzirá agora seu rebanho: Javé reconduzirá o povo disperso e cuidará especialmente das ovelhas mais fracas. – Em 34,17-22 aparece situação do rebanho; o Pastor terá de fazer justiça entre as ovelhas fracas e as fortes. – 34,23-25 descreve o "pastor messiânico", um ungido que será o lugar-tenente de Deus para cuidar do rebanho (esta figura cumpre-se em Jesus Cristo). • Cf. Jr 23,1-6; Jo 10 • 34,16 cf. Is 40,11; Lc 15,4-7 • 34,17 cf. Mt 25,32-34.

Salmo responsorial: (Sl 23[22],1-2a.2b-3.5-6) Deus nosso Pastor.

2ª leitura: (1Cor 15,20-26a.28) **Restauração de tudo em Cristo e entrega de seu Reino ao pai** – A partir de uma discussão sobre a realidade da ressurreição (alguns coríntios davam à ressurreição um sentido meramente simbólico, gnóstico), Paulo chega a descrever a vitória universal de Cristo sobre a morte (15,26), prova do senhorio de Cristo, de sua realeza universal, que em última instância é do Pai. Filho em tudo o que fez, Jesus entregará seu Reino ao Pai, uma vez que estiver arrematado e não mais existir pecado ou morte. Então, Deus será tudo em todos e em todas as coisas (15,28). • 15,20-23 cf. Rm 8,11.20-21; Fl 3,20-21; Cl 1,18; 1Ts 4,14; Rm 5,12-21; 1Cor 15,45-49; 1Ts 4,16 • 15,25-26 cf. Sl 110[109],1; Ap 20,14: 21,4; Sl 8,7 • 15,28 cf. Cl 3,11.

Aclamação ao evangelho: (Mc 11,9-10) Hosana ao Rei messiânico.

Evangelho: (Mt 25,31-46) **O juízo do Rei, Pastor e Filho do Homem** – "Filho do Homem" é, ao mesmo tempo, o título normal de Jesus e a evocação do juízo de Deus no último dia. Este Filho do Homem é identificado com o Pastor escatológico, que também é juiz (cf. 1ª leitura) e rei messiânico. Ele vem não só proteger os fracos, mas julgar sobre o comportamento de todos em relação aos fracos. Este é o critério de seu julgamento; ele se identifica com os necessitados. O que nos faz caber ao seu lado não é a religiosidade proclamada, mas a caridade gratuita para com o necessitado. O pobre é o sacramento de Deus. • 25,31-33 cf. Mt 16,27; Ap 3,21; Ez 34,17 • 25,34-04 cf. Is 58,7; Mt 10,40; 18,5 • 25,41-46 cf. Mt 7,23; Ap 20,10; Dn 12,12; Jo 5,29.

Oração s/as oferendas: Paz e união a todos os povos.

Prefácio: (próprio) O Reino da justiça, do amor e da paz.

Canto da comunhão: (Sl 29[28],10-11) Reino eterno de Deus e paz.

Oração final: Obedecer a Cristo Rei na terra e viver com ele eternamente.

Quando foi instituída, a festa de Cristo Rei tinha um nítido caráter militante: celebrava o Reino de Cristo na terra (cf. a espiritualidade da Ação Católica). A renovação litúrgica fez desta festa o encerramento do ano litúrgico, acentuando mais o caráter transcendente e escatológico do reinado de Cristo, ao mesmo tempo rei messiânico (Pastor) e Filho do Homem (Juiz), trazendo a paz e o juízo.

O cerne desta liturgia é a parábola do Último Juízo (Mt 25,31-46), em que Cristo aparece como juiz escatológico, Filho do Homem, pastor messiânico e rei do universo (**evangelho**). Tal amontoado de imagens numa só parábola não é comum, porém explica-se a partir do fundo veterotestamentário: a imagem do pastor em Ez 34 (**1ª leitura**). Aí aparece Deus como Pastor escatológico (já que os pastores temporários, os reis de Israel, não prestam), para tomar conta do rebanho, cuidar das ovelhas enfermas e pronunciar o juízo entre ovelhas e bodes. O texto completo de Ez 34 (não lido na liturgia) traz ainda outros elementos que permitem compreender melhor a parábola do Último Juízo. Deus fará justiça entre ovelhas gordas e ovelhas magras (protetor dos fracos). Enfim, segundo Ez 34,23s, não é Deus pessoalmente, mas o Rei davídico messiânico que executará essas tarefas.

A parábola de Jesus explica o *critério* do juízo final: as obras de solidariedade, feitas ou deixadas de fazer aos pobres, são que decidem da participação ou não participação do Reino. Este critério não é expressamente "religioso", relacionado com Deus como tal: os justos não sabem que os pobres representavam o Rei, eles não praticaram a misericórdia para impressionar o Rei, mas por pura bondade e compaixão para com o necessitado. Essa despretensiosa bondade, inconsciente de si mesma, é o critério para separar "ovelhas e bodes", pessoas de entranhado amor e pessoas de mera força.

Ora, olhando para a 1ª leitura, notamos que essa compaixão gratuita, que é o critério do Reino, é, no fundo, uma imitação daquilo que Deus mesmo faz. Assumindo a causa dos fracos – dos famintos, desnudos, presos etc. – mostramo-nos filhos de Deus, "benditos do Pai" (Mt 25,34). A tradição judaica atribui a Deus mesmo as obras que são aqui elencadas. De modo que podemos dizer: o Último Juízo será a confirmação definitiva da nossa participação na obra divina, desde já. Pois ser bom gratuitamente é o próprio ser de Deus: amor, misericórdia.

A bondade gratuita e pura revela-se quando a gente se dedica aos que não podem retribuir. É na doação ao "último dos homens", o pobre, o marginalizado, o abandonado, que a gente dá prova de uma misericórdia de tipo divino. Viver deve ser: assumir a causa dos que mais precisam. Deus mesmo faz assim. Este é o critério da eterna participação no senhorio de Deus e Jesus Cristo, seu filho predileto. Se somos "imitadores" de Deus já agora, podemos "aguentar" uma eternidade com ele (cf. **oração final**).

A **2ª leitura** descreve a total vitória de Cristo sobre todos os inimigos, inclusive a morte. Restaura assim a criação toda, pois, assim como com o primeiro Adão entrou a morte na vida, no novo Adão é vitoriosa a ressurreição. Mas esta vitória não pertence a Jesus como propriedade particular. Tendo submetido tudo a si, ele o submeterá ao Pai, para que Deus seja tudo em todas as coisas, e seja abolido o que é incompatível com Deus. Cristo aparece, assim, não apenas como rei messiânico, mas cósmico e universal. Porém, não um rei triunfalista, pois seu Reino é baseado no dom de si mesmo. É o Reino do "Cordeiro" morto e ressuscitado (**canto da entrada**), não dos lobos. É a antecipação da vitória final dos que se doam ao mínimo dos seus irmãos.

JESUS, REI DO UNIVERSO

Ensina o profeta Ezequiel: Deus, no tempo de sua intervenção, assumirá pessoalmente o governo do seu povo, como um dono que quer cuidar pessoalmente do seu rebanho – já que os pastores não prestavam (**1ª leitura**). No **evangelho** de hoje, último domingo do ano litúrgico, Jesus evoca essa imagem para falar do Juízo no tempo final. Ao mesmo tempo "rei" e "pastor", o "Filho do Homem" vai separar os bons dos maus, como o pastor separa os bodes dos carneiros. E o critério dessa separação será o amor ao próximo, especialmente ao mais pequenino. Aliás, Jesus se identifica com esses pequenos. Conforme tivermos acudido a esses, nas suas necessidades, Jesus nos deixará participar do seu reino para sempre – ou não.

A **2ª leitura** completa esse quadro pela grandiosa visão de Paulo sobre Jesus, Rei do Universo. Ele subjuga todos os inimigos, inclusive a morte; e então, ele mesmo se submeterá a Deus, para que este seja tudo em todos. Assim, a obediência e o despojamento de Jesus o acompanham até na glória.

Chamar Jesus Rei do Universo significa que é ele quem dirige a História. Sua mensagem, selada pelo dom da própria vida, é a última palavra. A mensagem do amor fraterno gratuito, manifestado ao mais pequeno dos irmãos, é o critério que decide sobre a nossa vida e sobre a História.

Entretanto, vivemos num mundo de pouca gratuidade. Até aquilo que deve simbolizar a gratuidade é explorado e comercializado (indústria dos brindes...). Esforçar-se por alguém ou por algo sem visar proveito parece um absurdo. Contudo, é isso que vence o mundo. É deste amor não interesseiro que Cristo pedirá contas na hora decisiva.

Ora, olhando bem, descobrimos que esse amor gratuito existe no mundo. Mas, por sua própria natureza, ele fica na sombra, age no escondido, produzindo, contudo, uma transformação irresistível e sempre renovada. Temos assim exemplos de pessoas individuais que optaram pelo amor gratuito, ou também de grupos que vencem a exclusão pelo modo solidário de viver. Evangelho é educar as pessoas para a caridade não interesseira e criar estruturas que a favoreçam (contra o consumismo, a competição exacerbada, o classismo e o racismo e todas as formas de negação dos nossos semelhantes). Neste sentido, os humildes projetos de solidariedade não interesseira (creches de favela, hortas comunitárias, escolas atendidas por voluntários etc.) são uma coroa para Cristo Rei, que hoje celebramos.

ANO B
Jesus, o Messias

Se o ano A foi, em certo sentido, o ano eclesiológico (pela presença da teologia mateana da Igreja como verdadeiro Israel), podemos dizer que o ano B é, principalmente, cristológico, pois é caracterizado pela meditação de Mc sobre o caráter messiânico de Jesus e do Reino que ele inaugura, ainda que de modo inesperado e não manifesto. Mc é também chamado o evangelho querigmático, porque nele transparece claramente a estrutura do querigma ou anúncio da atuação, morte e ressurreição do Cristo, como era proclamado no início da pregação cristã.

1. Tempo do Advento

O Advento do ano B parece caracterizado sobretudo pela ideia do encontro com Deus, a realização da promessa de sua irrestrita presença junto a nós. O primeiro domingo sugere uma atitude de preparação geral para o encontro com o Senhor, no fim dos tempos, no "último dia". Isso, porém, nada tem de trágico. Pelo contrário, a liturgia transborda de confiante esperança: "Se rasgasses os céus!" A vinda do Juiz e Senhor da História não é, para os cristãos, a destruição da História, mas seu arremate. Os cristãos estão vigiando para, por sua dedicação aqui e agora, participarem do Reino transcendente.

O segundo passo do encontro é a conversão, ou seja, a transformação da vida, com vistas ao grande encontro final. A liturgia evoca aqui a pregação escatológica do Batista e as imagens isaianas da terraplenagem do caminho para o Deus libertador. No 3º domingo já ressoa a alegria por causa da presença de Deus, testemunhada pelo Batista e pelo arauto de Is 61, que anuncia a boa-nova aos pobres. No 4º domingo – o domingo de Maria – são confrontados o "sim" de Deus (promessa) e o "sim" da pessoa humana (Maria, "fiat"). Realiza-se a promessa do Messias da linhagem de Davi, graças à disponibilidade da Serva.

2. Tempo de Natal

Nesta perspectiva do encontro de Deus com o homem, os textos das festas natalinas, embora sendo os mesmos dos outros anos, podem ser lidos sob o ângulo da "economia salvífica": Deus se torna homem para que o homem se torne Deus. Mútua aproximação pela vinda de Deus e a conversão do ser humano. Vinda de Deus que é, decerto, um *efapax*, um fato histórico único, no nascimento de Jesus de Nazaré, mas que é também uma realidade sempre presente para nós, na medida em que, pela conversão, penetramos no eterno Mistério do Deus próximo. Este Deus próximo apresenta-se não apenas na celebração, mas na vida, na pessoa do mais pobre, no último dos homens, destinatário primeiro

Ano B

da mensagem dos anjos na noite de Natal. A ele é que nos devemos converter, para experimentar a aproximação de Deus até nós.

3. Tempo da Quaresma

A Quaresma do ano B se concentra no mistério do Cristo e nossa participação dele, especialmente, no batismo. Como no ano A, o desenvolvimento do mistério do Cristo é ladeado pelos grandes momentos da história da humanidade e do antigo povo de Deus. O 1º domingo vê a restauração em Cristo, pelo batismo, prefigurada na salvação de Noé do dilúvio, início de uma nova humanidade. O 2º domingo, o da Transfiguração, insiste no dom que Deus nos oferece: seu "unigênito", dom prefigurado pelo sacrifício de Isaac. No 3º domingo, a adoração de Deus (o Decálogo) forma o ponto de concentração, conduzindo-nos ao novo lugar da manifestação e da adoração de Deus, que é Jesus Cristo crucificado. No 4º, volta o tema batismal (é a semana dos "escrutínios"), a revivificação e restauração do homem pela cruz de Cristo, Filho de Deus (prefigurada pela restauração do Templo por Ciro). O 5º domingo nos propõe o tema da "aprendizagem divina" (também ligado à catequese do batismo ou da renovação do compromisso batismal): Jesus "aprendeu a obediência", caminho de sua "exaltação" na cruz e na glória; na medida em que nós estivermos unidos a ele, o ensinamento escatológico de Deus, a nova Lei e a nova Aliança se tornarão realidade em nós.

A Paixão de Cristo segundo Mc, no domingo de Ramos, é o texto-chave para a interpretação de todo o evangelho de Mc. Mostra em que sentido Jesus é o Messias (pergunta fundamental do evangelho de Mc): no sentido do Servo Padecente de Deus.

4. Tríduo Sacro e tempo pascal

Neste ano "marcano", a noite pascal traz o relato do sepulcro vazio conforme Mc, texto que causa estranheza por seu fim aparentemente abrupto. Porém, significa essencialmente a reconstituição do rebanho, dispersado na hora da traição; anuncia a reconstituição na Galileia, depois da morte e ressurreição de Cristo. O caminho que levou Jesus da Galileia ao Gólgota tem um novo início na Igreja, que da Galileia se estenderá até os confins da terra. Em certo sentido, nós somos a ressurreição de Cristo.

Isto se mostra nas primeiras leituras dos domingos pós-pascais (*Atos*: o caminho da Igreja, até sua expansão na "Galileia das nações", na ocasião da conversão de Cornélio). Nestes mesmos domingos, porém, predominam, como é o caso também nos outros anos, os temas joaninos (segundas leituras e evangelhos). Falam da missão que recebemos do Ressuscitado, de nossa filiação divina, do dom da vida do Bom Pastor, da união vital com a "videira verdadeira", do amor de Deus por nós e nosso amor pelos irmãos e temas afins.

A festa de Pentecostes, celebração da manifestação do Espírito de Cristo na Igreja, encerra o ciclo pascal, sendo completado pelas solenidades do Senhor no tempo comum: SS. Trindade, SS. Sacramento e Sagrado Coração de Jesus, que focalizam aspectos centrais do Mistério da Salvação: o amor de Deus em Jesus Cristo e sua doação por nós no sangue da Nova Aliança.

Ano B

5. Tempo comum e solenidades do Senhor

O tempo comum do ano B deve ser colocado à luz do descobrimento do mistério de Deus em Jesus Cristo, tomando-se por guia o evangelho de Mc, o "caminho de Jesus". Ainda no seu início, esse "caminho" é interrompido pelo ciclo pascal, o que tem o efeito de conscientizar-nos antecipadamente do termo do caminho, ou seja, de "condensar" seu significado, antes que retomemos sua sequência nos domingos depois de Pentecostes.

5.1. Os evangelhos (Mc e Jo)

A festa do Batismo de Jesus marca a transição do ciclo natalino para o tempo comum do ano. Jesus recebe a revelação de ser o eleito e Filho de Deus, com a força do Espírito. Essa força revela-se nos episódios seguintes, apresentados domingo após domingo, como o "poder" escatológico do Filho do Homem. Isso, para nós, que já conhecemos o Mistério do Cristo. Mas não para o público, nem para os discípulos de Jesus. É a "revelação velada" do Reino que ele vem instaurar. Tanto seu ensinamento em parábolas – "conforme eles podiam compreender" – quanto seus sinais, passíveis de interpretações errôneas (messianismo material), trazem este caráter de revelação velada. Na primeira parte do testemunho de Mc sobre a presença velada do Reino em Jesus, situa-se também a multiplicação dos pães. A liturgia estende este episódio sobre cinco domingos, nos quais é lido o cap. 6 de João, comentário teológico desse episódio.

O testemunho de Mc torna-se sobremaneira rico na segunda metade de seu evangelho, a partir da profissão de fé de Pedro (24º dom.), que é como a conclusão tirada das palavras e sinais de Jesus na primeira parte: "Tu és o Messias". Mas é também o "divisor hidrográfico" do evangelho. A partir deste episódio, Jesus começa a revelar-se aos discípulos – ainda duros de cerviz – como sendo não o messias-rei davídico que Pedro o imaginava, mas o Servo Padecente de Javé, ao mesmo tempo o Filho do Homem escatológico.

Os últimos domingos trazem os profundos ensinamentos de Jesus a respeito do seguimento do Mestre e da doação em serviço aos irmãos, para culminar na discussão com o judaísmo em Jerusalém e o anúncio dos acontecimentos escatológicos. A festa de Cristo-Rei, conclusão do ano litúrgico, recorre novamente a Jo, "comentário teológico", reforçando o testemunho de Mc de que Jesus não é o rei nacional que se esperava, mas a testemunha da Verdade que é o próprio Deus.

Ano B

5.2. As leituras do Antigo Testamento

Como no ano A, as leituras do A.T., no tempo comum, são escolhidas em função dos evangelhos. Embora em medida menor do que no caso de Mt, também para a compreensão de Mc importa ter claro o fundo veterotestamentário da discussão cristológica, cerne de seu evangelho. Para Mc é importantíssimo saber em que sentido Jesus é o Messias, e sua atividade, a instauração do Reino. Pois a objeção contra a mensagem cristã é que Jesus (e os discípulos) apregoa a proximidade do Reino e do Filho do Homem, mas que nada se vê de tudo isso. A "messianologia" (cristologia) cristã (em oposição à judaica) aponta, por um lado, para o teor messiânico das obras de Jesus, sobretudo na primeira metade de Mc. A isso correspondem, na liturgia, leituras messiânicas, tiradas dos profetas (Os, Is, Ez). Por outro lado, tanto na primeira quanto, sobretudo, na segunda metade de Mc, focaliza-se o conceito do Messias – Servo de Javé, que é também o Filho do Homem Padecente, totalmente diferente do conceito messiânico ao qual os primeiros seguidores de Jesus estavam acostumados. Por essa razão, entra nas leituras veterotestamentárias a figura do profeta rejeitado (Am, Jr, 2º Is, Sb). Os ensinamentos e discussões de Jesus provocam também referências a outros textos valiosos do A.T., p.ex., a respeito do matrimônio, a ressurreição dos mortos etc. Bem adequada ao espírito deste ano "marcano", a última leitura veterotestamentária evoca o Filho do Homem daniélico.

5.3. As cartas dos Apóstolos

Durante o tempo comum, as cartas dos Apóstolos são lidas numa sequência que independe das primeiras leituras e evangelhos. Para começar, ouvimos a 2ª parte da 1Cor (cf. também anos A e C): as "questões práticas" da Igreja de Corinto (1Cor 6–10), são capítulos de grande riqueza humana e cristã, mostrando o "bom-senso" e o carinho de Paulo ao tratar os problemas concretos de uma comunidade. Neste sentido, servem ainda de exemplos para a atitude pastoral hoje. A leitura da 2Cor vem completar este "encontro ao vivo" com o "Apóstolo dos gentios" pelos depoimentos sobre o sentido do apostolado, muitas vezes reforçando a imagem da missão do Cristo que as leituras do evangelho evocam.

Um estilo bem diferente apresenta a Carta aos Efésios. Aí, é o mistério da Salvação em Cristo que está em pauta. Coincide em parte com o Discurso do Pão da Vida de Jo 6 (18º-21º dom.), porém nunca chega a ser um verdadeiro reforço do tema principal da liturgia. É uma meditação *sui generis*, que merece um aparte na liturgia. Mais próxima do espírito dos evangelhos sinóticos (embora mais de Mt do que de Mc) é a Carta de Tiago (22º-26º dom.), que se destaca por seu espírito concreto e seu posicionamento radical em favor dos pobres e necessitados. Coincide exatamente com aqueles domingos em que os evangelhos apresentam o ensinamento de Jesus a respeito da abnegação e serviço do Messias e dos discípulos. Os últimos domingos trazem a 1ª parte da Carta aos Hebreus, que, com sua meditação sobre Jesus Cristo Sumo Sacerdote, é uma sólida contribuição para a compreensão do mistério da morte salvadora de Cristo e da própria celebração eucarística.

TEMPO DO ADVENTO

1º domingo do Advento/B
IR AO ENCONTRO DO SENHOR QUE VEM

Canto da entrada: (Sl 25[24],1-3) "A Ti, Senhor, elevo minha alma".

Oração do dia: Com as nossas boas obras, correr ao encontro do Senhor que vem.

1ª leitura: (Is 63,16b-17.19b; 64,2b-7) **Que Deus se mostre com poder e misericórdia** – Provocação poética do amor paterno de Deus por sua criatura, Judá, socialmente agitado e politicamente dependente depois do exílio babilônico. Em sua desolação, o povo reconhece seu pecado; embora fraco como um vaso de argila, confia naquele que o "modelou" (64,3b-8). Deus é Pai. Voltando-se para Deus, a gente pode pedir que ele se volte para nós. • 63,16-17 cf. Dt 1,31; 32,9; Jr 31,9; Os 11,1 • 63,19b cf. Sl 19[18],10; 145[144],5 • 64,2b-7 cf. 1Cor 2,9.

Salmo responsorial: (Sl 80[79],2ac+3b.15-16.18-19) O Pastor que vem salvar seu rebanho, o Senhor que cuida de sua vinha.

2ª leitura: (1Cor 1,3-9) **Crescer com vistas à plena manifestação de Jesus Cristo** – Ação de graças pela confirmação dos coríntios na fé, prova de que Deus é fiel. Que os cristãos o sejam também: irrepreensíveis, com vistas à vinda do Senhor, que se espera para breve. Constante crescimento na comunhão com Cristo, com vistas à sua plena manifestação. • 1,5 cf. 2Cor 8,7.9 • 1,6-7 cf. 2Cor 6,10; 1Ts 3,13; 1Jo 2,28 • 1,8-9 cf. 1Cor 3,13; 2Cor 1,21-22; Fl 1,5.10; 1Jo 1,3.

Aclamação ao evangelho: (Sl 85[84],8) "Mostra tua misericórdia e dá tua salvação".

Evangelho: (Mc 13,33-37) **Vigilância para a vinda do Senhor** – Repetindo o refrão: "Vigiai", Mc propõe uma parábola: o dono da casa, ao afastar-se (ausência do Cristo entre a 1ª e a 2ª vinda), encarrega seus servos (= toda a comunidade) e o porteiro (= os apóstolos; cf. o "poder das chaves") para que assumam seu serviço e por ele respondam quando ele voltar de repente (os primeiros cristãos esperavam Cristo para breve). Enquanto Cristo está fisicamente ausente, sua causa é confiada a nós. • Cf. Mt 25,13-15; 24,42; Lc 19,12-13; 12,38-40.

Oração s/as oferendas: Oferecimento dos dons que Deus nos deu, pedido de alimento para a salvação.

Prefácio: (Advento I) Vigilante esperança da plenificação daquilo que foi iniciado, quando voltar o Senhor.

Canto da comunhão: (Sl 85[84],13) Deus dá sua bênção, nós os frutos.

Oração final: Amar desde agora a realidade eterna para a qual caminhamos.

O Advento, neste ano B, mostra um certo clímax. No 1º domingo, sugere-se uma atitude de preparação geral para o encontro final com o Senhor. Nos domingos seguintes, a preparação se torna sempre mais concreta: a conversão, a consciência de que ele está no meio de nós, e, finalmente, o "sim" do homem, pronunciado por Maria, para que sua presença se realize como cumprimento das promessas.

O 1º domingo transborda de confiança. A vinda do Senhor não é, para o cristão, uma razão de medo e terror, mas de alegre esperança. O desejo da vinda do Senhor expressa-se de maneira apaixonada na **1ª leitura**: "Se rasgásseis os céus": com estas palavras, o profeta desafia Deus para vir em socorro de seu povo humilhado, a terra de Judá, desarticulada nos anos imediatamente posteriores ao exílio e esperando a restauração nacional. Chega de castigo. Sabemos que somos fracos, como um vaso de barro; mas será isso uma razão para o oleiro desprezar sua obra?

O encontro definitivo com Deus, o "Dia", significa, para o cristão, a plena manifestação daquilo que Cristo iniciou e, depois de sua elevação na glória, confirmou nos seus fiéis. Quando Paulo contempla os seus fiéis de Corinto, ele tem que dar graças por tudo isso, proclamando a fidelidade de Deus à obra iniciada. E faz votos de que eles sejam "irrepreensíveis".

B Adv.

Mas essa expectativa do encontro definitivo, muito viva entre os primeiros cristãos, não é um entusiasmo cego. Cristo veio inaugurar a presença do Reino de Deus, e seus discípulos, iluminados pelo Espírito de Pentecostes, entenderam que, depois de sua elevação na glória, ficava para eles a missão de continuar o que ele fundara. Ele é como o dono de uma empresa, que viajou ao exterior, deixando a seus funcionários o cuidado da empresa ("e ao porteiro a ordem de vigiar", acrescenta o texto de Mc 13,34 aludindo, provavelmente, à responsabilidade dos que detêm o "poder das chaves"). Enquanto o Senhor está fora, nós somos os responsáveis do Reino. Cristo veio, a primeira vez, para nos revelar o sentido verdadeiro do esperado Reino de Deus: revelou que "a causa de Deus é a causa do homem", e onde se realiza o amor que Deus tem pelo ser humano, aí também está presente o Reino (**evangelho**). Agora, na ausência de Cristo, podemos inverter a relação: nós devemos assumir como nossa a causa de Deus (que não deixa de ser a causa do homem). Isto é a "vigilância escatológica": estarmos ocupados, diligentemente, com o Reino que Cristo mostrou presente, enquanto vivemos preparando-nos para o encontro com ele.

Assim, notamos também a diferença entre a esperança do A.T. e a plenitude do Reino na perspectiva do N.T. A **1ª leitura** descreve ainda a esperança de uma intervenção de Deus para, de maneira sensacional – rasgando os céus –, resolver os problemas de seu povo. No N.T., a vinda de Cristo, como "lugar-tenente" de Deus, no fim dos tempos, não tem em vista assumir as nossas funções (isto já o fez da primeira vez), mas sim, encontrar-nos ocupados com seu Reino.

Portanto, se a existência cristã é marcada fundamentalmente pela perspectiva escatológica, esta não significa que podemos cruzar os braços esperando que Deus venha resolver nossos problemas, no seu Dia. Significa, antes, o contrário. Significa que nós nos devemos empenhar em realizar aqui o que ele veio fundar. A parte de Deus, no "empreendimento escatológico", já está garantida. Cabe a nós agora executar a nossa. E o encontro definitivo com Deus, que é a luz decisiva de nossa existência, ratificará a execução daquilo que nos foi confiado. Ora, não sabemos quando será esse encontro definitivo, nem sabemos por quanto tempo Deus nos confiou sua empresa. A única maneira para que possamos entregar-lhe um relatório que corresponda àquilo que ele espera é: nunca faltar no serviço. Viver cada dia de nossa existência como se fosse o último. A vinda do Senhor é hoje!

Assim, este primeiro domingo do Advento e do ano litúrgico nos coloca na presença permanente de Deus como sentido último de nossa existência e atuação em cada momento. Ora, como esta presença é uma alegria, o momento presente do cristão deve ser marcado pela alegria da presença do Senhor que encontra seu servo empenhado em sua causa.

A **oração final** da presente liturgia o diz muito bem: "amar desde agora as coisas do céu e, caminhando entre as coisas que passam, abraças as que não passam". Quem não observa todo o espírito do Evangelho poderia ler isto num sentido alienante: evitar as coisas deste mundo para só pensar no céu. Porém, as coisas que não passam encontram-se já aqui, na terra! Devemos amar o céu que já está aqui, na causa do Reino que Cristo nos confiou, a causa de seu incansável amor para todos, a começar pelo último.

ESTAR PRONTO PARA CRISTO

Começa o Advento, início do novo ano litúrgico (ano B). Na **1ª leitura**, o profeta Isaías provoca Deus a "rasgar o céu" e a descer para nos salvar. Estamos murchos como folhas mortas. E, contudo, Deus é nosso Pai, nós somos obra de suas mãos. Como o povo humilhado, no tempo do exílio babilônico, fazemos nosso o desejo de que Deus venha nos socorrer. Encontrar-se com Deus não é motivo de terror, mas de esperança. Se nos voltarmos para ele, ele se voltará para nós.

Na **2ª leitura**, Paulo nos assegura que Deus nos fortalecerá até o fim, quando Cristo abrirá o céu e descerá para nos fazer entrar em sua glória. O encontro definitivo com Deus significa para o cristão a plena manifestação daquilo que Cristo iniciou.

O **evangelho**, todavia, adverte: não sabemos quando o Senhor voltará para pedir contas do serviço que ele deixou em nossas mãos. Por isso, convém vigiar. A ressurreição de Jesus é como a viagem de um empresário. Enquanto ele está fisicamente longe somos nós os responsáveis por sua obra. Ora, a obra que Jesus iniciou e levou a termo, até a morte, foi a obra da justiça e do amor fraterno. Quando nos empenhamos por isso, sua obra acontece. A causa de Deus é causa nossa. Devemos sempre estar preocupados com o amor fraterno, que Jesus deixou aos nossos cuidados e do qual ele mesmo deu o exemplo até o fim.

O ano litúrgico é o espelho de nossa vida. Desde o início, coloca-nos na presença permanente de Deus como sentido último de nossa vida, a cada momento. Põe diante de nossos olhos a vocação final: o encontro com Cristo na glória de seu Pai. Nesta perspectiva, sentimo-nos obra inacabada, mas em Cristo temos o exemplo e a garantia do acabamento que Deus nos quer conferir: uma vida doada no amor até o fim. Jesus, ressuscitado e vivo na glória do Pai, quer vir até nós, para completar a obra do Pai em nós e nos aperfeiçoar no amor fraterno, com a condição de sermos encontrados empenhados no serviço que ele nos confia.

Advento é preparação para Natal, celebração da vinda de Jesus no meio de nós. Vinda no presépio, mas também vinda no dia a dia e no encontro definitivo. Advento significa que nos preparamos para nos encontrar com ele, na alegria, cuidando do amor que ele veio aperfeiçoar em nós.

Deus nos respeita tanto que conta com a nossa colaboração; a salvação não vem só de um lado. Em Jesus, ele nos mostrou em que consiste sermos salvos: em sermos como Jesus, agora, na vida terrena, e eternamente, na glória. Essa é a parte da salvação que Deus realiza. A nossa parte é: estarmos prontos, acatarmos sua obra, no amor disponível e eficaz de cada dia. Muitos, hoje, se sentem abandonados, deprimidos. Existe até uma indústria da depressão, procurando vender remédios antidepressivos... "Há alguém que se preocupe comigo?", pergunta o deprimido. Mas talvez ele não se prontifique para encontrar Aquele que transforma nossa vida debilitada em esperança engajada... Por isso, a liturgia de hoje nos ensina a correr ao seu encontro!

B Adv.

2º domingo do Advento/B
A CONVERSÃO, INÍCIO DA BOA-NOVA

Canto da entrada: (Is 30,19.30) Boa-nova para Sião; o Senhor vem!

Oração do dia: Nada no mundo nos impeça de correr ao encontro do Filho de Deus.

1ª leitura: (Is 40,1-5.9-11) **Aplanar o caminho para Deus, que reconduzirá seu povo** – Começo do "Livro da Consolação" (Is 40–55). Simultaneamente com vigor e ternura, o profeta anuncia o perdão do povo (deportado por causa do pecado) e sua volta do exílio. Imagens: 1) já se pode preparar o caminho

(v. 3-5); 2) Sião torna-se mensageira da boa-nova (v. 9); 3) o Pastor que com ternura reconduz suas ovelhas (v. 10-11). • 40,1-2 cf. Is 52,7-12; Ex 6,7; Jr 31,33; Is 43,25 • 40,3-5 cf. Is 43,1-7; 45,2; Mt 3,3; Jo 1,23; Ex 24,16; Jo 1,14 • 40,10-11 cf. Is 35,4; 62,11; Mq 2,12-13; Ez 34,11-16; Jo 10,11-18.

Salmo responsorial: (Sl 85[84],9ab-10.11-12.13-14) "Vem mostrar-nos teu amor".

2ª leitura: (2Pd 3,8-14) **Deus tem tempo: espera por nossa conversão** – A 1ª e 2ª geração dos cristãos esperava, em vão, a nova vinda do Senhor, enquanto o mundo os oprimia e ridicularizava. O autor explica: Deus quer dar uma chance para que todos se convertam. Vivendo na justiça, os fiéis apressam a chegada do Dia do Senhor. Porém, este Dia vem como um ladrão, de repente: é mister estar pronto. • 3,8-10 cf. Sl 91[90],4; Lc 18,7-8; 2Pd 1,3-4; 1Ts 5,2 • 3,11-14 cf. Is 34,4; Ap 6,13-17; 21,1.27.

Aclamação ao evangelho: (Lc 3,4.6) Preparar o caminho para o Senhor.

Evangelho: (Mc 1,1-8): **João Batista, precursor do "Forte de Deus"** – O início da boa-nova ("evangelho") a respeito de Jesus Cristo é a mensagem de João Batista, anunciando o Messias, mas para isso também exigindo a conversão, mediante o sinal do batismo. A fé reconheceu, nesta atividade do Batista, a realização da profecia de Is 40,2-3; Jesus, anunciado por João, é, pois, o Messias e João aquele que lhe prepara o caminho. • Cf. Mt 3,1-6.11-12; Lc 3,3-6.15-17; Jo 1,19-28 • 1,1 ("Filho de Deus") cf. Mc 1,11; 3,11; 9,7; 14,61; 15,39 • 1,2-3 cf. Ml 3,1; Is 40,3 • 1,8 cf. Jo 1,26.33; At 1,5; 11,16; 13,25.

Oração s/as oferendas: Invocação da misericórdia de Deus.

Prefácio: (Advento) Jesus abriu-nos o caminho da Salvação.

Canto da comunhão: (Br 5,5; 4,36) Jerusalém levante-se para ver a alegria da vinda de Deus.

Oração final: Avaliar os bens terrenos e esperar os eternos.

Do 2º domingo do Advento em diante, a perspectiva escatológica de nossa existência (cf. dom. pass.) é iluminada a partir de sua "fonte", a primeira vinda de Cristo. Enquanto o 1º domingo fala da segunda vinda de Cristo e esboça uma visão escatológica do dia de hoje à luz da segunda vinda, os demais domingos do Advento recordam e contemplam o acontecimento da primeira vinda. Na primeira vinda do Cristo está arraigado o sentido definitivo de nosso existir: é o momento fundador. Jesus Cristo é o início e o fim da existência humana plena, o Alfa e o Ômega (Ap 22,13).

A chegada deste momento fundador é a grande notícia da História, a boa-nova por excelência. O evangelho "querigmático" de Mc vê como início desta boa-nova o apelo à conversão, lançado por João (**evangelho**), realizando plenamente o que o "Segundo Isaías" prefigurou, quando, pelo fim do exílio babilônico (535 a.C.), conclamou o povo para preparar um caminho para Deus, que ia reconduzir os cativos. Era um apelo à conversão, pois deviam preparar a volta, "voltando" (= convertendo-se) para Deus, agora que este determinou o fim do castigo (Is 40,2) (**1ª leitura**). Deus reconduz os cativos. Ele mesmo vai com eles. Como um imperador na entrada gloriosa ("parusia"), ele se faz preceder pelos frutos de sua conquista: o povo resgatado (40,10). Como um pastor, reúne suas ovelhas. E com que ternura! Leva os cordeirinhos nos braços e conduz devagarinho as ovelhas que amamentam (40,11).

Esta era a boa-nova que Jerusalém, qual mensageira, devia publicar para o mundo (40,9). Assim, também, a conversão pregada por João é o início da perfeita boa-nova da vinda definitiva de Deus e seu Reino, em Jesus Cristo. A conversão faz parte da boa-nova, pois é nossa participação na salvação que Deus nos destinou. Deus já voltou seu coração para nós; resta-nos correspondermos. A conversão apregoada por João é simbolizada pelo batismo nas águas do Jordão. Se, naquela região semidesértica, a água tem por si mesma um sentido de salvação, ela lembra também a efusão escatológica do Espírito, e ainda a travessia do Mar Vermelho (Ex 14) e a travessia do Jordão quando da entrada na Terra Prometida (Js 3). A alusão a Is 40,3 lembra também a volta do exílio, concebida como um novo êxodo. O batismo de João é um símbolo da salvação, e a confissão dos pecados, pelos habitantes de Judá (Mc 1,5), significa a participação nesta salvação. Pois como pode o coração alegrar-se com a vinda do esperado, se não expulsar o pecado que lhe pesa (cf. Sl 51[50],5)?

Por seu modo de vestir e alimentar-se, João evoca o deserto (1,6), pois é a partir daí que o povo deve atravessar o Jordão e penetrar na Terra da Promessa. Evoca também Elias (cf. Mc 9,13; Mt 17,13), que os judeus esperavam voltar como precursor do Messias (Ml 3,1.23-24; cf. Mc 1,2). Anuncia um "mais forte", que virá depois dele, para "batizar com o Espírito Santo (dom escatológico: cf. Jl 3,1-2; Ez 36,27 etc.).

O batismo de conversão fazia parte da chegada do Reino. Nossa existência se situa entre a chegada e a plenificação do Reino. Por isso, a conversão é "pão nosso de cada dia", nossa contínua participação no Reino que vem de Deus. É o que expressa, de modo um tanto ingênuo, a **2ª leitura** de hoje. Os cristãos das primeiras gerações esperavam a segunda vinda de Cristo para breve. Entretanto, o atraso tornava-se sempre mais notável e o escárnio do mundo sempre mais agressivo. Diante da impaciência e, quem sabe, desespero e desistência, que isso gerava, Pedro responde: Deus tem tempo: ele quer que todos se convertam, para que todos possam participar. Mas, mesmo assim, ele não desiste de seu projeto, pois ele deseja que tudo esteja em harmonia consigo. Só que ele não quer expurgar os "elementos nocivos" da criação antes que todos tenham a oportunidade de se converter, isto é, de se tornar participantes. Mas ele realizará, sem que saibamos o dia e a hora, seu "novo céu e nova terra" (2Pd 3,13), e então será bom estarmos de acordo com esta nova realidade (3,14).

Talvez possamos traduzir este pensamento, expresso na linguagem apocalíptica do século I, numa linguagem mais adequada para hoje, dizendo que Deus exercerá, por Cristo, seu absoluto senhorio da História, dando, porém, aos homens chances para participar desta "sua" História, pela adesão pessoal à sua vontade, no empenho em construir um mundo compatível com Deus. A História não é um absoluto, uma espécie de deus, mas um projeto do Deus de Jesus Cristo, projeto que não acontece fatalmente, mas com participação do ser humano. Convertendo-se cada dia de novo a Deus, o homem-filho de Deus realiza uma vocação inalienável. O homem não é um agente impessoal da História que se constrói, mas um filho de Deus que constrói a História de Deus. Essa construção é fazer chegar o Reino, "apressar o Dia", por nossa participação, desde já. Não esquecendo, porém, que Deus tem a última palavra sobre a História e sobre nós que a fazemos.

DEUS SE VOLTA PARA NÓS, VOLTEMOS PARA ELE!

A Boa Notícia começa com um grande chamado à conversão (Mc 1,1-15; cf. Mt 3,1-17; Lc 3,1-22). Em que sentido a conversão é "boa notícia"? Conversão, na Bíblia, significa *volta* (como se faz uma conversão com o carro na estrada). Na **1ª leitura** ressoa um magnífico texto do Segundo Isaías. O rei Ciro, depois de conquistar Babilônia, mandou os judeus que aí viviam exilados de volta para Jerusalém (em 538 a.C.). O profeta imagina Deus reconduzindo essa gente a Sião. Precede-lhe um mensageiro que proclama: "Preparai no deserto uma estrada" (Is 40,3) – como para a entrada gloriosa (a "parusia") do Grande Rei. Mas é um rei diferente, cheio de ternura: "Como um pastor, ele conduz seu rebanho; seu braço reúne os cordeiros, ele os carrega no colo, toca com cuidado as ovelhas prenhes" (v. 11). Essa era a boa notícia que Jerusalém, qual mensageira, devia anunciar ao mundo (v. 9).

Conversão não é coisa trágica. Deus já voltou seu coração para nós; resta-nos voltar o nosso para ele. Ao proclamar o batismo de conversão (**evangelho**), João Batista pressentia a proximidade de uma "entrada gloriosa" de Deus. Como símbolo da "volta" usava a água do rio Jordão, que lembrava a travessia do povo de Israel pelo Mar Vermelho e pelo rio Jordão, rumo à terra prometida. Reforçava sua mensagem repetindo o texto de Is 40,3: "Preparai uma estrada...". Vestia-se com um rude manto feito de pelos de camelo e alimentava-se com a comida do deserto – mel silvestre e gafanhotos –, como o profeta Elias, o grande profeta da conversão, cuja volta se esperava (cf. Ml 3,1.23-24 e Eclo 48,10). Mas João ainda não é aquele que deve vir, apenas prepara a chegada deste, o "mais forte", que virá "batizar com o Espírito Santo" (cf. a efusão do Espírito de Deus no tempo do Fim: Jl 3,1-2; Ez 36,27 etc.).

Devemos sempre viver à espera dessa "entrada gloriosa" de Deus. Jesus veio e inaugurou o reinado de Deus, mas deixou a nós a tarefa de materializá-lo na História. Entretanto, Deus já coroou com a glória a vida dele e a obra que ele realizou: reunir as ovelhas como o pastor descrito por Isaías.

No tempo dos primeiros cristãos, muitos imaginavam que Jesus ia voltar em breve com a glória do céu, para arrematar essa obra iniciada. Depois de alguns decênios, porém, começaram a se cansar e a viver sem a perspectiva da chegada de Deus, caindo nos mesmos abusos que vemos hoje em torno de nós. Por isso foi necessário que a voz da Igreja lembrasse a voz dos profetas: Deus pode tardar, mas não desiste de seu projeto. Mil anos são para ele como um dia (2Pd 3,8), mas seu sonho, "um novo céu, uma nova terra, *onde* habitará a justiça", fica de pé (**2ª leitura**).

Não vivamos como os que não têm esperança. Não desprezemos o fato de Deus estar voltado para nós. Voltemos sempre a ele.

3º domingo do Advento/B
ALEGRIA: O SENHOR ESTÁ NO MEIO DE NÓS

Canto da entrada: (Fl 4,4-5) "Alegrai-vos, o Senhor está próximo".

Oração do dia: Possamos chegar à alegria da salvação e celebrá-la, já, em nossa vida.

1ª leitura: (Is 61,1-2a.10-11) **"O Espírito do Senhor repousa sobre mim, para levar a boa-nova aos pobres"** – O profeta de Is 61 (3º Isaías) exprime sua experiência do Espírito, lembrando as palavras do 2º Isaías (42,1). Este Espírito o impulsiona a levar a boa-nova aos pobres (= o "resto de Israel", o povo humilde vivendo na opressão e na dependência, na região de Judá, depois do exílio). Anuncia o "ano sabático" (restituição das propriedades aos pobres), encarado como solução dos prementes problemas sociais (61,2). A consequência de sua mensagem e da obra de Deus será o júbilo proclamado nos v. 10-11, uma espécie de "Magnificat". (Este texto é aplicado por Jesus a si mesmo, em Lc 4,18.) • 61,1-2 cf. Is 42,1; 11,2-4; Sl 72[71],13-14; Mt 11,28-30; Is 49,8 • 61,10-11 cf. 1Sm 2,1; Lc 1,46-47; Ap 21,2; Is 42,9; 55,10-11; Dt 26,19.

Salmo responsorial: (Lc 1,46-48.49-50.53-54) O Magnificat.

2ª leitura: (1Ts 5,16-24) **Alegria e ação de graças sempre** – Uma exortação à alegria e contínua ação de graças, pois é para ver-nos assim felizes que Deus nos fez participar do Evento de Jesus Cristo. Daí, as orientações práticas: não apagar o Espírito, avaliar tudo e guardar o que serve, eliminar todo o mal. Termina com um voto de paz, o que significa: perfeição escatológica. Pois Deus é fiel. • 5,16-19 cf. Rm 12,12; Ef 5,20; 6,18; 1Jo 4,1-3; Gl 5,22-23 • 5,23-24 cf. 1Ts 3,13; 1Cor 1,9; 2Ts 3,3.

Aclamação ao evangelho: (Is 61,1) "O Espírito do Senhor enviou-me levar a boa-nova aos pobres".

Evangelho: (Jo 1,5-8.19-28) **A missão de João Batista** – Cristo é a Luz nas trevas (e estas a impugnam) (Jo 1,5). João Batista não é esta luz, mas dá testemunho dela (1,6-8). Ele não é o salvador escatológico e não quer para si nenhum de seus títulos (1,19-21). Ele é (apenas) a "voz clamando no deserto" de Is 40,3 (1,22-23). Anuncia o mais forte do que ele, que já está, desconhecido, no meio do povo (1,25-27). • 1,8 cf. Jo 1,15.19-34; Mc 1,7 • 1,19 ("os judeus") cf. Jo 5,10.18; 7,1 • 1,21 cf. Ml 3,23-24; Mt 17,10-13; 16,14; Dt 18,15 – 1,23 cf. Is 40,3.

Oração s/as oferendas: Participação da salvação divina pela celebração.

Prefácio: (Advento I) A plenitude dos bens prometidos / (Advento II) "Aquele que João anunciou estar próximo, presente entre os homens".

Canto da comunhão: (Is 35,4) "Coragem, nosso Deus vem salvar-nos".

Oração final: Purificados pelo sacramento, preparados para a próxima vinda.

B
Adv.

No domingo anterior vimos a figura de João Batista, como a apresenta o evangelho de Mc. Hoje, no **evangelho**, podemos ver como o evangelista João interpreta a figura do Batista, não mais caracterizada pelo tema da conversão, mas pelo do testemunho. No evangelho de Mc, centrado sobre Jesus que proclama a chegada do Reino de Deus, o Batista é o profeta escatológico, o novo Elias, que deve preparar os corações para que, mediante a conversão, participem do Reino. A visão do evangelho de João é um tanto diferente. O conceito do "Reino" falta praticamente em Jo (é substituído pelo de "vida eterna"). Jo evita a historização do Reino; o Reino (de Jesus) não é deste mundo (Jo 18,36). Deus não se manifesta naquilo que o mundo chama de "reino", mas em Jesus mesmo (14,9). Escrevendo num outro contexto, Jo evita os tradicionais conceitos apocalípticos: o reino, o profeta do Fim etc. Por isso, em Jo 1,19-21, o Batista recusa os traços de sabor apocalíptico, por exemplo, do novo Elias, que os outros evangelhos lhe atribuem. Ele não é um personagem apocalíptico, ele é a "voz de quem grita no deserto" (cf. Is 40,3; Jo 1,22-23), uma testemunha (Jo 1,6-8.19.34; 3,26; 5,33). Ele não é a luz do mundo, que é Jesus (1,6-8; 8,12; 9,5), mas apenas uma lâmpada provisória (5,35). Seu batismo não é propriamente uma atuação escatológica, mas um sinal que aponta para o Enviado de Deus, o qual está, desconhecido, no meio do mundo (1,26). E, de fato, na continuação do texto, o Batista vai mostrar a seus discípulos Jesus como o Cordeiro de Deus (1,29.36; cf. 3,30).

A Luz que o Batista aponta está no mundo, mas o mundo não a quer conhecer (1,5.9-11). A parcela incrédula do mundo gosta de ficar nas trevas (3,19-20), cega (9,39-41). Se, portanto, o Batista aponta essa Luz como estando presente, desconhecida, no meio de nós (1,26), ele não apenas quer dizer que (ainda) não tivemos a chance de descobri-la, mas sugere que é preciso querer descobri-la. Para poder ver é preciso querer ver. Assim, o evangelho de hoje desperta em nós a necessidade de uma decisão pelas palavras do Batista: "No meio de vós está quem vós não conheceis", somos convidados a querer descobri-lo, dilatando nosso coração em alegria.

A liturgia de hoje está banhada na alegria (é o antigo domingo "Gaudete"). Alegria do antigo povo de Israel, que, de volta do exílio, mas ainda não bem estabelecido, espera dias melhores para breve; pois o profeta lhe é enviado com uma missão particular do Senhor (isto significa sua unção, Is 61,1); anunciar a boa-nova da perfeita restauração da paz e justiça, ao povo oprimido: os pobres, os cativos, os sofridos; proclamar um ano de graça, isto é, um ano sabático ou um jubileu, instituições de Israel para restabelecer, na sociedade, chances iguais para cada um (devolução das terras hipotecadas, libertação dos escravos etc.). A perspectiva de tal restauração da harmonia (não temos

B Adv.

conhecimento de que ela foi jamais realizada) provoca no profeta um grito de júbilo, como de um noivo ou noiva preparando-se para as núpcias. A justiça de Deus (a ordem sonhada por Deus) tornar-se-á coisa tão natural e cotidiana, tão vital e promissora quanto o germinar das frutas da terra. A liturgia completa este "Magnificat do Antigo Testamento" (Is 61,10-11; **1ª leitura**) com o do N.T., que é o **canto responsorial** de hoje. Surge, destes textos, a imagem do Deus Libertador, que se dirige, em primeiro lugar, aos que mais esperam: os pobres e humildes. Nestes vive o desejo que permite reconhecer as maravilhas do Senhor.

Também na **2ª leitura** vibra a alegria, por uma razão mais profunda ainda: o que Deus quis, afinal, com Jesus Cristo e sua obra, é que sempre possamos estar alegres e agradecer-lhe (1Ts 5,16). Ver-nos felizes, eis o desejo de Deus, ao qual nós respondemos por nosso desejo de vê-lo. Por isso, devemos deixar-nos animar sem cessar por seu Espírito. Na Igreja de Paulo, este Espírito era visível nos carismas. "Não apagar o Espírito" não significa, apenas, guardar vivo o fogo interior, mas também respeitar e incentivar a ação visível do Espírito na atuação carismática dos fiéis. Daí: não desprezar as profecias; antes, ponderar a avaliar tudo e ficar com aquilo que serve. E conservar sua integridade, sua "inteireza", pois tudo em nós deve ser santo quando vier o Senhor. Ele, por sua parte, não falhará; ele é fiel.

A **oração do dia** pede que possamos chegar às alegrias (eternas) da salvação e também celebrá-las, desde já, na liturgia. Ora, a liturgia é o momento de moldar a espiritualidade de nossa vida cotidiana. A alegria que ela celebra não é um parêntese em nossa vida, e sim, a manifestação do tom fundamental, o "baixo contínuo" de nossa vida. Articulando em hino e louvor o que vive no fundo de nosso coração e de nossa comunidade, a liturgia nos chama a uma autêntica vivência daquilo que ela articula. Se não formos capazes de participar do "Gaudete" de hoje, esticando nosso pescoço no alegre desejo de ver Aquele que está no meio de nós, alguma coisa não está certa em nós.

ALEGRIA POR CAUSA DE DEUS, ESCONDIDO, MAS PRÓXIMO

Em meio ao estresse de uns e a miséria de outros faz bem ouvir uma mensagem de alegria: "Transbordo de alegria por causa do Senhor... Como a terra produz a vegetação e o jardim faz brotar suas sementes, assim o Senhor fará brotar a justiça e a glória diante de todas as nações". Este trecho, o "Magnificat do Antigo Testamento", é a expressão de um povo que acredita na sua renovação, porque Deus está aí (**1ª leitura**).

Geralmente as pessoas têm medo da presença de Deus (cf. Is 6,5). Foi preciso que Deus se desse a conhecer de maneira diferente para que superássemos esse medo. Mas esse "Deus diferente" estava escondido. Quem nos prepara para a descoberta é João Batista, hoje apresentado na ótica do Evangelho de João. Ele não é a luz, mas vem testemunhar da luz (Jo 1,6-8). Ele não é o Messias, nem o Profeta (novo Moisés), nem Elias (1,21). Ele se identifica com a voz que convida o povo a preparar uma estrada para a chegada do Senhor (1,23, cf. Is 40,3). E anuncia: "No meio de vós está alguém que não conheceis, aquele que vem depois de mim, e do qual não sou digno de desatar a correia da sandália" (1,26-27). Naquele que o Batista anuncia manifesta-se que Deus está perto de nós, não como realidade assustadora, mas como pessoa humana que nos ama com tanta fidelidade que dá até sua vida por nós. Não é essa uma razão de alegria? Alegria contida, pois sabemos quanto custou a Jesus manifestar a presença de Deus desse jeito...

Por que Deus não veio logo com todo o seu poder? Deus prefere ficar escondido. É discreto. Quer deixar espaço para nós, para construirmos a História que Deus nos confia. Discretamente assim, quer participar ativamente de nossa história, em Jesus, para que aprendamos a fazer a história do jeito dele. E esse jeito se chama *shalom*: paz e felicidade. Lembrando a vinda de Jesus ao mundo, celebramos a presença discreta de Deus em nossa história.

Que significa "alegria" no mundo de hoje? *Réveillon* num restaurante cinco estrelas? Bem diferente é a imagem que surge da **2ª leitura**: "Estai sempre alegres, orai sem cessar, por tudo dai graças. Não apagueis o Espírito...". As primeiras comunidades cristãs viviam na espera da volta gloriosa de Jesus para breve. Eram animadas pelo Espírito de Deus, que os fazia até falar profeticamente. Por isso era preciso "examinar e ficar com o que fosse bom" (5,19), pois havia também "profetas confusos", como hoje... Mas o importante era que reinasse a alegria por causa da proximidade do Senhor. Deus mesmo quer nos aperfeiçoar e santificar, e não desiste: "Quem vos chamou é fiel: ele o fará" (5,24). A alegria é saber-se aceito por Deus, como a amada pelo amado (cf. 1ª leitura).

Talvez esta imagem da alegria não convença todos. É pouco publicitária... Ora, este terceiro domingo do Advento chama-se pela primeira palavra da antiga antífona em latim, *Gaudete*, "Alegrai-vos". Se não formos capazes de participar dessa alegria, esticando o pescoço no alegre desejo de ver aquele que está discretamente presente no meio de nós, alguma coisa não está certa...

4º domingo do Advento/B
A PROMESSA DE DEUS E O "SIM" DO HOMEM

Canto da entrada: (Is 45,8) O orvalho do Céu faz o Salvador brotar da terra.

Oração do dia: O Mistério da Salvação, desde a Anunciação até a Ressurreição.

1ª leitura: (2Sm 7,1-5.8b-12.14a.16) **O Filho de Davi** – O Deus que tirou Israel do Egito e fez com ele uma aliança (Ex 20,2; 24,3-8), também estabeleceu Davi como rei, como "Servo" predileto (2Sm 7,5). Quando Davi quer construir uma "casa" (= templo) para Javé, este manda Natã dizer que nunca precisou de casa alguma, mas acompanhou Israel numa tenda (7,6b), em todas as circunstâncias (7,9). Por isso, Deus construirá uma "casa" (= dinastia) para Davi, firme para sempre. Esta promessa é plenamente realizada em Jesus, filho de Maria, na linhagem de Davi. • Cf. 1Cr 17,1-15 • 7,1-3 cf. Dt 12,9-10; Sl 132[131],1-5 • 7,8-11 cf. 1Sm 16,11; Sl 78[77],70-71; 89[88],4.28-30 • 7,16 cf. 2Sm 23,5; Lc 1,32-33.

Salmo responsorial: (Sl 89[88],2-3.4-5.27+29) Bondade e fidelidade de Deus para com a casa de Davi.

2ª leitura: (Rm 16,25-27) **O Mistério de Deus revelado em Jesus Cristo e a fé universal** – No hino final de Rm, aparece o poder salvífico de Deus, que confirma a comunidade nascida do Evangelho. O sentido daquilo que, como um germe, estava escondido nas antigas Escrituras, fica agora patente, e isso, para todas as nações. Esta manifestação, porém, não se impõe pela força, mas exige a fé em Jesus Cristo e sua obra. • Cf. Ef 3,20-21; 1Cor 1,8; Cl 2,7; 1,26-27; Ef 3,3-12.

Aclamação ao evangelho: (Lc 1,38) "Eis a serva do Senhor".

Evangelho: (Lc 1,25-38) **Anunciação do Anjo a Maria** – (Cf. festa da Imac. Conceição de Maria) – Realização da promessa feita a Davi (1,32; cf. 1ª Lt), a Acaz (cf. Is 9) etc., mediante a graça de Deus (Lc 1,28.30) e a disponibilidade de Maria (1,38). Não é o processo da geração humana, que realiza esta promessa, mas obra de Deus (1,34-35: Maria não "conhece" homem), e o sinal para assinalar a presença do "sopro" de Deus ("Espírito") é a inesperada gravidez de Isabel (1,35-37). Jesus é um presente de Deus à humanidade. • 1,26-28 cf. Mt 1,18; Sf 3,14-15; Zc 2,14 • 1,31-33 cf. Is 7,14; 2Sm 7; Is 9,6 • 1,35 cf. Ex 24,15-16; Lc 9,34 • 1,37 cf. Gn 18,14; Jr 32,17.

Oração s/as oferendas: O Espírito santificador de Deus sobre as oferendas.

Prefácio: (Advento (II) "Foi ele que os profetas predisseram, a Virgem esperou com amor de mãe".

Canto da comunhão: (Is 7,14) A Virgem conceberá o Emanuel, "Deus conosco".

Oração final: Preparar dignamente o Mistério de Jesus Cristo.

B
Adv.

Com o 4º domingo, o Advento chega ao auge. O **evangelho** traz o pleno cumprimento de todos os *sinais* que anunciam a vinda do Salvador. A promessa feita a Davi, de que sua descendência teria seu trono firmado para sempre (2Sm 7; cf. **1ª leitura**), realiza-se no filho de Maria, juridicamente inserida, através de seu noivo José (o noivado tinha força jurídica), na descendência de Davi (Lc 1,27). A este filho, Deus dará – embora não do modo que se esperava – o trono de Davi, o governo da casa de Jacó (Israel) *para sempre* (cf. 2Sm 7,16). Já aprendemos, por estas últimas palavras, que as profecias se cumprem de um modo que a inteligência humana desconhece[1]. O modo de Jesus ser o Cristo que reinará para sempre, e o modo em que a casa de Israel se tornará um povo universal, nenhum contemporâneo de Maria o podia imaginar, e mesmo Maria só o vislumbrava como Mistério de Deus. As profecias não são programas a serem executados. São sinais da obra inesperada que Deus está realizando, sinais que a gente só entende plenamente depois da obra realizada.

Outro sinal que a gente reconhece ao reler o A.T. à luz do Evento de Jesus Cristo é a profecia de Is 7,14. Embora o rei Acaz não gostasse de que Deus se intrometesse nos seus negócios políticos, Deus lhe deu um sinal: o nascimento de um filho de uma mulher nova ("virgem", traduz a versão grega do A.T., usada pelos primeiros cristãos). Esse filho seria chamado Emanuel, "Deus conosco" (cf. Mt 1,23; 4º dom. Adv. A). No tempo de Is, isso significava: nos dias de catástrofe que hão de vir (722 a.C.: destruição do Norte e invasão do Sul pelos assírios), este rapaz de nome Emanuel, nascido como que por ordem de Deus, lembrará que Deus está com o povo. Mas, para quem conhece a história de Jesus, esse sinal reveste um sentido novo. Prefigura o mistério de Deus, a obra de seu "sopro" ou "espírito" vivificador (cf. Gn 2,7; Ez 37,9; Sl 104[103],29-30) em Maria, suscitando nela um filho que não é fruto da geração humana (Lc 1,34; cf. Mt 1,18-24), mas um presente de Deus à humanidade: sendo obra do Espírito Santo, que veio sobre Maria, este filho é chamado "Santo" e "filho do Altíssimo" (Lc 1,36; cf. as atribuições do filho real em Is 9,5-6; 11,1-5), o filho em que Deus investe todo seu bem-querer (Lc 3,22), enviado e ungido com seu Espírito (4,18). É o verdadeiro e definitivo "Deus conosco".

Mas o sinal por excelência da realização da promessa é o próprio nascimento do precursor de Cristo, do seio de Isabel, que tinha a fama de ser estéril (1,36). João Batista é "sinal" no sentido mais pleno imaginável: seu nascimento mostra a força do Altíssimo gerando o Salvador; sua missão prepara o caminho para este Salvador; sua pregação anuncia o Reino que o Cristo inaugura.

Ora, a obra de Deus através da História, assinalada pelos referidos sinais, anunciada como plenificando-se na alegre saudação do Anjo, que proclama a plenitude da graça de Deus em Maria (Lc 1,28-30; cf. Sf 3,14-15; Zc 2,14 etc.), só se torna fecunda para

---

1. O "recado" de Natã a Davi, de que sua descendência estaria firme para sempre (2Sm 7,16), foi entendido, originariamente, como a certeza de que Israel sempre teria um rei da dinastia davídica, e o nascimento de um filho real é saudado, em Is 9,6, como sendo a confirmação desta promessa. Depois que o Exílio (586-535 a.C.) abolira o reinado, o "para sempre" foi interpretado como significando "de novo". Israel (reduzido a um pequeno resto, ou seja, a população de Judá, no sul do país) teria um novo rei (davídico), um novo "ungido" (= Messias ou Cristo). Mas o que é anunciado a Maria ultrapassa de longe o que os judeus depois do exílio esperavam.

o homem se este o quiser. Daí, a importância de dizer: "Sim". Maria, respondendo ao Anjo (representando Deus mesmo) seu *Fiat* ("Faça-se em mim segundo a tua palavra"; Lc 1,38), colocando-se, como serva, a serviço do Senhor, é a primeira de todos os que, pela adesão da fé, "dão chances" à obra definitiva de Deus em Jesus Cristo. O *Fiat* de Maria representa a fé da humanidade e a disponibilidade com que a Igreja quer assumir o Mistério de Natal (cf. **oração final**).

Diante de todos esses sinais, na história de Israel e de Maria, devemos afirmar o que Paulo nos diz na **2ª leitura**: em Cristo se torna manifesto o que, desde séculos, as Escrituras, ao mesmo tempo que o assinalavam, escondiam: o Mistério de Deus (Rm 1,25-26; cf. Mt 13,35). Os autores escriturísticos vislumbravam uma presença fiel de Deus nos fatos provisórios da História. Vistos a partir de Jesus Cristo, estes fatos tornam-se indícios do que se manifesta, em plena clareza, nele mesmo, e isto, para todos os povos, ao menos, quando conduzidos pela auscultação da fé (Rm 1,26). Por isso, podemos louvar e agradecer (1,27).

FILHO DE DAVI E FILHO DE DEUS

Uma história antiga. Por volta do ano 1000 a.C., o Rei Davi consegue firmar seu "império" e pensa em construir uma "casa" para Deus, um templo. Mas Deus manda o profeta Natã dizer a Davi que ele não é de viver em templo: acompanhou o povo de Israel pelo deserto numa tenda, a Tenda da Aliança. E mais: ele, Deus, vai construir uma casa para Davi – casa no sentido de família, descendência. E então, Deus será como um pai para o descendente do rei (**1ª leitura**).

Mil anos depois, Deus se mostra fiel à sua promessa. Vive em Nazaré um descendente remoto de Davi. Chama-se José. Tem uma noiva, Maria. Nesta, ligada à casa de Davi por ser noiva do descendente, Deus quer suscitar, pela misteriosa ação de seu Espírito, o prometido "filho de Davi". Conforme a promessa, Deus será um pai para o prometido, que será para ele um filho: o "Filho do Altíssimo", o Messias (Lc 1,32, **evangelho**). Maria não consegue imaginar como isso será possível. Ela nem está convivendo com José. Então, Deus lhe dá um sinal para mostrar que ela pode confiar em sua palavra. Faz-lhe conhecer a gravidez de sua parenta Isabel, que era estéril. E Maria, confiante na fidelidade de Deus, dá o seu "sim": "Aconteça-me segundo a tua palavra" (1,38).

Deus dá sinais. As profecias, que revelam o modo de agir de Deus, são sinais da fidelidade de Deus (**2ª leitura**). Que de Maria nasça um remoto "filho de Davi" é um sinal de que ele é "Filho de Deus", obra de Deus na humanidade. Ora, para realizar seu projeto, Deus se expõe ao "sim" dessa mocinha do povo. Assim, o "Filho de Deus" será um verdadeiro "filho da humanidade", alguém que faça parte de nossa história e nos liberte de verdade. Só o que é assumido pode ser salvo, diz Sto. Irineu. Se Jesus não fosse verdadeiro filho da humanidade, nossa salvação nele seria mera ficção.

Não expliquemos. Contemplemos. "Revelação de um mistério envolvido em silêncio desde os séculos eternos"... (Rm 1,25). Não peçamos a Deus que ele justifique seu modo de agir para os nossos critérios "científicos". Quanto sabemos das coisas da criação... e das do Criador? Admiremos o modo de Deus se tornar presente. E, sobretudo, não queiramos fazer da mãe de Jesus uma Maria qualquer. Será que temos medo de reconhecer que, em algumas pessoas, Deus

B Adv.

faz coisas especiais? Estamos com ciúmes? Ora, não acha cada qual a sua namorada excepcional em comparação com as outras moças? Não neguemos a Deus esse prazer...

Essa admiração, porém, não é alienação. Só por ser verdadeiramente humano é que Jesus realiza entre nós uma missão verdadeiramente divina. Pois se fosse um anjo, nada teria a ver conosco. Jesus é tão humano como só Deus pode ser. Que ele é descendente de Davi significa que ele resume em si toda a história humana. Resume, recapitula, reescreve essa história. A história de Adão, a história de Davi, do "reinado", da comunidade humana política e socialmente organizada. Será que desta vez vai dar certo – menos guerras, adultérios, idolatrias...? Da sua parte, a "qualidade divina" da obra está garantida. Deus está com ele, "Emanuel". Mas, e da nossa parte?

TEMPO DE NATAL

(Da Vigília de Natal até o Batismo de N. Senhor – ver ano A)

TEMPO DA QUARESMA

(Quarta-feira de Cinzas – ver ano A)

1º domingo da Quaresma/B
A RESTAURAÇÃO DA HUMANIDADE EM CRISTO E O BATISMO

Canto da entrada: (Sl 91[90],15-16) Deus atende o clamor de seu servo.
Oração do dia: Acompanhar Cristo de perto e corresponder a seu amor.
1ª leitura: (Gn 9,8-15) **Dilúvio e aliança com a humanidade** – O dilúvio é o símbolo do juízo de Deus sobre este mundo. Mas repousa sobre este também sua misericórdia, simbolizada pelo arco-íris. Deus faz uma aliança com Noé e sua descendência, i.é, a humanidade inteira. Apesar do mal, Deus não voltará a destruir a humanidade. É significativo que esta mensagem foi codificada no tempo do declínio do reino de Judá! A fidelidade de Deus dura para sempre. • 9,8-11 cf. Gn 6,18; Os 2,20; Is 11,5-9; 54,9-10; Eclo 44, 18[17b-18]; Rm 11,29 • 9,12-15 cf. Ez 1,28; Ap 4,3.
Salmo responsorial: (Sl 25[24],4bc-5ab.6-7bc.8-9) Fidelidade de Deus a seu amor.
2ª leitura: (1Pd 3,18-22) **Dilúvio e batismo** – 1Pd caracteriza-se por seu teor de catequese batismal. O batismo inclui a transmissão de credo. 1Pd 3,18–4,6 contém os elementos do primitivo credo: Cristo morreu e desceu aos infernos (3,18-19), ressuscitou (3,18.21), foi exaltado ao lado de Deus (3,22), julgará vivos e mortos (4,5). Tendo ele trilhado nosso caminho até a morte, nós podemos seguir seu caminho à vida (3,18). O batismo, antítipo do dilúvio, purifica a consciência e nos orienta para onde Cristo nos precedeu. • 3,18 cf. Rm 5,6; 6,9-11; Is 53,11; Rm 1,3-4 • 3,20 cf. Gn 6,8–7,7; 2Pd 2,5 • 3,21 cf. Rm 6,4; Cl 2,12-13 • 3,22 cf. Ef 1,20-21; Cl 1,16-18.
Aclamação ao evangelho: (Mt 4,4b) Não só de pão vive o homem.
Evangelho: (Mc 1,12-15) **Tentação de Jesus no deserto e começo de sua pregação** – O batismo de Jesus, sua "provação" no deserto e o fim do ministério do Batista significam o fim da preparação de Jesus. Aproxima-se a grande virada do tempo: Jesus anuncia a boa-nova do Reino de Deus. – A tentação no deserto transforma-se em situação paradisíaca: Jesus é o novo Adão, vencedor da serpente. Seu chamado à conversão é um chamado à fé e à confiança. • 1,12-13 cf. Mt 4,1-11; Lc 4,1-13; Is 11,6-9; Sl 91[90],11-13 • 1,14-15 cf. Mt 4,12-17; Lc 4,14-15; Gl 4,4; Rm 3,25-26.

Oração s/as oferendas: Que Deus nos faça corresponder ao mistério que nossos dons celebram.
Prefácio: (próprio) Jesus consagrou o tempo de 40 dias e desarmou o inimigo.
Canto da comunhão: (Mt 4,4) "Não só de pão vive o homem..." / (Sl 91[90],4) Abrigo no Senhor.
Oração final: Viver da palavra que sai da boca de Deus.

O mal tem muitas faces e, além disso, uma coerência interior que faz pensar numa figura pessoal, embora não identificável no mundo material. Chama-se "satanás", o adversário; ou "diabo", destruidor. Está presente desde o início da humanidade. As águas do dilúvio representavam, para os antigos, um desencadeamento das forças do mal. Mas quem tem a última palavra, na criação, é o amor de Deus. Deus não quer destruir o homem, ele impõe limites ao dilúvio e não mais voltará a destruir a terra (**1ª leitura**). No fim do dilúvio, Deus repete o dia da criação, em que ele venceu o caos originário, separou as águas de cima e de baixo e deu um lugar ao homem para morar. Faz uma nova criação, melhor que a anterior, pois acompanhada de um pacto de proteção. O arco-íris, que no fim do temporal nos alegra espontaneamente, é o sinal natural desta aliança. Oito pessoas foram preservadas, na arca de Noé. Elas serão, graças à aliança, o início de uma nova humanidade.

Deus oferece novas chances. Incansavelmente deseja que o ser humano viva, mesmo sendo pecador (cf. Ez 18,23). Sua oferta tem pleno sucesso com Jesus de Nazaré. Este é verdadeiramente seu Filho (Mc 1,11). Impelido por seu Espírito, enfrenta no deserto as forças do mal – Satã e os animais selvagens –, mas vence, e os anjos do Altíssimo o servem (**evangelho**). Vitória escondida, como convém na 1ª parte de Mc. Nos seus 40 dias de deserto, Jesus resume a caminhada do povo de Israel e antecipa também seu próprio caminho de Servo de Javé. Por sua fidelidade na tentação, alcança um novo paraíso. Nas próximas semanas, o acompanharemos em sua subida a Jerusalém, obediente ao Pai. Será a verdadeira prova, na doação até a morte, morte de cruz. E "por isso, Deus o exaltou"... (cf. Fl 2,9).

Jesus, porém, não vai sozinho. Leva-nos consigo. Ele é como a arca que salvou Noé e os seus através das águas do dilúvio. Com ele somos imersos no batismo e saímos dele renovados, numa nova e eterna Aliança. Ao fim da Quaresma, serão batizados os novos candidatos à fé. A imagem da arca, apresentada pela **2ª leitura**, está num contexto que menciona os principais pontos do credo: a morte de Cristo e sua descida aos ínferos (para estender a força salvadora até os justos do passado); sua ressurreição e exaltação (onde ele permanece como Senhor da História futura, até o fim). Batismo é transmissão da fé.

Portanto, a liturgia de hoje é como o início de uma grande catequese batismal, e isso mesmo é o sentido da Quaresma: prepararmo-nos para o batismo, que é a participação na reconciliação que o sacrifício de Cristo por nós operou (cf. Rm 3,21-26; 5,1-11; 6,3 etc.)[2]. Mergulhar com ele na provação que nos purifica. Também os que já foram batizados participam disso, pois, enquanto não tivermos passado pela última prova, estamos sujeitos a desistências. Mas, como à humanidade toda, no tempo de Noé, também a cada um, batizado ou não, Deus dá novas chances: eis o tempo da conversão. Nisso consiste a expressão de seu íntimo ser, que é, ao mesmo tempo, bondade e justiça: "Ele reconduz ao bom caminho os pecadores, aos humildes conduz até o fim,

---

[2]. A liturgia renovada do Concílio Vaticano II insiste para que, na noite pascal, sejam batizados alguns novos fiéis, de preferência adultos, e que todos os fiéis façam a renovação de seu compromisso batismal.

em seu amor" (**salmo responsorial**). Por essa razão, todos os batizados renovam, na celebração da Páscoa, seu compromisso batismal.

Anima a liturgia de hoje um espírito de confiança (**canto da comunhão** II). Ora, confiança significa entrega: corresponder ao amor de Deus por uma vida santa (**oração do dia**). Claro, devemos sempre viver em harmonia com Deus, correspondendo a seu amor, como num novo paraíso. Na instabilidade da vida, porém, as forças do mal nos surpreendem desprevenidos. Mas a Quaresma é um "tempo forte", e neste devemos aplicar a nós mesmos a prova do nosso amor, esforçando-nos mais intensamente por uma vida santa.

QUARESMA, REGENERAÇÃO

Celebramos o 1º domingo da Quaresma. Muitos jovens nem sabem o que é a Quaresma. Nem sequer sabem o que significa o Carnaval, antiga festa do fim do inverno no hemisfério norte, que, na Cristandade, tornou-se a despedida da fartura antes de iniciar o jejum da Quaresma...

A Quaresma (do latim *quadragesima*) significa um tempo de quarenta dias vivido na proximidade do Senhor, na entrega a ele. Depois de batizado por João Batista no rio Jordão, Jesus se retirou no deserto de Judá e jejuou durante quarenta dias, preparando-se para anunciar o Reino de Deus (**evangelho**). Vivia no meio das feras, mas os anjos de Deus cuidavam dele. Preparando-se desse modo, Jesus assemelha-se a Moisés, que jejuou durante quarenta dias no monte Horeb (Ex 24,18; 34,28; Dt 9,11 etc.), a Elias, que caminhou quarenta dias alimentado pelos corvos até chegar a essa montanha (1Rs 19,8). O povo de Israel peregrinou durante quarenta anos pelo deserto (Dt 2,7), alimentado pelo Senhor.

Na Quaresma deixamos para trás as preocupações mundanas e priorizamos as de Deus. Vivemos numa atitude de volta para Deus, de conversão. Isso não consiste necessariamente em abster-se de pão, mas sobretudo em repartir o pão com o faminto e em todas as demais formas de justiça – o verdadeiro jejum (Is 58,6-8). A Igreja viu, desde seus inícios, nos quarenta dias de preparação de Jesus uma imagem da preparação dos candidatos ao batismo. Assim como Jesus depois desses quarenta dias se entregou à missão recebida de Deus, os catecúmenos eram, depois de quarenta dias de preparação, incorporados em Cristo pelo batismo, para participar da vida nova. O batismo era celebrado na noite da Páscoa, noite da Ressurreição. E toda a comunidade vivia na austeridade material e na riqueza espiritual, preparando-se para celebrar a Ressurreição.

A meta da Quaresma é a Páscoa, o batismo, a regeneração para uma vida nova. Para os que ainda não receberam o batismo – os catecúmenos –, isso se dá no sacramento do batismo na noite pascal; para os já batizados, na conversão que sempre é necessária em nossa vida cristã: daí o sentido da renovação do compromisso batismal e do sacramento da reconciliação neste período. É nesta perspectiva que compreendemos também a **1ª** e a **2ª leitura**, que nos falam da purificação da humanidade pelas águas do dilúvio e do batismo.

B Quar.

2º domingo da Quaresma/B
O DOM DO FILHO QUERIDO DE DEUS POR NÓS

Canto da entrada: (Sl 27[26],8-9) "Busquei tua face; não desvies de mim teu rosto" / (Sl 25[24],6.3.22) "Lembra-te, Senhor, de tua misericórdia".

Oração do dia: Purificado o olhar da fé, possamos contemplar a glória.

1ª leitura: (Gn 22,1-2.9a.10-13.15-18) **Abraão obediente até o sacrifício de seu filho único** – Pedindo que Abraão sacrificasse seu Filho, Deus não apenas testou sua obediência, mas colocou em questão todo o futuro de sua descendência. Será que Deus precisa de tais provas para saber se o homem lhe é fiel? Ou será que a fidelidade e a confiança só crescem quando são provadas? Prestes a sacrificar toda segurança, o homem se torna realmente livre; e é assim que Deus o quer, para que seja seu aliado. • Cf. Eclo 44,21[20]; Hb 11,17-19; Tg 2,21-22; Jo 3,16; Rm 8,32.

Salmo responsorial: (Sl 116,10+15.16-17.18-19 [115,1+6.7-8.9-10]) Confiança em Deus no meio da adversidade.

2ª leitura: (Rm 8,31b-34) **Deus não poupou seu único Filho** – Quem de fato sacrifica seu filho não é Abraão, mas Deus mesmo: prova de seu amor por nós, que não conseguimos imaginar, mas no qual acreditamos firmemente. • 8,32 cf. Gn 22,16; Rm 5,6-11; 1Jo 4,10; Jo 3,16 • 8,33-34 cf. Is 50,8-9; Hb 7,25.

Aclamação ao evangelho: (Lc 9,35) "Este é meu filho amado: escutai-o".

Evangelho: (Mc 9,2-10) **Manifestação de Jesus como filho querido de Deus** – A glorificação de Jesus no monte Tabor, diante de seus discípulos, completa a profissão de fé dos discípulos e o anúncio da Paixão, que eles não entenderam. É preciso que tenham diante dos olhos ambas as realidades do mistério de Cristo: a cruz e a glória. A voz da nuvem proclama Jesus messias. Já não se dirige a Jesus, como no batismo (1,11), mas aos discípulos (9,7). Jesus recebe o testemunho de Moisés e Elias, "a Lei e os profetas". Só depois de sua ressurreição, os discípulos entenderão esta visão. • 9,2-8 cf. Mt 17,1-8; Lc 9,28-36; Ex 24,16-18; Mc 16,5; 2Pd 1,16-18; 2Cor 3,18 • 9,9-10 cf. Mt 17,9-13.

Oração s/as oferendas: Que as oferendas nos santifiquem para a celebração da Páscoa.

Prefácio: (próprio) Pela Cruz à Glória.

Canto da comunhão: (Mt 17,5) "Este é meu filho bem-amado".

Oração final: Ainda na terra, participar da realidade do céu.

B Quar.

Hoje, a liturgia nos concede uma espiadinha no céu: Jesus revela sua glória diante de seus discípulos (**evangelho**). Devemos situar esta visão no contexto que Mc criou ao conceber a estrutura fundamental dos evangelhos escritos. Na primeira parte de sua atividade, Jesus se dirige às multidões mediante sinais e ensinamentos, que deixam transparecer sua "autoridade" (cf. primeiros domingos do T.C.), mas não dizem nada sobre seu mistério interior. Na segunda metade (a partir de 8,27; cf. 24º dom. T.C.), Jesus revela – não à multidão, mas aos Doze, futuras testemunhas de sua missão – seu mistério interior: sua missão de Servo Padecente (melhor, Filho do Homem padecente) e sua união com o Pai. O que foi confiado a Jesus pessoalmente, pelo Pai, na hora do Batismo, quando a "voz da nuvem" lhe revelou: "Tu és meu filho amado, no qual está meu agrado" (Mc 1,11), é agora revelado aos discípulos: "Este é meu filho amado; escutai-o". O mistério do Enviado de Deus não é mais reservado ao próprio Jesus; é comunicado aos que deverão continuar sua missão. E lhes é revelado, embora não entendam (9,10; cf. 8,32-33), ou melhor, porque não entendem, pois aproxima-se o momento em que eles deverão enfrentar o escândalo da cruz. Por isso, por uma frestinha, podem enxergar pedacinho do céu. E gostam: "Façamos aqui três tendas...", diz Pedro. Porém, "ele não sabia o que estava dizendo" (9,6). Pois Jesus não podia ficar onde estavam. Devia caminhar. Não há glória sem cruz, não há Páscoa sem Semana Santa (cf. 9,12b).

Muitos gostariam de que existisse Páscoa sem Semana Santa. Um Jesus festivo, jovem, simpático, com olhos românticos; ou até com ar de revolucionário, mas não um Jesus esmagado e aniquilado! Mc, porém, e também a liturgia, situam a visão da glória na perspectiva da cruz, no início do caminho que conduz ao Gólgota, logo depois do convite aos discípulos de assumirem sua cruz no seguimento de Jesus (8,34). Aprendemos hoje que não devemos construir as "tendas eternas" antes da hora. Jesus deve caminhar ainda, e nós também. Mas, entretanto, precisamos de uma "pré-visão" de sua glória, para, na noite do sofrimento, enxergar o sentido final, que se revela nestas breves palavras: "Este é meu filho amado...". Deus quer mostrar-nos que o mistério que nos salva é sua própria doação por nós, na morte de seu Filho. É o que nos explica Paulo, na **2ª leitura**: "Não poupou seu próprio filho". E, para que nos sensibilizemos do que significam estas palavras, a **1ª leitura** nos lembra o conflito que explodiu na alma de Abraão, quando Javé lhe exigiu seu querido e único filho em sacrifício. O filho que encarnava a promessa de descendência. O filho em quem estava toda a sua vida. Concretamente: Jesus era o homem que interpretava, ensinava e vivia de modo perfeito a vontade de Deus. Qualquer um de nós diria: "Este homem vale ouro, devemos dar-lhe todas as chances; não o podemos queimar; devemos protegê-lo, promovê-lo". Deus não. Deus sabe que o coração humano é orgulhoso e só cai em si depois de ter destruído sua própria felicidade. Deus sabe que os homens só se convertem "elevando os olhos para aquele que traspassaram" (Zc 12,10). A sede do poder, a agressividade, só reconhece seu vazio depois de ter esmagado o justo que a ela se opõe. Deus quer pagar este preço para conquistar o coração do ser humano. O Filho que ele envolve com sua glória, e que recebe o testemunho da Lei e dos Profetas (Moisés e Elias), Deus não o poupou, pois era preciso que se realizasse sua oferta de amor até o fim. Eis o risco que Deus quis correr.

Mas não aboliu Deus os sacrifícios humanos desde Abraão, impedindo, no último momento, o sacrifício de Isaac e contentando-se com um carneiro? Deus pôs fim aos sacrifícios em que homens oferecem outros homens. Mas, em seu Filho, ele mesmo quis sofrer, para nos ganhar com seu amor. Ele mesmo quis viver o amor até o fim, porque o Filho era, como se diz em termos humanos, o "amado" – uma parte de si, o único que encarnava plenamente sua vontade salvífica, o único verdadeiramente obediente, completamente dado ao plano do Pai. Nele Deus "se perdeu" a si mesmo em seu amor por nós...

"Escutai-o". Os ensinamentos de Jesus, que agora seguirão, são os ensinamentos sobre a humildade, o despojamento, o serviço, a doação em prol dos "muitos" (10,45). Só podemos aceitar este ensinamento na confiança de que "ele teve razão" quando deu sua vida por nós. É isto que a liturgia de hoje, antecipadamente, nos deixa entrever.

**B
Quar.**

DEUS DÁ SEU FILHO POR NÓS

No domingo passado vimos como Jesus, tendo assumido no batismo ser Filho e Servo de Deus, se preparou por sua "quaresma" para iniciar sua missão. Hoje, no 2º domingo da Quaresma, o mesmo Filho é mostrado diante da fase final de sua missão, prestes a subir a Jerusalém, onde enfrentará inimizade mortal (cf. Mc 10,1.32). Já tinha anunciado seu sofrimento aos discípulos, equivocados a seu respeito (Mc 8,31-33). No **evangelho** de hoje, Pedro, Tiago e João são testemunhas de uma revelação em que veem Jesus, antecipadamente, envolto na glória de Deus: a Transfiguração. E ouvem a Voz: "Este é meu Filho amado: escutai-o" (Mc 9,2-10). Antes de acompanhar Jesus no sofrimento, os discípulos recebem um sinal da glória de Jesus, para que saibam que o Pai está com ele quando ele vai dar sua vida por todos. Pois não é só Jesus dando a própria vida, é o Pai que dá seu Filho por nós, como diz Paulo na **2ª leitura**.

É isso também que prefigura a **1ª leitura**, que mostra Abraão disposto a sacrificar o próprio filho. Texto "escandaloso": como pode Deus mandar sacrificar um filho? Expliquemos bem. Naquele tempo havia povos que pensavam que o primogênito, não só do rebanho, mas dos próprios filhos – sobretudo do chefe – devia ser dedicado a Deus mediante um sacrifício humano (assim acreditavam também, na América, os índios astecas etc.). Ora, Isaac era o herdeiro legítimo (filho da mulher legítima), que Abraão em sua velhice recebera de Deus. Tinha poucas chances de ter outro herdeiro. Mesmo assim, estava disposto a dar ouvido à voz da crença que ditava sacrificar o primogênito. Mas Deus não quis – e não quer – sacrifícios humanos. Por isso mandou um animal para substituí-lo.

O gesto magnânimo de Abraão tornou-se imagem da incompreensível magnanimidade de Deus, que dá seu "Filho unigênito" para nós (Jo 3,16). Magnanimidade, de fato, muito mal compreendida. Há quem pense que Deus é um carrasco, que quer que seu Filho pague com seu sangue os pecados dos demais. Mas, muitos séculos antes de Cristo, os profetas negaram tal ideia: cada um é responsável por seu próprio pecado (Ez 18; Jr 31,29 etc.). Deus não é vingativo nem sanguinário, mas antes de tudo rico em misericórdia e fidelidade (Ex 34,6, Sl 115,1 etc.). E é por isso que dispõe de seu Filho, para que este nos mostre a misericórdia e fidelidade de Deus por sua própria prática de vida. Jesus é Filho de Deus na medida em que sua atitude representa o amor fiel de Deus. É precisamente no momento de subir a Jerusalém para enfrentar a inimizade mortal das autoridades que isso se verifica. Jesus poderia ter virado o casaco, desistido de suas bonitas lições sobre o amor fraterno, poderia ter salvo sua pele. Não quis. Quis ser a imagem do amor fiel de Deus. Por isso, quando Jesus dá sua vida por nós, é o Pai que a dá.

Nossa mentalidade egocêntrica, alimentada pela ideologia da competição e do consumo, dificilmente admite que Deus possa ser imaginado como um superlativo de Abraão, como alguém tão generoso que aceita a fidelidade de Jesus até o fim como se fosse o dom de seu único filho e herdeiro. "Este é meu Filho amado". Nele, Deus se reconhece a si mesmo, reconhece seu próprio modo de agir.

B Quar.

3º domingo da Quaresma/B
A ADORAÇÃO DE DEUS E A CRUZ DE CRISTO

Canto da entrada: (Sl 25[24],15-16) Deus me livra da armadilha / (Ez 36,23-26) "Derramarei sobre vós uma água pura".

Oração do dia: "Acolhei a confissão de nossa fraqueza".

1ª leitura: (Ex 20,1-17 ou 20,1-3.7-8.12-17) **Promulgação dos Dez Mandamentos** – Ano após ano, Israel celebra o acontecimento do Sinai: a Aliança e o Decálogo. Deus libertou Israel do Egito, tornou-o seu povo pela Aliança e orientou seus passos pela Lei. Na sua forma atual, os Dez Mandamentos estabelecem a fidelidade a Javé como fundamento de todo o *ethos* do povo. Os mandamentos propriamente éticos são balizas, posicionamentos em casos extremos; mas se pode fazer o bem e evitar o mal muito mais do que a Lei expressamente ordena. • Cf. Ex 34,14-26; Dt 5,6-21; Ex 20,22–23,19; Dt 27,15-26; Mc 12,29-34; Rm 13,8-10; Gl 5,14.

Salmo responsorial: (Sl 19[18],8.9.10.11) A Lei, luz e conforto.

2ª leitura: (1Cor 1,22-25) **A cruz de Cristo, loucura para o mundo, sabedoria de Deus** – A revelação cristã não é uma teoria bem inventada, mas uma práxis eloquente: na cruz de Cristo, a vontade salvífica de Deus se tornou gesto concreto. A busca de sinais legitimadores (judeus) ou raciocínios explicativos (gregos) não serve para compreender a cruz. Ela é um paradoxo. Deus é tão grande, que pode realizar sua obra na mais profunda aniquilação: nada de humano a sustenta de modo decisivo. Nosso caminho não vai do compreender ao crer, mas devemos crer para depois, de modo bem mais profundo, compreender o mistério de Deus na História. • Cf. Mc 8,11-12; Jo 4,48; 6,30; Gl 3,1; 1Cor 1,18-25; Jo 6,35; 2Cor 12,10; 13,4.

Aclamação ao evangelho: (Jo 3,16) O dom do Filho de Deus e nossa vida na fé.

Evangelho: (Jo 2,13-25) **Purificação do Templo e anúncio da Ressurreição** – Para Jo, Jesus, purificando o templo, o substitui por sua própria pessoa, como aparece no diálogo que segue, onde Jesus fala de reconstruir o templo: o de seu corpo. Pois é em Jesus que contemplamos a glória do Pai (Jo 1,14) e o adoramos em espírito e verdade (4,22-25). • Cf. Mt 21,12-13; Mc 11,11.15-17; Lc 19,45-46 • 2,13-18 cf. Ml 3,1-4; Sl 69[68],10 • 2,19-22 cf. Jo 4,48; 6,30; Jo 1,14; 4,21; 7,37-39.

Oração s/as oferendas: Receber e dar perdão.

Prefácio: (Quaresma I) Preparação da Páscoa.
Canto da comunhão: (Sl 84[83],4-5) Até o pássaro encontra abrigo junto a Deus.
Oração final: Manifeste-se em nossa vida o fruto do sacramento.

(**Obs.:** é permitido escolher todas as leituras do ano A; cf. Lecionário.)

O tema central de hoje é a *adoração de Deus*, aquilo que o A.T. entende por "temor de Deus": não medo infantil diante de um Deus policial, mas submissão e receptividade diante do mistério. Israel não pode "temer" outros deuses (2Rs17,7.35 etc.). Só a amizade ("graça") do Senhor vale a pena temer perder. Tal temor de Deus se expressa, antes de tudo, na Lei do Sinai, cujo resumo são os Dez Mandamentos (**1ª leitura**). Inicia com o mandamento do temor de Javé: só a Javé se deve adorar, pois ele é um Deus que age: tirou Israel do Egito. Mas o temor de Deus não diz respeito tão somente à atitude diante de Deus, mas também ao relacionamento com o próximo (o coisraelita). Pois Javé não estaria bem servido com um povo cujos membros se devorassem mutuamente. Daí o "culto" (veneração de Deus) implicar imediatamente um *ethos* (critérios de comportamento). No espírito dos antigos israelitas, o Decálogo era algo como um pacto feudal. Javé era o suserano, que fornecia força e proteção, mas esperava da parte do vassalo, Israel, colaboração e "temor", a adoração de Javé e o relacionamento fraterno no seio do próprio povo. Pois, sem estas duas condições, Israel não valeria nada como "povo de Javé". Em termos nossos: para servir (para) Deus, não basta ser piedoso; é preciso "ser gente" no relacionamento com os irmãos.

Jesus veio nos ensinar, não tanto por suas palavras, mas, sobretudo, por seu gesto de doação total, o que é obedecer a Deus e ser irmão dos homens. Seu gesto é mais eloquente do que qualquer decálogo. Doravante, a adoração de Deus não mais se chama temor, mas amor a Deus (1Jo 4,18). Porque em Jesus Deus não se revela como guerreiro, como no tempo do Êxodo, mas como "meu Pai e nosso Pai" (Jo 20,18). Por isso, Jesus é o verdadeiro lugar de adoração de Deus. "Vem a hora, e já chegou, em que os verdadeiros adoradores não mais adorarão no templo de Jerusalém ou no monte Garizim, na Samaria, mas em espírito e verdade", i.é, naquilo que Jesus nos comunica (Jo 4,22-25). Evocando a visão da glória no templo (Is 6), Jo 1,14 escreve: "O gesto de comunicação de Deus se tornou existência humana e (nesta) nós contemplamos sua glória". Jesus é o novo templo, lugar da manifestação da glória (cf. 2,11), sobretudo, na "hora" da morte (12,23.28; 13,31; 17,1 etc.). Por isso, quando Jo narra que Jesus purificou o templo de Jerusalém, não destaca – como Mc – que Jesus se revoltou contra a abusiva correria e profanação no templo. Jo escreve que Jesus expulsou até os animais do sacrifício; em outros termos, pôs fim ao culto do templo; e no diálogo explicativo que segue (2,18-22), o corpo do Cristo ressuscitado e glorioso se revela ser o novo templo, que em três dias será erguido (**evangelho**).

Em tal contexto, entendemos o "fanatismo" com que Paulo anuncia a cruz de Cristo (**2ª leitura**). Escândalo para os judeus, porque a cruz é um instrumento indigno para a morte de um judeu. Loucura para os pagãos, com sua filosofia elitista (estóicos) ou hedonista. Mas para os chamados dentre todos os povos e nações, é a revelação da força de Deus e de sua sabedoria. Nós sabemos por quê: porque Deus quer conquistar corações, que se convertem diante da consequência de seu próprio orgulho. Por isso, o acesso a Deus acontece doravante no Cristo rejeitado, pois é nele que encontramos o gesto de reconciliação de Deus para conosco.

Chamamos a atenção para o **canto da comunhão**, a alegria de estar na morada de Deus, "con-templar". O ativismo que invadiu a vivência cristã ameaça esta presença junto de Deus, que, contudo, é condição indispensável para colocarmo-nos em sintonia com sua maneira de salvar, que é a cruz.

A ALIANÇA DE DEUS E A CRUZ DE CRISTO

A Quaresma é tempo de preparação ou de renovação batismal. No afã de instruir os fiéis, a liturgia do 3º domingo apresenta os Dez Mandamentos (**1ª leitura**). Não são meros "preceitos". A primeira frase não é um preceito, mas a expressão do benefício que Deus prestou a seu povo: "Eu sou o Senhor, teu Deus, que te tirei da terra do Egito, da casa de escravidão". Os Dez Mandamentos têm a forma de uma "aliança", de um pacto entre um soberano e seus subalternos. O soberano "entra" com sua proteção e força, os subalternos com sua colaboração. Deus mostrou sua força, tirando o povo do Egito. Agora os subalternos vão colaborar, observando as regras necessárias para que o povo que Deus escolheu para si fique em pé. São regras vitais: respeitar e adorar a ele só, e respeitar-se mutuamente, na justiça e na solidariedade. Estas duas regras são necessárias para que o povo não se desintegre pela divisão religiosa e pela divisão político-social. São as duas tábuas da Lei: o amor a Deus e o amor ao próximo. Desde então fazem parte do catecismo, até hoje.

Esse Deus, que nos manda adorar a si e amar os nossos irmãos, dá-se a conhecer de forma sempre mais concreta através da História. Os antigos israelitas o concebiam sobretudo como "o Senhor dos Exércitos", o Todo-Poderoso, que os tirou do Egito. São Paulo, porém, depois que se converteu a Jesus de Nazaré, percebeu Deus de outra maneira. Deus não se manifesta só no poder; em Jesus, manifestou-se na fraqueza da cruz, "escândalo para os judeus e loucura para os pagãos" (**2ª leitura**). Loucura também para os cristãos de nome que somos nós, que preferimos cuidar de nosso próprio proveito, enquanto mais que a metade da humanidade vive na miséria, e isso, bem perto de nós.

Esse Deus da "loucura do amor", que se manifesta em Jesus, é o centro do **evangelho** de hoje, que orienta nosso olhar para a obra do amor fiel que Jesus levará a termo em Jerusalém. Jesus entra no Templo, irrita-se com os abusos – comércio em vez de oração – e expulsa, até com chicote, os animais do sacrifício e os vendedores. Ora, expulsando, na véspera da Páscoa, os animais do sacrifício – um para cada família de peregrinos – ele põe fim ao regime do Templo (que servia exatamente para os sacrifícios dos animais). O evangelista acrescenta que os discípulos mais tarde entenderam que a esse gesto se referiam as palavras do Sl 69,10: "O zelo por tua casa me devorará". E quando os chefes exigem um sinal de sua autoridade, Jesus responde: "Destruí este santuário, eu o reerguerei em três dias". O evangelista explica que ele falava da ressurreição, do templo de seu corpo, que desde agora toma o lugar do templo de pedra. Jesus é o lugar do verdadeiro culto, da verdadeira adoração, do encontro com Deus. Jesus crucificado.

Jesus renovou a primeira Aliança, a de Moisés e da Lei, no dom de sua própria vida. Este dom é agora o centro de nossa religião, de nossa busca de Deus. Uma vida que não vai em direção da cruz não é cristã.

4º domingo da Quaresma/B
RESTAURAÇÃO DE NOSSA VIDA EM CRISTO

Canto da entrada: (Is 66,10-11) "Alegra-te, Jerusalém".

Oração do dia: Correr ao encontro das festas que se aproximam.

1ª leitura: (2Cr 36,14-15.19-23) **Deus encarregou Ciro de reconstruir o Templo** – O final de 2Cr esboça uma teologia da história de Israel (que findou, pelo exílio babilônico, em 587 a.C.). O Cronista pensa como Jr e Ez: Deus advertiu bastante, pela boca dos profetas, mas Israel não obedeceu e os reis quiseram fazer sua própria vontade; por isso veio o juízo: a destruição de Jerusalém e o exílio de sua elite. Mas a última palavra de Deus é de misericórdia; como ele fez destruir, assim também faz reconstruir. Para isso, usa-se do vencedor dos babilônios: Ciro, o persa. Deus castiga não para destruir, mas para renovar o homem. • Cf. 1Cr 28,9; Jr 7,25-26; 29,19; Ez 33,30-33; 2Rs 25,9-10; 1Cor 10,11.

Salmo responsorial: (Sl 137 [136], 1-2.3.4-5.6) Israel aos rios da Babilônia.

2ª leitura: (Ef 2,4-10) **Deus restaurou nossa vida em Cristo** – Se todos se afastaram de Deus e estão mais perto da morte que da vida (2,1-3), o texto de hoje responde: Deus nos corressuscitou com Cristo e nos deu um lugar na sua vida (2,4-6). Morto é quem está entregue a seu egoísmo; para reviver, precisa de um amor que seja maior do que seu fechamento: a "riqueza da graça" que Deus nos demonstra em Jesus Cristo. Maravilha de amor que deve manifestar-se também na vida dos que são assim renovados: devem realizar a caridade que Deus desde sempre sonhou para eles. • 2,4-6 cf. Rm 6,3-5; Cl 2,12-13; 3,1-4; Rm 8,11 • 2,7-10 cf. Rm 9,23-24; 1,16; 1Cor 1,28-30; 2Cor 5,17-18.

Aclamação ao evangelho: (Jo 3,16) De tal modo amou Deus o mundo, que lhe deu seu único Filho.

Evangelho: (Jo 3,14-21) **Cristo exaltado na morte; nossa passagem da morte à vida** – Para Jo, a "exaltação" de Jesus é sua elevação na cruz e na glória do Pai. Esta dupla elevação é uma realidade só; a glória de Deus, a manifestação de seu ser, é o amor de Cristo dado por nós até o fim (cf. Jo 13,32; 17,1-2). Quem, na fé, assume este acontecimento de Deus em Jesus, tem a vida de Deus, a vida eterna (3,15). A gente não merece esta vida; recebe-a, entrando no diálogo de Deus, entrando na sua vida, na sua luz. Quem assim se deixa envolver não é mais estranho para Deus e "não é julgado"; passou da morte para a vida. • 3,14-17 cf. Nm 21,4-9; Jo 1,4; 5,24-26; 1Jo 2,2 • 3,18-21 cf. Jo 12,47; Jo 8,12.

Oração s/as oferendas: Alegre oferta dos dons para a salvação do mundo.

Prefácio: (Quaresma I) Esperar com alegria a Páscoa / (Exaltação da S. Cruz) Cristo elevado na Cruz: nossa salvação.

Canto da comunhão: (Sl 122[121],3-4) Alegria de subir a Jerusalém.

Oração final: Que Deus nos ilumine para pensarmos o que lhe agrada e amá-lo de todo o coração.

B
Quar.

(**Obs.:** é permitido escolher todas as leituras do ano A; cf. Lecionário.)

Na Quaresma, a liturgia relaciona a caminhada de Israel com a nossa salvação pela fé em Cristo, professada no batismo. O episódio narrado hoje, à primeira vista, não parece ilustrar o **evangelho** (cuja prefiguração veterotestamentária se encontra em Nm 21). Contudo, ao bom observador a liturgia de hoje aparece atravessada por um fio homogêneo: a passagem da morte à vida, das trevas à luz, do pecado à reconciliação. Israel estava morto: a terra e a cidade destruídas, o povo exilado. Mas Deus o fez reviver, levando-o de volta. E isso, sem mérito da parte de Israel, mas pelo intermédio de um pagão, o rei Ciro (**1ª leitura**), que se apresenta como encarregado de Javé para realizar essa obra (2Cr 36,23; cf. Is 44,24–45,13). Na mesma linha, a **2ª leitura** fala de nossa revivificação com Cristo, terminologia batismal (cf. Rm 6,3 etc.). Acentua fortemente a gratuidade do agir de Deus. Não foi por nossos méritos (Ef 2,8-9), mas porque Deus o quis, em sua grande misericórdia (2,4-5). O que não quer dizer que não precisamos fazer nada. Não somos salvos pelas obras, mas *para* as obras: para as obras boas que Deus nos preparou em sua eterna providência (2,10).

Por que não nos salvam nossas obras? Porque nosso relacionamento com Deus não é comercial, mas vital. Como poderíamos restituir àquele de quem recebemos a própria vida? A única maneira de reconciliação é: aceitar. Aceitar a nova vida que nos é oferecida, nossa nova "realização", numa práxis que vem de Deus mesmo e que nós assumimos em união com Cristo, seu grande dom.

Também o evangelho fala de nossas obras e da bondade de Deus, gratuita e radical, pois dá seu próprio filho por nós (cf. 2º dom. Quar.). Descreve a reação dos homens, na sua práxis, diante da irrupção da oferta de Deus: Jesus Cristo e sua mensagem. O homem pode expor a práxis de sua vida à luz dessa oferta, e então sua práxis será transformada. Ou pode, autossuficiente, fugir dessa nova iluminação, porque suas obras não aguentam a luz do dia. Portanto – e aqui Jo se torna muito esclarecedor para nossa problemática atual –, a razão por que alguém aceita ou rejeita Jesus não é tanto uma razão intelectual, mas a práxis que ele está vivendo. Quem "faz a verdade" (3,21) aceita a luz do Cristo.

Para Jo, o julgamento acontece na rejeição de Cristo, enviado do Pai; e isso, desde já; como também a salvação existe, desde já, na sua aceitação (3,18). Ora, esta rejeição ou aceitação acontece na práxis.

Nisto está uma mensagem importante para nossa "subida" à festa pascal em espírito de conversão (cf. **canto da comunhão**; **oração do dia**). Não bastará proclamar na noite pascal o Credo, o compromisso da fé. A proclamação deve ser a confirmação daquilo que já estamos vivendo e praticando. Desde já, esta Quaresma nos deve levar a uma nova práxis. Daí ser necessário participar da Campanha da Fraternidade e de práticas semelhantes, que nos levem a viver, com convicção, na luz projetada pelo Filho de Deus, morto na cruz por nós. Não só austera abnegação, mas positiva e alegre doação aos necessitados. Não que nossa práxis nos salvasse. Mas é preciso que façamos algo, para que se encarne o que Deus quer para conosco: um amor em atos e verdade (1Jo 3,18).

Não são as nossas obras que nos salvam. Quem nos salva é Deus. Mas nossas obras encarnam sua salvação.

NOSSA VIDA RESTAURADA EM CRISTO

A liturgia de hoje fala de crime e castigo e, sobretudo, de restauração, pois Deus não quer a morte do pecador, e sim, que ele mude de caminho e viva (cf. Ez 18,23.32). A **1ª leitura** mostra como os israelitas se afastaram de Deus. Quando, porém, foram exilados de sua terra e levados à Babilônia, entenderam que sua desgraça era um sinal de seu afastamento. Voltaram seu coração para Deus, que os fez voltar à sua terra. Essa história prefigura a volta de todos os seres humanos para Deus, reconduzidos pelo amor que Cristo manifestou.

Os que estávamos mortos pelo pecado, mas acreditamos em Cristo, fomos salvos pela graça recebida na fé: "Pela graça fostes salvos" (**2ª leitura**). Nossos erros mostram que, por nós mesmos, não somos capazes de trilhar o caminho certo. A única maneira de "voltar" é deixar-nos atrair pela oferta de amizade de Deus. Não nos salvamos pelas nossas obras (no sentido de esforços para "merecer"), mas Deus nos salva para as boas obras que ele preparou para que nós entrássemos nelas: a caridade, a solidariedade... (Ef 2,10). Não são as nossas obras que nos salvam: quem nos salva é Deus. Mas o que fazemos – a nossa prática de vida fraterna e solidária – encarna nossa salvação.

O **evangelho** expressa ideias semelhantes. É o fim do diálogo de Jesus com Nicodemos, o fariseu. O trecho que lemos hoje inicia com uma lembrança do Êxodo. Deus tinha castigado a rebeldia do povo com a praga das serpentes. Para os livrar da praga, Moisés levantou numa haste, à vista dos israelitas, uma serpente de bronze. Os que levantaram com fé os olhos para este sinal ficaram curados. Assim devemos levantar com fé os olhos para o Cristo elevado na cruz e receber dele a salvação, pois Deus o deu ao mundo para que testemunhasse seu amor até o fim. "Tanto Deus amou o mundo..." (Jo 3,14-16).

A liturgia da Quaresma insiste: o pecado não é irreparável. Para os que creem, existe volta, conversão, perdão e salvação. Jesus não veio para condenar, mas para salvar. Ele é a luz que penetra nossas trevas. Mas há quem fuja da luz, para não admitir que está agindo de maneira errada. Nesse caso, não há remédio (Jo 3,19-21).

Assim como a gente gosta de expor-se ao benfazejo sol da manhã, devemos expor-nos à luz de Cristo. Sua prática deve iluminar nossa vida, para que "pratiquemos a verdade". Todos somos salvos ou devemos ser salvos pelo amor de Deus que Cristo nos manifesta. Ninguém fabrica sua própria salvação. O autossuficiente permanece nas trevas, ainda que sua suficiência pareça virtude, como era o caso dos fariseus, aos quais se dirige a advertência do evangelho. Por outro lado, se nos deixamos iluminar por Cristo, sejamos também uma luz para nossos irmãos. O evangelizado seja também evangelizador.

5º domingo da Quaresma/B
APRENDIZAGEM DIVINA: A HORA DE JESUS

Canto da entrada: (Sl 43[42],1-2) Invocação da justiça de Deus contra o adversário.

Oração do dia: Alegria na caridade que levou Cristo a doar sua vida.

1ª leitura: (Jr 31,31-34) **A nova Aliança** – No tempo de Josias (ca. de 620 a.C.), a fé revive em Judá. Mas a Aliança ("Eu sou vosso Deus e vós sois meu povo") foi tantas vezes rompida pelo povo, que só Deus a pode renovar ainda, por seu amor que perdoa e restaura. Por parte do homem, pressupõe a "virada do coração", a conversão. Então, a nova Aliança superará a antiga. • Cf. Hb 8,8-12 • 31,31-32 cf. Ex 24,3-8; Lc 22,20 • 31,33 cf. Hb 10,16; Jr 32,39-40; Ez 11,19; 36,26; Sl 51[50],8-12; 2Cor 6,3,3 • 31,34 cf. Os 2,22; 6,6; Jo 6,45; 1Jo 2,27; Hb 10,17.

Salmo responsorial: (Sl 51[50],3-4.12-13.14-15) Deus nos dá um coração novo.

2ª leitura: (Hb 5,7-9) **Cristo, o perfeito discípulo de Deus** – Sendo o Filho de Deus, Jesus é o perfeito pontífice, mediador (Hb 4,14; 9,15; 1Tm 2,5). Mas é também o perfeito discípulo de Deus, que "aprende" a obediência pelo sofrimento (5,8): na obediência descobriu a "lógica" do plano de Deus, a doação até o fim. No seu clamor de oprimido (cf. Mc 14,36), encontrou ouvido junto a Deus: a força para assumir sua cruz e morrer em prol dos pecados de todos. Este foi o caminho de sua glória e de nossa salvação e reconciliação com o Pai. • 5,7-8 cf. Mc 14,32-42; Jo 4,34; Hb 10,5-7; Fl 2,6-8 • 5,9 cf. Hb 2,10; 1Cor 8,6; Jo 17,19.

Aclamação ao evangelho: (Jo 12,26) Estar junto a Jesus no seu caminho.

Evangelho: (Jo 12,20-33) **A "hora" da exaltação de Jesus: o grão de trigo morre na terra** – Alguns "gregos" (representantes do mundo universal) querem conhecer Jesus. A resposta de Jesus supera sua perspectiva: iniciou a "hora" de Jesus, a manifestação de sua glória, sua "exaltação" (na cruz e na glória). Cumpre-se a hora anunciada desde Caná (2,4). Mas é uma hora terrível: Jesus conhece o profundo abismo da agonia (12,27), mas também a comunhão com o Pai na obediência, o amor de sua vontade (12,28). É a hora da vitória, em que, "exaltado", atrai todos (também os "gregos") para si. • 12,21 cf. 12,32 • 12,23, "a hora", cf. 2,4; 7,30; 8,20; 12,23.27; 13,1; 17,1 • 12,24-26 cf. Is 53,10-12; Mc 8,35; Mt 16,24-25 • 12,27-28 cf. Mc 14,33-36; Hb 5,7-8; Jo 18,11; 17,6.

Oração s/as oferendas: Purificação pelo sacrifício.
Prefácio: (Quaresma II) Renovação do homem / (Exaltação da S. Cruz) Jesus exaltado na cruz nos atrai a si.
Canto da comunhão: (Jo 12,24-25) O grão de trigo deve morrer para produzir fruto.
Oração final: Sejamos sempre contados entre os membros daquele cujo corpo e sangue comungamos.

(**Obs.:** é permitido escolher todas as leituras do ano A; cf. Lecionário.)

"Dias virão": esta expressão, no A.T., muitas vezes soa como uma ameaça. Hoje porém anuncia uma promessa das mais carinhosas: uma nova Aliança (**1ª leitura**). A antiga tinha sido rompida demasiadas vezes. Deus recorre ao último recurso: uma nova... Será diferente da anterior. A Lei não mais estará escrita em tábuas ou em rolos, mas no coração de cada um. E não mais precisarão de mestre, pois todos conhecerão Deus. Deus os toma para si, esquecendo seus pecados.

O **evangelho** nos apresenta Jesus Cristo como cumprimento desta promessa. Veio a "hora", hora de "glorificação". Glorificação de Cristo pelo Pai, do Pai por Cristo (Jo 12,23.28; cf. 13,31; 17). Pois a glória é o atributo mais próprio de Deus. Sem sua vontade, não há glória para o Cristo. Esta vontade manifesta-se, de modo dramático, numa antecipação da agonia de Jesus: "Salva-me desta hora, Pai!" A **2ª leitura**, Hb 5, comenta esse momento, na conclusão de sua exposição referente a Jesus Cristo, Sumo Sacerdote e Mediador: aquele que participa em tudo de nossa condição humana, menos no pecado. Participa do abismo da agonia. Grita a Deus entre lágrimas, e é por ele ouvido, tirado, não da morte, mas da angústia da morte, porque se sabe na mão de Deus: eis o que ele "aprendeu". Assim também em Jo: na hora da completa angústia, Jesus reconhece a vontade de Deus, não como algo terrível, mas como glória, ou seja, o íntimo de Deus revelando-se no amor de seu Filho para os seus: "Pai, glorifica teu nome" (12,28). Também nossa vocação, na Nova Aliança, é: conhecer Deus de perto (cf. **1ª leitura**), do modo como o aprendeu Jesus (**2ª leitura** e **evangelho**).

O tema da aprendizagem divina é comentado na **aclamação ao evangelho**, o *Miserere* (Sl 51[50]), inspirado em Jr 31: pede um coração novo, um espírito puro. Exprime com acerto a aspiração que animou o "tempo de quarenta dias", que vai para o fim. Só falta ainda a etapa final da aprendizagem (de Cristo e de nós): a morte na cruz.

Conhecer Deus, seu modo de ser e de agir: "Se o grão de trigo não morre na terra, fica só; mas se morre, produz muito fruto". Os exemplos da "lei do grão de trigo" são muitos, em nossos dias, na América Latina. Pois não foi só para Jesus que ela valeu. "Quem quer servir-me, siga-me, e onde eu estiver, ele também estará, e meu Pai o honrará" (12,26) (**aclamação ao evangelho**).

O homem moderno talvez se revolte diante desta temática: tal Deus é um opressor! Seria, se não fosse ele mesmo o primeiro envolvido, pois se trata de seu Filho. O que o Filho aprende é o que Deus é. Deus o "atende", comungando com ele, na mútua comunicação da glória (Jo 12,28), vitória sobre o príncipe deste mundo (Jo 12,31). Também isso acontecerá – e já deveria estar acontecendo – conosco: comungar com o mais íntimo de Deus na nossa total doação aos seus filhos, vencendo o mal que os oprime.

No 1º domingo da Quaresma esboçou-se a luta de Jesus contra o poder do mal. Hoje, ao aproximar-nos da Semana Santa, descobrimos a arma com a qual Jesus venceu seu adversário: a obediência no amor até o fim.

A HORA DA NOVA ALIANÇA

A **1ª leitura** deste domingo contém uma das promessas mais carinhosas do Antigo Testamento: a promessa de uma "nova Aliança". A antiga tinha sido rompida demasiadas vezes. Ficou gasta. Deus vai recorrer ao último recurso: uma nova aliança, diferente da anterior. A Lei não estará mais escrita em tábuas de pedra ou em rolos de papel, como os dos escribas. Estará inscrita no coração de cada um. Ninguém precisará ainda de mestre! Todos conhecerão Deus, e Deus os acolherá, esquecendo seus pecados.

O **evangelho** nos propõe Jesus Cristo como cumprimento dessa promessa. Chegou a "hora" – hora da glorificação de Cristo pelo Pai e do Pai por Cristo (Jo 12,23.28; cf. 13,31; 17,1...). A "glória" é o mais próprio ser de Deus. Sem a vontade de Deus, não há glória para Jesus. E esta vontade manifesta-se, de modo dramático, numa antecipação da agonia de Jesus: "Salva-me desta hora".

A **2ª leitura**, da Epístola aos Hebreus, fala no mesmo sentido. Anteriormente, a carta expôs que Jesus substitui as grandes instituições de Israel: ele é o sumo sacerdote no lugar de Aarão, o mediador no lugar de Moisés. Para tanto, ele participa em tudo de nossa condição humana, exceto o pecado. Participa da agonia. Grita a Deus entre lágrimas, e é ouvido pelo Pai. Este o tira, não da morte, mas da angústia. Jesus sabe que Deus está com ele, ele o "aprendeu" (Hb 5,8). Assim, no evangelho, na hora da angústia (12,27: "Pai, salva-me desta hora"), Jesus reconhece a vontade de Deus não como algo terrível, mas como glória, ou seja, como o íntimo de Deus revelando-se no amor de seu Filho para todos: "Pai, glorifica teu nome" (12,28). Também nossa vocação na "nova Aliança" é: conhecer Deus de perto, do modo como Jesus o aprendeu.

"Se o grão de trigo não morrer na terra, fica só, mas se morre, produz muito fruto" (Jo 12,24). É a "lei do grão de trigo", o modo de agir de Deus, a instrução da Aliança definitivamente renovada. Deus sabe que o endurecimento só é vencido pela vítima. Quando o adversário a quer abafar, a verdade do amor se afirma. É a força da flor sem defesa. A justiça se vê afirmada e vencedora na hora em que a violência a quer suprimir. Os exemplos da "lei do grão de trigo" são muitos em nosso mundo e na América Latina, terra de justos martirizados pelos que se dizem cristãos. Pois essa lei vale não só para Jesus, mas também para seus seguidores: "Quem quer servir-me, siga-me, e onde estiver eu, estará também aquele que me serve, e meu Pai o honrará" (12,16).

Eis a aprendizagem da nova Aliança, da "lei", da instrução inscrita em nosso coração. Não é extrínseca, imposta de fora. Faz parte de nosso ser cristão, de nosso ser participante da vida de Cristo. Essa instrução, como a ação escondida do grão na terra, frutificará em nossas atitudes políticas, culturais, humanitárias. Seremos capazes de "morrer" em relação aos nossos proveitos imediatos, a fim de que brote aquilo que, profundamente, sabemos ser verdadeiro e justo?

B
Quar.

(Domingo de Ramos – ver ano A)

TRÍDUO SACRO E TEMPO PASCAL

> (Tríduo Sacro e Domingo da Páscoa – ver ano A)

2º domingo da Páscoa/B
FÉ VITORIOSA NO AMOR DE CRISTO

Canto da entrada: (1Pd 2,2) "Como crianças recém-nascidas..." / (4Esdras 2,36-37) "A glória de vossa vocação".

Oração do dia: "O Batismo que nos lavou, o sangue que nos remiu, e o espírito que nos deu nova vida".

1ª leitura: (At 4,32-35) **Os primórdios da Igreja: um só coração e uma só alma** – A unidade da Igreja fundamenta-se na fé comum em Cristo ressuscitado e exprime-se na oração comum (At 4,24-31), mas também no compromisso com os necessitados da comunidade (4,32-34). A força interna da fé vivida deste modo é o Espírito Santo: ele é a "uma só alma" de que vive a comunidade e a leva a dar seu testemunho perante o mundo. • Cf. At 2,42-47; 5,12-16 • 4,32 cf. Jo 17,21.23 • 4,33 cf. At 1,8; 10,38-39 • 4,34-35 cf. Dt 15,4-5; Lc 12,33.

Salmo responsorial: (Sl 117[116]2-4.16ab-18.22-24) Deus é minha força e coragem.

2ª leitura: (1Jo 5,1-6) **O amor e a vitória da fé em Cristo** – O amor que Cristo nos legou não é sentimentalismo, mas força para viver. Quem ama a Deus, ama também suas criaturas. Nesta atitude, o cristão se distancia do mundo com seu desejo do poder. Acreditando realmente em Cristo e seu "legado", vencemos este poder: o poder deste mundo está vencido desde que saiu sangue e água do lado aberto do Cristo. • 5,1-4 cf. 1Jo 1,3; 3,14-19; 4,20; Rm 13,9; Dt 30,11; Mt 11,30; Jo 16,33 • 5,5-6 cf. Jo 19,34; 14,26.

Aclamação ao evangelho: (Jo 20,29) Felizes os que creem sem terem visto.

Evangelho: (Jo 20,19-31) **O Espírito, dom pascal e missão do fiel** – Pela aparição do ressuscitado no "primeiro dia" da semana, este se transforma para sempre em "dia do Senhor": dia da fé, da alegria, da comunidade, da paz. Os discípulos reconhecem Jesus, o crucificado que vive; recebem seu Espírito e missão salvadora: a paz. Tomé é o protótipo da testemunha ocular, que pôde "apalpar" a realidade do ressuscitado. Seu testemunho nos é legado pelo escrito de Jo, para que creiamos sem ter visto. • Cf. ano A.

Oração s/as oferendas: Da renovação batismal à vida eterna.

Prefácio: (Páscoa I) Vitória sobre o pecado e a morte.

Canto da comunhão: (Jo 20,27) "Não sejas incrédulo, mas acredita".

Oração final: Conservar em nossa vida o sacramento pascal.

As duas primeiras leituras de hoje convidam a uma reflexão sobre o amor fraterno à luz da Páscoa, ou seja, da vitória do Ressuscitado. Na sua Primeira Carta, João explicou que em Jesus se manifesta o amor de Deus; mais: que Deus é amor. Porque Deus nos amou primeiro, nós também devemos amar e, como Deus não se vê, devemos amá-lo no irmão que vemos. Pois – e neste ponto engata a **2ª leitura** de hoje – nossos irmãos são filhos de Deus, porque acreditam em Jesus Cristo (1Jo 5,1; cf. Jo 1,12-13); ora, quem ama o Pai, deve amar também seus filhos. Que amamos seus filhos verifica-se na observância de seus mandamentos – o mandamento do amor, que Cristo nos deixou (Jo 13,31-35). Estes mandamentos não são um peso, mas antes, alegria, pois significam vitória sobre o mundo: a vitória daquele que crê em Jesus Cristo, que pelo sangue de sua cruz e pelo Espírito que nos deu – e também pela água do batismo, que significa tudo isso – vence o processo contra o mundo (cf. Jo 16,7-11).

Sintetizando o pensamento dinâmico e associativo de Jo, podemos dizer: a comunidade da fé em Jesus Cristo, do batismo em seu nome e do Espírito que ele envia é uma comunidade de irmãos, filhos de Deus, que, por causa da palavra de Cristo, devem amar-se mutuamente, como Deus os amou em Cristo. O amor é o sinal da fé que nos faz participar da vitória de Cristo sobre o "mundo" (no sentido joanino de poder egocêntrico e autossuficiente). Pois essa vitória foi a vitória do amor sobre o ódio, da vida sobre a morte.

O que Jo explica numa meditação teológica, o livro dos Atos nos mostra de modo narrativo (1ª **leitura**). A comunidade dos primeiros cristãos era "um só coração e uma só alma". Praticavam a comunhão de bens, modo mais seguro para que ninguém tivesse de menos enquanto outros tivessem demais. Não havia necessitados entre eles. Vendiam seus imóveis para alimentar a caixa comum, sob a supervisão dos apóstolos. Certo, as circunstâncias eram especiais. Viviam na fé de que Cristo voltaria logo. Não precisavam constituir um capital para seus filhos. Contudo, talvez tenham constituído o melhor capital imaginável: uma comunidade de amor fraterno.

Ambas as leituras falam do amor *no interior da comunidade* cristã. É importante observar isso, pois não se trata de amor filantrópico, que dá um pedacinho para cá e um pedacinho para lá, mas do amor fraterno, que é comunhão de vida. Só num compromisso mútuo, selado pelo amor do Pai e a força do Espírito de Cristo, pode-se falar de amor cristão no sentido estrito. Trata-se do amor como realização escatológica: algo de Deus aqui na terra. Só enquanto realizarmos essa efetiva comunhão com os outros discípulos do mesmo Mestre num espírito comum, comunicaremos também, de modo autêntico e singelo, nosso carinho a todos os homens. A comunhão fraterna na comunidade de fé é a revelação do amor de Deus para o mundo (cf. Jo 13,35) e a fonte de nossa amorosa atenção para o mundo. Nela haurimos a força para nos doar ao mundo, como Deus lhe doou seu único Filho (Jo 3,16). Um cristianismo sem comunidade fraterna é um fantasma.

Também a mensagem de paz e a missão do mútuo perdão, que Jesus lega aos seus no dia de sua ressurreição (**evangelho**), dando-lhes seu Espírito, é, em primeiro lugar, esta missão da plena comunhão no seio da comunidade. O Espírito lhes é dado para ser a alma desta comunidade, que o fará irradiar também para fora.

Uma meditação sobre a experiência pascal dos primeiros cristãos talvez nos liberte das saudades de um cristianismo quantitativo e nos converta para um cristianismo qualitativo, procurando realizar uma encarnação radical do amor de Deus em comunidades realmente dignas do nome de Cristo, que serão, também, as melhores testemunhas para a grande massa dos que Deus quer reunir em seu amor.

B
Pásc.

A COMUNIDADE QUE NASCEU DA PÁSCOA

Este domingo pascal acentua o dom do Espírito pelo Cristo ressuscitado. O **evangelho** narra como Jesus, na própria tarde da Páscoa, apareceu aos discípulos no cenáculo, dando-lhes o Espírito Santo; e como, no domingo seguinte, Jesus mostrou seu lado aberto a Tomé, testemunha da primeira hora, mas proclamando felizes, doravante, os que acreditarem sem ter visto (v. 29).

Queremos deter-nos no tema do dom do Espírito e a vida da comunidade. O dom do Espírito serve em primeiro lugar para perdoar o pecado (v. 22-23). Pois os discípulos continuam a obra que Jesus iniciou: na primeira apresentação por João Batista, Jesus fora chamado "o cordeiro que tira o pecado do mundo" (Jo 1,29). A reconciliação com Deus e entre os irmãos é condição necessária para que seja possível a comunidade que Jesus deseja.

Na **1ª leitura** vemos como essa comunidade funciona. Continuando a reunir-se, depois da morte e ressurreição de Jesus, e animada por seu Espírito, procurava viver em unidade perfeita: um só coração e uma só alma. Colocavam seus bens em comum, ninguém considerava seu o que possuía, e assim não havia carência no meio deles. Comunhão dos bens materiais, mas também dos bens intelectuais, afetivos, espirituais. O que chamamos de "fraternidade" era realidade entre eles. Não era uma mera agremiação piedosa. Era uma união de vida.

Comunidade cristã é união de vida dos que seguem aquele que deu a vida por nós, Jesus Cristo. Ele nada guardou para si. Nós também, não devemos guardar para nós nada dos bens que nos foram dados – tanto materiais como intelectuais, morais etc. Somos administradores, não proprietários, e isso é uma razão a mais para sermos muito responsáveis naquilo que fazemos: não nos pertence. Pertence a Deus e é destinado aos nossos irmãos e irmãs. Assim como Cristo deu sua própria vida em sinal do amor de Deus, assim também nós devemos dar a vida pelos irmãos (1Jo 3,16). Dar a vida, vivendo ou morrendo... morrendo de uma morte que em Cristo se transforma em vida.

Essa vida de comunhão é obra do Espírito de Cristo, que é o sopro de Deus que ressuscitou Jesus dentre os mortos. Podemos também dizer que o Espírito de Deus faz ressuscitar em nós a vida que Jesus viveu. Foi isso que experimentaram os primeiros cristãos, e é isso que a Igreja sempre terá de vivenciar. Não o egoísmo de uma instituição fechada sobre si mesma e de cristãos só de nome, mas uma comunhão de irmãos e irmãs, que contagia o mundo. Essa é a nossa fé, que vence o mundo (**2ª leitura**).

A vida de Jesus ressuscita em nós. Paulo diz: "Não sou eu quem vivo, mas Cristo que vive em mim" (Gl 2,20). João escreve seu evangelho para que estejamos firmes na fé em Jesus e nessa fé tenhamos a vida. Mas não se trata de uma vida qualquer. Trata-se da vida que Jesus nos mostrou. Por isso João descreveu os gestos de Jesus, seus sinais que falavam de Deus (Jo 20,30-31). Seja nossa vida, nossa comunidade, tal sinal: "Nisto todos conhecerão que sois discípulos meus: que vos ameis uns aos outros" (Jo 13,35).

B Pásc.

3º domingo da Páscoa/B
"ERA PRECISO QUE O CRISTO PADECESSE"

Canto da entrada: (Sl 66[65],1-2) "Aclama Deus, terra inteira".

Oração do dia: Renovados, restabelecidos na condição de filhos, esperemos a vida da ressurreição.

1ª leitura: (At 3,13-15.17-19) **"Deus glorificou seu servo Jesus, que vós entregastes..."** – Pedro curou um aleijado "em nome de Jesus" (At 3,1-10) e agora explica ao povo a força deste "nome, que supera a todos" (Fl 2,9-11): o anúncio da ressurreição de Jesus. Fala também da culpa do povo de Jerusalém, para que se converta e receba perdão e salvação. Mas o gesto e a pregação de Pedro vão provocar o primeiro conflito com o Sinédrio (cf. dom. próx.). • 3,13-15 cf. Ex 3,6; Is 52,13; Lc 23,17-25 • 3,17-19 cf. Lc 23,34; 1Tm 1,13; Mt 3,2; At 2,38.

Salmo responsorial: (Sl 4,2.4.7.9) "A seu servo, o Senhor faz maravilhas".

2ª leitura: (1Jo 2,1-5a) **Cristo, o Justo, propiciação dos pecados de nós e de todos** – 1) A admoestação para rompermos com o pecado inclui uma palavra de conforto: temos um Mediador que assumiu nosso pecado (2,1-2). 2) Segue um esclarecimento: o ser cristão se resume em conhecer Cristo, mas não conhecer de modo intelectual e teórico, porém, do modo da comunhão da fé, que se verifica na observação de sua palavra, na caridade perfeita (cf. também o resto do cap.). • 2,1-2 cf. 1Jo 3,16; Rm 8,34; Hb 7,25; 1Pd 3,18 • 2,3-5 cf. 1Jo 5,2; Jo 14,20-21; 17,3.

Aclamação ao evangelho: (Lc 24,32) Ardor para escutar a palavra de Deus.

Evangelho: (Lc 23,35-48) **Jesus aparece aos Onze na refeição e explica as Escrituras** – Um sepulcro vazio não convence ninguém... Os onze precisaram da presença do Ressuscitado para que seus olhos e coração se abrissem. A fé na ressurreição é dom de Jesus e do seu Espírito. Implica a descoberta do fio escondido das Escrituras, o surpreendente plano de Deus. Mas esse plano ainda não chegou ao fim. Estamos agora "no meio do tempo", em que Deus oferece a restauração, em nome de Jesus, para que todos possam viver para ele, enquanto os que creem levam o testemunho disso ao mundo. • Cf. Jo 20,19-23 • 24,36-43 cf. Lc 24,16; Jo 21,5-10; At 10,40 • 24,44-48 cf. Lc 9,22; 24,26-27; Mt 28,19-20.

Oração s/as oferendas: Deus, causa de nosso júbilo.
Prefácio: (Páscoa III) Cristo nosso advogado.
Canto da comunhão: (Lc 24,26-47) "Era preciso que o Cristo padecesse...".
Oração final: Da renovação pelos sacramentos, à glória da ressurreição.

Nas leituras de hoje, encontramos alguns títulos do Cristo aos quais estamos pouco acostumados: o Servo, o Santo e o Justo. Referem-se ao Servo Padecente do Dêutero-Isaías. Revelam um acontecimento importante no seio da primitiva comunidade cristã: a releitura das Escrituras (A.T.) à luz dos eventos da morte e ressurreição de Cristo. Tal releitura é, propriamente, a obra do Espírito nos primeiros anos da jovem comunidade. Porém, Cristo mesmo preside a esta obra, como nos mostra o **evangelho** de hoje (a aparição aos Onze reunidos no cenáculo). Jesus lhes mostra o que "na Lei de Moisés, nos Profetas e nos Salmos" (as três partes das escrituras) está escrito a respeito do Messias, especialmente, que ele deve sofrer e morrer e, no terceiro dia, ressuscitar.

A comunidade dos primeiros cristãos esforçou-se para reconhecer naquele que os judeus entregaram e mataram (cf. At 3,13-14; **1ª leitura**) aquele que as Escrituras anunciaram. Tiveram que descobrir um fio escondido, que os outros judeus (pois também eles eram judeus) não enxergaram: a figura do justo oprimido, do servo sofredor, do messias humilde, do pequeno resto, do profeta rejeitado... Enquanto o judaísmo em geral lia as Escrituras com os óculos de um messianismo terrestre (geralmente nacionalista), os primeiros cristãos descobriram na aniquilação e ressurreição de Cristo a atuação escatológica de Deus, a nova criação, o início do Reino de Deus por meio de seu "executivo", o Filho do Homem (cf. Dn 7), que – acreditavam – voltaria em breve com a glória e o poder do Céu. E este Filho do Homem era, exatamente, o messias *desconhecido*, presente em textos que não descrevem o poderoso messias davídico, mas aquele que devia sofrer e morrer.

Esse trabalho da primitiva comunidade, iluminada pelo Espírito do ressuscitado, é um exemplo para nós. Eles fizeram essa releitura para poder dizer aos judeus, em categorias judaicas, que Jesus era, mesmo, o esperado, o dom de Deus, o sentido pleno, a última palavra de nossa vida e de nossa história. Nós, hoje, devemos anunciar a mesma mensagem utilizando as categorias de nosso tempo. Isso não é simples, pois as categorias determinam em parte a percepção das coisas e, portanto, também o conteúdo da mensagem. Devemos ler o "Antigo Testamento" de nosso tempo, isto é, a linguagem em que nosso tempo exprime suas mais profundas aspirações. Nem sempre é uma linguagem religiosa. Pode ser uma linguagem política, "histórico-material" até! Como recuperá-la para dizer: "Jesus é o Senhor"? Tarefa difícil, mas não impossível. Nenhuma página do A.T. era estritamente adequada para traduzir a mensagem das primeiras testemunhas de Cristo, nem mesmo as páginas do Dêutero-Isaías (p.ex., o Servo de Is 53,12 aparece como recompensado, em sua vida, pela fama, a honra etc.; isso não se aplica diretamente a Jesus). A mensagem transbordava das categorias. Isso acontece também hoje, quando dizemos que em Jesus temos a "libertação", categoria socioeconômica da dialética materialista. Porém, a inadequação das categorias não nos dispensa de usá-las para dizer aos nossos contemporâneos, numa linguagem que neles encon-

B Pásc.

tre ressonância, o que devemos testemunhar. Exatamente para superar a limitação da linguagem e transmitir algo que é "revelação", algo que não está no poder de nossa palavra, age em nós, até hoje, o Espírito, que, nos primeiros cristãos, completou o que Jesus havia iniciado naquela tarde: a releitura das Escrituras.

A história pós-pascal é um história de meditação e interpretação do evento de Jesus Cristo. Devemos continuar essa história. Mas ela é, também e sobretudo, a história da encarnação de sua mensagem no amor fraterno, conforme o preceito de Jesus (cf. **2ª leitura**). Esta encarnação é, certamente, a melhor "tradução" da mensagem pascal. No amor fraterno da comunidade cristã, o mundo enxerga o Ressuscitado, o Cristo vivo.

ERA PRECISO QUE O CRISTO PADECESSE?

O sofrimento de Jesus é entendido de muitas maneiras, nem sempre aceitáveis. Há quem diga que Jesus teve de pagar nossos pecados com seu sangue. Mesmo se é verdade que o sofrimento de Jesus nos resgatou, não é porque Deus exigiu que ele pagasse com seu sangue a nossa dívida. Seria injusto e cruel. Os homens é que "castigaram" Jesus, mas Deus o reabilitou. "Aquele que conduz à vida, vós o matastes, mas Deus o ressuscitou dentre os mortos" (**1ª leitura**). Era preciso que o Cristo padecesse (**evangelho**), não porque Deus o desejava, mas porque as pessoas o rejeitaram e o fizeram morrer. Mas Deus quis mostrar publicamente que Jesus, assumindo a morte infligida ao justo, teve razão. É isso que significa a ressurreição. O próprio Ressuscitado cita aos discípulos os textos da Escritura que falam nesse sentido (Lc 24,44).

Muitas vezes, a gente só descobre o sentido profundo das coisas depois que aconteceram. Assim também foi preciso primeiro o Cristo morrer e ressuscitar, para que os discípulos descobrissem que nele se realizou o modo de agir de Deus, do qual falam as Escrituras. Muitas vezes o Antigo Testamento fala do justo perseguido ou rejeitado (p.ex., Sl 22, Sl 69; Sb 2), do Servo Sofredor (Is 52,13–53,12). Esses textos nos ensinam que aquele que quer praticar a justiça segundo a vontade de Deus há de enfrentar perseguição e morte. Ora, esses textos encontraram em Jesus uma realização inesperada e incomparável: aquele que Deus chama seu Filho morre por estar comprometido com o amor e a justiça de Deus. Em frente dessa morte, a ressurreição é a homenagem de Deus a seu Filho. O que foi rebaixado pelos injustos, é reerguido por Deus e mostrado glorioso aos que nele acreditaram. A ressurreição é a prova de que Deus dá razão a Jesus e de que seu amor é mais forte que a morte.

Se Deus dá razão a Jesus, se Deus endossa a prática de vida que Jesus nos ensinou por seu exemplo, já não podemos hesitar em alinhar nossa vida com a sua. Jesus "ressuscitou por nós", isto é, para nos mostrar que o certo é viver e morrer como ele. Quem, morrendo ou vivendo, dá a vida pelos irmãos, não é um ingênuo; Deus lhe dá razão.

Que significa então: "Ele é a vítima de expiação pelos nossos pecados" (**2ª leitura**)? À luz do que dissemos acima, esta expressão não significa que Jesus é um sacrifício oferecido para pagar a dívida em nosso lugar, mas que aquilo que os antigos queriam realizar pelas vítimas de expiação – reconciliar-se com Deus – foi realizado de modo muito superior pela vida de justiça que Jesus viveu até à morte por amor. E, na medida em que o seguirmos nessa prática de vida, guardando seu mandamento, o amor de Deus se torna verdade em nós (1Jo 2,3-5).

4º domingo da Páscoa/B
O BOM PASTOR DÁ SUA VIDA

Canto da entrada: (Sl 33[32],5-6) A criação, obra do amor de Deus.

Oração do dia: Que o rebanho, na sua fraqueza, alcance a fonte da força de seu Pastor.

1ª leitura: (At 4,8-12) **Defesa de Pedro diante do Sinédrio** – Processo a Pedro e João por terem causado tumulto ao curar o aleijado da Porta Formosa (cf. dom. pass.). A questão é: "Em nome de quem?" (4,7). A resposta de Pedro é mais um testemunho da obra de Deus em Jesus Cristo (4,8-12): "No nome de Jesus, que vós crucificastes, e que Deus ressuscitou". • Cf. At 3,6.16; Sl 118[117],22; Is 28,16; Mt 21,42.

Salmo responsorial: (Sl 118[117],1.8-9.21-23.26+28cd) A pedra rejeitada tornou-se a pedra angular.

2ª leitura: (1Jo 3,1-2) **"Já somos filhos de Deus"** – Quem não acredita em Cristo, não entende a experiência cristã que se expressa na frase "Somos filhos de Deus". Mas também o cristão não a entende plenamente, pois deve manifestar ainda seu sentido pleno. • 3,1 cf. Rm 8,14-17; Jo 1,12; Ef 1,5; Jo 15,21; 17,25 • 3,2 cf. Cl 3,4; Fl 3,21.

Aclamação ao evangelho: (Jo 10,14) O Pastor e as ovelhas se conhecem.

Evangelho: (Jo 10,11-18) **O Bom Pastor dá sua vida pelas ovelhas** – Pastor: nome dos chefes do povo no antigo Israel (cf. Ez 34). Jesus, o verdadeiro Pastor de Israel e de todos os povos, dá – com soberania divina (10,18) – sua vida pelo rebanho e reúne a todos. O sentido pleno destas palavras só aparece à luz da Páscoa: a comunhão do ressuscitado com os seus. Daí, para todos, uma mensagem de unidade; e para os "pastores", uma exortação ao radical serviço e doação da vida. • Cf. anos A e C.

Oração s/as oferendas: Os mistérios pascais, fonte de renovação e eterna alegria.

Prefácio: (Páscoa II) Cristo nos conduz à verdadeira vida.

Canto da comunhão: "Ressuscitou o Bom Pastor...".

Oração final: Proteção e "prados eternos" para o rebanho.

O tema central da liturgia de hoje (**evangelho**) é a alegoria do Bom Pastor (como sempre no 4º domingo pascal). Na primeira parte da alegoria, lida no ano A, Jo comparou Jesus com a porta do redil, porta pela qual entra o pastor e pela qual sai o rebanho conduzido pelo pastor. Quem não entra pela porta que é Jesus não é pastor, mas assaltante. Na segunda parte, lida hoje, Cristo é o próprio pastor, em oposição aos mercenários: imagens tomadas de Ez 34. Os mercenários não dão sua vida pelo rebanho. Jesus, sim. Todo mundo entende esta comparação. O sentido é obvio: Jesus deu, na cruz, sua vida por nós. Para Jo, porém, ela esconde um sentido mais profundo: a vida que Jesus dá não é apenas a vida física que ele perde em nosso favor, mas a vida de Deus que ele nos comunica (exatamente ao perder sua vida física por nós). Esta ideia constitui a ligação com a imagem precedente (a porta): em Jo 10,10b, Jesus diz que ele veio para "dar a vida", e dá-la em abundância; e continua, em 10,11, apontando sua própria vida como sendo esta vida em abundância que ele dá. Nos v. 17-18 aparece, então, que ele dá essa vida com soberania divina (ele tem o poder de retomá-la; ninguém lha rouba): doando-se por nós, nos faz participar da vida divina, porque entramos na comunhão do amor de Jesus e daquele que o enviou (estas ideias são elaboradas em Jo 14–17, esp. 15,10.13; 17,2.3.26 etc.).

B
Pásc.

A vida que Jesus nos dá é o amor do Pai, que nos faz viver verdadeiramente e nos torna seus filhos. Já agora temos certa experiência disso, a saber, na prática deste amor que nos foi dado. Mas essa experiência é ainda inicial; manifestar-se-á plenamente quando o Cristo for completamente manifestado na sua glória: então, seremos semelhantes a ele. Desde já, nossa participação desta vida divina nos coloca numa situação à parte: na comunidade do amor fraterno, que o mundo não quer conhecer e, por isso, rejeita (1Jo 3,1c). É a "diferença cristã" (**2ª leitura**).

Porém, a diferença cristã não é fechada, mas aberta. É uma identidade não autossuficiente, mas comunicativa. Jo insiste várias vezes neste ponto: Jesus é a vítima de expiação dos pecados não só de nós, mas do mundo inteiro (1Jo 2,2); Jesus tem ainda outras ovelhas, que não são "deste redil" (Jo 10,16). O amor, que é a vida divina comunicada pelo Pai na doação do Filho, verifica-se na comunidade dos fiéis batizados, confessantes e unidos. Mas não se restringe a essa comunidade. Não só porque existem outras comunidades, mas porque a salvação é para todos.

A atuação dos primeiros cristãos em Jerusalém (**1ª leitura**) deve ser entendida neste mesmo sentido. Formam uma comunidade que, sociologicamente falando, pode ser caracterizada como seita. Porém, não é uma seita autossuficiente, mas transbordante de seu próprio princípio vital, o "nome" de Jesus Cristo (= toda a realidade que ele representa). Quando um aleijado, na porta do templo, dirige a Pedro seu pedido de ajuda, este comunica-lhe o "nome" de Jesus (At 3,6). Daí se desenvolve todo um testemunho (narrado na liturgia de domingo passado). Este testemunho leva à intervenção das autoridades, sempre desconfiados dos pequenos grupos testemunhantes. Pedro e João são presos e levados diante do Sinédrio, que pergunta em que nome eles agem assim. "No nome de Jesus Cristo Nazareno, crucificado por vós, mas ressuscitado por Deus... Em nenhum outro nome há salvação, pois nenhum outro nome foi dado sob o céu por quem possamos ser salvos" (At 4,10-12; cf. Jo 17,3: "A vida eterna é esta: que te conheçam... e àquele que tu enviaste"). É essa a conclusão do sinal do aleijado da Porta Formosa: a cura que lhe ocorreu significava a "vida" em Jesus Cristo. Esta deve também ser a conclusão de todo agir cristão no mundo: dar a vida de Cristo ao mundo, pelo testemunho do amor. Tal testemunho convida a participar do amor do qual Jesus nos fez participar, dando sua vida "por seus amigos". Isto é pastoral.

O PASTOR, OS PASTORES E A PASTORAL

B Pásc.

O **evangelho** traz as palavras de Jesus sobre o "bom pastor" (Jo 10,11-18) e a **1ª leitura** (At 4,8-12) nos mostra o primeiro pastor da jovem comunidade cristã, Pedro, defendendo o rebanho perante o supremo conselho dos judeus em Jerusalém. Dois exemplos de pastores que põem em jogo sua vida em prol de suas ovelhas. Por isso, também, este domingo é o domingo das vocações "pastorais".

Antes, porém, de assimilar a mensagem destas leituras é preciso deslocarmo-nos para as estepes da Judeia, para imaginar o que significa a imagem do "pastor". O povo de Judá era, tradicionalmente, um povo de pastores de ovelhas e cabras. Assim, por exemplo, o rei Davi foi chamado de detrás do rebanho para ser rei de Judá e Israel. Ora, havia pastores proprietários, para quem o rebanho era seu sustento, e assalariados, que não se importavam muito com o rebanho... Todo judeu conhecia a história de Davi, que, para salvar o rebanho de seu pai Jessé, correu risco de vida enfrentando um leão (1Sm 17,34-37). E conheciam-se também as advertências proféticas contra os maus pastores de Israel (os reis e chefes) que se engordavam às custas das ovelhas em vez e de conduzi-las à pastagem (Ez 34,2 etc.).

O pastor "certo" é Jesus, diz Jo 10,11. Ele conduz as ovelhas com segurança, dando a vida por elas, pois são pedaços de seu coração, à diferença dos assalariados, que fogem quando se apresenta um perigo: um leão, um lobo... Jesus é o pastor de verdade, o Messias, o novo Davi e muito mais! Ele dá a vida pelas ovelhas. O caminho pelo qual conduziu as ovelhas foi o do amor até o fim. Ele deu o exemplo. Sua vida certamente não esteve em contradição com sua "pastoral", como acontece com outros.

O que é pastoral? Não é chefia e organização. É conduzir, no amor demonstrado por Jesus, aqueles que viram nele resplandecer a vida e a salvação. Os que escutam sua voz. Pastoral é evangelização continuada, é fidelidade à boa-nova proclamada. Assim como a "pastoral" de Jesus, talvez exija fidelidade até a morte (desde Tiago e Pedro até Dom Oscar Romero e os demais mártires de hoje). Os pastores têm de identificar-se com Jesus, que dá a vida pelos seus.

Quem são as ovelhas? São os que seguem a voz do pastor. Mas não só os que participam da Igreja de modo organizado. A organização da comunidade não é o último critério para a missão pastoral. Diante dos discípulos que eram de origem judaica, Jesus declarou: "Tenho ainda outras ovelhas, que não são deste rebanho" (Jo 10,16). A pastoral tem uma dimensão missionária que ultrapassa os integrados e organizados!

E quem são os pastores? Há pastores constituídos, os que participam do sacramento da Ordem (bispos, presbíteros, diáconos). Mas, como o Espírito sopra onde quer, a vocação pastoral pode estender-se além desses limites. Cada um pode ser um pouco "pastor" de seu irmão. Até os serviços que a Igreja anima para a transformação da sociedade são chamados de pastorais ("pastoral da terra", "da mulher marginalizada", "dos direitos humanos" etc.). O que importa é que os agentes pastorais assumam o empenho da própria vida na linha de Jesus e de seu testemunho de amor. Que sejam "bons pastores", amando a Cristo e a seus irmãos de modo radical, dando a vida por eles. Que não usem as ovelhas para ambições eclesiásticas ou políticas. Que não sejam traiçoeiros. Que transmitam a seus irmãos o carinho de Deus mesmo.

5º domingo da Páscoa/B
CRISTO A VIDEIRA, NÓS OS RAMOS

Canto da entrada: (Sl 98[97],1-2) "Cantai ao Senhor um canto novo".

Oração do dia: Adoção filial, verdadeira liberdade e herança eterna.

1ª leitura: (At 9,26-31) **Primeira atividade apostólica de Paulo** – Cf. Gl 1,16-24 (testemunho de Paulo sobre este período, levemente diferente de At 9: Paulo quer mostrar sua autonomia como apóstolo, enquanto Lc insiste na comunhão de Paulo com a comunidade mãe). Paulo é irmão na fé e no apostolado; Barnabé serve de intermediário. Esta fraternidade só é possível porque se respeita na vocação de cada um a liberdade do Espírito. – Paulo, em Jerusalém, torna-se alvo da agressividade do grupo que, antes, o escolhera para testemunhar o apedrejamento de Estêvão. Perseguição: parte constitutiva do ser Igreja neste mundo. Períodos de paz (cf. 9,31) são sinais, momentos de reanimação para continuar o caminho, não razões de acomodação. • 9,27 cf. At 4,36-37; 9,1-9.19-22 • 9,31 cf. At 4,32-35; 5,12-16.

Salmo responsorial: (Sl 22[21],26b-27.28+30.31-32) Conversão universal.

2ª leitura: (1Jo 3,18-24) **Amar em obras e em verdade** – Que participamos da verdade de Deus verifica-se no amor fraterno, não em palavras, mas "em obras e em verdade" (3,18-21). O amor exige o homem na sua totalidade. Mas comunica ainda mais do que exige: a certeza de estar em comunhão com Deus, de poder contar com ele, mesmo quando o coração acusa a gente: Deus é maior do que o nosso coração. • 3,18 cf. Mt 7,21; Tg 2,15-16 • 3,22 cf. Mt 7,7-11: 21,22; Jo 14,13-14; 16,23-24 • 3,23-24 cf. Jo 13,34; 15,12.17; 1Jo 4,13.

Aclamação ao evangelho: (Jo 15,4.5b) A comunhão com Cristo e seus frutos.

Evangelho: (Jo 15,1-8) **Alegoria da vinha** – Jesus é o verdadeiro maná, o verdadeiro pastor, a verdadeira vinha. A vinha lembra Israel (Is 5,1-7; Jr 2,21), cercado com todo o carinho por Deus, porém pouco generoso nos frutos. A vinha "certa" é Jesus mesmo, com aqueles que lhe são unidos, o novo povo de Deus. Ele está no meio: o tronco; quem está unido a ele, tem a vida, desde já, e produzirá fruto. Como ficar unido a ele? Guardando sua palavra (cumprindo-a). • 15,1-2 cf. Mt 20,1-8; 21,28-31.33-41; 26,29;

Jo 15,12-17 • 15,4-6 ("permanecer") cf. Jo 6,56; 8,31; 15,9-10; também 6,35.47; 8,12 • 15,7-8; cf. Jo 14,13; 1Jo 5,14; Rm 7,4.
Oração s/as oferendas: Conhecer a verdade de Deus e lhe ser fiel.
Prefácio: (Páscoa IV) "Dele recebemos a vida que possui em plenitude".
Canto da comunhão: (Jo 15,1-5) Permanecer em Cristo.
Oração final: Passar da antiga à nova vida.

No A.T., a "vinha de Javé" era Israel. Mas não produziu seu fruto. O N.T. traz uma parábola de Jesus, dizendo que foram os vinhateiros que não quiseram dar a devida parte do produto ao proprietário; este, depois de ter mandado servos, enviou finalmente seu próprio filho, mas os vinhateiros o mataram, e a vinha foi dada a outros arrendatários. Assim, a vinha se tornou imagem do novo povo de Deus. É neste sentido que Jo recorre à imagem da videira (**evangelho**). Decerto, ela se aplica em primeiro lugar a Jesus mesmo: "A verdadeira videira sou eu" (em oposição à videira provisória ou tipológica, que era Israel). Mas trata-se de Jesus unido aos seus: naqueles que estão unidos a ele é que Jesus produz os frutos que glorificam o Pai, os frutos da caridade (cf. próximo domingo).

Além da ideia principal – produzir frutos pela união vital com Cristo –, encontramos também algumas aplicações secundárias da imagem: a poda, que significa a purificação pela palavra de Cristo, pela opção que esta nos impõe; ou, no caso dos ramos secos, a condenação.

Em que consiste essa união vital com Cristo? Em permanecer em sua palavra, o mandamento do amor fraterno. É o "amar, não só com palavras, mas em atos e verdade", de que fala a **2ª leitura**. Esse "amor eficaz" faz com que reconheçamos que "somos da verdade" e tenhamos paz em nosso coração. Para João, a verdade se mostra em gestos concretos. Com seu estilo associativo, Jo passa a outra ideia: se nosso coração não tem paz, mas nos condena, que fazer então? Então devemos crer que Deus é maior que nosso coração. Se nosso coração nos acusa, devemos confiá-lo a Deus: conversão. E se não nos acusa, podemos viver da comunhão com Deus, pedindo o que um filho pode pedir do Pai (1Jo 3,22; cf. Jo 15,7).

Na **1ª leitura** continua a história da primeira comunidade cristã. Traz o relato de Lucas referente às primeiras atividades apostólicas de Paulo, seu contato com os apóstolos de Jerusalém, mediante Barnabé, suas discussões com os judeus do helenismo (Paulo e Barnabé eram judeu-helenistas), sua missão a Tarso. Na Carta aos Gálatas, Paulo descreve este período, dizendo que "viu" somente a Pedro; mas isso não contradiz o que Lc aqui escreve. Quer dizer que Paulo só submeteu seus planos ao chefe dos apóstolos, Pedro, e não está sob a jurisdição do chefe da igreja de Jerusalém, Tiago, para o qual apelam os "judaizantes", que Paulo combate na carta. Podemos, portanto, dizer que, desde a sua primeira atividade, existe harmonia dos principais apóstolos em torno da missão de Paulo. A comunhão preconizada pela imagem da videira é uma realidade.

A liturgia de hoje oferece ensejo para realçar a unidade da "mesa da Palavra" e da "mesa eucarística". O **canto da comunhão** sugere essa ligação. A linguagem dos símbolos poderá visualizar que a "videira verdadeira" (cf. liturgia da Palavra) produziu, como primeiro de seus frutos, o "vinho da salvação", ou seja, o sangue derramado na cruz (cf. liturgia eucarística). Os nossos frutos deverão ser da mesma natureza!

JESUS, A VIDEIRA, NÓS, OS RAMOS

Na liturgia dos domingos depois da Páscoa aprofundamos o mistério do Senhor Jesus glorioso, no qual transparece o amor do Pai, fonte do seu amor por nós e de nosso amor aos irmãos e irmãs. Isso fica claro de modo especial hoje, na parábola da "videira" (**evangelho**).

No Antigo Testamento, a vinha de Deus era o povo de Israel. Diz o profeta Isaías que Deus esperava dessa vinha frutos de justiça, mas só produziu fruto ruim (Is 5). Jesus mesmo contou uma parábola acusando, não a vinha, mas os administradores, porque não queriam entregar ao "Senhor" (= Deus) a parte combinada e quiseram apropriar-se da vinha (= o povo), matando o "Filho" (= Jesus) (Mc 12,1-12). No evangelho de João, Jesus modifica um pouco essa imagem. Não fala numa plantação inteira, mas num pé de uva, uma videira. Ele mesmo é essa videira. O Pai é o agricultor que espera bons frutos, e nós somos os ramos que devemos produzir esses frutos no fato de nos amarmos uns aos outros como Jesus nos amou. Pois Jesus recebeu esse amor do Pai, e o fruto que o Pai espera é que partilhemos esse amor com os irmãos (cf. também próximo dom.).

"A vinha verdadeira sou eu" – Jesus, unido aos seus em união vital. Essa união consiste em que permaneçamos ligados a ele, atentos e obedientes à sua palavra, ao seu mandamento de amor fraterno. E também, unidos entre nós, pois todos os ramos da videira recebem sua seiva do mesmo tronco, que é Jesus.

A **2ª leitura** de hoje explica isso melhor: fala do amor eficaz, o amor que produz fruto, não só "em palavras", mas "em ações e em verdade" (1Jo 3,18-24). Tal amor eficaz faz com que tenhamos certeza de sermos "da verdade". Por isso podemos ter paz no coração, pois sabemos que Deus se alegra com os nossos "frutos" e vence o medo e a incerteza de nosso coração (= consciência), mesmo se este se inquieta por nossas imperfeições (3,20-23). Deus é maior que nossos escrúpulos.

Esse modo de falar nos faz ver a Igreja de outra maneira. Já não aparece como um poder ao lado do poder político, como uma "organização" burocrática, mas como um "organismo vivo" de amor fraterno. Na Igreja, Jesus e nós somos uma realidade só. Vivemos a mesma vida. Ele é o tronco, nós os ramos, mas é o mesmo pé de uva. Somos os produtores dos frutos de Jesus no mundo de hoje. Para não comprometermos essa produtividade, devemos cuidar de nossa ligação ao tronco, nossa vida íntima de união com Jesus, nossa mística cristã – na oração, na celebração e na prática da vida. Produzir os frutos da justiça e do amor fraterno e unirmo-nos a Cristo na oração e na celebração são os dois lados inseparáveis da mesma moeda. Não existe oposição entre a mística e a prática. Importa "permanecer em Cristo". A Igreja ama Jesus, que ama os seres humanos até o fim, e por isso ela produz o mesmo fruto de amor. A Igreja vive do amor que ela tem ao amor de Jesus para o mundo.

B Pásc.

6º domingo da Páscoa/B*
O AMOR MAIOR

* Cf. obs. no ano A.

Canto da entrada: (cf. Is 48,20) Gritos de alegria! Deus salvou seu povo.

Oração do dia: Nossa vida corresponda aos mistérios que celebramos.

1ª leitura: (At 10,25-26.34-35.44-48) **A conversão de Cornélio** – O batismo do centurião romano significa um avanço decisivo da comunidade cristã no mundo pagão. A iniciativa vem, em todos os sentidos, de Deus, até na inesperada efusão do Espírito sobre pagãos não batizados! Também hoje devemos ter a simplicidade de reconhecer que em cada povo, cada ideologia e cada confissão, Deus está com aqueles que o procuram de coração sincero. A comunhão com Cristo é essencialmente obra do Espírito Santo. • 10,34-35 cf. Dt 10,17; Rm 2,1; 1Pd 1,17 • 10,44-48 cf. At 2,33; 8,16; 2,4; 11,17.

Salmo responsorial: (Sl 98[97],1.2-3ab.3cd-4) Deus mostra sua bondade a todos os povos.

2ª leitura: (1Jo 4,8-10) **Deus é amor** – Em Cristo encontramos o verdadeiro amor divino na sua origem e no seu ser. Purifica e eleva o amor humano. Nossa aceitação deste amor divino mostra-se no fato de acolhermos em nosso amor humano nosso irmão necessitado. Se não o acolhemos, deixamos Deus lá fora, no frio da noite. • 4,7-8 cf. 1Ts 4,9; 1Jo 4,16 • 4,9-10 cf. Is 54,7-8; Jo 3,16.

Aclamação ao evangelho: (Jo 14,23) Inabitação de Cristo e Deus naquele que ama.

Evangelho: (Jo 15,9-17) **O amor maior: dar sua vida por aqueles que se ama** – Continuação da alegoria da vinha (cf. dom. pass.). A união vital e fecunda entre a videira e os ramos é união de amor expansivo, do Pai ao Filho, do Filho aos discípulos, dos discípulos aos outros seres humanos. Devemos permanecer nesta comunhão. O sinal disso é a observância da palavra de Cristo: o mandamento do amor. Ele mesmo no-lo ensinou pelo dom de sua vida, prova de amor maior. • 15,9-10 cf. Jo 3,35; 10,14-15; 1Jo 2,5; 5,3 • 15,12-13 cf. Jo 13,34; 1Jo 3,11.16; Rm 5,6-8 • 15,16 cf. Dt 7,6-8; Rm 6,20-23; Jo 15,2.

Oração s/as oferendas: Corresponder por nossa vida ao Sacramento do amor de Deus.

Prefácio: (Páscoa IV) "Dele recebemos vida em plenitude".

Canto da comunhão: (Jo 14,15-16) Amar Jesus é guardar sua palavra.

Oração final: O fruto do sacramento pascal em nós.

B Pásc.

"Deus é amor" não é uma sentença metafísica. É uma expressão abreviada, que quer abrir nossos olhos para a presença de Deus na realidade do amor, e isso, sob dois aspectos: o amor que se revela na doação de Cristo por nós (*o amor como dom*) e o amor que nós devemos praticar para com os filhos de Deus (*o amor como missão*), sendo que o primeiro é modelo e fundamento do segundo. Assim, "amor" não significa, antes de tudo, que nós amamos a Deus, mas que Deus nos amou primeiro, dando seu Filho por nós (1Jo 4,10, **2ª leitura**).

Este amor, manifestado na doação do Filho de Deus, é o maior: "Ninguém tem amor maior do que aquele que dá sua vida por seus amigos" (Jo 15,13) **(evangelho)**. "Amigos", nestas palavras de Jesus, deve ser entendido no sentido de "aqueles que ele ama", pois o modelo de nosso amor é o que amou primeiro. O amor do Cristo é que nos tornou seus amigos. Amigos em vez de servos. Cristo não nos amou porque éramos amáveis, mas seu amor nos tornou amáveis (cf. Rm 5,7-11). Assim deve ser também o nosso amor pelos irmãos. Um pouco como aquela mulher que tem um marido não muito brilhante, porém muito amável a seus olhos, porque ela o *escolheu* (cf. 15,16).

O amor de Cristo por nós existe numa comunhão total, expressa, em Jo 15,15, em termos de "revelação": Jesus nos revelou tudo aquilo que ele mesmo ouviu do Pai (cf. Jo 1,18). É a plena clareza da amizade, não a manipulação que caracteriza a relação servil. Quando Jesus nos envia para produzir fruto, para expandir seu amor, não devemos considerar isso como uma carga, mas como comunhão, participação de sua missão, que o Pai lhe confiou em união de amor.

Podemos ainda perguntar por que este tipo de amor é o maior. A comparação sugere que existem outros amores, menores. É o maior, porque ele não é condicionado por outra coisa, por privilégios, proveitos, compensações – afetivas e outras – etc. É o maior, porque é gratuito e, nesta gratuidade, vai até o limite: a doação total e gratuita de si mesmo em favor do amado. É o amor até o fim de que falou João no início da narração da Ceia (13,1).

Jesus nos confia a missão de repartir (e multiplicar) seu amor "para que sua alegria esteja em nós e nossa alegria seja levada à perfeição" (15,11). Isso, porque amar-nos até o fim é sua alegria, pois é a realização de seu ser, de sua comunhão com o Pai. É evidente que só seremos capazes de encontrar nossa plena alegria neste amor doado até o fim, na medida em que comungarmos com Cristo e assumirmos seu amor total como sendo a verdadeira vida. Quem se procura a si mesmo, não pode conhecer a alegria cristã.

O amor de Deus, manifestado em Cristo, toma a iniciativa e vai à procura de todos quantos possam ser amados. Ora, procurando amar a todos, Deus "escolhe" cada um que ele quer amar, e ama-o com amor de predileção (para Deus, isso não faz nenhum problema, pois ele não é limitado material e afetivamente). Deus ama o Filho. Este nos revela o amor do Pai amando-nos até o fim. E nós somos chamados a fazer o mesmo, para a multidão dos que podem ser nossos irmãos e filhos de Deus (e isso, não o podem somente os que não querem). Esta é a dinâmica do amor universal de Deus. Não ama "em geral". Ama a cada um como amigo. Daí a necessidade de que estes amigos sejam unidos entre si por este mesmo amor. Este amor que forma comunidade é destinado a todos os que não se opuserem a que Deus os ame assim.

Disso temos um exemplo eloquente na **1ª leitura**. Deus não conhece acepção de pessoas, nem se deixa influenciar por divergências de sistema religioso. O que ele quer mesmo é congregar todos os seus filhos num mesmo amor pessoal. Pedro, chefe da comunidade cristã, é escolhido para ser o instrumento desta missão, superando, inclusive, os tabus do sistema judaico, em que ele foi criado (At 10,9-16). Ora, quando ele vai ao encontro de seu campo de missão, já encontra os destinatários animados pelo Espírito de Deus. Como poderia recusar-lhes o batismo?

DEUS É AMOR

Neste domingo, a liturgia proclama, na **2ª leitura**, a palavra do apóstolo João: "Deus é amor". E o **evangelho** – continuação de domingo passado – apresenta Deus como a fonte do amor que animou Jesus a dar sua vida por nós, ensinando-nos a amar-nos mutuamente com amor radical.

"Deus é amor" não é uma definição filosófica. É a expressão da mais profunda experiência de Jesus. A experiência de Deus que Jesus teve foi uma experiência de amor. Essa experiência, ele a fez transbordar – sobretudo pelo dom da própria vida – sobre os discípulos, que a proclamaram para a comunidade. "Como meu Pai me ama, assim também eu vos amo. Permanecei no meu amor. [...] Este é meu mandamento: amai-vos uns aos outros, assim como eu vos amei" (Jo 15,9.12). Amar é participar do mistério de Deus que se manifesta em Jesus. Amar, recebendo e dando amor. Pois o amor é dom que recebemos do Pai, no Filho, e missão que consiste em partilhá-lo com os irmãos. Nisso está nossa alegria (15,11).

Aprofundemos mais esse dom gratuito do amor de Deus por nós. "Ninguém tem amor maior que aquele que dá a vida pelos seus amigos" (15,13). Amigos, não no sentido de parceiros (com interesses comuns, comparsas de máfia...), mas no sentido de amados – amados por serem filhos de Deus. O amor que se tem mostra-se no dom da própria vida. Isso se verifica em Jesus. Nele, "Deus nos amou primeiro" (1Jo 4,10). Não tínhamos nada a lhe oferecer, mas seu amor nos tornou amáveis.

O amor de Cristo por nós existe na comunhão total: Jesus nos revelou o que ele mesmo ouviu do Pai (Jo 15,15): na amizade de Cristo reinam plena clareza e transparência. Nada de manipulação ou de submissão. Assim, quando Jesus nos envia para produzirmos fruto (15,17), isso não é uma carga que ele nos impõe, mas participação na missão que o Pai lhe confiou. Para isso, ele nos escolheu. Em Jesus, o amor de Deus nos escolheu.

B
Pásc.

Ora, amor é comunhão. Não vem de um lado só. Assim como o amor de Deus veio até nós em um irmão, Jesus, assim ele frutifica nos irmãos e irmãs que amamos. Deus, fonte inesgotável de amor, não precisa de compensação pessoal por seu amor. Ele se alegra com os frutos que nosso amor produz quando comunicamos o amor em torno de nós (15,8).

Que Deus seja protagonista da criação do universo e da humanidade por amor é questionado hoje. Não é o universo um caos que se organiza através de violentas explosões? Não é a vida animal e humana uma luta de sobrevivência na competição? Este modo de ver está por trás da ideologia neoliberal. Nós respondemos: o amor de Deus é um desafio para fazer surgir o amor lá onde a natureza só conhece luta e violência. O amor não é dado, pacificamente, desde o primeiro dia da criação. Ele é a última palavra de Deus, e tem a forma de Jesus, que conheceu o conflito, mas venceu o ódio, sendo fiel até à morte, consequência do amor que ele mostrou e deixou como legado aos seus discípulos.

(Ascensão de N. Senhor – ver ano A)

7º domingo da Páscoa/B*
SANTIFICADOS NA VERDADE

* Cf. obs. no ano A.

Canto da entrada: (Sl 27[26],7-9a) "Procurarei tua face, Senhor".

Oração do dia: Nosso Salvador está com Deus; que ele fique também conosco.

1ª leitura: (At 1,15-17.20a.20c-26) **Indicação de Matias como apóstolo** – 120 fiéis, 12 apóstolos: a comunidade de Jerusalém é o novo povo de Israel (12 tribos). Era preciso colocar no lugar de Judas alguém que fosse testemunha ocular da atividade do Cristo e de sua ressurreição. Pois os Doze são o fundamento da fé da Igreja. Deus mesmo mediante a sorte, indica Matias. • 1,16 cf. Lc 22,47 • 1,20 cf. Sl 109[108],8; 69[68],26 • 1,26 cf. 1Sm 14,41; Mc 3,14-19.

Salmo responsorial: (Sl 103[102],1-2.11-12.19-20) O Senhor estabeleceu seu trono no céu.

2ª leitura: (1Jo 4,11-16) **Amor, dom do Espírito e comunhão com Deus** – Como sabemos que temos comunhão com Deus? Nem pela especulação, nem pelos pios sentimentos, mas pelo Espírito que opera em nós a fé em Jesus Cristo e o amor para os irmãos. Mesmo nesta comunhão, Deus fica um mistério para nós; nem sempre o compreendemos, mas sempre devemos acreditar naquilo que ele é: amor. Este amor, mostrou-o em Cristo, escolhendo o lado do último dos homens. Confiar neste amor significa: participar dele. • 4,11-13 cf. Mt 18,33; Jo 1,18; 5,37; 1Jo 4,17; Rm 5,5 • 4,16 cf. Jo 17,6; 1Jo 4,7-8.

Aclamação ao evangelho: (Jo 14,18) "Não vos deixarei órfãos".

Evangelho: (Jo 17,11b-19) **Jesus reza pelos seus: unidade, alegria** – (2ª parte da grande oração de Jesus: cf. anos A e C) – Jesus reza para que os seus sejam conservados na união da fé e da caridade (17,5-19). A "visibilidade dos cristãos" deve ser: a alegria do próprio Cristo, plenificada neles. Alegria que expressa a plena união com o Pai. A comunidade é assumida nesta união, embora ainda vivendo neste mundo, porém não mais lhe pertencendo. Pois é santificada pela verdade, que é: Deus revelando-se no amor de Cristo até o fim (Jo 17 situa-se na véspera da Cruz). • 17,11b-13 cf. Jo 3,35; 10,28-30; 6,39; 13,18; Sl 41[40],10; Jo 15,11 • 17,14-16 cf. Jo 15,18-19; 8,23 • 17,17-19 cf. 1Pd 1,22; Jo 20,21; Hb 10,9-10.12-14.

Oração s/as oferendas: Pela celebração na vida, chegar à glória celeste.

Prefácio: (Ascensão I) Na Exaltação, Jesus está mais perto de nós.

Canto da comunhão: (cf. Jo 17,22) "Que todos sejam um".

Oração final: Que o Corpo chegue à plenitude que a Cabeça já possui.

A liturgia de hoje não consta do calendário litúrgico do Brasil, por coincidir com a festa da Ascensão. Quanto à temática, convém começar pelas últimas palavras do **evangelho**: a "santificação na Verdade", que Jesus, na hora de sua despedida, pede ao Pai, para os seus discípulos. A "verdade", em Jo, é antes de tudo a revelação do ser de Deus no seu Filho, mais especificamente, na "hora" deste (Jo 17,1; cf. 13,1), ou seja, na sua morte, que é a manifestação da glória de Deus, isto é, de seu mais íntimo ser, pois Deus é amor. A verdade é o amor de Deus que se revela para nós, na doação de seu Filho. Jesus pede que seus discípulos (e, mais adiante, todos os que acreditarem por sua palavra: Jo 17,20) sejam "santificados" nesta verdade. Jesus se dedica a Deus, assumindo a obra da revelação do amor até o fim; nisto, torna-se inteiramente "palavra de Deus", e esta palavra é a verdade (17,17). Ora, nesta missão, ele se consagra também no sentido de se tornar sacrifício, na hora da morte (que está para vir). Assim pode dizer: "Por eles, a mim mesmo me consagro, para que sejam consagrados na verdade", pois na sua morte por amor institui a plena comunhão, à qual também nós somos chamados a nos dedicar (17,19). Nossa santificação é a pertença ao amor de Deus no Cristo, pertença que se transforma em missão, enquanto o Cristo "exaltado" (na cruz e na glória: tema da Ascensão) está junto do Pai.

Essa santificação implica que, estando no mundo, não (mais) pertencemos ao mundo. É um desses paradoxos da existência cristã. Quanto mais cristã, tanto mais atuante no mundo e, porém, menos dependente dele: os dois pés no chão, os olhos erguidos para o céu. O "mundo", para Jo, é o mundo com tendência de se fechar a Deus; portanto "odeia" os filhos de Deus. Por outro lado, é o mundo onde vivem os que são chamados a se tornarem filhos de Deus. Por isso, os fiéis devem estar presentes no mundo. Jesus não pede que sejam tirados daí (17,15), mas que sejam testemunhas de um amor que não é deste mundo. Por isso, serão "diferentes". Tudo isso, Jesus lhes disse para que, na sua ausência, não sejam abalados em sua alegria, mas antes a possuam em plenitude (17,11).

A **2ª leitura** nos ensina que não só a alegria, mas também o amor de Deus deve ser levado à plenitude, em nós; isso acontece pelo amor fraterno (1Jo 4,12). Para isso, Deus nos dá o Espírito, que continua a obra do Filho, agora "exaltado" (cf. Jo 16,7ss): para que fiquemos fiéis ao legado de Cristo, que nos amou até o fim; para que conheçamos o sentido decisivo deste amor, nele acreditemos e lhe fiquemos fiéis, pois, então, Deus permanece em nós e nós nele (1Jo 4,13-16).

É nesta perspectiva que devemos ver o esforço dos primeiros fiéis em reconstituir o povo de Israel, 120 pessoas reunidas em redor de 12 Apóstolos (o Espírito Santo é encarregado de indicar um para ocupar o lugar de Judas): as 12 tribos do novo Israel, povo-testemunha do amor de Deus, preparando-se para receber o fogo do alto que os levará para o mundo afora (**1ª leitura**).

Estamos, liturgicamente, num intermédio (existencialmente, também): nosso Salvador está com Deus, nós estamos ainda no mundo. Mas sabemos que ele dispõe de meios para estar conosco: o Espírito que ele há de derramar (Pentecostes). Por isso, rezamos: que ele fique conosco, até o fim dos tempos, como prometeu (**oração do dia**; cf. **evangelho** da Ascensão).

B
Pásc.

(Vigília e Dia de Pentecostes – ver ano A)

SOLENIDADES DO SENHOR NO TEMPO COMUM

Santíssima Trindade/B
UNIÃO COM CRISTO E O PAI NO ESPÍRITO

Canto da entrada: "Bendito seja o Deus uno e trino".

Oração do dia: Perseverar na verdadeira fé em todas as dimensões da Trindade.

1ª leitura: (Dt 4,32-34.39-40) **Unicidade de Deus e de sua revelação em Israel** – Javé, o único Deus, tirou Israel do Egito, falou-lhe no Sinai e deu-lhe a Terra Prometida: estes são os grandes feitos de Javé, que o povo sempre deve comemorar. A Israel, Javé lhe deu a Lei, conforme podia assimilar. Mas o que ele quer dar mesmo, não só a Israel, mas a todos os homens, é seu Espírito. • 4,32-34 cf. Dt 4,7; Ex 33,20; Dt 5,24-26; 7,6 • 4,39-40 cf. Dt 6,4; Sl 83[82],19; Is 43,10.

Salmo responsorial: (Sl 33[32],4-5.6+9.18-19.20+22) Feliz o povo que Deus escolheu por herança.

2ª leitura: (Rm 8,14-17) **O Espírito clama em nós: "Abbá, Pai!"** – Jesus é o Filho de Deus por excelência, em tudo levado por seu Espírito (cf. Mt 4,1; Hb 9,14; Jo 16,14). Este mesmo Espírito, o fiel o recebe quando entra na comunhão de vida de Deus e Jesus Cristo. Reconhecemo-nos como filhos de Deus, se nos deixamos impelir por seu Espírito, como Cristo; e por isso podemos também, com ele, dizer: *Abbá*, Pai! E somos com ele, co-herdeiros do Reino, que é, em última instância, a vida do Pai (Mt 25,34; 19,29). • 8,14-15 cf. Jo 1,12; Gl 5,18; 4,4-7; Jo 15,15 • 8,17 cf. Gl 3,26-29; Fl 3,10-11; 1Pd 4,13.

Aclamação ao evangelho: (cf. Ap 1,8) Glória ao pai, ao Filho e ao Espírito.

Evangelho: (Mt 28,16-20) **Missão para evangelizar em nome do Pai, do Filho e do Espírito** – Na despedida, Jesus se revela como o Filho do Homem, a quem é dado todo o poder (cf. Dn 7,14; Rm 1,4). Com este poder, envia seus seguidores e promete-lhes presença permanente. Missão dos discípulos: 1) fazer de todos os homens discípulos de Cristo, fazendo-os entrar em comunhão com ele; 2) batizar (acolher na Igreja); 3) ensinar-lhes os mandamentos de Cristo. – Durante a atividade pública de Jesus, seu campo se restringia a Israel (10,5-6; 15,24); agora os discípulos o devem estender ao mundo inteiro. A fórmula batismal significa que o batizado entra na comunhão total do Cristo, sua união com o Pai, no Espírito Santo. • Cf. Mt 26,32; Jo 3,35; 17,2; Mt 18,20; Jo 14,23.

Oração s/as oferendas: Oferecer-nos a nós mesmos com as oferendas.

Prefácio: (próprio) Atribuição da mesma glória às três pessoas; unidade.

Canto da comunhão: (Gl 4,6) O Espírito que clama: *Abbá*, Pai!

Oração final: Conserve-nos Deus na verdadeira fé.

Nos domingos anteriores, as leituras tomadas do evangelho de João nos ensinaram que a comunhão do Pai e do Filho, da qual nós participamos no amor, significa também missão: missão do Filho ao mundo, missão dos fiéis para "completar" o amor de Deus pelo amor fraterno, presente na comunidade e, através dela, levado ao mundo todo. Este quadro joanino serve muito bem para interpretar os textos da liturgia de hoje, embora sejam tomados de outros escritos. A visão joanina nos revela a profundidade escondida naquilo que Mateus e Paulo nos dizem hoje.

Mt narra que, depois de sua ressurreição, o Pastor escatológico reuniu ("precedeu") seu rebanho na Galileia (**evangelho**; cf. Mc 14,26-27; 16,7). Os onze encontram Jesus na Galileia, na "montanha" (a do início de sua missão: cf. Mt 5,1ss). Alguns nem o reconhecem. Aí, Jesus se revela como o Filho do Homem, a quem é "dado todo o poder no céu e na terra" (cf. Dn 7). Não é um Filho do Homem militaresco, mas profético; seu poder é ensinar. Este poder, confia-o aos discípulos, que devem ir a todos os povos e torná-los discípulos de Jesus, o que implica: 1) batizá-los em nome do Pai, do Filho e do Espírito Santo; e, 2) ensinar-lhes a observar tudo quanto lhes ordenou. O batizar significa a acolhida na comunidade, sem a qual é impossível tornar alguém discípulo de

Jesus, pois seu mandamento, o amor fraterno, só se aprende na prática mútua; aprender o mandamento do amor sozinho seria como jogar xadrez consigo mesmo... Ora, esse acolhimento na comunidade deve ser "em nome do Pai, do Filho e do Espírito Santo". Temos, no N.T., vestígios de outras fórmulas batismais, mencionado só o Cristo, ou Cristo e o Pai. Mas Mt prefere a fórmula trinitária, porque o acolhimento na comunidade é a entrada na comunhão do Cristo, e esta é de per si comunhão com o Pai, no Espírito que impeliu Jesus para sua missão (Mt 4,1; cf. 3,17) e que é dado a seus seguidores (cf. Mt 3,11).

O Espírito que recebemos é o mesmo Espírito que Cristo recebeu no seu batismo e com o qual ele nos batiza. A **2ª leitura** explica isso de modo comovente. Paulo parte da realidade batismal: o ser impelido pelo Espírito de Deus (Rm 8,14). Isso não é apenas entusiasmo carismático, mas filiação divina (cf. o batismo de Jesus, Mt 3,17). Recebemos um Espírito de filhos adotivos (o filho legítimo é Jesus) – de filhos e coerdeiros! O Espírito de Cristo clama "em nosso espírito" (jogo de palavras): "*Abbá*, Pai!" Paulo insiste em que este Espírito é de liberdade, não de escravidão. O que é de Deus e foi confiado a Cristo, é nosso também. Nada nos é imposto contra nossa vontade. Assumimos livremente, porque amamos, como filhos a seu Pai.

Na realidade, a prática da Igreja nem sempre realiza as características da missão evangelizadora descrita nestes textos. Muitas vezes, pertencer à comunidade cristã é experimentado como um peso, um dever, não como o espírito da filiação divina que nos impele e que nos une intimamente com o Pai e os irmãos. Em vez de nos sentirmos "com Cristo", na comunidade dos que são seus discípulos e irmãos, sentimo-nos oprimidos por uma pirâmide de convenções. As gerações de discípulos, em vez de serem irmãos unidos num mesmo Espírito libertador, parecem ter acumulado leis e leizinhas, instituições e instituiçõezinhas, impelindo os novos membros a entrar, não pelo impulso do Espírito, mas por tradição e conveniência. Não seria bom "ventilar" um pouco de Espírito na Igreja, para que, livres com Cristo, observemos sua palavra e com ele amemos a Deus e os irmãos, impelidos por seu Espírito?

A TRINDADE EM NOSSA VIDA

> No Antigo Testamento, Moisés explicou ao povo que Deus é próximo da gente. Fala com seu povo, acompanha-o. Mais: conta com a amizade de seu povo. Não é um Deus indiferente (**1ª leitura**). No Novo Testamento, Paulo aponta a presença da Santíssima Trindade de Deus em nossa vida: o Pai coloca em nós o Espírito que nos torna filhos com o Filho (**2ª leitura**). Isso nos faz entender melhor o **evangelho**, em que Jesus ordena aos discípulos que batizem gente de todos os povos "em nome do Pai, do Filho e do Espírito Santo". Quem recebe o batismo entra numa relação específica com cada uma das três pessoas da Trindade. Convém termos consciência disso em nossa vida de batizados. Certamente, Deus é um só. O que o Pai, o Filho e o Espírito significam em nós é uma só e mesma realidade: a presença da vida divina em nós. Mas essa realidade se realiza em relações diversificadas, em três presenças que, embora sendo do mesmo e único Deus, atingem nossa vida de modo diferente.
>
> Conhecemos *Deus* como Criador do universo, e exprimimos essa dimensão pelo termo "pai" (e – por que não? – "mãe"), porque ele dá a vida e a sustenta (por sua "providência). Deus não só coloca no mundo, mas assume e sustenta. Mais: ele tem um projeto, um sonho a respeito das suas criaturas mais preciosas, os seres humanos (cf. Gn 1,27.31). E para que realizemos esse sonho como verdadeiros sujeitos, não como objetos, ele nos deu a liberdade,

B
Sol.

com o risco de abuso que isso implica (o pecado). Além disso, para que possamos realizar seu projeto, ele nos deu um modelo: seu *Filho* que, sendo verdadeiro ser humano, vive também verdadeiramente a vida de Deus: Jesus de Nazaré, que mostra que Deus é amor, dando sua vida por nós em fidelidade à obra do Reino que iniciou entre seus irmãos e irmãs, até o fim. Como, porém, a obra de Jesus se situou num tempo e lugar muito restritos – uns três anos num país minúsculo, a Palestina – Deus nos enviou o mesmo *Espírito* que animou Jesus, para que nós possamos viver a sua vida divina em todo tempo e lugar.

Assim, solidários com Jesus, somos filhos adotivos e herdeiros do Pai, pelo que cuidamos de sua obra, de sua solicitude para com a criação e a humanidade. Somos irmãos queridos de Jesus, na solidariedade, na ternura para com os outros irmãos! E somos impulsionados por seu Espírito Santo, não pelo espírito do mundo, do lucro, da exploração... etc.).

A consciência da presença das três Pessoas divinas torna nossa vida cristã menos abstrata. Mas essa consciência não surge espontaneamente: é preciso cultivá-la na contemplação das três Pessoas divinas.

Santíssimo Sacramento do Corpo e Sangue do Senhor/B
O SANGUE DA NOVA ALIANÇA

Canto da entrada: (Sl 81[80],7) Deus alimenta seu povo.

Oração do dia: Participar no mistério do Corpo e Sangue de Cristo de tal modo que possamos colher os frutos de nossa redenção.

1ª leitura: (Ex 24,3-8) **Sacrifício de conclusão da Aliança** – No Sinai, Deus apareceu para concluir a Aliança com seu povo; Deus oferece aliança, o povo se dispõe para observar suas instituições. Antes da leitura do documento da Aliança, Moisés asperge, com "o sangue da Aliança", primeiro o altar (representando Deus) e, depois da leitura, o povo. Este gesto significa a comunhão dos israelitas com Javé e entre si. – Cristo aplicou ao sacrifício de sua vida a figura do "sangue da Aliança": é a nova Aliança (Mt 26,28; Lc 22,20). • 24,3 cf. Js 24,16-24; Ex 34,27-28; Sl 50[49],5; Hb 9,18-20.

Salmo responsorial: (Sl 116,12-13.15+16bc.17-18 [115,3-4.6+7bc.18-19]) O cálice da salvação.

2ª Leitura: (Hb 9,11-15) **Cristo nos purificou por seu próprio sangue** – Hb considera o sacerdócio e o culto do A.T. como figuras da plenitude divina, que se manifesta em Cristo (9,9). Impelido pelo Espírito Santo, Jesus entrou no Santuário livremente, mediante o sacrifício de seu próprio sangue (9,14), pelo qual nós também somos purificados. Temos agora uma nova Aliança, em que ele é o único sacerdote e sacrifício. • 9,11-12 cf. Lv 16; Hb 7,26-27; 4,14; Mt 25,28 • 9,13 cf. Nm 19,2-10.17-20 • 9,14-15 cf. Rm 1,4; 8,11; 1Pd 1,18-19; Hb 10,10; 8,6.

Sequência: *Lauda Sion Salvatorem*.

Aclamação ao evangelho: (Jo 6,41) O Pão da Vida, que desceu do céu.

Evangelho: (Mc 14,12-16.22-26) **A Última Ceia** – Os sinóticos caracterizam a última ceia de Jesus com os seus como a refeição pascal, celebrada por Jesus em antecipação dos acontecimentos que estão para se cumprir. O sentido desta refeição está nas próprias palavras do Cristo: significa seu corpo (sua pessoa presente e atuante no mundo) e seu sangue (sua morte violenta, como sacrifício da Aliança; cf. 1ª e 2ª leitura).

Oração s/as oferendas: Pão e vinho, símbolos de unidade e paz.

Prefácio: (SS. Eucaristia I): Carne imolada, sangue derramado / (SS. Eucaristia II) Sacrifício perfeito.

Canto da comunhão: (Jo 6,56) "Quem come minha carne...".

Oração final: O gozo eterno daquilo que já começamos a saborear na Eucaristia.

A liturgia de hoje coloca os fiéis na ocasião de conhecer a terminologia da Aliança na sua origem veterotestamentária e na sua aplicação eucarística. De fato, ouvimos em cada missa o celebrante dizer: "O cálice de meu sangue, o sangue da nova e eterna Aliança, derramado por vós e por todos, para a remissão dos pecados". Contudo, o sentido destas palavras não se torna concreto para a grande maioria dos que as ouvem.

Israel experimentou seu Deus como Aquele com quem tinha uma aliança. Era um aliado, embora a relação fosse "feudal", com Deus como suserano e Israel como vassalo. Mas eram unidos por amizade e fidelidade e – em princípio – podiam contar um com o outro (neste ponto, Israel deixou muito a desejar). Esta aliança foi instituída, mediante Moisés, em vários momentos. Um momento era a promulgação da Lei, que tem a forma de um pacto feudal (Ex 20). Outro era o sacrifício, em que o mesmo sangue do animal mais precioso (o touro) foi aspergido em parte sobre o altar (que representa Deus) e em parte sobre o povo. Deus e o povo unidos pelo mesmo sangue (Ex 24, **1ª leitura**). Esta é a "imagem", o "modelo" (tipo).

A plena realização desse "modelo" é Jesus Cristo. Em seu sangue foram unidos Deus e o novo povo (universal) de Deus. A hora deste sacrifício foi a hora da cruz. As palavras da Nova Aliança foram pronunciadas à sombra da cruz, na noite anterior, durante a celebração da Páscoa de Jesus e seus discípulos. Como ainda não foi derramado o sangue, o vinho vermelho o substituiu – vinho da taça erguida a Deus em agradecimento pela libertação do povo, conforme prescrevia o rito pascal, vinho da taça que Deus não retirou do Filho, quando este, em agonia, rezou: "Afasta de mim este cálice, mas não a minha, porém a tua vontade seja feita" (Mc 14,36). E também o pão, partido e distribuído, se transformou em sinal sagrado daquele que se doaria por seus irmãos até o fim. É a nova Aliança, Deus novamente unido com seu povo, não mais por laços feudais, mas pela própria vida do Filho, dada em corpo (= presença atuante) e sangue (= morte violenta) (**evangelho**).

A Carta aos Hebreus (**2ª leitura**) medita constantemente esta realidade. Vê Jesus como o verdadeiro sumo sacerdote, pontífice, mediador entre Deus e os homens, que não recorre a subterfúgios, sangue de animais que nada têm a ver com o assunto, mas usa seu próprio sangue, para, num gesto, não mágico, porém do mais realístico amor, reconciliar o homem com Deus. Ou seja, assumindo a rejeição, até a morte violenta, e perdoando, em nome de seu Pai, toda a incredulidade e ódio que podem ter movido os filhos de Adão, ele se torna a expiação em pessoa, o mediador da nova Aliança (Hb 9,15).

B Sol.

Geralmente, não praticamos ritos religiosos sangrentos (a não ser com alguma galinha preta), mas matamos sem sangue. O ódio não revela mais sua face verdadeira e, por isso, é muito mais difícil de ser reconciliado. Mesmo assim, há ainda "vítimas", Dom Oscar Romero, morto no sacrifício da Missa, e tantos outros. Jesus nos confiou a expiação em seu sangue, mandando-nos celebrar na Eucaristia seu memorial até sua nova vinda, até a plena união. Isso, porém, ultrapassa o nível de um mero rito de uma celebração bonita, comovente etc. Penetra em nossa existência, em nosso compromisso histórico. Com Cristo, cada cristão deve dizer, cada dia: "Eis meu corpo... Eis meu sangue...". Esta é a nova Aliança.

O SACRIFÍCIO DE JESUS

Chamamos a missa "sacrifício de Cristo". Mas esse modo de falar enfrenta oposição, talvez porque entendemos o termo "sacrifício" de modo errado, não como oferta e sim como castigo imposto por Deus.

A liturgia da SS. Eucaristia insiste muito na ideia do sacrifício. Não devemos relacionar isso precipitadamente com imolação, vitimação. Muito menos, com pagamento sangrento pago por Jesus pela infinita ofensa que Adão e nós cometemos contra a infinita dignidade de Deus. Sacrificar significa, antes de tudo, oferecer ou dedicar algo ao Santo, que é Deus. E isso acontece de muitas maneiras. A liturgia de hoje é uma oportunidade para compreender o "sacrifício" eucarístico.

A 1ª leitura evoca a Aliança entre Deus e seu povo, celebrada pelo sacrifício de algumas cabeças de gado. A 2ª leitura lembra o sangue dos animais, que, cada ano, devia purificar o povo, no Dia da Expiação. Esse rito é agora substituído pelo dom da vida de Jesus, que derramou sua vida por nós e nos purificou de todo pecado, uma vez para sempre. Jesus é o único sacrifício da Nova Aliança, como ele mesmo deu a entender na sua última ceia: "O sangue da (Nova) Aliança, derramado em prol da multidão" (evangelho). Suplantando os antigos sacerdotes bem como as vítimas, ele esparramou seu próprio sangue sobre o mundo.

Ora, não é o sangue por si mesmo que salva, como se fosse o sangue de uma galinha preta. O que salva é o amor e a fidelidade que levaram Jesus a enfrentar a morte cruel e sangrenta e a dedicar assim sua vida – representada pelo sangue – a Deus e à sua obra de amor e salvação. Depois da morte de Jesus por amor não há mais outro sacrifício da Aliança. O amor que o levou a derramar sua vida é valido para sempre. A Eucaristia celebra esse sacrifício único, esse gesto de amor, que basta para sempre e permanece atual em todo tempo. No pão e no vinho da última refeição de Jesus, a Eucaristia torna presente a doação da vida de Jesus até o sangue. "Prova de amor maior não há..." O sacrifício é um só, de uma vez para sempre. As celebrações são muitas.

A reconciliação com Deus não vem de algum sangue que lavasse magicamente, mas do amor que se torna sacrifício dedicado ao Santo, a Deus. Amor que doa corpo e sangue, vida. A celebração do corpo e sangue de Cristo tem algo vital, algo que mexe com as nossas veias. Devemos unir-nos a seu amor, entregando nosso corpo e sangue para pô-lo a serviço de nossos irmãos. Assim seremos consagrados com Jesus (Jo 17,17-19), "oferenda perfeita" com Cristo (Oração Eucarística III).

B
Sol.

Sagrado Coração de Jesus/B
DEUS É MAIS HUMANO DO QUE NÓS

Canto da entrada: (Sl 33[32],11.19) Os pensamentos generosos do coração de Deus.

Oração do dia: (I) Maravilhas de amor, fonte de vida, torrentes de graça / (II) Infinito amor e reparação.

1ª Leitura: (Os 11,1.3-4.8c-9) **Com laços humanos, laços de amor** – Deus chamou Israel do Egito, libertou-o, concluiu aliança com ele. Isso significa mais do que um pacto jurídico: é uma relação pessoal, como entre pai e filho, mãe e criança. A primeira experiência do jovem povo de Israel é a do carinho de Deus. Israel respondeu com ingratidão (11,4-7). Contudo, Javé desiste de vingança: seu coração se vira dentro dele. Pois ele não é como a gente; ele é mais humano do que nós; é Deus (11,8c-9). • 11,1 cf. Jr 2,1-3; Dt 4,37; 7,7-9 • 11,3-4 cf. Dt 1,31; 32,6 • 11,8c-9 cf. Jr 31,20; Is 54,8; 6,3.

Salmo responsorial: (Is 12,2-3.4bcd.5-6) "Tirareis com alegria água das fontes da salvação".

2ª leitura: (Ef 3,8-12.14-19) **Conhecer a supereminente ciência e caridade de Cristo** – Paulo deve revelar aos gentios o "mistério", o plano do amor de Deus para em Cristo reunir a todos, judeus e gentios. O criador do todo é também o salvador, e só na salvação revela-se plenamente a riqueza da criação. – Na 2ª parte (3,14-19), o texto se transforma em oração. O Apóstolo reza para que as comunidades atinjam um conhecimento que alcance as profundezas do mistério de Deus. Tal conhecimento é, ao mesmo tempo, fé e amor. Faz Cristo morar na gente, com toda sua plenitude, e capacita a comunidade para transmitir a mensagem deste amor. • 3,8-9 cf. 1Cor 15,8-10; Cl 1,26-29; Gl 1,15-16; Ef 1,7; Rm 16,25 • 3,10-12 cf.1Pd 1,12; 1Cor 2,7-9 • 3,16-19 cf. Rm 5,5; Jo 14,23; Cl 2,7.

Aclamação ao evangelho: (Mt 11,29b) O Mestre manso e humilde de coração.

Evangelho: (Jo 19,31-37) **Sangue e água do lado aberto de Cristo** – A morte de Cristo é ilustrada por Jo com dois textos escriturísticos: 1) Jesus é como o cordeiro pascal, cujos ossos não são quebrados (Ex 12,46) (diferente dos sinóticos, Jo situa a hora da morte de Cristo no exato momento em que, no templo, se sacrifica o cordeiro pascal); 2) Jesus é como o profeta transpassado de Zc 12,10, a quem o povo levanta os olhos. Do lado traspassado saem sangue e água: amor até o fim, dom do Espírito. • 19,31 cf. Dt 21,22-23; Gl 3,13 • 19,34 cf. Ez 47,1; Jo 7,37-39; 1Jo 5,6-8 • 19,36-37 cf. Ex 12,46; Nm 9,12; Zc 12,10; Ap 1,7.

Oração s/as oferendas: Oferenda de reparação por tamanho amor não respondido.

Prefácio: (próprio) Jesus fonte salvadora.

Canto da comunhão: (Jo 7,37-39) "Se alguém tiver sede, venha a mim..." / (Jo 19,34) O lado aberto de Cristo, fonte da salvação.

Oração final: Inflamados pelo amor do Cristo, reconhecê-lo em cada irmão.

A mensagem central de hoje é certamente a inefável riqueza do amor de Deus que se manifesta em Jesus Cristo. Tanto a **1ª** quanto a **2ª leitura** são extremamente significativas, sendo que a 2ª, por pertencer à Escritura cristã, é tipicamente cristológica, enquanto a 1ª evoca, em termos poéticos, o amor do Senhor Deus por seu povo. Mas exatamente, a poesia desta 1ª leitura sensibiliza-nos pela mensagem que permeia toda a liturgia de hoje: Deus ama com amor humano, com amor mais que humano! A leitura mostra um crescendo paradoxal. Começa com a imagem da relação pai-filho entre Deus e seu povo. Apesar da incompreensão de Israel, Deus amou o povo com sentimentos de afeição, mais profundos do que se possa imaginar. Vem então (omitido na perícope litúrgica) o relato da infidelidade de Israel. Enfim, o poeta evoca o modo de agir de Deus diante desta ingratidão. Embora ame com amor humano, não se decepciona. Nós nos decepcionamos e nos vingamos. Deus não se vinga da incompreensão. Um pai não esquece o seu filho (Os 11,8). Seu coração se vira nele. Deus perdoa, pois ele é Deus e não um homem mesquinho. O amor humano de Deus é mais humano do que o nosso.

O amor humano de Deus se manifesta plenamente em Jesus Cristo, que amou os seus até o fim (Jo 13,1). O simbolismo polivalente da água e do sangue que jorram do lado aberto de Cristo (Jo 19,33-37; **evangelho**) sugere o quanto foi completa a sua doação. Simboliza a esperança que em Cristo encontra sua plenitude. Mostra o sangue do sacrifício ao mesmo tempo expiatório (o cordeiro que tira o pecado do mundo) e libertador (o cordeiro pascal, cujos ossos não podiam ser quebrados; Jo 19,33.36). Mostra a água da efusão escatológica da bebida que não deixa sede, o Espírito (19,34; cf. 7,37-39; 1Jo 5,6), assinalada pelo batismo, sacramento do lado aberto de Cristo, do qual nasce a Igreja. O "lado aberto" significa a morte do pastor justo e perfeito, ao qual o povo levantará os olhos depois de o ter traspassado: início da conversão total e definitiva (19,37, cf. Zc 12,10).

Portanto, como diz Paulo em Ef 3 (**2ª leitura**), é em Cristo que, nós todos, conhecemos o tamanho do amor de Deus, perscrutamos todas as suas dimensões (Ef 3,18-19). Mas "conhecer" na mentalidade bíblica significa experimentar. Não é um conhecer intelectual, mas participativo. Esta participação se realiza pela combinação da oração e

B
Sol.

da fé com a prática da caridade de Cristo. Se fizermos isso, seremos sempre mais repletos da "plenitude de Deus" (3,19). Na primeira parte da **2ª leitura**, Paulo exprime em termos de contemplação cósmica as dimensões do Mistério de Cristo, sua riqueza, que não é outra coisa que a realidade da graça e do amor do Pai.

Num tempo em que o amor humano é degradado a objeto de comércio e meio de alienação, a contemplação das insondáveis riquezas do amor de Deus em Cristo se transforma numa fonte de vida. Amor que revela um Pai de incansável fidelidade afetiva a seus filhos, incansável porque ele é Deus e não um homem instável. Amor que une a criação com a redenção. Amor que revela que Deus é amor. Um amor sacrificado... isso pode não parecer muito atraente, mas é no sacrifício que se realiza o amor até o fim. O sacrifício não lhe tira a força de ser fonte de alegria imensurável, pois a alegria vem da partilha, e não há partilha sem doação. Se nosso tempo aprendesse isso do coração de Cristo; se nossos casais descobrissem que "a relação perfeita" consiste na doação sem reserva (e não na exploração sem reserva); se nossos jovens experimentassem o crescimento de sua ternura e expansividade num amor respeitoso, que promove e não desgasta; se os pais tivessem aquela fidelidade afetiva, que nunca rejeita os filhos, nem mesmo depois da pior crise; se nossos pastores fossem capazes de levar os fiéis à contemplação de tamanho amor, explicitando-o em sua palavra e, sobretudo, no exemplo de sua vida – então, a Igreja seria realmente o novo templo, de cujo lado jorram as águas da salvação.

TEMPO COMUM

2º domingo do tempo comum/B
VOCAÇÃO: BUSCA E CONVITE

Canto da entrada: (Sl 66[65],4): Louvor universal a Deus.

Oração do dia: Que Deus nos dê sua paz.

1ª leitura: (1Sm 3,3b-10.19) **Vocação de Samuel** – Samuel, desde seu nascimento, em agradecimento pelo favor de Deus a sua mãe estéril, foi dedicado ao serviço de Deus, no templo de Silo (cf. 1Sm 1,21-28). Mas este serviço não esgotou sua missão. Antes que ele fosse capaz de o entender, Deus o chamou para a missão de profeta. "Fala, teu servo escuta", responde Samuel. Escutar é a primeira tarefa do porta-voz de Deus. • Cf. Ex 25,22; Is 6.

Salmo responsorial: (Sl 40[39]2+4ab.7-8a.9.10) "Eis-me aqui".

2ª leitura: (1Cor 6,13c-15a.17-20) **Nosso corpo é santo: pertence ao Senhor** – Liberdade sim, libertinagem não. "Tudo é permitido", dizem certos cristãos de Corinto, e Paulo responde: "Mas nem tudo faz bem" (6,12). Quem se torna escravo de uma criatura comete idolatria. Assim, quem se vicia nos prazeres do corpo. O homem não é feito para o corpo, mas o corpo para o homem, e este, para Deus: seu corpo é habitação, templo de Deus, e serve para glorificá-lo. • 6,13 cf. 1Ts 4,3-5; 1Cor 10,31 • 6,14, cf. 1Cor 15,12-15; 2Cor 4,14; Rm 8,11 • 6,15 cf. Rm 12,5; 1Cor 12,27 • 6,19 cf. 1Cor 3,23 • 6,20a cf. 1Cor 7,23; Rm 3,24; 6,15 • 6,20b cf. Fl 1,20.

– *Leit. alternat.: (Rm 1,1-3a.5-7) O chamado de Deus*.

Aclamação ao evangelho: (1Sm 3,9; Jo 6,68b) "Fala, Senhor, teu servo escuta" / (Jo 1,41.17b) Encontramos o Messias.

Evangelho: (Jo 1,35-42) **Vocação dos primeiros discípulos** – João Batista encaminha seus discípulos para se tornarem discípulos de Jesus (cf. Jo 3,22-30). À procura desses corresponde um convite de Jesus, para que eles venham ver e permaneçam com ele. E a partir daí segue uma reação em cadeia (1,41.45). • Cf. Mt 4,18-22; Mc 1,16-22; Lc 5,1-11 • 1,35-36, cf. Jo 1,6-8; 1Pd 1,19; Is 53,7.

Oração s/as oferendas: Quantas vezes celebramos este mistério, é atuante a obra de nossa salvação.

Prefácio: (dom. T.C. I) Vocação a sermos um povo santo.

Canto da comunhão: (Sl 23[22],5) Cristo, nosso anfitrião / (1Jo 4,16) Cremos no amor de Deus por nós.

Oração final: Alimentados com o mesmo pão, viver unidos no amor de Deus.

Nos três anos do ciclo litúrgico, o domingo depois do Batismo do Senhor tem como evangelho um trecho do testemunho de João Batista diante de seus discípulos e a vocação dos mesmos por Jesus (próprio de Jo; não está nos evangelhos sinóticos). Hoje lemos o encaminhamento de dois discípulos do Batista junto a Jesus, que, respondendo à busca deles, os convida a "vir e ver" e a ficar na sua companhia. É a apresentação, tipicamente joanina, da procura do Salvador (nos outros evangelhos, Jesus se apresenta como irrupção do Reino). Jesus é a resposta de Deus à busca do homem, assim como o A.T. fala da busca da Sabedoria, que se deixa encontrar pelos que a buscam (cf. Sb 6,14); busca de Deus, que devemos procurar enquanto se deixa encontrar (Is 55,6). Descobrimos, pois, atrás da cena de Jo 1,35-39 (**evangelho**), toda uma meditação sobre o encontro com Deus em Jesus Cristo, que, mais do que a Sabedoria do A.T., é seu revelador. "Vinde ver..." é a resposta misteriosa de Jesus à busca dos discípulos que o Batista encaminhou para ele, apontando-o como o "Cordeiro de Deus" (cf. ano A).

Pelo testemunho do Batista, os que buscavam o Deus da salvação o vislumbraram no Cordeiro de Deus, o Homem das Dores. Querem saber onde é sua morada (o leitor já sabe que sua morada é no Pai; cf. Jo 14,1ss). Jesus convida o homem que busca a "vir e ver". "Vir" significa o passo da fé (cf. 6,35.37.44.45.65; também 3,20-21 etc.). "Ver" é um termo polivalente, que, no seu sentido mais tipicamente joanino, significa a visão da fé (cf. sobretudo Jo 9). Finalmente, os discípulos "permanecem/se demoram" com ele ("permanecer" ou "morar" expressa, muitas vezes, a união vital permanente com Jesus; cf. Jo 15,1ss). Os que foram à procura do mistério do Salvador e Revelador acabaram sendo convidados e iniciados por ele.

Um encontro como este ultrapassa a pessoa que encontra. Leva-a a contagiar os outros que estão na mesma busca. André, um dos dois que encontraram o procurado vai chamar seu irmão Simão, para partilhar sua descoberta (v. 41: "Encontramos!"). Este se deixa conduzir até o Senhor, que, de início, transforma seu nome em Cefas (rocha, "Pedro"), dando-lhe uma nova identidade. Na continuação do episódio (1,45), encontramos mais uma semelhante "reação em cadeia". Como o Batista introduziu seus discípulos a Jesus, em seguida os discípulos procuraram outros candidatos[3].

A liturgia combinou com este misterioso texto a vocação de Samuel (**1ª leitura**). O encontro com Deus não é uma coisa evidente. Três vezes Samuel ouve a voz, mas só pela orientação do sacerdote é capaz de reconhecer o sentido. Uma vez entendendo a voz, acolhe-a com plena disponibilidade, deixando-se ensinar para ser porta-voz de Deus, profeta.

As duas vocações apresentadas não são bem do mesmo tipo. No caso de Samuel, trata-se da vocação específica do profeta; no episódio dos discípulos de Jesus parece que se trata da vocação à comunidade dos seguidores; os primeiros chamados parecem representar a vocação de todos os fiéis. Eles não recebem logo uma missão específica, mas são chamados, antes de tudo, a "vir" até Jesus para "ver", e a "permanecer/morar" com ele. Por um testemunho que vem de fora (de João Batista, de outros que já foram chamados etc.), o homem é encaminhado na busca do Salvador; a esta busca corresponde o convite de Deus em Jesus Cristo ("vem ver..."), provocando entrega e adesão ("permaneceram com ele"), que logo transforma o adepto em missionário ("foi encontrar seu irmão..."). Dentro desta dinâmica global da vocação cristã se situam as vocações específicas, como a de Simão, que, ao aderir a Cristo, é transformado em pedra fundamental da comunidade cristã.

A **2ª leitura** trata de uma das questões particulares abordadas em 1Cor 5–12: a fornicação. A oposição de Paulo à libertinagem sexual não se deve ao desprezo do corpo, mas à estima que ele lhe dedica. Pois ele sabe que o corpo não é alheio às alturas do espírito, mas antes, as sustenta e delas participa; por isso, qualquer ligação vulgar avilta o homem todo. O homem todo, inclusive o corpo, é habitáculo do Espírito Santo. O homem deve ser governado para este fim do homem integral, membro de Cristo, e não o homem subordinado às finalidades particulares do corpo. Absolutizar os prazeres corporais é idolatria – mensagem que precisa ser destacada no contexto de nossa "civilização"...

B
T. Com.

---

3. Estes traços da narração podem aludir à Igreja das origens, consciente de que o "movimento de Jesus" teve suas origens no "movimento do Batista" e de que, nas gerações futuras, os fiéis não mais seriam chamados por Jesus mesmo, mas por seus irmãos na fé.

ESCUTAR DEUS E SEGUIR JESUS

Depois da festa do Batismo do Senhor, que no Brasil substitui o 1º domingo do tempo comum, a liturgia dominical continua logo com o 2º. Mesmo sem querer, essa continuação é muito adequada: Jesus, logo depois de ser batizado por João Batista e tentado no deserto, chamou os primeiros discípulos. Segundo Jo, do qual se extrai o **evangelho** de hoje, foi dentre os discípulos do Batista que surgiram os primeiros seguidores de Jesus. O próprio Batista incentivou dois de seus discípulos a seguir Jesus, "o Cordeiro que tira o pecado do mundo". Enquanto se põem a segui-lo, procurando seu paradeiro, Jesus mesmo lhes dirige a palavra: "Que procurais?" – "Mestre, onde moras", respondem. E Jesus convida: "Vinde e vede". Descobrir o Mestre e poder ficar com ele tanto os empolga que um dos dois, André, logo vai chamar seu irmão Pedro para entrar nessa companhia também. E no dia seguinte, Filipe (o outro dos dois?) chama Natanael a integrar o grupo.

A **1ª leitura** aproxima disso o que ocorreu, mil anos antes, ao jovem Samuel, "coroinha" do sacerdote Eli no templo de Silo. Deus o estava chamando, mas ele pensava que fosse o sacerdote. Só na terceira vez, o sacerdote lhe ensinou que quem chamava era Deus mesmo. Então respondeu: "Fala, Senhor, teu servo escuta".

"Vocação" e um diálogo entre Deus e a gente – geralmente por meio de algum intermediário humano. A pessoa não decide por si mesma como vai servir a Deus. Tem de ouvir, escutar, meditar. Que vocação? Para que serviço Deus ou Jesus nos chamam? Logo se pensa em vocação específica para padre ou para a vida religiosa. Mas antes disso existe a vocação cristã geral, a vocação para os diversos caminhos da vida, conduzida pelo Espírito de Deus, e da qual o Cristo é o portador e dispensador. Essa vocação cristã se realiza no casamento, na vida profissional, na política, na cultura etc. Seja qual for o caminho, importa ver se nele seguimos o chamado de Deus e não algum projeto concebido em função de nossos interesses próprios, às vezes contrários aos de Deus.

O convite de Deus pode ser muito discreto. Talvez esteja escondido em algum fato da vida, na palavra de um amigo... ou de um inimigo! Ou simplesmente nos talentos que Deus nos deu. De nossa parte, haja disposição positiva. Importa estar atento. Os discípulos estavam à procura. Quem não procura pode não perceber o discreto chamamento de Deus. A disponibilidade para a vocação mostra-se na atenção e na concentração. Numa vida dispersiva, a vocação não se percebe. E importa também expressar nossa disponibilidade na oração: "Senhor, onde moras? Fala, Senhor, teu servo escuta". Sem a oração, a vocação não tem vez.

Finalmente, para que a vocação seja "cristã", é preciso que Cristo esteja no meio. Há os que confundem vocação com dar satisfação aos pais ou alcançar um posto na poderosa e supostamente segura instituição que é a Igreja. Isso não é vocação de Cristo. Para saber se é realmente Cristo que está chamando, precisamos de muito discernimento, para saber distinguir sua voz nas pessoas e nos fatos através dos quais ele fala.

3º domingo do tempo comum/B
O REINO DE DEUS ESTÁ AÍ: CONVERTEI-VOS

B T. Com.

Canto da entrada: (Sl 96[95],1.6) "Cantai ao Senhor um canto novo".

Oração do dia: Abundar em boas obras em nome de Jesus Cristo.

1ª leitura: (Jn 3,1-5.10) **A pregação de conversão de Jonas** – No livro de Jonas é mostrado que Deus quer a conversão de todos, e não só do povo de Israel. Por isso, Jonas deve pregar a conversão em Nínive, capital do império dos gentios. Deus oferece como graça o chamado à conversão; quem o aceita é salvo. • 3,1-5 cf. Mt 12,41; Lc 11,32 • 3,10 cf. Gn 6,6; Jr 26,3; 18,7-8.

Salmo responsorial: (Sl 25[24],4bc-5ab.6-7bc.8-9) Deus guia ao bom caminho os pecadores.

2ª leitura: (1Cor 7,29-31) **O "esquema" deste mundo passa** – Em 1Cor 7 Paulo responde a perguntas com relação ao casamento. As respostas, cheias de bom senso e sem desprezo algum da sexualidade, revelam um tom de "reserva escatológica"; ou seja: tudo isso não é o mais importante, para quem vive na expectativa da parusia. Porque "o tempo é breve" (7,29), matrimônio ou celibato, dor ou alegria, posse ou pobreza são, num certo sentido, indiferentes: são um "esquema" (literalmente conforme o grego) que passa. Paulo continua, depois, mostrando o valor de seu celibato como plena disponibilidade para as coisas de Cristo – uma espécie de antecipação da Parusia (7,32). • 7,29 cf. Rm 13,11; 2Cor 6,2.8-10 • 7,31 cf. 1Jo 2,16-17.

– *Leit. alternat.: (1Cor 9,12c.16-17) "Ai de mim, se eu não evangelizar".*

Aclamação ao evangelho: (Mc 1,15) O Reino de Deus está aí: acreditai no Evangelho.

Evangelho: (Mc 1,14-20) **O Reino de Deus está aí: convertei-vos** – Mc é o evangelho da "irrupção do Reino de Deus". Jesus aparece como profeta apocalíptico (cf. Jonas na 1ª leitura), anunciando a boa-nova da chegada do Reino e pedindo conversão e fé. Mas ele não apenas anuncia. Ele tem também a "autoridade" (Mc 1,22.27) do Reino, o que se mostra na expulsão de demônios e outros sinais. Ele é o "Filho de Deus" (1,1; 9,7; 15,39; cf. 1,11). Contudo, nem mesmo os discípulos o reconheceram como tal. Somente depois da Ressurreição, entenderiam isso e fariam de Jesus mesmo o conteúdo da "boa-nova" que iam pregar. Para nós, agora, graças ao testemunho deles, fica claro que a atuação de Jesus foi a inauguração do Reino que ele anunciava. Nele, em sua pregação, confirmada por sinais, o Reino tornou-se presente. Por isso, exige conversão e fé (1,15), bem como seguimento incondicional dos que são chamados (1,16-20). • 1,14-15 cf. Mt 4,12-17; Lc 4,14-15; Mc 6,17-18; Dn 7,22; Gl 4,4 • 1,16-20 cf. Mt 4,18-22; Lc 5,1-11.

Oração s/as oferendas: A aceitação das ofertas, sinal da Salvação de Deus.

Prefácio: (comum I) A obra de salvação por Cristo.

Canto da comunhão: (Sl 34[33],6) Alegria ao aproximar-se do Senhor / (Jo 8,12) "Eu sou a Luz do mundo".

Oração final: A graça de sermos vivificados por Deus sempre.

Conversão é uma mensagem frequente na Bíblia. Mas ela não tem sempre o mesmo conteúdo. Na **1ª leitura** e no **evangelho** de hoje encontramos a mensagem da conversão em duas articulações bem diferentes, revelando a distinção entre o antigo e o novo. Em Jn 3 (**1ª leitura**), trata-se de uma pregação ameaçadora, dirigida à maior cidade que o autor conhecia, Nínive, capital da Assíria; diante do medo que a pregação inspira, a população abandona o pecado e faz penitência, proclamando o jejum e vestindo-se de saco; e Deus, demonstrando à "capital do mundo" sua misericórdia universal, poupa a cidade. No N.T., trata-se da pregação inaugural de Jesus, não no centro do mundo, nem mesmo no centro do judaísmo, Jerusalém, mas num canto perdido, meio pagão, da Palestina: os arredores do lago de Genesaré, na Galileia. Não anuncia uma catástrofe, mas a plenitude do tempo. "Está cumprido o tempo": chega de castigo (cf. Is 40,2; 2º dom. Adv. B), cumpriu-se o tempo das profecias, das promessas: o "Reino de Deus" está aí. É uma mensagem de salvação, dirigida não aos cidadãos da capital do império, mas aos pobres da Galileia. Realizando as profecias de Is (40,1-2.9; 42,1; 61,1-2), o Filho que recebe toda a afeição do Pai, ungido com seu Espírito profético e messiânico (cf. Mc 1,11, batismo de Jesus), leva a Boa-Nova aos pobres, assumindo sua opressão e demonstrando assim a compreensão verdadeira do amor universal de Deus, que começa pelos últimos.

Enquanto a mensagem de Jonas logrou êxito por causa do medo, a mensagem de Cristo solicita conversão na base da fé na boa-nova (**evangelho**).

A gente deve voltar a Deus, não por causa do medo de perder o bem-estar, mas levado por uma profunda confiança nos bens que ainda não conhece e que se tornam próximos em seu Enviado, resumidos no termo "Reino de Deus". Este é o acontecer da vontade amorosa do Pai, como reza o Pai-nosso: "Venha o teu Reino, seja feita a tua vontade". A pregação da proximidade do Reino, por Jesus, significa: lá onde reina o amor, que é a vontade de Deus para com seus filhos e filhas, acontece o Reino de Deus. Na medida em que Jesus se identifica com esta vontade e a cumpre até o fim, até a morte, ele realiza e traz presente em sua própria pessoa esse Reino. Ele é o Reino de Deus que se torna presente. Todo o evangelho de Mc desenvolve esta verdade fundamental, que, nesta primeira mensagem do Cristo, está envolta no mistério de sua personalidade e palavra, mas, aos poucos, revelará seu significado para quem acreditar na Boa-Nova, sobretudo quando esta se tornar Cruz e Ressurreição.

Por isso, enquanto na história de Jonas a aceitação da mensagem faz Deus desistir de seus planos, sem que o povo se envolva com estes, em Mc 1 vemos que a proclamação da Boa-Nova exige fé e participação ativa no Reino cuja presença é anunciada. A aceitação da pregação de Jesus faz o homem participar do Reino que ele traz presente. Essa adesão ativa, no evangelho de Mc, é exemplificada por diversas perícopes dedicadas ao seguimento. Aderir ao Cristo é segui-lo. Por isso, imediatamente depois de ter evocado a primeira pregação de Jesus, Mc narra a vocação dos primeiros discípulos. Vocação esta que é uma transformação, pois faz dos pescadores de peixe "pescadores de homens". E eles abandonam o que eram e o que tinham – até mesmo o pai no barco...

A **2ª leitura** é tomada da secção das "questões particulares" da 1Cor (cf. dom. passado). Ao fim de toda uma exposição sobre o matrimônio (recordando as palavras do Senhor) e o celibato (oferecendo seus próprios conselhos), Paulo esboça uma visão global referente aos estados de vida. O estado de vida é uma realidade provisória, perdendo sua importância diante do definitivo, que se aproxima depressa (Paulo, como os primeiros cristãos em geral, acreditava que Cristo voltaria em breve). Casamento, prazer, posse, como também o contrário de tudo isso, são o revestimento provisório da vida, o "esquema" (como diz o texto grego) que desaparecerá. Já temos em nós o germe de uma realidade completamente nova, e esta é que importa. Assim, Paulo evoca a dialética entre o provisório e o definitivo, o necessário e o significativo, o urgente e o importante. Mas esta dialética deve ser formulada novamente por cada geração e cada pessoa[4].

PESCADORES DE GENTE

> Muitos jovens dentre aqueles que demonstram sensibilidade aos problemas dos seus semelhantes encontram-se diante de um dilema: continuar dentro do projeto de sua família ou dispor-se a um serviço mais amplo, lá onde a solidariedade o exige...
>
> Foi um dilema semelhante que Jesus causou para seus primeiros discípulos (**evangelho**). Jesus estava anunciando o reinado do Pai celeste, enquanto eles estavam trabalhando na empresa de pesca do pai terrestre. Jesus os convidou a deixarem o barco e o pai e a se torna-

---

4. Nossa maneira de a articular não precisa ser, necessariamente, a da "santa indiferença" que Paulo demonstra, tendo em vista a vinda próxima do Cristo glorioso. Certo, repartiremos com ele um sadio "relativismo escatológico" ("Quid hoc ad aeternitatem?"), porém, a maneira de relativizar o provisório pode ser diferente da sua. Relativizar significa "tornar relativo", "pôr em relação". Também o cuidado de viver bem o casamento, como qualquer outra realidade humana, como sejam o trabalho, o bem-estar etc., é uma maneira de relativizar, se este "viver bem" significa: conforme a vontade de Deus, procurando em primeiro lugar seu Reino e sua justiça.

rem pescadores de gente. O Reino de Deus precisa de colaboradores que abandonem tudo, para catarem a massa humana que necessita o carinho de Deus.

Deus quer proporcionar ao mundo seu carinho, sua graça. Não quer a morte do pecador, mas que ele se converta e viva. Provocar tal conversão na maior cidade do mundo de então, em Nínive, tal foi a missão que Deus confiou ao "profeta a contragosto", Jonas (1ª **leitura**). Também Jesus convida à conversão, porque o Reino de Deus chegou (Mc 1,14-15). Para ajudar, chama pescadores de gente. Tiramos daí três considerações:

– Deus espera a conversão de todos, para que possam participar de seu reino de amor, de justiça e de paz;

– Para proclamar a chegada do seu reinado e suscitar a conversão, o coração novo, capaz de acolhê-lo, Deus precisa de colaboradores, que façam de sua missão a sua vida, inclusive às custas de outras ocupações (honestas em si);

– Mas além dos que largam seus afazeres no mundo, também os outros – todos – são chamados a participar ativamente na construção desse Reino, exercendo o amor e a justiça em toda e qualquer atividade humana.

É este o programa da Igreja, chamada a continuar a missão de Jesus: o anúncio da vontade de Deus e de sua oferta de graça ao mundo; a vocação, formação e envio de pessoas que se dediquem ao anúncio; e a orientação de todos a participarem do Reino de Deus, vivendo na justiça e no amor.

Jesus usou a experiência dos pescadores como base para elevá-los a outro nível de "pescaria". A Igreja pode seguir o mesmo modelo: partir da experiência humana, profissional, social, cultural, para orientar as pessoas à grande pescaria. Sem essa base humana, os anunciadores parecem cair de paraquedas no mundo ao qual eles são enviados, parecem extraterráqueos. Mas se aproveitam a experiência de vida que têm, "conhecendo o mar do mundo", poderão recolher gente para Deus.

Para Paulo, ser apóstolo é fazer da própria vida um anúncio do Evangelho: "Ai de mim se eu não evangelizar" (1Cor 9,16). Ele não *faz* apostolado, oito horas por dia, fim de semana livre, férias e décimo terceiro... Ele *é* apóstolo, "apóstolo 24 horas". Faz até coisas que não precisaria fazer: ganhar seu pão com o próprio trabalho manual, dispensar a companhia de uma mulher etc. Faz tudo de graça, para não provocar a suspeita de proveito próprio. Porque sua maior recompensa é a felicidade de anunciar o Evangelho gratuitamente. O Evangelho é sua vida.

4º domingo do tempo comum/B
O "PODER" DE JESUS

Canto da entrada: (Sl 106[105],47) Salva-nos, Deus, para que cantemos teu louvor.

Oração do dia: Adorar Deus e amar a todos.

1ª leitura: (Dt 18,15-20) **O profeta, porta-voz de Deus** – Deus suscita, na assembleia de Israel, a figura do "profeta", conforme o modelo de Moisés, seu porta-voz no Sinai. O profeta deve anunciar a cada geração o que Deus acha dela, e não sensacionalismo, adivinhação ou seja lá o que for. – O judaísmo interpretou Dt 18,15, "um profeta como eu" (cf. 18,18) não mais no sentido genérico, mas individual, como significando o Messias. Jo 6,14 (cf. 1,21.45; At 3,22-23) mostra que Jesus foi identificado com este Messias-profeta. • Cf. Dt 12,30-31; Nm 12,6; 23,23; Dt 34,10; Is 42,1-4; 49,2; 50,4.

Salmo responsorial: (Sl 95[94], 1-2.5-7.8-9) "Hoje, se ouvirdes a voz do Senhor, não lhe fecheis vosso coração".

2ª leitura: (1Cor 7,32-35) **As vantagens do celibato** – Continuando no espírito da "reserva escatológica" (cf. dom. passado), dando importância não tanto ao estado de vida que se escolhe, quanto à diligência escatológica com a qual se o assume, Paulo explica que a ele o estado celibatário permite uma dedicação mais intensa àquilo que se relaciona de modo imediato com o Reino escatológico, mas não condena as "mediações" do Reino, entre as quais o casamento, para o qual Jesus mesmo deu instruções (1Cor 7,10). O celibato é um conselho pessoal de Paulo (7,25).

– *Leit. alternat.: (2Pd 1,16-21) Ouvir a voz.*

Aclamação ao evangelho: (Mt 4,16) Surge a luz de Cristo.

Evangelho: (Mc 1,21-28) **A autoridade de Jesus** – A palavra de Jesus é um acontecer e um agir. Por isso, Mc não narra o conteúdo do que Jesus pregou na sinagoga de Cafarnaum, mas o efeito: Jesus age com autoridade (1,22.27), o que se mostra na expulsão dos espíritos imundos, que reconhecem em Jesus o representante de Deus. • Cf. Lc 4,31-37 • 1,22 cf. Mt 7,28-29 • 1,24 cf. Is 6,3; Lc 1,35; Jo 6,69.

Oração s/as oferendas: Os dons que expressam nosso desejo de servir a Deus.

Prefácio: (comum VI) "Ele é a vossa Palavra".

Canto da comunhão: (Sl 31[30],17-18) Invocação confiante / (Mt 5,3-4) Bem-aventurança dos pobres e dos mansos.

Oração final: Que o alimento da salvação nos faça progredir na fé.

Uma das características do antigo judaísmo é seu caráter profético, o fato de ser orientado por personagens carismáticos, considerados porta-vozes de Deus.

Nos três séculos antes do exílio babilônico, a figura do profeta ganhou sua imagem "clássica". Com a reforma religiosa de Josias (620 a.C.), surge o livro do Deuteronômio, recapitulação da Lei de Moisés. Comporta uma espécie de definição do que deve ser um profeta (nem todos eram assim!): alguém como Moisés, alguém que escute a palavra de Deus, alguém a quem Deus coloque suas palavras na boca para transmiti-las, alguém que não fale em nome de Deus o que este não lhe tiver inspirado, nem fale em nome de outros deuses; alguém cujas palavras sejam confirmadas pelos fatos (Dt 18,15-22) (**1ª leitura**). Pela instituição do profetismo, o povo de Israel se distingue das nações pagãs, que praticam todo tipo de adivinhação e superstição (18,14). Mas pouco depois do exílio, a instituição entra em declínio. A partir do século IV a.C., Israel não tem mais profetas. Aí surge a saudade. O texto de Dt 18,15.18, que fala genericamente do "profeta como Moisés" – originalmente indicando a instituição profética –, é agora interpretado no sentido individual, como apontando uma figura do tempo messiânico: o Messias-profeta.

Ora, a figura do "profeta como Moisés", que a **1ª leitura** da liturgia de hoje evoca, é apenas um "aperitivo" daquilo que o **evangelho** (Mc 1,21-28) deixa entrever. Apresenta Jesus como alguém que ensina com autoridade, portanto, não como os escribas! Essa "autoridade" evoca o poder profético de ensinar no nome de Deus e fazer sinais que confirmem a palavra. Porém, o termo grego (*exousia*) não é costumeiro no judaísmo helenístico para falar do poder profético, e sim, do poder escatológico do Filho de Homem e de Deus, no livro de Daniel! O episódio de Mc 1,21-28 (**evangelho**) dá a entender que o povo teve, diante de Jesus, a impressão de ver um profeta, o que é confirmado pelas opiniões populares citadas em Mc 6,15 e 8,28. Mas a constatação da presença da "autoridade" esconde algo que o povo não consegue entender: "Que é isso?" (1,27). Ao percorrermos o evangelho de Mc, descobriremos que a identidade que Jesus atribui a si mesmo é a do Filho do Homem, o enviado escatológico de Deus, prefigurado em Dn 7. A este pertence a *exousia* (Dn 7,14), a "autoridade". Quem parece suspeitar a identidade de Jesus é o demônio que é expulso naquela ocasião (Mc 1,24); ele conhece seu adversário.

B
T. Com.

No evangelho de Mc paira um mistério sobre a figura de Jesus. Aos demônios (1,25.34; 3,12), aos miraculados (1,44; 5,43; 7,34; 8,26), aos discípulos (8,30; 9,9), Jesus lhes proíbe publicar o exercício de sua "autoridade" que eles presenciaram. O mistério da identidade de Jesus só é desvendado na hora da morte, quando o centurião romano, representante do mundo inteiro, proclama: "Este homem era verdadeiramente o Filho de Deus" (15,39). Só na morte fica claro, sem ambiguidade, o modo e o sentido da obra messiânica de Cristo, segundo "os pensamentos de Deus" (cf. 8,31-33).

Portanto, se Jesus ensina com autoridade (e com essa misteriosa autoridade expulsa demônios, confirmando sua palavra profética), devemos enxergar no profeta de Nazaré (cf. 6,4) o Filho do Homem, que vem com os plenos poderes de Deus.

A **2ª leitura** é tomada, mais uma vez, das "questões práticas" da 1Cor. Na linha da "reserva escatológica" (cf. dom. passado), Paulo explica as vantagens do celibato, ao menos, quando assumido com vistas à escatologia. Como o sentido da escatologia é que o Senhor nos encontre ocupado com sua causa (cf. 1º dom. Adv. B), é melhor adotar o estado de vida que deixe nosso espírito mais livre para pensar nisso. É um conselho de Paulo, não para truncar nossa liberdade, mas para a libertar mais ainda. Claro, está falando do celibato assumido, não do celibato "levado de carona", como é, muitas vezes, o do nosso clero; pois, quando não é assumido interiormente, desvia mais a mente da causa do Senhor do que as preocupações matrimoniais. Bem entendido, porém, o celibato, além da liberdade para Deus que proporciona aos que o assumem, é também um lembrete para os casados, ajudando-os, no meio de suas preocupações, a conservarem, também eles, a reserva escatológica, que os faz ver o caráter provisório de seu estado e problemas e, sobretudo, o sentido último que deve ser dado a tudo isso.

O PROFETA DO REINO DE DEUS

Jesus é o profeta do Reino de Deus. Mas que é um profeta? Conforme a **1ª leitura**, o profeta é mediador e porta-voz de Deus. Os antigos israelitas, vivendo ao lado dos cananeus, estavam tentados a consultar, como estes, as divindades dos "lugares altos" por aí (que supostamente conheciam bem as necessidades locais). Consultavam os sortilégios, os búzios, os necromantes que evocavam espíritos etc. Não eram muito diferentes de muitos dos nossos contemporâneos. Diante disso, Moisés lhes lembra que, quando da manifestação de Deus no monte Sinai (Ex 19), eles tiveram tanto medo que Deus precisou estabelecer um intermediário para falar com eles: o primeiro profeta bíblico, ele mesmo. Em vista disso, sempre haveria profetas em Israel para serem mediadores e porta-vozes de Deus, de modo que os israelitas não precisariam mais consultar os deuses de Canaã, nos santuários locais. O profeta é aquele que fala com a autoridade de Deus, que o envia. Muitas vezes, sua palavra é corroborada por Deus por meio de milagres, "sinais".

No **evangelho**, Jesus é apresentado como porta-voz de Deus e de seu Reino. Deus mostra que está com ele. Dá-lhe poder de fazer sinais: na sinagoga de Cafarnaum, Jesus expulsa um demônio, e o povo reconhece sua autoridade profética: "Um ensinamento novo, dado com autoridade..." (Mc 1,27).

Ora, os sinais milagrosos servem para mostrar a autoridade do profeta, mas não são propriamente sua missão. Servem para mostrar que Deus está com ele, mas sua tarefa não é fazer coisas espantosas. Sua tarefa é ser porta-voz de Deus. Jesus não veio para fazer milagres, e sim, para nos dizer e mostrar que Deus nos ama e espera que participemos ativamente de seu projeto de amor. Por outro lado, os sinais, embora não sejam sua tarefa propriamente, não deixam de revelar um pouco em que consiste o reino que Jesus anuncia. São sinais da bondade de Deus. Jesus nunca faz sinais danosos para as pessoas (como as pragas do Egito que aconteceram pela mão de Moisés). O primeiro sinal de Jesus, em Mc, é uma expulsão de demônio. A obsessão demoníaco simboliza o mal que toma conta do ser humano sem que este o queira. Libertando o endemoninhado do seu mal, Jesus demonstra que o Reino por ele anunciado não é apenas apelo livre à conversão de cada um, mas luta vitoriosa contra o mal que se apresenta maior que a gente.

O mal que é maior que a gente existe também hoje: a crescente desigualdade social, a má distribuição da terra e de seus produtos, a lenta asfixia do ambiente natural por conta das indústrias e da poluição, a vida insalubre dos que têm de menos e dos que têm demais, a corrupção, o terror, o tráfico de drogas, o crime organizado, o esvaziamento moral e espiritual pelo mau uso dos meios de comunicação... Esses demônios parecem dominar muita gente e fazem muitas vítimas. O sinal profético de Jesus significa a libertação desse mal do mundo, que transcende nossas parcas forças. E sua palavra, proferida com a autoridade de Deus mesmo, nos ensina a realizar essa libertação.

Como Jesus, a Igreja é chamada a apresentar ao mundo a Palavra de Deus e o anúncio de seu Reino. Como confirmação dessa mensagem, deve também demonstrar, em sinais e obras, que o poder de Deus supera o mal: no empenho pela justiça e no alívio do sofrimento, no saneamento da sociedade e na cura do meio ambiente adoentado. Palavra e sinal, eis a missão profética da Igreja hoje.

5º domingo do tempo comum/B
O PODER SOBRE A DOENÇA

Canto da entrada: (Sl 95[94],6-7) Adoração do Senhor que nos criou: Ele é nosso Deus.

Oração do dia: O incansável amor de Deus por nós.

1ª leitura: (Jó 7,1-4.6-7) **A vida, um amontoado de miséria** – Jó foi fortemente provado por Deus. Seus amigos não o conseguem consolar (2,11). Ensinam-lhe a ver no seu sofrimento o castigo de Deus. Mas, para Jó, o sofrimento permanece um mistério. Com amargura, considera sua vida, e só consegue pedir que a aflição não seja forte demais e Deus lhe dê um pouco de sossego. – O A.T. não tinha resposta para o problema do sofrimento. A resposta está em Jesus Cristo, que assume o sofrimento até o fim (cf. evangelho). • 7,1-4 cf. Eclo 40,1-2; 30,17; 40,5; Dt 28,67 • 7,6-7 cf. Sl 39[38],5-6; Is 38,12; Sl 78[77],39; 89[88],48.

Salmo responsorial: (Sl 147[146],1-2.3-4.5-6) Deus nos conforta e cura.

2ª leitura: (1Cor 9,15-19.22-23) **"Ai de mim, se eu não evangelizar"** – 1Cor 8–10 forma uma unidade em redor da questão se o cristão pode sempre fazer o que, em si, não seria um mal: p.ex., comer carne dos banquetes idolátricos (já que o cristão não acredita nos ídolos). Resposta: a norma é a caridade; se tal comportamento causar a queda do "fraco na fé" (que ainda não se libertou destas crenças), deve ser evitado. Argumento: eu também não faço tudo o que teria o direito de fazer: p.ex., receber gratificação por meu apostolado. Já que tal gratificação poderia ser mal interpretada, prefiro ganhar meu pão doutro modo. A gratificação de meu apostolado consiste no prazer de pregar o Evangelho de graça, pois o que importa é que ele penetre nos corações. • 9,16-17 cf. Jr 20,9; At 9,15-16; 22,14-15 • 9,19, cf. Mt 20,26-27.

– *Leit. alternat.: (2Cor 12,7-10) A doença de Paulo.*

Aclamação ao evangelho: (Mt 8,17) Cristo assumiu nossas dores.

Evangelho: (Mc 1,29-39) **Jesus assume o sofrimento de todos** – O "dia em Cafarnaum" (iniciado em 1,21; cf. dom. passado) continua, com gestos que falam de Deus. A sogra de Pedro é curada de uma febre (coisa perigosa, antigamente) e transformada numa pessoa que, no seu servir, mostra sua fé. Ao anoitecer, no fim do sábado, quando o povo começa a se movimentar, Jesus cura os doentes e exorciza os demô-

B
T. Com.

nios, que o reconhecem como o Enviado de Deus. Na manhã seguinte, retira-se para orar. A partir de seu encontro com Deus, revela, aos discípulos que vêm buscá-lo, que sua missão o levará a outros lugares, para evangelizar por palavras e gestos e assim realizar um início do Reino da misericórdia de Deus. • 1,29-31 cf. Mt 8,14-15; Lc 4,38-39 • 1,32-34 cf. Mt 8,16; Lc 4,40-41 • 1,35-39 cf. Lc 4,42-44; Mt 14,23; Lc 6,12; 9,28; Jo 13,3; 16,27-28.

Oração s/as oferendas: Os dons que nos servem para a vida passageira, transformem-se em sacramento de vida eterna.

Prefácio: (dom. T.C. II) "Compadecendo-se da fraqueza humana...".

Canto da comunhão: (Sl 107[106],8-9) A bondade de Deus: dá de comer e beber / (Mt 5,5-6) Bem-aventurança dos aflitos e famintos.

Oração final: A comunhão com Cristo e os irmãos nos faça produzir frutos de salvação.

A vida é um "serviço de mercenário", diz Jó (7,1; **1ª leitura**). Como os boias-frias, sempre leva a pior. Desperta cansado, e deitado não consegue descansar por causa das feridas. Que Deus dê um pouco de sossego... O A.T. não tem resposta para o sofrimento. Os amigos de Jó dizem que os justos são recompensados e os ímpios, castigados. Mas Jó protesta: ele não é um ímpio. A teoria da prosperidade dos justos não se verifica na realidade (21,5-6). Menos ainda convence-o o pedante discurso de Eliú, tratando de mostrar o caráter pedagógico do sofrimento (cap. 32–37). Os amigos de Jó não resolvem nada. Vendem conselhos, mas não se compadecem. Só colocam pimenta nas feridas.

Por outro lado, mesmo amaldiçoando seu próprio nascimento, Jó não amaldiçoa Deus, pelo contrário, reconhece e louva sua sabedoria e suas obras na criação: o abismo de seu sofrimento pessoal não lhe fecha os olhos para a grandeza de Deus! E é exatamente por este lado que entrará sossego na sua existência. Pois Deus se revelará a ele, tornar-se-á presente em seu sofrimento – ao contrário de seus amigos sabichões –, e esta experiência do mistério de Deus fará Jó entrar em si, no silêncio (42,1-6).

Também Jesus, no N.T., nunca apresenta uma explicação teórica do sofrimento. Neste sentido, concorda com os existencialistas: sofrer pertence mesmo à "condição humana". Não há *explicação*. Mas ele traz uma *solução*: assume o sofrimento. No livro de Jó, o mistério de Deus se aproxima do homem. Em Jesus Cristo, como Mc o apresenta, o mistério se revela, gradativamente, sob o véu do "segredo" do Filho. No início, Jesus assume o sofrimento, curando-o (**evangelho**). Isto, porém, é apenas um sinal pois são poucos os que Jesus curou). No fim, ele assumirá o sofrimento, sofrendo-o. Aí, sua com-paixão se torna realmente universal. Supera de longe o que aparece no livro de Jó. Se este nos mostra que Deus está presente onde o homem sofre (e isto já é uma grande consolação para Jó), Jesus nos mostra que Deus conhece o sofrimento do homem por dentro.

Mas, por enquanto, ele mostra apenas sinais da aproximação de Deus ao homem sofredor. Sinais, feitos com a "autoridade" que já comentamos no domingo passado. Jesus pegando na mão da sogra de Pedro, para fazê-la levantar de sua febre. Ao fim do dia, depois do repouso sabático, recebe uma multidão de gente para curá-los: novo sinal de "autoridade". Inclusive, exorciza os endemoninhados, e os maus espíritos reconhecem seu adversário. Mas ele lhes proíbe desvendar seu mistério (cf. dom. pass.). Depois, retira-se, para se encontrar mais intensamente com o Pai; e quando os discípulos o vêm buscar para reassumir sua atividade em Cafarnaum, ele revela que a vontade de seu Pai é que vá às outras cidades também. Ele está inteiramente a serviço dos plenos poderes que o Pai lhe outorgou.

Essa plena disponibilidade aparece também na **2ª leitura**, embora num contexto bem diferente. Trata-se da pretensa liberdade dos coríntios para fazerem tudo o que têm direito (p.ex., participar dos banquetes onde se serve carne sacrificada aos ídolos). Paulo não concorda: existe o aspecto *objetivo* (carne é carne e ídolos não existem) e o aspecto *subjetivo* (alguém, menos firme ou instruído na fé, pode comer as carnes idolátricas num espírito de superstição; 8,7). Portanto, diz Paulo, nem sempre devo fazer uso de meu direito. E coloca-se a si mesmo como exemplo: em vez de usar de seus direitos sociais, como sejam: levar consigo uma mulher cristã (9,5), ser dispensado de trabalho manual (9,6), receber salário pelo trabalho evangélico (9,14; cf. a "palavra do Senhor" a este respeito, Mt 10,10 e par.), Paulo anuncia o evangelho de graça, para que ninguém o suspeite de motivos ambíguos. Ora, essa atitude não é inspirada apenas por prudência, mas por paixão pelo evangelho: "Ai de mim, se eu não pregar o evangelho... Qual é meu salário? Pregar o evangelho gratuitamente, sem usar dos direitos que o evangelho me confere!" (9,17-18). Se tivermos em nós verdadeiro afeto pelo nosso irmão fraco na fé, desistiremos com prazer de algumas coisas que, em si, poderíamos fazer; e a própria gratuidade será a nossa recompensa, pois "tudo é graça".

ASSUMINDO O SOFRIMENTO DE TODOS

As leituras de hoje estão interligadas por uma alusão quase imperceptível: enquanto Jó *se enche* de sofrimento *até o anoitecer* (**1ª leitura**), Jesus *cura* o sofrimento *até o anoitecer* (**evangelho**). O conjunto do evangelho mostra Jesus empenhando-se, sem se poupar, para curar os enfermos de Cafarnaum. E no dia seguinte, o poder de Deus, que ele sente agir em si, o impele para outras cidades – sem se deixar "privatizar" pelo povo de Cafarnaum. A paixão de Jesus é deixar efluir de si o poder benfazejo de Deus. Ele não pensa em si mesmo, não se protege, não se poupa. Ele assume, sem limites, o sofrimento do povo. Ele tem consciência de ser isso a sua *missão*: "Foi para isso que eu vim". Ele não pode recusar a Deus esse serviço.

Nosso povo, muitas vezes, vê nas doenças e no sofrimento um castigo de Deus. Mas quando o enviado de Deus mesmo se esgota em aliviar as dores do povo, como essas doenças poderiam ser um castigo de Deus? Não serão sinal de outra coisa? Há muito sofrimento que não é castigo de quem sofre. Que é simplesmente condição humana, condição da criatura, porém, também ocasião para Deus manifestar seu amor ao ser humano. O evangelista João dirá que a doença é *uma oportunidade para Deus manifestar sua glória* (Jo 9,3; 11,4).

Por mais que o homem consiga dominar os problemas de saúde, não consegue excluir o sofrimento, pois esse tem outra fonte. No mais perfeito dos mundos – como o descreve um romance dos anos 1930 – no mundo sem doenças, os humanos sofrem pelo desamor, pela mútua manipulação, pela desconfiança, pela insignificância, pelo mal que o ser humano causa ao seu semelhante. Por isso, o relato bíblico do pecado atribui o sofrimento fundamentalmente ao pecado; porém, não ao pecado individual – o livro de Jó contesta com força tal atribuição (e também Jo 9,3, cf. acima) – mas ao pecado instalado na humanidade, o pecado das origens (Gn 3,15-19).

Que Jesus apaixonadamente se entrega à cura de todos os males, inclusive em outras cidades, é uma manifestação do Espírito de Deus, que está sobre Jesus, e que renova o mundo (cf. Sl 104[103],30). O evangelista Mateus (Mt 8,17) compreendeu isso muito bem, quando acrescentou ao texto de Mc 1,34 a citação de Is 53,4 (do Servo Sofredor): "Ele assumiu nos-

> sas dores e carregou nossas enfermidades". Ora, se é pelo pecado do mundo que as dores se transformam num mal que oprime a alma, logo mais Jesus terá de se revelar como aquele que perdoa o pecado (cf. 7º domingo).
>
> Também se hoje acontecem curas e outros sinais do amor apaixonado de Deus que se manifesta em Jesus Cristo, é preciso que reconheçamos nisso os sinais do Reino que Jesus vem trazer presente.

6º domingo do tempo comum/B
O PODER SOBRE A MARGINALIZAÇÃO

Canto da entrada: (Sl 31[30],3-4): Deus, nosso rochedo e fortaleza.

Oração do dia: Pedido por um coração reto, alegria e habitáculo de Deus.

1ª leitura: (Lv 13,1-2.44-46) **Os leprosos: marginalizados** – As leis de Israel concernentes à lepra são severas. Mesmo sem que se saiba a natureza da doença, quem demonstra seus sintomas deve ser afastado da comunidade, e seus objetos, destruídos. Estas medidas parecem inspiradas pela higiene, mas não deixam de sugerir a presença de uma força maligna nos infelizes. Trata-se de um verdadeiro tabu e discriminação social. • Cf. Dt 24,8-9; Nm 12,10-15.

Salmo responsorial: (Sl 32[31],1-2.5.11) A alegria de ser perdoado e readmitido.

2ª leitura: (1Cor 10,31–11,1) **Fazer tudo para a glória de Deus** – Ao fim da discussão sobre os banquetes idolátricos (1Cor 8–10; cf. dom. passado), Paulo tira as conclusões práticas. Que se compre carne destes banquetes no mercado, sem ninguém o saber, não tem importância (10,25). Se, porém, alguém o sabe e se escandaliza, então não se deve comer desta carne, por amor ao fraco na fé (10,28-29), pois não seria possível comê-la agradecendo a Deus (10,30). Daí, a atitude geral: fazer tudo de sorte que seja um agradecimento a Deus, o que acontece quando é para o bem dos outros. Por final, Paulo atreve-se a colocar-se como exemplo, sendo que Cristo é o exemplo dele. • 10,31-32 cf. Cl 3,17; 1Pd 4,11; 1Cor 9,20-22. Rm 15,2 • 10,33–11,1 cf. 1Cor 4,16; Fl 3,17.

– Leit. alternat.: (Rm 6,12-14) "Estais sob a graça".

Aclamação ao evangelho: (Lc 7,16) Deus visitou seu povo.

Evangelho: (Mc 1,40-45) **Jesus cura um leproso** – Sempre no exercício da "autoridade" divina sobre as forças do mal e, ao mesmo tempo, levado por uma compaixão humana que não deixa de ser divina também, Jesus quebra o tabu da lepra, toca o leproso e faz desaparecer a lepra. Depois, manda o homem oferecer o sacrifício prescrito, selando assim sua reintegração na comunidade. Jesus lhe proíbe publicar o ocorrido, porque a publicidade não dá acesso à verdadeira personalidade de Jesus (que não apenas cura, mas também assume o sofrimento humano). Mas o homem não é capaz de silenciar o fato... • cf. Mt 8,2-4; Lc 5,12-16; Lv 14,1-32 (**1ª leitura**).

Oração s/as oferendas: A oferenda nos purifique.

Prefácio: (dom. T.C. IV) "... renovou o homem...".

Canto da comunhão: (Sl 78[77],29-30) Deus satisfaz o desejo de seus servos / (Jo 3,16) "Tanto amou Deus o mundo, que lhe deu seu único Filho".

Oração final: Antegosto do céu para desejar sempre o alimento da verdadeira vida.

A lepra era um sofrimento duplamente cruel, em Israel, por causa da doença em si e por causa da exclusão prevista pela Lei (**1ª leitura**, Lv 13; mas Lv 14 traz prescrições para curar os leprosos e reintegrá-los). Na opinião do povo, a lepra devia ser obra de algum espírito muito ruim. Os leprosos eram intocáveis, tabu! Jesus quebra este tabu (**evangelho**). O leproso reconhece em Jesus sua misteriosa "autoridade", seu poder sobre os espíritos maus. *"Se quiseres, tens o poder de me purificar"* (Mc 6,40). Jesus não pensa nas severas restrições da Lei, mas em compaixão, aquela qualidade divina que ele encarna. Toca no leproso, apesar da proibição. Diz: *"Eu quero, sê purificado"*, e acontece. Como aos exorcizados, Jesus proíbe ao ex-leproso publicar o que o "poder" nele operou. Mas quem poderia esconder tanta felicidade? O homem, até então marginalizado, encontrou a reintegração e aproveitou-a para contar o que lhe acontecera. Mais: Jesus foi ocupar o lugar do leproso, nos "lugares desertos" (1,45).

Como as narrações precedentes, também esta é concebida como uma revelação velada da personalidade de Jesus. Poder e compaixão: duas qualidades de Deus, dificilmente compatíveis no homem, são as feições que se deixam entrever no agir de Jesus. E também: a superioridade em relação à Lei. Pois a Lei é para o bem das pessoas; se se pode curar alguém pelo "poder", não é preciso primeiro consultar os guardiães da Lei. Basta que, depois do benefício de Deus, o leproso ofereça o sacrifício de agradecimento a Deus, conforme o rito costumeiro.

Chegamos aqui a um ponto central na atuação de Jesus, e que provocará a crescente e mortal oposição das autoridades religiosas: Jesus sabe melhor que a Lei (na interpretação dos escribas) o que é o bem do homem. Reintegra, por "autoridade" própria, o homem que a letra da Lei marginalizava. Restaura a comunhão com o excomungado (a **aclamação ao evangelho** é tirada, precisamente, de um dos salmos de reintegração dos excomungados), passando para trás os que tinham o monopólio da reintegração. Aceitar este Jesus significa aceitar alguém que supera as mais altas autoridades religiosas. Neste sentido, a cura da lepra funciona como um sinal: significa que, de fato, Jesus está acima das prescrições legais e pode prescindir delas. Este é o ponto central da revelação velada que se expressa neste milagre.

Este tema convida a uma catequese sobre a reintegração dos que são marginalizados (não necessariamente por causa de lepra). Uma pista: a reintegração baseia-se na "autoridade" que Jesus demonstra; autoridade que neutraliza, por assim dizer, as prescrições da Lei. Em Jesus, temos uma autoridade superior. Para que nós, operando como membros do Cristo, possamos realmente vencer a marginalização, será preciso desenvolver um poder que esteja acima das convenções constrangedoras do sistema em que vivemos. Precisamos demonstrar tal poder, exatamente como Jesus. Precisamos de uma encarnação operante da compaixão reintegradora; precisamos de uma força que neutralize os mecanismos de marginalização. Uma força de origem divina: a força da verdadeira solidariedade, baseada no amor.

A **2ª leitura** tira das "questões particulares" dos coríntios uma regra de vida que vale para todas as circunstâncias. Paulo chega ao termo de suas considerações com relação ao participar dos banquetes religiosos pagãos (que eram, ao mesmo tempo, festas civis) (1Cor 8) e com relação ao comer carne sacrificada aos ídolos e depois vendida no mercado (10,23-30). Acha que não convém usar de seu direito em coisas tão secundárias, se isso causa confusão nos "fracos na fé", que não sabem distinguir o que é idolátrico e o que não o é. Inclusive, as refeições se fazem sob ação de graça; ora, como render graças se o irmão fica na confusão pelo que estou fazendo (10,30)? Daí a regra geral, adaptável a muitas circunstâncias: fazer tudo, comer, beber e tudo o mais, de modo que se possa dar graças e louvar a Deus (10,31). Paulo se coloca a si mesmo como exemplo (cf. dom. passado): o pregador deve ser a ilustração daquilo que ele prega. Paulo quer agradar a todos, não para lograr sucesso pessoal, mas para o bem da maioria, a fim de que todos se deixem atrair por Cristo. Este texto é uma das mais lindas exortações que a Bíblia contém.

B
T. Com.

O MESSIAS E OS MARGINALIZADOS

A exclusão está na moda, virou princípio da organização socioeconômica: a lei do mercado, da competitividade. Quem não consegue competir, desapareça. Quem não consegue consumir, deve sumir. Escondemos favelas por trás de paredões ou placares de publicidade. Que os feios, os aleijados, os idosos, os aidéticos não poluam os nossos cartões postais!

Em tempos idos, a exclusão muitas vezes provinha da impotência ou da superstição. Assim a exclusão dos cegos e coxos do templo de Jerusalém. Ou a marginalização dos leprosos, ilustrada abundantemente em Lv 13–14 (cf. **1ª leitura**). Enquanto não se tivesse constatado a cura por um complicado ritual, o leproso era considerado impuro, intocável. Jesus, porém, toca no leproso – e o cura (**evangelho**). É um sinal do Reino de Deus. Jesus torna o mundo mais conforme ao sonho de Deus. Pois Deus não deseja sofrimento nem discriminação. O Antigo Testamento pode não ter encontrado outra solução para esses doentes contagiosos que a marginalização; mas Jesus mostra que um novo tempo começou.

Começou, mas não terminou. Reintegrar os marginalizados não foi uma fase passageira no projeto de Deus, como os benefícios que os políticos realizam nas vésperas das eleições. O plano messiânico continua através do povo messiânico, como se concebe a Igreja. Devemos continuar inventando, quando pudermos, soluções contra toda e qualquer marginalização. Pois somos todos irmãos e irmãs.

Seremos impotentes para excluir a exclusão, como os antigos israelitas em relação à lepra? Que fazer com os criminosos perigosos, viciados no crime? Será nosso mundo tão bom que possa reintegrar tais pessoas, sem que se enrosquem de novo? O fato de ter de marginalizar alguém é um reconhecimento da não perfeição de nossa sociedade. Toda forma de marginalização é uma denúncia contra nossa sociedade, e ao mesmo tempo um desafio. Isso é muito mais ainda o caso em se tratando de pessoas inocentes. A marginalização é sinal de que não está acontecendo o que Deus deseja. Onde existe marginalização, o Reino de Deus ainda não chegou, pelo menos não completamente. E onde chega o Reino de Deus, a marginalização não deve mais existir. Por isso, Jesus reintegra os marginalizados, como é o caso do leproso, dos pecadores, publicanos, prostitutas... Essa reintegração está baseada no poder-autoridade que Jesus detém como enviado de Deus: "Se quiseres, tens o poder de me purificar" (Mc 1,40). Jesus passa por cima das prescrições levíticas, toca no leproso e o "purifica" por sua palavra em virtude da autoridade que lhe é conferida como "Filho do Homem" (= "executivo" de Deus, cf. Mc 2,10.28).

Há quem pense que os mecanismos autorreguladores do mercado são o fim da história e a realização completa da racionalidade humana. E os que são (e sempre serão) excluídos por esse processo, onde ficam? Não será esse raciocínio o de um varejista que se imagina ser o criador do universo? A liturgia de hoje nos mostra um outro caminho, o de Jesus: solidarizar-se com os marginalizados, os excluídos, tocar naqueles que a "lei" proíbe tocar, para reintegrá-los, obrigando a sociedade a se abrir e a criar estruturas mais acolhedoras. Mais messiânicas.

B
T. Com.

7º domingo do tempo comum/B
O PODER SOBRE O PECADO

Canto da entrada: (Sl 13[12],6) "Confiei, Senhor, na tua misericórdia".

Oração do dia: Realizar, em palavras e ações, o que agrada a Deus.

1ª leitura: (Is 43,18-19.21-22.24b-25) **"Não mais me lembrarei de teus pecados"** – A história de Israel nos mostra a justiça de Deus, mas também a fidelidade de seu amor. Is 43,18-21 é uma mensagem ao povo exilado, que não sabe se tem ainda um porvir. Deus mesmo agirá, abrirá um caminho pelo deserto, como no tempo do Êxodo, e seu povo poderá de novo proclamar sua glória. Nos v. 22-25, o profeta deixa Deus desabafar-se: Israel não se cansou em procurá-lo, mas o cansou com seus pecados. Mais uma vez, Deus terá que tomar a iniciativa do perdão. Para possibilitar a volta do povo à sua terra, ele opera primeiro a volta interior. • 43,18-19 cf. Is 65,17; 2Cor 5,17; Ap 21,5 • 43,21 cf. 1Pd 2,9-10.

Salmo responsorial: (Sl 41[40],2-3.4-5.13.14) "Cura-me, Senhor, pois contra ti pequei".

2ª leitura: (2Cor 1,18-22) **O "sim" de Deus em Cristo** – Os coríntios sentiam-se magoados por causa de Paulo lhes ter anunciado uma visita que não executou (cf. 1Cor 16,5). Os problemas na comunidade o fizeram postergar a visita (1,23–2,4). Entretanto, ele se defende da acusação de inconstância nos seus projetos (1,17), pois não é só sua pessoa que é alvo de crítica, mas também o Evangelho que ele apregoa. É mister os destinatários reconhecerem no mensageiro o absoluto "sim" de Deus: Jesus Cristo. Mas então, também a vida dos fiéis, selada pelo Espírito, deve deixar transparecer este "sim". • 1,19, cf. 18,5; 16,1; Mt 5,37 • 1,20 cf. Ap 3,14 • 1,21-22 cf. 1Jo 2,20.27; Ef 1,13-14; 4,30; Rm 5,5; 8,16.

– *Leit. alternat.: (Rm 3,21b-26) Todos justos pela fé.*

Aclamação ao evangelho: (Lc 4,18-19) "O Senhor me enviou para levar a Boa-Nova".

Evangelho: (Mc 2,1-12) **Jesus perdoa o pecado** – O exercício do "poder-autoridade" de Jesus (cf. domingos anteriores) começa a revelar sua verdadeira personalidade: pois ele perdoa o pecado – o que só Deus pode – e comprova sua autoridade pelo sinal da cura do aleijado. Pela primeira vez, em Mc, entram em cena os escribas, e já se revelam como opositores de Jesus até a morte (cf. 3,6, no fim do conjunto 2,1–3,6). • Cf. Mt 9,1-8; Lc 5,17-36 • 2,5 cf. Is 33,24; Jr 31,34; Mt 1,21; 26,28; 16,19; 18,18.

Oração s/as oferendas: Os dons sirvam para honra de Deus e salvação nossa.

Prefácio: (comum III) Restauração da amizade com Deus depois do pecado.

Canto da comunhão: (Sl 9,2-3) Proclamação das maravilhas de Deus / (Jo 11,27) "Tu és o Cristo, o Filho do Deus vivo".

Oração final: Alcançar a salvação eterna, cujo penhor recebemos na Eucaristia.

Um sinal é um objeto ou um fato que significa outra coisa. Geralmente, a gente já pode ver algo do significado no próprio sinal: a doença no sintoma, a felicidade no sorriso. Isso sem negar que os sintomas possam ser traiçoeiros e os sorrisos, falsos...

No evangelho de hoje presenciamos um típico "sinal" de Jesus, e este sinal nos faz também entender o sentido dos outros sinais dele. A história do paralítico poderia ser uma "simples" cura de um homem que foi baixado pelo teto diante dos pés de Jesus, porque havia tanta gente que não existia outro jeito. Mas, onde a gente esperava uma cura, Jesus perdoa. O que nem foi pedido. Também não poderia ter sido pedido, pois, para perdoar, é preciso uma "autoridade" especial e esta, só Deus a tem (cf. **1ª leitura**). Por isso, "as autoridades" acusam Jesus de blasfêmia. Mas, na verdade, não é uma blasfêmia, senão a revelação da verdadeira missão de Jesus, que transparecia na "autoridade" que o povo observou nele (cf. 1,22): "Para que vejais que o Filho do Homem tem autoridade na terra...". Todos os termos são importantes: "Filho do Homem": a figura celestial de Dn 7, a quem é dada a "autoridade" (*exousia*), porém, não lá no céu, mas aqui "na terra", portanto, na execução da intervenção escatológica de Deus. É a hora do Juízo, aqui na terra. Mas este Juízo não serve para destruir os impérios, como em Dn 7, mas para perdoar e restaurar, pois Deus não quer a morte; pelo contrário, como Pai e criador, renova a vida. E o sinal que deixa transparecer este sentido último é o seguinte: "Para que vejais que tenho esta autoridade (e agora fala ao paralítico): Levanta-te, toma tua cama e anda". Não convém perguntar se o homem era pecador (quem é justo diante de Deus?), o importante é que ele é destinatário e ocasião de uma revelação do amor criador do Pai em Jesus, exercendo o poder do Filho do Homem de um modo inesperado, aqui na terra. "Jamais vimos tal coisa", exclama o povo.

Jesus se revela como plenipotenciário de Deus. Mas não apenas isso. Revela também uma dimensão do Juízo de Deus que facilmente era esquecida naquele tempo de

B
T. Com.

esperança apocalíptica. Esperava-se vingança, condenação, fogo. Mas Deus tem outros meios para sanar a situação. No tempo do exílio babilônico, Israel estava numa situação de desespero. Aí, Deus resolveu jogar longe de si o pecado com o qual o povo o cansara (em vez de o povo se cansar em procurar Deus!) (Is 43,22-25; **1ª leitura**). Este é o Juízo do qual Deus sai vencedor (43,26): ele perdoa! Deus queria trazer Israel de volta à sua terra; mas isto não serviria para nada, se o povo, primeiro, não "voltasse" (se convertesse) interiormente. Precisava de perdão, como de uma nova criação.

Entendemos, assim, melhor a "autoridade" escatológica que se manifesta em Jesus, o Filho do Homem. Certo, é um poder judicial, mas este é apenas uma explicitação do poder criacional. Pois o último juízo é, em última análise, uma nova criação: "Eis que faço tudo novo" (Ap 21,5). Ora, o comportamento verdadeiramente divino para com a criatura não é destruí-la, mas reconstruí-la e recriá-la; não quer a morte do pecador, mas que se converta e viva (Ez 18,23). Por isso, o Filho do Homem não vem destruir, mas perdoar. A "autoridade" que ele recebeu de Deus é marcada por aquela outra qualidade de Deus, que é mais característica: a "misericórdia" (cf. Mc 1,41; 6,34 etc.).

A **2ª leitura** é do início da 2Cor. Paulo se defende da acusação de inconstância. Paulo deve explicar por que lhes prometeu uma visita e não a realizou. A razão não é inconstância. O "sim" de Deus é "sim" mesmo, e igualmente deve ser também o "sim" do apóstolo, cuja atuação deve ilustrar o conteúdo de sua pregação. A razão é que Paulo não quis visitar os coríntios com o coração magoado por causa das polêmicas, que alguém lá estava conduzindo contra ele. Portanto, o adiamento da visita confirmava o "sim" do carinho de seu coração. Este era constante. Paulo atribui sua firmeza a Deus, que nos sela com o Espírito. Sua firmeza é dom divino, não mérito humano. É graça. Num tempo de inconstância, provocada por uma cultura de consumo e alta rotatividade, convém pedir a Deus o dom da firmeza. Firmeza como instrumento de amor, para poder amar e servir de modo coerente. Firmeza também como fortaleza permanente na resistência à injustiça, sobretudo quando ela se aninha firmemente na própria estrutura da sociedade.

O MESSIAS E O PECADO

No domingo passado, Mc nos mostrou Jesus como tendo o poder de superar a marginalização (do leproso). Hoje, mostra-o vencendo uma exclusão pior: a do pecado (**evangelho**). História pitoresca: Jesus contando suas parábolas, o povo apinhado em torno dele, o pessoal chegando com o paralítico deitado numa maca, subindo ao telhado, abrindo o teto de pau recoberto. O paralítico baixado com cordas diante dos pés de Jesus, a consternação dos que sentavam na primeira fila, os escribas, os teólogos... E aí a surpresa do paralítico: em vez de curá-lo, Jesus lhe perdoa o pecado. E quando então os teólogos na primeira fila (que sabem mais sobre Deus que ele mesmo!) começam a protestar, dizendo que só Deus pode perdoar o pecado, Jesus realiza o sinal da cura para mostrar sua autoridade: a autoridade do "Filho do Homem" (o executor do juízo de Deus na visão de Dn 7,13-14).

A história não contou que o aleijado era pecador. Mas Jesus o sabia. Aliás, quem não é? Jesus se revela como detentor do poder-autoridade de Deus. Ele é mais que um curandeiro. Ele tem poder sobre o pecado. Ele é o "Filho do Homem". O que ele veio fazer não era tanto tirar as doenças físicas, mas cassar o pecado. Deus não quer nem mais se lembrar do pecado do povo (**1ª leitura**). Curar, até os médicos conseguem. Perdoar, só Deus... e seu "executivo".

Também o povo messiânico, como se concebe a Igreja, deve em primeiro lugar combater o pecado, ora denunciando, ora perdoando – nunca tapeando. Deve apontar o mal fundamental que está no coração das pessoas e na própria estrutura da sociedade. Para mostrar que tem moral para fazer isso, servem os sinais: dar o exemplo, aliviar a miséria material do mundo, lutar por estruturas justas, por mais humanidade, por tudo o que cure e enobreça os filhos e filhas de Deus. O empenho para melhorar, em todos os sentidos, a vida das pessoas autoriza a Igreja a denunciar o mal moral e a urgir a terapia adequada, que é a conversão das pessoas e da sociedade.

Com o esmorecer do socialismo, a sociedade mostra descaradamente que pretende solucionar os problemas materiais pela via do cinismo, pelo poder do mais forte. A própria medicina não hesita em se autopromover à custa da ética, recondicionando a casca, mas deixando apodrecer os valores pessoais por dentro. Há quem ache que a Igreja deveria primeiro melhorar as condições materiais, a saúde, a cultura etc., para dar mais "base" à sua mensagem "espiritual". Mas Jesus pronuncia primeiro o perdão do pecado e depois mostra que ele tem poder para tratar da enfermidade material. Observando com lucidez nossa sociedade, parece que o mais urgente é livrar as pessoas do mal fundamental, que é o pecado. Então, a libertação total, inclusive histórica e material, deitará raízes num chão livre da erva daninha do pecado, e não faltarão recursos para dignificar a vida em todas as suas dimensões.

8º domingo do tempo comum/B
JESUS, O ESPOSO MESSIÂNICO

Canto da entrada: (Sl 18[17],19.20 "O Senhor me salvou, porque me ama".

Oração do dia: Pedido de paz, para que a Igreja possa cumprir sua missão na alegria.

1ª leitura: (Os 2,16b.17.21-22) **Núpcias messiânicas de Deus com seu povo** – O profeta Oseias exorta Israel à conversão, comparando-o com uma esposa infiel, que esqueceu o amor de sua juventude, quando ela "era deserto" (2,5: alusão ao Êxodo e à Aliança do Sinai). Salvos do Egito e abandonando a vida de nômades, os israelitas viciaram-se pelo bem-estar da vida agrícola, atribuindo-o, inclusive, aos "deuses da terra", os ídolos de Baal venerados pelos cananeus, habitantes da Terra Prometida antes deles (2,7-15). Para convertê-los, Javé os reconduzirá ao deserto (alusão à deportação pelos assírios, cm 722 a.C.) e lhes falará ao coração (2,16). Então, a esposa infiel deixará seus "amantes" (Baal = marido) e será desposada de modo novo e definitivo por seu marido (2,20-22). • 2,16-17 cf. Os 12,10; 13,4; Dt 5,6-7; Sl 136[135] • 2,21-22 cf. Jr 31,31-34; E 36,26-27; Os 6,6.

Salmo responsorial: (Sl 103[102],1-2.3-4.8+10.12-13) O perdão e o carinho de Deus.

2ª leitura: (2Cor 3,1b-6) **Os fiéis: carta de recomendação do apóstolo** – Quando Paulo se defende contra os ataques de certas pessoas em Corinto, acusam-no de vanglória. Paulo responde, referindo-se à fé da comunidade: "Não preciso de vangloriar-me: vós sois minha publicidade, pois em vós se podem ler as frases do Espírito – e isso implica que eu fui capacitado por este Espírito também". Ao ensejo do tema do escrever, Paulo lembra a oposição entre a letra e o Espírito. • 3,3 cf. Ex 24,12; Ez 36,26; Jr 31,33 • 3,6 cf. Ef 3,7; Cl 1,25.

– *Leit. alternat.: (Ef 5,25b-27) Cristo-esposo.*

Aclamação ao evangelho: (Tg 1,18) Primícias da nova criação.

Evangelho: (Mc 2,18-22) **Jesus, o esposo messiânico** – Continua a progressiva revelação da personalidade de Jesus (para quem quiser entender!). Não apenas domina as forças malignas e perdoa o pecado (cf. domingos anteriores), mas transpõe as barreiras do conceito farisaico da justiça e, misteriosamente, dá a entender que nele se torna presente o esposo das núpcias escatológicas de Javé com seu povo, em que se realizam o perdão da antiga infidelidade e a Nova Aliança (cf. 1ª leitura). – O texto associa a este tema as parábolas do vinho novo e do remendo na roupa velha, expressando a exigência de renovação total. • Cf. Mt 9,14-17; Lc 5,33-38 • 2,19-20 cf. Jo 3,29.

Oração s/as oferendas: Nossa oferta: dom de Deus, gesto de nosso amor, nossa única riqueza, instrumento de eterna salvação.

Prefácio: (dom. T.C. I) Perdão e vocação a sermos o povo de Deus.

Canto da comunhão: (Sl 13[12],6) Canto de ação de graças / (Mt 28,20) "Estou convosco até o fim dos tempos".

Oração final: A Eucaristia: alimento na terra, participação da vida eterna.

B
T. Com.

O presente **evangelho** completa o episódio da vocação de Levi (Mc 2,13-17) e forma, com este, o centro de toda a secção 1,39–3,12. A vocação de Levi, por um lado, atinge o formalismo dos escribas farisaicos, que ainda não entenderam que Jesus é maior que o pecado (tema de dom. passado). Por outro, mostra a comiseração de Deus em Jesus Cristo para com os pecadores. Jesus aceita comunhão de mesa com os pecadores, o que significa comunhão de vida. Neste contexto surge a pergunta capciosa feita pelos fariseus, unidos aos discípulos de João Batista, conhecido por seu ascetismo: por que não jejuam os discípulos de Jesus, se os de João e os dos fariseus jejuam (embora em dias diferentes). Reconhecemos na resposta de Jesus mais uma revelação velada de sua personalidade e missão: os seus discípulos não podem jejuar, porque estão presenciando as núpcias messiânicas de Deus com seu povo. O esposo está aí!

O esposo está aí, esta é a mensagem central da liturgia de hoje. O tema das núpcias messiânicas, quando Javé renovará a Aliança com seu povo, é frequente no A.T. Textos clássicos são Os 1,3 (cf. **1ª leitura**), Jr 2,1–3,5 e Ez 16. Descrevem toda a história de Israel em termos de noivado, infidelidade e volta da esposa infiel. Mc combinou a vocação dos pecadores com as núpcias messiânicas: na reconciliação dos pecadores realiza-se a conversão da esposa infiel. Portanto, sentar na mesa dos publicanos e pecadores é celebrar a festa da Nova Aliança.

Aí, Mc acrescenta duas parábolas "gêmeas" de Jesus sobre a radical novidade do Reino que ele traz presente. Não se remenda roupa velha com pano novo, pois o pano novo rasga a roupa velha e ambos se perdem; nem se deixa fermentar vinho novo em odres velhos, pois estouram, e tanto o vinho como os odres se perdem. Vinho novo coloque-se em odres novos. No contexto em que se encontram, estas parábolas significam que as preocupações ascéticas dos interlocutores pertencem ao passado, agora que o homem é reconciliado com Deus em Jesus Cristo. As categorias do judaísmo são frágeis demais para conter o vinho vigoroso do Reino de Jesus. Nós diríamos: o Reino exige estruturas novas, tanto na profundidade da personalidade quanto na sociedade humana. Não devemos adaptar o Reino à estrutura de nossa personalidade ou sociedade, mas o contrário.

Há, porém, um senão. O Esposo não está sempre fisicamente presente. A Igreja de Mc vive o conflito de sua ausência, provisória, mas ressentida... Assim Mc 20,20 justifica a prática do jejum na Igreja primitiva: quer recordar o momento em que o Esposo "lhes foi tirado".

A liturgia enquadra estes temas pelo do amor e carinho de Deus (**canto da entrada, salmo responsorial**) e pelo espírito de alegria e paz que anima a **oração do dia**. A **2ª leitura** não combina otimamente com o tema principal, mas é um texto muito rico. Como quase sempre na 2Cor, Paulo está se defendendo. Mas, no estilo paradoxal que lhe é próprio, declara que não precisa defender-se, porque o defendem os próprios fiéis. Pela graça que neles opera, tornam-se a melhor carta de recomendação que Paulo pode desejar. Carta escrita não com tinta, mas com Espírito Santo (imagem da efusão), não em pedra (como a Lei mosaica), mas no coração (lembrança de Ez 36,26; Jr 31,33; tema da Nova Aliança, aparentado com o **1ª leitura**). Mas, então, Paulo foi capacitado para ser portador deste Espírito. Ele é obreiro da Nova Aliança – e aí abandona a imagem da carta escrita com Espírito, para dizer que a Nova Aliança não tem mais letra, mas é Espírito. O trecho termina rejeitando o formalismo da Lei, em nome da Nova Aliança no Espírito de Deus.

Fazendo a soma destas ideias, sugerimos uma reflexão sobre um tema certamente sugestivo para a mentalidade afetuosa de nosso povo: o amor de esposo que Deus tem por seu povo. O amor entre homem e mulher é algo que penetra o miolo dos ossos, bem diferente da relação de contabilidade que os fariseus estabeleceram entre o homem e Deus (fazer boas obras e jejuar, para ter as contas em dia). Amor esponsal é incompatível com formalismo religioso. Leva a "esposa" – a comunidade – a agir por amor, e não por medo ou obrigação. E esta é a única maneira para agir adequadamente no Reino de amor do Cristo. A partir desta ideia, pode-se explicar também a exigência de renovação. Quem apenas acerta as contas, não renova nada. Só coloca em dia o que existe. Mas quem, de esposa infiel que era, se deixa envolver novamente pelo amor de seu esposo, transforma-se na profundidade. Tão radical deve ser a novidade cristã.

O MESSIAS, A FESTA E O JEJUM

A relação de Deus com seu povo é *uma história de amor*. O profeta Oseias compara a Aliança de Deus com Israel a um noivado, mas a noiva não foi fiel (**1ª leitura**). No tempo final, Deus vai renovar tudo: o noivado e o povo. Fará do povo sua esposa. Será um tempo de plena alegria. Na realização do plano de Deus, quem representa o papel do esposo do tempo final é Jesus, o Messias. O pacto de amor que Deus iniciou com o povo de Israel é restabelecido definitivamente na comunidade que se liga a Jesus.

No **evangelho**, Jesus mostra isso, de modo profético, por meio de seu comportamento e de sua palavra. Ao passo que Jesus participava de jantares oferecidos por pessoas consideradas pecadoras (o banquete com os publicanos, Mc 2,13-17), os fariseus e os discípulos de João Batista praticavam o jejum. O povo compara: os discípulos de Jesus serão menos piedosos que os de João e os dos fariseus? Jesus responde que o tempo de sua presença é como uma festa de casamento, em que não convém jejuar! Assim, ele dá uma resposta a respeito do jejum, mas sobretudo a respeito de si mesmo. Ele é o esposo messiânico. Em Jesus, Deus se doa totalmente ao povo. Tal amor deve ser celebrado com alegria, não com jejum.

E contudo, os primeiros cristãos jejuaram (e a Igreja mantém alguns momentos de jejum até hoje). Também isso, Jesus o explica: "Dias virão em que o noivo será tirado: então jejuarão" (Mc 2,20). Ou seja, a prática do jejum, na Igreja, não é um mortificar-se para ter mérito junto de Deus, como pensavam certos fariseus, mas tem sentido de memorial, para lembrar a morte de Jesus (por isso, a Sexta-feira Santa é dia de jejum). Os dias da ausência do noivo são também o tempo da espera de sua nova vinda. Assim o jejum moderado e despretensioso dirige a atenção para a plenificação final.

O cristão deve antes de tudo irradiar alegria, como um casal de noivos quando tudo está bem. O povo cristão recebe o maior amor que existe: o de Cristo. Na melodia de nossa vida, a alegria é que deve dar o tom. Deve ela ser a dominante de nosso viver, aquilo que vem à tona espontaneamente, quando não retido por algo que inspira outros sentimentos. Mas o jejum e a ascese não têm, de per si, valor religioso, embora tenham valor de autodomínio e até de medicina, pois moderam os excessos.

O sentido especificamente cristão do jejuar e do mortificar-se é lembrar a morte de Cristo, o fato de que a redenção ainda não atingiu sua plena manifestação. Significa morrer um pouco com Cristo, para vivenciar melhor seu amor. E assim remete novamente para a alegria, pois Jesus venceu a morte. A última palavra não é a morte, mas o amor de Cristo que vence o mundo. O jejum cristão tem um quê de Ressurreição.

B
T. Com.

9º domingo do tempo comum/B
JESUS, O SENHOR DO SÁBADO

Canto da entrada: (Sl 25[24],16.18) Súplica de misericórdia e perdão.

Oração do dia: "Afastai de nós o que for nocivo e concedei-nos tudo o que for útil".

1ª leitura: (Dt 5,12-15) **Instituição do sábado** – A instituição do sábado (literalmente: "repouso") é mencionada nos trechos mais antigos da Lei (Ex 23,12; 31,12-17; 34,21) e dos Profetas (Am 8,5; Os 2,13). Cada religião tem assim seus tempos sagrados. Dt 5 relaciona esta instituição com a libertação do Egito (assim também a Páscoa em Dt 16,1-8). Pois só um povo liberto pode "liberar" um dia para Deus. E todas as classes sociais devem participar, pois, senão, não é "dia livre" (cf. Dt 5,14)! Assim, o sábado, além de ser um agradecimento a Deus, é também uma instituição que favorece o senso social, tão característico da legislação deuteronomista. É o dia da libertação.

Salmo responsorial: (Sl 81[80],3-4.5-6ab.6c-8a.10-11ab) A libertação da escravidão.

2ª leitura: (2Cor 4,6-11) **Apostolado: o tesouro de Deus em vaso de barro** – Cristo surgiu como uma luz de Deus para Paulo (4,6; cf. At 9,3) e esta luz, ele a deve mostrar ao mundo. Mas é um tesouro em vaso de barro – o que não deixa de ser bom, pois assim o brilho não pode ser atribuído ao mensageiro! A aparência aniquilada da vida de Paulo (4,8-10), porém, é participação do sofrimento de Cristo, para finalmente, ao desfazer-se totalmente, deixar brilhar a vida do Ressuscitado. • 4,6 cf. Gn 1,3; 2Cor 3,18; Ef 1,18 • 4,8-9 cf. 2Cor 1,8; 6,4-10; 1Cor 4,9-13 • 4,10-11 cf. Cl 1,24; 1Cor 15,31.

– *Leit. alternat.: (Cl 2,6-8.16-17) Questões de calendário...*

Aclamação ao evangelho: (Jo 17,17ba) A palavra de Deus é a verdade.

Evangelho: (Mc 2,23–3,6 ou 2,23-28) **Jesus, o Senhor do sábado** – As duas últimas controvérsias do conjunto 2,1–3,6 giram em torno do sábado e ilustram bem o mistério do Filho de Deus no homem Jesus de Nazaré, que, interpretando o sábado num sentido "humanitário" (pois Deus o criou para o bem do homem: 2,27; 3,34), mostra sua "autoridade" divina: a autoridade do Juiz celestial, do "Filho do Homem" de Dn 7 (2,28; jogo de palavras com "homem" em 2,27). Humano assim como Jesus, só Deus o pode ser! – Os escribas, que preferem fixar-se na letra da Lei do que fazer a difícil (e desinstaladora) pergunta acerca de seu sentido, decidem: este homem deve morrer (3,6). • 2,23-28 cf. Mt 12,1-8; Lc 6,1-5; Dt 23,25; Ex 31,14; 1Sm 21,1-7; Lv 24,9 • 3,1-6 cf. Mt 12,9-14; Lc 6,6-11.

Oração s/as oferendas: Oferendas: participação no mistério de Cristo que nos purifica.

Prefácio: (dom. T.C. V) A Criação, tempos e estações para o bem do homem.

Canto da comunhão: (Sl 16[15],6) Súplica confiante / (Mc 11,23-24) A oração na fé é atendida por Deus.

Oração final: Confessar Deus em atos e em verdade e participar de seu Reino eterno.

Às vezes pretende-se que Jesus de Nazaré tenha sido apenas um rabino um tanto original, bastante liberal em alguns pontos (p.ex., a questão do sábado), muito radical em outros (p.ex., o divórcio). Praticamente todos os posicionamentos de Jesus, inclusive a prioridade do amor, se encontram seja no próprio A.T., seja nos escritos do judaísmo rabínico. A observação é interessante. Faz suspeitar que Jesus foi o "Filho de Deus" não tanto por aquilo que ele disse, mas antes por toda sua existência, pelas opções concretas, as palavras oportunas ou inoportunas, o desafio decisivo que ele propunha às pessoas e instituições. O Reino de Deus, trazido presente por Jesus, não consiste numa doutrina abstrata, mas numa palavra, uma mensagem provocadora, que exige opção, em situações decisivas. Pode ser que tudo o que Jesus disse os rabinos o tenham dito também; a questão é que Jesus o disse em tal contexto, em tal circunstância, com tal intenção. O tema de hoje é um exemplo disso.

A instituição do sábado (**1ª leitura**) recebeu, na teologia do A.T., várias interpretações. A mais conhecida é a da teologia sacerdotal, presente no hino da criação em Gn 1,1–2,4: o homem deve descansar no sábado, em sinal de adoração de Deus, que descansou de sua obra, no sétimo dia. Uma outra visão do sábado encontra-se na teologia deuteronomista (em redor de Sofonias e Jeremias). Insiste no valor humano do sábado (por isso devem participar também os escravos e até os animais), mas sobretudo na referência à Aliança: como a Páscoa, também o sábado é uma lembrança da libertação do Egito. Os dois pensamentos são unidos no raciocínio de Dt 5,15: deixa teu escravo descansar, porque tu também foste escravo no Egito e Javé te libertou. Nesta visão, o sábado tem grande valor social; conscientiza os israelitas de que eles são uma comunidade dedicada a Deus. Na mesma linha situa-se o ideal do ano sabático (deuteronomista também), como ano de restauração da comunidade pela restituição das terras e a anistia das dívidas.

Entretanto, o farisaísmo do tempo de Jesus não parece ter aderido a essa teologia. A sacralização pós-exílica fez do sábado uma espécie de tabu: intocável[5]. Contudo, já que se devia viver, admitiram uma certa casuística, como aquela mencionada em Lc 13,15; 14,5 e Mt 12,11. Em vez de ser um elemento da amizade que une Deus com seu povo, o sábado torna-se uma lei bastante extrínseca, com a qual é preciso negociar. Esquece-se o sentido da instituição sabática – a misericórdia divina e a dignidade humana –, sobrando apenas a forma: a prescrição da não atividade. É o que se chama: formalismo.

Jesus sempre procura a vontade original de Deus. Também na questão do sábado (**evangelho**): "O sábado foi feito para o homem, e não o homem para o sábado" (Mc 2,27). Jesus defende a posição de que é permitido fazer o bem no dia de sábado (Mc 3,4). Por trás desta interpretação humanista do sábado, Mc esconde mais uma "revelação velada" da autoridade divina de Jesus. À palavra de 2,27, ele acrescenta um jogo de palavras: o sábado é feito para o *homem*, e o *Filho do Homem* é dono do sábado. Em outros termos, tomando a posição que ele toma na discussão, Jesus se posiciona como Senhor e Juiz escatológico. De modo semelhante, no texto seguinte, ele não apenas defende que se pode fazer o bem no sábado, mas desafia seus adversários, conhecendo seu ódio mortal. Pergunta: "É permitido fazer o bem ou fazer o mal, salvar uma vida ou matar?" Ele fez o bem e salvou uma vida; eles fazem o mal e ameaçam sua vida (cf. 3,6). O que está em questão não é tanto o sábado, quanto a própria pessoa de Jesus, sua "autoridade".

Assim, Jesus não apenas propõe uma interpretação humanitária do sábado. Ele provoca uma decisão. Sua interpretação humanista encarna, por assim dizer, o reconhecimento da autoridade do Filho do Homem, que vem trazer presente a visão de Deus sobre nossa vida. E a rejeição revela a dureza de coração que ele vem julgar.

A **2ª leitura** rompe a unidade entre a 1ª leitura e o evangelho, mas é rica demais para ser deixada fora da liturgia. Paulo descreve seu apostolado como um tesouro em vaso de barro. Mas é bom que seja assim: pois deste modo todo mundo pode ver que sua força vem de Deus e não do homem. O vaso de barro é a fragilidade e a opressão que caracterizam a vida do apóstolo. Mas quando o vaso quebra, revela-se seu conteúdo: a vida de Cristo (2Cor 4,11).

B
T. Com.

---

5. O sábado havia-se tornado um distintivo do israelita num mundo dominado pelas "nações". Mas nem toda a teologia judaica concordava com a visão rigorosa. Certos rabinos ensinavam que Deus no sétimo dia não cria, mas mantém a obra da criação; em Jo 5,17ss, Jesus diz que o Pai trabalha sempre...

O DIA DO SENHOR

Considera-se grande progresso a abertura do comércio, aos domingos, nos hipermercados e *shopping-centers*. A distinção entre dia útil e domingo caiu. Qual é a prática cristã a respeito do "Dia do Senhor", o domingo?

O termo "Dia do Senhor", na Bíblia, não indica em primeiro lugar o domingo, mas o dia em que Deus mostra sua atuação (o êxodo e a derrota dos egípcios no Mar Vermelho é "o dia que o Senhor fez"), sobretudo no fim da Historia (o juízo final). O descanso semanal chama-se o *shabbat*. Os primeiros cristãos descansavam em honra de Deus no sábado, como os judeus; e na noite do sábado para o "primeiro dia da semana" celebravam a ressurreição de Jesus (cf. Mt 28,1; Mc 16,2; Lc 24,1; Jo 20,1.19.24; 1Cor 16,2). Como a "ressuscitação" de Jesus foi a atuação de Deus por excelência e, além disso, estava na perspectiva da volta final, essa celebração acabou recebendo o nome de "Dia do Senhor", entendendo-se por "Senhor" o Cristo ressuscitado. Em latim, dizia-se *dies Domini* ou *dies dominicalis*, de onde nosso "domingo", que é de fato o primeiro da semana. O cristão começa a semana com cara de domingo e não de segunda-feira...

A **1ª leitura** nos ensina que o sentido profundo do "repouso" semanal (*shabbat*) é a libertação. Na escravidão do Egito, os israelitas não podiam descansar. Na Terra Prometida, eles gozavam do descanso no sétimo dia, em recordação e agradecimento a Deus que os libertou da escravidão. Por isso, deviam conceder descanso também a seus empregados e mesmo ao gado. Se não fizessem assim, comportar-se-iam como o faraó do Egito! Descansar e deixar descansar é marca do povo de Deus. O sábado pertence a Deus, é "dia do Senhor".

No tempo de Jesus, os mestres da lei achavam a imobilidade no sábado mais importante que a razão de sua celebração, a libertação. Transformaram o fazer-nada em obsessão em vez de sinal da libertação. Criticam Jesus porque permite aos discípulos arrancarem umas espigas, e tramam sua morte porque, no sábado, cura um homem com a mão doente (**evangelho**). Mas, para Jesus, o sábado é para o bem da pessoa humana. Ele diz isso em virtude de sua autoridade como Filho do Homem, plenipotenciário de Deus (Mc 2,28).

Os cristãos transferiram o repouso semanal para o novo "dia do Senhor", o domingo da ressurreição de Jesus, sobrepondo à lembrança da libertação do Egito a da libertação dos laços da morte. O descanso nesse dia não deve ser absolutizado, como algo que existe para si. É um sinal, uma recordação, uma referência. Deve ser interpretado com o "divino humanismo" de Jesus, como uma instituição para o bem do ser humano. Por isso, a Igreja permite a manutenção dos serviços essenciais, no domingo. Mas prescreve "abster-se das atividades e negócios que impeçam o culto a ser prestado a Deus, a alegria própria do dia do Senhor e o devido descanso da mente e do corpo" (Catec. Igr. Cat.). Como quer o sentido inicial em Israel, é preciso libertar-se do trabalho-escravidão. E da escravidão do consumismo...

O domingo é também o dia da comunidade cristã, que recorda a ressurreição de Cristo na celebração da Eucaristia. Neste espírito, o domingo serve para aprofundar a caridade e a solidariedade, mesmo em forma de mutirão ou de outros serviços livres e libertadores.

B
T. Com.

10º domingo do tempo comum/B
OS VERDADEIROS IRMÃOS E OS ADVERSÁRIOS DE JESUS

Canto da entrada: (Sl 27[26],1-2) Deus é minha salvação e baluarte: a quem temer?
Oração do dia: Pensar o certo com a inspiração de Deus e fazê-lo com sua ajuda.
1ª leitura: (Gn 3,9-15) **O pecado de Adão e a ameaça à serpente** – "Adão" significa "o Homem". Seu pecado e o de todos nós: é o orgulho de querer ser igual a Deus, querer ser seu próprio Deus. O resultado do "abrir os olhos" (Gn 3,5.7) não é o que o homem procurou (ser igual a Deus), mas apenas a consciência de sua nudez e desproteção: medo perante Deus (3,9). Porém, Deus não rejeita o ser humano, mas apenas a serpente (3,14-15) (que, na tradição judaica posterior, foi identificada com o demônio: Sb 2,24). A descendência humana há de esmagar a serpente (3,15): prefiguração de Jesus, que vence o demônio (cf. evangelho).
Salmo responsorial: (Sl 130[129],1-2.3-4ab.4c-5.7-8): Temor e esperança em Deus.
2ª leitura: (2Cor 4,13–5,1) **Perspectiva escatológica do apostolado** – Continuando o tema de dom. passado, este trecho mostra a força do "Espírito da fé", a força carismática que leva o apóstolo a testemunhar sua fé, sustentada pela esperança do encontro escatológico com Cristo. Segue-se uma variante do tema do "vaso de barro" (cf. dom. pass.): enquanto o homem exterior vai caducando, o interior se renova para Cristo; ao pesar da aflição atual corresponde o "peso" da glória eterna (em hebraico: glória = peso). • 4,13-15 cf. Sl 116,10[115,1]; Rm 6,5; 8,11; 1Cor 6,14; 2Cor 3,6 • 4,16-18 cf. Ef 3,16; Rm 8,17-18.24-25 • 5,1 cf. Jó 4,19; 2Cor 4,7.
– *Leit. alternat.: (Ef 6,10-17) As armas da fé.*
Aclamação ao evangelho: (Jo 12,31b-32) O príncipe deste mundo é lançado fora.
Evangelho: (Mc 3,20-35) **Jesus e Beelzebul; adversários e "irmãos de Jesus"** – Depois que os escribas decidiram matar Jesus (3,6), este, em meio a intensa atividade messiânica (3,7-12), constitui um discipulado (os "doze", 3,13-19), não, porém, entre seus irmãos de sangue; pois estes o acham extravagante (3,20-21), enquanto Jesus recusa as prerrogativas parentais, apontando como sua verdadeira família os que fazem a vontade do Pai (3,31-35). No meio deste episódio é inserida uma discussão que mostra a incompatibilidade de Jesus com as autoridades religiosas. Os escribas acusam-no de exorcizar pela força do demônio (3,22-30). Resposta de Jesus: 1) um reino ou uma casa, dividida contra si mesma, não fica em pé; 2) para penetrar numa casa, o saqueador (Jesus!) deve amarrar o valentão lá dentro (o demônio); 3) quem não quer entender que Jesus age com a "autoridade" de Deus para vencer o demônio, blasfema contra o Espírito de Deus, que age em Cristo de modo visível (cf. Lc 11,20), e para este pecado não existe remédio. • 3,20-21 cf. Mc 6,31; Jo 7,5 • 3,22-30 cf. Mt 12,24-32; Lc 11,15-23 •3,31-35 cf. Mt 12,46-50; Lc 8,19-21.
Oração s/as oferendas: Disposição em servir e desejo de crescer na caridade.
Canto da comunhão: (Sl 18[17],3) Deus forte e libertador / (1Jo 4,16) Deus é amor.
Oração final: Libertação do mal e orientação para o bem.

No **evangelho** de hoje, Mc apresenta a exigência da conversão, da opção pró ou contra Jesus. Tudo gira em redor da pergunta pela origem de seu "poder": virá do demônio (**1ª leitura**) ou de Deus?

Esta questão é tratada por Mc num "sanduíche" literário. As fatias externas (3,20-21.31-35) são a tentativa dos parentes de Jesus para desviá-lo de sua pregação messiânica, sob alegação de que ele "está fora de si", o que equivalia a dizer que ele estava possuído pelo demônio. Quanto à intervenção dos parentes, Jesus explica que sua verdadeira família não é a do sangue, mas a da fé operante: os que fazem a vontade do Pai (3,35). Ficamos chocados porque a mãe de Jesus está incluída entre os parentes. Mas isto acentua ainda mais a mensagem: a mãe de Jesus não tem prerrogativas por causa de seu parentesco carnal, mas por causa da fé (como Lc sugere numa duplicata do presente episódio: Lc 11,27-28).

B
T. Com.

A fatia central (3,22-30) é a acusação de que Jesus exorciza pelo poder de Beelzebul[6]. A resposta de Jesus contém três elementos. 1) Quanto a seu *"poder"*: este não vem do demônio, pois como poderiam o reino ou a casa do demônio ficarem em pé, se fossem divididos? Convite velado para entender que o poder de Jesus vem de Deus e é aquela misteriosa "autoridade" do Filho do Homem, que Mc já apontou na primeira atuação de Jesus (cf. 4º dom. T.C.). 2) Quanto à *pessoa* de Jesus, uma pequena parábola: se alguém quer arrombar uma casa (esta palavra a liga com a imagem anterior) deve primeiro amarrar o "forte" que está lá dentro. Portanto, aquele que consegue isso, é o "mais forte" título com o qual Jesus tinha sido anunciado pelo Batista (1,7) e imagem messiânica (cf. Is 49,24-25). 3) Quanto aos *escribas*: eles se firmam no próprio pecado do demônio, o orgulho contra o Espírito de Deus. Mc (3,28-30) utiliza aqui uma palavra que aparece, provavelmente num contexto mais original, em Lc 12,10. Em Lc, significa que o que contraria o Filho do Homem (Jesus histórico) pode ser perdoado, mas não o que se faz contra o Espírito Santo, que auxilia os cristãos na perseguição (Lc 12,11-12; a apostasia). Em Mc, significa que tudo pode ser perdoado (por Jesus ou por Deus, cf. Mc 2,10.17), mas não o pecado contra o Espírito Santo, ou seja, a rejeição da força de Deus que se revela na atuação de Jesus, vencendo todo o mal.

A conclusão do conjunto (a segunda fatia do tema dos parentes), forma assim um contraste com a atitude dos escribas, a incredulidade levada a um extremo diabólico: unir-se a Jesus para fazer a vontade do Pai é pertencer à sua "casa", comunidade de irmãos e irmãs.

A **2ª leitura** é a continuação da de domingo passado. Paulo reconhece em Sl 116[115],10 o Espírito da fé se expressando (é escrito sob inspiração do Espírito): "Creio, por isso falo". Tendo este Espírito, Paulo fala: seu testemunho evangélico a respeito da Ressurreição de Cristo e nossa. Isso é o que o torna firme (2Cor 4,16). Mesmo que agora estejamos na tribulação (vaso de barro!), este "pesar" é leve em comparação com o "peso" da glória ("glória", *kabod*, significa "peso"), pois nós enxergamos o que não se vê! A morada em que estamos (a existência neste mundo) será desfeita, mas teremos uma que não é feita com mãos humanas (termos que Cristo usou para anunciar sua ressurreição, cf. Mc 14,58).

O espírito global da presente liturgia é o da força de Cristo, em que devemos confiar, para que ela se manifeste em nós também.

---

6. Este é um dos principais demônios. O judaísmo contemporâneo de Jesus tinha elaborado toda uma doutrina sobre os anjos e demônios. O demônio é considerado como um anjo decaído, por causa de seu orgulho, e isso, antes da criação do mundo. Em Sb 2,24 é identificado com a serpente que seduziu o primeiro casal humano a pecar contra Deus, por orgulho, causando a morte. Por esta razão, a 1ª leitura de hoje é o relato do pecado original, terminando com o tema da descendência humana esmagando a cabeça da serpente. Mais tarde, este tema foi interpretado num sentido messiânico, como tratando não mais da raça humana em geral, mas de um descendente específico, o Messias, que venceria o demônio. É exatamente isso que é sugerido nas entrelinhas do episódio central do evangelho.

O PODER DO MESSIAS E OS DEMÔNIOS

O demônio está em alta. Há "igrejas" especializadas em expulsar os demônios que você tem. E se você não os tem, lhe arrumam alguns... Será que se pode comparar com essas práticas aquilo que Jesus andou fazendo no meio do povo da Galileia, conforme descreve o **evangelho**?

Nos tempos bíblicos, diversos tipos de forças misteriosas que assolavam as pessoas eram chamados "demônios" ou "espíritos de impureza" (= causando impureza, incapacidade de participar do culto). Muitos desses fenômenos hoje são da competência do médico ou do psiquiatra. Mas havia também a percepção de um poder do mal que é maior que a gente, e ao qual se chama de Satã ou "diabo". O diabo tenta desviar o ser humano de sua vocação à comunhão com Deus. Mas ele não tem a última palavra; é inferior a Deus, que o condena. É o que ensina a **1ª leitura** de hoje. O homem e a mulher são punidos por terem prestado ouvido antes ao diabo (a serpente) do que a Deus, mas o diabo é subjugado a Deus e à descendência da mulher. E o **evangelho** mostra esse "descendente da mulher", que domina o diabo – como se manifesta (dentro dos conceitos daquele tempo) na expulsão dos demônios.

Ora, alguns mestres atribuíam o poder de Jesus sobre os demônios ao próprio chefe dos demônios. Jesus responde com três argumentos: 1) o demônio não é combate contra si mesmo; 2) está aí alguém que é mais forte que o demônio (o "anunciado" da 1ª leitura); 3) não existe pecado mais grave do que caluniar o Espírito de Deus – e é isso que esses mestres estão fazendo! A cena termina, depois, com uma palavra de Jesus a respeito de seus parentes que não compreendem a sua atuação. Jesus diz que sua verdadeira família são aqueles que escutam seu ensinamento e praticam a vontade de Deus.

Jesus é o Messias, vindo com o poder de Deus. É com esse poder e com nenhum outro que ele expulsa as forças malignas. E com o mesmo poder ensina a vontade de Deus, pedindo que a pratiquemos, para nos tornarmos seus verdadeiros irmãos.

Expulsar o que se opõe ao bem e praticar a vontade do Pai são dois lados da mesma moeda. Se pretendemos aderir a Jesus e à sua prática, devemos também, no Espírito de Deus, libertar os nossos irmãos das possessões demoníacas de hoje, aquilo que os desvia do plano do Pai, aquilo que os impede de doar-se à prática do Reino: os vícios do consumo, da droga, da ganância, as amarras de uma sociedade estruturada para fazer reinar a injustiça... todas as forças que oprimem o bem que Deus colocou em seus filhos e filhas.

11º domingo do tempo comum/B
O REINO DE DEUS EM PARÁBOLAS

Canto da entrada: (Sl 27[26],7-9) "Senhor, ouve minha voz".

Oração do dia: O homem, na sua fraqueza, não pode nada; precisa de graça para querer e agir conforme a vontade de Deus.

1ª leitura: (Ez 17,22-24) **O ramo do cedro que se torna arbusto** – Ez 17,1-21 é um oráculo contra o rei de Judá. Realizou-se a ameaça: a deportação da elite de Judá para a Babilônia (597 e 586 a.C.). 17,22-24 complementam o primeiro oráculo com um oráculo de salvação. Se a copa e o tronco do cedro foram levados à Babilônia (deportação da elite e do rei; 17,3-5), Deus mesmo, o único Salvador, tomará um ramo do cedro para plantá-lo na montanha de Israel (17,22-24: volta dos exilados); crescerá até tornar-se um belo arbusto, em cujos ramos se instalarão os passarinhos (17,23; cf. evangelho). • Cf. Is 2,2-4; Sl 113 [112],7-13; Lc 1,51-53; Mt 13,31-32; Mc 4,30-32; Lc 13,18-19.

Salmo responsorial: (Sl 92[91],2-3.13-14.15-16) "O justo cresce como a palmeira, eleva-se como o cedro do Líbano".

2ª leitura: (2Cor 5,6-10) **O desejo de morar junto ao Senhor** – Paulo continua sua meditação sobre sua existência à luz da morte, que é concebida como o fim do exílio neste corpo (cf. Platão), como a destinação final de uma peregrinação pelo mundo, em que o corpo é uma "tenda provisória" (5,1). Mas, no fim desta peregrinação, teremos de prestar contas de nossas obras. – Paulo vive com a morte diante dos olhos. Não a esconde, como faz a nossa sociedade. E nisto exatamente consiste a tensão dinamizante de sua vida. • Cf. 1Cor 13,12; Rm 5,1-5; 8,20-24; Fl 1,21-23; 2Tm 4,8.

– *Leit. alternat.: (1Cor 3,6.7-9) Deus é que faz crescer.*

Aclamação ao evangelho: (Lc 8,11) A semente da Palavra.

Evangelho: (Mc 4,26-34) **As parábolas; o Reino que cresce como uma semente** – No ano A (15º dom. do T.C.) ouvimos a primeira das "parábolas do Reino", colecionadas em Mt 13 (cf. Mc 4 e Lc 8): a parábola do semeador. Hoje, ouvimos outras parábolas do mesmo conjunto: o Reino de Deus é um mistério, um acontecimento do qual não podemos determinar os parâmetros, assim como uma semente cresce por si mesma, até que chegue a hora da colheita (escatológica). É como a minúscula sementinha da mostarda tornando-se um generoso arbusto, onde se aninham os pássaros (cf. Ez 17,23; 1ª leitura). A própria pregação de Jesus é o início deste Reino; esconde-se por trás de parábolas, mas os continuadores dessa pregação são "iniciados" neste mistério (4,34b). • 4,26-29 cf. Jl 4,13; Ap 14,15-16 • 4,30-32 cf. Mt 13,31-32; Lc 13,18-19 • 4,33-34 cf. Mt 13,34-35.

Oração s/as oferendas: Alimento de renovação.

Prefácio: (comum VI) "Ele é a vossa Palavra".

Canto da comunhão: (Sl 27[26],4) O maior desejo: morar na casa do Senhor / (Jo 17,11) Unidade dos fiéis no nome de Jesus.

Oração final: Sacramento da união dos fiéis no amor de Deus e da comunhão eclesial.

O **evangelho** de hoje completa o "Sermão das Parábolas", lido, no texto de Mt, nos 15º, 16º e 17º domingos do ano A. Acrescenta as parábolas da semente que cresce por si (própria de Mc) e do grão de mostarda (cf. Mt e Lc). Em Mt, as parábolas formam uma espécie de catequese (Mt 13,51-52). Em Mc, integram a revelação velada do Filho do Homem (4,10-12 e 33-34). Quando Jesus fala em parábolas e o povo não entende, realiza-se plenamente o que já foi a missão de Isaías: falar a um povo sem compreensão (Is 6,9-10). Aos discípulos, porém, ensina em particular, iniciando-os no "mistério do Reino" (4,11; cf. 4,34). Este esquema de Mc se explica a partir de seu contexto histórico: pelos meados do século I d.C., a grande maioria do povo ainda não se convertera, mas uns poucos "iniciados" continuam a pregação do evangelho de Jesus, aqueles que, depois da Ressurreição, entenderam o "segredo messiânico": que Jesus foi o Filho do Homem padecente (cf. 24º dom.).

Jesus não pronunciou as parábolas para não ser entendido. Mc 4,33 aponta que Jesus procurou compreensão na medida em que o povo fosse capaz. O falar em parábolas é um meio didático que caracteriza Jesus de Nazaré. A parábola é linguagem figurativa, apresenta por uma imagem a realidade visada. Jesus mostra aos ouvintes o que acontece no seu dia a dia (na vida comercial, social, agreste etc.), para que eles se conscientizem de que, de modo semelhante, está acontecendo o Reino no meio deles: "É como quando um homem lança a semente no campo..." (4,26). Pode-se considerar a parábola como um enigma apresentado de tal modo que a resposta logo aparece. Nós diríamos: "Qual é a semelhança entre o Reino de Deus e uma semente? É que ambos crescem por si mesmos, pois não se precisa puxar o caule para que o trigo cresça".

Jesus procura entrar em diálogo com a convicção íntima do homem. Para implantar no coração dos ouvintes uma sementinha de sua experiência de Deus, ele apela para a experiência deles, embora num outro terreno. No caso: para fazer com que os ouvintes se desliguem de sua ideologia de um Reino de Deus vindo ostensivamente com as forças celestes e implantando um "império davídico" para Israel, mediante o zelo dos "zelotes" ou dos cumpridores da Lei (fariseus), Jesus apela para uma experiência da vida campestre: a semente cresce sem intervenção humana. Aí, coloca uma pulga atrás da orelha dos ouvintes. Eles ficam refletindo e, aos poucos, se sentirão convidados a participar da misteriosa e única experiência do Reino de Deus que Jesus mesmo tem como "filho de Deus"; ou, então, recusarão. A parábola, em última análise, nos coloca diante da opção de repartir a experiência de Jesus ou não.

De modo análogo podemos entender a outra parábola, a do grão de mostarda. Esta desfaz uma ideologia de falso universalismo a respeito do Reino, mostrando que o universalismo não está na grandeza visível, numérica, mas na força de crescimento invisível como a que está no grão de mostarda. Embora não se veja quase nada, Jesus revela que o Reino está acontecendo, e bem este Reino universal que é sugerido pelo próprio termo de comparação, o arbusto frondoso no qual se aninham os pássaros do céu (como Ezequiel descreveu o futuro reino de Israel restaurado; cf. **1ª leitura**). "Qual é a semelhança entre o Reino de Deus e um grão de mostarda? Ambos parecem quase nada no começo e se tornam muito grandes no fim". Depois dessa, se pode optar: prefere-se um Reino de Deus que se anuncie com espalhafato, ou aquele que cresça organicamente a partir de uma pequena semente?

A **2ª leitura** dificilmente se integra no tema principal, mas sua mensagem toca o coração. Enquanto estamos neste corpo, diz Paulo, estamos exilados do Senhor. Podemos suspeitar que Paulo, escrevendo a gregos, se lembrou da alegoria da caverna, de Platão...). Preferiria estar exilado do corpo, perto do Senhor[7]. A liturgia de hoje oferece o apoio veterotestamentário desta ideia no **canto da comunhão**: Sl 27[26],4 e outros; por isso, seria muito adequado ler a **2ª leitura** depois da comunhão.

NÃO PARECE, MAS O REINO CRESCE

> Muitos dentre nós estamos preocupados porque as comunidades eclesiais conscientes crescem tão devagarinho e às vezes até parecem diminuir. Então, demos um passo para trás, para enxergar melhor. Seiscentos anos antes de Jesus, o "povo eleito" que devia prestar culto ao Deus Único neste mundo foi tirado de sua terra e quase sumiu do mapa: Israel e seu rei foram levados para o exílio babilônico. Mas Deus fará crescer de novo um broto no cedro de Israel e o povo se tornará novamente uma árvore frondosa (**1ª leitura**). No **evangelho**, Jesus usa a mesma imagem do crescimento para falar do Reino de Deus. Estamos preocupados porque o Reino de Deus não se enxerga? Aos que o criticam porque seu anúncio do Reino de Deus não se verifica em nenhum fenômeno extraordinário, Jesus responde: o agricultor não vê a semente crescer! O homem descansa ou se ocupa com outras coisas, e de repente a plantinha está aí. Ou veja a sementinha do mostardeiro, parece nada, mas cresce e se torna arbusto frondoso onde os passarinhos vão se abrigar. O mesmo acontece à pequena comunidade dos que buscam a vontade de Deus conforme a palavra de Cristo.

B
T. Com.

---

[7]. A expressão de Paulo não fica livre do dualismo platônico, caro aos gregos. Mas a ideia fundamental, presente no fim da leitura, é profundamente bíblica: o importante não é estar fora ou dentro do corpo, mas agradar a Deus por nossa práxis (que é necessariamente "no corpo"), pois encontrá-lo-emos como juiz de nossa vida.

É essa a confiança que Jesus nos ensina. Jesus não é um homem de sucesso, de *ibope*. Ele lança uma sementinha, nada mais. E, de repente, a sementinha brota. O que parecia nada, torna-se fecundo, árvore frondosa.

No Calvário, o grão de trigo caiu na terra e morreu, para produzir muito fruto. Ressuscitou como árvore da vida. A Igreja dos primeiros cristãos foi esmagada pelas perseguições, mas ressurgiu das catacumbas como a maior força religiosa e moral do Império Romano. Os bárbaros destruíram o Império, mataram os missionários cristãos, mas de seu martírio surgiu a sociedade cristã da Idade Média. E esta foi desmantelada pela Modernidade, mas a semente cresce por baixo, especialmente no povo que mais sofreu a Modernidade do que dela se valeu. Nunca os pobres da América Latina foram tão ativos na comunidade de fé como hoje. E a árvore frondosa continua acolhendo passarinhos que chegam de todos os lados.

Mas o que mais importa não é a quantidade de novos galhos e sim a qualidade da semente, tão única e autêntica que nada a pode suprimir.

12º domingo do tempo comum/B
JESUS, SENHOR DA NATUREZA

Canto da entrada: (Sl 28[27],8-9) "O Senhor é a força de seu povo".

Oração do dia: Amar e adorar o Deus que nos conduz e fortalece no amor.

1ª leitura: (Jó 38,1.8-11) **Javé, Senhor das forças da natureza** – A lamentação de Jó ganha, finalmente, uma resposta: Deus lhe fala (Jó 38–42), não para resolver o mistério do sofrimento, mas para mostrar sua presença. Mostra-a no meio das forças da natureza, apresentando-se como o que a domina. Ao experimentar a presença de Deus, Jó aprende que há alguém que é maior do que seu sofrimento (42,1-6). • Cf. Sl 104[103],6-9; Jr 5,22.

Salmo responsorial: (Sl 107[106],23-24.25-26.28-29.30-31) "Ele muda a tempestade em bonança".

2ª leitura: (2Cor 5,14-17) **"O amor de Cristo nos tem em seu poder"** – Esta parte da 2Cor é fortemente marcada pela ideia da morte (cf. domingos anteriores), que, aqui, toma ares místicos, a ponto de parecer loucura (5,13). Se Cristo, diz Paulo, morreu por nós (solidariedade), nós todos morremos (naquele que tomou nosso lugar: personalidade corporativa). Viveremos, então, não mais por nós, mas por aquele que morreu por todos. Morremos para tudo que é meramente humano (literalmente: "carnal"). O modo de perceber a realidade – inclusive o próprio Cristo – mudou radicalmente. Para quem é de Cristo, tudo é novo. • 5,14-15 cf. Jo 15,13; Rm 6,4-11 • 5,16-17 cf. Gl 6,15; Ef 2,10.15-16; Is 43,18-19.

Aclamação ao evangelho: (Lc 7,16) "Um grande profeta se levantou entre nós: Deus visitou seu povo".

Evangelho: (Mc 4,35-41) **"Quem é este, a quem até o vento e o mar obedecem?"** – Mc 4,35–6,6 mostra as diversas reações humanas diante das manifestações da "autoridade" divina nos milagres de Jesus: dureza de cerviz (4,40), entusiasmo (5,18), fé (5,34), ironia (5,40), incredulidade (6,5-6). Quando Jesus domina as forças da tempestade (assimiladas aos maus espíritos etc.), os discípulos não reconhecem nele o poder de Deus ("Ainda não tendes fé?", 4,40), mas, pelo menos, perguntam: "Quem é este?" • Cf. Mt 8,18.23-27; Lc 8,22-25; Jn 1,3-16.

Oração s/as oferendas: "Possamos oferecer-vos um coração que vos agrade".

Prefácio: (dom. T.C. V) A criação submissa ao homem por Deus.

Canto da comunhão: (Sl 145[144],15) Os dons de Deus na criação / (Jo 10,11.15) "Eu dou minha vida por minhas ovelhas".

Oração final: "Possamos receber, um dia, a salvação que celebramos".

A pergunta dos discípulos, no fim do **evangelho** ("Quem é este, a quem até o vento e o mar obedecem?", Mc 4,41), nos lembra a do povo em 1,27. Estamos ainda em pleno segredo messiânico. Aproximamo-nos, porém, do momento em que esse segredo será parcialmente desvendado, pelo menos para os discípulos, embora sem que o compreendam (Mc 8,27-30). Em 4,41, poderíamos esperar uma resposta dos discípulos à sua própria pergunta, pois quem conhece o A.T. sabe a quem o vento e o mar obedecem. A Jó, que importuna a divina providência com seus pensamentos "obscurantistas" (Jó 38,2), Deus pergunta: "Quem fechou com comportas o mar?" (38,8; **1ª leitura**). Até que Jó se dá conta do estado nebuloso de seu pensar e confessa: "Disseste bem: Quem obscurece assim a providência com discursos tolos? Falei de maravilhas que me superam sem compreendê-las. Fizeste bem, interrogando-me para que respondesse. Meus ouvidos tinham ouvido falar de ti, mas agora meus olhos te viram. Agora posso retirar-me" (42,2-6; tradução livre). O livro de Jó não é só, nem principalmente, um livro de lamúrias. É uma profissão de fé no Deus Criador e Mantenedor da criação (providência). Reclamar contra a manutenção de Deus (a miséria de Jó) testemunha uma visão muito curta, se Deus fez tantas coisas maravilhosas e insondáveis no universo. A Bíblia nega-se a dar uma resposta superficial à problemática de Jó, mas lhe dá como pano de fundo o mistério do Deus vivo e verdadeiro.

Os discípulos no barco se acham em perigo de vida e repreendem Jesus porque o medo que eles têm não o preocupa! Jesus, que até então dormiu, acorda e com um gesto e uma palavra exorciza o mar, como se dele expulsasse um espírito imundo: "Cala-te, emudece!" Parece brincar com a tempestade, que era considerada pelos pescadores obra de algum mau espírito. Jesus, ao contrário deles, faz pensar em Deus que criou o mar para o monstro marinho, Leviatã, nele brincar (cf. Sl 104[103],27). Nem mesmo assim entendem quem ele é...

Jesus pergunta-lhes se ainda não têm fé. Não é apenas uma questão de saber quem ele é, não basta reconhecer nele o poder do Filho do Homem, ou do próprio Criador. É preciso ter confiança neste poder, ter fé. Aliás, é a única maneira de o reconhecer de verdade. (Nossas igrejas estão cheias de pessoas que enchem suas cabeças com dogmas, achando que isso é ter fé, mas não confiam sua vida ao rumo indicado por Cristo!) Os discípulos deviam ter entendido por que Jesus ficava dormindo: porque ele tinha fé! A expressão pode parecer chocante, mas é isso mesmo: Jesus é Filho de Deus mediante a fé, porque ele conhece Deus por dentro e é completamente dele. Jesus é Filho de Deus, porque sempre se confia plenamente a ele. Pois fé é entrega. Jesus conhece a providência de Deus e tem plena confiança nela. Por isso, revelam-se nele as grandes obras da providência, assim como, segundo sua palavra, se revelarão em todo aquele que tiver verdadeira fé (Mc 11,23-24 etc.). Crer é com Jesus penetrar na intimidade de Deus.

Formamos com Cristo uma "unidade corporativa" (**2ª leitura**). O amor de Cristo por nós é tão grande, que de algum modo nos identificamos com ele: somos seu corpo (cf. 1Cor 12,12ss; Rm 12,4-5); "encorpamos" o Cristo. Para Paulo, isso é muito real. Do pensamento hebraico, ele herdou a sensibilidade pela "personalidade corporativa", que identifica, por exemplo, a tribo com o chefe, o povo com o patriarca (Israel), a dinastia com o fundador da dinastia (Davi) etc. Assim também nós formamos uma real unidade pessoal com o Cristo, que nos ama como sua própria carne (Ef 5,28-31). Ora, este Cristo morreu "por" nós. Este "por nós" não significa, meramente, "em nosso lugar", como às vezes se entende a morte substitutiva de Cristo. Ninguém poderia justificar um outro sem a participação ativa do que deve ser justificado. O "por nós" deve ser entendido corporativamente: no "chefe da linhagem" morre toda a linhagem; todos nós morremos em Cristo e com Cristo (cf. Rm 6,1ss). Mas é preciso que participemos desta morte: por isso devemos morrer "para ele" que "por nós" morreu e ressurgiu.

Achamos estranho este pensamento corporativo. Não é a maneira normal de considerar Jesus, a maneira meramente humana, "carnal". Nossa incorporação em Cristo é uma realidade espiritual. Diz respeito à criatura nova que somos no Espírito. Paulo nem quer mais conhecer a Cristo de modo "carnal". Isso não quer dizer que ele não dá importância à história humana de Jesus. Quer dizer sim que esta história humana não é apenas humana, mas divina. É a história de Deus que nos renovou em Cristo.

MAIOR QUE A TEMPESTADE: "QUEM É ESTE?"

O **evangelho** conta a história da tempestade acalmada. Imaginemos a cena: a tempestade levantando ondas que cobrem o barco com os discípulos – e Jesus, dormindo... Quando o acordam, Jesus conjura os ventos e o mar, e vem a calmaria. Jesus censura-lhes a falta de fé, e eles perguntam: "Quem é este, a quem o vento e o mar obedecem?" (Mc 4,41). Aos fiéis presentes na celebração a resposta já foi dada na **1ª leitura** (Jó 38,1.8-11) e no salmo de meditação que a acompanha (Sl 107[106]): quem manda na tempestade e no mar é Deus ou aquele que age com seu poder. Jesus se revela através de seu poder soberano, divino. Por isso, ele pode dormir tranquilo no barco atormentado pelas ondas, como também pode levantar-se para acalmar o mar.

Essa história é muito instrutiva. Em primeiro lugar: a tempestade. Quando tudo está tranquilo em torno de nós, temos a tendência de confiar em nossas próprias forças, seguros de que "tudo vai dar certo". E Deus fica sobrando. Mas quando surge uma tempestade, percebemos que nossas forças são pequenas e pouco fidedignas. Então recorremos a Deus, não tanto por amor a ele quanto por amor à nossa pele. Pouco importa. O importante é descobrirmos que nossa vida está nas mãos dele.

Na tempestade, Deus surge com poder (Sl 65[64],8). Quando de repente nos vemos entregues às contradições da vida e da história, importa lembrarmo-nos daquele a quem o vento e o mar obedecem: não só Deus, mas Jesus de Nazaré, nosso guia. Mas o melhor é nunca o esquecer e tê-lo sempre diante dos olhos. Enquanto não percebemos sua presença e o poder que está nele, temos medo, ainda não temos fé (Mc 4,40).

E que fé é essa? Fé para ter proteção, cura, bem-estar? Claro que a gente espera tudo isso de Deus. Mas isso passa por uma pessoa com nome e sobrenome. Perguntamos: "Quem é este?" Damos crédito a ele, por causa do poder que manifesta. Mas seu gesto maior não é um gesto de poder, e sim, de entrega da própria vida. A fé por causa do poder é apenas um aperitivo para que acreditemos no Crucificado. A tempestade acalmada vem no início da caminhada de Jesus; no fim, estão a cruz e a ressurreição.

Assim, nas aflições da vida, procurando segurança em Deus, encontramos Jesus diante de nós, poderoso, sim, mas isso, em última instância, por meio da cruz, por meio de sua doação por amor. Aí, ele revela o poder maior de Deus em sua pessoa. Reconhecendo isso, teremos confiança para enfrentar as tempestades de nossa história.

13º domingo do tempo comum/B
JESUS DOMINA A MORTE

Canto da entrada: (Sl 47[46],2) Aplauso universal para Deus.
Oração do dia: Deus nos tornou filhos da luz: que em nossas vidas brilhe a luz de sua verdade.
1ª leitura: (Sb 1,13-15; 2,23-25) **Deus não é o autor da morte; criou o homem para a imortalidade** – Sb 1 ensina a justiça, no sentido amplo que este conceito tem na Bíblia: a busca de Deus com um coração sin-

cero (cf. Mt 6,33). Quem atribui a Deus o mal e a morte, ainda não conhece a "justiça". Pois Deus fez o homem para a imortalidade; a morte, como o pecado, é obra da "inveja do demônio" (Gn 3; cf. Ap 12,9). Acreditando na ressurreição dos justos para a vida (Sb 3,1-9; 5,15 etc.), o autor conclui: experimenta a morte só quem pertence ao demônio. • 1,13-15 cf. Sb 11,24-26; 12,1; Ez 33,11 • 2,23-24 cf. Gn 1,26; 3,4; Jo 8,44; Rm 5,12.

Salmo responsorial: (Sl 30[29],2+4.5-6.11+12a+13b) "Salvaste-me dentre os que descem ao sepulcro".

2ª leitura: (2Cor 8,7.9.13-15) **O modelo econômico de Deus** – Em 2Cor, a coleta para os pobres da comunidade de Jerusalém ocupa amplo espaço (cf. a incumbência de Gl 2,10). No fraterno repartir temos a oportunidade de entrar na "economia de Deus", que, em Cristo, se fez pobre para que nós fôssemos ricos. Repartindo nossos bens com os irmãos, podemos imitar o amor de Deus, que se doa até o fim. – Paulo lembra também a maravilhosa disposição de Deus ao providenciar maná no deserto; havia para todos o que convinha. • Cf. 1Cor 16,1-6; Mt 8,20; Fl 2,5-7; Ex 16,18.

– Leit. alternat.: (1Cor 15,20-22a) Revivificados em Cristo.

Aclamação ao evangelho: (2Tm 1,10b) Jesus aniquilou a morte e fez resplandecer a vida.

Evangelho: (Mc 5,21-43 ou 5,21-24.35b-43) **Jesus ressuscita a filha de Jairo** – Continua a sequência de narrações onde Mc mostra a reação de fé ou incredulidade perante os milagres de Jesus (4,35–6,6; cf. dom. passado). Em Mc 5 é inserido, no meio da narração da ressurreição da filha de Jairo, o episódio da mulher hemorrágica, amostra da fé (5,34), em contraste com a incompreensão dos discípulos (5,31). No mesmo sentido, Mc realça, na narração principal, a confiança de Jairo (5,22-23), em oposição à incredulidade dos circunstantes (5,40). De modo velado, como sempre em Mc, Jesus se manifesta como sendo mais forte que Elias e Eliseu, pois faz a moça levantar-se com um toque da mão (cf. 1Rs 117,20-24; 2Rs 4,33-37). • Cf. Mt 9,18-26; Lc 88,40-56.

Oração s/as oferendas: Que o povo corresponda à santidade dos dons.

Prefácio: (dom. T.C. II) Compaixão de Cristo e vitória sobre a morte.

Canto da comunhão: (Sl 103[102],1) Canto de louvor a Deus / (Jo 17,20-21) Oração pela unidade dos fiéis em seu testemunho de fé.

Oração final: A comunhão com Cristo produza em nós vida nova e frutos que permaneçam.

O itinerário da mensagem de Mc aproxima-se do momento culminante: o desabrochar da fé nos discípulos (Confissão de Pedro; 8,27-30). Enquanto, nos primeiros milagres de Jesus, importava apreender sua misteriosa "autoridade", provocando a rejeição por parte das autoridades (1,21–3,35), a partir de 4,35 vemos sugerida a relação do sinal messiânico com a fé. O milagre da tempestade acalmada nos ensina que os discípulos não tinham fé em Deus, que faz de Jesus o catalisador de sua providência (cf. dom. passado). Hoje, o **evangelho** nos apresenta um milagre duplo, elaborado literariamente em forma de "sanduíche": uma narração central é prensada entre duas fatias de uma narração que serve de quadro (cf. Mc 3,20-35; 10º dom.). Chamamos comumente este episódio "a cura da filha de Jairo". Porém, o sentido central da relação entre milagre e fé está no episódio intercalado, da mulher hemorrágica, a quem Jesus diz, depois de que ela clandestinamente conseguiu tocar sua veste: "Filha, tua fé te salvou". A cena é narrada de maneira bem popular. Jesus sente que a "força" (o espírito de Deus) opera nele e pergunta quem tocou nele. Os discípulos desviam a pergunta, respondendo que numa tal multidão não dá para constatar nada. Como se esta "força" fosse uma coisa de nada! A mulher, ao contrário, sentindo-se apanhada em flagrante, confessa que roubou a cura. E ganha um elogio de Jesus: ela teve fé, confiança, e Deus confirmou sua fé respondendo pelo sinal da cura; ou ainda, por sua fé, ela abriu o caminho para a força de Deus que saía de Jesus.

B
T. Com.

Ao ler a cura da filha de Jairo, devemos ter presente este sentido da fé, como também a lição anterior, a tempestade acalmada. Jairo, o chefe da sinagoga, confia em Jesus, até com insistência. Seus companheiros, não. Pois acham que não se deve importunar Jesus, agora que a filha já está morta. Jesus diz: "Não temas: é só teres fé", e explica que a moça apenas está dormindo: verbo ambíguo, que pode significar a morte, mas também a paz que Jesus mesmo tinha quando, na tempestade, estava dormindo no barco. A multidão zomba dele: incredulidade. Jesus lança todos fora: quem não tem fé, não tem acesso à revelação de Deus (cf. próx. dom.). Jesus só admite o pai e a mãe, que demonstraram sua confiança, e os que iam com ele, i.é, seus discípulos (cf. 3,13), porque estes precisam de uma lição. E faz a moça levantar-se com um toque da mão (cf. a sogra de Pedro, 5º dom. T.C.). Como sempre, proíbe publicidade, mas com toda a naturalidade manda dar comida à menina.

A narração lembra Elias e Eliseu, "homens de Deus" que ressuscitaram crianças em circunstâncias semelhantes (desespero, isolamento no quarto etc.: ver 1Rs 17,20-24 e 2Rs 4,33-37). Jesus caracteriza-se por uma atitude de segurança quanto ao poder de Deus; é como se ele o possuísse por conta própria. A fé que obtém milagres é o reconhecimento da força que Jesus tem de sua íntima união com o Pai. Poderíamos dizer que Jesus conhece Deus por dentro (é seu filho), e nós conhecemos o Deus que nos ama em Jesus: dando confiança a este, abrimo-nos à obra de Deus.

Ora, esta obra de Deus é vida. É o que nos ensina a **1ª leitura**, tirada de Sb. Se Deus criou tudo para a existência da via, como desejaria ele a morte? Sb proclama portanto que Deus nada tem a ver com a morte; para o justo, morrer é entrar na imortalidade. A morte para valer acompanha o pecado, e este é obra da inveja do demônio (cf. Gn 3); quem pertence a este experimenta a morte definitiva. Podemos também dizer o contrário: quem pertence a Deus, pela fé, experimenta e sempre experimentará a vida. Esta é a mensagem da liturgia de hoje. A síntese teológica do A.T., que é o livro da Sb, fundamenta esta certeza com muita firmeza: o homem é a imagem da própria natureza de Deus.

Deus dá a vida e revela isso para aqueles que acreditam em Jesus Cristo, seu Filho. Se esta é a boa-nova hoje, não podemos ficar insensíveis ao pedido de São Paulo na **2ª leitura**: propiciar condições de vida para as comunidades pobres, no caso, a de Jerusalém. Paulo destaca, em 2Cor 8–9, a grandeza do "fraterno repartir", a coleta para os pobres (cf. Gl 2,10; 1Cor 16,1-4; Rm 15,25-28). Nos capítulos anteriores, Paulo teve de apaziguar os espíritos, divididos por problemas comunitários. No cap. 7, mencionou o feliz encontro com Tito na Macedônia. No cap. 8 exorta para a continuação da coleta (interrompida por causa dos problemas anteriormente mencionados). Cita como exemplo o belo trabalho feito na Macedônia; pediu a Tito levá-lo a termo também em Corinto (8,6). Esta obra é, aos olhos de Paulo, uma graça de Deus para aqueles que recebem e, mais ainda, para aqueles que contribuem, pois prova a sinceridade de sua caridade. Mas é, sobretudo, imitação de Cristo, que se fez pobre (quenose) para que nós fôssemos ricos.

JESUS É MAIOR QUE A MORTE

Uma das mais bem contadas histórias, em Mc, é a da filha de Jairo (**evangelho**). Voltando Jesus do outro lado do lago de Genesaré, o chefe da sinagoga de Cafarnaum, chamado Jairo, implora que vá impor as mãos na filha, que está morrendo. Sempre disposto a servir, Jesus acompanha o pai aflito, mas sofre um atraso. No meio da multidão apinhada em torno dele, uma mulher que está há doze anos com fluxo de sangue toca nele (coisa temerária, pois por causa do fluxo de sangue, ela é considerada impura pela Lei!). Jesus percebe a força que sai dele e procura saber quem o tocou. Os discípulos observam que no meio da multidão isso é impossível. Então Jesus leva a mulher a "confessar" seu ato temerário, para poder dizer-lhe: "Minha filha, tua fé te salvou" (Mc 5,34).

Com isso, Jesus atrasou... Chegam criados de Jairo para comunicar que sua filha já morreu! Mas Jesus vai ver assim mesmo. Censura os amigos e parentes que já estão chorando. "A criança não morreu; está dormindo!" (55,39). Caçoam dele. Mas ele, levando consigo Pedro, Tiago e João, entra no quarto e faz a menina levantar-se e manda que deem algo de comer a ela. A menina tinha doze anos, o tempo do fluxo de sangue da mulher... Doze – o tempo das horas do dia, dos meses do ano, das tribos de Israel.

Deus não quer a morte (**1ª leitura**). Deseja vida para seus amados. Vida eterna. Ou seja: que a morte física não seja o fim da vida, mas sua transformação em imortalidade, pois viver é estar com Deus. A reanimação da filha de Jairo é um sinal disso. Ela terá de morrer, fisicamente, algum dia. Mas nela, Jesus revelou que ele é maior que a morte. A morte não é a última palavra para quem está nas mãos de Jesus. Ainda que o corpo morra, a vida continua, transformada em presença junto de Deus. A vida é tudo o que vivemos. Nossos atos feitos em comunhão com Deus não são jogados fora para sempre. Eles "têm futuro" nas mãos de Deus. A vida é o amor eterno de Deus que cresce em nós. Por isso é tão importante deixá-lo tomar conta de nós. Se o impedirmos, nossa vida será perdida. Em Cristo realizamos a vida que não morre. O evangelista João dirá que quem crê, já passou para a vida eterna (Jo 5,24; cf. 11,27).

Podemos compreender nesse sentido o sacramento da unção dos enfermos: a Igreja, herdeira da missão de Jesus, aproxima-se de quem está perdendo as forças corporais. Eventualmente pode até reavivar essas forças, certamente significa que a vida está em Cristo, sendo vida para sempre. A comunidade cristã sempre cuidou muito da vida do corpo, especialmente das crianças. Inventou os hospitais, promoveu a saúde infantil, o cuidado dos idosos, dos doentes terminais... Não para abolir a morte corporal, mas para dar à vida o sentido da vida definitiva com Cristo. Não é o sacramento da morte, mas da vida em plenitude.

14º domingo do tempo comum/B
JESUS, PROFETA REJEITADO NA SUA TERRA

Canto da entrada: (Sl 48[47],10-11) Louvor do tamanho do nome de Deus.

Oração do dia: A humilhação de Cristo, instrumento de salvação.

1ª leitura: (Ez 2,2-5) **Ser rejeitado, a sorte do profeta** – Ezequiel é chamado "filho do homem", espécime da frágil raça humana (não confundir com "o Filho do Homem", a figura celestial de Dn 7,13 etc., identificada com Jesus como Juiz escatológico). Ele nada mais é que um homem, um servo, ao qual incumbe a ingrata missão de explicar ao "resto de Israel" (o povo desmembrado depois da parcial deportação em 597 a.C.) sua situação aos olhos de Deus. Não vão gostar do recado, costumam rejeitar os profetas, desde Moisés (Ex 2,14; 15,24; 16,2 etc.) até o próprio Cristo (cf. Mt 23,33-35). Mas, pelo menos, saberão que está um profeta no meio deles, i.é, que Deus não fica calado (2,5). • 2,3 cf. Dt 9,7-24; Sl 81[80],12-13 • 2,5 cf. Ez 33,33; Dt 18,15-20.

Salmo responsorial: (Sl 123[122],1-2a.2bcd.3-4) Prece do homem saturado do desprezo dos zombadores.

B
T. Com.

2ª leitura: (2Cor 12,7-10) **O espinho na carne: "Minha graça te bastará"** – Em 2Cor 10,1–13,8, Paulo se defende apaixonadamente contra os que destroem seu trabalho, provavelmente cristãos "judaizantes" (11,22-23a). Gloria-se de tudo aquilo que Cristo lhe propiciou, tanto do sofrimento (11,23b-33) quanto do êxtase (12,1-5). Mas não se gloria de si mesmo, a não ser quanto à sua fraqueza. Para não se vangloriar, Deus lhe deu um misterioso "espinho na carne" (Paulo o atribui ao demônio), para que apareça claramente que a força de Deus é que opera nele. A obra de Deus não depende, em última instância, da força humana; por outro lado, a fraqueza humana não é um empecilho para Deus realizar a obra de sua graça. • Cf. 2Cor 4,7; Is 40,28-29; Cl 1,24.29; Fl 4,13.

– *Leit. alternat.: (At 12,1b-3) Tiago morto em Jerusalém.*

Aclamação ao evangelho: (Lc 4,18) O Espírito profético em Jesus: evangelizar os pobres.

Evangelho: (Mc 6,1-6) **"Um profeta não é desprezado, senão em sua própria terra"** – A sequência de milagres Mc 4,35–6,6 (cf. dom. anteriores) termina com a constatação de que Jesus não pôde fazer milagres em sua própria terra e apenas admirar-se da incredulidade de sua gente (6,5-6). Embora surja neles um maravilhamento semelhante ao dos discípulos em 4,41, eles já têm sua resposta pronta (6,2-3). Não admitem que Jesus lhes dê lições, pois o consideram como sendo igual a eles, cegos como são diante dos sinais que ele opera. • Cf. Mt 13,53-58; Lc 4,16-30 • cf. tb. Jo 7,15; 6,42; Mt 8,10.

Oração s/as oferendas: Nossa oferenda, santificada por Deus, nos leve a vivenciar cada dia mais o Reino.

Prefácio: (dom. T.C. II) "Compadecendo-se da fraqueza humana".

Canto da comunhão: (Sl 34[33],9) "Provai e vede como o Senhor é bom" / (Mt 11,28) "Vinde a mim, vós que estais fatigados e curvados".

Oração final: Sempre acolher os dons de Deus e nunca cessar seu louvor.

A liturgia de hoje mostra a sorte do profeta: rejeição. Tema atual no continente do bispo Romero e de tantos outros mártires da justiça de Deus. Alguns desaparecem até sem deixar traços, mas sabemos que estiveram entre nós (cf. **1ª leitura**: Ez 2,5). Ezequiel é enviado a um povo "duro de cerviz", mesmo enquanto vivendo no exílio (cf. 3,12-15). Como outrora Jeremias (Jr 2,20; 7,24; 22,21; 32,20), Ezequiel lembra a Israel seu passado rebelde. É um povo que se revolta contra Deus e mata seus profetas, inclusive Jesus de Nazaré (cf. Mt 23,33-35; At 7,34.39.51-53 etc.). O profeta deve marcar presença; goste ou não, o povo deve saber que o porta-voz de Deus esteve no meio dele (Ez 2,5). Daí o duplo sabor da missão profética: o profeta tem que comer a palavra de Deus, que é doce como mel, mas causa amargura no profeta (Ez 2,8–3,3; 3,14; cf. Ap 10,8-10). Aceito ou não (Ez 3,11), tem de proclamar, oportuna ou inoportunamente (2Tm 4,2). Profeta não é diplomata. Há um momento em que a palavra deve ser dita com toda a clareza: é o momento do profeta.

O evangelho de Mc descreve a manifestação do "poder-autoridade" em Jesus. Ao revelar seu "poder", Jesus encontrou aceitação da parte dos humildes, doentes e pecadores, e inimizade junto às autoridades. Agora, chegando à sua terra de origem, Nazaré, encontra tanta incredulidade, que deve dar testemunho contra sua própria gente (**evangelho**). Por não existir fé, o espírito profético nele não encontra respaldo; quase não lhe é dado operar sinais (Mc 6,5-6). Pois sabemos, pelos evangelhos dos domingos anteriores, que os sinais de Jesus são a revelação, para os que nele acreditam, de sua união com o Pai. A uma geração incrédula não se dá sinal algum (Mc 8,11-14; cf. Mt 12,38-42 e Lc 11,29-32). Mas, mesmo se Jesus não pode fazer milagres em Nazaré, ainda revela sua personalidade. O próprio fato de ser rejeitado demonstra que ele é profeta: é em sua pátria, entre sua gente, que o profeta é rejeitado (cf. Ez 3,6)[8].

---

8. Aconselhamos o estudo do trecho Ez 2,1–3,15 inteiro. Ez 3,6 sugere que as nações pagãs, entre as quais Israel agora deve viver, escutariam a palavra (cf. Jonas).

A razão por que Jesus não é escutado é a mesquinhez. Gente mesquinha não presta ouvido a quem é da mesma origem. Santo de casa não faz milagre. Para se fazer de importante, gente mesquinha exige coisa importada. Os semi-intelectuais brasileiros adoram o último grito de Paris e Nova Iorque, mas desprezam a cultura autêntica das tradições de seu próprio povo e odeiam a cultura emergente que nasce da base conscientizada e que denuncia a alienação institucionalizada. A flor do orgulho é o espírito estreito e mesquinho, incapaz de admitir que tão perto do brilho enganoso possa florescer flor admirável de verdade.

Devemos ver, também, nas críticas dos nazarenses, as objeções do judaísmo à pregação apostólica. Como pode Jesus ser o Messias, se conhecemos seus parentes até o presente dia? Eles nem mesmo ocupam altos cargos no seu Reino (cf. 10,35-40). A incredulidade de Nazaré representa a incredulidade de uma tradição religiosa e sociológica que não quer mudar seus conceitos a respeito daquilo que Deus deveria fazer. Por isso, Deus também não faz nada: não dá sinal.

A experiência de Paulo (**2ª leitura**) vai na mesma direção. Paulo descreve as dificuldades de seu apostolado, "gloriando-se" contra aqueles que se gloriam na observância judaica e outros pretextos para destruir a obra da evangelização que ele está realizando. Pede a seus leitores suportar um pouco de loucura da sua parte: seu próprio elogio (2Cor 11,1). Mas que elogio! O currículo de Paulo não está cheio de diplomas, concursos e obras publicadas, mas de loucuras mesmo (11,8.16.29). Gloria-se de sua fraqueza (11,30). Tem um aguilhão na carne, algo misterioso – os exegetas falam em doença, prisão, tentações, remorso de seu passado, epilepsia... –, "um anjo de Satanás", uma provação semelhante à de Jó. Importa o sentido que Paulo lhe dá: impedir que se encha de soberba. O evangelho vale mais que ouro, mas o apóstolo é apenas um recipiente de barro (2Cor 4,6ss; cf. 9º dom. T.C.). Se ele produz efeito, é o espírito de Deus que o produz. Para o apóstolo, basta a graça, isto é, que Deus realize sua redenção, sem depender de nossas qualidades humanas (embora as utilize e absorva). Em nossa fraqueza é que seu poder se manifesta. Jesus não pôde fazer milagres em Nazaré: fraqueza também. Mas Deus realizou seu plano na suprema "fraqueza" do Cristo: sua morte na Cruz (cf. **oração do dia**). Junto a ele há lugar para os "fracos"; nele, tornam-se fortes (cf. **canto da comunhão** II).

SANTO DE CASA...

"Santo de casa não faz milagre".

Os antigos israelitas não gostam quando o profeta Ezequiel denuncia a infidelidade à Lei e à Aliança, infidelidade que provocou a catástrofe do exílio babilônico. Mas, gostem ou não, Ezequiel entrega o recado: "Saberão que há um profeta no meio deles" (**1ª leitura**). A lembrança dessa pregação constitui o pano de fundo para reler o que ocorreu a Jesus quando foi pregar na sua própria terra, Nazaré, depois de ter percorrido Cafarnaum e as outras cidades da Galileia (**evangelho**). Os seus conterrâneos não aceitavam que esse jovem que conheceram morando no meio deles como operário braçal lhes pregasse a conversão para participarem do Reino de Deus. Alguém que é socialmente inferior dirigir-lhes a palavra, com autoridade, onde é que se viu?! Vale recordar a reação de muitas pessoas quando um operário se candidata a prefeito ou a presidente da República!

O evangelho nos conta ainda que, depois da ciumenta rejeição, Jesus não pôde fazer lá muitos milagres. "Santo de casa...". Deus não lhe permitiu mais do que isso, pois os milagres

B
T. Com.

são obras de Deus. A limitação dos milagres era um aviso de Deus para evidenciar a incredulidade. Só uns milagrinhos, umas curas de doentes... mas não deixava de ser um sinal deixado pelo profeta.

O que ocorreu a Jesus em Nazaré prefigura a rejeição que ele experimentará, poucos meses depois, em Jerusalém. Ali, não apenas recusarão sua palavra, mas o pregarão na cruz. Como ficaria uma visita de Jesus a nós, católicos apostólicos romanos, hoje? Encontraria ouvido? Muitos seguidores conheceram a mesma sorte que Jesus. Pessoas simples, profetas que surgiram levantaram a voz no nosso meio. Foram mortos por denunciarem as desigualdades, as injustiças sociais, a violência no campo e na cidade. Foram mortos por "bons católicos". Eram considerados pouco importantes, não tinham poder, mas sua palavra tem. Sua voz não se cala, mesmo que estejam mortos. Porque a voz da justiça e da fraternidade é a voz de Deus.

Ao profeta não importam posição social ou eloquência (Jr 1,6). Na **2ª leitura** encontramos o currículo de Paulo: não exibe muitos diplomas. Gloria-se em sua fraqueza, pois nela é Deus quem age. Ele só quer anunciar o evangelho do Cristo crucificado e pede que suportemos essa sua loucura. Poder e eloquência não importam. Importa que o profeta é enviado por Deus. Talvez ele seja um simples operário, pouco refinado e muito chato, porque sempre insiste na mesma coisa. Talvez não faça milagres vistosos, talvez só levante o ânimo de umas poucas pessoas simples. Talvez seja crucificado, figurativamente, pelos que gostam de se mostrar muito religiosos. Mas o que ele fala é palavra de Deus.

15º domingo do tempo comum/B
JESUS ENVIA SEUS MENSAGEIROS

Canto da entrada: (Sl 17[16],15) Na justiça, saciar-se da contemplação de Deus.

Oração do dia: À luz da verdade, evitar o que contradiz o nome cristão e fazer o que lhe é adequado.

1ª leitura: (Am 7,12-15) **Missão do profeta** – A gente não se faz profeta: Deus é que chama, mesmo a quem aparentemente não está preparado. Foi o caso de Amós, pastor e agricultor, que lembra isso quando o sacerdote de Betel (em Israel), farto de suas críticas, o quer mandar de volta a sua terra, Judá. • 7,12-13 cf. 1Sm 9,9; 1Rs 12,28-30 • 7,14-15 cf. Am 3,3-8; 2Sm 7,8.

Salmo responsorial: (Sl 85[84],9ab-10.11-12.13-14) "Quero escutar o que disser o Senhor".

2ª leitura: (Ef 1,3-14 ou 1,3-10) **Deus nos chamou à santidade e à unidade em Cristo** – A Carta aos Efésios caracteriza-se pela visão fundamental e abrangente do mistério da salvação. Inicia com um hino de louvor, que resume todo o agir de Deus no conceito de "bênção". A vontade de Deus visa, em última instância, o "louvor da glória de sua graça", ou seja, que todo o mundo possa reconhecer sua bondade (1,6; cf. 1,12.14). Esta abrange: nossa adoção filial, o perdão do pecado, nossa participação de seu Reino e glória. Tudo isso, ele o opera através de Cristo, Cabeça da criação. A garantia, já a recebemos no Espírito que nos é dado (no batismo e na vida). • 1,3-6 cf. Gl 3,14; Jo 17,24; 1Pd 1,20; Rm 8,29 • 1,7-12 cf. Cl 1,13-14; Rm 16,25; Gl 4,4; Cl 1,16.20 • 1,13-14 cf. Cl 1,5; Ef 4,30; Rm 5,5; 2Cor 1,22; 1Pd 2,9.

– *Leit. alternat.:* (2Tm 1,9-12) *Pregador, apóstolo e mestre.*

Aclamação ao evangelho: (Ef 1,17-18) Deus nos ilumine para compreendermos a esperança de nossa vocação.

Evangelho: (Mc 6,7-13) **Missão dos doze apóstolos** – O Reino, tornado presente em Jesus, vai se alastrando. Os "Doze" serão os mensageiros que, como antes João Batista, devem provocar a conversão ao Evangelho anunciado por Jesus (6,12; cf. 1,4). Quem não os acolhe, perde a chance (6,11). Segundo Mc (diferente de Mt 10,7 e Lc 9,2), eles mesmos ainda não pregam o Reino, pois ainda não compreendem (8,14-21!). Mas, apesar disso, já podem realizar os sinais do Reino (6,13), entusiasmando-se muito com isso, como aparece na conclusão da missão, em 6,30 (entre o início e a conclusão, Mc insere, da maneira que lhe é característica, o episódio da morte do Batista, porque a atividade de Jesus e dos apóstolos faz Herodes lembrar-se de João). • Cf. Mt 10,1.9-14; Lc 9,16 • 6,7 cf. Mc 3,13-19; 6,30 • 6,13 cf. Tg 5,14.

Oração s/as oferendas: Que a participação dos dons eucarísticos nos faça crescer em santidade.

Prefácio: (comum VI) Missão de Cristo, Palavra do Pai / (dom. T.C. I) Povo de Deus.
Canto da comunhão: (Sl 84[83],4-5) Até os passarinhos têm um abrigo junto ao Senhor / (Jo 6,57) Vida eterna pela comunhão da carne e sangue do Senhor.
Oração final: Que a participação da comunhão faça crescer em nós a salvação.

Num contexto amplo que evoca a preparação dos discípulos, Jesus manda estes para uma missão urgente, não permitindo que levem mais do que o estritamente necessário: um par de sandálias e o bastão do profeta itinerante. Comparando com 2Rs 4,29 (a pressa de Giezi, levando o bastão de Eliseu), temos a impressão de que se trata de uma coisa de vida ou morte. (Esta pressa ficou melhor conservada ainda na outra versão, em Lc 10,4: não devem entrar em casa de ninguém só para saudá-lo, nem mesmo podem saudar alguém no caminho.) A efervescência da missão de Jesus, anunciando a proximidade do Reino de Deus, teve esta característica: a última chance!

Mc insiste, porém, sobretudo na "imitação de Cristo". Os apóstolos recebem dele "autoridade" (assim como Eliseu, da parte de Elias: 2Rs 2,9-15) para curar, exorcizar e fazer os sinais que ele fazia. Essa imitação inclui também o ser rejeitado (Mc 6,11; cf. 6,1-6a, dom. pass.). Nesse caso, deverão sacudir o pó de suas sandálias em testemunho contra a cidade que não os receber: a cidade teve sua chance (cf. Ez 2,5; dom. pass.).

Neste ponto, o **evangelho** tem ligação com a **1ª leitura**: o profeta Amós, rejeitado pelo sacerdote Amasias de Betel (em Israel, reino do Norte) e intimado a voltar à sua região de origem, Judá (reino do Sul). As razões do sacerdote são razoáveis; Amós parece um daqueles *nabis* profissionais, videntes carismáticos, muitas vezes pouco fidedignos e desprezados pelo povo (cf. 1Sm 10,11). "Não, diz Amós, eu não sou um vidente profissional, não viro a cabeça das pessoas para ganhar dinheiro. Sou um homem com duas profissões bem honestas: pastor e cultivador de sicômoros. Mas Deus é que me tirou de trás do rebanho e me forçou a profetizar, fora de minha terra, cm Israel".

Amós pertence a um novo tipo de profetas, não mais os tradicionais videntes, mas representantes dos movimentos de renovação religiosa, dos quais o mais marcante é o que produziu o livro do Deuteronômio. Eles se sabem enviados por Deus, mesmo a regiões fora de sua jurisdição natural, com uma mensagem de conversão. Conhecidos são os oráculos pouco reverentes de Amós contra a aristocracia de Samaria (cf. a sequência da presente leitura: Am 7,16-17; ou as advertências às senhoras de Samaria em Am 4). É este o tipo de missão que a liturgia de hoje evoca, na **1ª leitura** e no **evangelho**: uma advertência ao povo instalado, para provocar sua conversão. Missão por iniciativa de Deus, muitas vezes contra a vontade do próprio profeta, para denunciar e assim lograr conversão. Ora, no N.T. esta missão é acompanhada por sinais de benevolência, pois o Reino que eles manifestam presente é um Reino de graça e misericórdia.

O enviado não executa sua missão como ganha-pão. Deus revoluciona sua vida, porque tem uma mensagem revolucionária a lhe confiar. Impelido por Deus, acolhido ou rejeitado pelos homens, eis a vida do enviado, ao modelo de Jesus Cristo. Na Igreja, como no antigo Israel, os porta-vozes oficiais transformaram, às vezes, a missão em ganha-pão. Mas cada época da história da Igreja é marcada por movimentos de renovação profética, para que se realize sempre de novo o que Paulo resume vigorosamente em 2Cor 5,14: "A caridade de Cristo nos impele".

A **2ª leitura** é o rico início de Ef, resumindo a palavra que deve ser anunciada, o "evangelho" de Paulo (1,13), como bênção de Deus em Jesus Cristo, eleição e vocação à santidade, "projeto" (predestinação) de adoção filial, e tudo isso, graças ao sangue do Cristo, que nos remiu. Ele remiu tudo para Deus; tudo é agora dele. Por isso, o plano de Deus é: recapitular tudo em Cristo. Dando crédito à realidade anunciada no evangelho (a "Palavra da Verdade", 1,13), recebemos a garantia de Deus: seu Espírito, penhor de nossa herança, antegosto daquilo que esperamos. É notável o contraste entre a situação original da pregação de Jesus (a efervescência apocalíptica da iminente irrupção do Reino) e a interpretação bem mais espiritual da realidade escatológica em Ef. Há mais de trinta anos de distância; dirige-se a uma outra cultura. Mas é substancialmente a mesma mensagem: não deixeis escapar a realização da promessa. A **aclamação ao evangelho** sublinha bem a atitude que devemos adotar diante dessa mensagem.

EVANGELIZAR

Amós não era profeta nem "filho de profeta" – termo bíblico para dizer discípulo (**1ª leitura**). Não ganhava seu pão profetizando. Era pastor e agricultor. Tampouco era cidadão da Samaria; era de Judá, que vivia em conflito com os samaritanos. Mesmo assim, Deus o escolheu para dar um sério aviso ao sacerdote de Betel, santuário da Samaria.

Tampouco eram missionários profissionais os doze que Jesus enviou a anunciar a proximidade do Reino de Deus (**evangelho**). Estavam entregues à sua missão, à boa-nova que deviam anunciar. Estavam entregues à hospitalidade das casas que encontrassem. Recebiam, sim, de Deus, o poder de fazer uns discretos sinais, curas, exorcismos. Nada deviam ter de si mesmos: nem dinheiro, nem roupa de reserva. Só sandálias e um bom cajado para caminhar. Pois deviam avançar com pressa. O tempo se cumpriu!

Na encíclica *Evangelii nuntiandi*, o Papa Paulo VI escreveu que cada evangelizado deve ser evangelizador. Se acreditamos na boa-nova do Reino, não a podemos esconder aos nossos irmãos. Se acreditamos que a prática de Jesus inaugurou a salvação do mundo e mostrou o caminho para todas as gerações, não podemos guardar isso para nós. O mundo tem de ouvir isso. "Como poderão crer, se não ouvirem" (Rm 10,14). Quem crê verdadeiramente, tem de evangelizar. Mas como?

Não precisa ser especialista, capaz de discutir nas ruas e nas praças. Nem precisa de treinamento para aprender a enrolar as pessoas ingênuas e tirar um "dízimo" ou uma "aposta" de quem nem tem dinheiro para criar os seus filhos... Jesus deu aos doze galileus poder de curar e de expulsar demônios. (Naquele tempo chamava-se demônio qualquer doença inexplicável, sobretudo de ordem psíquica.) Ou seja, Jesus lhes deu força para fazer bem ao povo ao qual anunciavam a proximidade do Reino. Esses gestos eram um aperitivo do Reino. O bem que muitas pessoas fazem em sua generosa simplicidade é um aperitivo do Reino de Deus. Já tem o gostinho daquilo que chamamos o Reino – quando é feita a vontade do Pai, como rezamos no Pai-nosso.

A própria prática do Reino é anúncio do Reino – provavelmente, o anúncio mais eficaz. Vendo a prática do Reino, as pessoas vão perguntar o porquê: as "razões de nossa esperança" (1Pd 3,15). Se nos comportarmos com simplicidade, entregues àquilo em que acreditamos, ajudando onde pudermos – mas sem apoiarmos causas erradas, estruturas injustas – o mundo perguntará que esperança está por trás disso, que fé nos move, que amor nos envolve. Então responderemos: o amor que aprendemos de Jesus, que deu sua vida por nós.

A palavra do pregador será fidedigna, se acompanhada de uma prática que mostre o Reino... na prática.

16º domingo do tempo comum/B
A COMPAIXÃO DE JESUS, PASTOR MESSIÂNICO

Canto da entrada: (Sl 54[53],6.8) Agradecimento a Deus, que nos defende.

Oração do dia: Repletos de fé, caridade e amor, cumprir a vontade do Pai.

1ª leitura: (Jr 23,1-6) **Os maus pastores e o verdadeiro pastor de Israel** – Os reis de Judá foram maus pastores para o rebanho; por isso, serão castigados (23,1-2). Mas Deus reunirá novamente seu rebanho, de todos os lugares, e lhe dará um bom pastor (23,3-4), um descendente de Davi, que poderá chamar-se "Javé nossa justiça" (*Iahweh Sidqênu,* alusão irônica ao nome do rei-fantoche *Sedeqiáhu,* Sedecias, "Justiça de Javé"). Ele realizará o Reino de Javé. • 23,1-4 cf. Jr 33,12; Ez 34,1-31; Is 3,14-15 • 23,5-6 cf. Jr 33,14-17; Lc 15,3-7; Jo 10,1-8.

Salmo responsorial: (Sl 23[22],1-3a.3b-4.5.6) "O Senhor é meu Pastor".

2ª leitura: (Ef 2,13-18) **Unidade de gentios e judeus em Cristo** – Do ponto de vista do judaísmo, os pagãos estavam longe de Deus. Cristo, porém, os trouxe para perto. Por eles Deus chamou a todos. Não há mais discriminação. De judeus e gentios, fez uma nova realidade: o "homem novo". • 2,13 cf. Ef 2,11-12; 1,10; Cl 1,20 • 2,14-16 cf. Is 9,5-6; Gl 3,28; Cl 2,14; 2Cor 5,17; Ef 4,4; Cl 1,21-22 • 2,17 cf. Is 57,19.

– *Leit. alternat.: (1Pd 2,21-25) "O pastor que cuida de vós".*

Aclamação ao evangelho: (Jo 10,27) As ovelhas seguem o Bom Pastor.

Evangelho: (Mc 6,30-34) **Compaixão e ternura do Pastor messiânico** – Os Doze voltam de sua missão-estágio (cf. dom. passado), entusiasmados com o que puderam fazer. Mas Jesus lhes ensina o valor da solidão e da interiorização. De barco, procuram um lugar deserto (6,31-32). Mas a vontade do Pai é imprevisível: quando chegam ao lugar desejado, encontram a multidão que, por terra, tomara a dianteira. Aí, Jesus, obediente à sua missão, deixa-se mover pela "compaixão", característica primeira de Deus (cf. Ex 34,6 etc.), pois reconhece na multidão as ovelhas que precisam do pastor. Realiza-se, veladamente, mais uma figura escatológica (como o "esposo" em 2,19): a reunião do rebanho escatológico, vindo "de todas as cidades" (universalismo; cf. Jr 23,3; Ez 34,13). • 6,32-34 cf. Mt 14,13-14; Lc 9,10-11; Jo 6,1-2 • 6,34 cf. Mt 9,36; Nm 27,17; Jr 23,2; Ez 34,5.

Oração s/as oferendas: Que os dons de cada um sirvam para a salvação de todos.

Prefácio: (comum VI) Reunião de todos nos braços abertos de Cristo / (dom. T.C. VIII) Reunião escatológica em Cristo.

Canto da comunhão: (Sl 111[110],4-5): Deus, misericordioso e compassivo, alimenta os que o veneram / (Ap 3,20) "Estou à porta e bato... faremos juntos a ceia".

Oração final: Deus fique conosco para que passemos a uma vida nova.

O **evangelho** esboça o quadro para a ação seguinte de Jesus, a multiplicação dos pães. Os discípulos voltam de seu "estágio pastoral", contam tudo o que fizeram. E Jesus, dando um exemplo para a Igreja futura, os convida a descansar na sua presença, num lugar deserto (o deserto, em Mc e em muitas páginas da Bíblia, é o lugar onde Deus fala a seu povo). Mas aí acontece o inesperado: chegando ao lugar deserto, encontram uma multidão de gente, que acorreu por terra ao lugar aonde se dirigira o barco. Decepção no plano humano, mas hora da graça no plano de Deus. E então, Jesus tem compaixão da multidão, "porque eram como ovelhas sem pastor". Esta breve frase de Mc 6,34 evoca um mundo: toda a tradição bíblica acostumada a falar em Deus como o "Pastor de Israel" (cf. Is 40,11), título dado também a Moisés (Is 63,11), aos reis e, sobretudo, ao rei messiânico, anunciado por Jr, Ez e Zc. Para quem sabe ler, significa que ele é o Pastor escatológico que chegou. Jesus, movido de compaixão (qualidade primordial de Deus: cf. Ex 34,5-6) assume ser o pastor dessas ovelhas que não têm pastor, vindas de todos os lados para encontrá-lo (imagens de Ez 34 e 36). Uma situação humana inesperada torna-se realização da reunião escatológica do rebanho de Deus. Pela incansável "com-paixão" do Cristo, prepara-se a mesa para o banquete escatológico.

O simbolismo do pastor, no A.T., tem várias facetas. Nos textos clássicos de Jr, Ez e Zc encontramos a oposição entre o bom pastor (Deus ou seu enviado) e os maus pastores, que são os chefes de Israel e Judá (cf. festa de Cristo Rei/A). Que o significado do bom Pastor oscila entre Deus e seu enviado não é um problema para o leitor oriental: ele sabe que o pastor não é necessariamente o dono do rebanho; pode ser seu homem de confiança. Em Sl 23[22] (**salmo responsorial**), Jr 23,1-3 (**1ª leitura**), Ez 34,1-22, o pastor é Deus mesmo; em Jr 23,4-6 e Ez 34,23-24 e, sobretudo, em Zc 9,14, trata-se de seu(s) enviado(s). O N.T. vê a realização desta figura em Jesus Cristo (Mc 6,34; 14,27 cf. 16,7 e par; Jo 10, 1Pd 2,25). A imagem do pastor nos lembra ainda a ternura descrita em Is 40,11.

No presente contexto predomina o fato de reunir o rebanho: a reunião escatológica das tribos dispersas. Falar do Bom Pastor significa falar de unidade (cf. Jo 10). Neste sentido, a **2ª leitura** de hoje vem sublinhar a mensagem da 1ª leitura e do evangelho. Enquanto em outros textos, por exemplo, Rm 3,21-25, a ideia da reconciliação pelo sangue do Cristo – simbolismo cultual tomado do A.T. – se refere à reconciliação do homem com Deus, Ef 2 a aplica à superação da divisão da humanidade, divisão entre "o povo" (Israel) e "as nações" (pagãs). Agora, em Cristo, os que estavam longe (os helenistas, a quem a carta é dirigida) aproximaram-se. Isso foi realizado pelo sangue de Cristo, isto é, por sua morte, que marcou o fim do sistema de justificação baseado na Lei judaica, até então parede divisória da humanidade (alusão à parede que confinava, no templo de Jerusalém, o "átrio dos gentios"). Ef retoma aqui um tema caro a Paulo: se Jesus foi condenado pela Lei, mas ressuscitou, quem foi condenado é a Lei (cf. Gl 3,13-14). A Lei não mais separa os que pertencem a Cristo, sejam judeus, sejam gentios. Assim Jesus anunciou a "paz" (o dom messiânico) aos de longe (os pagãos) e aos de perto (os judeus), linguagem que evoca a reunião escatológica presente também no simbolismo do pastor (cf. 1ª leitura e evangelho).

Do conjunto destas leituras depreendemos uma ideia para ser meditada: a reconciliação do homem com Deus o une com seus irmãos. Na prática, porém, o homem, muitas vezes, usa Deus para justificar discriminação, ódio, perseguição. De modo aberto, quando uma convicção religiosa se torna ideologia de combate. De modo velado, no coração do indivíduo, quando alguém se acha superior por razões religiosas. Jesus fez "dos dois um só povo", "um só corpo", o "homem novo", "em si mesmo" ("linguagem corporativa": a descendência está no patriarca, a comunidade no seu fundador). Este único corpo é, ao mesmo tempo, o do Cristo e o da comunidade constituída por ele. Ele veio a nós, dando-nos o poder de *nos aproximar* do Pai: movimento recíproco, cuja iniciativa está do lado da graça de Deus. Uma religião agressiva não é de Jesus Cristo. Este morreu, não para separar, mas para aproximar. Aquele que morreu por todos não pode servir de pretexto para qualquer discriminação.

B
T. Com.

A COMPAIXÃO PASTORAL DE JESUS

No domingo passado vimos a missão dos doze apóstolos. Hoje assistimos à volta dos doze. Cumpriram tão bem seu primeiro "estágio pastoral" que Jesus os convida para um piquenique ou um dia de retiro na margem do lago de Genesaré. Entram no barco, navegam uns quilômetros e, quando chegam no lugar desejado, encontram uma multidão de pessoas que os viram partir e correram pela margem até lá. Decepção? Não. "Jesus encheu-se de compaixão por eles, porque eram como ovelhas sem pastor" (**evangelho**). Jesus se torna pastor para essas ovelhas. E o que faz? "Pôs-se a ensinar muitas coisas".

No Antigo Testamento, pastor é aquele que orienta e conduz. Vai à frente das ovelhas para conduzi-las a pastar. Assim eram chamados pastores os chefes do povo de Israel: os reis, Moisés, o Messias, e sobretudo: Deus mesmo (Sl 23[22]; 95[94],7 etc.). E é assim que na **1ª leitura** de hoje Deus mesmo se apresenta, à diferença dos maus pastores (Jr 23,1-6). Os maus pastores dispersam o rebanho, o bom pastor reconduz os dispersos.

O projeto de reconduzir o povo recebe sua plena realização em Jesus de Nazaré. Ele procura um lugar tranquilo para os discípulos, mas topa com uma multidão carente de pastor. Então tem compaixão deles e começa a ensinar-lhes as coisas do Reino. Temos aí a origem da "pastoral". A pastoral é colocar em prática a "compaixão" pelo povo. Não a compaixão de chamar alguém de coitado, sem fazer nada. Mas a "paixão" que nos faz sentir "com" o povo.

Acolher o povo, ensinar-lhes as coisas do Reino, tudo o que Jesus faz para o povo com vista ao Reino é "pastoral" em proveito de Deus, é cuidar de seu rebanho. Por isso, Jesus dará até a vida (Jo 18,11-18). O que faz algo ser pastoral não é tal ou tal atividade determinada, mas o intuito com que ela é assumida: transformar um povo sem rumo em povo conduzido por Deus.

Por isso, hoje, o importante não é multiplicar atividades chamando-as de pastoral, mas cuidar de que os que as realizam tenham alma de pastor, atitude de pastor: acolhida, liderança e amor até doar a própria vida.

Pastoral é conduzir o povo pelo caminho de Deus. É inspirada não pelo desejo de poder, mas pelo espírito de serviço. Jesus não procurou arrebanhar o povo para si. Inclusive, vendo o entusiasmo equivocado, se retirou (Jo 6,14-15). Ele procura levar o rebanho ao Pai, nada mais. Ser pastor não é auto afirmação, mas o dom de orientar carinhosamente o povo eclesial para Deus.

17º domingo do tempo comum/B
O BANQUETE MESSIÂNICO

Canto da entrada: (Sl 68[67],6-7.36) Deus reúne seu povo, dá-lhe força e poder.

Oração do dia: "Deus, amparo dos que em vós esperam, sem vosso auxílio ninguém é forte, ninguém é santo: redobrai de amor para conosco".

1ª leitura: (2Rs 4,42-44) **Eliseu sacia milagrosamente o povo** – Elias e Eliseu renovam os "grandes feitos" de Javé do tempo do Êxodo. Eliseu sacia cem pessoas com vinte pãezinhos de cevada, lembrando a fartura do maná no tempo messiânico, que se realiza em Jesus Cristo (cf. evangelho). • Cf. Mc 6,31-44; Jo 6,1-14.

Salmo responsorial: (Sl 145[144],10-11.15-16.17-18) "Abres tua mão generosa e nos sacias".

2ª leitura: (Ef 4,1-6) **Um Corpo, um Espírito, um Senhor, uma fé, um batismo, um Deus e Pai** – Da essência da Igreja faz parte sua unidade, baseada em Deus e sua obra em Cristo. 4,4-6 enumera as realidades divinas que fundamentam a Igreja, e que são indivisas. 4,1-3 ensina os meios para realizar esta unidade: humildade, mútuo suportar-se na caridade, unidade do Espírito mediante o vínculo da paz. Portanto, não se trata de uma unidade de rótulo (porque convém), mas de uma unidade conquistada pela caridade. • 4,1-3 cf. Cl 3,12-15; Fl 1,27 • 4,4-6 cf. Rm 12,5; Ef 2,16.18; 1Cor 1,13; 8,6; 12,4-6.

– *Leit. alternat.:* (1Cor 11,20-26) A Ceia do Senhor.

Aclamação ao evangelho: (Lc 7,16) Um grande profeta surgiu entre nós; Deus visitou seu povo.

Evangelho: (Jo 6,1-15) **A multiplicação dos pães** – Superando o sinal de Eliseu (1ª leit.), Jesus alimenta cinco mil pessoas com cinco pãezinhos de cevada e dois peixes e deixando sobrar doze cestos de pedaços. O povo o considera um profeta escatológico (6,14) e quer proclamá-lo rei (i.é, messias, ungido). Mas Jesus não é o Messias conforme os conceitos materialistas do povo (cf. domingos seguintes) e reti-

B
T. Com.

ra-se. – A liturgia passa da narrativa de Mc (dom. passado) para a versão de Jo, para meditar também o Discurso do Pão da Vida, próprio de Jo (domingos seguintes). Mc 6,35-44, que, conforme a sequência, deveria ser o ev. de hoje, narra o fato como uma instrução aos discípulos, ainda incompreensivos ("Vós mesmos, dai-lhes de comer", Mc 6,37). Na versão de Jo, Jesus aparece como aquele que, soberanamente, dirige os acontecimentos (cf. 6,6). • Cf. Mt 14,13-21; Mc 6,32-44; Lc 9,10-17 • 6,2, cf. Jo 2,23; 3,2 • 6,5-9, cf. Nm 11,13.22; 2Rs 4,42-44 • 6,14 cf. Dt 18,15.18; Jo 1,21 • 6,15 cf. Mt 14,23; Mc 6,46.

Oração s/as oferendas: Que o mistério eucarístico nos santifique na vida presente e nos conduza à vida eterna.

Prefácio: (comum V) "Unidos na caridade" / (dom. T.C. I) Povo de Deus, para anunciar suas maravilhas.

Canto da comunhão: (Sl 103[102],2) Não esquecer os benefícios do Senhor / (Mt 5,7-8) Bem-aventurança dos misericordiosos e corações puros.

Oração final: A Eucaristia, memorial da Paixão do Cristo, dom da inefável caridade de Deus.

No meio da sequência de Mc surgem de repente cinco evangelhos tomados de Jo. A razão é que o episódio da multiplicação dos pães encontra-se muito mais elaborado em Jo, e também o fato de Mc ser mais breve que os outros evangelhos, deixando espaço para alguns trechos de Jo que, senão, ficariam sem lugar na liturgia dominical. A versão joanina da multiplicação do pão (**evangelho**) é semelhante à de Mc, coloca porém os acentos de modo diferente. Enquanto Mc lembra a situação do povo no êxodo (os grupos de 50 e 100 etc.), Jo acrescenta alguns detalhes que evocam a atuação do profeta Eliseu (cf. **1ª leitura**): os pães "de cevada", o "rapaz" (cf. Giezi em 2Rs 4,39). Com isso se relaciona a reação do povo no fim: Jesus é "o profeta que deve vir ao mundo" (Elias, a quem Eliseu é intimamente associado) (Jo 6,14). Também a distribuição dos papéis é diferente. Enquanto em Mc os discípulos tomam a iniciativa de pensar em comida e Jesus os instrui para que eles mesmos deem de comer ao povo (Mc 6,37; desde 6,7 estamos em contexto de "aprendizagem"), Jo coloca a iniciativa soberanamente nas mãos de Jesus; a gente até acha que ele nem quis pregar, somente multiplicar pão (6,5-6). Em Mc, o mistério do Cristo é velado e os discípulos, incompreensivos. Em Jo, Cristo radia uma luz divina e os discípulos são testemunhas – igualmente incompreensivas – de uma revelação de seu mistério em forma de um "sinal" (como João chama os milagres). Mistério que já se faz pressentir pela palavrinha "Donde (compraremos pão)?" (6,5), que, para o leitor iniciado no mistério de Jesus, já sugere a resposta: "de Deus". É o que o "Discurso do Pão da Vida" (cf. próximos domingos) mostrará. O Jesus de Mc esconde para as categorias judaicas a natureza de sua missão, porque são inadequadas para a compreender; o de João revela para o cristão a glória de Deus. Mas o resultado é o mesmo: quem fica com as categorias antigas, fica por fora.

No fim do episódio, Jo descreve com insistência a quantia de restos que sobraram, sublinhando mais uma vez a revelação da obra de Deus em Jesus Cristo: nada (e ninguém) se pode perder (cf. 6,12, cf. 6,38). Depois, mostra o outro lado da medalha; o povo reconhece em Jesus o profeta que repete as façanhas de Eliseu e Elias, o profeta escatológico que deve vir ao mundo (cf. Ml 3,1.23; Dt 18,15); mas não reconhece sua categoria divina. Quer prender Jesus nas categorias messiânicas tradicionais: proclamá-lo rei. Mais tarde, ficará claro em que sentido Jesus é rei (Jo 18,33-37). Mas, neste momento, Jesus não pode aceitar o messianismo do povo; retira-se na solidão (6,14-15, cf. semelhante recusa do messianismo judeu em Mc 8,27-33).

A **2ª leitura** ajuda para sentir o ambiente de reunião escatológica que marca a multiplicação dos pães, realização do banquete escatológico anunciado em Is 25,6-8. Pois esse banquete é para todos os povos – universalismo realizado de maneira plena na unidade da Igreja, sucintamente resumida por Paulo em Ef 4,4-6: um só Corpo, um só Espírito, uma só esperança, um só Senhor, uma só fé, um só batismo, um só Deus e Pai, sete (!) elementos que fazem da Igreja uma unidade divina. Para os leitores da carta, essa unidade era, muitas vezes, problemática. Nós estamos acostumados a dizer que a Igreja é una, e ficamos cegos para as reais divisões que existem no seu seio; estamos "ideologicamente proibidos" de enxergá-las (não pelo Papa, mas por nosso próprio comodismo). Contudo, será bom checar a realização dessa unidade. E melhor ainda, meditar sobre as qualidades que servem de base para essa unidade: a humildade, a mansidão, a paciência, o mútuo suportar-se na caridade. Não parecem qualidades subversivas, mas são: a subversão da bondade irresistível, desarmada e desarmante, o "vínculo da paz", que garante a unidade do Espírito. Não entrar no jogo das oposições intermináveis, mas, a partir de um lúcido reconhecimento das divisões existentes, superá-las, pela erradicação firme e paciente de suas causas mais profundas (portanto, não por um cômodo encobrimento da realidade). Eis aí o caminho para a verdadeira unidade universal dos irmãos, para que juntos possam sentar-se à mesa do banquete do Senhor.

O PÃO DA MULTIDÃO E A VOZ DA IGREJA

Em certa sociedade é comum ouvir-se críticas à ação social da Igreja e, muito mais, às suas declarações sobre a política econômica. Julga-se que a Igreja não deve tocar em assuntos "temporais", mas ocupar-se com o "espiritual". Mas a violência, a impunidade, a falta de saúde e educação, a fome de grande parte da população não dizem respeito ao Reino de Deus que Jesus veio anunciar e inaugurar e que a Igreja pretende atualizar?

No domingo passado, Mc descreveu a chegada de Jesus diante da multidão: compadeceu-se deles, porque eram como ovelhas sem pastor. E começou a ensinar, com a consequência de que, no fim do dia, teve de alimentar a multidão. Hoje, para descrever esse gesto, a liturgia prefere dar a palavra ao evangelista João (**evangelho**), porque nos domingos seguintes vai continuar o "sermão do Pão da Vida", que não está em Mc.

A maneira em que João apresenta a multiplicação dos pães salienta que Jesus não agiu surpreendido pelas circunstâncias (a hora avançada), mas porque ele quis apresentar pão ao povo (Jo 6,5-6) – para depois mostrar qual é o verdadeiro "pão". Se em Mc Jesus manda os discípulos distribuir o pão (exemplo para a Igreja), João diz que Jesus mesmo o distribui, para acentuar que o pão é o dom de Jesus. E no fim, João menciona que o povo quer proclamar Jesus rei (messias), mas Jesus se retira, sozinho, na região montanhosa (Jo 6,14-15).

Este último traço é muito significativo. Jesus não veio propriamente para distribuir cestas básicas e ser eleito prefeito, para resolver os problemas materiais do povo. Isso é apenas um "sinal" que acompanha sua missão. Para resolver os problemas materiais do povo há meios à disposição, desde que as pessoas ajam com responsabilidade e justiça. Mas para que isso aconteça, é preciso algo mais fundamental: que conheçam o Deus de amor e justiça que se revela em Jesus. E é para isso que Jesus vai pronunciar o sermão do Pão da vida, como veremos nos próximos domingos.

A preocupação social da Igreja deve pautar-se por essa linha. Para resolver os problemas econômicos e sociais não é preciso vir o Filho de Deus ao mundo. Os meios estão aí. O Brasil é rico; é só ter pessoas justas, sensíveis às necessidades do povo, para bem gerenciar essa riqueza. Mas a missão da Igreja é em primeiro lugar colocar os responsáveis diante da vontade de Deus, como Jesus fez. E criar uma comunidade em que as pessoas vivam como Jesus ensinou.

Isso não significa pregar ingenuamente a "boa vontade", sem fazer nada que obrigue as pessoas a pô-la em prática. Somos todos filhos de Adão, portadores de pecado desde a origem. Quem diz que não tem pecado fala mentira (1Jo 1,8-10). A boa vontade de usar bem os meios econômicos segundo a justiça social precisa de leis que funcionem, de mecanismos econômicos e de "estruturas" que os reproduzam, para amarrar essa boa vontade a realizações concretas. Não é o papel da Igreja inventar e implantar tais mecanismos, assim como Jesus não se transformou em fornecedor de pão e de bem-estar. Mas a Igreja tem de mostrar o rosto de Deus, que é Pai de todos e deseja que nos tratemos como irmãos. E para isso ela não pode deixar de apontar quais são as responsabilidades concretas.

18º domingo do tempo comum/B
A VONTADE DE DEUS E O "PÃO DA VIDA"

Canto da entrada: (Sl 70[69],2.6) "Meu Deus, vem libertar-me".

Oração do dia: Que Deus manifeste sua bondade, restaurando a criação e conservando-a renovada.

1ª Leitura: (Ex 16,2-4.12-15) **Deus sacia o povo com o maná, no deserto** – O caminho de Israel pelo deserto é ambíguo. O povo é duro de cerviz e de coração, murmura contra o Senhor. No entanto, Deus é generoso e atende à reclamação do povo com "o pão que desce do céu", como diz poeticamente o Sl 78[77] (salmo responsorial). Na realidade, o maná é um produto natural (resina de tamareira), mas, no contexto do Êxodo, era um sinal da incansável providência de Deus. • 16,2-4 cf. Ex 5,20-21; 14,11-12; 15,24; 17,2-3; Nm 11,4-9; Dt 8,3.16 • 16,15 cf. Sl 147,16-17[146,4-6]; Eclo 43,21[19].

Salmo responsorial: (Sl 78[77],3+4bc.23-24.25+54) Deus fez chover o maná e deu o pão do céu.

2ª leitura: (Ef 4,17.20-24) **Revestir-se com Jesus Cristo, o homem novo** – Cristo é o homem novo; nele se plenifica a palavra de Gn 1,27: o homem é criado à imagem de Deus (Ef 4,24). Devemos despir-nos do homem velho, inautêntico, e revestir-nos com o novo, que vive para sempre a verdade e a santidade. • 4,17 cf. Rm 1,21 • 4,22-24 cf. Cl 2,6-7; 3,9-10; Gl 6,8; Ef 2,15; Gl 3,27; Rm 13,14.

– *Leit. alternat.:* (1Cor 10,1b-4) *O maná no deserto.*

Aclamação ao evangelho: (Mt 4,4b; Dt 8,3) "Não só de pão é que se vive".

Evangelho: (Jo 6,23-35) **"Eu sou o pão da vida"** – A pedagogia de Jesus, em Jo, é partir de uma realidade terrestre ambígua, para revelar-se a si mesmo como o dom de Deus, assinalado por esta realidade para quem quiser acreditar. A multidão viu no milagre do pão só fartura material, em vez de um "sinal" (6,26). Jesus chama a atenção para o alimento espiritual, que não perece (cf. a água que apaga a sede para sempre, Jo 4,14). O acesso a esse alimento é a fé no Enviado de Deus (6,29). – Os judeus pedem um sinal, como o de Moisés, que fez descer pão do céu. Resposta de Jesus: Moisés não deu o pão do céu. O pão do céu é o que desce do Pai e dá vida ao mundo. Os judeus, ainda pensando em termos materiais, pedem este pão que dispensa de trabalhar (6,34). Então, Jesus revela-se como o dom que vem de Deus para dar vida ao mundo. O cristão o reconhece como tal, pela fé. • 6,27 cf. Ex 16,20-21; Is 55,2-3; Mt 8,10; Jo 1,32-34 • 6,30-31 cf. Mt 12,38-39; 16,1-4; Sl 78[77],23-24; Sb 16,20-22; 1Cor 10,3-4 • 6,35 cf. Pr 9,5-6; Eclo 24,26-30[19-22]; Jo 4,10.14.

Oração s/as oferendas: "Fazei de nós uma oferenda eterna para vós".

Prefácio: (dom. T.C. VI) Penhor da vida futura.

Canto da comunhão: (Sb 16,20) O pão do céu / (Jo 6,35) "Eu sou o pão da vida".

Oração final: "Acompanhai os que renovastes com o pão do céu".

A liturgia de hoje é estruturada pela oposição tipológica entre o maná, o "pão do céu" do A.T. (tipo), e Jesus, o verdadeiro "pão do céu" do N.T. (antítipo), explicitação daquilo que significa o "sinal do pão" (cf. dom. pass.). Como o maná do A.T., também o pão multiplicado era apenas material, e quem o procura por seu valor material está perdendo o mais importante: neste ponto começa o **evangelho** de hoje.

Depois da multiplicação dos pães, vendo que o povo o entendera mal (6,14-15) Jesus se tinha retirado para a montanha, sozinho, enquanto os discípulos atravessaram o lago. O povo tinha observado isso. Procuraram então Jesus perto do lugar onde tinha realizado o milagre, mas, não o encontrando, voltaram a Cafarnaum, em outros barcos (6,22-24). E aí encontraram Jesus (que tinha atravessado o lago andando sobre as ondas). Admiram sua presença, mas com a mesma superficialidade que os levou a ver no sinal do pão não um sinal, mas apenas a satisfação de sua fome: é o que Jesus lhes repreende (6,26).

Inicia então um diálogo, em que o pessoal de Cafarnaum aparece como preocupado com a Lei, mas obtuso quanto à realidade de Deus. Perguntam o que devem fazer. Jesus lhes diz que a obra do Pai é que acreditem no Filho (Jo 6,28)! Então, pedem um sinal como o de Moisés (o maná). Jesus responde que o sinal não era de Moisés (relativização do sistema mosaico, do qual eles são os árduos defensores contra os cristãos, expulsos da sinagoga), mas de Deus. Este mesmo Deus dá agora mais do que um sinal; oferece a plenitude de sua obra: seu enviado, Jesus Cristo, que faz o homem viver verdadeiramente, por sua palavra.

A **1ª leitura** lembra o que é o maná: 1) um pão material e perecível (leia Ex 16,19-30, as regras de recolhimento diário e conservação do maná); 2) uma coisa dada por intermédio de Moisés (conforme Jo 6,32, os judeus parecem ter esquecido que Moisés fora apenas o intermediário); 3) algo que não se sabe o que é, pois o nome que lhe deram, "maná", significa "Que é isso?" A isso, o **evangelho** opõe o pão do N.T.: 1) uma comida que não perece, mas que permanece para a vida eterna (6,27); 2) uma obra de Deus mesmo (6,32); 3) uma realidade bem determinada: é Jesus em pessoa, acolhido na fé (6,35).

Esse contraste é acentuado pelo **salmo responsorial**, que evoca a maravilha do pão que Deus "fez chover do céu" (o texto que os judeus citam para Jesus: Jo 6,31 = Sl 78[77],24), enquanto a **aclamação ao evangelho** opõe a isso a realidade que se manifesta no N.T.; não só de pão é que se vive, mas, antes de tudo, da "palavra" que vem da boca do Altíssimo.

Entre os dois painéis dessa tipologia antitética fica prensada a **2ª leitura**. Fala também da oposição entre o antigo e o novo. O antigo, aí, não é tanto o sistema da Lei judaica, mas o paganismo, do qual provém boa parte dos cristãos de Éfeso. Os pagãos não procuravam "obras de Deus" ultrapassadas, como os judeus. Simplesmente eram dirigidos por concupiscências. Seja como for, tanto o judeu apegado ao sistema mosaico quanto o pagão envolvido com ídolos falsos (e esse pagão vive no meio de nós) devem abrir o ouvido para Cristo, a palavra da verdade que vem de Deus.

A audiência dada a Cristo é que faz viver verdadeiramente: esta é a mensagem central de hoje. Por isso, Jesus é chamado "o Pão da Vida". Concretamente, temos em nós o judeu de Cafarnaum e o pagão de Éfeso; o homem que quer ficar em dia com Deus mediante determinadas práticas religiosas e o ateu prático, que decide na vida tudo conforme seu proveito imediato. Nem uma nem outra coisa serve para realizar o sentido eterno de nossa vida. Não devemos querer ter a última palavra, mas entregar-nos àquele que traz o selo de garantia de Deus (Jo 6,27). Arriscar o caminho da vida que ele nos mostra em sua própria pessoa. Pois ele não apenas ensina, ele é palavra, fala por sua maneira de ser. Jesus não ensina "coisas", mas se apresenta a nós, e na medida em que temos comunhão com ele, imbuindo-nos de seu modo de ser, de seu espírito, vivemos realmente. Isso se manifestará na doação sem restrição, da qual ele nos deu o exemplo. A vida verdadeira, que não perece, é a vida dada como ele a deu.

AS COISAS QUE PASSAM E AS QUE NÃO PASSAM

O **evangelho** de hoje é o início do "sermão do Pão da Vida", com o qual o evangelista João dá continuidade ao "sinal" da multiplicação dos pães narrado domingo passado. Nos próximos domingos, o tema continua.

Depois da multiplicação dos pães, Jesus volta a Cafarnaum (Jo 6,24). Os conterrâneos querem saber como de repente ele está de volta, se não embarcou com os discípulos na noite anterior. Jesus lhes faz sentir que, apesar de terem presenciado o milagre do pão, não enxergaram aí um sinal daquilo que ele significa: a realidade de Deus oferecida ao mundo. Apenas se saciaram de pão. Não entenderam que a refeição era um sinal. Eram como um motorista que pensa que sinal vermelho é apenas enfeite...

Os judeus de Cafarnaum então perguntam que esforço Deus espera deles – pois querem se esforçar para que Deus se veja obrigado a dar-lhes a salvação! Mas Jesus diz que o esforço que Deus espera deles é que acreditem naquele que ele enviou (6,29).

Percebem que Jesus está falando de si mesmo. Para acreditarem nele querem ver suas credenciais. No tempo de Moisés, seus antepassados comeram o maná, no deserto, como está escrito: "Deu-lhes pão do céu a comer" (6,31; cf. Sl 78[77],24). Responde Jesus que não foi Moisés quem deu o pão do céu, no passado, mas que agora o Pai está dando o verdadeiro pão do céu: aquele que desce do céu e que dá vida ao mundo. Ininteligentes como o motorista que pensa que sinal vermelho é enfeite, ficam raciocinando no trilho do pão material, pensando no problema do sustento: "Dá-nos sempre esse pão". Então Jesus diz abertamente o que significam a sua palavra ambígua e o sinal que ele realizou no dia anterior: "Eu sou o pão da vida. Quem vem a mim não terá mais fome e quem crê em mim não terá mais sede" (6,35).

Quem conhece as Escrituras reconhece nestas palavras a proclamação registrada em Isaías, no tempo do exílio babilônico. Em meio à idolatria da Babilônia, o profeta orienta o coração dos exilados para o único Senhor, muito mais valioso que o sistema babilônico com seus deuses e ilusões. O que se consegue com os babilônios não vale nada, é mero engodo comercial, pão que não alimenta! Mas quem escuta a voz do Senhor recebe a sabedoria da vida, a Aliança duradoura com Deus, o cumprimento de suas promessas (Is 55,1-3). Assim, quem se alimenta com a palavra de Jesus recebe o "pão da vida", quem se dirige a ele sofre nem fome nem sede.

Mas não interpretemos isso com falso materialismo, dizendo que as coisas materiais passam e as espirituais, permanecem. Depende do que se entende por esses termos! Se "espiritual" significa apenas erudição e brilho intelectual ou divagação etérea em doutrinas sublimes, então isso é o que passa! E se "material" significa dedicar-se ao pão dos pobres, isto é o que permanece! Pois é a vontade do Pai.

19º domingo do tempo comum/B
O PÃO DA VIDA E A MANIFESTAÇÃO DE DEUS

B
T. Com.

Canto da entrada: (Sl 74[73],20.19.22.23) Invocação da fidelidade de Deus à sua Aliança, e de sua proteção.

Oração do dia: "Deus, a quem ousamos chamar de Pai": invocação filial da fidelidade de Deus à sua promessa.

1ª leitura: (1Rs 19,4-8) **Elias alimentado por Deus no deserto** – Elias foge da perseguição de Acaz e Jezabel, para o deserto. Aí, revive a história de seu povo: desânimo, até desejar a morte (cf. o "murmúrio dos hebreus"), mas também, alimentação oferecida por Deus (cf. o maná), para que possa alcançar "a montanha de Deus" (= onde Deus apareceu a Moisés: o Horeb). Elias revive as origens da fé de seu povo, volta às fontes. • 19,8 cf. Ex 24,18; Mt 4,1ss.

Salmo responsorial: (Sl 34[33],2-3.4-5.6-7.8-9) Provai e vede como é bom o Senhor.

2ª leitura: (Ef 4,30–5,2) **Filhos de Deus, animados por seu Espírito** – O selo de garantia de nossa salvação é o Espírito Santo, o Espírito de amor, que provém do íntimo de Deus. A gente o pode asfixiar por mesquinharias de todo o tipo (4,31), como também por estruturas que não lhe deixam espaço. Devemos realizar o contrário: liberalidade, bondade, perdão, segundo o modelo de Cristo, em cuja doação se manifesta o amor de Deus. Devemos abrir em nossa vida e sociedade um espaço onde possa soprar o Espírito de amor de Deus. • 4,30-32 cf. Is 63,10; Ef 1,13-14; 4,4; Cl 3,8.12-13; Mt 6,14 • 5,1-2 cf. Mt 5,48; Gl 2,20; Hb 10,10; 1Jo 3,16.

– *Leit. alternat.: (1Jo 5,9b-12) "A vida está em seu Filho".*

Aclamação ao evangelho: (Jo 6,51) O pão vivo, pão da vida eterna.

Evangelho: (Jo 6,41-51) **Revelação de Deus pelo "Pão da Vida"** – Continuação do Discurso do Pão da Vida (cf. dom. passado) – O murmurar dos judeus (cf. Ex 16,4ss) mostra que ainda não ultrapassaram o nível de compreensão material, pensando saberem de onde Jesus é. Resposta de Jesus: "Não vem a mim ninguém que não for atraído pelo Pai" (6,44). Em todos os que vão a Jesus, único revelador do Pai, realiza-se a Escritura anunciando o ensinamento por Deus (6,45-46) e a vida escatológica, pela fé (6,47; cf. 44): A "vida eterna" acontece quando acolhemos o "Pão da Vida" (6,48), que é Jesus (em oposição ao "pão da morte", o maná; cf. 6,27). Mais especificamente (aludindo às palavras eucarísticas): quando acolhemos Jesus na doação de sua "carne" (= existência humana) para a vida do mundo (6,51). • 6,44-45 cf. Mt 16,17; Is 54,13; Jr 31,33-34 • 6,46 cf. Ex 33,20; Jo 1,18; 7,29 • 6,51 cf. Lc 22,19; 1Cor 11,24.

Oração s/as oferendas: Os dons da Igreja transformados por Deus em sacramento de salvação.

Prefácio: (dom. T.C. III) Salvos da morte pela condição mortal do Cristo / (SS. Eucaristia I) "Sua carne imolada por nós é o alimento que nos fortalece".

Canto da comunhão: (Sl 147,12.14) "Ele te sacia com a flor do trigo" / (Jo 6,51) "O pão que eu darei é minha carne para a vida do mundo".

Oração final: A Eucaristia nos traga salvação e nos confirme na verdade.

A invocação da fidelidade de Deus à sua Aliança, no **canto da entrada**, cria a atmosfera da mensagem: linha da atuação divina, que alcança seu auge em Jesus Cristo e se perpetua na vida dos fiéis.

A **1ª leitura** narra a experiência de "refontização" de Elias. Ele refaz, em sua vida pessoal, a experiência de Israel. Está para morrer, no deserto. Mas o Deus que alimentou Israel no deserto, alimenta também Elias. Depois de refeito, quer descansar. Mas Deus o faz andar, pela força do alimento, 40 dias e 40 noites, até a montanha de Deus. Repete simbolicamente a caminhada de Israel (40 anos, alimentado por Javé). Porém, o verdadeiro sentido desta história, conforme o quadro da liturgia de hoje, não se deve procurar naquilo que aconteceu antes de Elias, mas no que veio depois. A comida de Elias *prefigura* a comida que tira todo o cansaço. Se Elias, mortalmente cansado, recebe do pão de Deus força para caminhar 40 dias, o homem morto pelos impasses da vida recebe do "pão descido do Céu" vigor para a vida eterna (**evangelho**).

Como é que Jesus, o "pão descido do Céu" (cf. dom. pass.), dá vida eterna? Os judeus se mostram céticos: "murmuram" (como fizeram no deserto) a respeito da origem por demais conhecida de Jesus (mas em 9,29 não acreditam porque *não* sabem de onde é...). A essa murmuração, Deus não mais responde com um dom perecível, como o maná do deserto, mas com o dom escatológico, como indica o texto profético que agora se cumpre: "Todos serão ensinados por Deus". Que Deus e sua vontade serão conhecidos diretamente, sem o intermédio de mestres (cf. Is 54,13), faz parte da "nova Aliança", plenitude da antiga (Jr 31,33-34). É o que se cumpre em Jesus Cristo. O cristão o sabe: ninguém jamais viu Deus (6,46; cf. 1,18), mas quem vê Jesus, vê o Pai (1,18; 12,45; 14,9). Quem procura o ensinamento escatológico de Deus, na plenitude da Aliança, só precisa ir a Jesus (6,45b). Este ensinamento, porém, contém um paradoxo: ao mesmo tempo que o homem é responsável por ir a Jesus, ele deve ser atraído pelo Pai. Temos exemplos de tal relação dialogal em nosso dia a dia: para realmente participar de uma aprendizagem, o aluno deve ser admitido pelo mestre e ao mesmo tempo querer aprender; para gozar plenamente a alegria de uma festa, a gente deve ser convidado e ir com gosto ao mesmo tempo. A fé não é uma coisa unilateral. É um diálogo entre Deus que nos atrai a Jesus Cristo e nós que nos dispomos a escutar sua palavra.

Quando se realiza esse diálogo, *temos* (já: tempo presente; Jo 6,47b; cf. 5,24) a vida eterna. Já nos saciamos com a comida que proporciona vigor inesgotável. A "vida eterna" não é um prolongamento ao infinito de nossa vida biológica. É a dimensão inesgotável e decisiva de nossa existência; não inicia apenas no além. João não fala, praticamente, em "Reino de Deus". Fala da "vida eterna", para indicar a realidade da vontade divina assumida pelos homens e encarnada na existência humana. Quem fez isso por excelência é Jesus, seu Filho unigênito. Sua doação até a morte, sua "carne" (= existência humana) dada até a morte, ensina e mostra, mas também realiza, para quem a ele aderir, esta "vida" para o mundo.

Portanto, sermos ensinados por Deus significa que, mediante a adesão à existência que Jesus viveu até a morte, abrimos em nossa vida espaço para a dimensão divina e definitiva de nossa vida, dimensão que lhe confere um sentido inesgotável e irrevogável: o sentido de Deus mesmo.

Nesta perspectiva, a **2ª leitura** de hoje torna-se importante. Ensina-nos a imitar Deus (no mútuo perdão) e a amar como Cristo nos amou. Em outros termos, nossa vocação de sermos semelhantes ao pai (Gn 1,27) se realiza na medida em que assumimos a existência de Cristo, dando-lhe crédito e imitando-o.

JESUS, PÃO DESCIDO DO CÉU

Continuamos nossa meditação sobre o capítulo 6 de João, que constitui o fio das leituras dominicais por este tempo. No domingo passado, Jesus se apresentou como o pão descido do céu, com palavras que lembravam as declarações de Isaías sobre a palavra e o ensinamento de Deus. Hoje aprofundamos o sentido disso **(evangelho)**. Jesus é alimento da parte de Deus por ser a Palavra de Deus (Jo 1,1), que nos faz viver a vida que está nas mãos de Deus – a vida que chamamos de "eterna". (Esta não é mero prolongamento indefinido de nossa vida terrestre, o que não valeria a pena, mas é "de outra categoria": da categoria de Deus mesmo. Neste sentido, vida eterna e vida divina são sinônimos.)

Jesus nos alimenta para essa vida divina por tudo aquilo que ele é e faz. Sua vida é o grande ensinamento que nos encaminha na direção do Pai. Na antiga Aliança, Moisés e seus sucessores ensinavam o povo, mas nem sempre da melhor maneira. Agora realiza-se a Nova Aliança, em que todos se tornam discípulos de Deus (Jo 6,45; Jr 31,33; Is 54,13). Quem escuta Jesus, que é a Palavra de Deus em pessoa, não precisa mais de intermediários (Jo 1,17). Ninguém jamais viu Deus, a não ser aquele que desce de junto dele, o Filho que no-lo dá a conhecer (6,46; cf. 1,18). Jesus conhece Deus por dentro. Escutando Jesus, aprendemos a conhecer Deus, sem mais intermediários.

Escutar Jesus alimenta-nos para a vida com Deus, para sempre. Ora, João diz que quem crê já tem a vida eterna (5,24). Como é essa vida eterna, divina? Será talvez esse bem-estar incomparável que sentimos quando ficamos mortos de cansaço por nos termos dedicado aos nossos irmãos até não poder mais? Quando arriscamos nossa vida na luta pela justiça e o amor fraterno. Quando doamos o melhor de nós, material e espiritualmente. A felicidade de quem dá sua vida totalmente. Pois é isso que Jesus nos ensina da parte de Deus. E porque ele fez isso, ele é o ensinamento de Deus em pessoa.

Para Israel, o ensinamento de Deus está na Escritura e na tradição dos mestres: é a Torá, a "Instrução" (termo traduzido de modo inadequado por "Lei"). Para nós, a Torá viva é Jesus.

Sabemos que o tipo de vida que Jesus nos mostra e ensina é endossado por Deus, como ele comprovou ressuscitando seu filho dentre os mortos. É a vida que Deus quer. E o pão que alimenta essa vida é Jesus. Alimenta-a pela palavra que falou, pela vida que viveu, pela morte de que morreu: "Eu sou o pão vivo que desceu do céu... O pão que eu darei é minha carne dada para a vida do mundo" (6,51, evangelho do próximo dom.).

20º domingo do tempo comum/B
JESUS DADO EM ALIMENTO PARA A VIDA DO MUNDO

Canto da entrada: (Sl 84[83],10-11) "Um dia em teu templo vale mais do que mil outros".

Oração do dia: "Preparastes para quem vos ama bens que nossos olhos não podem ver".

1ª leitura: (Pr 9,1-6) **"Comei e bebei": o banquete da Sabedoria de Deus** – A sabedoria é uma virtude que supera todo o desejo (8,11); quem a encontrar, terá "muita vida" (4,8.10). Ela é uma realidade que pertence à esfera de Deus (8,22ss). Neste sentido, pode até representar Deus na linguagem do judaísmo intertestamentário. Personificada, ela é comparada com uma dona de casa que convida sua gente para um banquete. A comida que ela oferece é ela mesma: o conhecimento dos caminhos de Deus e dos homens. Prefigura aquele que é a Palavra de Deus em pessoa: Jesus Cristo (cf. evangelho). • Cf. Mt 22,1-14; Jo 6,51-58.

Salmo responsorial: (Sl 34[33],2-3.10-11.12-13.14-15) Provar como o Senhor é bom, aprender o caminho da felicidade.

2ª leitura: (Ef 5,15-20) **A inteligência do cristão no mundo** – Entender os sinais dos tempos (a vontade de Deus no momento histórico) (5,15-17). Não se encher de vinho, mas estar repleto do Espírito Santo, em comunhão com a comunidade (5,18-20). O Espírito de Deus não só nos propicia inteligência e intuição da vontade de Deus, como também nos torna capazes de superar nosso horizonte restrito e de entrar em comunhão para louvar e agradecer a Deus em "sóbria ebriedade". • 5,16-17 cf. Cl 4,5; Rm 12,2; Cl 1,9 • 5,18-20 cf. Pr 23,31; Cl 3,15-17; Sl 33[32],2-3; 1Ts 5,18.

– *Leit. alternat.:* (1Cor 10,16-17) O pão da comunhão com Cristo.

Aclamação ao evangelho: (Jo 6,56) Comer a carne e beber o sangue de Cristo: comunhão permanente.

Evangelho: (Jo 6,51-58): **Comer a carne e beber o sangue de Cristo** – (Conclusão do Discurso do Pão da vida; cf. domingos anteriores.) – Jesus, diante de novo "mal-entendido" (grosseiramente materialista) (6,52), passa a confirmar a necessidade de comer e beber sua carne e sangue (= existência humana e morte violenta). O "comer e beber" tem aqui, ao mesmo tempo, o sentido simbólico da linguagem sapiencial (cf. 1ª leitura), significando a fé no Filho de Deus encarnado e crucificado, como também o sentido material do gesto eucarístico, que significa e realiza a comunhão de vida ("vida eterna") com este Encarnado e Ressuscitado ("verdadeira comida", "verdadeira bebida", 6,55). Só no Espírito do Cristo exaltado na cruz e na glória entende-se essa linguagem; a compreensão "carnal" (material, à maneira dos judeus) não dá conta desta realidade. • 6,51 cf. Lc 22,19; 1Cor 11,24 • 6,54 cf. Jo 1,14; 6,39-40; 11,25.

Oração s/as oferendas: Economia divina: oferecer a Deus o que ele dá, para receber a ele mesmo em troca.

Prefácio: (dom. T.C. III) Salvos da morte pela condição mortal do Cristo / (SS. Eucaristia I) "Sua carne imolada por nós é o alimento que nos fortalece".

Canto da comunhão: (Sl 130[129],7) No Senhor encontramos "copiosa redenção" / (Jo 6,51) O pão do céu, pão da vida eterna.

Oração final: Comunhão: realizar o modelo de Cristo na terra e participar com ele no céu.

O elemento central da liturgia de hoje é, como nos domingos anteriores, o discurso do Pão da Vida, agora porém com uma nova articulação, que relaciona o dom de Deus em Jesus Cristo com a simbologia eucarística (**evangelho**). Em Jo 6,32-51 ficou progressivamente claro qual o verdadeiro dom pelo qual Deus dá força e alento a seu povo: é seu Filho Jesus Cristo, que realiza o ensinamento escatológico de todos por Deus mesmo, mostrando em sua pessoa, a quem quiser aceitá-lo na adesão da fé, quem é este Deus que ninguém nunca viu. E este ensinamento realiza-se, de modo pleno, no testemunho mais eloquente do próprio ser de Deus, a doação da vida por amor – o que Jesus chama: "a minha carne para a vida do mundo" (6,51).

A partir desta expressão, Jo encena um novo "escândalo" dos cafarnaítas. Acusam Jesus de incitar à antropofagia ou coisa semelhante: para quem não participa da comunhão da fé, o mistério de Deus em Jesus Cristo é totalmente inacessível (cf. próximo dom.). Para quem está na comunidade da fé, porém, as palavras de Jesus ganham um sentido rico e profundo. A "carne" significa a existência humana, com uma conotação de fragilidade (cf. Is 40,6-8 etc.). Jo 1,14 disse que na Palavra de Deus feita "carne" contemplamos uma glória como do unigênito do Pai, ou seja, toda a glória divina. Ora, "carne" significa existência mortal. A glória de Deus é seu amor, e este é contemplado quando a carne perece, quando o grão de trigo morre na terra, quando a existência de Jesus é "dada *para* a vida do mundo"[9].

Assim, Jo chega a explicitar a necessidade de aceitar na fé o dom da vida de Cristo por nós, pelos termos da instituição eucarística.

1) É uma *realidade de fé*. "Comer" e "beber" têm um sentido sapiencial, ilustrado pela própria liturgia de hoje na **1ª leitura**, o banquete da Sabedoria (Pr 9,1-6; tema bastante divulgado: cf. também Is 55,1-3). Significa sentar à mesa da fé, receber a revelação, a Aliança, a sabedoria que Deus nos "serve", sobretudo em Jesus Cristo. Devemos assimilar essa comida e bebida (cf. ainda Jo 7,37-38). É uma comida que dá vida (Pr 9,6).

2) É uma *realidade eclesial*. Essa comida e bebida são tomadas de modo muito realístico na celebração da comunidade eclesial, o rito da Eucaristia, celebrado em memória da última "eucaristia" (= oração da mesa) de Jesus, antes de sua morte. Jo insiste no caráter "verdadeiro" dessa refeição. Não se trata apenas da realidade física, que é evidente, mas é a que menos importa. "Verdade" e "verdadeiro", em Jo, são termos que se referem à realidade de Deus mesmo, que se torna presente ou se manifesta, por excelência, em Jesus Cristo. Comer verdadeiramente sua carne e beber verdadeiramente seu sangue (no sinal eucarístico-eclesial) indica a eficácia divina deste gesto. Na celebração da comunidade eucarística a vida divina, comunicada por Cristo quando aceito na fé, torna-se realidade em nós. Assim, o termo "Pão da Vida" recebe mais um sentido, além daqueles que já foram desenvolvidos.

Porém, esta real presença de Cristo e a vida nova que ele nos outorga, já dentro de nossa precária vida carnal, não se limitam ao momento da celebração. Acompa-

---

9. Expressão que lembra ao leitor familiarizado com o N.T. o sentido da missão do Cristo: dar sua vida para o mundo (Rm 8,32; Mc 10,45 etc.; cf. 1Jo 3,16; Jo 3,16) (a expressão "para todos", "para o mundo" é uma alusão ao Canto do Servo Padecente, em Is 53). Mas a fórmula lembra de modo específico o sentido que Jesus deu à última ceia que ele tomou com seus discípulos: pão e vinho são seu corpo e sangue dados para todos (cf. Mc 14,25; Lc 22,19; 1Cor 11,24).

nham a comunidade eclesial em tudo quanto faz, inclusive na luta pela justiça e o direito. Também esta luta é um modo de comungar (tanto quanto a "comunhão espiritual", de que fala o catecismo). Não existe separação entre a celebração e a vida, ensina a **2ª leitura**, dizendo que o espírito de "sóbria ebriedade", que anima a reunião do culto, deve ser o espelho do andamento de nossa vida no dia-a-dia, inspirado pela busca da vontade do Senhor.

JESUS DÁ SUA CARNE EM ALIMENTO

No "Sermão do Pão da Vida", Jesus declarou: "O pão que eu darei é minha carne dada pela vida do mundo" (cf. dom. pass.). Os incrédulos observam: "Como pode esse dar-nos sua carne a comer?" Parece antropofagia **(evangelho)**. Mas a liturgia nos ensina de que se trata. A **1ª leitura** fala do banquete preparado pela Sabedoria de Deus, e o **salmo responsorial** nos exorta a "provar como o Senhor é bom". Convém alimentar-se com tudo o que vem de Deus. O ser humano não vive só de pão, mas de toda palavra que sai da boca de Deus (Dt 8,3).

Jesus em pessoa é o ensinamento que sai da boca de Deus. Mas não um Jesus espiritualizado, e sim, o Jesus-carne, o Jesus da existência humana. "A Palavra se tornou carne" (Jo 1,14). A existência "na carne" que Jesus viveu é instrução de Deus para nós e nos dá a conhecer Deus. É com essa carne que Jesus nos alimenta, doando-a até o fim, até a morte, para que o mundo tenha a Vida – a Vida sem mais, a comunhão de Deus que não conhece a morte. Por isso, o critério do ser cristão é aderir a Jesus Cristo que veio na "carne" (1Jo 4,1-2). "Gastando" seu viver como carne no meio de nós, Jesus nos alimenta para a Vida de Deus. Por isso, a "encarnação" de Jesus não é só Natal, mas sobretudo a Sexta-feira Santa...

Para expressar o realismo do alimento que ele é, Jesus quis ser verdadeiro pão, de se mastigar, e verdadeiro vinho, de se tragar. Alimento espiritual, decerto, porque tem a força do Espírito. Mas também material, como a vida que Jesus viveu no meio de nós. Esse alimento é a Eucaristia. Dizem que a Eucaristia é alimento da alma. Certo, mas, biblicamente, a alma é a pessoa toda, é aquilo que anima tudo o que fazemos. Por isso dizemos que alguém que se engaja radicalmente pelo amor fraterno, fazendo materialmente tudo o que pode, "dá sua alma". A alma não é algo impalpável e abstrato, mas aquilo que colocamos no trabalho concreto que fazemos. É a isto que Jesus alimenta com a carne e o sangue de sua vida e morte, presentes no verdadeiro pão e na verdadeira bebida da Eucaristia.

Assim, "o pão do céu" não é um objeto de se guardar no sacrário ou de se mostrar num cibório dourado, eventualmente tocado por uma multidão entusiasmada, mas inconsciente do compromisso que o pão eucarístico significa. Participando com verdadeira fé e coração disposto da Eucaristia, assimilamos "a carne e o sangue", a vida e a morte de Jesus, toda sua prática, em nossa vida – e isso é a vida verdadeira, que ninguém nos pode tirar.

21º domingo do tempo comum/B
A QUEM IRÍAMOS, SENÃO A JESUS?

B
T. Com.

Canto da entrada: (Sl 86[85],1-3) "Clamo por vós o dia inteiro"; oração confiante.
Oração do dia: "Deus, que unis os fiéis em um só desejo, dai-nos amar o que ordenais e esperar o que prometeis".
1ª leitura: (Js 24,1-2a.15-17.18b) **Opção por ou contra Javé** – Javé foi quem chamou Abraão e tirou Israel do Egito (24,1-13): a memória destes grandes feitos exige uma opção. Israel pode esquecer seu passado e seu Salvador, como fazem tantos outros. Pode optar pelos "deuses da terra", que são estimados darem

bem-estar e progresso – os ídolos de sempre! Mas Josué quer ficar fiel ao Deus da Aliança. • Cf. Dt 6,21-24; 26,5-9.

Salmo responsorial: (Sl 34[33],2-3.16.17.18-19.20.22-23) Confiança: Deus escolhe o lado do justo.

2ª leitura: (Ef 5,21-32) **O mistério do amor esponsal de Cristo pela Igreja** – Toda a existência genuinamente cristã revela algo do mistério de Deus. A família, quando vive em mútua dedicação e comum veneração de Cristo (5,21), revela o carinho de Cristo por sua Igreja. As regras de moral familiar das comunidades helenísticas, embora com alguns traços que nos parecem questionáveis (p.ex., quanto à submissão da mulher), são os instrumentos para concretizar este carinho, que fala de Cristo, a ponto de o matrimônio cristão se tornar a imagem do amor de Cristo pela Igreja, ou seja, sinal eficaz da graça de Deus: sacramento. • 5,21-24 cf. Cl 3,18; 1Pd 3,1-6; 1Cor 11,2-3 • 5,25-32 cf. Cl 3,19; 1Pd 3,7; Rm 6,4; 2Cor 11,2; Ap 19,7-8; Gn 2,24.

– *Leit. alternat.: (2Cor 6,14-18) Optar entre Cristo e Belial.*

Aclamação ao evangelho: (Jo 6,63.68) Cristo tem as palavras da vida.

Evangelho: (Jo 6,60-69) **Opção por ou contra Jesus** – "Quem come este pão, viverá eternamente" (6,58): esta promessa nos coloca diante de uma opção. Para os contemporâneos de Jesus, optar por ele era duro, pois implicava em perder o amparo da comunidade judaica. Aceitar Jesus como "Pão da Vida" implica em rejeição pelo "mundo". Mas Jesus não retira suas palavras. Pelo contrário, acrescenta que será mais difícil ainda aceitar sua "exaltação" (na cruz e na glória). Os raciocínios humanos (a "carne") não ajudam nesta questão; só quem é animado pelo Espírito tem acesso à vida em Cristo. Mas para isso é preciso optar, na fé, pelas "palavras da vida eterna", ou seja, confiar na manifestação do mistério de Deus que Jesus nos proporciona. • 6,62 cf. Jo 6,33.38.51; 12,32 • 6,63 cf. Jo 3,6.

Oração s/as oferendas: Paz e unidade para o povo que o sacrifício de Cristo conquistou.

Prefácio: (comum VI) "Ele é a vossa Palavra" / (dom. T.C. VI) "... as provas de vosso amor de Pai... o penhor da vida futura...".

Canto da comunhão: (Sl 104[103],13-15) Deus faz a terra produzir, para alimentar o homem / (Jo 6,54) "Quem come minha carne e bebe meu sangue tem a vida eterna".

Oração final: "Transformai-nos de tal modo vossa graça, que possamos agradar-vos".

"Comer e beber minha carne e meu sangue" (**evangelho**) são "palavras duras", não só por sua significação teológica, mas também por suas consequências: implicam em aceitar Jesus sacrificado como alimento, recurso fundamental, de nossa vida. Isso era duro para os que puseram sua esperança num messias político-nacional. Exatamente porque pensavam em categorias "carnais", não podiam aceitar um messias que viesse numa "carne" humilde e aniquilada, um messias alheio aos sonhos teocráticos deles. Menos ainda poderiam aceitar que esta "carne" fosse a manifestação da "glória" (6,62). Se esta é a glória de Deus... não precisam dela. Contudo: "A Palavra tornou-se carne e nós contemplamos sua glória" (1,14). A glória do Cristo é a cruz: nela, ele atrai a si todos os que se deixam atrair pelo Pai (cf. 12,32; 6,44).

Mas, também para nós, as palavras do Cristo são difíceis de aceitar. Sua "carne" é bastante incompatível com nossa sede de sucesso. Sua "glória", por outro lado, a confundimos com a visibilidade efêmera do espetáculo religioso. Somos incapazes de imaginar a "subida" ao Pai daquele que viveu a condição de nossa carne até seus mais profundos abismos. Será que já imaginamos alguma vez um destes homens sofridos, quebrados, anti-higiênicos, porém radicalmente autênticos e bons que vivem em nosso redor como sendo o nosso "senhor"? Talvez consigamos *ter pena* de tais homens, mas admirá-los e tomá-los como guia de nossa vida... A glória é ainda mais escandalosa do que a carne.

Não adianta. Com categorias "carnais", humanas, não chegamos a essa outra visão sobre a "carne" da Palavra. A "carne" não resolve. Precisamos de um impulso que venha de fora de nós. O "espírito", a força operante, a inteligência atuante de Deus, nos levará a acolher o mistério do escravo glorificado. Jesus mesmo nos transmite esse espírito (Jo 3,34), e sua "exaltação" é a fonte desse dom (7,39). Suas palavras são "espírito e vida" – espírito da vida (6,68; cf. 6,63). Só entregando-nos à sua palavra (isto é, aplicando-a em nossa vida), poderemos experimentar que ele é fidedigno. Ou seja, o "espírito" que há de superar o que nossas categorias demasiadamente humanas recusam vem do próprio "objeto" de nosso escândalo. Não é como conclusão de um teorema que seu espírito penetra em nós, mas como consequência de uma arriscada decisão e opção. É essa opção que Pedro pronuncia, vendo a insuficiência de qualquer outra solução: "A quem iríamos...".

A **1ª leitura** ilustra o caráter de tal opção pelo exemplo de Josué: a escolha que Josué apresenta aos israelitas do séc. XII a.C. (entre Javé, que os libertou do Egito, e os deuses da Mesopotâmia, supostos fornecedores de fecundidade etc.), escolha que os autores bíblicos apresentam a seus contemporâneos, no tempo da ameaça assíria e da deturpação da fé pelos cultos dos *baalim*[10]. A escolha entre um Deus que provou seu amor e fidelidade e deuses que devem sua "existência" aos mitos que os homens criam em redor deles. Essa opção se apresenta a nós também: optaremos por aquele que "deu a vida", em todos os sentidos, ou pelos ídolos pelos quais tão facilmente damos nossa vida, sem deles recebermos a gratificação que prometem: sucesso, riqueza, poder.

A **2ª leitura** de hoje é muito rica, mas não combina com as duas outras. Porém, por ser sua mensagem tão importante, sobretudo num tempo em que o caráter santificante do amor conjugal e familiar é praticamente desconsiderado, seria bom reservar na liturgia um momento à parte para proporcionar também esta mensagem aos fiéis, talvez no envio final, como uma das maneiras para encarnar a opção por aquele que tem as palavras da vida eterna...

A OPÇÃO CERTA

Há cinco semanas estamos acompanhando o episódio do sinal do pão (Jo 6). Hoje ouvimos o desenlace **(evangelho)**. No domingo anterior vimos como Jesus se apresentou como o "pão da vida" e proclamou que estava oferecendo sua carne como alimento para a vida do mundo. Muitos não "engoliram" isso, porque "essa palavra é dura demais" (6,60). Dura, não apenas pela dificuldade de compreensão (alguns falavam até em antropofagia), mas sobretudo por causa das consequências práticas. Estranharam o que Jesus disse a respeito de sua carne. Estranhariam muito mais ainda sua "subida aonde estava antes", sua glorificação, pois essa se manifesta na "exaltação" de Jesus... no alto da cruz, quando ele revela plenamente o amor infinito de Deus, seu Pai. Só pelo Espírito de Deus é possível compreender isso (6,52-53). É difícil "alimentar-se" com a vida que Jesus nos propõe como caminho, com aquilo que ele disse e fez, sobretudo, com o dom radical de sua vida na morte – pois tudo isso significa compromisso.

A **1ª leitura** dá um exemplo de compromisso. O povo de Israel, ao tomar posse da terra prometida, teve de escolher com quem ia se comprometer, com os outros deuses, ou com

---

10. Para bem entendermos o trecho, ajuda o conhecimento de sua origem literária. Faz parte da "historiografia deuteronomista", ou seja, da história de Israel escrita em função do movimento profético dos séculos VII e VI a.C. (que promoveu também o livro do Dt). Este movimento denunciava com força o perigo do comprometimento de Israel com os deuses e os príncipes das antigas populações cananeias e estrangeiras.

Javé, que os tirou do Egito. Visto que Javé mostrou de que ele era capaz, optaram por ele (Js 24). Optar significa decidir-se, não em cima do muro. É dizer sim ou não.

Jesus põe os seus discípulos diante da opção por ele ou pelo lado oposto. "Vós também quereis ir embora?" E Pedro responde, em nome dos Doze e dos fiéis de todos os tempos: "A quem iríamos. Tu tens palavra de vida eterna". O que Jesus ensina é o caminho da vida eterna, da comunhão com Deus para sempre. Foi para isso que Jesus reuniu em torno de si os Doze, que representavam o novo Israel, o povo de Deus, para que o seguissem pelo caminho. Para que constituíssem comunidade, comungando da vida que ele dá pela vida do mundo.

Nosso ambiente parece recusar essas palavras de vida eterna. Por diversas razões. Uns porque querem viver sua própria vidinha, sem se comprometer com nada, outros porque preferem um caminho próprio, individual... O difícil da palavra de Jesus consiste nesse compromisso concreto. Ao longo dos séculos, houve quem tornasse o cristianismo difícil por meio de penitências e exercícios, até reprimindo e deprimindo. Mas a verdadeira dificuldade é abdicar da autossuficiência e entregar-se a uma comunidade reunida por Cristo para segui-lo pelo caminho da doação total. Só que este caminho é também o caminho da "perfeita alegria", de que fala Francisco de Assis.

22º domingo do tempo comum/B
JESUS E AS TRADIÇÕES HUMANAS

Canto da entrada: (Sl 86[85],3.5) Deus é bom e misericordioso para os que o invocam.

Oração do dia: "Alimentai em nós o que é bom e guardai o que alimentastes".

1ª leitura: (Dt 4,1-2.6-8) **A riqueza que é a Lei: nada tirar nem acrescentar** – Israel recebeu a Lei, não como um fardo, mas como uma dádiva de Deus, orientação a ser seguida assim como foi dada, em plena fidelidade, sem tirar nem acrescentar nada (4,2). Ela não significa escravidão, mas antes liberdade, pois protege contra a arbitrariedade. Outros povos têm seus filósofos, Israel tem a Lei: nela, Deus lhe é próximo (4,6-8). Só em Cristo, essa proximidade será superada. • 4,1-2 cf. Dt 5,1; 6,1; 8,1; 11,8-9; Lv 18,5 • 4,6-8 cf. Sl 19[18],8; Eclo 1,16-20[14-16]; Dt 4,32-34.

Salmo responsorial: (Sl 14[15],2-3ab.3cb.5) Felicidade do justo, que observa a Lei.

2ª leitura: (Tg 1,17-18.21b-22.27) **Cumprir, não apenas ouvir a Palavra** – Deus é "limpo" no seu agir (1,5): não engana (1,3), propicia dádivas boas, é constante como o firmamento (1,17). Ele é quem nos "gerou" pela Palavra da Vida", i.é, a multiforme manifestação de sua vontade, desde a palavra da Criação até sua plenificação em Cristo, que nos torna nova criatura (1,18). Esta palavra quer ser auscultada e praticada na vida (1,21-22.27). • 1,17-18 cf. Mt 7,11; Gn 1,14-18; Sl 136[135],7; Is 55,11; 1Pd 1,23; Jo 1,12-13 • 1,21 cf. 1Pd 2,1-2; 1Ts 2,13; Mt 11,29 • 1,22 cf. Mt 7,24-26; Rm 2,13 • 1,27 cf. Ex 22,21-22; Is 1,17.

– *Leit. alternat.: (Cl 2,20–3,1) Superação de preceitos humanos.*

Aclamação ao evangelho: (Tg 1,18) Novas criaturas pela Palavra da Verdade.

Evangelho: (Mc 7,1-8a.14-15.21-23) **Vontade de Deus ou tradição humana?** – Mc 7,1-23 reúne diversas sentenças de Jesus, numa polêmica sobre "puro e impuro", que toca também na relação entre os mandamentos de Deus e as tradições humanas ("dos antigos"). Jesus mostra como certas interpretações humanas da Lei sufocam a vontade de Deus (7,1-13). – Falando assim, Jesus insere-se na tradição dos profetas que olham para o interior da pessoa e não para as práticas meramente exteriores e formais (7,16-23). • 7,1-8 cf. Mt 15,1-9; Lc 11,38-39; Is 29,13 • 7,14-15 cf. Mt 15,10-11 • 7,21-23 cf. Mt 15,19-20; Rm 1,29-31; Gl 5,19-21.

Oração s/as oferendas: A oferenda é bênção; que ela realize na prática o que significa no sacramento.

Prefácio: (dom. T.C. I) Povo de Deus, chamado à sua luz.

Canto da comunhão: (Sl 31[30],20) Bondade de Deus para quem o adora / (Mt 5,9-10) Bem-aventurança dos construtores da paz e dos perseguidos.

Oração final: Que a força do Pão da Vida nos leve a servir aos irmãos.

A melhor coisa, quando se corrompe, vira a pior. Isso acontece com a Lei, dada por Deus a Israel mediante Moisés, quando deixada nas mãos de mestres que lhe desconhecem a intenção originária. A **1ª leitura** de hoje descreve muito bem o alto valor da Lei: um tesouro de sabedoria, que supera as leis e filosofias dos outros povos. Diz direitinho o que é para fazer e para deixar. A Lei servirá para garantir a posse pacífica da Terra Prometida. E mais: servirá como um testemunho de Deus entre as nações, pois qual é o povo que tem um Deus tão sábio?

Esta última frase revela que essas palavras foram escritas, não no tempo de Moisés, mas no tempo em que Israel, novamente, vivia no meio das nações, no exílio babilônico. Para os judeus exilados, a "conversão" à prática da Lei seria o meio para voltar à Terra Prometida e, entretanto, já servia de testemunho entre as nações (cf. a vocação do Servo do Senhor a ser "luz das nações", Is 42,6; também da situação do exílio). Por isso, era importante observar a Lei da melhor maneira possível, sem nada tirar ou acrescentar, para não obscurecer a palavra divina por invenções humanas.

Para *proteger* a "árvore da vida", que é a Lei, os escribas montaram ao redor dela a cerca de suas interpretações, tradições, jurisprudências etc. Querendo protegê-la, tornaram-na inacessível para o povo comum, e ainda a sufocaram na sua intenção principal, que é: ser a expressão do amor de Deus. Para não cair no erro se proíbe uma série de outras coisas, porque "nunca se sabe...". Traços disso existem ainda no judaísmo atual, onde a cozinha para a carne é separada da cozinha para as comidas com leite, pois poderia acontecer que, sem o saber, a gente cozinhasse carne numa panela com um restinho de leite do mesmo animal, e a Lei proíbe cozinhar um animal com seu leite... O exagero se transformou em critério de boa conduta. Os fariseus inventaram que só os que observavam essas invenções exageradas eram realmente bons judeus. Os outros, que nem conheciam a Lei (e as suas interpretações), eram desprezíveis: os "ignorantes".

Jesus escandaliza por seu comportamento (**evangelho**). Se ele fosse um verdadeiro "rabi", ele deveria, em primeiro lugar, ver se as pessoas com quem lidava eram puras ou não. Pelo contrário: toca num leproso (Mc 2,41), deixa-se tocar por uma hemorrágica (5,27), presta ajuda a uma pagã (7,24-30). Por trás da pergunta por que os discípulos de Jesus comem com as mãos "impuras" (não lavadas), está toda a crítica do farisaísmo à conduta global de Jesus. A resposta de Jesus é violenta: a religião dos fariseus é invenção humana, e não a vontade de Deus, o que ele demonstra com o exemplo dos votos feitos ao templo em detrimento dos próprios pais (7,8-13, infelizmente eliminado da perícope litúrgica). E mais: toda essa questão de puro e impuro é uma farsa, pois o que deve ser puro é o interior, do copo e da gente, não o exterior. A podridão não é coisa de fora que entra na gente, como a comida, que sai novamente e vai à fossa (16-20, suprimido na liturgia!). A podridão está no coração da gente! Assim, Jesus não apenas declara todo alimento puro (19b), restituindo a criação de Deus, que fez as coisas boas (cf. At 10,15), mas ainda ensina ao homem olhar para dentro do próprio coração.

Jesus aqui demonstra espantosa liberdade face às tradições humanas, considerado o ambiente rígido em que vivia: o judaísmo lutando contra as influências estrangeiras, procurando conservar sua identidade, mediante a (exagerada) observância da Lei. Aos olhos dos "bons", Jesus estava destruindo o povo de Deus. Coisa semelhante acontece hoje. Os que procuram garantir a "identidade", não apenas dos cristãos, mas da "civili-

B
T. Com.

zação cristã ocidental", não admitem nenhum comportamento divergente das normas tradicionais que garantiram sucesso à cristandade. E, contudo, para "restituir a Lei a Deus", para fazer com que ela seja expressão do amor de Deus, talvez seja preciso mexer com as tradições esclerosadas e com as estruturas sociais que sustentaram a cristandade tradicional juntamente com seu maior inimigo, a sociedade do lucro individual e do ateísmo prático.

O cristão deve sempre ter claro que só a Lei de Deus é intocável; as interpretações humanas, por necessárias que forem, não. Por isso, Jesus reduziu a Lei de Deus ao essencial: amor a Deus e ao próximo (nem mesmo o sábado sobrou no seu "resumo"...). Quando nossas interpretações contrariam a causa de Deus, que é a causa do homem, estamos no caminho errado, no caminho dos fariseus.

E, por falar em vontade de Deus, não basta escutar sua formulação na Lei; é preciso executá-la. Verdadeira religião não é doutrina, mas amor prático, para com os mais humildes em primeiro lugar; é o que nos ensina a **2ª leitura**, de Tiago.

A VERDADEIRA RELIGIÃO

O **evangelho** nos regala com um dos trechos mais significativos de Marcos: a discussão sobre o que é puro e o que impuro (Mc 7,1-23). Os discípulos se puseram a comer sem lavar as mãos. Mas lá estavam alguns vizinhos piedosos, da irmandade dos fariseus, acompanhados de professores de teologia (escribas), vindos da capital, de Jerusalém. Logo se intrometeram, dizendo que é proibido comer sem lavar as mãos. (Como também se deviam lavar as coisas que se compravam no mercado, os pratos e tigelas e tudo o mais.) Mas Jesus acha tudo isso exagerado, sobretudo porque dão a isso um valor sagrado.

Na realidade, a piedade de Israel era relativamente simples. Religião complicada era a dos pagãos, que viviam oferecendo sacrifícios e queimando perfumes para seus deuses, cada vez que desejavam alguma ajuda ou queriam evitar um castigo. Mas a religião de Israel era sóbria, pois só conhecia um único Deus e Senhor. Consistia em observar o sábado, oferecer uns poucos sacrifícios, pagar o dízimo e, sobretudo, praticar a lealdade (amor e justiça) para com o próximo. Moisés já tinha dito que não deviam acrescentar nada a essas regras simples, admiradas até pelos outros povos (**1ª leitura**). E Tiago – o mais judeu dos autores do Novo Testamento – diz claramente: "Religião pura e sem mancha diante do Deus e Pai é esta: assistir os órfãos e as viúvas em suas dificuldades e guardar-se livre da corrupção do mundo" (Tg 1,27; **2ª leitura**).

Mas, no tempo de Jesus, os "mestres da Lei" tinham perdido esse sentido de simplicidade. Complicaram a religião com observâncias que originalmente se destinavam aos sacerdotes. Clericalizaram a vida dos leigos. Queriam ser mais santos que o Papa! Chegavam a dizer que era mais importante fazer uma doação ao templo do que ajudar com esse dinheiro os velhos pais necessitados. Inversão total das coisas. Ajudar pai e mãe é um dos Dez Mandamentos, enquanto de doações ao templo os Dez Mandamentos nem falam. Declaravam também impuras montão de coisas. No templo, tudo bem, o bezerro ou o cordeirinho a ser oferecido tem de ser bonito, puro, sem defeito. Mas no dia a dia, a gente come o que tem e do jeito como pode. Sobretudo a gente pobre, os migrantes, como eram os amigos de Jesus. Contra todas essas invenções piedosas, Jesus se inflama. Não é aquilo que entra na gente – e que é evacuado no devido lugar – que torna impuro, mas a malícia que sai de sua boca e de seu coração (Mc 7,18-23).

Jesus quis sempre ensinar o que Deus quer. A Lei era uma maneira para "sintonizar" com a vontade de Deus. E Jesus respeita a Lei, melhorando-a para torná-la mais de acordo com a vontade de Deus, que é o verdadeiro bem do ser humano. Isso é o essencial. O demais deve estar a serviço do verdadeiro bem da gente e não o impedir. A verdadeira sintonia com Deus, a verdadeira piedade é o amor a Deus e a seus filhos e filhas. Práticas piedosas que atravancam isso são doentias e/ou hipócritas.

Mais ainda que a Lei de Moisés em sua simplicidade original, a "religião de Jesus" deve brilhar por sua profunda sabedoria e bondade. Deve mostrar com toda a clareza o quanto Deus ama seus filhos e filhas ensinando-lhes a amarem-se mutuamente. Daí nossa pergunta: nossas práticas religiosas ajudam a amar mais a Deus e ao próximo, ou apenas escondem nossa falta de compromisso com a humanidade pela qual Jesus deu a sua vida?

23º domingo do tempo comum/B
JESUS FAZ TUDO BEM FEITO

Canto da entrada: (Sl 119[118],137.124) Deus é justo; que ele nos trate conforme sua misericórdia.

Oração do dia: Deus nos propicia redenção e adoção: que em Cristo tenhamos liberdade e herança eterna.

1ª leitura: (Is 35,4-7a) **Profecia messiânica: os surdos ouvirão, os mudos falarão** – Is 35 (ulterior ao resto do livro, ca. 500 a.C.) é uma profecia sobre o Reino de Deus: "Então" será a vez de Deus: fará valer sua justiça, salvando seu povo, e sua vingança, castigando os inimigos. Acontecimentos típicos desta utopia: os cegos verão, os surdos ouvirão, os aleijados saltarão, os mudos falarão, e a própria natureza transformar-se-á novamente em paraíso: imagens da renovação do povo. • 35,4 cf. Is 40,10 • 35,5-6 cf. Is 43,19-20; 48,21; Mt 11,5; 15,29-31; Mc 7,37; At 3,8.

Salmo responsorial: (Sl 146[145],6c-7.8-9a.9bc-10) Deus é fiel: faz justiça aos oprimidos e ama os justos.

2ª leitura: (Tg 2,1-5) **Opção preferencial de Deus pelos pobres** – Deus não conhece acepção de pessoas (cf. Rm 2,11), nem se deixa comprar, nem despreza o pobre (cf. Eclo 35,14-15[11-13]). A bondade de Deus é gratuita: por isso, cabe melhor em "mãos vazias"; quem está "cheio" (de riqueza ou de si mesmo) não a pode receber. A fé da Igreja, resposta à graça, mostra-se no fato de os pobres serem respeitados e amados, em palavras e atos. • 2,1 cf. Dt 1,17; Lv 19,15; Tg 2,9 • 2,5 cf. 1Cor 1,26-29; Tg 1,9-10; Gl 3,26-29.

– *Leit. alternat.:* (Tg 1,19.22-25) *Ouvir para fazer.*

Aclamação ao evangelho: (Mt 4,23) Jesus curava toda enfermidade do povo.

Evangelho: (Mc 7,31-37) **"Ele faz tudo bem: Faz os surdos ouvirem e os mudos falarem"** – A restauração da integridade física é um sinal do poder criador e salvador de Deus (p.ex., abrir a boca dos mudos: Sb 10,21). O que Deus quis no início da criação, será restaurado no fim (cf. Is 35, 1ª leitura). A integridade do ser humano, conforme o plano da criação, comporta ouvir e falar, pois a comunhão entre Deus e o homem implica que este possa ouvir e entender a palavra de Deus (cf. Mc 7,14) e responder-lhe por sua proclamação de fé. A ausência do ouvido e da fala simboliza a incapacidade da apreensão do mistério de Deus em Jesus Cristo. Mas Jesus traz a cura dessa incomunicabilidade, como também da dos homens entre si. • Mt 15,29-31 • 7,32 cf. Mc 5,23; 8,23.25; 1Tm 4,14 • 7,36 cf. Mc 1,44-45; 5,43 • 7,37 cf. Is 35,5-6.

Oração s/as oferendas: Venerar Deus e ser fielmente unidos pela participação no Mistério.

Prefácio: (dom. T.C. V) O ser humano, criado para louvar as grandes obras de Deus.

Canto da comunhão: (Sl 42[41],2-3) Como a corça anseia pelas águas, assim a alma tem sede de Deus / (Jo 8,12) "Eu sou a Luz do mundo".

Oração final: Deus nos nutre e fortifica pela Palavra e o Pão: sejamos sempre coparticipantes com Cristo.

B
T. Com.

Com sua apresentação do "humanismo" de Jesus (cf. dom. pass.), Mc não quer apenas mostrar que Jesus era um grande filantropo, mas que nesta atitude consiste o cumprimento do plano de Deus, aquilo que tradicionalmente se chama a "paz", o dom de Deus trazido presente por seu Ungido, o Messias. O evangelho de hoje mostra isso claramente. Chegamos quase ao fim da primeira metade do evangelho de Mc, em que ele mostrou que em Jesus há um "quê" de messiânico. Na segunda parte, ele mostrará o que exatamente é messiânico em Jesus e como deve ser entendido. O **evangelho** de hoje deve preparar a exclamação de Pedro que inaugura a segunda metade de Mc: "Tu és o Messias" (cf. próximo dom.).

Unindo em uma só pessoa dois defeitos, a surdez e a mudez, Mc lembra imediatamente o texto de Is 35, lido na **1ª leitura**, onde a cura de surdos e de mudos faz parte do tempo messiânico. E, para reforçar a nota, o povo exclama: "Ele fez tudo bem feito", vislumbrando a obra messiânica de restauração do paraíso (cf. também Is 35). Lembra como Deus "fez tudo bem" no início (Gn 1,31 etc.).

Porém, a intenção de Mc vai mais fundo. Para reconhecer que Jesus é o Messias é preciso que o homem esteja aberto. Ora, nem mesmo os discípulos eram fáceis de "abrir" (8,14-21!). Jesus não apenas "faz as coisas bem feitas", ele abre também o coração para ver o Reino de Deus, que está aí, onde se faz a sua vontade e se revela seu amor. Por isso, Mc insiste quase exageradamente no gesto material com que Jesus faz seu "trabalho": impor as mãos, aplicar saliva, elevar os olhos, gemer, dizer *effatá*, "abre-te"... Não é fácil abrir o homem para o mistério de Deus.

Ora, se acreditamos que com Jesus chegou o Reino de Deus, não dá mais para voltar para trás. O que ele fez tão bem feito, nós o devemos continuar fazendo. É hoje o momento para prestar um pouco mais de atenção à Carta de Tiago, cuja leitura foi iniciada no domingo passado. Ensina o que é o Reino de Deus na prática da Igreja; fazer como Deus: tudo bem feito. Para Deus não há acepção de pessoas (**2ª leitura**). Então, para a Igreja também não. O rico não tem nenhuma precedência sobre o pobre. Mais ainda. Para mostrar seu amor, Deus escolhe quem mais precisa: os pobres. Para provar que não rejeitamos ninguém, devemos dar a preferência àqueles que normalmente são rejeitados. Quem quer provar seu amor por todos deve começar pelos últimos. É por isso que, no Reino de Deus, os últimos serão os primeiros. Claro, isso não se deve fazer "para ser visto", transformando o pobre em ocasião de ostentação caritativa. Deve ser a expansão espontânea do amor, como uma mãe espontaneamente consagra atenção maior à criança que mais precisa. A própria Igreja surgiu, graças a este princípio. Não foi a Igreja constituída pelos que o judaísmo rejeitou, os "ignorantes"? Pelos que o paganismo desconsiderou: os escravos, os migrantes, os que não "contavam" para a sociedade pagã? No próprio evangelho, os sofridos e carentes de todo o tipo tornam-se os destinatários dos sinais do Reino e seus melhores propagandistas.

Não que Deus seja contra os ricos. Ele mesmo criou a riqueza para o bom uso. Mas é quanto a esse bom uso que surge divergência entre Deus e o rico, que acha que Deus fez tudo isso só para ele... Para poder repartir, a gente sempre deve receber de Deus. Aí está o problema do rico. Se está cheio de si mesmo, não é mais capaz de receber e aprender de Deus o que é graça e gratuidade; perde também a capacidade de abrir sua mão e seu coração. Por isso, quem é grande e poderoso deve admitir que é pobre e criança, frágil e carente. Então, Deus poderá consagrar sua atenção também a ele. Então, entenderá também que deve contribuir para mudar o mundo, para que encarne melhor a bondade de Deus que ele mesmo experimentou.

JESUS FAZ TUDO BEM FEITO

No domingo passado, vimos Jesus criticando as tradições humanas que desviam a gente da verdadeira vontade de Deus, o bem de seus filhos e filhas. Agora, o **evangelho** mostra o exemplo do próprio Jesus. Depois de ter dado à mulher pagã as "migalhas" do pão dos filhos, Jesus cura, na mesma região pagã (a Decápole), um surdo-mudo, e o povo se põe a clamar: "Tudo ele tem feito bem!" Com isso Jesus realiza o que o profeta Isaías sonhou para o tempo do Messias: os olhos dos cegos vão se abrir, abrem-se também os ouvidos dos surdos, os aleijados vão pular feito cabritos e a língua dos mudos entoará um cântico (**1ª leitura**). Convém lembrar aqui que os cegos e os coxos eram excluídos do templo... A vinda do Messias transforma os excluídos – pagãos, coxos, cegos, aidéticos, favelados, presos – em filhos do Reino. Conforme Sto. Irineu, a glória de Deus é que o ser humano tenha vida – e a vida do ser humano é contemplar Deus... Trata-se de uma certeza fundamental de nossa fé: Deus deseja que todos e todas tenham vida. A religião é para o bem da humanidade.

Com certeza, todo mundo se declara de acordo com isso. Mas, muitas vezes, a religião é usada para dominar as pessoas, para que fiquem quietas e não protestem contra a exploração pelos poderosos (que querem até passar por bons cristãos)... Será isso promover a vida do ser humano? Dizem que os que sofrem serão recompensados na eternidade. Mas isso não justifica que se faça sofrer aqui na terra! Também a vida neste mundo pertence a Deus: é o aperitivo da vida eterna.

O Deus da Bíblia quer o bem das pessoas *desde já*. Pode existir doença, sofrimento, mas não é a última palavra. Somos chamados a participar com Deus no aperfeiçoamento da criação. Por isso o povo saúda a chegada do Messias exclamando: "Tudo ele tem feito bem".

Deus não pode servir para legitimar nenhuma opressão. A verdadeira religião liberta o ser humano do mal, também do mal político e econômico. Religião que pactua com a opressão não é a de Jesus. O cristianismo deve servir para o bem do ser humano: o bem de todos e do homem todo.

A religião serve para o bem de todos, eliminando exploração e discriminação (**2ª leitura**). Para dar chances a uma ordem melhor, provoca até revoluções, se as estruturas vigentes produzem desigualdade e injustiça. Pois a justiça é a exigência mínima do amor.

A religião serve para o bem do homem todo, para aquelas dimensões que facilmente são esquecidas: a integridade da vida (contra a tortura, a irresponsabilidade com a vida nova etc.); a integridade do verdadeiro amor (contra a exploração erótica, o amor descartável etc.), o crescimento espiritual (contra o imediatismo, o materialismo etc.), o sentido último da vida (contra a mecanização e encobrimento da morte)...

Para que o povo excluído possa exclamar: "Tudo ele tem feito bem", muito ainda deve mudar na maneira de vivermos o ensinamento e o exemplo de Jesus!

24º domingo do tempo comum/B
JESUS, O MESSIAS "DIFERENTE"

B
T. Com.

Canto da entrada: (cf. Eclo 36,18[15-16a]) Que Deus nos dê paz, e profetas seguros.

Oração do dia: Para que sintamos o amor de Deus por nós, sirvamo-lo de todo o coração.

1ª leitura: (Is 50,5-9a) **3º Canto do Servo de Javé: o profeta perseguido, mas firme em Deus** – (Cf. Dom. de Ramos) – Deus deu ao "Servo" uma "língua de discípulo" (50,4), um ouvido fiel: ele é o profeta, o porta-voz autêntico. – Todo o seu ser está a serviço da Palavra de Deus. Resultado: perseguição (cf. Is 52,53: 4º Canto do Servo). Mas, cônscio de sua união com Deus, nada teme. – A plena identificação com a vontade e a palavra de Deus se dá em Cristo, que, por fidelidade à sua mensagem e aos que a acolhem, doa a própria vida, tornando-se o "Servo de Deus" em plenitude. • 50,6 cf. Mc 15,16-20 • 50,7 cf. Ez 3,8-9 • 50,8 cf. Rm 8,31-33.

Salmo responsorial: (Sl 116[115],1-2.3-4.5.8-9) Deus ouve e salva o seu Servo.

2ª leitura: (Tg 2,14-18) **A fé sem a caridade em atos não vale nada** – A fé sem as obras é um cadáver. Não existe verdadeira fé sem autêntica caridade, não há ortodoxia sem ortopráxis. Tg cita, com humor, um exemplo que poderia acontecer em nossos dias também. Que significa: "Ide em paz", sem melhora das condições para tanto? • 2,14 cf. Rm 3,20-31; Gl 2,16; 5,6 • 2,15 cf. Mt 25,41-45; 1Jo 3,17.

– *Leit. alternat.: (Fl 2,6-11) Jesus Servo e Senhor.*

Aclamação ao evangelho: (Sl 116[115],1-2.3-4.5.8-9) Deus ouve e salva seu Servo.

Evangelho: (Mc 8,27-35) **Profissão de fé em Jesus como Messias; anúncio da Paixão e exigências do seguimento** – Mc 8,27 é o "divisor hidrográfico" do evangelho. A partir deste episódio, Jesus não esconde mais sua identidade para os discípulos (o "segredo", cf. comentário do 4º dom. T.C.). Pretende abrir-lhes seu mistério, mas só entenderão depois da Ressurreição. – O texto de hoje inclui: 1) a confissão de fé em Jesus como Messias, por Pedro, em nome dos Doze (8,27-30); 2) a 1ª predição da Paixão, Morte e Ressurreição (8,31-33); 3) o convite para seguir Jesus na *via crucis* (8,34-35). – Pedro confessa Jesus como Messias, mas Jesus tem que corrigir seu conceito de Messias pelo anúncio do sofrimento. Mostra aos discípulos o messianismo do tipo "Servo Padecente" (cf. 1ª leitura), em vez do messianismo político e material. E quem quer seguir o Messias Padecente, tem que assumir o mesmo destino dele. • 8,27-30 cf. Mt 16,13-20; Lc 9,18-21 • 8,31-33 cf. 16,21-23; Lc 9,22; Mt 21,42; Mc 9,31-32; 10,32-34 • 8,34-35 cf. Mt 16,24-28; Lc 9,23-27.

Oração s/as oferendas: Que os dons de cada um sirvam para a salvação de todos.

Prefácio: (Paixão; Ramos) "Sua morte apagou nossos pecados" / (dom. T.C. VII) Salvação do mundo pela obediência de Cristo.

Canto da comunhão: (Sl 36[35],8) Proteção à sombra das asas de Deus / (1Cor 10,16) O cálice da bênção, o pão repartido: comunhão com Cristo.

Oração final: Que o dom eucarístico penetre nosso ser de modo que sejamos movidos por seu efeito, e não por nossos impulsos.

Chegamos ao ponto culminante da "pedagogia" messiânica de Jesus (**evangelho**). Até agora, todo mundo e também os discípulos foram descobrindo traços excepcionais em Jesus. Uns o consideravam João Batista reencarnado; outros Elias, de volta para anunciar o Dia de Javé (cf. Ml 3,23-24). Mas Simão Pedro, falando pelos Doze, diz claramente: "Tu és o Messias". Agora Jesus lhes faz ver o que se deve entender por esse título. Pedro pensava provavelmente num "Filho de Davi", num guerreiro, herói nacional, libertador da opressão estrangeira etc. Mas Jesus quer revelar um outro sentido do ser Messias. Proíbe aos Doze falar daquilo que Pedro reconheceu, pois levaria a perigosos mal-entendidos (com isso, Mc justifica por que Jesus em sua vida não se fez conhecer como Messias). Ensina-lhes que o "Filho do Homem" – a figura que encarnava a intervenção escatológica de Deus, cf. Dn 7,13-14 – devia sofrer, morrer e *ressuscitar* (mas parece que Pedro nem ouviu este último verbo, pois reage violentamente com um "isso nunca de minha vida"). Réplica de Jesus: "Vai atrás de mim, Satanás, pois tu não estás preocupado com o que Deus quer e sim com o que os homens querem". Que censura para aquele que, pouco antes, liderou a proclamação da fé messiânica!

A partir deste episódio começa a segunda parte do evangelho de Mc. Já não descreve as lidas de Jesus com a multidão, e sim, o ensinamento aos Doze, as discussões com o judaísmo de Jerusalém e a Paixão e Morte. Explica o modo de ser messias de Jesus, não o modo do poder externo, do messianismo político, mas o modo que atinge o interior das pessoas, prefigurado na figura do Servo Padecente do Senhor (cf. **1ª leitura**). Jesus mostra uma nova "leitura" do messianismo veterotestamentário. Em vez do messianismo guerreiro, lembra os cânticos do Servo Padecente, sobretudo Is 52,13–53,12; os textos de Sf sobre os pobres de Javé; de Zc 9 e 12 sobre o messias manso e humilde e o bom pastor; de Dn 9,25-26, sobre o "Ungido" morto pela população da cidade etc. Mas ao mesmo tempo, diverge do messianismo corriqueiro sob um outro ângulo ainda: esse messias sofredor tem a autoridade do Filho do Homem (Mc 2,10-28; 8,38 etc.); é o executivo escatológico de Deus. E, contudo, é rejeitado e morto. Este paradoxo é que provocou a veemente reação de Pedro, e é exatamente o que devemos aprender a aceitar.

Para apreender um mistério existe só um caminho: penetrar nele. Um teorema aprende-se rodeando-o com raciocínios: "com-preende"-se. Um mistério não. Não cabe em nossos raciocínios, transborda-os. Envolve-nos. Só se entende penetrando nele. Quem quer aceitar Jesus, tem que o conhecer por dentro. Tem que repartir sua experiência. Tem que ir com ele, ser seu seguidor, seu discípulo. O mistério da cruz só se entende assumindo-o (como espírito do Mestre, é claro). Quem se quer salvaguardar, perde sua chance. Mas quem se arrisca, realiza-se de uma maneira que nunca antes suspeitou. Nisto consiste a "revelação". Não em doutrinas intelectuais, mas na opção por um caminho diferente para viver, que Jesus nos mostra e abre: o caminho da cruz.

A **2ª leitura**, como toda a Carta de Tiago, oferece exemplos do que é o caminho da cruz, da negação de si mesmo. Não é imediatamente um martírio público ou sei lá o quê. É a abnegação de si mesmo nas pequenas coisas práticas. Não apenas desejar bem-estar aos outros, mas repartir com eles do que é seu, tirar algo de si para ser realmente irmão e "próximo" do necessitado. Fé não é uma adesão meramente intelectual; é escolher o caminho da negação de si em prol do irmão. E isso, porque Cristo no-lo mostrou. Porque lhe damos crédito, na experiência única que ele teve de Deus e que ele quer repartir conosco.

Uma atitude fundamental para realizarmos essa participação é a "obediência", no sentido bíblico: o "dar audiência" àquilo que é maior do que nós: o mistério de Deus, que normalmente se apresenta em nossos irmãos. Esta obediência é que caracteriza o Servo de Javé (Is 50,4b) e aquele que realiza plenamente o caminho do Servo, Jesus Cristo (Fl 2,8). Não a obediência constrangida do medo do inferno, mas a obediência do amor, o tornar-se atento para o amado. A liturgia de hoje, nas suas orações, nos convida a esta atitude: servir Deus de todo o coração, para sentir seu amor por nós (ideia da participação; **oração do dia**); sermos movidos não mais por nossos impulsos, mas pelo sacramento, ou seja, o sinal que torna o amor de Deus eficaz em nós (**oração final**).

SEGUIR UM MESSIAS DIFERENTE...

Dizem que o povo não gosta de jogar voto fora. Vota em quem pensa que vai ganhar. Assim, quem representa os deserdados não tem *ibope*, enquanto os políticos corruptos são reeleitos e a situação não muda nunca.

Parece que também Simão Pedro não gostava de torcer pelo time perdedor. Queria estar do lado do poder. Tinha chegado à conclusão de que Jesus era o Messias (8,29). Mas quando Jesus começou a explicar que o Messias e Filho do Homem devia sofrer e morrer, Pedro quis fazer-lhe a lição: sofrer, nunca! (8,31-32). Então Jesus lhe dirige dura advertência: "Vai, satanás, para trás de mim, pois não tens em mente as coisas de Deus e sim as dos homens" (8,33). Pedro é chamado de satanás, não de diabo, porque o satanás é uma figura folclórica na litera-

B
T. Com.

tura bíblica, exercendo o papel de tentador, de sedutor (cf. Jó 2,1-2). Jesus associa Pedro ao "sedutor", porque tentou desviá-lo do caminho do sofrimento. Então Jesus o manda para o lugar do discípulo obediente, atrás do mestre, para segui-lo carregando a cruz (Mc 8,34-35).

Jesus é Messias, mas à maneira do Servo Sofredor de que fala Isaías (1ª leitura). Este oferece as faces a quem lhe arranca a barba, não teme o fracasso, pois Deus está com ele. O Servo Sofredor é como um herói que desce na cova dos leões: desce nas profundezas do ódio para vencê-lo por dentro, assumindo o sofrimento injustamente infligido. Seu poder não é como os poderes deste mundo; é a força de Deus que vence o poder pelo amor. Mas para isso, ele tem de escutar a voz de Deus: "O Senhor abriu meu ouvido" (Is 50,5).

Acreditar em Jesus é aderir ao Servo, o líder rejeitado e morto, mas que é também ressuscitado por Deus, como está em Mc 8,31 (Pedro parece não ter percebido esse "detalhe"). Ser cristão é seguir Jesus pelo caminho do sofrimento. Não existe fé cristã sem via sacra. E isso, não pelo prazer de sofrer, mas porque é preciso enfrentar a injustiça e tudo quanto se opõe a Deus no próprio campo de batalha. Ser cristão não é compatível com sempre ter sucesso no mundo; quem não é perseguido provavelmente não está trilhando os passos de Jesus.

A Igreja não é para torcedores que pagam para ver o time ganhar; é para jogadores dispostos a enfrentar sacrifícios. Mas esta comparação esportiva é perigosa: pode sugerir auto-afirmação, e então estaríamos novamente pensando nas coisas dos homens e não nas de Deus. Não se trata de autoafirmação, nem de heroísmo para glória própria, mas antes, de ter um ouvido aberto à voz de Deus, que nos mostra um caminho que por nós mesmos não suspeitávamos ser o caminho de Deus. Trata-se de ter um coração de discípulo, que saiba escutar Deus nos seus planos mais misteriosos. Será que Deus não está mostrando um caminho de "mais vida" quando sugere cuidar de uma criança doente, de pessoas excluídas, do silêncio de quem não pode falar, do esquecimento de si?... Tenhamos o ouvido aberto!

Cristo nos deu o exemplo. Nele confiamos. Tendo em vista sua "vitória", não importa que "perdemos nossa vida" segundo os critérios deste mundo. Ganharemos Deus.

25º domingo do tempo comum/B
SER DISCÍPULO: A HUMILDADE

Canto da entrada: "Eu sou a salvação do povo... serei seu Deus para sempre".

Oração do dia: Amor a Deus e ao próximo.

1ª leitura: (Sb 2,12.17-20) **A perseguição do justo** – Sb considera "justo" todo aquele que leva Deus a sério e acredita que Deus o leva a sério. Ele é "filho de Deus" (conceito originariamente coletivo: o povo de Israel; cf. Os 11,1). Mas os "ímpios", por inveja, não aguentam que alguém assim se denomine. – No caso de Jesus, a pertença a Deus é tão total, que a fé lhe atribui natureza divina. Ora, quanto mais "filho de Deus", tanto mais será objeto de perseguição. • 2,12 cf. Jr 11,19; Jo 5,16.18; Mc 14,1-2; 9,31 • 2,18-19 cf. Sl 22[21],9; Mt 27,43; 26,67-68; Is 53,7.

Salmo responsorial: (Sl 54[53],3-4.5.6+8) O justo pede salvação da opressão.

2ª leitura: (Tg 3,16–4,3) **O câncer do ciúme e da ambição na comunidade** – A "sabedoria" mostra-se superior à inveja e à ambição, por seus frutos (3,16-18): paz e bondade. O contrário acontece onde a ambição manda, p.ex., na comunidade cristã à qual Tg se dirige com censuras veementes (4,1-3). Onde reina a ambição, não há lugar para a caridade e a oração eficaz. • 3,17-18 cf. Pr 2,6; Sb 7,22-23; Hb 12,11; Mt 5,9 • 4,1-3 cf. Rm 7,23; 1Pd 2,11; Sl 66[65], 18; Mt 6,5-6.33.

– *Leit. alternat.: (1Pd 2,19-21a) Seguir o Cristo-Servo.*

Aclamação ao evangelho: (cf. 2Ts 2,14) Vocação à glória de Cristo.

Evangelho: (Mc 9,30-37) **2º anúncio da Paixão; lição de humildade** – (Cf. o 1º anúncio da Paixão, dom. pass.) – Os discípulos já não protestam, como ao 1º anúncio da Paixão (8,32), mas tampouco entendem (9,32). Essa incompreensão é mencionada para introduzir uma "aula particular" de Jesus aos discípulos ("em casa", 9,33): uma coleção de sentenças de Jesus referentes ao seguimento e à comunidade dos discípulos (9,33-50). 9,33-37 são sentenças sobre a ambição, que destrói a comunidade e obscurece a figura de Cristo, o qual veio para servir. Mc expõe esse tema à luz da Paixão (cf. 3ª predição e sua sequência, Mc 10,32-45, 29° dom. T.C.). • 9,30-32 cf. Mt 17,22-23; Lc 9,44-45; Mc 8,31; 10,33-34 • 9,33-37 cf. Mt 18,1-5; Lc 9,46-48 • 9,35 cf. Mc 10,43; Lc 22,24-27.

Oração s/as oferendas: Que recebamos nos sacramentos o que proclamamos na fé.

Prefácio: (Paixão; Ramos) "Sua morte apagou nossos pecados" / (dom. T.C. VII) Salvação do mundo pela obediência de Cristo.

Canto da comunhão: (Sl 119[118],4-5) Cumprir a vontade de Deus / (Jo 10,14) "Eu sou o Bom Pastor".

Oração final: Colher os frutos da redenção na liturgia e na vida.

A 2ª predição da Paixão (**evangelho**), que forma o núcleo da liturgia de hoje, tem um acento próprio. Enquanto a primeira fala da rejeição pelas lideranças religiosas, a segunda acentua o fato de "o Filho do Homem ser entregue em mãos humanas" (a terceira, mais completa, acrescentará ainda sua condenação à morte e extradição aos pagãos). A **1ª leitura** é bem escolhida, no sentido de mostrar a inveja dos homens ímpios contra o justo, que considera Deus como seu pai. (Mt 27,43 interpreta expressamente a morte de Cristo a partir desta ideia, presente também em Sl 22[21],9; Sb 2,18.) A ideia da inveja da virtude do justo forma, assim, o laço que une as leituras de hoje: a 1ª leitura, a 2ª leitura (os males da inveja) e o evangelho, que prolonga o anúncio da Paixão numa admoestação contra a ambição, o "pecado da comparação".

Atinge-se assim um nível fundamental, tanto do ponto de vista cristológico quanto antropológico. Pois o "pecado da comparação" não é outro senão o pecado de Adão, o pecado originante, presente em todo ser humano: não aguentar que alguém seja maior, querer ocupar o lugar de Deus. E o que Cristo vem cumprir (e anuncia nas predições da Paixão) é exatamente o contrário: o despojamento, a obediência até a morte. Neste contexto do homem velho, corrompido por sua inveja, Jesus aparece como o homem novo, completamente filho de Deus, realizando por sua obediência o que o orgulho de Adão tentou alcançar em vão: a condição divina.

A lição de humildade (Mc 9,33-37) completa, portanto, de modo adequado, o tema da Paixão de Jesus; não dilui a trágica realidade da cruz, nem a troca em miúdos para a vida cotidiana do cristão bem comportado... A humildade não é a virtude do medroso, a carência transformada em virtude. É a opção pelo caminho do Cristo, o caminho da obediência até a morte por amor, contrariamente ao orgulho, que leva à morte absurda. Tg atribui toda a espécie de males ao orgulho e à ambição, e não sem razão. Não é o competicionismo uma forma de inveja que leva os homens a desarticular sempre mais a própria sociedade? Onde cada um quer ter e ser mais do que os outros, a ruína é inevitável.

O exemplo de Cristo nos ensina a escolher o caminho oposto. Olhar para os outros, sim, mas não para nos comparar com eles porém, para ver como servir melhor. Ser grande é ser o servo de todos. Até o mais pequeno merece ser acolhido como o próprio Senhor. Jesus toma por exemplo o acolhimento de uma criança. Coisa fácil? Quem é que não gosta de crianças? Todavia: 1) no tempo de Jesus a criança era de pouquíssimo valor aos olhos da sociedade (só importava para os pais e familiares); 2) será que hoje, realmente, todas as crianças são bem-vindas?

Conclusão: para realizar o caminho de Jesus no dia a dia, impõe-se a humilde dedicação ao mais insignificante dentre os nossos irmãos. Dedicação humilde, não aquela falsa humildade que é o orgulho de quem não quer nada com nada, mas o encaminhamento de nossa vida no caminho da doação total, do "perder-se para realizar-se" (cf. dom. pass.).

A última frase do evangelho estabelece uma relação muito significativa: quem acolhe uma criança em nome de Jesus (i.é, por causa do que Jesus ensinou), acolhe Jesus mesmo (como Mestre, pois segue seu ensinamento). Mas quem acolhe Jesus (o Enviado), acolhe aquele que o enviou (Deus). Estamos a poucos passos da parábola do último juízo de Mt 25,31-46, onde o Rei e Juiz diz: "O que fizestes ao mínimo destes meus irmãos, a mim o fizestes". O serviço humilde ao último dos homens é o critério decisivo do ser cristão (o agir em nome de Cristo), mas também de toda a salvação.

A **oração do dia** prepara bem o espírito deste ensinamento: o amor a Deus e ao próximo, não dois amores, mas o primeiro encarnando-se no segundo e o segundo encontrando seu critério no primeiro (para que a gente não se ame a si mesmo no próximo...).

SEGUIR JESUS: AMBIÇÃO OU HUMILDADE?

Políticos em campanha eleitoral levantam crianças diante das câmeras de televisão... Mas qual deles se importa realmente com o futuro das crianças abandonadas, com os meninos de rua, com a educação popular? O que conta não é a criança, e sim, o voto.

Jesus faz da pouca importância das crianças uma lição para seus seguidores. Os discípulos não compreendiam quando Jesus falava de seu sofrimento; pelo contrário, ficavam discutindo quem era o maior dentre eles. Por causa disso, Jesus chamou uma criança, colocou-a no meio deles e disse que a criança estava aí como se fosse ele mesmo – e até mais do que isso: "Quem acolher em meu nome uma destas crianças estará acolhendo a mim mesmo. E quem me acolher estará acolhendo não a mim, mas Àquele que me enviou" (**evangelho**).

A liturgia de hoje nos ajuda a cavoucar mais a fundo o mistério que está por trás dessas palavras. Enquanto os discípulos não levavam muito a sério as crianças, Jesus se identifica com uma criança, porque tem uma profunda consciência do amor paterno de Deus. Na **1ª leitura**, o justo que chama Deus de pai é considerado insuportável pelos poderosos, que só dão importância à força e à arrogância. E a **2ª leitura** nos mostra quanto mal faz a ambição dentro da comunidade cristã. Na lógica do mundo, o que importa é a prepotência, a ambição. Mas Deus é o pai do justo, sobretudo do justo oprimido. Na criança desprotegida, ele mesmo se torna presente.

O justo humilde, perseguido pelos prepotentes, e que chama Deus de pai, é a prefiguração do próprio Jesus. A grandeza mundana não importa. Uma criança sem importância pode ser representante de Jesus e, portanto, de seu Pai, Deus mesmo. E se não for uma criança, pode ser um mendigo, um desempregado, um aidético... No aspecto de não terem poder, esses sem-poder parecem-se com Jesus. Nossa "ambição" deve ser: servir Jesus neles. Então seremos grandes.

Alguém talvez chame isso de falsa modéstia: dizer-se humilde julgando-se superior aos outros. Já os empresários o chamarão de desperdício, pois quem se refugia na humildade nunca vai realizar as grandes coisas de que nossa sociedade tanto precisa... O raciocínio de Jesus vai no sentido oposto: as ambições deste mundo facilmente encontram satisfação, se há quem delas pode tirar proveito. Todo mundo colabora. Mas quem não tem poder só pode contar com Deus e com os "filhos de Deus", os que querem ser semelhantes a ele. Então, de repente, não é a ambição que move o mundo, mas a força do amor que Deus implantou em nós. Não o orgulhoso ou o ambicioso, mas o humilde consegue despertar a força do amor que dorme no coração do ser humano. A criança desperta em nós o que nos torna semelhantes a Deus, nosso Pai.

26º domingo do tempo comum/B
SER DISCÍPULO SEM RIVALIDADE

Canto da entrada: (cf. Dn 3,31.29.30.43.42) "Senhor, tudo o que fizeste conosco, o fizeste com direito e justiça".

Oração do dia: Deus revela seu poder na misericórdia.

1ª leitura: (Nm 11,25-29) **A profecia só depende da eleição; rejeição do falso zelo** – A missão libertadora de Moisés apoiava-se no Espírito recebido de Deus (cf. Is 63,11). Também seus setenta assistentes (os "anciãos") recebem este Espírito, mas não de modo permanente, "não continuaram" (11,25). Ora, havia dois eleitos para receber o Espírito, que não foram à Tenda do Encontro. Mesmo assim, receberam o Espírito no próprio acampamento. Moisés, recusando o falso zelo dos que denunciam este fato, reconhece neles o dom de Deus e faz votos que todo o povo possa receber assim o Espírito. – Conforme Jl 3,1-2, tal efusão geral do Espírito é marca do tempo escatológico; At 2 a vê realizada no Pentecostes. • 11,25 cf. Nm 11,17; Dt 34,10; 1Sm 10,9-13; 19,20-24 • 11,28 cf. Mc 9,38-39 • 11,29 cf. Jl 3,1-2; At 2,4.16-18.

Salmo responsorial: (Sl 19[18],8.10.12.13.14) A Lei do Senhor, "sabedoria dos humildes".

2ª leitura: (Tg 5,1-6): **A riqueza dos ricos está podre** – Ameaça aos ricos, que não querem repartir sua abundância com os necessitados, e isso, na proximidade dos "últimos dias" (a primeira Igreja acreditava firmemente na iminência da Parusia). São cegos: não enxergam a miséria dos pobres, nem os sinais do tempo! Também hoje, muitos cristãos amontoam dinheiro sem escrúpulos, deixando para mais tarde o momento de acertar seu débito com Deus... Deus julga sobre a caridade testemunhada ao mais pobre, aqui e agora (cf. Mt 25,31-46). • 5,1-3 cf. Lc 6,24-25; Mt 6,19-20; Eclo 29,13[10]; Pr 11,4.28 • 5,4-6 cf. Am 8,4-8; Dt 24,14-15; Eclo 34,25-26[21-22]; Lv 19,13; Ml 3,5.

– *Leit. alternat.:* (1Cor 12,1-3) *O Espírito inspira a proclamação de Cristo.*

Aclamação ao evangelho: (Jo 17,17ba) A palavra do Senhor nos santifica na verdade.

Evangelho: (Mc 9,38-43.45.47-48) **"Quem não é contra nós, é por nós"** – (Continuação das instruções comunitárias: cf. dom. passado) – 9,40: quando se trata de publicar o nome de Jesus, qualquer ajuda é bem-vinda (cf. Fl 1,15) (não confundir esta palavra com a de Mt 12,30 = Lc 11,23, de outra tradição e situada num contexto bem diferente: quando se trata do poder do maligno, então sim, quem não está de nosso lado, está com o Maligno). Hoje atualizamos Mc 9,40 assim: o bem se pode fazer também fora da Igreja. Cf. 9,41: não se pergunta se os que dão um copo d'água aos que são do Cristo são cristãos eles mesmos; de qualquer modo, serão recompensados. – Em 9,42-50 continuam as instruções comunitárias: os "pequenos" não devem ser perturbados na sua simples fé, menos ainda ser seduzidos para o mal. • 9,38-40 cf. Lc 9,49-50; Nm 11,28; 1Cor 12,3 • 9,41 cf. Mt 10,42; 1Cor 3,23 • 9,42-48 cf. Mt 18,6-9; Lc 17,1-2 • 9,48 cf. Is 66,24.

Oração s/as oferendas: Por esta oferenda abra-se para nós a fonte de toda a bênção.

Prefácio: (dom. T.C. I) Povo de Deus, chamado para proclamar suas maravilhas.

Canto da comunhão: (Sl 119[118],49-50) A palavra de Deus, consolo na aflição / (1Jo 3,16) O amor de Deus na doação de Cristo por nós.

Oração final: Comunhão: renovação da vida e herança eterna.

Antes, Mc falou em acolher pequenos "em nome de Jesus". Encadeando outras sentenças no mesmo item, passa agora ao assunto do exorcizar "em nome de Jesus" (associação verbal, muito comum na tradição oral dos primeiros cristãos) (**evangelho**). Logo nos albores da comunidade cristã, milagreiros e exorcistas não cristãos, notando a força do "nome de Jesus" (cf. At 3,6.16; 4,10), tentavam usar esse nome em seus "trabalhos". Mas os cristãos exigiam direitos autorais. Como resposta, Mc traz uma sentença de Jesus: "Quem não é contra nós, é por nós". Resposta de bom senso e desapego evangélico, pois o importante é que o nome de Jesus seja honrado. Mas quem considera o grupo mais importante que o nome de Jesus fica indisposto. Não aceita que os dons cristãos floresçam fora da Igreja.

B
T. Com.

Jesus presta pouca atenção a esse tipo de objeções. Os que por ele foram reunidos não devem pensar que eles são os únicos em quem possa operar seu espírito. Ser reunido por Cristo é uma graça, mas não um monopólio. Pelo contrário, devemos desejar que seus benefícios sejam espalhados o mais amplamente possível. Já Moisés deu aos hebreus uma lição neste sentido. No momento da assembleia dos setenta anciãos que receberam "algo do espírito de Moisés", dois tinham ficado no acampamento; porém, receberam também o espírito profético. Josué quer impedi-los, mas Moisés retruca: "Oxalá o povo todo recebesse assim o espírito" (**1ª leitura**).

Estas ideias escandalizam aqueles para quem o grupo é tudo. Ora, não a Igreja em si, mas Cristo e seu espírito são o mais importante. (Não se alegue o velho adágio: "*Extra Ecclesiam nulla salus*", pronunciado contra os que abandonavam a Igreja.) Mas escandalizam-se também os que só conhecem aquela *outra* sentença de Jesus: "Quem não é comigo, é contra mim" (Mt 12,30 = Lc 11,23), pronunciada num contexto de inimizade (os escribas acusam Jesus de expulsar demônios pela força de Beelzebu); pois em tal contexto, é preciso escolher: quem não se coloca do lado de Jesus se coloca do outro. Mas isso nada tem a ver com o caso de alguém que recebe os dons do Cristo fora da Igreja.

Sempre no item do "nome", Jesus promete recompensa pelo mínimo benefício feito a alguém "em nome de ser do Cristo" (9,41). E já que se estava falando também de "pequenos" (cf. v. 37), cabe dizer algo sobre o escândalo dado aos pequenos (9,42). E, continuando com o item "escândalo": a gente tem que erradicar de sua vida as raízes do escândalo, as causas das fraquezas na fé, assim como se amputa uma mão quando ela põe o corpo em perigo (ou como se extrai um dente quando causa enxaqueca) (9,43-48).

O evangelho trata, portanto, de assuntos diversos. Ora, o conjunto da liturgia acentua o tema da ação de Deus fora da assembleia "oficial". Este ponto deve reter a atenção da catequese litúrgica, e é muito importante em nosso ambiente, onde macumbistas e espíritas fazem "trabalhos" em nome de Jesus (e com sucesso). Existe uma mentalidade de combater o sincretismo religioso. Talvez seria mais evangélico ponderar – sem esconder os problemas – o bem que eventualmente façam e reconhecer que lá também Deus pode levar alguém a colocar em obra o seu amor. Tal atitude mostrará a face compreensiva da Igreja, procurando reconhecer em tudo o bem – e levaria menos pessoas a procurar a umbanda por não encontrar resposta humana num catolicismo formalizado e ríspido[11].

PENSAMENTO INCLUSIVO

B
T. Com.

A cristandade tradicional caracterizava-se por atitudes exclusivistas. Só a Igreja católica estava certa... Dizia-se que quem morre fora da Igreja católica vai ao inferno. (Deveria ser mandado ao inferno quem fala assim...)

---

11. Pensando no diálogo em torno de problemas econômicos e ecológicos de nosso mundo, devemos pensar nas coisas boas que podem ser feitas "em nome de Jesus" mediante pensamentos que não nasceram no âmbito da cristandade.

O **evangelho** conta um episódio que nos ensina o contrário. Os discípulos ficam nervosos porque alguém anda expulsando demônios no nome de Jesus, sem fazer parte do grupo deles. Naquele tempo, todo tipo de tratamento sugestivo estava na moda, como hoje. Visto que Jesus era o sucesso do momento, alguns que não eram de seu grupo usavam seu nome para expulsar uns demoniozinhos. Que mal havia nisso? Nenhum, mas os discípulos queriam direitos autorais!

A liturgia ilustra o problema com outro episódio. O povo de Israel andando pelo deserto, o Espírito desce sobre a assembleia dos anciãos. Mas dois não foram à assembleia e receberam o Espírito assim mesmo. Os outros reclamam. Então Moisés responde: "Oxalá todo o povo de Deus profetizasse e Deus infundisse a todos o seu espírito" (**1ª leitura**).

Nem todos os cristãos são tão mesquinhos assim que pretendem reservar para a própria agremiação os dons de Deus. Desde o Humanismo, bem antes do Concílio Vaticano II, os educadores cristãos ensinavam que os pagãos Platão e Virgílio eram profetas, pois anunciaram coisas que, depois, se verificaram em Jesus. Houve até quem chamasse Karl Marx de profeta (com menos mérito, pois viveu bem depois de Jesus e repetiu muita coisa que Jesus e a Bíblia disseram antes dele...). As coisas boas que esses pagãos falaram não deixaram de ser um testemunho a favor de Jesus.

"Quem não é contra nós está em nosso favor" (Mc 9,40). Esta é a lição. (Jesus disse também: "Quem não está comigo é contra mim", Mt 12,30, mas isso, em caso de conflito e perseguição.)

O nome de Jesus representa o Reino do Pai. O nome de Jesus se liga a uma realidade nova, a vontade de Deus. "Ninguém que faz milagres em meu nome poderá logo depois sair falando mal de mim" (Mc 9,39). Por tudo aquilo que ele disse e fez, pelo dom da própria vida, Jesus ligou a seu nome a nova realidade que se chama o "Reino de Deus". Quem consegue usar o nome de Jesus como força positiva certamente colabora de alguma maneira com o Reino.

Não é preciso ser católico batizado para colaborar com os valores do evangelho. Os primeiros missionários no Brasil ficaram cheios de admiração porque os índios pagãos pareciam ter mais valores evangélicos que os colonos portugueses escravocratas. O testemunho do evangelho pode existir fora da comunidade cristã, e nós devemos alegrar-nos por causa disso.

Então, em vez de dizer que fora da Igreja não há salvação, vamos dizer: tudo o que salva expande o que estamos fazendo na Igreja. Pensamento inclusivo.

27º domingo do tempo comum/B
SER DISCÍPULO: O MATRIMÔNIO SEGUNDO O PROJETO DE DEUS

Canto da entrada: (Est 19,9.10-11) Poder universal de Deus.

Oração do dia: No seu imenso amor de Pai, Deus nos dê mais do que ousamos pedir.

1ª leitura: (Gn 2,18-24) **O projeto original de Deus para homem e mulher** – O projeto inicial de Deus fica sempre válido. Portanto, falando do primeiro casal humano, o autor de Gn fala de todos os casais humanos. Entre todas as criaturas, só a mulher é a "ajuda adequada" para o homem. O amor matrimonial é mais forte que qualquer outro laço humano, mesmo o da família de origem. Por sua natureza, é único. Os dois formam "uma só carne", uma única realidade humana. • Cf. 1Cor 11,8-9; 1Tm 2,13; Ef 5,31; 1Cor 6,16 • cf. evangelho.

Salmo responsorial: (Sl 128[127],1-2.3.4-5.6) Bênção nupcial de Deus.

2ª leitura: (Hb 2,9-11) **Glorificação de Cristo que morreu por nós** – Hb quer confirmar os cristãos do judeu-helenismo em sua fé e esperança, que estão sendo abaladas pela controvérsia dos não cristãos e pela protelação da Parusia. A carta destaca a grandeza de Cristo e da fé, mostrando a nova plenitude das figuras (modelos) do passado. Descreve amplamente a plenitude do sacerdócio em Cristo. – 2,5-16: Jesus, embora por um tempo colocado "um pouco abaixo dos anjos", é agora elevado acima deles: o que o Sl 8,6 diz da humildade e grandeza do ser humano, encontra sua plenitude em Cristo. Ele fez-se irmão nosso, assumindo nossa condição humana até a morte, para quebrar o domínio da morte e nos santificar, isto é, nos introduzir na "glória" (de Deus) (2,10). • 2,9 cf. Sl 8,5-7; Fl 2,6-11 • 2,10 cf. Rm 11,36; 1Cor 8,6; Hb 4,15; 5,2-3.9-10 • 2,11 cf. Jo 17,19; Hb 2,17-18; Sl 22[21],23.

– *Leit. alternat.: (Ef 5,21-33) O matrimônio visto em Cristo.*

Aclamação ao evangelho: (Jo 14,23) Quem ama a Cristo, guarda sua palavra, e o Pai o amará / (1Jo 4,12) O amor de Deus em nosso amor.

Evangelho: (Mc 10,2-16 ou 10,1-12) **A indissolubilidade do matrimônio** – Em continuidade com as questões comunitárias do cap. 9, Mc 10,1-12 apresenta a visão cristã do matrimônio: segundo a vontade original de Deus (cf. 1ª leitura), homem e mulher são destinados a formar uma unidade pessoal inseparável. A legislação mosaica concernente ao divórcio veio depois do projeto original; é um remendo, por causa da "dureza do coração", visto que o casamento nem sempre é o que deveria ser. Jesus se atribui a "autoridade" de restaurar o sentido dado por Deus mesmo. Não se coloca no nível da casuística, mas da vontade inicial e final de Deus. O que se deve fazer quando o homem não corresponde é outra questão. – 10,13-16: ensina aos discípulos, mediante um gesto paradigmático, que o Reino de Deus é dado às pessoas menos consideradas: as crianças, que não podem nada por si mesmas, mas são capazes de receber tudo (cf. as Bem-Aventuranças, Mt 5,3-10). • 10,2-12 cf. Mt 19,1-9 • 10,4 cf. Dt 24,1 • 10,6-8 cf. Gn 1,27; 2,24; Ml 2,14-16 • 10,11 cf. Mt 5,32; Lc 16,18 • 10,13-16 cf. Mt 11,25; 18,3; 19,13-15; Mc 9,37; Lc 18,15-17.

Oração s/as oferendas: "Completai a santificação dos que salvastes".

Prefácio: (Esposos II) Participação da vontade divina e do plano de amor de Deus / (dom. T.C. V) Grandeza do homem na criação.

Canto da comunhão: (Lm 3,25) Deus é bom para os que nele confiam / (1Cor 10,17) Um só pão, um só cálice, um só corpo.

Oração final: Saciar-nos do pão, inebriar-nos do vinho, ser transformados naquele que recebemos.

O tema de hoje é o matrimônio, porém, não sob o ângulo da casuística, mas sob o ângulo da vontade de Deus. Pois Jesus veio trazer presente o Reino de Deus, também quanto ao matrimônio: é preciso que seja restaurado no sentido que Deus mesmo lhe deu, desde o início. Este sentido se encontra descrito em Gn 2 (**1ª leitura**): preocupado com a felicidade de Adão, "o Homem", Deus lhe procura uma companhia, mas como entre os outros seres vivos não a encontra, faz a mulher, da "metade" do homem. Esta narração significa a complementaridade de homem e mulher, que se transforma numa unidade de vida ("uma só carne"), quando o homem opta por uma mulher e, por causa desta opção, deixa sua família de origem e a segurança que lhe oferecia. Pois casar é um risco e um compromisso.

Na história da humanidade e de Israel, a vontade inicial de Deus nem sempre se realizou, e tal deficiência não é curada pelo progresso ou pela evolução. Estamos hoje tão longe do ideal de Deus quanto as civilizações antigas. O problema é que o plano de Deus só se realiza no amor, e este ficará sempre igualmente difícil para a humanidade. Sempre houve muito desamor. Chefes de família patriarcal que achavam que precisavam de outra esposa. Casamentos interesseiros, que não deram certo. E muitas outras razões pelas quais os homens achavam legítimo despedir suas mulheres. Para pelo menos lhes dar uma proteção legal, a legislação deuteronomística previu que as mulheres repudiadas recebessem um certificado (Dt 24,1). Os escribas, sabendo que Jesus não gostava da prática do divórcio (como antes dele Ml 2,14-16), quiseram experimentar se ele também rejeitava a Lei a respeito do certificado de divórcio (**evangelho**). A resposta de Jesus é astuta e adequada ao mesmo tempo. A legislação do divórcio é uma legislação feita para enfrentar a maldade humana (como a grande maioria das leis). Mas o plano de Deus a respeito do matrimônio se situa num outro nível, o da vontade de Deus, que é amor. Jesus não veio fazer casuística, ensinar qual é o mal menor. Ele veio trazer presente o Reino de Deus, o fim do mal. Para praticar o divórcio, a humanidade não precisa de uma palavra de Jesus, de uma mensagem de Deus. Já o faz por conta própria. Mas para voltar ao sonho de Deus referente ao amor humano, sim, precisa do evangelho.

(Na leitura completa do **evangelho**, segue agora um trecho sobre ser como crianças para receber o Reino de Deus. A mensagem reforça a anterior: para aceitar a vontade originária do Pai, é preciso ser simples e humilde.)

Começa hoje, na **2ª leitura**, uma sequência da Carta aos Hebreus. A mensagem é um tanto difícil. Exige uma explicação especial, para colocar os ouvintes a par dos princípios da "cristologia sacerdotal" que marca esta carta. Para o autor de Hb, Jesus é sacerdote, "santificador", por excelência, por serem sua humanidade e despojamento os instrumentos pelos quais ele santifica toda a condição humana. Santificou-nos por sua fraternidade conosco.

Chamam nossa atenção as belas orações. Enquanto a **oração do dia** testemunha uma ilimitada confiança filial, a **oração final** condensa toda uma teologia eucarística: o sinal produz o que ele significa, a transformação do homem naquilo que ele recebe no sacramento: em Cristo mesmo.

O MATRIMÔNIO SEGUNDO JESUS

Os evangelhos deste período litúrgico constituem uma sequência que podemos resumir no termo "discipulado". O evangelista Marcos mostra Jesus a caminho, subindo a Jerusalém (Mc 8,31–10,45). Caminhando, Jesus ensina o caminho do Filho do Homem: sofrimento, cruz e ressurreição. Este ensinamento itinerante de Jesus é balizado pelos três anúncios da paixão (8,31-32; 9,30-32; 10,32-34). Esses anúncios são entremeados por ensinamentos que explicam em que consiste ser discípulo e seguir Jesus. Ora, também um casamento fiel faz parte do seguimento de Jesus, do discipulado. Esse é o **evangelho** de hoje.

A legislação matrimonial do Antigo Testamento era um pouco mais frouxa que a moral católica hoje. Não proibia o homem de ter diversas mulheres, apenas aconselhava que não fossem muitas. Permitia ao homem despedir uma mulher quando notava algo desagradável (o quê, isso era objeto de discussão entre os doutores). Moisés até ordenou que, no caso de a mulher ser despedida, ela recebesse um atestado dizendo que estava livre (Dt 24,1): uma carta de demissão para que procurasse outro emprego... Por isso, Jesus é radical: quem despede sua mulher para casar com outra comete adultério contra ela, é infiel a seu amor. E para arrimar sua opinião, Jesus invoca a primeira página da Bíblia, bem anterior à "jurisprudência" de Moisés: Deus os criou homem e mulher, o homem deixará pai e mãe, os dois serão uma só carne – uma só realidade humana – e o que Deus uniu o homem não separe (**1ª leitura**). Assim é que Deus quis as coisas desde a criação. Ora, Jesus é o Messias que vem restaurar as coisas conforme o plano de Deus. Tinha de falar assim mesmo. (Outra coisa é quando um governo civil admite o divórcio: o governo não é o Messias... Tem de fazer como Moisés: dar uma legislação para a fraqueza, para a "dureza de coração", para limitar o estrago...)

O projeto de fidelidade absoluta no amor faz do matrimônio fiel um sinal eficaz do amor de Deus para seu povo: um sacramento. Em Ef, 5,22-33, Paulo relaciona o amor de esposo e

B
T. Com.

esposa com o amor que Cristo tem para a Igreja e chama isso de grande mistério ou sacramento. Ora, nesse mistério de amor está presente o caminho de Cristo: assumir a cruz nos passos de Jesus.

Essa sublime vocação do matrimônio indissolúvel é hoje fonte de violentas críticas à Igreja. Que fazer com os que fracassam? Objetivamente falando, sem inculpar ninguém – pois de culpa só Deus entende, e perdoa – devemos constatar que há fracassos, e que fica muito difícil celebrar um "sinal eficaz do amor inquebrantável de Jesus" na presença de um matrimônio desfeito... Por isso, a Igreja não reconhece como sacramento o casamento de divorciados. Teoricamente, se poderia discutir se o segundo casamento não pode ser aceito como união não sacramental (como se faz na Igreja Ortodoxa). E observe-se que muitos casamentos em nosso meio são, propriamente falando, inválidos, porque contraídos sem suficiente consciência ou intenção; poderiam, portanto, ser anulados (como se nunca tivessem existido).

Em todo caso, o matrimônio cristão, *quando bem conduzido em amor inquebrantável*, é uma forma de seguir Jesus no caminho do dom total.

28º domingo do tempo comum/B
SER DISCÍPULO: INVESTIR TUDO NO REINO

Canto da entrada: (Sl 130[129],3-4) Deus perdoa nossas faltas.

Oração do dia: A graça de Deus nos preceda e acompanhe, para estarmos atentos ao bem que nos é dado fazer.

1ª leitura: (Sb 7,7-11) **A sabedoria vale mais do que tudo** – Sb é um escrito quase contemporâneo de Jesus (séc. I a.C.); suas sentenças são postas na boca do rei Salomão, legendário por sua sabedoria: p.ex., o elogio da Sabedoria (Sb 7) e a prece pela Sabedoria (9). – O poeta não despreza o poder, a riqueza, a saúde, mas sabe que, sem a sabedoria, nada valem. O sol brilha durante o dia, a sabedoria é uma luz para sempre. • 7,7 cf. 1Rs 3,6-9.12; Eclo 47,14-18[12-17] • 7,10 cf. Is 60,19-20; Ap 21,23 • 7,121 cf. 1Rs 3,13; Eclo 47,19-20[18].

Salmo responsorial: (Sl 90[89],12-13.14-15.16-17) Desejo de alcançar a sabedoria do coração.

2ª leitura: (Hb 4,1.2-13) **A palavra de Deus, viva e operante em Cristo** – Hino final da 1ª parte de Hb. Volta à figura do começo, a Palavra de Deus (cf. 1,1-4), personificada em Cristo. Na realidade, a Palavra de Deus dirige a História desde o começo. E uma palavra operante, provocando decisão. Assim deve ser também a palavra da Igreja: não discurso *sobre* Deus, mas Palavra operante *de* Deus, palavra viva, que o traz presente, com sua salvação (e também com seu juízo). • Cf. Sl 95[94],7-11; 1Pd 1,23; Ef 6,17; Ap 1,16; Jo 12,48; Jó 34,21-22; Sl 139[138],11-12.

– *Leit. alternat.: (Fl 3,7-14) Paulo abandonou tudo.*

Aclamação ao evangelho: (Mt 5,3) Bem-aventurança dos que têm um espírito de pobre.

Evangelho: (Mc 10,17-30) **Jesus e o homem rico** – Continuando as narrações paradigmáticas a respeito do ser discípulo, Mc conta o episódio do rico que quis ser discípulo de Jesus. Seguir Jesus significa desligar-se de tudo aquilo que prende, no caso, a riqueza (10,17-22). Só quem coloca o Reino acima de tudo consegue seguir Jesus. Mas isso ultrapassa nossas capacidades; é uma graça de Deus (10,27). – 10,28-30 fala da nova riqueza, que substitui a que é abandonada para seguir Jesus: a comunhão cristã, nesta vida, e a vida eterna, na era futura. • Cf. Mt 19,16-29; Lc 18,15-30 • 10,19 cf. Ex 20,12-16; Dt 5,16-20 • 10,27 cf. Gn 18,14; Zc 8,6-7.

Oração s/as oferendas: Deus acolha nossas ofertas e preces, para que alcancemos a glória eterna.

Prefácio: (comum I) O despojamento de Cristo por nós.

Canto da comunhão: (Sl 34[33],11) Os ricos ficam com fome, mas aos que buscam o Senhor nada falta / (cf. 1Jo 3,2) Quando o Senhor aparecer, o veremos como é.

Oração final: A comunhão como corpo e sangue de Cristo nos torne partícipes de sua divindade.

Existe, no judaísmo, toda uma tradição que considera a sabedoria como o maior bem que se possa alcançar na terra (**1ª leitura**). Seu valor supera tantas outras coisas consideradas valiosas: pedras preciosas, ouro etc. Mesmo a saúde não vale tanto quanto ela. Ora, se uma coisa vale mais do que outra, e se impuser uma opção entre as duas, a gente tem que abandonar a que menos vale. É o que acontece com o Reino de Deus. Encontramos no evangelho de hoje um homem que combinava riqueza e vida decente[12]. Tudo bem, sem problemas. Está à procura da "vida eterna", a vida do "século dos séculos", ou seja, do tempo de Deus, que ninguém mais poderá tirar. Poderíamos dizer: procura a verdadeira sabedoria, o rumo ideal de viver. Pedagogicamente, Jesus lhe lembra primeiro o caminho comum: observar os mandamentos. O homem responde que já está fazendo isso aí. Então, Jesus o conscientiza de que isso não é o suficiente. Coloca-o à prova. Se realmente quer o que está procurando, terá de sacrificar até sua riqueza (não vale a sabedoria do A.T. mais do que ouro?). O homem desiste, e vai embora. E Jesus fica triste, pois simpatizou com ele (**evangelho**).

Humanamente falando, é impossível um rico entrar no Reino que Jesus traz presente; tem amarras demais. Mas para Deus, tudo é possível. O homem rico quis entrar no Reino de Deus na base de suas conquistas: a vida decente, a observância dos mandamentos, a sabedoria inócua de ouvir mestres famosos, entre os quais Jesus de Nazaré (10,17; Jesus já rompe sua estrutura mental, insinuando que por trás do título "bom mestre", que o homem lhe atribui, se esconde a exigência de uma obediência total, pois só Deus é bom...). Ora, o que Jesus lhe pede é, exatamente, superar este modo autossuficiente de proceder. Jesus quer que ele se entregue nas mãos de Deus, desistindo da vida decente cuidadosamente construída na base do trabalho, do comércio, do bom comportamento. Vender tudo e dar aos pobres, e depois, vir a seguir Jesus, fazer parte daquela turma de aventureiros galileus que Jesus reuniu em redor de si. Humanamente impossível. Só é possível para quem se entrega a Deus. É este o teste que Jesus aplicou. O homem rodou.

O resto do **evangelho** de hoje diz a mesma coisa em outros termos. Pedro, entusiasta, comparando-se com o rico, exclama que eles, os Doze, abandonaram tudo e seguiram a Jesus: que receberão agora? Jesus não confirma que Pedro realmente abandonou tudo, embora no momento da vocação parecesse que sim (1,16-20). Mas repete a exigência de colocar realmente tudo o que não for o Reino no segundo plano; e então a recompensa será o cêntuplo de tudo que se abandonou. Podemos verificar isso na realidade: sendo o Reino, desde já, a comunhão no amor de Deus, já recebemos irmãos e irmãs e pais e parceiros e tudo ao cêntuplo, neste tempo; e ainda (retomando o início da perícope, cf. 10,17): "a vida eterna", no tempo que é o de Deus.

Jesus não exige árido ascetismo, fuga do mundo, e sim, correr o risco de ir ao mundo em sua companhia, abandonando tudo o que nos possa impedir de fazer do Reino o critério decisivo. Já o próprio modo de abandonar faz parte do Reino: dar aos pobres (sempre há pessoas para quem nossos bens são mais vitais do que para nós mesmos). Neste sentido, o caminho da vida não é tanto o resultado de cálculo e esforço humano,

B
T. Com.

---

12. A liturgia segue o texto de Mc, no qual o homem não é um *jovem* rico e no qual não se usa o termo "Reino dos *Céus*", como estamos acostumados a ouvir no texto de Mt, mas sim, "Reino de Deus".

mas de entusiasmo divino – ao qual nos entregamos com a lucidez que só a luz de Cristo nos dá.

A **2ª leitura** acentua a mensagem do evangelho. Continua a Carta aos Hebreus. Jesus encarna a Palavra de Deus, ativa na História, decisiva como uma espada de dois gumes: diante dela, devemos optar; neutralidade não existe.

A **oração do dia** merece ser proferida num ambiente de extrema concentração: a graça de Deus nos preceda e acompanhe para que prestemos atenção ao bem que somos chamados a fazer. Não somos nós que inventamos o bem, Deus o coloca como tarefa no nosso caminho. Por isso, devemos pertencer plenamente a ele, para que não passemos ao lado sem perceber as oportunidades que nos são oferecidas.

RICO PODE SEGUIR JESUS?

Um homem rico pergunta a Jesus o que deve fazer para "ter a vida eterna em herança" (**evangelho**). Jesus vê que o homem está preocupado com o que é bom – "Só Deus é bom, e mais ninguém". O homem é um judeu exemplar, observa todos os mandamentos. Mas, segundo Jesus, isso não é o suficiente para ele: é capaz de algo mais. Simpatizando com ele, Jesus o convida para que o acompanhe em sua missão. "Vai, vende tudo que tens, dá o dinheiro aos pobres e terás um tesouro no céu". Diante disso, o homem se desanima: é rico demais. "É mais fácil um camelo passar pelo buraco de uma agulha do que um rico entrar no Reino de Deus". (O Reino de Deus não é propriamente o que costumamos chamar de "Céu"; é o modo de viver que Jesus veio instaurar, o reino de amor, de justiça e de paz, onde é feita a vontade de nosso Pai celeste. O rico não conseguiu entregar-se a essa nova realidade...)

Os discípulos se assustam com a severa observação de Jesus. Então, ele acrescenta: "Para os homens isso é impossível, mas não para Deus. Para Deus tudo é possível" (Mc 10,27). Portanto, vamos deixar o assunto nas mãos de Deus.

No fim, Jesus fica triste porque uma pessoa tão prendada não foi capaz de segui-lo pelo caminho e assim gozar, desde já, a alegria de participar da implantação do Reino. Suas qualidades humanas não foram suficientes para superar o apego aos bens do mundo. Por si mesmo, não conseguiu libertar-se. Só Deus o poderia libertar.

Contrariamente à opinião corrente, a riqueza não deve ser vista como privilégio, como recompensa de Deus, mas como empecilho para participar do Reino. Os pobres têm maior facilidade em arriscar tudo para realizar a partilha e a renúncia que o Reino exige. Têm menos a perder. Ora, se Jesus aconselha esse desapego tão difícil, mas para Deus nada é impossível, convém pedir a Deus essa graça do desapego, para ter a felicidade de participar do Reino que Jesus veio implantar. Então a gente recebe a "herança eterna".

Segundo a **1ª leitura**, Salomão pediu a Deus não a riqueza, mas a capacidade de governar com sabedoria. Na realidade, Deus lhe deu também a riqueza, mas apenas como sobremesa; o importante mesmo é a sabedoria para bem servir.

Lição: o rico não deve pensar que vai conseguir a herança eterna com base em suas posses, poder, capacidade intelectual ou coisa semelhante. Tem de pedir a Deus, como graça, algo que não está incluído no pacote do poder: a capacidade de participar do Reino. Também não deve estar exclusivamente preocupado com "salvar sua alma" quando tudo lhe for tirado, mas peça desde hoje a Deus a graça do desapego para participar desse Reino, que já começou no mundo daqueles que seguem Jesus. Na alegria do servir encontrará a garantia da "herança eterna".

Se um rico participa ativamente do Reino, não será por causa de sua riqueza, mas apesar dela. Tendo bens, transforme-os em instrumentos de comunhão fraterna e viva como se não os possuísse.

29º domingo do tempo comum/B
JESUS VEIO PARA SERVIR E DAR SUA VIDA

Canto da entrada: (Sl 17[16],6.8) Invocação confiante de Deus.
Oração do dia: A graça de estar sempre a dispor de Deus e de servi-lo de todo o coração.
1ª leitura: (Is 53,10-11) **4º Canto do Servo de Javé: vítima de expiação** – (Cf. 6ª-f. Santa e 24º dom. T.C./B) – Deus não segue a lógica dos homens. O justo esmagado é que assume e resgata as faltas dos "muitos" (cf. evangelho). Por isso, Deus o exalta. • Figura de Cristo (cf. evangelho).
Salmo responsorial: (Sl 33[32],4-5.18-19.20+22) Deus ama e salva o Justo.
2ª leitura: (Hb 4,14-16) **Jesus, nosso Sumo Sacerdote** – Temos um pontífice que por nós entrou no Santuário (cf. ritual do At), mas também é capaz de compadecer-se de nossas fraquezas, conhecendo a carência humana. Jesus leva nossa condição humana à santidade de Deus. Exortação: 1) fidelidade na confissão da fé (4,14); 2) confiança na misericórdia divina (4,16). • 4,14 cf. Hb 8,1-4; 9,11-15; 12,22-24 • 4,15 cf. Hb 2,17-18; 5,7; Jo 8,46; 2Cor 5,21 • 4,16 cf. Hb 7,25; 10,19; Rm 5,2; Cl 1,22.
– *Leit. alternat.: (1Cor 9,19-23) "Eu me fiz tudo para todos".*
Aclamação ao evangelho: (Mc 10,45) O Filho do Homem veio para servir e dar sua vida.
Evangelho: (Mc 10,35-45 ou 10,42-45) **Não se deixar servir, mas servir** – (Continuação do 3º anúncio da Paixão; cf. 1º e 2º anúncio, 24º e 25º dom. T.C./B) – Mostra-se de modo flagrante a necessidade de instrução dos discípulos: pedem para ocupar os primeiros lugares no Reino. Jesus rejeita o pedido e pede seguimento ("beber seu cálice e ser batizado com seu batismo"); sem compreender, eles o prometem. Então, Jesus ensina: em vez de ambição, serviço; o serviço de Jesus vai até à morte "em resgate dos muitos" (cf. Servo de Javé, 1ª leitura). • 10,35-40 cf. Mt 20,20-23; Jo 18,11; Lc 12,50 • 10,41-45 cf. Mt 20,24-28; Lc 22,24-27; Is 53,10-12; Rm 3,23-25; Mc 14,24.
Oração s/as oferendas: Servir a Deus com liberdade, ser purificados pelos mistérios que celebramos.
Prefácio: (Paixão; Ramos; cf. dom. T.C. IV) "Sua morte apagou nossos pecados" / (dom. T.C. VII) Salvação do mundo pela obediência de Cristo.
Canto da comunhão: (Sl 33[32],18-19) Deus vela sobre os que o veneram / (Mc 10,45) A doação do Filho do Homem até a morte.
Oração final: Frutos da comunhão: auxiliados pelos bens terrenos, conhecer os eternos.

Podemos gostar de crucifixos de marfim, com gotas de sangue em rubis, como era a moda nas mansões coloniais do século XVIII. Mas não gostamos de um homem diminuído, quebrado, mutilado, ofensa à humanidade. Ora, Deus gosta – não por sadismo (como se precisasse de castigar alguém), mas por verdadeiro amor, que é comunhão, pois se reconhece no justo que foi esmagado por causa da justiça. Num só justo assim, Deus mesmo assume a dívida de muitos, de todos. Os judeus aprenderam isso no exílio babilônico. Não se sabe quem foi o justo torturado pelos ímpios, do qual fala Is 52,13–53,12 (**1ª leitura**), mas sabemos o que Israel dele aprendeu: enquanto diante dele cobriam o rosto, aprenderam que ele carregou os pecados do povo e morreu por eles.

Como é possível isso? "Chorarão sobre aquele que traspassaram" (Zc 12,10). Parece que a humanidade precisa ver em alguém o resultado de sua malícia, para dela se arrepender. As reivindicações sociais só são concedidas depois de algumas (ou muitas) mortes. Os movimentos de emancipação só vencem quando há mártires. Infeliz humanidade, que só aprende de suas vítimas. Por isso é que Deus ama os que são vitimados. Não porque goste de vingança e sangue, mas porque eles são os seus melhores profetas, seus porta-vozes. Ele se identifica com eles, exalta-os, inclusive, na própria veneração do povo, que, venerando-os, se arrepende de suas faltas e por eles é perdoado e verdadeiramente libertado. Deus ama duplamente o justo sacrificado: a primeira vez, por ser justo e testemunhar a justiça; a segunda, porque seu sangue leva os outros à justiça.

O justo padecente é o modelo conforme o qual Jesus concebe sua missão (**evangelho**). Entretanto, os seus melhores discípulos pretendem reservar-se os lugares de honra no Reino (Mt 19,16ss abranda a situação, dizendo que foi a mãe deles que o pediu...). Jesus então lhes ensina que tais pretensões cabem aos poderosos deste mundo, mas não têm vez no Reino de Deus. No Reino de Deus se deve beber o cálice de Jesus, receber o batismo que ele recebe – e os discípulos, sem entender o que Jesus quer dizer, confirmam que eles farão isso. Como, de fato, o fizeram, depois que o exemplo de Jesus lhes ensinara o que estas figuras significavam.

O "poder" no Reino de Deus consiste no servir. O amor só tem poder enquanto ele é doado e se coloca a serviço. Para atingir o coração (e a Deus interessa só isso) é preciso penetrar até o nível da liberdade da pessoa. Ninguém ama por constrangimento. A liberdade surge quando alguém pode tomar ou não tomar determinada decisão. Diante da força que se impõe, não há liberdade. Diante do serviço de alguém que se torna submisso a mim, posso decidir alguma coisa. Por isso, Jesus quer estar a serviço, para que se possa livremente decidir que "reino" se prefere.

Servir é ser pequeno. Ministro (servo) tem a ver com mínimo. Frente ao pequeno, o homem revela o que tem no seu coração: bondade ou sede de poder. Jesus quis ser pequeno, para que os corações se revelassem, não tanto a ele e Deus, que os conhece, mas a si mesmos, pois o maior desconhecido para mim é meu próprio coração. Assumindo o caminho do paciente testemunho da verdade, divergente das conveniências da sociedade dominante, Jesus se tornou servo e fraco, sempre exposto e sem defesa. Tornou-se cordeiro (cf. Is 53,7). O resultado só podia ser o que de fato aconteceu. Foi eliminado, e até seus discípulos tiveram vergonha dele. Mas, muito mais do que no caso do justo de Is 53, Jesus tornou-se "pedra de toque" dos corações e da sociedade toda, com suas estruturas e tudo.

Esta é a mensagem que Mc nos deixa entrever a partir do 3º anúncio da Paixão (Mc 10,32-34; estes versículos poderiam ser incluídos na leitura, para mostrar melhor que as palavras sobre o servir não são apenas uma crítica aos filhos de Zebedeu, mas uma interpretação do caminho do Cristo).

A **2ª leitura** cabe bem neste contexto litúrgico. Embora a figura do sacerdote não seja exatamente a do Servo, entendemos perfeitamente que é o Cristo-Servo que, pela fidelidade à sua missão, se torna o verdadeiro "santificador". Hb acentua que exatamente a participação de Jesus nos mais profundos abismos da condição humana – exceto o pecado – o qualifica para ser o melhor sacerdote imaginável. Um sacerdote que não está do outro lado da barra, mas que participa conosco. E, num seguinte passo, dirá ainda que este sacerdote não precisa de sacrifícios alheios à nossa condição humana (portanto, meramente simbólicos), mas torna sua própria vida instrumento de salvação.

B
T. Com.

A GRANDE AMBIÇÃO: SERVIR E DAR A VIDA

O **evangelho** de hoje é provocador. Os melhores alunos de Jesus solicitam uma coisa totalmente contrária ao que ele tentou ensinar. Pedem para sentar nos lugares de honra no seu reino, à sua direita e à sua esquerda. Não compreenderam nem a pessoa, nem o modo de agir de Jesus. Seu pedido era tão vergonhoso que o evangelista Mateus, quando contou mais tarde a mesma história, disse que foi a mãe deles que pediu... (Mt 20,20).

Devemos situar esse episódio no seu contexto. Mc 8,31–10,45 é a grande instrução de Jesus a caminho, balizada pelos três anúncios da Paixão. O evangelho de hoje é a continuação do 3º anúncio da Paixão: estamos no fim da instrução, e parece que até os melhores alunos ainda não aprenderam nada. De fato, só aprenderão depois da morte e ressurreição de Jesus. Por enquanto, em contraste com a incompreensão dos alunos, eleva-se a grandeza da lição final: o dom da própria vida.

A **1ª leitura** prepara-nos para compreender melhor o evangelho. É o 4º cântico do Servo Sofredor. No seu sofrimento ele assumiu a culpa de muitos. Por isso, Deus o ama duplamente: porque ele é justo e porque seu sangue leva os outros a serem justos. Infelizmente a humanidade precisa de vítimas da injustiça para reencontrar o caminho da justiça. A recente história da América Latina está cheia disso: os mártires que com seu sangue testemunharam o caminho da fraternidade. E ao lado desses mártires de sangue temos ainda os mártires do dia a dia, que não são poucos: pessoas que sacrificam sua juventude para cuidar de pais idosos, que sacrificam carreira lucrativa para se dedicar à educação dos pobres... São estes que santificam nosso mundo cruel.

O justo que dá sua vida pelos outros é chamado "servo", porque serve. Ele é o antipoder. O povo diz: "Quem pode mais, chora menos". O Servo diria: "Quem pode mais, serve menos". Jesus diria: "Quem ama mais, sofre mais". Jesus é a plena realização do "servo". Aos apóstolos ambiciosos que desejam ter os primeiros lugares no Reino ele opõe seu próprio exemplo: "Quem quiser ser o maior entre vós seja aquele que vos serve, e quem quiser ser o primeiro entre vós seja o escravo de todos. O Filho do Homem não veio para ser servido, mas para servir e dar a vida em resgate por muitos" (Mc 10,45).

Casualmente, este evangelho coincide com o trecho de Hb lido na **2ª leitura**. Aí o servo de Deus é chamado de sacerdote. Não no sentido do Antigo Testamento – pois aí os sacerdotes eram muitos e deviam ser descendentes de Aarão, o que Jesus não era. Mas no sentido de oferecer a Deus, por todos nós, a própria vida. Aliás, ele é o único sacerdote conforme o Novo Testamento. Aqueles a quem chamamos de sacerdotes são na realidade "ministros", servos do sacrifício exercido por Jesus. Eles ministram no altar o sacrifício de Jesus, exercendo o sacerdócio ministerial. E os fiéis unem-se ao dom da vida Jesus exercendo na vida cotidiana o sacerdócio batismal do povo de Deus.

30º domingo do tempo comum/B
JESUS ABRE OS OLHOS A QUEM PROCURA VER

Canto da entrada: (Sl 105[104],3-4) Procurar sem cessar a face de Deus.

Oração do dia: "Dai-nos amar o que ordenais, para conseguirmos o que prometeis".

1ª leitura: (Jr 31,7-9) **Restauração da vida dos cegos, no tempo messiânico** – Profecia de salvação para Israel e Samaria (deportados em 721 a.C.), interpretada, mais tarde, como válida também para Judá (em exílio desde 586 a.C.; cf. Jr 3,18). Deus reunirá as tribos dispersas e as consolará. A cura de cegos e coxos é uma imagem da utopia messiânica: uma cidade onde não mais houver cegos e coxos mendigando (cf. Is 35). O povo responde à comiseração de Deus, cantando: "Javé nos salva" (31,7c; cf. Sl 118[117],25; Mc 11,9). • 31,7-8 cf. Is 4,3; Jr 3,14; 5,18 • 31,9 cf. Sl 126[125],5-6; Is 40,3; Jr 3,19; Dt 1,31; 32,5-6.

Salmo responsorial: (Sl 126[125],1-2ab.2cd-3.4.5.6) Alegria da volta e restauração.

2ª leitura: (Hb 5,1-6) **Jesus, Sacerdote escolhido entre os homens** – A partir do cap. 5, Hb explicita a ideia de Cristo Sumo Sacerdote, expressa programaticamente em 4,14-16 (cf. dom. passado). Como mediador (*ponti-fice*) entre Deus e o homem, o sumo sacerdote no A.T. devia: 1) comiserar-se do homem fraco (5,1-2); 2) ser eleito por Deus (5,4). Jesus dá pleno e transcendente cumprimento a estas exigências. Sua comiseração mostra-se sobretudo na sua agonia (5,7; cf. 5º dom. Quar.). Sua vocação por Deus é ilustrada por duas citações dos Salmos (Sl 2 e 110[109]), entendidos no sentido messiânico, cumprindo-se em Jesus Cristo, Filho de Davi, o salmista. • 5,1-2 cf. Hb 8,3; 2,17; 4,15 • 5,3-4 cf. Lv 9,7; 16,6; Ex 28,1 • 5,5-6 cf. Sl 2,7; 110[109],4.

– *Leit. alternat.: (Rm 10,8b-13) A fé que salva.*

Aclamação ao evangelho: (2Tm 1,10b) Jesus aniquilou a morte e fez brilhar a vida.

Evangelho: (Mc 10,46-52) **Fé do cego e comiseração do "filho de Davi"** – Último milagre de Jesus em Mc, fim de sua caminhada a Jerusalém. Os discípulos continuam cegos (cf. a sequência significativa de 8,14-21 e 8,22-26). Mesmo na hora da cruz, um pagão deverá proclamar a profissão de fé em Jesus, Filho de Deus (15,39). O cego de Jericó faz contraste com os discípulos, que, com a multidão, o querem afastar de Jesus (10,46). Ele, que se sabe cego, invoca o "Filho de Davi" (= Messias; cf. 2Sm 7,12-16), vê e segue Jesus, tornando-se verdadeiro discípulo. • Cf. Mt 20,29-34; Lc 18,35-43 • 10,48 cf. Mc 11,9-10 • 10,51-52 cf. Jo 20,16; Mc 5,34; Mt 9,22; Lc 7,50.

Oração s/as oferendas: Celebremos o sacrifício de tal modo, que sirva para a honra de Deus.

Prefácio: (dom. T.C. II) compadecendo-se da fraqueza humana / (Cristo-Rei) Jesus eterno sacerdote.

Canto da comunhão: (Sl 20[19],6) Gratidão pela salvação / (Ef 5,2) Cristo se entregou por amor de nós, como sacrifício santo.

Oração final: Fecundidade do sacramento e real posse do que a celebração significa.

Embora caminho do Servo Padecente, a subida de Jesus a Jerusalém não deixa de ser também a chegada do Messias. Se, nos domingos anteriores, a liturgia acentuou, no paradoxal messianismo de Jesus, o lado da aniquilação, hoje ela insiste num sinal messiânico evidente: a cura de um cego (**evangelho**). A revelação de Jesus como messias "diferente" surge, portanto, da dialética entre o que se esperava do Messias e o que não se esperava dele. Depois da incompreensão dos discípulos em Mc 8,14-21, Jesus se manifesta como Messias *abrindo os olhos* ao cego de Betsaida (8,22-26). Se, por um lado, Jesus proíbe a publicidade (8,26), por outro, os "iniciados" (os discípulos) já viram bastante para que, logo depois, Pedro profira a profissão de fé: "Tu és o Messias" (8,29). Mas ele não sabe o que isso significa, pois ele pensa em categorias humanas (8,33). Ao fim das predições da Paixão, secção em que os discípulos são ensinados a respeito da natureza da missão do Cristo, embora sem a entender plenamente (8,27–10,52), Jesus cura novamente um cego: Bartimeu, o cego de Jericó. A este, Jesus não lhe proíbe publicar o acontecido; pelo contrário, o homem "segue Jesus". Pois é chegada a hora de revelar seu messianismo, não só aos iniciados, mas à multidão reunida em Jerusalém. A cura de Bartimeu acontece na saída de Jesus de Jericó, na direção de Jerusalém, onde Jesus será acolhido, logo depois, como o rei messiânico (embora a multidão em 11,1ss saiba o que isso implica...). Portanto, podemos dizer que, ao abrir os olhos a Bartimeu, Jesus deixa entrever seu messianismo a todo o povo de Israel.

Abrir os olhos dos cegos era um sinal messiânico de destaque. A **1ª leitura** traz uma profecia, escrita por Jr para animar o "resto de Israel", as tribos do Norte, deportadas pelos assírios em 721 a.C., sugerindo-lhes a perspectiva da volta (pois no tempo de Josias, ao iniciar Jeremias seu ministério profético, a Assíria estava muito fraca e Josias reconquistando a Samaria). As tribos serão reunidas. Mesmo os cegos e coxos estarão aí. Bartimeu é o representante desta profecia, quando Jesus sai de Jericó, na direção de Jerusalém, centro da antiga Aliança.

Mas Bartimeu é também o protótipo dos que querem ver. Esta é a condição para a salvação. Ele é salvo, porque tem fé (10,52). Ele a demonstrou de modo palpável, insistindo em chamar a atenção de Jesus, apesar das reprimendas da multidão e dos próprios discípulos. Ele invoca Jesus como Messias ("Filho de Davi"), em plena multidão, e Jesus confirma sua invocação pelo atendimento que lhe concede. Pressentimos aqui as multidões de Jerusalém aclamando Jesus como o que traz presente o "Reino de nosso pai Davi" (11,10). Mas, apesar de todo o entusiasmo, ele continuará seu caminho até o Gólgota.

A liturgia dos domingos do tempo comum não acompanha Jesus no resto do caminho da cruz: a Semana Santa é que faz isto. Portanto, será bom, neste 30º domingo, fazer uma meditação sintética sobre este caminho, que a alguns domingos estamos acompanhando. Caminho paradoxal, de sinais e desconhecimento, fé e incompreensão, entusiasmo e aniquilação... Cada um traz em si alguma esperança messiânica, alguma utopia. Será que ela corresponde ao critério de Cristo, que mostra ser, ao mesmo tempo, a negação e a plenitude daquilo que esperamos? Para receber em plenitude, precisamos admitir uma revisão daquilo que esperamos. Talvez seja isso que sugere a **oração do dia:** amar o que Deus ordena e receber o que ele promete.

A **2ª leitura** é semelhante à de domingo passado. Situa o ser sacerdote de Jesus na sua solidariedade com os homens e com Deus ao mesmo tempo. Participando de nossa condição, santifica-a. É o *pontí-fice* por excelência. Não Jesus mesmo, mas também nenhuma instituição humana, lhe conferiu este poder. Ele pertence a uma linhagem sacerdotal que supera até a de Aarão, por ser primeira e de origem desconhecida, misteriosa: a linhagem de Melquisedec (cf. 14,18-20).

SERÁ QUE FINALMENTE ENXERGAMOS?

Nos domingos anteriores acompanhamos Jesus e os apóstolos na caminhada rumo a Jerusalém, que foi, como vimos, uma grande instrução sobre seguir Jesus e assumir a cruz. E vimos também que essa instrução encontrou cabeças duras, impenetráveis... Mc emoldurou toda a secção 8,27–10,45 (da proclamação messiânica de Jesus por Pedro até o 3º anúncio da paixão e a correspondente lição) entre dois milagres simbólicos, duas curas de cego. Na primeira, Mc 8,22-26, o trabalho era duro: Jesus teve de repetir seu gesto de cura. Já depois da instrução do caminho, em Mc 10,46-52, a cura se dá com maior facilidade, e o homem curado é admitido na companhia de Jesus para segui-lo até Jerusalém (pois o fato ocorreu em Jericó, início da última etapa da viagem). Mc registra até o nome do cego, Bartimeu, provavelmente conhecido entre os primeiros cristãos.

Mesmo no fim do caminho, os apóstolos não compreenderam, mas um cego chegou a ver com clareza, para seguir Jesus pelo caminho. Compreender Jesus não é uma questão de *status* na Igreja (aqueles apóstolos que queriam ocupar os primeiros lugares, cf. domingo passado), mas de deixar-se transformar por Jesus. Aliás, no ponto final da caminhada de Jesus, no Gólgota, os apóstolos vão primar pela ausência; só vamos encontrar aí as mulheres que acompanharam Jesus pelo caminho. Portanto, o seguimento radical de Jesus pelo caminho até a cruz não é privilégio do clero...

Que os cegos veem e os coxos saltam e caminham é um sinal do tempo messiânico. A **1ª leitura** de hoje o anuncia pela boca do profeta Jeremias. Este imaginou o tempo da salvação como a volta dos israelitas deportados para Jerusalém, com inclusão de cegos e coxos. Assim, o cego de Jericó, que aclama Jesus como "filho de Davi" (= Messias), vai participar da entrada de Jesus em Jerusalém e juntar sua voz à da multidão, que vai saudar Jesus com essa mesma saudação messiânica (Mc 11,9-10). No dia do Messias, este e os cegos entram juntos na cidade de Deus...

Será que nós nos deixamos abrir os olhos para seguir o Messias na etapa decisiva de sua caminhada? Para isso, precisamos saber que somos cegos: não temos, por nós mesmos, a ca-

B
T. Com.

pacidade de seguir Jesus no seu caminho messiânico, caminho de amor e justiça radicais. Muitas vezes somos tão obcecados pelas miragens do progresso e do consumo que nem suspeitamos de nossa cegueira. Mas o cego de Jericó invoca Cristo, é por ele curado e segue-o no caminho que outros, em condições bem melhores, não quiseram seguir (por exemplo, o homem rico...). Imagem de nossa sociedade, de nossa cristandade. O povo dos pobres, submerso nas trevas da opressão econômica e da dominação cultural, que lhes impede ter uma visão do que está acontecendo, encontra em Jesus quem lhe abre os olhos, de modo que possa segui-lo, desimpedido e participando com ele, até a cruz que liberta os irmãos e irmãs.

31º domingo do tempo comum/B
JESUS ENSINA O GRANDE MANDAMENTO

Canto da entrada: (Sl 38[37],22-23) Invocação do auxílio de Deus.

Oração do dia: A graça de servir a Deus e correr ao encontro de suas promessas.

1ª leitura: (Dt 6,2-6) **O primeiro mandamento: o amor de Deus** – Dt é mais do que uma coleção de leis, compilada cinco séculos depois do Êxodo. É uma teologia. Quer recordar ao povo que ele é propriedade de Javé. O povo, sedentarizado, se inclina mais para os "deuses da terra", que devem dar a fecundidade, do que para Javé, que o tirou do Egito. Moisés (representado como profeta na tradição deuteronomista) grita aos ouvidos do povo, como se fosse surdo: "Ouve, Israel: Javé é nosso único Deus!" A frase tornou-se oração cotidiana dos judeus e resposta de Jesus à pergunta do primeiro mandamento. • 6,2-3 cf. Js 24,14; Pr 1,7; Jr 32,39; Ex 15,26; Lc 11,25 • 6,4-6 cf. Ex 3,14; Os 12,6; Am 4,13; 5,8; Mt 22,37 (Mc 12,29; Lc 10,27); Jr 31,33.

Salmo responsorial: (Sl 18[17],2-3a.3bc-4.47+51ab) Hino a Javé, o Salvador.

2ª leitura: (Hb 7,23-28) **Cristo, perfeição e plenitude do sacerdócio** – O sacerdócio de Cristo (cf. dom. pass.) supera o sacerdócio levítico (do Templo), por ser Jesus sacerdote não na ordem de Abraão, mas de Melquisedec (Hb 5,6), que é anterior e, além disso, de origem "misteriosa". Jesus é sacerdote não por geração, mas pela palavra de Deus, que é eterna, como é o sacerdócio de Jesus. Por ele, Deus criou a ordem salvífica definitiva: doravante, ele é o único mediador. – Hb 7,26-28 é uma recapitulação da obra salvífica de Cristo, o sumo sacerdote completamente adequado ao plano de Deus e às necessidades dos homens (cf. dom. pass.). • 7,23-25 cf. Sl 110[109],4; Rm 5,2; 8,34; Hb 4,14-16; 10,19 • 7,26-28 cf. Hb 9,25-28; 10,11-14; Rm 6,10; Hb 9,12.26.28; 10,10; 1Pd 3,18.

– *Leit. alternat.: (1Jo 4,16.19-21; 5,1-3) "Quem ama a Deus ame também seu irmão".*

Aclamação ao evangelho: (Jo 14,23) Quem ama a Jesus guarda sua palavra, e o Pai o amará.

Evangelho: (Mc 12,28b-34) **O primeiro mandamento e o segundo, igual a ele: amar a Deus e ao próximo** – Depois de diversas perguntas capciosas (Mc 12,13; 12,18), Mc 12,28 coloca em cena um homem que parece interrogar Jesus com uma intenção reta, embora limitada: um escriba desejoso de saber qual mandamento Jesus considera o principal. Jesus responde com a primeira frase do *Shemá Israel* ("Ouve Israel", cf. **1ª leitura**): o amor de Deus. Todo judeu sabia isso: era sua oração cotidiana. Mas entre saber e viver... Porém, acrescenta Jesus, são dois os primeiros mandamentos: é preciso saber e viver também o amor ao próximo. O escriba entende, e chama Jesus de "Mestre". • cf. Mt 22,34-40; Lc 10,25-28 • 12,29-30 cf. Dt 6,4-5; Lv 19,18 • 12,32-33 cf. Dt 4,35; 6,4-5; 1Sm 15,22; Am 5,21; Sl 40[39],7-9.

Oração s/as oferendas: Oferta nossa, dádiva da misericórdia de Deus.

Prefácio: (comum V) "Unidos na caridade" / (Eucaristia I) Jesus Cristo verdadeiro e eterno sacerdote.

Canto da comunhão: (Sl 16[15],11) Deus ensina os caminhos da vida / (Jo 6,57) Dom da vida de Deus e Jesus ao fiel.

Oração final: Possamos alcançar o que os sacramentos prometem.

B
T. Com.

Jerusalém é o lugar onde se deve manifestar o Messias, restaurando a Lei e a justiça em Israel. No centro dos ensinamentos de Jesus em Jerusalém (**evangelho**), dirigidos a diversos setores do judaísmo (cf. 11,27), está o ensinamento do primeiro mandamento. Como nas discussões anteriores, também aqui o ponto de partida é uma pergunta de um teólogo. A resposta de Jesus é, inicialmente, apenas um reflexo da teologia tradicional: responde citando as primeiras palavras do *Shemá Israel*, o texto de Dt 6 (**1ª leitura**) que introduz o resumo deuteronomista da Lei, fundamental para todo o judaísmo pós-exílico: a adoração suprema e exclusiva de Javé (o exílio babilônico era interpretado como sendo um castigo pedagógico por Israel e Judá terem negligenciado este preceito). Mas Jesus acrescenta imediatamente um segundo mandamento, colocando-o, junto com o primeiro, acima de todos os outros: o amor ao próximo (cf. Lv 19,18). E quando o teólogo repete suas palavras, mostrando-se verdadeiro discípulo, Jesus se dá por muito satisfeito: "Tu não estás longe do Reino de Deus".

Até aí a versão de Mc. Mt e Lc dão um toque diferente. Mt, traumatizado pelo conflito entre a sinagoga e os cristãos, não menciona as palavras com que Jesus aprova o escriba... Lc acrescenta ao episódio a parábola do Bom Samaritano (cf. ano C). A apresentação de Mc deixa entrever que Jerusalém não era tão ruim assim. Decerto, Jesus teve que reduzir ao silêncio as facções adversárias: os fariseus com os herodianos (12,13-17), os saduceus (12,18-27). Mas mesmo entre estes teólogos encontrou um discípulo (12,34). E os outros não mais ousavam interrogá-lo. Cada evangelista apresenta a tradição a seu modo. Mt acentua o testemunho missionário dos judeu-cristãos oprimidos por seus irmãos de sangue. Lc inclui no número dos "fiéis" pecadores e pagãos. Mc, até teólogos...

Outro problema: fora dos evangelhos, a tradição do supremo mandamento de Jesus só fala no amor ao próximo (Rm 13,8-10; Gl 5,14; Tg 2,8; cf. Jo 13,34 etc.), o que pode ser a tradição mais original. Em Mc, a tradição é mais complexa, elaborada em forma de discussão didática, explicitando o que é pressuposto na tradição simples: o amor a Deus. Ora, este pressuposto já não é tão evidente no mundo de hoje. Não apenas em certas formas de pensamento humanista ateu, mas também no materialismo implícito de nosso ambiente cultural reina o pressuposto de que, para "amar o próximo", Deus é supérfluo. Ora, sempre há algum Deus, alguma instância suprema. Se não for o Deus transcendente, que está acima de tudo, nos colocamos a nós mesmos em seu lugar. Então, pretendendo amar nossos semelhantes sem recorrer a Deus, terminamos amando a nós mesmos, nossos projetos, ideologias e utopias, ou meramente nossos excusos interesses pessoais, sob o pretexto de humanismo. Ser bonzinho para com o próximo, quando isso vem ao encontro de nossos interesses, é fácil. Difícil é colocar nossa bondade para com os homens sob o critério de Deus, que pode ser diferente de nossa maneira inevitavelmente egocêntrica de ver. Amar o outro como Deus deseja, não como nos apraz, isto é que nos ensina o primeiro mandamento. Para amar nosso irmão autenticamente, devemos viver em busca de Deus, palavra última de todo o nosso ser.

Na **2ª leitura** continua a cristologia sacerdotal de Hb. No próximo domingo teremos uma meditação mais expressa sobre o sacrifício de Cristo. Hoje se explicam os pressupostos: a perfeição deste sumo sacerdote, perfeição tanto na solidariedade humana quanto na pertença a Deus[13]. Ele é o Filho do Deus eterno.

A **oração do dia** acentua o pressuposto do amor fraterno, que é a busca de Deus, a busca de servi-lo e assim realizar-se naquilo que ele nos oferece como salvação, suas

---

13. O que é também um modelo para os que, depois dele, são chamados "sacerdotes" pela comunidade cristã, embora, nos primeiros anos, a comunidade tenha evitado dar este título a seus ministros.

"promessas". A **oração final** menciona a eficácia do sacramento como primeira realização destas promessas: a comunhão com Cristo e os irmãos já é o céu na terra.

O GRANDE MANDAMENTO

No tempo de Jesus, com o intuito de levar até as pessoas leigas à "santidade" do templo, os fariseus empenhavam-se em ensinar códigos de comportamento para os que queriam ser perfeitos. Mas mesmo entre eles havia quem percebesse que era "bom demais" e que todas essas regras, com suas contradições internas, podiam não ser o melhor meio para levar o povo à proximidade de Deus. Por isso, havia escribas e mestres da Lei que procuravam encontrar um mandamento único, que constituísse, senão o resumo, pelo menos uma expressão representativa da Lei toda. Algo que se pudesse citar enquanto se estivesse apoiado num único pé...

Ao chegar em Jerusalém, Jesus foi confrontado com semelhante pergunta. "Qual é o primeiro de todos os mandamentos?", pergunta-lhe um escriba (**evangelho**). Jesus responde com a primeira frase da oração sinagogal: "Ouve, Israel, o Senhor nosso Deus é um só. Amarás o Senhor teu Deus de todo o coração, com toda a alma, com todo o entendimento e com todas as forças" – uma citação de Dt 6,4 (cf. **1ª leitura**). Mas Jesus não pára aí; cita um segundo mandamento, que completa o primeiro: "Ama teu próximo como a ti mesmo" (Lv 19,18). Pois quem ama a Deus não pode não amar seus filhos (1Jo 4,21).

Amar a Deus e ao próximo constitui o "duplo primeiro mandamento", porque se não se passa por ele, os outros mandamentos não servem. Para entrar no caminho da justiça é preciso entrar pelo portão do amor a Deus e a seus filhos. Uma moral que não se ajuste desde o início com o amor a Deus e ao próximo não é vontade de Deus. Jesus mesmo nos dá um exemplo de como ler a moral a partir dessa porta de entrada. No Sermão da Montanha ele explica os mandamentos – "não matar", "não cometer adultério", "não jurar falso" – à luz da vontade do Pai, que é o amor aos filhos (Mt 5,21-48). Moral cristã só se concebe a partir do amor.

A moral proposta por Jesus não é moralismo mesquinho, apego escrupuloso à letra da Lei. Não é deixar de fazer o bem por medo de transgredir a letra da Lei. Já Platão e outros filósofos ensinaram que a Lei é apenas um indício; não é idêntica à realidade da vida. Só o amor consegue captar o sentido da vida como o Pai amoroso a concebeu. Quem ama não procura fazer apenas o mínimo que a letra exige, mas o máximo que o amor é capaz de fazer. Quem ama procura aquilo que corresponde mais ao amor que Deus nos mostrou e ao bem do irmão. A moral baseada no amor não é rigorista nem frouxa; é dinâmica.

Por isso, amar a Deus e a seus filhos não é coisa de meros sentimentos; é coisa prática. Significa optar por Deus e sua causa. Implica amar aos irmãos "com ações e em verdade" (1Jo 3,18). No Sermão da Montanha (Mt 5,43-45) e na parábola do bom samaritano (Lc 10,29-37), Jesus ensina que esse amor se torna próximo de qualquer necessitado e se estende a todos, inclusive aos inimigos (pois eles também são filhos do Deus que é Pai).

Amar a Deus e ao próximo... Objeta-se hoje que a segunda metade basta. É bem possível ser justo, ser ético, amar o próximo, sem se preocupar com esse invento da imaginação que se chama "deus"... Ora, não é Deus que é ilusão, mas pensar que se pode amar o irmão sem amar a Deus. Os grandes sistemas ateus destes últimos séculos no-lo ensinaram: capitalismo, marxismo, fascismo, neoliberalismo... Quando não é inspirado pela incansável busca de Deus, que está acima de todos, o amor se transforma em imposição tirânica. Quem não procura servir o Deus invisível e inefável – que mostra seu rosto em Jesus – termina procurando-se a si mesmo sob o pretexto de amar o irmão. Nada mais corriqueiro do que amar-se a si mesmo com o pretexto de amar ao outro.

32º domingo do tempo comum/B
JESUS ENSINA A AUTÊNTICA GENEROSIDADE

Canto da entrada: (Sl 88[87],3) Súplica a Deus.

Oração do dia: Dedicarmo-nos, disponíveis de corpo e alma, ao serviço de Deus.

1ª leitura: (1Rs 17,10-16) **Generosidade da viúva de Sarepta** – A viúva representa, na Bíblia, muitas vezes, a pessoa que está entregue à proteção de Deus. Exatamente por isso, ela é menos miserável que os poderosos, pois ela sabe o que importa em última instância. Assim, para a viúva de Sarepta, a palavra do "homem de Deus" vale mais do que seus cálculos de sobrevivência na penúria. Ela se sabe nas mãos de Deus. • Cf. 2Rs 4,1-7; Lc 4,25-26; Mc 12,41-44.

Salmo responsorial: (Sl 146[145],7.8-9a.9bc-10) Deus é fiel: faz justiça aos oprimidos e dá pão aos famintos.

2ª leitura: (Hb 9,24-28) **"Efapax": o sacrifício, uma vez para sempre, de Cristo Sumo Sacerdote** – Jesus entrou no santuário celestial através da morte e agora "está por nós" diante da face de Deus (representação de Cristo como nosso anjo, típica de Hb). O mundo já alcançou seu sentido definitivo; o juízo já foi superado pelo sacrifício do Cristo: Jesus virá uma segunda vez, não mais para morrer (seu sacrifício é definitivamente válido), mas para levar à plenitude a salvação dos que o esperam. Então tornar-se-á manifesto o destino definitivo, no qual Jesus nos introduziu por seu ofício sacerdotal. • 9,24 cf. Hb 4,14; 9,11; 10,20 • 9,25 cf. Hb 7,25; 10,19; Rm 8,34; 1Jo 2,1 • 9,26 cf. Gl 4,4; Hb 1,2; 1Pd 1,20 • 9,28 cf. Is 53,12; 1Cor 15,23; 1Tm 6,14.

– *Leit. alternat.:* (2Cor 9,6-10) Generosidade.

Aclamação ao evangelho: (Mt 5,3) Bem-aventurança dos que têm um espírito de pobre.

Evangelho: (Mc 12,38-44 ou 12,41-44) **O óbolo da viúva** – Os doutores da Lei abusam de seu poder religioso, chegando a "devorar as casas das viúvas" (12,40). Ao mencionar as viúvas, e para fazer o contraste com a cobiça dos escribas, Jesus cita o exemplo da *viúva pobre* (cf. 1ª leitura), que, doando ao Templo uns poucos centavos, deu muito mais do que os que ostentam sua "justiça" exibindo dádivas de seu supérfluo; pois ela pôs aí "todo o seu viver" (12,41-44). • 12,38-40 cf. Mt 23,1.6-7.14; Lc 20,45-47; 11,43 • 12,41-44 cf. Lc 21,1-4.

Oração s/as oferendas: Com afeto cordial, viver o mistério da Paixão de Cristo.

Prefácio: (dom. T.C. VI) Já recebemos o penhor da vida futura.

Canto da comunhão: (Sl 23[22],1.2) Deus é meu pastor, nada me falta / (Lc 24,35) Reconhecer Jesus ao repartir o pão.

Oração final: Que persevere a graça da autenticidade naqueles que receberam a força do Espírito.

Os simples "se salvam pela ignorância". Para os escribas vale o contrário: já que sabem, porém escondem sua cobiça de honra, banquetes e dinheiro atrás de longas orações, "esses receberão sentença mais severa". Os escribas não são os fariseus. Estes eram judeus fervorosos, dados à observância da Lei até os mínimos detalhes. Para isso precisavam de assistência teológica, que lhes era fornecida pelos teólogos, os escribas. Os escribas geralmente aderiam à tendência farisaica, que lhes garantia freguesia e fama de santidade, mas nem por isso eram tão santos assim. Aconselhando "boas obras" às viúvas, proviam-se dos pobres recursos delas. Gostavam de todo tipo de precedência, até na boa comida. Nem todos, é claro (cf. ev. dom. pass.), mas muitos. Também hoje conhecemos os que explicam a Lei e os que a aplicam. O **evangelho** de hoje faz uma oposição entre a falsa piedade dos escribas (a hipocrisia) e a verdadeira piedade de suas vítimas, as viúvas, sinônimo de pessoas desprotegidas. Cita o exemplo de uma viúva que, depositando algumas moedinhas no templo, coloca "todo o seu viver" (literalmente cf. o texto grego) nas mãos de Deus, enquanto as pessoas abastadas, embora com muita ostentação, só dão de seu supérfluo.

A índole da viúva é confiar em Deus, já que vive à mercê das pessoas. A **1ª leitura** nos narra um episódio para ilustrar isso. Elias está fugindo do ódio mortal que lhe dedica a rainha Jezabel, filha do rei da Fenícia. A fuga o leva à pátria dessa rainha. A fome o obriga a recorrer à casa de uma pobre viúva, antípoda da rainha. Ela está no fim de seus viveres. Vai cozinhar sua última farinha para si e seu filho, prevendo para depois a morte pela fome. Mas mesmo assim, dá preferência ao "homem de Deus" e lhe entrega seu último "viver". E Deus recompensa sua entrega total: sua despensa nunca mais ficará vazia.

A mensagem global destes textos é que certos "homens da religião" estão muito longe do mistério da generosidade que se realizou no encontro do "homem de Deus" (Elias) e a viúva de Sarepta – uma pagã. Muitos homens da religião correm às casas das viúvas para se enriquecer, não para encher as despensas delas. Entretanto fazem ostentação de uma piedade que é a negação mesma da piedade da pobre viúva. Será que isso só existia em Israel, no tempo de Jesus?

"Esses terão uma sentença mais severa" fica soando em nossos ouvidos. A liturgia aponta para o tempo final. Está na hora de um exame de consciência. Onde estamos: na singela generosidade das viúvas, ou na "hipocrisia" dos teólogos? Para ser como as viúvas, é preciso ter a verdadeira fé, a certeza de estar na mão de Deus. A **oração do dia** nos incentiva para recorrermos a Deus em todos os perigos e lhe ficarmos completamente disponíveis. Pelo outro lado, a religião dos teólogos e legistas é apenas letra no papel (além de exploração dos simples e desprotegidos), não é entrega da vida. Os cantos (**salmo responsorial, aclamação ao evangelho**) vêm ajudar-nos para escolher o lado certo.

Um aparte para a **2ª leitura**. É o texto fundamental de toda a teologia sacramental, especialmente a que se refere ao sacrifício eucarístico. Cristo significa o fim de todos os sacrifícios. Não estou falando das mortificações pedagógicas nem das dificuldades reais que as pessoas devem enfrentar em sua vida, para serem fiéis à sua vocação. Mas sacrifício mesmo, no sentido de destruição de um objeto ou uma vida, para apaziguar Deus – isso já não tem vez, depois de Cristo. Cristo é o sacerdote que entrou no Santuário santificado por seu próprio sangue, no qual todos são santificados. Sendo homem verdadeiro (Hb 4,15!), vivendo a fidelidade à sua missão até o fim, mostrando que Deus é fidelidade e amor, Jesus aboliu todas as maneiras de aplacar Deus por sacrifícios violentos e sangrentos. Deus "se realiza" num escravo do amor até o fim, e desde que ele resumiu o culto a Deus nesta atitude, esta se torna para seus seguidores o único caminho de restauração e paz. Por isso, a cruz não pode mais ser repetida uma segunda vez. Nem se pode inventar outros meios para aplacar Deus, como, por exemplo, as obras da Lei: se estas salvassem, Cristo teria morrido em vão (Gl 2,21). O sacrifício de Cristo não se repete; só pode ser comemorado, atualizado sempre de novo em cada existência cristã, em cada celebração de sua eterna atualidade. Também a vida cristã, consagrada ao testemunho do amor e da doação, não é uma repetição da morte de Cristo, mas a participação na sua presença. E surge aqui a perspectiva da consumação final: Jesus voltará para completar a salvação dos que depositaram nele sua esperança.

A VERDADEIRA GENEROSIDADE

Tempo de seca. O profeta migrante Elias, aliviado pela água do córrego do Carit e alimentado pelos corvos do céu, dirige-se a Sarepta, no país vizinho (no Líbano). Pede a uma pobre viúva um pedaço de pão, e ela, com a última farinha, prepara-o para o profeta. Depois, não tendo mais nada, ela terá de morrer de fome, ela e seu filho. Milagrosamente, porém, a partir daquele momento a farinha não termina mais (**1ª leitura**).

A generosidade da pobre viúva tornou-se proverbial. Viúva naquela sociedade geralmente era pobre, sobretudo se não tivesse filho que a sustentasse. Assim era a viúva que entrou no templo, naquele dia em que Jesus estava observando a sala onde se depositavam as ofertas (**evangelho**). Ela tirou um donativo para o templo daquilo que lhe servia de sustento. Observa Jesus que os ricaços piedosos que passavam por aí davam uma ninharia de seu supérfluo, enquanto a viúva deu tudo quanto tinha para viver, "toda sua vida" (tradução literal). É essa a generosidade que Jesus preza. E essa prática da generosidade é acessível a ricos e pobres, especialmente aos pobres, porque são menos apegados. Isso é importante, pois no tempo de Jesus – e ainda hoje – há quem pense que é preciso ser rico para oferecer donativos e assim agradar a Deus.

A observação de Jesus faz parte de uma crítica aos escribas que ensinam a Lei, mas entretanto exploram os pobres e "devoram as casas das viúvas" (Mc 12,38-41). Como? Induzindo as viúvas a entregar em herança as suas moradias em troca de uma mixirrica assistência? Não se sabe com exatidão a que Jesus se refere, mas sua observação constitui uma crítica violenta à generosidade calculista que encontramos em nossa sociedade hoje. Em vez de praticar a justiça social, em vez de fazer (e aplicar) leis que garantam a distribuição equitativa dos bens, a sociedade mantém um sistema de beneficência paternalista, que justifica lucros maiores. As esmolas até se podem descontar do imposto...

A generosidade que Jesus preza é duplamente generosa. É radical, pois priva a gente do necessário. É gratuita, pois ocorre sob os olhos de Deus, com quem não é possível fazer negócios escusos. Dá-se tudo sem pedir nada de volta. "Loucura, a vida não é assim!" Mas na loucura está a felicidade de amar sem restrição nem cálculo, como que para responder ao infinito amor de Deus para conosco. Generosidade gratuita é imitação de Deus (Mt 5,45-48).

Mas, e o lucro que é o "céu"? "Deus te pague", "Dar ao pobre é investir no céu"... Essas maneiras de falar, examinadas à lupa, mostram ainda muito egoísmo. Não devemos ser generosos para comprar o céu. Devemos ser generosos porque o céu já chegou até nós, porque Deus veio à nossa presença em Jesus. Em certo sentido já ganhamos o céu, porque Jesus se doou a nós. E é por isso que queremos ser generosos como a viúva da entrada do templo e a viúva de Sarepta. Por gratidão.

33º domingo do tempo comum/B
"O CÉU E A TERRA PASSARÃO, MINHAS PALAVRAS NÃO PASSARÃO"

B
T. Com.

Canto da entrada: (Jr 29,11.12.14) Deus fomenta projetos de paz e não de aflição.
Oração do dia: Ao servir o Criador de todo bem teremos plena felicidade.
1ª leitura: (Dn 12,1-3) **A ressurreição no último dia** – Nos "últimos dias" se decidem vida e morte. O livro de Daniel (ca. 165 a.C.) imagina: os justos (cujos nomes estão no "Livro da Vida"), mesmo os que "dormem no pó da terra", viverão. Mas os maus irão à perdição, e se já morreram, levantar-se-ão para este triste destino (cf. tb. 1Ts 4,13-14). – O "Evento Jesus Cristo" nos fornece plena luz relativamente ao mistério do além da morte. • 12,1 cf. Dn 10,13; Zc 3,1-2; Jd 9; Jl 2,2; Mc 13,9; Ex 32,32-33; Ap 20,12 • 12,2 cf. 2Mc 7,9; 12,44; Jo 5,28-29 • 12,3 cf. Sb 3,7; Mt 13,43; 1Cor 15,41-42.

Salmo responsorial: (Sl 16[15],5+8.9-10.11) Deus não deixa a morte triunfar no justo.

2ª leitura: (Hb 10,11-14.18) **O sacrifício definitivo do Cristo** – O sacrifício de Cristo capacitou-nos para servir a Deus com uma consciência pura (9,14). Este sacrifício distingue-se dos do A.T. por sua validade universal: uma vez para sempre. Não precisa ser repetido. Também não existe consumação além daquela que Cristo operou. A ordem nova suplantou a antiga, mas já não haverá outra depois desta. Só resta seguirmos o Cristo até o fim (10,19-20). • Cf. Hb 10,1-4; 7,27-28; Sl 110[109],1.

– *Leit. alternat.: (1Ts 5,1-6.9-10) O mundo passa, Cristo vem.*

Aclamação ao evangelho: (Lc 21,36) Vigiar e orar para ser dignos quando vier o Senhor.

Evangelho: (Mc 13,24-32) **"Céus e terra passarão, mas minhas palavras não passarão"** – Mc 13 é uma coleção de sentenças apocalípticas de Jesus e dos primeiros cristãos sobre a destruição de Jerusalém e o fim do mundo, dois acontecimentos que, na perspectiva de então, pertenciam à mesma realidade. É o momento da vinda manifesta do Filho do Homem (ele já viera uma primeira vez, desconhecido; cf. o "segredo" da personalidade e autoridade de Jesus em Mc; comentário do 4º dom. do T.C.). Ele virá reunir os eleitos (cf. 1ª leitura). É o tempo da colheita. É como quando a figueira deita folhas, anunciando a chegada do verão. Mc insiste na proximidade (13,29.29), embora ninguém conheça a hora (13,32). O fim do ano litúrgico quer transmitir esta perspectiva da proximidade do definitivo. Será que estamos preparados? • 13,24-27 cf. Mt 24,29-31; Lc 21,25-28; Is 13,10; 34,4; Ap 6,12-14; Dn 7,13-14 • 13,28-32 cf. Mt 24,32-36; Lc 21,29-33; Mt 5,18.

Oração s/as oferendas: A graça de servir Deus fielmente e conseguir a feliz eternidade.

Prefácio: (dom. T.C. VII) Perspectiva escatológica / (Advento I) A primeira e a segunda vinda do Filho do Homem.

Canto da comunhão: (Sl 73[72],28) "Minha felicidade é estar com meu Deus" / (Mc 11,23.24) A oração confiante é atendida.

Oração final: Que a celebração do memorial de Cristo nos faça crescer em caridade.

Jesus vivia num ambiente marcado pela efervescência apocalíptica. Esperava-se o Messias, a intervenção de Deus na História, o fim do mundo, a era definitiva, a paz para Israel e o mundo inteiro. E quem está esperando o ônibus crê reconhecer em cada veículo que aparece na curva o "seu ônibus". Assim também os contemporâneos e os discípulos de Jesus.

Repartindo em tudo a condição humana, menos o pecado, Jesus entra também no gênero literário das especulações apocalípticas (**evangelho**). Utiliza as imagens corriqueiras, fala dos cataclismos que anunciam "aqueles dias" como o brotar da figueira anuncia o verão. Jesus assume por sua conta a advertência de que a gente se deve preparar para o dia do Filho do Homem, que virá reunir os eleitos. Diz que tudo isso deve acontecer dentro em breve, ainda nesta geração (13,30). Mas isso é apenas o quadro literário daquilo que ele quer dizer mesmo. O fim dos tempos fica um mistério. Ninguém conhece o dia, nem a hora. Nem mesmo o próprio Jesus (13,32). Mas é certo que tudo o que existe é provisório e relativo, o céu e a terra, tudo (13,31). Uma coisa porém não é provisória e relativa, mas definitiva e decisiva: a palavra de Jesus.

Esta é a mensagem da liturgia de hoje. Muitas pessoas se iludem com especulações sobre uma terceira guerra mundial, uma revolução mundial ou seja lá o que for. Nosso tempo é tão apocalíptico quanto o de Jesus. Mas todas estas especulações passam ao lado do essencial: a palavra de Jesus no aqui e agora. Sua mensagem de conversão e de dedicação ao amor radical por nossos irmãos é o verdadeiro centro de nossa vida, o ponto de referência firme e inabalável. Dados à sua práxis, não precisamos temer os acontecimentos apocalípticos, pois não acrescentarão nada de novo. Ou seja, não é nos cataclismos cósmicos que está o acontecimento decisivo, mas na palavra do Cristo e sua realização em nós. Se acatamos essa Palavra e a pomos em prática, nossa vida já está nas mãos de Deus. Só precisamos então fazer com que isso se comunique a todos.

A **1ª leitura** nos conta como os apocalípticos antes de Jesus imaginavam os últimos dias (o livro de Dn é do séc. II a.C.). Os justos ressuscitarão para a vida eterna, os ímpios para a vergonha sem fim. A realidade decisiva não é aquela que se mostra aos nossos olhos. Dn foi escrito no tempo dos Macabeus, tempo da prepotência do ímpio rei sírio Antíoco Epífanes e dos colaboracionistas judaicos, traidores de seu povo e da Lei. Ensina que Deus sempre tem a última palavra sobre a História e a vida humana. Esta fé deve também ser nossa, para ficarmos fiéis à Palavra do Cristo, que é a de Deus, num mundo em que o abuso do poder e a sedução dos falsos valores são o pão de cada dia.

Poucos anos atrás, os teólogos progressistas preferiam não mais falar do fim dos tempos. Hoje vemos que o fim dos tempos ou, pelo menos, de nossa civilização é uma possibilidade real. Basta uma guerra nuclear. E a amontoação de agressividade no mundo parece preparar isso mesmo. Ao mesmo tempo, acreditamos menos nas belas utopias. Ficamos céticos diante da evolução do mundo e da sociedade. Porém, para o cristão, isso não pode ser uma razão de cruzar os braços. Ele tem uma razão de existir e de agir: a palavra de Cristo, que é uma utopia aqui e agora: a doação que nunca se dá por satisfeita. Fim de civilização ou não – isso não importa tanto para nós. Temos um programa que é sempre válido. E pode desabar o mundo, o que tivermos feito em obediência à palavra de Cristo é bem feito para sempre. Este é o mistério da alegria inesgotável do cristão.

"MINHAS PALAVRAS NÃO PASSARÃO"

> Jesus vivia num tempo de apocaliptismo. Esperava-se uma intervenção de Deus, talvez por meio do Messias, para substituir este mundo ruim por "um mundo novo muito melhor". Qualquer acontecimento um tanto fora do comum era interpretado como sinal de que "estava para acontecer"... É como quem está no ponto do ônibus: em qualquer veículo maior aparecendo na curva pensa reconhecer "seu ônibus"...
>
> As pessoas dificilmente suportam a incerteza quanto ao futuro. O ser humano precisa de uma referência estável. Jesus no-la oferece. Depois de ter evocado as imagens que seus contemporâneos usam a respeito do fim do mundo, ele afirma: "Minha palavra não passará" (**evangelho**). Em meio a tudo que pode caducar, sua palavra está firme, como baliza e ponto de referência em nossa vida e em nossa história, enquanto as grandezas históricas esvaecem como a neblina diante do sol. Depois dos sonhos do progresso ilimitado, o mundo toma consciência de que talvez esteja cavando seu próprio túmulo. O progresso traz desmatamento, desertificação, poluição ambiental. Nos países ricos faltam nascimentos, nos pobres, comida para os que nascem. Mas, em vez de reagir com responsabilidade, impondo-se os devidos limites, muitos respondem com irresponsabilidade. "Aproveitemos, pois amanhã tudo acaba". Esse é o lado apocalíptico da sociedade de consumo. A sociedade assiste como que de camarote à própria destruição.
>
> No meio disso a palavra de Jesus é referência firme. É palavra de amor e fidelidade até o fim. Por causa disso, nunca passa. Supera o fim do mundo. É amor sem fim. Ainda que passem TV, internet, programas espaciais... o amor fraterno nunca sai de moda. Ainda que não possa mais pagar a gasolina do meu carro particular, nunca serei dispensado de visitar meu irmão necessitado. Ainda que fechem todos os supermercados, nunca poderei fechar a mão para o pobre. O que Jesus ensinou e mostrou sempre terá sentido. É a aplicação mais segura que existe. Se aplico minha vida neste sentido, posso dormir tranquilo. O que Jesus ensina não é roído pela inflação.
>
> Costumamos imaginar o definitivo e o eterno como vida depois da morte, ressurreição futura (**1ª leitura**). Mas, na realidade, nossa ressurreição já começou na medida em que nossa

B
T. Com.

> vida está unida à de Cristo, que ressuscitou. A vida que dura não é a das células do corpo, mas a da comunhão com Deus. A ressurreição de Jesus é a amostra segura dessa vida: quem segue Jesus, já está encaminhado para essa vida que não tem limite, por ser a vida de Deus mesmo. Jesus não perde a validade. Observando sua palavra e vivendo sua prática de vida já estamos vivendo a vida sem fim que se manifestou na ressurreição de Jesus.

Jesus Cristo, Rei do Universo/B
O REINO DA VERDADE DE DEUS EM JESUS CRISTO

Canto da entrada: (Ap 5,12; 1,6) A glória e o "poder" ao Cordeiro para sempre.

Oração do dia: Livres de qualquer escravidão servir a Deus e glorificá-lo na eternidade.

1ª leitura: (Dn 7,13-14) **O Filho do Homem recebe o "poder"** – Na visão de Dn 7 aparecem primeiro quatro feras: os impérios deste mundo, que se entredevoram (7,1-9.17). Surgem da terra. Do céu, porém, vem uma figura com feições humanas ("como um filho do homem"), que vence as feras e recebe toda a honra e o poder-autoridade do "Velho de dias", o Deus eterno (7,13-14). Ele representa os "santos do Altíssimo", os anjos, ou seja, em última análise, Deus mesmo (7,27). – Jesus se atribuiu a autoridade do Filho do Homem. O evangelho de Mc revela isso gradativamente (v. coment. 4º dom. T.C.), chegando ao uso paradoxal deste título para falar de Jesus no seu sofrimento e morte (predições da Paixão: 24º, 25º e 29º dom.), prelúdio de sua volta "com o poder e com as nuvens do céu" (14,62; 13,26). • 7,13 cf. Mc 13,26; 14,62; Ap 1,7; 14,14 • 7,14 cf. Dn 2,44; 3,100[33]; 4,31.

Salmo responsorial: (Sl 93[92],1ab.1c-2.5) "O Senhor é rei, veste-se de majestade".

2ª leitura: (Ap 1,5-8) **A Testemunha Fiel, Rei dos reis da terra** – Na introdução do Ap encontramos três títulos cristológicos: 1) a Testemunha Fiel; 2) o Primogênito dos mortos; 3) o que reina sobre os reis da terra. Significação: Cristo testemunhou o que viu e deu sua vida pela verdade de seu testemunho. Porém, superou a morte, pelo que nele possuímos a ressurreição e a vida. Seu Reino é construído sobre o poder da verdade e do amor; realiza-se onde o homem responde com a fé à Verdade, com a fidelidade ao seu Amor. Ele, o Crucificado, livrou-nos do pecado e nos faz participar de seu sacerdócio régio. • 1,5-6 cf. Sl 89[88],38.28; Is 55,4; 2Cor 1,20; Ap 3,14; Cl 1,18; 1Cor 15,28; Ap 19,16; 1Pd 2,9-10 • 1,7 cf. Ap 14,14; Dn 7,13; Zc 12,10.14; Jo 19,37 • 1,8 cf. Is 41,4; 44,6; Ap 22,13.

Aclamação ao evangelho: (Mc 11,9-10) "Bendito o Rei que vem em nome do Senhor".

Evangelho: (Jo 18,33b-37) **Meu Reino não é deste mundo... Vim testemunhar "a Verdade"** – Pilatos pergunta se Jesus é o "Rei dos Judeus" (Jo 18,33; Mc 15,2), sugerindo que isso seria uma base de condenação por atividade política. Para Jesus é a ocasião de esclarecer o significado de seu Reino: ele veio para dar testemunho da Verdade de Deus (que Deus mesmo é: a Luz, a Vida...). Esta verdade se torna manifesta em Cristo. Quer brilhar como luz no mundo que se fechou à Luz e por isso é chamado de "trevas". E a Luz e a Vida venceram, na doação até o fim, na cruz, trono de glória de Cristo: aí revela-se seu poder. • 18,36 cf. Jo 1,10-11; 8,23; 12,32 • 18,37 cf. Jo 8,26-29; 10,3.26-27; 17,17-19; Ap 1,5.

Oração s/as oferendas: Que Cristo propicie a todos os povos paz e unidade.

Prefácio: (próprio) Reino da Verdade, da Justiça, do Amor e da Paz.

Canto da comunhão: (Sl 29[28],10-11) O Reinado eterno de Deus e a paz.

Oração final: Obedecer a Cristo Rei na terra e viver com ele eternamente no Reino dos Céus.

B
T. Com.

Tradicionalmente, o último domingo do ano litúrgico (Cristo-Rei) fala da consumação escatológica do mundo e da História. No ano A, o texto central era a parábola do último juízo, de Mt 25. Neste ano B, ano do evangelista Mc, o evangelho do último domingo é tomado não de Mc, mas de Jo, que fornece uma espécie de "comentário teológico" a Mc. Pois, enquanto Mc descreve Jesus como o Enviado de Deus manifestando-se de modo velado, Jo coloca a figura de Jesus na plena luz da glória divina, que nele se manifesta. Assim podemos ler em Jo com clareza o que em Mc fica subjacente.

Mc "esconde" o caráter messiânico de Jesus, porque, de fato, o mundo se decepcionou, por não enxergar seu Reino. Jo, pelo contrário, afirma claramente que Cristo é Rei, mas explica também que seu Reino não é deste mundo (não pertence a homens fechados na sua autossuficiência), e sim, o Reino do testemunho da verdade, que é Deus, Deus revelando-se em Jesus, na morte por amor. Pois é na sombra da cruz que Jesus identifica seu Reino com o testemunho da verdade. É na cruz que Jesus é, por excelência, a "Testemunha Fiel", o "Rei dos reis" (**2ª leitura**). E Pilatos, alheio às preocupações de Jesus, sem o querer as confirma, exigindo com insistência que se coloque na cruz de Jesus o título: "Rei dos judeus".

A **1ª leitura** prepara-nos para a ideia de um reino transcendente, que não pertence aos homens, mas a Deus. Numa visão, Daniel vê quatro feras, que se entredevoram: imagem adequada para descrever as relações entre os impérios deste mundo. Dn pensa nos assírios, babilônios, persas e sírios (o livro foi escrito durante o governo do rei sírio Antíoco Epífanes, perseguidor dos judeus na crise dos Macabeus). Mas poderíamos imaginar os impérios de hoje perfeitamente com as mesmas figuras, mesmo se estes impérios já não dependem de imperadores e sim de magnatas. No fim, porém, todos eles serão vencidos por uma figura de feições humanas "como que um filho de homens", um ser humano; e este representa os "Santos do Altíssimo", a corte celestial, os servidores de Deus (modo de imaginar uma intervenção de Deus mesmo; o judaísmo rodeou Deus de intermediários, pois não podia haver contato direto entre Deus e os homens). O "Filho do Homem", em Dn, representa Deus mesmo. A ele pertencem o Poder, a Glória, o Juízo: ele tem a última palavra sobre o mundo e a História.

No N.T., o título de Filho do Homem é dado a Jesus. Este não se inscreve num "messianismo qualquer". Sua missão é realmente transcendente, traz Deus presente, como última palavra de nossa existência e da História. Isso se confirma tanto pela parábola do último juízo (Cristo Rei/A) quanto pelo diálogo entre Jesus e Pilatos no evangelho de hoje. O Reino que Cristo instaura é muito diferente dos "reinos deste mundo". Não que o Reino de Cristo seja alheio a este mundo. Está dentro dele, firmemente arraigado. Mas não pertence aos homens, porém a Deus. No Reino de Cristo, ninguém tem a última palavra sobre os outros, mas, pelo contrário, todos estão a serviço dos outros no amor e na doação. Quanto mais se desenvolvem estas atitudes, tanto mais realiza-se o Reino da Verdade e do Amor. Quanto mais o homem organiza seu mundo num instrumento de fraterno amor, em vez de opressão, tanto mais resplandece a face de Deus, que nos é possível identificar a partir da cruz de Cristo. Portanto, que o Reino de Jesus não é deste mundo, não significa que seus "súditos" não o precisam implantar neste mundo.

Quanto aos impérios deste mundo, se não acreditamos a lição da História, que ensina que todos eles se corrompem por dentro, acreditemos pelo menos na mensagem de Dn: em última instância, estão submissos ao juízo de Deus. Nenhum deles determinará definitivamente a História. Mas, entretanto, oprimem a humanidade. De fato, se o nosso horizonte não superar os nossos limites bio-psicológicos, materiais, não tem muito sentido dizer que Deus tem "afinal" a última palavra. Porém, se acreditarmos naquilo que o evangelho de João diz do início até o fim – que devemos viver desde já uma vida além da dimensão "carnal" –, então encontraremos, na visão escatológica apresentada hoje, uma força para não nos entregar ao jogo dos poderes deste mundo, pois sabere-

B
T. Com.

mos que eles não são decisivos. Quem for mesmo "materialista" não resistirá à tentação de se entregar a algum destes impérios, fazendo dele o todo de sua vida. Mas aquele que se entregar ao Reino da Verdade, que se manifesta no Cristo crucificado, terá a força de pôr o domínio material a serviço deste Reino, que não pertence a homem algum, mas faz as pessoas se pertencerem mutuamente no amor.

CRISTO REINA PELO TESTEMUNHO DA VERDADE

O último domingo do ano litúrgico é a festa de Cristo, Rei do Universo. Cristo reina. Reinar ou governar não significa mandar arbitrariamente, mas exercer a responsabilidade da decisão última num projeto de sociedade.

Interrogado por Pôncio Pilatos, Jesus diz que seu reinado não é deste mundo (**evangelho**). Não deve seu reinado a nenhuma instância deste mundo. Ele não é como os reis locais, no Oriente, que eram nomeados pelo Imperador de Roma; nem como o Imperador, cujo poder dependia de seus generais, os quais por sua vez dependiam do poder de... quem? De uma estrutura que se chama "este mundo". Como hoje. Os governantes deste mundo – estabelecidos por "este mundo" – dependem de toda uma constelação de poderes, influências e trâmites escusos. Devem pactuar, conchavar, corromper. E, no fim, caem de podres. Pensam que são donos do mundo enquanto, na realidade, o mundo é dono deles.

O que são os reinos deste mundo aparece bem na **1ª leitura**: quatro feras que tomam conta do mundo e se digladiam entre si. Mas então aparece uma figura com rosto humano, um "como que filho do homem", que desce do céu, de junto de Deus, e que representa o reinado de Deus que domina as quatro feras, os reinos deste mundo. Jesus na sua pregação se autointitula "filho do homem" no sentido de ser aquele que traz esse reinado de Deus ao mundo.

O reinar de Jesus não pertence a este mundo, nem lhe é concedido por este mundo. É reinado de Deus, Deus é seu dono. Mas, embora não sendo deste mundo, este reino não está fora do mundo. Está bem dentro do mundo, mas não depende deste por uma relação de pertença, nem procura impor-se ao mundo por aqueles laços que o prenderiam: força bruta, astúcia, diplomacia, mentira... *Jesus ganha o mundo para Deus pela palavra da verdade*.

"Para isto eu nasci e vim ao mundo: para dar testemunho da verdade" (Jo 18,37). *Jesus é a palavra da verdade em pessoa*. Nele a verdade é levada à fala. E que verdade? A verdade lógica, científica? Não. Na Bíblia, verdade significa firmeza, confiabilidade, fidelidade. Jesus é a palavra "cheia de graça e verdade" (Jo 1,14), a palavra em que o amor leal e fiel de Deus vem à tona e se dirige a nós: amor e fidelidade em palavras e atos. É Deus se manifestando. Essa "verdade", Jesus a revela dando sua vida até o fim. Esse é o sentido desta declaração, feita três horas antes de sua morte, ao ser interrogado por Pôncio Pilatos, que não entende...

Jesus é o Reino de Deus em pessoa. Não reino de opressão, mas reino de amor fiel, reino de rosto humano – o amor humano de Deus por nós, manifestado no dom da vida de Jesus, que reina desde a cruz. A opressão exercida pelos reinos deste mundo, Jesus a venceu definitivamente pela veracidade do amor fiel de Deus. Ora, quem faz existir o amor fiel de Deus no mundo de hoje somos nós. Por isso Jesus nos convida: "Quem é da verdade escuta a minha voz".

B
T. Com.

ANO C
A vida do cristão

O ano C é o ano de Lucas, evangelista da "manifestação da bondade de Deus e de seu amor pela humanidade" (cf. Tt 3,4), evangelista dos pobres e dos pecadores, dos pagãos e dos valores humanísticos, como também das mulheres, especialmente, de N. Senhora. Seu evangelho faz de Jesus não apenas o Messias (Mc), o Mestre (Mt), mas o Fiel, que nos serve de modelo em nossa caminhada, o homem de oração, de ternura humana, de convivência fraterna, mas também o profeta por excelência, o novo Elias, o porta-voz credenciado do Altíssimo. Assim, o ano C será o ano da práxis cristã segundo o modelo de Cristo.

1. Tempo do Advento

Como todos os anos, o espírito do Advento é marcado pelo tema do encontro com o Salvador, que veio inaugurar a perspectiva final de nossa História (1º dom.). Celebramos a esperança de sua primeira vinda (2º e 3º dom.), até o despontar de sua presença, na gravidez de Maria, cheia de graça (4º dom.). Nesta meditação, a liturgia evoca a renovação da História pela obra de Deus, citando os nomes novos que receberá Jerusalém (1º e 3º domingos) e a grandeza que se realizará na pequena cidade de Belém (4º dom.). O Advento deste ano revela o cunho "prático" do 3º evangelista, sobretudo no 3º domingo, que diz concretamente em que consiste, para cada classe social, a conversão ao Senhor que vem.

2. Tempo de Natal

O "ano lucano" é o que mais bem consegue "ambientar" as festas natalinas, que em todos os anos se inspiram principalmente do evangelho lucano, e este ano ainda mais, porque também na festa da Sagrada Família e do Batismo de Jesus ocorrem leituras de Lc, insistindo na presença orante de Jesus junto ao Pai.

3. Tempo da Quaresma

A Quaresma começa, como sempre, pelo "domingo da tentação de Jesus". No sentido lucano, este episódio culmina na evocação de Jerusalém, "ponto de encontro" para a grande tentação. Aí, Jesus há de cumprir seu "êxodo" (1ª leitura do 1º dom. e evangelho do 2º dom.). No 2º domingo ouvimos a versão lucana da transfiguração de Jesus. Enquanto ainda soa em nossos ouvidos o "Escutai-o" da Transfiguração, os 3º, 4º e 5º domingos nos confrontam com um tema predileto de Lc: a compaixão de Deus para com o pecador. Conversão

Ano C

e penitência por causa de Deus, que está à nossa espera com seu amor, eis o espírito característico desta Quaresma. No entanto, não faltam os outros temas quaresmais: os grandes momentos da história de Israel, conduzindo-nos da migração de Abraão (1º e 2º dom.) até a restauração de Israel e aniquilação da desgraça de seu passado, figura do perdão de Deus no N.T. (5º dom.). As segundas leituras, os grandes textos de Paulo, comentam esta "História da Salvação" e a justificação pela fé em Jesus Cristo. Se não aparece tão explicitamente quanto nos outros anos o tema do batismo, deve observar-se que ele está implicitamente presente desde o 1º domingo, o "domingo dos credos" (1ª e 2ª leitura). A conversão e o perdão pedem preparar-nos para firmar um mais autêntico compromisso de fé, na festa da Ressurreição.

4. Tríduo Sacro e tempo pascal

Na perspectiva lucana, a Ressurreição é o centro da História da Salvação. Deus foi concentrando sempre mais a *manifestação* da salvação (a própria salvação é, naturalmente, sempre uma oferta universal). O povo de Abraão, o povo de Moisés, o resto de Israel, os pobres de Judá, e finalmente, Jesus, subindo a Jerusalém, realizando a "visita" de Deus a seu santuário e cumprindo as profecias... Esta manifestação da salvação sempre mais concentrada, o Cristo pascal a mostra aos seus discípulos, ao abrir-lhes as Escrituras, sobretudo: que o Messias devia sofrer e morrer, para entrar na glória (evangelho da tarde de Páscoa). Mas, a partir de Jerusalém, realizar-se-á a nova expansão do testemunho da salvação, pela pregação apostólica. As primeiras leituras dos domingos pós-pascais, tomadas de At, nos levam até o "Concílio de Jerusalém", que abriu oficialmente as portas para a evangelização universal. Entretanto, como nos outros anos, ouvimos no evangelho os temas joaninos da unidade, do amor de Cristo e da inabitação de Deus e Cristo em nós, no Espírito Santo (5º e 6º dom. da Páscoa; Trindade). As segundas leituras, tomadas do Ap, colocam a História da Igreja à luz de seu sentido último: sua plenitude em Deus e no Senhor Jesus glorioso, a completa renovação do povo de Deus (Jerusalém) e da criação.

A festa de Pentecostes é a festa lucana por excelência. O espírito profético, que impulsionou Jesus, torna-se o grande dom da Igreja em oração, levando-a a ser Igreja da Proclamação.

5. Tempo comum e solenidades do Senhor

5.1. Os evangelhos (Lc)

Os evangelhos nos convidam a acompanhar Jesus, a partir de seu "início", na Galileia, depois do batismo por João (Lc 4,16ss). Encontramo-lo em constante oração, anunciando a Boa-Nova aos pobres e denunciando a autossuficiência dos que pretendem possuir Deus além de tudo que já possuem; chamando também discípulos para ampliar sua mensagem e mostrando por sua atuação a graça de Deus, que é dada aos que a acolhem na fé, sobretudo, os "humildes": um pagão (centurião de Cafarnaum), uma viúva (de Naim), uma pecadora (9º-11º dom.). Este período "galileense" culmina na confissão de fé messiânica de Pedro (12º dom.).

Ano C

A partir do 13º dom. inicia a "viagem a Jerusalém" (Lc 9,51–19,27), em que Lc, sempre insistindo no seguimento radical, traz uma multidão de ensinamentos para a vida dos fiéis; o grande mandamento, o único necessário, a oração, o desapego, a vigilância escatológica, a opção por Cristo, o empenho pela vocação salvífica, a modéstia e a gratuidade, a inteligência com vistas ao Reino, a gratidão, e também: a busca do perdão de Deus, a justificação gratuita que ele nos dá (o filho pródigo, o publicano, Zaqueu). Os últimos domingos são marcados, como convém, pelos temas escatológicos: a ressurreição dos mortos, os sinais do tempo final, o Reino dado ao pecador que se arrepende por Jesus na hora da morte, hora de seu reinado (ev. de Cristo-Rei).

5.2. As leituras do Antigo Testamento

Como sempre, no tempo comum, as leituras do A.T. servem para ilustrar os evangelhos, seja fornecendo conhecimentos históricos necessários para a compreensão dos evangelhos, seja, sobretudo, oferecendo figuras tipológicas. Entre os textos mais marcantes destacamos, para aproveitamento litúrgico-catequético, os de Is 6 (santidade de Deus e vocação; 5º dom.), 1Sm 26 (magnanimidade; 7º dom.), 1Rs 17 (tipologia Jesus-Elias; 10º dom.), 2Sm 12 (o pecado de Davi; 11º dom.), 1Rs 19 (Elias e Eliseu, vocação; 13º dom.), Is 66 (a Jerusalém escatológica; 14º e 21º dom.), Dt 30 (a proximidade da "Palavra"; 15º dom.), Gn 18 (hospitalidade de Abraão e intercessão por Sodoma; 16º e 17º dom.), Ex 32 e 17 (Moisés como orante; 24º e 29º dom.), Am 8 e 6 (crítica social; 25º e 26º dom.), 2Rs 5 (gratidão de Naamã; 28º dom.), 2Mc 7 (a fé dos mártires; 32º dom.) – todos episódios que devem fazer parte do "espírito bíblico" de nosso povo.

5.3. As cartas dos Apóstolos

Como nos anos anteriores, também no ano C, as segundas leituras não combinam, senão por acaso, com o tema principal dos domingos comuns[1]. Porém, o parentesco entre o espírito lucano e paulino faz com que, mediante uma adequada apresentação litúrgica, estas leituras podem prestar uma grande con-

---

1. Cf. nota 1 de *Como usar este livro* [antes da *Introdução Geral*].

Ano C

tribuição para a criação de um ambiente, quase que uma espiritualidade paulina, na celebração litúrgica. Talvez seja Gl o exemplo mais claro disso.

As segundas leituras começam pela 3ª parte da 1Cor, descrevendo a unidade na diversidade, na Igreja, recorrendo à imagem do corpo e dos membros, e alcançando seu auge no "hino da caridade" de 1Cor (4º dom.). 1Cor 15 – a Ressurreição – é lido praticamente na íntegra (5º-8º dom.). A carta aos Gálatas, por ser o "manifesto da justificação pela graça", reforça os temas evangélicos dos 9º-14º domingos. Também Cl (15º-18º dom.) sublinha, por seu conteúdo cristológico, o tema principal dos domingos em que é lida. A parte exortativa de Hb acompanha os 19º-22º domingos. No 23º dom., a leitura de Filêmon ilustra bem o "custo do Reino", tema principal da liturgia. Seguem-se ainda 1 e 2Tm e, pelo fim do ano litúrgico, a 2Ts (escatologia).

TEMPO DO ADVENTO

1º domingo do Advento/C
CAMINHAR AO ENCONTRO DO SENHOR QUE VEM

Canto da entrada: Não será envergonhado quem espera em Deus.
Oração do dia: Reunidos na comunidade dos justos, ir ao encontro do Cristo que vem.
1ª leitura: (Jr 33,14-16) **Um novo nome para Jerusalém: "Deus nossa justiça"** – Reconfirmação da profecia messiânica de Jr 23,5-6 (possivelmente por um discípulo de Jeremias, no tempo pós-exílico). Focaliza Jerusalém-Judá (a cidade restaurada por ordem dos reis da Pérsia) e dá-lhe o nome messiânico de Jr 23,5-6. Identificação da comunidade com o Messias, o "rebento justo" de Davi. Direito, justiça, segurança. • 33,15 cf. 2Sm 7,1-16; Is 4,2-3.
Salmo responsorial: (Sl 25[24],4bc-5ab.8-9.10+14) Deus bom, fiel, justo e verdadeiro manifesta a Aliança.
2ª leitura: (1Ts 3,12–4,2) **Crescer sempre pela abundante caridade de Deus** – A fé em Cristo mostra sua força na caridade dos cristãos, entre todos e para todos (3,12). O cristão vive na esperança do reencontro com Cristo. Seus dias valem muito! Mas sabe também que tudo pode ainda ser aperfeiçoado (4,1). Procura crescer sempre acatando as possibilidades que cada dia oferece. • 3,12-13 cf. 1Ts 4,9; 5,15; Rm 12,17-18; Gl 6,10; 2Ts 1,7.10; Zc 14,5 • 4,1-2 cf. 2Ts 3,6.12; Rm 12,1-2; 1Ts 4,7-8.
Aclamação ao evangelho: (Sl 85[84],8) "Mostra tua misericórdia e dá tua salvação".
Evangelho: (Lc 21,25-28.34-36) **A vinda do Filho do Homem** – (Versão lucana do Sermão Apocalíptico; cf. Mc 13) – A destruição de Jerusalém (ocorrida em 70 d.C.) ainda não era o fim (21,20-24). Haverá sinais maiores ainda, que terrorizarão os homens em geral, porém, levarão os fiéis a olhar com mais esperança ainda para o Filho do Homem, que vem julgar e consumar a História. O cristão sabe que ele não está entregue ao caos. Também não se deixa surpreender. Fica firme, não porque "é o único jeito", mas porque confia na palavra do Senhor. • 21,25-28 cf. Mt 24,29-31; Mc 13,24-27; Dn 7,13-14; At 1,9.11; 1Ts 5,1-11 • 21,34-36 cf. Lc 17,26-30; 8,14; 1Ts 5,3; Mc 13,33; Ap 6,17.
Oração s/as oferendas: Saber receber para oferecer: transformação dos dons em redenção.
Prefácio: (Advento I) A 1ª vinda: abrir o caminho; a 2ª vinda: levar a termo.
Canto da comunhão: (Sl 85[84],13) Deus dá sua bênção, a terra dá seu fruto.
Oração final: Valorizar bem o momento presente, caminhando para o futuro eterno.

Quando se aproxima uma visita esperada, a maioria das pessoas não dorme muito bem. Quando a visita é temida, as pessoas ficam inquietas. Quando é desejada, ficam agitadas... Porém, há uma diferença: a tensão do medo paralisa, a tensão do desejo desperta a criatividade. O **evangelho** de hoje alude às duas atitudes. Anuncia cataclismos cósmicos, que encherão os homens de medo (Lc 21,26). Mas para os cristãos tudo isso significa: "Coragem: vossa salvação chegou!" (21,28). Por isso, o cristão vive à espera "daquele dia" num espírito de "sóbria ebriedade", fazendo coisas que ninguém faria, mas sabendo muito bem por quê.

Ora, nós esperamos uma visita querida e ficaríamos muito penados se o visitante não nos encontrasse despertos para sua vontade, mas apenas ocupados com nossas próprias veleidades. Como a moça que espera seu namorado chegar não mais pensa em suas próprias coisas, mas está toda em função dele, assim nós já não vivemos para nós, mas para ele que por nós morreu e ressuscitou (para vir novamente até nós).

Paulo descreve maravilhosamente essa realidade na sua carta escatológica por excelência, a 1Ts (**2ª leitura**). Na ânsia pela vinda do Senhor, sempre podemos crescer mais, e é ele que nos deixa crescer, para que sua chegada seja preparada do modo mais perfeito possível.

C Adv.

A ideia do crescimento é muito valiosa em nossa vida cristã. É o remédio contra o desespero e contra a acomodação: contra o desespero de quem acha que sempre será inaceitável para Deus; e contra a acomodação dos que dizem: "Ninguém é perfeito: portanto..." Não somos perfeitos, mas nem por isso a perfeição deixa de ser nossa vocação. O caminho do cristão não consiste em uma perfeição alcançada e acabada, mas numa contínua conversão para a santidade de Deus, que é sempre maior do que nós. O importante é nunca ficarmos satisfeitos com o que fizemos e somos, mas cada dia de novo procurar voltar daquilo que foi errado e progredir naquilo que foi bom.

Assim, a ideia do dia definitivo não paralisa o cristão, mas o torna inventivo. Desinstala. Quem acha que já não precisa mudar mais nada em sua vida, não é bem cristão. Alguém pode achar que está praticando razoavelmente bem os deveres para com sua família, em termos de educação; para com seus empregados, em termos de salário; para com sua esposa, em termos de carinho e fidelidade; e até para com a Igreja, em termos de contribuição para suas necessidades financeiras; estando entretanto cego por aquilo que lhe é exigido para estruturar melhor a sociedade, para que a justiça seja promovida e não contrariada. Tal pessoa deve ainda crescer muito. E ai se não quiser! Um jovem, por outro lado, pode perguntar-se, com o salmista: "Como pode um jovem conservar puro seu caminho?" Cresça, que aprenderá sempre melhor em que consiste a verdadeira pureza. Só nunca se contente com um "padrão aceitável" para a "sociedade".

Portanto, a liturgia de hoje nos ensina o dinamismo do crescimento cristão, com vistas ao reencontro definitivo com nosso Senhor. Desde o primeiro domingo, marca a existência cristã com este sentido.

O homem e a sociedade sempre podem ser renovados. A **1ª leitura** nos lembra essa verdade fundamental. Jerusalém, no tempo pós-exílico, era não tanto o monte de Javé quanto um montão de problemas. Mas mesmo assim lhe é prometido um novo nome, sinal de uma realidade nova: "Deus nossa justiça" (Jr 33,16). Este texto confere, portanto, à expectativa cristã um toque comunitário. Assim podemos interpretar também a expressão da **oração do dia**, que pede para que alcancemos o reino celestial. Num reino, ninguém está só. Daí ser legítima a tradução do missal brasileiro: "a comunidade dos justos". Um novo nome para Jerusalém, uma utopia válida para todos nós, eis o que nos impele ao encontro do Senhor que vem.

"DEUS-NOSSA-JUSTIÇA": O NOME DE NOSSA CIDADE?

Hoje iniciamos, mais uma vez, um novo ano litúrgico. Cada ano litúrgico começa com o Advento – palavra que significa "vinda, chegada", a chegada de Jesus Messias na festa de Natal, comemoração de seu nascimento.

Desde o início deste novo ano, a liturgia suscita em nós a esperança da *justiça de Deus* que vai chegar. Justiça não significa simplesmente aplicar as leis da sociedade, pois essas nem sempre são justas (muitas vezes são feitas para justificar o direito do mais forte). Na Bíblia, justo é o que é bom e benfazejo conforme a vontade de Deus. A justiça é a vitória do projeto de Deus.

Na época do profeta Jeremias (**1ª leitura**), Jerusalém era uma cidade em ruínas. Mas o profeta lhe anuncia um futuro melhor. A cidade chamar-se-á: "Deus nossa justiça". É Deus quem o fará. Já o apóstolo Paulo, na **2ª leitura**, nos deseja crescimento na justiça, para sermos encontrados irrepreensíveis, quando Jesus vier de novo.

No **evangelho**, Jesus fala de "sinais terríveis no céu e na terra, anunciando a vinda do Filho do Homem", isto é, Jesus mesmo, a quem Deus deu o poder sobre a humanidade (como aparece na visão do Filho do Homem em Dn 7,13-14). Isso não nos deve assustar. Pelo contrário! Se estivermos comprometidos com a justiça do Reino de Deus, poderemos "ficar em pé" diante dele. Se estivermos colaborando para que a nossa cidade se possa chamar "justiça de Deus" – e não apenas "capital do boi" ou "das abóboras"–, a vinda do Filho do Homem será nossa grande alegria.

Por um lado, sabemos que o mundo é passageiro. Não é nosso último destino. Por outro lado, o que podemos fazer de nossa vida, o sentido que podemos dar à nossa vida, é neste mundo que o devemos fazer. O que importa, no fim de tudo, é o que fizermos neste mundo, a justiça e o amor que fizermos brotar nesta lavoura que é a história da humanidade – os frutos que Deus espera de nós. Por isso, Jesus nos lembra desde já a sua vinda, para que tenhamos sempre o verdadeiro fim diante dos olhos: "Deus nossa justiça", o amor e a justiça de Deus tomando conta de tudo.

Isso não acontecerá sem a nossa participação. Deus faz aliança conosco. Somos os seus parceiros. Neste tempo do Advento, da chegada de Deus até nós, vamos colaborar com ele e realizar a nossa parte da aliança: justiça social, pão e direitos para todos; transformar os mecanismos falhos, as estruturas injustas de nossa sociedade; endireitar as relações com os nossos semelhantes, empenhar a nossa vida por nos tornarmos mutuamente irmãos de verdade, felizes, consolados, amparados...

C
Adv.

2º domingo do Advento/C
PREPARAÇÃO PARA A VINDA DO SENHOR

Canto da entrada: (cf. Is 30,19.30) O Senhor vem e faz ressoar sua voz, para a nossa alegria.

Oração do dia: Nada nos impeça e Deus nos ensine a participar da vida de seu Filho.

1ª leitura: (Br 5,1-9) **Um novo nome para Jerusalém: "Paz da Justiça e Glória do Temor de Deus"** – Depois do fim do exílio, muitos judeus continuaram vivendo na Diáspora. Também eles participavam da esperança messiânica. Br 5 considera Jerusalém restaurada apenas ser um início. Na base da confiança na justiça e misericórdia de Deus se deve esperar a reunião completa e total. Tudo isso com a condição de que Israel escute a voz de Deus e se conscientize de sua missão (3,9-44). • 5,1-4 cf. Is 52,1; 61,10; 56,1; 33,16; 62,4 • 5,5-9 cf. Is 60,4; 49,22; Ex 13,21; Is 42,16-17; 41,19.

Salmo responsorial: (Sl 126[125],1-2ab.2cd.3.4-5.6) Os grandes feitos de Deus para seu povo.

2ª leitura: (Fl 1,4-6.8-11) **Esperar o Senhor com coração puro e irrepreensível** – A comunidade que S. Paulo fundara em Filipos assumiu como sua a causa do apóstolo. Num ambiente inimigo, conservaram a alegria da fé. Por isso, Paulo agradece a Deus e lhe pede levar a termo a obra iniciada. Diante das dificuldades de fora e de dentro da comunidade, Paulo reza por crescimento firme até o dia em que o Senhor viesse colher os "frutos da justiça". • 1,4-6 cf. Fl 1,27-30; 2,13; 1Cor 1,8-9; Fl 2,16 • 1,8-11 cf. 2Cor 5,14; Rm 1,9; Fl 2,5-11; Rm 12,2; Ef 5,10.17.

Aclamação ao evangelho: (Lc 3,4.6) Preparar a vinda do Senhor.

Evangelho: (Lc 3,1-6) **Vocação e pregação de João Batista** – João é o grande profeta do A.T. (16,16), aquele que prepara imediatamente a vinda do Messias, aplaina seu caminho (1,17; 7,27-28): Lc situa sua vocação na história universal, que é História da Salvação. Sua pregação já deixa entrever a natureza da salvação oferecida pelo Messias: reconciliação com Deus, em Jesus Cristo. Isso exige conversão. • Cf. Mt 3,1-6; Mc 1,1-6 • 3,1-3 cf. Jr 1,1-5; Lc 2,1-3; 1,80 • 3,4-6 cf. Is 40,3-5; Jo 1,23.

Oração s/as oferendas: Não nosso mérito, mas a misericórdia de Deus nos reconcilia.

Prefácio: (Advento I) A vinda do Cristo / (Festa de S. João Batista) O maior entre os profetas.

Canto da comunhão: (Br 5,5; 4,36) "A alegria de teu Deus vem a ti".

Oração final: Assumir os valores provisórios, voltando-nos para os eternos.

C Adv.

Somos chamados a crescer até estarmos na altura de receber Deus; mas, nesse crescimento, a força que nos anima é o próprio fato de Deus se voltar para nós. O que faz um aluno crescer é a atenção que o professor lhe dedica. O que faz uma criança andar é a mão estendida de sua mãe. Por isso, nosso crescimento para a perfeição se alimenta da contemplação do Deus que vem até nós. Na liturgia de hoje, esta perspectiva é considerada, por assim dizer, a médio prazo (no próximo domingo será a curto prazo). Lc situa no decurso da história humana o despontar do Reino de Deus, na atividade do Precursor, João Batista (**evangelho**). Ainda não se enxerga o "Sol da Justiça", mas seus raios já abrasam o horizonte. A perspectiva é ainda distante, mas segura: "Toda a humanidade enxergará a salvação que vem de Deus" (Lc 3,6; cf. **1ª leitura**). Para isso, João Batista prega um batismo que significa conversão, lembrando a renovação pela águas do dilúvio, do Mar Vermelho, do Jordão atravessado por Josué.

João Batista usa a imagem do aplanar o terreno, abrir uma estrada para que o Reino de Deus possa chegar sem obstáculos. É a imagem com a qual o Segundo Isaías anunciou a volta dos exilados, liderados por Deus mesmo (Is 40,3-4; 42,16-17 etc.) e que, mais tarde, o livro de Baruc utilizou para incentivar a "conversão permanente" do povo à confiança em Deus (Br 5,7; **1ª leitura**). Deus realiza sua obra, convoca seus filhos de todos os lados (Br 3,4), deixa sua luz brilhar sobre o mundo inteiro (3,3). A volta do Exílio foi prova disso (cf. **salmo responsorial**). Mas agora, anuncia João, vem a plenitude. Agora é preciso "aplanar" radicalmente o caminho no coração da gente.

A **oração do dia** fala no mesmo sentido: tirar de nosso coração todas as preocupações que possam impedir Deus de chegar até nós. Alguém pode entender isso num sentido individual. Mas não só isso. Vale também para a sociedade. Devemos tirar os obstáculos do homem e das estruturas que o condicionam. Renovação interior de cada um e renovação de nossa sociedade são as condições que a chegada do Reino, a médio prazo, nos impõe.

Portanto, o Reino não age sem nós. Não somos nós que o fazemos, mas oferecemo-lhe condições de se implantar, como um governo oferece condições a indústrias de fora para se implantar. Só que, no caso do Reino, podemos contar com os lucros do investimento... Estes lucros são "o fruto da justiça" de que Paulo fala (Fl 1,11; **2ª leitura**). O Reino de Deus não vem somente pedir contas de nós; leva-nos a produzir, para nosso bem, o que Deus ama (pois ele nos ama).

O Reino já começou sua produção entre nós, desde a primeira vinda de Jesus. Porém, fica ainda para se completar. O que João pregou naquela oportunidade continua válido enquanto a obra não for completada. Somente, estamos numa situação melhor do que os ouvintes de João. Nós já podemos contemplar os frutos da justiça brotados de um verdadeiro cristianismo. Seja isso mais uma razão para dar ouvido à sua mensagem. Na medida em que transformarmos nossa existência histórica em fruto do Reino, entenderemos melhor a perspectiva que transcende nossa história, a plenitude cuja esperança celebramos em cada Advento (**oração final**).

"PAZ-DA-JUSTIÇA": DESIMPEDIR A CHEGADA DE DEUS

Ainda três domingos nos separam do Natal. Logo mais estaremos celebrando que Deus quer chegar até nós. Mas será que nós lhe abrimos caminho? O **evangelho** nos apresenta João Batista, o austero pregador de conversão. Convoca o povo para endireitar os caminhos e aplanar as estradas, a fim de que Deus nos possa alcançar. Para quem acredita, tal esforço não é penoso, pois a chegada de Deus não significa fiscalização, mas salvação: "Todos experimentarão a salvação que vem de Deus" (Lc 3,6). Quem espera coisa boa chegar, prepara a estrada com prontidão e alegria.

A **1ª leitura** canta a beleza desta salvação que Deus nos traz: a cidade vai se chamar "Paz-da-Justiça e Glória-da-Piedade". A justiça – o plano de Deus – produz paz e bem para todos, e o respeito e amor a Deus (a "piedade") produzem a glória, a beleza e o esplendor de nossa sociedade. O contrário é verdade também: a exploração egoísta produz conflitos, e a idolatria do dinheiro, do poder e do prazer, um mundo desigual e inumano.

Se quisermos empenhar-nos por um mundo onde Deus se sinta em casa, afastaremos alegres os obstáculos que impedem isso. Obstáculos em nosso próprio coração: egoísmo, ambiguidade, desamor... Obstáculos no coração de nossa sociedade: estruturas injustas, desigualdades ruinosas, leis que produzem monstros de riqueza ao lado de miseráveis, política em favor só de alguns e não de todos...

Os obstáculos a serem derrubados estão em parte dentro de nós mesmos e, em parte, na estrutura de nossa sociedade. Importa trabalhar nos dois níveis, e isso, com alegria. Não com rancor, próprio dos que antes odeiam os outros (e até a si mesmos) do que amam o bem... O rancor não faz Deus chegar. O que marca quem procura experimentar a "salvação que vem de Deus" é a alegria. É uma alegria limpar o caminho para que a "Paz-da-Justiça" possa chegar, ainda que custe suor e luta.

Essa "Paz-da-Justiça" não provém de uma justiça qualquer, inventada por nós e feita sob a nossa medida, conforme nossos próprios interesses. Ela está em Jesus Cristo que vem. Para conhecer esta paz, importa ver o que Jesus faz e preparar-se para fazer o mesmo, como indivíduo e como sociedade. Vivermos conforme a justiça que Jesus nos mostra, participarmos do amor que ele tem ao Pai, é isso que vai ser nosso brilho e felicidade.

O sentido do Advento e do Natal não é algo sentimental, chorar de emoção por causa de uma criancinha. É alegrar-se porque aquele que podemos chamar de "filho de Deus" veio – e sempre vem – viver no meio do nós, para com seu exemplo e sabedoria, lucidez e entrega de vida, mostrar, no concreto, o que significa o bem conforme a última instância, que é Deus – a "Paz-da-Justiça"

C
Adv.

3º domingo do Advento/C
ALEGRIA POR CAUSA DA PROXIMIDADE DE DEUS

Canto da entrada: (Fl 4,4.5) "Alegrai-vos sempre no Senhor, ele está perto".

Oração do dia: A alegria de celebrar na liturgia a esperança da vinda do Senhor.

1ª leitura: (Sf 3,14-18a) **Mensagem a Jerusalém: "O Senhor está no meio de ti"** – Porque "o Senhor está no meio de ti", o final de Sf proclama alegria (3,14-15) e consolação (3,16-18). Deus revogou sua "sentença" (a ameaça dos assírios contra Judá, no séc. VII a.C.). Agora é preciso ter coragem. – O profeta pede alegria por causa da presença de Javé, Rei de Israel. Em Jesus-Messias essa realidade chega à plenitude. • 3,14-15 cf. Is 12,6; Zc 2,14; 9,9; Is 40,2; 44,21-23 • 3,17 cf. Dt 7,21; 20,4; 30,9; Jr 32,41; Is 62,5; 65,19.

Salmo responsorial: (Is 12,2-3.4bcd.5-6) Alegria; saciação nas "fontes da salvação".

C Adv.

2ª leitura: (Fl 4,4-7) **"Alegrai-vos sempre no Senhor: ele está perto"** – A proximidade de Deus é razão de alegria para nós e de carinho que testemunhamos a todos. Enviado para levar a boa-nova aos pobres e oprimidos, o apóstolo, acorrentado (1,13-26), alegra-se com os seus pela proximidade do Senhor. A certeza de estar com Cristo o torna realmente livre. • 4,4 ("alegria"), cf. Fl 1,4.18.25-26; 2,2.17-18; 3,1; 4,1.10; Rm 12,12; 14,17 • 4,5 cf. 1Cor 16,22; Ap 22,20; Rm 13,12; 1Pd 4,7 • 4,7 cf. Cl 3,15; Jo 14,27.

Aclamação ao evangelho: (Is 61,1) "O Espírito do Senhor me enviou para levar a boa-nova aos pobres".

Evangelho: (Lc 3,10-18) **O que é a conversão para cada um** – João prega e batiza para a conversão, não só em sentimentos, mas em atos: voltar ao caminho de Deus (3,10-14 cita exemplos para três situações). Exige caridade, justiça, humanitarismo. – Em 3,15-18 mostra-se a vocação profética de João: preparar a vinda do "mais forte", que batiza no Espírito Santo e no fogo, i.é: os justos e convertidos na santidade, os ímpios na condenação do Juízo. • 3,15-18 cf. Mt 3,11-12; Mc 1,7-8; Jo 1,25-28.

Oração s/as oferendas: Deus nos dá sinais que efetuam a participação na salvação em Cristo.

Prefácio: (Advento I) A vinda de Cristo / (Advento II) Anúncio do Cristo por João.

Canto da comunhão: (Is 35,4) Coragem por causa da proximidade de Deus.

Oração final: Que o sacramento nos purifique do pecado e prepare para a celebração da vinda do Cristo.

Quando a esperada vinda está finalmente para se realizar e todos os sinais a confirmam, a esperança e a preparação se transformam em alegria e júbilo. A curto prazo, a perspectiva da vinda transforma-se em antecipação da presença. Tal é o espírito do terceiro domingo do Advento. Neste ano C, é lido o texto que deu seu nome ao presente domingo: *Gaudete*, "Alegrai-vos" (Fl 4,4-7; **2ª leitura**). O sentimento de viver na presença do Senhor deve produzir no cristão não apenas uma profunda alegria, mas também um novo tipo de relacionamento com seus irmãos humanos: o *epieikes*, o bom grado – o cristão não apenas *tem* alegria, mas *é* uma alegria para quem o encontra. Será verdade?

No **evangelho**, os que acolhem a pregação do Batista lhe pedem normas de comportamento em vista da vinda do Messias. Essas normas se resumem em uma só palavra: ser gente. Estamos acostumados demais a estes textos para lhes descobrir novidade. O normal que se esperaria do profeta e asceta seria: exercícios de penitência, jejum e cilício. Nada disso. Repartir aquilo que temos. Para os fiscais de imposto: serem honestos. Para os soldados: não molestar as pessoas e contentar-se com seu soldo. Ser gente, esta é a exigência quando o Reino de Deus acontece no meio de nós.

João sanciona essas orientações proclamando o significado decisivo do que está acontecendo e explica o sentido verdadeiro de seu sinal (seu "sacramento"), o batismo. É um sinal do verdadeiro batismo, que um mais forte do que ele vem administrar: o banho no Espírito e no fogo: *no Espírito*, para os justos, que serão impelidos pelo espírito de Deus, transformados em profetas (cf. Jl 3) e santos; *no fogo*, para os ímpios, que queimarão como o refugo na hora da ceifa. Pois o "mais forte" já está com a pá na mão para limpar o grão no terreiro.

Sofonias, numa linguagem que se aproxima do Segundo Isaías, proclama promessas de salvação. Javé revogou a sentença contra seu povo. Os povos felicitarão a "Filha (de) Sião", Jerusalém, ou seja, o povo de Israel, porque Javé se revela no meio dela como um herói vencedor (**1ª leitura**).

Os textos de hoje mostram bem o duplo sentido que a presença de Deus toma em nossa vida, em nosso mundo. A proximidade do Santo não é necessariamente terrível e mortal, como sugerem muitos textos do A.T., para o homem impuro. Para quem se converteu a Deus, sua proximidade é confirmação, força, razão de alegria. Quem dá a impressão de viver na presença de um Deus que o deprime, mostra uma falha em si mesmo. Quem, porém, se entregou a Deus e se sente bem com ele, é uma alegria para seus irmãos.

Isso vale também para a Igreja. Não podemos duvidar de que Deus está com ela. Mas será que ela está com Deus? Quando ela é um peso para os homens (não por sua exigência de fidelidade e virtuosa caridade, mas por seu egoísmo grupal, mesquinhez ou sei lá quê), ela mostra que a vinda de Deus não a transformou...

A alegria de Deus só se torna palpável em nós, quando realmente o desejamos em nosso meio. Não será grande parte da "tristeza" do cristianismo a consequência de os cristãos não desejarem Deus como centro de sua vida, de sua comunidade, de sua "cidade"? Reis cristãos exerceram atroz opressão em nome de Cristo, porque seu interesse não era a vinda de Cristo, com sua boa-nova libertadora para os pobres (**aclamação ao evangelho**), mas a implantação do próprio poder. Era uma cristandade ambígua, sem desejo de Deus e portanto sem alegria em lhe servir. Ouvimos hoje um apelo para nos libertar de nossos egoísmos pessoais e grupais (Fl 4,6). Então, Deus será reconhecível como aquele que é forte em nós e em nosso meio, e nossa própria existência e comunidade será o Evangelho por excelência.

C Adv.

ALEGRIA E EXIGÊNCIA DE MUDANÇA

Nossa sociedade perdeu a dignidade. A injustiça e a violência andam soltas. Sentimos indignação, desejamos o fim do reino do "vale tudo". Não é "terrorismo moral" dizer às pessoas que devem mudar, tanto na vida pessoal como na social. Mas a exigência de mudança deve ser inspirada pela esperança e pela alegria pelo bem que Deus sempre nos proporciona. A conversão dos indivíduos e da sociedade será o reverso de uma mensagem de alegria e esperança.

Como no domingo passado, também hoje o evangelho apresenta João Batista, o profeta e porta-voz de Deus, que exige nossa conversão para podermos encarar a vinda do Reino de Deus e do Messias (Lc 3,10-18). Para isso, devemos deixar de lado toda injustiça, mesmo aquela que faz parte dos costumes de nossa sociedade, como sejam o ágio, a extorsão, os subsídios ilegais etc. Se fosse hoje, João Batista ensinaria certamente a pagar imposto e taxas sociais... Tudo isso faz parte da conversão para receber, com Jesus, o Reino de Deus.

Tal exortação exigente é, na realidade, parte integrante de uma mensagem de alegria: a mensagem da salvação que vem de Deus. "Deus estará no meio de ti", anuncia o profeta Sofonias à cidade de Jerusalém (**1ª leitura**). Por isso, convém alegrar-nos e demonstrarmos nossa alegria na retidão e bondade de nosso proceder (**2ª leitura**).

No fim do **evangelho** ouvimos palavras fortes. Aquele que vem, o Messias, vai limpar a eira, vai separar, no terreiro, a palha do trigo. E a palha será queimada... João ainda não conhecia a pedagogia de Jesus. Na linha dos antigos profetas, pretendia converter as pessoas mediante ameaças. Jesus converte com o dom da própria vida. A intenção de João Batista é que preparemos nossa vida para a alegria de ter Deus no meio de nós. A presença de Deus significa bondade, harmonia, paz... Para que a alegria de Deus possa chegar até nós, o profeta exige conversão pessoal e conversão da sociedade. Os exemplos propostos por João Batista são significativos: os que têm reservas estocadas devem repartir com os indigentes; os funcionários do imposto imperial devem deixar de exigir comissão para si; os soldados devem contentar-se com seu soldo e não praticar extorsão contra a população. Não se tratava de comportamentos meramente pessoais. Todos praticavam esses abusos (como ainda hoje), e para não agir assim, era preciso que o mundo fosse outro. Ninguém pode ser virtuoso e piedoso sem modificar também os costumes das pessoas e os procedimentos da sociedade na qual vive. Ser santo sozinho é ilusão.

> A alegria da proximidade de Deus nos faz viver de um jeito mais limpo, mais radiante. Mas isso só tem sentido, se tornarmos mais limpo também o mundo em que vivemos, isto é, se tornamos suas estruturas mais de acordo com o evangelho e o Reino. Senão, voltaremos a nos envolver na sujeira, como porco lavado que volta ao lamaçal.

4º domingo do Advento/C
A IRRUPÇÃO DO MISTÉRIO DE DEUS EM NOSSA VIDA

Canto da entrada: (Is 45,8) Com o orvalho do céu, brota da terra o Salvador.

Oração do dia: O Mistério da Encarnação, desde a Anunciação até a Ressurreição.

1ª leitura: (Mq 5,1-4 [2-5a]) **De Belém sairá o Pastor de Israel** – Miqueias não coloca Jerusalém no centro da profecia, mas Belém, terra de origem de Davi. De sua dinastia deverá um dia brotar o verdadeiro Rei de Israel conforme o coração de Deus (cf. Mt 2,6). • 5,1 cf. Gn 35,19; Rt 4,11; 2Sm 7,16; Mt 2,6; Jo 7,42 • 5,2 cf. Is 7,14; 9,5-6 • 5,3 cf. Ez 34,23-24 • 5,4 cf. Is 9,6; Ef 2,14.

Salmo responsorial: (Sl 80[79],2ac+3b.15-16.18+19) O Pastor de Israel.

2ª leitura: (Hb 10,5-10): **"Eis que venho para fazer tua vontade"** – Hb compreende a morte de Cristo como a plenificação do culto sacrifical do A.T. Todos os antigos sacrifícios prefiguram o sacrifício do Cristo, que nos santifica uma vez para sempre (10,10). Interpreta Sl 40[39],7-9 no sentido da obediência de Jesus para cumprir esta missão, para a salvação de todos nós. • 10,5-9 cf. Sl 40[39],7-9; 51[50],18-19; 1Sm 15,22; Am 5,21ss; Ml 6,8 •10,10 cf. Hb 9,14.28; 10,14; Ef 5,2.

Aclamação ao evangelho: (Lc 1,38) "Eis aqui a serva do Senhor".

Evangelho: (Lc 1,39-45) **A Visitação de Maria a Isabel** – Maria vai servir a Isabel; nelas, se encontram, pela primeira vez, o Precursor e o Messias; é a realização de Lc 1,15: o filho de Isabel é impelido pelo Espírito desde o seio materno. Isabel entende o sinal e saúda em Maria a fé e o fruto bendito. Maria entoa um canto de ação de graças a Deus. – Ambas as partes do diálogo fazem parte das mais queridas orações do povo cristão: o Ave-maria e o Magnificat. • 1,42 cf. Jz 5,24; Jt 13,18 • 1,45 cf. Lc 1,26-38; Jo 20,29; Rm 4,17 • 1,46-47 cf. 1Sm 2,1; Is 61,10; Hab 3,18.

Oração s/as oferendas: Que o Espírito, que trouxe a vida ao seio de Maria, santifique as oferendas.

Prefácio: (Advento II) "Aquele que a Virgem esperou... João anunciou".

Canto da comunhão: (Is 7,14) A Virgem conceberá o "Deus-conosco".

Oração final: A Eucaristia, penhor da eterna redenção, nos prepare para celebrar o mistério do Natal.

Se, no domingo anterior, se podia dizer que os raios do *Sol Iustitiae* já abrasavam o horizonte, na liturgia de hoje, rodeada pelas antífonas "Ó"[2], se abrem as nuvens da madrugada. Irrompe em nossa humanidade, de modo indescritível e fascinante, a atuação definitiva do amor de Deus.

A **oração do dia** evoca todo o Mistério da Salvação, desde a anunciação do anjo a Maria até a Ressurreição do Cristo. O que celebramos no Natal não é apenas o nascimento de um menino, mas a irrupção da obra de Deus como realização definitiva da história humana.

A **1ª leitura** tem o efeito de um aperitivo. Evoca o paradoxo da minúscula cidade de Belém, que, porém, é grande por causa de Javé, que cumprirá sua promessa de chamar novamente um "pastor" da casa de Jessé (pai de Davi). A pequena cidade torna-se sinal do plano inicial de Deus ("suas origens remontam a tempos antigos"; Mq 5,1).

---

2. Sugerimos que se procure reaproveitar as tradicionais "antífonas Ó" (17 a 23 de dez.), por causa de sua densidade simbólica e valor musical.

Não é a grandeza segundo critérios humanos, que é decisiva para Deus. Isso se mostra plenamente no mistério que se manifesta em Maria.

O **evangelho** de hoje abraça dois extremos: a humildade de uma serva, que vai ajudar sua prima no fim da gravidez, reforçada nesta disponibilidade por estar ela mesma grávida; e a grandeza de seu Senhor, que ela exalta no júbilo do Magnificat. Esta *complectio oppositorum* revela o mistério de Deus nela. Sua prima, Isabel, ou melhor, o filho desta, João, ainda no útero, torna-se porta-voz deste Mistério. Pois ele é profeta, "chamado desde o útero de sua mãe". Saltando no seio de sua mãe, aponta o Salvador escondido sob o coração de Maria. E Isabel traduz: "Tu és a mulher mais bendita do mundo e bendito é também o fruto de teu seio... Feliz és tu, que acreditaste". Isabel sabe que o mistério de Deus só acontece onde é acolhido na fé, na confiança posta nele. Esta fé não é um frio e intelectual "Amém" a obscuridades lógicas, mas engajamento pessoal numa obra de dimensões insondáveis. Um risco: uma mocinha do povo carrega em si o restaurador da humanidade. Mas Maria conhece o modo de agir de Deus. O Magnificat o demonstra (vale ler mais do que somente as palavras iniciais). Deus opera suas grandes obras naqueles que são pequenos, porque não são cheios de si mesmos e lhe deixam espaço. O espaço de um útero virginal. O espaço de uma disponibilidade despojada de si.

O próprio enviado de Deus confirma esta maneira. "Eis-me que venho para fazer tua vontade". Esta frase de Sl 40[39] realiza-se em plenitude no Servo por excelência, Jesus, que vem ao mundo para tornar supérfluos todos os sacrifícios e holocaustos, já que ele mesmo imola de modo insuperável sua existência, em prol dos seus irmãos (**2ª leitura**).

Serviço e grandeza, duas faces inseparáveis do Mistério de Deus cuja manifestação celebraremos dentro de poucos dias. Mistério do amor. Claro, amor é uma palavra humana. Deus é sempre mais do que conseguimos dizer. Dizem que o amor movimenta o mundo, mas é preciso ver de que amor se trata. O amor autêntico recebe sua força da doação. Num sentido infinitamente superior, se pode dizer isso de Deus também. O que aconteceu em Jesus no-lo revela. Este amor de Deus para os homens ultrapassa o que entendemos pelo termo amor, mas é um amor verdadeiro, comparável quase com o amor dos esposos, quando autêntico: os céus que fecundam a terra, Deus que cobre uma humilde criatura com sua sombra. A liturgia não tem medo destas imagens. Fecundada pelo orvalho do Céu, a terra se abre para que brote o Salvador.

"EIS-ME AQUI PARA FAZER TUA VONTADE"

> Na proximidade de Natal, diante dos enfeites de nossas igrejas e nossas casas e diante das vitrines cheias de supérfluos, cabe perguntar para que Jesus veio ao mundo. Ele veio para fazer a vontade de Deus, que é a nossa salvação (**2ª leitura**).
>
> Ele veio como o messias e libertador anunciado pelos profetas. A **1ª leitura** descreve Belém como a cidade onde nasce o rei, descendente de Davi, que será o Salvador do povo. Davi era pastor e rei. Seu descendente, o Messias, será um Davi superior, ou melhor, um Davi mais plenamente consagrado à vontade de Deus: o novo pastor enviado para conduzir o povo pelo caminho de Deus.
>
> Deus elege seu enviado e também a mãe que o dá ao mundo. O mistério da eleição de Deus se realiza no útero de Maria. O **evangelho** de hoje narra o encontro entre Maria, nos pri-

meiros dias de gravidez, e sua parenta Isabel, já no sexto mês. João Batista, ainda no útero de Isabel, manifesta alegria pela presença do Messias no seio de Maria. Em Maria que visita Isabel Deus visita o seu povo, na figura do Messias que há de nascer.

Ora, que significa, concretamente, a liderança messiânica para a qual Jesus nasceu? Ele veio fazer reinar a justiça e o amor que Deus colocou como fundamentos de seu Reino. Veio ensinar-nos a amar-nos mutuamente, procurando cada um servir a seus irmãos e irmãs, em vez de explorá-los. Jesus não veio exercer as funções dos sacerdotes do Antigo Testamento – oferecer sacrifícios de bois e cordeiros – mas realizar a vontade do Pai, até o dom da própria vida: "Me deste um corpo... Aqui estou... para fazer tua vontade" (**2ª leitura**). O nascimento de Jesus é o primeiro momento do dom da vida de Jesus. O presépio do nascimento é da mesma madeira que a cruz da Sexta-feira Santa.

A disposição com que Jesus oferece sua vida à vontade do Pai é um exemplo para nós. Só acolheremos Jesus de verdade, se assumirmos sua atitude como programa para a nossa vida. O amor é contagioso. Quem ama, gosta de imitar a quem ama. Nosso cristianismo não é em primeiro lugar uma questão de ritos e práticas devocionais, mas de fazer a vontade do Pai. É antes de tudo adesão ao plano divino de salvação, que as nossas mãos vão pôr em prática. É assumir a justiça, o respeito, a libertação e o amor em atos e de verdade, aquilo que Deus deseja para todos os homens. As práticas devocionais devem ser alimento para a prática de nossa vida no meio da sociedade, e não desculpa e fuga. Não basta entrarmos no templo; devemos dizer: "Eis-me aqui, para fazer tua vontade".

Se Natal significa acolher Jesus, essa acolhida só será verdadeira se, com ele, repetirmos: "Eis-me aqui".

TEMPO DE NATAL

(Da Vigília de Natal até o Batismo de N. Senhor – ver ano A)

TEMPO DA QUARESMA

(Quarta-feira de Cinzas – ver ano A)

1º domingo da Quaresma/C
JESUS RESISTE À TENTAÇÃO

Canto da entrada: (Sl 91[90],15-16) "Quando meu servo clamar, hei de atendê-lo".
Oração do dia: Pela Quaresma, compreender melhor o mistério do Cristo e conformar-lhe mais nossa vida.
1ª leitura: (Dt 26,4-10) **O "credo do israelita"** – Oração da oferenda da safra, profissão de fé de Israel em Javé, que livrou Israel da pobreza e opressão no Egito e o introduziu na Terra Prometida. Cada israelita entende a história de Israel com Deus como sendo sua história pessoal e sabe-se chamado a uma resposta: um cesto cheio de frutos da Terra Prometida, mas também a alegria por tudo aquilo que Deus dá (26,11). • Cf. Dt 6,20-23; Js 24,1-13; Ne 9,7-25.
Salmo responsorial: (Sl 91[90],1-2.10-11.12-13.14-15) "Os anjos te levam, para que não firas teu pé".
2ª leitura: (Rm 10,8-13) **O "Credo do cristão"** – A fé de Israel se resume em: "Javé libertou Israel do Egito", a do cristão em: "Deus ressuscitou Jesus dos mortos" (Rm 10,9), e a isto corresponde a proclamação: "Jesus é o Senhor". Fé não proclamada da boca para fora, mas vindo do coração e envolvendo a totalidade da pessoa (10,9), vivida na comunidade, mas também no espaço do mundo, pois todos têm o mesmo Senhor (10,12). Mas isso exige que a mensagem lhes seja transmitida de modo fidedigno. • 10,8-9 cf. Dt 30,11-14; 1Cor 12,3; Rm 1,4; Fl 2,9-11 • 10,11 cf. Is 28,16; Rm 9,33 • 10,12 cf. Rm 3,29; Gl 3,8; Cl 3,11 • 10,13 cf. Jl 3,5; At 2,21; 4,12.
Aclamação ao evangelho: (Mt 4,4b) "Não só de pão é que se vive".
Evangelho: (Lc 4,1-13) **A tentação de Jesus** – Quaresma, de *quadragesimus*, lembra os anos de Israel no deserto, de Moisés e Elias no monte, os dias de Jesus no deserto, confirmando sua fé e fidelidade a Deus, com a força do Espírito e a inteligência das Escrituras, contra a tentação do antagonista. – Lc enxerga por trás deste primeiro combate toda uma guerra: Satanás deixa Jesus "até o tempo determinado", o tempo da grande provação, quando Satanás tomará conta de Judas e tentará Jesus na hora da agonia e da cruz. Mas esse será também o momento da vitória de Jesus. • Cf. Mt 4,1-11; Mc 1,12-13 • 4,1-4 cf. Lc 3,22; 4,18; Nm 11,34; Sl 95[94],10; Dt 8,3 • 4,5-8 cf. Jo 12,31; Dt 6,13 • 4,9-12 cf. Sl 91[90],11-12; Dt 6,16 • 4,13 cf. Lc 22,3.53.

Oração s/as oferendas: Que a nossa vida se coadune com os dons pelos quais celebramos o início da caminhada para o sacrifício pascal.
Prefácio: (próprio) Aprender de Jesus a vencer o tentador de nossa fé.
Canto da comunhão: (Mt 4,4) "Não só de pão vive o homem..." / (Sl 91[90],4) Proteção junto a Deus.
Oração final: Refeitos em nossa fé, esperança e amor, procurar viver do Cristo, palavra da boca de Deus.

Quaresma, quadragésimo dia antes da Páscoa. Na Igreja das origens, era o tempo de preparação para o batismo na noite pascal. Aprendia-se o Credo. Por isso, a **1ª leitura** de hoje cita o "credo do israelita". Ao oferecer as primícias da terra, na primavera (= março-maio, na Palestina), o israelita se lembrava dos quarenta anos passados no deserto, sob a firme condução de Javé Deus, conclusão da peregrinação iniciada por Abraão nas origens do povo. Para ser liberto da escravidão, Israel atravessou o deserto durante quarenta anos, tempo de uma geração: o povo saiu renovado. Tudo isso, o israelita o recordava anualmente ao oferecer suas primícias a Deus.

O cristão, ao apresentar-se diante de Deus, seja na comunidade reunida em assembleia, seja no silêncio de seu coração, recorda uma outra libertação: a que libertou Jesus da morte e o fez passar para a glória, a "passagem" não do anjo exterminador, mas do Cristo, que significa também nossa passagem da morte para a vida. "Jesus é o Senhor... Deus o ressuscitou dos mortos" (Rm 8,10; **2ª leitura**). Para poder proclamar esta fé, na noite do "novo dia", Páscoa, o cristão passa um "tempo de quarentena", para sair completamente renovado.

Também Jesus passou por um "tempo de quarentena" (**evangelho**). Reviveu toda a história do povo. Conheceu a tentação da fome (cf. Nm 14), mas recordou o ensinamento de Deus: "Não se vive só de pão" (Dt 8,3). Conheceu a tentação do bezerro de ouro, ou seja, de adorar um falso deus, que fornecesse riqueza (cf. Ex 32); mas respondeu, com a palavra de Deus: "Só a Deus adorarás" (Dt 6,13). Conheceu a tentação mais refinada que se pode imaginar, a de manipular o poder de Deus para encurtar o caminho; mas a experiência de Israel, resumida em Dt, lhe oferece novamente a resposta: "Não tentarás o Senhor, teu Deus" (Dt 6,16). Jesus venceu o tentador no seu próprio terreno, o deserto, onde moram as serpentes e os escorpiões, onde Deus provou Israel, mas também Israel tinha colocado o próprio Deus à prova (Sl 95[94],9). Jesus não tentou Deus, mas venceu o tentador. Pelo menos por enquanto, pois a grande tentação ficou para "a hora determinada" (cf. Lc 22,3.31.39).

Em Lc, Jesus é o grande orante, o modelo do fiel. Jesus resistiu à tentação de tentar Deus: sinal de sua imensa confiança no Pai. Ele professa a fé no único Deus como regra de sua vida. Ele se alimenta com a palavra que sai da boca do Altíssimo. Nossa quaresma deve ser um estar com Jesus no deserto, para, como ele, dar a Deus o lugar central de nossa vida. Como ele, com ele e por ele, pois é dando a Jesus o lugar central, que o damos a Deus também. Neste sentido, a quaresma é realmente "ser sepultado com Cristo", para, na noite pascal, com ele ressuscitar.

Lc traz as tentações em ordem diferente de Mt (cf. ano A). Em Mt, o auge é a tentação de adorar o demônio; em Lc, o "transporte" para Jerusalém. Ora, todo o evangelho de Lc é uma migração de Jesus para Jerusalém, e a tentação decisiva será a "tentação de Jerusalém". Jesus resistirá a esse ataque decisivo, na mesma cidade de Jerusalém. Assim, as tentações prefiguram o caminho de Jesus. Por isso é tão importante que nós nos unamos a ele neste "tempo de quarenta", em espírito de *prova* de nossa fé e vida.

É isso que lembra a **oração do dia:** tornar nossa vida conforme à do Cristo. O **salmo responsorial** é o Sl 91[90], que inspirou o Satanás para a terceira tentação, mas que também contém em si a resposta ao Satanás: a ilimitada confiança em Deus.

TREINAMENTO DA FÉ

Devidamente desacelerados do Carnaval, celebramos o 1º domingo da Quaresma. Aos mais velhos, "Quaresma" lembra jejum e penitência. Mas Isaías diz que Deus não se alegra com uma cara abatida. Talvez devamos encarar a Quaresma sob outro ângulo: como *treinamento* da fé. Em que acreditamos, afinal? Por qual convicção colocamos a mão no fogo, resistimos a provações, empenhamos a nossa vida?

Na sua origem, a Quaresma era o tempo de preparação dos catecúmenos para receber o batismo na noite pascal. Neste sentido, a **1ª leitura** nos lembra o "credo" que o antigo israelita pronunciava na hora de oferecer os primeiros frutos de sua terra: o povo foi salvo por Deus. A **2ª leitura** lembra o credo do cristão (que o batizando com toda a comunidade pronunciava na noite pascal): nossa salvação pela fé em Jesus Cristo. O **evangelho** mostra este credo em ação: Jesus dá o exemplo de adoração exclusiva a Deus. Jesus foi posto à prova. O diabo lhe sugeriu que transformasse pedras em pão, dominasse o mundo, deslumbrasse o povo... Mas Jesus preferiu fazer de sua vida um grande ato de adoração a Deus. E o diabo o deixou até a hora da grande provação – a hora da paixão e morte.

A Quaresma é uma subida à Páscoa, como os israelitas subiam a Jerusalém para oferecer suas ofertas e como Jesus subiu para oferecer sua vida. Nossa subida à Páscoa está sob o signo da provação e comprovação de nossa fé. Encaminhamo-nos para a grande renovação de nossa opção de fé. Se, nos primeiros tempos da Igreja, a Quaresma era preparação para o batismo e a profissão de fé, para nós é caminhada de aprofundamento e renovação de nossa fé. Pois uma fé que não passa por nenhuma prova e não vence nenhuma tentação pode se tornar acomodada, morta. Ora, a renovação de nossa opção de fé não acontece na base de algum exercício piedoso ou cursinho teórico. É uma luta, como foi a tentação de Jesus no deserto, ao longo de quarenta dias. A fé se confirma e se aprofunda em sucessivas decisões, como as de Jesus, quando resistia com firmeza e perspicácia às tentações mais sutis: riqueza, poder, sucesso.

Precisamos de treinamento em nossa opção por Deus. Antigamente, esse treinamento consistia no jejum, na mortificação corporal. Mas em nossa situação da América Latina, empobrecida e desigual, o treinamento da opção da fé se realiza sobretudo na sempre renovada opção pelos pobres e excluídos, no adestramento para a solidariedade cristã. A Campanha da Fraternidade nos treina para colocar nossa fé em prática. Adestra-nos para enfrentar os demônios de hoje, a tentação da idolatria da riqueza, da dominação, da discriminação, da competição. Exercitamos a nossa opção de fé, praticando-a na solidariedade fraterna, para, com Jesus, chegar à doação da própria vida, na hora da grande prova. Quem não se exercitar, talvez não saberá resistir.

2º domingo da Quaresma/C
JESUS TRANSFIGURADO: PERSPECTIVA DA VITÓRIA

Canto da entrada: (Sl 27[26],8-9) "Tua face, Senhor, eu procuro: não desvies de mim teu rosto / (Sl 25[24],6.2[3].22 "Livrai-nos de toda a angústia".

Oração do dia: Que Deus nos alimente com sua palavra, para que, purificado nosso olhar de fé, nos alegremos com a visão da glória.

1ª leitura: (Gn 15,5-12.17-18) **A Aliança de Javé com Abraão** – O Deus de Abraão anda com ele, promete-lhe descendência e terra, e Abraão lhe dá fé. Mas o cumprimento se faz esperar. Abraão pede um sinal (15,8). O sinal é a Aliança, selada por Javé, que passa em forma de fogo entre as duas metades do animal do sacrifício (cf. Jr 34,18). Abraão abandona as certezas humanas e confia seu futuro a Deus. Sua fé é esperança. • 15,5-6 cf. Gn 22,17; Dt 1,10; Hb 11,12: Rm 4; Gl 3,6-7 • 15,13-16 cf. At 7,6-7; Ex 12,40; Gl 3,17; At 13,20 • 15,17-18 cf. Sl 105[104],11; Eclo 44,20-23 [19-21].

Salmo responsorial: (Sl 27[26],1.7-8a.8b-9abc.13-14) Esperança em Deus, luz e salvação.

2ª leitura: (Fl 3,17–4,1 ou 3,20–4,1) **Nossa transformação conforme o modelo da glorificação de Cristo** – Perturbaram a comunidade de Filipos homens que Paulo tacha de "inimigos da cruz de Cristo" (3,18): gente fixada em aspectos corporais (judeus com mania de circuncisão ou helenistas que não sabem o que fazer com o corpo? cf. 3,19). Visão de Paulo: nosso corpo é pouca coisa, mas Cristo o há de transformar igual ao seu. Nossa pátria é perto dele. Isso significa um desafio para nossa vida presente: relativiza-a e eleva-a. • 3,17 cf. 1Cor 11,1; 2Ts 3,7-9 • 3,19 cf. Rm 16,18; Gl 2,12 • 3,20-21 cf. 2,6: Cl 3,1-4; Rm 8,23.29-30; 1Cor 16,47-49.23-28.

Aclamação ao evangelho: (Lc 9,35) "Este é meu filho amado: escutai-o".

Evangelho: (Lc 9,28b-36) **Transfiguração de Jesus** – Jesus anunciou sua morte e ressurreição (9,22), e, logo depois, sua Transfiguração exprime a mesma mensagem. Falando de sua subida a Jerusalém (para aí morrer), Jesus revela-se como o Filho do Homem glorioso, para que os discípulos, mais tarde, em Getsêmani, o possam reconhecer como o Servo Padecente de Javé. Mas o "êxodo" de Jesus, que se deve completar em Jerusalém (9,31), os discípulos só o entenderão quando o ressuscitado lhes abrir os olhos (24,25-26). A voz da nuvem testemunha Jesus como "o Filho", o Eleito, o único que tem palavra decisiva na vida da gente (9,35). Ele está na nuvem, o "veículo" de Deus (no deserto) e do Filho do Homem (no fim dos tempos). • Cf. Mt 17,1-9; Mc 9,2-10 • 9,28 cf. Lc 5,16; 6,12; 9,18; 11,1 • 9,31 cf. Lc 9,22; 13,33 • 9,32 cf. Lc 22,45-46; 2Pd 1,16-18; Jo 1,14 • 9,35 cf. Lc 3,22; Sl 2,7; Is 42,1.

Oração s/as oferendas: Que a oferenda expie nossas faltas e nos santifique para a celebração da Páscoa.

Prefácio: (próprio) Jesus, tendo predito sua morte, mostra o esplendor de sua glória final.

Canto da comunhão: (Mt 17,5) "Este é meu Filho amado: escutai-o".

Oração final: Ainda na terra, participar das coisas do céu.

C Quar.

O caminho de Jesus e a antecipação de seu termo em Jerusalém formam, dentro da teologia de Lc, o quadro de referência para a interpretação do **evangelho** de hoje. Um pouco antes de tomar resolutamente o caminho de Jerusalém (Lc 9,51), Jesus, "em oração" (em Lc, Jesus é o modelo do orante), tem uma entrevista com Moisés e Elias, representantes da "Lei e dos Profetas", precursores escatológicos (cf. Ml 3,22-24). Eles falam com ele sobre o "êxodo" que ele há de "cumprir" em Jerusalém (Jesus repete a história do povo: cf. dom. pass.). Este "êxodo" é a passagem para sua glorificação, como insinua 9,51 ("os dias de seu arrebatamento"). Jesus está para completar seu êxodo, o caminho que o Pai lhe planejou. O Pai está presente, na "nuvem" (como Deus no deserto). Com mais clareza do que nos sinais corriqueiros de Jesus, o Pai quer revelar aos discípulos que ele é seu Filho amado, a quem devemos obedecer, isto é, de quem nos devemos tornar discípulos e seguidores. No seu caminho para a glória, caminho que passa pela cruz (Jerusalém), Jesus é mostrado na forma "consumada", gloriosa, para que os seus seguidores sejam confortados na fé e na confiança.

Deus dá sinais para que acreditemos. Contudo, estes sinais não são a plena visão, pois, se fossem, já não precisaríamos acreditar. Assim fez Deus também com Abraão. Este tinha assumido sua caminhada na obediência da fé (Gn 12), mas não tinha descendência. Deus lhe jurou que lhe daria descendência, e Abraão acreditou, o que lhe foi imputado como justiça (15,6) (**1ª leitura**). O sinal da promessa é um sacrifício, mas o "trabalho" não é nada fácil: os urubus estão aparentemente mais interessados nas carnes recortadas do que Deus, e Abraão tem que esperar, cansado, o pôr do sol e a escuridão, para ver Deus passar como um fogo devorador entre os pedaços da vítima. Neste momento, Deus faz aliança com Abraão.

Aliança e promessa no caminho. Será necessário começar a caminhar, para ter esta experiência?

O que transparece na glorificação de Cristo não é apenas a sua própria vitória em Jerusalém, mas o nosso destino final. Os apóstolos não entenderam isso; queriam construir no monte Tabor três tendas para permanecer com Jesus na sua glória. Ainda não sabiam que o caminho da ressurreição passava pela paixão (cf. Lc 24,46). E também não sabiam que eles mesmos deveriam seguir este caminho até o fim, para chegar à sua vitória e consumação na glória. "Nossa pátria está no céu", responde Paulo àqueles que se fixam em questões materiais, cujo deus é sua barriga (**2ª leitura**)! Nossa pátria está no céu: daí esperamos a nova vida de Cristo, para, com ele, sermos transfigurados na glória de seu corpo transformado. A linguagem de Paulo deixa transparecer uma polêmica com um conceito transviado da corporeidade. Não o corpo de nossa barriga ou vergonha, mas o corpo glorioso de Cristo, que com poder transforma o nosso: eis nosso destino, nossa honra.

Neste conjunto enquadra-se maravilhosamente o **salmo responsorial**: procurarei a face do Senhor (cf. **canto da entrada**). Porém, só o olho puro pode contemplar Deus (cf. Mt 5,8; 6,22-23). Que Deus purifique "nosso olhar espiritual", para que possamos contemplar sua glória (**oração do dia**): este é nosso grande pedido no momento em que somos convidados para, no meio do caminho, contemplar a destinação gloriosa e retomar com renovado ânimo a caminhada.

Teilhard de Chardin, sacerdote e paleontólogo, pretendia dirigir nosso olhar para a plenificação do Universo em Cristo (cf. Cl 1,15-20). Os teólogos da práxis política nos despertam para as utopias socioeconômicas, para nos dar uma perspectiva de esperança e uma razão de fé. Tudo isso pode ser útil, assim como Deus quis dar um *sinal* a Abraão, e Jesus, uma intuição da glória a seus discípulos. Porém, não façamos disso aí nossas "três tendas": são apenas visões para nos animar no caminho da fé que é esperança.

MUDANÇA RADICAL QUE TRANSPARECE EM CRISTO

Já chegamos à segunda etapa de nossa subida à festa pascal. A **1ª leitura** nos apresenta a fé com a qual Abraão recebe a promessa de Deus e assim é considerado justo por Deus. Mas o tema que retém nossa atenção está no evangelho de hoje: a visão da fé que descobre o brilho divino no rosto de Jesus.

No **evangelho** Lucas nos conta como Jesus foi orar no monte, levando consigo Pedro, Tiago e João, e de repente ficou transfigurado diante dos seus olhos. Apareceu-lhes envolto de glória, acompanhado por Moisés (a Lei) e Elias (os Profetas). Falavam com ele sobre seu "êxodo" em Jerusalém, onde iria enfrentar a condenação e a morte. No momento em que despontava o conflito mortal, Deus mostrou aos discípulos a face invisível de Jesus, seu aspecto glorioso.

Na **2ª leitura**, Paulo anuncia que Cristo nos há de transfigurar conforme a sua existência gloriosa. Todos nós somos chamados a sermos filhos de Deus. Nosso destino verdadeiro é a glória que Deus nos quer dar. Ora, para chegar lá, devemos – como Jesus – iniciar nosso "êxodo", nossa caminhada da fé e do amor fraterno, comprometido com a prática da transformação. Isso nos pode levar a galgar o Calvário, como aconteceu a Jesus. O caminho é árduo, e as nossas forças parecem insuficientes. Às vezes parece que não existe perspectiva de mudança. Uma sociedade mais justa e mais fraterna parece sempre mais inalcançável. Mas assim como os discípulos de Jesus, pela sua transfiguração no monte, puderam entrever a glória no fim da caminhada, assim sabemos nós que a caminhada da cruz é a caminhada da glória.

Antes de ser desfigurado no Gólgota, o verdadeiro rosto de Cristo foi transfigurado. Revelou, no monte Tabor, seu brilho divino. Para a fé, os rostos dos nossos irmãos latino-americanos, explorados e pisoteados, brilham como rostos de filhos de Deus. Apesar da desfiguração produzida pela miséria, desigualdade, exclusão, o brilho divino está aí.

Se nós precisamos realizar uma mudança política, econômica e cultural, a mudança radical é a que Deus opera quando torna filho seu aquele que nem figura humana tem. A consciência disto é que nos vai tornar mais irmãos e, daí, mais empenhados em criar uma sociedade digna da glória de Deus que habita em nossos irmãos excluídos. Na Campanha da Fraternidade descobriremos isso. Contemplando a glória de Cristo no rosto do irmão procuraremos caminhos para pôr fim à deformação que nossa sociedade imprimiu a esse rosto, não apenas pela opressão, como também por uma cultura da ilusão e da irresponsabilidade. Por isso, enfrentamos esta caminhada de modo bem concreto, assumindo o sofrimento dos nossos irmãos pisados e oprimidos, participando das lutas materiais, políticas, culturais, e comprovando assim a seriedade de nosso amor fraterno.

3º domingo da Quaresma/C
DEUS É FOGO, MAS TEM PACIÊNCIA

Canto da entrada: (Sl 25[24],15-16) "Tenho os olhos sempre fitos no Senhor" / (Ez 36,23-26) Conversão, purificação e reunião escatológica do povo.

Oração do dia: Deus é o autor de toda a bondade; que ele nos reerga do peso de nossa consciência.

1ª leitura: (Ex 3,1-8a.13-15) **Deus na sarça ardente** – Ex 3,1-8: manifestação de Deus no Horeb e vocação de Moisés para libertar Israel e concluir a Aliança em seu nome. A revelação a Moisés é interpretada como a continuação da revelação a Abraão, Isaac e Jacó. Esta "História da Salvação" completa-se em Cristo, na Nova Aliança. – 3,13-15; revelação do nome do "Deus dos pais": "Eu estou aí". Javé é aquele que realmente está aí, com quem a gente pode contar e cuja presença muda a história. • Cf. Ex 6,2-13; At 7,30-35 • 3,1-8 cf. Is 6; Jr 1; Dt 33,16; Ex 19,12; 33,20; Js 5,15 • 3,13-15 cf. Gn 4,26; 17,1; Is 42,8; Jo 17,6.26; 8,24.

Salmo responsorial: (Sl 103[102],1-2.3-4.6-7.8+11) A justiça de Deus é força e misericórdia.

2ª leitura: (1Cor 10,1-6.10-12) **Teologia da História: as lições do Êxodo** – Paulo tira as lições da história de Israel: a passagem pelo Mar Vermelho, o maná, a água do rochedo, tudo isso aponta o Cristo, o novo Moisés, e os sacramentos que dão sustento ao novo povo de Deus. Mas nem o batismo, nem a Eucaristia garantem a salvação mecanicamente, mas antes exigem do homem a cotidiana resposta da fé, atuante na caridade. • 10,1-6 cf. Ex 13,21-22; 14,15-31; 16,4-35; 17,5-6; Nm 20,7-11 • 10,10-12 cf. Nm 17,6-15; Rm 15,4.

Aclamação ao evangelho: (Mt 4,17) "Convertei-vos: o Reino de Deus está próximo".

Evangelho: (Lc 13,1-9) **A necessidade de conversão e a paciência de Deus** – Jesus acaba de ensinar a necessidade da conversão (12,35-39). Agora, refere-se a duas catástrofes: não aconteceram por causa de serem as vítimas maiores pecadores do que seus ouvintes, mas são um lembrete da coisa pior que pode acontecer a eles, se não se converterem (13,3.5). Porém, Deus tem tempo. Se a conversão ainda não ocorreu, há mais uma chance. Todavia, algum dia a árvore infrutífera será cortada (13,6-9). • 13,1-5 cf. Jo 9,3; 8,24 • 13,6 cf. Mt 21,19.33-44.

Oração s/as oferendas: Ser perdoado e perdoar.

Prefácio: (Quaresma I) Preparação pela penitência.

Canto da comunhão: (Sl 84[83],4-5) Até o pássaro encontra abrigo junto ao altar de Deus.

Oração final: Saciados na terra com o pão do céu, manifestar em nossa vida o que o sacramento realizou em nós.

(**Obs.:** é permitido escolher todas as leituras do ano A; cf. Lecionário.)

Depois dos episódios da tentação e da transfiguração nos dois primeiros domingos da Quaresma, a liturgia nos propõe o tema da conversão. Nos anos A e B, os enfoques de domingo foram, respectivamente, a catequese batismal e o cristocentrismo. No ano C, o **evangelho** realça especificamente a graça. Lc é o evangelho da graça, dos pobres e dos pecadores. Para receber a graça que nos renova devemos estar conscientes de sermos pecadores (cf. os próximos domingos). Porém, ao mesmo tempo que nos conscientizamos de nosso pecado, devemos ter diante dos olhos a perspectiva da graça e do perdão de Deus, nosso Pai.

A **1ª leitura** nos coloca em espírito de "temor do Senhor". Assistimos à grandiosa revelação de Deus a Moisés, na sarça ardente. Deus está em fogo inacessível. Deus devora quem dele se aproxima. "Tira tuas sandálias: o chão em que estás é santo!" (Ex 3,5). Deus está em ardor, porque viu a miséria de seu povo e ouviu seu clamor. Moisés será seu enviado para revelar a Israel sua libertação e ao Faraó a cólera do Senhor. E em nome de quem deverá falar? No nome de "Eu estou aí" (= "Pode contar comigo!") (3,15).

Deus está aí, com seu poder e sua fidelidade, mas também com sua justiça: na **2ª leitura**, Paulo nos ensina a "lição da história" de Israel. Eles tinham a promessa, os privilégios, a proteção de Deus. Todos os israelitas experimentaram, no deserto, a mão de Deus que os conduzia. Todos foram saciados com o alimento celestial e aliviaram-se na água do rochedo (que significa o Messias). Contudo, a maioria deles, por causa de sua dureza de coração, foram rejeitados por Deus (cf. Nm 17,14). Com vistas ao fim dos tempos e ao Juízo, Paulo avisa seus leitores para que aprendam a lição (1Cor 10,1-6).

Lc 13,1-5 é, se possível, mais explícito ainda. Dentro da concepção mágica de que as catástrofes são castigos de Deus, os judeus perguntaram a Jesus que mal fizeram os galileus cujo sangue Pilatos misturou com o de suas vítimas, quando foram apresentar sua oferta no templo de Jerusalém; ou as dezoito pessoas que morreram porque caiu sobre elas a torre de Siloé. Jesus responde: "A questão não é saber que mal fizeram eles; a questão é que vocês mesmos não se devem considerar isentos de castigo, por serem bons judeus; digo-lhes: se vocês não se converterem, conhecerão a mesma sorte!"

As catástrofes não são castigos, mas lembretes! E não adianta pertencer ao grupo dos "eleitos" – os judeus no deserto, os fariseus do tempo de Jesus, ou os "bons cristãos" hoje. O negócio é converter-se! Pois cada um descobre algo a endireitar, quando se coloca diante da face de Deus. Ou melhor, em tudo o que fazemos e somos, mesmo em nossas ações e atitudes mais dignas de louvor, descobrimos os traços de nosso egoísmo e falta de amor, quando nos expomos à luz da "sarça ardente". Só Deus é santo. Por isso, todos nós devemos converter-nos, sempre.

Se, até agora, a liturgia nos inspirou o temor do Senhor, o último trecho do **evangelho** nos traz a mensagem, tão característica de Lc, da misericórdia de Deus (cf. **salmo responsorial**), que se mostra em forma de paciência (nos próximos domingos, em forma de perdão). A árvore infrutífera pode ficar mais um ano, pois talvez ela se converta ainda! Mas, algum ano será o último...

O DEUS LIBERTADOR E NOSSA CONVERSÃO

Na Quaresma, subida para a Páscoa e caminho de renovação de nossa fé, são apresentados os grandes paradigmas da fé já no tempo do Antigo Testamento. No 1º domingo foi o "credo do israelita"; no 2º, a promessa de Deus que Abraão recebe na fé. No 3º domingo, hoje, a **1ª leitura** oferece mais um paradigma da fé: o encontro de Moisés com Deus, manifestando-se na sarça ardente. Este paradigma pode ser contemplado como a grande manifestação do Deus que liberta os hebreus do Egito, terra da escravidão. Deus, na sarça ardente, aparece a Moisés, para lhe dizer que ele escutou o clamor do povo. Ele manda Moisés empreender a luta da libertação do povo e revela-lhe o seu nome: Javé, "eu sou, eu estou aí". Deus está com o seu povo, na luta. Paulo, na **2ª leitura**, nos lembra que isso não impediu que Javé retirasse sua proteção quando o povo pecou pela cobiça e o descontentamento. Jesus, no **evangelho**, ensina aos judeus que eles não devem pensar que os pecadores são os que morreram vítimas de repressão policial ou catástrofe natural: os mesmos que se consideram justos é que devem se converter, e Deus há de exigir deles os frutos da justiça.

Na Igreja, hoje, escutamos um clamor pela "libertação" dos oprimidos, dos discriminados, dos excluídos, dos iludidos... Esse clamor é um eco da missão que Deus confiou a Moisés. Mas, ao mesmo tempo, vemos que muitos cristãos ficam insensíveis ao apelo da conversão, não voltam seu coração para Deus. E mesmo os que lutam pela libertação se deixam envolver pelo ativismo e pelo materialismo, a ponto de acabarem lutando apenas por mais bem-estar, esquecendo que o mais importante é o coração reto e fraterno, raiz profunda e garantia indispensável da justiça. Aliás, a Campanha da Fraternidade nos faz perceber a profunda interação de fatores pessoais e socioestruturais. Por isso é tão importante que nosso coração se deixe tocar no nível mais profundo, para ser sensível ao nível mais profundo do apelo de nossos irmãos.

Deus se revela a Moisés num fogo que não se consome – imagem de sua santidade, que nos atrai, mas também exige de nós pureza de coração e eliminação do orgulho, ambição, inveja, exploração, intenções ambíguas, traição e todas estas coisas que mancham o que somos e o que fazemos. Sem corações convertidos, o Reino, o "regime de Deus" não pode vingar. Se o Deus libertador nos convoca para a luta da libertação, ele não nos dispensa de sempre voltarmos a purificar o nosso coração de tudo o que não condiz com sua santidade e seu amor infinito.

4º domingo da Quaresma/C
A ALEGRIA DA RECONCILIAÇÃO E RENOVAÇÃO

Canto da entrada: (cf. Is 66,10-11) "Alegra-te, Jerusalém"; alívio na fonte da consolação divina.

Oração do dia: Com dedicação generosa e fé alegre, correr ao encontro da Páscoa que se aproxima.

1ª leitura: (Js 5,9a.10-12) **Os israelitas alimentam-se com pão novo, da Terra Prometida** – Entrar na Terra Prometida foi mais do que uma façanha militar; foi a entrada na vocação específica do "povo de Deus". O tempo anterior era escravidão, vergonha (5,9). Agora começa uma realidade nova, celebrada pelo pão novo (ázimo): os israelitas recebem a pátria prometida aos pais e viverão nela enquanto ficarem fiéis ao Deus da Promessa. Alimentar-se com o trigo de Canaã é um sinal da eficácia da Aliança. • 5,9a (Guilgal) cf. Js 4,19-20; 5,13-15 • 5,10.12 cf. Ex 12; 2Rs 23,22; Ex 16,35.

Salmo responsorial: (Sl 34[33],2-3.4-5.6-7) A alegria de experimentar a presença de Deus.

2ª leitura: (2Cor 5,17-21) **O mistério da reconciliação** – Deus nos fez homens novos: Paulo o experimentou em sua própria vida. A "Palavra da Reconciliação" modifica radicalmente a condição humana. Somos regenerados, "re-criados". Paulo quer que todos participem desta reconciliação, já que ela custou bastante: Deus permitiu que seu Filho fosse "(sacrifício pelo) pecado", para que nós participássemos de sua justiça. • 5,17-21 cf. 1Cor 12,13; 2Cor 5,14-15; Gl 6,5; Cl 1,15-20 • 5,18 cf. Rm 5,8-10 • 5,21 cf. Is 53,5-12; Rm 8,3; Gl 3,13; 1Jo 3,5; 1Pd 2,24.

Aclamação ao evangelho: (Lc 15,18) Confessar seu pecado ao Pai.

Evangelho: (Lc 15,1-3.11-32) **O filho pródigo: reconciliação e alegria** – No contexto da comunhão de mesa com os pecadores, Jesus narra as parábolas da ovelha desgarrada, da moeda extraviada, do filho pródigo. Jesus alegra-se por causa dos pecadores que se convertem. O irmão mais velho representa a "justiça" vista por olhos humanos mesquinhos, sendo capaz de se alegrar só com a observância da ordem. Deus porém se alegra com a nova criação que acontece na reconciliação: o que estava morto, voltou a viver (15,32). • 15,19 cf. Is 55,6-9; Jr 3,12 • 15,20 cf. Is 49,14-16 • 15,31-32 cf. 1Jo 4,10-11.

Oração s/as oferendas: Com alegria, oferecer o sacrifício que cura o mundo.

Prefácio: (Quaresma I) "... esperar com alegria a Páscoa, preparando-se pela penitência...".

Canto da comunhão: (Lc 15,32) "Deves alegrar-te, pois teu irmão, que estava morto, reviveu" / (Sl 122[121],3-4) Alegria de subir ao Templo.

Oração final: Pensar o que agrada a Deus e servi-lo de todo o coração.

(**Obs.:** é permitido escolher todas as leituras do ano A; cf. Lecionário).

Hoje é *Laetare*, dia das rosas em Roma e dia de alegria no meio da penitência. Como combinar alegria e penitência? A penitência tem por fim a alegria, porque é inspirada pelo desejo de Deus. A penitência, no A.T., chama-se "volta". O que isso significa, descreve-nos o mestre-narrador Lucas, na parábola do Filho Pródigo (**evangelho**). O filho pródigo foi longe, geográfica e moralmente. Mas sentindo falta do amor autêntico de seu pai e indigno a seus próprios olhos de ser chamado filho de tão bondoso pai, voltou para sua casa. Essa volta foi uma alegria, em primeiro lugar, para o pai! Este é o mistério do domingo *Laetare*. Enquanto nós estamos ainda impressionados com nossas desistências, egoísmos e rejeições passadas, Deus já enxerga a vida nova que brota em nós, e alegra-se. O que estava morto, voltou a viver; o que estava perdido, foi encontrado (Lc 15,32; cf. 19,10).

A **2ª leitura** nos ajuda a penetrar no sentido destas palavras finais do pai do filho pródigo: a reconciliação (em Cristo) é uma nova criação. O velho passou, tudo é novo. A vergonha de nosso pecado é apagada. Deus mesmo tornou "(sacrifício pelo) pecado" seu Filho (que não conheceu o pecado), para que nós fôssemos sem pecado. Nestas palavras, percebemos um eco da **1ª leitura**: assim como Israel, no fim do êxodo da escravidão, celebrou, já na Terra Prometida, a sua "passagem" com o pão novo, sem o velho fermento, agora tudo é novo (cf. 1Cor 5,7-8).

Para muita gente, o que Jesus conta no evangelho parece fácil demais. O filho pródigo, "esse sem-vergonha", esbanja tudo, depois volta para casa, Deus perdoa e tudo está bem de novo. É fácil demais e, além disso, injusto para quem acha que fez tudo direitinho e não ganhou nada por isso. Ora, quem fala assim não entende nada de Deus. Deus não é um fiscal. É um criador. Ele criou sem estar devendo nada a ninguém. Ele também não fica devendo ao pecado que nós fazemos, quando decide recriar-nos. Basta que o deixemos fazer. Esse "deixar Deus fazer" é, exatamente, a conversão. E é exatamente o que o filho mais velho não faz. Não dá a Deus a alegria de fazer uma nova criação!

A conversão de um pecador é difícil. Exige que ele queira sair "da sua". Mais difícil, porém, é a conversão de quem se considera justo. Será então melhor ser pecador? Eu até diria que sim, num certo sentido: é menos perigoso ser autêntico na desobediência e no egoísmo do que, por medo ou por implícito cálculo de compensação, esconder o que se tem por dentro e ficar endurecido pelo fato de agir sem convicção, sem ânimo...

Ora, como muitos fiéis que vêm às nossas igrejas estão na posição do filho mais velho, a tarefa da catequese litúrgica para este domingo é bastante difícil: como tirar o calo da autossuficiência dos corações dos bons cristãos? Porém, se isto não acontecer, não poderão participar da alegria do *Laetare*... "Ilumina, Senhor, nossos corações com o esplendor de tua graça" (**oração final**).

RECONCILIAÇÃO EM CRISTO, ALEGRIA DA VOLTA

Antigamente, a proximidade da Páscoa causava, em alguns, nervosismo, em outros, piedosa alegria: era o momento de fazer a confissão pascal...

A liturgia de hoje nos fala da alegria da volta e reconciliação. No quadro apresentado pela **1ª leitura**, os hebreus chegam ao fim de sua peregrinação pelo deserto. Estão entrando na Terra Prometida e podem esquecer a vergonha de sua escravidão. Celebram a Páscoa, comendo o pão sem fermento dos primeiros frutos da terra recebido de Deus. O **evangelho** descreve filho pródigo que volta para seu pai, o qual o acolhe com uma alegria do tamanho do seu amor, pois seu filho "estava morto e voltou à vida, estava perdido e foi encontrado". Assim, a liturgia de hoje é uma grande exortação para que o pecador volte à alegria que Deus lhe destina. Basta que se entregue a Cristo, admitindo, no seu coração, que a morte de Jesus por amor nos reconciliou e que a vida dele nos indica o rumo a seguir.

Por que não dar ouvido a essa exortação? Aquele que vive estraçalhado por desejos egoístas, contraditórios e insaturáveis, por que não volta a viver a benfazeja doação da vida, a exemplo de Jesus? O que sente remorsos por estar injustiçando seus semelhantes, por que não repara sua injustiça para reencontrar a paz? Quem se deixou seduzir pelas drogas, consciente de estar num beco sem saída, por que não imita o exemplo do filho pródigo? Aquele que sabe que sua riqueza causa a pobreza de muitos, por que não se esforça para, em espírito de comunidade, criar estruturas de participação?

Se Jesus contou a parábola que hoje é apresentada, é porque sua missão serve para instaurar essa relação nova entre Deus e os homens. A fé, a união com Cristo implica essa nova relação com Deus, o encontro do arrependimento do pecador com a misericórdia de Deus, ao qual dizemos: "Volta-te para nós, para que voltemos a ti!" Pois o pai misericordioso já estava voltado para ele antes que ele voltasse... Basta aderir radicalmente a Cristo, na comunhão de sua Igreja, para encontrar o caminho da reconciliação, a alegria da volta, a Terra Prometida.

A Igreja recebeu de Cristo um sinal para marcar com sua garantia essa reconciliação: o sacramento da penitência ou da volta. Quem sinceramente se confessa, pode estar seguro de sua reconciliação com Deus. Este sacramento encontra muita resistência porque ninguém gosta de se sentir julgado. Mas o evangelho de hoje mostra exatamente que Deus não quer julgar o pecador, quer simplesmente apertá-lo nos braços. A confissão deve ser apresentada não como julgamento, mas como acolhida. O que importa não é o passado, a lista de pecados a apresentar, e sim, o futuro: o abraço acolhedor do Pai.

5º domingo da Quaresma/C
DEUS LANÇA LONGE DE SI O PECADO DO PASSADO

Canto da entrada: (Sl 43[42],1-2) "Deus, livra-me do ímpio".

Oração do dia: "Caminhar com alegria na mesma caridade que levou vosso Filho e entregar-se à morte".

1ª leitura: (Is 43,16-21) **Deus realizará nova salvação** – Deus não obrou só no passado, diz o profeta. Como antigamente ele abriu um caminho para o povo que voltava do Egito, assim também abrirá um caminho para os exilados voltarem da Babilônia. Fará um novo início; esqueçam o passado. Até a natureza se colocará a serviço da nova obra de Deus, e o povo o transmitirá às gerações futuras. • 43,16-17 cf. Is 40,3; Ex 14,21-29; Sl 106[105],7-12 • 43,18-19 cf. Is 65,17; 42,9; 48,6; Ap 21,5 • 43,20 cf. Is 35,6-7; Ex 17,1-7; Sl 78[77],15-16 • 43,21 cf. 1Pd 2,9-10.

Salmo responsorial: (Sl 126[125],1-2ab.2cd-3.4-5.6) "Quando o Senhor fez voltar os cativos, parecia ser um sonho...".

2ª leitura: (Fl 3,8-14) **Converter-se e deixar-se levar pela força do Cristo** – Na sua conversão, Paulo abandonou muita coisa, sobretudo a pretensão de se justificar a si mesmo (pelas obras da Lei). E que recebeu em troca? O conhecimento, a experiência do Cristo crucificado e ressuscitado. Mesmo assim, sabe que ainda não alcançou a meta. Importa ser constantemente arrebatado pela força de Cristo. • 3,9 cf. Rm 3,21-22; 10,3-4; Gl 2,16 • 3,10 cf. Rm 1,4; 6,4; 8,17; Gl 6,17 • 3,12 cf. 1Tm 6,12.19; At 9,5-6 • 3,13-14 cf. Lc 9,62; 1Cor 9,24-27.

Aclamação ao evangelho: (Jl 2,12-13) "Convertei-vos a mim... sou benigno e misericordioso".

Evangelho: (Jo 8,1-11) **A mulher adúltera** – Este trecho, inserido no 4º evangelho, mas tendo sabor do evangelho lucano, lembra Dn 13: os "anciãos" querem julgar a virtude de uma mulher, enquanto eles mesmos estão cheios de pecado. Percebe-se o contraste entre a fingida "justiça" dos anciãos e a misericórdia de Deus. Susana, em Dn 13, era justa, a adúltera em Jo 8, uma pecadora; Deus não protege somente os justos, salva também os pecadores. Abre-lhes o caminho para que não voltem a pecar. • 8,5-6 cf. Dt 22,22-24; Lc 7,36ss; 20,20 • 8,7 cf. Dt 17,7 •8,11 cf. Ez 33,11; Sl 103[102],13-14; Jo 5,14; 8,15.

Oração s/as oferendas: Deus nos instrui por seu ensinamento: que ele nos purifique pelo sacrifício do Cristo.

Prefácio: (Quaresma II): Usar os bens que passam de modo a abraçar os que não passam.

Canto da comunhão: (Jo 8,10-11) "Nem eu te condeno; vai e não peques mais" / (Jo 12,24-25) O grão de trigo deve morrer.

Oração final: Sejamos sempre contados entre os membros daquele cujo Corpo e Sangue comungamos.

C
Quar.

(**Obs.:** é permitido escolher todas as leituras do ano A; cf. Lecionário.)

Nas três leituras de hoje, encontramos o tema da libertação do passado. "Não mais penseis nas coisas anteriores, não mais olheis o passado. Eis que faço algo novo; já está brotando. Não o enxergais? (Is 43,18; **1ª leitura**). Na visão do profeta acontecem um novo paraíso e um novo êxodo ao mesmo tempo, um caminho no deserto e os animais cantando o louvor de Deus: Israel volta do Exílio (Is 43,19-20). O povo proclama o que Deus fez (43,20): "Quando o Senhor reconduziu os exilados de Sião, parecia um sonho" (Sl 126[125]; **salmo responsorial**).

"Eu esqueço o que fica atrás de mim e me estico para acatar o que tenho diante de mim" (Fl 3,13; **2ª leitura**): reflexão de Paulo, sempre mais próximo da morte (está na prisão) e de seu porto desejado. Pois diante dele está Cristo, que o salvou. Atrás dele fica uma vida de fariseu, que ele considera como esterco (3,8), porque o afastou da verdadeira justificação em Cristo Jesus. De fato, enquanto era fariseu, pretendia justificar-se a si mesmo pelas obras da Lei. Só depois que Cristo o "alcançou", descobriu que a justiça vem de Deus, que, em Cristo, concede sua graça aos que creem. Para Paulo, conversão é bem outra coisa que voltar a viver decentemente – o bom propósito da Quaresma! É quase o contrário (pois, como fariseu, ele vivia "decentemente"). É deixar Deus estabelecer em sua vida uma nova escala de valores, tendo por centro um crucificado. Será que, para nós, o centro de nossa vida é o Crucificado ou apenas um crucifixo de ouro e marfim? Cristo pregou na cruz toda a autossuficiência humana, para que acontecesse, sem empecilhos, a obra da graça de Deus. Será que nós crucificamos nossa auto-suficiência, nossa vontade de "nos recuperar" em vez de nos perder nos braços do Crucificado?

Quem já perdeu tudo tem maior facilidade para isso. O **evangelho** de hoje (um fragmento solto inserido no evangelho de João) nos apresenta uma pessoa que não tinha mais nada a perder senão a vida; e esta também já estava quase perdida, os "justos" já estavam com as pedras na mão para a apedrejar. Ela tinha sido apanhada em adultério! (Como ainda entre nós, hoje, também na antiguidade judaica o homem podia ter suas aventuras, a mulher, porém, não.) Os "justos" pedem a opinião de Jesus, pois tinha fama de liberal, e queriam apanhá-lo em contradição com a Lei. Jesus escreve algo na areia; a acusação, a sentença? Não o sabemos. E responde: "Quem não tem culpa, lance a primeira pedra". E volta a escrever na areia. Os "justos" vão embora, a começar pelos mais velhos. (Espontaneamente, pensamos naqueles anciãos de Dn 13, que, depois de ter acusado Suzana, tiveram de mostrar quanta hipocrisia e podridão a velhice tinha acumulado neles.) "Mulher, ninguém te condenou? Eu também não te condeno. Vai e não peques mais". O passado foi apagado, como as palavras na areia. Ela é nova criatura: de pecadora, tornou-se a que não peca mais. Se tivesse sido apedrejada, seria para sempre a pecadora apedrejada. Agora ela é a "não mais pecadora". Mas, para isso, era preciso que seu pecado fosse apagado; e isso, só Deus o podia fazer.

Procuremos reconhecer em nós esta experiência de Israel, de Paulo, da adúltera, a experiência de sermos estabelecidos em condições novas, por exemplo, por uma autêntica confissão (com restituição de injustiça cometida e todas as demais exigências). Notaremos que não fomos nós, que nos libertamos, mas a graça de Deus, pelo sinal eficaz de Cristo. Mas essa renovação pode chegar também por outros caminhos. Por um convite de participar numa comunidade que nos coloque num novo ambiente, numa nova solidariedade. Há muitas maneiras para Deus realizar sua nova criação. Demos-lhe uma chance.

DEUS JOGA LONGE O PECADO!

Domingo passado presenciamos a volta do filho pródigo e sua acolhida pelo Pai misericordioso. Hoje, aparece com mais força ainda o quanto Deus está acima do pecado. Eis a base do que se chama "conversão". Mas, quando se fala em conversão, os céticos objetam: "Que adianta querer ser melhor do que sou?", e os acomodados: "Melhorar a sociedade, para quê?"

Deus, porém, não é limitado que fique imobilizado por nosso pecado. Ele passa por cima, escreve-o na areia, como Jesus, no episódio da mulher adúltera (**evangelho**). A magnanimidade de Deus, que se manifesta em Jesus, está em forte contraste com a mesquinhez dos justiceiros que queriam apedrejar a mulher. Estes, sim, estavam presos no seu pecado; por isso, nenhum deles ousou jogar a primeira pedra. Decerto, importa combater o pecado; mas é preciso estar com Deus para salvar o pecador.

Pois Deus é um libertador. Ele quer apagar nosso passado e renovar nossa vida, assim como renovou o povo de Israel no fim do exílio babilônico (**1ª leitura**). Paulo diz que devemos deixar nosso passado para trás e esticar-nos para apanhar o que está na nossa frente: Cristo, que é a nossa vida (**2ª leitura**). Como dissemos domingo passado, o pecado é o que fica atrás, enquanto o futuro que está à nossa frente é o amor de Deus em Jesus Cristo.

"Não peques mais". Perdoar não é ser conivente com o pecado, mas é salvar o pecador – termo que não está na moda hoje, mas é o que melhor exprime a realidade... Deus perdoa, para dar ao pecador uma "plataforma" a partir da qual possa iniciar uma vida nova. Ora, o perdão é do tamanho da grandeza de Deus; só Ele é grande que chega para perdoar definitivamente. Por isso, para fazer jus ao perdão, não devemos desejá-lo levianamente. Devemos querer eficazmente mudar a nossa vida, ainda que saibamos que "Roma não foi construída num só dia".

Devemos desejar não mais pecar, e para que este desejo seja eficaz, escolher e utilizar os meios adequados. Quem peca por má índole, procure amigos que o tornem melhor. Quem peca por fraqueza ou vício, evite as ocasiões de tentação. E quem peca por depender de uma estrutura ou laço que conduz à injustiça, procure transformar essa situação, no nível pessoal e no da coletividade. Tratando-se de estruturas sociais injustas, o meio adequado de combater o pecado consiste em unir as forças para lutar pela transformação política e social. Devemos transformar as estruturas de pecado fora e dentro de nós. Mas faremos tudo isso com mais empenho se estivermos convencidos de que Deus nos perdoa e joga longe de si o nosso pecado. Quando se trata de problemas pessoais (embora sempre com alguma dimensão social), a certeza de que Deus é maior que o pecado é um estímulo forte para acreditar numa renovação da vida – com a ajuda dos meios psicológicos adequados, pois a graça não suprime a natureza.

C
Quar.

(Domingo de Ramos – ver ano A)

TRÍDUO SACRO E TEMPO PASCAL

(Tríduo Sacro e dia da Páscoa – ver ano A)

2º domingo da Páscoa/C
PÁSCOA: NOVA CRIAÇÃO

Canto da entrada: (1Pd 2,2) "Como crianças recém-nascidas..." / (4Esdras 2,36-37) "A glória de vossa vocação.

Oração do dia: "O batismo que nos lavou, o sangue que nos remiu, o Espírito que nos deu nova vida".

1ª leitura: (At 5,12-16) **Adesão numerosa à comunidade** – Vendo uma comunidade realmente fraterna, sobretudo, quando sinais prodigiosos a acompanham, as pessoas perguntam: "Que significa isso?" Esses sinais devem conduzir a Jesus de Nazaré, cuja ressurreição a comunidade proclama (4,33). • 5,12 cf. At 2,42-47; 4,32-35; 3,11 • 5,14 cf. At 2,46-47; 4,4; 6,1.7; 9,31; 11,24 • 5,15-16 cf. Mc 6,56; Lc 4,40-41; At 8,6-8.

Salmo responsorial: (Sl 118[117],2-4.22-24.25-27a) A pedra rejeitada torna-se pedra angular.

2ª leitura: (Ap 1,9-11a.12-13.17-19) **"Sou o vivente que foi morto"** – Ap 1,9-20 é a maravilhosa visão da vocação do apocalíptico. O Filho do Homem por seu traje é caracterizado como sacerdote, rei e juiz (1,13-16). Era morto, e vive. Dispõe de tempos e mundo: a última palavra sobre a História pertence a ele. – Referência especial ao "dia do Senhor", o primeiro da semana, o domingo, dia da ressurreição. Como para o autor do Ap, deve ser para cada cristão dia de encontro com o Ressuscitado. • 1,13 cf. Dn 7,13; 10,5-6; Ez 1,26 • 1,17 cf. Ez 1,28; Dn 8,18; Is 44,6; Ap 1,8 • 1,18 cf. Jo 1,4; 5,21; Hb 7,25; Os 13,14.

Aclamação ao evangelho: (Jo 20,29) Felizes os que creem sem ter visto.

Evangelho: (Jo 20,19-31) **Missão pelo Cristo ressuscitado** – A Ressurreição é nova criação. Restabelece a paz. Novamente é dado o Espírito. O homem deve "tirar o pecado do mundo", prolongando a missão de Cristo (20,23; cf. Jo 1,29.35). – A primeira geração teve o privilégio de ver e apalpar o ressuscitado, que inaugurou esta nova realidade. As gerações seguintes deverão crer por causa de seu testemunho. • Cf. anos A e B.

Oração s/as oferendas: Renovados pela profissão de fé batismal, progredir no caminho da felicidade com Deus.

Prefácio: (Páscoa IV) "Fez uma nova criação".

Canto da comunhão: (Jo 20,27) "Não sejas incrédulo, mas acredita".

Oração final: Tornar verdadeiro em nossa vida o significado do sacramento pascal.

O segundo domingo pascal, domingo das "vestes brancas", acentua a nova existência do cristão regenerado pelo batismo (ou pela renovação do compromisso batismal). Na **1ª leitura**, início de uma série de leituras de At, esta novidade se manifesta na atuação da primeira comunidade cristã, suscitando admiração por causa de sua união e dos sinais que a acompanham. O novo povo de Deus cresce ligeiro. Com razão, o **salmo responsorial** comenta: a pedra rejeitada tornou-se pedra angular.

A **2ª leitura** é a visão inicial do Apocalipse. No "primeiro dia da semana", dia da ressurreição e da assembleia cristã, ele vê o Cristo glorioso, o "primeiro e o último" (1,17), o "vivo que foi morto" (1,18) e que "tem as chaves da morte", ou seja, tem a morte em seu poder (1,8). É a aparição do Cristo como Senhor do Universo. Os tempos são nele resumidos e recapitulados. No fim do livro, ele se manifestará como o renovador do Universo.

A novidade da situação pascal aparece também no legado que o Ressuscitado deixa para sua Igreja: a paz, como dom e como missão. A paz é dom escatológico por excelência, a renovação da harmonia com Deus, o perdão (**evangelho**). Esta nova realidade vem no Espírito, o Espírito do batismo, o Espírito de Cristo. Não é fruto do mero esforço nosso. É um dom dado a todos os verdadeiros fiéis, os que se confiam a Cristo e em Cristo se tornam homens novos; os que não são determinados por critérios biológicos e sociológicos, mas "nasceram de Deus" (Jo 1,12-13). De modo especial, a liturgia de hoje se dirige aos recém-nascidos filhos de Deus (**canto da entrada**, **oração do dia**).

A esta novidade podemos dedicar uma consideração comunitária e histórica, como é sugerido especialmente pelas duas primeiras leituras. A comunidade cristã aparece, no mundo, como um mundo novo, escatológico (cf. os sinais). As pessoas aderem a ela para "serem salvas" (na hora do Juízo). No Ap, Cristo aparece como o Senhor da História, o "Filho do Homem" daniélico (1,12). Este Senhor da História foi morto. Sua morte aconteceu por causa de sua total solidariedade com a história humana, na qual ele se integrou, numa práxis autêntica, conscientizadora e libertadora, procurando restituir ao homem seu Deus, e a Deus, sua Lei e seu povo. Sua prática em prol da vida o levou ao testemunho radical da morte (cf. Ap 1,4: a Testemunha Fiel). Ora, se este Senhor, que por nós e conosco enfrentou a rejeição e finalmente a morte, agora vive, então, a História, que ele assumiu, vive com ele. No Cristo pascal revive a História humana para uma vida nova, totalmente diferente, vencedora do antigo pecado, que em Cristo foi crucificado. Uma História que já pertence à não História, ao fim dos tempos. Pois "ele" é o primeiro dos homens, realizando a vocação original da humanidade, ou seja, a completa filiação divina; mas nisso ele é também o último, a plenitude.

Essa novidade da História humana deve transparecer na comunidade dos renovados pelo batismo. A renovação pascal não é apenas uma revigoração interior, nem apenas um retomar de algumas boas práticas e um provisório desistir de alguns vícios. Isso seriam apenas "variações sobre um tema antigo", como se diz na música. Temos de compor uma peça nova, tendo uma estrutura nova. E, mesmo se esta não for a melhor, o fato de ser nova e melhor que a anterior será um sinal de que escolhemos o lado daquele em quem nossa história antiga morreu, para ressuscitar na força de Deus.

C
Pásc.

A PÁSCOA DE CADA SEMANA

O cristão começa a semana com cara de domingo e não de segunda-feira. Pois, como diz o próprio nome, a segunda-feira é o segundo dia da semana. O primeiro é o domingo, por diversas razões.

Na liturgia do 2º domingo pascal, o autor do Apocalipse faz questão de dizer que ele teve a sua visão no "primeiro dia da semana", no domingo (**2ª leitura**). É o dia da ressurreição: o que ele vê, na sua visão, é "o morto que está vivo", Cristo ressuscitado. É o dia da celebração: ele vê uma liturgia celeste em honra de Jesus, o Cordeiro pascal imolado por nós.

Também o **evangelho** de hoje nos fala, por duas vezes, do primeiro dia da semana. A primeira cena deste evangelho situa-se no próprio dia da Páscoa, quando Jesus aparece aos discípulos, mostrando-se ressuscitado e vivo, para derramar sobre eles o Espírito Santo, que lhes dá o poder de tirar o pecado do mundo, como ele mesmo tinha feito. A segunda cena ocorre "oito dias depois" (portanto, outra vez no primeiro dia da semana), quando Jesus aparece para se mostrar a Tomé e confirmar a sua fé.

O primeiro dia da semana é o dia de Jesus e de Deus, domingo, *dies Domini*, dia do Senhor. Lembra o primeiro dia da criação, quando Deus criou a luz. A ressurreição de Jesus é novo primeiro dia da criação, nova luz que surge sobre o mundo. E cada domingo é, para o cristão, a comemoração dessa luz pascal e dessa nova criação. Nós mesmos somos criaturas novas, chamadas à vida na luz – a luz de Cristo morto e ressuscitado.

O domingo é *páscoa semanal*, dia da comunidade, lembrete da nova criação que nós somos em Cristo. Não só pessoalmente, mas como comunidade, chamada a dar um novo tom ao mundo. Os habitantes de Jerusalém perceberam essa novidade. Muitos aderiram à comunidade e todo o povo a elogiava, diz a **1ª leitura** de hoje. Também hoje, o mundo deve perceber essa novidade no novo rumo que os cristãos imprimem à história, transformando-a de história de opressão em história de libertação. O domingo, com seu descanso físico, sua alegria espiritual e sua comunhão na celebração, deve alimentar em nós esta existência pascal nova e transformadora.

Israel celebra o dia santo no sábado, dia do descanso de Deus depois de completada a criação. É um símbolo religioso muito profundo. O próprio Jesus observava normalmente o sábado, tomando porém a liberdade de fazer curas ou permitir colher espigas, porque a vida que Deus criou deve também ser conservada no dia de sábado... Os cristãos escolheram como dia santo o dia depois do sábado, o dia da Ressurreição, da restauração da vida, pensando não tanto na criação acabada, mas na novidade de vida inaugurada por Jesus. Por isso, os Pais da Igreja chamaram este dia de "oitavo dia": ele está fora da sequência dos sete dias da semana, é de outro nível. Simboliza o tempo novo e definitivo. Será que isso se reconhece na maneira em que celebramos o domingo?

3º domingo da Páscoa/C
O CORDEIRO E O REBANHO

Canto da entrada: (Sl 66[65],1-2) "Aclama Deus, terra inteira".

Oração do dia: Renovados e em condição de filhos, esperar o dia da ressurreição.

1ª leitura: (At 5,27b-32.40b-41) **Testemunho diante do sumo sacerdote** – Segunda defesa de Pedro diante do Sinédrio (cf. 4º dom. da Páscoa/B). Repete: "Importa mais obedecer a Deus do que aos homens". 5,30-32 é um resumo do querigma cristão: anúncio do ressuscitado como Salvador, pela remissão do pecado, o que supõe a conversão. • 5,28-29 cf. At 4,17-19; Mt 27,25 • 5,30-32 cf. 1Cor 15,3-7; At 2,23-24.32-33; 3,15; Hb 2,10; 12,2.

Salmo responsorial: (Sl 30[29],2+4.5+6.11+12a+13b) Canto de gratidão pela salvação.

2ª leitura: (Ap 5,11-14) **Honra e glória e poder ao Cordeiro** – Como por uma porta, o visionário entrevê os mistérios de Deus (4,1): o Cordeiro imolado recebe os atributos do poder decisivo e escatológico (4,12.13). As criaturas que o adoram estão na luz de sua glória: esta é sua salvação. • 5,11-12 cf. Dn 7,10; Is 53,7; Fl 2,7-9.

Aclamação ao evangelho: (Rm 6,9) A morte não tem mais poder sobre o Cristo / (Jo 21,23) Jesus distribui pão e peixe.

Evangelho: (Jo 21,1-19 ou 21,1-14) **Aparição do ressuscitado e vocação de Pedro a guiar o rebanho** – 21,1-14: A Igreja aparece como barco de Pedro e como pesca milagrosa, mas somente pela palavra do Senhor ressuscitado! – 21,15-19 utiliza a imagem do rebanho: Pedro é instituído Pastor do rebanho que é o de Cristo. Pedro, e não o discípulo amigo por excelência. Três vezes (cf. as três negações), Pedro tem que confirmar sua afeição ao Senhor. Vocação é graça. • 21,1-14 cf. Lc 5,1-11; 24,41-43; Jo 20,19-23.26-29 • 21,15-19 cf. Jo 13,37-38; 18,17.25-27; Mt 16,17-19; Jo 6,68-69; Lc 22,31-32; Jo 13,36.

Oração s/as oferendas: Aquele que é causa de nosso júbilo, nos dê a eterna alegria.

Prefácio: (Páscoa I) Verdadeiro cordeiro.
Canto da comunhão: (cf. Jo 21,12-13) Jesus oferece refeição aos discípulos.
Oração final: Pela renovação no sacramento, chegar à ressurreição.

Aparecem, na liturgia de hoje, duas tônicas principais: o Cordeiro glorioso e Pedro, pastor e porta-voz do rebanho. A origem destes temas parece diferente, mas sendo a liturgia uma interpretação eclesial dos temas bíblicos, vale a pena interpretar um tema pelo outro. Aparece então que o Cordeiro do Ap (**2ª leitura**) deve ser visto como o Cordeiro que guia o rebanho (cf. 7,17; 14,4 etc.). Não é um cordeirinho, mas um carneiro. Solidário com o rebanho, o conduz à vitória. A este Cordeiro vencedor são dados os atributos de Deus (os mesmos que são dados ao "Filho do Homem" em Dn 7): honra, glória, poder e louvor.

Por que Jesus é chamado o Cordeiro? A literatura apocalíptica (Ez, Dn, os apócrifos, Ap) gosta de indicar pessoas e potências por figuras de animais. Além disso, Jesus foi logo considerado vítima expiatória e vítima pascal, como mostram o evangelho e 1ª carta de Jo, oriundos do mesmo ambiente que o Ap (cf. Jo 1,29.35 e a representação de Jesus morto na hora de imolar o cordeiro pascal – cf. festa do S. Coração/B). Como vítima expiatória, Jesus vence os poderes do pecado, representados, no Ap, por feras (como os impérios deste mundo em Dn). Portanto, o Cordeiro é um vencedor, não pelas armas, mas pela solidariedade com o rebanho, assumindo a morte por ele (cf. dom. pass.).

O rebanho é o tema central do **evangelho** de hoje. Uma linha de interpretação importante, na tradição evangélica, vê a ressurreição de Cristo antes de tudo como a reconstituição do rebanho (disperso pelos acontecimentos da Páscoa em Jerusalém), na Galileia, onde Cristo novamente o "precederá" (conduzirá como pastor), segundo Mc 14,27-28; 16,7. A aparição pascal de Jesus na Galileia, tanto em Mt 28,16-20 como em Jo 21, é a encenação deste "preceder na Galileia". Certos exegetas pensam que a pesca milagrosa de Lc 5,1-11 seria uma antecipação para dentro da vida de Jesus de uma experiência pós-pascal, mas pode ser também que um milagre da atividade galileia de Jesus foi retomado em Jo 21 para encenar a "retomada" do rebanho depois da dispersão – o "preceder" de Jesus, na Galileia. A descrição tem nítidas reminiscências das refeições pós-pascais, narradas em Lc 24 e Jo 20. A pesca parece que deveria servir para uma refeição de Jesus com os seus, mas, entretanto, ele mesmo já prepara a comida, que é tomada num espírito de eucaristia, e os discípulos podem acrescentar à refeição de Jesus os frutos de sua "pesca"... Simbolismo não falta.

Na segunda parte da narração – que, conforme o Lecionário, pode ser dispensada, mas em nossa interpretação é indispensável – encontramos, em situação pós-pascal, o episódio de Cesareia de Filipe (cf. Mc 8,27-29): a profissão de fé de Pedro. A narração em Jo 21,15-19 é influenciada pela história da Paixão de Cristo: às três negações de Pedro correspondem as três afirmações de sua amizade. O rebanho só pode ser confiado a quem ama Jesus com o maior amor possível. Isso, porém, não exclui que, ao lado do Pastor assim escolhido, exista o discípulo-amigo, o primeiro a reconhecer o Ressuscitado (21,6; cf. 20,8). Talvez ambas as figuras, Pedro e o discípulo-amigo, representem carismas ou até comunidades diferentes do cristianismo iniciante. Jo 21 parece descrever um pouco da história da primitiva Igreja, vista à luz da Páscoa.

C
Pásc.

De fato, na história da Igreja, Pedro aparece como líder e porta-voz. É ele que, diante do Sinédrio, em nome dos outros apóstolos, dirige ao sumo sacerdote a atrevida palavra, que parece ter sido um *slogan* dos primeiros cristãos: "É preciso obedecer antes a Deus do que aos homens" (At 5,29; cf. 4,19), e pronuncia mais um testemunho da ressurreição de Cristo, que os chefes judeus mataram (**1ª leitura**).

Como o Cordeiro, por solidariedade e amor, deu sua vida em prol do rebanho, assim também o pastor que recebe seu encargo por seu amor não deixará de dar sua vida (At 5,40-41; Jo 21,18-19).

CRISTO NA GLÓRIA E NA IGREJA

Muitas pessoas dizem acreditar em Jesus, mas não querem comprometer-se com a comunidade da Igreja. Talvez até entrem numa igreja bonita e espaçosa para, ao voltar do serviço, descansar um pouco, mas a Igreja como comunidade não as atrai. Pretendem acreditar em Cristo, mas não querem saber de sua comunidade... Às vezes, vira até caricatura: invocam a ajuda de Cristo e de todos os santos para resolver uns probleminhas pessoais, mas não ligam para sua grande obra, a comunidade que ele fundou. Será Jesus apenas um quebra-galho para uso pessoal?

Conforme a liturgia de hoje, Jesus ressuscitado está misteriosamente presente na Igreja. O **evangelho** conta como Jesus ressuscitado aparece aos apóstolos enquanto estão pescando, sem êxito, no lago de Genesaré. Sua presença os faz pescar grande número de peixes grandes – cento e cinquenta e três, imagem da multidão que, logo nos primeiros anos, aderiu a Cristo na Igreja. Na **1ª leitura** ouvimos o atrevido testemunho dos Apóstolos, apesar de proibidos de falar no nome de Jesus. É no testemunho da Igreja que Jesus ressuscitado vive para o mundo. Querer ter Jesus sem a Igreja é como querer transportar água sem balde. E este Jesus é o Senhor glorioso, adorado por todos os santos no céu, como nos mostra o Apocalipse (**2ª leitura**). Que seja adorado assim também na terra.

Viver como cristão é viver da palavra de Deus em Jesus Cristo. Esta palavra é a instância suprema de nossa vida. "Importa mais obedecer a Deus do que aos homens", diz Pedro às autoridades de Jerusalém que o querem proibir de anunciar o Cristo ressuscitado (At 5,29).

Ora, a Igreja serve exatamente para guardar viva a palavra de Jesus e a sua presença no meio de nós. A Igreja não serve para si mesma ou para satisfazer a ambição dos padres – como a mídia às vezes parece insinuar, não sem culpa dos próprios... A Igreja tampouco serve para construir ricos templos (alguns melhor nunca tivessem sido contruídos!). A Igreja existe para dar a todos os seres humanos a oportunidade de conhecer Jesus morto e ressuscitado, de tomar refeição com ele – como os seus primeiros discípulos –, de acolher e cumprir sua palavra, sempre de novo traduzida e explicada conforme as exigências de cada momento. Ela existe para constituir a comunidade que é necessária para que o mandamento e o exemplo de amor deixados por Jesus sejam transmitidos e postos em prática, pois é impossível amar sozinho... A Igreja serve para fazer acontecer, sempre, no mundo, a prática de Jesus – na justiça e no amor eficaz ao próximo. Se ela fizer isso, ela partilhará para sempre a glória que Deus deu ao "Cordeiro", por ter-se sacrificado por nós. Pois Deus ama o amor que dá a vida pelos outros. E quem faz isso, como Cristo, já vive um pouco o céu. A Igreja serve para nos ajudar nisso.

4º domingo da Páscoa/C
A VIDA DO BOM PASTOR

Canto da entrada: (Sl 33[32],5-6) A criação: obra do amor de Deus.

Oração do dia: Que o rebanho, na sua fraqueza, alcance a fonte da força do seu Pastor.

1ª leitura: (At 13,14.43-52) **Pregação de Paulo em Antioquia da Pisídia; orientação para o mundo pagão** – A partir de Pentecostes, o Evangelho inicia seu caminho "até os confins da terra" (At 1,8). Paulo se dirige aos judeus na diáspora, mas, diante da rejeição destes, anuncia o Evangelho aos pagãos, o que os judeus consideram como uma traição. Mistério da vocação de Paulo, o fariseu chamado para levar o Evangelho aos pagãos! • 13,14 cf. At 13,4-5 • 13,47 cf. Is 49,6; Jo 8,12; At 1,8 • 13,50-52 cf. Lc 9,5; 18,6; cf. At 28,25-28.

Salmo responsorial: (Sl 100[99],1-2.3.5) Louvor universal a Deus.

2ª leitura: (Ap 7,9.14b-17) **O Cordeiro apascenta as ovelhas** – No meio de uma série de catástrofes, o visionário do Ap situa uma visão da assembleia celestial dos justos. O Cordeiro imolado é maior do que as forças negativas que assaltam o mundo. Reúne seu povo de todas as línguas e nações. Os mártires são a primícia do louvor universal ao Cordeiro. • 7,14b-15 cf. Ef 1,7; Ap 21,3; 22,3 • 14,16-17 cf. Is 49,10; Sl 23[22],2; Is 25,8.

Aclamação ao evangelho: (Jo 10,14) O Bom Pastor conhece as ovelhas e elas o conhecem.

Evangelho: (Jo 10,27-30) **O Pastor dá vida eterna às ovelhas** – Última parte do tema do Bom Pastor em Jo 10 (cf. anos A e B). O Bom Pastor, dando sua vida pelas ovelhas, lhes dá vida divina, eterna, que ninguém pode tirar-lhes. Indica também a fonte desta sua força: a unidade com o Pai. Quem recebe sua vida, entra nesta unidade. • 10,27-28 cf. Jo 10,3-4.14; 10,10; 17,3; Rm 8,33-39; Jr 23,4 • 10,29-30 cf. Jo 3,35; Is 43,13; 51,16; Jo 1,1-2; 20,31.

Oração s/as oferendas: Os mistérios pascais, fonte de renovação e eterna alegria.

Prefácio: (Páscoa I) O verdadeiro Cordeiro.

Canto da comunhão: "Ressuscitou o bom pastor...".

Oração final: Proteção e "prados eternos" para o rebanho.

Hoje seria possível fazer uma meditação sobre a **oração do dia:** "Que o rebanho na sua fragilidade alcance a fonte donde provém a força de seu Pastor". De fato, na **2ª leitura** (Ap), encontramos novamente a imagem do Cordeiro que conduz o rebanho (cf. dom. pass.), agora, porém, com a conotação de "Pastor". Esta combinação de ideias não causa surpresa dentro do gênero literário do Ap! Vimos, domingo passado, que a imagem do Cordeiro implica em solidariedade com o rebanho, solidariedade que o leva a tornar-se vítima expiatória e/ou pascal. A mesma solidariedade aparece no texto de hoje, na visão da multidão dos eleitos, que se tornaram solidários com o Cordeiro imolado, por sua fidelidade na perseguição. A solidariedade com o Cordeiro, no sangue do martírio, lava-os, torna-os imaculados como ele. E, por seu lado, o Cordeiro, tal um pastor que apascenta suas ovelhas, as conduz à fonte das águas, a fonte de consolação: Deus, que enxugará toda lágrima de seus olhos.

O **evangelho** medita praticamente a mesma ideia, embora Jesus aí apareça somente como Pastor e não (também) como Cordeiro. Na primeira e na segunda parte da alegoria do Bom Pastor (cf. 4º dom. pascal A e B), aprendemos que o Bom Pastor "dá vida em abundância" (10,10) e, soberanamente, dá "sua vida" pelas ovelhas (Jo 10,11-18). Já sabemos que se trata da vida divina. Hoje aparece o mistério de onde provém este dom: a união de Cristo com o Pai. Somos conduzidos à fonte da água da vida (cf. Ap 7,17), Deus mesmo (Jo 10,27-30). Na atual composição do 4º evangelho, este trecho é separado dos anteriores por um novo cenário, a festa da Dedicação do Templo (Jo 10,22; a parte anterior situava-se na sequência da festa dos Tabernáculos, iniciada em Jo 7). Este novo cenário indica um crescendo na impaciência dos judeus com relação ao messianismo de Jesus: "Se tu és o Cristo, dize-nos abertamente" (10,24). Esta provocação suscita uma afirmação mais clara da unidade de Jesus e o Pai, a ponto de provocar uma acusação da blasfêmia e uma tentativa de apedrejamento (10,31). Contudo, o ser Messias de Jesus consiste, exatamente, em conduzir-nos à contemplação do Pai dele (14,9). Ele nos dá uma vida que ninguém nos pode tirar, porque ele é um com o Pai. Se o seguirmos, estaremos na mão de Deus. Se nos solidarizarmos com ele – e esta é a "lição" de hoje – alcançaremos a fonte donde ele tira sua força, sua inabalável vida divina.

Somos convidados, hoje, a seguir o Cordeiro aonde ele for, solidários com ele na morte e na vida: então participaremos da vida da qual ele mesmo vive, a vida de Deus. Devemos deixar-nos guiar por um Pastor que dá sua vida por nós, pois esta vida não é sua, mas a de Deus. Ora, em que consiste esta "condução"? "Quem quiser ser meu discípulo, assuma sua cruz e siga-me... Quem perder sua vida, há de realizá-la... Onde eu estiver, ali estará também meu servo..." (Jo 12,23ss; Mc 8,34ss). Palavras paradoxais, que significam: a fonte da vida e da força de Jesus é o Deus-amor, o Deus da doação da vida.

Quem está bem instalado na sua igrejinha não gosta de ouvir tal mensagem. Esquiva-se, chamando-a de romantismo. Ou, se a gente insiste, diz que é desordem e subversão... Assim aconteceu com Paulo e Barnabé, quando foram pregar para os judeus de Antioquia da Pisídia (na Turquia). O resultado foi muito bom para os pagãos, pois rejeitados pelos judeus, Paulo e Barnabé se dirigiram a eles (**1ª leitura**). Não falta atualidade a esta história. No momento em que a Igreja latino-americana toma consciência da inviabilidade de uma cristandade cúmplice de injustiça institucionalizada, os senhores dessa cristandade rejeitam e até matam agentes de pastoral, padres, bispos... mas o povo, que era considerado incapaz de um cristianismo "decente", recebe com ânimo o convite de se constituir em comunidade de Cristo.

C Pásc.

O BOM PASTOR NOS CONDUZ A DEUS

Muitas pessoas procuram orientação, mas a sociedade em que vivemos mais manipula que orienta! Estamos sendo seduzidos pelos interesses do dinheiro e do poder. Pensando que somos livres e seguimos nosso próprio caminho, somos levados pelo sistema e pela propaganda... enquanto se esconde em nós, envergonhado, o desejo de ser conduzido de modo confiável e verdadeiro.

Na Bíblia, quem conduz chama-se pastor. É disso que trata o **evangelho**. Jesus se apresentou como o pastor fidedigno (Jo 10,11-18); no trecho que é lido hoje (10,27-30), ele fundamenta sua confiabilidade no amor que o une ao Pai ("Eu e o Pai somos um"). Por este amor, ele nos conduz a Deus, e ninguém nos poderá arrebatar dele e do Pai.

Deus é "mistério". Não conseguimos concebê-lo com clareza. Ele é grande demais para que o possamos descrever. É a "instância última" de nossa vida. Mas Jesus o torna acessível, visível. Podemos orientar nossa vida para a instância última graças a Jesus que nos conduz, se a ele nos confiamos. Jesus está tão unido a Deus que, para nós, ele é a presença de Deus em pessoa. Nele, estamos em Deus. Deus é a "pastagem", a felicidade para onde Jesus-Pastor nos conduz.

Na **2ª leitura,** este pastor é apresentado como sendo também "cordeiro", vítima pascal, que resgata e liberta da escravidão as ovelhas que somos nós. Esta imagem vem completar a do pastor. Pois um pastor parece muito chefe. Jesus é também ovelha, igual a nós, porém totalmente consagrada a Deus. Ele nos conduz a Deus, vivendo a nossa própria situação.

Como somos conduzidos por Jesus? Não mecanicamente! Ele nos conduz, mas não nos força! A nós cabe o esforço. Devemos "conhecer" Jesus, gravar seu retrato em nosso coração. Depois, com esta imagem na cabeça e no coração, vamos olhar para a nossa vida e seus desafios. Vamos perguntar o que Jesus faria se estivesse em nossa situação. Finalmente, apoiados pela comunidade eclesial, vamos escolher o caminho que acreditamos sinceramente que ele escolheria. Este será o caminho de Jesus-Pastor.

Caminho para todos. As leituras de hoje nos mostram que as palavras e o caminho de Jesus se destinam a todos, judeus e não judeus. Paulo rompeu o confinamento cultural da mensagem de Jesus dentro do mundo judeu. Também hoje, para que o rebanho possa ser integrado por quantos quiserem e siga sem impedimento o Cordeiro-Pastor, é preciso romper barreiras e confinamentos. Inculturar o evangelho em outras culturas que não a tradicional cultura ocidental. Nas culturas afro-brasileira e ameríndia do Brasil. E assim pelo mundo afora. Para constituir a grande multidão de todas as nações, tribos povos e línguas que seguem o Cordeiro, como diz o Apocalipse (7,9).

5º domingo da Páscoa/C
O NOVO MANDAMENTO E A NOVA CRIAÇÃO

Canto da entrada: (Sl 98[97],1-2) "Cantai ao Senhor um canto novo".

Oração do dia: Adoção filial, verdadeira liberdade e herança eterna.

1ª leitura: (At 14,21-27) **A obra de Deus em Paulo e Barnabé** – Conclusão e "relatório" da 1ª viagem missionária de Paulo (cf. dom. pass.). Na viagem de volta, visitam de novo as jovens comunidade e instituem os "presbíteros". • 14,21-23 cf. At 15,32-41; Rm 1,11; 5,3-4; Hb 10,36 • 14,27 cf. 1Cor 16,9; Cl 4,3.

Salmo responsorial: (Sl 145[144],8-9.10-11.12-13ab) Canto de louvor dos fiéis a Deus.

2ª leitura: (Ap 21,1-5a) **A nova criação e a nova Jerusalém** – A última palavra sobre a História não é a destruição, mas a restauração da pureza inicial. "Babilônia" (o mundo embriagado pelo poder e a cobiça) foi destruída (Ap 18,21-24). Mas Deus permanece conosco: Emanuel (21,3: cf. Is 7,14). É a nova criação, as núpcias de Deus com seu povo. • 21,1-2 cf. Is 65,17-25; 66,22; Rm 8,19-23; Is 52,1; 61,10 • 21,3-4 cf. Ap 7,15-17; Lv 26,11; Ez 37,27; Is 7,14; 25,8; 35,10 • 21,5 cf. Is 43,19; 2Cor 5,17.

Aclamação ao evangelho: (Jo 13,34) "Eu vos dou um novo mandamento".

Evangelho: (Jo 13,31-33a.34-35) **O novo mandamento** – Para que se realize a nova criação (2ª leitura), um novo mandamento! A nova criação está aí desde Jesus, que nos mostra o Deus-Amor e no mandamento do amor nos ensina a sermos seus filhos. O novo deste mandamento não está no "amar", mas em Jesus mesmo: "Como eu vos amei". • 13,31-32 cf. Jo 12,31; 16,33; 17,5.22.24 • 13,33 cf. Jo 16,16-24; 8,21; 14,2-3 • 13,34 cf. Mt 25,31-46; 1Jo 2,7-8; Lv 19,18.

Oração s/as oferendas: Conhecer a verdade de Deus e lhe ser fiel.

Prefácio: (Páscoa IV) Uma nova criação.

Canto da comunhão: (Jo 15,1.5) Permanecer em Cristo e produzir seu fruto.

Oração final: Passar da antiga à nova vida.

C
Pásc.

"Novo" é uma palavra mágica, que domina a publicidade e os jornais, mas também traduz a esperança que se expressa em numerosas páginas da Bíblia. O entendimento do cristianismo é baseado na sucessão da antiga e da nova Aliança, do antigo e do novo Povo de Deus. E, também, na passagem da antiga para a nova vida (páscoa, batismo!) e na observância de uma nova Lei em vez da antiga. Vivemos da perspectiva de uma total renovação. Esta perspectiva se expressa, na liturgia de hoje, sob as imagens de um novo céu e uma nova terra, uma nova Jerusalém e uma nova criação. Entretanto, parece que tudo fica no velho...

Por isso, importa refletir sobre o próprio da novidade que Jesus Cristo nos propõe, nas simples palavras de Jo 13,34: "Dou-vos um novo mandamento: amai-vos uns aos outros. Como eu vos amei, amai-vos também uns aos outros". A própria construção da frase, o paralelismo dos 1º e 3º, 2º e 4º segmentos da frase, sugere que o "novo" deste mandamento (1º segmento) consiste, exatamente, no "como eu vos amei" (3º segmento). Nem a palavra "amar", nem o mandamento do amor são novos (cf. Lv 19,18 etc.). Novo é amar como Jesus, amar em Jesus, por causa de sua palavra (**evangelho**).

Tudo tem um contexto histórico. Também esta frase. Seu contexto é complexo. Por um lado, existia no judaísmo o amor ao próximo, no sentido de membro da comunidade, combinado com o respeito pelo estrangeiro que morava na vizinhança, e com certa filantropia para com os outros seres humanos. Existia também o amor humano do mundo grego, espécie de filantropia universal, baseada na igualdade essencial do ser humano (pelo menos, em teoria); era um amor antes ao longínquo do que ao próximo, porque o longínquo não incomoda... Existia também o amor erótico. Existia a amizade. Mas, como diz Paulo em Rm 5,7-11, mesmo a amizade não produz o efeito de alguém dar sua vida pelo amigo; quanto menos pelo inimigo! Ora, o amor de Cristo é um amor dando vida, dando *sua* vida em prol dos "irmãos", subentendendo-se que irmão pode ser qualquer um que, pelo Pai, é levado a Cristo ou à sua comunidade. É possível existir tal amor em outros ambientes culturais e religiosos. E nem todos os cristãos vivem, ou pretendem viver, o mandamento do amor que Cristo ilustrou com sua morte. Porém, não se conhece outra comunidade que se caracterize especificamente por este mandamento. "Nisso conhecerão que sois meus discípulos: se tiverdes amor uns pelos outros" (13,35). E bem aquele amor que é ilustrado pelo contexto literário de Jo 13,31-35 (contexto anterior: o lava-pés, sinal de amor até o fim; contexto posterior: o amor até o fim em realização: a morte na cruz).

Onde reina este amor, as coisas não ficam como estão. O *status quo* é garantido pelo instinto de conservação do homem: ninguém quer sacrificar algo a favor dos outros "primeiro eu, depois meu vizinho". Quem quebra o *status quo* é Deus. É dele que podemos esperar a total novidade (pois deixar tudo como está não parece ser a melhor das soluções). É o que sonha o autor do Ap (**2ª leitura**). No fim da História, ele vê um novo céu e uma nova terra (realização de Is 65,17). Não tem mar, moradia do Leviatã. A nova realidade tem a aparência de uma noiva enfeitada para seu esposo: as núpcias messiânicas. É a moradia de Deus com os homens (cf. Ez 37,27). É a nova Aliança: eles serão seu povo e ele será seu Deus (*ibid.*). É a plenitude do Emanuel, Deus-conosco (Is 7,14ss). É a consolação completa (Is 25,8; 35,10). É tudo o que se pode esperar. É a nova criação (cf. Is 65,17).

O sonho da nova criação... Os que dizem que a utopia é a mola propulsora da História geralmente não concebem tal utopia como sendo a de Deus. Preferem ter sua própria utopia. Ora, quem reflete um pouco, deve entender que a utopia é coisa importante demais para depender do ser humano... Ou deveremos pensar como o filósofo: "Eu posso conceber que, em vez do homem individual, a própria lógica da História estabeleça a utopia"? Mas quem perscruta a lógica da História?... Portanto, é bom sermos dirigidos por uma utopia que venha de Deus. E como é que a conhecemos? Pela fé em Jesus Cristo, que inspirou o autor do Apocalipse. Na medida em que o sonho do visionário de Patmos traduz a plenitude do "novo" que Jesus nos deixou – o amor segundo o seu exemplo – nós também podemos sonhar nesta linha. Um sonho não é científico, mas nos transmite uma mensagem: a mensagem da ausência de todo o mal, agressividade, exploração, opressão, divisão... Convida-nos a nos empenhar nesta direção. Nisto está sua força propulsora.

Aquilo que "Deus obrou com Paulo e Barnabé", na 1ª viagem de missão, início da grande expansão do cristianismo no mundo não judeu (**1ª leitura**; cf. dom. pass.), se inscreve nesta utopia. Quem move esta obra é Deus. "Que todas as tuas obras te louvem, Senhor" (**salmo responsorial**).

UM MANDAMENTO NOVO PARA UM MUNDO NOVO

Muitas pessoas hoje demonstram desânimo. As notícias são deprimentes. Guerras intermináveis, que sempre de novo inflamam por baixo das brasas. Populações africanas que se apagam pela fome, pelas epidemias. Cruéis guerras religiosas na Ásia, na Indonésia. Extermínio das crianças meninas na China. Violência em nossos bairros, corrupção em nossas instituições. E mesmo na Igreja...

Existe alguém que possa dar um rumo a este mundo? A resposta é: você mesmo, mas não sozinho. Alguém faz aliança com você. Ou melhor: com vocês, como comunidade. E em sinal dessa aliança, deixou-lhes um exemplo e modo de proceder: um novo mandamento. "Amai-vos uns aos outros, como eu vos amei" – isto é, até o fim, até o dom da própria vida, seja vivendo, seja morrendo. É o que nos recorda o **evangelho** de hoje.

Não há governo ou poder que nos possa eximir deste mandamento. Só se o assumirmos como regra de nossa vida, o mundo vai mudar. Não existe um mundo tão bom e tão bem governado, que possamos deixar de nos amar mutuamente com ações e de verdade. Mas, por mais desgovernado que o mundo seja, se nos amarmos mutuamente como Jesus nos tem amado, o mundo vai mudar.

Por que então, depois de dois mil anos de cristianismo, o mundo está tão ruim assim? A este respeito podem-se fazer diversas perguntas, por exemplo: Será que os homens se têm amado suficientemente com o amor que Jesus nos mostrou? E como seria o mundo se não tivesse existido um pouco de amor cristão? Não seria bem pior ainda?

O Apocalipse, lido nas liturgias deste tempo pascal, muitas vezes é considerado um livro de terror e de medo. Mas, na realidade, ele termina numa visão radiante da nova criação, da nova Jerusalém, simbolizando a indizível felicidade, a "paz" que Deus prepara para os que são fiéis ao novo mandamento de seu Filho (**2ª leitura**). A nova Jerusalém é o povo de Deus envolvido pelo esplendor, ainda escondido, do amor de Cristo, que o torna radiante, como o amor do noivo torna radiante a sua amada. Quem é amado e se entrega ao amor, torna-se amor!

É isso que deve acontecer entre nós. Jesus nos amou até o fim. Nossa comunidade eclesial deve transformar-se em amor, ser um raio de luz para um mundo infeliz e desviado por interesses egoístas e mortíferos. Ao invés de ver somente o lado ruim da Igreja – talvez porque nosso olho é ruim –, vamos tratar de ver a Igreja como uma moça um tanto desajeitada e acanhada, mas que aos poucos vai sentindo quanto ela está sendo amada e, por isso, se torna cada dia mais amável e radiante. Ora, para isso, é preciso que deixemos penetrar em nós o amor de Deus e o façamos passar aos nossos irmãos, não em palavras, mas com ações e de verdade.

**C
Pásc.**

6º domingo da Páscoa/C*
VIVER NA PRESENÇA DE CRISTO E DE DEUS

* Cf. obs. no ano A.

Canto da entrada: (cf. Is 48,20) Alegria porque Deus libertou seu povo.

Oração do dia: Que nossa vida corresponda aos mistérios que celebramos.

1ª leitura: (At 15,1-2.22-29) **Concílio de Jerusalém** – Conversão de Cornélio (At 10), atividade de Paulo e Barnabé (At 13–14), o delicado problema da jovem Igreja: admitir os pagãos sem que passem pelo judaísmo (circuncisão, Lei) (15,5). O "Concílio dos Apóstolos" vê com clareza que não é a Lei, mas Cristo é que salva. Todavia, recomenda certas normas práticas para que não sejam feridas as sensibilidades específicas dos cristãos vindos do judaísmo; pois é para a fraternidade que Jesus nos salvou. • 15,1-2 cf. Gl 2,11-14; 5,2; Lv 12,3; Gl 2,1-2 • 15,29 cf. Gn 9,4; Lv 3,17.

Salmo responsorial: (Sl 67[66],2-3.5.6+8) Que Deus mostre sua benevolência.

2ª leitura: (Ap 21,10-14.22-23) **Esplendor da nova Jerusalém** – Na visão do Ap, a nova Jerusalém é, como a Igreja, fundada sobre o alicerce dos Apóstolos e dos Profetas (A. e N.T.). Ela é totalmente diferente do mundo que conhecemos agora: ela é santa, repleta de presença de Deus e do Cordeiro. A esta realidade deve aspirar a História que fazemos. • 21,10-14 cf. Ez 40,2; Ap 21,2; Is 60,1-2; Ez 48,31-35 • 21,22-23 cf. Jo 2,19-22; Is 60,19-20; 2Cor 3,18.

Aclamação ao evangelho: (Jo 14,23) O que guarda a palavra de Cristo é anfitrião de Deus.

Evangelho: (Jo 14,23-29) **A inabitação de Cristo e de Deus em nós e a "memória" do Espírito** – A presença de Cristo e de Deus na comunidade (**2ª leitura**) vale já, se realizamos em nossa vida a palavra de Cristo. O Espírito no-la há de lembrar. Como "recordação", mas também como tarefa, Jesus nos deixa a *paz*, antecipação da plenitude e missão no mundo: comunhão permanente com ele. • 14,23-24 cf. Jo 8,43.47; Ap 3,20; Jo 7,16; 14,10 • 14,25-29 cf. Jo 16,7.13-15; 16,33; Rm 5,1; 2Ts 3,16; Jo 14,1-3.

Oração s/as oferendas: Corresponder ao sacramento, sinal do amor de Deus.

Prefácio: (Páscoa II) "Abrem-se os átrios do Reino dos Céus".

Canto da comunhão: (Jo 14,15-16) Amar Jesus é guardar sua palavra.

Oração final: O fruto do sacramento pascal em nós.

C Pásc.

A nova Jerusalém é a "morada de Deus com os homens", dizia-nos a utopia que escutamos domingo passado. Mas uma utopia serve para mostrar o sentido da realidade presente. Hoje, a liturgia insiste na *presença* da utopia de Deus: a "inabitação" de Deus nos homens não acontece apenas na utópica Nova Jerusalém, mas em cada um que guarda a palavra do Cristo, seu mandamento de amor. Pois a palavra do Cristo não é sua, mas a do Pai que o enviou (Jo 13,24; **evangelho**).

Os discípulos não entenderam isso logo. Por isso, grande parte dos primeiros anos do cristianismo decorreu em "tensão escatológica": aguardava-se a vinda de Cristo com o poder do alto, a Parusia, como instauração do Reino de Deus. Só aos poucos, os cristãos começaram a entender que a nova criação já tinha iniciado, na própria comunhão do amor fraterno, testemunho do amor de Cristo a todos os homens. Esta compreensão, esta "memória esclarecida" de Cristo é uma das realizações, talvez a mais importante, do Espírito Santo.

Neste tempo intermediário, não devemos ficar com medo ou tristes porque Cristo não está conosco. Ele permanece conosco, neste Espírito, que nos faz experimentar a inabitação em nós dele e do Pai – portanto, muito mais do que significa sua presença na terra, pois o Pai vale mais do que a presença física de Cristo (14,28). Ele permanece conosco também no dom messiânico que ele nos deixa, a "paz", porém, não como o mundo a concebe (14,27). Escrevendo isso, Jo parece polemizar com a ideia de paz dos tratados políticos[3] e também com o conceito judaico da paz messiânica, a realização de um Reino de Deus mundano, dirigido pelas mesmas leis e mecanismos que dirigiram os reinos até agora, portanto, uma paz que prepara a guerra...

Antes de ver o que é, no concreto, a inabitação de Deus e de Cristo entre nós hoje, é bom olhar para a sugestiva descrição da nova Jerusalém, na **2ª leitura** (cf. dom. pass.). Observemos alguns detalhes: os nomes das doze tribos de Israel e dos doze apóstolos, símbolos do novo povo de Deus fundamentado sobre os apóstolos; a ausência do templo – ideia cara ao N.T., já que Cristo substituiu o templo de Jerusalém pelo de seu corpo ressuscitado (cf. Jo 2,18-22 etc.); sua "iluminação": a glória de Deus, e o Cordeiro, sua lâmpada. Não se deve explicar muito essas imagens, importa captar o que querem sugerir, num espírito global. É uma cidade que tem doze portas com os nomes das doze tribos, para acolhê-las no dia em que elas forem reunidas dos quatro ventos, para viverem na paz messiânica, tendo por centro só e exclusivamente Deus e o Cordeiro. É a cidade para viver na presença de Deus e Cristo. E isto é a paz.

Nossa comunidade cristã deve ser a antecipação da Jerusalém celeste. Tendo Cristo por centro e luz, certamente haverá unidade e comunhão entre seus habitantes. A **1ª leitura** de hoje pode ilustrar isso. O conflito na comunidade era grave, certamente tão grave quanto hoje o conflito entre os defensores da cristandade e os de uma Igreja-testemunha, despojada, que vai ao encontro dos mais pobres. O problema era análogo: a Igreja devia ser concebida como uma instituição acabada, à qual os outros se deveriam agregar? Neste caso, ela podia conservar suas instituições tradicionais, que eram judaicas. Ou seria a Igreja um povo a ser constituído ainda, aberto para a forma que o Espírito lhe quisesse dar? Para este fim, Paulo e Barnabé procuraram a união dos irmãos em redor daquilo que o Espírito tinha obrado junto com eles. Conseguiram. Não esforçaram em vão (cf. Gl 2,2). O "Concílio dos Apóstolos", como se costuma chamar este episódio (At 15), confirmou a prática de admitir pagãos sem passar pelas instituições judaicas (circuncisão, sábado etc.). Apenas, em nome da mesma união fraterna, os cristãos do paganismo deviam abster-se de quatro coisas que eram realmente tabu para os judeu-cristãos; não respeitar isso seria tornar a vida em comunidade impossível. A caridade fraterna acima de tudo!

Na caridade fraterna, Deus e "o Cordeiro" moram conosco. A cidade de Deus não é uma grandeza de ficção científica, nem uma cristandade sociologicamente organizada. Ela é uma realidade interior, atuante em nós e, naturalmente, produzindo também modificações no mundo em que vivemos. Ela é obra do Espírito de Deus que nos impele.

C Pásc.

ONDE O AMOR E A CARIDADE, DEUS AÍ ESTÁ

> É comum ouvir-se que a Igreja é opressora, mera instância de poder. Isso vem do tempo em que, de fato, a Igreja e o Estado disputavam o poder sobre a população. E os meios de comunicação se esforçam por manter essa imagem, como se nunca tivesse acontecido um Concílio Vaticano II, como se nunca tivessem existido o Papa João XXIII, Dom Hélder Câmara... Disse um psicólogo: "A sociedade precisa de manter viva a imagem de uma Igreja opressora

---

3. Cf. a *pax romana*, ideologia da supremacia romana no mundo mediterrâneo no tempo de Cristo e dos primeiros cristãos.

para poder se revoltar contra ela, assim como um adolescente só se sente bem quando pode revoltar-se contra o pai..."

A liturgia de hoje nos faz ver a Igreja de outra maneira. Claro, ela ainda não é bem como deveria ser, aquela "noiva sem ruga nem mancha" que é a Jerusalém celeste da **2ª leitura**. Mas quem ama acredita que a pessoa amada é muito melhor por dentro do que parece por fora. Por isso, se amamos a Igreja, acreditamos que em sua realidade mais profunda ela é, mesmo, a noiva sem ruga nem mancha... Vista com os olhos do Apocalipse, a Igreja é a morada de Deus, a Jerusalém nova, em que não existe mais templo, porque Deus e Jesus – o Cordeiro – são o seu templo. Seu santuário é Deus mesmo, não algum edifício para lhe prestar culto. Deus está no meio de seu povo. Isto basta.

A **1ª leitura** descreve um episódio da Igreja que manifesta isso. Os apóstolos tiveram uma discussão sobre a necessidade de conservar-se os ritos judaicos na jovem Igreja, no momento em que ela estava saindo do mundo judeu e abrindo-se para outros povos, na Ásia e na Europa. Depois de oração e deliberação, os apóstolos chegaram à conclusão de que, para ser cristão, não era preciso observar o judaísmo (que tinha sido a religião de Jesus). Somente fossem observados alguns pormenores, para não escandalizar os cristãos de origem judaica. Os apóstolos reconheceram que o antigo culto do templo se tinha tornado supérfluo. O **evangelho** de hoje nos faz compreender por quê: "Eu e o Pai viremos a ele e faremos nele a nossa morada", diz Jesus a respeito de quem acredita nele (João 14,23). Os fiéis são a morada de Deus. A Igreja, enquanto comunhão de amor, é a morada de Deus.

Não precisamos de templo concebido como "estacionamento da santidade". O povo simples sente isso intuitivamente, quando arruma um galpão ou um pátio para servir de salão comunitário e capela e tudo, lugar de oração, de celebração, de reunião, para refletir e organizar sua solidariedade e sua luta por mais fraternidade e justiça. Sabe que não é nos templos de pedra que Deus habita, mas no coração de quem ama e vive seu amor na prática. "Onde o amor e a caridade, Deus aí está".

C
Pásc.

(Ascensão de N. Senhor – ver ano A)

7º domingo da Páscoa/C*
UNIÃO COM CRISTO E O PAI, UNIDADE ENTRE NÓS

* Cf. obs. no ano A.

Canto da entrada: (Sl 27[26],7-9a) "Procurarei tua face, Senhor".

Oração do dia: Nosso Salvador está com Deus; que fique também conosco.

1ª leitura: (At 7,55-60) **A morte de Estêvão** – Fim do episódio de Estêvão (6,1–7,60), testemunha ("Sereis minhas testemunhas", 1,8) com o sangue ("mártir", o primeiro, mas não o último), descrito como imitando seu Mestre, até nas palavras pronunciadas na hora da morte. Seu martírio obriga os cristãos a sair de Jerusalém: uma nova chance para o Evangelho: Samaria e o mundo pagão (8,1). • 7,55-56 cf. Sl 110[109],1; Lc 22,69; At 2,33-34; 5,31 • 7,58 cf. Lv 24,10-14; Hb 13,12 • 7,59-60 cf. Sl 31[30],6; Lc 23,46; 23,34.

Salmo responsorial: (Sl 97[96],1-2.6-7.8-9 "Tu és o Altíssimo".

2ª leitura: (Ap 22,12-14.16-17.20) **"Eis que venho"** – O Cristo exaltado recebe os mais altos títulos: o primeiro e o último (22,13), "O rebento da raiz de Davi", "a estrela da manhã" (22,16). Ele anuncia sua próxima vinda (22,12; cf. 11), para uns consolação, para outros advertência. • 22,12-13 cf. Is 40,10; 62,11; Rm 2,6-8; Is 44,6 • 22,16 cf. Is 11,1.10; Nm 24,17 • 22,17 cf. 1Cor 16,22; Is 55,1; Zc 14,8.

Aclamação ao evangelho: (Jo 14,18) "Eu vou e volto novamente a vós".

Evangelho: (Jo 17,20-26) **Jesus reza por todos os fiéis, de todos os tempos, e por sua unidade** – 3ª parte da oração de Jesus, cf. anos A e B. – Jesus ora por todos que nele crerem (17,20-23) e por sua plena comunhão com ele, para que contemplem sua glória (17,24-26). Unidade e glória: manifestação do Pai, tanto em Cristo como em nós. Desunião é perturbação da manifestação do Pai. E como poderá Cristo mostrar o Pai, se não for na comunhão dos que aderiram à sua palavra e contemplaram sua glória (1,14)? • 17,20-23 cf. Rm 10,17; Jo 10,30; 17,5; 3,16 • 17,24-26 cf. Jo 14,3; 1,10; 14,9; 1,18.

Oração s/as oferendas: Da celebração na terra à glória celeste.

Prefácio: (Ascensão I) Na Exaltação, Jesus está mais perto de nós.

Canto da comunhão: (cf. Jo 17,22) "Que todos sejam um".

Oração final: Que o Corpo chegue à plenitude que a Cabeça já possui.

O 7º domingo pascal não consta do calendário litúrgico do Brasil, por coincidir com a solenidade da Ascensão; porém, o fato de os evangelhos dos três anos do ciclo litúrgico constituírem a leitura completa de Jo 17 e a temática estar intimamente ligada à da Ascensão, convidam para seu aproveitamento, senão em alguma celebração litúrgica, então pelo menos na meditação litúrgico-bíblica.

Na última parte de Jo 17 (**evangelho**), Jesus é apresentado rezando não só pelos "seus", que devem ficar no mundo enquanto ele está fora (2ª parte, ano B), mas também por todos os que pelo testemunho desses "seus" chegarem à fé, os fiéis de todos os tempos. Este texto exprime o objetivo do movimento ecumênico: "Que todos sejam um, como tu, Pai, estás em mim e eu em ti" (Jo 17,21). O que Jesus pede pelos fiéis de todos os tempos é a unidade com ele e o Pai, que implica, naturalmente, em união entre eles. Eles serem "consumados na unidade" (23a) é o sinal de que seu fundador é o enviado do Pai e de que o Pai os ama como amou a ele (23b).

Jesus deu aos seus a glória que o Pai lhe deu: o brilho da santidade de Deus foi comunicado aos discípulos, pelo fato de eles terem contemplado o rosto do Pai em seu Filho, em seu amor até o fim. Esta glória, revelada no amor, os deve tornar um, *como* o Pai e o Filho (17,22), e também *com* o Pai e o Filho: a perfeição da unidade, que fará o mundo reconhecer a missão de Jesus para revelar o amor de Deus. Ou, em outros termos: agora somos nós, unidos com o Pai e o Filho, os reveladores do ser de Deus, que é: amor.

Na medida em que Deus ama seu Filho, ele lhe dá sua glória, o brilho de seu ser, já antes da criação (17,24). Por isso, Jesus pede que seus discípulos de todos os tempos estejam com ele na glória da união com o Pai. A obra desta revelação continua ainda agora (17,26a), para que o infinito amor com que Deus amou seu filho seja nossa herança.

O que o ev. de João expressa em termos de revelação do amor, o Ap (**2ª leitura**) representa com as imagens da nova vinda de Cristo, na majestosa conclusão do livro. Jesus vem como juiz, trazendo a vida para os justos, a ignomínia para os injustos; e, sobretudo, para plenificar o amor investido nele. Por isso, "o Espírito e a Noiva" – a Igreja animada pelo Espírito – dizem: "Vem!" Realizam-se as núpcias escatológicas, o alívio pelas águas da vida para quem as desejou (Ap 22,19). E Jesus confirma: "Eu venho logo" (22,20). Testemunho comovente da esperança da jovem Igreja. Mesmo se não esperamos a parusia para já, não podemos ficar insensíveis a esse desejo dos primeiros cristãos, pois a proximidade e a vinda de Cristo não acontecem somente no tempo do calendário. Acontecem lá onde a manifestação da glória, isto é, do amor de Deus, cresce e se aproxima da plenitude.

Estêvão viu o Cristo glorioso, *de pé* (At 7,55-56: postura de juiz?), no momento em que ele ia a seu encontro, no martírio. O martírio foi para ele a vinda do Cristo, o céu aberto (**1ª leitura**). Também para nós a vinda do Cristo deve ser uma realidade próxima em nossa vida. Ela não acontece tão somente depois dos cataclismos e crises do fim dos tempos. O que a liturgia de hoje deve provocar em nós é este desejo do encontro com o Esposo, o Cristo glorioso, o desejo de experienciar a plenitude daquilo que já começamos a experimentar, na fé vivida, desde já. Se não sentimos em nós o desejo desta plenitude, devemos desconfiar de que talvez nem houve início... Se, ao contrário, acreditamos que "para viver é Cristo", devemos também colocar nele a plenitude de nossa esperança. O homem vive do desejo. Um dos truques de nossa sociedade é manipular o nosso desejo, para que esteja no nível daquilo que a sociedade oferece e não se dirija a "coisas maiores". Para realmente viver com Cristo na terra, em plena união, é necessário que ele seja nosso desejo último, nosso "céu". A visão de Estêvão foi o "martírio", o testemunho de sua união vital com Cristo; testemunhou-o pela vida e pela morte.

> (**Vigília e dia de Pentecostes – ver ano A**)

SOLENIDADES DO SENHOR NO TEMPO COMUM

Santíssima Trindade/C
A SABEDORIA DE DEUS E SEU AMOR EM CRISTO

Canto da entrada: "Bendito seja o Deus uno e Trino".
Oração do dia: Professar a verdadeira fé, reconhecer a Trindade na adoração da Unidade.
1ª leitura: (Pr 8,22-31) **A Sabedoria divina existe antes de tudo** – O A.T. não conhece a revelação de Deus em três pessoas, mas fala do Deus vivo, que age e fala e que, com seu Espírito, penetra todo o ser e a história da humanidade. "Palavra", "Espírito", "Sabedoria" de Deus aparecem, para o pensamento do A.T., como realidades divinas atuantes. Preparam a visão das três pessoas divinas no N.T. – Pr 8 é um grande poema, em que a Sabedoria tem a palavra. Fala de sua origem antes dos tempos (8,22-26), de seu lugar ao lado de Deus na criação (27-30), mas também, ao lado dos homens (31). Paulo identificará o Cristo crucificado com a "força e a sabedoria de Deus" (1Cor 1,23-24). Esta é a plena revelação da Sabedoria de Deus: estar junto aos homens (cf. 8,31) no sofrimento e na doação até o fim. • 8,22-26 cf. Eclo 24,5-10[3-6]; Sb 7,22–8,1; Jo 1,1-3 • 8,27-30 cf. Jó 28,20-28; 38,8-11; Sb 9,9; Sl 104[103],7-9; Cl 1,16-17.
Salmo responsorial: (Sl 8,4-5.6-7.8-9) Grandeza de Deus nas suas obras.
2ª leitura: (Rm 5,1-5) **O amor de Deus se derramou em nós** – Não por causa de privilégios nossos, mas porque Cristo por nós morreu, somos justos diante de Deus (Rm 4,24-26). Nisso reconhecemos que Deus nos quer salvar e nos amar; por isso esperamos. Que somos capazes de participar de sua vida, é obra de seu Espírito em nós. • 5,1-2 cf. Rm 3,23-25; 8,18-23 • 5,3-4 cf. Tg 1,2-4; 1Pd 4,13-14 • 5,5 cf. Sl 22[21],5-6; Rm 8,14-16; Gl 4,4-6; Ez 36,27; Rm 8,9; 1Cor 3,18; Ef 3,16-19.
Aclamação ao evangelho: (Ap 1,8) Glória ao Pai, ao Filho e ao Espírito.
Evangelho: (Jo 16,12-15) **O Espírito faz reconhecer a manifestação do Pai em Jesus** – Enquanto Jesus não é exaltado e o Espírito, derramado, os discípulos não entendem plenamente (2,22; 7,39; 12,16 etc.). A "plena verdade" (16,13) é a manifestação de Deus em Jesus Cristo, na qual o Espírito, depois da morte e ressurreição de Cristo, nos conduz, mostrando a glória dele (16,14). A obra do Espírito é "memória" (14,26 – cf. 6º dom. da Páscoa), mas não só isso: é também penetração no mistério de Deus com vistas ao que há de vir (16,13). A revelação de Deus em Cristo é uma realidade permanente, não apenas um passado. É Pentecostes permanente. • 16,13 cf. Jo 14,6.16-17.26; 16,7; Rm 8,14-16 • 16,15 cf. Jo 17,10; Mt 11,27; Lc 15,31.
Oração s/as oferendas: Ser oferenda com nossas oferendas.
Prefácio: (próprio) Revelação de Deus no Filho e no Espírito.
Canto da comunhão: (Gl 4,6) O Espírito de Cristo que clama: *Abbá*, Pai!
Oração final: Conserve-nos Deus na verdadeira fé.

Deus é o "mistério". Isso não significa, estritamente, sua inacessibilidade ou incognoscibilidade. Significa antes que, enquanto "nele nos movemos e existimos" (At 17,28), nossa compreensão não consegue englobá-lo. Por isso, ele se manifesta exatamente naquilo que nos envolve, em primeiro lugar, na insondável sabedoria com que o universo foi feito. Assim, o judaísmo viu na sabedoria de Deus uma realidade preexistente ao próprio universo: a primeira criatura de Deus (**1ª leitura**). Aos poucos, o que os antigos vagamente vislumbraram articulou-se mais claramente naquele que João chama "a Palavra" (de Deus), Jesus Cristo, que não apenas nos faz ver a maravilha da inteligência divina na Criação, mas nos revela o mais íntimo ser de Deus: seu amor (**evangelho**). Porém, a revelação de Deus em Jesus Cristo, necessariamente histórica – pois ser amor para homens históricos só é possível de modo histórico –, não desapareceu com Cristo. O Espírito que animou Cristo ficou conosco e tornou-se para nós sua memória atuante, eterna presença daquele que, no sentido mais pleno pensável, é o "Filho de Deus".

É essa a linha que une a 1ª leitura ao evangelho. No meio (**2ª leitura**) está um texto de Paulo sobre o mistério do amor divino manifestado em Jesus Cristo: Rm 5,1-5. O homem encontra a justificação, ou seja, a aceitação por Deus, na fé em Jesus Cristo: fé que é confiança de vida e adesão comprometida. Entregando-se a Jesus Cristo, a sua palavra e exemplo, o homem cai, por assim dizer, nos braços de Deus. Por isso, até as tribulações enfrentadas por causa do Cristo são uma felicidade, pois nos unem a ele mais ainda. A vida se transforma então em constância que não decepciona, pois já temos as primícias da realização da plenitude: o Espírito que foi derramado em nós. Paulo conhece Cristo somente "no Espírito". Não o conheceu fisicamente, mas o "vive" pela presença de seu Espírito – presença que é o início da plenitude das promessas de Deus, a "paz" (cf. v. 1).

Na presente liturgia aparece claramente que o mistério da SS. Trindade contempla o que nos ultrapassa: a tríplice realidade da una divindade, do uno Deus-Amor. Parece "incompreensível", mas não é inacessível. A riqueza da realidade divina, presente em Jesus de Nazaré e em seu Espírito, que anima a história da Igreja como animou também a história salvífica anterior, não se deixa "com-preender" em nossos conceitos lógicos, mas envolve-nos.

Pode-se comparar Deus com o horizonte. A gente nunca o consegue englobar na vista, antes pelo contrário: quanto mais se penetra nele, tanto mais ele se amplia e se aprofunda. Descobrimos tal horizonte, não só na transcendência que fundamenta todo o ser (Deus criador), mas também na existência de Jesus e na atuação do Espírito transcendente (não sujeito a nossas categorias) que nos impulsiona. Penetramos nesse horizonte, e quanto mais nele penetramos, tanto mais se revela como mistério. Não o podemos compreender, mas sim, celebrar.

A partir da presente liturgia pode-se fazer uma meditação sobre a inserção do cristão neste mistério, hoje. Um mistério serve para inserir-se nele (cf. os "mistérios" da antiga Grécia), um horizonte toma sentido quando a gente se deixa envolver nele. Ora, se em Cristo conhecemos o Pai (Jo 16,15a), e se tudo o que se realizou em Cristo, em termos de revelação divina, é atualizado para nós na percepção do momento histórico eclesial (16,13), a verdadeira celebração da tríplice presença de Deus acontece quando, diante da realidade de hoje, rejeitamos os falsos deuses da posse, do poder e do prazer, assumindo o caminho de Cristo, o caminho do amor que fala de Deus, no engajamento proposto pela comunidade eclesial, animada por seu Espírito: o caminho dos pobres, das vítimas dos falsos deuses...

Uma outra linha de explicitação da liturgia de hoje poderia ser o tema da justificação pela fé, sobretudo por estarmos no ano "lucano" (Lc tem em comum com seu mestre Paulo uma especial atenção pela gratuidade do amor de Deus). O texto de Rm 5,1ss sugere que a justificação gratuita pela fé é o deixar-se envolver na comunhão do amor do Pai e do Filho.

A **oração eucarística** poderá ser a IV, substituindo-lhe o prefácio pelo próprio da festa de hoje.

DEUS COMUNICA SUA INTIMIDADE

Para muitas pessoas, a pregação da Igreja a respeito da Trindade é obscurantismo. Para que ofender a inteligência dizendo que Deus é ao mesmo tempo um e três? Tal pergunta é tão precipitada quanto o marido que não tem tempo para escutar sua mulher quando ela lhe abre a complexidade de seu coração. Deus quer manifestar a sua riqueza íntima, mas nós não queremos escutar o Mistério. Preferimos o nível de entendimento de uma maquininha de calcular...

Deus é um só, sempre o mesmo e fiel, mas ele abre seu interior em Jesus de Nazaré, um ser pessoal, livre e autônomo. Deus se dá a conhecer no modo como Jesus, livremente e por decisão própria, nos amou e nos ensinou, sendo para nós palavra de Deus, muito mais do que a sabedoria tão elogiada pelo Antigo Testamento (**1ª leitura**). E depois que Jesus cumpriu sua missão, perpetua-se para nós a "palavra" que ele tem sido, numa outra realidade pessoal, o Espírito de Deus, a inspiração que, vinda de Deus e de Jesus, invade o nosso coração, a ponto de nos tornar semelhantes a Jesus (**2ª leitura**). Tanto em Jesus como no Espírito Santo, quem age é Deus mesmo, embora sejam personagens distintas.

Riqueza inesgotável que a Igreja nos aponta para que saibamos onde Deus abre seu íntimo para nós: no seu Filho Jesus e no Espírito de Jesus que nos anima. Lá encontramos Deus, e o encontramos não como bloco de granito, monolítico, fechado, mas como pessoas que se relacionam, tendo cada uma sua própria atuação: o Pai que nos ama e nos chama à vida; o Filho Jesus, que fala do Pai para nós e mostra como é o Pai, sendo bom e fiel até o dom da própria vida na morte da cruz; e o Espírito Santo, que doutro jeito ainda, fica sempre conosco. O Espírito atualiza em nós a memória da vida e das palavras de Jesus e anima a sua Igreja. E todos os três estão unidos e formam uma unidade naquilo que Deus essencialmente é: amor.

Essas reflexões não visam a "compreender" a Trindade como se compreende que 1+1=2! Visam a abrir o mistério de Deus, que é maior que nossa cabeça. Santo Agostinho, ao ver uma criança na praia colocar água do mar num poço na areia, caçoou dela, dizendo que o mar nunca ia caber aí. E a criança respondeu: "Assim também não vai caber na tua cabeça o mistério da Santíssima Trindade". Pois bem, se não conseguimos colocar o mistério do amor de Deus em nossa cabeça, coloquemos nossa cabeça e nossa vida toda dentro desse mistério!

Santíssimo Sacramento do Corpo e Sangue do Senhor/C
DOM DE CRISTO À SUA COMUNIDADE

C
Sol.

Canto da entrada: (Sl 81[80],17) Deus alimenta seu povo.

Oração do dia: Possamos colher os frutos de nossa redenção.

1ª leitura: (Gn 14,18-20) **Melquisedec oferece pão e vinho** – Melquisedec, rei de Salém (Jerusalém), é sacerdote do Deus altíssimo (Gn 13; Sl 110[109],4; cf. Hb 7,1-19). Conhece Deus como criador do céu e da terra. Oferece-lhe os mais nobres dons: pão e vinho, o sustento cotidiano do homem; depois, os oferece a Abraão, seu hóspede. Como rei e sacerdote, Melquisedec prefigura Cristo; sendo não judeu, significa a salvação universal; seus dons de pão e vinho recebem seu sentido pleno na ceia e no sacrifício de Cristo e da Igreja, o sacrifício universal, "de onde nasce o sol até o poente" (cf. Ml 1,11).

Salmo responsorial: (Sl 110[109],1.2.3.4) Sacerdote eterno, como Melquisedec.

2ª leitura: (1Cor 11,23-26) **Memorial da morte de Cristo** – Mais antigo testemunho da celebração da Última Ceia, mencionado por Paulo ao ensejo dos abusos dos coríntios nesta celebração (humilhação dos membros pobres da comunidade; 11,17-22). É impossível ter comunhão com o Cristo sacrificado, enquanto desprezamos seus irmãos. O sacramento nos lembra o Senhor morto e ressuscitado, até que ele venha; então, nos julgará conforme nossa doação aos irmãos, prioritariamente, aos mais humildes. Se não respeitamos seu "corpo" que é a comunidade, a participação eucarística de seu corpo e sangue doados na cruz significa nossa condenação. • Cf. Lc 22,14-20; 1Cor 10,16-17; Ex 12,14; 24,8; Hb 8,6-13; Jr 31,31.

Sequência: *"Lauda Sion Salvatorem"*.

Aclamação ao evangelho: (Jo 6,51) O Pão da Vida, descido do Céu.

Evangelho: (Lc 9,11b-17) **Jesus sacia as multidões** – Saciando a multidão, Jesus mostra duas qualidades divinas: poder e bondade. O Reino de Deus está presente. Leva à plenitude os gestos de Deus no A.T. (Ex 16; 2Rs 4,42-44). Menos ainda que no deserto, Deus deixa seu povo sem pão. Ao descrever o sinal do pão, Lc pensou na Eucaristia (9,16); os discípulos (os ministros da Igreja) distribuem o pão sobre o qual Jesus pronunciou a "eucaristia" (ação de graças), na Última Ceia (cf. Lc 22,19; 24,29-30; 24,35) • Cf. Mt 14,13-21; Mc 6,30-44; Jo 6,1-13; Is 25,6.

Oração s/as oferendas: Pão e vinho, símbolos de unidade e paz em Jesus Cristo.

Prefácio: (SS. Eucaristia II) Comunhão, fé e caridade.

Canto da comunhão: (Jo 6,56) "Quem come minha carne...".

Oração final: Saborear já na terra o gozo da divindade na comunhão com Cristo.

Neste ano "lucano", vale a pena considerar o **evangelho** de *Corpus Christi* (a multiplicação dos pães) sob o ângulo de Lucas. Quando se compara seu texto com o paralelo de Mc, nota-se uma extrema simplificação. Em Mc, a multiplicação do pão está no fim da missão dos discípulos, que inclui a narração retrospectiva da morte de João Batista, ensejada pela opinião de Herodes sobre Jesus (Mc 6,14-29). Lc conserva a pergunta de Herodes, aliás, numa forma mais acentuada que em Mc; enquanto em Mc Herodes fica duvidando se Jesus seria João voltado à vida, em Lc 6,9 a pergunta é: "Quem é este, de quem eu ouço tantas coisas?" E omitindo a retrospectiva da morte de João (mencionada em 3,19-20), Lc traz imediatamente a multiplicação do pão (6,10-17). Depois, omite toda a matéria de Mc referente à segunda multiplicação do pão (para que duas vezes contar a mesma história?) e traz imediatamente, como contrapeso da pergunta de Herodes, a pergunta de Jesus: "Quem dizem os homens que eu sou?", com a resposta de Pedro: "Tu és o Messias de Deus" (9,18-22; cf. Mc 8,27-29). Assim, para Lc, a multiplicação dos pães sugere a resposta à pergunta de Herodes ("Quem é este?"), no sentido de que Jesus é o Messias (como diz Pedro). Lc apresenta a multiplicação dos pães como um sinal messiânico; a própria situação do acontecimento era messiânica: Jesus estava falando do Reino de Deus (9,11).

Ora, esse sinal messiânico tem, em Lc como nos outros evangelhos, feições eclesiais. Todos os evangelistas acentuam a maneira "eucarística" com que o pão é dado à multidão: "Tomando os cinco pães... levantou os olhos para o céu, pronunciou a bênção sobre os pães e repartiu-os e deu-os aos discípulos, para que os entregassem à multidão" (9,16). Parecem as palavras da Consagração. A eucaristia da Igreja é a plenitude daquilo que Jesus "assinalou" na multiplicação do pão. Mas essa plenitude passa por um momento transformador: a cruz de Cristo. Isso, no-lo ensina a **2ª leitura**, relato paulino (e lucano) da instituição da Ceia: Jesus dando ao pão e ao vinho da mesa pascal o sentido de serem seu corpo e sangue dados por nós no sacrifício da cruz. O verdadeiro messianismo de Cristo, a verdadeira libertação, não ocorreu lá nas colinas do mar da Galileia, mediante a saciação da fome, mas na colina do Gólgota, quando não o pão material, mas a vida do Justo e Servo de Deus foi dada em prol dos homens. Não um pedaço de pão, mas uma vida justa dada até a morte é o que liberta os homens. O pão pode ser disso o sinal muito significativo e, quem sabe, necessário, pois o próprio Justo e Servo escolheu este sinal.

Pão e vinho – comida ao mesmo tempo simples e festiva, cotidiana e solene –, foi o que o misterioso rei e sacerdote do Altíssimo (portanto, do Deus de Abraão), Melquisedec, ofereceu como sacrifício e ágape quando do encontro com Abraão (**1ª leitura**). Não sacrifícios sangrentos, que podem sugerir algum efeito mágico, mas os dons de Deus para a vida cotidiana. Dom que Deus deu à sua Igreja com um sentido bem mais rico do que Melquisedec podia suspeitar!

Do dom de Deus, Melquisedec fez sua oferta a Deus. Nós também oferecemos a Deus o dom que ele nos deu: o pão e o Messias-Servo, que o pão significa. Estabelece-se assim a comunhão que o próprio pão e vinho sugerem (cf. Lc 22,15-20). No pão que sacia a família humana oferecemos a Deus nossa comunhão com seu dom por excelência, Jesus, dado por nós. Mas então é inadmissível que a comunidade cristã deixe seus membros sem o pão de cada dia. Isso é um pecado contra "o corpo do Senhor", nos ensina Paulo (**2ª leitura**), ("corpo" tem o sentido do Cristo presente na Eucaristia, mas também, da comunidade eclesial). Ora, isso aí nos convida a um sério exame de consciência! Será possível ter comunhão no pão que é o corpo dado por todos, se não nos damos mutuamente o pão de cada dia, alimento do corpo que é a comunidade. O cristianismo não é um espiritualismo, uma fuga em belas ideias sobre Deus. O cristianismo é a religião da Encarnação. Ser Messias, para Jesus, significa dar pão em sinal do dom de si mesmo. A Igreja, trilhando o caminho do Cristo, não pode deixar de fazer a mesma coisa. "Vós mesmos, dai-lhes de comer" (Lc 9,13).

EUCARISTIA, BANQUETE UNIVERSAL

O distintivo dos primeiros cristãos era a refeição comunitária (cf. At 2,32-34 etc.). O gesto de Jesus reunindo o povo no deserto e providenciando milagrosamente pão para todos (**evangelho**) é um símbolo da Igreja. Jesus quis ficar presente na Igreja no sinal da refeição aberta a todos que aderissem a ele – muito diferente daqueles banquetes onde geralmente só se convidam as pessoas da mesma classe, ou os que podem pagar...

A multiplicação dos pães é sinal messiânico, sinal dos tempos em que tudo acontecerá conforme o desejo de Deus, sinal do Reino de Deus: fartura e comunhão. Mas é ainda prefiguração. A refeição à beira do lago da Galileia se tornará completa somente quando Jesus der seu próprio corpo e sangue, na cruz. Então já não será passageira: será uma realidade de uma vez para sempre, no sacramento confiado à Igreja. Este é também o sentido profundo que a Igreja vê no misterioso pão e vinho oferecidos pelo sumo sacerdote Melquisedec, a quem até o pai Abraão presta reverência (**1ª leitura**).

A Eucaristia deve então ser verdadeiro banquete messiânico, sinal dos tempos novos e definitivos, em que as divisões e provações são superadas, na vida da fé em Cristo Jesus. A desigualdade, o escândalo de super-ricos ao lado de pobres morrendo de fome, a marginalização são incompatíveis com a Eucaristia (**2ª leitura**). Na Eucaristia, Cristo identifica a comida partilhada com sua própria vida e pessoa. O pão repartido se torna presença de Cristo. *Onde não se reparte o pão, Cristo não pode estar presente.*

Tudo isso dá o que pensar. Na multiplicação dos pães, Jesus não fez descer pão do céu, como o maná de Moisés. Nem transformou pedras em pão, como lhe sugerira o demônio quando das tentações no deserto. Mas ordenou aos discípulos: "Vós mesmos, dai-lhes de comer"... e o pão não faltou. Porém, se não observarmos esta ordem de Jesus e não dermos de comer aos nossos irmãos, ele também não poderá tornar-se presente em nosso dom. Então, não só o pão, mas Cristo mesmo faltará.

C
Sol.

Sagrado Coração de Jesus/C
O TERNO E GRATUITO AMOR DE DEUS POR NÓS

Canto da entrada: (Sl 33[32],11.9) Os pensamentos generosos do coração de Deus.
Oração do dia: (I) Maravilhas de amor, fonte de vida, torrentes de graça / (II) Infinito amor e reparação.
1ª leitura: (Ez 34,11-16) **Deus, o Bom Pastor, busca suas ovelhas** – Os "pastores" (líderes) de Israel decepcionaram. Não cuidaram dos fracos (34,1-6). Por isso, desceu sobre eles o dia da condenação (deportação, 587 a.C.). Agora, Deus mesmo será o Pastor de seu povo, para o reconduzir, cuidando carinhosamente das ovelhas fracas e desgarradas. A continuação da leitura aponta que Deus mandará um novo pastor, numa nova aliança (34,23-25): prefiguração do Cristo (cf. evangelho). • Cf. Is 40,11; 54,7-10; Jr 23,1-4; Jo 10,1-18; Lc 15,4; Sl 23[22],2.
Salmo responsorial: (Sl 23[22],1-3a.3b-4.5-6) O Senhor é nosso Pastor.
2ª leitura: (Rm 5,5-11) **Deus nos amou primeiro** – O dom do Espírito no batismo é o sinal de que Deus nos quer bem; em Cristo, seu amor nos procurou enquanto éramos ainda inimigos. Não fomos nós que aplacamos um Deus irado; foi ele que nos reconciliou consigo, porque sempre nos amou. Paulo conclui: 1) se Deus tanto fez por nós enquanto éramos pecadores, tanto mais fará agora que somos reconciliados; 2) não temos nada para nos gabar, a não ser o amor de Deus por nós, em Jesus Cristo. • 5,5 cf. Rm 8,14-16; Gl 4,46; Ez 36,27; Ef 3,16-19 • 5,6-8 cf. Rm 3,25-26; 1Pd 3,18; 1Jo 4,10.19; 2Cor 5,18-21.
Aclamação ao evangelho: (Mt 11,29b) "Aprendei de mim, porque sou manso e humilde de coração".
Evangelho: (Lc 15,3-7) **O Bom Pastor busca a ovelha perdida** – Jesus foi criticado por suas relações com os pecadores. Defende-se: veio como um médico para os doentes (Lc 5,31), como o "pastor" (cf. **1ª leitura**) que busca a ovelha desgarrada e tem sua maior alegria ao reencontrá-la. Deus não descansa enquanto há ovelhas perdidas (cf. 15,11-32). • Cf. Mt 18,12-14; Ez 34,11-16; Jo 10,1-18; Lc 19,10.
Oração s/as oferendas: Oferenda de reparação por nossa ingratidão diante do amor de Cristo.
Prefácio: (próprio) A salvação que jorra do lado aberto de Cristo.
Canto da comunhão: (Jo 7,37-39) "Se alguém tiver sede..." / (Jo 19,34) O lado aberto do Cristo.
Oração final: Inflamados pelo amor do Cristo, reconhecê-lo em cada irmão.

A liturgia do S. Coração é sempre bastante transparente, orientada para a sensibilidade do povo. Também este ano. A linha global se descobre à primeira vista: Deus quer ser o bom pastor e o é em Jesus, enviado para revelar o terno amor de Deus para com todos. A profundidade deste amor é expressa na **2ª leitura**: Jesus revela a oferta do amor gratuito de Deus, que agora conhecemos, porque seu Espírito foi derramado em nossos corações (Rm 5,5; cf. SS. Trindade). Esse amor gratuito consiste no dom de seu Filho, sem mérito de nossa parte, antes pelo contrário: "enquanto éramos ainda seus inimigos".

É essa a realidade que devemos sentir através da imagem do pastor (**1ª leitura**; **evangelho**). Isso exige certa catequese, pois a imagem do pastor já não pertence ao dia a dia da sociedade urbano-industrial. Para o pastor, as ovelhas são sua vida, sua quase única riqueza, seu "meio de produção". Por isso, não quer que alguma se perca. Diz Agostinho: *Amor meus pondus meum* ("Meu amor é o peso que me faz inclinar"), e o próprio Jesus: "Onde está vosso tesouro, aí está também vosso coração". Para o pastor, as ovelhas são seu tesouro. São para ele o que o pedaço de terra é para o colono, a fábrica local para o operário. Tira a fábrica, a terra, o rebanho, e o homem fica sem sustento. Por isso se apaixona por seu meio de produção (se for seu, não alienado por outros). O homem tem seus desejos, suas paixões, e é bom que os tenha, porque são a mola propulsora de sua vida. Ora, qual é o verdadeiro objeto do desejo, eis a questão.

O verdadeiro objeto da paixão de Deus (que "Paixão"!) são os homens, seus filhos. Por eles, ele deixa todo o resto, por assim dizer. Então, nós também devemos investir nossa paixão vital, não em ovinos e bovinos, terras ou negócios – embora sirvam para sobreviver, e quem não sobrevive não pode cantar o louvor de Deus (cf. Sl 115,17[113,26]) – mas em homens de carne e osso, filhos de Deus, tesouros de amor eterno.

No Reino de Deus, os "meios de produção" que absorvem nosso interesse são as pessoas, e não podemos permitir que uma delas se estrague. Se todos são chamados a gozar o amor do Pai, como poderíamos desinteressar-nos daqueles que dele se afastam, ou são afastados pelo contratestemunho daqueles que se gabam de Deus?

É impossível amar sozinho... Deus quer que todos sejam amados: este é o fruto que ele quer ver produzido. Sem voltar-nos para os seus filhos, será impossível produzir esse fruto. E os melhores "produtores do Reino" são os que mais nos desafiam, os que mais precisam ser amados: os pobres, os oprimidos, os abandonados. Eles suscitam o maior potencial de ternura, de amor gratuito, no coração humano; e é nisto que Deus se realiza. Podemos dizer que as ovelhas perdidas "libertam" o potencial de amor que Deus colocou em nós.

Ora, o perigo seria utilizar as ovelhas perdidas para deixar crescer em nós um amor de que nos gloriássemos como se fosse mérito nosso. O amor não se presta para tal manipulação. Não é um capital que fica nas mãos de quem o produz: ele pertence, inalienavelmente, a seu destinatário. Não somos donos de nosso amor. O dono é Deus, e ele o exige de nós, através de quem mais o precisa. Por outro lado, todos nós somos carentes e, dando, recebemos, sem o saber. Enquanto beneficiamos os "pequenos" com nossa riqueza material, transformando até as estruturas de nossa sociedade para sermos mais irmãos, eles nos beneficiam com sua paz e simplicidade e com muitas outras coisas que nem mesmo suspeitamos.

Amar os seres humanos como nosso tesouro; amar os mais "desinteressantes" como sendo nosso verdadeiro interesse: eis a mensagem do Pastor em busca da ovelha desgarrada.

**C
Sol.**

TEMPO COMUM

2º domingo do tempo comum/C
AS NÚPCIAS MESSIÂNICAS

Canto da entrada: (Sl 65[64],4) Adoração e louvor universal a Deus.

Oração do dia: Deus escute o povo e lhe dê a paz.

1ª leitura: (Is 62,1-5) **Deus, o esposo; o povo, a amada** – Depois do fim do exílio babilônico veio o difícil período da restauração. Decepcionado, o povo pergunta se isso aí é salvação. O profeta responde: "Esperança!" Não pode calar-se de anunciar, com nomes carinhosos, quanto Deus ama seu povo. É a renovação dos esponsais (cf. evangelho). • 62,1 cf. Is 62,6-7; 63,7-9; 46,12-13 • 62,2-3 cf. Is 52,10; 60,2-3.13-14; Jr 33,16; Ez 48,35; Br 4,30; Is 49,15-16 • 62,4-5 cf. Os 2,25; Rm 9,25-26; Is 49,14; Jr 3,1-13; Sf 3,15-17.

Salmo responsorial: (Sl 95[94],1-2a.2b-3.7-8.9-10ac) Louvor universal a Deus.

2ª leitura: (1Cor 12,4-11) **Diversidade de dons, um só Espírito** – Início de uma sequência de leituras de 1Cor 12–15. Cap.12–14 trata dos carismas: são diversos, mas isso não pode ser causa de divisão, pois têm a mesma fonte: a riqueza de Deus e o amor do Espírito, mandado pelo Filho por parte do Pai. Cada cristão está, com seu dom específico, a serviço da comunidade toda. • 12,7 cf. Is 11,2; 1Cor 12,28-30; Rm 12,6-8 • 12,8-10 cf. 1Cor 2,6-16; 13,2; 1Jo 4,1-3; At 11,27; 2,4.

– *Leit. alternat.: (2Cor 4,3-6) "Do meio das trevas brilhe a luz".*

Aclamação ao evangelho: (Jo 2,10) O bom vinho do fim.

Evangelho: (Jo 2,1-11) **As bodas de Caná** – Como a adoração dos Magos e o batismo de Jesus (cf. domingos anteriores), o sinal de Caná é uma epifania, uma manifestação da glória de Deus em Jesus Cristo (2,11). E assim são todos os "sinais" de Jesus, especialmente no modo como Jo os apresenta. O milagre de Caná é apenas sinal; ainda não é a "hora" (2,4). Maria está presente ao primeiro sinal, assim também à "hora" que o sinal anuncia (2,4 e 19,25-27), a hora da realização de sua obra salvífica e da plena manifestação da glória. • 2,1-5 cf. Jo 19,25-27 (Gn 3,15); Gn 41,55 • "a hora" cf. Jo 7,30; 8,20; 12,23.27; 13,1; 17,1 • 2,10-11 cf. Lc 5,37-39; Jo 4,54; Jo 1,14.

Oração s/as oferendas: Participação constante no sacrifício que para nós é redentor.

Prefácio: (comum I) "Fonte de salvação para todos".

Canto da comunhão: (Sl 23[22],5) Deus prepara-nos a mesa / (1Jo 4,16) Deus nos ama e nós cremos no seu amor.

Oração final: Penetrados do amor do Pai, vivam em união os que foram saciados com o mesmo pão.

No Brasil, o Batismo de Jesus é celebrado no domingo depois de 8 de janeiro, que seria o 1º domingo do tempo comum. Deste modo, o 2º domingo comum, celebrado hoje, faz sequência direta à festa do Batismo do Senhor. Nos três anos do ciclo litúrgico, é lido um episódio dos primórdios da obra de Jesus segundo João (Jo 1,19–2,11); neste ano C, o último episódio, as bodas de Caná (**evangelho**). O conjunto Jo 1,19–2,11 é construído em forma de uma semana. Os dias são numerados: em 1,29, o 2º dia; em 1,35, o 3º; em 1,43, o 4º; e "três dias depois", portanto, no fim da semana, estamos em Caná da Galileia, para ver Jesus operar seu primeiro sinal, numa festa de casamento. Os simbolismos se amontoam. Parece uma repetição da semana inicial da criação. Abundância de vinho é um sinal dos tempos messiânicos (Am 9,13-15; Jl 4,18-21). Este vinho novo é o último e o melhor: o escatológico (cf. Mc 2,22). Vem da transformação da água das abluções judaicas (Jo 2,6): o Novo Testamento substitui o Antigo. Quem oferece o vinho, é o esposo; o mestre-sala dirige-se ao "esposo" errado para observar que ele guardou o vinho bom até o fim em vez de o servir primeiro. É que ele não sabe que o verdadeiro Esposo só agora começou a servir seu vinho...

Apenas começou: "Este fez Jesus como início dos sinais... e manifestou sua glória e seus discípulos creram nele" (2,11). Ainda não é a plenitude de sua obra. Ele faz questão de o observar, antes de realizar o sinal: "Mulher, que é isso para mim e para ti? Ainda não chegou minha hora" (2,4). Sua hora será quando, novamente, dirigirá a palavra a sua mãe, dizendo: "Mulher, eis seu filho...", confiando-lhe o fruto de sua obra (19,25-27). Por enquanto, só um primeiro sinal, mas suficiente para que os que a ele se entregaram – seus discípulos – possam começar a acreditar que nele a presença de Deus se deixa entrever (2,11). Jesus não veio exatamente para transformar água em vinho. Veio para dar sua vida, naquela "hora". Mas o vinho vermelho de sangue nos fala desta hora e sua abundância messiânica nos faz acreditar: Deus está aí, como o verdadeiro esposo, que, no fim dos tempos, acolhe seu povo como esposa amada. A **1ª leitura** é um dos muitos textos do A.T. que falam neste sentido, e um dos mais poéticos. Numa linguagem certamente não estranha para o nosso povo, nos faz sentir que o amor de Deus é verdadeira ternura, cordial afeição. Deus quer que tudo o que é seu seja de nós.

Estamos ainda no espírito da Epifania, da manifestação de Deus em Jesus Cristo. Na liturgia antiga, as festas dos "Reis magos" e do Batismo de Jesus formavam, com as Bodas de Caná, a tríade da "Epifania". Para apreender o mistério do Cristo, para "atender" a Deus na obra do Cristo, convém, desde o início, vê-la como manifestação do Pai, não como mera façanha. Todo o evangelho de João repete que em Jesus enxergamos o rosto do Pai (1,14.18; 12,45; 14,9), especialmente, na "hora" de sua "glória", que é a hora da "elevação" na cruz e na glória. A hora que em Caná ainda não tinha chegado, mas para a qual esta narrativa nos orienta, mostrará a face de Deus em extremado amor para conosco.

Também a **2ª leitura** merece atenção. É o início da 3ª sequência de leituras da 1Cor (as duas anteriores são lidas no começo do tempo comum nos anos A e B). Este tema continua nos próximos domingos, para ser completado pelo famoso capítulo 1Cor 13, o hino da caridade.

NOSSO CASAMENTO COM DEUS

> Entre Deus e o povo do Antigo Testamento, Israel, existia um pacto, uma aliança, como se fosse um casamento. Mas Israel foi infiel: por causa de presumidas vantagens materiais, correu atrás dos deuses dos povos pagãos. Isso se chama prostituição. O resultado foi que Israel caiu nas mãos desses estrangeiros. Foi levado ao cativeiro, na Babilônia: era o seu castigo. Mas agora, o profeta anuncia, em nome de Deus, a salvação. Deus vai acolher de novo sua esposa infiel, proclama a **1ª leitura**.
>
> No **evangelho**, Jesus, introduzido por sua mãe, torna-se presente numa festa de casamento. Na Palestina, quem oferecia a festa de casamento era o próprio noivo; mandava e desmandava. Mas, no fim da festa, sem que os convidados e nem mesmo o noivo se deem conta, Jesus toma o comando e faz servir, milagrosamente, o "vinho melhor". É ele o verdadeiro esposo do fim dos tempos, oferecendo a abundância do vinho da alegria a quantos comparecem à sua festa (cf. Jl 4,18; Am 9,13).
>
> Nós sentimos dificuldade em conceber a vida cristã como um casamento. Talvez porque hoje é difícil conceber um casamento de verdade... Casamento é questão de fé e de compromisso. A alegria da união amorosa para sempre não é fruto apenas de sentimentos espontâ-

neos. Devemos crer que nossa fidelidade a Deus e Jesus Cristo é duradoura aliança de amor, que nos proporciona felicidade mais profunda do que o mais perfeito matrimônio. E para isso precisamos nos deixar amar, gostar de que Deus goste de nós. Então faremos tudo para sermos amáveis para Deus e para os seus filhos. E isso não só individualmente, mas antes de tudo como povo, como comunidade.

Será que fazemos o necessário para que a comunidade dos fiéis seja uma noiva radiante para Cristo? Quando vivermos realmente o que Cristo nos ensina, não há dúvida que a fé e a comunidade cristã serão uma alegria, um preparar-se para corresponder sempre melhor ao amor que Cristo nos testemunhou. Na dedicação aos nossos irmãos encarnamos o nosso amor e afeição a Cristo, que é fiel para sempre.

3º domingo do tempo comum/C
PREGAÇÃO INAUGURAL DE JESUS

Canto da entrada: (Sl 96[95],1.6) "Cantai ao Senhor um canto novo".

Oração do dia: Deus nos dirija conforme seu amor e nos faça frutificar em boas obras.

1ª leitura: (Ne 8,2-4a.5-6.8-10) **A leitura da Lei no A.T.** – Em 458 a.C., o escriba Esdras voltou com um grupo de judeus da Babilônia. Dois meses depois, convocou o povo para renovar a Aliança, mediante a proclamação do livro da Lei, instituída no Sinai. São os albores do judaísmo moderno: o centro já não é o sacrifício, mas a leitura da Lei. • Cf. Is 55,10-11; Dt 6,4-9; 30,14; Sl 33[32],6-9.

Salmo responsorial: (Sl 19[18],8.9.10.15) O valor vital da Lei.

2ª leitura: (1Cor 12,12-30 ou 12,12-14.27) **Somos um só corpo: o de Cristo** – A alegoria do corpo e dos membros visualiza como os diversos carismas se completam mutuamente. Um dom significa serviço, não desprezo. Até as mais humildes funções são indispensáveis para o corpo de Cristo, que é a Igreja. No meio desses diversos dons, revelar-se-á o que deve ser comum a todos: a caridade (cap. 13). • 12,12-13 cf. Rm 12,4-5; Ef 4,4-6; Gl 3,26-28; Cl 3,11 • 12,27 cf. Rm 12,5; Ef 5,30 • 12,28 cf. Ef 4,11-12.

– *Leit. alternat.: (Gl 3,23-29) Jesus inaugura a salvação para todos.*

Aclamação ao evangelho: (Lc 4,18-19) Cristo enviado para levar a boa-nova aos pobres.

Evangelho: (Lc 1,1-4; 4,14-21) **O início da pregação de Jesus** – No prólogo de seu evangelho, Lc descreve seu procedimento e intenção: narrar os fatos e ditos de Jesus de modo ordenado, conforme as testemunhas, para dar sólido embasamento à fé que a Igreja instrui. – A primeira pregação de Jesus em Nazaré é apresentada como o cumprimento da Promessa e como um programa: a boa-nova levada aos pobres, os que se abrem para o dom de Deus. • 1,1-4 cf. Jo 15,27; At 1,1.8 • 4,14-15 cf. Mt 4,12-17; Mc 1,14-15; Jo 4,1-3.43 • 4,16-21 cf. Mt 13,54; Mc 6,1; Is 61,1-2; Mt 3,16; Sf 2,3.

Oração s/as oferendas: Deus acolha as oferendas que servem para nossa santificação.

Prefácio: (comum VI) Cristo, Palavra de Deus, que nos reúne.

Canto da comunhão: (Sl 34[33],6) Deus nos ilumina / (Jo 8,12) Eu sou a luz do mundo.

Oração final: Deus nos deu nova vida; gloriemo-nos de seus dons.

Lucas narra a atividade de Jesus com jeito de historiador. Não no sentido moderno da palavra – homem de escavações e bibliotecas –, mas no sentido antigo: alguém que sabe contar os fatos de modo que a gente os possa imaginar. Não existiam as atuais exigências da historiografia, a documentação consistia principalmente em depoimentos orais, recolhidos de modo empírico. Mesmo assim, Lucas colecionou os dados a respeito de Jesus, para dar um embasamento sólido à fé de seus contemporâneos, lá pelos anos 80 d.C., para mostrar-lhes melhor quem foi e o que fez Jesus de Nazaré.

Como bom narrador, Lc imagina Jesus iniciando sua pregação lá na sua terra, em Nazaré, na reunião de sábado na sinagoga[4]. Os adultos podiam comentar a Lei a partir de um texto profético. Jesus abriu o rolo do profeta Isaías, no texto que fala da missão do mensageiro de Deus para instaurar a verdadeira justiça e liberdade, pelo fim da opressão e a realização de um ano sabático ou jubilar, para restituição dos bens alienados, com vistas a um novo início de uma sociedade realmente fraterna, como convém ao povo de Deus (cf. Dt 15).

Proclamando que esta profecia se realiza no presente momento, "hoje", Jesus: 1) se identifica como porta-voz estabelecido ("ungido") por Deus e impulsionado por seu espírito (força e iluminação), para levar a "boa-nova" aos oprimidos; 2) anuncia o início de uma nova situação da comunidade, restaurada conforme a vontade de Deus: o tempo messiânico. Nenhuma das duas coisas é muito evidente... O pronunciamento de Jesus provocará uma reação negativa do povo (que será narrada no próximo domingo). Hoje, portanto, ficamos com a "declaração de programa" de Jesus: instaurar a realidade messiânica.

Por trás disso está toda uma história. Fazia muito tempo que se sonhava com um "ano de restituição". Textos como Ne 5 nos mostram que o ano de restituição era uma necessidade desde muitos séculos, mas a Bíblia não conta que alguma vez tenha sido realizado. Era uma utopia. Jesus pretendia realizar a utopia? Ele queria converter as pessoas a Deus, mas a conversão se devia comprovar por sinais exteriores, e a realização da velha utopia do ano de restituição seria um sinal muito eloqüente.

A **1ª leitura** fornece um pouco de "cultura bíblica", necessária para imaginar os costumes e sentimentos do judaísmo pós-exílico referentes à leitura da Lei. Mostra o protótipo do culto sinagogal: a leitura da Lei. (A figura central, Esdras, contemporâneo de Neemias, pode ser considerado como o "pai do judaísmo", quando, depois do exílio babilônico, as famílias de Judá voltam ao distrito de Jerusalém.)

Uma mensagem própria traz a **2ª leitura**: a alegoria do corpo e dos membros. Essa alegoria, Paulo a aprendeu na escola: pertence à cultura greco-romana (fábula de Menênio Agripa). Paulo a aplica à Igreja: nenhum membro do corpo pode dizer a outro que não precisa dele. E, com certo humor (que desaparece na versão abreviada), fala também dos membros mais frágeis, que são circundados com cuidados maiores – alusão aos capítulos iniciais da 1Cor, onde Paulo critica os partidarismos e ambições que dividem a igreja de Corinto e lembra que Deus escolheu o que é fraco e pequeno neste mundo (1,26; cf. dom. próximo).

Existe na Igreja legítima diversidade, desde que se realize a necessária unidade: o pluralismo. O Espírito de Cristo revela-se, nos fiéis, de muitas maneiras: as diversas funções na comunidade, os diversos modos de expressar a consciência de sua fé, as diversas "teologias" fazem parte desta multiplicidade de órgãos, que constitui o corpo. Ninguém precisa reunir em si todas as funções e toda a teologia (12,30). Importa que todos contribuam para a edificação do único "corpo" de Cristo neste mundo – e corpo significa, biblicamente, o estar presente e atuante.

C
T. Com.

---

4. Lembramos que Mt evoca como primeira pregação de Jesus logo o Sermão da Montanha, ainda enriquecido com discussões sobre diversos pontos da Lei. A intenção de Mt é catequética: para conhecer o ensinamento de Jesus cabe começar pela instrução fundamental do cristão.

PASTORAL ORGÂNICA E LIBERTADORA

A Igreja, ensina Paulo na **2ª leitura**, é corpo, organismo composto de diversos órgãos. Para poder agir como convém, é preciso que todos os órgãos do organismo colaborem. O pé não pode desprezar a mão, nem ocupar seu espaço. Este ideal (de constituir um corpo com todos os seus órgãos bem coordenados) é o que hoje se chama a "pastoral orgânica" da Igreja. Não fria organização, mas amor e carinho agindo harmoniosa e organicamente – amor que tenha cabeça! Esta pastoral orgânica, este formar corpo é indispensável para que a Igreja continue a fazer aquilo que Jesus, no evangelho, proclama ser sua missão: anunciar a boa-nova aos pobres e oprimidos. Pois uma Igreja dividida, entregue ao jogo da ambição e do poder, como poderia ela priorizar os que não têm nada a oferecer e optar verdadeiramente pelos pobres e oprimidos?

A opção pelos pobres, ao modelo de Jesus, e a coerência da Igreja na sua vida e pastoral são inseparáveis. Quem recebeu o dom do saber – os teólogos e professores – tem de colocá-lo a serviço dos simples, para que entendam a vida da Igreja e participem dela como sujeitos conscientes. Quem tem o dom da administração deve fazer com que as possibilidades econômicas dos ricos estejam à disposição dos necessitados. Quem tem o dom de governar – a hierarquia – deve usá-lo para animar e exortar, e não para impor decisões autoritárias. Os que muito podem, material ou socialmente, devem formar organismo único com os que pouco podem. Os que pouco podem devem se empenhar como sujeitos para criar a comunidade fraterna em que todos vivem solidários. Organicidade pastoral é isso aí: que todas as possibilidades e funções estejam bem unidas em torno do "alegre anúncio" que por Jesus foi dirigido em primeiro lugar aos pobres e oprimidos, anunciando a sua libertação como sinal de um novo tempo, de uma nova realidade. Para isso, a Igreja deve ser comunidade de amor "em atos e de verdade" (1Jo 3,18). Ela é o corpo, a presença atuante do próprio Cristo, levando adiante a sua missão.

4º domingo do tempo comum/C
JESUS REJEITADO EM SUA PRÓPRIA TERRA

Canto da entrada: (Sl 106[105],47) Deus salve e reúna seus filhos.

Oração do dia: Conceda-nos Deus amá-lo e a todos os homens, com verdadeira afeição.

1ª leitura: (Jr 1,4-5; 17-19) **A missão controvertida do profeta** – Jeremias se torna profeta, jovem ainda, não por sua vontade, mas porque Deus o quer. Experimenta quanto custa o ser "boca de Deus". Mais temível, porém, seria fugir da missão de Deus do que, com sua força, enfrentar a oposição dos homens. • 1,5 cf. Is 49,1.5; 50,4-5; Lc 1,15; Gl 1,15; Rm 8,29 • 1,17-19 cf. Jr 1,7-8; 15,20-21.

Salmo responsorial: (Sl 71[70],1-2.3-4a.5-6ab.15ab-17) Deus, força dos que nele esperam, desde a juventude.

2ª leitura: (1Cor 12,31–13,13 ou 13,4-13) **A caridade, dom maior e permanente** – Em Corinto, os diversos carismas causaram discórdia. Por isso, Paulo canta a grandeza do Dom que deve ser o de todos e que supera todos os carismas: a caridade. Ela supera até a fé e a esperança, pois ela permanece mesmo na consumação daquilo que esperamos. • 13,1-3 cf. 1Jo 4,7-8; Mt 17,20; 21,21; 6,2 • 13,4-7 cf. Rm 13,8-10; 12,9-10; Fl 2,4; Pr 10,12; Rm 15,1; 1Pd 4,8; 1Cor 9,12 • 13,8 cf. At 2,4 • 13,12-13 cf. 2Cor 5,7; Gl 4,9; 1Ts 1,3; Rm 5,1-5; 1Jo 4,16.

– *Leit. alternat.: (Rm 10,16-21) "Quem acreditou em nossa pregação?"*

Aclamação ao evangelho: (Lc 4,18-19) Evangelizar os pobres.

Evangelho: (Lc 4,21-30) **A rejeição de Jesus em Nazaré** – Não só no "evangelizar os pobres", a pregação de Jesus em Nazaré cumpre a Escritura e traça um programa (cf. dom. pass.), mas também na rejeição do profeta, prenúncio da rejeição final pelo judaísmo e da proclamação do Evangelho para todos os povos.

A palavra de Jesus exige decisão. É para acatar ou deixar; quando rejeitada, ela passa adiante com toda a firmeza (4,30). • Cf. Mt 13,54-56; Mc 6,1-6 • 4,21-22 cf. Lc 4,18-19; Is 61,1-2; 58,6; Lc 2,47; 4,15; Jo 7,46 • 4,24 cf. Jo 4,44 • 4,25-27 cf. 1Rs 17,1-9; Tg 5,17; 2Rs 5,14 • 4,30 cf. Jo 8,59.

Oração s/as oferendas: Sinais de nossa disponibilidade, aceitos por Deus como instrumentos de salvação.

Prefácio: (comum VI) "Ele é a vossa Palavra...".

Canto da comunhão: (Sl 31[30],17-18) Deus ilumine seu servo / (Mt 5,3-4) Bem-aventurança dos pobres e mansos.

Oração final: A Eucaristia nos faça progredir na verdadeira fé.

Hoje encontramos a resposta de várias perguntas que ficaram abertas no domingo anterior. Será mesmo que Jesus veio para instaurar o ano de remissão das dívidas (Lc 4,19)? Jesus teria desejado realizar materialmente a utopia? Parece que Lc, o único evangelista que aborda este tema, quer dizer algo mais. Na sua descrição, ele reúne diversos elementos. A citação de Is 61,1-3, na boca de Jesus (Lc 4,16-19), tem por quadro uma combinação de Mc 1,21 (ensino na sinagoga) e 6,1-6 (rejeição em Nazaré). Percebemos uma correspondência de teor teológico entre o v. 19, "um ano 'agradável' (*dektón*) da parte do Senhor", e o v. 24: "nenhum profeta é 'agradável' (*dektós*) em sua terra". A citação do "ano de graça" não é relacionada, por Lc, com uma mera reforma social, mas com a pessoa de Jesus mesmo. Jesus anuncia o "ano agradável da parte do Senhor", a encarnação dos dons de Deus para seu povo, especialmente para os pobres e humildes (cf. Dt 15). Mas o povo de Nazaré não recebe com agrado o profeta que o anuncia... Nazaré aplaude a mensagem do ano de remissão, mas rejeita aquilo que o profeta em pessoa representa: a salvação universal. A restauração dos empobrecidos é a porta de entrada da salvação universal, pois o que é para todos tem de começar com os últimos, os excluídos.

A rejeição acontece de mansinho, e devemos admirar novamente a arte narrativa de Lc. Primeiro, o povo admira Jesus e suas palavras. Mas sua admiração é a negação daquilo que Jesus quer. Desconhecendo o "Filho de Deus" (cf. 3,22-23), tropeçam na sua origem por demais comum: "Não é este o filho de José" (4,22). Jesus toma a dianteira. Prevendo que eles apenas quererão ver suas façanhas, como as fez em Cafarnaum (Lc pressupõe aqui Mc 1,21ss), Jesus lança um desafio: ele não é um médico para uso caseiro. Como nenhum profeta é agradável à sua própria gente (cf. **1ª leitura**), sua missão ultrapassa os morros de Nazaré. E insiste: Elias, expulso de Israel, ajudou a viúva de Sarepta, na Fenícia, e Eliseu curou o sírio Naamã... Os nazarenses, ciosos, não aguentam essas palavras e querem jogar Jesus no precipício (uma variante do apedrejamento). Mas Jesus, com a autoridade do Espírito que repousa sobre ele, passa no meio deles e vai adiante... Nazaré perdeu sua oportunidade, prefigurando assim a sorte da "pátria" do judaísmo: "Jerusalém, que matas os profetas e apedrejas os que te foram enviados, quantas vezes quis eu reunir teus filhos..." (Lc 13,34-35) – "Ah, se neste dia conhecesses a mensagem da paz... Não reconheceste o dia em que foste visitado!" (19,41-44). Trata-se da visita de Deus a seu povo e ao santuário (cf. Ml 3,1), que não foi "agradável", "bem recebida".

A **2ª leitura** é o hino do amor-caridade (1Cor 13). Do amor efetivo e afetivo, pois seria errado entender a "caridade" num sentido insípido, inumano, como frio cumprimento de deveres caritativos. Amor é essencialmente afeição, uma questão de engajamento da personalidade toda, uma certa paixão (por isso, faz sofrer). Amor é sempre afetuosa doação, perder-se para o bem do outro. Não há um amor para a vida normal e uma "caridade" para fins religiosos. A gente só tem um coração.

C
T. Com.

Na homilia, este tema do amor poderia preceder o tema do evangelho, a rejeição da "afetuosa" oferta de salvação de Deus em Jesus Cristo. Com vistas à atualidade, pode-se sublinhar que Nazaré faz valer prerrogativas que nada têm a ver com o plano de Deus, pois este é para todos; ironicamente, rejeitando seu "santo de casa", Nazaré rejeita também o plano de Deus que ele encarna: levar a boa-nova aos pobres (14,18). Pois tal plano é incompreensível para uma mentalidade autossuficiente, preocupada com prerrogativas próprias e precedências particulares.

A BOA-NOVA PARA TODOS E O PROFETA REJEITADO

Depois de todos os esforços para integrarmos em nossas comunidades ricos e pobres, brancos e negros, homens e mulheres, constatamos que as discriminações, as panelinhas, os particularismos continuam. Quem mora mais perto da igreja matriz deve ser melhor atendido... Quem tem algum primo padre tem direito a cerimônias melhores... Muitos pensam que Deus está aí só para eles! A Igreja é realmente para todos, ou somente para gente de bem, "gente da casa"?

Os antigos israelitas achavam que a aliança de Deus pertencia exclusivamente a eles. Também achavam que bastava ser israelita para ter a salvação garantida. Não aguentavam que os seus profetas os criticassem. Por isso, quando Deus manda o profeta Jeremias, já o prepara desde o início para enfrentar a resistência de seu povo (**1ª leitura**). Semelhante resistência também a encontra Jesus, especialmente na sua própria terra, Nazaré. Ele anuncia que o Reino de Deus e a libertação se destinam também aos pagãos, e mesmo com prioridade (**evangelho**). Aos que ciosamente esperam dele milagres para sua própria cidadezinha, Jesus lembra que os milagres de Elias e Eliseu favoreceram estrangeiros. Por isso, seus conterrâneos querem precipitá-lo da colina de sua cidade. Mas Deus o torna firme e inabalável – como o tinha prometido a Jeremias. Com autoridade assombrosa, Jesus atravessa o corredor polonês formado pelos que ameaçam sua vida.

A Igreja, corpo e presença de Cristo, deve anunciar ao mundo a salvação para todos, sem discriminação ou privilégio. Ser "gente da casa" (católico de tradição) não tem peso algum. A boa-nova é para todos quantos quiserem converter-se. A primeira exigência do ser cristão é não ser egoísta, não querer as coisas só para si – nem as materiais, nem as espirituais. O evangelho é privilégio nenhum. Excluir quem quer que seja, por pertencer a outra classe, ideologia ou ambiente, está em contradição direta com o evangelho e a prática de Jesus. O evangelho é para todos. Se alguém, por força de sua cabeça fechada, tapa os ouvidos, problema dele. Portanto, que "os da casa" não rejeitem o profeta que se dirige a outros...

Para anunciar a boa-nova a todos, a Igreja "toda profética" não deve ser escrava de privilégios e influências alheias. Deve falar com a desinibição que caracteriza os profetas. Os que nela possuem o carisma profético devem destacar-se por sua autenticidade, sua coragem de mártir, sua simplicidade, que deixa transparecer o Reino de Deus em sua vida.

5º domingo do tempo comum/C
VOCAÇÃO: PESCADORES DE HOMENS

Canto da entrada: (Sl 96[95],6-7) Adoração de Deus no seu santuário.
Oração do dia: O incansável amor de Deus e a força de sua graça.
1ª leitura: (Is 6,1-2a.3-8) **Vocação de Isaías: prontidão** – Ao adorar no templo, Isaías experimenta a presença do Deus inacessível (6,1-4) e toma consciência de sua impureza diante do sagrado (6,5). Mas Deus o purifica (6,6-7), para lhe conferir sua missão, que Isaías prontamente aceita (6,8). Por amor de

Deus, terá que dirigir palavras duras ao povo do meio do qual ele é chamado. • Cf. Ex 3; Jr 1,4-10; 1Rs 22,19-23 • 6,1-4 cf. Sl 99[98]; Ap 4,8; Nm 14,21; Ex 19,18; 40,34-35; 1Rs 8,10-11 • 6,5-7 cf. Gn 32,31; 1Sm 6,20; Jr 4,13; Lc 5,8 • 6,8 cf. Ex 4,10-12; Jr 1,5-7.

Salmo responsorial: (Sl 138[137],1-2a.2bc-3.4-5.7c-8) Adoração de Deus no templo.

2ª leitura: (1Cor 15,1-11 ou 15,3-8.11) **O evangelho de Paulo: a ressurreição de Cristo** – 1Cor 15,3-5 é a fórmula mais antiga do querigma cristão, o anúncio de Cristo morto e ressuscitado. Paulo inclui-se na lista das testemunhas, pois ele também viu o Senhor glorioso, no caminho de Damasco. Na fé da ressurreição baseia-se toda a esperança cristã. • 15,3-7 cf. 1Cor 11,2.23; Rm 6,3; Lc 24,34-35; Mt 28,10.16-20 • 15,8-10 cf. At 9,3-5; Ef 3,8; 1Tm 1,15-16; Gl 1,13-14; At 8,3; 2Cor 11,23-24.

– *Leit. alternat.:* *(1Cor 9,16-19.22-23) "Por causa do evangelho faço tudo".*

Aclamação ao evangelho: (Mt 4,19) "Farei de vós pescadores de homens".

Evangelho: (Lc 5,1-11) **Pesca milagrosa e vocação dos primeiros discípulos** – Encerrados os primórdios (Lc 3–4), começa agora a atividade de expansão da pregação de Jesus: a constituição do novo povo de Deus. Surge a figura de Simão Pedro. Seu barco é o púlpito de Jesus. É também o instrumento da pesca milagrosa, sinal daquilo que Pedro e seus companheiros serão: pescadores de homens. Pedro tem na presença de Jesus a mesma reação que Isaías no templo (**1ª leitura**) e com igual prontidão, segue o chamamento. • Mt 4,18-22; Mc 1,16-20; Jo 21,1-14.

Oração s/as oferendas: Que o alimento de nossa existência humana se torne sacramento da vida eterna.

Prefácio: (dom. T.C. V) A História da Salvação.

Canto da comunhão: (Sl 107[106],8-9) Ação de graças por alimento e bebida / (Mt 5,5-6) Bem-aventurança dos aflitos e famintos.

Oração final: Unidos pelo mesmo pão e cálice, produzir frutos para a salvação do mundo.

Uma história de pesca e pregação, eis o **evangelho** de hoje. Fala primeiro de pregação, depois de pesca, e finalmente une os dois numa síntese um tanto inesperada. Jesus adapta-se ao cenário local. No meio dos pescadores, seu púlpito deve ser um barco de pesca, provavelmente do mais dinâmico entre os pescadores de Cafarnaum, um certo Simão. Ao terminar, Jesus lhe devolve o barco: "Agora podes pescar" (Lc 5,4). Pedro deve ter pensado que de pesca Jesus pouco entendia – não era tempo bom: passaram a noite sem nada apanhar. Mas a autoridade de Jesus se impõe. "Porque tu o dizes, lançarei mais uma vez as redes". Surpreendentemente, a pescaria deu um resultado digno de qualquer reunião de pescadores. As redes começando a rebentar, tiveram de chamar outro barco para recolher a quantidade de peixes que apanharam.

A partir daí, muda o tom da narração. Simão reconhece uma presença misteriosa, numinosa. Como Isaías, ao sentir quase palpavelmente a presença de Deus no santuário (Is 6; **1ª leitura**), assim também Simão se sente invadido por um sentimento de pequenez, impureza e indignidade diante do Mistério que ele vislumbra. "Afasta-te de mim, Senhor, eu sou um homem impuro". Não mais impuro do que qualquer outro, mas diante de Deus todo ser humano é impuro. A reação de Jesus é diferente da de Deus em Is 6. Não manda um anjo com uma brasa para purificar Simão, mas diz, com toda a simplicidade: "Não temas". Ora, como em Isaías, aqui também a presença de Deus se faz sentir com determinada intenção, a vocação: "A partir de agora serás pescador de homens". E, assim como Isaías respondeu: "Eis-me aqui, envia-me", Simão se dispõe a assumir sua vocação, abandonando seu barco e seguindo Jesus, com João e Tiago, os filhos de Zebedeu.

Podemos ver, nesta narrativa, como são entrelaçados a vocação divina e os fundamentos humanos da mesma. Isaías é homem do templo: é lá que Deus o agarra. Simão é homem da pesca; é lá que Jesus o apanha. A vocação encarna-se na situação vital de cada um, porém, o arrasta daí para o caminho que Deus projetou. Dialética dos pressupostos humanos e da irrupção divina. Utiliza primeiro a situação da gente, o barco; depois, urge abandonar esse barco para engajar-se num caminho do qual não se conhecem as surpresas. Mas, no entremeio, há um sinal: a pesca. Ao entrar no mar para lançar mais uma vez as redes, Simão não sabia o que aconteceria. A confiança em Jesus nas coisas do dia a dia nos prepara para assumir a vocação do desconhecido.

Também Paulo viveu uma irrupção de Deus em sua história: o Cristo glorioso, que lhe apareceu no caminho de Damasco, revolucionou sua vida. Esta é a resposta que Paulo dá aos coríntios que questionam a ressurreição de Cristo e dos mortos em geral, pois toda a sua vida está baseada na experiência de que Cristo ressuscitou (**2ª leitura**). Porém, não é apenas sua experiência pessoal; é a fé comum dos Apóstolos, a "tradição" que também ele recebeu: que Jesus foi morto por nossos pecados, cumprindo a Escritura (cf. Is 52,13–53,12 etc.), e foi sepultado; que ele foi ressuscitado no terceiro dia, cumprindo as Escrituras (cf. Sl 16[15]; Os 6,2 etc.), e manifestado aos discípulos (1Cor 15,3-5). Só depois dessa referência à fé da comunidade, Paulo invoca o testemunho de sua própria experiência, equivalente à dos outros, embora ele fosse um perseguidor da Igreja. Experiência cujo efeito está presente aos olhos dos coríntios na própria figura do apóstolo. No texto que se segue ao de hoje, Paulo afirma que toda a sua e também a nossa vida seria um lamentável absurdo, se não existisse a ressurreição – de Cristo e de todos nós. Este tema é, evidentemente, um tema à parte, mas tem em comum com o do evangelho a transformação que a vocação, ou melhor, o encontro com Cristo opera na vida de cada um. Vocação transformadora, não só da gente, mas também do mundo em que a gente vive.

A **oração do dia** e o **salmo responsorial** emolduram estes temas num clima de confiança e gratidão. A vocação não é um peso deprimente. Quem se mostra constantemente deprimido por sua vocação, mostra que ele não assumiu o que é essencial em cada vocação: a união com Deus e Jesus Cristo, na confiança filial e na alegria de lhes servir.

PESCAR COM JESUS: IGREJA EM MISSÃO

O **evangelho** narra a vocação de Pedro, que ainda se chama Simão, para colaborar com Jesus. Passou a noite no lago sem apanhar nada. Na manhã seguinte, Jesus passa por aí. É o pior momento para pescar. Ainda assim, Jesus manda que lance novamente as redes. E, por incrível que pareça, Simão apanha tanto peixe que as redes começam a ceder e a barca não aguenta o peso! Sente que algo extraordinário está acontecendo em sua vida. Como o profeta Isaías na presença do Senhor (**1ª leitura**), também Simão se sente pequeno e pecador. Joga-se aos pés de Jesus, que lhe faz compreender a lição do acontecimento: em vez de se esforçar inutilmente e por conta própria, Simão vai ter de pescar com Jesus! E em vez de peixes, vai apanhar gente para o Reino de Deus. Será pescador de homens, apóstolo.

Que é ser apóstolo? Essa palavra de origem grega significa missionário. O espírito do apóstolo-missionário é a disposição para pescar com Jesus. "Eis-me aqui", disse o profeta Isaías (**1ª leitura**). O **evangelho** mostra que essa disponibilidade se prepara na vida real. Até pescar pode ser uma boa preparação.

E qual é o conteúdo dessa missão, mostra-o a **2ª leitura**: o anúncio de Cristo morto e ressuscitado. Olhem só como Paulo, apóstolo de "segunda safra", assume essa missão com toda a força! Para pescar na empresa de Jesus precisamos de transmitir o que recebemos a seu respeito, a mensagem de sua vida, morte e ressurreição. Esta é o núcleo central do apostolado, da missão, da pastoral. Mas, para sermos escutados, talvez devamos abordar o assunto por um outro lado, mais próprio da situação das pessoas. Pescaria, por exemplo. Ou futebol. Ou os problemas que afligem as pessoas. (Por isso, importa sermos sensíveis a esses problemas.)

De toda maneira, devemos chegar a comunicar que Jesus por sua vida e morte nos mostrou quem é Deus e qual é o sentido de nossa vida e de nossa história: amor até o fim, dom da vida. Transmitir isso é o que se chama a "tradição" cristã, a memória de Cristo que devemos manter viva (o sentido verdadeiro da palavra "tradição" é "transmissão", não imobilidade; "vida", não esclerose).

Essa história de Jesus, valerá a pena reunir pessoas para escutá-la? Não a considerarão uma fábula? Pois bem, exatamente porque muitos estão sendo levados pelo materialismo e pelo pragmatismo, é preciso dizer-lhes que vale a pena viver para os outros e morrer por amor e fidelidade. Jesus é a prova disso: ele é a ressurreição, a vida através da morte por amor, a vitória sobre o pecado e a injustiça.

6º domingo do tempo comum/C
"FELIZES SOIS VÓS, POBRES"

Canto da entrada: (Sl 31[30],3-4) Deus, meu rochedo e minha fortaleza.

Oração do dia: Que a graça de Deus nos dê um coração em que ele possa morar.

1ª leitura: (Jr 17,4-8) **Bem-aventurado quem põe sua confiança em Deus** – Quem confia nos homens vende-se à fragilidade humana ("carne"); é como um cacto no deserto, enquanto aquele que confia em Deus é como uma árvore frondosa à beira das águas. O oráculo parece visar o rei Sedecias, que mais confiava nos seus pactos políticos do que em Javé. • 17,5-6 cf. Ez 17,4-10; Sl 1,4-6; Jr 9,3-5; 13,24-25 • 17,7-8 cf. Sl 40[39],5; 1,1-3; 22[21],5-6; 25[24],2-3; 44[43],7-9.

Salmo responsorial: (Sl 1,1.2.3.4+6) O justo é como uma árvore plantada à beira-rio.

2ª leitura: (1Cor 16,12.16-20) **A ressurreição, base de nossa fé** – Continuação de dom. pass. – O escândalo da ressurreição já existia na Grécia do tempo de Paulo. Alguns recusavam a ideia da ressurreição e prefeririam ver a vida eterna como uma mera participação mística. Mas Paulo mostra como a ressurreição corporal do Cristo é a base de nossa fé; então, pois, a ressurreição existe. • 15,16-17 cf. Rm 4,24-25; 6,8-10; 10,9.

– *Leit. alternat.: (1Cor 3,18-23) "Vós sois de Cristo".*

Aclamação ao evangelho: (Mt 11,25) Revelação do mistério aos humildes / (Lc 6,23ab) Bem-aventurança e recompensa.

Evangelho: (Lc 6,17.20-26) **Bem-aventuranças e maldições** – Começo do "Sermão da Planície" de Lc (= Sermão da Montanha de Mt). Em vez de 9 bem-aventuranças, Lc tem só 4 (e 4 maldições correspondentes): Jesus anuncia a salvação aos que sabem que nada têm e sem restrição esperam em Deus (os "pobres"). Os que confiam em suas posses (os "ricos") estão perdidos. • 6,20-23 cf. Mt 5,3-12; Rm 8,18-19; Is 61,1-3; 65,13-14 • 6,23c cf. 2Cr 36,15-16; Ne 9,26; Lc 11,49; At 5,41; 7,52 • 6,24-26 cf. Sl 14[13],1; Am 6,19-21; Lc 18,24-25.

Oração s/as oferendas: Purificação e renovação, e vida eterna para os que seguem a vontade de Deus.

Prefácio: (dom. T.C. I) Vocação de um povo real.

Canto da comunhão: (Sl 78[77],29-30) Deus sacia os que nele esperam / (Jo 3,16) "Tanto amou Deus o mundo...".

Oração final: Tendo provado as alegrias dos céus, desejamos sempre o alimento da verdadeira vida.

C
T. Com.

Hoje ouvimos as bem-aventuranças dos pobres e os "ais" contra os ricos. Será uma maldição ser rico? Não criou Deus os bens deste mundo para serem usados? Há uma diferença entre possuir os bens deste mundo e ser possuído por eles. É isso que a liturgia nos ensina hoje. Os que possuem bens, deveriam ser como se não os possuíssem (1Cor 7,30-31). O contrário é geralmente o caso: os que possuem, identificam-se com seus bens. Nem sempre são bens calculáveis em contas bancárias. Participar da camada dominante da sociedade é também um bem, e como é difícil largá-lo para permitir mudanças na estrutura da sociedade!

Como aperitivo (**1ª leitura**), a liturgia nos serve uma censura de Jeremias contra os que confiam nos homens: são como os cactos secos no deserto. Quem confia em Deus, porém, é como uma árvore frondosa à beira-rio. Com essas frases, critica a atitude do rei Sedecias e de seus conselheiros, que colocam toda sua confiança nos pactos políticos que Judá trata de estabelecer com os egípcios, julgando-os bastante fortes para desviar o perigo dos babilônios. Confiança inútil, como a história mostrou.

Assim são os que confiam na sua riqueza. Nenhum bem material é definitivo. Conhecendo a história da humanidade, seria ingênuo acreditar que os bens que amontoamos são intocáveis. As "transnacionais" estão roubando o Brasil dos norte-americanos, que o roubaram dos ingleses, que o roubaram dos portugueses, que o roubaram dos holandeses, que o roubaram dos portugueses, que o roubaram dos índios, que o roubaram de...

Jesus veio anunciar a boa-nova aos pobres. Este foi seu programa (cf. 3º dom. T.C.). "Felizes sois vós, pobres, porque a vós pertence o Reino de Deus!" (**evangelho**). Deus não ama o homem por causa de qualidades que ele possa apresentar. Não há nada que não venha de Deus. Deus ama sem olhar *status* ou riqueza. O judeu piedoso achava que Deus mostrava sua complacência para com o justo concedendo-lhe sólido bem-estar; julgava o bem-estar um sinal do favor de Deus. Mas Jesus conhece Deus melhor; vem mostrar a verdadeira face de Deus. Por isso, começa pelos pobres. Para mostrar que Deus não olha a riqueza da gente, nada melhor do que ir aos pobres e dizer: "Vós sois os filhos de Deus; a vós pertence seu Reino!" Não que o pobre seja mais virtuoso que o rico – não sejamos ingênuos –, mas porque Deus o prefere, o escolhe, ele se constitui em "opção preferencial", para que fique claro que a graça vem de Deus e não de algum fator humano.

O que vale para os pobres, vale também para os famintos, os sofridos e, sobretudo, para os perseguidos por causa do Reino. Mas não vale para os "ricos", os "cheios", os que têm sucesso neste mundo. Eles já têm sua recompensa. Jesus fala aqui dos que realmente consideram seu sucesso material como a gratificação que Deus lhes deve. Preferem o que já têm? Tudo bem, receberam o que desejavam! Infelizes, pois tudo isso lhes será tirado (cf. a parábola de Lc 13,16-21). São os mais infelizes de toda a humanidade!

Jesus não é contra os ricos. Tem pena deles. Por isso, os censura e os exorta a uma mudança de mentalidade, que não deixará de ter seus reflexos na estrutura da sociedade. Não é bem verdade que não há lugar para os ricos na Igreja. Há lugar para eles, na medida em que se esvaziam de si mesmos e também de seus bens, transformando-os em bens para todos. Há várias maneiras para isso. A gerência inteligente de uma empresa pode ser um meio melhor do que certas reformas agrárias do passado, que resultaram em especulação com terras gratuitamente distribuídas aos pobres... Ora, quem quiser desenvolver uma gerência evangélica de grandes bens materiais precisará de considerável virtude!

A condição fundamental de toda essa mensagem aparece na **oração do dia:** um coração reto e puro, tão vazio de si mesmo, que Deus possa habitar nele. Ora, Deus se deixa geralmente representar por gente de condição humilde...

A **2ª leitura** mereceria uma consideração à parte. Em um ponto, reforça a mensagem do evangelho: "Se temos esperança em Cristo somente para esta vida – porque colocamos tudo em função desta vida, até o próprio Cristo –, somos os mais lamentáveis de todos os homens" (1Cor 15,19).

FELIZES OS POBRES!

O Sermão da Planície do evangelho de Lucas (Lc 6) traz, de forma abreviada, a mesma mensagem que o Sermão da Montanha de Mateus (Mt 5–7). O **evangelho** nos apresenta Jesus anunciando com alegria a boa-nova aos pobres: "Felizes vós, os pobres, porque o Reino de Deus é vosso". Nada demais. Até o presidente do FMI fica comovido quando os pobres são felizes. O problema é que Jesus fala o contrário para os ricos: "Ai de vós, ricos, porque já tendes vossa consolação". Os ricos já receberam seu prêmio e agora perdem sua vez... (cf. a **1ª leitura**: "Infeliz de quem coloca sua confiança em outro homem e se apóia no ser mortal, enquanto seu coração se desvia de Deus").

O contraste entre ricos e pobres na boca de Jesus nos ajuda a entender melhor o que é esse Reino de Deus que ele vem anunciar. É o contrário do reino dos homens, o contrário daquilo que os ricos já têm. Eles possuem o que se apropriaram por caminhos humanos (nem sempre muito retos): riqueza, poder, prazer. Coisas passageiras, que, contudo, chegaram a ocupar todo o tempo e imaginação dos que pensam possuí-las, enquanto são por elas possuídos. Basta qualquer revés, um processo por sonegação, uma comparsa que fale demais... basta algo tão tremendamente comum como a morte, para que percam tudo o que tinha valor para eles. Infelizes...

O que Jesus agora anuncia aos pobres é o contrário: vem de Deus, não dos homens. Porque os pobres ainda não se encheram com as suas próprias conquistas, tem valor para eles o "Reino de Deus", o dom de Deus, o "sistema de Deus". Que sistema? Aquilo que Jesus anuncia e pratica: fraternidade, comunhão da vida, dos bens materiais e espirituais, partilha de tudo. É aquilo que Jesus, no evangelho, ensina aos seus discípulos: superar o ódio pelo amor, aperfeiçoar a "Lei" pela solidariedade, repartir os bens, e até sofrer por causa de tudo isso. Pois também para os que sofrem e são perseguidos há uma bem-aventurança.

Mas a nossa sociedade vai pelo caminho contrário. A propaganda e o consumismo incutem nas pessoas a mania do rico, do eterno insatisfeito. Os pobres se tornam solidários com os ricos, aderem às suas novelas, modas e compras inúteis. Não é esta a boa notícia do evangelho, e sim, o "ai" proclamado por Jesus.

A diferença entre os pobres e os ricos não é que uns sejam melhores que os outros, mas que a esperança dos pobres, quando não corrompidos, vai para as coisas que vêm de Deus, enquanto os ricos facilmente acham que vão se realizar com aquilo que eles têm em seu poder. Que experimentem... Ou então, que participem da esperança dos pobres e se tornem solidários com eles.

A esperança do reino supera a vida material. É a esperança que se baseia no Cristo ressuscitado (**2ª leitura**): "Se temos esperança em Cristo tão somente para esta vida, somos os mais lamentáveis de todos!" Aquele que se tornou pobre para nós é que nos enriquece com a dádiva do amor infinito do Pai, que ele revela no dom da própria vida. O reino que Jesus anuncia aos pobres, decerto, começa com a justiça e a fraternidade, mas tem um horizonte que nosso olhar terreno nunca alcança!

C
T. Com.

7º domingo do tempo comum/C
IMITAR A MISERICÓRDIA DE DEUS

Canto da entrada: (Sl 13[12],6) A confiança em Deus é recompensada: ação de graças.

Oração do dia: Procurar o que é reto e realizar em palavras e ações o que agrada a Deus.

1ª leitura: (1Sm 26,2.7-9.12-13.22-23) **A misericórdia de Davi** – Saul, perseguindo Davi, cai nas mãos deste. Mas Davi não quer tocar no ungido de Deus. Nós chamamos isso de magnanimidade. Davi o chama de justiça e fidelidade, pois é o que Deus quer (26,23). A quem Deus respeita, o homem também deve respeitar, mesmo tratando-se de um inimigo. • Cf. evangelho e Lc 23,24.

Salmo responsorial: (Sl 103[102],1-2.3-4.8+10.12-13) Deus é bom e compassivo, paciente e misericordioso.

2ª leitura: (1Cor 15,45-49) **A vida não é tirada, mas recriada** – A ressurreição de Cristo é a esperança dos homens. A morte não tem a última palavra. Os coríntios perguntam como será a ressurreição (15,35). Paulo responde: o que é semeado como carne perecível (vida humana destinada à morte), ressuscita como corpo espiritual (= animado pelo espírito de Deus). A ressurreição é uma nova criação, pertence ao Espírito de Deus. Assim como Cristo é com relação a Adão, assim é o homem novo com relação ao antigo: não apenas uma "edição atualizada", mas uma obra nova!

– *Leit. alternat.:* (Rm 12,14-21) *"Abençoai os que vos perseguem".*

Aclamação ao evangelho: (Jo 13,34) O novo mandamento do amor.

Evangelho: (Lc 6,27-38) **"Sede misericordiosos como vosso Pai celeste é misericordioso"** – Na sua pregação "modelo" (Sermão da Planície ou da Montanha), Jesus ensina como se pode viver desde já o Reino de Deus. O discípulo será *diferente* do espírito deste mundo: amará os que o odeiam, fará o bem além da medida. Caracterizar-se-á pela gratuidade, que melhor se manifesta no amor aos insignificantes e aos inimigos. Por quê? Porque é filho de Deus, e Deus ama de graça também. • 6,27-28 cf. Mt 5,44 • 6,29-31 cf. Mt 5,39-40.42; Lc 12,33; Mt 7,12 • 6,32-35 cf. Mt 5,46; Lc 14,12-14; Mt 5,45; Eclo 4,11[12] • 6,36-38 cf. Mt 6,14; 7,1-2; Mc 11,25-26; 4,24.

Oração s/as oferendas: Os dons oferecidos em honra de Deus sirvam para nossa salvação.

Prefácio: (dom. **tempo comum** III) Misericórdia de Deus e salvação da morte.

Canto da comunhão: (Sl 9,2-3) "Narrarei tuas maravilhas" / (Jo 11,27) Profissão de fé em Jesus, Filho do Deus vivo.

Oração final: Que a Eucaristia nos encaminhe rumo à salvação eterna.

Jesus propôs a salvação aos pobres, como destinatários preferenciais. Pois é com relação aos pobres e pequenos que se manifesta a gratuidade da graça de Deus (cf. 3º e 6º dom. T.C.). Já nas maravilhosas páginas que Lc consagra a Maria, no começo de seu evangelho, aparece esse modo de agir de Deus: ele é quem eleva os que não têm nada para oferecer, senão sua fé; e rebaixa os que estão cheios de si. No **evangelho** encontramos formulado com toda a clareza o princípio da gratuidade da graça e da salvação como modo de agir de Deus e de seus filhos. "Sede misericordiosos como vosso Pai é misericordioso", eis o programa do cristão. Trata-se daquilo que o A.T. chama a *hésed* de Deus, termo que inclui misericórdia, favor, graça, amizade, compaixão (cf. Ex 34,5 e também o **salmo responsorial**, Sl 103[102]).

Esse amor gratuito manifesta-se no fato de não esperar nada de volta (cf. a admoestação de Lc 14,12-14). Leva o cristão a atitudes "estranhas": amar os inimigos, abençoar os que amaldiçoam, rezar pelos perseguidores (cf. Jesus, em Lc 23,24; e Estêvão, em At 7,60); dar o dobro de pedido, não pedir devolução do emprestado. Não fazer aos outros o que eles fazem a nós, mas o que desejaríamos que eles nos fizessem. Em tudo isso, o cristão se mostra diferente. Pois dar para receber de volta, pagar igual com igual, isso também os outros fazem. *A vida cristã é*, portanto, *essencialmente uma imitação do amor gratuito de Deus*. Só assim seremos dignos do nome de "filhos de Deus". E se fizermos assim, Deus mesmo nos poderá tratar com sua imensurável ḥésed.

Não se trata aqui de uma mera liberalidade humana, ao modo do fazendeiro que oferece churrasco gordo para ser querido por seus peões. Trata-se de uma atitude teologal, um relacionamento com Deus, que determina nosso relacionamento com os homens. Encontramos já no A.T. uma sensibilidade refinada para este aspecto teologal: quando Saul, durante sua tentativa de prender e matar Davi, cai nas mãos deste, Davi não o mata mas poupa sua vida, não por liberalidade, mas por "justiça", isto é, porque esta é a vontade de Deus. Pois Saul é um ungido, rei estabelecido por Deus (**1ª leitura**). Então, o homem não o pode tocar, sem ordem de Deus mesmo. A misericórdia, que nos leva a sermos loucamente generosos para com os nossos irmãos, é também uma forma de "justiça", no sentido bíblico (i.é, aquilo que Deus quer). Se Deus quer que o bem seja feito com amor gratuito, quem seríamos nós para negar-lhe o que deseja?

Então, procurar a melhoria dos que estão na pior, não é apenas um favor, que depende de nossa liberalidade e necessidade de nos tornarmos simpáticos. Também os capitalistas são generosos para angariar fregueses ou atestados de filantropia. Agir preferencialmente em prol do que não tem nada é um dever de justiça, no sentido bíblico; é atualização de nossa relação teologal, nossa filiação divina. Não é coisa opcional, é a realização mesma de nosso nome de cristãos.

A **2ª leitura** continua com o assunto da ressurreição. No presente texto, o pensamento de Paulo chega a se expressar com plena maturidade. Liberta-se do nível de discussão dos coríntios (que pensam em voltar à vida física, o que não apreciam muito, visto a influência do dualismo, que despreza o corpo). Explica agora claramente que a ressurreição é outra realidade que aquela que vivemos empiricamente. Em termos filosóficos: é uma realidade transcendente. Em termos bíblicos: é uma realidade espiritual (pneumática), não carnal (material). É uma nova criação, uma realidade completamente nova. O que foi semeado na condição humana ("carne"), é ressuscitado na condição divina ("espírito"). A vida não é tirada ao fiel, mas também não continua como antes da morte; é transformada, pertence a uma outra realidade do que a das células e moléculas físicas. Cristo é o novo Adão, primogênito desta nova ordem, a ordem do Espírito de Deus.

Não é fácil explicar isso. Mas a mensagem do **evangelho** de hoje ajuda. Pois o Sermão da Planície exige que o cristão seja diferente. Ora, essa diferença significa: não ser determinado, em última análise, pelos critérios e interesses desta realidade mundana material (incluindo o cultural, o psicológico etc.). O cristão é orientado por uma realidade diferente: a realidade de Deus mesmo, que é de outra ordem. Disso, sua "diferença" deveria ser o sinal. Por isso, S. João identificará a autêntica fé cristã, a adesão a Cristo atuante na caridade, com a vida eterna.

C
T. Com.

O SISTEMA DE DEUS E O HOMEM NOVO

O **evangelho** é a continuação do de domingo passado (o Sermão da Planície, de Lc). Aí Jesus anunciava aos pobres o Reino, o "sistema" de Deus; e lamentava os ricos, que colocam a sua esperança em outras coisas. Hoje Jesus nos explica como funciona o sistema de Deus na prática. Amar os inimigos (a **1ª leitura** dá um exemplo disso). Não resistir aos exploradores. Fazer aos outros o que gostaríamos que eles nos fizessem. Fazer o bem sem esperar nada em troca... Sermos misericordiosos como Deus é misericordioso! É isso que Jesus pede, pois assim seremos filhos de Deus e realizaremos aquilo para que fomos criados: a sua imagem e semelhança.

O sistema de Deus parece estranho. Não só aos olhos dos poderosos, também aos olhos dos pobres e oprimidos, acostumados a deixar acontecer a exploração, a injustiça etc. Contudo, Deus está certo... O projeto de Deus é vencer o desamor pelo amor. O clamor dos pobres e oprimidos não é um grito de vingança, mas o primeiro passo para, pela justiça, transformar a exploração em fraternidade. A luta dos pobres não busca revanche, mas é o primeiro passo rumo a um novo sistema, em que todos serão beneficiados, porque todos participarão da fraternidade. Não exigir paga do opressor, mas superar o sistema dele com o sistema de Deus. Não exigir retaliação (a lei do talião, do "tal qual"), mas provocar relações novas em que a exploração e a inimizade não cabem mais. "Desinimizar" o mundo, eis a missão histórica dos pobres aos quais Jesus anunciou as bem-aventuranças.

Jesus não oferece receitas a seguir literalmente. Usa imagens para provocar nossa imaginação. Mas fala com bastante clareza para que percebamos em que direção ele nos quer conduzir. Talvez nem sempre precisemos oferecer a outra face a quem nos bate, mas sempre devemos procurar superar o ódio. A superação do sistema iníquo pode às vezes exigir luta, mas que esta não sirva para vingança ou para mera inversão dos papéis (os oprimidos se tornam opressores...). Sirva para a nova realidade da justiça, amor e fraternidade. O povo dos pobres deve ser solidário, não contaminado pelo vírus da opressão. Então poderá desinfetar o mundo da violência e da exploração, praticando o contrário disso.

A imagem usada por Paulo na **2ª leitura** pode nos ajudar para aprofundar esses pensamentos: o Adão antigo pertence ao passado, somos chamados a assemelhar-nos ao "homem novo", Jesus, confirmado para sempre na ressurreição. É o modelo definitivo do agir humano.

8º domingo do tempo comum/C
A ÁRVORE E SEUS FRUTOS

Canto da entrada: (Sl 18[17],19.20) Deus, meu protetor e Salvador.

Oração do dia: Paz para o mundo e alegre serviço de Deus para a Igreja.

1ª leitura: (Eclo 27,5-8 [4-7]) **Avaliar o homem conforme seus frutos** – Para ver o que está dentro do homem é preciso ver o que ele produz em palavras e ações; pois estas revelam seu valor interior. • Cf. Am 9,9-10; Eclo 31,26[31]; Pr 27,21; Mt 7,16; Lc 6,43-44; Eclo 19,26.27[29.30].

Salmo responsorial: (Sl 92[91],2-3.13-14.15-16) O justo cresce como a palmeira e ainda na velhice produz fruto.

2ª leitura: (1Cor 15,54-58) **Jesus venceu "em princípio" a morte** – A ressurreição de Jesus revela-nos a perspectiva da imortalidade e da comunhão eterna com Deus. Pois junto de Deus a morte não tem vez. Precisamos ser transformados. O início já foi dado: o "aguilhão da morte" foi vencido pela ressurreição de Cristo (cf. Rm 7,7-25). Por isso também devemos participar mais plenamente na "obra do Senhor". • 15,54-55 cf. Is 25,8; Os 13,14 • 15,57 cf. Jo 16,33 • 15,58 cf. Hb 6,11-12.

– *Leit. alternat.: (1Jo 2,7-11) Permanecer na luz.*

Aclamação ao evangelho: (Lc 6,43) A árvore e os frutos.

Evangelho: (Lc 6,39-45) **Reconhecer o homem pelo que produz** – Na versão de Lc, esta coletânea de sentenças mostra ainda a reflexão dos primeiros cristãos sobre o ser mestre e discípulo no Reino de Deus e na comunidade cristã. Não ser líder cego (cf. Mt 15,15, contra os fariseus); ser discípulo mesmo, perfeito como o mestre (cf. Mt 10,40-42, no contexto da missão); não corrigir o irmão enquanto não se enxerga seus próprios defeitos (cf. Mt 7,3-5; mesmo contexto que Lc); julgar as pessoas conforme seus frutos (cf. Mt 7,15-20; tb. 12,33-35, na polêmica contra os "falsos profetas"). • 6,39 cf. Mt 15,14; 23,16.24 • 6,40 cf. Mt 10,24-25; Jo 13,16; 15,20 • 6,43-44 cf. Mt 12,33-35; 7,16-18.

Oração s/as oferendas: Que as oferendas nos façam produzir fruto para Deus, que no-las dá.

Prefácio: (dom. T.C. V) Os dons de Deus.

Canto da comunhão: (Sl 13[12],6) Celebrar Deus pelo bem que nos faz / (Mt 28,20) "Eis que estou convosco".

Oração final: Que o sinal do alimento na terra nos faça participar da vida eterna.

O **evangelho** apresenta a última parte do Sermão da Planície de Lc (menos a parábola da casa no rochedo, já lida, na forma de Mt, no ano A). Esta coleção de sentenças foi reunida com vistas à vida comunitária; reflete a questão do relacionamento mestre-discípulo. O mestre deve ser lúcido (nas coisas do Reino) para que não se torne um guia cego. Se ele estiver desnorteado, desnorteará também o discípulo, pois este não é mais perfeito que o mestre. Mesmo no fim da aprendizagem, será apenas como o mestre (Lc 6,40). Falando disso, Lc lembra que cada um deve conhecer suas próprias falhas, antes de corrigir seu irmão. Porque, senão, nem perceberá direito em que seu irmão está errado (6,41-42). E continua: quando quiseres avaliar alguém, olha para seus frutos. O que aparece à primeira vista não serve de critério. Há árvores muito semelhantes, mas com frutas bem diferentes. Assim também os homens. Quem não observasse esta sabedoria, ficaria esperando uvas de uma trepadeira. De alguma maneira, a gente sempre produz o que tem no coração. Como ensina Eclo 27 (cf. **1ª leitura**), isso vale tanto para as palavras quanto para as obras que alguém produz. A boca profere aquilo de que o coração está cheio.

Portanto, temos aqui uma sequência de observações de "bom senso cristão", discernimento cristão, em função do discipulado, ou seja, da constituição da comunidade. Além do valor sempre válido das sábias observações de Jesus (Mt traz a maioria delas em outro contexto), podemos também aprender a preocupação dos primeiros cristãos quanto à escolha de discípulos e mestres. Não são critérios "sociais" que decidem – família boa, tradicional etc. – mas os frutos que se revelam em palavras e obras.

A **2ª leitura** arremata o tema da ressurreição (cf. domingos anteriores). O tom já não é de exposição, mas quase de discussão com a própria morte: "Onde fica agora teu aguilhão, ó morte?" (1Cor 15,55). Paulo debocha da morte! "O aguilhão da morte é o pecado": no pecado se mostra que a morte tem ainda força, está ainda "picando". Só quem foge do pecado pode participar da certeza da vitória, que é a mola propulsora da vida cristã: a esperança da vida em Deus, para sempre. A alegria e esperança cristã são incompatíveis com o pecado. Isso até psicologicamente se confirma: o homem que anda com o pecado no coração parece marcado pela morte, não tem essa vitalidade suprabiológica que marca os santos até na sua mais avançada velhice, sinal de que eles vivem lá por dentro uma outra vida...

"A força do pecado é a Lei" (15,56b). Para Paulo, a Lei é como o educador dos filhos na família: existe por causa do pecado. Ela confirma, por sua própria existência, que o pecado está ainda em vigor. Esta frase talvez coubesse melhor em Gl (onde ele combate os zeladores da Lei judaica) do que aqui, na sua discussão com os coríntios

C
T. Com.

meio gnósticos. Mas, seja como for, quem faz da Lei o centro de suas preocupações mostra que está ainda vivendo no domínio do pecado e, portanto, da morte.

Esta 2ª leitura merece bastante destaque. O tom de júbilo e agradecimento, que marca a última frase, aparece também nas **orações** e no **canto da comunhão**. Combina com isso o **prefácio** dos domingos do tempo comum V. O **salmo responsorial**, Sl 91[92], expressa, de certa maneira, o laço que une a 2ª leitura com o evangelho e 1ª leitura: "Ainda na sua velhice produz frutos". No A.T., este dizer visava casos como o de Abraão. Mas nós podemos pensar nesta vida nova, a vida da ressurreição, que se torna sempre mais fecunda na gente, enquanto a biológica já decresce.

EM QUE E EM QUEM CONFIAR?

Fala-se hoje em crise de autoridade e liderança. Os jovens não têm limites, e a decadência dos adultos tampouco... Não há mais em quem colocar sua confiança.

A **1ª leitura** de hoje dá muita importância à palavra como espelho do ser humano: de alguma maneira revela, cedo ou tarde, o mais profundo da pessoa. No **evangelho**, Jesus denuncia os "cegos guias de cegos" e nos ensina a avaliar as pessoas conforme os seus frutos (Lucas 6,39-45, no "Sermão da Planície). Não os belos discursos, mas aquilo que produzem, seus atos e atitudes, isso mostra o que as pessoas valem e a confiança que se pode ter nelas.

Jesus, ao falar, visa em primeiro lugar a sociedade de Israel. Havendo política ou religião no meio, nunca faltam as belas palavras vazias. É contra isso que Jesus adverte. No tempo de Jesus, como nos dia de hoje, os graúdos na política e na religião falavam, mas não faziam; prometiam, mas não cumpriam; e ainda viravam o casaco... Jesus expõe esse comportamento inconfiável ao juízo de Deus, definitivamente. Ele mesmo, em sua palavra e prática, é o juízo de Deus face a esses comportamentos marcados pela hipocrisia. Os frutos que Deus espera de nós são amor e justiça – amor com justiça. Não palavras e orações vazias. A verdadeira religião é ajudar os pobres, as viúvas, os órfãos... (Tg 1,27).

Então, ponhamos nossa confiança em quem produz "os frutos do Espírito" de que fala Paulo em Gl 5,22: amor, alegria, paz... "Com ações e de verdade" (1Jo 3,17)... Deus, é preciso crer para vê-lo. Os seres humanos, é preciso ver para acreditar... A lei supõe a inocência até que se prove o contrário, mas a experiência nos ensina a confiar apenas em quem prova sua integridade. Cristo nos ensinou o sistema de Deus. Devemos reservar nossa confiança para investi-la naqueles que, por seus atos, mostram-se participantes do projeto de Deus, produzindo atos de justiça, solidariedade e amor.

Quem anda com a Bíblia debaixo do braço ou faz longas orações não merece necessariamente nossa confiança. Primeiro vamos ver o que faz e por que o faz. O mesmo se diga de politiqueiros, pretensos pregadores e conselheiros, e de todo bom conselho que nada custa... No fim das contas, só merece "confiança evangélica" quem, de alguma maneira, vivendo ou morrendo, realmente dá sua vida pelos outros. Eis o bom senso do Reino.

C
T. Com.

9º domingo do tempo comum/C
A FÉ DO PAGÃO E A CURA DE SEU EMPREGADO

Canto da entrada: (Sl 25[24],16.18) Súplica a Deus na infelicidade.

Oração do dia: A providência de Deus não falha.

1ª leitura: (1Rs 8,41-43) **Salomão reza para que Deus atenda os estrangeiros** – Na grande oração da Dedicação do templo (1Rs 8,23-53), Salomão não reza apenas pela casa de Davi e o povo de Israel, mas também pelos "estrangeiros", que aí virão adorar o Deus de Israel e do Universo. E o templo será casa de oração para todas as nações (cf. Is 56,6-7; Mt 21,13). Deus quer ficar acessível às necessidades de **todos** os homens. – O evangelho de hoje mostra a abertura para o mundo não judeu; porém, não o Templo e sim Jesus em pessoa é o lugar de encontro de todos com Deus. • Cf. 2Cr 6,32-33; Dt 10,19; Nm 15,15-16; Sl 72[71],10-17; Jr 16,19-21; Jo 4,21-24.

Salmo responsorial: (Sl 117[116],1.2) Todos os povos louvem Deus.

2ª leitura: (Gl 1,1-2.6-10) **O evangelho de Paulo** – Paulo mesmo operou a primeira evangelização da Galácia, país "subdesenvolvido", muito exposto a qualquer novidade. Agora vieram outros missionários, confundindo as jovens comunidades, impondo costumes judaicos (a circuncisão) também aos cristãos de origem pagã (estes missionários consideravam o cristianismo como uma variante do judaísmo). Paulo escreveu a presente carta com intensa preocupação. Não se trata de sua pessoa, mas da pureza de seu evangelho. A garantia desta pureza é que Deus, que ressuscitou o Cristo dos mortos, também chamou a Paulo. • 1,1-2 cf. Rm 1,4; Gl 1,11-12; At 20,24 • 1,7 cf. At 15,1.24; 2Cor 11,4 • 1,8-10 cf. 1Cor 16,22; 1Ts 2,4.

Leit. alternat.: (Tg 5,13-16) A oração do justo.

Aclamação ao evangelho: (Jo 3,16) O grande amor de Deus para com o mundo.

Evangelho: (Lc 7,1-10) **A fé do pagão** – O centurião de Cafarnaum é um pagão, porém envergonha os representantes da sinagoga por sua fé em Jesus, "o Senhor" (7,6), e na força salvífica de sua palavra. Lc descreve o centurião como um homem que teme Deus, um pagão que serve de exemplo para os judeus. Lc revela-se aqui como o evangelista "ecumênico", descobrindo os valores "pré-cristãos" em todo o mundo (cf. 1ª leitura). • Cf. Mt 8,5-13; Jo 4,46-53.

Oração s/as oferendas: Que os mistérios que celebramos nos purifiquem.

Prefácio: (dom. T.C. VIII) A Igreja reunida universalmente na unidade da SS. Trindade.

Canto da comunhão: (Sl 17[16],6) Confiança de que Deus nos atende / (Mc 11,23-24) Oração confiante.

Oração final: Proclamar a fé não só em palavras, mas também na verdade de nossas ações.

A fé do centurião de Cafarnaum é emocionante (**evangelho**). É tenente do exército romano, "pagão", mas estima muito o judaísmo. Sendo Jesus judeu, o centurião se julga indigno de fazer-lhe um pedido direto e manda os anciãos da comunidade judaica (afinal, ajudara-os a construir a sinagoga). Estes insistem com Jesus, e ele vai com eles. Ainda no caminho, o centurião lhes corre ao encontro: "Não, Senhor, não entre em minha casa. Eu não sou digno. Mas fale só uma palavra, que meu servo já fica bom. Pois eu sou militar, eu sei o que uma palavra é capaz de fazer quando a gente tem poder de mandar!" E Jesus cura o servo, à distância.

História emocionante, porque mostra a grande fé do homem e também sua expressão tão espontânea, nascida de sua vida profissional. "Eu sei o que é mandar!" Emocionante ainda é a simplicidade com que, primeiro, procura intermediários e, depois, corre ao encontro de Jesus. Para o evangelista dos "pagãos", Lucas, porém, a maior emoção se encontra na palavra de Jesus: "Nem mesmo em Israel encontrei tamanha fé" (v. 9).

O universalismo transparece na **1ª leitura**, tirada da bela oração de Salomão por ocasião da Dedicação do Templo. Salomão pede a Deus que também os que vêm de longe encontrem ouvido quando rogarem no templo de Jerusalém. Mas há certa ambiguidade. Pode ser uma maneira de promover o templo que ele, Salomão, construiu – inclusive, para atrair interesses estrangeiros, colocou estátuas de divindades estrangeiras em Jerusalém (1Rs 11,7-8). Um universalismo que cheira a propaganda barata. Universalismo para promover as próprias instituições. Nesta atitude, a gente se mistura um pouco com Deus. O verdadeiro universalismo faz abstração do ganho próprio, mas deseja que cada um encontre Deus no caminho que lhe é próprio. No encontro de Jesus com o centurião romano, Jesus faz abstração das instituições judaicas.

C
T. Com.

S. Paulo, nas suas viagens, evangelizara uma região bem "subdesenvolvida", de pouca cultura, lá no interior da Turquia: a Galácia (**2ª leitura**). Eram bárbaros, que mal falavam um pouco de grego. Mas, uma vez que Paulo abriu o caminho, outros judeus, valendo-se do nome de Jesus de Nazaré, começaram a pregar para os gálatas, ávidos por qualquer novidade do mundo das grandes culturas e religiões. Estes novos missionários consideravam o cristianismo como sendo apenas uma variante do judaísmo. Segundo eles, Jesus era um grande mestre, mas não tinha iniciado algo realmente novo; o judaísmo permanecia o único caminho seguro de salvação. Quando fica sabendo disso, Paulo inflama-se e escreve uma carta severa para explicar aos gálatas que Jesus pôs fim ao judaísmo. O judaísmo tinha crucificado Jesus e, com ele, suas próprias prerrogativas e privilégios. O judaísmo servia para os judeus (Paulo o observava ainda), mas não devia ser imposto aos não judeus: ou Jesus salva o homem, ou o judaísmo, mas não ambos ao mesmo tempo; se a Lei salva, Jesus morreu em vão (cf. Gl 2,21).

As leituras de hoje evocam, portanto, um problema bastante crucial entre nós também. Por um lado, temos pessoas que acham que fora do catolicismo romano (de preferência na sua forma mais tradicional) não existe salvação. Por outro, o povão quer garantir sua salvação por uma combinação de várias crenças (o sincretismo). Nenhuma das duas maneiras entende o universalismo da salvação de Deus. Deus salva a quem o procura de modo sincero e autêntico, no caminho que lhe é próprio, seja esse caminho budista, animista, espírita, ou seja lá o que for. Mas Deus se manifestou também para ser conhecido melhor em Jesus Cristo, de maneira única. Quem tem a felicidade de conhecer Jesus Cristo deve, por isso, ajudar a todos a crescerem lá onde Deus os fez brotar. Se assim eles descobrirem que é Jesus quem os coloca em contato com o Deus que buscam, tanto melhor. Mas não desejemos um monopólio para as nossas instituições religiosas. Isso é contraproducente, como mostra a "implantação" da Igreja no Brasil, que talvez não tenha sido uma verdadeira evangelização.

A FÉ DO PAGÃO

Falamos hoje muito em ecumenismo, diálogo inter-religioso. Mesmo seguros em nossa fé, sentimos que a nossa religião não deve monopolizar tudo o que é valioso.

Na **1ª leitura** de hoje, o rei Salomão pede a Deus que ele atenda também as preces dos não judeus que forem rezar no templo de Jerusalém. No **evangelho**, Jesus louva a fé de um pagão, militar estrangeiro, que lhe pede a cura de seu empregado com tamanha fé como Jesus "nem mesmo em Israel" tinha encontrado.

Os que moram mais perto da Igreja não são necessariamente os que têm mais fé. Muitos cristãos tratam a religião cristã como tradição de família ou forma de aparecer; mas no fundo do seu coração não acreditam, não dão crédito a Deus. Dirigem-se por seu próprio nariz, sem deixar Deus se intrometer nos seus negócios... Decidem por conta própria o que lhes convém, Deus e religião à parte. E mesmo quando estão em apuros, só rezam por interesse próprio. Diferente é a fé do centurião pagão, que usa a magnífica imagem tirada da vida militar para reconhecer o poder de Jesus e lhe pedir pela vida de seu empregado. Este pagão reconheceu em Jesus a presença do "Deus da vida".

Será que também hoje se encontra tamanha fé entre os que não pertencem oficialmente à Igreja, mas talvez no coração estão mais próximos de Jesus do que nós? Não apenas os pagãos que ainda não ouviram o evangelho – uns poucos índios no coração da selva –, mas os pagãos de nossas selvas de pedra, desta nossa sociedade, que abafou o evangelho a tal ponto que, apesar dos muitos templos, ele já não chega ao ouvido das pessoas. Tal que se diz ateu, talvez porque nunca encontrou verdadeiro cristianismo; ou tal que vive dissoluto, por ter sido educado assim; ou então, tal que busca Deus com o coração irrequieto de Santo Agostinho... todos esses não receberão maior elogio de Deus do que os cristãos acomodados?

Tomar consciência disso terá um duplo efeito salvífico para os próprios cristãos: descobrirão a riqueza dos outros, o modo como Deus se manifesta em todo o universo humano; e darão mais valor ao modo único no qual ele se dá a conhecer em Jesus Cristo.

10º domingo do tempo comum/C
A CONFIANÇA DA VIÚVA E A RESSURREIÇÃO DE SEU FILHO

Canto da entrada: (Sl 27[26],1-2): Deus, apoio contra os adversários.
Oração do dia: Com a inspiração de Deus, pensar o que é reto, e, com sua orientação, executá-lo.
1ª leitura: (1Rs 17,17-24) **O filho da viúva de Sarepta** – Elias era um "homem de Deus": agia com a força de Deus. É conhecido por sua luta contra os ídolos, no séc. VIII a.C. Sua presença no meio do povo falava de Deus; seus gestos eram "sinais" de Deus. Assim, a ressurreição do filho da viúva não é magia, e sim a resposta de Deus à oração de Elias (17,22). • Cf. 2Rs 4,18-37; Lc 7,11-17 (**evangelho**) • 17,18-19 cf. Sl 30[29],12-13; Am 3,7.
Salmo responsorial: (Sl 30[29],2+4.5-6.11+12a.13b) "Quando já ia morrendo, me fizeste reviver".
2ª leitura: (Gl 1,11-19) **A vocação de Paulo** – Paulo tem certeza de que sua vocação tem sua origem em Jesus Cristo, portanto, em Deus mesmo. Para provar isso a seus críticos, não pode recorrer ao conteúdo de sua mensagem, pois eles apregoam no nome do mesmo Cristo um outro conteúdo! Então, aponta sua história pessoal: de fanático perseguidor de Cristo foi, por este, transformando em "Apóstolo dos gentios". No caminho de Damasco, Cristo o chamou e com sua luz ao mesmo tempo o cegou e o iluminou! • 1,13-14 cf. Fl 3,5-6; At 22,3-5; 25,4-5.9-11 • 1,15 cf. Is 49,1; Jr 1,5; Rm 1,1 • 1,16 cf. At 9,3-6; Gl 2,7 • 1,18-19 cf. At 9,26-27; 12,7.
– Leit. alternat.: (Ef 2,1.4-7) Deus rico em misericórdia.
Aclamação ao evangelho: (Lc 7,16) Jesus, o profeta: Deus visitando seu povo.
Evangelho: (Lc 7,11-17) **O filho da viúva de Naim** – Quando Jesus chama o filho da viúva à vida, isso é sinal de que ele é um grande profeta, talvez "o" profeta que se esperava como novo Moisés (cf. Dt 18,15.18) ou como novo Elias, precursor da "visita" de Deus a seu povo (cf. Ml 3,1.23-24). Logo depois veremos o Batista perguntando se Jesus é o que deve vir; e apontando os fatos, Jesus responde: "Mortos são ressuscitados" (Lc 7,22). – Comparando com a história de Elias (1ª leitura), Jesus é mais do que um "homem de Deus". Ele é "o Senhor" (Lc 7,13). Não precisa de tanto esforço e invocação quanto Elias; não pede, mas manda: "Levanta-te". Ele é a revelação do amor da graça de Deus. Gratidão é a reação do povo. • 7,12-14 cf. 1Rs 17,17; Lc 8,42.52.54 • 7,15 cf. 1Rs 17,23; 2Rs 4,36 • 7,16 cf. Lc 1,68.
Oração s/as oferendas: Oferenda: louvor de Deus e aumento de nossa caridade.
Prefácio: (dom. T.C. VI) As primícias da Ressurreição e da vida eterna.
Canto da comunhão: (Sl 18[17],3) Deus, minha fortaleza / (1Jo 4,16) Deus é amor.
Oração final: Deus nos transforme e nos faça entrar no caminho certo.

No tempo de Jesus, Israel esperava a volta do profeta por excelência, para preparar a "visita" de Deus. Havia certa dúvida se o profeta seria Moisés (Dt 18,16, interpretado no sentido de um novo Moisés) ou Elias (Ml 3,23-24). Mas, quando Jesus ressuscita o filho de uma viúva (**evangelho**), não hesitam em reconhecer nele o novo Elias: "Um grande profeta levantou-se entre nós! Deus visitou seu povo!" Jesus é sinal da presença de Deus, com sua graça e misericórdia. Ele se "comiserou" (Lc 7,13), como o povo esperava de Deus, no seu Dia. No quadro do evangelho de Lc, esta narração tem ainda outra função: logo depois segue o episódio do Batista, que pergunta se Jesus é aquele que deve vir (o profeta escatológico). E a resposta de Jesus é: "Olha só o que está acontecendo: todas as categorias mencionadas nas profecias messiânicas (especialmente em Is 35,5-6) encontram cura, e até mortos são ressuscitados (Lc 7,11-17); e aos pobres é anunciada a boa-nova (programa de Jesus, cf. Lc 4,16-19 e Is 61,1); será que existe ainda dúvida?"

A **1ª leitura** é narrada para ilustrar como em Jesus se realiza a esperança do novo Elias (tema especialmente caro a Lc). É uma tipologia: Elias é o "primeiro esboço" (tipo) que é levado à perfeição em Cristo (antítipo). Por trás destas tipologias, frequentes na antiga teologia cristã, está a fé na continuidade da obra de Deus: o que ele tinha iniciado em Israel, levou-o a termo em Jesus Cristo. Que Jesus supera Elias aparece nos detalhes da narração: ele não é apenas "homem de Deus", mas "o Senhor"; não precisa fazer todos os "trabalhos" que Elias fez para reanimar a criança...

Tanto a 1ª leitura como o evangelho revelam grande *valorização da vida*. Deus quer conservar seus filhos em vida. Isso está em violento contraste com a leviandade e até o desprezo que a vida humana enfrenta em nossa sociedade. Deus se comisera para fazer reviver uma criança, enquanto nossa sociedade as mata ainda no útero. Será que poderemos novamente falar de uma visita de Deus, quando restaurarmos o sentido do valor da vida, não só no caso do aborto, mas também das guerras, repressão, torturas, poluição do ambiente, dos alimentos, do trânsito assassino, e sobretudo da fome? O **salmo responsorial** destaca também o valor da vida, que Deus dá.

A **2ª leitura** continua a leitura de Gl, iniciada no domingo passado. Para refutar as teorias dos "judaizantes", não basta que Paulo recorra ao fato de pregar Jesus Cristo, pois também eles o pregam, ainda que com outras intenções. Então, para provar que seu "evangelho" é o verdadeiro, Paulo mostra a sua origem. Não foi ele mesmo, nem outro ser humano, que o inventou (1,11.16.19). Paulo faz questão de dizer que não foi instruído por homem algum. Quem fez de Paulo seu mensageiro foi Cristo mesmo, que o "fez cair do cavalo"; a transformação operada em Paulo, tornando o antigo rabino, fariseu e perseguidor, um apóstolo de Cristo, não é obra humana. E também seu evangelho não é obra humana. Por isso, este resumo de sua história pessoal é história da salvação...

A **oração do dia** e a **oração final** sublinham a iniciativa e transformação que Deus assume em nossa vida. Num mundo do "ter e vencer" é bom lembrar esta realidade fundamental, não para levar ao fatalismo, mas à responsabilidade pelo plano de Deus, que é: que o homem viva, em todos os sentidos.

DEUS VISITA SEU POVO

Em Israel, no tempo de Jesus, não havia situação pior que a da viúva. Tinha de se virar sozinha para se sustentar a si mesma e a seus filhos. Estes, por sua vez, eram a esperança de sua velhice, pois, ainda crianças, já podiam ajudar um pouco, e mais tarde cuidariam dela. A **1ª leitura** e o **evangelho** nos contam como respectivamente Elias e Jesus ressuscitam um filho de uma viúva: Elias, com muito trabalho; Jesus, com um toque de mão. Se Elias era um "homem de Deus", um profeta, Jesus é o "Senhor", e o povo exclama: "Um grande profeta nos visitou! Deus visitou o seu povo!"

Esta visita de Deus a seu povo é muito peculiar. Quando um governador ou presidente visita uma cidade, dificilmente vai parar para se ocupar com um cortejo de enterro que casualmente cruza seu caminho. Vai ver o prefeito, isso sim. Mas o Filho de Deus se torna presente à vida de uma pobre viúva que está levando seu filho – sua esperança – ao enterro. Deus visita os pobres e os pecadores: a viúva, Zaqueu... Aqueles que são abandonados pelos outros. Em Jesus, Deus nos mostra o caminho que conduz aos marginalizados.

Assim é o sistema de Deus, diferente do nosso. Enquanto nós gostamos de investir naqueles que já têm poder e influência, Jesus começa com aqueles que estão à margem da sociedade. O Reino de Deus começa na periferia. E revela-se um Reino da vida para os deserdados.

A visita de Deus deixa seu povo também com a "responsabilidade da gratidão". O povo espalhou a fama de Jesus por toda a região. Mostrou que soube dar valor à visita que recebeu. A Igreja terá de celebrar a mesma gratidão por Deus, que faz grandes coisas aos pequenos. Muitos ainda não são capazes disso. Não se sabem alegrar com a visita de Deus aos pequenos. Por isso lhes escapa a grandeza da visita. Mas, afinal, quando é que sentimos Deus mais verdadeiramente próximo de nós: ao se realizar uma grande solenidade, ou quando um gesto de amor atinge uma pessoa carente?

11º domingo do tempo comum/C
O AMOR DA PECADORA E O PERDÃO DE SEU PECADO

Canto da entrada: (Sl 27[26],7-9) Deus tenha compaixão de nós.

Oração do dia: A graça de Deus sempre nos auxilie para querer e agir conforme sua vontade.

1ª leitura: (2Sm 12,7-10.13) **A contrição de Davi** – O profeta Natã é porta-voz, "boca" de Deus, voz da consciência para o rei Davi. Denuncia seu homicídio e adultério. Davi desprezou o mandamento de Deus, mas aceita a denúncia do profeta, reconhece seu crime e entrega-se ao juízo de Deus. Por isso, Deus mostra compaixão. • Cf. Sl 32[31]; 51[50]; 65[64],3-4; Sb 11,23-26.

Salmo responsorial: (Sl 32[31],1-2.5.7.11) A felicidade de confessar o pecado e ser perdoado.

2ª leitura: (Gl 2,16.19-21) **Se as obras da Lei justificam, Cristo morreu em vão** – Paulo polemiza com a tendência a "judaizar" os cristãos da Galácia, que com o judaísmo nada têm a ver. E vai ao essencial: "O que torna o homem justo diante de Deus?" Os judaizantes acham: observar a Lei (Gl 2,16). Claro que a moralidade tem seu valor; Deus a deseja. Mas ela não "força" Deus, ao qual sempre ficamos devendo infinitamente. O que nos torna justos (salda nossa dívida) é a graça de Deus; sem ela, as obras de nada servem. E a graça manifesta-se no maior gesto de amor e perdão pensável: a vida de Cristo dada por nós. Devemos crer neste amor. • 2,16 cf. Rm 3,20.21-28; Sl 143[142],2 • 2,19-21 cf. Rm 6,9-11; 8,2.10-11; Ef 2,4-8; Fl 1,21; 2Cor 5,14.

– *Leit. alternat.: (Rm 5,15.20-21) Graça sem proporção ao pecado.*

Aclamação ao evangelho: (Lc 7,50) Tua fé te salvou.

Evangelho: (Lc 7,36–8,3 ou 7,36-50) **A pecadora perdoada** – Uma meretriz lava os pés de Jesus com suas lágrimas e unge seus pés com seu perfume. Sinal chocante de gratidão porque ela se sabe perdoada. A quem muito ama, muito se perdoa; a quem muito é perdoado, muito ama. Perdão e amor são os dois momentos inseparáveis da realidade da reconciliação. O perdão é a resposta do amor de Deus à contrição, que é o amor do pecador. – Maria Madalena e as outras mulheres mencionadas por Lc como seguidoras de Jesus (8,1-3) experimentaram semelhante bondade. • 7,36-50 cf. Mt 26,7-13; Mc 14,3-9; Jo 12,2-8; Lc 8,48; Mc 5,34; 10,52 • 8,1-3 cf. Mt 4,23; 9,35.

Oração s/as oferendas: O sacramento do alimento do corpo e da alma.

Prefácio: (dom. T.C. I ou IV) O perdão do pecado.

Canto da comunhão: (Sl 27[26],4) O desejo de habitar na casa do Senhor / (Jo 17,11) "... para que sejam um como nós...".

Oração final: União dos fiéis no amor de Deus, comunhão da Igreja.

C
T. Com.

Ao ler o **evangelho** de hoje, a gente se pergunta o que foi primeiro: o amor ou o perdão. Jesus diz: "Têm-lhe sido perdoados seus muitos pecados, porque muito amou", e: "Têm sido perdoados teus pecados... tua fé te salvou" (Lc 7,47-50). Será que os pecados foram perdoados porque mostrou muito amor, ou o contrário? A narração não permite distinguir claramente, mas também não importa, pois o mistério do perdão é que se trata de um encontro entre o homem contrito e Deus que deseja reconciliação. A contrição é o amor que busca perdão e o perdão é a resposta de Deus a este amor. A contrição é o amor do pecador, que se encontra com o amor de Deus, que é: perdão.

Jesus ilustra este mistério com uma dessas parábolas chocantes bem ao gosto de Lc: dois devedores, um com pouca e outro com muita dívida, são absolvidos. Quem é que gostará mais do homem que os absolveu? Quem tinha a dívida maior. É o caso desta meretriz, que lhe demonstrou efusivamente gestos de carinho e afeição. Mas o outro está aí também: o anfitrião de Jesus, que demonstrou pouco calor na acolhida de seu hóspede. Será que ele tinha poucas dívidas, portanto, recebeu pouco perdão e por isso só pôde amar um pouquinho? Então, seria bom "pecar firmemente e amar mais firmemente ainda"? A realidade talvez seja diferente. Pode ser que alguém não reconhece quanta dívida tem e, por isso, recebe pouca absolvição e mostra pouco amor. Já começa por aí: porque tem pouco amor, não é capaz de reconhecer a grande dívida que tem para com Deus, pois não percebe quão pouco ele corresponde ao amor infinito...

Medido com o critério de Deus, ninguém é justo. Todos são pecadores. Porém, os que fazem pecados "notáveis" tomam mais facilmente consciência de sua pecaminosidade. É o caso da meretriz, no **evangelho**, e de Davi, na **1ª leitura**. Os que fazem pecados mais difíceis de avaliar e acusar, como sejam o orgulho, a autossuficiência, a inveja e coisas assim, mais dificilmente são lembrados de sua injustiça. Talvez observem perfeitamente as regras do bom comportamento. Os judaizantes da **2ª leitura**, que querem impor aos pobres pagãos da Galácia as "obras da Lei" como meio de salvação, transformariam os gálatas em seres autossuficientes iguais a si. "Não, diz Paulo, isso não posso permitir. Se fossem estas obras da Lei que salvassem, Jesus não precisava ter morrido" (Gl 2,21).

Quem nos livra de nossa dívida é Deus. Só ele, que criou nossa vida, é capaz de restaurá-la na sua integridade. Quando perdoa pecados, Jesus revela que Deus está com ele (o que os comensais perceberam: Lc 7,49). Pedir perdão é dar a Deus uma chance para refazer em nós a obra de seu amor criador. Mas quem pouco o ama, não lhe dá essa chance...

A liturgia de hoje nos ensina outra coisa ainda. Davi foi lembrado de seu pecado por um porta-voz de Deus, o profeta Natã. Quando Natã lhe conta uma história bem semelhante à sua própria, Davi exclama: "Tal homem deve morrer" (2Sm 12,5; seria bom incluir na 1ª leitura o trecho imediatamente anterior, a parábola de Natã). Mas para que reconheça seu próprio caso, é preciso que Natã lhe diga: "Esse homem és tu!" Nós temos em nós mesmos um porta-voz de Deus, que nos diz: "Esse homem és tu!": nossa consciência. É preciso escutá-la. Então saberemos quão pouco correspondemos ao amor de Deus que fundou nossa via e a dos nossos irmãos. Então também entrarão em ação o amor do pecador, que se chama "contrição", e o amor de Deus, que se chama "perdão".

O **salmo responsorial**, Sl 32[31], medita essa realidade. Ter seu pecado a descoberto diante de Deus e dos homens e apesar disso ser acolhido no amor de Deus e da comunidade é a maior felicidade (e a razão fundamental por que existe o sacramento da penitência).

Segundo a **oração do dia**, nada podemos sem a graça de Deus. Por isso, pedimos essa graça, para em nossos projetos e sua execução estarmos de acordo com o que Deus ama.

ENTRAR NA AMIZADE DE DEUS PELA FÉ E PELO AMOR

Será que Deus se sente mais feliz com a fria irrepreensibilidade dos "bem comportadinhos" ou com a afetuosa efusão dos excluídos e pecadores? Aliás, os próprios "irrepreensíveis", se sentem felizes?

Jesus não tinha medo de pessoas mal-afamadas. Conforme o **evangelho** de hoje, Jesus aceitou até o carinho de uma prostituta! Enquanto ele estava, à maneira oriental, deitado à mesa na casa do fariseu Simão, chegou uma prostituta, regou-lhe os pés com suas lágrimas, secou-os com sua generosa cabeleira e perfumou-os com o rico perfume, adquirido com o dinheiro do pecado. Escândalo para a "gente de bem". Mas Jesus aponta o mistério profundo que está agindo por trás das aparências: a mulher mostrou tanto amor, porque encontrou tamanho perdão! Enquanto o fariseu não demonstrou carinho para com Jesus, porque achava que nada tinha a ser perdoado... Jesus explica isso por meio de uma parábola: um devedor a quem é perdoado muito mostrará mais gratidão do que um que pouco tem a ser perdoado. Enquanto o fariseu continua "na sua", a pecadora encontra a salvação: "Tua fé te salvou" (Lc 7,50).

Há muitas espécies de fariseus, de pessoas satisfeitas consigo mesmas. Há os fariseus clássicos, os "bem comportadinhos", que se julgam melhores que os outros e acham que, por força de sua virtude, eles têm méritos, direitos e até privilégios diante de Deus. Mas há também os que acham que sua sem-vergonhice descarada os torna mais honestos que as pessoas menos ousadas... O filósofo Kierkegaard fala do "publicano" que, lá no fundo do templo, reza assim: "Eu te agradeço, Senhor, porque sou um humilde pecador, não como aquele orgulhoso fariseu lá na frente..."

A **2ª leitura**, usando outra terminologia, ensina a mesma coisa: somos justificados pela fé. Quem nos torna justos é Deus, não porque o merecemos, mas porque nos confiamos a ele na fé. Não é bom arvorar-se em juiz em causa própria, e muito menos em causa alheia... Quem se julga justo e perfeito, que lhe pode acrescentar Deus? É melhor deixar-se declarar justo e sem culpa por Deus, mediante o seu perdão, e amá-lo de coração. Cumprir a lei (judaica ou outra) é bom, mas não me livra de minha culpa. Só Deus pode abolir minha culpa, pois todo pecado atinge finalmente a ele, nosso sumo bem. Ele aboliu a culpa demonstrando quanto ele nos ama: permitiu que seu filho Jesus desse sua vida por nós. Este amor é maior que nossa culpa. Jesus o leva dentro de si. Jesus pode perdoar o mal que marcou nossa vida. Nós mesmos, não. Só nele nosso mal encontra perdão.

Quem assim, pela fé, se torna amigo de Deus, porque encontrou em Jesus o amor, não pode mais deixar de amar. Torna-se outra pessoa. A graça recebida de graça não pode tornar-se um pretexto para continuar pecando.

A lição de hoje é esta: são amigos de Deus ("justos") aqueles que reconhecem diante de Deus sua dívida de amor e dele recebem a remissão. Então, abrir-se-ão em gestos de gratidão, semelhantes ao gesto da pecadora.

C
T. Com.

12º domingo do tempo comum/C
RECONHECER E SEGUIR O MESSIAS PADECENTE

Canto da entrada: (Sl 28[27],8-9) Deus, fortaleza de seu ungido.

Oração do dia: Amar e venerar a Deus, que nos firma no seu amor.

1ª leitura: (Zc 12,10-11) **"Choraram aquele que traspassaram"** – Não se sabe quem foi, historicamente, o "traspassado" de Zc 12. Foi um profeta, um "pastor" (cf. Zc 11). Foi um mártir: sua morte significou uma catástrofe para o povo, mas também um novo início, conversão e volta a Deus (cf. o Servo de Javé, Is 53). Jo 19,37 identifica Jesus com este "traspassado" (cf. Ap 1,7). A liturgia de hoje relaciona este texto com a predição da Paixão de Jesus. • Cf. Nm 21,8; Jo 3,14.18; Ez 34,23-24; 36,25-27.

Salmo responsorial: (Sl 63[62],2.3-4.5-6.8-9) A busca de Deus libertador.

2ª leitura: (Gl 3,26-29) **Superação de todas as discriminações em Cristo** – Jesus é o fim da Lei. Nele se cumpre a promessa feita a Abraão. Nele são benditos todos os povos da terra, judeus e gentios: "todos" (3,26), pela fé e o batismo, tornam-se semelhantes ao Filho, sendo eles mesmos filhos e coerdeiros. Todas as diferenças tornam-se irrelevantes. Só o Cristo importa. Na comunhão em Cristo, já começam a desfazer-se as diferenças que dividem os homens. • Cf. Jo 1,12; Rm 6,3-4; 8,14-17; 13,14; 10,12; Cl 3,11-12.

– Leit. alternat.: (Rm 6,3-4.8-11) Seguir Cristo através da morte.

Aclamação ao evangelho: (Lc 9,23) Seguimento e renúncia.

Evangelho: (Lc 9,18-24) **Profissão de fé de Pedro e anúncio da Paixão** – Texto composto de: 1) um diálogo sobre o messianismo de Jesus (profissão de fé de Pedro: 9,18-21); 2) a predição da Paixão do Filho do Homem (9,22); 3) um apelo ao seguimento da Cruz (9,23-27). Estes três temas formam uma unidade: Jesus é o Messias, que segue seu caminho não no sentido que presumem os homens, mas como Deus o define. O anúncio da Paixão vem corrigir a própria confissão de fé messiânica de Pedro. Jesus toma o caminho da libertação pela doação até o fim, e quem quiser ser seu discípulo deve seguir este mesmo caminho, talvez não imediatamente no martírio (isso também, conforme ocaso), mas "cada dia" – e é a todos que isso é dito (9,23). • 9,18-21 cf. Mt 16,13-20; Mc 8,27-30; Lc 9,7-8 • 9,22 cf. Mt 16,21; Mc 8,31; Lc 24,25-26 • 9,23-24 cf. Mt 16,24-25; Mc 8,34-35.

Oração s/as oferendas: Oferecer a Deus um coração que lhe agrade.

Prefácio: (dom. T.C. VIII) Unidade pelo sangue de Cristo.

Canto da comunhão: (Sl 145[144],15) Deus dá alimento na hora oportuna / (Jo 10,11.15) O Bom Pastor dá a vida pelas ovelhas.

Oração final: Que sempre recebamos como salvação o que celebramos no sacramento.

Já no ano B, a liturgia insistiu muito nas predições da Paixão de Jesus, que, em Mc, formam a espinha dorsal da secção mais significativa do ev. Lc introduz no meio das três predições a "grande viagem" de Jesus (Lc 9,51–18,14). Assim o tema da predição da paixão aparece só uma vez na liturgia do Ano C: uma razão a mais para lhe dedicar toda a atenção (**evangelho**).

A situação é a seguinte: Jesus vive um dos seus momentos de intimidade com Deus (Lc 9,18), talvez refletindo sobre o sentido dos sinais messiânicos que lhe é dado fazer (precede imediatamente, em Lc 9,10-17, a multiplicação dos pães). Quer conscientizar seus discípulos daquilo que o Pai lhe faz ver. Pergunta quem, na opinião dos homens, ele é; e, depois de respostas "aproximativas" (João Batista, Elias), pergunta também por quem os discípulos o têm. Pedro se torna porta-voz dos seus companheiros e diz: "Tu és o messias de Deus". Jesus lhes manda guardar esta intuição para si e explica por quê: o Filho do Homem deve sofrer e morrer, mas também ser ressuscitado. O povo ainda não entenderia isso. Só o entenderão depois de o ter traspassado, o que não deixa de ser mais um "cumprimento" das Escrituras, ou seja, da estranha lógica de Deus (cf.

Zc 12,10-11, **1ª leitura**; Is 53 etc.). Pois Jesus é o ponto final e a plenitude de toda uma linhagem de profetas rejeitados, messias assassinados, e de todos os "servos" e "pobres de Deus". A pedagogia de Deus, que consiste em converter o homem não pela força, mas pelo exemplo do amor até o fim, atinge a plenitude em Jesus de Nazaré.

O que Jesus diz "a todos" (Lc 9,23, expressamente) é que eles devem segui-lo, assumindo sua cruz. A melhor maneira para entender Jesus é fazer a mesma coisa que ele. Não são as teorias cristológicas que nos ajudam a conhecer e entender Jesus, mas o viver como ele viveu, morrer como ele morreu. Fazer a experiência do mundo e de Deus que ele fez, isso é que nos torna seus discípulos, dignos do nome de "cristãos". Quando a gente compara a palavra do seguimento em Lc 9,23 com Mc 8,34, que lhe serviu de modelo, a gente descobre que Lc acrescentou algo: "cada dia". Tomar sua cruz não acontece apenas no caminho do Gólgota, mas na vida de cada dia (Lc é o evangelista que mais pensa na situação do cristão comum). Quem não sabe assumir as pequenas cruzes de cada dia, nunca será um mártir do amor até o fim.

Lc escreve isso com uma finalidade pedagógica, de acordo com seu espírito helenístico, que dava muita importância à "ascese", o "exercício" (foram os gregos que inventaram o treinamento esportivo). Porém, os pequenos sacrifícios do dia a dia não são apenas exercícios esportivos. Eles são exercícios do amor de Cristo. São a manifestação, até nos mínimos detalhes de nossa vida, de quanto temos constantemente diante dos olhos seu amor por nós, manifestado na cruz. A cruz do dia a dia é nossa participação da Cruz do Calvário, da qual recebe todo o seu valor.

Temos agora também critérios para distinguir entre o verdadeiro seguimento de Jesus no caminho da Cruz e o superficial entusiasmo que, como um parasita, tira a força e sufoca o verdadeiro amor a Cristo. Muitos que andam com ostentativo crucifixo no peito não têm a mínima intenção séria de viver o que a cruz significa. Consideram Jesus talvez como um João Batista ou Elias redivivo, ou seja, um cara sensacional, mas não estão dispostos a viver no dia a dia o que ele viveu. Fazem de Jesus um subterfúgio, uma escusa, uma fachada que os dispensa de qualquer chamado à conversão: "Sou homem de igreja, ninguém me precisa dizer o que devo fazer!" Sobretudo, quando cheiram no ar algo que possa mexer com sua posição social, algo como a opção pelos pobres... Devem aprender a assumir sua cruz, no dia a dia, não com espírito revoltado ("Que é que fiz para merecer isso e aquilo, eu que rezo tanto?"), mas com o amor do Cristo, que tem compaixão dos mais sofridos. Então, reconhecerão que sua cruz não é a enxaqueca do dia depois da festa de aniversário, mas a incapacidade de criar uma sociedade justa, em que todos tenham vez.

Entre cristãos, é impossível perpetuar e aprofundar sempre mais o abismo que divide as pessoas social e culturalmente. Pelo batismo, mudamos de personalidade: somos todos "Cristo", todos iguais aos olhos de Deus, todos seu filho querido: não há mais homem e mulher, judeu e grego, senhor e escravo (**2ª leitura**). Não deverá esta igualdade escatológica manifestar-se também no dia a dia de uma sociedade que se chama cristã?

C
T. Com.

EM CRISTO, TODOS SÃO IGUAIS

Todo mundo sabe que existem distinções e, muitas vezes, discriminações no tratamento social. O que fazemos com isso na Igreja, na comunidade de Cristo? Paulo, na **2ª leitura**, anuncia a igualdade de todos no sistema do "Senhor Jesus". Acabou o regime da lei judaica, que considerava o ser judeu um privilégio, por causa da antiga Aliança com Abraão e Moisés. A crucificação de Jesus, em nome desse regime antigo (cf. **evangelho**), marcou a chegada de um regime novo. Simplesmente observar a lei de Moisés já não é salvação para quem conhece Jesus, para quem sabe o que ele pregou e como ele deu sua vida por sua nova mensagem e por aqueles que nela acreditassem. Estes constituem o povo da Nova Aliança. São todos iguais para Deus, como filhos queridos e irmãos de Jesus – filhos com o Filho e coerdeiros de seu Reino, continuadores do projeto que ele iniciou.

Neste novo sistema não importa ser judeu ou não judeu, escravo ou livre, homem ou mulher (branco ou negro, patrão ou operário, rico ou pobre). Mesmo não tendo chances iguais em termos de competição econômica e ascensão social, todos têm chances iguais no amor de Deus. Ora, este amor deve encarnar-se na comunidade inspirada pelo evangelho de Jesus, eliminando desigualdade e discriminação. Provocada pelas diferenças econômicas, sociais, culturais etc., a comunidade que está "em Cristo" testemunhará igual e indiscriminado carinho e fraternidade a todos, antecipando a plenitude da "paz" celeste para todos os destinatários do amor do Pai. Programa impossível, utopia? Talvez seja. Mas nem por isso podemos desistir dele, pois é a certeza que nos conduz! Na "caridade em Cristo", o capital já não servirá para uma classe dominar a outra, mas para estar à disposição de todos que trabalham e produzem. A influência e o saber estarão a serviço do povo. O marido não terá mais "liberdades" que a mulher, mas competirá com ela no carinho e dedicação.

É preciso perder sua vida para a encontrar (**evangelho**). Quem se apega aos seus privilégios não vai encontrar a vida em Cristo. Só quem coloca suas vantagens a serviço poderá participar da vida igual à de Cristo, na comunidade dos irmãos.

13º domingo do tempo comum/C
AS EXIGÊNCIAS PARA SEGUIR JESUS

Canto da entrada: (Sl 47[46],2) Aplauso universal para Deus.

Oração do dia: Deus, que nos tornou filhos da luz, ajude-nos para não andar nas trevas.

1ª leitura: (1Rs 19,16b.19-21) **Radicalidade do seguimento do profeta** – Com vistas ao tema do **evangelho**, narra-se a vocação de Eliseu para seguir Elias. A indicação de Josué, por Moisés (Nm 28,18-19), acontece pela imposição das mãos; de modo semelhante, Elias estende seu manto sobre Eliseu para o indicar como seu sucessor. A resposta de Eliseu é radical: despede-se logo de sua família e sacrifica sua junta de bois, para seguir, completamente livre, a Elias. A exigência de Jesus será mais radical ainda (evangelho).

Salmo responsorial: (Sl 16[15],1-2a+5.7-8.9-10.11) "Senhor, és minha herança e recompensa".

2ª leitura: (Gl 5,1.13-18) **A liberdade cristã** – No tempo de Paulo, as tradições do judaísmo colocavam a liberdade cristã em perigo. Hoje são outras forças que fazem isso. Mas todas essas ameaças são "carne", o contrário do Espírito (cf. Gl 5,19-21). Jesus nos convida à liberdade que se revela nele mesmo: sendo livre, pôde dar sua vida por nós. • 5,1 cf. Jo 8,32-36; Gl 2,19-20 • 5,13-15 cf. Rm 6,15; 1Pd 2,16; Rm 13,8-10; Lv 19,18 • 5,16-18 cf. Rm 8,4-6.14-17; Gl 5,25.

– *Leit. alternat.: (1Pd 1,14-19) Santos como quem nos chamou.*

Aclamação ao evangelho: (Ef 1,17) Conhecer a esperança de nossa vocação / (1Sm 3,9; Jo 6,68c) "Fala, Senhor".

Evangelho: (Lc 9,51-62) **As exigências do seguimento de Jesus** – Em Lc 9,51, Jesus inicia o caminho de Jerusalém, o caminho de seu arrebatamento desta terra (cf. Elias em 2Rs 2). Entrega-se completamente ao Pai, recusando a resistência violenta (Lc 9,51-56), em oposição a Elias (2Rs 1,9-12). – Como Elias, exige seguimento radical (9,57-62). Quem é capaz disso? Quem recebe o chamado e se entrega totalmente na mão de Deus, conforme o modelo de Cristo. • 9,51-56 cf. Mt 19,1; Mc 10,32; Jo 4,9-10; 1Tm 3,16; 2Rs 1,10-12 • 9,57-62 cf. Mt 8,19-21; Lc 14,26-27.33; 1Rs 19,19-21.

Oração s/as oferendas: Que nosso serviço seja adequado ao mistério que celebramos.

Prefácio: (dom. T.C. I) A vocação cristã.

Canto da comunhão: (Sl 103[102],1) Louvor a Deus, do fundo do coração / (Jo 17,20-21). Prece pela unidade dos fiéis, para que o mundo acredite na missão de Jesus.

Oração final: Sempre unidos com Deus, no amor, produzamos frutos que permaneçam.

A liturgia de hoje forma unidade com a de domingo passado. Lá, Jesus anunciou de que modo ele seria o messias, o "líder"; e convocou a todos para assumirem sua cruz no dia a dia. Hoje, vemos Jesus dirigir seus passos na direção de Jerusalém, pois "completaram-se os dias para ser arrebatado" (Lc 9,51) (**evangelho**). Esta linguagem um tanto estranha deve-se ao fato de Lc apresentar Jesus como o antítipo de Elias (cf. 10º dom.). Jesus é em plenitude o que Elias é em esboço. Elias foi arrebatado (2Rs 2), Jesus o será também (fim do ev. de Lc e começo de At). Antes de ser arrebatado, Elias chamou seu discípulo e sucessor, Eliseu, com firme exigência: só lhe permitiu despedir-se de seus parentes (1Rs 19, **1ª leitura** de hoje). Jesus chama também discípulos, e sua exigência supera a de Elias: nem permite enterrar o pai ("pia obra" de grande valor no judaísmo; cf. Tb), nem mesmo despedir-se dos parentes vivos (Lc 9,57-62). Com uma alusão a Eliseu, que transformou em sacrifício as doze juntas de bois com que estava lavrando, Jesus responde: "Quem põe a mão no arado, não deve olhar para trás!"; senão, o sulco sai torto). Observemos que, em uma coisa, Jesus não deseja superar Elias: na violência. Enquanto este mandou cair fogo do céu sobre os sacerdotes de Baal (2Rs 1,10), Jesus exige de Tiago e João, os "filhos do trovão", paciência para com os samaritanos, que não os querem receber, porque estão indo a Jerusalém, centro do judaísmo, que desprezava aos samaritanos. Já nos próximos capítulos, Lc sugerirá várias vezes que os samaritanos não são tão ruins assim (cf. 10,29-36) e em At consagrará um capítulo inteiro ao sucesso da Igreja na Samaria (At 8).

O seguimento de Jesus exige abandono radical. Será que isso também vale "para todos", como a palavra de assumir a cruz no dia a dia (dom. pass.)? A impressão é de que Lc faz uma distinção entre o apóstolo, encarregado de continuar a obra de Jesus (como Eliseu devia continuar a de Elias), e a multidão de pessoas piedosas, que, cada qual de sua maneira, devem renunciar a si mesmas para assumir a cruz de cada dia (9,24). Talvez queira sugerir que ninguém se coloca a si mesmo como candidato para o apostolado, embora sempre deva estar vivendo uma vida de renúncia; mas quando Deus chama para o apostolado no sentido estrito, é preciso abandonar tudo.

Abandonar tudo é a verdadeira liberdade do cristão, para a qual Cristo nos chamou (Gl 5,1, **2ª leitura**). Paulo aborda esse tema no contexto da discussão com aqueles que querem impor a Lei de Moisés aos cristãos da Galácia, não oriundos do judaísmo. Paulo considera que a Lei foi abolida por Cristo, já que em nome da Lei Cristo foi condenado, mas Deus o ressuscitou, superando a lei que o levou à morte. O cristão está livre da lei judaica e de tudo quanto aprisiona o ser humano. A lei judaica era uma estrutura de comportamento, que impunha certas exigências e reprimia, às vezes, as prioridades verdadeiras, pelas quais Cristo doou sua vida: a misericórdia, a verdadeira justiça.

Assim, todos nós estamos, em parte, presos em estruturas mentais ligadas a estruturas socioeconômicas que impedem o atendimento das verdadeiras prioridades evangélicas. Precisamos de liberdade face a tudo isso. E isso exige renúncia às vezes tão radical quanto aquela que Jesus exigiu dos candidatos-apóstolos. Não é mais fácil dessolidarizar-se de um cômodo sistema social do que sair de sua família sem despedir-se. A liberdade é um dom, mas também uma exigência, e muitos preferem não ser livres, tanto nas suas relações pessoais quanto nas socioeconômicas (preferem estar amarrados com uma "corrente de ouro").

Porém, só na liberdade podemos viver conforme o Espírito, pois o Espírito de Deus nos arrebata, impele-nos para onde não pensávamos ir e para onde o mundo não quer que vamos. Devemos crucificar o que o mundo deseja de nós, para que não lhe pertençamos. Só livres de tudo poderemos ser outros Cristos. Quem entende isso, meditará com prazer o **salmo responsorial**: "Deus, tu és minha herança e minha parte da taça!" (Sl 16[15],5).

EXIGENTE LIBERDADE CRISTÃ

Há algumas semanas já que a liturgia dominical vêm apresentando a Carta de Paulo aos Gálatas, o documento mor da "liberdade cristã". Será que entende por liberdade a mesma coisa que pensam as pessoas hoje, sobretudo os jovens (veja a propaganda de jeans ou de cigarros...). Que é liberdade para o cristão?

No **evangelho** de hoje, Cristo nos diz que seus seguidores devem largar tudo que os atrapalha para o seguir: coisas materiais, apegos afetivos... Paulo, na **2ª leitura**, nos diz que fomos libertos por Cristo para vivermos na liberdade. Mas como combina essa "liberdade" com a severa exigência pronunciada no evangelho?

A liberdade cristã é "liberdade de" e "liberdade para".

"Liberdade de" outros sistemas, valores, apegos. Liberdade de outros mestres e senhores a não ser Cristo. Não é libertinagem, pois libertinagem não é liberdade e sim escravidão de veleidades, instintos, vícios, orgulho, autossuficiência. Muitos que se dizem livres são na realidade escravos de si mesmos, do seu egoísmo, de algum poder escuso – um grupo, uma pessoa que os tem em seu poder sem que o reconheçam. O cristão é livre na medida em que pertence a Jesus como a seu único Senhor, e a Deus, Pai de Jesus e de todos.

O cristão é "livre para" o que Cristo deseja: a dedicação ao irmão, o próximo. Livre para a corajosa transformação da exploração em fraternidade; para a verdade que afugenta a mentira; para tudo o que o Espírito de Deus nos inspira, os frutos do Espírito: caridade, alegria, paz (cf. Gl 5,22). E para isso, ele cumprirá a "lei única", que contém tudo o mais que é preciso observar: amar o próximo como a si mesmo (ou seja, como se se tratasse de si mesmo). Na mesma carta, Paulo chega a dizer que a liberdade consiste em tornarmo-nos escravos de nossos irmãos... (Gl 5,13).

Paulo escreveu essa carta numa situação muito específica. Como ele era judeu, os pagãos da Galácia (Turquia), recém-convertidos a Cristo, pensavam que, para ser como Paulo, eles deviam tornar-se judeus, com circuncisão e tudo. Alguns pregadores judeus lhes botaram isso na cabeça. Paulo reage contra isso com veemência, explicando que não foi esse o evangelho que ele tinha anunciado. O sistema da lei judaica está agora superado, e não é preciso ser judeu para ter acesso ao povo de Deus, refundado por Jesus de Nazaré. No nosso contexto histórico hoje, que significa essa liberdade apregoada por Paulo? Exige a derrubada de sistemas e estruturas que impedem as pessoas de realizar a fraternidade que Deus espera e que Jesus veio inaugurar. Liberdade cristã significa liberdade em relação ao sistema de exploração

> que nos quer dominar. Significa dizer "não" ao sistema alienante e explorador – sustentado inclusive por formas alienantes de religião – e colocarmo-nos a serviço de um novo sistema, que promova a justiça e a vida. Pois liberdade não é andar solto; é comprometer-se com o apelo de Deus e de nossa consciência.

14º domingo do tempo comum/C
MISSÃO DOS SEGUIDORES DE JESUS

Canto da entrada: (Sl 48[47],10-11) Celebração da misericórdia e justiça de Deus.

Oração do dia: Cristo rebaixou-se para erguer-nos: alegria eterna.

1ª leitura: (Is 66,10-14c) **Missão de paz universal de Jerusalém restaurada** – Por volta de 520-515 a.C., depois do exílio babilônico, foi preciso restaurar o templo e – o que foi mais difícil – o povo. Por isso, o "Terceiro Isaías" dirige ao povo humilhado e desnorteado palavras de consolo e esperança (66,7-14). Não os homens, mas Deus mesmo criará o novo futuro, cheio de paz e alegria, do qual participarão todos os povos: Jerusalém será o centro dos sacrifícios das nações, que trazem suas riquezas. No N.T., o universalismo se realiza pela despojada missão em nome de Jesus (evangelho). • Cf. Is 65,18; Hb 12,22-23; 13,14; Sl 86[85],9-14; 122[121].

Salmo responsorial: (Sl 66[65],1-3a.4-5.6-7a.16+20) "Toda a terra canta seu louvor".

2ª leitura: (Gl 6,14-18) **A nova criação em Cristo: paz e misericórdia** – Final de Gl, escrito por Paulo, na prisão, de próprio punho. Resumo de seu "evangelho": não importa ser judeu ou gentio, pois desde a morte e ressurreição de Cristo vale a "nova criação", marcada pela fé, que atua na caridade (5,6). Nos v. 16-18, como "nova criatura", Paulo repete, com um sentido novo, a oração cotidiana dos judeus: "Estende paz, salvação e bênção, ternura, amor e misericórdia sobre nós e sobre todo Israel, teu povo". O "Israel de Deus" (v. 16) é o contrário do "Israel segundo a carne" (1Cor 10,18). • Cf. 1Cor 1,31; 2,2; 7,19; Rm 3,27-30; Gl 5,6; 2Cor 5,17; 4,10.

– *Leit. alternat.: (1Ts 1,1-8) Paz de Cristo.*

Aclamação ao evangelho: (Lc 19,38) "Paz no céu e glória no mais alto dos céus" / (Cl 3,15a.16a) A paz de Cristo.

Evangelho: (Lc 10,1-12.17-20 ou 10,1-9) **A missão do discípulo: anunciar a paz do Cristo** – Lc traz duas narrações de missão: 1) dos Doze (9,1-6); 2) de setenta (e dois) outros (10,1-20). Estes 70 (72) correspondem ao número dos povos em Gn 10 e o número de anciãos-profetas em Nm 11,24-30. Universalismo em vários sentidos: 1) levar a Boa-Nova a todas as nações; 2) todos os discípulos são enviados. "A messe é grande". A mensagem: paz, proximidade do Reino messiânico. A atitude dos mensageiros: mansidão, pobreza, despojamento; mas também decisão, quando a situação o exige. • 10,1-12 cf. Mt 9,37-38; 10,7-16; Mc 6,8-11; Lc 9,3-5 • 10,18 cf. Jo 12,31-32; Ap 12,8-9; Is 14,12 • 10,19 cf. Gn 3,15; Sl 91[90],13; Mc 16,18.

Oração s/as oferendas: Tudo o que é consagrado a Deus seja por ele purificado; eficácia para a vida eterna.

Prefácio: (dom. T.C. I) Vocação e missão do Povo de Deus.

Canto da comunhão: (Sl 34[33],9) "Provai e vede como é bom o Senhor" / (Mt 11,28) Alívio e descanso com o Rei messiânico.

Oração final: Receber a salvação e não cessar de louvar a Deus.

Quando eu era coroinha e acompanhava o padre, de batina e estola, pelas ruas da vila, distribuindo a comunhão aos enfermos e, entrando nas casas que o esperavam, o padre dizia, em latim: "Pax huic domui", "Paz a esta casa!" Poucos gestos cristãos aproximam-se mais da missão que Jesus confiou a seus discípulos do que este. "Em qualquer casa em que entrardes, dizei: Paz a esta casa... Curai os enfermos..." (Lc 10,5.9). Mas também: "Dizei ao povo: O Reino de Deus está próximo!" (10,9) (**evangelho**). E esta missão não é só dos doze apóstolos, mas de setenta e dois discípulos que

Jesus mandou depois da missão dos Doze. Lc pensa numa ampliação da missão dos Doze, que representam a missão a Israel (as doze tribos). Os setenta e dois lembram os setenta e dois povos de Gn 10 e os tantos profetas-anciãos de Nm 11,24-30 (na interpretação rabínica, porta-vozes da Lei para o mundo inteiro). Depois da primeira propagação do evangelho de Cristo a Israel, outros o levaram para o mundo inteiro – tema caro a Lc, evangelista do mundo universal, trilhando os passos do apóstolo Paulo. A mensagem é enviada a todos, e todos que creem no Cristo podem ser mensageiros (a encíclica *Evangelii Nuntiandi* de Paulo VI ensina que todos os evangelizados são evangelizadores).

E qual é o conteúdo da mensagem? O Reino de Deus. Este se caracteriza pela "paz", no sentido abrangente que este termo tem na Bíblia: a harmonia total entre Deus e os homens, e entre os homens mutuamente. Todos somos chamados a sermos portadores desta paz, assim como Jerusalém, renovada pela graça de Deus, depois do exílio, deve ser exuberante fonte que alivie a sede das nações com a paz que vem de Deus (Is 66,11-12; **1ª leitura**). Missão urgente: não perder tempo com equipamento que mais atrapalha do que ajuda (grande problema dos missionários modernos...), não passar horas com amplas saudações orientais (as "indispensáveis" visitinhas dos padres às boas cozinhas de sua paróquia...). Porque a mensagem da paz é salvadora e muitos a esperam. Muitos aguardam uma esperança que possa levantar sua vida desanimada e desnorteada.

Vida desnorteada, porque há quem não está interessado na paz de Deus e sim no engano, nas falsas promessas de bem-estar, na competição e, finalmente, no mútuo extermínio. Não apresenta a publicidade abertamente o sobrepujar os outros como fonte de felicidade, oferecida pelos mais diversos produtos da produção industrial? Diante disso, a mensagem da paz de Deus não é "pacífica" (cf. Lc 12,51). Quanto às casas e cidades que não forem dignas da paz messiânica, os enviados devem sacudir até o pó que grudou nos pés, em testemunho contra elas. Mas saibam, mesmo assim: "O Reino de Deus está próximo" (10,6.10-11). Para anunciar a paz, o evangelizador deve enfrentar o conflito; sabem-no muito bem os membros das comissões de "Justiça e Paz"...

A missão do cristão não é, antes de tudo, propagar alguma pia obra e nem mesmo a própria instituição da Igreja. É evangelizar, anunciar uma boa-nova, o verdadeiro alívio do homem que sinceramente busca o sentido último de sua vida, Deus. Quem anuncia isso não deve complicar sua missão com coisinhas. Seja a "paz" em pessoa, não no sentido de comodismo, mas de benfazeja doação. Por isso, só pode ser evangelizadora "nova criatura" de que Paulo fala no emocionante final de Gl (**2ª leitura**). A antiga criatura foi crucificada com Cristo, na cruz (6,14). Para quem é nova criatura, surge, como o sol, a paz e a misericórdia de Deus. Bênção, paz e misericórdia sobre todo o "Israel de Deus" (o povo universal dos chamados), diz Paulo, com uma reminiscência das "Dezoito Preces" que o judeu piedoso reza diariamente (6,16).

Será hoje uma oportunidade para acentuar: "A paz do Senhor esteja sempre convosco", voto que, no fim da celebração, se transforma em missão: "Ide em paz e que o Senhor vos acompanhe" – sede portadores da paz do Cristo!

"PAZ A ESTA CASA"

A liturgia de hoje revive o anúncio da paz no tempo dos profetas e no tempo dos discípulos de Jesus.

A **1ª leitura** é da terceira parte de Isaías. Os judeus levados ao cativeiro babilônico estão de volta, e sua comunidade recebe, pela boca do profeta, a missão de levar ao mundo inteiro a paz – a harmonia com Deus e com os homens. É essa também a missão que Jesus confia aos setenta e dois discípulos (**evangelho**). Jesus não contava somente com os doze apóstolos, que representavam as doze tribos e os doze patriarcas, mas também com um grupo mais amplo: setenta e dois, como os anciãos (chefes de família) sobre os quais desceu o Espírito durante a estadia no deserto (cf. Nm 11,24-30). Os setenta e dois representam a assembleia guiada pelo espírito de Deus. Eles têm de sair pelos caminhos e pregar ao povo a chegada do Reino de Deus, anunciando: "Paz a esta casa", a esta família. E o sinal dessa paz são os fatos extraordinários que os acompanham: curas, expulsões de demônios...

A "paz", que se pode traduzir também "felicidade", na Bíblia, não é apenas o silêncio das armas, mas sobretudo a harmonia com Deus e com todos os seus filhos: o bem-estar conforme o plano de Deus. É a síntese de todo o bem que se pode esperar de Deus; por isso, vai de par com o anúncio de seu Reino. Essa paz não cai como um pacote do céu, nem se faz em um só dia. É uma realidade histórica. É fruto da justiça (Hb 12,11; Tg 3,18). A paz cresce em meio às vicissitudes da história humana, em meio às contradições. Mas a fé que fixa os olhos na paz que vem de Deus nos orienta em meio a todos os desvios. Anunciar a paz ao mundo, apesar de todos os desvios, é como as correções de rota que um avião continuamente tem de executar para não se desviar definitivamente. Jesus manda seus discípulos com a mensagem da paz, para que o mundo se anime a continuar procurando o caminho do Reino.

Concretamente, anunciar a paz de Cristo acontece não só por palavras, mas por atos. Não basta falar da paz, mas é preciso mostrar em que ela consiste, realizando atos exemplares. É preciso, também, construí-la aos poucos, pacientemente, pedra após pedra, implantando passo a passo novas estruturas, que eliminem as que são contrárias à paz. Muitas pessoas entendem paz como "deixar tudo em paz". Mas a paz não é tão pacífica assim! Por isso Jesus manda anunciar a paz como algo que vem juntamente com o Reino de Deus. Devemos transformar aos poucos o mundo para que este anúncio não fique uma palavra vazia.

15º domingo do tempo comum/C
O MANDAMENTO QUE CONDUZ À VIDA ETERNA

Canto da entrada: (Sl 17[16],15) Saciar-se de contemplar Deus.

Oração do dia: Que os cristãos vivam numa maneira que corresponda a seu nome.

1ª leitura: (Dt 30,10-14) **O mandamento de Deus não está fora de nosso alcance** – Deus tomou Israel seu povo, não por este ser importante, mas por amor e fidelidade à sua promessa (Dt 7,7-8). O amor de Deus para Israel não tem explicação, mas tem consequências: Israel deve amar a Deus com todas as suas forças (Dt 6,4-5). Deve escutar sua voz e não afastar-se de suas orientações; e, quando isso acontecer, deve "voltar" (30,10). Israel diz que a Lei é difícil. Javé responde que não: não é coisa de um outro mundo (30,11-13). Está perto, ao alcance de quem ama a Deus (30,14). • Cf. Jr 31,33; Br 3,15.29; Rm 10,6-8.

Salmo responsorial: (Sl 69[68],14+17.30-31.33-34.36ab+37) Sião, morada dos que amam o Senhor.

2ª leitura: (Cl 1,15-20) **Hino cristológico** – Cl responde à introdução de falsas doutrinas na comunidade. Alguns ensinam que além de Cristo se devem venerar também outros seres transcendentes (espíritos: cf. o sincretismo brasileiro). É difícil ser livre! Por isso, Paulo realça o lugar central exclusivo de Cristo. A redenção por sua vida, dada até a morte, só a compreenderemos bem quando conscientes de que ele é também o criador. Ele assume nossa vida e nosso mundo não por fora, mas por dentro. No íntimo do ser

C
T. Com.

homem, ele vive a plenitude de ser Deus. Quando todos chegarem a essa plenitude, a criação estará completa. • 1,15-18a cf. Sb 7,26; 8,22-23; Rm 8,29; Hb 1,3; Jo 1,1-3; Ef 1,22-23 • 1,18b-20 cf. 1Cor 15,20; Cl 2,9; Rm 5,10; 2Cor 5,18; Ef 1,10.

– *Leit. alternat.: (Tg 1,21-25) Praticantes da Palavra.*

Aclamação ao evangelho: (Jo 14,23) Guardar a palavra do Cristo é tornar-se anfitrião dele e do Pai / (Lc 10,27) O grande mandamento.

Evangelho: (Lc 10,25-37) **O grande mandamento; a parábola do Bom Samaritano** – Lc 10,26–11,13 apresenta três exigências fundamentais do ser cristão: 1) o grande mandamento do amor a Deus e ao próximo (10,25-37): 2) o "único necessário" (10,38-42); 3) a oração autêntica (11,1-13). – 10,25-37 responde à pergunta do caminho da vida eterna. A resposta é: amar Deus e o próximo. Depois, o escriba pergunta quem é seu próximo. A resposta de Jesus revoluciona suas categorias: o próximo não é um arbitrário "objeto de caridade"; é todo homem: o estranho que me ajuda, deus que vem até mim. • 10,25-28 cf. Mt 22,35-40; Mc 12,28-31; Dt 6,5; Lv 19,18; 18,5.

Oração s/as oferendas: Que os dons de Igreja façam crescer os fiéis na santidade.

Prefácio: (dom. T.C. III) Deus que se aproxima para salvar o homem.

Canto da comunhão: (Sl 84[83],4-5) Felicidade de morar na casa de Deus / (Jo 6,57) Comer e beber Cristo e permanecer nele.

Oração final: Cresça em nós a salvação, cada vez que celebramos este Mistério.

Um bom conselho vale mais que o ouro. Para os teólogos deuteronomistas (séc. VIII-VI a.C.), a Lei de Moisés era um inigualável tesouro de sabedoria, um rumo seguro para a vida, em todas as circunstâncias. Para tê-la sempre diante dos olhos, deviam colocá-la numa faixa, na testa (Dt 6,8; cf. Ex 13,9 etc.). Os deuteronomistas enfrentavam um tempo de afrouxamento em Israel, mais ou menos como nós, hoje. A quem achava as orientações de Deus, na Lei, bastante difíceis, Dt responde: "Não é verdade. A Lei não é coisa do outro mundo, ninguém a precisa procurar no céu ou no inferno" (**1ª leitura**). "Ela está perto de ti". De fato, mais perto do que na faixa da testa, dificilmente poderia estar. Mas não é só naquela faixa que ela está perto. Ela é uma palavra viva, lembrada continuamente pelos próprios profetas, que viviam no meio do povo.

Um especialista da Lei, no tempo de Jesus, procurava, na multidão de prescrições, saber o que devia fazer para herdar a vida eterna, a vida da era vindoura, do Reino que Deus estabeleceria no mundo para sempre (pois é assim que se concebia a vida eterna) (**evangelho**). Jesus o remete à Lei ensinada por Moisés. Pergunta o que aí se encontra. O escriba responde: amar Deus acima de tudo, e o próximo como a si mesmo. "É isso mesmo que deves fazer", responde Jesus. Novamente: não é coisa de outro mundo!

Mas o especialista da Lei é também especialista em subterfúgios. "Quem é meu próximo?" Todos nós estamos de acordo que devemos amar nosso próximo. Mas quem é ele? Minha velha tia rica, prestes a ceder sua herança, ou meu empregado, com cuja família nada tenho a ver?

Como argumentar não adiante, Jesus conta uma história. Um homem cai em mãos de ladrões. Passa um sacerdote, mas não tem tempo para parar, pois deve celebrar um sacrifício. Passa um especialista das leis de pureza (um levita); este tem medo de sujar as mãos com o sangue do homem que ficou semimorto na beira da estrada. Passa, depois, um inimigo, um samaritano, talvez um concorrente do homem que foi assaltado. E este cuida do homem às suas próprias custas. E agora, Jesus pergunta não mais quem é o próximo a quem se deve fazer obras caritativas, mas quem é o próximo do homem que foi assaltado. A inversão da pergunta é significativa, porque o especialista da Lei é obrigado a responder que um vil samaritano é próximo de um judeu assaltado. Para todos nós, isso significa: eu sou próximo de quem eu encontro no meu caminho, chamado à solidariedade com ele.

Ao analisar o texto, mostram-se detalhes mais significativos ainda. O samaritano "comiserou-se", "aproximou-se"; uma linguagem que poderia ser aplicada ao próprio Deus. Deus comiserou-se do homem e tornou-se seu próximo, e salvou-o às suas próprias custas: custou a vida de seu Filho. O próximo, "aquele que comiserou do homem" (Lc 10,37), é Deus mesmo. "Vai e então não precisarás mais perguntar quem é teu próximo e terás a vida eterna, porque desde já estarás vivendo a vida de Deus mesmo.

Gostamos muito de escolher nossos próximos. Está errado. Somos próximos de quem encontramos; e este, então, é automaticamente nosso próximo também. Talvez ele pertença a um mundo bem diferente do nosso, mas é nosso próximo, porque nós fomos colocados perto dele.

A 2ª **leitura** é uma das obras-primas do N.T. A ideia principal é a unidade da ordem da criação e da redenção, em Cristo. Cristo é a cabeça da redenção, assumindo a todos na sua glória, porque ele é também a cabeça da criação. O hino de Cl 1,15-20 expressa isso em termos que lembram firmemente o prólogo de João e os textos que falam da Sabedoria como hipóstase unida a Deus desde antes da criação do mundo (Pr 8; Eclo 24; Sb 7). A figura da Sabedoria que preside à criação, identificada com Cristo, é combinada com a imagem paulina de Cristo, cabeça da Igreja, que é seu corpo. No pensamento bíblico, todo o corpo participa da realidade de seu princípio vital (no caso, a cabeça). No sacrifício e na glória de Cristo, assume-se todos o universo na reconciliação com Deus. A "plenitude" (termo helenístico-gnóstico, indicando o "uno", ou seja, o ser perfeito) mora nele: a plenitude de Deus, englobando todos os seus filhos.

AMOR AO PRÓXIMO – SOLIDARIEDADE

Os profetas de Israel teceram os mais sublimes elogios à Lei de Deus. Aliás, o termo "lei" traduz mal o que a Bíblia hebraica chama a *torah*; melhor seria traduzir por "instrução" ou "ensinamento". Era um caminho de vida (**1ª leitura**). Mesmo assim, havia quem achasse a Lei complicada e procurasse um resumo ou pelo menos um mandamento-chave que por assim dizer resumisse a Lei. A pergunta foi feita também a Jesus, e ele respondeu, sem hesitar: "Amar a Deus com todas as forças e ao próximo como a si mesmo" (**evangelho**). O amor ao próximo é o dever número um do cristão. S. Paulo (Gl 5,13) e S. Tiago (Tg 2,8) resumem toda a moral cristã neste único mandamento. S. João nos diz que é impossível amar a Deus sem amar ao irmão (1Jo 4,21). Não se pode amar ao Pai sem amar os filhos. Mas o que é amar? E quem são nossos próximos?

Depois de interpelar Jesus a respeito do primeiro mandamento, o mestre da Lei pergunta quem é o próximo. Jesus não lhe dá uma resposta direta. Conta-lhe a história do bom samaritano. Os judeus não consideravam os samaritanos como "próximos", como candidatos à sua solidariedade. Eram inimigos de sua comunidade. Os membros da comunidade judaica, a esses era preciso "amá-los como a si mesmo" (Lv 19,18), e o mesmo valia com relação aos estrangeiros vivendo no meio dos judeus (Lv 19,35). Mas os samaritanos não. Ora, exatamente um samaritano torna-se solidário com um judeu jogado à beira da estrada, depois que dois ilustres "próximos" judeus, um sacerdote e um levita, deram uma volta para não se incomodar com o compatriota assaltado...

C
T. Com.

Jesus não respondeu diretamente ao mestre da lei, porque a questão não é descobrir quem é e quem não é próximo. Coração generoso se torna próximo de qualquer um que precisa; a melhor maneira de ter amigos é ser amigo. A questão também não é teórica, mas prática. Na prática esquecemos a parábola de Jesus e fazemos como o sacerdote e o levita: afastamo-nos do necessitado, mesmo se pertence à nossa comunidade, e não "nos aproximamos" dele. Tornar-se próximo é ser solidário. Somos solidários com os que vivem na margem da estrada de nossa sociedade? Mesmo quando damos uma esmola a um coitado, não é para nos desviarmos dele? "Vai e faze a mesma coisa"... Imitar o samaritano exige solidariedade, assumir a vida do outro, não se livrar dele. Torná-lo um irmão, pois este é o sentido verdadeiro da palavra "próximo".

Como está a solidariedade nesse tempo em que a doutrina da competição, do lucro e do proveito ilimitado solapou o tecido social, as relações de gratuidade entre as pessoas?

16º domingo do tempo comum/C
O ÚNICO NECESSÁRIO

Canto da entrada: (Sl 54[53],6-8) "Louvarei teu nome, Senhor, porque é bom".

Oração do dia: Sempre ferventes em fé, esperança e amor.

1ª leitura: (Gn 18,1-10a) **A hospitalidade de Abraão e a promessa de Deus** – Sob a aparência de três viajeiros, Deus apresenta-se "incógnito" a Abraão, que desempenha toda a hospitalidade tão apreciada no Oriente. Mas o acento desliza da hospitalidade de Abraão para a promessa de Deus. Abraão não perguntou pela identidade de seus hóspedes. Agiu por gratuita bondade. Com a mesma gratuidade Deus lhe concede o que era estimado impossível: um filho do seio de Sara. – Deus passa por nossa vida, e nós devemos fazê-lo entrar, pois, senão, nossa vida fica vazia. Deus vem como um necessitado, um viajante, e nossa gratuita bondade deve estar pronta para o acolher no momento imprevisto. • Cf. Gn 15,3-5; 17,15-21; Hb 13,2; Rm 9,9.

Salmo responsorial: (Sl 15[14],2-3ab.3cd-4ab.5) "Quem pode morar junto a Deus?"

2ª leitura: (Cl 1,24-28): **A manifestação do mistério de Cristo no Apóstolo** – Servir a Cristo é participar de seu sofrimento. No seu sofrimento, Paulo vê confirmada sua comunhão com Cristo; e isso lhe é uma alegria. Quer revelar o "mistério de Deus" – que é Cristo – por sua vida. Cristo é a "esperança da glória". "Cristo no meio de nós" (1,27) não é um belo pensamento, mas uma força que nos impele ao encontro de nossos irmãos. Ele é, em nós, a esperança, a impaciência do Dia que há de manifestar plenamente o que ele é e o que nós seremos nele. • 1,24-25 cf. Ef 3,1-13; 2Cor 7,4; 12,10 • 1,26-27 cf. Rm 16,25-26; Ef 2,13-22; 1Tm 1,1 • 1,28 cf. Ef 4,13.

– *Leit. alternat.: (1Pd 4,9-11) "Sede hospitaleiros".*

Aclamação ao evangelho: (At 16,14b) Deus nos abra à palavra de seu Filho / (Lc 8,15) Guardar a Palavra num coração generoso.

Evangelho: (Lc 10,38-42) **Marta e Maria: o único necessário** – Quem acolhe um hóspede parece estar dando algo, mas pode ser que, na realidade, esteja recebendo. Era o caso de Abraão (1ª leitura) e muito mais ainda de Marta e Maria. Hospedar e cuidar é bom, mais fundamental, porém, é acolher o dom que é a palavra de Jesus. Ele não veio para se fazer servir, mas para servir (Mt 20,28): serve com sua palavra, com sua vida inteira. Jesus é inteiramente palavra, no seu dizer, no seu fazer, no seu sofrer. Acolher esta palavra é o único necessário. • Cf. Jo 11,1; 12,1-3; Jo 6,27.

Oração s/as oferendas: Deus uniu todos os sacrifícios em um: que faça servir o que cada um oferece.

Prefácio: (comum VI) Jesus, dom e palavra de Deus.

Canto da comunhão: (Sl 111[110],4-5) Alimento de Deus, memorial de sua bondade / (Ap 3,20) Cristo está à porta e bate, para cear conosco.

Oração final: Imbuídos do mistério de Cristo, passar da vida antiga à nova.

O ativismo não data deste século. É uma doença que espreita a humanidade desde sempre. Jesus, às vezes um tanto irreverente para com seus anfitriões (cf. Lc 13,27ss), aproveita as intensas ocupações da Da. Marta, sua anfitriã, para falar do assunto (**evangelho**). Pois ela deseja que Da. Maria, imersa na escuta das palavras de Jesus, interrompa sua audiência e a ajude para preparar a comida. Mas, por que preparar comida, se não se sabe para quê? Se a gente não se abre para acolher a mensagem, para que acolher o mensageiro? Um bom anfitrião procura servir o melhor possível, mas se ele não faz tempo para se abastecer, que poderá oferecer? Um montão de coisas, mas não aquilo que serve. "Marta, Marta, tu te ocupas com muitas coisas; uma só, porém, é realmente indispensável...". Não diz o quê. Só diz que Maria escolheu a parte certa: escutar Jesus. Muito mais importante do que acolher Jesus numa casa bem arrumada, a uma mesa bem provida, é acolhê-lo, com suas palavras, no coração. Então saberemos preparar a mesa do modo certo.

Marta dá muita importância àquilo que ela está fazendo, e pouca àquilo que ela recebe de Jesus. A **1ª leitura** mostra que, quando se está oferecendo hospitalidade, na realidade está recebendo. A hospitalidade que Abraão generosa e gratuitamente oferece a três homens, perto do carvalho de Mamré, transforma-se num receber; recebe a coisa que mais deseja: um filho de sua mulher legítima, Sara. Talvez por isso se diga que a hospitalidade é "receber" uma pessoa: o hóspede é um dom para nós.

A verdadeira hospitalidade não é preparar muitas coisas, mas acolher o dom que é a pessoa. Receber as pessoas com atenção, dar-lhes audiência, pode ser uma ocasião para receber a única coisa verdadeiramente necessária, a palavra de Deus: sua promessa (no caso de Abraão), seu ensinamento (no caso de Maria). Deus vem no ser humano. Paulo (**2ª leitura**) sabe desta união de Deus e Cristo com o homem que lhes pertence. Seu sofrimento, ele o considera como a complementação, no seu próprio corpo, do sofrimento de Cristo. Ele leva em si o mistério escondido desde a eternidade, a realidade que só conhece quem dela participa, a esperança da glória, "Cristo em vós". Na comunidade dos fiéis, especialmente, desses pagãos dos quais Paulo se tornou o apóstolo, está presente aquele que assume todo o sentido de nossa vida e da criação toda (Cl 1,15-20, cf. dom. pass.). Para que esses fiéis sejam levados à perfeição, Paulo oferece sua vida.

O ativismo, mesmo a serviço dos outros, corre o perigo de ser um serviço a si mesmo: autoafirmação às custas do "objeto" de nossa caridade. A superação do ativismo consiste em ver o mistério de Deus nas pessoas, assim como Maria o enxergou em Jesus, certamente, o porta-voz de Deus, o *portador* das "palavras de vida eterna" (cf. Jo 6,68). Mas podemos também enxergar no homem o *destinatário* do carinho de Deus: é também uma maneira de ver Deus nele. A verdadeira contemplação não é uma fuga em pensamentos aéreos, mas aquele realismo superior que nos leva a ver Deus no homem e o homem em Deus. Esta contemplação é também o fundamento da verdadeira práxis da fé, que consiste, precisamente, em tratar o homem como filho e representante de Deus. Para isso, o centro de nossa preocupação não deve ser nossa atividade, mas a pessoa humana que nos é dada e que nós "recebemos" como um dom da parte de Deus.

C
T. Com.

O "IMPORTANTE" E O NECESSÁRIO

Um grande mal em nossa sociedade, e também na Igreja, é o ativismo, a falta de disposição para aprofundar o essencial, sob o pretexto de tarefas urgentes.

Neste domingo, a **1ª leitura** nos mostra a virtude da hospitalidade na figura de Abraão. Deus – que nos anjos se tornou seu hóspede – o recompensa com a promessa de um filho. O **evangelho**, porém, parece contradizer esta lição: Jesus dá a impressão de valorizar mais a presença passiva de Maria, que fica escutando-o, do que a preocupação de Marta em bem recebê-lo. Ou será que o jeito certo de recebê-lo é o de Maria: escutar sua palavra?

Jesus observa a Marta que ela anda ocupada e preocupada com muitas coisas, enquanto uma só é necessária. Essa observação não é uma recusa da hospitalidade, mas indica uma escala de valores: a melhor parte é a que Maria escolheu! O que esta faz é fundamental e indispensável: escutar. O resto (as correrias pastorais, as reuniões) é importante, mas deve ter fundamento no escutar. Jesus censura Marta não porque ela cuida da cozinha, mas porque quer tirar Maria do escutar, para fazê-la entrar no ritmo das suas próprias ocupações. Marta não conhecia a escala de valores de Jesus.

Paulo, na **2ª leitura**, pode ser um exemplo. Ele passou pela "passividade" do sofrimento, assumindo no seu corpo aquilo que o sofrimento de Cristo deixou para ele. Foi desta identificação profunda com Cristo que ele tirou a força para seu surpreendente apostolado.

Gente ocupada é o que menos falta. Mas sabemos muito bem que toda essa ocupação não gira em torno daquilo que é fundamental. Dá até pena ver certas pessoas complicarem sua vida com mil coisas de que dizem que simplificam a vida. Ao lado delas encontramos o pobre, o lavrador, o índio, vivendo uma vida simples, mas com muito mais conteúdo e sobretudo com um coração sensível e solidário.

Importa acolher (a Deus, a Jesus, aos outros) em primeiro lugar no coração. Só então as demais ações terão sentido. Isso vale na vida pessoal e também na vida comunitária. Comunidades que giram exclusivamente em torno de preocupações e reivindicações materiais acabam esvaziando-se, caem em brigas de personalismo e ambição. Mas comunidades que primeiro acolhem com carinho a palavra de Jesus num coração disposto saberão desenvolver os projetos certos para pôr a palavra de Jesus em prática.

"Buscai primeiro o Reino de Deus..."

17º domingo do tempo comum/C
A ORAÇÃO DO DISCÍPULO

Canto da entrada: (Sl 68[67],6-7.36) Deus reúne os fiéis em sua casa.

Oração do dia: Tendo Deus por guia, usemos os bens que passam para abraçar os que não passam.

1ª leitura: (Gn 18,20-32) **A oração de Abraão por Sodoma e Gomorra** – O pecado de Sodoma e Gomorra clama ao céu, mas Deus não pode julgar conforme os muitos injustos, porém, deve poupar a cidade por causa de poucos justos: é o que lhe pede Abraão. É uma questão de honra para Deus. O Juiz do mundo (Gn 18,25) é também o amigo, o Pai (Lc 11,8). Se poucos justos lhe são suficientes (embora não os houvesse em Sodoma) para salvar muitos, a vida de um justo, seu Filho, salvará a todos. • Cf. Ex 32,11-14; Jr 5,1; Ez 22,30; Am 7,1-8; Jr 7,16; Ez 9,8; 22,30; Rm 3,4-6.23-26.

Salmo responsorial: (Sl 138[137],1-2a.2bc-3.6-7ab.7c-8) "Invoquei-te, Senhor, e sempre me atendeste".

2ª leitura: (Cl 2,12-14) **Nossas dívidas são saldadas por Cristo** – O "sacramento" (sinal de pertença a Deus) do A.T. era a circuncisão. Jesus se lhe submeteu, como a toda Lei (Gl 4,4-5), mas assumiu também toda a condição humana e a sepultou consigo na sua morte, para criar o Homem Novo na ressurreição. O que acontece a Cristo, acontece para nós: no batismo somos corressuscitados com Cristo. "Com ele" somos agora livres. • Cf. Rm 6,4; 8,34; Ef 1,19-20; 2,1-6.14-15.

– *Leit. alternat.: (1Jo 5,14-16)* Confiança no pedir.

Aclamação ao evangelho: (Lc 11,9) Oração insistente.

Evangelho: (Lc 11,1-13) **A oração do cristão** – O fato e o modo de Jesus rezar provoca o pedido: "Ensina-nos a rezar". Jesus dá aos discípulos o Pai-nosso como protótipo da oração cristã. A versão de Lc é mais breve do que a de Mt 6,9-13. Mt tem sete pedidos, Lc cinco. Central está o pedido do pão de cada dia. Antes disso, se reza pela glorificação de Deus e a vinda de seu Reino; e depois, pelo perdão do pecado e a proteção contra a tentação. Quem pode rezar assim com sinceridade, é discípulo de Jesus. – Lc acrescenta duas sentenças de Jesus sobre a oração de pedido (11,5-8.9-13). Deus é nosso Pai. Ele deseja comunicar suas dádivas, especialmente, seu Espírito, força e ânimo de nosso existir. • 11,1-4 cf. Mt 6,9-13 • 11,5-8 cf. Lc 18,1-8 • 11,9-13 cf. Mt 7,7-11; Jo 14,13-14; 16,23-27.

Oração s/as oferendas: Nossos dons, aceitos pelo Pai, sejam fonte de santificação e de vida eterna.

Prefácio: (dom. T.C. V) Os dons de Deus na criação.

Canto da comunhão: (Sl 103[102],2) Gratidão pelos benefícios de Deus / (Mt 5,7-8) Bem-aventurança dos misericordiosos e puros de coração.

Oração final: Memorial da Paixão do Cristo, dom do inefável amor de Deus.

Pessoas muito racionalistas experimentam geralmente dificuldade quanto à oração de súplica. Acham bom rezar para adorar ou agradecer, pois reconhecem que a vida é um dom e que existe um ser transcendente e perfeito, que se chama Deus. Mas pedir que este ser se ocupe com nosso dia a dia lhes parece metafisicamente ingênuo e praticamente pouco atraente, pois torna Deus muito familiar. Ora, aquele que sustenta todo ser, também não sustenta nosso dia a dia? Ou será que as poucas leis físicas, psicológicas, econômicas e sociológicas que conhecemos são realmente tão abrangentes que não sobre mais espaço para Deus? (Em vez de pensar que estas leis são uma parte do sustento que ele nos fornece em cada momento.)

Seja como for, Jesus nos ensinou a pedir e a suplicar, até com insistência. Fala de uma viúva que pede, pede até cansar o juiz; de um vizinho que bate, à noite, até que o dono se levanta para se ver livre dele (**evangelho**). Faz pensar em Abraão, que, ao rezar por Sodoma e Gomorra (**1ª leitura**), lê a lição a Deus: "Não podes perder os justos com os injustos, é uma questão de honra!" E Deus atende. "Cada vez que te invoquei, me deste ouvido", reza o Sl 138[137] (**salmo responsorial**).

A oração de Abraão, como também a da viúva e do vizinho, nos ensinam uma coisa importante: pedem coisas com que Deus se possa comprometer. Parece que pedem a Deus o que, no fundo, ele mesmo deseja. Esse é o segredo da oração eficiente (além de nossa insistência). Por isso, Jesus ensina a seus discípulos, e a todos nós, rezar primeiro para que Deus encontre reconhecimento e seu Reino venha (Mt 6,10 explicita: "Tua vontade seja feita"). Dentro deste quadro de referências, podemos e devemos rezar por nosso pão de cada dia, por perdão (pois somos eternos devedores), por ficar incólumes na tentação. Devemos rezar por isso, com insistência, não tanto porque Deus não soubesse o que precisamos, mas para nos abrirmos para o que ele nos quer dar. Pedindo, a gente se convence mais a si mesmo do que a Deus. Pedir é cultivar nossa fé, nossa confiança filial, é deixar crescer Deus como nosso Pai, em nossa consciência e em toda a nossa vida. É voltar a ser crianças – condição para entrar no Reino (cf. Lc 18,17). É por isso que os intelectuais tão dificilmente pedem.

Com estas considerações não queremos justificar a oração que reduz Deus a um quebra-galho ou tapa-buraco, às vezes até para causas que não condizem com seu Reino (para um bom negócio... pouco importa que outra pessoa fique prejudicada). Quere-

C
T. Com.

mos revalorizar a oração mediadora, em que minha confiança filial em Deus me leva a extravasar diante de Deus aquilo que habita meu coração: o irmão, o próximo a quem eu quero bem, mas que eu velo em dificuldade. Como Abraão pelos habitantes de Sodoma. Não é absurdo. Se o mundo não é feito somente com as leis físicas, psicológicas e sociológicas que estão nos manuais, mas com o mistério da vida, não há dúvida de que a preocupação amorosa, que extravasamos até diante de Deus, será operante, pela graça daquele mesmo que sustenta toda a vida.

"Ninguém salva a ninguém". Será? Ninguém é salvo se não quer. Mas, em Cristo, existe uma comunhão de vida entre aqueles que buscam a fonte da vida, que é Deus. Esta comunhão de vida faz com que Cristo nos redima (**2ª leitura**). Desde que participemos da vida que ele viveu (o que é significado pelo batismo, imersão na sua morte, para que ressuscitemos com ele para uma vida nova), podemos dizer que a santidade de Cristo salda nossas dívidas e que sua morte por amor supre nossa falta de amor (com a condição de nos arrependermos). Como nós mesmos perdoamos alguém a pedido de uma pessoa amiga (pai, mãe, irmão...), assim nossa comunhão (amizade) com Cristo vale para nos restabelecer na amizade de Deus. E também nossa oração de intervenção junto a Deus será eficaz.

ORAR E PEDIR

Certos cristãos, julgando-se esclarecidos, acham as orações de nosso povo muito egoístas, porque são quase sempre orações de pedido. Ora, as leituras de hoje sublinham a importância da petição. Abraão com seus incansáveis pedidos quase salvou as cidades de Sodoma e Gomorra. Infelizmente, as cidades eram ruins demais (**1ª leitura**). Jesus, por seu lado, ensina aos discípulos o Pai-nosso, uma oração de pedido (**evangelho**). O Pai-nosso pede inicialmente que a vontade de Deus seja feita. Ora, uma vez que rezamos em harmonia com a vontade e o desejo de Deus, podemos pedir bastante. Jesus até compara este modo de rezar com um alguém que tira o vizinho da cama para pedir um pão para um hóspede inesperado... Parece ensinar-nos a vencer Deus no cansaço! E, no fundo, Deus gosta de dar-nos suas dádivas boas, seu espírito, pois mesmo nós – que somos ruins – gostamos de dar coisa boa aos filhos.

A oração de petição não é uma forma de oração mais egoísta que a meditação, a louvação, o agradecimento, a adoração... Na verdade, agradecer é a outra face do pedir. Quem agradece, gostou. Por que não pedir então? É reconhecer a bondade do doador! Como o frei que, depois de lauto almoço na casa de uma benfeitora, testemunhou sua gratidão com estas palavras: "Senhora, não sei como agradecer... será que posso repetir aquela gostosa sobremesa?"

Conforme o espírito do Pai-nosso devemos pedir antes de tudo a realização daquilo que Deus deseja: sua vontade, seu Reino. Ora, uma vez assentada esta base, pode-se pedir – com toda a simplicidade – o pão de cada dia, saúde, vida e todos os demais dons que Deus nos prepara. Inclusive, o perdão de nossas faltas. Só não se deve pedir a Deus o que Deus não pode desejar: a satisfação de nosso egoísmo. E sempre se deve lembrar que Deus sabe melhor do que nós o que nos convém. Podemos insistir naquilo que achamos sinceramente nosso bem... mas Deus sabe melhor.

É importante pedirmos. Compromete! Depois de ter pedido, a gente já não pode dizer: "Não pedi!" Comprometemo-nos com Deus e com aquilo que pedimos. Não é como no supermercado, onde você entra, olha e sai sem comprar. É como no armazém da esquina, onde você pede o que deseja e, caso tiver, você compra. Assim as preces dos fiéis, na celebração da comunidade, devem ter sentido de compromisso: devemos querer mesmo que elas se realizem, e oferecermo-nos a Deus para colaborar na realização daquilo que pedimos. Pedir é comprometer-se. Se pedimos a Deus saúde, não é para gozar egoisticamente a vida, mas para servir melhor. Se pedimos paz, não é para sermos deixadas em paz, mas para dedicar-nos à comunhão fraterna. Se pedimos por nossos irmãos e nossas irmãs mais pobres, é porque queremos ajudá-los efetivamente. Importa saber como pedimos (cf. Tg 4,3).

18º domingo do tempo comum/C
SER RICO PARA DEUS

Canto da entrada: (Sl 70[69],2.6) "Vós sois meu socorro e meu libertador".

Oração do dia: Deus é nosso criador e guia; que ele nos renove e nos conserve renovados.

1ª leitura: (Ecl 1,2; 2,21-23) **Para que riqueza e saber?** – O A.T. gosta geralmente da vida. O Eclesiastes, porém, destaca-se por seu ceticismo. Ataca o leitor com perguntas inoportunas: Que é o homem? Por que existe? Aonde vai? Para que servem a riqueza e o saber, dificilmente alcançados e tão facilmente perdidos na hora da morte? É como um vento que passa. Que sobra? – Estas perguntas nos preparam para valorizar o "tesouro junto a Deus" de que fala o evangelho. • 1,2 cf. Sl 62[61],10; Rm 8,20; Tg 4,13-16 • 2,21-23 cf. Ecl 5,12.15; 6,2; Sl 104[103],23.

Salmo responsorial: (Sl 90[89],3-4.5-6.12-13.14.17) Precariedade da vida.

2ª leitura: (Cl 3,1-5.9-11) **A vida nova em Cristo: as coisas do alto** – A vida nova do cristão é morrer e corressucitar com Cristo. A comunhão com Cristo não é só para a vida futura; já somos nova criação em Cristo, embora esteja ainda escondida em Deus, como o próprio Cristo. Mas já age, já tem sua forma definida. Para isso, o velho homem deve morrer, não por uma mortificação que diminui o homem, mas pela vida nova na comunhão, isso é que nos garante um tesouro junto a Deus. • Cf. Tg 4,13-15; Fl 3,20-21 • 3,5.9-11 cf. Rm 6,11-12; 8,12-14; Ef 4,22-25; Gl 3,27-28.

Aclamação ao evangelho: (Mt 5,3) Felizes os pobres.

Evangelho: (Lc 12,13-21) **Ser rico aos olhos de Deus** – Lc 12,13-34 traz sentenças de Jesus sobre pobreza-riqueza. A vida da gente não depende de seu poder aquisitivo (12,15). A palavra de Jesus é boa-nova para quem não depende de sua riqueza: o pobre. Onde está o tesouro, aí está o coração da gente (12,34). Herança, sucesso, safra... não livram o homem do perigo de endurecer-se, de romper a comunhão com seus irmãos e Deus. Quem liga para esses "tesouros" é um bobo (12,20). Assim quem adora a sociedade consumista. Embora talvez frequente a Igreja, no fundo não se importa com Deus (cf. Sl 14[13],1). Possuído por suas posses, o homem não entende mais nada de Deus. O contrário: a doação, a comunhão, isso é que nos garante um tesouro junto a Deus. • Cf. Tg 4,13-15; Sl 49[48],17-21; Eclo 11,14-19; Mt 6,19-21; 1Tm 6,17-19; Ap 3,17-18.

Oração s/as oferendas: Santifique Deus nossos dons e aceite a nós mesmos como verdadeira oferenda.

Prefácio: (comum I) Participar da plenitude de quem por nós se despojou.

Canto da comunhão: (Sb 16,20) O pão do céu, que satisfaz todo paladar / (Jo 6,35) O pão da vida eterna.

Oração final: Deus nos recria e sustenta; que nos faça participar também da eterna salvação.

Basta uma boa crise financeira para a gente se lembrar da precariedade dos tesouros deste mundo. Embora nem todos aprendam a lição... A cena que o evangelho conta é bem típica: briga de irmãos sobre uma herança; querem que Jesus resolva (como os cristãos de família tradicional que chamam o padre para resolver problemas de família). Jesus não se interessa: sua missão é outra. Que adiantaria, para o Reino de Deus, impor a esses dois irmãos uma solução que, provavelmente, não os reconciliaria? Para Jesus interessa que a pessoa se converta para os valores do Reino. Narra, pois, a parábola do rico insensato, que depois de uma boa safra achou que poderia descansar para o resto de sua vida e viver daquilo que recolhera – coitado, na mesma noite Deus viria reclamar sua vida... Jesus não quis denunciar o desejo de viver decentemente, mas a mania de colocar sua esperança nas riquezas desta vida, esquecendo reunir tesouros junto a Deus. As riquezas não são um mal em si, mas desviam nossa atenção da verdadeira riqueza, a amizade de Deus, que alcançamos pela dedicação a seus filhos (a parábola de hoje é bem complementada por aquela do avaro e Lázaro, no 26º dom.).

É difícil aceitar isso, sobretudo quando os negócios vão bem. Por isso, a liturgia insiste no vazio das riquezas materiais (não só as riquezas financeiras, mas também as culturais: o saber). Nos remete aos capítulos iniciais de Eclesiastes, obra sobremaneira cética com referência aos bens deste mundo (**1ª leitura**). Geralmente, o judaísmo apreciava bastante a riqueza, vendo nela uma recompensa de Deus. Eclesiastes forma uma exceção. Lucidamente, expõe a precariedade das riquezas financeiras e culturais. Somente, não propõe alternativa, outra riqueza que mereça nosso empenho. A "riqueza junto a Deus", o N.T. é que a propõe: é o amor e caridade para com nossos irmãos.

Para levar a sério a admoestação deste evangelho é preciso rever os critérios de nossa vida. Precisamos acreditar que nossa vida é diferente daquilo que o materialismo nos propõe. A **2ª leitura** nos fornece uma base sólida para tal fé. Corressuscitados com Cristo, devemos procurar as coisas do alto: o que é de valor definitivo, junto a Deus. E isso não está muito longe de nós. Nossa verdadeira vida é Cristo, que está "escondido" junto a Deus, na glória que se há de manifestar no dia sem fim. Se essa é nossa vida verdadeira, embora escondida, ela determina nosso agir desde já. Em vez de buscar interesses próprios (Cl 3,5.7 faz o elenco destes), devemos buscar o que é de Deus (3,12-17, continuação da leitura). Nossa vida já é dirigida por critérios diferentes, embora sua figura definitiva ainda não seja visível. Por isso, o cristão é incompreensível para o mundo. Ele mesmo, porém, deve compreender perfeitamente a precariedade dos "tesouros" deste mundo. Por ser assim "diferente", ele será rejeitado. Por isso, precisa de uma firme fé na vida que é a do Cristo ressuscitado e de todos os verdadeiros batizados.

A **oração do dia** parece programática para a liturgia de hoje: somos renovados por Deus; que ele nos conserve renovados. Estamos vivendo uma vida nova e definitiva. Que não voltemos àquilo que é de menor valor.

Será que isso significa desprezo do mundo? Não. Nem teríamos o direito de desprezar o que Deus criou. É apenas uma questão de realismo: saber onde está a vida verdadeira, o sentido último de nosso existir, e relativizar o resto em função dessa vida verdadeira. A vida verdadeira é a do Filho de Deus. Nós a partilhamos, se pertencemos à vontade do Pai, em tudo. E esta vontade é o amor para com nossos irmãos. Este nos engaja muito mais neste mundo, do que a busca de riquezas e saber ilustrado.

RIQUEZA INSENSATA

A liturgia de hoje ensina a vaidade da riqueza. Para que tanto trabalhar, se nada podemos levar e devemos deixar o fruto de nosso trabalho para outros (**1ª leitura**)? Os pais arrecadam, os filhos aproveitam, os netos põem a perder... No **evangelho,** Jesus ilustra essa realidade com a parábola do homem que chegou a assegurar sua vida material, mas na mesma noite iria morrer...

Quem é materialista e só quer conhecer os prazeres deste mundo, para este o ensinamento de Jesus é indigesto, mas nem por isso deixa de ser verdade. Não levamos nada daqui. As riquezas materiais não têm valor duradouro, nem podem ser o fim ao qual o homem se dedica.

Talvez o consumismo de hoje tenha isto de bom: lembra-nos essa precariedade. O produto que compramos hoje amanhã já saiu da moda, e depois de amanhã nem haverá mais peças de reposição para consertá-lo! Nossa nova TV estará fora de moda antes que tivermos completado as prestações... Por outro lado, esse consumismo é grosseira injustiça, pois gastamos em uma geração os recursos das gerações futuras. Se as coisas valem tão pouco, melhor seria não as comprar, e voltar a uma vida mais simples e mais desprendida. Haveria recessão econômica, mas também haveria menos necessidade de dinheiro para ser gasto.

A caça à riqueza material é um beco sem saída. A razão por que se insiste em produzir sempre mais é que os donos do mundo lucram com a produção, sobretudo das coisas supérfluas que enchem as prateleiras das lojas. Para vender esses supérfluos, criam nas pessoas a necessidade de possuí-las, mediante a publicidade na rua, no jornal e na televisão. Quando então as pessoas não conseguem adquirir todas essas coisas, ficam irrequietas; quando conseguem, ficam enjoadas; e nos dois casos aparece mais uma necessidade: a psicoterapia...

A "sabedoria do lucro" é injusta e assassina. Leva as pessoas a desconsiderar os fracos. Um proeminente político deste país disse que "quem não pode competir não deve consumir"... O sistema do lucro e do desejo sempre mais acirrado precisa manter as desigualdades, pois parte do pressuposto que todos querem superar a todos. Tal sistema é "intrinsecamente pecaminoso", disseram os papas Paulo VI e João Paulo II.

Ser rico, não para si, mas para Deus... Não amontoar riquezas que na hora do juízo serão as testemunhas de nossa avareza, injustiça e exploração (cf. Tg 5,1-6), mas riquezas que constituam a alegria de Deus!

Não adianta muito discutir se a produção tem que ser capitalista ou socialista, enquanto não se tem claro que o ser humano não existe para a produção, e sim a produção para o ser humano. E este, se for sábio, tentará precisar dela o menos possível.

19º domingo do tempo comum/C
A VIGILÂNCIA ESCATOLÓGICA

Canto da entrada: (Sl 74[73],20.19.22.23) Que Deus não esqueça para sempre o necessitado.

Oração do dia: Deus nos adotou como filhos: que nos faça participar de sua herança eterna.

1ª leitura: (Sb 18,6-9) **A vigilância de Israel na noite da libertação** – Sb 10,19 descreve a atuação da divina Sabedoria na história de Israel. Na "noite" (18,6) do Êxodo, ela castigou o Egito pela morte dos primogênitos; foi o juízo de Deus, para salvar Israel (Ex 12,12.29; Sb 18,14-19). Os "pais" (os antigos israelitas) preparam-se para essa noite (Ex 11,4-6); era a noite da vigilância (Ex 12,42), em que eles no escondido celebravam Javé. Tal vigilância e fidelidade é tarefa para todas as gerações, até a libertação final. • 18,6 cf. Gn 15,13; Ex 11,4-7 • 18,8 cf. Dt 7,6; 14,2; Ex 12,25-27.

Salmo responsorial: (Sl 33[32],1+12.18.19.20+22) Feliz o povo que Deus escolheu por herança.

2ª leitura: (Hb 11,1-2.8-19 ou 11,1-2.8-12) **A fé: esperança daquilo que não se vê** – Hb 11–12 é dedicado ao tema da fé. Esta fé olha para o futuro, como a de Abraão, como a dos israelitas no tempo do Êxodo, como a do discípulo que espera a vinda do Senhor: é esperança. Não deixa o homem instalar-se no presente. Este mundo não é o termo de seu caminho. Deus preparou uma pátria melhor. O cristão é um estrangeiro neste mundo. Leva este mundo a sério, exatamente no fato de ficar livre diante dele (o que não exclui o compromisso com os filhos de Deus neste mundo!). • 11,1 cf. Rm 1,16; 5,1-2; 9,10-13; Ef 1,13-14 • 11,8-10 cf. Gn 12,1-4; 26,3; Ap 21,10-20 • 11,11-12 cf. Gn 17,19; 18,10-15; 21,1-8; Rm 4,19-21; Gn 22,17 • 11,13-16 cf. Jo 8,56; Gn 23,4; Fl 3,20 • 11,17-19 cf. Gn 22,1-14; Tg 2,21-22; Gn 21,12.

– *Leit. alternat.:* (*Ef 6,13-18*) *A armadura da fé.*

Aclamação ao evangelho: (Mt 24,42a.44) O Filho do Homem virá.

Evangelho: (Lc 12,32-48 ou 12,35-40) **A vigilância escatológica** – A comunidade cristã era uma minoria vulnerável, um "pequeno rebanho" (12,32). Porém, a ela pertence o Reino, a comunhão com Deus. 12,33-34 fazem parte do ensino de Jesus sobre a riqueza (cf. dom. pass.). O discípulo deve estar livre, procurando só o tesouro junto a Deus. – 12,35-48 ensinam que ele deve ser vigilante (cf. 1ª leitura): perceber o momento! Deve estar pronto para a volta do seu Senhor, que é o juízo sobre os diligentes e os despreocupados. Esta vigilância é a fidelidade no serviço confiado a cada um. • 12,32-34 cf. Jo 10,14-17; Mt 6,19-21; Lc 22,29; 18,22 • 12,35-40 cf. Ex 12,11; 1Pd 1,13; Ef 6,14; Mt 25,1-13; Jo 13,4-5; Mc 13,35; Mt 24,43-44 • 12,42 cf. Mt 24,45-51.

Oração s/as oferendas: Que Deus transforme em sacramento de salvação os dons que nos confiou.

Prefácio: (dom. T.C. VI) Peregrinos neste mundo.

Canto da comunhão: (Sl 147,12.14) Deus sacia Jerusalém com trigo fino / (Jo 6,51) O pão que Jesus dá é sua carne para a vida do mundo.

Oração final: A comunhão nos salve e nos confirme na luz da verdade.

Lucas nos faz ver nossa vida em sua dimensão verdadeira. Vivendo no ambiente mercantilista do Império Romano, Lc vê constantemente o mal causado pelas falsas ilusões de riqueza e bem-estar, além do escândalo da fome (cf. 16,19-31). Se escrevesse hoje, não precisaria mudar muito. No **evangelho**, nos ensina a vigilância no meio dessas vãs ilusões. A vigilância é uma atitude bíblica, desde a noite da libertação do Egito, quando o anjo exterminador visitou as casas dos egípcios, enquanto os israelitas, de pé, cajado na mão, celebravam Javé pela refeição pascal, prontos para seguir seu único Senhor, que os conduziria através do Mar Vermelho até o deserto (**1ª leitura**). A vigilância é também a atitude do cristão, que espera a volta de seu Senhor, que encontrando seus servos a vigiar, os fará sentar à mesa e os servirá. Pois já fez uma vez assim (cf. 22,27). Jesus é o Senhor servo.

O trecho – se se adota a leitura extensa – continua com outras sentenças e parábolas referentes à Parusia. Explicam, de maneira prática, o que essa vigilância implica. Ser um administrador sensato e fiel (12,42): cuidar do bem de todos os que estão em casa (pela pergunta introdutória de Simão Pedro, 12,41, parece que isto se dirige sobretudo aos líderes da comunidade). A vigilância não é ficar de braços cruzados, esperando a Parusia acontecer, mas assumir o bem da comunidade (cf. 1Ts 5). Lc fala também da responsabilidade de cada um (12,47-48). Quem conhecia a vontade do Senhor e contudo não se preparou, será castigado severamente, ao invés do que não conhecia a vontade de seu senhor; este se salva pela ignorância... a quem muito se deu, muito lhe será pedido; a quem pouco se deu, pouco lhe será pedido.

O importante desta mensagem é que cada um, assumindo a gente que Deus lhe confiou no dia a dia, está preparando sua eterna e alegre companhia junto a Cristo, o Senhor que serve (o único que serve de verdade...). Pois Cristo ama efusivamente a gente que ele confia à nossa responsabilidade. Não podemos decepcionar a esperança que ele coloca em nós. A visão da vigilância como responsabilidade mostra bem que a religião do Evangelho não é ópio do povo. Implica até a conscientização política, quando, solícito pelo bem dos irmãos, a gente descobre que bem administrar a casa não é passar de vez em quando uma cera ou um verniz, mas também e sobretudo mexer com as estruturas tomadas pelos cupins...

Essa vigilância escatológica não é uma atitude fácil. Exige que a gente enxergue mais longe que o nariz. É bem mais fácil viver despreocupado, aproveitar o momento... pois quem sabe quando o senhor vem? (Lc 12,45). Para sustentar a atitude de ativa vigilância e solicitude pela causa do Senhor, precisamos de muita fé. Neste sentido, a **2ª leitura** vem sustentar a mensagem do evangelho. É a bela apologia da fé, de Hb 11. A fé é como que possuir antecipadamente aquilo que se espera; é uma intuição daquilo que não se vê (11,1). Com esta "definição", é claramente enunciado o teor escatológico da fé. O sentido original da fé não é a adesão da razão a verdades inacessíveis, mas o engajamento da existência naquilo que não é visível e palpável, porém tão real que possa absorver o mais profundo do meu ser. Hb cita toda uma lista de exemplos desta fé, pessoas que se empenharam por aquilo que não se enxergava. O caso mais marcante é a obediência de Abraão e sua fé na promessa de Deus (11,8-19). O texto continua: muitos deram sua vida por essa fé, que fez Israel peregrinar qual estrangeiro neste mundo (11,35b-38). Mas o grande exemplo fica reservado para o próximo domingo: Jesus mesmo.

Convém, portanto, abrir os olhos para aquela realidade que não aparece e, contudo, é decisiva para a nossa vida. Sintetizando o espírito da liturgia de hoje, poderíamos dizer: o mundo nos é confiado não como uma propriedade, mas como um serviço a um Senhor que está "escondido em Deus", porém na hora decisiva se revelará ser nosso amigo e servo, de tanto que nos ama, a nós e aos que nos confiou. Ou seja: já não vivemos para nós, mas para ele que por nós morreu e ressuscitou (para nos reencontrar como amigos) (Oração Eucarística IV). Nesta perspectiva, entende-se a bela **oração do dia:** somos adotados como filhos por Deus e esperamos sua herança eterna; ideia que volta no **salmo responsorial**, que descreve Israel como a herança que Deus escolheu para si; nós somos os responsáveis da herança de Deus, sua gente neste mundo.

VIVER PARA AQUILO QUE É DEFINITIVO

> O fim para o qual vivemos reflete-se em cada uma de nossas ações. A cada momento pode chegar o fim de nossa vida. Seja este fim aquilo que vigilantes esperamos, como a noite da libertação, que encontrou os israelitas preparados para saírem (**1ª leitura**), e não como uma noite de morte e condenação, como o empregado malandro que é pego de surpresa pela volta inesperada de seu patrão (**evangelho**).
>
> Devemos preparar-nos para o definitivo de nossa vida, aquilo que permanece, mesmo depois da morte. Mensagem difícil para o nosso tempo de imediatismo. Muitos nem querem pensar no que vem depois; contudo, a perspectiva do fim é inevitável. Já outros veem o sentido da vida na construção de um mundo novo, ainda que não seja para eles mesmos, mas para seus filhos ou para as gerações futuras, se não têm filhos. Assim como os antigos judeus colocavam sua esperança de sobrevivência nos seus filhos, estas pessoas a colocam na sociedade do futuro. É nobre. Mas será suficiente?
>
> Jesus abre outra perspectiva: um tesouro no céu, junto a Deus. Aí a desintegração não chega. Mas, olhar para o céu não desvia nosso olhar da terra? Não leva à negação da realidade histórica, desta terra, da nova sociedade que construímos? Ou será, pelo contrário, uma valorização de tudo isso? Pois, mostrando como é provisória a vida e a história, Jesus nos ensina a usá-las bem, para produzir o que ultrapassa a vida e a história: o amor que nos torna semelhantes a Deus. Este é o tesouro do céu, mas ele precisa ser granjeado aqui na terra.
>
> A visão cristã acompanha os que se empenham pela construção de um mundo novo, solidário e igualitário, para suplantar a atual sociedade baseada no lucro individual. Mas não

C
T. Com.

> basta ficar simplesmente neste nível material, por mais que ele dê realismo ao empenho do amor e da justiça. A visão cristã acredita que a solidariedade exercida aqui na História é confirmada para além da História. Ultrapassa nosso alcance humano. É a causa de Deus mesmo, confirmada por quem nos chamou à vida e nos faz existir. À utopia histórica, a visão cristã acrescenta a fé, "prova de realidades que não se veem" (2ª leitura). A fé, baseada na realidade definitiva que se revelou na ressurreição de Cristo, nos dá a firmeza necessária para abandonar tudo em prol da realização última – a razão de nosso existir.

20º domingo do tempo comum/C
OPÇÃO POR OU CONTRA CRISTO

Canto da entrada: (Sl 84[83],10-11) "Deus, protege teu ungido; um dia contigo é melhor que mil sem ti".

Oração do dia: Deus preparou bens eternos para nós; amemo-lo em tudo e acima de tudo.

1ª leitura: (Jr 38,4-6.8-10) **O profeta, sinal de contradição** – Jr 38 narra os dias mais atrozes do profeta. Os babilônios tinham-se retirado de Jerusalém por um momento, por causa de ameaça egípcia. Os judeus já consideravam eliminado o perigo. Jeremias não (37,9). Mais uma vez torna-se "chato" (cf. 15,10). Por isso é jogado numa cisterna. Sua descida à profundeza da morte e sua salvação daí prefiguram Jesus. • Cf. Gn 37,24; Sl 30[29],2; 40[39],2-3; 69[68],2-3.15-16.

Salmo responsorial: (Sl 40[39],2.3.4.18) Súplica de socorro, atendida por Deus.

2ª leitura: (Hb 12,1-4) **A firmeza na fé, ao exemplo de Jesus** – Os grandes "fiéis" do A.T. confirmaram-se na luta e no sofrimento (Hb 11). A comunidade olha para um exemplo maior ainda: Jesus mesmo, autor e auge da fé (12,2). Ele sofreu pelo futuro seu e nosso, dado por Deus. Ele é a força de nossa fé, é nosso caminho: caminho de contradição, abafamento, desprezo e mesmo martírio sangrento. • 12,1 cf. 1Cor 9,24-26; Gl 5,7; Fl 3,12-14 • 12,2 cf. Hb 2,10; 2Cor 8,9; Fl 2,6-8; Sl 110[109],1.

– *Leit. alternat.:* (1Pd 4,12-19) *Sofrer por causa de Cristo.*

Aclamação ao evangelho: (Jo 10,27) As ovelhas conhecem o Pastor.

Evangelho: (Lc 12,49-53) **"Não vim trazer a paz, mas a divisão"** – Jesus assumiu o caminho do profeta, qual novo Elias (9,51ss). Não fez cair o fogo do céu sobre os samaritanos (9,54s): teria sido fácil demais. Contudo, veio trazer fogo (= o Juízo; cf. Ml 3,2.19; Lc 9,54; Ap 8,5): o fogo da decisão (cf. Jo 12,31). Jesus sente o terror dessa hora, embora a deseje, porque é a consumação de sua missão, um "batismo" em que ele é imerso. Fogo e batismo: dois símbolos de juízo, purificação e salvação. Jesus crucificado será o critério da divisão dos ânimos. Jesus mesmo é quem batiza com o Espírito Santo e com fogo (Lc 3,16): a força escatológica de Deus vindo sobre toda a existência, para sua consumação ou condenação. • 12,49-50 cf. Mt 3,11; Jo 1,33; Mc 10,38; Lc 9,22 • 12,51-53 cf. Mt 10,34-36; Mq 7,6.

Oração s/as oferendas: Oferecendo o que Deus nos deu, sejamos por ele aceitos.

Prefácio: (dom. T.C. III) Salvação pela morte de Cristo.

Canto da comunhão: (Sl 130[129],7) Em Deus encontra-se misericórdia / (Jo 6,51) O pão da vida eterna.

Oração final: Participando do Cristo, lhe sejamos semelhantes na terra e consortes no céu.

Sempre falando no Fim, Lc traz, no **evangelho** de hoje, a palavra de Jesus dizendo que veio trazer fogo à terra. Palavra que deixa transparecer ainda a participação de Jesus na efervescência escatológica de seu tempo (como aquela outra: 10,18: "Eu via Satanás cair do céu qual relâmpago!"). Jesus não era um desses teólogos que falam com termos assépticos. Partilhava a linguagem apocalíptica de seu tempo. Experimentava o Reino de Deus como uma força que vinha sobre ele. Por isso, não diz apenas que ele deve administrar um batismo de fogo (cf. 3,16), mas que ele mesmo deve ser imerso neste batismo escatológico; e como o deseja (12,50)! O Espírito de Deus veio sobre Jesus como fogo, ele viveu na obediência, recebeu sua missão escatológica, na fé e na esperança. E, por isso, é mais ainda nosso Redentor: porque ele é o protótipo de nossa fé.

Podemos crer com ele. A fé não nos separa de Jesus, colocando-o do outro lado, como "objeto". Somos com ele cossujeitos da sua fé: ouvintes da palavra do Pai.

A **2ª leitura** nos propõe, exatamente, Jesus como o supremo exemplo de fé (depois de Hb 11 ter oferecido todo um elenco de exemplos; cf. dom. pass.). Ele é o autor e consumidor de nossa fé. Como ele assumiu sua "corrida" e, transformado em sinal de contradição para o mundo, a levou corajosamente até o fim, nós também a devemos assumir e percorrer até o fim. Com Cristo, corremos ao encontro do Pai. Ele nos precedeu, por assim dizer, em nossa corrida.

Esta corrida é um certame. Coloca-nos numa posição dialética face ao mundo. Também nisso, Jesus é nosso exemplo: não veio trazer a paz – pelo menos não como a gente pensa – e sim a divisão (Lc 12,51); é sinal de contradição (Hb 12,3), como foram os profetas antes dele, especialmente Jeremias (**1ª leitura**). Nós esperamos facilmente uma paz que se imponha (graças a uma autoridade forte, um regime inabalável etc.). Jesus vem propor uma paz baseada na adesão e livre escolha; apela para a liberdade; portanto, abre também o caminho para o desacordo; pois não força ninguém a estar de acordo com ele. Ninguém pode ser forçado a amar o próximo como a si mesmo, isto é, dar-lhe a preferência quando preciso (pois isso é amar...). Ninguém pode ser forçado a entregar livremente sua vida por amor... Contudo, nisto consiste a paz que Jesus vem propor. Proposta que divide as pessoas em pró e contra, mesmo no seio da própria família. No momento em que Lc escrevia, isso era dura realidade, pois já tinham iniciado as perseguições contra os cristãos.

Para Lc, tudo isso são "sinais do tempo" (12,54ss, sequência da leitura de hoje). Sinais do tempo decisivo, em que também Deus tomará partido. Nós somos hoje sinais de contradição no mundo (e ai de nós se não o formos, pois este mundo não é compatível com Deus!). Devemos considerar isso como uma "situação escatológica". A controvérsia em redor do ser cristão no mundo de hoje é um sinal do tempo da escolha; escolha do homem em favor ou contra Cristo, escolha de Deus em favor ou contra os que, com Cristo, querem ser seus filhos, ou não. Escolher entre o amor de Deus e o do mundo é a dimensão escatológica permanente do ser cristão.

Será que os cristãos devem então ser menos humanos? Gente carrancuda, eternos insatisfeitos? Insatisfeitos, sim (quem poderia estar satisfeito com a sem-vergonhice solta por aí?); carrancudos, não, pois é por amor ao mundo que estão insatisfeitos. Por paixão... padecem.

Por paixão, jovens escolhem profissões pouco lucrativas, para melhor servir seus irmãos deserdados, e ficam eles mesmos deserdados por seus pais. Por paixão, um bispo intelectual, Dom Romero, se torna porta-voz dos oprimidos e é ele mesmo suprimido. "Vim trazer a divisão..."

SER CRISTÃO NÃO É PACÍFICO

> "Este homem não é um cristão; é um herege, um revolucionário, um comunista!" Será que um cristão não pode ser revolucionário? Será que cristão é sinônimo de "comportadinho"?
>
> Jesus diz que não veio trazer a paz e sim a divisão; veio lançar fogo sobre a terra (evangelho)! A 1ª leitura nos mostra o profeta Jeremias como sinal de contradição, prefiguração do Cristo. Tudo isso é muito diferente do cristianismo bem comportado que nos foi ensinado.

C
T. Com.

Jesus exige opção. Não é possível ficar em cima do muro. Um exemplo: a filha de um industrial quer dedicar-se aos pobres, mas não de modo assistencialista, distribuindo esmolas, pois isso seria como encher um balde furado: o que ela colocaria dentro desse balde, o sistema econômico sustentado por seu pai o tiraria (inflação, arrocho salarial etc.). Por isso, decide lutar contra este sistema. Entra em choque com o próprio pai, por mais que goste dele.

Um operário tem quatro filhos a sustentar. São inteligentes. Poderia encaminhá-los para o colégio militar. Mas ele é militante do sindicato. Seus filhos só serão aceitos se ele desistir do engajamento sindical. Conflito. Tem que escolher entre estudo de graça para os filhos ou fidelidade ao sindicato e a causa dos operários.

Zé é artista. Vive num mundo onde a imaginação e os costumes andam soltos. Mas ele quer ser o homem realmente dedicado à sua família e também à arte, como expressão da realidade da vida e de seus melhores valores. Vai conhecer o conflito.

Optar pelo evangelho, a boa-nova do "projeto de Deus" que vem beneficiar os pobres, não é coisa pacífica. Seria simples, se Deus destinasse a uns para serem pobres e trabalharem, e a outros para serem ricos, usufruírem e darem esmolas... Mas Deus não faz assim. Quem faz os pobres e os ricos somos nós mesmos. Mas então, temos também a responsabilidade de desfazermos essas gritantes desigualdades que vemos em nosso redor. Fazer com que haja nem pobres nem ricos, mas somente irmãos. Esta é a responsabilidade que Deus nos confia. É uma opção diferente daquela que a sociedade nos propõe. É a opção de Deus. E custa muita luta.

21º domingo do tempo comum/C
VOCAÇÃO UNIVERSAL À SALVAÇÃO

Canto da entrada: (Sl 86[85],1-3) "O dia inteiro clamo por ti".

Oração do dia: Amar o que Deus ordena, desejar o que ele promete e, na instabilidade do mundo, ter o coração fixo nas eternas alegrias.

1ª leitura: (Is 66,18-21) **Revelação universal da glória de Deus** – Uma "utopia". Olhar para o futuro, como faz o profeta pós-exílico de Is 66, não é necessariamente fuga da realidade; pode também ser um passo ao encontro da realidade messiânica que vem de Deus. O profeta concebe Israel como o lugar da manifestação dos grandes feitos de Deus. De fato, a própria pessoa de Cristo será esse lugar. • 66,18-19 cf. Is 45,20-25; Ez 34,13; "Glória": Ex 15,6-7; 33,18-23; Ez 43,1-4 • 66,21 cf. Is 2,2-4; Mq 4,1-3; Is 60,4-9; Lc 13,28-29.

Salmo responsorial: (Sl 117[116],1-2) Louvor universal a Deus.

2ª leitura: (Hb 12,5-7.11-13) **O sofrimento, pedagogia de Deus** – Nossa condição atual é "frágil" (5,15). O Filho de Deus participa desta fragilidade para nos ajudar. Conheceu tentação, sofrimento e morte: "aprendeu a obediência" (5,8). Assim também os fiéis devem passar pela escola de Deus. Chegarão então à justiça, à retidão, à salvação. Deus nos educa para a vida (12,9-10). • 12,5-7 cf. Pr 3,11-12 (gr.); Ap 3,19; Dt 8,5 • 12,11 cf. Jo 16,20; Tg 1,2-4; 1Pd 1,6-7 • 12,12-13 cf. Is 35,3-4; Pr 4,26 (gr.).

– *Leit. alternat.:* (1Pd 2,9-10) *Chamados das trevas à luz.*

Aclamação ao evangelho: (Jo 14,6) Jesus, Caminho, Verdade e Vida.

Evangelho: (Lc 13,22-30) **A porta é estreita, mas a vocação universal** – Há gente que quer saber quantos "eleitos" vão participar do Reino de Deus. Jesus não responde, mas evoca três imagens. As duas primeiras são "restritivas": 1) a porta é estreita: é preciso esforçar-se (13,23-24; cf. 16,16); 2) num determinado momento, a porta será fechada, e então será tarde para gritar (13,25-27). Porém, num sentido "aberto", acrescenta: 3) apesar da exclusão dos "primeiros", que recusaram o convite, Deus realizará o banquete escatológico para todos os povos, inclusive os pagãos (os "últimos") (13,28-30). Portanto, Deus não é mesquinho, não prepara a festa para um número restrito, mas espera o esforço da fé (vivida na caridade) como resposta à palavra da pregação: qualquer um que responder a esta exigência, poderá participar. • 13,22-24 cf. Lc 9,51; Mt 7,13-14 • 13,25-27 cf. Mt 25,10-12; 7,22-23; Sl 6,9 • 13,28-29 cf. Mt 8,12 •13,30 cf. Mt 19,30; 20,16; Mc 10,31.

Oração s/as oferendas: Deus adquiriu-nos como seu povo por um só sacrifício; que ele nos dê a unidade e a paz.
Prefácio: (dom. T.C. I) Povo universal chamado por Cristo.
Canto da comunhão: (Sl 104[103],13-15) Deus sacia o homem com os frutos da terra / (Jo 6,54) "Quem come minha carne e bebe meu sangue...".
Oração final: Deus nos transforme por sua graça de tal modo, que em tudo lhe sejamos agradáveis.

Embora homem da cidade, Lc gosta de apresentar Jesus atravessando os lugarejos do interior. Para a mensagem de hoje, esta representação é significativa: a todos deve ser apresentado o convite do Reino (**evangelho**). De fato, à preocupação apocalíptica de saber o número dos eleitos e as chances que a gente tem (cf. o vestibular), Jesus responde: o número dos eleitos não importa; importa a conversão, esforçar-se para entrar e não ficar gracejando, dando um ar de interessado, sem nada empreender; pois vem o momento quando o dono da casa se levanta e fecha a porta; então, não reconhecerá os que estiveram com ele nas praças, mas só "de corpo presente", sem dar ouvido à sua palavra. Ora, a festa em si está aberta a todos os que quiserem esforçar-se.

A crítica se dirige àqueles em cujas praças Jesus ensinou (13,26): deixaram-no falar, mas não obedeceram a seu apelo de conversão, talvez porque estavam seguros de pertencer ao número dos eleitos. Eles são os primeiros, que viram últimos, enquanto os últimos – os desprezíveis pagãos –, quando se convertem, se tornam os primeiros, para sentar com Abraão, Isaac e Jacó (que provocação para os judeus!) na mesa do banquete escatológico, vindos de todos os cantos do mundo.

Esta mensagem não perdeu sua atualidade. O que Jesus recusa é o calculismo e a falsa segurança a respeito da eleição. A eleição não responde a nenhum critério humano. É a graça de Deus que nos chama a sua presença. Diante deste chamado, todos, seja quem for, devem converter-se, pois ninguém é digno da santidade de Deus, nem de seu grande amor. Ninguém se pode considerar dispensado de lhe prestar ouvido e de transformar sua vida conforme a exigência de sua palavra. Não existe um número determinado de eleitos (é bom repeti-lo, com vistas a certas seitas por aí). O que existe é um chamado universal e permanente à conversão. E este vale também para os que já vêm rotulados como bons cristãos. Pois a fé nunca é conquistada para sempre. É como o maná do deserto: se a gente o quer guardar até a manhã seguinte, apodrece (cf. Ex 16,20)! Quem não retoma diariamente o trabalho de responder à Palavra com uma autêntica conversão, gritará em vão: "Senhor, eu participei de retiros e assisti a pregações, palestras e cursos em teu nome (e também comi e bebi nas tuas festinhas paroquiais)"... E também hoje os últimos poderão ser os primeiros: os que não vão à igreja, porque não têm roupa decente, porque devem trabalhar, porque têm filhos demais, ou, simplesmente, porque se sentem estranhos entre tanta gente de bem... Para chamar a eles é que Jesus não ficou nos grandes centros, mas entrou nos bairros e vilarejos.

A **2ª leitura** entra em choque com a mentalidade "esclarecida": Deus "castiga" para nos educar. "Pois o Senhor educa a quem ele ama e castiga todo que acolhe como filho" (Hb 12,6; cf. Pr 3,11-12). Achamos horrível: Deus faz sofrer? Não. Educa-nos, como um bom pai educa seu filho corrigindo-o. Esta é a resposta dos antigos para o escândalo do

C
T. Com.

sofrimento; e do nosso povo simples também. Será que eles se enganam? No fundo, pouco lhes interessa donde vem o sofrimento. Querem saber o que fazer com ele! Que o sofrimento existe, é inegável. Muitas vezes, é causado pelos homens, mas nem sempre. A quem sofre importa menos explicar as causas do que dar um sentido ao sofrer. O sofrimento pode ter o valor de educação para uma vida que agrade a Deus, já que este, em Cristo, encarou o sofrimento. Não é errada tal valorização do sofrimento, já que não se consegue escapar dele, nem mesmo no admirável mundo novo da era tecnológica. Como cristãos, devemos aprender a viver uma vida nova, diferente da vigente. Isso não é possível sem sofrer. Porém, este sofrimento não deprime, não torna fatalista, mas faz crescer a força para produzir frutos de paz e justiça: "Levantai pois as mãos fatigadas e os joelhos trêmulos; dirigi vossos passos pelo caminho reto!" (12,12).

CRISTIANISMO INSTALADO OU ABERTO?

São poucos os que vão ser salvos? Muitos cristãos vivem com esta pergunta angustiante, inculcada às vezes por pregadores insensatos.

Segundo Jesus, no **evangelho**, a salvação é para todos, vindos de todos os lados, dos quatro ventos, de perto e de longe. Só não é para aqueles que se fecham na sua autossuficiência e nos seus presumidos privilégios. A **1ª leitura** lembra que Deus não apenas quis salvar o povo de Israel do exílio babilônico, como também o encarregou de abrir o Templo e a Aliança a todas as nações. Quando Deus concede um privilégio, como foi a salvação de Israel do cativeiro babilônico, este privilégio se torna responsabilidade para com os outros. Deus rejeita a autossuficência.

Existem muitos cristãos instalados, que se sentem seguros fazendo formalmente tudo o que lhes foi prescrito, mas não assumem com o coração aquilo que Jesus deseja que façam, sobretudo o incansável amor ao próximo. Eles ficarão de fora, se não se converterem, enquanto outros, considerados pagãos, vão encontrar lugar no Reino. Aqueles que só servem a Deus com os lábios e não com o coração e de verdade, o Senhor não os conhecerá!

Na América Latina, hoje, os que sempre foram os donos da Igreja estão se enterrando no materialismo, e os pobres – há séculos marginalizados da vida eclesial ou relegados a uma posição inferior – estão entrando nas comunidades e ocupando o lugar dos antigos donos. As catedrais dos centros se esvaziam e as capelas da periferia se enchem. Esvazia-se também o comportamento tradicional, enquanto se abre espaço para um novo modo de ser cristão, mais jovem e mais simples, mais participativo e menos fechado.

Contudo, esta chegada de um novo tipo de cristãos, aparentemente "vindo de longe", não significa que se esteja facilitando o ser cristão. Antes pelo contrário. Exige desinstalação. Exige busca permanente daquilo que é realmente ser cristão: não apegar-se a fórmulas farisaicas, mas entregar-se a uma vida de doação e de amor, que sempre nos desinstala.

Então a questão não é se poucos ou muitos vão ser salvos. A questão é se estamos dispostos a entrar pela "porta estreita" da desinstalação e do compromisso com os que sempre foram relegados. A questão é se abrimos amplamente a porta de nosso coração, para que a porta estreita se torna ampla para nós também. Deus não fechou o número. A nós cabe nos incluirmos nele...

22º domingo do tempo comum/C
MODÉSTIA E GRATUIDADE

Canto da entrada: (Sl 86[85],3.5) Deus é bom e clemente, cheio de misericórdia para os que o invocam.

Oração do dia: Deus alimente em nós o que é bom e conserve o que alimentou.

1ª leitura: (Eclo 3,17-18.20.28.29 [19-21.30-31]) **A verdadeira modéstia de vida** – Não se trata da falsa modéstia da raposa, mas da verdadeira, que consiste na consciência de que só Deus é poderoso e bom. O homem deve sempre recorrer a ele. Daí a atitude do sábio: segurança frente aos poderosos, pois sua confiança está em Deus; e magnanimidade para com os fracos, pois pode contar com Deus. • 3,17-20 cf. Eclo 4,8-10[11]; Mt 20,26-28; Lc 22,24-26; Pr 3,34; Mt 11,25 • 3,28-29 cf. Pr 2,1-5.

Salmo responsorial: (Sl 68[67],4-5ac.6-7ab.10-11) A magnanimidade de Deus.

2ª leitura: (Hb 12,18-19.22-24a) **Deus se tornou manifesto e acessível em Cristo** – A manifestação de Deus no A.T. (no Sinai) era inacessível (12,18-21). No N.T., verifica-se o contrário (12,22-24): agora vigora uma ordem melhor (9,10); a manifestação de Deus (em Cristo) é agora acessível, menos "terrível", porém, mais comprometedora. Não é por ser mais humana, que ela seria menos divina. Antes pelo contrário! No homem Jesus, Deus se torna presente. Esta presença chama-se "Monte de Sião", "Cidade do Deus vivo", "Jerusalém celeste". Na sequência da perícope de hoje tira-se a conclusão: não recusar a palavra do Cristo. • 12,18-19 cf. Ex 19,16-19; 20,19; Dt 4,11-12; 5,22-23 • 12,22-24 cf. Ap 14,11; Hb 11,10; 13,14; Ap 21,2.10; Rm 2,6; 2Ts 1,6-8; Hb 8,6; 9,15; Gn 4,10.

– *Leit. alternat.: (1Pd 5,5b-7.10-11) Humildade e grandeza.*

Aclamação ao evangelho: (Mt 11,29ab) O Mestre manso e humilde.

Evangelho: (Lc 14,1.7-14) **Modéstia e gratuidade** – Lc gosta de apresentar Jesus como viajante e hóspede: a comunhão de mesa é o lugar da amizade, Jesus quer ser amigo. Mas amigo não esconde a verdade. Na casa de um fariseu, Jesus ensina algumas regras para a refeição: 1) não procurar o primeiro lugar, para que o dono da casa no-lo possa oferecer; 2) não convidar as pessoas de bem para o banquete, mas os que não podem retribuir, pois só assim demonstramos gratuidade e magnanimidade. Em outros termos: 1) saber receber de graça; 2) saber dar de graça. O sentido profundo desta lição se revela na Última Ceia (22,24-27), onde o anfitrião é o Servo, que dá até a própria vida. • Cf. Pr 25,6-7; Jo 13,1-15; Lc 18,14; Mt 23,12.

Oração s/as oferendas: O mistério que celebramos realize até o fim sua força em nós.

Prefácio: (dom. T.C. VI) Recebemos as provas do amor paterno de Deus e o penhor da vida futura / (comum V) "Unidos na caridade".

Canto da comunhão: (Sl 31[30],20) Grande é a bondade de Deus / (Mt 5,9-10) Bem-aventurança dos construtores de paz e dos perseguidos.

Oração final: Este alimento da caridade nos fortifique e nos leve a servir nossos irmãos.

Jesus é um destes hóspedes que não ficam reféns de seus anfitriões. Já o mostrou a Marta (16º dom.); mostra-o também hoje (**evangelho**). O anfitrião é um chefe dos fariseus. A casa está cheia de seus correligionários, não muito bem-intencionados (14,2). Para começar, Jesus aborda o litigioso assunto do repouso sabático, defendendo uma opinião bastante liberal (14,3-6). Depois, numa parábola, critica a atitude dos fariseus, que gostam de ser publicamente honrados por sua virtude, também nos banquetes, onde gostam de ocupar os primeiros lugares. Alguém que ocupa logo o primeiro lugar num banquete não pode mais ser convidado pelo anfitrião para subir a um lugar melhor; só pode ser rebaixado, se aparecer alguma pessoa mais importante. É melhor ocupar o último lugar, para poder receber o convite de subir mais. Alguém pode achar que isso é esperteza. Mas o que Jesus quer dizer é que, no Reino de Deus, a gente deve estar numa posição de receptividade, não de autossuficiência.

A segunda parábola relaciona-se também com o banquete: não convidar os que nos podem convidar de volta, mas os que não têm condições para isso. Só assim nos mostraremos verdadeiros filhos do Pai, que nos deu tudo de graça. Claro que esta gratuidade pressupõe a primeira atitude: o saber receber.

Portanto, a mensagem de hoje é: saber receber de graça (humildade) e saber dar a graça (gratuidade). A **1ª leitura** sublinha a necessidade da humildade, oposta à autossuficiência.

A **2ª leitura** não demonstra muito parentesco temático com a 1ª e o evangelho. Contudo, complementa o tema da gratuidade, mostrando como Deus se tornou, gratuitamente, acessível para nós, em Jesus Cristo. O tom da leitura é de gratidão por este mistério.

Graça, gratidão e gratuidade são os três momentos do mistério da benevolência que nos une com Deus. Recebemos sua "graça", sua amizade e bem-querer. Por isso nos mostramos agradecidos, conservando seu dom em íntima alegria, que abre nosso coração. E deste coração aberto mana uma generosa gratuidade, consciente de que há mais felicidade em dar do que em receber (cf. At 20,35). O que não quer dizer que a gente não pode gostar daquilo que recebe. Significa que só atingirá a verdadeira felicidade quem souber dar gratuitamente. Quem só procura receber, será um eterno frustrado.

Com vistas à comunicação na magnanimidade, a humildade não é a prudência do tímido ou do incapaz, nem o medo de se expor, que não passa de egoísmo. A verdadeira humildade é a consciência de ser pequeno e de ter que receber, para poder comunicar. Humildade não é tacanhice, mas o primeiro passo da magnanimidade. Quem é humilde não tem medo de ser generoso, pois é capaz de receber. Gostará de repartir, porque sabe receber; e de receber, para poder repartir. Repartirá, porém, não para chamar a atenção para si, como o orgulhoso que distribui ricos presentes, e sim, porque, agradecido, gosta de deixar seus irmãos participar dos dons que recebeu.

Podemos também focalizar o tema de hoje com uma lente sociológica. Torna-se relevante, então, a exortação ao convite gratuito. Jesus manda convidar pessoas bem diferentes daquelas que geralmente se convidam: em vez de amigos, irmãos, parentes e vizinhos ricos, convidem-se pobres, estropiados, coxos e cegos – ou seja, em vez do círculo social da gente, os marginalizados. E na parábola seguinte, do grande banquete, o "senhor" convida, finalmente, exatamente as quatro categorias mencionadas (Lc 14,21).

O amor gratuito é imitação do amor de Deus. A autenticidade do amor gratuito se mede pela pouca importância dos beneficiados: crianças, inimigos, marginalizados, enfermos (cf. tb. Mt 25,31-46). Jesus não proíbe gostar de parentes e vizinhos. Mas realmente imitar o amor gratuito, a *hésed* de Deus, a gente só o faz na "opção preferencial" pelos que são menos importantes.

SIMPLICIDADE E GRATUIDADE

C
T. Com.

As leituras de hoje insistem em virtudes fora de moda: mansidão e humildade (**1ª leitura**), modéstia e gratuidade (**evangelho**). Quanto à modéstia, Jesus usa um argumento da sabedoria popular, do bom senso: se alguém for sentar no primeiro lugar num banquete e um convidado mais digno chegar depois dele, esse primeiro terá de ceder seu lugar e contentar-se com qualquer lugarzinho que sobrar. Mas quem se coloca no último lugar só pode ser convidado para subir e ocupar um lugar mais próximo do anfitrião...

Ora, citando essa humildade de quem se faz de burro para comer milho, Jesus pensa em algo mais. Por isso, acrescenta uma outra parábola, para nos ensinar a fazer as coisas não por interesse egoísta, mas com gratuidade. Seremos felizes – diz Jesus – se convidarmos os que não podem retribuir, porque Deus mesmo será então nossa recompensa. Estaremos bem com ele, por termos feito o bem aos seus filhos mais necessitados.

A gratuidade não é a indiferença do homem frio, que faz as coisas de graça porque não se importa com nada, pois isso é orgulho! Devemos ser gratuitos simplesmente porque os nossos "convidados" são pobres e sua indigência toca o nosso coração fraterno. O que lhes damos tem importância, tanto para eles como para nós. Tem valor. Recebemo-lo de Deus, com muito prazer. E repartimo-lo, porque o valorizamos. Dar o que não tem valor não é partilha: é liquidação... Mas quando damos de graça aquilo que com gratidão recebemos como dom de Deus, estamos repartindo o seu amor.

Tal gratuidade é muito importante na transformação que a sociedade está necessitando. Importa não apenas "fazer o bem sem olhar para quem" individualmente, mas também social ou coletivamente: contribuir para as necessidades da comunidade, sem desejar destaque ou reconhecimento especial; trabalhar e lutar por estruturas mais justas, independentemente do proveito pessoal que isso nos vai trazer; praticar a justiça e humanitarismo anônimos; ocupar-nos com os insignificantes e inúteis...

Assim, a lição de hoje tem dois aspectos: para nós mesmos, procurar a modéstia, ser simplesmente o que somos, para que a graça de Deus nos possa inundar e não encontre obstáculo em nosso orgulho. E para os outros, sermos anfitriões generosos, que não esperam compensação, mas, sem considerações de retorno em dinheiro ou fama, oferecem generosamente suas dádivas a quem precisa.

23º domingo do tempo comum/C
PONDERAR O CUSTO DO REINO

Canto da entrada: (Sl 119[118],137.124) A justiça e a misericórdia de Deus.

Oração do dia: Somos filhos adotivos, queridos por Deus: que ele nos dê a verdadeira liberdade e a herança eterna.

1ª leitura: (Sb 9,13-18b [19]) **O discernimento e a ponderação, dons de Deus** – Saber discernir é o que Salomão pediu a Deus (1Rs 3,9). Também o autor de Sb pede isso (9,1-19) e ensina que se deve pedi-lo (9,13-19). Nosso esforço intelectual não é o suficiente. As faíscas do Espírito de Deus não se deixam programar; devem ser recebidas como dádivas. • 9,13 cf. Is 40,13; Rm 11,34; 1Cor 2,16 • 9,15-16 cf. Rm 7,14-25; Is 38,12; Jo 3,6.12 • 9,17-19 cf. Br 3,36-38; 4,1-4; Mt 11,27.

Salmo responsorial: (Sl 90[89],3-4.5-6.12-13.14+17) Deus, mestre de sabedoria.

2ª leitura: (Fm 9b-10.12-17) **"Não mais como escravo, mas como irmão"** – O escravo Onésimo fugira de seu dono, Filêmon, discípulo de Paulo. Paulo lho manda de volta, mas agora batizado, portanto "filho" de Paulo, como o próprio Filêmon (v. 10). Por isso, Filêmon o deve receber não mais como escravo, mas como irmão (v. 16). A abolição da escravidão ainda não se impunha como perspectiva histórica no tempo de Paulo, mas mesmo assim devia realizar-se, entre os cristãos, o "nem escravo, nem livre" de Gl 3,28. Deste Espírito novo surgiram também novas estruturas, mais tarde. • Fm 9 cf. Ef 3,1; 4,1; Cl 4,18 • Fm 16 cf. Cl 3,22–4,1; Ef 6,5-9.

Aclamação ao evangelho: (Sl 119[118],135) Deus nos ensine a Lei.

Evangelho: (Lc 14,25-33) **Saber ponderar as exigências do Reino** – Muitos pretendem seguir Jesus, mas será que sabem que seu caminho conduz ao Gólgota? Daí as duras exigências que Jesus formula: abandonar família, sucesso, vida (14,25-27) e ponderar sobriamente sua força e disponibilidade (14,28-32). Em resumo: o discípulo deve largar tudo (14,33). Como isso se realiza na vida de cada um, não é dito aqui. Mas uma coisa é certa: Jesus não pede o impossível, mas a gente deve preparar-se para tudo que for

C
T. Com.

possível. • 14,25-27 cf. Mt 10,37-38; 16,24; 19,29; Mc 8,34; Lc 9,23; Jo 12,26 • 14,33 cf. Mt 6,20-21; Lc 12,33.34.

Oração s/as oferendas: Deus é o autor de nossa piedade e da paz; que a participação de seu mistério nos una.

Prefácio: (comum V) "Unidos na caridade".

Canto da comunhão: (Sl 42[41],2-3) "Como o cervo procura a fonte..." / (Jo 8,12) "Eu sou a luz do mundo...".

Oração final: Deus nos alimenta com sua palavra e o sacramento da Eucaristia; participemos sempre da vida de seu Filho.

A sabedoria nunca é conquistada para sempre. Sb 9 (**1ª leitura**) é a prece da Salomão pela sabedoria; a segunda parte (v. 13-19) explica quanto ela é indispensável. Mas o mundo de hoje parece carecer dela mais do que Salomão. Nem mesmo respeita suas próprias fontes de subsistência, sacrificando tudo à manutenção de obscuros poderes e lucros, com a cumplicidade de praticamente todos, deixando-se envolver no jogo da competição e do consumo...

A sabedoria ensina a dar a tudo seu devido lugar, a ponderar o que é mais e o que é menos importante. Isso pode conduzir a conclusões que, aos olhos de pessoas superficiais, parecem loucura. As exigências do seguimento de Jesus parecem loucura: "Odiar (= não preferir) pai e mãe, mulher, filhos, irmãos e irmãs" (Lc 14,26), por causa de Cristo e seu evangelho, não é isso uma loucura? Não, diz Lucas (**evangelho**). É a consequência da sabedoria cristã, da ponderação a respeito do investimento necessário para o Reino de Deus. Começar a construir a torre sem o necessário capital é que é loucura, pois todo mundo ficará gozando da gente porque não conseguiu concluir a obra! A alusão à torre de Babel, símbolo da vaidade e confusão humana, é evidente. O homem sábio faz seu orçamento: decide quanto ele vai investir. No caso do cristão, o único orçamento adequado é o do investimento total, já que se trata do supremo bem, sem o qual os outros ficam sem sentido. Ainda bem que os recursos são inesgotáveis.

A sabedoria cristã consiste em ousar optar radicalmente pelo valor fundamental, mesmo se isso exige uma escolha dolorosa contra pessoas muito queridas, realidade que se repetia diariamente na Igreja do tempo de Lc. Estas palavras foram dirigidas às "grandes multidões" que seguiam Jesus (Lc 14,25), e não só a monges e ascetas. Além disso, formam a sequência de exortação ao convite gratuito e à parábola do grande banquete, em que Jesus ensina a dar a preferência às pessoas "não gratificantes" em vez dos familiares e amigos (cf. dom. pass.). Assim, "não preferir" seus familiares se pode referir, concretamente, a duas realidades: a perseguição, que obriga o cristão a preferir o Cristo acima dos laços de parentesco e até acima da própria vida (sentido primeiro); mas também a preferência, por causa do Evangelho, por categorias de pessoas pouco estimadas, excluídas, às custas do círculo social costumeiro.

Ouve-se, em nosso ambiente, muitas vezes, a observação de que é preciso ter "bom senso" em questões de justiça e direito. Será que não se chama de bom senso o que é apenas medo? Quando é claro que o amor de Cristo está em jogo, a sabedoria cristã exige um investimento radical e estratégias para lhe abrir espaço. Porém, radicalidade não é imprudência. É liberdade frente àquilo que nos pode desviar do que é prioritário. A sabedoria cristã nos ajuda a estabelecer as opções preferenciais certas. Ora, para não perder tudo, é preciso realizar as opções sabiamente feitas. Quem acha que seguir Cristo é fundamental, deve fazê-lo, custe o que custar. Portanto, o sábio cristão não é o sofista brilhante, que explica tudo, sem jamais se comprometer. É o homem que, ao mesmo tempo lúcido e convicto, investe tudo no que julga ser o sentido último da existência e da História, à luz na fé em Cristo Jesus. O sábio não é aquele que hesita, quando se trata de saltar, mas aquele que salta; o que hesita é que cai...

Para Filêmon, o homem de bem da cidade de Éfeso, amigo pessoal de Paulo, o bilhete que seu escravo Onésimo trouxe consigo, ao voltar de uma escapada até a prisão de Paulo, deve ter parecido loucura (**2ª leitura**). Porém, é a mais pura sabedoria cristã. Onésimo fugiu de Filêmon, para assistir a Paulo na prisão. Paulo o batizou. Agora, não mais precisando dele, o devolve a Filêmon, porque, comercialmente falando, é sua propriedade (Paulo ainda não pensava numa sociedade sem escravidão; ou não achava muito importante, por causa do curto prazo da Parusia: cf. 1Cor 7,20-23). Mas, espiritualmente falando, "em Cristo", ambos, Onésimo e Filêmon, pertencem a uma nova realidade, em que não há mais senhor nem escravo, mas somente irmãos de Cristo e filhos do Pai (cf. Gl 3,28); e filhos também de Paulo, que a ambos gerou na fé (batizou-os). Portanto, Filêmon acolhe seu escravo não mais como escravo, mas como irmão, como se acolhesse o próprio Paulo.

OS CRISTÃOS E AS ESTRUTURAS SOCIAIS

"Se Deus só serve para deixar tudo como está, não precisamos dele": palavra de uma agente da educação popular. O Deus que é apenas o arquiteto do universo, mas fica impassível diante da injustiça dos habitantes de sua arquitetura, não tem relevância alguma. O cristianismo serve ou não para mudar as estruturas da sociedade?

São Paulo tinha um amigo, Filêmon. Este – como todos os ricos de seu tempo – tinha escravos, que eram como se fossem as máquinas de hoje. Um dos escravos, sabendo que Paulo tinha sido preso, fugiu de Filêmon para ajudar Paulo na prisão. Paulo o batizou ("o fez nascer para Cristo"). Depois mandou-o de volta a Filêmon, recomendando que este o acolhesse, não como escravo, mas como irmão... Mais: como se ele fosse o próprio Paulo (**2ª leitura**).

Essa história é emocionante, mas nos deixa insatisfeitos. Por que Paulo não exigiu que o escravo fosse libertado, em vez de acolhido como irmão, continuando escravo? Aliás, a mesma pergunta surge ao ler outros textos do Novo Testamento (1Cor 7,21; 1Pd 2,18). Por que o Novo Testamento não condena a escravidão?

A humanidade leva tempo para tomar consciência de certas incoerências, e mais tempo ainda para encontrar-lhes remédio. A escravidão, naquele tempo, era uma forma de compensação de dívidas contraídas ou de uma guerra perdida. Imagine que se resolvesse desse jeito a dívida externa do Brasil! Seríamos todos vendidos (se já não é o caso...). Antigamente (?), a escravidão fazia parte da estrutura econômica. Na Idade Média, com os numerosos raptos praticados pelos piratas mouros, surgiram ordens religiosas para resgatar os escravos, até tomando o lugar deles. Mas ainda na época moderna, a Igreja foi conivente com a escravidão dos negros. A consciência moral cresce devagar, e mudar alguma coisa nas estruturas é mais demorado ainda, porque depende da consciência e das possibilidades históricas. As estruturas manifestam só aos poucos sua injustiça, e então leva séculos para transformá-las.

Porém, a lição de Paulo é que, não obstante essa lentidão histórica, devemos viver já como irmãos, vivenciando um espírito novo, que vai muito além das estruturas vigentes e que – como uma bomba-relógio – fará explodir, cedo ou tarde, a estrutura injusta. Novas formas de convivência social, voluntariados dos mais diversos tipos, organismos não governamentais, pastorais junto aos excluídos – a criatividade cristã pode inventar mil maneiras para viver já aquilo que as estruturas só irão assimilar muito depois.

C
T. Com.

24º domingo do tempo comum/C
DEUS PROCURA A RECONCILIAÇÃO

Canto da entrada: (cf. Eclo 36,18[15-16a]) Deus dê paz ao povo que o deve testemunhar.

Oração do dia: Que experimentemos o efeito da reconciliação e sirvamos a Deus de todo o coração.

1ª leitura: (Ex 32,7-11.13-14) **"O Senhor arrependeu-se das ameaças que fizera contra seu povo"** – Enquanto Moisés está ainda no Sinai, o povo adora o bezerro de ouro (Ex 32,1-6). A sanção de Deus é dura. Não quer mais este povo ("teu povo", diz ele a Moisés). Mas Moisés se torna mediador e lembra a Deus suas promessas, como Abraão lhe lembrou sua justiça (Gn 18,25). E Deus se deixa convencer. – A narração representa Deus de modo bastante humano (antropomorfismo): tanto a cólera de Deus quanto seu arrependimento são modos de falar; importa que mostrem que Deus não é indiferente, nem ao nosso pecado, nem à nossa prece. São maneiras humanas de falar de seu amor sem fim. • 32,8-10 cf. Ex 34,12-14.17; Dt 9,7-8.12-14; Jr 31,32; Gn 12,2 • 32,13 cf. Gn 15,5; 22,16-17; 35,11-12.

Salmo responsorial: (Sl 51[50],3-4.12-13.17+19) Deus não despreza um coração contrito e humilhado.

2ª leitura: (1Tm 1,12-17) **Jesus veio para reconciliar os pecadores: experiência de Paulo** – Desde a 2ª viagem missionária, Timóteo acompanhou Paulo como fiel colaborador. As cartas a Timóteo e Tito são o "testamento espiritual" de Paulo. Mostram como foram as comunidades pelo fim do século I. – A mensagem central do texto de hoje é a vinda de Jesus ao mundo, para salvar os pecadores (cf. 1ª leitura e evangelho). Paulo mesmo o experimentou e, além disso, recebeu uma missão importante. A partir daí, gratidão e alegria formaram a tônica de sua vida. • 1,13 cf. At 8,3; 9,1-6; 1Cor 15,9-10; Gl 1,13-16 • 1,17 cf. 1Tm 6,15-16; Rm 16,27.

Aclamação ao evangelho: (Jo 10,27) As ovelhas escutam a voz do Pastor / (2Cor 5,19) Deus reconciliou-nos consigo em Cristo.

Evangelho: (Lc 15,1-32 ou 15,1-10) **Deus procura o que está perdido; o "filho pródigo"** – Jesus à mesa dos publicanos e pecadores é um escândalo para os fariseus. Mas Deus tem preferência pela ovelha desgarrada, que está em perigo; pela moeda extraviada, que é mister reencontrar. Cada um importa para ele e recebe preferência quem mais precisa! Quem está sempre com Deus (o outro filho), não é problema; mas o desgarrado recebe uma atenção especial. Deus vai ao encontro dele, até que ele volte (cf. Jr 31,18; Lm 5,21). • 15,1-3 cf. Mt 9,10-13 • 15,3-7 cf. Mt 18,12-14; Jo 10,11-12; Ez 34,4.16 • 15,11-32 cf. Os 11 • 15,17-19 cf. Is 55,6-7; Jr 3,12-13; Sl 51[50],4 • 15,20-24 cf. Is 49,14-16; Jr 31,20; Ef 2,5; 5,14 • 15,25-32 cf. Lc 18,9-10.

Oração s/as oferendas: Que a contribuição de cada um sirva para a salvação de todos.

Prefácio: (dom. T.C. VI) "... as provas de vosso amor de Pai...".

Canto da comunhão: (Sl 36[35],8) Abrigados à sombra das asas de Deus! / (1Cor 10,16) O cálice da bênção e o pão repartido.

Oração final: Que a ação do sacramento tanto penetre nosso ser, que já não são nossos sentimentos, mas seu efeito determine nosso agir.

"Não quero a morte do pecador, e sim, que ele se converta e viva". Estas palavras de Ez 18,23 formam o pano de fundo (não expresso) da liturgia de hoje (cf. Lc 15,32). A **1ª leitura** mostra Deus voltando atrás no seu projeto de rejeitar Israel, depois de sua apostasia (bezerro de ouro). Em Ex 32,7, Deus já não o chama "meu povo", como na fórmula da Aliança (cf. Ez 37,23 etc.), mas "teu povo". Porém, por causa da intervenção de Moisés, que lhe lembra sua promessa, ele retira sua ira. O N.T. penetra mais fundo no ser de Deus. Nas parábolas colecionadas em Lc 15 (**evangelho**), ninguém precisa lembrar a Deus a promessa dele. Ele está totalmente voltado para o que se afastou do caminho, como um pastor concentra toda sua atenção na ovelha que está faltando em seu rebanho, ou como a dona de casa que deixa até queimar a comida por estar preocupada com uma nota de dez reais faltando na sua carteira...

Deus tem razão. Quem vai bem, siga à frente; o que está errado é que necessita de atenção. O médico não vem para os sãos, mas para os doentes. Já o pensamento "elitista" diz: ocupa-te com os "bons", os que rendem, pois com os outros perdes teu tempo. Enfraquece-os. Deixa-os viver na falta de higiene e na subnutrição, para que sejam exterminados. Expulsa o povinho de sua área, o "primitivo" de suas terras... O pensamento de Deus não é assim. Ele sabe que rejeitar um só homem seria a mesma coisa que rejeitar a todos: o princípio é o mesmo. Por isso, está ansioso de ver voltar qualquer um, até o mínimo, o mais rebaixado, aquele que conviveu com os porcos (que horror, para os judeus a quem Jesus contou a parábola de filho pródigo!). Pois é seu filho, mesmo se o próprio filho já não se acha digno de ser chamado assim. Deus não pode esquecer seu filho (Jr 31,20; Is 49,15). Nós gostamos de resolver os "casos difíceis" pela expulsão, a repressão (e vemos os frutos...). Deus opta pela reconciliação.

S. Paulo entendia bem isso. Ele foi perseguidor, como escreve no início de 1Tm. Mas a graça de Deus foi tão abundante, que em Cristo lhe deu vida e caridade. Jesus veio para salvar os pecadores (cf. Lc 15; 19,10 etc.), e Paulo foi o principal deles (1Tm 1,15). Com isso, ele se tornou exemplo daquilo que ele apregoa no seu serviço: a reconciliação (cf. 2Cor 5,18) (**2ª leitura**).

Ora, se Deus faz assim uma "opção preferencial" pelas ovelhas perdidas, não sobrará mais carinho para as que ficaram no rebanho? Seria ter uma ideia muito mesquinha do carinho de Deus pensar assim. O pai faz festa para o filho pródigo, porque "aquele que estava morto voltou à vida", mas não para o outro filho, que sempre está com ele, pois o "estar sempre com ele" é que deve ser a mais profunda alegria (Lc 13,31-32). Ou será que, talvez, o filho mais velho, no fundo de seu coração, permanece com o pai apenas por constrangimento? Se for assim, deve reconhecer seu afastamento interior e voltar ao pai; então, o pai oferecerá um bom churrasco também para ele! A gente reconhece no filho mais velho a figura do fariseu: contas em dia, mas o coração longe de Deus. Não é tal a atitude dos que reclamam por que o padre anda nas favelas em busca de ovelhas perdidas em vez de rezar missas particulares ou ir a reuniões piedosas? Ao contrário, felizes por ter Deus sempre diante dos olhos, deveriam ser solidários com a Igreja que busca os abandonados, em vez de se sentirem abandonadas no meio de tanta atenção que receberam. Em vez de criticar a prioridade dada aos excluídos, deveriam ser os primeiros a procurar o reencontro, tornando-se "agentes da reconciliação".

OPÇÃO PREFERENCIAL PELOS PECADORES?

> Certo dia, eu tive de interromper uma palestra para um grupo de padres, porque não aceitavam que os pecadores convertidos serão tão bem-vindos no céu quanto os fiéis que se comportaram bem. Será que Deus é generoso demais para com os malandros que se convertem?
>
> São Paulo diz com clareza: "Jesus veio ao mundo para salvar os pecadores, dos quais eu sou o primeiro" (**2ª leitura**). Já a **1ª leitura** nos ensina que Deus é capaz de mudar de ideia: reconcilia consigo o pecador penitente. O **evangelho** (texto longo) nos mostra Deus como um pastor procurando a ovelha perdida do rebanho, como um pai que espera a volta de seu filho vagabundo.
>
> Nós achamos estranho um Deus que dá mais atenção a uma ovelha desgarrada do que a noventa e nove que permanecem no rebanho. Não será melhor que uma se perca do que o rebanho todo? Pois bem, foi exatamente isso que disse o sumo sacerdote Caifás para justificar a morte de Jesus. "É melhor que um morra pelo povo todo" (Jo 11,49-51)! Mas esse um, não era pecador!

C
T. Com.

Deus, em relação ao pecador, não segue o raciocínio de Caifás. É mais parecido com um motorista, que não se preocupa com aquilo que funciona bem, mas fica atento àquilo que parece estar com defeito. Os pensamentos de Deus não ficam parados nos bons; ele está mais preocupado com os extraviados. Faz "opção preferencial" pelos que mais necessitam, os que estão em perigo e, sobretudo, os que já caíram – pois para Deus nenhum mortal está perdido definitivamente. Quem caiu tem de ser recuperado. Esta é a preocupação de Deus. Com os bons, os seus semelhantes se preocupam; para Deus, todos importam. Por isso ele se preocupa com quem é abandonado por todos. Ele não descansa enquanto uma ovelha está fora do rebanho. Ele não quer a morte do pecador, mas sua volta e sua vida (Ez 33,11).

E nós? Nós devemos assumir os interesses de Deus. A Igreja deve voltar-se com preferência para os pecadores, orientá-los com todos os recursos do carinho pastoral e mostrar-lhes o incomparável coração de pai de Deus. Quem se considera justo, como o irmão do filho pródigo, não se deve queixar deste modo de agir de Deus. Pois ser justo é estar em harmonia com Deus, receber dele o bem e a felicidade, estar realizado. Por que então lamentar sua generosidade para com o pecador convertido? O "justo" alegre-se com o pecador, aquele que realmente necessitava atenção, o morto que voltou à vida! Mas, talvez, muitos se comportem como justos, não por amor e alegria em união de coração com Deus, mas por medo... e então, frustrados porque Deus é bom, resmungam, como Jonas quando a cidade de Nínive se converteu.

"Não é a justos que vim chamar, mas a pecadores" (Mt 9,13).

25º domingo do tempo comum/C
O BOM USO DAS RIQUEZAS: DESAPEGO

Canto da entrada: "Eu sou a salvação do povo".

Oração do dia: Amar a Deus e o próximo e chegar à vida eterna.

1ª leitura: (Am 8,4-7) **Denúncia da riqueza injusta e opressão** – Amós denuncia a injustiça institucionalizada do séc. VIII a.C.: uns poucos têm tudo'e quase todos têm quase nada. O pecado dos "poucos" não é contra tal ou qual mandamento (inclusive, eles observam as festas religiosas – mas com que espírito! cf. 8,5). É sua atitude global que é pecaminosa, caricatura da justiça e misericórdia de Deus e daquilo que Deus espera de seu povo. 8,4-6: censura, denunciando que os ricos se tornam sempre mais ricos e os pobres sempre mais pobres; 8,7: ameaça do juízo. • Cf. Am 2,6-8; Dt 25,13; Mq 6,10-11; Os 12,8; Am 3,2.

Salmo responsorial: (Sl 113[112],1-2.4-6.7-8) Deus protege e promove o pobre e o indigente.

2ª leitura: (1Tm 2,1-8) **A comunidade orante** – Para falar da vida cristã (1Tm 2–3), a carta trata primeiro de questões ligadas ao culto, que consiste em petição, adoração, intercessão e ação de graças, tudo ao mesmo tempo. Todos precisam da súplica e devem agradecer, pois que a todos Jesus salvou, mediador único, dado em resgate por nós. Esta é a verdade que salva. A comunidade está diante de Deus rezando e agradecendo por todos, elevando suas mãos, purificadas pela prática da caridade, como as mãos do Crucificado. • 2,2 cf. Rm 13,1-7; 1Pd 2,13-17; Tt 2,8 • 2,4 cf. 1Tm 4,10; Rm 3,29-30; Ef 4,4-6; Jo 8,32 • 2,5-6 cf. 1Cor 8,6; Hb 8,6; 2Cor 5,15; Ef 5,2 • 2,7 cf. At 9,15; Gl 2,7.

– *Leit. alternat.: (Tg 5,1-6) Riqueza podre.*

Aclamação ao evangelho: (2Cor 8,9) Cristo enriqueceu-nos com seu despojamento.

Evangelho: (Lc 16,1-13 ou 16,10-13) **O administrador esperto** – Parábola que escandaliza. Mas Jesus não coloca este comportamento como modelo, porém quer ilustrar que a esperteza no uso dos bens deste mundo faz parte do Reino de Deus. Esperteza em sentido duplo: 1) utilizá-los prevendo a crise (juízo); 2) utilizá-los para fazer amigos para a eternidade (caridade). Esperto é quem sabe escolher de quem ele será amigo, enquanto ainda tem oportunidade. • 16,8 cf. Jo 8,12; Ef 5,8; 1Ts 5,5 • 16,10-12 cf. Mt 25,20-30; Lc 19,17-26 • 16,13 cf. Mt 6,24.

Oração s/as oferendas: Que recebamos no sacramento o que proclamamos na fé.

Prefácio: (dom. T.C. III) A astúcia de Deus em nos salvar.
Canto da comunhão: (Sl 119[118],4-5) Firmeza em observar os preceitos / (Jo 10,14) "Eu sou o Bom Pastor".
Oração final: Colher os frutos da redenção na liturgia e na vida.

Ninguém pode servir a Deus e ao dinheiro (cf. Lc 16,13). Há pessoas que observam as prescrições do culto, mas interiormente estão longe de Deus (cf. Is 29,13). Observam a "lua nova" – festa religiosa tradicional no antigo Israel – e o sábado, mas interiormente pensam em como explorar os pobres e os oprimidos, com uma avareza sem fim: até o refugo do trigo sabem converter em lucro (Am 8,6; **1ª leitura**). Não adiantam cultos e orações: Deus não o esquecerá (8,7)! E, quanto aos oprimidos, Deus os levantará (**salmo responsorial**). As palavras de Amós nos advertem a respeito do vazio da riqueza procurada por si mesma. A riqueza não apenas não nos acompanha (cf. Lc 13,16-21), ela pode tornar-se causa de nossa condenação. E que dizer de uma sociedade que coloca tudo a serviço do lucro?

O **evangelho** narra uma destas parábolas escandalosas de Jesus: um homem que, diante da iminente demissão por causa de má administração, comete umas pequenas (?) fraudes a favor dos devedores de seu patrão, para poder contar com o apoio deles na hora em que for posto para a rua. Será um exemplo? Num certo sentido, sim: era um homem que enxergava mais longe que seu nariz. Não o devemos imitar na sua injustiça, mas na sua previdência. Ele sabia – melhor que aquele fazendeiro de Lc 12,16-21 – que sua posição era precária, e tomou providências. Jesus observa que os "filhos das trevas" – com isso qualifica a imoralidade desse homem – são geralmente mais espertos que os filhos da luz. Ter consciência da precariedade das riquezas e utilizar as últimas chances para ganhar amigos para o futuro, eis o que Jesus quis ensinar.

O grande amigo que devemos ganhar para o futuro é Deus mesmo ("ser rico perante Deus", Lc 12,21). Ganhamo-lo através de pequenos amigos: seus filhos. A iminência do juízo (Lc tomava isso bastante literalmente) nos deve levar à prática da caridade. Entenda-se bem: não fazer caridade para "comprar o céu", mas, com os olhos fitos na realidade definitiva que é Deus, Pai de bondade, transformar nossa vida numa atitude que combine com ele, configurar-nos com ele (cf. Lc 6,35b-36). Sabemos o que é definitivo. Ajamos em conformidade: sejamos misericordiosos como Deus.

O encontro com os amigos das "moradas eternas" inclui os de Lc 14,12-14.15-24: coxos, cegos, estropiados, os pobres em geral, os que são convidados para o banquete eterno. Temos amplas oportunidades de usar o "vil dinheiro" para conquistar esses amigos. Será que o dinheiro é vil? Não há dúvida. Não há um dólar que não seja manchado de opressão e exploração. Através dos bancos que investem minha aplicação compulsória do imposto de renda, estou investindo em indústria bélica... O dinheiro participa do sistema que o gera. O fato de eu poder "comer como um padre" participa de uma estrutura em que muitos não podem isso. Então, alimentado como um padre, devo pelo menos fazer tudo o que posso para que os outros possam alimentar-se assim também. Ou não mais me alimentar como um padre, pois esta não é a realidade definitiva. A caridade, pelo contrário, é definitiva e não perece nunca (cf. 1Cor 13).

Na **2ª leitura** continua a reflexão de Paulo em torno do anúncio da reconciliação, que lhe foi incumbido entre os gentios. Neste espírito, insiste na oração da comunidade, oração de agradecimento e intercessão por todos os homens (cf. 17º dom.). Nós devemos traduzir nossa busca de unidade e reconciliação, tornando-nos mediadores de todos, assim como Cristo reconciliou a todos, tornando-se mediador, por sua morte salvadora. A última frase (2,8) pode servir também de motivação para que a comunidade reze, por exemplo, o Pai-nosso com as mãos elevadas ao céu, "sem ira nem rancor".

A RIQUEZA BEM UTILIZADA

A presente liturgia, como a do domingo seguinte, usa os textos de Amós como "aperitivo" para se ouvir, depois, as palavras de Jesus. A **1ª leitura** é uma crítica inflamada de Amós contra os que "compram os pobres por dinheiro". Mas, no **evangelho**, Jesus conta uma parábola que parece louvar o suborno que um administrador de fazenda comete para "comprar" amigos para o dia em que ele for despachado do seu serviço. Como foi que Jesus escolheu este exemplo para explicar que ninguém pode servir a dois senhores (Deus e o dinheiro)? Entendamos bem. Quando Jesus propõe uma parábola, devemos olhar bem em que consiste a comparação. Jesus não está igualando o suborno do homem ao bom comportamento moral. Não quer justificar a safadeza desse filho das trevas, mas apenas mostrar sua "previdência": largou o peixe pequeno para apanhar o grosso. Diminuiu o débito dos devedores – perdendo inclusive sua comissão sobre uma parte das dívidas a cobrar – para lograr a amizade dessas pessoas, que ia ser mais útil que a comissão ganha sobre a cobrança da dívida...

Então a lição é a seguinte: dar preferência àquilo que agrada a Deus e ao seu projeto, acima do lucro financeiro. E o projeto de Deus é: justiça e amor para com os seus filhos, em primeiro lugar os pobres.

A riqueza de nossa sociedade deve ser usada para estarmos bem com os pobres. A riqueza é passageira. Se vivermos em função dela, estaremos algum dia com a calça na mão. Mas se a tivermos investido num projeto de justiça e fraternidade para com os mais pobres, teremos ganho a amizade deles e de Deus, para sempre.

Jesus não nos propõe como exemplo a administração fraudulenta do administrador, mas a previdência dele. Observe-se que Jesus declara o dinheiro injusto – todo e qualquer dinheiro. Pois, de fato, o dinheiro é o suor do operário acumulado nas mãos daqueles que se enriquecem com o trabalho dele. Todo o dinheiro tem cheiro de exploração, de capital não investido em bens para os que trabalham. Mas já que a sociedade por enquanto funciona com este recurso injusto, pelo menos usemo-lo para a única coisa que supera a caducidade de todo esse sistema: o amor e fraternidade para com os outros filhos de Deus, especialmente os mais deserdados e explorados. Assim corresponderemos à nossa vocação de filhos de Deus. Não serviremos ao dinheiro, mas o usaremos para servir ao único Senhor.

26º domingo do tempo comum/C
A RIQUEZA ENDURECE O HOMEM: AVAREZA

C
T. Com.

Canto da entrada: (Dn 3,31.29.30.43.42) Deus fez bem em nos castigar, pois pecamos; mas que agora nos trate conforme sua misericórdia.

Oração do dia: O poder de Deus se mostra sobretudo no perdão.

1ª leitura: (Am 6,1a.4-7) **Ai dos ricos de Sião e Samaria** – Mais uma censura de Amós à "sociedade de consumo" de Jerusalém e Samaria (cf. dom. pass.). Aproveitam a vida, sem se importar com a ruína do povo (a "casa de José" = Efraim e Manassés). Por isso, a elite tem que ir ao cativeiro, para aprender o que é a justiça e o direito. • Cf. Lc 6,24; Am 5,7-15; 8,4-8; Tg 5,1-5.

Salmo responsorial: (Sl 146[145],7.8-9a.9bc-10) Deus protege os necessitados e ama os justos.

2ª leitura: (1Tm 6,11-16) **As virtudes dos líderes da comunidade** – No contexto anterior, 1Tm falou da avareza, que chega a abalar a fé (6,10). Também os ministros da Igreja devem se cuidar dela. Positivamente, devem cultivar as boas virtudes (6,11-12), ser fiéis à profissão da fé (6,12.13), confiada a eles por Cristo, até sua volta (6,14.15-16). A Igreja está no tempo do crescimento; deve conservar o que lhe é confiado. • 6,11-12 cf. Gl 5,22-23; 2Tm 2,22; Tt 2,2; 2Tm 4,7 • 6,15-16 cf. Dt 10,17; Sl 136[135],3; Dn 2,47; Ap 17,14; Ex 33,20; Jo 1,17-18.

– *Leit. alternat.: (Tg 2,5-9) "Vós desprezais o pobre".*

Aclamação ao evangelho: (2Cor 8,9) Cristo enriqueceu-nos com seu despojamento.

Evangelho: (Lc 16,19-31) **O avaro e o pobre Lázaro** – Nesta parábola, exclusivamente lucana, Lc acentua o perigo da riqueza. Quem vendeu sua alma pela riqueza (quem é tão pobre que só possui dinheiro), nem Moisés, nem algum profeta, nem mesmo alguém que voltasse dos mortos (Cristo!) conseguiria fazê-lo mudar de rumo. • 16,21 cf. Lc 15,16 • 16,22 cf. Mt 8,11 • 16,25 cf. Lc 6,24-25 • 16,31 cf. Jo 5,46-47; 11,47-48.

Oração s/as oferendas: Que a oferenda nos abra a fonte da bênção de Deus.

Prefácio: (dom. T.C. II) A compaixão e a ressurreição do Cristo.

Canto da comunhão: (Sl 119[118],49-50) A palavra de Deus: esperança e consolo / (1Jo 3,16) Jesus deu sua vida por amor e nós a devemos dar também.

Oração final: Participando da morte de Cristo na sua comemoração, sejamos co-herdeiros de sua vida.

O profeta Amós poderia figurar numa antologia de literatura irônica (p.ex., as "vacas de Basã", Am 4,1). Na semana passada, encontramo-lo revelando a ambiguidade dos ricos comerciantes da Samaria. Hoje censura-lhes a irresponsabilidade (**1ª leitura**). Denuncia o luxo e a luxúria das classes dominantes, enquanto o povo é ameaçado pela catástrofe da injustiça social e da invasão assíria. Por isso, esses ricaços sairão ao exílio na frente dos deportados... (Amós evoca ironicamente a gloriosa história antiga: os ricos, porque têm uma cítara para tocar, acham que são cantores como Davi... Samaria é a "casa de José", mas José distribuía alimento aos de sua casa...)

A insensibilidade pelo sofrimento do pobre é também o tema inicial da parábola do rico e Lázaro, Lc 16,19-31 (**evangelho**). As sobras da mesa do rico não vão para o pobre, mas para o cachorro. Parece atualidade. Porém, vem a morte, igual para os dois. O quadro se inverte. Lázaro vai ao seio de Abraão, o rico para o inferno. Há entre os dois um abismo intransponível, de modo que Lázaro nem poderia dar-lhe um dedinho de água para aliviar o calor infernal. Este abismo já existia, no fundo, antes da morte, mas com a morte se tornou intransponível. Então, o rico pede que seus irmãos sejam avisados por Lázaro. Mas Abraão responde: "Eles têm Moisés e os profetas. Nem mesmo em alguém voltando dos mortos acreditarão": alusão a Cristo.

Dureza, isolamento, incredulidade: eis as consequências de viver para o dinheiro. Podemos verificar esse diagnóstico em redor de nós, cada dia, e, provavelmente, também em nós mesmos. Porque a pessoa só tem um coração; se ele se afeiçoa ao dinheiro, fecha-se ao irmão.

Os ricos são infelizes porque se rodeiam de bens como de uma fortaleza (cf. os condomínios fechados). São "incomunicáveis". Vivem defendendo-se a si e a suas riquezas. Os pobres não têm nada a perder. Por isso, "as mãos mais pobres são que mais se abrem para tudo dar".

Em nosso mundo de competição, a riqueza transforma as pessoas em concorrentes. A riqueza é vista não como "gerência" daquilo que deve servir para todos, mas como conquista e expressão de *status*. Tal atitude marca a riqueza financeira (capitalização sem distribuição), a riqueza cultural (saber não para servir, mas para sobrepujar)

C
T. Com.

e riqueza afetiva (possessividade, sem verdadeira comunhão). Considera-se a riqueza recebida como posse em vez de "economia" (palavra grega que significa: gerência da casa). Não se imagina o tamanho deste mal numa sociedade que proclamou o lucro e a competição como seus dinamismos fundamentais. Até a afetividade transforma-se em posse. As pessoas não se sentem satisfeitas enquanto não possuem o objeto de seu desejo, e, quando o possuem, não sabem o que fazer com ele, passando a desejar outro... Pois não sabem entrar em comunhão. Assim, a parábola de hoje é um comentário do "ai de vós, ricos" (Lc 6,24).

Merece atenção a **2ª leitura**. Pelo estilo, é o "testamento literário" de Paulo. O testemunho de Cristo neste mundo não é nada pacífico. É uma luta: o *bom* combate. Devemos travá-lo até o fim, para que vivamos para sempre com aquele que possui o fim da História. Poderíamos acrescentar à leitura os versículos que seguem (1Tm 6,17-19): uma lição do que o cristão deve fazer com seus bens.

A RIQUEZA QUE ENDURECE

Como no domingo anterior, ouvimos as censuras de Amós contra os ricos da Samaria, endurecidos no seu luxo (**1ª leitura**). Não se preocupam com o estado lamentável em que se encontra o povo. Jesus, no **evangelho**, descreve esse tipo de comportamento na inesquecível pintura do ricaço e seus irmãos, que vivem banqueteando-se e desprezando o pobre Lázaro, mendigo sentado à porta. Quando morre e vai ao inferno, o rico vê, de longe, Lázaro no céu, com o pai Abraão e todos os justos. Pede para que Lázaro venha com uma gota-d'água aliviar sua sede. Mas é impossível. O rico não pode fazer mais nada, nem sequer consegue que Deus mande Lázaro avisar seus irmãos a respeito de seu erro. Pois, diz Deus, nem mandando alguém dentre os mortos eles não acreditam. Imagine, se mesmo a mensagem de Jesus ressuscitado não encontra ouvido!

Mas nós continuamos como o rico e seus irmãos. Os pobres morrem às nossas portas, onde despejamos montes de comida inutilizada... (Alguma prefeitura talvez organize a distribuição das sobras dos restaurantes para os pobres.) Devemos criar uma nova estrutura da sociedade, de modo que não haja mais necessidade de mendigar, nem supérfluos a despejar. Isso aliviará, ao mesmo tempo, o problema social e o problema ecológico, pois o meio ambiente não precisará mais acolher os nossos supérfluos. Mas, ao contrário, cada dia produzimos mais lixo e mais mendigos.

O exemplo do rico confirma a mensagem de domingo passado: não é possível servir a Deus e ao dinheiro. Quem opta pelo dinheiro, afasta-se de Deus, de seu plano e de seus filhos. Talvez decisivamente.

Em teoria, aceitamos esta lição. Mas ficamos por demais no nível pessoal e interior. Procuramos ter a alma limpa do apego ao dinheiro e, se nem sempre o conseguimos, consideramos isso uma fraqueza que Deus há de perdoar. Mas não fazemos a opção por Deus e pelos pobres em nível estrutural, ou seja, na organização de nossa sociedade, de nosso sistema comercial etc. Temos até raiva de quem quer mudar a ordem de nossa sociedade. Prendemo-nos ao sistema que produz os milhões de lázaros às nossas portas. Pior para nós, que não teremos realizado a justiça, enquanto eles estarão na paz de Deus.

A "lição do pobre Lázaro" só produzirá seu efeito em nós, "cristãos de bem", se metermos a mão na massa para mudar as estruturas econômicas, políticas e sociais de nossa sociedade.

27º domingo do tempo comum/C
A SOBERANIA DE DEUS E NOSSA FÉ

Canto da entrada: (Est 13,9.10-11) Ninguém pode resistir à vontade de Deus.

Oração do dia: Deus nos concede mais do que ousamos pedir: misericórdia e perdão.

1ª leitura: (Hab 1,2-3; 2,2-4) **O profeta pede explicação a Deus** – Hab 1,2–2,4 é um diálogo entre Deus e o profeta. O profeta se queixa, porque a impiedade está vencendo. O direito e o próprio justo são pisados aos pés. Resposta: vem coisa pior ainda! Deus não precisa prestar contas para o homem. Este é que lhe deve obediência, também nas horas difíceis: "fé/fidelidade" que faz viver o justo (Hab 2,4). • 1,2-3 cf. Sl 13[12],2-3; 22[21],2-3; 55[54],10-12; Jr 9,2-3; Am 3,9-10 • 2,2-3 cf. Is 8,10; 30,8; Dn 8,26; 10,14; 2Pd 3,4-10; Hb 10,37 • 2,4 cf. Sl 37[36],3-6; Rm 1,17; Gl 3,11; Hb 10,38.

Salmo responsorial: (Sl 95[94],1-2.6-7.8-9) Prostremo-nos diante do Senhor, que nos criou, pois ele é nosso Deus.

2ª leitura: (2Tm 1,6-8.13-14) **Não se envergonhar do Evangelho e guardar o bem depositado** – Em Rm 1,16, Paulo escreveu que não se envergonhava por causa do Evangelho. 2Tm repete o mesmo como exortação aos pastores, que precisam lembrar-se de que estão servindo ao Cristo aniquilado. O "bom depósito" (o bem depositado neles) é a plena verdade do Evangelho. Repletos dela, poderão distribuí-la aos outros. O cristão é responsável não só por sua própria fé, como também pela de seu irmão. • 1,6-8 cf. 1Tm 4,14; Rm 8,15; 1,16 • 1,13-14 cf. 2Tm 4,3; 1Tm 6,20.

– *Leit. alternat.:* (Gl 3,6-11) "O justo viverá pela fé".

Aclamação ao evangelho: (1Pd 1,25) A Palavra do Senhor permanece.

Evangelho: (Lc 17,5-10) **Somos simples servos** – A palavra de Jesus precisa às vezes de muita fé para ser acolhida. Daí os discípulos dizerem: "Dá-nos mais fé". Pois o evangelho não é tão evidentemente gratificante. Somos como peões de fazenda, que, depois de ter executado seu longo e cansativo serviço, não podem reclamar, pois apenas cumpriram seu dever (cf. 1Cor 9,16). Deus não precisa prestar contas a nós. • 17,5-6 cf. Mc 9,24; Mt 17,20; 21,21 • 17,8 cf. Lc 12,37; 22,27; Jo 13,1-16.

Oração s/as oferendas: Deus aceite o sacrifício que instituiu e complete a santificação dos que salvou.

Prefácio: (comum IV) Felicidade de poder louvar e agradecer a Deus.

Canto da comunhão: (Lm 3,25) Deus é bom para quem nele confia / (1Cor 10,17) Um só pão, um só cálice, um só corpo.

Oração final: Inebriados pelo sacramento, sejamos transformados naquilo que recebemos.

O mote da liturgia de hoje é: fé-fidelidade (o termo bíblico tem os dois sentidos). Quando Habacuc (**1ª leitura**), diante da desordem em Judá, nos últimos anos antes do exílio, grita a Deus com impaciência, quase com desespero, Deus anuncia que ele tratará o mal por um remédio mais tremendo ainda: os babilônios. À objeção de Habacuc contra esta solução, Deus responde: "Eu sei o que faço; não preciso prestar contas; mas os justos se salvarão por sua fidelidade" (2,2-4). O **evangelho** começa com a prece dos Apóstolos: "Senhor aumenta-nos a fé". O sentido de "fé" é um pouco diferente daquilo que Habacuc quer dizer. No A.T., trata-se da autenticidade e lealdade para com Deus, a fidelidade; no N.T., da adesão a Jesus Cristo (ambas as atitudes são indicadas pelo mesmo termo em grego, *pistis*, e em latim, *fides*). De fato, a adesão de fé implica também a lealdade e a fidelidade. A resposta de Jesus é uma admoestação para que tenham mais fé, fé que transporta montanhas! Jesus utiliza aqui o estilo hiperbólico dos orientais, mas não deixa de ser verdade que, quem se entrega em confiança a Deus em Jesus Cristo, faz coisas que outros não fazem e que ele mesmo não se julgava capaz de fazer.

Assim como, em Hab, Deus não presta contas ao profeta, vemos, no **evangelho**, Deus como um senhor que não precisa prestar contas a seus escravos. Depois do longo trabalho no campo, ele pode ainda pedir que eles preparem a comida e lha sirvam sem reclamar, pois fizeram somente seu dever. Claro que Jesus não está justificando este modo de agir; apenas descreve a realidade de seu tempo para expressar uma ideia religiosa: que Deus não precisa prestar contas: quando o servimos, fazemos apenas o que devemos fazer.

Mensagem chocante em nosso mundo, onde a mínima prestação de serviço exige uma gratificação específica. Ainda que, muitas vezes, a gratificação não valha o serviço, essa mentalidade exclui todo o espírito do serviço gratuito. Ora, no Reino de Deus somos participantes; nossa recompensa existe no participar, como Paulo diz a respeito do anunciar o evangelho gratuitamente (1Cor 9,16). Na realidade Jesus usa um exemplo tirado de uma sociedade paternalista. Ao interpretar, devemos excluir esses traços paternalistas. O que Jesus quer mostrar é que participamos no projeto de Deus não em função de uma compensação extra, mas porque é a obra de Deus. Pois o próprio Deus é nossa recompensa, a realização de seu amor supera qualquer recompensa que poderíamos imaginar.

Na **2ª leitura** Paulo admoesta seu amigo Timóteo a manter plena fidelidade ao Senhor. Pois também o ministro da fé deve firmar-se na fidelidade, para poder firmar seus irmãos na fé. Não se envergonhar (o cristianismo era ridicularizado e perseguido nas cidades do mundo "civilizado" de então), observar a doutrina sadia recebida do Apóstolo (contra as fantasias gnósticas e outras que se introduziram no cristianismo primitivo), guardar o "bom depósito", ou seja, o bem a ele confiado, o evangelho. Nas circunstâncias daquele tempo e de todos os tempos, isso só é possível com a força do Espírito Santo.

Recebemos hoje, portanto, uma mensagem para valorizar a fé, inclusive, como base da oração. Mas nossa fé não é uma espécie de fundo de garantia para que Deus nos atenda. Assim como ele não precisa prestar contas, também não é forçado por nossa fé. Nossa fé é necessária para nós mesmos, para ficarmos firmes na adesão a Deus em Jesus Cristo. Deus mesmo, porém, é soberano, e soberanamente nos dá mais do que ousamos pedir (**oração do dia**).

SOMOS SIMPLES SERVOS

Quem não gosta de um elogio? Não estão nossas igrejas tradicionais cheias de inscrições elogiando os generosos doadores dos bancos, dos vitrais ou da imagem de Sta. Filomena?

Ora, o **evangelho** nos propõe uma atitude que parece inaceitável a uma pessoa esclarecida, hoje em dia: o empregado não deve reclamar quando, depois de todo o serviço no campo, em vez de ganhar elogio, ele ainda deve servir a janta. Ele é um empregado sem importância; tem de fazer seu serviço, sem discutir.

Jesus nos quer ensinar a estar a serviço do Reino sem darmos importância a nós mesmos. Ele mesmo dará o exemplo disso, apresentando-se, na Última Ceia, como aquele que serve (Lc 22,27). Isto não rima com a mentalidade calculista e materialista da nossa sociedade, que procura compensação para tudo o que se faz – aliás, compensação superior ao valor daquilo que se fez...

Se levamos a sério a parábola de Jesus, como então ensinamos aos empregados e operários reivindicarem sempre mais (porque, se não reivindicam, são explorados)? Certamente, Jesus não quer condenar os movimentos de reivindicação. A questão é outra. Ele quer apontar a dedicação integral no servir. Interesse próprio, lucro, reconhecimento, fama, poder... não são do nível do Reino, mas apenas da sobrevivência na sociedade que está aí. A parábola não serve para recusar as reivindicações de justiça social, mas para declarar impróprios os interesses pessoais no serviço do Reino.

Convém fazer um sério exame de consciência sobre a retidão e a gratuidade de nossas intenções conscientes e de nossas motivações inconscientes. Na Igreja, tradicional ou progressista, quanta ambição de poder, quanto querer aparecer, quantas compensaçõezinhas!

E mesmo com relação às estruturas da sociedade, a parábola de Jesus hoje nos ensina a não focalizarmos única e exclusivamente as reivindicações. Estas são importantes, no seu devido tempo e lugar, para garantir a justiça e conseguir as transformações necessárias. Mais fundamental, porém, na perspectiva de Deus, é criar o espírito de serviço e disponibilidade, que nunca poderá ser pago. Quem vive no espírito de comunhão nunca achará que está fazendo demais para os outros.

"Somos simples servos". Antigamente se traduzia: "Somos servos inúteis". Tal tradução era psicológica e sociologicamente nefasta, pois fomentava a acomodação, além de contraditória, pois servo inútil não serve... Servindo com simplicidade, não em função de compensações egoístas, mas em função da fidelidade e da objetividade, somos muito úteis para o projeto de Deus.

28º domingo do tempo comum/C
A GRAÇA DE DEUS E NOSSO AGRADECIMENTO

Canto da entrada: (Sl 130[129],3-4) Se Deus observar nossa culpa, quem poderá subsistir?

Oração do dia: A graça de Deus nos preceda e acompanhe; estejamos atentos para o bem que nos é dado fazer.

1ª leitura: (2Rs 5,14-17) **A gratidão de Naamã, o leproso sírio** – Eliseu não curou por um trabalho seu o general sírio, Naamã, pois devia ficar claro que Deus é quem cura. O general, por seu lado, teve de aprender a obedecer... Homem piedoso, queria agradecer o profeta com um presente, mas, novamente, o profeta remeteu-o para Deus mesmo. Então, em sinal de gratidão, pediu para levar para casa um pouco de terra de Israel, para adorar Javé no seu próprio chão! (cf. 2Rs 5,18-19). • Cf. Lc 4,27; Jo 9,7; 1Sm 9,7.

Salmo responsorial: (Sl 98[97],1.2-3ab.3cd-4) Louvor universal a Deus por sua bondade.

2ª leitura: (2Tm 2,8-13) **Nosso empenho por Cristo e a fidelidade de Deus** – Testamento de Paulo. Quem segue no trilho do Apóstolo, arrisca-se. O amor ao Evangelho e aos "eleitos" exige empenho total. Isso é possível a partir da certeza de que Cristo foi ressuscitado dos mortos (2,8). V. 11-13 parecem um hino. A última estrofe (v. 13) surpreende (três frases em vez de duas): à nossa infidelidade, Deus responde com... fidelidade, pois não pode negar seu próprio ser! • 2,8 cf. Rm 1,3-4; At 13,22-23; Rm 2,16; 16,25 • 2,9-10 cf. Fl 1,12-17; Cl 1,24; 2,1 • 2,11-13 cf. Rm 6,5; 8,11; Fl 3,10-11; Rm 8,17; Mt 10,33; 1Cor 1,9; 10,3; 1Ts 5,24; 2Ts 3,3; Hb 10,23.

– *Leit. alternat.: (Ef 2,5-6.8-10) "Pela graça fostes salvos".*

Aclamação ao evangelho: (1Ts 5,18) Sempre dar graças.

Evangelho: (Lc 17,11-19) **Os dez leprosos; a gratidão do samaritano** – Jesus, subindo a Jerusalém, encontra dez leprosos, a quem cura. Mas só um volta para agradecer: é um não judeu (cf. Naamã, 1ª leitura). Este é realmente salvo, por sua fé. É acolhido por Deus. Os outros são absorvidos pelo sistema da Lei; acham-se justificados, uma vez que se mostraram aos sacerdotes. • 17,12-13 cf. Lv 13,45-46; Mt 9,27; 15,22; Lc 18,38 • 17,14 cf. Lv 14,1-32; Lc 5,14 • 17,19 cf. Lc 7,50; 18,42.

Oração s/as oferendas: Que Deus, com as oferendas, acolha nossas preces.

Prefácio: (comum (IV) O dom de agradecer a Deus.

Canto da comunhão: (Sl 33[32],11) Nada falta aos que buscam Deus / (1Jo 3,2) "Quando Cristo aparecer seremos como ele".

Oração final: Alimentados pelo sagrado alimento, possamos participar da vida divina.

C
T. Com.

A história de Eliseu e Naamã, tema da **1ª leitura** de hoje, mereceria mais carinho do que a liturgia lhe consagra. De fato, o recorte litúrgico exige pelo menos uma pequena introdução narrativa, para pôr os ouvintes a par do que precedeu à entrada de Naamã na água do Jordão: como este estrangeiro criou a ideia de consultar um profeta de Israel e, sobretudo, como ele queria montar o espetáculo, levando ricos presentes (2Rs 5,5). Queria que Eliseu o curasse por sua palavra, mas Eliseu o mandou banhar-se no Jordão, para que ficasse claro que não era Eliseu quem curava, e sim, o Senhor de Israel e das águas do Jordão. O general, apertado, aprendeu a obedecer. Veio a hora de agradecer: novamente, Naamã oferece um presente digno de um príncipe. Eliseu recusa, pois quem agiu foi Deus! Então vem o comovente fim da história: curado, não só de sua lepra, mas de seu orgulho de militar, Naamã pede para levar à Síria um pouco de terra de Israel, para adorar, na Síria, o Deus de Israel no seu próprio chão. Além disso, pede antecipadamente perdão porque, como funcionário real, terá que adorar de vez em quando o deus sírio Remon; e Eliseu responde: "Pode fazer tranquilamente"...

As lições desta história são diversas. Aparece a gratuidade do agir de Deus: nem presentes, nem ordens o movem, mas a ingênua confiança que se esconde por trás das manias militarescas de Naamã. A humildade do profeta, que só quer que Deus apareça. A comovente gratidão do sírio. A abertura de espírito do profeta quanto às obrigações religiosas do sírio. O fato de ele ser estrangeiro: Deus "não tinha obrigações" para com ele.

O **evangelho** lembra esta história sob vários aspectos. Trata-se de lepra. Dez leprosos são curados, não imediatamente (cf. Naamã), mas somente depois de ter mostrado uma confiança inicial, tomando o caminho para se mostrar aos sacerdotes. Porém, quanto ao tema da gratidão, somos mais chocados que comovidos: só um dos dez volta para agradecer. Por sinal, um estrangeiro, samaritano (cf. Naamã). Parece que a graça de Deus é melhor acolhida pelos estrangeiros. E é verdade, mesmo. Pois eles se sabem agraciados. Não têm privilégios. As pessoas da casa acham que tudo o que recebem é "por direito" e que, portanto, não precisam agradecer. Esquecem que tudo é graça. Acham que estão quites quando cumprem as prescrições: mostrar-se aos sacerdotes. São absorvidos por seu próprio sistema. Por isso, se diz que os piores cristãos são os que moram mais perto da Igreja: apropriam-se da religião e esquecem o extraordinário de tudo o que Deus faz.

Gratuidade do agir de Deus, gratidão por tudo o que Deus faz: tudo é graça. Estes seriam os temas de reflexão para hoje. É o dia indicado para ler o belo **prefácio** comum IV: agradecemos a Deus até o dom de o louvar! Também a **oração do dia** participa deste tema: a graça de Deus deve preceder e acompanhar nosso agir; devemos estar atentos ao bem que "podemos" fazer, isto é, que Deus nos dá para fazer, como um dom. Graça, gratuidade, gratidão, agradecimento: é o momento de ensinar ao povo o parentesco, não apenas etimológico, mas vital, destas palavras.

Na **2ª leitura**, o testamento de Paulo chega ao mais alto grau de condensação: Paulo confia a seu cooperador, Timóteo, "seu evangelho", o anúncio da ressurreição de Cristo, que garante também nossa ressurreição, se ficarmos firmes na fé nesta palavra. As últimas frases formam um hino (2Tm 2,11-13). A palavra que é verdadeira nos ensina: se morrermos com Cristo, viveremos; se formos firmes, reinaremos com ele; se o renegarmos, ele nos renegará; – e agora vem uma quebra surpreendente nos paralelismos – se formos infiéis, ele será... fiel! pois não pode negar seu próprio ser! Esta **2ª lei-**

tura, que interrompe a unidade temática da 1ª e 3ª leituras, porém rica demais para ser suprimida, poderia ser um belo texto de meditação, depois da comunhão.

GRATIDÃO

A **1ª leitura** nos oferece uma das mais belas histórias do Antigo Testamento[5]. Naamã, general sírio, foi curado da lepra pelo profeta israelita Eliseu. Para mostrar a sua gratidão, levou consigo para a Síria, nos seus jumentos, uns sacos cheios de terra de Israel, para, lá na Síria, adorar o Deus de Israel no seu próprio chão!

Em contraste com este exemplo de singela gratidão, o **evangelho** narra a história dos dez leprosos que foram curados por Jesus e dos quais apenas um voltou para agradecer. E esse que voltou para agradecer era, por sinal, um estrangeiro (como o general sírio), pior, um samaritano, inimigo do povo de Jesus...

A gratidão é uma flor rara. Brota, frágil e efêmera, nas épocas de trocar presentes (Natal, Páscoa...), mas desaparece durante o resto do ano. Quase ninguém agradece pelos dons que recebe continuamente, dia após dia: a vida, o ar que respira, os pais, irmãos, vizinhos...

As antigas orações estão cheias de ação de graças. O próprio termo "eucaristia", que indica a principal celebração cristã, significa "ação de graças". Hoje em dia, quando se faz uma ação de graças partilhada, a maioria das pessoas não consegue formular um agradecimento... Numa missa, depois da comunhão, o padre convidou os fiéis a formular orações de louvor e gratidão, não de pedido. A primeira voz que se fez ouvir rezou: "Eu te agradeço, Senhor Deus, porque sei que te posso pedir por meu marido e meus filhos...".

Se fosse apenas o costume de pedir, não seria grave. Pedir com simplicidade é o outro lado da gratidão. Mas a mania de pedir sem agradecer reflete a mentalidade de nosso ambiente: sempre querer levar vantagem. Será por causa das dificuldades da vida? Mas os que têm a vida mais folgada é que mais pedem sem agradecer... Falta motivação para se dirigir em simples agradecimento àquele que é a fonte de todos os bens. Talvez não seja apenas a gratidão que desapareceu. Receio que Deus mesmo tenha sumido dos corações.

Não só as pessoas individuais, também as comunidades eclesiais devem precaver-se desse perigo. Lutar pelo amor-com-justiça é bom e necessário, mas a luta deve estar inspirada pela visão alegre e alentadora do bem que Deus dispõe para todos, e não pela insatisfação e frustração. Um espírito de gratidão pelo que já se recebeu, em termos de solidariedade e fraternidade, é o melhor remédio para que a luta não faça azedar as pessoas. Então a desgraça que se vive não abafará a gratidão; será apenas um desafio a mais para que tudo o que fizermos seja uma ação de graças a Deus, conforme a palavra de Paulo (**2ª leitura**).

29º domingo do tempo comum/C
ORAÇÃO PERMANENTE E FÉ CONSTANTE

Canto da entrada: (Sl 17[16],6.8) "Guarda-me como a pupila dos olhos; a sombra de tuas asas abriga-me".
Oração do dia: Estar sempre à disposição de Deus e servi-lo de todo o coração.
1ª leitura: (Ex 17,8-13) **A força da oração de Moisés** – Na batalha contra os amalecitas, quem decide a vitória não é Josué, o general, mas Moisés, o homem de Deus, que reza de braços estendidos desde a manhã até a noite. • Cf. Sl 44[43],2-9 • Amalec, cf. Gn 14,7; Nm 13,29; 24,20; 1Cr 4,42-43.

---

5. Aconselha-se, aos padres ou ministros da Palavra, que a expliquem e contextualizem bem, pois o trecho prescrito no Lecionário é truncado.

Salmo responsorial: (Sl 121[120],1-2.3-4.5-6.7-8) "Nosso auxílio vem do Senhor".

2ª leitura: (2Tm 3,14–4,2) **Exigências do serviço da Palavra** – A fé é uma graça de Deus, mas também algo que a gente aprende, tanto o conteúdo quanto a atitude. Isso vale sobretudo para quem tem responsabilidade na comunidade. Sua fé deve crescer pela leitura da S. Escritura, a experiência vital e a desinteresseira transmissão da Palavra, traduzida novamente para cada geração. A palavra de Deus atinge os homens através dos homens. Só o convicto consegue convencer. Daí a solene admoestação de 4,1. O Pastor eterno julgará por primeiro os pastores. • 3,14-17 cf. 2Tm 2,2; 1,5; Jo 5,39; 2Pd 1,20-21 • 4,1-2 cf. At 10,42; Rm 14,9-10; 1Tm 6,14; 1Pd 4,5; At 20,20-31.

– *Leit. alternat.: (1Tm 2,1-3.8) A súplica.*

Aclamação ao evangelho: (Hb 4,12) A palavra de Deus é eficaz.

Evangelho: (Lc 18,1-8) **A oração insistente da viúva** – Jesus ensinou a rezar pela vinda do Reino; mas quando esta se completar, na parusia do Filho do Homem, encontrar-se-á ainda fé na terra? (18,9; cf. 2Tm 4,1). Por isso, até lá, é tempo de oração. Devemos reconhecer a carência em que vivemos e assumi-la na oração insistente. Se não clamarmos a Deus para fazer justiça, sua vinda nos encontrará sem fé. • 18,1 cf. Lc 11,5-9; Rm 12,12; Ef 6,18; 1Ts 5,17.

Oração s/as oferendas: Purificados pela graça de Deus, sejamos renovados pelos mistérios que celebramos.

Prefácio: (dom. T.C. VI) As provas do amor paterno de Deus e o penhor da vida futura.

Canto da comunhão: (Sl 33[32],18-19) Deus alimenta na penúria / (Mc 10,45) "O Filho do Homem veio para dar sua vida para a salvação dos homens".

Oração final: Que Deus nos propicie os bens para viver hoje e nos ensine os eternos.

Como toda boa catequese, também a de Israel gostava de histórias que falassem à imaginação. Assim, a história de como Moisés conseguiu a vitória de seu general Josué sobre os amalecitas, os eternos inimigos de Israel (**1ª leitura**). Enquanto Moisés, segurando o bastão de força divina, ergue as mãos por cima dos combatentes, Israel ganha. Quando ele as deixa baixar, perde. Então, escoram a Moisés com uma pedra e sustentam-lhe os braços erguidos, até o pôr do sol, quando a batalha é decidida em favor de Israel. A história não diz o que significava o gesto de Moisés: oração, bênção sobre Israel ou esconjuro do inimigo. Mas, sendo Moisés o enviado de Deus, é evidente que se trata de uma maneira de tornar a força do Senhor presente no combate. O gesto pode bem significar que Deus mesmo é o general do combate. O próprio gesto de levantar as mãos indica o relacionamento com o Altíssimo. Levantar as mãos a Deus sem cansar, eis a lição da 1ª leitura. O **salmo responsorial** comenta, neste sentido, o levantar os olhos.

No mesmo sentido, o **evangelho** narra uma dessas parábolas provocantes bem ao gosto de Lc. Uma viúva pleiteia seu direito junto a um juiz pouco interessado, provavelmente comprometido com o outro partido. Porém, no fim lhe faz justiça, não por virtude, mas por estar cansado de sua insistência. Embora saibamos que Deus gosta de nos atender (não é como o juiz!), Jesus nos encoraja a cansar Deus com nossas orações! Mas, para isso, precisa fé. Ora, acrescenta Lc: será que o Filho do Homem encontrará ainda fé na terra, quando ele vier?...

Lc escreve no último quartel do século I. A fé já está enfraquecendo. A demora da Parusia, as perseguições, as tentações da "civilização" do Império Romano, tantos fatores que colaboravam para enfraquecer a fé. Os cristãos, vivendo num mundo inimigo, esperavam a Parusia como o momento em que Deus faria justiça, já que eles eram pequenos e oprimidos. Seria o Dia do Senhor. Mas estava demorando! Rezavam: "Venha teu Reino!" (Lc 11,2). Mas também sabiam que é difícil aguentar a pressão: "Não nos deixeis cair em tentação" (11,4). Por isso, Lc pergunta: se continuar assim, não terão todos caído quando o Filho do Homem vier? Talvez uma advertência pedagógica, para insistir na necessidade de guardar a fé até que venha o Filho do Homem. 2Pd 3,9 está às voltas com o mesmo problema, mas oferece uma outra solução: Deus demora, porque está dando chances para a gente se converter.

A mensagem da **2ª leitura** completa a das duas outras. Não apenas deve ser insistente nossa oração, não apenas devemos guardar a fé; devemos insistir também na pregação da própria palavra do Evangelho, oportuna ou inoportunamente! Alguns anos atrás, na crise da secularização, procurava-se não incomodar o homem "urbano moderno" com a expressão franca da identidade cristã. Acontecia que, ao se expressar prudentemente uma exigência cristã, o interlocutor respondia, com um sorriso de compaixão: "Eu achava que o senhor fosse esclarecido!" Melhor não ficar dando voltas e insistir, mesmo inoportunamente. O tempo é sempre breve. O homem moderno, mais do que secularizado, é sobretudo "objetivo": gosta de saber logo qual é o assunto! Por isso, sejamos claros. Não se trata de fanatismo, que é disfarce da insegurança. A insistência que Paulo aconselha é a exteriorização da convicção (2Tm 4,2), sobretudo, porque o evangelho que ele propõe é o da "graça e benignidade de Deus, nosso Salvador" (Tt 3,4; cf. 2,11).

Para isso, é necessário que o evangelizador "curta", pessoalmente, toda a riqueza da Palavra, a sua expressão nas Sagradas Escrituras – inclusive do A.T., pois este fornece a linguagem em que Jesus moldou seu Evangelho. Tudo isso é obra do Espírito de Deus (2Tm 3,16).

A SAGRADA ESCRITURA

Antigamente os protestantes se distinguiam dos católicos porque "liam a Bíblia", como se dizia. De uns tempos para cá, isso mudou. A Bíblia faz parte também do lar católico e, espera-se, não só para ficar exposta sobre um belo suporte de madeira entalhada... O Concílio Vaticano II nos exorta a ler a Sagrada Escritura, usando as mesmas palavras de Paulo na **2ª leitura** de hoje: a Escritura "comunica a sabedoria que conduz à salvação", "é inspirada por Deus e pode servir para denunciar, corrigir, orientar".

Ora, essa recomendação de Paulo e do Concílio deve ser interpretada como convém. Não significa que cada palavrinha isolada da Sagrada Escritura seja um dogma. A Escritura é um conjunto de diversos livros e textos que devem ser interpretados à luz daquilo que é mais central e decisivo, a saber, o exemplo de vida e o ensinamento de Jesus. O centro e o ponto de referência de toda a Sagrada Escritura são os quatro evangelhos. Em segundo lugar vêm os outros escritos do Novo Testamento (as Cartas e os Atos dos Apóstolos), que nos mostram a fé e a vida que os discípulos de Jesus quiseram transmitir. A partir daí podemos compreender como a Bíblia toda deve ser interpretada, para ser "sabedoria que conduz à salvação", tanto o Novo Testamento como o Antigo (ou Primeiro), que nos mostra o caminho de vida que Jesus, como verdadeiro "filho de Israel", levou à perfeição.

A recomendação de Paulo significa que a nossa fé deve ser entendida à luz das Escrituras. Jesus usou as palavras do Antigo Testamento para rezar e para anunciar a boa-nova do Reino. Sem conhecer o Antigo Testamento, não entendemos a mensagem de Jesus conservada no Novo. Jesus é a chave de leitura da Bíblia. Isso é muito importante para não fazermos de qualquer frase do Antigo Testamento um dogma definitivo! A lei do sábado, por exemplo, deve ser interpretada com esse profundo senso de humanidade que tem Jesus. As ideias de vingança, no Antigo Testamento, à luz de Jesus aparecem como atitudes provisórias e a serem superadas. Todos os trechos da Bíblia, por exemplo, as parábolas de Jesus, devem ser entendidos dentro do seu contexto e conforme seu gênero e intenção. Não devem ser tomados cegamente ao pé da letra. Muitas vezes apresentam imagens que querem exemplificar um só aspecto, mas não devem ser imitados em tudo (cf. o administrador esperto, no 25º dom. T.C.).

Também importa ler a Sagrada Escritura no horizonte do momento presente, interpretá-la à luz daquilo que estamos vivendo hoje. Sem explicação e interpretação, a Bíblia é como faca em mão de criança, ou como remédio vendido sem a bula: pode até matar! Ora, a interpretação se deve relacionar com a vida do povo. Por isso o próprio povo deve ser o sujeito desta interpretação, mediante círculos bíblicos e outros meios adequados.

30º domingo do tempo comum/C
DEUS JUSTIFICA OS HUMILDES E PECADORES

Canto da entrada: (Sl 105[104],3-4) Alegria para os que buscam Deus.

Oração do dia: Que Deus nos faça amar sua vontade, para que alcancemos suas promessas.

1ª leitura: (Eclo 35,15b-17.20-22a [12-14.16-18]) **Deus toma partido pelos pobres e oprimidos** – Deus é o Deus da justiça: não conhece acepção de pessoas, escolhe o lado dos oprimidos. Em matéria de ofertas, não é a grandeza ou riqueza do dom que importa, mas a atitude de quem oferece, a disposição para ajudar os necessitados (35,1-5). Oferecer a Deus o fruto da exploração é tentativa de suborno (35,14)! Deus é reto, ele atende os oprimidos e necessitados. • 35,15-17[12-14] cf. Dt 10,17-18; Ex 22,21-22; Cl 3,25; 1Pd 1,17.

Salmo responsorial: (Sl 34[33],2-3.17-18.19+23) Deus atende ao justo, ao oprimido.

2ª leitura: (2Tm 4,6-8.16-18) **Paulo no fim da vida; o encontro com o Senhor** – O exemplo vale mais que as palavras. Paulo não só pregou; trabalhou com suas próprias mãos. No fim de sua vida, ele tem as mãos amarradas, e outros escrevem por ele. Mas ele não fica amargurado. Suas palavras revelam gratidão e esperança. Ele ficou fiel a seu Senhor e aguarda agora o encontro com ele. O mistério desta vida de apóstolo era a caridade, mistério de toda vida fecunda. Ela não tem fim (1Cor 13,8) e completa-se no oferecimento da própria vida (cf. Rm 1,9; 12,1). • 4,6-8 cf. Fl 2,17; 1Tm 1,18; 6,12-14; 1Cor 9,24-27 • 4,16-18 cf. 2Tm 1,15; Mt 10,19-20; Sl 22[21],22; Dn 6,17.21.

– *Leit. alternat.: (2Cor 12,7-10) Fraqueza e força.*

Aclamação ao evangelho: (2Cor 15,9) Reconciliação em Cristo.

Evangelho: (Lc 18,9-14) **O fariseu e o publicano** – Há pessoas (fariseus, "bons cristãos") que usurpam a religião para se convencerem a si mesmos e aos outros de sua justiça; e ainda desprezam os outros e querem negociar com Deus, na base de suas "boas obras". Mas quem já se declarou justo a si mesmo não mais pode ser justificado por Deus... Deus aceita quem se reconhece pecador e se confia à sua misericórdia. A este, ele justifica. • 18,9-12 cf. Lc 16,15; Mt 6,1.5; Mt 23,23.28 • 18,13-14 cf. Sl 51[50],3; Mt 23,12; Lc 14,11.

Oração s/as oferendas: O que humildemente oferecemos sirva para a glória de Deus.

Prefácio: (dom. T.C. IV) Cristo nos justificou por sua morte.

Canto da comunhão: (Sl 20[19],6) Deus nos salva e engrandece / (Ef 5,2) Cristo nos amou e se entregou por nós.

Oração final: Os sacramentos produzam o que significam.

A **1ª leitura** (que poderia ser estendida um pouco para que melhor aparecesse seu sentido) fala de que Deus não conhece acepção de pessoas e faz justiça aos pequenos (pobres, órfãos, viúvas, aflitos, necessitados). Isso é dito em oposição à maneira dos poderosos, que querem agradar a Deus por meio de sacrifícios perversos (Eclo 35,14-15a[11]). Deus não se deixa comprar pelas coisas que lhe oferecemos, pois não necessita de tudo isso. Mas nos considera justos, amigos dele, quando lhe oferecemos um coração contrito e humilde (Sl 51[50],18-19).

Neste sentido, engana-se completamente o fariseu de quem Jesus fala no **evangelho**: acha que pode impressionar Deus com suas qualidades aparentes, seus sacrifícios e boas obras puramente formais, sem extirpar de seu coração o orgulho e o desprezo pelos outros. A atitude contrária é que encontra ouvidos junto a Deus: a humilde confissão de ser pecador (cf. Sl 51[50],3). O publicano, que reza de coração contrito, volta para casa justificado. Lc acrescenta uma lição moral: quem se enaltece, será humilhado; quem se humilha, será enaltecido. Mais profunda ainda é a lição propriamente teológica, repetida por Paulo: quem se declara justo a si mesmo – como faziam os fariseus, convencidos de que a observância da Lei lhes dava "direitos" perante Deus – já não pode ser declarado justo por Deus; e isso é grave, porque, diante de Deus, todos ficamos devendo; cf. Sl 51[50],7). Além de serem orgulhosos, os que se justificam a si mesmos são pouco lúcidos! Portanto, melhor fazer como o publicano: apresentarmo-nos a Deus conscientes de lhe estar devendo e pedir que ele nos perdoe e nos dê novas chances de viver diante de sua face, pois sabemos que Deus não quer a morte do pecador e sim que ele se converta e viva (Ez 18,23).

A mensagem de hoje tem duplo efeito. Deve extirpar a mania de se achar o tal e de condenar os outros: a autossuficiência. Mas, para que isso seja possível, deve produzir primeiro um outro efeito: a certeza de sermos pecadores. Ora, isso se torna cada vez mais difícil numa civilização da sem-vergonhice. O ambiente em que vivemos trata de esconder a culpabilidade e, inclusive, condena-a como desvio psicológico. Que a culpabilidade neurótica passe do confessionário para o divã do psicanalista é coisa boa. Mas não se pode encobrir o pecado real. Tal encobrimento do pecado acontece tanto no nível do indivíduo quanto no da sociedade: oficialização de práticas opressoras e exploradoras nas próprias estruturas da sociedade, leis feitas em função de uns poucos etc. A autojustificação, entre nós, já não acontece ao modo do fariseu que se gabava da observância da Lei e das boas obras. Acontece ao modo do executivo eficiente que tem justificativa para tudo: para as trapaças financeiras, a necessidade da indústria e do desenvolvimento nacional; e para as trapaças na vida pessoal, o perigo de "estresse" e a necessidade de "variação"... Hoje, já não são os fariseus que se autojustificam, mas os "publicanos". Só algum antiquado ainda se autojustifica "fazendo alguma coisa para Deus" no meio de uma vida cheia de egoísmo...

Saber-se pecador é o início da salvação. Isso vale para todos, ricos e pobres. Os pobres estão com tantas coisas em dívida, que se dão mais facilmente conta disso. Os ricos é que são o problema. Pecador não é apenas o que transgride expressamente a Lei, mas todo aquele que não realiza o bem que Deus lhe confia. Sabendo isso, é fácil reconhecer-se pecador. Por isso, cada liturgia começa com o ato penitencial. Hoje, pode ser acentuado um pouco mais.

Paulo sabia-se pecador, mas pecador salvo pela graça de Deus (1Tm 1,13; cf. Gl 1,11-16a; 1Cor 15,8-10). Na base desta experiência, anela pelo momento de se encontrar com aquele que, por mera graça, o tornou justo, o "Justo Juiz", que o justificará para sempre, enquanto diante do tribunal dos homens ninguém tomou sua defesa (2Tm 4,16; **2ª leitura**).

C
T. Com.

A ORAÇÃO DO PECADOR

Será preciso ser santo ou beato para rezar a Deus? Os simples pecadores precisam "delegar" às monjas ou a algum padre muito santo para rezar por suas intenções?

O Antigo Testamento ensinava que "a prece do humilde atravessa as nuvens" (**1ª leitura**). Jesus, no **evangelho**, faz deste humilde um pecador. Enquanto na frente do templo um fariseu, diante de Deus, se gloria de suas boas obras, um publicano – coletor de taxas a serviço do imperialismo estrangeiro – reza no fundo do templo com humildade e compunção. Jesus conclui: este foi, por Deus, declarado justo e absolvido, mas o fariseu, não.

O mais importante na avaliação geral de nossa vida não é o número e o tamanho de nossos pecados, mas nossa amizade com Deus. Como no episódio da pecadora em casa do fariseu (Lc 7,36-50), alguém pode ter pouco pecado e pouquíssimo amor, e outra pessoa pode ter grandes pecados e imenso amor. Quem nada faz, não peca por infração. Só por desamor... e para esta falta não existe remédio. Quem só pensa em si mesmo – como o fariseu –, como Deus pode ser amigo dele?

É muito importante os pecadores manterem o costume de conversar com Deus, que chamamos de oração. É bom que saibam que Deus os escuta. Isso faz parte integrante da boa-nova de Cristo (e da Igreja). A rejeição moralista dos pecadores é anticristã e contradiz o espírito da Igreja, que oferece o sacramento da penitência para marcar com sua garantia o pedido de reconciliação do pecador penitente.

Importa anunciar isso a quantos estão "afastados", por diversas razões (situação matrimonial irregular, vida sexual não conforme as normas, pertença à maçonaria, rejeição de alguns dogmas ou posicionamentos da Igreja etc.). Em alguns casos, estas pessoas poderiam ser plenamente reintegradas, mediante devida informação e diálogo. Em outros, a plena vida sacramental continuará impossível, mas mesmo assim devem saber que Deus é maior que os sacramentos e presta ouvido à oração de quem entrega sua vida quebrantada nas mãos dele.

Importa anunciar isso sobretudo ao povo simples, marcado por séculos de desprezo e discriminação, falta de instrução, missas ouvidas na porta do templo. Suas preces do fundo do templo, como a do publicano, serão certamente atendidas! Hoje, muitos deles já podem avançar até perto do altar; oxalá não se tornem fariseus!

31º domingo do tempo comum/C
O AMOR DE DEUS E A GRATIDÃO DO PECADOR

Canto da entrada: (Sl 38[37],22-23) "Não me abandones, Senhor!"

Oração do dia: Deus nos conceda a graça de lhe servir como convém.

1ª leitura: (Sb 11,23[22]–12,2) **O amor de Deus para com as criaturas, inclusive os pecadores** – A Sabedoria de Deus mostrou-se, na História, preferencialmente como carinho e misericórdia (Sb 10). Mesmo o castigo infligido aos egípcios, para que Israel pudesse ser liberto, foi moderado (11,15-20). Deus pode ser magnânimo, porque é forte. Também não quer a morte. É "amigo da vida" (11,27[26]) e comunica às suas criaturas o "espírito da vida" (12,1; cf. Gn 2,7). Aos pecadores, trata com amor de educador. • 11,23-27[22-26] cf. Is 40,15; Os 13,3; Eclo 18,10-13[12-13]; Sl 145[144],9; Sb 1,13-14; Gn 1,31; Ez 33,11 • 12,1-2 cf. Gn 2,7; Sl 104[103],29-30; Gn 4,6-7; Am 4,6.

Salmo responsorial: (Sl 145[144],1-2.8-9.10-11.13cd-14) A bondade de Deus para com suas criaturas.

2ª leitura: (2Ts 1,11–2,2) **A perspectiva final da história e de nossa vida** – Enquanto 1Ts combatia os que não levavam a sério a futura vinda do Cristo, a 2Ts reage contra fanáticos que anunciam o dia do Senhor para já (2,2), dizendo que já não vale trabalhar e cuidar da ordem do mundo. – No fim do ano litúrgico, esta carta vem nos conscientizar da tensão em que vivemos. A história do mundo e de cada pessoa tem um sentido irreversível: a vinda de Cristo e nossa união com ele (2,1). Porém, não podemos especular com a data! Importa fazer a vontade de Deus e o "ato da fé" (1,11); e rezar para que Deus nos sustente nisso. • 1,11-12 cf. Fl 2,13; Is 24,15; 66,5; Ml 1,11 • 2,1 cf. Mt 24,31; 1Cor 15,23; 1Ts 4,16-17.

– *Leit. alternat.: (Tt 3,3-7) "Éramos rebeldes".*

Aclamação ao evangelho: (Jo 3,16) O amor de Deus para o mundo.

Evangelho: (Lc 19,1-10) **Zaqueu** – Depois do publicano da parábola de domingo passado, a liturgia coloca em cena um publicano real, Zaqueu, em cuja vida o encontro com Jesus provoca uma revolução. Zaqueu mostrou interesse por Jesus, e Jesus tem interesse por tudo o que está perdido (cf. Lc 15): assim, dois interesses se encontram. Jesus une-se a Zaqueu em comunhão de mesa (= amizade) e Zaqueu exterioriza a alegria por sua aceitação em generosa restituição dos bens. Começa uma vida nova. • 19,5-7 cf. Lc 5,30; 7,34; 15,2 • 19,8 cf. Ex 21,37; 22,3 • 19,9-10 cf. Rm 2,29; Gl 3,7-8; Lc 13,16; Ez 34,16.

Oração s/as oferendas: Oferenda agradável a Deus e fonte de misericórdia para nós.

Prefácio: (dom. T.C. IV) Compaixão de Cristo.

Canto da comunhão: (Sl 16[15],11) "Perfeita é minha alegria em vossa presença" / (Jo 6,57) Viver pelo sacramento da carne do Cristo.

Oração final: Preparados pelos sacramentos de Deus, possamos receber os dons que eles prometem.

"A glória de Deus é a vida do homem" (Sto. Ireneu). Quando esse homem é pecador, esta frase soa: "Deus não quer a morte do pecador, mas sim, que ele se converta e viva" (Ez 18,23). Deus gosta apaixonadamente de sua criação. Não quer que algo se perca. Daí, suas incansáveis tentativas para recuperar os homens que – porque Deus lhes deu a liberdade – se afastaram dele. Quando ele castiga os pecadores, é com intenção pedagógica: para lhes lembrar o pecado e fazer com que se convertam, voltem (**1ª leitura**). Ora, quando o pecador se volta para Deus, já encontra Deus voltado para ele (Lm 5,21; Lc 15,20). No perdão, conjugam-se o interesse de Deus, procurando o que estava perdido (Lc 15,4-10.32; 19,10), e o do homem, procurando a presença do Pai (Lc 15,18). Conjuga-se o amor do pecador, que se chama contrição, com o amor de Deus, que se chama perdão (cf. Lc 7,36–8,3; 11º dom.). É o que acontece com Zaqueu, o publicano (como aperitivo deste episódio, tivemos, domingo passado, a parábola do fariseu e do publicano). Zaqueu procurou ver Jesus, subindo numa árvore (por duas razões: porque era "baixinho" – humilde – e porque assim ficaria escondido dos comentários dos vizinhos, que o detestavam). Mas Jesus estava também à procura de Zaqueu e de todos os publicanos e pecadores, para lhes oferecer a graça de Deus. Assim aconteceu o encontro. Jesus se faz acolher pelo pecador! Institui com ele a amizade marcada pela comunhão da mesa. E Zaqueu responde à comunhão restituindo o quádruplo do que tiver recolhido desonestamente e dando a metade de seus bens aos pobres. O Filho do Homem veio para salvar o que estava perdido (Lc 19,10) (**evangelho**).

Este episódio se insere na perspectiva final do evangelho de Lc e de todo o ano litúrgico, a perspectiva escatológica. Em Mc, a última etapa da viagem de Jesus, Jericó-Jerusalém, é marcada pela cura do cego, que se torna discípulo. Em Lc, essa narração é, por assim dizer, geminada com a de Zaqueu. Jesus cura o cego por causa de sua *fé*, mas faz mais ainda: cura o *pecador* por causa de sua procura de *ver* Jesus, o enviado do Pai. É a hora em que "toda a terra vê a salvação de Deus", enquanto Jerusalém não reconhece a hora de sua *visitação* (19,44). Jericó é o lugar da fé, em oposição a Jerusalém, lugar da morte do profeta (embora daí deva sair a salvação para o mundo inteiro). Por isso, Jesus "visita" Zaqueu, o convertido da última hora.

Estamos no fim do ano litúrgico, na hora de acolher aquele que nos visita. Esse acolhimento, porém, não é espalhafatoso. É o acolhimento no coração esvaziado do orgulho (cf. dom. pass.) e do pecado. Acolhendo o Salvador, enche-se de alegria (19,9).

Nesta alegria, seremos capazes de realizar o que nosso coração nos inspira; repartir generosamente tudo o que Deus nos deu. Somos como o povo em dia de festa: reparte tudo, para nada sobrar...

No fim do ano litúrgico leem-se, na **2ª leitura**, as cartas escatológicas de Paulo: 1Ts (ano A) e 2Ts (ano C). Hoje inicia a leitura da 2Ts. Na 1Ts, Paulo acentuou a seriedade da perspectiva escatológica: devemos estar prontos para o Dia do Senhor, vivendo como de dia, ocupados com as obras justas que Deus nos confiou, sobretudo, o serviço fraterno. Na 2Ts, critica os que exageram a perspectiva da Parusia; os fanáticos, que, sob o pretexto da proximidade da Parusia, já não fazem nada... Usurpam o nome de Paulo para espalhar suas opiniões. Portanto, diz Paulo: desconfiai de tais notícias. A proximidade da vinda não dispensa o bom senso! Se "a causa de Deus é a causa do homem", a proximidade de Deus, em vez de nos desestimular da construção de um mundo mais humano, deve ser mais um incentivo para fazer com que Deus, quando vier, encontre uma casa que o possa acolher como Pai de todos os seus filhos. Mesmo se sabemos que, em última análise, ele mesmo construirá nossa casa! Pois isso não nos dispensa de lhe oferecer hospitalidade, transformando o mundo numa digna moradia para os nossos irmãos, representantes em nosso dia a dia. Isso é "a graça de lhe servir como convém" (**oração do dia**).

O PECADOR ENCONTRANDO-SE COM JESUS

"Como eu não sei rezar, só queria mostrar meu olhar..." diz o romeiro caipira de Pirapora...

O evangelho de hoje nos mostra assim uma pessoa que só quis encontrar, com seu olhar, o olhar de Jesus: Zaqueu, o chefe dos publicanos, aqueles corruptos que, por comissão, cobravam taxas para o imperialismo estrangeiro... Ora, encontrando o seu olhar, Jesus se convida a si mesmo para jantar na casa dele... A vida de Zaqueu se transforma. Converte-se, doa a metade de seus bens, restitui em quádruplo o que extorquiu (a lei romana obrigava a restituir o dobro). Jesus veio para este encontro. Veio procurar o que estava perdido. Foi um grande dia para ele: Deus se revelou maior que o pecado.

Para nós, este evangelho traz muita esperança. Significa que *as pessoas não devem ser, sem mais, identificadas com seu pecado*, com o sistema injusto no qual estão funcionando, com o imperialismo romano cobrando impostos por comissão ou qualquer outro sistema. Sabemos hoje cientificamente o que sempre se soube intuitivamente: não basta converter as pessoas, é preciso transformar as estruturas. Ora, Jesus mostra que a conversão da pessoa abala também a estrutura iníqua, pois esta teve que largar sua presa! A conversão de um pecador significa que alguém escapou do sistema do mal; é sinal do novo céu e da nova terra que estão por vir.

Em nossas comunidades existem dois perigos opostos, ambos muito prejudiciais. Ou se condena pura e simplesmente os ricaços e burgueses como inúteis para a Igreja dos pobres, ou se coloca todo o peso nos problemas e nas conversões individuais, sem que isso chegue a atingir a realidade social. *Cada verdadeira conversão* individual, tanto de um pobre como de um ricaço, mexe com as estruturas do mal e *torna o Reino de Deus mais próximo*.

E o papel da comunidade em tudo isso é: provocar o encontro do pecador com Jesus – ajudar Zaqueu a subir na árvore.

32º domingo do tempo comum/C
A ESPERANÇA DA VIDA ETERNA

Canto da entrada: (Sl 88[87],3) "Inclina teu ouvido para a minha palavra".

Oração do dia: Inteiramente disponíveis, nos dediquemos ao serviço do povo de Deus.

1ª leitura: (2Mc 7,1-2.9-14) **A fé na ressurreição dos justos para a vida** – No relato do martírio dos sete irmãos, no tempo da revolta dos macabeus, aparece claramente a fé na ressurreição. Os homens não podem destruir a vida, se é Deus que a quer. Ele ressuscita os mortos (7,9). O homem é uma unidade inseparável de corpo e alma, o homem inteiro recebe de Deus esperança de vida eterna (7,14). Conforme Dn 12,2 (contemporâneo de 2Mc), para os ímpios não há ressurreição para a vida, mas para a rejeição e vergonha eterna. • 7,1-2 cf. Lv 11,7-8 • 7,9 cf. 2Mc 12,43-44; Is 26,19; Jó 19,26-27; Sl 16[15],10-11; Sb 3,1-10 • 7,14 cf. Is 66,24; Jt 16,17.

Salmo responsorial: (Sl 17[16],1.5-6.8b+15) Contemplar a face de Deus como justo.

2ª leitura: (2Ts 2,15–3,5) **Oração do apóstolo pela comunidade e da comunidade pelos apóstolos** – Oração dirigida a Deus e a Jesus, baseada no amor que Deus mostrou ao enviar ao mundo seu Filho, que se ofereceu por nós (cf. Rm 5,8; Gl 2,20). Depois, o apóstolo pede a oração da comunidade para os mensageiros: 1) para que a Palavra seja difundida; 2) para que os homens a acolham como palavra divina. O que, em última análise, acontece pela força do próprio Deus. • 2,16-17 cf. Rm 5,2 • 3,1-3 cf. 1Ts 5,24-25; Cl 4,3; 1Cor 1,9; 10,13; Mt 6,13 • 3,4 cf. 2Cor 7,16.

– *Leit. alternat.:* (1Cor 15,51.53-58) *"Onde está, ó morte, a tua vitória?"*

Aclamação ao evangelho: (Ap 1,5-6) Cristo, primogênito dos mortos.

Evangelho: (Lc 20,27-38 ou 20,27.34-38) **Levirato e ressurreição** – Em Jerusalém, Jesus entra em discussão com as diversas facções do judaísmo. Os saduceus conservam os costumes antigos, prescritos pelo Pentateuco, rejeitam porém como inovação a fé na ressurreição. Procuram mostrar a Jesus que sua doutrina da ressurreição entra em choque com a antiga lei do levirato (quando alguém morre sem deixar prole, seu irmão lhe deve suscitar descendência, tomando sua mulher). Jesus responde: a ressurreição é uma realidade completamente nova, não mais regida pelas leis da sociedade ou da biologia. E apresenta uma "prova", tirada da Torá, para mostrar que a vida eterna é a que melhor combina com Deus, pois ele é o Deus de Abraão, Isaac e Jacó – portanto, dos vivos, não dos mortos. • 20,27-28 cf. Mt 22,23-33; Mc 12,18-27 • 20,27-28 cf. At 23,8; Dt 25,5-6; Gn 38,8 • 20,37-38 cf. Ex 3,6; Rm 6,10-11; 14,8-9.

Oração s/as oferendas: "... um olhar de perdão e de paz".

Prefácio: (dom. T.C. VI) "... o penhor da vida futura...".

Canto da comunhão: (Sl 23[22],1-2) O Senhor é meu Pastor / (Lc 24,35) Reconhecer Jesus ao partir o pão.

Oração final: Pela força do Espírito perseverar na sinceridade do amor divino.

Para saborear a liturgia de hoje, será bom levar o povo, com arte narrativa, a deslocar-se uns vinte séculos para trás e tornar-se contemporâneo das discussões religiosas do tempo de Jesus. Como ainda muitos de nossos contemporâneos, os antigos judeus acreditavam que a virtude era recompensada pelo bem-estar: paz na terra que receberam de seus pais, longa vida e muitos filhos (esta última recompensa é menos apreciada hoje) (cf. Dt 4,40; 6,1-3 etc.). Porém, as crises nacionais fizeram suspeitar que o sentido da vida era outro. Na perseguição do século II a.C. (guerra dos macabeus) morreram muitos jovens virtuosos, sem ter possuído a terra, nem desfrutado uma longa vida, nem suscitado prole. Onde estava a recompensa? Foi se firmando a fé numa pós-vida, já entrevista por alguns profetas e salmistas. Essa pós-vida era concebida como ressurreição do homem todo; o judaísmo não imaginava uma pós-existência da alma separada (seria uma existência diminuída). Alguns acreditavam numa ressurreição dos justos, enquanto os ímpios seriam para sempre esquecidos. Parece ser a fé dos mártires macabeus, relatada pela **1ª leitura** de hoje. Já o contemporâneo livro de Dn acha que a ressurreição será geral: a dos justos, para a vida; a dos ímpios, para a conde-

C
T. Com.

nação (Dn 12,2, opinião assumida pelo N.T., p.ex., Jo 5,29; Mt 25,31-46). De toda maneira, esta fé deu uma força admirável ao povo perseguido, para resistir esperançoso às tentativas de seus perseguidores e colocar, com fidelidade irrepreensível, o nome de Deus acima de toda ambição dos poderes deste mundo.

Jesus ensinava a ressurreição dos mortos, concordando com os fariseus, que, neste ponto, representavam uma reforma dentro do judaísmo. Não partilhavam esta fé os saduceus, aristocracia sacerdotal, preocupada com a manutenção de seus privilégios e, por isso, oposta a qualquer inovação. Admitiam como Lei só os cinco livros de Moisés. Insidiosamente, expõem a Jesus um "caso" (**evangelho**); já que os livros de Moisés prescrevem que, quando um homem morre sem deixar prole, seu irmão deve tomar sua mulher para suscitar prole para o falecido (Dt 25,5-10), de quem seria, na ressurreição, a mulher que foi casada com sete irmãos sucessivamente, tendo todos morrido sem filhos? Querem dizer: a fé na ressurreição é um absurdo, uma invenção contrária à genuína Lei de Moisés. A resposta de Jesus é dupla: 1) Eles têm um conceito errôneo da ressurreição (e muita gente entre nós também), pois a ressurreição não é uma repetição desta vida aqui (então ela seria um absurdo mesmo), mas uma realidade nova, não regida pelas leis biológicas e psíquicas agora vigentes (comer, casar etc.): é uma realidade espiritual, da categoria da vida divina ("como os anjos"; cf. 1Cor 15,35-53: a "carne" da ressurreição não é mais "carnal", mas "espiritual", divinizada). 2) Eles não conhecem a Escritura, pois esta diz que os mortos não louvam Deus; ora, se Deus se chama – e bem no "livro de Moisés" (Ex 3,6) – o "Deus de Abraão, de Isaac e de Jacó", ele revela que os veneráveis patriarcas *vivem*, pois ele não quer ser um Deus de mortos! (cf. a maneira de indicar o céu como "seio de Abraão": Lc 16,23).

Aprendamos disso que Deus quer ser louvado por seres vivos: ele quer nosso amor para sempre; por isso, os que o amam estarão sempre na sua presença. Mais: nossa vida verdadeira é a realização deste amor que "realiza" Deus; já agora, é a vida eterna em nós (cf. Jo 5,24). Por isso, não podemos tomar a realidade material como última meta (cf. 1Cor 15,19), nem podemos *reduzir* o evangelho a uma alavanca para a transformação das estruturas materiais, embora seja necessário encarnar o amor de Deus em tal transformação (pois o homem ama com todo seu ser, também com sua organização material e social). E aprendamos sobretudo a testemunhar o evangelho apesar de todos os perigos, pois o sentido de nossa vida ultrapassa longe a precariedade do nosso existir terreno.

RESSURREIÇÃO E VIDA ETERNA

C
T. Com.

O ano litúrgico está indo para o fim. Com o fim diante dos olhos, pensamos: depois da morte, que haverá? Ora, muita gente prefere nem pensar na morte e no que vem depois. Outros acreditam na reencarnação, uma maneira de tirar da morte seu caráter definitivo.

Bem antigamente, os israelitas não pensavam em vida pessoal depois da morte. Consolava-os a esperança de uma alta idade e da sobrevivência nos seus filhos e netos. Mas, por volta de 165 a.C., quando o rei da Síria perseguia os judeus e provocou a revolta dos Macabeus, muitos jovens morreram martirizados, sem deixar descendentes. Desde então, os judeus começaram a crer na ressurreição pessoal. A **1ª leitura** narra um episódio dessa perseguição: o martírio dos sete irmãos.

Os mais conservadores, porém, os saduceus, que nunca iriam morrer num combate, caçoavam dessa fé; pior, achavam-na uma inovação perigosa. O **evangelho** conta que, para contrariar a pregação de Jesus, queriam provar que a ressurreição contradiz a lei de Moisés. A Lei estabelece que, quando um homem morre sem filhos, seu irmão ou parente próximo deve tomar sua mulher e gerar um descendente para seu falecido irmão (Dt 25,5-6). Assim poderia acontecer que uma mulher fosse esposa de sete maridos sucessivos. Como ficaria isso na ressurreição? Jesus responde: "Primeiro, de ressurreição vocês nada entendem. É algo totalmente diferente da vida aqui. Já não será preciso casar para continuar a vida nos descendentes, uma vez que a vida é eterna! E segundo, vocês desconhecem os livros da Lei de Moisés, pois aí está que Deus se chamou 'o Deus de Abraão, de Isaac e de Jacó' (Ex 3,6). Ora, Deus não é um Deus dos mortos, mas dos vivos. Portanto, esses antepassados do povo estão com vida..."

Este assunto não se esgota em cinco minutos, mas para hoje vale a seguinte lição. Não pensemos a ressurreição como mero prolongamento desta vida aqui, com todas as suas complicações, como casar etc. Nem concebamos o além da morte como reencarnação, que seria como uma segunda chance no vestibular, sem mudança radical. A ressurreição é uma realidade totalmente nova, divina, livre das limitações da vida terrena. A "ressurreição da carne" é uma transformação radical, que tornará nossa "carne" (= existência humana) totalmente diferente. Diz Paulo (1Cor 15,44) que o que era um corpo bio-psicológico ("carnal") será transformado num corpo "espiritual", assumido no poder vivificador de Deus que chamamos o seu Espírito. Não é fácil imaginar isso, mas podemos pensar que a vida eterna é a consagração e confirmação do amor a Deus e ao próximo que tivermos vivido aqui na terra – a única coisa que levaremos para o além!

33º domingo do tempo comum/C
A PERSPECTIVA FINAL

Canto da entrada: (Jr 29,11.12.24) Deus pensa em paz, não em aflição.

Oração do dia: Nossa felicidade: servir Deus de todo o coração.

1ª leitura: (Ml 3,19-20a [4,1-2a]) **Aproxima-se o dia do juízo e da salvação** – Malaquias vivia nos anos difíceis depois do exílio babilônico. O templo tinha sido reconstruído, mas onde ficava a paz definitiva, a nova era? Ml vê seu tempo como o cenário da intervenção final de Deus. Deus está de novo no templo, mas que foi feito do povo? O profeta tem que denunciar, mas consola também os justos e piedosos, que ficam confundidos ao enxergar a prosperidade dos ímpios (3,13-15). Aproxima-se o dia da justiça e da salvação, o "dia de Javé", pintado em cores apocalípticas: fogo que destrói o orgulho, "sol da justiça" que se levanta para os justos. • 3,19 cf. Sf 1,14-18; Ml 3,2-3 • 3,20 cf. Sl 37[36],5-6; Lc 1,78-79; Jo 8,12.

Salmo responsorial: (Sl 98[97],5-6.7-9a.9bc) O Senhor vem julgar a terra.

2ª leitura: (2Ts 3,7-12) **Preparar a vinda do Senhor significa trabalhar** – Aos fanáticos de Tessalônica, vivendo de fantasias a respeito da Parusia, Paulo diz: "Quem não trabalha, não coma". Paulo mesmo deu o exemplo do trabalho manual. • 3,7-9 cf. 1Cor 4,16; Gl 4,12; Fl 3,17; 1Ts 2,9; At 18,3; 20,33-35; 1Cor 9,12-18; 1Ts 2,9; Fl 3,17.

– *Leit. alternat.: (2Ts 4,1-4.13-17) A Parusia.*

Aclamação ao evangelho: (Mt 24,42a.44) "Vigiai e estai preparados" / (Lc 21,28) A redenção se aproxima.

Evangelho: (Lc 21,5-19) **Sinais da hora decisiva** – Jesus anuncia a destruição do templo. O primeiro templo (o de Salomão) foi destruído em 586 a.C. Dizer que também o segundo templo (construído em 515 a.C.) seria destruído era como anunciar o fim do mundo. Por isso perguntam a Jesus qual será o momento do fim do mundo. Ele não dá uma resposta direta, mas fala das catástrofes que fazem pensar no Fim; entre estas, a ruína do templo. Porém, "o fim não vem em seguida" (no tempo de Lc o templo já estava em ruínas). Não se deve ir atrás de qualquer fanático dizendo-se o Messias (cf. Teudas e Judas, mencionados em At 5,37). As catástrofes são apenas lembretes, sinais. Significam que Deus julga a História ("quando vier o Filho do Homem", representante escatológico de Deus). Ele tem a última palavra, para a qual nos preparamos, com o coração desperto e sóbrio, na fidelidade no dia a dia, como também na perseguição. • 21,5-6 cf. Mt 24,1-2; Mc 13,1-2 • 21,7-11 cf. Mt 24,3-8; Mc 13,3-8; Dn 2,28; Is 19,2; 2Cr 15,6 • 21,12-19 cf. 24,9-14; Mc 13,9-13; Mt 10,17-22; Lc 12,11-12; Hb 10,36.39.

Oração s/as oferendas: A graça de servir a Deus é uma eternidade feliz.

Prefácio: (dom. T.C. VI) A perspectiva da glória final.

Canto da comunhão: (Sl 73[72],28) "Minha felicidade é estar com meu Deus" / (Mc 11,23.24) Oração confiante.

Oração final: Alimentados pelo Corpo e Sangue do Senhor, crescer na caridade.

Neste penúltimo domingo do ano litúrgico, a perspectiva final desenha-se com maior nitidez. Para a Igreja de Lc, exposta à perseguição (perigo de fora) e à apostasia (perigo de dentro), a perspectiva do fim deve servir como incentivo à firmeza na profissão da fé. As perseguições são o prelúdio do juízo de Deus sobre a História, quando ele fizer justiça aos justos e destruir os ímpios (cf. **1ª leitura**). Já a destruição de Jerusalém, alguns anos antes, foi um sinal "forte", apontando para o fim da História (**evangelho**). Assim também são as aflições do tempo presente. Mas os cristãos não precisam temer: o Espírito – a força e inteligência de Deus – está com eles, para se defenderem. Quem ficar firme, salvar-se-á. Uma ideia secundária, no **evangelho**, é a advertência de não correr atrás de qualquer um (por causa da impaciência). Em At 5,37, Lc mesmo lembra Judas o Galileu e Teudas; podemos também pensar na revolta judaica de 66 d.C. Cansados de esperar a Parusia, os cristãos eram tentados de seguir pretensos movimentos messiânicos. Lc exorta-os a só esperar Jesus Cristo glorioso e, entretanto, ser suas testemunhas no mundo.

A mensagem é ainda válida. Também nós estamos na tentação de querer ver acontecer o Reino definitivo de Deus diante de nossos olhos e de correr atrás dos messianismos modernos: os maravilhosos mundos novos da tecnocracia, da burocracia, do materialismo prático, do livre mercado; e, ultimamente, as novas formas de alienação religiosa e pseudomística! Contra todas essas tentações precisamos da firmeza permanente, que só o Espírito do Cristo nos pode dar. Aprofundando, pela oração e pela incansável prática da verdadeira caridade, o nosso espírito, comungando com o de Cristo, enfrentaremos com firmeza tudo aquilo que pretende ser palavra ou instância última e não o é! E nada impede que vejamos, como Jesus e seus contemporâneos, nas cidades destruídas e impérios desarticulados os sinais de que nenhuma instância humana está acima de tudo, mas só Deus que é o Senhor da História. Podemos até tentar tirar a força desses impérios, para o bem da justiça e das pessoas – sem, contudo, pensar que, com isso, estaremos decidindo o sentido final da História. Pois todo nosso agir é provisório, embora neste provisório se encarne o eterno: o reino do amor de Deus (por isso, não o ódio, mas o amor deve mover nossa práxis histórica).

Ora, existe também o perigo de cruzar os braços, dizendo: "Se tudo o que fazemos é provisório, então, que adianta?" Quem raciocina assim, não deveria comer, pois dentro de cinco horas vai ter fome de novo. É mais ou menos o que Paulo responde aos tessalonicenses que, sob alegação da proximidade da Parusia, passam seu tempo numa alienada (ou muito esperta?) desocupação: "Quem não trabalha, não coma" (**2ª leitura**). Paulo mesmo deu o exemplo do trabalho para o próprio sustento, para não ser um peso para ninguém. Podemos pensar também no trabalho como meio de sustentação da comunidade humana, trabalho científico, econômico, político, cultural, em uma palavra: trabalho em todos os setores da comunidade humana, até que ela chegue ao ponto definitivo e irreversível, que Deus determina.

Há pessoas que dizem: não adianta mudar as estruturas, pois logo se corrompem de novo. Lembrando Paulo, respondemos: quem diz isso, também não deve comer, pois logo ficará com fome de novo. Ora, os tessalonicenses que não trabalhavam, não deixavam de comer. Os que não querem lutar por estruturas melhores, não deixam de aproveitar – e como! – a existência de estruturas socioeconômicas!

O provisório tem seu valor. Relativo, decerto, mas real. É a encarnação de nossa aspiração à justiça de Deus, que tem a última palavra. Trabalhar neste sentido, dia após dia, eis a firmeza permanente, o serviço fiel (cf. **oração do dia**).

O FIM DE UMA ERA

Com o ano 2000, o fim do mundo não chegou... Nem com o ataque contra o centro comercial de Nova Iorque em 2001. No **evangelho**, Jesus anuncia a destruição de Jerusalém e do seu magnífico templo. Para muitos judeus, dizer isso era a mesma coisa que anunciar o fim do mundo. Jesus porém não considera isso o fim do mundo, mas um sinal de que tudo passa, mesmo o sistema religioso mais venerado, a civilização mais preciosa. Só não passa o que ele ensina por sua vida e sua palavra. "Minha palavra não passará". Para os cristãos, as vicissitudes da queda de Jerusalém significam um tempo de provação, mas também de testemunho. Na firmeza da fé, ganharão a vida eterna.

Ora, não podemos negar que estamos seriamente confrontados com a possibilidade do fim de uma civilização. As armas de guerra, a poluição, a depredação da natureza, a incontrolabilidade da própria ciência... são bombas-relógio que podem explodir a qualquer hora. Contudo, não são razão de desespero. O cristão há de ver em tudo isso um desafio para a sua firmeza. "O mundo pode cair aos pedaços, mas eu não vou desistir daquilo que Jesus me ensinou" – assim é que devemos falar.

Certos cristãos, de mentalidade muito individualista, dizem: "A sociedade como tal já não pode ser salva; o único que podemos fazer é cada qual salvar sua alma". Tal atitude é irresponsável. Exatamente diante da ameaça do colapso de nossa civilização é que devemos engajar-nos para construir desde já o início de uma nova civilização, mais justa e mais fraterna, mais respeitosa também para com as possibilidades que Deus colocou nas mãos do ser humano. Assim fizeram os primeiros cristãos. Diante dos ameaçadores sinais dos tempos, não cruzaram os braços (cf. a 2ª **leitura**), mas construíram as suas comunidades que, depois da desintegração do mundo de então, se tornaram semente de uma nova era aqui na terra, além de abrirem as portas para a vida com Deus na eternidade.

Conta-se de S. João Berchmans o seguinte: enquanto, numa hora de recreio, estava jogando bilhar, perguntaram-lhe o que faria se um anjo o avisasse de que iria morrer já. Respondeu: "Continuar jogando". Do mesmo modo devemos continuar a construção do Reino de Deus encarnado em nossa história, mesmo se existem sinais de que nosso mundo pode estar chegando ao fim. Seja como for, aconteça o que acontecer, Deus quer nos encontrar ocupados com seu Reino neste mundo e firmes no testemunho de Jesus.

C
T. Com.

Jesus Cristo, Rei do Universo/C
REINO DA CRUZ, REINO DA FÉ

Canto da entrada: (Ap 5,12; 1,6) O Cordeiro imolado, digno de receber a glória e o poder.

Oração do dia: Restauração do universo sob o reinado de Cristo e libertação das criaturas para servir eternamente a Deus.

1ª leitura: (2Sm 5,1-3) **Davi consagrado rei em Hebron** – No fim do tempo dos juízes, Israel quer um rei "como têm os outros povos" (1Sm 8,5). Mas Deus não o quer assim, pois ele mesmo é o único Rei; por isso, os reis de Israel serão os seus "ungidos", seus "filhos", os executivos estabelecidos por ele. A história deles não é muito gloriosa, mas no fim da linhagem virá o verdadeiro "Filho do Altíssimo", cujo reino não terá fim (Lc 1,32-33). Davi foi grande, por ter sido o único que conseguiu reunir as doze tribos. Jesus reúne o universo (cumprindo as profecias: Ez 37,22 etc.). Pelo dom de seu sangue, constituiu um povo novo (Ef 2,14-16; Cl 1,20: 2ª leitura). • Cf. 1Cr 11,1-3; 1Sm 13,14; 18,13.16; Dt 17,15; 2Sm 3,10 • Sf 3,14-15; Zc 14,9.

Salmo responsorial: (Sl 122[121],1-2.4-6) Alegria por subir a Jerusalém, moradia do Rei.

2ª leitura: (Cl 1,12-20) **Restauração do universo no reino do amor de Cristo** – Por Cristo, Deus criou o universo. Por ele, quer reconciliá-lo e salvá-lo. Cristo é a origem, o centro e o fim de nosso universo. Sem ele, perde seu sentido. A partir do plano de Deus entenderemos nossa realidade renovada pelo sacrifício do Cristo na cruz (1,20). Razão de gratidão e alegria: não somos mais submissos aos poderes das trevas, mas vivemos na luz de Deus (1,12-13). • 1,12-14 cf. Ef 1,11-13; 1Pd 2,9; Ef 1,6-7; 2,2; 6,12 • 1,15-17 cf. Rm 8,29; 1Cor 8,6; 2Cor 4,4; Hb 1,3; Jo 1,3.10.18 • 1,18-20 cf. Ef 1,22-23; 5,23-24; Ap 1,5; Jo 1,16; Cl 2,9; Ef 1,7.10; 2,13-14.

Aclamação ao evangelho: (Mc 11,9-11) Hosana ao Ungido do Senhor e ao Reino que vem.

Evangelho: (Lc 23,35-43) **O Reino do Crucificado** – Lc acentua o reinado de Cristo sobretudo na história da infância (p.ex., a Anunciação; 1,32-33) e na narrativa da Paixão, onde o paradoxo da Cruz parece contradizer o título real. A inscrição da cruz: "Rei dos judeus" torna-se escárnio na boca dos espectadores. Um dos facínoras crucificados a seu lado insulta Jesus por seu messianismo, mas o outro acredita e, com a tradicional oração de Israel, "Lembra-te de mim" (cf. Sl 25[24],6; 74[73],2), pede para ser admitido no Reino; já imagina Jesus no seu Reino (23,42). A resposta de Jesus é: "Hoje..."! O Reino já começou, na hora da doação até a morte. Na cruz, Jesus atrai todos a si, em primeiro lugar os pecadores (tema preferido de Lc). • 23,35-38 cf. Mt 27,41-43; Mc 15,31-32a; Lc 22,67-70; Sl 22[21],18; 69[68],22 • 23,39-43 cf. Mt 27,44; Mc 15,32b; Is 53,12; Fl 1,23.

Oração s/as oferendas: Que Cristo, sacrificado por nós, traga paz e unidade a todos os povos.

Prefácio: (próprio) Reino da justiça, do amor e da paz, pelo sacrifício de Cristo.

Canto da comunhão: (Sl 29[28],10-11) Reino eterno de Deus, paz para o povo.

Oração final: Obedecer a Cristo Rei na terra e viver com ele para sempre.

Foi genial a ideia dos compositores da renovada ordem litúrgica, de escolher a morte de Cristo na cruz como **evangelho** para a festa de Cristo Rei. O ensejo imediato para esta escolha formam os insultos dos soldados e do "mau ladrão", como também a prece que o "bom ladrão" dirige ao Crucificado. Todos eles aludem à realeza (messianismo) de Jesus, os primeiros num sentido de escárnio, o último, ao contrário, com um espírito de fé, que lhe consegue a resposta: "Hoje ainda estarás comigo no paraíso".

Para Lc, o Reino de Cristo inicia realmente na hora da cruz, e dele participa aquele que encarna o modelo do comum dos fiéis: o pecador convertido (cf. a pecadora, o publicano, o filho pródigo, Zaqueu etc.). Isso significa, entre outras coisas, que o Reino de Jesus, para Lc, é essencialmente o Reino da reconciliação do homem com Deus (cf. Paulo em Cl 1,20; **2ª leitura**). A verdadeira paz messiânica, para Lc, não é tanto o lobo e o cordeiro pastarem juntos (Is 11,6-9), mas o homem ser reconciliado com Deus e participar da vida divina, no "paraíso", restauração da inocência original. Deste Reino, o homem participa pela fé, que se expressa na oração (outro tema caro a Lc): a prece do bom ladrão não é apenas um pedido, mas também confessa Jesus como Rei ("no teu Reino", 23,42). Como, anteriormente, à guisa de prefiguração, outras personagens receberam cura por causa de sua fé (p.ex., Lc 18,42), o bom ladrão recebe o paraíso por causa dessa fé. Podemos, portanto, dizer que, para Lc, o Reino de Cristo é essencialmente seu poder de reconciliar com Deus os que acreditam nele. Essa reconciliação tem como centro a cruz, ato supremo de amor e serviço de Jesus para seus irmãos. No homem de Nazaré, morto por amor, Deus encontra reconciliação com a humanidade, pelo menos, se pela fé e a conversão ela se solidariza com o Filho amado.

A **2ª leitura** elabora a mesma visão em termos diretamente teológicos. Deus nos assumiu no Reino de seu Filho amado (Cl 1,13), no qual temos a salvação e a remissão dos pecados (1,14). Segue então o famoso hino cristológico Cl 1,15-20, que canta Jesus como sendo aquele em quem mora a plenitude de Deus: Deus lhe deu tudo, e mais, "quis morar nele com toda sua plenitude" (1,19). Paulo desenvolve sua cristologia num sentido corporativo: Jesus é a Cabeça, a Igreja o Corpo. Ora, a Cabeça não é separada do Corpo. Juntos formam a "Plenitude". Sacrificando-se Cristo por nós, em obediência, na morte da cruz, nós é que somos reconciliados. Assim – e notemos a alusão à terminologia messiânica – Cristo instaurou a "paz" pelo sangue de sua cruz (1,20).

A **1ª leitura** tem função tipológica; indica o início da linhagem da qual Jesus é a plena realização, a linhagem dos reis davídicos, os "ungidos" (cristos), executivos de Deus. Mas Jesus supera de longe o modelo davídico, e seria um anacronismo conceber o reinado de Cristo em termos políticos, como um novo reino de Davi.

Convém refletir sobre o conceito do Reino de Cristo no sentido de reconciliação de Deus com o homem, neste tempo em que tão facilmente o Reino de Cristo é confundido com uma grandeza mundana, tanto na ideologia integralista quanto na revolucionária e libertadora. O Reino de Cristo, na visão da liturgia de hoje, é o acontecer da vontade do Pai na reconciliação operada pelo sacrifício de sua vida, não de modo mecânico ou mágico, mas pela participação da fé. Em outros termos, a fé reconhece a morte de Cristo como um divino gesto de amor por nós e produz conversão e adesão a este mesmo amor, superando o ódio e a divisão. Assim, o Reino no qual Cristo é investido por sua obediência até a morte, implanta-se também no mundo, mediante a fé dos que nele acreditam e seguem seu caminho.

JESUS CRISTO, REI DO UNIVERSO

Para coroar o ano litúrgico, celebramos o solene encerramento, a festa de Cristo-Rei. Jesus é apresentado como rei nosso e do universo. Mas, o que significa chamar Jesus de "rei"?

Não temos em nosso meio experiência próxima daquilo que é um rei. Por isso convém prestar bem atenção à **1ª leitura**, que narra a consagração de Davi como rei de Israel. Davi não é apenas chefe do Estado e tampouco um rei considerado deus como os reis do Egito e da Babilônia. Ele é "filho de Deus", chamado a exercer o reinado em obediência a Deus, o Único Senhor.

Ora, se Davi era um rei diferente, Jesus muito mais, como podemos perceber no **evangelho**. Seu governo tem alcance além da morte, além do mundo; e este domínio, que supera tudo, ele o abre para o pecador que se converte, o "bom ladrão" crucificado ao seu lado. Jesus não é rei sobre um determinado pedacinho de nosso planeta, mas submete a si a morte e o pe-

C
T. Com.

cado (cf. 1Cor 15,25-26). Tudo o que existe para a glória de Deus – de modo especial, a Igreja – encontra em Jesus seu chefe, sua cabeça – diz a **2ª leitura**. Ele é rei por seu sangue redentor, pelo dom de sua vida, que vence o ódio, o desamor, o pecado.

Estamos aos poucos redescobrindo que o Reino de Deus, inaugurado por Jesus, deve ser implantado aqui na terra, na justiça e no amor fraterno. Mas não devemos perder de vista a dimensão eterna deste reino. Ele supera as realidades históricas, "encarnadas". Ele atinge a relação mais profunda e invisível entre Deus e o homem. Ele é universal, não apenas no tempo e no espaço, mas sobretudo na profundidade, na radicalidade.

O projeto de Deus, que Jesus veio, definitivamente, pôr em ação, não termina no horizonte de nosso olhar físico. Seu alcance não tem fim. É uma grandeza que vence todo o mal, muito além daquilo que podemos verificar aqui e agora. É um reino que não apenas conquista o mundo, mas muda a sua qualidade. Por isso dedicamos-lhe todas as nossas forças e não ficamos de braços cruzados.

Este reino supera o pecado, como Jesus mostra, acolhendo o "bom ladrão". Pois é o reino do amor. Porém, não legitima o pecado: Zaqueu, depois que se converteu, começou vida nova (Lc 19,1-10). Se o bom ladrão tivesse continuado com vida, deveria ter mudado radicalmente seu modo de viver... Assim, para participarmos, já agora, deste reino de amor, justiça e paz, devemos deixar acontecer em nós a transformação que Jesus iniciou e pela qual ele deu a sua vida.

C
T. Com.

SOLENIDADES E FESTAS DOS SANTOS

Santos

Apresentamos aqui as solenidades e festas que podem ser celebradas em dia de domingo. (Incluímos também, por causa da grande popularidade no Brasil, a festa de S. José, que não pode ser celebrada em domingo, visto cair na Quaresma.)

Estas celebrações são oportunidades extraordinárias para a catequese do povo em geral. Embora os temas talvez pareçam bastante específicos, por causa de estarem ligados a uma festa particular, a sensibilidade "mistagógica" de quem preside ou faz a homilia certamente os ligará ao mistério de Cristo que se celebra.

Quando estas festas são celebradas em dia de domingo, quem preside não esqueça de dar à celebração o caráter da assembleia dominical dos fiéis. Em outros termos, transforme-as em verdadeiras celebrações dominicais.

2 de fevereiro
APRESENTAÇÃO DO SENHOR

Antes da celebração da Missa, pode-se realizar a bênção e procissão de velas (ver Missal).

Canto da entrada: (Sl 48[47],10-11) A misericórdia de Deus no seu templo.

Oração do dia: Apresentação de Jesus no templo, apresentação nossa a Deus.

1ª leitura: (Ml 3,1-4) **Visita do Senhor a seu templo, purificação do povo** – Malaquias proclama sua mensagem depois do exílio babilônico, quando o templo está reconstruído, mas o culto e a ordem social, degenerados (ca. de 450 a.C.). Chama os sacerdotes à conversão (cf. 31º dom. do T.C./A). Diante da resposta de que os malvados são os que vão bem na vida (2,17), o profeta evoca a perspectiva da iminente vinda e juízo de Deus. Mas antes de isto acontecer, é preciso que o templo e o sacerdócio sejam purificados; para isso, um mensageiro – Elias redivivo – o há de preceder. • Cf. Is 40,3-5; Mc 1,2; Lc 1,76; 7,24-30; Jo 2,15; Ml 3,23-24.

Salmo responsorial: (Sl 24[23],7.8.9.10) A entrada do Rei da glória no templo.

2ª leitura: (Hb 2,14-18) **Jesus assume plenamente nossa condição humana** – Por sua "quenose" (esvaziamento) na encarnação e no sofrimento, o Filho de Deus cumpriu a vontade do Pai, que assim quis conduzir muitos filhos à glória (2,10). Assumindo nossa existência e morte, Jesus tornou-se o sumo sacerdote fiel e misericordioso, aquele que santifica nossa existência e reconcilia nossos pecados (2,17-18). Já éramos filhos de Deus (2,10.13b), mas agora o somos de modo renovado, puro, porque o Filho que é o Santo nos faz entrar na comunhão com o Pai. • 2,14-15 cf. Jo 12,31; 1Jo 3,8; Ap 12,10 • 2,16-18 cf. Is 41,8-9; Fl 2,7; 1Jo 2,2; 4,10; Hb 4,15.

Aclamação ao evangelho: (Lc 2,32) Luz das nações.

Evangelho: (Lc 2,22-40 ou 2,22-32) **Apresentação de Jesus no templo e primeira infância** – O fato: apresentação do primogênito masculino ao Senhor (no templo) e sacrifício de purificação da mãe, ambos conforme a Lei de Moisés. O significado: cumprimento da profecia de Ml 3,1-3: a visita do Senhor a seu templo. Intérpretes: Simeão e Ana. Simeão entoa um canto de louvor pelo cumprimento da promessa, mas

Santos

anuncia também a sorte paradoxal daquele que será o Servo de Deus (e de sua mãe). Ele é o critério da salvação (de Israel e de todos os povos). Maria guarda estas palavras (como as dos pastores, 2,19) e as leva consigo, até que as entenda, à sombra da Cruz. • Cf. Ex 13,11-16; Lv 12,1-8; Is 8,14-15; 42,6; 49,6; Ml 3.

Oração s/as oferendas: Apresentação de Jesus nas oferendas.
Prefácio: (próprio) Apresentação no templo; Luz das Nações.
Canto da comunhão: "Meus olhos viram a Salvação...".
Oração final: Alcançar a vida eterna encontrando o Salvador.

A presente festa, ainda imbuída do espírito de Natal, encena a apresentação de Jesus ao Senhor Deus (**evangelho**), conforme prescrevia a lei judaica para os primogênitos masculinos (Ex 13,11-16). (Nos tempos pré-históricos, a consagração do primogênito pode até ter sido um sacrifício humano; o episódio do sacrifício de Isaac mostra que a religião abraâmica teve de abolir o sacrifício dos primogênitos). Na Lei de Moisés o primogênito masculino "pertence ao Senhor", mas pode ser resgatado mediante um sacrifício, originariamente um cordeiro ou, no tempo de Jesus, o pagamento de cinco moedas de prata. A apresentação da criança ao santuário era facultativa; quem o faz, dá prova de ser judeu "piedoso". A apresentação, no caso de Jesus, se realizou no quadragésimo dia, coincidindo com o sacrifício da purificação da mãe, igualmente uma instituição antiquíssima (ver Lv 12,1-8). O sacrifício da purificação era um cordeiro de um ano, e uma rola ou pombinho em sacrifício "pelo pecado" (pecado = mancha, impureza *ritual* do sangue). No caso de pessoas pobres podia ser substituído por um par de rolas ou pombinhos. É o que Maria ofereceu.

Na ocasião desta apresentação e purificação, um piedoso ancião, Simeão, profetiza o papel messiânico de Jesus, atribuindo-lhe os títulos "luz das nações" e "glória de Israel": ele é o Salvador das "nações" (= os pagãos) e do "povo" (= Israel), concebido conforme a ideia de que Israel seria o centro a partir do qual brilhasse a glória para iluminar as nações. O templo, habitação do Senhor, ocupa, nesta representação, um lugar central. Por isso, a **1ª leitura** é o texto de Ml 3 que descreve a visão escatológica da visita de Deus a seu templo. No deserto, o Senhor descia à Tenda da Aliança, na nuvem. No tempo messiânico – assim espera o profeta – sua presença já não estará envolta em nuvem: seria a glória manifesta, iluminando o mundo a partir do templo. Para Lucas, a existência de Jesus é a realização desta visita (cf. Lc 19,44b).

Além desse augúrio messiânico, o mesmo Simeão anuncia também que a existência de Jesus será um sinal de contradição, e uma espada há de atravessar o coração de sua mãe (**evangelho**). Em redor dele se manifestarão os pensamentos profundos dos corações humanos; por causa dele, os homens se hão de dividir em pró e contra (cf. Lc 12,49-53).

Essas palavras, dirigidas a Maria, juntamente com o tema da purificação da mãe, fizeram com que a presente festa fosse interpretada, na tradicional liturgia e devoção ocidentais, como festa de N. Senhora. No Oriente, não foi assim, e também na liturgia renovada do Concílio Vaticano II a festa é concebida nitidamente como festa de N. Senhor Jesus Cristo. O que não exclui, evidentemente, que seus pais participem da veneração.

A **2ª leitura** insiste no fato de que Jesus assumiu plenamente nossa humanidade (cf. também o fim do evangelho: pleno cumprimento da Lei). Esta ideia é parecida com a de Gl 4,4, comentada na Solenidade da S. Mãe de Deus (em parte semelhante à presente festa).

A liturgia evoca também fortemente a ideia da purificação, não tanto a partir da do antigo rito da purificação da mãe, mas antes a partir do texto de Ml 3,1-4, que descreve o efeito purificador da visita de Deus a seu templo (**1ª leitura**). A **oração inicial** aplica esta ideia aos fiéis. A **2ª leitura** lembra nossa purificação pelo sacrifício de Cristo e a **oração sobre as oferendas** inspira-se num pensamento semelhante (o cordeiro imaculado). A pureza assim evocada – e pela força do simbolismo inevitavelmente assimilada à pureza da Virgem-Mãe – une-se ao simbolismo da luz e dos olhos puros, que podem ver o Salvador (Cântico de Simeão, no **evangelho**).

A impressão do conjunto desta festa é, portanto, de alegria (mas com ressalva: a espada que atravessa o coração de Maria), de pureza e de luz. Ao mesmo tempo, evoca também o Mistério divino encarnado na existência simples, humilde e piedosa de Jesus de Nazaré.

LUZ DAS NAÇÕES

O Concílio Vaticano II intitulou o texto dedicado à Igreja com um título significativo: "Luz das Nações". Este título tem uma história muito rica: foi atribuído pelo profeta Isaías ao Servo de Deus, que não é só um indivíduo, mas o próprio povo de Deus. É nesta linha que, numa nova aceitação, o novo povo de Deus, a Igreja, pode tomar este título como emblema de sua missão, exposta no texto conciliar. Mas antes disso situa-se o momento destacado no evangelho de hoje, quando o profeta Simeão confere a Jesus, filho de José e de Maria, o título de Luz das Nações – "luz para iluminar as nações, glória de teu povo, Israel".

No "Segundo Isaías" (42,6; 49,6), a libertação de Israel do exílio babilônico, proclamada pelo "Servo", é também uma luz para as nações não israelitas. O que Deus realiza para seu povo ilumina também os outros povos. Vale entender, nesta mesma linha, o que acontece a Jesus, plena realização do Servo, e a seu povo, o novo Israel, a Igreja.

Maria apresenta Jesus ao templo, isto é, ao Senhor Deus. Simeão reconhece nele o profeta que será sinal de reerguimento do povo, mas também de contradição – e a espada traspassará o coração de sua Mãe. O "reerguimento do povo" se realiza de modo representativo na história de Jesus na terra, passando pela morte e ressurreição. Obra maravilhosa que Deus opera em Jesus e, depois, não para de operar naqueles que, com Jesus, lhe são dedicados, o Povo de Jesus, a Igreja.

Geralmente, o nosso povo, acostumado a sofrer, acentua a profecia de Simeão anunciando a espada que atravessará o coração de Maria e associa a presente festa à de N. Senhora das Dores. Mas no texto do evangelho essa frase é um parêntese. O acento recai em Jesus, luz da nações e glória de Israel, ou seja, aquele que vem completar o plano de Deus para com seu povo. Decerto, como sinal de contradição. Mas sinal glorioso. O sofrimento não pode constituir o horizonte fechado de nossa visão cristã. Em meio ao sofrimento, e talvez por meio desse sofrimento, o novo povo de Deus, mais ainda que o antigo povo exilado, é chamado a ser uma luz que testemunha e torna visível o maravilhoso projeto de Deus para todos os povos, não pelo brilho deste mundo, que se impõe pela dominação, mas pelo brilho da glória de Deus, que se esconde na pequenez de Maria e de seu Filho.

Santos

19 de março
SÃO JOSÉ, ESPOSO DA VIRGEM MARIA

Canto da entrada: (Lc 12,42) O servo fiel e prudente, a quem o Senhor confiou sua casa.

Oração do dia: A Igreja confiada a S. José desde as primícias.

1ª leitura: (2Sm 7,4-5a.12a.16) **Profecia de Natã** – Davi quer construir uma casa para Deus, mas este não precisa de casa. Sempre morou numa tenda, perto de seu povo migrante. Mas ele construirá uma casa para Davi, isto é, uma dinastia. Esta profecia concerne em primeiro lugar a Salomão, mas atinge sua plenitude em Jesus, filho de José e Maria, da casa de Davi. • Cf. 1Cr 17; Sl 132[131]; 89[88]; Lc 1,32-33.

Salmo responsorial: (Sl 89[88]2-3.4-5.27.29): A aliança com Davi e sua dinastia para sempre.

2ª leitura: (Rm 4,13.16-18.22): **A fé de Abraão** – Paulo distingue no A.T. duas realidades: a Lei e a promessa. A promessa veio antes da Lei. Portanto tem mais peso. Abraão viveu da promessa, pois a Lei ainda não era promulgada. A Lei é conjugada com a transgressão e a ira de Deus, a promessa com a fé e a graça. Abraão acreditou na promessa contra toda a probalidade, apoiado tão somente no poder e na graça de Deus, que do nada pode chamar algo à vida. Com tal fé venera-se Deus como Deus. • Cf. Gn 15,5-6; 17,4-8; 22,17-18; Gl 3,29; Is 48,13; Sl 33[32],9.

Aclamação ao evangelho: (Sl 84[83],5) Felizes os que habitam a casa de Deus.

Evangelho: (Mt 1,16.18-21.24a) **A gravidez de Maria** – Mt 1,1-18 é a genealogia de Jesus, significando que ele é filho de Abraão e Filho de Davi. Termina, na linha paterna, em José, mas aí passa a mencionar Maria como progenitora de Jesus. Pois o filho que ela concebeu é obra de Deus, fruto do Espírito Santo. Realiza a promessa do "Emanuel", "Deus conosco" (1,23). A este mistério, José dedica sua vida. A ele, como chefe de família, incumbe a tarefa de dar ao filho o nome que significa sua missão: Jesus, "Javé salva". • Cf. Lc 1,27-35; Sl 130[129],7-8.

(Lc 2,41-51a): **Jesus aos doze anos, no templo** – Ilustração do crescimento de Jesus em sabedoria (cf. 2,52). Esta sabedoria é a perspicácia com que ele impressiona os escribas e doutores (2,46-47), mas, mais ainda, a intuição de que sua verdadeira "casa do Pai" é a casa de Deus. Neste contexto, sua obediência ao Pai terrestre (2,51a) é a encarnação de sua obediência a Deus, que o levará à morte por amor. • Cf. Ex 12,24-27a; Dt 16,1-8.16.

Oração s/as oferendas: Servir Deus de coração puro.

Prefácio: (próprio): José, homem justo e responsável.

Canto da comunhão: (Mt 25,21) "Servo bom e fiel, entra na alegria de teu senhor".

Oração final: Proteção e preservação do dom de Deus em nós, pela intercessão de S. José.

A festa de S. José toca cordas muito sensíveis do coração humano. Tem um aspecto de *mistério*, que, à primeira vista, parece ser um estar por fora, porém, no olhar da fé, revela ser um estar por dentro. O evangelho de Mt 1,18-25 ilustra isso muito bem. É construído sobre a estrutura do paradoxo que acabamos de apontar. Diante da constatação da gravidez de Maria, José reage, primeiro, conforme a lógica: sente-se por fora e, prudentemente, tira a conclusão: decide deixar Maria, em segredo, para que ela não fique exposta à perseguição. Porém, exatamente esta "justiça" no seu tratamento da questão mostra que ele está profundamente envolvido. Quando o anjo lhe explica que o fruto no útero de Maria é obra de Deus, sua justiça produz a fé, que o faz assumir este mistério como seu. Está envolvido muito mais do que a mera paternidade física poderia envolver.

Paternidade não é uma questão biológica, é uma questão de fé. Com este *slogan* se poderiam abordar diversos aspectos da mais candente atualidade. Filho, a gente tem não tanto gerando-o quanto assumindo-o, entregando-se a Deus como instrumento de seu projeto. Ou, em expressão popular: filhos, a gente não os faz; recebe-os. Recebe-os como um dom de Deus, na fé, e, por isso, por não serem um produto exclusivamente nosso, dedicamo-nos a eles mais ainda.

Com isso, chegamos a um segundo tema: a *responsabilidade*. S. José aparece como o homem responsável, fiel e prudente, a quem Deus confiou seu Filho. Nós temos o costume de achar que responsabilidade só diz respeito ao que nós mesmos fazemos. Mas muito maior é a participação quando nos tornamos responsáveis por aquilo que não tem em nós a sua origem. Neste caso, comungamos com uma outra fonte. Neste caso, a responsabilidade é realmente livre e escolhida, não imposta pela natureza. É o caso de José. Por isso, Deus lhe confia sua "casa", a plenitude da "casa de Davi" da **1ª leitura**.

Ora, este tipo de "paternidade responsável" – José comungando de um mistério que é maior do que ele – causa também surpresas. O evangelho de Jesus aos doze anos é um exemplo disso. O que é mistério, não nos pertence. O "Filho de Deus" não pertence a seus pais, mas estes pertencem a Deus. Esta realidade vale também na vida da família cristã (cf. S. Família/C). Ser transmissor de vida biológica é fácil. Ser transmissor de um presente de Deus à humanidade, como foi Jesus e como deveriam ser também nossos filhos, é difícil. Nós não temos a última palavra. Mas quem acredita acha bom isso, pois Deus é maior do que nós.

Na liturgia de hoje entra também o aspecto da *fidelidade de Deus*, realização de sua Promessa, no dom da vida de Jesus, desde sua concepção no seio virginal de Maria. A fidelidade de Deus encontra, em José, a fé do homem, como a encontrou já em Abraão e Davi. Fé e fidelidade têm a mesma raiz, completam-se. Não posso acreditar em quem não é fiel. Por outro lado, a fidelidade de Deus é a razão de minha fé. Por esta fé, José reconheceu o que aconteceu em Maria como realização da fidelidade de Deus e não como um desastre. A fé é o sentido que nos faz descobrir a obra da fidelidade de Deus.

UMA PESSOA JUSTA

Na festa de S. José não convém deixar-nos desviar do essencial por especulações pseudocientíficas sobre sua paternidade, muito menos por conversas desrespeitosas. O que a Igreja quer celebrar é a participação de José na obra de Deus e a pessoa de José como "santo", isto é, como pessoa que pertence a Deus.

Esse pertencer a Deus é que a Bíblia chama de "justiça", e justiça, na Bíblia, significa, fundamentalmente, o plano de Deus, aquilo que é justo e certo por excelência. Pode até significar a justiça feita ao oprimido, sua vitória sobre o inimigo. Não é como nos nossos tribunais de justiça, onde um advogado esperto pode alegar um furo na lei ou uma lei contrária para transformar em justiça a pior falcatrua...

O ser humano é fundamentalmente justo quando insere suas ações na linha dessa justiça de Deus. É o que celebramos em S. José. Diz o **evangelho** que "sendo justo", José não quis despedir publicamente Maria, encontrada grávida sem seu saber, expondo-a assim à suspeição de adultério e à sanção mortal que a Lei previa para isso. Preferiu agir em segredo, sem alardear os juízos da sociedade. A justiça de José consiste em seu silêncio diante daquilo que ele desconhece, silêncio que se transforma no conhecimento do inimaginável mistério de Deus: o fruto no ventre de Maria é obra do poderoso Espírito de Deus. Daí: "Não tenhas receio de receber Maria, tua esposa" – pois ela era de direito esposa de José, ao qual, segundo

Santos

os costumes de então, ela tinha sido desposada, prometida desde a infância. O cotidiano continua, Deus integra os andamentos familiares do casal de Nazaré em sua obra.

A justiça de José foi bastante diferente daquilo que a maioria dos homens em sua sociedade teriam feito. Prefigura a justiça que Jesus proclamará no Sermão da Montanha: "Se vossa justiça não for maior que a dos escribas e dos fariseus, não entrareis no Reino dos Céus" (Mt 5,20). Não é a justiça do escrupuloso cumpridor da letra da Lei, mas do homem piedoso, observador das pegadas de Deus na vida e no mundo e disposto a trilhá-las.

Que todos os que receberam o nome de José honrem esse nome.

24 de junho
NATIVIDADE DE SÃO JOÃO BATISTA

Canto da entrada: (Jo 1,6-7; Lc 1,17) Enviado por Deus para testemunhar a Luz e preparar o caminho do Senhor.

Oração do dia: João prepara para Deus um povo perfeito; que Deus dirija nossos passos no caminho da paz.

1ª leitura: (Is 49,1-6) **2º Canto do Servo** – O começo deste canto lembra o profeta Jeremias (cf. Jr 1,5): como uma espada afiada são as palavras que Deus coloca na boca de seu profeta (49,2). Sua missão é dura, seu êxito pouco (49,4). O profeta não vive para o sucesso, mas para a palavra. Em 49,6, a perspectiva se torna universal: luz das nações. Neste texto, João e Jesus encontram um modelo comum. • Cf. Gl 1,15; Hb 4,12; Ap 1,16; Lc 1,76-77; Is 53,10-12; Jo 17,4.

Salmo responsorial: (Sl 139[138],1-3.13-14.15) Pertença a Deus desde o seio da mãe.

2ª leitura: (At 13,22-26) **Anúncio de Cristo por Paulo em Antioquia da Pisídia** – O querigma apostólico é unânime em mencionar a atividade de João Batista como o "ponto de engate" da mensagem de Jesus. O anúncio, por João, do mais forte que vem depois dele faz parte integrante do anúncio de Jesus Cristo. A pregação da conversão, como a de João, é sempre necessária no anúncio de Cristo: os fatos em Antioquia provam isso claramente. • Cf. Sl 89[88],21; 1Sm 13,14; Is 44,28; Ml 3,1-2; Lc 3,16.

Aclamação ao evangelho: (Lc 1,76) O precursor do Senhor.

Evangelho: (Lc 1,57-66.80) **Nascimento de João Batista: "João é seu nome"** – A narração do nascimento e circuncisão de João culmina na imposição do nome, que significa a gratuidade de Deus. João é um presente de Deus. Desde o início, mostra-se animado pelo Espírito de Deus, vivendo no deserto, como Elias, o precursor do grande dia de Deus. • Cf. Gn 17,12; Lc 2,21; Is 32,3; Lc 2,40; Mt 3,1.

Oração s/as oferendas: João anunciou a vinda do Salvador e o mostrou presente entre os homens.

Prefácio: (próprio) O maior entre os nascidos de mulher.

Canto da comunhão: (Lc 1,78) O amor do íntimo de Deus, a visita da luz do alto.

Oração final: Reconhecer em Cristo, anunciado por João, aquele que nos faz renascer.

A festa da natividade de João Batista assemelha-se às festas da infância de Jesus. O espírito é nitidamente "lucano": evoca a manifestação da graça e bondade de Deus. O lema é a frase de Zacarias: "João é seu nome" (**evangelho**). Esta frase é uma mensagem da gratuidade e bondade de Deus. O próprio nome *Yohanan* significa "Deus se mostrou misericordioso". João é um dom gratuito de Deus. Isto mostra-se de diversas maneiras: a idade avançada de seus pais, o fato de ninguém na família se chamar assim, o fato de Deus "soltar a língua" de Zacarias para que ele possa dizer: "João é seu nome".

Ora, quando se trata de Deus, "gratuidade" significa: não ser condicionado por cálculos humanos. João, criança que encarna a gratuita bondade de Deus, pertence completamente a Deus. É "profeta do Altíssimo" (Lc 1,76). Seu modo de viver lembra

Elias, o profeta que vivia no deserto, impelido pelo Espírito (cf. Lc 1,80). Aliás, em Lc 1,17 o anjo anuncia que João andará no espírito de Elias, o mais típico "homem de Deus" no A.T.

Santos

A pertença a Deus faz de João uma nova realização do "Servo de Deus" (**1ª leitura**), um homem cuja palavra é como uma espada afiada, incômoda para quem não quer saber de Deus em sua vida. A história de João prova isso. Hoje agradecemos a Deus um "homem difícil". Pois são muitas vezes as pessoas difíceis que mais nos ajudam na vida. Suas palavras incômodas nos fazem ver com maior clareza nossa situação. Neste sentido, João é uma luz (Is 49,6 fala de "luz das nações"), embora ele não seja a luz definitiva, mas antes, a testemunha da luz (Jo 1,6-8; 5,33-35); ou, já que falamos em termos figurativos, ele é como a lua que desaparece quando cresce a luz do sol (cf. Jo 3,30).

João é luz, ou testemunha da luz, sobretudo por ter apontado Cristo no meio da humanidade. O querigma apostólico, o anúncio de Cristo, começa com João (cf. At 10,37). Para isso, há uma razão teológica: João encarna, por assim dizer, Elias, que era esperado voltar antes da "visita" de Deus (Eclo 28,10; Jesus identifica João com Elias; cf. Mc 9,11-13; Mt 17,10-13; 11,14; Lc 7,26-27). Mas há também uma razão histórica: Jesus iniciou, de fato, sua pregação do Reino no ambiente "pré-aquecido" pela pregação do Batista.

Isto contém uma profunda lição. Mesmo no ponto culminante de seu agir salvífico, Deus não despreza a preparação humana. Deus não dispensa "o maior dos profetas", embora o menor no Reino dos Céus seja maior do que ele (Lc 7,28). João encarna, por assim dizer, a plenitude do A.T. e de qualquer outra preparação para o Evangelho.

À primeira vista, falta na liturgia de hoje o "Benedictus", o canto de ação de graças de Zacarias quando do nascimento de João (Lc 1,68-79), cortado fora da perícope evangélica (talvez porque a liturgia foi composta por monges, que rezam esse cântico cada manhã no divino ofício e acharam que ele sobrecarregaria a missa). Ora, nada impede de usá-lo como **salmo responsorial** ou como **canto da comunhão** (que cita um versículo dele como antífona).

Quanto à atualidade que vivemos, a presente festa oferece uma ocasião para iluminar os profetas de hoje, essas pessoas "difíceis", cujo nascimento foi uma graça que agradecemos a Deus.

ANUNCIANDO O SOL

> O **evangelho** de hoje poderia ser completado com o cântico entoado pelo pai Zacarias quando do nascimento de João Batista: o *Benedictus* (Lc 1,68-79). É nesses versos que aparece a bela evocação da missão de João: "E tu, menino, serás chamado profeta do Altíssimo, porque irás à frente do Senhor, preparando os seus caminhos, dando a conhecer a seu povo a salvação, com o perdão dos pecados, graças ao coração misericordioso de nosso Deus, que envia o sol nascente para nos visitar..." (Lc 7,76-78). O sol nascente é Jesus. E quando crescer esse sol nascente, a luz da lua (ou da estrela da manhã?) deverá diminuir, como dirá o próprio João (Jo 3,30).
>
> De fato, o Batista, como é apresentado na Bíblia, está totalmente em função daquele que vem depois dele, Jesus. Essa perspectiva dos evangelhos talvez não tenha sido a dos seus contemporâneos, como mostram alguns traços dele encontrados fora da Bíblia (p.ex., no autor

Santos

judeu Flávio Josefo, que viveu pouco tempo mais tarde). Mesmo na Bíblia encontramos indícios de que a atividade histórica de João não foi totalmente absorvida pela de Jesus (At 19,1-6, os discípulos do Batista em Éfeso por volta de 50 d.C.). Mas, para os evangelistas, a obra do Batista foi o anúncio do sol que estava nascendo, a luz prometida por Deus a seu povo: Jesus de Nazaré.

Ora, não só João preparou a chegada de Jesus; ele é a plenitude de todos os profetas, sendo o último e o maior deles, o decisivo, aquele que encerra o anúncio profético do antigo Israel. "Até João, a Lei e os Profetas! A partir de então, o Reino de Deus está sendo anunciado, e todos usam de força para entrar nele" (Lc 18,16). Ele é descrito como um novo Elias, pois Elias era esperado para preparar, com sua pregação de conversão e reconciliação, a visita final de Deus a seu povo (cf. Eclo 48,10).

Estamos inclinados a pensar que a missão do Batista terminou no ano 30, quando Jesus se apresentou. Mas *em todos os tempos a missão do Batista continua necessária*, pois a luz do sol ainda não surgiu em todos os lugares, e pode acontecer também que em algum lugar já tenha escurecido. Anunciar o sol é uma figura para dizer que em todas as circunstâncias é preciso *preparar os corações para receber o Enviado do Pai*, o próprio Filho de Deus. Em nossa sociedade urbano-industrial, o sol de Cristo parece estar obnubilado – quem sabe, pela poluição... mental. Quando nesse ambiente apresentamos todo o "aparato" cristão, isso é recebido com uma mentalidade sensacionalista, comercial, não como a luz benfazeja do sol, mas como o cintilar da propaganda. Não seria melhor mandar um João Batista à frente?

29 de junho
SÃO PEDRO E SÃO PAULO

Canto da entrada: S. Pedro e S. Paulo, fundadores da Igreja e amigos do Senhor.

Oração do dia: Seguir a instrução daqueles que nos deram a fé.

1ª leitura: (At 12,1-11) **Prisão e libertação de Pedro** – Ca. 43 d.C.: Herodes Agripa I manda executar Tiago, filho de Zebedeu. Depois, manda aprisionar Pedro. Mas o "anjo do Senhor" o liberta – como libertou os israelitas do Egito. A comunidade recorreu à arma da oração: é Deus quem age. Ele é o Libertador. • Cf. Ex 18,10; Sl 106[105],10; Dn 3,95; Lc 1,68.71.74.

Salmo responsorial: (Sl 34[33],2-3.4-5.6-7.8-9) O Senhor me livrou de todas as minhas angústias.

2ª leitura: (2Tm 4,6-8.17-18) **A oferenda da vida de Paulo** – Paulo, que sempre trabalhou com suas próprias mãos, está agrilhoado; na defesa, ninguém o assistiu. Contudo, fala cheio de gratidão e esperança. "Guardou a fidelidade": a sua e a dos fiéis. Aguarda com confiança o encontro com o Senhor. Ofereceu sua vida no amor, e o amor não tem fim (1Cor 13,8). Seu último ato religioso é a oblação da própria vida (cf. Rm 1,9; 12,1). Sua vida está nas mãos de Deus, que a arrebata da boca das feras. • Cf. Fl 3,4-16.

Aclamação ao evangelho: (Mt 16,18) "Tu és Pedro...".

Evangelho: (Mt 16,13-19) **Pedro, a rocha da Igreja** – Jesus conscientiza os Apóstolos perguntando-lhes quem ele é, na opinião dos outros e deles mesmos. Pedro responde pelos Doze, chamando-o de "Messias" (cf. Mc 8,29) e "filho de Deus" (típico de Mt 16,16; cf. 14,33). Sobre esta fé de Pedro, Jesus edifica sua comunidade, a Igreja. O poder do inferno não poderá nada contra ela. Jesus confia a Pedro o serviço de administrar a comunidade (as chaves), o poder de ligar e desligar (= obrigar e deixar livre; decidir), com ratificação divina. • Cf. 21º dom. do T. C./A • Cf. Mc 8,27-29; Lc 9,18-20.

Oração s/as oferendas: A oração dos Apóstolos nos torne "hóstia com a Hóstia".

Prefácio: (de S. Pedro e S. Paulo) O fundador da Igreja e o teólogo-missionário.

Canto da comunhão: "Tu és o Cristo... – Tu és Pedro...".

Oração final: Ser um só coração e uma só alma, assíduos na fração do pão e na doutrina dos Apóstolos.

Santos

1) *Pedro*: Simão responde pela fé dos seus irmãos (**evangelho**). Por isso, Jesus lhe dá o nome de Pedro, que significa sua vocação de ser "pedra", rocha, para que Jesus edifique sobre ele a comunidade daqueles que aderem a ele na fé. Pedro deverá dar firmeza aos seus irmãos (cf. Lc 22,32). Esta "nomeação" vai acompanhada de uma promessa: as "portas" (= cidade, reino) do inferno (o poder do mal, da morte) não poderão nada contra a Igreja, que é uma realização do "Reino do Céu" (de Deus). A libertação da prisão ilustra esta promessa (**1ª leitura**). Jesus lhe confia também "o poder das chaves", i.é, o serviço de "mordomo" ou administrador de sua casa, de sua família, de sua comunidade ou "cidade". Na medida em que a Igreja é realização (provisória, parcial) do Reino de Deus, Pedro e seus sucessores, os Papas, são "administradores" dessa parcela do Reino de Deus (dos "Céus" no sentido de "Deus"... nada a ver com a figura de Pedro como porteiro do céu no sentido do "além"...). Eles têm a última responsabilidade do serviço pastoral. Pedro, sendo aquele que "responde pelos Doze", administra ou governa as responsabilidades da evangelização (não a administração material...). Quem exerce este serviço hoje é o Papa, sucessor de Pedro e bispo de Roma (de *Roma*, por causa das circunstâncias históricas). Pedro recebe também o poder de "ligar e desligar" – o poder da decisão, de obrigar ou deixar livre –, exatamente como último responsável da comunidade (em Mt 18,18, esse poder é dado à comunidade como tal, evidentemente sob a coordenação de quem responde por ela). Não se trata de um poder ilimitado, mas da responsabilidade *pastoral*, que concerne à orientação dos fiéis para a vida em Deus, no caminho de Cristo.

2) *Paulo*: Se Pedro aparece como fundamento institucional da Igreja, Paulo aparece mais na qualidade de fundador carismático. Sua vocação se dá na visão do Cristo no caminho de Damasco: de perseguidor, transforma-se em mensageiro de Cristo; "apóstolo". É ele que realiza, por excelência, a missão dos apóstolos, de serem testemunhas de Cristo "até aos extremos da terra" (At 1,8). As cartas a Timóteo, escritas da prisão em Roma, são a prova disto, pois Roma é a capital do mundo, o trampolim para o Evangelho se espalhar por todo o mundo civilizado daquele tempo. Ele é o "apóstolo das nações". No fim da sua vida, pode oferecer sua vida como "oferenda adequada" a Deus, assim como ele ensinou (Rm 12,1). Como Pedro, ele experimenta Deus como um Deus que liberta da tribulação (**2ª leitura**).

Pedro e Paulo representam duas vocações na Igreja, duas dimensões do apostolado, diferentes, mas complementares. As duas foram necessárias para que pudéssemos comemorar, hoje, os fundadores da Igreja universal. A complementaridade dos dois "carismas" continua atual: a responsabilidade institucional e a criatividade missionária. Essa complementaridade pode provocar tensões (cf. Gl 2); as preocupações de uma "teologia romana" podem não ser as mesmas que as de uma "teologia latino-americana". A recente polêmica em torno da Teologia da Libertação mostra que tal tensão pode ser extremamente fecunda e vital para a Igreja toda.

Hoje celebra-se especialmente o "dia do Papa". Enseja uma reflexão sobre o serviço da responsabilidade última. Importa libertar-nos de um complexo antiautoritário de adolescentes. Devemos crescer para a obediência adulta, sem mistificação da autoridade, nem anarquia. O "governo" pastoral é um serviço legítimo e necessário na Igreja. Mas importa observar também que aquele que tem a última palavra deve escutar as penúltimas palavras de muita gente.

O PAPA, O MISSIONÁRIO E A COMUNIDADE

Popularmente, a festa de hoje é chamada o *Dia do Papa*, sucessor de Pedro. Mas não podemos esquecer que ao lado de Pedro é celebrado também Paulo, o Apóstolo, ou seja, missionário, por excelência.

No **evangelho**, o apóstolo Simão responde pela fé de seus irmãos. Por isso, Jesus lhe dá o nome de Pedro. Este nome é uma vocação: Simão deve ser a "pedra" (rocha) que deve dar solidez à comunidade de Jesus (cf. Lc 22,32). Esta "nomeação" vai acompanhada de uma promessa: as "portas" (cidade, reino) do inferno não poderão nada contra a Igreja, que é uma realização do reino "dos Céus" (= de Deus). A **1ª leitura** ilustra essa promessa: Pedro é libertado da prisão pelo anjo do Senhor. Pedro aparece, assim, como o fundamento institucional da Igreja.

Paulo aparece mais na qualidade de fundador carismático. Sua vocação se dá na visão de Cristo no caminho de Damasco: de perseguidor, ele se transforma em apóstolo e realiza, mais do que os outros apóstolos inclusive, a missão que Cristo lhes deixou, de serem suas testemunhas até os extremos da terra (At 1,8). Apóstolo dos pagãos, Paulo torna realidade a universalidade da Igreja, da qual Pedro é o guardião. A **2ª leitura** é o resumo de sua vida de plena dedicação à evangelização entre os pagãos, nas circunstâncias mais difíceis: a palavra tinha que ser ouvida por todas as nações (v. 17). Não esconder a luz de Cristo para ninguém! O mundo em que Paulo se movimentava estava dividido entre a religiosidade rígida dos judeus farisaicos e o mundo pagão, cambaleando entre a dissolução moral e o fanatismo religioso. Neste contexto, o apóstolo anunciou o Cristo Crucificado como sendo a salvação: loucura para os gregos, escândalo para os judeus, mas alegria verdadeira para quem nele crê. Missão difícil. No fim de sua vida, Paulo pode dizer que "combateu o bom combate e conservou a fé/fidelidade", a sua e a dos fiéis que ele ganhou. Como Cristo – o bom pastor – não deixa as ovelhas se perderem, assim também o apóstolo – o enviado de Cristo – conserva-lhes a fidelidade.

Pedro e Paulo representam duas dimensões da vocação apostólica, diferentes mas complementares. As duas foram necessárias, para que pudéssemos comemorar hoje os fundadores da Igreja universal. Esta complementaridade dos carismas de Pedro e Paulo continua atual na Igreja hoje: a responsabilidade institucional e a criatividade missionária. Pode até provocar tensões, por exemplo, uma teologia "romana" *versus* uma teologia latino-americana. Mas é uma tensão fecunda. Hoje, sabemos que o pastoreio dos fiéis – a pastoral – não é monopólio dos "pastores constituídos" como tais, a hierarquia. Todos os fiéis são um pouco pastores uns para com os outros. Devemos conservar a fidelidade a Cristo – a nossa e a dos nossos irmãos – na solidariedade do "bom combate".

E qual será, hoje, o bom combate? Como no tempo de Pedro e Paulo, uma luta pela justiça e a verdade em meio a abusos, contradições e deformações. Por um lado, a exploração desavergonhada, que até se serve dos símbolos da nossa religião; por outro, a tentação de largar tudo e de dizer que a religião é um obstáculo para a libertação. Nossa luta é, precisamente, assumir a libertação em nome de Jesus, sendo fiéis a ele; pois, na sua morte, ele realizou a solidariedade mais radical que podemos imaginar.

6 de agosto
TRANSFIGURAÇÃO DO SENHOR

Santos

Canto da entrada: (cf. Mt 17,5) O Filho, a voz do Pai, o Espírito na nuvem.
Oração do dia: Ouvir a voz do Filho e compartilhar sua glória.
1ª leitura: (Dn 7,9-10.13-14) **O Filho do Homem** – O profeta em visão vê quatro feras, os impérios deste mundo, se digladiarem, e depois um "como que filho do homem", vindo da parte de Deus, para dominar sobre as feras e sobre o mundo inteiro: o reinado de Deus. • 7,13 cf. Mt 24,30 par.; 26,62 par. • 7,14 cf. 4,17 par.
Salmo responsorial: (Sl 97[96],1-2.5-6.9) O Senhor é Rei.
2ª leitura: (2Pd 1,16-19) **A voz da nuvem** – Testemunho de Pedro acerca da Transfiguração, para dar força à sua pregação sobre a volta gloriosa do Senhor Jesus. Mostra o cumprimento das escrituras. • 1,17 cf. Mt 17,5 par.
Aclamação ao evangelho: Este é meu Filho muito amado.
Evangelho: Ano A (Mt 17,1-9) **A Transfiguração para os discípulos** – Em Mt, este episódio integra o ensinamento do discipulado: o discípulo deve seguir seu Mestre no caminho (16,24-28), dando ouvido à sua voz, que é a do filho de Deus(17,5). • Cf. anos B e C.
– Ano B (Mc 9,2-10) **A caminho da cruz, a Transfiguração** – Em Mc, a Transfiguração vem completar o primeiro anúncio da Paixão (8,32-34), como visão antecipada da glória que coroa o caminho da cruz. Moisés e Elias representam a Lei e os Profetas como testemunhando que este é o caminho do Messias que eles anunciaram. Jesus é o Filho-Servo de Deus. • 9,7 cf. Is 42,1; Sl 2,7.
– Ano C (Lc 9,28b-36) **O "êxodo" de Jesus** – Na Transfiguração, segundo Lc, Moisés e Elias falam com Jesus, o "orante", sobre seu "êxodo", sua partida deste mundo a ser levada a termo em Jerusalém. Moisés e Elias, segundo a crença judaica, foram levados à glória de Deus; assim será o fim de Jesus. Os discípulos viram sua glória. • 9,31 cf. Jo 13,1.3 • 9,32 cf. Jo 1,14; 2Pd 1,16-18.
Oração s/as oferendas: Purificados no esplendor de Cristo.
Prefácio: (próprio) "Como cabeça manifestou o esplendor que refulgiria em todos os cristãos".
Canto da comunhão: (1Jo 3,2) "Quando Cristo aparecer seremos semelhantes a ele".
Oração final: "... nos transforme na imagem de Cristo...".

A festa da Transfiguração é fortemente celebrada na Igreja Oriental, que contempla muito o Cristo glorioso no seu caminho de sofrimento: a glória ilumina a cruz.

Esta é também a impressão ao se ler o **evangelho** de hoje, especialmente em Mc 9,2-10 (ano B), no início da secção que apresenta as três predições da paixão (Mc 8,32-34; 9,30-32; 10,32-34). Parece que a Transfiguração é a resposta antecipada ao escândalo da cruz: Pedro em 8,32 rejeita a cruz, mas é convidado por Jesus a presenciar a Transfiguração, sinal de união de Jesus com o Pai e manifestação da autoridade de Jesus, que toma os traços do Filho do Homem glorioso, o executor do plano de Deus e fundador de seu Reino conforme Dn 7,13-14. Contudo, os discípulos não compreendem; só à luz da ressurreição compreenderão (9,10).

Já os outros evangelistas acentuam os traços que caracterizam seus respectivos escritos. Mt 17,1-9 (ano A) insiste muito na aprendizagem dos discípulos. Não menciona sua incompreensão, pelo contrário, mostra Jesus animando-os a ir a caminho (Mt 17,7). A visão da glória do Senhor deve ser, também para nós, um estímulo para seguir confiantes pelo caminho do discipulado: "Levantai-vos, não tenhais medo".

Em Lc 9,28-36 (ano C) o aspecto de mistério é mais forte. Lc explicita o detalhe de Moisés e Elias que conversam com Jesus. Em 2Rs 2, Elias é arrebatado ao céu, e a crença judaica acreditava que o corpo de Moisés tinha sido levado ao céu. Assim, Moisés e Elias são as testemunhas celestiais que aparecem a Jesus em oração (9,29-31). Falam a Jesus, em diálogo celestial, sobre o "êxodo" (saída) que ele devia levar a termo em Jerusalém. Jerusalém é muito acentuada no evangelho de Lc, sobretudo na parte central que aqui inicia, apresentada como uma grande viagem de Jesus a Jerusalém. Pois é em Jerusalém que o mensageiro de Deus deve ser rejeitado, mas é de lá também que a palavra do anúncio sairá para o mundo inteiro, como Lc mostra no seu segundo livro, Atos dos Apóstolos. Lc menciona também que não apenas a nuvem (= presença de Deus) cobriu os discípulos, mas que eles entraram na nuvem, ainda que cheios de temor (Lc 9,34). Isso foi interpretado pelos grandes místicos como o entrar na escuridão mística, o largar as certezas humanas para presenciar a manifestação de Deus em Jesus Cristo. Em sentido semelhante podemos interpretar o mal-entendido de Pedro, que quer erguer três tendas, uma para Jesus, uma para Moisés e uma para Elias. Isso seria humano demais. A "Tenda" por excelência é a própria nuvem da presença de Deus, que está em Cristo Jesus (cf. a *shekiná* da mística judaica).

Assim, esta festa nos convida a deixar-nos envolver pelo mistério do Filho no qual o Pai coloca todo seu beneplácito e ao qual devemos unir-nos em obediência para com ele realizar o plano que o Pai lhe confiou com os plenos poderes do Filho do homem (cf. **1ª leitura**).

Onde possível, seria bom celebrar hoje a missa segundo o rito oriental, com aquela solenidade que lembra a glória do céu aparecendo na terra.

A LUZ DA NUVEM ESCURA

Em tempos de materialismo crasso, como o tempo que estamos vivendo, é ao mesmo tempo estranho e necessário reforçar a dimensão mística de nossa fé. Não temos aqui morada definitiva, não devemos parar aqui em tendas construídas por nós mesmos, nem que sejam tendas dedicadas a Jesus e aos seus santos predecessores... O seguidor de Jesus tem de entrar na Morada que este traz consigo, a nuvem escura, que no Antigo Testamento desce sobre a Morada quando Deus fala com Moisés: a revelação da glória divina acontece na escuridão humana. Ex 40,34-35 conta que Moisés não podia entrar na Morada ou Tenda porque a nuvem repousava sobre ela. **O evangelho** (Lc 9,34) nos ensina que junto com Cristo podemos entrar nessa nuvem escura da glória de Deus (cf. Ex 16,10), nuvem que na noite se transforma em luz (Ex 40,38; cf. 14,20).

Nossa sociedade tem medo da escuridão, e não por menos, com tanto criminoso solto por aí. Mas para muitas pessoas um apagão, uma noite sem luz é uma experiência libertadora. Aprendem a largar suas seguranças humanas. A mística medieval descreveu a nuvem como a "nuvem do não saber". Na "noite dos sentidos" (S. João da Cruz), quando eu não domino mais o meu mundo com o meu saber, com minha tecnologia, com minha tevê e computador, quando o mundo é novamente do Criador invisível, então revela-se a verdade do meu existir e de toda a humanidade. Estou entregue a Deus.

Esta glória invisível na escuridão da nuvem chama-se Jesus Cristo.

Ele está iniciando o caminho da rejeição e da morte. Há pouco Pedro se revoltou contra a ideia de que "ídolo" devia sofrer (Mc 8,32-33). Contudo, é sobre esse caminho da cruz que Moisés e Elias, a lei e os Profetas, testemunham. Mas esse é exatamente o caminho do arrebatamento, da entrada na glória do Pai por ter levado a termo o seu projeto, instaurado o seu reinado (Lc 9,31). Na escuridão dos nossos sentidos e de um mundo que na sua iluminação perdeu a cabeça, o caminho do Filho e Servo que enfrenta o sofrimento por amor até o fim é um raio de luz gloriosa que desenha o sentido de nossa caminhada. Desde que não tenhamos medo de ficar na escuridão, entrar na nuvem.

15 de agosto
ASSUNÇÃO DA VIRGEM MARIA

Santos

Canto da entrada: (I: Ap 12,1) A mulher da coroa de 12 estrelas / (II) Congratulação de Maria.
Oração do dia: Participar da glória de Maria.
1ª leitura: (Ap 11,19a; 12,1-6a.10ab) **O sinal da Mulher** – Aparece no céu a Mulher que gera o Messias; as doze estrelas indicam quem ela é: o povo das doze tribos, Israel, mas não só o Israel antigo, do qual nasce Jesus; é também o novo Israel, a Igreja, que, no séc. I d.C., deve esconder-se da perseguição, até que, no fim glorioso, o Cristo se possa revelar em plenitude. Maria assunta ao Céu sintetiza em si, por assim dizer, todas as qualidades deste povo prenhe de Deus, aguardando a revelação de sua glória. • 11,19 cf. 1Rs 8,1.6; 2Cr 5,7 • 12,1-2 cf. Is 66,7; Ml 4,10 • 12,3-6a cf. Dn 7,7; 8,10; Is 7,14; Sl 2,9; Ap 9,15.
Salmo responsorial: (Sl 45[44],9b-10.11-12.15b.16) Canto em honra da rainha.
2ª leitura: (1Cor 15,20-26) **A vitória de Cristo sobre a morte** (cf. festa de Cristo-Rei/A) – O sinal da vitória definitiva de Cristo é a ressurreição, a vitória sobre a morte. Ela se realizou na sua própria morte e se realizará na nossa. Maria já está associada a Jesus nesta vitória definitiva; nela, a humanidade redimida reconhece sua meta. • 15,20-22 cf. Rm 8,11; Cl 1,18; 1Ts 4,14; Rm 5,12-21; 1Cor 15,45-49 • 15,23-26 cf. 1Ts 4,16; Sl 110[109],1; Mt 22,44; Ap 20,14; 21,4.
Aclamação ao evangelho: Maria elevada ao céu.
Evangelho: (Lc 1,39-56) **Magnificat** – Isabel interpreta a admiração dos fiéis diante daquilo que Deus operou em Maria. Maria responde, revelando sua compreensão do mistério do agir divino, que é um agir de pura graça, não baseado em poder humano, mas, pelo contrário, envergonhando este poder ao elevar o que é pequeno e humilde, mas dedicado ao serviço de sua vontade plena de amor. O amor de Deus se realiza não através da força, mas através da humilde dedicação e doação. E, nisto, manifesta sua grandeza e glória. • Cf. 1Sm 2,1-10 • Ver tb. 4º dom. Adv./C.
Oração s/as oferendas: O desejo de chegar até Deus.
Prefácio: (próprio) "Aurora e esplendor da Igreja triunfante".
Canto da comunhão: (cf. Lc 1,48-49) "Todas as gerações me chamarão bem-aventurada".
Oração final: Pela intercessão de Maria, chegar à glória da Ressurreição.

A presente festa é uma grande felicitação de Maria da parte dos fiéis, que nela veem, ao mesmo tempo, a glória da Igreja e a prefiguração de sua própria glorificação. A festa tem uma dimensão de *solidariedade* dos fiéis com aquela que é a primeira e a Mãe dos fiéis. Daí a facilidade com que se aplica a Maria o texto de Ap 12 (**1ª leitura**), originariamente uma descrição do povo de Deus, que deu à luz o Salvador e depois refugiou-se no deserto (a Igreja perseguida do 1º século) até a vitória final do Cristo. Na **2ª leitura**, a Assunção de Maria ao céu é considerada como antecipação da ressurreição dos fiéis, que serão ressuscitados em Cristo. Observe-se portanto que a glória de Maria não a separa de nós, mas a une mais intimamente a nós.

Merece consideração, sobretudo, o texto do **evangelho**, o *Magnificat*, que hoje ganha nova atualidade, por traduzir a pedagogia de Deus: Deus recorre aos humildes para realizar suas grandes obras. Deus escolhe o lado de quem, aos olhos do mundo, é insignificante. Podemos ler no *Magnificat* a expressão da consciência de pessoas "humildes" no sentido bíblico, isto é, rebaixadas, humilhadas, oprimidas (a "humildade" não como aplaudida virtude, mas como baixo estado social): Maria, que nem tinha o *status* de casada, e toda uma comunidade de humildes, o "pequeno rebanho" tão característico do evangelho de Lc (cf. 12,32, peculiar de Lc). Na maravilha acontecida a Maria, a comunidade dos humildes vê claramente que Deus não obra através dos poderosos: antecipação da realidade escatológica, em que será grande quem confiou em Deus e se tornou seu servo (sua serva), e não quem quis ser grande por suas próprias forças, pi-

Santos sando em cima dos outros. Assim realiza-se tudo o que Deus deixou entrever desde o tempo dos patriarcas (as promessas).

Pois bem, a glorificação de Maria no céu é a realização desta visão escatológica. Nela, é coroada a fé e a disponibilidade de quem se torna servo da justiça e bondade de Deus, impotente aos olhos do mundo, mas grande na obra que Deus realiza. É a Igreja dos pobres de Deus, que hoje é coroada.

A "arte" litúrgica deverá, portanto, suscitar nos fiéis dois sentimentos dificilmente conjugáveis: o triunfo e a humildade. O único meio para unir estes dois momentos é colocar tudo nas mãos de Deus, ou seja, esvaziar-se de toda glória pessoal, na fé de que Deus já começou a realizar a plenitude das promessas.

Em Maria vislumbramos a combinação ideal de glória e humildade: ela *deixou Deus ser grande* na sua vida. É o jeito...

MAGNIFICAT: A MÃE GLORIOSA E A GRANDEZA DOS POBRES

Em 1950, o Papa Pio XII definiu a Assunção de Maria como dogma, ou seja, como ponto referencial de sua fé. Maria, no fim de sua vida, foi acolhida por Deus no céu "com corpo e alma", ou seja, coroada plena e definitivamente com a glória que Deus preparou para os seus santos. Assim como ela foi a primeira a servir Cristo na fé, ela é a primeira a participar na plenitude de sua glória, a "perfeitissimamente redimida". Maria foi acolhida completamente no céu porque ela acolheu o Céu nela – inseparavelmente.

O **evangelho** de hoje é o *Magnificat* de Maria, resumo da obra de Deus com ela e em torno dela. Humilde serva – nem tinha sequer o *status* de mulher casada –, ela foi "exaltada" por Deus, para ser mãe do Salvador e participar de sua glória, pois o amor verdadeiro une para sempre. Sua grandeza não vem do valor que a sociedade lhe confere, mas da maravilha que Deus opera nela. *Um diálogo de amor entre Deus e a moça de Nazaré:* ao convite de Deus responde o "sim" de Maria, e à doação de Maria na maternidade e no seguimento de Jesus, responde o grande "sim" de Deus, a glorificação de sua serva. Em Maria, Deus tem espaço para operar maravilhas. Em compensação, os que estão cheios de si mesmos não deixam Deus agir e, por isso, são despedidos de mãos vazias, pelo menos no que diz respeito às coisas de Deus. O filho de Maria coloca na sombra os poderosos deste mundo, pois enquanto estes oprimem, ele salva de verdade.

Essa maravilha só é possível porque Maria não está cheia de si mesma, como os que confiam no seu dinheiro e seu *status*. Ela é serva, está a serviço – como costumam fazer os pobres – e, por isso, sabe colaborar com as maravilhas de Deus. Sabe doar-se, entregar-se àquilo que é maior que sua própria pessoa. *A grandeza do pobre é que ele se dispõe para ser servo de Deus*, superando todas as servidões humanas. Mas, para que seu serviço seja grandeza, tem que saber decidir a quem serve: a Deus ou aos que se arrogam injustamente o poder sobre seus semelhantes. Consciente de sua opção, o pobre realizará coisas que os ricos, presos na sua auto-suficiência, não realizam: a radical doação aos outros, a simplicidade, a generosidade sem cálculo, a solidariedade, a criação de um homem novo para um mundo novo, um mundo de Deus.

A vida de Maria, a "serva", assemelha-se à do "servo", Jesus, "exaltado" por Deus por causa de sua fidelidade até a morte (Fl 2,6-11). O amor torna semelhantes as pessoas. Também na glória. Em Maria realiza-se, desde o fim de sua vida na terra, o que Paulo descreve na **2ª leitura**: a entrada dos que pertencem a Cristo na vida gloriosa do pai, uma vez que o Filho venceu a morte.

Santos

Congratulando Maria, congratulamo-nos a nós mesmos, a Igreja. Pois, mãe de Cristo e mãe da fé, Maria é também mãe da Igreja. Na "mulher vestida do sol" (**1ª leitura**) confundem-se os traços de Maria e da Igreja. Sua glorificação são as primícias da glória de seus filhos na fé.

No momento histórico que vivemos, a contemplação da "serva gloriosa" pode trazer uma luz preciosa. Que seria a "humilde serva" no século XXI, século da publicidade e do sensacionalismo? Sua história é: serviço humilde e glória escondida em Deus. Não se assemelha a isso a Igreja dos pobres? A exaltação de Maria é um sinal de esperança para os pobres. Sua história joga também uma luz sobre o papel da mulher, especialmente da mulher pobre, "duplamente oprimida". Maria é "a mãe da libertação".

14 de setembro
EXALTAÇÃO DA SANTA CRUZ

Canto da entrada: (cf. Gl 6,14) A cruz de Cristo, nossa glória.
Oração do dia: Conhecer o mistério da cruz e colher seus frutos.
1ª leitura: (Nm 21,4b-9) **O sinal salvador levantado diante do povo** – A rebeldia do povo tinha sido punida com a praga das serpentes no deserto. Pela intercessão de Moisés, Deus providencia um sinal salvador: uma serpente de metal fundido levantada numa haste: quem levanta com fé os olhos para ela é liberto da praga das serpentes. • 21,8 cf. Sb 16,5ss; Jo 3,13-17; 12,32-33; 19,37.
Salmo responsorial: (Sl 78[77],1-2.34-35.36-37.38) Punição do povo no deserto.
2ª leitura: (Fl 2,6-11) **Humilhação e exaltação do Senhor** – Paulo cita aqui o primeiro hino cristológico conhecido. Ele se inspira no modelo do Servo Padecente (4º cântico do Servo, Is 52,13–53,12), rebaixado pelos homens, elevado por Deus. Na compreensão cristã, essa elevação, da qual a ressurreição é o sinal, permite dar a Jesus o título que na Bíblia indica Deus mesmo: o Senhor (v. 11). Observe-se que o texto é citado numa exortação ao amor fraterno (Fl 2,1-5).
Aclamação ao evangelho: A redenção do mundo pela Cruz.
Evangelho: (Jo 3,13-17) **O Filho do Homem levantado** – Jesus pertence ao âmbito de Deus, ele é o Filho do Homem que vem do alto (cf. Dn 7,13-14). E na sua crucificação, levantado ao alto, ele é um sinal da salvação pelo amor de Deus, como a serpente de bronze levantada por Moisés no deserto (cf. 1ª leitura). • 3,14 cf. Nm 21,8-9 • 3,16 cf. 12,32; Rm 5,8; 8,32; 1Jo 4,9.
Oração s/as oferendas: O altar da cruz.
Prefácio: (próprio) "... no lenho da cruz a salvação da humanidade".
Canto da comunhão: (Jo 2,32) "... exaltado da terra... atrairei todos a mim".
Oração final: "... leveis à glória da ressurreição os que salvastes pela árvore da cruz".

Como a festa da Transfiguração, também a da Santa Cruz é intensamente celebrada na Igreja Oriental. Ambas as festas participam da mesma atmosfera: a presença da glória divina no sofrimento e morte de Jesus na cruz, mistério percebido com profunda sensibilidade pelos cristãos orientais e muito valioso também para nós. Tenha-se diante dos olhos os ícones ou crucifixos com o Cristo glorioso comuns na Igreja Oriental. A liturgia renovada deu a estas festas, juntamente com a da Epifania, um destaque especial, com vistas exatamente à comunhão com as Igrejas Orientais, que, além de significar a unidade, é também um grande enriquecimento para o Ocidente materialista e secularista.

A origem da festa remonta à dedicação das basílicas do Gólgota e do Santo Sepulcro, construídas pelo imperador Constantino, em 13 de setembro de 335, sendo que no dia seguinte se mostrava os restos da Santa Cruz.

Santos

O fio central da liturgia de hoje é o simbolismo da elevação na cruz como elevação na glória, desenvolvido por João no **evangelho** (Jo 3,13-17; cf. tb. 12,32-33 e 19,37, lembrando Zc 19,37: "Contemplarão aquele que traspassaram"). A **1ª leitura** vê este simbolismo prefigurado no episódio da serpente de bronze que Moisés levantou diante dos olhos dos hebreus para esconjurar a praga das serpentes (possivelmente lembrança de um antigo culto, cf. 2Rs 18,4). O tema da elevação/exaltação, inspirado por Is 52,13 (o Servo Padecente, 4º cântico do Servo) preside também à **2ª leitura**, sendo que aqui a exaltação é contrabalançada pelo rebaixamento (esvaziamento, quenose) no sofrimento infligido àquele que nem deveria considerar apropriação injusta a forma divina (Fl 2,6-11). Observe-se que neste maravilhoso texto o rebaixamento não é a encarnação na existência humana, mas a forma de servo/escravo em que essa encarnação é vivida por Jesus.

Olhando o conjunto dos textos somos levados a penetrar mais profundamente neste mistério, que constitui a intuição principal do evangelho de João: o dom da vida de Jesus, morrendo por amor fiel até a morte, na cruz, é a manifestação da glória, isso é, do ser de Deus que aparece: pois "Deus é amor" (1Jo 4,8-9), a tal ponto que Jesus, na hora de assumir a morte na cruz, pode dizer: "Quem me vê, vê o Pai" (Jo 14,9).

Mas essa manifestação da glória de Deus no amor de Cristo que dá sua vida por nós na cruz tem consequências práticas para nós: "Jesus deu a vida por nós; por isso nós também devemos dar a vida pelos irmãos" (1Jo 3,16). Também o hino citado por Paulo na 2ª leitura está num contexto semelhante: Jesus esvaziado como escravo e exaltado como Senhor é o exemplo dos que se reúnem em seu nome, para que considerem os outros mais importantes que a si mesmos e tenham em si o mesmo pensar e sentir dele (2,1-5).

O **canto da entrada** lembra Gl 6,14: "Que eu me glorie somente na cruz de nosso Senhor Jesus Cristo". As palavras seguintes, "o mundo está crucificado para mim e eu para o mundo" (v. 15), alimentaram entre os cristãos de antigamente um desprezo pelo mundo. Não é, contudo, com desprezo da realidade terrestre que devemos olhar a cruz, mas como sinal de salvação. Para Paulo, para João, para nós, a cruz é sinal de salvação. Por isso, o mundo não tem mais o mesmo significado. Só conseguimos dar-lhe pleno valor na medida em que ele é marcado pela cruz de Cristo, o sinal da vida doada em amor até o fim.

A GLÓRIA NA CRUZ

No Brasil, "Terra da Santa Cruz", convém contemplar a cruz de Cristo. Não para recair no dolorismo de tempos idos, quando se pensava que quanto mais sofrimento, mas regalia no céu. E que Jesus teve de sofrer na cruz para "pagar" a Deus. A liturgia de hoje nos ensina a olhar para a cruz num outro sentido: como manifestação do próprio ser de Deus, que é amor. A cruz não é um instrumento de suplício que Deus aplica a seu filho (por nossa culpa), mas o sinal de quanto o Pai e o Filho nos amam – o Filho instruído pelo Pai ("obediente até a morte", **2ª leitura**). Nada de sádica exigência de sangue, só amor até o fim (cf. Jo 13,1; 19,28-30).

Ninguém jamais viu Deus (Jo 1,18). Portanto, não temos nenhuma razão para pensar que ele seja um Deus cobrador, castigador. O único retrato de Deus que temos é Jesus (Jo 1,18). Mas esse retrato só ficou pronto na hora em que Jesus ia dar sua vida pelos que o seguiam, os que acolhiam sua palavra, e pelos que através destes iam acolher: na véspera da morte: "Quem me viu, tem visto (= tem diante dos olhos) o Pai" (Jo 14,9). Nestas poucas palavras resume-se toda a existência humana de Jesus, sua pregação ao povo e aos discípulos, seus gestos de amor e de libertação, coisas que ele não quis negar, como também não renegou seus amigos, na hora do perigo da morte. Amou até o fim (Jo 13,1) e por isso, rompendo com os poderes deste mundo e vencendo-os pelo amor, morreu a morte dos escravos e rebeldes, na cruz.

Essa cruz é, portanto, o estandarte sobre o qual se eleva e se exibe ao mundo o próprio ser de Deus, seu amor que é sua glória. Ela atrai a si o olhar de todos que procuram a salvação (Jo 12,32-33). E assim como há uma relação entre o mal e o sinal de salvação para o qual levantam os olhos (cf. **1ª leitura**, a serpente levantada), assim também enxergamos no Cristo elevado na cruz o mal do qual ele nos cura: o sofrimento que nosso desamor causa a ele e a todos nós. Aniquilado pelo pecado do mundo, ele mostra no seu corpo e sangue o infinito amor do Pai que nos quer salvar **(evangelho)**.

Contemplar a cruz não é afundar no dolorismo, mas *reconhecer o amor de Deus que salva o mundo do desamor*.

12 de outubro
N. SENHORA DA CONCEIÇÃO APARECIDA, PADROEIRA DO BRASIL

Canto da entrada: (cf. Is 61,10) Júbilo de Maria.

Oração do dia: A pátria definitiva do povo brasileiro: junto a Maria.

1ª leitura: (Est 5,1b-2; 7,2b-3) **O pedido de Ester: "Salva meu povo"** – Se é verdade que Deus encarna seu amor, deve encarná-lo também na realidade que é uma nação. No A.T., a consciência desta encarnação praticamente não ultrapassa as fronteiras de Israel. Um dos momentos em que se notificou esse amor encarnado na proteção de uma nação foi a história da rainha Ester, judia que, graças às suas reais qualidades e à presença de Deus em sua vida, conseguiu proteção para o povo dominado. É um símbolo do amor que Deus dedica a qualquer povo que expressa sua confiança nele e toma sua vontade e justiça como rumo de seu caminho. – Para nós, a "rainha" por excelência é Maria, mediadora junto a Deus e solidária com o povo.

Salmo responsorial: (Sl 45[44],11-12.13-14.15-16) A filha do Rei.

2ª leitura: (Ap 12,1.5.13a.15.16a) **O sinal da Mulher** – (Cf. festa da Assunção) – Da alegoria da Mulher-Povo de Deus utilizam-se hoje aqueles versículos que sublinham a grandeza e realeza da Mulher-Maria (Mãe do Messias), como também a solidariedade da "terra" com sua luta (12,16a).

Aclamação ao evangelho: (Jo 2,5b) "Fazei tudo o que meu Filho mandar".

Evangelho: (Jo 2,1-11) **Intercessão de Maria nas bodas de Caná** – Já que seu filho com seus amigos estão presentes à festa, Maria se sente responsável pela carência de vinho. Conhecendo seu filho, intercede junto a ele, e quando este dá a conhecer que ainda não é a "hora" (de sua *grande* obra), encaminha os serventes da festa aos cuidados dele, que realizará um sinal de sua missão. – Nós pedimos hoje a intercessão de Maria para ver sinais da obra que Deus está realizando conosco. • Jo 19,25-27; 7,30; 8,20.

Oração s/as oferendas: Preces e oferendas sejam agradáveis a Deus.

Prefácio: (próprio) Ação de graças por Maria.

Canto da comunhão: (Pr 31,28.15) A mulher dedicada à sua família.

Oração final: União do povo.

A liturgia de hoje é marcada pela ideia da intercessão de Maria, padroeira principal do Brasil. A **1ª leitura** lembra a intervenção da rainha Ester junto ao Rei Assuero em favor do povo judeu, ao qual ela mesma pertencia. Ao mesmo tempo, menciona-se a graciosa beleza desta "flor de seu povo".

O **evangelho** é escolhido em função da ideia da intervenção de Maria no milagre do vinho, nas bodas de Caná. Convém observar que Maria aí aparece como a "senhora mãe" – o tratamento hebraico "Mulher" significa isso –, que se sente responsável pelo que diz respeito à sua família: a presença de Jesus e seus amigos a fez sentir-se responsável pelo abastecimento de vinho. Ora, este evangelho não é propriamente mariológico, mas cristológico. Mostra Jesus dando início aos sinais da sua grande obra (Jo 2,11), antes que se realize a sua "hora" (cf. 2,4). A abundância de vinho é um sinal de que Jesus vem cumprir a missão messiânica (cf. a abundância de vinho no tempo messiânico, Am 9,13-14 etc.), mas esta missão só é levada a termo na "hora" da morte e glorificação (cf. Jo 13,1ss; 17,5 etc.).

Temos aqui um ensejo para explicar o sentido do costume de pedir "graças" a Deus pela intercessão de N. Senhora. Geralmente, pedem-se benefícios materiais. Mas Deus e Maria não têm como tarefa específica resolver nossos problemas materiais. As graças materiais são apenas sinais de que Deus nos quer bem. Ora, ele nos quer bem sempre, também no sofrimento e na ausência de benefícios materiais! Por outro lado, nem todo benefício material pode ser interpretado como sinal do bem-querer de Deus, pois há muita gente materialmente bem provida cujo coração está longe de Deus! Reflitamos, pois, a partir do presente evangelho, sobre o sentido do pedir graças mediante a intercessão de N. Senhora. Em Caná, Maria pede uma intervenção material, e esta se realiza, porém não como um fim em si, mas como sinal da grande obra do Cristo, sua morte, na "hora" que naquele momento ainda não havia chegado (2,4). Assim também, o que nós pedimos pela intervenção de N. Senhora, sendo atendidos conforme o pedido ou de outro modo, se torna sinal do amor até morrer, que seu Filho nos dedica. É assim que devem ser interpretadas as preces de súplica: "Dai-nos, Senhor, um sinal de vosso amor".

A ideia da intercessão, na presente liturgia, concerne sobretudo à Pátria brasileira, portanto, uma realidade histórico-material. Pode-se pedir a Maria que ela cuide para que a ninguém faltem as condições para viver dignamente. Mas que neste pedido, então, se traduza também a disponibilidade para colaborar e participar no grande testemunho de amor que Cristo iniciou e assinalou por seu primeiro "sinal" em Caná. Ou seja, que os pedidos exprimam a vontade de colaborar no reino de paz e amor, o meio mais seguro para fazer acontecer a realização do que pedimos. Se pedimos bênçãos pela Pátria, devemos estar dispostos a nos tornar instrumentos daquilo que pedimos (integração de todos numa sociedade justa e fraterna etc.).

A **2ª leitura** é a mesma da festa da Assunção (ver ali). Pode-se destacar o papel protetor que a Mulher – simultaneamente Igreja e Maria – exerce com relação ao Filho messiânico. Que a Igreja se lembre, portanto, que a intuição da fé, aplicando esta leitura a Maria, viu a semelhança no papel de ambas. Gerar e levar o Salvador ao mundo, e presenciar sua vitória, eis o que Maria e a Igreja têm em comum. Destacando a figura de Maria, a Igreja assume, até um certo grau, o que foi a obra de Maria. Isso vale também com relação à proteção da Pátria, que não é algo mágico, mas algo que se realiza mediante as nossas mãos, nosso empenho por uma Pátria melhor, mas justa, mais conforme à vontade de Deus.

A **aclamação ao evangelho** e o **canto da comunhão** aludem também à função "patrocinadora" de Maria.

MARIA, MULHER-POVO, MÃE DA IGREJA

Nossa Senhora da Conceição Aparecida, Padroeira do Brasil. O povo a chama simplesmente de N. Senhora Aparecida. Aliás, para a "Imaculada Conceição" temos outra festa, em 8 de dezembro. Mas vale a pena, apoiados na liturgia, estabelecer um nexo entre a eleição de Maria desde a sua concepção e seu papel de intercessora, em virtude do qual ela aparece como padroeira do nosso povo.

A **1ª leitura** de hoje destaca o papel da intercessora, mediante a figura bíblica da rainha Ester, que intervém junto ao rei por seu povo, Israel. Na **2ª leitura** a Mulher-Povo do Apocalipse protege seu filho messiânico. No **evangelho** aparece com maior clareza o papel mediador de Maria a favor do povo. É o evangelho das bodas de Caná. Maria presencia uma festa de casamento, e também Jesus e seus companheiros. Quando falta vinho, Maria chama a atenção de Jesus para o impasse. E quando Jesus, misteriosamente, responde que ainda não chegou a sua hora – pois a sua hora mesmo é a da cruz – Maria não deixa de acreditar que Jesus transformará as bodas deste mundo em festa messiânica e plena alegria, vinho novo do tempo novo. Recomenda aos servidores que executem o que Jesus lhes disser. Talvez às cegas, mas confiante no projeto de Deus e no filho que Deus lhe deu, Maria assume sua missão de confiar o mundo a ele.

João, no seu evangelho, menciona Maria apenas duas vezes, aliás, sem chamá-la Maria, mas Mãe de Jesus e Mulher. A primeira menção é quando ela por assim dizer introduz Jesus na sua atividade pública, nas bodas de Caná. A outra é quando ela acompanha Jesus até o fim, ao pé da cruz. No primeiro texto, Jesus diz que sua hora ainda não chegou; é apenas o início dos sinais. O outro texto é quando se realiza "a Hora" de Jesus e sua obra é levada a termo, na cruz. Em ambos os textos, Jesus se dirige a Maria com o tratamento honroso de "Mulher" (nós diríamos: "Senhora") – termo muitas vezes ligado à imagem do povo. A primeira vez, Jesus pronuncia a perspectiva da hora que deve vir, a segunda vez, confia à sua mãe o seu legado: o discípulo amado, que representa os fiéis. Maria está no início e no fim da obra de Jesus. Ela, a Mulher, a Mãe, é a referência de sua obra. *Maria marca o lugar de Jesus neste mundo e está aí como referência do discípulo que toma o lugar do seu Filho.*

Maria, Mãe da Igreja.

1º de novembro
FESTA DE TODOS OS SANTOS

Canto da entrada: Alegremo-nos com a festa de todos os Santos.

Oração do dia: "... intercessores tão numerosos...".

1ª leitura: (Ap 7,2-4.9-14) **"Uma grande multidão, que ninguém podia contar"** – Entre as visões das catástrofes do fim do mundo, surge a visão da glória dos eleitos, fruto da salvação que vem "de nosso Deus... e do Cordeiro" (Ap 7,10). Por seu sacrifício, o Cordeiro venceu a morte. Desta vitória participam os que, especialmente no sacrifício do martírio, "branquearam suas vestes no sangue do Cordeiro". Não o número dos eleitos é o que esta leitura quer mostrar, mas a vitória sobre as forças que se opõem a Cristo e sua comunidade. • Cf. Ez 9,4.6; Ap 3,5; 6,11; Is 6,1; Dn 12,1; Mt 24,21; Mc 13,19.

Salmo responsorial: (Sl 24[23],1-2.3-4ab.5-6) "Quem é digno de morar no seu santo lugar?"

2ª leitura: (1Jo 3,1-3) **"Já somos filhos de Deus, e ainda não é manifesto o que seremos"** – Quem não se sabe amado por Deus (e este saber só é possível na reciprocidade) não entende o que significa ser "filho de Deus" (3,1). E sabe-o quem o pratica! Mas esse saber fica ainda velado, só na glória é que se manifesta em plena clareza (cf. Jo 17,5.24). Mas na esperança já participamos da santidade de Deus, se vivermos como seus filhos. • 3,1 cf. Jo 1,12-13; 1Jo 3,10; Ef 1,5; Jo 15,21; 16,3 • 3,2-3 cf. Rm 8,29; 2Cor 3,18; Fl 3,21; Cl 3,4; 1Jo 2,6.

Santos

Aclamação ao evangelho: (Mt 11,28) "Eu vos darei repouso".

Evangelho: (Mt 5,1-12a) **As Bem-aventuranças** – (Cf. 4º dom. T.C./A) – A santidade (o "estar bem" com Deus) é dom e missão. Deus no-la dá, mas nós a devemos realizar em nossa vida e irradiar em nosso redor (Mt 5,13-15). Como dom, só pode ser recebido pelos que não estão cheios de si mesmos: os pobres (até no seu íntimo), os humildes, os sofridos. Como tarefa, exige empenho: fazer acontecer a justiça de Deus, promover sua paz. Em todos os casos, exige desprendimento, conversão, abandono da autossuficiência e opção por aquele que mais espera da santidade de Deus: o pobre, o oprimido, o excluído • 5,5-9 cf. Sf 3,11-13; Is 55,1-3; 57,15; 61,1-2; Sl 34[33],9; Jo 15,3; Lc 10,5-6 • 5,10-12 cf. Mt 23,34; Jo 9,22; 16,2-4; At 5,41; 1Pd 3,13-17.

Oração s/as oferendas: Intercessão dos santos.

Prefácio: (próprio) Celebração da Jerusalém celeste.

Canto da comunhão: As Bem-aventuranças.

Oração final: "Desta mesa de peregrinos, passemos ao banquete de vosso reino".

A festa de todos os santos abrange os três momentos do tempo, além da dimensão universal do espaço. De fato, celebramos os justos do passado, celebramos a vocação à santidade futura (o "céu"), e celebramos a santidade como dom (graça) presente.

Como esta dimensão presente é a em que menos se pensa quando se fala de santidade, achamos que ela merece uma atenção especial: é a mensagem das Bem-aventuranças, no **evangelho** de hoje (Mt 5,1-12, cf. 4º dom. T.C./A). As Bem-aventuranças devem ser entendidas como uma proclamação da chegada do Reino de Deus para as pessoas que vão ficar felizes com isso (Lc 6,24-26 acrescenta também aqueles que vão ficar infelizes...). São, ao mesmo tempo, a proclamação da amizade de Deus para aqueles que participam do espírito que é evocado por oito exemplificações, e (sobretudo na versão de Mt) um programa de vida para todos os que escutam a palavra do Cristo.

Este programa de vida já entra em ação desde que alguém se torna discípulo de Jesus: os que estão realizando este programa já são "santos". Por isso, este evangelho foi escolhido para a festa de hoje. Jesus proclama a bem-aventurança (a felicidade, o "bom encaminhamento", a "boa ventura") dos "pobres no espírito" (= semitismo: os diminuídos até no alento da vida; não se trata da questionável "pobreza espiritual"), porque deles é o Reino dos Céus, ele não quer dizer o além da morte – uma recompensa futura pela carência na terra – mas a realidade presente. "Reino dos Céus" é maneira semítica de dizer "Reino de Deus" (por respeito, Deus é chamado "os Céus"). E o Reino de Deus começa onde se faz a vontade de Deus, como aprendemos do Pai-nosso, que Jesus ensina em seguida (Mt 6,9-13). Se entendêssemos as Bem-aventuranças somente como uma compensação para depois da morte, elas seriam "ópio do povo". Mas o contrário é verdade: elas são um incentivo para realizar, desde já, o novo espírito, que traz presente o Reino. O sentido das Bem-aventuranças é, exatamente, relacionar o dom escatológico (expresso nos termos: "serão consolados, serão saciados" etc.) com a realidade de hoje. O dom escatológico não cai do céu, mediante a atuação de algum mágico, mas é o que, da parte de Deus, corresponde à atitude do justo, do servo, do "pobre do Senhor". Corresponde à atitude de não procurar a mera afirmação pessoal no poder e na riqueza, mas de dispor-se inteiramente para a obra de Deus, pelo esvaziamento, a mansidão, a paciência no sofrer, a sede de justiça divina, o empenho pela paz... Em outros termos, somos santos já, na medida em que pertencemos a Deus no presente. Então, também o futuro de Deus nos pertence.

A mesma mensagem proclama a **2ª leitura** (1Jo 3): nossa atual santidade, por sermos filhos de Deus, embora ainda não seja manifesto "o que seremos" (= a nossa glorificação). Portanto, quem é celebrado hoje é, em primeiro lugar, os "filhos de Deus" neste mundo.

Santos

A isto se une a visão antecipada do autor do Apocalipse sobre a plenitude dos que aderiram a Cristo, seguiram o Cordeiro (**1ª leitura**). É o número perfeito das tribos (12 x 12.000), os eleitos de Israel (o autor é judeu-cristão), mas também um número inumerável de todas as nações (universalismo – mas ainda assim há quem ensine que no céu só tem 144.000 lugares...).

Ora, tanto na mensagem das Bem-aventuranças quanto na visão do Apocalipse ganham um destaque especial os mártires, os que são perseguidos por causa do evangelho, os que lavaram suas vestes no sangue do Cordeiro e vêm da grande tribulação. Testemunhar de Cristo com seu sangue é a marca mais segura da santidade. Mas, com ou sem sangue, todos deverão fazer de sua vida um pertencer a Cristo, para que possam ser chamados "santos", i.é, consagrados a Deus.

As orações insistem muito na intercessão dos santos. É um aspecto deste dia, que atinge muito a sensibilidade popular. É preciso fazer aqui um delicado trabalho de interpretação. Confiar em alguém como intercessor supõe sentir-se solidário (familiar) com ele. Será que vivemos como familiares destes intercessores? Será que cabemos na sua companhia?

A COMUNHÃO DOS SANTOS

Atualmente pouco se ouve falar na "comunhão dos santos". Além disso, muitos fiéis talvez tenham uma ideia muito restrita a respeito de quem são os santos...

Nas suas cartas, Paulo chama os fiéis em geral de "santos". Todos os que pertencem a Cristo e seu Reino constituem uma comunidade viva e real, a "Comunhão dos Santos".

As bem-aventuranças (**evangelho**) proclamam a chegada do Reino de Deus e, por isso, a boa ventura daqueles que "combinam com ele". Assim, caracterizam a comunidade dos "santos", os "filhos do Reino", e proclamando a sua felicidade e salvação. Jesus felicita os "pobres de Deus", os que confiam mais em Deus do que na prepotência, os que produzem paz, os que veem o mundo com a clareza de um coração puro etc. Sobretudo os que sofrem por causa do Reino, pois sua recompensa é a comunhão no "céu", isto é, em Deus. Dedicando sua vida à causa de Deus, eles "são dele". É o que diz S. João (**2ª leitura**): já somos filhos de Deus, e nem imaginamos o que seremos! Mas uma coisa sabemos: seremos semelhantes a ele, realizaremos a vocação de nossa criação (Gn 1,26). O amor de Deus tomará totalmente conta de nosso ser, ao ponto de nos tornar iguais a ele.

A santidade não é o destino de uns poucos, mas de uma imensa multidão (**1ª leitura**): todos aqueles que, de alguma maneira, até sem o saber, aderiram e aderirão à causa de Cristo e do Reino: a comunhão ou comunidade dos santos.

Ser santo significa ser de Deus. Não é preciso ser anjo para isso. Santidade não é angelismo. Significa *um cristianismo libertado e esperançoso*, acolhedor para com todos os que "procuram Deus com um coração sincero" (Oração Eucarística IV). Mas significa também *um cristianismo exigente*. Devemos viver mais expressamente a santidade de nossas comunidades (a nossa pertença a Deus e a Jesus), por uma prática da caridade digna dos santos e por uma vida espiritual sólida e permanente.

Sobretudo: santidade não é beatice, não é medo de viver. É uma atitude dinâmica, uma busca de pertencer mais a Deus e assemelhar-se sempre mais a Cristo. Não exige boa aparência!

Desprezar os pobres é desprezar os santos! Ora, a santidade exige disponibilidade para se deixar atrair por Cristo e entrar na solidariedade dos fiéis de todos os tempos, santificados e unidos por ele.

Santos

2 de novembro
DIA DOS FINADOS*

* Liturgia da 3ª missa; outras missas e opções para as leituras, ver Missal/Lecionário[6].

Canto da entrada: (1Ts 4,14; 1Cor 15,22) Ressurreição de todos em Cristo.

Oração do dia: Fé na ressurreição de Cristo e esperança na ressurreição dos irmãos.

1ª leitura: (Sb 3,1-9) **As almas dos justos estão nas mãos de Deus** – Aos olhos do mundo, quem passa seu tempo fazendo a justiça, parece perder seu tempo, pois "não rende". Aos olhos dos que não refletem, os justos parecem mortos, pois não aproveitam a vida... Mas o sábio do A.T. sabe que não é bem assim. Ele sabe, confusamente, que fazer a justiça de Deus é algo que permanece válido além do limite da vida física. • Cf. Dn 12,2-3.

Salmo responsorial: (Sl 23[22]) Deus, o pastor que nos conduz às águas tranquilas.

2ª leitura: (Rm 6,3-9) **Morrer e corressuscitar com Cristo no batismo** – (Cf. Vigília Pascal) – A ressurreição de Cristo mostra que a morte já não tem domínio; nosso batismo, como adesão total a Cristo, nos faz participar nesta realidade, não pela água derramada, mas por aquilo que ela significa: a renovação da nossa vida, aqui e agora, e para sempre. • Cf. Cl 2,12; Gl 3,27.

Aclamação ao evangelho: (Jo 11,25a.26) "Quem crê em mim não morrerá jamais".

Evangelho: (Jo 11,17-27) **A ressurreição de Lázaro** – (Cf. 5º dom. da Quaresma/A) – A vida eterna não é o prolongamento, além do limite, da vida fisiológica (não teria sentido, pois teria que acabar de novo – cairíamos num absurdo ciclo de reencarnações). É a realidade de Deus mesmo, a realidade última e definitiva da nossa vocação. Quem, ainda na sua vida física, acolhe Jesus como "dominante" de sua vida, acolhe esta realidade. A presença de Jesus em nossa vida é a vida eterna. A morte física só virá confirmar esta realidade. • Cf. Jo 5,24; 1Jo 3,14.

Oração s/as oferendas: Vivos e mortos unidos na glória de Cristo e no mistério do amor.

Prefácio: (Mortos I) A vida não é tirada, mas transformada.

Canto da comunhão: (Jo 11,25-26) "Eu sou a Ressurreição e a Vida".

Oração final: "... cheguem à luz e à paz de vossa casa".

A liturgia do dia dos Finados poderia ser chamada também a liturgia da *esperança*. Pois, como "o último inimigo é a morte" (1Cor 15,26), a vitória sobre a morte é o critério da esperança do cristão. A morte é considerada, espontaneamente, como um ponto final: "tudo acabou". A resposta cristã é: "A vida não é tirada, mas transforma-

---

6. 1ª missa: 1ª leitura: (Jó 19,1.23-27a) Eu sei que meu redentor está vivo – Sl. resp.: (Sl 27[26],1.4.7+ 8b+ 9a.13-14) Verei... na terra dos viventes – 2ª leitura: (Rm 5,5-11) Justificados por Cristo e salvos da ira por ele – Evangelho: (Jo 6,37-40) "Quem crê... terá a vida eterna".
– 2ª missa: 1ª leitura: (Is 25,6a.7-9) Deus eliminará para sempre a morte – Sl. resp.: (Sl 25[24],6+ 7bc.17-18.20-21) A vós elevo minh'alma – 2ª leitura: (Rm 8,14-23) "Esperando a libertação de nosso corpo" – Evangelho: (Mt 25,31-46) O juízo.
– Leituras à escolha própria:
1ª leitura, do A.T.: 2Mc 12,43-46 / Sb 4,7-15 / Lm 3,17-26 / Dn 12,1-3.
1ª leitura, do N.T., no tempo pascal: At 10,34-43 / Ap 14,13 / Ap 20,11–21,1 / Ap 21,1-5a.6b-7.
Salmo responsorial: Sl 23[22],1-6 / Sl 63[62],2-9 / Sl 103[102],8.10.13-18 / Sl 116[114a],5-6 + [115],10-11.15-16 /Sl 122[121],1-2.4-9 / Sl 130[129],1-6a.7-8 / Sl 143[142],1-2.5-8.10.
2ª leitura, do N.T.: Rm 5,17-21 / Rm 6,3-9 / Rm 8,31b-35.37-39 / Rm 14,7-9,10c-12 / 1Cor 15,20-24a.25-28 / 1Cor 15,51-57 / 2Cor 4,14–5,1 / 2Cor 5,1.6-10 / Fl 3,20-21 / 1Ts 4,13-18 / 2Tm 2,8-13 / 1Jo 3,1-2 / 1Jo 3,14-16
Evangelho: Mt 11,25-30 / Mt 25,1-13 / Mc 15,33-39; 16,1-6 / Lc 7,11-17 / Lc 12,35-40 / Lc 23,33.39-43 / Lc 23,44-46.50.52-53; 24,1-6a / Lc 24,13-35 / Jo 5,24-29 / Jo 6,51-58 / Jo 11,17-27 / Jo 11,32-45 / Jo 12,23-28 / Jo 14,1-6 / Jo 17,24-26 / Jo 19,17-18.25-39

da" (**prefácio**). Esta resposta baseia-se na fé na Ressurreição de Jesus Cristo. Se ele ressuscitou, também para nós a morte não é o ponto final. Somos unidos com ele na vida e na morte (Jo 11,25-26; **evangelho**). Ele é a Ressurreição e a Vida: unir-se a ele significa não morrer, não parar de existir diante de Deus, embora o corpo morra e se decomponha.

Trata-se de uma fé, de uma maneira de traduzir o Mistério de Deus e da totalidade da existência. Já no A.T., o autor de Sb observa que as aparências enganam: a justiça dos justos não é um absurdo diante da morte ("ele não aproveitou nada da vida!"). Pelo contrário, é o começo do "estar na mão de Deus", que não tem fim (**1ª leitura**). Assim também descreve Paulo a existência cristã como estar já unido com Cristo na Ressurreição, o que é simbolizado pelo batismo (**2ª leitura**).

O texto de Paulo introduz, porém, um importante complemento na ideia de que a existência do fiel e justo já é o início da vida eterna: Paulo não gosta nada do espiritualismo exaltado de pessoas que se consideram "nova criação" sem morte existencial da vida antiga. No primeiro cristianismo havia uma tendência para um conceito "barato" da vida eterna, um pouco ao modo dos gnósticos, que achavam que bastava participar de algum "mistério" esotérico para ter a imortalidade. Paulo insiste muito na *realidade* tanto da morte quanto da ressurreição do Cristo (cf. 1Cor 15,12-19). E para participar destas é preciso também crucificar o velho homem com Cristo.

Portanto, a certeza de estarmos nas mãos de Deus – pela fé em Cristo que nos torna verdadeiramente "justos" –, não tira nada do caráter crítico da morte corporal: ela fica um véu, atrás do qual nosso olhar não penetra. Inclusive, para o cristão, ela é mais "séria" do que para quem vive sem se preocupar de nada, porque ela significa desde já a morte do homem "natural". Não podemos viver com a perspectiva de sermos assumidos pelo Espírito de Deus, para ressuscitar com um "corpo não carnal, mas espiritual" (1Cor 15,44ss), se não nos acostumarmos ao Espírito desde já. O corpo espiritual de que Paulo fala é a presença "ao modo de Deus". Este é nosso destino. Mas, se não nos tornarmos aptos para este modo agora, como seremos aptos para sempre?

Assim, a morte, para o cristão, é a pedra de toque de sua vida. Dá seriedade à sua vida. Valoriza, na vida, o que ultrapassa os limites da matéria, que é "só para esta vida" (1Cor 15,19). Abre-nos para o que é realmente criativo e supera o dado natural da gente. Um antegosto daquilo que é "vida pneumática", a gente o tem quando se supera a si mesmo, p.ex., negando seus próprios interesses em prol do outro. O verdadeiro amor implica, necessariamente, o morrer a si mesmo. Superação do homem confinado na perspectiva material, tal é a realidade espiritual que encontrará confirmação definitiva e inabalável na morte. Na morte, o que é verdadeiro e definitivo em nosso existir supera a precariedade da existência. A morte é nossa confirmação na mão de Deus: Ressurreição.

Para tal existência, morta para o homem velho, é que o batismo, configuração com Cristo, nos encaminha. Portanto, vivemos já a vida da ressurreição, num certo sentido. Quem diz isto em termos expressos é João (**evangelho**). A Marta, que representa o conceito veterotestamentário da vida eterna – a ressurreição depois da morte, no fim dos tempos – Jesus responde que, quem crê nele, já durante sua vida tem a vida eterna (11,25-26; cf. 5,24). O fundamento de afirmação não convencional assim é que Jesus mesmo é o dom escatológico por excelência. Quem vê Jesus, vê Deus (Jo 14,9). Quem

Santos aceita Jesus na fé, não precisa esperar a vida do além para ver Deus (na linguagem do A.T., "ver Deus" era a grande esperança).

Com isso, estamos longe dos temas tradicionais referentes aos finados. De fato, a celebração dos fiéis falecidos é a celebração de nossa esperança e da comunidade dos santos, da "comunhão dos santos", tanto quanto a festa do 1º de novembro. A liturgia nada diz das penas do purgatório e coisas semelhantes, que tradicionalmente estão no centro da atenção neste dia. Ao deixarmo-nos ensinar pela nova liturgia, deslocaremos o acento desta comemoração. Vamos assimilar a espiritualidade desta liturgia, para ter uma visão mais cristã da morte, o passo definitivo que conduz à vida verdadeira.

SANTOS E FINADOS

A Igreja considera o 1º de novembro – Todos os Santos – dia santo de guarda, mas os fiéis "guardam" o dia 2, Finados – que inclusive é feriado nacional. Por quê?

O povo dá mais importância à oração pelos familiares falecidos do que à celebração dos santos gloriosos. Acha que os parentes falecidos lhe estão mais próximos e precisam mais de oração... Por isso, Finados ganha de Todos os Santos. Também, o povo sofrido é mais sensível ao pensamento do sofrimento e da morte do que ao da glória. Glória, nunca conheceu, sofrimento, sim. (Por isso, celebra mais a Sexta-feira Santa que a Páscoa da Ressurreição!)

Mas os falecidos, não são santos também? Se não fossem santos, isto é, pertencentes ao "Santo", a Deus, que sentido teria rezar por eles. Para aliviar as penas do purgatório? Mas isso tem sentido apenas porque já estão encaminhados para Deus. Só lhes falta o "acabamento"! A **2ª leitura** de hoje diz que os batizados já corressuscitaram com Cristo. Se já somos "filhos de Deus" e ainda não se manifestou o que seremos (2ª leitura de Todos os Santos), os que já percorreram o caminho dos santos, pertencem a Deus, mesmo se ainda lhes falta alguma purificação. A festa de Todos os Santos e o Dia dos Finados são uma coisa só: inclui *toda a Igreja militante, padecente e triunfante.* Se estamos convencidos disso, estes dias não se tornam dias tristes, mas dias para curtirmos o pensamento da glória e da paz que recebem os que procuram, durante sua caminhada na terra, o rosto amoroso do Pai.

Os santos "acabados" – a Igreja triunfante – e os santos "em fase de acabamento" – as almas do purgatório – são solidários com os que ainda estamos a caminho da santidade, a Igreja militante aqui na terra. Esta é a comunhão de todos os santos, que hoje celebramos. Temos presentes os que nos precederam, não nos fixando na sua imperfeição, mas no destino glorioso que lhes foi designado por Deus. Assim recordamos os nossos pais, que nos deram a vida e a fé cristã; os nossos irmãos e amigos que lembramos com grata saudade, por todo o bem que nos fizeram. E pensamos também em todos aqueles que estão ainda a caminho, os que estamos lutando lado a lado. Pois a "Igreja pelejante" aqui na terra é a que mais precisa das nossas preces.

9 de novembro
CONSAGRAÇÃO DA BASÍLICA DO LATRÃO

Canto da entrada: (Ap 21,2) A nova Jerusalém descendo do céu.

Oração do dia: O templo de pedras vivas.

1ª leitura: (Ez 47,1-2.8-9.12) **O novo templo e a fonte de águas salvíficas** – Ezequiel, no exílio babilônico, longe de Jerusalém e de seu templo destruído, sonha com um novo templo, perfeito na sua estrutura. E no lugar da antiga e humilde fonte do templo (o Gion) haverá um rio caudaloso que saneará até as águas do Mar Morto.

Salmo responsorial: (Sl 46[45],2-3.5-6.8-9) O rio que traz alegria à Cidade de Deus.

2ª leitura: (1Cor 3,9c-11.16-17) **"Vós sois santuário de Deus"** – Paulo compara a comunidade dos fiéis ao santuário, construído com pedras vivas. E o alicerce, colocado por Paulo, é Cristo. • Cf. 1Pd 2,5.

Aclamação ao evangelho: (2Cr 7,16) Casa santificada para o "nome" (= presença) de Deus.

Evangelho: (Jo 2,13-22) **O templo do corpo de Jesus** – À pergunta de com que autoridade ele fez seu gesto profético expulsando os animais do sacrifício do templo, Jesus responde apontando o sinal de sua ressurreição: os homens podem destruir o templo, que ele "fará ressurgir" outro, em três dias: o templo que é seu corpo, sua pessoa. • 2,13-17 cf. Mt 21,12-13 par. • 2,18-22 cf. Mt 26,61 par. • 2,22 cf. 12,16; 14,26.

Oração s/as oferendas: Os dons oferecidos nesta igreja.

Prefácio: (próprio) Os fiéis, templo vivo do Espírito Santo.

Canto da comunhão: (1Pd 2,5) Pedras vivas, templo espiritual.

Oração final: Igreja imagem da Jerusalém celeste.

Na festa da dedicação da basílica do Latrão, em Roma, celebram-se, de fato, as catedrais de todas as dioceses do mundo. A basílica do Latrão foi a primeira catedral do mundo. Igreja catedral é a Igreja do bispo do lugar. A igreja dedicada a S. João Batista e a S. João Evangelista, no morro do Latrão, em Roma, foi durante muito tempo a igreja do bispo de Roma, o papa. E como o papa exerce a "presidência da caridade" entre os bispos do mundo inteiro, a igreja catedral do Latrão simboliza todas as dioceses.

Mas o que se celebra não são templos de pedra e sim os templos do Espírito, as comunidades dos fiéis. A liturgia de hoje se refere continuamente ao templo de pedras vivas, que são as comunidades cristãs, e ao templo que é o corpo de Cristo, ressuscitado, que substitui o templo do antigo Israel.

O **evangelho** deixa isso bem claro. Conforme Jo, já no início de sua atuação pública, Jesus chega a Jerusalém por ocasião de uma romaria pascal e expulsa do templo não só os abusos (como descrevem os outros evangelistas, Mt 21,12-13 par.), mas os próprios animais do sacrifício. Em outros termos: expulso o culto do templo. E quando as autoridades lhe pedem um sinal profético que possa respaldar tal gesto inimaginável, Jesus aponta o sinal que só depois (2,22) os discípulos vão conhecer: o sinal de sua ressurreição. O templo antigo pode ser destruído (como de fato ele foi, em 70 d.C., alguns anos antes de João escrever seu evangelho), mas Jesus "fará ressurgir" um novo templo em três dias: o templo de seu corpo, de sua pessoa. Jesus é templo, santuário, lugar de culto a Deus, de encontro com Deus. Nele, a Palavra de Deus armou tenda entre nós (Jo 1,14). Nele também é oferecido a Deus o único culto da nova Aliança, o dom da própria vida por amor.

Ora, ao templo que é Jesus associa-se o templo de pedras vivas que é a comunidade. A 1ª carta de Pedro (cf. **canto da comunhão**) apresenta uma bela homilia pascal, para os novos batizados, neste sentido. Eles devem se aproximar (termo do culto) da pedra rejeitada, Cristo, que pela ressurreição se tornou pedra angular, alicerce (cf. a "primeira pedra" de uma igreja). Eles são assim o edifício "espiritual" (= constituído pelo espírito, a força ativa de Deus, que ressuscitou também Jesus). E nessa comunidade é que se oferece o "sacrifício espiritual" (= promovido pelo Espírito de Deus)[7], que é a prática da vida cristã (ler 1Pd 2,4-10 e Rm 12,1). Paulo (**2ª leitura**) usa uma imagem semelhante, ao falar de seu trabalho de fundação da igreja de Corinto. A comuni-

---

[7]. Ou talvez: "em sentido espiritual" (= tipológico, alegórico), daí a tradução "sacrifício/culto verdadeiro" (em oposição aos sacrifícios provisórios do A.T.).

Santos dade é construção de Deus, morada do Espírito. O alicerce, posto pelo próprio Paulo, é Cristo. Adiante, ao proscrever a imoralidade sexual, ele aplica essa mesma imagem ao comportamento pessoal dos fiéis (1Cor 6,19).

A abertura dessas imagens é fornecida pela "utopia de Ezequiel", na qual aparece a descrição do novo templo, a ser construído quando os exilados da Babilônia voltarem à Judeia (**1ª leitura**). Ezequiel vê a fonte do templo (o riacho do Gion) como um rio caudaloso que saneia as águas e as margens e até o Mar Morto... Um símbolo da salvação que deve fluir do novo templo. Pela "lógica da liturgia", isso se aplica a Cristo e à sua comunidade (cf. Jo 7,37-39). A comunidade de Jesus deve ser a edificação de Deus da qual sai a água salvadora para a humanidade.

A IGREJA DE PEDRAS VIVAS E O SACRIFÍCIO ESPIRITUAL

A liturgia da dedicação da basílica do Latrão, primeira catedral (igreja episcopal) da cristandade, sugere a extensão a todos os templos cristãos em todas as dioceses do mundo, as "Igrejas particulares", nas quais está presente a Igreja universal a serviço da qual está posto o bispo de Roma, o Papa.

Ora, ao se observar bem, a liturgia não realça os templos de pedra, os edifícios góticos, barrocos... Realça o novo templo "espiritual" que é Cristo ressuscitado e a comunidade, templo de "pedras vivas", alicerçada nele (pelo trabalho do apóstolo). E a própria atuação do cristão é o "sacrifício espiritual" do novo culto (**2ª leitura, evangelho**).

"Espiritual", nesse contexto, não quer dizer o oposto de material. Quer dizer o que é suscitado pelo Espírito de Deus (ou talvez: interpretado à luz do Espírito de Deus). Ora, isso não é coisa no ar. Os frutos do Espírito são coisas bem concretas: amor fraterno, alegria, paz etc. (Gl 5,22). O sacrifício espiritual (1Pd 2,5; Rm 12,1) implica em coisas bem concretas e materiais: é a própria vida cotidiana do cristão, vivida em amor fraterno eficaz.

São esses os sacrifícios oferecidos no novo templo que somos nós. Em nossa comunidade de amor eficaz, baseado em Cristo, Deus se torna presente muito mais do que no templo de Jerusalém.

8 de dezembro
IMACULADA CONCEIÇÃO DA VIRGEM MARIA

Canto da entrada: (Is 61,20) Júbilo em Deus, que orna sua noiva.
Oração do dia: Uma digna habitação para o Filho de Deus.
1ª leitura: (Gn 3,9-15.20) **O protoevangelho: a vitória sobre a serpente** – Deus quer oferecer ao homem sua amizade, mas o homem prefere a autossuficiência, ser igual a Deus: a história do pecado de Adão. Mas, ao mesmo tempo que ele toma conhecimento de sua desgraça, a promessa de que ele calcará aos pés a serpente sedutora aparece-lhe como sinal da restauração da amizade com Deus (3,15). • Cf. Rm 5,12-20; Os 4,1-3; 1Jo 3,8; Rm 4,15-25; Ap 12.
Salmo responsorial: (Sl 98[97],1.2-3ab.3c-4) Deus fez maravilhas.
2ª leitura: (Ef 1,3-6.11-12) **O plano de Deus para com todos: destinados a serem sem mancha** – O começo de Ef resume todo o agir de Deus na palavra "bênção". Deus é sempre; seu amor para conosco, também, desde a eternidade. E Deus é, ao mesmo tempo, a nossa meta. Mas não a podemos alcançar por nossas próprias forças. Aí intervém a graça de Deus, dando-nos Cristo como Salvador e Cabeça; por ele também, nosso pecado é apagado (1,17); nele, temos esperança: Deus nos adotou como seus filhos. • 1,3-4 cf. Ef 2,6-7; Jo 15,16; 17,24; Ef 5,27 • 1,5-6 cf. Jo 1,12; Rm 8,29 • 1,11-12 cf. Cl 1,12.

Santos

Aclamação ao evangelho: (Lc 1,28) O Ave-Maria.

Evangelho: (Lc 1,26-38) Anunciação: "Encontraste graça junto a Deus" – Maria conclui e supera toda a série de eleitos de Deus (Abraão, Davi etc.). Ela é a plenitude de Jerusalém, em que o amor de predileção de Deus se plenifica (cf. Sf 3,14-16; Zc 9,9). A mensagem a Maria, a respeito de Jesus, supera aquela a Zacarias, a respeito de João (Lc 1,31-33, cf. 1,15-17). Jesus é filho da Virgem, mas também presente de Deus à humanidade (1,35). Diferentemente de Zacarias (cf. 1,18), Maria responde, com a palavra ao mesmo tempo singela e grandiosa: "Faça-se em mim segundo a tua palavra". • Cf. Is 7,14; Mt 1,21-23; Is 9,5-6; Dn 7,14; Ex 40,34-35.

Oração s/as oferendas: Preservada de toda a culpa.

Prefácio: (próprio) "Primeira da Igreja, esposa de Cristo sem ruga nem mancha".

Canto da comunhão: A glória de Maria.

Oração final: Cura do mal original.

A presente festa celebra a fé da Igreja, de que Maria não conheceu o pecado original, para que fosse digna Mãe do Filho de Deus. Esta intuição, porém, não é apenas mariológica, mas também eclesiológica e escatológica, no sentido de que Maria antecipa, assim, o estado de inocência ao qual todos somos chamados (2ª leitura); ela é a primícia da Igreja, que, como ela, deve realizar a figura da "esposa sem ruga nem mancha" do esposo escatológico – embora seus membros, na atualidade terrestre, não sejam bem assim.

Maria é, portanto, a única exceção da participação universal do pecado, que reina desde o pecado de Adão, o "pecado das origens" (pecado original). Nela e em sua prole, a Igreja viu a plenitude daquilo que está prefigurado em Gn 3,9-15 (1ª leitura): a mulher e sua descendência, pisando aos pés a cabeça da serpente, encarnação da tentação pecaminosa. Assim, Maria é a nova Eva, conforme a exegese alegórica dos Santos Padres: "Ave, Eva".

O importante, porém, é interpretarmos o dogma da Imaculada Conceição como uma realidade teológica e soteriológica. "Achaste graças diante de Deus" (Evangelho). Quem quis Maria sem pecado foi Deus. Assim como a nossa participação no pecado da humanidade não é algo que queremos, propriamente, assim também a liberdade de Maria com relação ao pecado não é obra sua, mas de Deus, ainda que *ex praevisis meritis*. Ou, em outros termos, na indescritível variedade de situações humanas, realizou-se também – assim acreditamos – a realidade de uma existência não manchada pela solidariedade pecaminosa do pecado original, situação realizada por Deus e vivida por Maria como vocação específica de dar ao mundo o Filho de Deus. A graça que Maria recebeu é, ao mesmo tempo, sua missão. E conhecemos a resposta de Maria: "Eis a serva do Senhor" (**evangelho**). Torna-se assim intimamente solidária com aquele que será o Servo por excelência.

O mistério da Imaculada Conceição é o mistério da perfeita pertença à santidade de Deus, que é o núcleo também da santidade da Igreja e o futuro ao qual todos nós somos chamados. Em Maria, este futuro já é passado. Por isso, o **prefácio** de hoje a chama de "primícias da Igreja".

Observemos ainda que ninguém se pode deixar confundir pela mensagem principal do **evangelho** de hoje, escolhido por causa das frases acima destacadas. Na realidade, este evangelho *não* narra a Imaculada Conceição de Maria, que não vem afirmada tal qual na Bíblia, mas é uma intuição da fé da Igreja. O evangelho narra a vocação de Maria para ser mãe do filho de Deus, pela força do Espírito Santo (e em vista disso, acreditamos, ela mesma foi concebida e nasceu sem a mancha que acompanha toda a humanidade). Há pessoas que confundem Imaculada Conceição com Maternidade Virginal. São duas coisas bem distintas, e a confusão talvez provenha de um (inconsciente) sentimento de culpabilidade do ato procriador humano. Colocam na mesma linha Maria permanecer virgem na concepção de Jesus e ela mesma ser sem pecado, como se fosse pecado conceber um filho sem permanecer virgem... Será útil esclarecer ao povo que a concepção de Maria mesma (por sua mãe Ana) não foi virginal, mas, ao ser concebida por Ana, Maria não ficou marcada pelo pecado de Adão. (Virginal, sim, foi a concepção de Jesus por Maria.)

Os cantos insistem no misterioso júbilo (**canto da entrada**) e no agir gracioso e gratuito de Deus (**salmo responsorial**). Este último tema merece atenção especial. Uma das razões por que certas pessoas se sentem constrangidas diante do dogma da Imaculada Conceição é o fato de Maria se tornar assim uma exceção. Não aguentam outra pessoa ser melhor e mais inocente do que elas próprias. Todos nós incorremos facilmente no perigo de tal inveja. Não aceitamos que Deus faça exceções, nem mesmo para o bem de todos. Não aceitamos que Deus saia da regra, que ele faça algo realmente gratuito, que não precisava ser assim, conforme a regra geral. E, contudo, é na graça – naquilo que é gratuito, não obrigatório – que Deus se manifesta. Aceitar que Maria, desde o início, foi melhor do que nós, talvez nos ajude a aceitar que também outras pessoas possam ser melhores do que nós mesmos.

IMACULADA: PROJETO DE DEUS

Por que Deus fez Maria diferente de nós? Por que ela não conheceu o pecado?

A Bíblia apresenta desde a segunda página o mistério do mal no mundo: o pecado dos que deram início à humanidade, Adão e Eva. No fim dessa história aflora um pontinho luminoso: a mulher esmagará a cabeça da serpente (**1ª leitura**). A fé cristã viu o cumprimento desta palavra na "Mulher" que é a mãe do Salvador e da Igreja. Ela venceu a serpente: não participou do pecado ao qual a serpente induziu Adão e toda a humanidade. Deus a preservou, com vistas à sua vocação de ser a mãe de seu Filho. Neste sentido, ela é a "obra-prima" da graça de Deus.

Se não é possível compreender totalmente o mistério da eleição por Deus, ao menos podemos contemplá-lo. Deus conhece antes do tempo, fora do tempo... Ele sabe *sempre* quem lhe pertence. Em Maria, a libertação do pecado, por Cristo, surtiu efeito antes que ela fosse criada. A eleição não tem tempo; acontece antes da criação do mundo (**2ª leitura**). Mistério da eleição divina.

O **evangelho** mostra a *total consagração de Maria a Deus* e à sua missão de ser mãe do Filho de Deus. Deus e sua missão tomam conta de Maria. Talvez sintamos certo incômodo diante de tanto "privilégio". Porém, não é um privilégio do tipo que tão facilmente arrumamos para nós mesmos... É um privilégio em função da salvação de todos. É um serviço. Maria é a Serva por excelência. Não nos falte a solidariedade, não digamos: "Isso é só para ela, não vale para mim". Maria foi libertada de antemão, para que, graças à *sua* vocação e missão, *nós* fôssemos libertados. Devemos aprender a admirar gratuitamente o que é mais belo e mais puro do que nós mesmos. Pela contemplação tornamo-nos semelhantes ao que contemplamos. Não desprezemos, mas admiremos o "não ter pecado original", para ficarmos semelhantes!

Maria, com vistas à maternidade divina e por antecipação da libertação por Cristo, foi concebida e nasceu sem ser contaminada pelo pecado da humanidade, o pecado original. Ela é a primeira em quem se realizou totalmente a libertação. Será que ela poderia ter recusado ser a mãe do Salvador? Poderia. O mérito de Maria consiste em ter dado livremente seu "sim" à graça de Deus e à sua missão de ser mãe do Salvador. Então, ela não era predestinada para isso? Era, sim. Mas não forçada! Poderia ter recusado sua (pré-)destinação. A predestinação da graça, que fez com que ela nascesse livre do pecado original, era o projeto da parte de Deus. Mas ela não foi forçada a aceitar este projeto. Também Adão não tinha pecado original, mas ele não foi fiel ao projeto de Deus. Maria, sim. Corrigiu a desistência de Adão. Assumiu de mão cheia o original projeto de Deus, aquilo que Deus predestinou para ela e para todos.

Contamos com muitas Marias assim em nossas comunidades. Mulheres fortes, nas quais, graças à sua adesão ao projeto de Deus, reaparece o estado original, livre e sem pecado, da humanidade. São diferentes de Maria de Nazaré nisto: que seu estado de graça não lhes veio de sua concepção, mas de seu batismo e inserção na comunidade da fé, nas suas lidas e lutas. Mas o resultado vai na mesma linha. *Na Imaculada Conceição celebramos o estado redimido de todas e de todos os que dedicam sua vida ao Salvador do mundo.*

ÍNDICE SISTEMÁTICO DE TEMAS FORMATIVOS

Temas abordados explicitamente nos blocos homilético-formativos. Outros temas tocados de passagem nos comentários não são aqui lembrados. Os temas são elencados por ano; no início de cada sequência encontra-se a letra do ano (A, B ou C).

Abreviaturas:
Adv = do Advento
Q = da Quaresma
P = da Páscoa
TC = do Tempo Comum
F= feira-

DEUS, JESUS CRISTO, ESPÍRITO SANTO

Deus: Trindade, Providência, Pai:
    A: 2Q, Trind., 8TC – **B:** 2Q, Trind., 23TC – **C:** 4P, 6P, Trind., 31 TC

Jesus Cristo: seu mistério, condição divina:
    A: 1Adv, 2Adv, 3Adv, 4Adv, 2Q, 4Q, 4P, Trind. – **B:** 3Adv, 4Adv, Natal, Bat. Jes., Ramos, 5P, 4TC, 12TC, 19TC, 34TC – **C:** Mãe de D., 1Q, 4P

~ encarnação e atuação:
    A: Natal; 3TC, 6TC, 15TC, 18TC – **B:** 6TC, 7TC, 10TC, 14TC, 23TC – **C:** 4Adv, 2Q

~ paixão e morte:
    A: Ramos, 12TC, 14TC, 22TC – **B:** 5Q, Ramos, 24TC, 25TC, 28TC, 29TC – **C:** Ramos – 5ªFSta

~ Ressurreição e exaltação:
    A: Páscoa, Ascensão, 34TC – **B:** Páscoa, 3P – **C:** Páscoa – Exalt. S. Cruz

~ e o Reino de Deus:
    A: Ascensão, 18TC, 25TC, 27TC, 29TC, 34TC – **B:** 4TC, 16TC, 12TC, 17TC, 26TC – **C:** 7TC, 34TC

Espírito Santo:
    A: Pentec., Trind., 2TC – **B:** Pentec., 34TC – **C:** Ascensão, Pentec., Trind.

SALVAÇÃO

Salvação e libertação:
    A: Epif., 2Q, Ramos, 5ªFS, Páscoa, 10TC, 25TC, 28TC. – **B:** 5Q, 7TC, 10TC, 29TC – **C:** 3Q, 5Q, 13TC, 24TC – Im. Conc

História da Salvação, Aliança, Antigo Testamento
    A: 2Q, 27TC – **B:** Epif. – **C:** Mãe de D., Epif., 3Q, Páscoa, 5P, 2TC, 9TC, 10TC, Im. Conc. – 5ªFSta

Palavra, S. Escritura:
    A: 2P, 15TC – **B:** Natal – **C:** Páscoa, 29TC

Conversão:
    A: 2Adv, 4Q, 26TC – **B:** 2Adv, 4Q – **C:** 3Q, 31TC

Pecado, perdão e justificação:
    A: 1Q, 10TC, 23TC, 24TC – **B:** Bat. Jes., 7TC – **C:** 4Q, 5Q, 11TC, 24TC, 30TC – Im. Conc.

Fé, Credo, opção cristã
    A: 3Q, 2P, 4TC, 5TC, 17TC, 20TC, 29TC – **B:** 2P, 21Tc, 24TC – **C:** 1Q, 9TC

Escatologia e parusia:
    A: 3Adv, 4Adv, 5Q, 25TC, 28TC, 32TC, 33TC – **B:** 1Adv, Ramos – **C:** 1Adv, 2Adv, 4P, 19TC, 25TC, 32TC, 33TC

Vida e morte: sentido cristão:
    B: 13TC, 19TC, 33TC – **C:** 32TC– Tod. Santos, Finados

Comunhão dos Santos:
– Tod. Santos, Finados

Nossa Senhora:
A: 4Adv – **B:** Mãe de D. – Assunção, N. Sra. Apar., Im. Conc.

Santos, profetas:
B: 3Adv – **C:** 3Adv, 4TC, 12TC – S. José, S. J. Batista, S. Pedro e S. Paulo, Tod. Santos

IGREJA E SACRAMENTOS

Igreja: missão, testemunho, martírio, apóstolos e evangelistas:
A: 4Q, Ascensão, 3TC, 11TC, 12TC, 13TC, 16TC, 23TC – **B:** Ascensão, 3TC, 5TC, 15TC – **C:** 3P, Ascensão, 4TC, 14TC – Apr. do Senhor, S. Pedro e S. Paulo

Igreja e pastoral:
A: 2P, 3P, 4P, 5P, 4TC, 11TC, 13TC, 19TC, 20TC, 21TC, 24TC, 31TC – **B:** 2P, 4P, Pentec., 16TC – **C:** 2P, 4P, 6P, Pentec., 3TC, 5TC, 21TC – S. Pedro e S. Paulo

Batismo, sacerdócio dos fiéis:
A: Bat. de Jes., 3Q, 4Q, 5Q, 5P, 2TC – **B:** Bat. de Jes.

Crisma (ver tb. Espírito Santo):
A: 6P

Eucaristia:
A: 3P, SS. Sacram. – **B:** SS. Sacram., 20TC – **C:** SS. Sacram.

Sacerdócio, sacramento da Ordem, hierarquia:
A: 5P, 11TC, 21TC, 31TC – **B:** 29TC – S. Pedro e S. Paulo

Penitência (sacramento), mortificação:
A: 2Adv, 23TC, 24TC – **B:** 8TC – **C:** 4Q

Unção dos enfermos:
B: 13TC

Matrimônio: v. Família, Mandamentos (6º)

PRÁTICA CRISTÃ

Vocação cristã, espiritualidade, homem novo:
A: 3Adv, 4Adv – **B:** 3Adv – **C:** Bat. Jes., 12TC, 16TC – Tod. Santos

Oração, culto, devoção:
B: 5P, 22TC – **C:** 2Adv, 17TC, 30TC

Práxis cristã, seguimento de Jesus, nova justiça:
A: Pentec., 5TC, 7TC, 9TC, 14TC, 18TC, 22TC, 26TC, 34TC – **B:** 1Adv, 5ªFS, 5P, 2TC, 24TC, 27TC, 28TC, 29TC, 30TC, 33TC – **C:** 2Adv, 4Adv, 2Q, 6TC, 8TC, 20TC, 25TC

Caridade, amor:
A: Pentec., 13TC, 30TC – **B:** 2Adv, 6P, 31TC – **C:** 7TC, 15TC – 5ªFSta.

Virtudes (humildade, gratidão etc.):
A: 14TC – **B:** 25TC, 28TC, 32TC – **C:** 6TC, 8TC, 22TC, 27TC, 28TC – Assunção

O homem e a sociedade; justiça social:
A: Natal, Mãe de D., 5TC, 20 TC, 29TC – **B:** Sagr. Fam., Mãe de D., 17TC, 18TC, 26TC – **C:** 1Adv, 3Adv, 2Q, 23TC

Família, juventude:
A: Sagr.Fam. – **B:** Sagr.Fam. – **C:** Sagr.Fam., 20TC

MANDAMENTOS

1º e 2º (religião, anti-idolatria):
A: 6TC, 26TC, 30TC – **B:** 3Q – **C:** 2Adv, 31TC

3º (domingo):
B: 9TC – **C:** 2P

4º (pais e filhos):
A, B e **C:** Sagr.Fam.

5º (respeito à vida):
A: 14Tc – **C:** 7TC

6º (respeito ao sexo e ao matrimônio):
C: 27TC (v. tb. Família)

7º e 8º (respeito à justiça e à verdade):
B: 2P – **C:** 13TC, 26TC

9º e 10º (contra a cobiça):
B: 18TC – **C:** 13TC, 18TC, 26TC

ÍNDICE DAS PERÍCOPES BÍBLICAS

Não referimos as leituras alternativas, nem a forma breve das leituras.
As referências seguem a numeração da Nova Vulgata / Trad. da CNBB.

Gn 1,1–2,2 ~ Vig. Pascal
Gn 11,1-9 ~ Vig. Pentec.
Gn 12,1-4a ~ 2º Quar. A
Gn 14,18-20 ~ SS. Sacr. C
Gn 15,5-12.17-18 ~ 2º Quar. C
Gn 18,1-10a ~ 16º TCom. C
Gn 18,20-32 ~ 17º TCom. C
Gn 2,18-24 ~ 27º TCom. B
Gn 2,7-9; 3,1-7 ~ 1º Quar. A
Gn 3,9-15 ~ 10º TCom. B
Gn 3,9-15.20 ~ 8 dez.
Gn 9,8-15 ~ 1º Quar. B
Gn 22,1-18 ~ Vig. Pascal
Gn 22,1-2.9a.10-13.15-18 ~ 2º Quar. B
Ex 3,1-8a.13-15 ~ 3º Quar. C
Ex 12,1-8.11-14 ~ 5ª-f. Santa
Ex 14,15–15,1 ~ Vig. Pascal
Ex 16,2-4.12-15 ~ 18º TCom. B
Ex 17,3-7 ~ 3º Quar. A
Ex 17,8-13 ~ 29º TCom. C
Ex 19,2-6a ~ 11º TCom. A
Ex 19,2-8a.16-10b ~ Vig. Pentec.
Ex 20,1-17 ~ 3º Quar. B
Ex 22,20-26 ~ 30º TCom. A
Ex 24,3-8 ~ SS. Sacr. B
Ex 32,7-11.13-14 ~ 24º TCom. C
Ex 34,4b-6.8-9 ~ Trindade A
Lv 13,1-2.44-46 ~ 6º TCom. B
Lv 19,1-2.17-18 ~ 7º TCom. A
Nm 6,22-27 ~ Mãe de Deus

Nm 11,25-29 ~ 26º TCom. B
Nm 21,4b-9 ~ 14 set.
Dt 4,1-2.6-8 ~ 22º TCom. B
Dt 5,12-15 ~ 9º TCom. B
Dt 6,2-6 ~ 31º TCom. B
Dt 7,6-11 ~ Sagr. Cor. A
Dt 8,2-3.14b-16a ~ SS. Sacr. A
Dt 11,18.26-28 ~ 9º TCom. A
Dt 18,15-20 ~ 4º TCom. B
Dt 26,4-10 ~ 1º Quar. C
Dt 30,10-14 ~ 15º TCom. C
Js 5,9a.10-12 ~ 4º Quar. C
Js 24,1-2a.15-17.18b ~ 21º TCom. B
1Sm 3,3b-10.19 ~ 2º TCom. B
1Sm 16,1b.6-7.10-13a ~ 4º Quar. A
1Sm 25,2.7-9.12-13.22-23 ~ 7º TCom. C
2Sm 12,7-10.13 ~ 11º TCom. C
2Sm 5,1-3 ~ Cristo Rei C
2Sm 7,1-5.8b-12.14a.16 ~ 4º Adv. B
2Sm 7,4-5a.12a.16 ~ 19 mar.
1Rs 3,5.7-12 ~ 17º TCom. A
1Rs 8,41-43 ~ 9º TCom. C
1Rs 17,10-16 ~ 32º TCom. B
1Rs 17,17-24 ~ 10º TCom. C
1Rs 19,16b.19-21 ~ 13º TCom. C
1Rs 19,4-8 ~ 19º TCom. B
1Rs 19,9a.11-13a ~ 19º TCom. A
2Rs 4,42-44 ~ 17º TCom. B

2Rs 4,8-11.14-16a ~ 13º TCom. A
2Rs 5,14-17 ~ 28º TCom. C
2Cr 36,14-15.19-23 ~ 4º Quar.
Ne 8,2-4a.5-6.8-10 ~ 3º TCom. C
Est 5,1b-2; 7,2b-3 ~ 12 out.
2Mc 7,1-2.9-14 ~ 32º TCom. C
Jó 19,1.23-27a ~ 2 nov.
Jó 38,1.8-11 ~ 12º TCom. B
Ecl 1,2; 2,21-23 ~ 18º TCom. C
Pr 8,22-31 ~ Trindade C
Pr 9,1-6 ~ 20º TCom. B
Pr 31,10-13.19-20.30-31 ~ 33º TCom. A
Sb 1,13-15; 2,23-25 ~ 13º TCom. B
Sb 2,12.17-20 ~ 25º TCom. B
Sb 3,1-9 ~ 2 nov.
Sb 6,12-16 ~ 32º TCom. A
Sb 7,7-11 ~ 28º TCom. B
Sb 9,13-18b ~ 23º TCom. C
Sb 11,23[22]–12,2 ~ 31º TCom. C
Sb 12,13.15-19 ~ 16º TCom. A
Sb 18,6-9 ~ 19º TCom. C
Eclo 3,17-18.20.28.29 ~ 22º TCom. C
Eclo 3,3-7.14-17a ~ Sagr. Fam.
Eclo 15,15-21 ~ 6º TCom. A
Eclo 27,33–28,9 ~ 24º TCom. A
Eclo 27,5-8 ~ 8º TCom. C
Eclo 35,15b-17.20-22a ~ 30º TCom. C

Is 2,1-5 ~ 1º Adv. A
Is 5,1-7 ~ 27º TCom. A
Is 6,1-2a.3-8 ~ 5º TCom. C
Is 7,10-14 ~ 4º Adv. A
Is 8,23b–9,3 ~ 3º TCom. A
Is 9,1-3.5-6 ~ Natal: noite
Is 11,1-10 ~ 2º Adv. A
Is 22,19-23 ~ 21º TCom. A
Is 25,6-10a ~ 28º TCom. A
Is 25,6a.7-9 ~ 2 nov.
Is 35,1-6a.10 ~ 3º Adv. A
Is 35,4-7a ~ 23º TCom. B
Is 40,1-5.9-11 ~ 2º Adv. B
Is 42,1-4.6-7 ~ Bat. Jesus
Is 43,16-21 ~ 5º Quar. C
Is 43,18-19.21-22.24b-25 ~ 7º TCom. B
Is 45,1.4-6 ~ 29º TCom. A
Is 49,14-15 ~ 8º TCom. A
Is 49,1-6 ~ 24 jun.
Is 49,3.5-6 ~ 2º TCom. A
Is 50,4-7 ~ Ramos
Is 50,5-9a ~ 24º TCom. B
Is 52,13–53,12 ~ 6ª-f. Santa
Is 52,7-10 ~ Natal: dia
Is 53,10-11 ~ 29º TCom. B
Is 54,5-14 ~ Vig. Pascal
Is 55,10-11 ~ 15º TCom. A
Is 55,1-11 ~ Vig. Pascal
Is 55,1-3 ~ 18º TCom. A
Is 55,6-9 ~ 25º TCom. A
Is 56,1.6-7 ~ 20º TCom. A
Is 58,7-10 ~ 5º TCom. A
Is 60,1-6 ~ Epifania
Is 61,1-2a.10-11 ~ 3º Adv. B
Is 62,11-12 ~ Natal: aurora
Is 62,1-5 ~ 2º TCom. C
Is 62,1-5 ~ Vig. Natal
Is 63,16b-17.19b; 64,2b-7 ~ 1Adv. B
Is 66,10-14c ~ 14º TCom. C
Is 66,18-21 ~ 21º TCom. C
Jr 1,4-5; 17-19 ~ 4º TCom. C
Jr 17,4-8 ~ 6º TCom. C
Jr 20,10-13 ~ 12º TCom. A
Jr 20,7-9 ~ 22º TCom. A
Jr 23,1-6 ~ 16º TCom. B
Jr 31,31-34 ~ 5º Quar. B

Jr 31,7-9 ~ 30º TCom. B
Jr 33,14-16 ~ 1º Adv. C
Jr 38,4-6.8-10 ~ 20º TCom. C
Br 3,9-15.32–4,4 ~ Vig. Pascal
Br 5,1-9 ~ 2º Adv. C
Ez 2,2-5 ~ 14º TCom. B
Ez 17,22-24 ~ 11º TCom. B
Ez 18,25-28 ~ 26º TCom. A
Ez 33,7-9 ~ 23º TCom. A
Ez 34,11-12.15-17 ~ Cristo Rei A
Ez 34,11-16 ~ Sagr. Cor. C
Ez 36,16-17a.18-28 ~ Vig. Pascal
Ez 37,1-14 ~ Vig. Pentec.
Ez 37,12-14 ~ 5º Quar. A
Ez 47,1-2.8-9.12 ~ 9 nov.
Dn 7,13-14 ~ Cristo Rei B
Dn 7,9-10.13-14 ~ 6 ago.
Dn 12,1-3 ~ 33º TCom. B
Os 2,16b.17.21-22 ~ 8º TCom. B
Os 6,3-6 ~ 10º TCom. A
Os 11,1.3-4.8c-9 ~ Sagr. Cor. B
Jl 2,11-18 ~ 4ª-f. Cinzas
Jl 3,1-5 ~ Vig. Pentec.
Am 6,1a.4-7 ~ 26º TCom. C
Am 7,12-15 ~ 15º TCom. B
Am 8,4-7 ~ 25º TCom. C
Am 8,8-11 ~ 5º Quar. A
Jn 3,1-5.10 ~ 3º TCom. B
Mq 5,1-4 ~ 4º Adv. C
Hab 1,2-3; 2,2-4 ~ 27º TCom. C
Sf 2,3; 3,12-13 ~ 4º TCom. A
Sf 3,14-18a ~ 3º Adv. C
Zc 9,9-10 ~ 14º TCom. A
Zc 12,10-11 ~ 12º TCom. C
Ml 1,14b–2,2b.8-10 ~ 31º TCom. A
Ml 3,1-4 ~ 2 fev.
Ml 3,19-20a ~ 33º TCom. C
Mt 1,1-25 ~ Vig. Natal
Mt 1,16.18-21.24a ~ 19 mar.
Mt 1,18-24 ~ 4º Adv. A
Mt 2,1-12 ~ Epifania
Mt 2,13-15.19-23 ~ Sagr. Fam. A
Mt 3,1-12 ~ 2º Adv. A
Mt 3,13-17 ~ Bat. Jesus A
Mt 4,1-11 ~ 1º Quar. A
Mt 4,12-23 ~ 3º TCom. A
Mt 5,1-12a ~ 1º nov.

Mt 5,1-12a ~ 4º TCom. A
Mt 5,13-16 ~ 5º TCom. A
Mt 5,17-37 ~ 6º TCom. A
Mt 5,38-48 ~ 7º TCom. A
Mt 6,1-6.16-18 ~ 4ª-f. Cinzas
Mt 6,24-34 ~ 8º TCom. A
Mt 7,21-27 ~ 9º TCom. A
Mt 9,9-13 ~ 10º TCom. A
Mt 9,36–10,8 ~ 11º TCom. A
Mt 10,26-33 ~ 12º TCom. A
Mt 10,37-42 ~ 13º TCom. A
Mt 11,2-11 ~ 3º Adv. A
Mt 11,25-30 ~ 14º TCom. A
Mt 11,25-30 ~ Sagr. Cor. A
Mt 13,1-23 ~ 15º TCom. A
Mt 13,24-~ 16º TCom. A
Mt 13,44-52 ~ 17º TCom. A
Mt 14,13-21 ~ 18º TCom. A
Mt 14,22-33 ~ 19º TCom. A
Mt 15,21-28 ~ 20º TCom. A
Mt 16,13-19 ~ 29 jun.
Mt 16,13-20 ~ 21º TCom. A
Mt 16,21-27 ~ 22º TCom. A
Mt 17,1-9 ~ 2º Quar. A
Mt 17,1-9 ~ 6 ago. A
Mt 18,15-20 ~ 23º TCom. A
Mt 18,21-35 ~ 24º TCom. A
Mt 20,1-16a ~ 25º TCom. A
Mt 21,28-32. ~ 26º TCom. A
Mt 21,33-43 ~ 27º TCom. A
Mt 22,1-14 ~ 28º TCom. A
Mt 22,15-21 ~ 29º TCom. A
Mt 22,34-40 ~ 30º TCom. A
Mt 23,1-12 ~ 31º TCom. A
Mt 24,37-44 ~ 1º Adv. A
Mt 25,1-13 ~ 32º TCom. A
Mt 25,14-30 ~ 33º TCom. A
Mt 25,31-46 ~ Cristo Rei A
Mt 25,31-46 ~ 2 nov
Mt 26,14–27,66 ~ Ramos A
Mt 28,1-10 ~ Vig. Pascal A
Mt 28,16-20 ~ Ascensão A
Mc 1,12-15 ~ 1º Quar. B
Mc 1,14-20 ~ 3º TCom. B
Mc 1,1-8 ~ 2º Adv. B
Mc 1,21-28 ~ 4º TCom. B
Mc 1,29-39. ~ 5º TCom. B
Mc 1,40-45 ~ 6º TCom. B

Mc 1,7-11 ~ Bat. Jesus B
Mc 2,1-12 ~ 7º TCom. B
Mc 2,18-22 ~ 8º TCom. B
Mc 2,23–3,6 ~ 9º TCom. B
Mc 3,20-35 ~ 10º TCom. B
Mc 4,26-34 ~ 11º TCom. B
Mc 4,35-41 ~ 12º TCom. B
Mc 5,21-43 ~ 13º TCom. B
Mc 6,1-6 ~ 14º TCom. B
Mc 6,30-34 ~ 16º TCom. B
Mc 6,7-13 ~ 15º TCom. B
Mc 7,31-37 ~ 23º TCom. B
Mc 7a-8a.14-15.21-23 ~ 22º TCom. B
Mc 8,27-35 ~ 24º TCom. B
Mc 9,2-10 ~ 2º Quar. B
Mc 9,2-10 ~ 6 ago. B
Mc 9,30-37 ~ 25º TCom. B
Mc 9,38-43.45.47-48 ~ 26º TCom. B
Mc 10,17-30 ~ 28º TCom. B
Mc 10,2-16 ~ 27º TCom. B
Mc 10,35-45 ~ 29º TCom. B
Mc 10,46-52 ~ 30º TCom. B
Mc 12,28b-34 ~ 31º TCom. B
Mc 12,38-44 ~ 32º TCom. B
Mc 13,24-32 ~ 33º TCom. B
Mc 13,33-37 ~ 1 Adv. B
Mc 14,1–15,47 ~ Ramos B
Mc 14,12-16.22-26 ~ SS. Sacr. B
Mc 16,15-20 ~ Ascensão B
Mc 16,1-8 ~ Vig. Pascal B
Lc 1,1-4; 4,14-21 ~ 3º TCom. C
Lc 1,25-38 ~ 4º Adv. B
Lc 1,26-38 ~ 8 dez.
Lc 1,39-45 ~ 4º Adv. C
Lc 1,39-56 ~ 15 ago.
Lc 1,57-66.80 ~ 24 jun.
Lc 2,1-14 ~ Natal: noite
Lc 2,15-20 ~ Natal: aurora
Lc 2,16-21 ~ Mãe de Deus
Lc 2,22-40 ~ 2 fev.
Lc 2,22-40 ~ Sagr. Fam. B
Lc 2,41-51a ~ 19 mar.
Lc 2,41-52 ~ Sagr. Fam. C
Lc 3,10-18 ~ 3º Adv. C
Lc 3,15-16.21-22 ~ Bat. Jesus C
Lc 3,1-6 ~ 2º Adv. C

Lc 4,1-13 ~ 1º Quar. C
Lc 4,21-30 ~ 4º TCom. C
Lc 5,1-11 ~ 5º TCom. C
Lc 6,17.20-26 ~ 6º TCom. C
Lc 6,27-38 ~ 7º TCom. C
Lc 6,39-45 ~ 8º TCom. C
Lc 7,1-10 ~ 9º TCom. C
Lc 7,11-17 ~ 10º TCom. C
Lc 7,36–8,3 ~ 11º TCom. C
Lc 9,11b-17 ~ SS. Sacr. C
Lc 9,18-24 ~ 12º TCom. C
Lc 9,28b-36 ~ 2º Quar. C
Lc 9,28b-36 ~ 6 ago. C
Lc 9,51-62 ~ 13º TCom. C
Lc 10,1-12.17-20 ~ 14º TCom. C
Lc 10,25-37 ~ 15º TCom. C
Lc 10,38-42 ~ 16º TCom. C
Lc 11,1-13 ~ 17º TCom. C
Lc 12,13-21 ~ 18º TCom. C
Lc 12,32-48 ~ 19º TCom. C
Lc 12,49-53 ~ 20º TCom. C
Lc 13,1-9 ~ 3º Quar. C
Lc 13,22-30 ~ 21º TCom. C
Lc 14,1.7-14 ~ 22º TCom. C
Lc 14,25-33 ~ 23º TCom. C
Lc 15,1-3.11-32 ~ 4º Quar. C
Lc 15,1-32 ~ 24º TCom. C
Lc 15,3-7 ~ Sagr. Cor. C
Lc 16,1-13 ~ 25º TCom. C
Lc 16,19-31 ~ 26º TCom. C
Lc 17,1-19 ~ 28º TCom. C
Lc 17,5-10 ~ 27º TCom. C
Lc 18,1-8 ~ 29º TCom. C
Lc 18,9-14 ~ 30º TCom. C
Lc 19,1-10 ~ 31º TCom. C
Lc 20,27-38 ~ 32º TCom. C
Lc 21,25-28.34-36 ~ 1º Adv. C
Lc 21,5-19 ~ 33º TCom. C
Lc 22,14–23,56 ~ Ramos C
Lc 23,35-43 ~ Cristo Rei C
Lc 23,35-48 ~ 3º Páscoa B
Lc 24,1-12 ~ Vig. Pascal C
Lc 24,13-35 ~ 3º Páscoa A
Lc 24,46-53 ~ Ascensão C
Lc 28,13-35 ~ Páscoa
Jo 1,1-18 ~ Natal: dia
Jo 1,29-34 ~ 2º TCom. A
Jo 1,35-42 ~ 2º TCom. B

Jo 1,5-8.19-28 ~ 3º Adv. B
Jo 2,1-11 ~ 12 out.
Jo 2,1-11 ~ 2º TCom. C
Jo 2,13-22 ~ 9 nov.
Jo 2,13-25 ~ 3º Quar. B
Jo 3,13-17 ~ 14 set.
Jo 3,14-21 ~ 4º Quar. B
Jo 3,16-18 ~ Trindade A
Jo 4,5-42 ~ 3º Quar. A
Jo 6,1-15 ~ 17º TCom. B
Jo 6,23-35 ~ 18º TCom. B
Jo 6,37-40 ~ 2 nov.
Jo 6,41-51 ~ 19º TCom. B
Jo 6,51-58 ~ 20º TCom. B
Jo 6,51-58 ~ SS. Sacr. A
Jo 6,60-69 ~ 21º TCom. B
Jo 7,1-4.6-7 ~ 5º TCom. B
Jo 7,37-39 ~ Vig. Pentec.
Jo 8,1-11 ~ 5º Quar. C
Jo 9,1-41 ~ 4º Quar. A
Jo 10,1-10 ~ 4º Páscoa A
Jo 10,11-18 ~ 4º Páscoa B
Jo 10,27-30 ~ 4º Páscoa C
Jo 11,1-45 ~ 5º Quar. A
Jo 11,17-27 ~ 2 nov.
Jo 12,20-33 ~ 5º Quar. B
Jo 13,1-15 ~ 5ª-f. Santa
Jo 13,31-33a.34-35 ~ 5º Páscoa C
Jo 14,1-12 ~ 5º Páscoa A
Jo 14,15-21 ~ 6º Páscoa A
Jo 14,23-29 ~ 6º Páscoa C
Jo 15,1-8 ~ 5º Páscoa B
Jo 15,9-17 ~ 6º Páscoa B
Jo 16,12-15 ~ Trindade C
Jo 17,1-11a ~ 7º Páscoa A
Jo 17,11b-19 ~ 7º Páscoa B
Jo 17,20-26 ~ 7º Páscoa C
Jo 18,1–19,42 ~ 6ª-f. Santa
Jo 18,33b-37 ~ Cristo Rei B
Jo 19,31-37 ~ Sagr. Cor. B
Jo 20,1-9 ~ Páscoa
Jo 20,19-23 ~ Pentecostes
Jo 20,19-31 ~ 2º Páscoa A
Jo 20,19-31 ~ 2º Páscoa B
Jo 20,19-31 ~ 2º Páscoa C
Jo 21,1-19 ~ 3º Páscoa C
At 1,1-11 ~ Ascensão
At 1,12-14 ~ 7º Páscoa A

At 1,15-17.20a.20c-26 ~ 7º Páscoa B
At 2,1-11 ~ Pentecostes
At 2,14.22-33 ~ 3º Páscoa A
At 2,14a.36-41 ~ 4º Páscoa A
At 2,42-47 ~ 2º Páscoa A
At 3,13-15.17-19 ~ 3º Páscoa B
At 4,32-35 ~ 2º Páscoa B
At 4,8-12 ~ 4º Páscoa B
At 5,12-16 ~ 2º Páscoa C
At 5,27b-32.40b-41 ~ 3º Páscoa C
At 6,1-7 ~ 5º Páscoa A
At 7,55-60 ~ 7º Páscoa C
At 8,4-8.14-17 ~ 6º Páscoa A
At 9,26-31 ~ 5º Páscoa B
At 10,25.26.34-35.44-48 ~ 6º Páscoa B
At 10,34-38 ~ Bat. Jesus
At 10,34a.37-43 ~ Páscoa
At 12,1-11 ~ 29 jun.
At 13,14.43-52 ~ 4º Páscoa C
At 13,16-17.22-25 ~ Vig. Natal
At 13,22-26 ~ 24 jun.
At 14,21-27 ~ 5º Páscoa C
At 15,1-2.22-29 ~ 6º Páscoa C
Rm 1,1-7 ~ 4º Adv. A
Rm 3,21-25a.28 ~ 9º TCom. A
Rm 4,13.16-18.22 ~ 19 mar.
Rm 4,18-25 ~ 10º TCom. A
Rm 5,1-2.5-8 ~ 3º Quar. A
Rm 5,12-15 ~ 12º TCom. A
Rm 5,12-19 ~ 1º Quar. A
Rm 5,1-5 ~ Trindade C
Rm 5,5-11 ~ Sagr. Cor. C
Rm 5,5-11 ~ 2 nov.
Rm 5,6-11 ~ 11º TCom. A
Rm 6,3-11 ~ Vig. Pascal
Rm 6,3-4.8-11 ~ 13º TCom. A
Rm 6,3-9 ~ 2 nov.
Rm 8,14-23 ~ 2nov.
Rm 8,18-23 ~ 15º TCom. A
Rm 8,22-27 ~ Vig. Pentec.
Rm 8,26-27 ~ 16º TCom. A
Rm 8,28-30 ~ 17º TCom. A
Rm 8,31b-34 ~ 2º Quar. B
Rm 8,35.37-39 ~ 18º TCom. A
Rm 8,9.11-13 ~ 14º TCom. A
Rm 9,1-5 ~ 19º TCom. A

Rm 10,8-13 ~ 1º Quar. C
Rm 11,13-15.29-32 ~ 20º TCom. A
Rm 11,33-36 ~ 21º TCom. A
Rm 12,1-2 ~ 22º TCom. A
Rm 13,11-14 ~ 1º Adv. A
Rm 13,8-10 ~ 23º TCom. A
Rm 14,7-9 ~ 24º TCom. A
Rm 15,4-9 ~ 2º Adv. A
Rm 16,25-27 ~ 4º Adv. B
1Cor 1,10-13.17 ~ 3º TCom. A
1Cor 1,1-3 ~ 2º TCom. A
1Cor 1,22-25 ~ 3º Quar. B
1Cor 1,26-31 ~ 4º TCom. A
1Cor 1,3-9 ~ 1 Adv. B
1Cor 2,1-5 ~ 5º TCom. A
1Cor 2,6-10 ~ 6º TCom. A
1Cor 3,16-23 ~ 7º TCom. A
1Cor 3,9c-11.16-17 ~ 9 nov.
1Cor 4,1-5 ~ 8º TCom. A
1Cor 5,6b-8 ~ Páscoa
1Cor 6,13c-15a.17-20 ~ 2º TCom. B
1Cor 7,29-31 ~ 3º TCom. B
1Cor 7,32-35 ~ 4º TCom. B
1Cor 9,15-19.22-23 ~ 5º TCom. B
1Cor 10,1-6.10-12 ~ 3º Quar. C
1Cor 10,16-17 ~ SS. Sacr. A
1Cor 10,31–11,1 ~ 6º TCom. B
1Cor 11,23-26 ~ 5ª-f. Santa
1Cor 11,23-26 ~ SS. Sacr. C
1Cor 12,12-30 ~ 3º TCom. C
1Cor 12,31–13,13 ~ 4º TCom. C
1Cor 12,3b-7.12-13s ~ Pentecostes
1Cor 12,4-11 ~ 2º TCom. C
1Cor 15,1-11 ~ 5º TCom. C
1Cor 15,20-26 ~ 15 ago.
1Cor 15,20-26a.28 ~ Cristo Rei A
1Cor 15,45-49 ~ 7º TCom. C
1Cor 15,54-58 ~ 8º TCom. C
1Cor 16,12.16-20 ~ 6º TCom. C
2Cor 1,18-22 ~ 7º TCom. B
2Cor 3,1b-6 ~ 8º TCom. B
2Cor 4,13–5,1 ~ 10º TCom. B
2Cor 4,6-11 ~ 9º TCom. B
2Cor 5,14-17 ~ 12º TCom. B
2Cor 5,17-21 ~ 4º Quar. C
2Cor 5,20–6,2 ~ 4ª-f. Cinzas

2Cor 5,6-10 ~ 11º TCom. B
2Cor 8,7.9.13-15 ~ 13º TCom. B
2Cor 12,7-10 ~ 14º TCom. B
2Cor 13,11-13 ~ Trindade A
Gl 1,11-19 ~ 10º TCom. C
Gl 1,1-2.6-10 ~ 9º TCom. C
Gl 2,16.19-21 ~ 11º TCom. C
Gl 3,26-29 ~ 12º TCom. C
Gl 4,4-7 ~ Mãe de Deus
Gl 5,1.13-18 ~ 13º TCom. C
Gl 6,14-18 ~ 14º TCom. C
Ef 1,17-23 ~ Ascensão
Ef 1,3-14 ~ 15º TCom. B
Ef 1,3-6.11-12 ~ 8 dez.
Ef 2,13-18 ~ 16º TCom. B
Ef 2,4-10 ~ 4º Quar.
Ef 3,2-3a.5-6 ~ Epifania
Ef 3,8-12.14-19 ~ Sagr. Cor. B
Ef 4,1-6 ~ 17º TCom. B
Ef 4,17.20-24 ~ 18º TCom. B
Ef 4,30–5,2 ~ 19º TCom. B
Ef 5,15-20 ~ 20º TCom. B
Ef 5,21-32 ~ 21º TCom. B
Ef 5,8-14 ~ 4º Quar. A
Fl 1,20c-24.27a ~ 25º TCom. A
Fl 1,4-6.8-11 ~ 2º Adv. C
Fl 2,1-11 ~ 26º TCom. A
Fl 2,6-11 ~ Ramos
Fl 2,6-11 ~ 14 set.
Fl 3,17–4,1 ~ 2º Quar. C
Fl 3,8-14 ~ 5º Quar. C
Fl 4,12-15.19-20 ~ 28º TCom. A
Fl 4,4-7 ~ 3º Adv. C
Fl 4,6-9 ~ 27º TCom. A
Cl 1,12-20 ~ Cristo Rei C
Cl 1,15-20 ~ 15º TCom. C
Cl 1,24-28 ~ 16º TCom. C
Cl 2,12-14 ~ 17º TCom. C
Cl 3,12-21 ~ Sagr. Fam.
Cl 3,1-4 ~ Páscoa
Cl 3,1-5.9-11 ~ 18º TCom. C
1Ts 1,1-5b ~ 29º TCom. A
1Ts 1,5c-10 ~ 30º TCom. A
1Ts 2,7b-9.13 ~ 31º TCom. A
1Ts 3,12–4,2 ~ 1º Adv. C
1Ts 4,13-18 ~ 32º TCom. A
1Ts 5,1-6 ~ 33º TCom. A
1Ts 5,16-24 ~ 3º Adv.

516

2Ts 1,11–2,2 ~ 31º TCom. C
2Ts 2,15–3,5 ~ 32º TCom. C
2Ts 3,7-12 ~ 33º TCom. C
1Tm 1,12-17 ~ 24º TCom. C
1Tm 2,1-8 ~ 25º TCom. C
1Tm 6,11-16 ~ 26º TCom. C
2Tm 1,6-8.13-14 ~ 27º TCom. C
2Tm 1,8b-10 ~ 2º Quar. A
2Tm 2,8-13 ~ 28º TCom. C
2Tm 3,14–4,2 ~ 29º TCom. C
2Tm 4,6-8.16-18 ~ 30º TCom. C
2Tm 4,6-8.17-18 ~ 29 jun.
Tt 2,11-14 ~ Natal: noite
Tt 3,4-7 ~ Natal: aurora
Fm 9b-10.12-17 ~ 23º TCom. C
Hb 1,1-6 ~ Natal: dia
Hb 2,14-18 ~ 2 fev.
Hb 2,9-11 ~ 27º TCom. B
Hb 4,1.2-13 ~ 28º TCom. B
Hb 4,14-16 ~ 29º TCom. B
Hb 4,14-16; 5,7-9 ~ 6ª-f. Santa
Hb 5,1-6 ~ 30º TCom. B
Hb 5,7-9 ~ 5º Quar. B

Hb 7,23-28 ~ 31º TCom. B
Hb 9,11-15 ~ SS. Sacr. B
Hb 9,24-28 ~ 32º TCom. B
Hb 10,11-14.18 ~ 33º TCom. B
Hb 10,5-10 ~ 4º Adv. C
Hb 11,1-2.8-19 ~ 19º TCom. C
Hb 12,1-4 ~ 20º TCom. C
Hb 12,18-19.22-24a ~ 22º
 TCom. C
Hb 12,5-7.11-13 ~ 21º TCom. C
Tg 1,17-18.21b-22.27 ~ 22º
 TCom. B
Tg 2,14-18 ~ 24º TCom. B
Tg 2,1-5 ~ 23º TCom. B
Tg 3,16–4,3 ~ 25º TCom. B
Tg 5,1-6 ~ 26º TCom. B
Tg 5,7-10 ~ 3º Adv. A
1Pd 1,17-21 ~ 3º Páscoa A
1Pd 1,3-9 ~ 2º Páscoa A
1Pd 2,20b-25 ~ 4º Páscoa A
1Pd 2,4-9 ~ 5º Páscoa A
1Pd 3,15-18 ~ 6º Páscoa A
1Pd 3,18-22 ~ 1º Quar. B
1Pd 4,13-16 ~ 7º Páscoa A

2Pd 1,16-19 ~ 6 ago.
2Pd 3,8-14 ~ 2º Adv. B
1Jo 2,1-5a ~ 3º Páscoa B
1Jo 3,1-2 ~ 4º Páscoa B
1Jo 3,1-3 ~ 1º nov.
1Jo 3,18-24 ~ 5º Páscoa B
1Jo 4,11-16 ~ 7º Páscoa B
1Jo 4,7-16 ~ Sagr. Cor. A
1Jo 4,8-10 ~ 6º Páscoa B
1Jo 5,1-6 ~ 2º Páscoa B
Ap 1,5-8 ~ Cristo Rei B
Ap 1,9-11a.12-13.17-19 ~ 2º
 Páscoa C
Ap 5,11-14 ~ 3º Páscoa C
Ap 7,2-4.9-14 ~ 1º nov.
Ap 7,9.14b-17 ~ 4º Páscoa C
Ap 11,19a; 12,1-6a.10ab ~
 15 ago.
Ap 12,1.5.13a.15.16a ~ 12 out.
Ap 21,10-14.22-23 ~ 6º Páscoa C
Ap 21,1-5a ~ 5º Páscoa C
Ap 22,12-14.16-17.20 ~ 7º Pás-
 coa C

QUADRO DAS CELEBRAÇÕES, LEITURAS E TEMAS

#: ausente — tipo *italic*: leitura à escolha (~) ou alternativa (–)

celebração	1ª leitura	salmo responsorial	2ª leitura	evangelho	tema formativo	pág.
ANO A						
1º dom. do Advento/A PERSPECTIVA CRISTÃ DO TEMPO E DO MUNDO	(Is 2, 1-5) A utopia messiânica e o caminho ao recinto de Deus	(Sl 122[121], 1-2. 4-5. 6-7. 8-9) A alegria de subir à casa do Senhor	(Rm 13, 11-14) Levantar do sono, porque a salvação está perto	(Mt 24, 37-44) O vigilante dono da casa; expectativa escatológica	A vinda de Cristo	38
2º dom. do Advento/A CONVERSÃO NA ALEGRIA	(Is 11, 1-10) O Rebento de Jessé, o Messias-Rei: justiça em prol dos pequenos; utopia messiânica	(Sl 72[71], 1-2.7-8.12-13.17) Deus, dá tua justiça ao Rei!	(Rm 15, 4-9) Mútua aceitação por causa da salvação universal realizada por Cristo	(Mt 3, 1-12) Pregação de João Batista: conversão, preparar um caminho para o Senhor	Converter-se ao Cristo, que vem	40
3º dom. do Advento/A JESUS, CAUSA DE NOSSA ALEGRIA	(Is 35, 1-6a. 10) O júbilo da natureza, a cura dos enfermos, a volta dos exilados: sonhos de salvação	(Sl 146[145], 7. 8-9a. 9bc-10) Deus é fiel para sempre e exerce a justiça em prol dos fracos	(Tg 5, 7-10) Aguardar sem desistência a vinda do Senhor	(Mt 11, 2-11) Jesus é mesmo a quem esperamos: cura os enfermos, traz boa-nova para os pobres	A alegre esperança do cristão	41
4º dom. do Advento/A FILHO DE MARIA, DEUS CONOSCO	(Is 7, 10-14) O sinal do Emanuel	(Sl 24[23], 1-2. 3-4ab. 5-6) O Senhor, Rei da glória, há de vir	(Rm 1, 1-7) Filho de Davi, filho de Deus	(Mt 1, 18-24) O filho de Maria, presente do Espírito Santo: Emanuel, Deus conosco	Esperar o Filho de Deus	43
Vigília de Natal/A, B, C RETIRO PARA PREPARAR O NATAL	(Is 62, 1-5) Deus volta a seu povo: núpcias messiânicas	(Sl 89[88], 4-5. 16-17. 27. 29) As promessas messiânicas feitas a Davi	(At 13, 16-17. 22-25) Pregação de Paulo; testemunho a respeito do "Filho de Davi"	(Mt 1, 1-25 ou 1, 18-25): Genealogia de Jesus Cristo, Filho de Davi, fruto do Espírito Santo	#	46
Natal: noite/A, B, C A LUZ NAS TREVAS	(Is 9, 1-3. 5-6) Nascimento de um príncipe, luz para o povo nas trevas	(Sl 96[95], 1-2ab. 3. 11-12. 13) "Cantai ao Senhor um canto novo"	(Tt 2, 11-14) Manifestou-se a graça de Deus	(Lc 2, 1-14) Nascimento de Jesus e anúncio aos pastores	[A] Jesus nasce pobre	47
Natal: aurora/A, B, C TRANSFORMADOS PELA LUZ	(Is 62, 11-12) "Eis, aí vem teu Salvador"	(Sl 97[96], 1+6. 11-12) Proclamação universal da realeza de Deus e da luz que ele faz surgir	(Tt 3, 4-7) "Apareceu o carinho e o amor de Deus para com a humanidade"	(Lc 2, 15-20) A adoração dos pastores	[C] Os pobres anunciam a graça de deus	49

Natal: dia/A, B, C A PALAVRA DE DEUS SE FEZ CARNE	(Is 52, 7-10) Alegria da boa-nova; salvação universal	(Sl 98[97], 1, 2-3ab. 3cd-4. 5-6) Deus demonstrou sua bondade e fidelidade	(Hb 1, 1-6) As palavras provisórias e a Palavra definitiva de Deus	(Jo 1, 1-18 ou 1, 1-5. 9-14) A Palavra de Deus se tornou existência humana	[B] Jesus, recado de Deus	51
Sagr. Família/A, B, C (Ano A) UM LAR PARA DEUS MORAR	(Eclo 3, 3-7. 14-17a [3, 2-6. 12-14]) Regras para a vida familiar	(Sl 128[127], 1-2. 3. 4-5) Bênção da família do justo	(Cl 3, 12-21) O amor de Cristo, fundamento das regras da vida familiar	(Mt 2, 13-15. 19-23) A fuga ao Egito e a instalação do lar em Nazaré	A família vista à luz de Jesus	53
(Ano B) "VOSSOS FILHOS NÃO SÃO OS VOSSOS FILHOS"	=> A ~ (Gn 15, 1-6; 21, 1-3) Um de teus descendentes será teu herdeiro		~ (Sl 105[104], 1b-2. 3-4. 5-6. 8-9) Deus se lembra se sua Aliança	~ (Hb 11, 8. 11-12. 17-19) A fé de Sara, de Abraão e de Isaac	(Lc 2, 22-40 ou 2, 22. 39-40) Apresentação de Jesus no Templo e profecia de Simeão	Dar um filho ao mundo	55
(Ano C) JESUS CRESCEU EM SABEDORIA E GRAÇA	=> A ~ (1Sm 1, 20-22. 24-28) O filho pedido a Deus: Samuel		~ (Sl 84[83], 2-3. 5-6. 9-10) "Felizes os que habitam a vossa casa.	~ (1Jo 3, 1-2. 21-24) Sermos filhos de Deus	(Lc 2, 41-52) Jesus aos doze anos	A casa do Pai. . .	56
S. Mãe de Deus/A, B, C NASCIDO DE MULHER, NASCIDO SOB A LEI	(Nm 6, 22-27) Bênção do ano novo sobre o povo	(Sl 67[66], 2-3. 5. 6+8) Pedido de bênção	(Gl 4, 4-7) "Nascido de mulher, nascido sob a Lei"	(Lc 2, 16-21) Adoração dos pastores, circuncisão e nome de Jesus	I [A] – A mãe, o nome e a cidadania de Jesus II [B] – Maria, "porta do céu" III [C] – Jesus de Maria, bênção do povo	58
Epifania de N. Senhor/A, B, C ONDE A ESTRELA PAROU	(Is 60, 1-6) Adoração universal em Jerusalém	(Sl 72[71], 1, 1-2. 7-8. 10. 11. 12-13) Adoração universal	(Ef 3, 2-3a. 5-6) Os gentios participam também das promessas divinas, em Cristo	(Mt 2, 1-12) Os magos do Oriente adoram Jesus	I [A] – Salvação universal e cobiça de poder II [B] – Adorar Deus no menino Jesus III [C] – Cristo para os de longe	62
Batismo de N. Senhor/A, B, C (Ano A) TU ÉS MEU FILHO	(Is 42, 1-4. 6-7) 1º Canto do Servo de Javé: "Meu servo que eu apoio, meu eleito no qual me agradou"	(Sl 29[28], 1a+2. 3ac-4. 3b+9b-10) O Louvor a Deus por seus "filhos"	(At 10, 34-38) Início do "querigma cristão": o batismo de Jesus	(Mt 3, 13-17) Batismo de Jesus e descida do Espírito Santo	Solidariedade e salvação	65
(Ano B) O QUE BATIZA COM O ESPÍRITO SANTO	=> A ~ (Is 55, 1-11) "Vinde às águas, ouvi e tereis vida"		~ (1Jo 5, 1-9) O Espírito, a água e o sangue	(Mc 1, 7-11) Anúncio e batismo de Jesus por João	Jesus profeta, servo e Filho de Deus	68
(Ano C) JESUS RECEBE SUA MISSÃO NA ORAÇÃO	=> A ~ (Is 40, 1-5. 9-11) A glória do Senhor se manifestará para todos		~ (Sl 104[103], 1-2. 3-4. 24-25. 27-28. 29-30) As maravilhosas do Senhor	~ (Tt 2, 11-14; 3, 4-7) Salvação mediante o batismo e o Espírito Santo	(Lc 3, 15-16. 21-22) O batismo de Jesus segundo Lc	Tomado do meio do povo e enviado por Deus	69

celebração	1ª leitura	salmo responsorial	2ª leitura	evangelho	tema formativo	pág.
Quarta-feira de Cinzas/A, B, C PENITÊNCIA: ABRIR ESPAÇO PARA DEUS	(Jl 2, 11-18) "Rasgai vossos corações, não as vestes"	(Sl 51[50], 2-4. 5-6a. 12-14+17) "Restabelece em mim um coração puro"	(2Cor 5, 20-6, 2) "Este é o tempo propício"	(Mt 6, 1-6. 16-18) Esmola, jejum e oração no oculto	#	71
1º dom. da Quaresma/A PECADO E RESTAURAÇÃO	(Gn 2, 7-9; 3, 1-7) O pecado de Adão	(Sl 51[50], 3-4. 5-6a. 12-13. 14+17) Arrependimento e pedido de restauração	(Rm 5, 12-19 ou 5, 12. 17-19) Onde abundou o pecado, superabundou a graça	(Mt 4, 1-11) Tentação de Jesus	A libertação do pecado	72
2º dom. da Quaresma/A PELA CRUZ À GLÓRIA	(Gn 12, 1-4a) O caminho de Abraão	(Sl 33[32], 4-5. 18-19. 20+22) Invocação da misericórdia de Deus	(2Tm 1, 8b-10) Nossa santa vocação	(Mt 17, 1-9) A transfiguração de Jesus	Vocação e promessa	74
3º dom. da Quaresma/A O DOM DA ÁGUA VIVA	(Ex 17, 3-7) Os israelitas no deserto pedem água	(Sl 95[94], 1-2. 6-7. 8-9) A dureza do coração dos israelitas pedindo água: convite à conversão	(Rm 5, 1-2. 5-8) Deus nos amou (em Cristo) por pura graça	(Jo 4, 5-42 ou 4, 5-15. 19b-26. 39. 40-42) O dom da água viva, Jesus o Salvador	O batismo, "água viva"	76
4º dom. da Quaresma/A A LUZ DO CRISTO	(1Sm 16, 1b. 6-7. 10-13a) Unção de Davi como rei	(Sl 23[22], 1-3a. 3b-4. 5-6) "O Senhor é meus pastor"	(Ef 5. 8-14) "Levanta-te dos mortos, e Cristo te iluminará"	(Jo 9, 1-41 ou 9, 1-6.9. 13-17. 34-41) Jesus abre os olhos ao cego de nascença, pelas águas de Siloé	O batismo, unção e luz	78
5º dom. da Quaresma/A RESSURREIÇÃO E VIDA	(Ez 37, 12-14) Os ossos revivificados pelo sopro de Deus	(Sl 130[129], 1-2. 3-4b. 4c-6. 7-8) "Das profundezas...", esperança em Deus	(Am 8, 8-11) O Espírito de Cristo nos faz viver pela justiça e a sempre dá vida aos corpos mortais	(Jo 11, 1-45 ou 11, 3-7. 17. 20-27. 33b-45) "Eu sou a ressurreição e a vida"	O batismo, vida nova	80
Domingo de Ramos/A, B, C (Ano A) O MESSIAS PADECENTE	(Is 50, 4-7) 3º Canto do Servo de Javé: paciência e confiança	(Sl 22[21], 8. 9. 17-18a. 19-20. 23-24) Oração na desolação	(Fl 2, 6-11) O despojamento de Jesus Cristo por nós e sua exaltação	(Mt 26, 14-27, 66 ou 27, 11-54) A Paixão de Jesus segundo Mt	Obediência de Jesus até a morte	82
(Ano B) O MESSIAS E FILHO DE DEUS	=> A	=> A	=> A	(Mc 14, 1-15-47) A Paixão de Jesus segundo Mc	Messias, Filho do Homem, Filho de Deus	84
(Ano C) "JERUSALÉM, JERUSALÉM!"	=> A	=> A	=> A	(Lc 22, 14-23, 56) A Paixão de Jesus segundo Lc	A morte do justo	86
Quinta-feira Santa: Missa da Última Ceia/A, B, C ACEITAR E IMITAR A DOAÇÃO DO CRISTO	(Ex 12, 1-8. 11-14) A ceia Pascal de Israel	(Sl 116[115], 3-4. 6-7. 8. 9; cf. 1Cor 10, 16) O cálice da bênção	(1Cor 11, 23-26) Tradição paulina da instituição da Ceia do Senhor	(Jo 13, 1-15) O lava-pés	I – O lava-pés, exemplo de Jesus II – A ceia pascal	88
Sexta-feira Santa/A, B, C A CRUZ GLORIOSA	(Is 52, 13-53, 12) 4º Canto do Servo de Javé: o justo que morreu pelo povo	(Sl 31[30], 2+6. 12-13. 15-16. 17+25) Canto de lamentação e confiança	(Hb 4, 14-16; 5, 7-9) Jesus viveu a profundeza da desolação humana, mas por sua obediência foi atendido por Deus	(Jo 18, 1-19, 42) Paixão de N. Senhor segundo S. João	#	91

Vigília Pascal/A, B, C (Ano A) A LUZ DA RESSURREIÇÃO	(Gn 1, 1–2, 2 ou 1, 1. 26-31a) A criação (Ex 14, 15–15, 1) Passagem do Mar Vermelho [outras: ver texto]	[ver respetivos responsórios]	(Rm 6, 3-11) Batismo: morrer e corressuscitar com Cristo; o Homem Novo	(Mt 28, 1-10) As mulheres ao sepulcro: mensagem do anjo e aparição de Cristo	# 93
(Ano B) A RECONSTITUIÇÃO DO REBANHO	=> A	=> A	=> A	(Mc 16, 1-8) Dispersão e reconstituição do rebanho	# 95
(Ano C) TESTEMUNHAR O INCRÍVEL	=> A	=> A	=> A	(Lc 24, 1-12) "O Filho do Homem devia ressuscitar no terceiro dia"	# 96
Domingo de Páscoa/A, B, C A VIDA VENCEU A MORTE	(At 10, 34a. 37-43) Querigma; anúncio da ressurreição	(Sl 118[117], 1-2. 15ab-17. 22-23) "Eis o dia que o Senhor fez!" A pedra angular	(Cl 3, 1-4) Viver junto ao Ressuscitado desde já (1Cor 5, 6b-8) O pão ázimo da vida nova	(de manhã: Jo 20, 1-9) Pedro e o Discípulo Amado ao sepulcro (de tarde: Lc 28, 13-35) Os discípulos de Emaús	I [A] – A "páscoa" do messias e do seu povo II [B] – Ver Jesus com olhos pascais III [C] – Páscoa: o ressuscitado em nossa vida 97
2º dom. da Páscoa/A A FÉ APOSTÓLICA, QUE É NOSSA	(At 2, 42-47) Os primórdios da Igreja: tinham tudo em comum	(Sl 118[117], 2-4. 13-15. 22-24) A pedra rejeitada tornou-se pedra angular	(1Pd 1, 3-9) Purificados como ouro na fornalha	(Jo 20, 19-31) "Felizes os que creem sem terem visto"	Nossa fé "apostólica" 101
3º dom. da Páscoa/A A EXPERIÊNCIA DE EMAÚS	(At 2, 14. 22-33) Anúncio da Ressurreição; vitória sobre a morte	(Sl 16[15], 1-2a. 5. 7-8. 9-10. 11) "Não abandonarás na morte minha alma"	(1Pd 1, 17-21) A existência pascal na fé e na esperança	(Lc 24, 13-35) Os discípulos de Emaús	A memória de Cristo na palavra e na eucaristia 103
4º dom. da Páscoa/A JESUS, A PORTA DE PASTORES E OVELHAS	(At 2, 14a. 36-41) O querigma e a conversão	(Sl 23[22], 1-3a. 3b. 4. 5. 6) "O Senhor é meu pastor…"	(1Pd 2, 20b-25) Trilhar os passos de Jesus Cristo Pastor	(Jo 10, 1-10) Alegoria do bom pastor: Jesus, a porta de pastores e ovelhas	Salvação – só por Cristo? 105
5º dom. da Páscoa/A JESUS, CAMINHO, VERDADE E VIDA	(At 6, 1-7) Expansão da Igreja entre os helenistas; os diáconos	(Sl 33[32], 1-2. 4. 5. 18-19) Louvor ao Deus bom e fiel	(1Pd 2, 4-9) A Igreja, templo de pedras vivas; Cristo, pedra angular	(Jo 14, 1-12) Jesus, caminho e revelação do Pai	O sacerdócio dos fiéis 108
6º dom. da Páscoa/A O ESPÍRITO PLENIFICA NOSSO BATISMO	(At 8, 4-8. 14-17) Expansão da Igreja na Samaria e dom do Espírito	(Sl 66[65], 1-3a. 4-5. 6-7a16+20) Louvor universal a Deus por causa de seu amor	(1Pd 3, 15-18) A morte e vivificação do Cristo e de nós, no Espírito	(Jo 14, 15-21) A vinda do Paráclito	A iniciação cristã e a crisma 110
Ascensão de N. Senhor/A, B, C (Ano A) EXALTAÇÃO E SENHORIO DE CRISTO	(At 1, 1-11) Ascensão de Jesus e missão dos apóstolos	(Sl 47[46], 2-3. 6-7, 8-9) Exaltação de Deus diante dos povos	(Ef 1, 17-23) A força de Deus, revelando-se na exaltação do Cristo	(Mt 28, 16-20) Despedida de Jesus e missão dos apóstolos.	O senhorio de Jesus e a evangelização 113
(Ano B) A PALAVRA E OS SINAIS DO SENHOR GLORIOSO	=> A	=> A	=> A ~ (Ef 4, 1-13) A estatura de Cristo em sua plenitude	(Mc 16, 15-20) Final do evangelho de Mc	"O Senhor cooperava com eles" 115

celebração	1ª leitura	salmo responsorial	2ª leitura	evangelho	tema formativo	pág.
(Ano C) PREPARAÇÃO PARA A MISSÃO	=> A	=> A	=> A ~ (Hb 9, 24-28; 10, 19-23) Cristo entrou no céu	(Lc 24, 46-53) Missão dos Apóstolos pelo Senhor ressuscitado	O Espírito do Senhor Jesus e nossa missão	116
7º dom. da Páscoa/A PRESENÇA NA AUSÊNCIA	(At 1, 12-14) A comunidade dos Apóstolos antes de Pentecostes	(Sl 27[26], 1. 4. 7-8) Morar na presença do Senhor	(1Pd 4, 13-16) Que nosso nome de cristão seja uma honra para Deus	(Jo 17, 1-11a) Cumprida sua obra, Jesus reza ao pai	#	118
Vigília de Pentecostes/A, B, C PLENIFICAÇÃO DA PÁSCOA	(Jl 3, 1-5) Efusão escatológica do Espírito sobre todos os homens [outras: ver texto]	(Sl 104[103], 1-2a. 24+35c. 27-28. 29bc-30) "Envia teu espírito e renova a face da terra"	(Rm 8, 22-27) Temos as primícias do Espírito, que vem em socorro da nossa fraqueza	(Jo 7, 37-39) O lado aberto de Cristo, fonte do Espírito	#	119
Pentecostes: Missa do dia/A, B, C A IGREJA, O ESPÍRITO E A UNIDADE	(At 2, 1-11) O milagre das línguas	(Sl 104[103], 1ab+24ac. 29bc. 30. 31-34) Deus dá força e vida às criaturas por seu sopro-espírito	(1Cor 12, 3b-7. 12-13) Unidade do Espírito na diversidade dos dons ~ (ano B: Gl 5, 16-25): O fruto do Espírito ~ (ano C: Rm 8, 8-17): Conduzidos pelo Espírito, filhos de Deus	(Jo 20, 19-23) Dom do Espírito pelo Cristo ressuscitado ~ (ano B: Jo 15, 26-27; 16, 12-15) O Espírito da Verdade ~ (ano C: Jo 14, 15-16. 23b-26) O Espírito Santo ensina todas as coisas	I [A] – Os dons do Espírito Santo II [B] – A obra de Cristo e o Espírito Santo III [C] – A Igreja inicia sua missão profética	121
SS. Trindade/A O DEUS DO AMOR	(Ex 34, 4b-6. 8-9) Javé revela seu íntimo: o Deus de misericórdia e fidelidade	(Dn 3, 52. 53-54. 55. 56) Louvor universal a Deus	(2Cor 13, 11-13) A graça do Cristo, o amor de Deus e a comunhão do Espírito Santo	(Jo 3, 16-18) O amor de Deus revela-se no dom de seu Filho único	Três Pessoas em um só Deus	125
SS. Sacramento do Corpo e Sangue do Senhor/A COMUNHÃO COM O DOM DE CRISTO	(Dt 8, 2-3. 14b-16a) "Foi Deus quem te alimentou no deserto...", tipologia do maná	(Sl 147, 12-13. 14-15. 19-20) "Glorifica o Senhor, Jerusalém... ele te sacia com flor de trigo"	(1Cor 10, 16-17): Unidade no cálice da bênção e no pão repartido	(Jo 6, 51-58): Comer e beber a carne e o sangue de Jesus; o dom da vida de Jesus	A eucaristia	127
Sagr. Coração de Jesus/A O AMOR DE DEUS EM JESUS E NOSSO AMOR	(Dt 7, 6-11) Deus escolheu seu povo por amor	(Sl 103[102], 1-2. 3-4. 5-7. 8+10) Deus é bom e misericordioso	(1Jo 4, 7-16) Deus é amor e amou-nos primeiro	(Mt 11, 25-30) O Messias pacífico, o Mestre humilde de coração, o jugo leve	#	129
2º dom. do t. comum/A VOCAÇÃO DE FILHOS DE DEUS	(Is 49, 3. 5-6) 2º Canto do Servo de Javé; "Luz das nações", vocação, missão	(Sl 40[39], 2+4ab. 7-8a. 8b-9. 10) A alegria de assumir a vocação de Deus	(1Cor 1, 1-3) A vocação de Paulo ao apostolado e nossa vocação à vida santa - (1 Jo 4, 4-10, 13-14) O Filho enviado para a remissão dos pecados	(Jo 1, 29-34) O testemunho de J. Batista sobre a missão de Jesus e o dom do Espírito	O Cordeiro de Deus	132

3º dom. do t. comum/A A LUZ DO EVANGELHO	(Is 8, 23b–9, 3) Luz sobre os que estão nas trevas	(Sl 27[26], 1. 4. 13-14 "Senhor, és minha luz e salvação"	(1Cor 1, 10-13. 17) O apóstolo é mandado para evangelizar, não para criar partidos - (Ef 5, 1-2; 8-14) Libertados das trevas pela luz	(Mt 4, 12-23 ou 4, 12-17) Começo da pregação do evangelho por Jesus, na Galileia	Evangelizar com palavras e ações	134
4º dom. do t. comum/A BEM-AVENTURADOS OS POBRES	(Sf 2, 3; 3, 12-13) O pequeno e humilde resto de Israel é portador da Salvação	(Sl 146[145], 7. 8-9a. 9bc-10) Deus ama e protege os humildes	(1Cor 1, 26-31) Deus escolheu o que é fraco	(Mt 5, 1-12a) As bem-aventuranças	Os "pobres no espírito"	136
5º dom. do t. comum/A SAL DA TERRA E LUZ DO MUNDO	(Is 58, 7-10) "Tua luz surgirá justo é como a luz que brilha..."	(Sl 112[111], 4-5. 6. 7. 8a+9) "O justo é como a luz que brilha..."	(1Cor 2, 1-5) Não sabedoria eloquente, mas o Cristo crucificado - (Rm 12, 9. 17-21) A luz da justiça, na caridade	(Mt 5, 13-16): "Vós sois o sal da terra... a luz do mundo"	Ser sal e luz	139
6º dom. do t. comum/A A VERDADEIRA JUSTIÇA	(Eclo 15, 15-21[20]) O homem tem a liberdade de escolher o bem e o mal (capacidade moral do homem)	(Sl 119[118], 1-2. 4-5. 17-18. 33-34) O seguimento perfeito do caminho de Deus (a Lei)	(1Cor 2, 6-10) A sabedoria dos poderosos e o mistério de Deus - (Rm 13, 8-10) A plenitude da lei é o amor	(Mt 5, 17-37 ou 5, 20-22a. 27-28. 33-34a. 37) A verdadeira justiça	O espírito dos mandamentos	141
7º dom. do t. comum/A SER BOM COMO DEUS: AMAR DE GRAÇA	(Lv 19, 1-2. 17-18) Não ódio, mas amor	(Sl 103[102], 1-2. 3-4. 8+10. 12-13) Deus é clemente e misericordioso	(1Cor 3, 16-23) Não partidarismo, mas pertença completa a Cristo e Deus - (1Pd 1, 14-16. 22-23) Santidade e perfeição no amor	(Mt 5, 38-48) Pagar o mal pelo bem, amar os inimigos	Ser perfeito como Deus!	143
8º dom. do t. comum/A OLHAI OS LÍRIOS DO CAMPO	(Is 49, 14-15) O carinho de Deus para suas criaturas	(Sl 62[61], 2-3. 5-7. 8-9ab) "Só em Deus repousa minha alma"	(1Cor 4, 1-5) Justificação do apóstolo diante de Deus, não diante dos homens - (Tg 4, 13-15) Projetos humanos vãos	(Mt 6, 24-34) Os lírios do campo	Confiança na providência	146
9º dom. do t. comum/A A BASE DE NOSSA VIDA: ESCUTAR E PRATICAR	(Dt 11, 18. 26-28) Ouvir e praticar a Lei, e a recompensa disto	(Sl 31[30], 2-3a. 3bc-4. 17. 25) Deus, nosso rochedo	(Rm 3, 21-25a. 28): A graça de Deus, manifestada em Cristo, e a justificação pela fé - (Tg 1, 19-25) Escutar e fazer	(Mt 7, 21-27) A casa edificada sobre a rocha: ouvir e praticar a palavra de Cristo	"Prática cristã"	148
10º dom. do t. comum/A JESUS CHAMA OS PECADORES	(Os 6, 3-6) Misericórdia quero, não sacrifícios	(Sl 50[49], 1+8. 12-13. 14-15) Deus não precisa de comida e bebida; oferece-lhe teu louvor	(Rm 4, 18-25) A fé de Abraão - (Rm 12, 1-2. 9-13) A oblação da vida	(Mt 9, 9-13) "Misericórdia quero...". Jesus com os publicanos	Jesus chama os pecadores	151

celebração	1ª leitura	salmo responsorial	2ª leitura	evangelho	tema formativo	pág.
11º dom. do t. comum/A DEUS PRECISA DE GENTE	(Ex 19, 2-6a) Deus escolhe um povo sacerdotal para si	(Sl 100[99], 2-3. 5) Nós somos o povo de Deus	(Rm 5, 6-11) Deus nos amou quando éramos ainda seus inimigos - (1Pd 2, 5-10) Nação santa, sacerdócio real	(Mt 9, 36-10, 8) Missão dos doze apóstolos	Os doze Apóstolos e o novo Povo de Deus	153
12º dom. do t. comum/A INTRÉPIDA PROFISSÃO DE FÉ	(Jr 20, 10-13) Deus salva o profeta perseguido	(Sl 69[68], 8-10. 14. 17. 33-35) Perseguição por cauda de Deus, mas confiante	(Rm 5, 12-15) Jesus passa Adão a limpo: graça x pecado - (1Pd 3, 13-16) Dar a razão de nossa esperança	(Mt 10, 26-33) O fiel na perseguição; profissão de fé intrépida	Perseguição e firmeza	156
13º dom. do t. comum/A ACOLHER UM PROFETA	(2Rs 4, 8-11. 14-16a) Hospitalidade para com o profeta e recompensa	(Sl 89[88], 2-3. 16-17. 18-19) "Cantarei eternamente tua bondade"	(Rm 6, 3-4. 8-11) Batismo: morrer com Cristo e ressuscitar com ele para uma vida nova - (1Jo 4, 6-8) Dedicar-se à caridade	(Mt 10, 37-42) Despojamento do missionário cristão e hospitalidade para com ele	O acolhimento dos evangelizadores	158
14º dom. do t. comum/A O MESSIAS HUMILDE, NÃO VIOLENTO	(Zc 9, 9-10) O rei messiânico é humilde	(Sl 145[144], 1-2. 8-9. 10-11. 13cd-14) As boas qualidades de Deus	(Rm 8, 9. 11-13) Viver conforme o Espírito - (Fl 2, 3-8) A glória na humilhação	(Mt 11, 25-30) Revelação aos humildes; a mansidão do Messias	Jesus, a violência e a mansidão	160
15º dom. do t. comum/A A SEMENTE DA PALAVRA	(Is 55, 10-11) A palavra de Deus é eficaz: faz frutificar a gente	(Sl 65[64], 10abcd. 10e-11. 12-13. 14) Deus faz frutificar a terra	(Rm 8, 18-23) A criação anseia pela manifestação dos filhos de Deus - (1Pd 1, 22-25) "A palavra do senhor permanece"	(Mt 13, 1-23 ou 13, 1-9) Parábola do semeador e explicação	O porquê das parábolas	163
16º dom. do t. comum/A A PACIÊNCIA DE DEUS	(Sb 12, 13. 15-19) O poder de Deus se mostra na capacidade de perdoar	(Sl 86[85], 5-6. 9-10. 15-16a) Deus, lento em cólera, rico em graça e fidelidade	(Rm 8, 26-27) O Espírito Santo auxilia nossa fraqueza - (2Pd 3, 8-9. 14-15a) A paciência de N. Senhor	(Mt 13, 24-43 ou 13, 24-30) "O joio e o trigo" e outras parábolas	Paciência na evangelização	165
17º dom. do t. comum/A INVESTIR NO REINO DE DEUS	(1Rs 3, 5. 7-12) Salomão não pede riqueza, mas sabedoria	(Sl 119[118], 57+72. 76-77. 127-128. 129-130) A Lei como sabedoria	(Rm 8, 28-30) O planejamento de Deus e sua execução - (Tg 3, 13-17) A verdadeira sabedoria	(Mt 13, 44-52 ou 13, 44-46) O tesouro do Reino de Deus	Escolher é renunciar	168
18º dom. do t. comum/A O DOM DO PÃO	(Is 55, 1-3) Convite para o banquete messiânico	(Sl 145[144], 8-9. 15-16. 17-18) O Senhor sacia os seus	(Rm 8, 35. 37-39) Nada nos pode separar do amor de Cristo - (1Cor 11, 23-26) O pão, memorial de Cristo	(Mt 14, 13-21) 1ª multiplicação dos pães	O Reino de Deus e o pão do povo	170

19º dom. do t. comum/A O DEUS DA BRISA MANSA	(1Rs 19, 9a. 11-13a) Deus não está na tempestade. . . .	(Sl 85[84], 9ab-10. 11-12. 13-14) "Mostra teu amor e vem salvar-nos"	(Rm 9, 1-5) Preocupação de Paulo com o destino de Israel - (1 Jo 5, 4-5. 10-12) A fé, vitória sobre o mundo	(Mt 14, 22-33) Jesus anda sobre as águas	Cristo abandonou a Igreja?	172
20º dom. do t. comum/A O DOM DE DEUS TAMBÉM PARA OS ESTRANGEIROS	(Is 56, 1. 6-7) Universalismo do Templo messiânico	(Sl 67[66], 2-3. 5. 6+8) Louvor de Deus por todos os povos	(Rm 11, 13-15. 29-32) A vocação de Israel é irrevogável - (At 10, 19-23; 11, 1-2) Pedro se dirige a não judeus	(Mt 15, 21-28) A grande fé da mulher pagã	Fé fora da Igreja?	175
21º dom. do t. comum/A A RESPONSABILIDADE DE PEDRO	(Is 22, 19-23) Eliacim recebe "as chaves" da casa de Davi	(Sl 138[137], 1-2a. 2bc-3. 6+8bc) Deus olha para o humilde	(Rm 11, 33-36) Hino à insondável sabedoria de Deus, manifestada em Jesus Cristo - (1Cor 1, 26-30) Eleição de Deus revelada aos humildes	(Mt 16, 13-20) Profissão de fé de Pedro e "poder das chaves"	O "poder das chaves"	178
22º dom. do t. comum/A O SEGUIMENTO DE JESUS	(Jr 20, 7-9) O profeta "seduzido" por Deus para um trabalho ingrato	(Sl 63[62], 2. 3-4. 5-6. 8-9) Busca de auxílio junto a Deus	(Rm 12, 1-2) O verdadeiro culto a Deus	(Mt 16, 21-27) O seguimento de Jesus: assumir sua cruz	Tomar a cruz e seguir Jesus	180
23º dom. do t. comum/A A IGREJA, COMUNIDADE DE SALVAÇÃO	(Ez 33, 7-9) O profeta-sentinela: a responsabilidade pela conversão do pecador	(Sl 95[94], 1-2. 6-7. 8-9) Conversão diante de Deus	(Rm 13, 8-10) O amor, pleno cumprimento da Lei - (Gl 6, 1-2. 10) assumir os fardos uns dos outros	(Mt 18, 15-20) Correção fraterna, penitência e oração comunitária	Correção fraterna	183
24º dom. do t. comum/A DO PERDÃO	(Eclo 27, 33-28, 9[27, 20-28, 7]) Perdoar para ser perdoado	(Sl 103[102], 1-2. 3-4. 9-10. 11-12) Deus é clemente, compassivo e misericordioso	(Rm 14, 7-9) "Quer vivamos, quer morramos, somos do Senhor" - (Cl 3, 12-15) Mútuo perdão e paz de Cristo	(Mt 18, 21-35) O perdão; parábola do administrador cruel	Perdão e reconciliação	185
25º dom. do t. comum/A OS OPERÁRIOS DA ÚLTIMA HORA	(Is 55, 6-9) Eis o tempo da conversão	(Sl 145[144], 2-3. 8-9. 17-18) Deus é misericordioso e rico em graça	(Fl 1, 20c-24. 27a) Morrer para estar com Cristo, ou viver para estar com os fiéis? - (Rm 11, 33-36) Ninguém pode reclamar retribuição de Deus	(Mt 20, 1-16a) Os operários da última hora	O Reino de Deus é de graça?	188
26º dom. do t. comum/A A VERDADEIRA OBEDIÊNCIA	(Ez 18, 25-28) Deus age certo, dando chances para a conversão e castigando a confiança temerária	(Sl 25[24], 4bc-5. 6-7. 8-9) Senhor é sempre bom e justo	(Fl 2, 1-11 ou 2, 1-5) O despojamento de Cristo - (EF 2, 11-13. 19-20) Os que estavam longe chegaram perto	(Mt 21, 28-32) Os dois filhos: dizer e fazer.	Formalismo religioso e verdadeiro serviço a Deus	190
27º dom. do t. comum/A A VINHA DE DEUS	(Is 5, 1-7) O Cântico da Vinha	(Sl 80[79], 9+12. 13-14. 15-16. 19-20) A vinha de Israel ameaçada	(Fl 4, 6-9) Frutos de justiça - (Rm 11, 1-6) O resto de Israel será integrado	(Mt 21, 33-43) Os vinhateiros homicidas	Deus rejeitou o povo que elegera?	193

celebração	1ª leitura	salmo responsorial	2ª leitura	evangelho	tema formativo	pág.
28º dom. do t. comum/A O BANQUETE E O TRAJE	(Is 25, 6-10a) O banquete messiânico	(Sl 23[22], 1-3a. 3b-4. 5-6) Deus é o pastor que nos conduz à pastagem	(Fl 4, 12-15. 19-20) Com Deus, tudo posso - *(1Cor 10, 1-5. 11-12) O castigo dos primeiros eleitos*	(Mt 22, 1-14 ou 22, 1-10) A parábola do banquete	"Poucos são escolhidos"...	195
29º dom. do t. comum/A DAI A DEUS O QUE É DE DEUS	(Is 45, 1. 4-6) O rei pagão, Ciro, instrumento de salvação nas mãos de Javé, o rei verdadeiro	(Sl 96[95], 1+3. 4-5. 7-8. 9-10a+c) Louvor universal a Javé, o único rei	(1Ts 1, 1-5b) Ação de graças pela fé, esperança e caridade de dos fiéis - *(Rm 13, 1. 5-7) A cada um o devido*	(Mt 22, 15-21) Dai a Deus o que é de Deus	O Reino de Deus e a política	198
30º dom. do t. comum/A O MANDAMENTO MAIOR	(Ex 22, 20-26) Regras concretas para praticar o amor ao próximo	(Sl 18[17], 2-3a. 3bc-4. 47+51ab) "Eu te amo, Senhor"	(1Ts 1, 5c-10) Tornastes-vos imitadores nossos e do Senhor - *(1Jo 4, 15-16. 19-21) Amamos porque Ele amou primeiro*	(Mt 22, 34-40) O principal mandamento	Amar a Deus e ao próximo	200
31º dom. do t. comum/A UM SÓ É VOSSO PAI	(Ml 1, 14b–2, 2b. 8-10) Os sacerdotes indignos e o único Pai	(Sl 131[130], 1. 2. 3) Simplicidade e amparo no Senhor	(1Ts 2, 7b-9. 13) Ternura do Apóstolo para com os fiéis e senso da fé - *(Rm 2, 1. 17-23) Não julgar; cumprir seu dever*	(Mt 23, 1-12) Advertência sobre a humildade no serviço da comunidade	O ministério pastoral	203
32º dom. do t. comum/A O NOIVO ESTÁ CHEGANDO!	(Sb 6, 12-16) O desejo da sabedoria	(Sl 63[62], 2. 3-4. 5-6. 7-8) Sede de Deus	(1Ts 4, 13-18) Os mortos, no último dia - *(Ef 5, 8-15) "Procedei como pessoas esclarecidas"*	(Mt 25, 1-13) As alas do cortejo nupcial (as virgens prudentes e as insensatas)	A "parusia"	205
33º dom. do t. comum/A DILIGÊNCIA ESCATOLÓGICA	(Pr 31, 10-13. 19-20. 30-31) A mulher virtuosa	(Sl 128[127], 1-2. 3-4. 5) Temer o Senhor e ter um lar feliz	(1Ts 5, 1-6) O Dia do Senhor vem como um ladrão de noite - *(1Cor 4, 1-5) Administradores fiéis*	(Mt 25, 14-30 ou 25, 14-15. 19-21) Parábola dos talentos	Ter o fim diante dos olhos	208
Jesus Cristo, Rei do Universo/A CRISTO REI E JUIZ	(Ez 34, 11-12. 15-17) O pastor e juiz escatológico	(Sl 23[22], 1-2a. 2b-3. 5-6) Deus nosso Pastor	(1Cor 15, 20-26a. 28) Restauração de tudo em Cristo e entrega de seu Reino ao pai	(Mt 25, 31-46) O juízo do Rei, Pastor e Filho do Homem	Jesus, Rei do Universo	210

ANO B

celebração	1ª leitura	salmo responsorial	2ª leitura	evangelho	tema formativo	pág.
1º dom. do Advento/B IR AO ENCONTRO DO SENHOR QUE VEM	(Is 63, 16b-17. 19b; 64, 2b-7) Que Deus se mostre com poder e misericórdia	(Sl 80[79], 2ac+3b. 15-16. 18-19) O Pastor que vem salvar seu rebanho, o Senhor que cuida de sua vinha	(1Cor 1, 3-9) Crescer com vistas à plena manifestação de Jesus Cristo	(Mc 13, 33-37) Vigilância para a vinda do Senhor	Estar pronto para Cristo	217

2º dom. do Advento/B A CONVERSÃO, INÍCIO DA BOA-NOVA	(Is 40, 1-5. 9-11) Aplanar o caminho: Deus reconduzirá o povo	(Sl 85[84], 9ab-10. 11-12. 13-14) "Vem mostrar-nos teu amor"	(2Pd 3, 8-14) Deus tem tempo: espera por nossa conversão	(Mc 1, 1-8): João Batista, precursor do "Forte de Deus"	Deus se volta para nós, voltemos para ele!	219
3º dom. do Advento/B ALEGRIA: O SENHOR ESTÁ NO MEIO DE NÓS	(Is 61, 1-2a. 10-11) "O Espírito do Senhor repousa sobre mim, para levar a boa-nova aos pobres"	(Lc 1, 46-48. 49-50. 53-54) O Magnificat	(1Ts 5, 16-24) Alegria e ação de graças sempre	(Jo 1, 5-8. 19-28) A missão de João Batista	Alegria por causa de Deus, escondido, mas próximo	222
4º dom. do Advento/B A PROMESSA DE DEUS E O "SIM" DO HOMEM	(2Sm 7, 1-5. 8b-12. 14a. 16) O Filho de Davi	(Sl 89[88], 2-3. 4-5. 27+29) Bondade e fidelidade de Deus para com a casa de Davi	(Rm 16, 25-27) O Mistério de Deus revelado em Jesus Cristo e a fé universal	(Lc 1, 25-38) Anunciação do Anjo a Maria	Filho de Davi e Filho de Deus	225
Vigília de Natal/B	=> A				#	46
Natal/B (noite, aurora, dia)	=> A				=> ano A, dia	47
Sagrada Família/B	=> A				=> ano A (ev. B)	55
Mãe de Deus/B	=> A				=> ano A, II	58
Epifania/B	=> A				=> ano A, II	62
Batismo de N. Senhor/B	=> A				=> ano A (ev. B)	68
Quarta-feira de Cinzas/B	=> A				#	71
1º dom. da Quaresma/B A RESTAURAÇÃO DA HUMANIDADE EM CRISTO E O BATISMO	(Gn 9, 8-15) Dilúvio e aliança com a humanidade	(Sl 25[24], 4bc-5ab. 6-7bc. 8-9) Fidelidade de Deus a seu amor	(1Pd 3, 18-22) Dilúvio e batismo	(Mc 1, 12-15) Tentação de Jesus no deserto e começo de sua pregação	Quaresma, regeneração	229
2º dom. da Quaresma/B O DOM DO FILHO QUERIDO DE DEUS POR NÓS	(Gn 22, 1-2. 9a. 10-13. 15-18) Abraão obediente até o sacrifício de seu filho único	(Sl 116, 10+15. 16-17. 18-19[115, 1+6. 7-8. 9-10]) Confiança em Deus no meio da adversidade	(Rm 8, 31b-34) Deus não poupou seu único Filho	(Mc 9, 2-10) Manifestação de Jesus como filho querido de Deus	Deus dá seu Filho por nós	231
3º dom. da Quaresma/B A ADORAÇÃO DE DEUS E A CRUZ DE CRISTO	(Ex 20, 1-17 ou 20, 1-3. 7-8. 12-17) Promulgação dos Dez Mandamentos	(Sl 19[18], 8. 9. 10. 11) A Lei, luz e conforto	(1Cor 1, 22-25) A cruz de Cristo, loucura para o mundo, sabedoria de Deus	(Jo 2, 13-25) Purificação do Templo e anúncio da Ressurreição	A aliança de Deus e a cruz de Cristo	234
4º dom. da Quaresma/B RESTAURAÇÃO DE NOSSA VIDA EM CRISTO	(2Cr 36, 14-15. 19-23) Deus encarregou Ciro de reconstruir o Templo	(Sl 137[136], 1-2. 3. 4-5. 6) Israel aos rios da Babilônia	(Ef 2, 4-10) Deus restaurou nossa vida em Cristo	(Jo 3, 14-21) Cristo exaltado na morte; nossa passagem da morte à vida	Nossa vida restaurada em Cristo	237
5º dom. da Quaresma/B APRENDIZAGEM DIVINA: A HORA DE JESUS	(Jr 31, 31-34) A nossa Aliança	(Sl 51[50], 3-4. 12-13. 14-15) Deus nos dá um coração novo	(Hb 5, 7-9) Cristo, o perfeito discípulo de Deus	(Jo 12, 20-33) A "hora" da exaltação de Jesus: o grão de trigo morre na terra	A hora da Nova Aliança	239

celebração	1ª leitura	salmo responsorial	2ª leitura	evangelho	tema formativo	pág.
Domingo de Ramos/B	=> A				=> ano A (ev. B)	84
Quinta-feira Santa/B	=> A				=> ano A	88
Sexta-feira Santa/B	=> A				#	91
Vigília Pascal /B	=> A				#	93
Domingo de Páscoa/B	=> A				=> ano A, II	97
2º dom. da Páscoa/B FÉ VITORIOSA NO AMOR DE CRISTO	(At 4, 32-35) Os primórdios da Igreja: um só coração e uma só alma	(Sl 117[116]2-4. 16ab-18. 22-24) Deus é minha força e coragem	(1Jo 5, 1-6) O amor e a vitória da fé em Cristo	(Jo 20, 19-31) O Espírito, dom pascal e missão do fiel	A comunidade que nasceu da Páscoa	242
3º dom. da Páscoa/B "ERA PRECISO QUE O CRISTO PADECESSE"	(Sl 3, 13-15. 17-19) "Deus glorificou seu servo Jesus, que vós entregastes..."	(Sl 4, 2. 4. 7. 9) "A seu servo, o Senhor faz maravilhas"	(1Jo 2, 1-5a) Cristo, o Justo, propiciação dos pecados de nós e de todos	(Lc 23, 35-48) Jesus aparece aos Onze na refeição e explica as Escrituras	Era preciso que o Cristo padecesse?	244
4º dom. da Páscoa/B O BOM PASTOR DÁ SUA VIDA	(At 4, 8-12) Defesa de Pedro diante do Sinédrio	(Sl 118[117]. 1. 8-9. 21-23. 26+28cd) A pedra rejeitada tornou-se a pedra angular	(1Jo 3, 1-2) "Lá somos filhos de Deus"	(Jo 10, 11-18) O Bom Pastor dá sua vida pelas ovelhas	O pastor, os pastores e a pastoral	247
5º dom. da Páscoa/B CRISTO A VIDEIRA, NÓS OS RAMOS	(At 9, 26-31) Primeira atividade apostólica de Paulo	(Sl 22[21], 26b-27. 28+30. 31-32) Conversão universal	(1Jo 3, 18-24) Amar em obras e em verdade	(Jo 15, 1-8) Alegoria da vinha	Jesus, a videira, nós, os ramos	249
6º dom. da Páscoa/B O AMOR MAIOR	(At 10, 25, 26. 34-35. 44-48) A conversão de Cornélio	(Sl 98[97], 1. 2-3ab. 3cd-4) Deus mostra sua bondade a todos os povos	(1Jo 4, 8-10) Deus é amor	(Jo 15, 9-17) O amor maior: dar sua vida por aqueles que se ama	Deus é amor	251
Ascensão de N. Senhor/B	=> ano A				=> ano A (ev. B)	115
7º dom. da Páscoa/B SANTIFICADOS NA VERDADE	(At 1, 15-17. 20a. 20c-26) Indicação de Matias como apóstolo	(Sl 103[102], 1-2. 11-12. 19-20) O Senhor estabeleceu seu trono no céu	(1Jo 4, 11-16) Amor, dom do Espírito e comunhão com Deus	(Jo 17, 1b-19) Jesus reza pelos seus: unidade, alegria	#	254
Vigília de Pentecostes/B	=> A				#	119
Pentecostes/B	=> A				=> ano A, II	121
SS. Trindade/B UNIÃO COM CRISTO E O PAI NO ESPÍRITO	(Dt 4, 32-34. 39-40) Unicidade de Deus e de sua revelação em Israel	(Sl 33[32], 4-5. 6+9. 18-19. 20+22) Feliz o povo que Deus escolheu por herança	(Rm 8, 14-17) O Espírito clama em nós: "Abbá, Pai!"	(Mt 28, 16-20) Missão para evangelizar em nome do Pai, do Filho e do Espírito	A Trindade em nossa vida	256
SS. Sacramento do Corpo e Sangue do Senhor/B O SANGUE DA NOVA ALIANÇA	(Ex 24, 3-8) Sacrifício de conclusão da Aliança	(Sl 116, 12-13. 15+16bc. 17-18[115, 3-4. 6+7bc. 18-19]) O cálice da salvação	(Hb 9, 11-15) Cristo nos purificou por seu próprio sangue	(Mc 14, 12-16. 22-26) A Última Ceia	O sacrifício de Jesus	258

				#	
Sagr. Coração de Jesus/B DEUS É MAIS HUMANO DO QUE NÓS	(Os 11, 1. 3-4. 8c-9) Com laços humanos, laços de amor	(Is 12, 2-3. 4bcd. 5-6) "Tirareis com alegria água das fontes da salvação"	(Ef 3, 8-12. 14-19) Conhecer a supereminente ciência e caridade de Cristo	(Jo 19, 31-37) Sangue e água do lado aberto de Cristo	260
2º dom. do t. comum/B VOCAÇÃO: BUSCA E CONVITE	(1Sm 3, 3b-10. 19) Vocação de Samuel	(Sl 40[39],2+4ab. 7-8a. 9. 10) "Eis-me aqui"	(1Cor 6, 13c-15a. 17-20) Nosso corpo é santo: pertence ao Senhor - *(Rm 1, 1-3a. 5-7) O chamado de Deus*	(Jo 1, 35-42) Vocação dos primeiros discípulos	Escutar Deus e seguir Jesus	263
3º dom. do t. comum/B O REINO DE DEUS ESTÁ AÍ: CONVERTEI-VOS	(Jn 3, 1-5. 10) A pregação de conversão de Jonas	(Sl 25[24], 4bc-5ab. 6-7bc. 8-9) Deus guia ao bom caminho os pecadores	(1Cor 7, 29-31) O "esquema" deste mundo passa - *(1Cor 9, 12c. 16-17) "Ai de mim, se eu não evangelizar"*	(Mc 1, 14-20) O Reino de Deus está aí: convertei-vos	Pescadores de gente	265
4º dom. do t. comum /B O "PODER" DE JESUS	(Dt 18, 15-20) O profeta, porta-voz de Deus	(Sl 95[94], 1-2. 5-7. 8-9) "Hoje, se ouvirdes a voz do Senhor, não lhe fecheis vosso coração"	(1Cor 7, 32-35) As vantagens do celibato - *(2Pd 1, 16-21) Ouvir a voz*	(Mc 1, 21-28) A autoridade de Jesus	O profeta do Reino de Deus	268
5º dom. do t. comum /B O PODER SOBRE A DOENÇA	(Jó 7, 1-4. 6-7) A vida, um amontoado de miséria	(Sl 147[146], 1-2. 3-4. 5-6) Deus nos conforta e cura	(1Cor 9, 15-19. 22-23) "Ai de mim, se eu não evangelizar" - *(2Cor 12, 7-10) A doença de Paulo*	(Mc 1, 29-39) Jesus assume o sofrimento de todos.	Assumindo o sofrimento de todos	271
6º dom. do t. comum /B O PODER SOBRE A MARGINALIZAÇÃO	(Lv 13, 1-2. 44-46) Os leprosos: marginalizados	(Sl 32[31], 1-2. 5. 11): A alegria de ser perdoado e readmitido	(1Cor 10, 31-11, 1) Fazer tudo para a glória de Deus - *(Rm 6, 12-14) "Estais sob a graça"*	(Mc 1, 40-45) Jesus cura um leproso	O Messias e os marginalizados	274
7º dom. do t. comum /B O PODER SOBRE O PECADO	(Is 43, 18-19. 21-22. 24b-25) "Não mais me lembrarei de teus pecados"	(Sl 41[40], 2-3. 4-5. 13. 14) "Cura-me, Senhor, pois contra ti pequei"	(2Cor 1, 18-22) O "sim" de Deus em Cristo - *(Rm 3, 21b-26) Todos justos pela fé*	(Mc 2, 1-12) Jesus perdoa o pecado	O Messias e o pecado	276
8º dom. do t. comum /B JESUS, O ESPOSO MESSIÂNICO	(Os 2, 16b. 17. 21-22) Núpcias messiânicas de Deus com seu povo	(Sl 103[102], 1-2. 3-4. 8+10. 12-13) O perdão e o carinho de Deus	(2Cor 3, 1b-6) Os fiéis: carta de recomendação do apóstolo - *(Ef 5, 25b-27) Cristo-esposo*	(Mc 2, 18-22) Jesus, o esposo messiânico	O Messias, a festa e o jejum	279
9º dom. do t. comum/B JESUS, O SENHOR DO SÁBADO	(Dt 5, 12-15) Instituição do sábado	(Sl 81[80], 3-4. 5-6ab. 6c-8a. 10-11ab) A libertação da escravidão	(2Cor 4, 6-11) Apostolado: o tesouro de Deus em vaso de barro - *(Cl 2, 6-8. 16-17) Questões de calendário...*	(Mc 2, 23-3, 6 ou 2, 23-28) Jesus, o Senhor do sábado	O dia do Senhor	282

celebração	1ª leitura	salmo responsorial	2ª leitura	evangelho	tema formativo	pág.
10º dom. do t. comum/B OS VERDADEIROS IRMÃOS E OS ADVERSÁRIOS DE JESUS	(Gn 3, 9-15) O pecado de Adão e a ameaça à serpente.	(Sl 130[129], 1-2. 3-4ab. 4c-5. 7-8): Temor e esperança em Deus	(2Cor 4, 13-5, 1) Perspectiva escatológica do apostolado - (Ef 6, 10-17) As armas da fé	(Mc 3, 20-35) Jesus e Beelzebul; adversários e "irmãos" de Jesus	O poder do Messias e os demônios	285
11º dom. do t. comum/B O REINO DE DEUS EM PARÁBOLAS	(Ez 17, 22-24) O ramo do cedro que se torna arbusto	(Sl 92[91], 2-3. 13-14. 15-16) "O justo cresce como a palmeira, eleva-se como o cedro do Líbano"	(2Cor 5, 6-10) O desejo de morar junto ao Senhor - (1Cor 3, 6. 7-9) Deus é que faz crescer	(Mc 4, 26-34) As parábolas; o Reino que cresce como uma semente	Não parece, mas o Reino cresce	287
12º dom. do t. comum/B JESUS, SENHOR DA NATUREZA	(Jó 38, 1. 8-11) Javé, Senhor das forças da natureza	(Sl 107[106], 23-24. 25-26|28-29. 30-31) "Ele muda a tempestade em bonança"	(2Cor 5, 14-17) "O amor de Cristo nos tem em seu poder"	(Mc 4, 35-41) "Quem é este, a quem até o vento e o mar obedecem?"	Maior que a tempestade: "Quem é este?"	290
13º dom. do t. comum/B JESUS DOMINA A MORTE	(Sb 1, 13-15; 2, 23-25) Deus não é o autor da morte; criou o homem para a imortalidade	(Sl 30[29], 2+4. 5-6. 11+12a+13b) "Salvaste-me dentre os que descem ao sepulcro"	(2Cor 8, 7. 9. 13-15) O modelo econômico de Deus - (1Cor 15, 20-22a) Revivificados em Cristo	(Mc 5, 21-43 ou 5, 21-24. 35b-43) Jesus ressuscita a filha de Jairo	Jesus é maior que a morte	292
14º dom. do t. comum/B JESUS, PROFETA REJEITADO NA SUA TERRA	(Ez 2, 2-5) Ser rejeitado, a sorte do profeta	(Sl 123[122], 1-2a. 2bcd. 3-4) Prece do homem saturado do desprezo dos zombadores	(2Cor 12, 7-10) O espinho na carne: "Minha graça te bastará" - (At 12, 1b-3) Tiago morto em Jerusalém	(Mc 6, 1-6) "Um profeta não é desprezado, senão em sua própria terra"	Santo de casa...	295
15º dom. do t. comum/B JESUS ENVIA SEUS MENSAGEIROS	(Am 7, 12-15) Missão do profeta	(Sl 85[84], 9ab-10. 11-12. 13-14) "Quero escutar o que disser o Senhor"	(Ef 1, 3-14 ou 1, 3-10) Deus nos chamou à santidade e à unidade em Cristo - (2Tm 1, 9-12) Pregador, apóstolo e mestre	(Mc 6, 7-13) Missão dos doze apóstolos	Evangelizar	298
16º dom. do t. comum/B A COMPAIXÃO DE JESUS, PASTOR MESSIÂNICO	(Jr 23, 1-6) Os maus pastores e o verdadeiro pastor de Israel	(Sl 23[22], 1-3a. 3b-4. 5. 6) "O Senhor é meu Pastor"	(Ef 2, 13-18) Unidade de gentios e judeus em Cristo - (1Pd 2, 21-25) "O pastor que cuida de vós"	(Mc 6, 30-34) Compaixão e ternura do Pastor messiânico	A compaixão pastoral de Jesus	301
17º dom. do t. comum/B O BANQUETE MESSIÂNICO	(2Rs 4, 42-44) Eliseu sacia milagrosamente o povo	(Sl 145[144], 10-11. 15-16. 17-18) "Abres tua mão generosa e nos sacias"	(Ef 4, 1-6) Um Corpo, um Espírito, um Senhor, uma fé, um batismo, um Deus e Pai - (1Cor 11, 20-26) A Ceia do Senhor	(Jo 6, 1-15) A multiplicação dos pães	O pão da multidão e a voz da Igreja	303

18º dom. do t. comum/B A VONTADE DE DEUS E O "PÃO DA VIDA"	(Ex 16, 2-4. 12-15) Deus sacia o povo com o maná, no deserto	(Sl 78[77], 3+4bc. 23-24. 25+54) Deus fez chover o maná e deu o pão do céu	(Ef 4, 17. 20-24) Revestir-se com Jesus Cristo, o homem novo - (1Cor 10, 1b-4) O maná no deserto	(Jo 6, 23-35) "Eu sou o pão da vida"	As coisas que passam e as que não passam	306
19º dom. do t. comum/B O PÃO DA VIDA E A MANIFESTAÇÃO DE DEUS	(1Rs 19, 4-8) Elias alimentado por Deus no deserto	(Sl 34[33], 2-3. 4-5. 6-7. 8-9) Provai e vede como é bom o Senhor	(Ef 4, 30-5, 2) Filhos de Deus, animados por seu Espírito - (1Jo 5, 9b-12) "A vida está em seu Filho"	(Jo 6, 41-51) Revelação de Deus pelo "Pão da Vida"	Jesus, pão descido do céu	308
20º dom. do t. comum/B JESUS DADO EM ALIMENTO PARA A VIDA DO MUNDO	(Pr 9, 1-6) "Comei e bebei": o banquete da Sabedoria de Deus	(Sl 34[33], 2-3. 10-11. 12-13. 14-15) Provar como o Senhor é bom, aprender o caminho da felicidade	(Ef 5, 15-20) A inteligência do cristão no mundo - (1Cor 10, 16-17) O pão da comunhão com Cristo	(Jo 6, 51-58): Comer a carne e beber o sangue de Cristo	Jesus dá sua carne em alimento	311
21º dom. do t. comum/B A QUEM IRÍAMOS, SENÃO A JESUS?	(Js 24, 1-2a. 15-17. 18b) Opção por ou contra Javé	(Sl 34[33], 2-3. 16. 17. 18-19. 20. 22-23) Confiança: Deus escolhe o lado do justo	(Ef 5, 21-32) O mistério do amor esponsal de Cristo pela Igreja - (2Cor 6, 14-18) Optar entre Cristo e Belial	(Jo 6, 60-69) Opção por ou contra Jesus	A opção certa	313
22º dom. do t. comum/B JESUS E AS TRADIÇÕES HUMANAS	(Dt 4, 1-2. 6-8) A riqueza que é a Lei: nada tirar nem acrescentar	(Sl 14[15], 2-3ab. 3cb. 5) Felicidade do justo, que observa a Lei	(Tg 1, 17-18. 21b-22. 27) Cumprir, não apenas ouvir a Palavra - (Cl 2, 20-3, 1) Superação de preceitos humanos	(Mc 7, a-8a. 14-15. 21-23) Vontade de Deus ou tradição humana?	A verdadeira religião	316
23º dom. do t. comum/B JESUS FAZ TUDO BEM FEITO	(Is 35, 4-7a) Profecia messiânica: os surdos ouvirão, os mudos falarão	(Sl 146[145], 6c-7. 8-9a. 9bc-10) Deus é fiel: faz justiça aos oprimidos e ama os justos	(Tg 2, 1-5) Opção preferencial de Deus pelos pobres - (Tg 1, 19. 22-25) Ouvir para fazer	(Mc 7, 31-37) "Ele faz tudo bem: Faz os surdos ouvirem e os mudos falarem"	Jesus faz tudo bem feito	319
24º dom. do t. comum/B JESUS, O MESSIAS "DIFERENTE"	(Is 50, 5-9a) 3º Canto do Servo de Javé: o profeta perseguido, mas firme em Deus	(Sl 116[115], 1-2. 3-4. 5. 8-9) Deus ouve e salva o seu Servo	(Tg 2, 14-18) A fé sem a caridade em atos não vale nada -(Fl 2, 6-11) Jesus Servo e Senhor	(Mc 8, 27-35) Profissão de fé em Jesus como Messias; anúncio da Paixão e exigências do seguimento	Seguir um messias diferente...	321
25º dom. do t. comum/B SER DISCÍPULO: A HUMILDADE	(Sb 2, 12. 17-20) A perseguição do justo	(Sl 54[53], 3-4. 5. 6+8) O justo pede salvação da opressão	(Tg 3, 16-4, 3) O câncer do ciúme e da ambição na comunidade - (1Pd 2, 19-21a) Seguir o Cristo-Servo	(Mc 9, 30-37) 2º anúncio da Paixão; lição de humildade	Seguir Jesus: ambição ou humildade?	324

celebração	1ª leitura	salmo responsorial	2ª leitura	evangelho	tema formativo	pág.
26º dom. do t. comum/B SER DISCÍPULO SEM RIVALIDADE	(Nm 11, 25-29) A profecia só depende da eleição; rejeição do falso zelo	(Sl 19[18], 8. 10. 12. 13. 14) A Lei do Senhor, "sabedoria dos humildes"	(Tg 5, 1-6): A riqueza dos ricos está podre - (1Cor 12, 1-3) O Espírito inspira a proclamação de Cristo	(Mc 9, 38-43. 45. 47-48) "Quem não é contra nós, é por nós"	Pensamento inclusivo	327
27º dom. do t. comum/B SER DISCÍPULO: O MATRIMÔNIO SEGUNDO O PROJETO DE DEUS	(Gn 2, 18-24) O projeto original de Deus para homem e mulher	(Sl 128[127], 1-2. 3. 4-5. 6) Bênção nupcial de Deus	(Hb 2, 9-11) Glorificação de Cristo que morreu por nós - (Ef 5, 21-33) O matrimônio visto em Cristo	(Mc 10, 2-16 ou 10, 1-12) A indissolubilidade do matrimônio	O matrimônio segundo Jesus	329
28º dom. do t. comum/B SER DISCÍPULO: INVESTIR TUDO NO REINO	(Sb 7, 7-11) A sabedoria vale mais do que tudo	(Sl 90[89], 12-13. 14-15. 16-17) Desejo de alcançar a sabedoria do coração	(Hb 4, 1. 2-13) A palavra de Deus, viva e operante em Cristo - (Fl 3, 7-14) Paulo abandonou tudo	(Mc 10, 17-30) Jesus e o homem rico	Rico pode seguir Jesus?	332
29º dom. do t. comum/B JESUS VEIO PARA SERVIR E DAR SUA VIDA	(Is 53, 10-11) 4º Canto do Servo de Javé: vítima de expiação)	(Sl 33[32], 4-5. 18-19. 20+22) Deus ama e salva o Justo	(Hb 4, 14-16) Jesus, nosso Sumo Sacerdote - (1Cor 9, 19-23) "Eu me fiz tudo para todos"	(Mc 10, 35-45 ou 10, 42-45) Não se deixar servir, mas servir	A grande ambição: servir e dar a vida	335
30º dom. do t. comum/B JESUS ABRE OS OLHOS A QUEM PROCURA VER	(Jr 31, 7-9) Restauração da vida dos cegos, no tempo messiânico	(Sl 126[125], 1-2ab. 2cd-3. 4. 5. 6) Alegria da volta e restauração	(Hb 5, 1-6) Jesus, Sacerdote escolhido entre os homens - (Rm 10, 8b-13) A fé que salva	(Mc 10, 46-52) Fé do cego e comiseração do "filho de Davi"	Será que finalmente enxergamos?	337
31º dom. do t. comum/B JESUS ENSINA O GRANDE MANDAMENTO	(Dt 6, 2-6) O primeiro mandamento: o amor de Deus	(Sl 18[17], 2-3a. 3bc-4. 47+51ab) Hino a Javé, o Salvador	(Hb 7, 23-28) Cristo, perfeição e plenitude do sacerdócio - (1Jo 4, 16. 19-21; 5, 1-3) "Quem ama a Deus ame também seu irmão"	(Mc 12, 28b-34) O primeiro mandamento e o segundo, igual a ele: amar a Deus e ao próximo	O grande mandamento	340
32º dom. do t. comum/B JESUS ENSINA A AUTÊNTICA GENEROSIDADE	(1Rs 17, 10-16) Generosidade da viúva de Sarepta	(Sl 146[145], 7. 8-9a. 9bc-10) Deus é fiel: faz justiça aos oprimidos e dá pão aos famintos	(Hb 9, 24-28) "Efapax": o sacrifício, uma vez para sempre, de Cristo Sumo Sacerdote - (2Cor 9, 6-10) Generosidade	(Mc 12, 38-44 ou 12, 41-44) O óbolo da viúva	A verdadeira generosidade	343
33º dom. do t. comum/B "O CÉU E A TERRA PASSARÃO, MINHAS PALAVRAS NÃO PASSARÃO"	(Dn 12, 1-3) A ressurreição no último dia	(Sl 16[15], 5+8. 9-10. 11) Deus não deixa a morte triunfar no justo	(Hb 10, 11-14. 18) O sacrifício definitivo do Cristo - (1Ts 5, 1-6. 9-10) O mundo passa, Cristo vem	(Mc 13, 24-32) "Céus e terra passarão, mas minhas palavras não passarão"	"Minhas palavras não passarão"	345

Jesus Cristo, Rei do Universo/B O REINO DA VERDADE DE DEUS EM JESUS CRISTO	(Dn 7, 13-14) O Filho do Homem recebe o "poder"	(Sl 93[92], 1ab. 1c-2. 5) "O Senhor é rei, veste-se de majestade"	(Ap 1, 5-8) A Testemunha Fiel, Rei dos reis da terra	(Jo 18, 33b-37) Meu Reino não é deste mundo. . . Vim testemunhar "a Verdade"	Cristo reina pelo testemunho da verdade	348

ANO C

1º dom. do Advento/C CAMINHAR AO ENCONTRO DO SENHOR, QUE VEM	(Jr 33, 14-16) Um novo nome para Jerusalém: "Deus nossa justiça"	(Sl 25[24], 4bc-5ab. 8-9. 10+14) Deus bom, fiel, justo e verdadeiro manifesta a Aliança	(1Ts 3, 12–4, 2) Crescer sempre pela abundante caridade de Deus	(Lc 21, 25-28. 34-36) A vinda do Filho do Homem	"Deus-nossa-justiça": o nome de nossa cidade?	355
2º dom. do Advento/C PREPARAÇÃO PARA A VINDA DO SENHOR	(Br 5, 1-9) Um novo nome para Jerusalém: "Paz da Justiça e Glória do Temor de Deus"	(Sl 126[125], 1-2ab. 2cd. 3. 4-5. 6) Os grandes feitos de Deus para seu povo	(Fl 1, 4-6. 8-11) Esperar o Senhor com coração puro e irrepreensível	(Lc 3, 1-6) Vocação e pregação de João Batista	"Paz-da-justiça": desimpedir a chegada de Deus	357
3º dom. do Advento/C ALEGRIA POR CAUSA DA PROXIMIDADE DE DEUS	(Sf 3, 14-18a) Mensagem a Jerusalém: "O Senhor está no meio de ti"	(Is 12, 2-3. 4bcd. 5-6) Alegria; saciação nas "fontes da salvação"	(Fl 4, 4-7) "Alegrai-vos sempre no Senhor: ele está perto"	(Lc 3, 10-18) O que é a conversão para cada um	Alegria e exigência de mudança	359
4º dom. do Advento/C A IRRUPÇÃO DO MISTÉRIO DE DEUS EM NOSSA VIDA	(Mq 5, 1-4[2-5a]) De Belém sairá o Pastor de Israel	(Sl 80[79], 2ac+3b. 15-16. 18+19) O Pastor de Israel	(Hb 10, 5-10): "Eis que venho para fazer tua vontade"	(Lc 1, 39-45) A Visitação de Maria a Isabel	"Eis-me aqui para fazer tua vontade"	362
Vigília de Natal/C	=> A				#	46
Natal/C (noite, aurora, dia)	=> A				=> ano A, aurora	47
Sagrada Família/C	=> A				=> A (ev. C)	56
Mãe de Deus/C	=> A				=> ano A, III	58
Epifania/C	=> A				=> ano A, III	62
Batismo de N. Senhor /C	=> A				=> A (ev. C)	69
Quarta-feira de Cinzas/C	=> A				#	71
1º dom. da Quaresma/C JESUS RESISTE À TENTAÇÃO	(Dt 26, 4-10) O Credo do Israelita	(Sl 91[90], 1-2. 10-11. 12-13. 14-15) "Os anjos te levam, para que não firas teu pé"	(Rm 10, 8-13) O Credo do cristão	(Lc 4, 1-13) A tentação de Jesus	Treinamento da fé	365
2º dom. da Quaresma/C JESUS TRANSFIGURADO: PERSPECTIVA DA VITÓRIA	(Gn 15, 5-12. 17-18) A Aliança de Javé com Abraão	(Sl 27[26], 1. 7-8a. 8b-9abc. 13-14) Esperança em Deus, luz e salvação	(Fl 3, 17–4, 1 ou 3, 20–4, 1) Nossa transformação conforme o modelo da glorificação de Cristo	(Lc 9, 28b-36) Transfiguração de Jesus	Mudança radical que transparece em Cristo	367

celebração	1ª leitura	salmo responsorial	2ª leitura	evangelho	tema formativo	pág.
3º dom. da Quaresma/C DEUS É FOGO, MAS TEM PACIÊNCIA	(Ex 3, 1-8a. 13-15) Deus na sarça ardente	(Sl 103[102], 1-2. 3-4. 6-7. 8+11) A justiça de Deus é força e misericórdia	(1Cor 10, 1-6. 10-12) Teologia da História: as lições do Êxodo	(Lc 13, 1-9) A necessidade de conversão e a paciência de Deus	Deus libertador e nossa conversão	370
4º dom. da Quaresma/C A ALEGRIA DA RECONCILIAÇÃO E RENOVAÇÃO	(Js 5, 9a. 10-12) Os israelitas alimentam-se com pão novo, da Terra Prometida	(Sl 34[33], 2-3. 4-5. 6-7) A alegria de experimentar a presença de Deus	(2Cor 5, 17-21) O mistério da reconciliação	(Lc 15, 1-3. 11-32) O filho pródigo: reconciliação e alegria	Reconciliação em Cristo, alegria da volta	372
5º dom. da Quaresma/C DEUS LANÇA LONGE DE SI O PECADO DO PASSADO	(Is 43, 16-21) Deus realizará nova salvação	(Sl 126[125], 1-2ab. 2cd-3. 4-5. 6) "Quando o Senhor fez voltar os cativos, parecia ser um sonho..."	(Fl 3, 8-14) Converter-se e deixar-se levar pela força do Cristo	(Jo 8, 1-11) A mulher adúltera	Deus joga longe o pecado!	375
Domingo de Ramos/C	=> A				=> A (ev. C)	86
Quinta-feira Santa/C	=> A				=> A	88
Sexta-feira Santa/C	=> A				#	91
Páscoa: Vigília/C	=> A				#	93
Domingo de Páscoa/C	=> A				=> A, III	97
2º dom. da Páscoa/C PÁSCOA: NOVA CRIAÇÃO	(At 5, 12-16) Adesão numerosa à comunidade	(Sl 118[117], 2-4. 22-24. 25-27a) A pedra rejeitada torna-se pedra angular	(Ap 1, 9-11a. 12-13. 17-19) "Sou o vivente que foi morto"	(Jo 20, 19-31) Missão pelo Cristo ressuscitado	A Páscoa de cada semana	378
3º dom. da Páscoa/C O CORDEIRO E O REBANHO	(At 5, 27b-32. 40b-41) Testemunho diante do sumo sacerdote	(Sl 30[29], 2+4. 5+6. 11+12a+13b) Canto de gratidão pela salvação	(Ap 5, 11-14) Honra e glória e poder ao Cordeiro	(Jo 21, 1-19 ou 21, 1-14) Aparição do ressuscitado e vocação de Pedro a guiar o rebanho	Cristo na glória e na Igreja	380
4º dom. da Páscoa/C A VIDA DO BOM PASTOR	(At 13, 14. 43-52) Pregação de Paulo em Antioquia da Pisídia; orientação para o mundo pagão	(Sl 100[99], 1-2. 3. 5) Louvor universal a Deus	(Ap 7, 9. 14b-17) O Cordeiro apascenta as ovelhas	(Jo 10, 27-30) O Pastor dá vida eterna às ovelhas	O bom pastor nos conduz a Deus	383
5º dom. da Páscoa/C O NOVO MANDAMENTO E A NOVA CRIAÇÃO	(At 14, 21-27) A obra de Deus em Paulo e Barnabé	(Sl 145 [144], 8-9. 10-11. 12-13ab) Canto de louvor dos fiéis a Deus	(Ap 21, 1-5a) A nova criação e a nova Jerusalém	(Jo 13, 31-33a. 34-35) O novo mandamento	Um mandamento novo para um mundo novo	385
6º dom. da Páscoa/C VIVER NA PRESENÇA DE CRISTO E DE DEUS	(At 15, 1-2. 22-29) Concílio de Jerusalém	(Sl 67[66], 2-3. 5. 6+8) Que Deus mostre sua benevolência	(Ap 21, 10-14. 22-23) Esplendor da nova Jerusalém	(Jo 14, 23-29) A inabitação de Cristo e de Deus em nós e a "memória" do Espírito	Onde o amor e a caridade, Deus aí está	388
Ascensão de N. Senhor/C	=> A				=> A (ev. C)	116

7º dom. da Páscoa/C UNIÃO COM CRISTO E O PAI, UNIDADE ENTRE NÓS	(At 7, 55-60) A morte de Estêvão	(Sl 97[96], 1-2. 6-7. 8-9 "Tu és o Altíssimo"	(Ap 22, 12-14. 16-17. 20) "Eis que venho"	(Jo 17, 20-26) Jesus reza por todos os fiéis, de todos os tempos, e por sua unidade	# 390
Vigília de Pentecostes/C	=> A				# 119
Pentecostes/C	=> A				=> A, iii 121
SS. Trindade/C A SABEDORIA DE DEUS E SEU AMOR EM CRISTO	(Pr 8, 22-31) A Sabedoria divina existe antes de tudo	(Sl 8, 4-5. 6-7. 8-9) Grandeza de Deus nas suas obras	(Rm 5, 1-5) O amor de Deus se derramou em nós	(Jo 16, 12-15) O Espírito faz reconhecer a manifestação do Pai em Jesus	Deus comunica sua intimidade 393
SS. Sacramento do Corpo e Sangue do Senhor/C DOM DE CRISTO À SUA COMUNIDADE	(Gn 14, 18-20) Melquisedec oferece pão e vinho	(Sl 110[109], 1. 2. 3. 4) Sacerdote eterno, como Melquisedec	(1Cor 11, 23-26) Memorial da morte de Cristo	(Lc 9, 11b-17) Jesus sacia as multidões	Eucaristia, banquete universal 395
Sagr. Coração de Jesus/C O TERNO E GRATUITO AMOR DE DEUS POR NÓS	(Ez 34, 11-16) Deus, o Bom Pastor, busca suas ovelhas	(Sl 23[22], 1-3a. 3b-4. 5-6) O Senhor é nosso Pastor	(Rm 5, 5-11) Deus nos amou primeiro	(Lc 15, 3-7) O Bom Pastor busca a ovelha perdida	# 398
2º dom. do t. comum/C AS NÚPCIAS MESSIÂNICAS	(Is 62, 1-5); Deus, o esposo; o povo, a amada	(Sl 95[94], 1-2a. 2b-3. 7-8. 9-10ac) Louvor universal a Deus	(1Cor 12, 4-11) Diversidade de dons, um só Espírito - (2Cor 4, 3-6) "Do meio das trevas brilhe a luz"	(Jo 2, 1-11) As bodas de Caná	Nosso casamento com Deus 400
3º dom. do t. comum/C PREGAÇÃO INAUGURAL DE JESUS	(Ne 8, 2-4a. 5-6. 8-10) A leitura da Lei no A. T.	(Sl 19[18], 8. 9. 10. 15) O valor vital da Lei	(1Cor 12, 12-30 ou 12, 12-14. 27) Somos um só corpo: o de Cristo - (Gl 3, 23-29) Jesus inaugura a salvação para todos	(Lc 1, 1-4; 4, 14-21) O início da pregação de Jesus	Pastoral orgânica e libertadora 402
4º dom. do t. comum/C JESUS REJEITADO EM SUA PRÓPRIA TERRA	(Jr 1, 4-5; 17-19) A missão controvertida do profeta	(Sl 71[70], 1-2. 3-4a. 5-6ab. 15ab-17) Deus, força dos que nele esperam, desde a juventude	(1Cor 12, 31–13, 13 ou 13, 4-13) A caridade, dom maior e permanente - (Rm 10, 16-21) "Quem acreditou em nossa pregação?"	(Lc 4, 21-30) A rejeição de Jesus em Nazaré	A boa-nova para todos e o profeta rejeitado 404
5º dom. do t. comum/C VOCAÇÃO: PESCADORES DE HOMENS	(Is 6, 1-2a. 3-8) Vocação de Isaías: prontidão	(Sl 138[137], 1-2a. 2bc-3. 4-5. 7c-8) Adoração de Deus no templo	(1Cor 15, 1-11 ou 15, 3-8. 11) O evangelho de Paulo: a ressurreição de Cristo - (1Cor 9, 16-19. 22-23) "Por causa do evangelho faço tudo"	(Lc 5, 1-11) Pesca milagrosa e vocação dos primeiros discípulos	Pescar com Jesus: Igreja em missão 406

celebração	1ª leitura	salmo responsorial	2ª leitura	evangelho	tema formativo	pág.
6º dom. do t. comum/C "FELIZES SOIS VÓS, POBRES"	(Jr 17, 4-8) Bem-aventurado quem põe sua confiança em Deus	(Sl 1, 1. 2. 3. 4+6) O justo é como uma árvore plantada à beira-rio	(1Cor 15, 12. 16-20) A ressurreição, base de nossa fé - (1Cor 3, 18-23) "Vós sois de Cristo"	(Lc 6, 17.20-26) Bem-aventuranças e maldições	Felizes os pobres!	409
7º dom. do t. comum/C IMITAR A MISERICÓRDIA DE DEUS	(1Sm 25, 2. 7-9. 12-13. 22-23) A misericórdia de Davi	(Sl 103[102], 1-2. 3-4. 8+10. 12-13) Deus é bom e compassivo, paciente e misericordioso	(1Cor 15, 45-49) A vida não é tirada, mas recriada - (Rm 12, 14-21) "Abençoai os que vos perseguem"	(Lc 6, 27-38) "Sede misericordiosos como vosso Pai celeste é misericordioso"	O sistema de Deus e o homem novo	412
8º dom. do t. comum/C A ÁRVORE E SEUS FRUTOS	(Eclo 27, 5-8[4-7]) Avaliar o homem conforme seus frutos	(Sl 92[91], 2-3. 13-14. 15-16) O justo cresce como a palmeira e ainda na velhice produz fruto	(1Cor 15, 54-58) Jesus venceu "em princípio" a morte - (1Jo 2, 7-11) Permanecer na luz	(Lc 6, 39-45) Reconhecer o homem pelo que produz	Em que e em quem confiar?	414
9º dom. do t. comum/C A FÉ DO PAGÃO E A CURA DE SEU FILHO	(1Rs 8, 41-43) Salomão reza para que Deus atenda os estrangeiros	(Sl 117[116], 1. 2) Todos os povos louvem Deus	(Gl 1, 1-2. 6-10) O evangelho de Paulo - (Tg 5, 13-16) A oração do justo	(Lc 7, 1-10) A fé do pagão	A fé do pagão	416
10º dom. do t. comum/C A CONFIANÇA DA VIÚVA E A RESSURREIÇÃO DE SEU FILHO	(1Rs 17, 17-24) O filho da viúva de Sarepta	(Sl 30[29], 2+4. 5-6. 11+12a. 13b) "Quando já ia morrendo, me fizeste reviver"	(Gl 1, 11-19) A vocação de Paulo (Ef 2, 1. 4-7) Deus rico em misericórdia	(Lc 7, 11-17) O filho da viúva de Naim	Deus visita seu povo	419
11º dom. do t. comum/C O AMOR DA PECADORA E O PERDÃO DE SEU PECADO	(2Sm 12, 7-10. 13) A contrição de Davi	(Sl 32[31], 1-2. 5. 7. 11) A felicidade de confessar o pecado e ser perdoado	(Gl 2, 16. 19-21) Se as obras da Lei justificam, Cristo morreu em vão - (Rm 5, 15. 20-21) Graça sem porporção ao pecado	(Lc 7, 36-8, 3 ou 7, 36-50) A pecadora perdoada	Entrar na amizade de Deus pela fé e pelo amor	421
12º dom. do t. comum/C RECONHECER E SEGUIR O MESSIAS PADECENTE	(Zc 12, 10-11) "Choraram aquele que traspassaram"	(Sl 63[62], 2. 3-4. 5-6. 8-9) A busca de Deus libertador	(Gl 3, 26-29) Superação de todas as discriminações em Cristo - (Rm 6, 3-4. 8-11) Seguir Cristo através da morte	(Lc 9, 18-24) Profissão de fé de Pedro e anúncio da Paixão	Em cristo, todos são iguais	424
13º dom. do t. comum/C AS EXIGÊNCIAS PARA SEGUIR JESUS	(1Rs 19, 16b. 19-21) Radicalidade do seguimento do profeta	(Sl 16[15], 1-2a+5. 7-8. 9-10. 11) "Senhor, és minha herança e recompensa"	(Gl 5, 1. 13-18) A liberdade cristã - (1Pd 1, 14-19) Santos como quem nos chamou	(Lc 9, 51-62) As exigências do seguimento de Jesus	Exigente liberdade cristã	426

14º dom. do t. comum/C MISSÃO DOS SEGUIDORES DE JESUS	(Is 66, 10-14c) Missão de paz universal de Jerusalém restaurada	(Sl 66[65], 1-3a. 4-5. 6-7a. 16+20) "Toda a terra canta seu louvor"	(Gl 6, 14-18) A nova criação em Cristo: paz e misericórdia - (1Ts 1, 1-8) Paz de Cristo	(Lc 10, 1-12. 17-20 ou 10, 1-9) A missão do discípulo: anunciar a paz do Cristo	"Paz a esta casa"	429
15º dom. do t. comum/C O MANDAMENTO QUE CONDUZ À VIDA ETERNA	(Dt 30, 10-14) O mandamento de Deus não está fora de nosso alcance	(Sl 69[68], 14+17. 30-31. 33-34. 36ab+37) Sião, morada dos que amam o Senhor	(Cl 1, 15-20) Hino cristológico - (Tg 1, 21-25) Praticantes da Palavra	(Lc 10, 25-37) O grande mandamento; a parábola do Bom Samaritano	Amor ao próximo – solidariedade	431
16º dom. do t. comum/C O ÚNICO NECESSÁRIO	(Gn 18, 1-10a) A hospitalidade de Abraão e a promessa de Deus	(Sl 15[14], 2-3ab. , 3cd-4ab. 5) "Quem pode morar junto a Deus?"	(Cl 1, 24-28): A manifestação do mistério de Cristo no Apóstolo - (1Pd 4, 9-11) "Sede hospitaleiros"	(Lc 10, 38-42) Marta e Maria: o único necessário	O "importante" e o necessário	434
17º dom. do t. comum/C A ORAÇÃO DO DISCÍPULO	(Gn 18, 20-32) A oração de Abraão por Sodoma e Gomorra	(Sl 138[137], 1-2a. 2bc-3. 6-7ab-7c-8) "Invoquei-te, Senhor, e sempre me atendeste"	(Cl 2, 12-14) Nossas dívidas são saldadas por Cristo - (1Jo 5, 14-16) Confiança no pedir	(Lc 11, 1-13) A oração do cristão	Orar e pedir	436
18º dom. do t. comum/C SER RICO PARA DEUS	(Ecl 1, 2; 2, 21-23) Para que riqueza e saber?	(Sl 90[89], 3-4. 5-6. 12-13. 14. 17) Precariedade da vida	(Cl 3, 1-5. 9-11) A vida nova em Cristo, as coisas do alto	(Lc 12, 13-21) Ser rico aos olhos de Deus	Riqueza insensata	439
19º dom. do t. comum/C A VIGILÂNCIA ESCATOLÓGICA	(Sb 18, 6-9) A vigilância de Israel na noite da libertação	(Sl 33[32], 1+12. 18. 19. 20+22) Feliz o povo que Deus escolheu por herança	(Hb 11, 1-2. 8-19 ou 11, 1-2. 8-12) A fé, esperança daquilo que não se vê - (Ef 6, 13-18) A armadura da fé	(Lc 12, 32-48 ou 12, 35-40) A vigilância escatológica	Viver para aquilo que é definitivo	441
20º dom. do t. comum/C OPÇÃO POR OU CONTRA CRISTO	(Jr 38, 4-6. 8-10) O profeta, sinal de contradição	(Sl 40[39], 2. 3. 4. 18) Súplica de socorro, atendida por Deus	(Hb 12, 1-4) A firmeza na fé, ao exemplo de Jesus - (1Pd 4, 12-19) Sofrer por causa de Cristo	(Lc 12, 49-53) "Não vim trazer a paz, mas a divisão"	Ser cristão não é pacífico	444
21º dom. do t. comum/C VOCAÇÃO UNIVERSAL À SALVAÇÃO	(Is 66, 18-21) Revelação universal da glória de Deus	(Sl 117[116], 1-2) Louvor universal a Deus	(Hb 12, 5-7. 11-13) O sofrimento, pedagogia de Deus - (1Pd 2, 9-10) Chamados das trevas à luz	(Lc 13, 22-30) A porta é estreita, mas a vocação universal	Cristianismo instalado ou aberto?	446
22º dom. do t. comum/C MODÉSTIA E GRATUIDADE	(Eclo 3, 17-18. 20. 28. 29[19-21. 30-31]) A verdadeira modéstia de vida	(Sl 68[67], 4-5ac. 6-7ab. 10-11) A magnanimidade de Deus	(Hb 12, 18-19. 22-24a) Deus se tornou manifesto e acessível em Cristo - (1Pd 5, 5b-7. 10-11) Humildade e grandeza	(Lc 14, 1. 7-14) Modéstia e gratuidade	Simplicidade e gratuidade	449
23º dom. do t. comum/C PONDERAR O CUSTO DO REINO	(Sb 9, 13-18b[19]) O discernimento e a ponderação, dons de Deus	(Sl 90[89], 3-4. 5-6. 12-13. 14+17) Deus, mestre de sabedoria	(Fm 9b-10. 12-17) "Não mais como escravo, mas como irmão"	(Lc 14, 25-33) Saber ponderar as exigências do Reino	Os cristãos e as estruturas sociais	451

celebração	1ª leitura	salmo responsorial	2ª leitura	evangelho	tema formativo	pág.
24º dom. do t. comum/C DEUS PROCURA A RECONCILIAÇÃO	(Ex 32, 7-11. 13-14) "O Senhor arrependeu-se das ameaças que fizera contra seu povo"	(Sl 51[50], 3-4. 12-13. 17+19) Deus não despreza um coração contrito e humilhado	(1Tm 1, 12-17) Jesus veio para reconciliar os pecadores: experiência de Paulo	(Lc 15, 1-32 ou 15, 1-10) Deus procura o que está perdido; o "filho pródigo"	Opção preferencial pelos pecadores?	454
25º dom. do t. comum/C O BOM USO DAS RIQUEZAS: DESAPEGO	(Am 8, 4-7): Denúncia da riqueza injusta e opressão	(Sl 113[112], 1-2. 4-6. 7-8) Deus protege e promove o pobre e o indigente	(1Tm 2, 1-8) A comunidade orante - (Tg 5, 1-6) Riqueza podre	(Lc 16, 1-13 ou 16, 10-13) O administrador esperto	A riqueza bem utilizada	456
26º dom. do t. comum/C A RIQUEZA ENDURECE O HOMEM: AVAREZA	(Am 6, 1a. 4-7) Ai dos ricos de Sião e Samaria	(Sl 146[145], 7. 8-9a. 9bc-10) Deus protege os necessitados e ama os justos	(1Tm 6, 11-16) As virtudes dos líderes da comunidade - (Tg 2, 5-9) "Vós desprezais o pobre"	(Lc 16, 19-31) O avaro e o pobre Lázaro	A riqueza que endurece	458
27º dom. do t. comum/C A SOBERANIA DE DEUS E NOSSA FÉ	(Hab 1, 2-3; 2, 2-4) O profeta pede explicação a Deus	(Sl 95[94], 1-2. 6-7. 8-9) Prostremo-nos diante do Senhor, que nos criou, pois ele é nosso Deus	(2Tm 1, 6-8. 13-14) Não se envergonhar do Evangelho e guardar o bem depositado - (Gl 3, 6-11) "O justo viverá pela fé"	(Lc 17, 5-10) Somos simples servos	Somos simples servos	461
28º dom. do t. comum/C A GRAÇA DE DEUS E NOSSO AGRADECIMENTO	(2Rs 5, 14-17) A gratidão de Naamã, o leproso sírio	(Sl 98[97], 1. 2-3ab. 3cd-4) Louvor universal a Deus por sua bondade	(2Tm 2, 8-13) Nosso empenho por Cristo e a fidelidade de Deus - (Ef 2, 5-6. 8-10) "Pela graça fostes salvos"	(Lc 17, 1-19) Os dez leprosos; a gratidão do samaritano	Gratidão	463
29º dom. do t. comum/C ORAÇÃO PERMANENTE E FÉ CONSTANTE	(Ex 17, 8-13) A força da oração de Moisés	(Sl 121[120], 1-2. 3-4. 5-6. 7-8) "Nosso auxílio vem do Senhor"	(2Tm 3, 14-4, 2) Exigências do serviço da Palavra - (1Tm 2, 1-3. 8) A súplica	(Lc 18, 1-8) A oração insistente da viúva	A Sagrada Escritura	465
30º dom. do t. comum/C DEUS JUSTIFICA OS HUMILDES E PECADORES	(Eclo 35, 15b-17. 20-22a[12-14. 16-18]) Deus toma partido pelos pobres e oprimidos	(Sl 34[33], 2-3. 17-18. 19+23) Deus atende ao justo, ao oprimido	(2Tm 4, 6-8. 16-18) Paulo no fim da vida; o encontro com o Senhor (2Cor 12, 7-10) Fraqueza e força	(Lc 18, 9-14) O fariseu e o publicano	A oração do pecador	468
31º dom. do t. comum/C O AMOR DE DEUS E A GRATIDÃO DO PECADOR	(Sb 11, 23[22]– 12, 2) O amor de Deus para com as criaturas, inclusive os pecadores	(Sl 145[144], 1-2. 8-9. 10-11. 13cd-14) A bondade de Deus para com suas criaturas	(2Ts 1, 11–2, 2) A perspectiva final da história e de nossa vida - (Tt 3, 3-7) "Éramos rebeldes"	(Lc 19, 1-10) Zaqueu	Pecador encontrando-se com Jesus	470

32º dom. do t. comum/C A ESPERANÇA DA VIDA ETERNA	(2Mc 7, 1-2. 9-14) A fé na ressurreição dos justos para a vida	(Sl 17[16], 1. 5-6. 8b+15) Contemplar a face de Deus como justo	(2Ts 2, 15-3, 5) Oração do apóstolo pela comunidade e da comunidade pelos apóstolos - (1Cor 15, 51. 53-58) "Onde está, ó morte, a tua vitória?"	(Lc 20, 27-38 ou 20, 27. 34-38) Levirato e ressurreição	Ressurreição e vida eterna	473
33º dom. do t. comum/C A PERSPECTIVA FINAL	(Ml 3, 19-20a[4, 1-2a]) Aproxima-se o dia do juízo e da salvação	(Sl 98[97], 5-6. 7-9a. 9bc) O Senhor vem julgar a terra	(2Ts 3, 7-12) Preparar a vinda do Senhor significa trabalhar - (2Ts 4, 1-4. 13-17) A Parusia	(Lc 21, 5-19) Sinais da hora decisiva I (cf. oração do dia).	Fim de uma era	475
Jesus Cristo, Rei do Universo/C REINO DA CRUZ, REINO DA FÉ	(2Sm 5, 1-3) Davi consagrado rei em Hebron	(Sl 122[121], 1-2. 4-6 Alegria por subir a Jerusalém, moradia do Rei	(Cl 1, 12-20) Restauração do universo no reino do amor de Cristo	(Lc 23, 35-43) O Reino do Crucificado	Jesus Cristo, Rei do Universo	478

SANTOS

2 de fevereiro APRESENTAÇÃO DO SENHOR	(Ml 3, 1.4) Visita do Senhor a seu templo, purificação do povo	(Sl 24[23], 7. 8. 9. 10) A entrada do Rei da glória no templo	(Hb 2, 14-18) Jesus assume plenamente nossa condição humana	(Lc 2, 22-40 ou 2, 22-32) Apresentação de Jesus no templo e primeira infância	Luz das nações	481
19 de março SÃO JOSÉ, ESPOSO DA VIRGEM MARIA	(2Sm 7, 4-5a. 12a. 16) Profecia de Natã	(Sl 89[88]2-3. 4-5. 27. 29): A aliança com Davi e sua dinastia para sempre	(Rm 4, 13.16-18. 22): A fé de Abraão	(Mt 1, 16. 18-21. 24a) A gravidez de Maria (Lc 2, 41-51a): Jesus aos doze anos, no templo	Uma pessoa justa	484
24 de junho NATIVIDADE DE SÃO JOÃO BATISTA	(Is 49, 1-6) 2º Canto do Servo	(Sl 139[138], 1-3. 13-14. 15) Pertença a Deus desde o seio da mãe	(At 13, 22-26) Anúncio de Cristo por Paulo em Antioquia da Pisidia	(Lc 1, 57-66. 80) Nascimento de João Batista: "João é seu nome"	Anunciando o sol	486
29 de junho SÃO PEDRO E SÃO PAULO	(At 12, 1-11) Prisão e libertação de Pedro	(Sl 34[33], 2-3. 4-5. 6-7. 8-9) O Senhor me livrou de todas as minhas angústias	(2Tm 4, 6-8. 17-18) A oferenda da vida de Paulo	(Mt 16, 13-19) Pedro, a rocha da Igreja	O Papa, o missionário e a comunidade	488
6 de agosto TRANSFIGURAÇÃO DO SENHOR	(Dn 7, 9-10. 13-14) O Filho do Homem	(Sl 97[96], 1-2. 5-6. 9) O Senhor é Rei.	(2Pd 1, 16-19) A voz da nuvem	(Ano A: Mt 17, 1-9) A Transfiguração para os discipulos (Ano B: Mc 9, 2-10) A caminho da cruz, a Transfiguração. (Ano C: Lc 9, 28b-36) O "êxodo" de Jesus	A luz da nuvem escura	491

celebração	1ª leitura	salmo responsorial	2ª leitura	evangelho	tema formativo	pág.
15 de agosto ASSUNÇÃO DA VIRGEM MARIA	(Ap 11, 19a; 12, 1-6a. 10ab) O sinal da Mulher	(Sl 45[44], 9b-10. 11-12. 15b. 16) Canto em honra da rainha	(1Cor 15, 20-26) A vitória de Cristo sobre a morte	(Lc 1, 39-56) Magnificat	Magnificat: a Mãe gloriosa e a grandeza dos pobres	493
14 de setembro EXALTAÇÃO DA STA. CRUZ	(Nm 21, 4b-9) O sinal salvador levantado diante do povo	(Sl 78[77], 1-2. 34-35. 36-37. 38) Punição do povo no deserto.	(Fl 2, 6-11) Humilhação e exaltação do Senhor	(Jo 3, 13-17) O Filho do Homem levantado	A glória na Cruz	495
12 de outubro N. SENHORA DA CONCEIÇÃO APARECIDA, PADROEIRA DO BRASIL	(Est 5, 1b-2; 7, 2b-3) O pedido de Ester: "Salva meu povo"	(Sl 45[44], 11-12. 13-14. 15-16) A filha do Rei	(Ap 12, 1. 5. 13a. 15. 16a) O sinal da Mulher	(Jo 2, 1-11) Intercessão de Maria nas bodas de Caná	Maria, mulher-povo, Mãe da igreja	497
1º de novembro FESTA DE TODOS OS SANTOS	(Ap 7, 2-4. 9-14) "Uma grande multidão, que ninguém podia contar"	(Sl 24[23], 1-2. 3-4ab. 5-6) "Quem é digno de morar no seu santo lugar?"	(1Jo 3, 1-3) Já somos filhos de Deus, e ainda não é manifesto o que seremos	(Mt 5, 1-12a) As Bem-aventuranças	A comunhão dos santos	499
2 de novembro DIA DOS FINADOS (3ª missa)	(Sb 3, 1-9) As almas dos justos estão nas mãos de Deus	(Sl 23[22] Deus, o pastor que nos conduz às águas tranquilas	(Rm 6, 3-9) Morrer e ressuscitar com Cristo no batismo	(Jo 11, 17-27) A ressurreição de Lázaro	Santos e finados	502
(1ª missa)	(Jó 19, 1. 23-27a) Eu sei que meu redentor está vivo	(Sl 27[26], 1. 4. 7+8b+9a. 13-14) Verei... na terra dos viventes	(Rm 5, 5-11) Justificados por Cristo e salvos da ira por ele	(Jo 6, 37-40) "Quem crê... terá a vida eterna"	#	502 – nota 6
(2ª missa)	(Is 25, 6a. 7-9) Deus eliminará para sempre a morte	(Sl 25[24], 6+7bc. 17-18. 20-21) A vós elevo minh'alma	(Rm 8, 14-23) "Esperando a libertação de nosso corpo"	(Mt 25, 31-46) O juízo	#	502 – nota 6
9 de novembro CONSAGRAÇÃO DA BASÍLICA DO LATRÃO	(Ez 47, 1-2. 8-9. 12) O novo templo e a fonte de águas salvíficas	(Sl 46[45], 2-3. 5-6. 8-9) O rio que traz alegria à Cidade de Deus	(1Cor 3, 9c-11. 16-17) "Vós sois santuário de Deus"	(Jo 2, 13-22) O templo do corpo de Jesus	A Igreja de pedras vivas e o sacrifício espiritual	504
8 de dezembro IMACULADA CONCEIÇÃO DA VIRGEM MARIA	(Gn 3, 9-15. 20) O protoevangelho: a vitória sobre a serpente	(Sl 98[97], 1. 2-3ab. 3c-4) Deus fez maravilhas	(Ef 1, 3-6. 11-12) O plano de Deus para com todos: destinados a serem sem mancha	(Lc 1, 26-38) Anunciação: "Encontraste graça junto a Deus"	Imaculada: projeto de Deus	506

CALENDÁRIO LITÚRGICO DE FESTAS MÓVEIS DE 2009 A 2023

Ano do Senhor	Letra Dominical	Ciclo Dominical	Ciclo Ferial	Quarta-feira de Cinzas	Páscoa	Ascensão* no Brasil	Pentecostes	SS. Sacramento do Corpo e Sangue de Cristo	Antes da Quaresma - Até o dia	Antes da Quaresma - Até a semana	Depois do Tempo Pascal - Do dia	Depois do Tempo Pascal - Da semana	Primeiro Domingo do Advento
2009	d	B-C	I	25 fev.	12 abr.	(21)24 mai.	31 mai.	11 jun.	24 fev.	7	1 jun.	9	29 nov.
2010	c	C-A	II	17 fev.	4 abr.	(13)16 mai.	23 mai.	3 jun.	16 fev.	6	24 mai.	8	28 nov.
2011	b	A-B	I	9 mar.	24 abr.	5 jun.	12 mai.	23 jun.	8 mar.	9	13 jun.	11	27 nov.
2012	Ag	B-C	II	22 fev.	8 abr.	20 mai.	27 mai.	7 jun.	21 fev.	7	28 mai.	8	2 dez.
2013	f	C-A	I	13 fev.	31 mar.	12 mai.	19 mai.	30 mai.	12 fev.	5	20 mai.	7	1 dez.
2014	e	A-B	II	5 mar.	20 abr.	1 jun.	8 jun.	19 jun.	4 mar.	8	9 jun.	10	30 nov.
2015	d	B-C	I	18 fev.	5 abr.	17 mai.	24 mai.	4 jun.	17 fev.	6	25 mai.	8	29 nov.
2016	cb	C-A	II	10 mar.	27 mar.	8 mai.	15 mai.	26 mai.	9 fev.	5	16 mai.	7	27 nov.
2017	A	A-B	I	1 mar.	16 abr.	28 mai.	4 jun.	15 jun.	28 fev.	8	5 jun.	9	3 dez.
2018	g	B-C	II	14 fev.	1 abr.	13 mai.	20 mai.	31 mai.	13 fev.	6	21 mai.	7	2 dez.
2019	f	C-A	I	6 mar.	21 abr.	2 jun.	9 jun.	20 jun.	5 mar.	8	10 jun.	10	1 dez.
2020	ed	A-B	II	26 fev.	12 abr.	24 mai.	31 mai.	11 jun.	25 fev.	7	1 jun.	9	29 nov.
2021	c	B-C	I	17 fev.	4 abr.	16 mai.	23 mai.	3 jun.	16 fev.	6	24 mai.	8	28 nov.
2022	b	C-A	II	2 mar.	17 abr.	29 mai.	5 jun.	16 jun.	1 mar.	8	6 jun.	10	27 nov.
2023	A	A-B	I	22 fev.	9 abr.	21 mai.	28 mai.	8 jun.	21 fev.	7	29 mai.	8	3 dez.

* O dia indicado entre parênteses é o próprio da celebração segundo o Calendário Romano Geral; o outro é o dia próprio da celebração no Brasil.

Conecte-se conosco:

f facebook.com/editoravozes

◉ @editoravozes

𝕏 @editora_vozes

▶ youtube.com/editoravozes

✆ +55 24 2233-9033

www.vozes.com.br

Conheça nossas lojas:

www.livrariavozes.com.br

Belo Horizonte – Brasília – Campinas – Cuiabá – Curitiba
Fortaleza – Juiz de Fora – Petrópolis – Recife – São Paulo

  Vozes de Bolso

EDITORA VOZES LTDA.
Rua Frei Luís, 100 – Centro – Cep 25689-900 – Petrópolis, RJ
Tel.: (24) 2233-9000 – E-mail: vendas@vozes.com.br